Die Bonus-Seite

Ihr Vorteil als Käufer dieses Buches

Auf der Bonus-Webseite zu diesem Buch finden Sie zusätzliche Informationen und Services. Dazu gehört auch ein kostenloser **Testzugang** zur Online-Fassung Ihres Buches. Und der besondere Vorteil: Wenn Sie Ihr **Online-Buch** auch weiterhin nutzen wollen, erhalten Sie den vollen Zugang zum **Vorzugspreis**.

So nutzen Sie Ihren Vorteil

Halten Sie den unten abgedruckten Zugangscode bereit und gehen Sie auf **www.galileodesign.de**. Dort finden Sie den Kasten **Die Bonus-Seite für Buchkäufer**. Klicken Sie auf **Zur Bonus-Seite / Buch registrieren**, und geben Sie Ihren **Zugangscode** ein. Schon stehen Ihnen die Bonus-Angebote zur Verfügung.

Ihr persönlicher Zugangscode

Monika Gause

Adobe Illustrator CS6
Das umfassende Handbuch

Liebe Leserin, lieber Leser,

Sie halten gerade das deutsche Standardwerk zu Adobe Illustrator in Händen! Bereits die fünfte Auflage ist hiermit erschienen, und von Beginn an waren die Leser begeistert von der Qualität des Handbuchs: vom leicht verständlichen Schreibstil der Autorin, dem Detailgrad des Buchs, den vielen attraktiven Illustrationen und leicht nachvollziehbaren Workshops.

Illustrator ist ein sehr komplexes Programm, und wenn Sie tagtäglich mit der Software arbeiten, werden Sie froh sein, ein verlässliches Nachschlagewerk auf Ihrem Schreibtisch zu finden. Denn die Funktionen des Vektorklassikers erklären sich nicht von selbst, zu umfangreich sind die Einstellungsmöglichkeiten, zu unüberschaubar auch deren Auswirkungen. Sie müssen mit Transparenzen und Masken arbeiten? In Kapitel 12 bleibt keine Frage offen. Sie wollen alles zum Perspektivenraster erfahren? Schauen Sie in Kapitel 18 nach. Sie wollen gar Illustrator um eigene Skripte erweitern? Kapitel 22 hilft Ihnen weiter.

Die erste Ausgabe des Buchs zu Version CS2 hatte nur 500 Seiten – inzwischen ist das Werk auf 800 Seiten angewachsen, um Ihnen wirklich alle Funktionen ausführlich präsentieren zu können. Die Buch-DVD trägt ebenfalls zur Vollständigkeit bei: Sie bietet alle Beispieldateien, die Sie benötigen, um die Workshops des Buchs nacharbeiten zu können, außerdem interessante Video-Lektionen, in denen Sie die Arbeit mit Illustrator einmal live nachverfolgen können.

Sollten Sie trotz der sorgfältigen Arbeit von Autorin und Verlag noch weiterführende Hinweise, Anregungen, Kritik oder Lob haben, freuen Frau Gause und ich uns über Ihre E-Mail.

Viel Erfolg bei der Arbeit mit diesem Buch!

Ihre Ruth Lahres
Lektorat Galileo Design
ruth.lahres@galileo-press.de

www.galileodesign.de
Galileo Press • Rheinwerkallee 4 • 53227 Bonn

Auf einen Blick

1 Die Arbeitsumgebung in Illustrator CS6 33
2 Neue Funktionen in CS6 49
3 Vektorgrafik-Grundlagen 53
4 Arbeiten mit Dokumenten 61
5 Geometrische Objekte und Transformationen 99
6 Pfade konstruieren und bearbeiten 141
7 Freihand-Werkzeuge 175
8 Farbe 201
9 Flächen und Konturen gestalten 255
10 Vektorobjekte bearbeiten und kombinieren 311
11 Hierarchische Struktur: Ebenen & Aussehen 353
12 Transparenzen und Masken 393
13 Spezial-Effekte 423
14 Text und Typografie 463
15 Diagramme 517
16 Muster, Raster und Schraffuren 547
17 Symbole: Objektkopien organisieren 565
18 Perspektivische Darstellungen und 3D-Live-Effekte 585
19 Mit Pixel- und anderen Fremddaten arbeiten 619
20 Austausch, Weiterverarbeitung, Druck 655
21 Web- und Bildschirmgrafik 693
22 Personalisieren und erweitern 727
23 Von FreeHand zu Illustrator 753
24 Werkzeuge und Kurzbefehle 777
25 Plug-ins für Illustrator 787

Inhalt

Vorwort 29

TEIL I Programmoberfläche und grundlegende Einstellungen

1 Die Arbeitsumgebung in Illustrator CS6

1.1	Der Arbeitsbereich	33
	1.1.1 Dokumentfenster	33
	1.1.2 Das Werkzeugbedienfeld	35
	1.1.3 Bedienfelder (Paletten)	36
	1.1.4 Das Steuerungsbedienfeld	39
	1.1.5 Allgemeine Bedienfeld-Optionen	40
	1.1.6 Werte in Bedienfeldern einrichten	40
	1.1.7 Voreinstellungen	41
	1.1.8 Kontextmenü	41
	1.1.9 Menübefehle verwenden	41

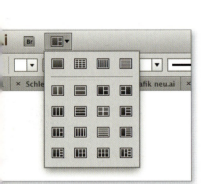

1.2	Bibliotheken verwenden	42
	1.2.1 Bibliothek laden	42
	1.2.2 Inhalte aus Bibliotheken ins Dokument übernehmen	43
	1.2.3 Anzeigeoptionen von Bibliotheken und Bedienfeldern	43
1.3	Der Anwendungsrahmen	43
	1.3.1 Den Anwendungsrahmen verwenden	44
	1.3.2 Dokumentfenster	44
1.4	Illustrator beenden	46
1.5	Adobe Bridge	47

2 Neue Funktionen in CS6

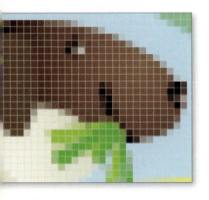

2.1	Programmarchitektur	49
2.2	Grafikbearbeitung	49
	2.2.1 Mustererstellung und -bearbeitung	49
	2.2.2 Neue Vektorisierungsfunktion	49
	2.2.3 Verläufe auf Konturen	50

	2.2.4	Gaußscher Weichzeichner	50
2.3	**Produktion**		50
	2.3.1	Pantone Plus	50
	2.3.2	Wörterbücher	50
2.4	**Im- und Export**		51
	2.4.1	Adobe Ideas	51
	2.4.2	FreeHand nicht mehr unterstützt	51
	2.4.3	HTML-Export nicht mehr möglich	51
2.5	**Bedienung und Benutzeroberfläche**		51
	2.5.1	Neuer Look	51
	2.5.2	Arbeitsbereiche	51
	2.5.3	Dialogboxen	52
	2.5.4	Bedienfelder	52
	2.5.5	Schriftmenü	52
	2.5.6	Installation und Vorgaben	52
	2.5.7	Easter-Eggs	52

3 Vektorgrafikgrundlagen

3.1	**Warum wir mit Vektoren zeichnen**		53
3.2	**Funktionsweise von Vektorgrafik**		54
	3.2.1	Formen erstellen	54
	3.2.2	Objekte	56
	3.2.3	Papierhintergrund	57
	3.2.4	Farbflächen	58
	3.2.5	Eigenschaften	58
	3.2.6	Seitenbeschreibung	60
	3.2.7	Rückschritte und Protokoll	60

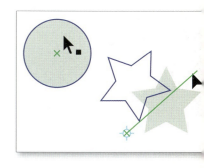

4 Arbeiten mit Dokumenten

4.1	**Dokumente erstellen und öffnen**		61
	4.1.1	Neues Dokument erstellen	61
	4.1.2	Dokument öffnen	63
	4.1.3	Dokumenteinstellungen ändern	64
	4.1.4	Papierfarbe simulieren	65
	4.1.5	Farbmanagement beim Öffnen	65
4.2	**Im Dokument navigieren**		66
	4.2.1	Zeichenfläche	66
	4.2.2	Arbeitsfläche/Montagefläche	67

Inhalt

		4.2.3	Statusleiste	67
		4.2.4	Vergrößerungsstufe verändern/zoomen	67
		4.2.5	Ansicht verschieben	68
		4.2.6	Vorschau und Pfadansicht	69
		4.2.7	Überdruckenvorschau	69
		4.2.8	Pixelvorschau	69
		4.2.9	Dokumentansicht speichern	70
		4.2.10	Mehrere Dokumentfenster öffnen	71
	4.3	»Mehrseitige« Dokumente mit Zeichenflächen		71
		4.3.1	Zeichenflächen-Modus aufrufen und verlassen	71
		4.3.2	Zeichenflächen-Bedienfeld	71
		4.3.3	Neue Zeichenflächen erstellen	72
		4.3.4	Zeichenfläche duplizieren	73
		4.3.5	Zeichenfläche skalieren	74
		4.3.6	Zeichenflächenoptionen	74
		4.3.7	Auf der Arbeitsfläche neu anordnen	76
		4.3.8	Zeichenfläche löschen	76
		4.3.9	Zwischen Zeichenflächen blättern	77
		4.3.10	Einzelne Zeichenflächen drucken oder speichern	77

	4.4	Maßeinheiten und Lineale		77
		4.4.1	Koordinatensystem	78
		4.4.2	Voreinstellungen Maßeinheiten	78
		4.4.3	Maßeinheiten des Dokuments ändern	78
		4.4.4	Lineale	79
		4.4.5	Bildachse	80
		4.4.6	Positionen, Maße und Informationen anzeigen	80
		4.4.7	Abstände messen	81

	4.5	Raster und Hilfslinien		81
		4.5.1	Raster	81
		4.5.2	Hilfslinien	82
		4.5.3	Objekte an Hilfslinien ausrichten	84
		4.5.4	Objekte an Punkten ausrichten	85
		4.5.5	Intelligente Hilfslinien/Smart Guides	85
		4.5.6	Layoutraster erstellen: In Raster teilen	88
	4.6	Widerrufen und wiederherstellen		89
	4.7	Dokumente speichern		90
		4.7.1	Speichern	91
		4.7.2	Zwischenspeichern	94
		4.7.3	Metadaten speichern	94

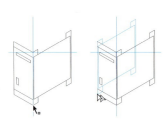

TEIL II Objekte erstellen

5 Geometrische Objekte und Transformationen

5.1	Form- und Linien-Werkzeuge	99
	5.1.1 Gerade – Liniensegment	100
	5.1.2 Bogen	101
	5.1.3 Spirale	105
	5.1.4 Rechteckige oder radiale Raster	105
	5.1.5 Rechteck/Quadrat und Ellipse/Kreis	107
	5.1.6 Abgerundetes Rechteck	107
	5.1.7 Polygon	108
	5.1.8 Stern	108
5.2	Objekte, Pfade und Punkte auswählen	110
	5.2.1 Objekte auswählen	110
	5.2.2 Punkte, Pfadsegmente, Griffe auswählen	112
	5.2.3 Objekte in einer Gruppe auswählen	113
	5.2.4 Objekte vor oder hinter anderen auswählen	113
	5.2.5 Auswahlen mit Menübefehlen verändern	114
	5.2.6 Auswahlen speichern	114
5.3	Objekte in der Stapelreihenfolge anordnen	115
	5.3.1 Davor oder Dahinter zeichnen	115
	5.3.2 Die Stapelreihenfolge ändern	115

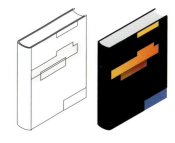

5.4	Objekte gruppieren	117
5.5	Objekte bearbeiten	118
	5.5.1 Löschen	118
	5.5.2 Copy & Paste	118
	5.5.3 Duplizieren	120
	5.5.4 Ausblenden und Einblenden	120
	5.5.5 Fixieren	120

5.6	Objekte transformieren	120
	5.6.1 Objekte verschieben	124
	5.6.2 Objekte drehen	124
	5.6.3 Objekte spiegeln	125
	5.6.4 Objekte skalieren	125
	5.6.5 Objekte gleichmäßig nach allen Seiten skalieren	126
	5.6.6 Objekte verbiegen (Scheren)	127
	5.6.7 Das Frei-transformieren-Werkzeug	130

Inhalt

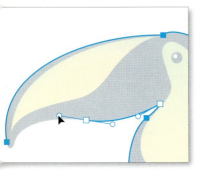

	5.6.8 Das Transformieren-Bedienfeld	131
	5.6.9 Erneut transformieren	133
	5.6.10 Einzeln transformieren	134
5.7	**Ausrichten und Verteilen**	135
	5.7.1 Objekte ausrichten	135
	5.7.2 Objekte gleichmäßig verteilen	138
	5.7.3 Ausrichten von Schnittmasken	139
	5.7.4 Ausrichten von gruppierten Objekten	139

6 Pfade konstruieren und bearbeiten

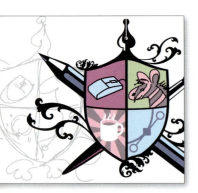

6.1	**Die Anatomie eines Pfades**	141
6.2	**Pfade erstellen**	142
	6.2.1 Werkzeuge zum Zeichnen	142
	6.2.2 Vorbereitungen	142
	6.2.3 Eckpunkte anlegen	143
	6.2.4 Kurven zeichnen mit Übergangspunkten	144
	6.2.5 Kombinationspunkte oder »gebrochene Ankerpunkte«: Eckpunkte zwischen Kurvensegmenten	145
	6.2.6 Korrekturen durchführen	147
6.3	**Punkte und Pfadsegmente auswählen**	153
	6.3.1 Vorschau oder Pfadansicht	154
	6.3.2 Aktive Pfade, Pfadsegmente und Ankerpunkte	154
	6.3.3 Smart Guides – intelligente Hilfslinien	155
	6.3.4 Pfade und Punkte ein- und ausblenden	155

6.4	**Freihand-Auswahl mit dem Lasso**	156
6.5	**Punkte und Pfadsegmente bearbeiten**	156
	6.5.1 Ankerpunkte bewegen	156
	6.5.2 Punkte transformieren	157
	6.5.3 Punkte horizontal und/oder vertikal zentrieren	158
	6.5.4 Punkte ausrichten und anordnen	158
	6.5.5 Mit Grifflinien den Kurvenverlauf anpassen	158
	6.5.6 Eckpunkte und Übergangspunkte konvertieren	159
	6.5.7 Kurven direkt bearbeiten, Pfadsegmente verschieben	161
	6.5.8 Pfadsegmente oder Ankerpunkte löschen	161
	6.5.9 Arbeiten mit dem Form-ändern-Werkzeug	162
6.6	**Pfade ergänzen und kombinieren**	163
	6.6.1 Auf einem Pfad Ankerpunkte hinzufügen	163
	6.6.2 Ankerpunkte automatisch hinzufügen	164
	6.6.3 Pfade verlängern bzw. weiterführen	164

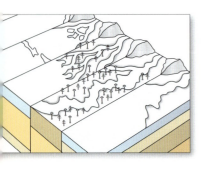

	6.6.4	Neuen Pfad mit einem bestehenden Pfad verbinden	165
	6.6.5	Offene oder geschlossene Pfade?	165
	6.6.6	Pfade schließen	166
	6.6.7	Endpunkte von mehreren Pfaden zusammenfügen	167
	6.6.8	Pfade zerschneiden	167
	6.6.9	Sich selbst überschneidende Pfade – Füllregeln	168
6.7	Strategien zum Zeichnen von Vektorpfaden	168
	6.7.1	Handskizzen als Grundlage	169
	6.7.2	Effizient arbeiten mit Vorlagen	169
	6.7.3	Umgang mit Details	169
	6.7.4	Form-Werkzeuge benutzen	170
	6.7.5	Erst denken, dann zeichnen	170
	6.7.6	Schwungvoll und handgezeichnet	170
	6.7.7	Kreuzende Formen (z. B. in Schriften und Logos)	171
	6.7.8	Wie viele Punkte dürfen es denn sein?	171
	6.7.9	Verwendung der Grifflinien	173
	6.7.10	Lernen Sie aus gelungenen Illustrationen	173
	6.7.11	Prüfen	173

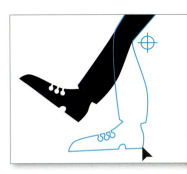

7 Freihand-Werkzeuge

7.1	Freihand-Linien zeichnen		175
	7.1.1	Das Buntstift-Werkzeug		175
	7.1.2	Das Pinsel-Werkzeug		179
	7.1.3	Kalligrafische Pinsel		181
7.2	»Natürlich« malen mit dem Borstenpinsel		184
7.3	Flächen malen mit dem Tropfenpinsel		187
7.4	Objekte intuitiv bearbeiten und Pfade vereinfachen		191
	7.4.1	Das Glätten-Werkzeug		191
	7.4.2	Pfade vereinfachen		192
	7.4.3	Das Messer-Werkzeug		193
	7.4.4	Das Radiergummi-Werkzeug		194
	7.4.5	Das Löschen-Werkzeug		195
7.5	Objekte intuitiv deformieren mit den Verflüssigen-Werkzeugen		195
	7.5.1	Arbeitsweise der Werkzeuge		196
	7.5.2	Verflüssigen-Werkzeuge zum Deformieren anwenden		197

Inhalt

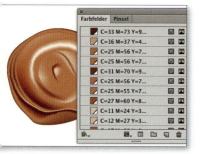

8 Farbe

- 8.1 Farbmodelle 201
  - 8.1.1 RGB 202
  - 8.1.2 CMYK 202
- 8.2 Farbmanagement 203
  - 8.2.1 Farbmanagement vorbereiten 203
  - 8.2.2 Farbmanagement über Adobe Bridge einrichten 203
  - 8.2.3 Farbeinstellungen in Illustrator 204
  - 8.2.4 Farbprofile und Dokumente 208
- 8.3 Dokumentfarbmodus 209
- 8.4 Farben anwenden und definieren 210
  - 8.4.1 Objektfarben – lokale und globale Farbfelder 210
  - 8.4.2 Kontur und Fläche 211
  - 8.4.3 Arbeiten mit dem Farbe-Bedienfeld 212
  - 8.4.4 Farben mit der Pipette übertragen 214
  - 8.4.5 Der Farbwähler 214

- 8.5 Mit Farbfeldern arbeiten 215
  - 8.5.1 Farbfelder-Bedienfeld 215
  - 8.5.2 Neue Farbfelder anlegen 219
  - 8.5.3 Farbfeldoptionen bzw. Neues Farbfeld 220
  - 8.5.4 Farbfelder aus verwendeten Farben erstellen 223
  - 8.5.5 Farben aus anderen Dokumenten laden 223
- 8.6 Farbfelder anwenden 224
  - 8.6.1 Farbfelder zuweisen 224
  - 8.6.2 Farbfelder organisieren 224
  - 8.6.3 Buchfarbenoptionen 225
  - 8.6.4 Farbgruppen erstellen 226
  - 8.6.5 Farbgruppen bearbeiten 227
  - 8.6.6 Farbfelder löschen 228
  - 8.6.7 Farbfeldbibliotheken selbst erstellen 228
  - 8.6.8 Farben in der Creative Suite 6 austauschen 228

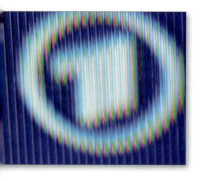

- 8.7 Farbharmonien erarbeiten 229
  - 8.7.1 Farbhilfe-Bedienfeld 229
  - 8.7.2 Barrierefreiheit von Farbkombinationen 232
- 8.8 Mit Kuler arbeiten 232
  - 8.8.1 Kuler-Bedienfeld 232
  - 8.8.2 Eigene Farbgruppen in Kuler veröffentlichen 234
- 8.9 Interaktive Farbe verwenden 234
  - 8.9.1 Farbharmonien in Farbgruppen bearbeiten 235
  - 8.9.2 Farben in Objekten ändern 238

8.10 Farbfilter 251
    8.10.1 Farbbalance einstellen (Farben einstellen) 251
    8.10.2 Sättigung erhöhen (Sättigung verändern) 253
    8.10.3 In Graustufen konvertieren 253
    8.10.4 In CMYK konvertieren, in RGB konvertieren 253
    8.10.5 Horizontal, Vertikal, Vorne -> Hinten angleichen 254
    8.10.6 Farben invertieren 254

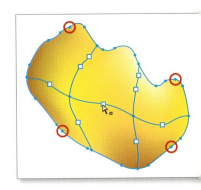

9 Flächen und Konturen gestalten

9.1 Standardkonturoptionen 255
    9.1.1 Kontur-Bedienfeld 255

9.2 Pfeilspitzen 258
    9.2.1 Pfeilspitzen zuweisen 258
    9.2.2 Pfeilspitzen selbst erstellen 259
    9.2.3 Pfeilspitzen in alten Dokumenten 259

9.3 Variable Konturstärken mit dem Breitenwerkzeug 259
    9.3.1 Wie funktionieren Breitenprofile? 259
    9.3.2 Breitenpunkte anlegen und bearbeiten 260
    9.3.3 Speichern eines Breitenprofils 262
    9.3.4 Breitenprofil zuweisen 263

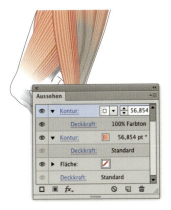

9.4 Pinselkonturen 264
    9.4.1 Pinsel-Bedienfeld 265
    9.4.2 Pinselkontur als Eigenschaft zuweisen 265
    9.4.3 Pinselkontur von einem Objekt entfernen 265
    9.4.4 Pinselkonturen editieren – Optionen 265
    9.4.5 Bildpinsel 266
    9.4.6 Spezialpinsel 270
    9.4.7 Musterpinsel 271
    9.4.8 Pinsel-Bibliotheken laden 272
    9.4.9 Pinsel umfärben 272
    9.4.10 Pinselspitzen selbst erstellen 273
    9.4.11 Pinsel-Muster 277
    9.4.12 Pinselkonturen in Pfade umwandeln 278

9.5 Auswahlen auf Farb- und Objektbasis 278
    9.5.1 Zauberstab-Werkzeug – Objektauswahl 278
    9.5.2 Objekte mit gleichen Attributen über das Menü auswählen 280

9.6 Verläufe 281
    9.6.1 Verlauf-Bedienfeld 281
    9.6.2 Arbeiten mit dem Verlaufsregler 282

9.6.3	Verlauf-Werkzeug	284
9.6.4	Verlaufsoptimierer verwenden	285
9.6.5	Verläufe an Objekten anwenden	286
9.6.6	Verläufe auf Konturen	288
9.6.7	Verlauf in das Farbfelder-Bedienfeld übernehmen	290
9.6.8	Verläufe und Volltonfarben	290
9.6.9	Verlaufsobjekte verformen	290
9.6.10	Probleme mit dem Mittelpunkt	291
9.6.11	Verläufe umwandeln	291
9.6.12	Konischer Verlauf	292

9.7 Gitterobjekte – Verlaufsgitter 295
    9.7.1 Verlaufsgitter erzeugen 296
    9.7.2 Verlaufsgitter bearbeiten 299
    9.7.3 Verlaufsgitter zurückwandeln 307

TEIL III Objekte organisieren und bearbeiten

10 Vektorobjekte bearbeiten und kombinieren

10.1 Objekte kombinieren 311
    10.1.1 Gruppieren 312
    10.1.2 Zusammengesetzter Pfad 312
    10.1.3 Zusammengesetzte Form 313

10.2 Objekte zerteilen – Pathfinder 316
    10.2.1 Pathfinder-Funktionen 316
    10.2.2 Pathfinder-Effekte 320
    10.2.3 Andere Methoden, um Objekte zu zerteilen 321

10.3 Formen intuitiv erstellen 321
    10.3.1 Funktionsweise des Formerstellungswerkzeugs 321
    10.3.2 Eine Form aus Bereichen bilden 323
    10.3.3 Kanten einfärben und Konturen auftrennen 323

10.4 Interaktiv malen 324
    10.4.1 Malgruppe erstellen 326
    10.4.2 Malgruppe bearbeiten 326

10.5 Linien in Flächen umwandeln 333
    10.5.1 Die Funktion »Konturlinie« 333
    10.5.2 Der Effekt »Konturlinie« 335

10.6 Formen und Objekte »überblenden« 339
    10.6.1 Pfade interpolieren – Angleichung erstellen 340

	10.6.2	Farben, Transparenz, Effekte, Symbole und Gruppen angleichen	341
	10.6.3	Angleichung-Optionen	343
	10.6.4	Fertige Angleichungsgruppen verändern	343
10.7	Objekte mit »Hüllen« verzerren		347
	10.7.1	Verzerrungshülle Verkrümmung	347
	10.7.2	Verzerrungshülle Gitter	348
	10.7.3	Eigene Verzerrungshülle	348
	10.7.4	Gemeinsame Einstellungen für alle Verzerrungshüllen	349
	10.7.5	Verzerrungshüllen ändern und bearbeiten	350
	10.7.6	Verkrümmungen als Effekt anwenden	352

11   Hierarchische Struktur: Ebenen & Aussehen

11.1	Ebenen-Grundlagen		353
	11.1.1	Ebenen-Bedienfeld	353
	11.1.2	Vorlagenebenen	355
	11.1.3	Gruppen	356
11.2	Mit dem Ebenen-Bedienfeld arbeiten		356
	11.2.1	Ebenen erstellen	357
	11.2.2	Ebenenoptionen	357
	11.2.3	Elemente im Ebenen-Bedienfeld auswählen	359
	11.2.4	Elemente duplizieren	360
	11.2.5	Ebenen zusammenfügen und löschen	360
	11.2.6	Neue Ebenen für ausgewählte Objekte erstellen	361
	11.2.7	Ebenen und Elemente verschieben	362
	11.2.8	Ebenen beim Einfügen merken	363
	11.2.9	Verstecken und Fixieren	364
11.3	Objekt- und Ziel-Auswahl		364
	11.3.1	Objekte mit dem Ebenen-Bedienfeld auswählen	364
	11.3.2	Objekte verschieben und duplizieren	365
	11.3.3	Ziel-Auswahl und Aussehen-Eigenschaften	365
	11.3.4	Aussehen verschieben und duplizieren	367
	11.3.5	Ebenen und Aussehen-Eigenschaften	367
11.4	Objekte mit Schnittmasken formen		367
	11.4.1	Schnittmasken erstellen	368
	11.4.2	Schnittsätze editieren	369
	11.4.3	Mit Schnittmasken arbeiten	370
	11.4.4	Schnittmaske zurückwandeln	371

Inhalt

11.5	**Mit dem Isolationsmodus in tiefe Hierarchien vordringen**	.	**371**
	11.5.1 Isolationsmodus aufrufen		371
	11.5.2 Im Isolationsmodus arbeiten		372
	11.5.3 Isolationsmodus beenden		372
11.6	**Aussehen-Eigenschaften**		**373**
	11.6.1 Aussehen-Bedienfeld		373
	11.6.2 Konturen und Flächen anlegen		375
	11.6.3 Eigenschaften zuordnen		376
	11.6.4 Eigenschaften bearbeiten		376
	11.6.5 Eigenschaften für neue Objekte		378
	11.6.6 Aussehen und Gruppen/Ebenen/Symbole		378
	11.6.7 Auswahl auf der Basis von Eigenschaften		379
	11.6.8 Aussehen umwandeln		379
	11.6.9 Aussehen-Attribute vom Objekt entfernen		380
11.7	**Aussehen-Eigenschaften mit der Pipette übertragen**		**380**
	11.7.1 Attribute übernehmen		380
	11.7.2 Farbe aufnehmen		381
11.8	**Aussehen-Eigenschaften als Grafikstile speichern**		**382**
	11.8.1 Grafikstile-Bedienfeld		382
	11.8.2 Grafikstil zuweisen		383
	11.8.3 Grafikstil erstellen		384
	11.8.4 Attribute eines Grafikstils ändern		385

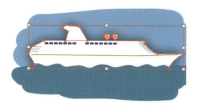

12 Transparenzen und Masken

12.1	**Deckkraft und Füllmethode**		**393**
	12.1.1 Transparenz-Bedienfeld		393
	12.1.2 Füllmethoden		394
	12.1.3 Transparenzen zuweisen		397
	12.1.4 Probleme mit Schwarz und Weiß im Farbmodus CMYK		398
	12.1.5 Objekte mit einer bestimmten Deckkraft oder Füllmethode auswählen		398
	12.1.6 Transparenz und Gruppen		398
	12.1.7 Transparenzeinstellungen zurücksetzen		400
12.2	**Deckkraftmasken**		**403**
	12.2.1 Deckkraftmaske erstellen		404
	12.2.2 Verknüpfung von Objekt und Deckkraftmaske		405
	12.2.3 Optionen für Deckkraftmasken		406
	12.2.4 Deckkraftmaske bearbeiten		407
	12.2.5 Maskengruppe bearbeiten und ergänzen		407

	12.2.6	Deckkraftmaske vom Objekt entfernen 408
12.3	»Transparenz«-Effekte 410	
12.4	Transparenzen reduzieren 411	
	12.4.1	Transparenzquellen 411
	12.4.2	Arbeitsweise des Flatteners 412
	12.4.3	Problemfälle 412
	12.4.4	Einstellungen für die Transparenzreduzierung 414
	12.4.5	Transparenzreduzierungsvorgaben einrichten 416
	12.4.6	Reduzierungsvorschau 417
	12.4.7	Beispiele 419
	12.4.8	Objekte manuell reduzieren 420
12.5	Transparenz speichern 420	
	12.5.1	AI (Illustrator) 421
	12.5.2	EPS 421
	12.5.3	PDF 421

13 Spezial-Effekte

13.1	Allgemeines zu Effekten 423	
	13.1.1	Arbeitsweise von Effekten 423
	13.1.2	Effekte zuweisen 424
	13.1.3	Anordnung von Effekten im Aussehen-Bedienfeld ... 425
	13.1.4	Effekte editieren 426
	13.1.5	Effekte vom Objekt löschen 427
	13.1.6	Effekte umwandeln 427
13.2	Konstruktionseffekte 427	
	13.2.1	In Form umwandeln 428
	13.2.2	Ecken abrunden 428
	13.2.3	Frei verzerren 429
	13.2.4	Transformieren 429
	13.2.5	Kontur nachzeichnen 431
	13.2.6	Konturlinie 431
	13.2.7	Pfad verschieben 432
	13.2.8	Pathfinder 432
	13.2.9	Pfeilspitzen 433
13.3	Zeichnerische Effekte 435	
	13.3.1	Scribble-Effekt 435
	13.3.2	Zickzack und Aufrauen 436
	13.3.3	Tweak 438
	13.3.4	Wirbel 439

Inhalt

	13.3.5	Zusammenziehen und aufblasen	439
	13.3.6	Verkrümmungsfilter	440
13.4	**Pixelbasierte Effekte**		442
	13.4.1	Dokument-Rastereffekt-Einstellungen	442
	13.4.2	Effekte und Auflösung	445
	13.4.3	In Pixelbild umwandeln	445
	13.4.4	Gaußscher Weichzeichner	446
	13.4.5	Weiche Kante	446
	13.4.6	Schlagschatten	447
	13.4.7	Schein nach außen	448
	13.4.8	Schein nach innen	449
	13.4.9	Photoshop-Filter	449
13.5	**Special Effects**		455
	13.5.1	Blendenflecke	455
	13.5.2	Objektmosaik	457
	13.5.3	SVG-Filter	459

TEIL IV Spezialobjekte

14 Text und Typografie

14.1	**Textobjekte erzeugen**		463
	14.1.1	Textausrichtung	464
	14.1.2	Punkttext erstellen	464
	14.1.3	Flächentext erstellen	464
	14.1.4	Pfadtext erstellen	465
14.2	**Textobjekte bearbeiten**		465
	14.2.1	Flächentextobjekte bearbeiten	465
	14.2.2	Flächentexteigenschaften einrichten	466
	14.2.3	Textbreite an Flächenbreite anpassen	468
	14.2.4	Objekte umfließen	468
	14.2.5	Punkttext- und Pfadtextobjekte transformieren	470
	14.2.6	Text am Pfad verschieben	470
	14.2.7	Abstand der Zeichen eines Pfadtextes	471
	14.2.8	Ausrichten der Zeichen auf dem Pfad	471
	14.2.9	Verkettete Textobjekte	473
14.3	**Texte importieren**		475
	14.3.1	Kopieren/Einfügen	476
	14.3.2	Text laden	476
	14.3.3	Textdateien öffnen	477

	14.3.4 Texte aus alten Illustrator-Dateien – Legacy Text	477
	14.3.5 Fremdsprachentexte	478
14.4	Textinhalte editieren	478
	14.4.1 Nicht druckbare Zeichen	479
	14.4.2 Sprachen zuweisen	479
	14.4.3 Anführungszeichen definieren	479
	14.4.4 Groß- und Kleinschreibung ändern	480
	14.4.5 Satz- und Sonderzeichen	480
	14.4.6 OpenType	481
	14.4.7 Glyphen-Bedienfeld	482
	14.4.8 Rechtschreibprüfung	484
	14.4.9 Wörterbuch bearbeiten	485
	14.4.10 Suchen und ersetzen	485
14.5	Zeichen formatieren	487
	14.5.1 Grundlegende Formatierungen	488
	14.5.2 Schrift umformen, verformen und verschieben	490
	14.5.3 Schriftdarstellung am Bildschirm verbessern	492
	14.5.4 Satzoptionen	493
	14.5.5 Zeichenformatierungen auf andere Texte übertragen	493
	14.5.6 Schriftart suchen	493
14.6	Absätze formatieren	495
	14.6.1 Das Absatz-Bedienfeld	495
	14.6.2 Grundlegende Formatierungen	495
	14.6.3 Umbruchoptionen	497
	14.6.4 Tabulatoren	501
14.7	Zeichen- und Absatzformate	505
	14.7.1 Besonderheiten der Illustrator-Textformate	505
	14.7.2 Formate verwalten	506
	14.7.3 Formate anwenden	507
14.8	Mit Texten gestalten	507
	14.8.1 Einfache Aussehen-Optionen	507
	14.8.2 Komplexe Aussehen-Optionen	509
	14.8.3 Pfad- und Flächentexte	510
	14.8.4 Überdrucken von Schwarz	511
	14.8.5 Spezialeffekte	511
	14.8.6 Button erstellen	511
	14.8.7 Text als Masken verwenden	512
	14.8.8 Grunge-Look	512
14.9	Von Text zu Grafik	513
	14.9.1 Text in Pfade umwandeln	513

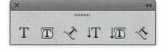

Inhalt

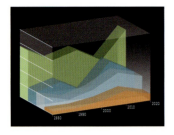

14.9.2 Glättung von Text beim Speichern in Bitmap-Formate und beim Umwandeln in Pixelbilder 515

15 Diagramme

15.1	Ein Diagramm erstellen 517
	15.1.1 Das »Arbeitsblatt« für die Dateneingabe 518
	15.1.2 Dateneingabe 519
	15.1.3 Diagrammelemente 520
15.2	Kreisdiagramme 521
	15.2.1 Farben und Schriften ändern 523
15.3	Säulen- und Balkendiagramme 523
	15.3.1 Vertikales Balkendiagramm oder Säulendiagramm .. 523
	15.3.2 Gestapeltes vertikales Balkendiagramm 526
	15.3.3 Horizontales Balkendiagramm 528
	15.3.4 Gestapeltes horizontales Balkendiagramm 528
	15.3.5 Eigene Balkendesigns 528
	15.3.6 Diagrammdesigns aus anderen Dokumenten laden 534
	15.3.7 Diagrammdesigns ändern 534
15.4	Linien- und Flächendiagramme 535
	15.4.1 Liniendiagramm 535
	15.4.2 Farben und Schriften ändern 536
	15.4.3 Eigene Punktedesigns 537
	15.4.4 Flächendiagramm 538
15.5	Kombinierte Diagramme 538
15.6	Streu- oder Punktdiagramme 540
15.7	Netz- oder Radardiagramme 541
15.8	Diagramme weiterbearbeiten 542
	15.8.1 Allgemeine Hinweise zur Diagrammbearbeitung 542
	15.8.2 Diagramme skalieren 542
	15.8.3 3D-Diagramme 543
	15.8.4 Effekte 543
	15.8.5 Corporate-Design-Vorgaben und Illustrator-Diagramme 543
	15.8.6 Dynamische Daten 544
	15.8.7 Diagramme »umwandeln« und nachbearbeiten 546

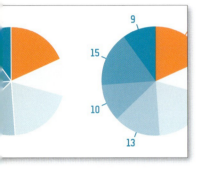

16 Muster, Raster und Schraffuren

16.1 Füllmuster verwenden 547

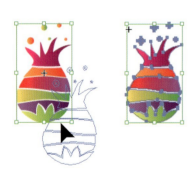

	16.1.1	Muster zuweisen	548
	16.1.2	Musterausrichtung	548
	16.1.3	Muster transformieren	549
	16.1.4	Muster verändern	551
	16.1.5	Musterfüllung umwandeln	551
	16.1.6	Muster und Speicherplatz	551
16.2	Eigene Muster entwickeln		552
	16.2.1	Mustertheorie	552
	16.2.2	Aufbau eines Musters in Illustrator	554
	16.2.3	Muster erstellen	555
	16.2.4	Das Musteroptionen-Bedienfeld	556
	16.2.5	Musterfelder speichern	558
	16.2.6	Muster bearbeiten	559
	16.2.7	Musterfelderoptimierung	559
16.3	Schraffuren und Strukturen mit anderen Mitteln umsetzen		563
	16.3.1	Transformieren-Effekt	563
	16.3.2	Scribble-Effekt	563
	16.3.3	Objektmosaik	563
	16.3.4	Handgemachte Strukturen	564
	16.3.5	Generative Schraffuren	564
	16.3.6	Transparente Überlagerungen	564

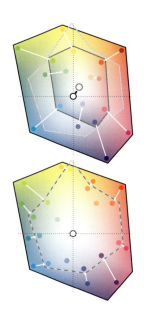

17 Symbole: Objektkopien organisieren

17.1	Wie funktionieren Symbole?		565
17.2	Symbole verwalten		566
	17.2.1	Symbole-Bedienfeld	566
	17.2.2	Symbol auf der Zeichenfläche platzieren	568
	17.2.3	Symbole transformieren	568
	17.2.4	Symbole bearbeiten	569
17.3	Symbol-Werkzeuge		571
	17.3.1	Gemeinsamkeiten der Symbol-Werkzeuge	571
	17.3.2	Symbol-aufsprühen-Werkzeug	573
	17.3.3	Symbol-verschieben-Werkzeug	574
	17.3.4	Symbol-stauchen-Werkzeug	574
	17.3.5	Symbol-skalieren-Werkzeug	575
	17.3.6	Symbol-drehen-Werkzeug	576
	17.3.7	Symbol-färben-Werkzeug	576
	17.3.8	Symbol-transparent-gestalten-Werkzeug	577
	17.3.9	Symbol-gestalten-Werkzeug	578
17.4	Eigene Symbole entwickeln		578

| 17.4.1 | Neues Symbol erstellen | 578 |
| 17.4.2 | Symbol-Bibliotheken speichern | 580 |

18 Perspektivische Darstellungen und 3D-Live-Effekte

18.1 Zeichnungen in Fluchtpunktperspektive anlegen … 585
- 18.1.1 Anatomie eines Perspektivenrasters … 586
- 18.1.2 Perspektivenraster numerisch einrichten … 587
- 18.1.3 Perspektivenraster intuitiv anpassen … 588
- 18.1.4 Direkt im Perspektivenraster zeichnen … 591
- 18.1.5 Bestehende Objekte im Perspektivenraster platzieren … 592
- 18.1.6 Objekte im Perspektivenraster bearbeiten … 593
- 18.1.7 Konturen, Effekte und besondere Objekte … 596
- 18.1.8 Umwandeln … 597
- 18.1.9 Perspektivenraster und 3D-Effekte … 597

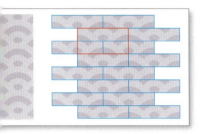

18.2 3D-Objekte mit den 3D-Effekten erzeugen … 597
- 18.2.1 Grundformen … 598
- 18.2.2 Extrudieren und abgeflachte Kante … 599
- 18.2.3 Eigene Kantenprofile hinzufügen und verwenden … 600
- 18.2.4 Kreiseln … 601
- 18.2.5 Objekte im Raum ausrichten … 602
- 18.2.6 Drehen … 603
- 18.2.7 Schattierung und Beleuchtung … 605
- 18.2.8 Beleuchtung positionieren … 606
- 18.2.9 3D-Effekte in Vektorpfade umrechnen … 610

18.3 Oberflächen-Mapping … 611
- 18.3.1 Flächenaufteilung … 612
- 18.3.2 Bildmaterial anlegen … 612
- 18.3.3 Bildmaterial zuweisen … 613
- 18.3.4 3D-Effekte auf andere Objekte übertragen … 615

19 Mit Pixel- und anderen Fremddaten arbeiten

19.1 Externe Dateien integrieren … 621
- 19.1.1 Verknüpfen oder einbetten? … 621
- 19.1.2 Import der externen Daten … 621
- 19.1.3 Schmuckfarben in platzierten Dateien … 623
- 19.1.4 Photoshop- und TIFF-Dateien importieren … 624
- 19.1.5 PDF importieren … 626

	19.1.6	EPS-Dateien importieren	627
	19.1.7	Daten vom Tablet importieren: Adobe Ideas etc.	627
	19.1.8	CorelDraw-Dateien importieren	627
	19.1.9	Objekte aus Flash-Dateien importieren	628
19.2	Platzierte Daten verwalten		628
	19.2.1	Steuerungsbedienfeld	628
	19.2.2	Verknüpfungen-Bedienfeld	628
	19.2.3	Verknüpfungen automatisch aktualisieren	631
19.3	Bilddaten bearbeiten		631
	19.3.1	Pixelgrafik mit Vektorwerkzeugen bearbeiten	632
	19.3.2	Graustufen und Bitmaps kolorieren	632
	19.3.3	Bilder maskieren	634
	19.3.4	Freiform-Masken auf Bilder anwenden	634
	19.3.5	Filter	635
19.4	Pixeldaten vektorisieren		636
	19.4.1	Welche Vektorisierung ist für mein Motiv geeignet?	637
	19.4.2	Empfehlungen zur Aufbereitung der Bilder	638
19.5	Der Bildnachzeichner		639
	19.5.1	Was passiert mit interaktiv nachgezeichneten Objekten in alten Dateien?	639
	19.5.2	Bildnachzeichner-Objekte erstellen	639
	19.5.3	Bildnachzeichner-Bedienfeld: Nachzeicheroptionen	640
	19.5.4	Einstellungen als Nachzeichnervorgabe speichern	646
	19.5.5	Nachzeichnerobjekt bearbeiten	646

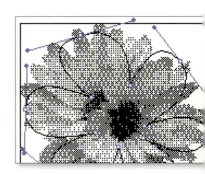

TEIL V Ausgabe und Optimierung

20 Austausch, Weiterverarbeitung, Druck

20.1	Export für Layout und Bildbearbeitung		655
	20.1.1	Exportieren und Speichern einzelner Zeichenflächen	656
	20.1.2	Speichern als EPS	657
	20.1.3	Nach InDesign per Copy & Paste	659
	20.1.4	Export nach Photoshop	659
	20.1.5	Export als TIFF (Tagged Image File Format)	661
	20.1.6	AutoCAD DWG/DXF exportieren	661
	20.1.7	WMF/EMF exportieren	661
	20.1.8	Sonstige Formate exportieren	662

Inhalt

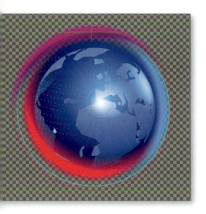

20.2	Ausgabe als PDF	663
20.2.1	PDF speichern	663
20.3	Grafiken für den Druck vorbereiten	667
20.3.1	Bildauflösung	667
20.3.2	Komplexität	667
20.3.3	Registerungenauigkeit/Passerungenauigkeit	668
20.3.4	Beschnittzugabe/Druckerweiterung	674
20.3.5	Tiefschwarz	674
20.3.6	Druckdatencheck am Bildschirm	676
20.3.7	Schnittmarken	678
20.3.8	In Pfade umwandeln	679
20.4	Ausdrucken	680
20.4.1	Allgemein	681
20.4.2	Marken und Anschnitt/Beschnittzugabe	683
20.4.3	Ausgabe	684
20.4.4	Grafiken	686
20.4.5	Farbmanagement	687
20.4.6	Erweitert	688
20.4.7	Übersicht	689
20.4.8	Druckvorgaben speichern	690
20.4.9	Problemanalyse	690
20.5	Mit Verknüpfungen und Fonts verpacken	691

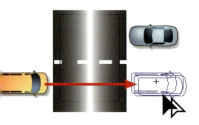

21 Web- und Bildschirmgrafik

21.1	Screendesign mit Illustrator	693
21.1.1	Datei einrichten	693
21.1.2	Pixelvorschau und Ausrichten	694
21.1.3	Barrierefreiheit	696
21.1.4	Slices	696
21.1.5	Für Web und Geräte speichern	698
21.1.6	Übergabe an Photoshop und Fireworks	704
21.2	Bildformate: GIF, JPEG und PNG	705
21.2.1	GIF – Graphics Interchange Format	705
21.2.2	JPG – Joint Photographic Expert Group	706
21.2.3	PNG – Portable Network Graphics	707
21.2.4	Imagemaps	707
21.3	SVG	708
21.3.1	Datei einrichten	709
21.3.2	Transparenz, Filter, Effekte	709

	21.3.3	Interaktivität	709
	21.3.4	Speicheroptionen	710
21.4	Flash		712
	21.4.1	Datei einrichten	712
	21.4.2	Symbole	714
	21.4.3	9-Slice-Skalierung	714
	21.4.4	SWF speichern	715
	21.4.5	Illustrator- und SWF-Dateien in Flash importieren	719
	21.4.6	Copy & Paste	720
21.5	FXG		720
21.6	Video und Film		722
	21.6.1	Videovorlagen	722
	21.6.2	Wichtige Einstellungen in Illustrator	722
	21.6.3	Dateien für Video vorbereiten	723
	21.6.4	Für After Effects und Premiere speichern	725
	21.6.5	Pfade kopieren und einfügen	725
	21.6.6	Illustrator-Dateien in Videoprojekte importieren	726
	21.6.7	Wichtige Einstellungen in After Effects	726

22 Personalisieren und erweitern

22.1	Anpassen		727
	22.1.1	Benutzerdefinierte Arbeitsbereiche	727
	22.1.2	Vorlagen	728
	22.1.3	Dokumentprofile	729
	22.1.4	Bibliotheken	730
	22.1.5	Tastaturbefehle	730
22.2	Automatisieren mit Aktionen		733
	22.2.1	Aktionen-Bedienfeld	733
	22.2.2	Stapelverarbeitung	739
22.3	JavaScript & Co.		744
	22.3.1	JavaScripts laden, installieren und anwenden	745
	22.3.2	Creative Suite Extensions mit Flash/Flex	748
22.4	Variablen		748
	22.4.1	Variablen mit dem Bedienfeld verwalten	748
	22.4.2	Datensatz erfassen	750
	22.4.3	Variablen sperren/entsperren	751
22.5	Erweitern		751
	22.5.1	Plug-ins installieren	751
	22.5.2	Plug-ins programmieren	752

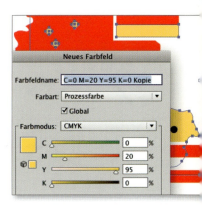

Inhalt

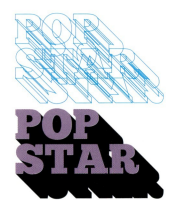

23 Von FreeHand zu Illustrator

23.1 Die Arbeitsumgebung einrichten 753
    23.1.1 Dokumentprofil und Dokumentfarbmodus 753
    23.1.2 Farbmanagement 754
    23.1.3 Hilfslinien 754
    23.1.4 Die Werte sind ungenau 755
    23.1.5 Arbeit sparen durch Automatisierung 755
    23.1.6 Kooperation mit anderen Applikationen 755

23.2 Vom Dokument zum Objekt 755
    23.2.1 Seiten (Zeichenflächen) 755
    23.2.2 Wo kommen all die Ebenen her? 757

23.3 Auswählen 758
    23.3.1 Warum gibt es drei Auswahl-Werkzeuge? 758
    23.3.2 Ausgewählte Punkte 759
    23.3.3 Auswahlrechteck 759
    23.3.4 Darunterliegende Objekte auswählen
            und das Kontextmenü 759
    23.3.5 Nach Objekteigenschaften suchen 760
    23.3.6 Bildschirmdarstellung der Auswahl 760
    23.3.7 Gruppen bequemer bearbeiten 760

23.4 Konstruieren und zeichnen 761
    23.4.1 Wie kann man Formen nachträglich editieren? 761
    23.4.2 Pfade zeichnen – geht das nicht einfacher? 761
    23.4.3 Wie kehre ich die Pfadrichtung um? 763
    23.4.4 Wie kann ich denn in Illustrator »Pfade verbinden«? 763
    23.4.5 Sprühdose und Symbole 764
    23.4.6 Automatisch vektorisieren 764

23.5 Objekte bearbeiten 764
    23.5.1 Objekte drehen, spiegeln, skalieren, verbiegen 764
    23.5.2 Objekte ausrichten und verteilen 765
    23.5.3 Einrasten, Positionierungshilfe 765
    23.5.4 Wie kann ich Objekte klonen? 766
    23.5.5 Pfade zusammenfassen und Pathfinder-
            Operationen 766
    23.5.6 Und wo finde ich »Innen einfügen«? 766
    23.5.7 Konturen in Flächen umwandeln 767
    23.5.8 Effekte umwandeln: Ich möchte Pfade haben 767

23.6 Füllungen, Konturen, Eigenschaften 767
    23.6.1 Wo stelle ich die Objekteigenschaften ein? 767
    23.6.2 Farbe editieren 768

23.6.3 Warum funktionieren die Farbfelder nicht richtig? .. 769
23.6.4 Wie lege ich Abstufungen einer Farbe an? 769
23.6.5 Kachelfüllungen und Rasterungen 770
23.6.6 Verläufe 770
23.6.7 Wie ziehe ich kalligrafische Pfade? 770
23.6.8 Objekte am Pfad verformen mit Pinseln 770

23.7 Spezial-Objekte und -Effekte 771
23.7.1 Mischungen/Angleichungen 771
23.7.2 Objekte verzerren 771
23.7.3 Hüllenobjekte 771
23.7.4 Warum gibt es viele Funktionen nochmal als Effekt? 772
23.7.5 3D-Objekte konstruieren 772
23.7.6 Kann man in Illustrator eine Prägung erstellen? 772
23.7.7 Transparenz 773

23.8 Text 773
23.8.1 Textobjekte, Pfadtexte, Textfelder 773

23.9 Ausgabe 774
23.9.1 Soft-Proof 774
23.9.2 Für Ausgabe sammeln 775
23.9.3 PDFs speichern oder drucken? 775

24 Werkzeuge und Kurzbefehle

24.1 Das Werkzeugbedienfeld 777
24.2 Alle Werkzeuge auf einen Blick 778
24.3 Tastatur-Kurzbefehle 779
24.3.1 Menübefehle 779
24.3.2 Bedienfelderfunktionen 783
24.3.3 Textbearbeitung 783
24.3.4 Objektbearbeitung 785
24.3.5 Sonstige 786

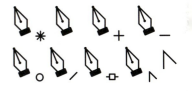

25 Plug-ins für Illustrator

CADtools, FilterIT, InkScribe, Mesh Tormentor, Phantasm CS, QuickCarton, SelectEffects, Scoop, SubScribe, SymmetryWorks, VectorScribe, WhiteOPDetector und WhiteOP2KO, Xtream Path, Zoom to Selection.. 787

Index 793

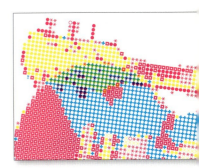

Checklisten

- Auswahl des Dateiformats 96
- Mit dem Zeichenstift arbeiten 174
- Wie gehe ich mit Verlaufsgittern um? 306
- Datei für Folienplot 334
- Was ist was? 358
- Einsatz von Ebenen 368
- Eine zusätzliche Kontur oder ein zusätzliches Objekt? 375
- Objekte lassen sich nicht bearbeiten 392
- Transparenz 422
- Effekt-Grafiken analysieren 441
- (Logo-)Vektorisierung 652
- Im Layout platzieren und drucken 692
- Programmvorgaben anpassen 732
- Entschiedungsfindung in Sachen Skripte 747
- Entscheidungsfindung in Sachen Plug-ins 752

Videotraining auf der DVD

Als Ergänzung zum Buch möchten wir Ihnen relevante Lehrfilme aus dem Videotraining »Adobe Illustrator CS6. Das umfassende Training« von Karl Bihlmeier (ISBN: 978-3-8362-1903-7) zur Verfügung stellen. So haben Sie die Möglichkeit, dieses neue Lernmedium kennenzulernen und gleichzeitig Ihr Wissen um Illustrator CS6 zu vertiefen. Sie schauen dem Trainer bei der Arbeit zu und verstehen intuitiv, wie man die erklärten Funktionen anwendet.

Um das Training zu starten, gehen Sie auf der Buch-DVD in den Ordner VIDEO-LEKTIONEN und klicken dort auf der obersten Ebene als Mac-Anwender die Datei »start.app« an (als Windows-Benutzer wählen Sie die Datei »start.exe«). Alle anderen Dateien können Sie ignorieren. Das Video-Training startet, und Sie finden sich auf der Oberfläche wieder.

Kapitel 1: Grundlegende Techniken
1.1 Eigene Arbeitsoberfläche anlegen (04:00 Min.)
1.2 Koordinaten mit dem Seitenlineal festlegen (05:12 Min.)
1.3 Füllungen und Verläufe erzeugen (11:20 Min.)

Kapitel 2: Zeichnen und Gestalten mit Illustrator CS6
2.1 Zeichnen mit dem Stifttablett (10:44 Min.)
2.2 Landkarten und Straßenpläne entwerfen (10:06 Min.)
2.3 Comics zeichnen und illustrieren (17:45 Min.)

Kapitel 3: Fortgeschrittene Techniken
3.1 Interaktives Abpausen (10:28 Min.)
3.2 3D für Schriften und Grafiken (10:35 Min.)
3.3 Transparenzen und Füllmethoden (06:15 Min.)

Inhalt

Workshops

Vektorgrafikgrundlagen
- Objekte sinnvoll anlegen 58

Arbeiten mit Dokumenten
- Mit intelligenten Hilfslinien gestalten 87

Geometrische Objekte und Transformationen
- Ein Dala-Pferdchen aus Grundformen 108
- Stapelreihenfolge ändern 116
- Eine Blume zeichnen 122
- Isometrische Zeichnung eines Computers 128
- Erneut transformieren 133
- Ausrichten 137

Pfade konstruieren und bearbeiten
- Einen stilisierten Tukan zeichnen 148

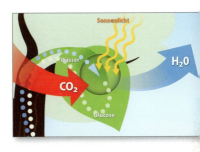

Farbe
- Farbschema finden und anwenden 231
- Farbmodus umwandeln, Farben reduzieren und Schwarz korrigieren 248

Flächen und Konturen gestalten
- Mit Breitenprofilen arbeiten 263
- Umrandung einer Landkarte mit einer Doppelkontur 274
- Eine kleine Infografik mit Verläufen 292
- Mit Verlaufsgittern illustrieren 302
- Einen konischen Verlauf erstellen 307

Vektorobjekte bearbeiten und kombinieren
- »Interaktiv malen« anwenden 328
- Reinzeichnung eines Logos 335
- Mit Angleichungen illustrieren 344

Hierarchische Struktur: Ebenen & Aussehen
- Kartengrafik effizient umsetzen 386

Transparenzen und Masken
- Aussparungsgruppen im Einsatz 400
- Mit Deckkraftmasken arbeiten 408

27

Inhalt

Spezial-Effekte
- Konturierter Text 433
- Ein Orden mit Rosette 451

Text und Typografie
- Schrift auf einem Stempel 471
- Tabulatoren einsetzen 503
- Eine Reliefschrift erstellen und grafisch gestalten 514

Diagramme
- Ein Balkendesign erstellen, zuweisen und mit Farbfeldern weiterbearbeiten 530
- 3D-Tortendiagramm 544

Muster, Raster und Schraffuren
- Ein Maschendraht als Muster 561

Symbole: Objektkopien organisieren
- Symbole erstellen und anwenden 580

Perspektivische Darstellungen und 3D-Live-Effekte
- »Drop Shadow«-Effekt 608
- Ein Buch visualisieren 615

Mit Pixel- und anderen Fremddaten arbeiten
- Ein Fotopuzzle erstellen 632
- Platzierte Bilder einrahmen 635
- Signet nachzeichnen und nacharbeiten 648

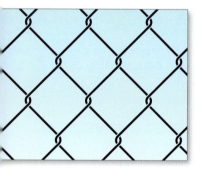

Web- und Bildschirmgrafik
- Slices für das Web speichern 700
- Zwei Objekte unterschiedlich animieren 718

Personalisieren und erweitern
- Aktion und Stapelverarbeitung zum Umfärben von Objekten 740

Vorwort

Vektorprogramme faszinieren mich, da sie mich mit ihren Funktionen nicht nur auf der kreativen Ebene fordern, sondern auch logisch durchblickt werden wollen. Wenn man beide Ebenen zusammenbringt, dann kann man mit Vektorsoftware »zaubern«.

Gebrauch des Praxisbuchs
Auch wenn ich dieses Buch in erster Linie als Handbuch und Nachschlagewerk geschrieben habe, können Sie damit selbstverständlich Illustrator erlernen. In diesem Fall folgen Sie dem Praxisbuch von vorne bis hinten – es beginnt mit den Vektor-Grundlagen und geht dann über die einfachen Werkzeuge und Funktionen hin zu immer komplexeren Dingen.

In fast jedem Kapitel finden Sie Schritt-für-Schritt-Anleitungen, mit denen Sie die besprochenen Funktionen anhand praktischer Beispiele vertiefen können. Neben den hervorgehobenen Workshops gibt es viele nicht ganz so ausführlich gefasste Anleitungen, sodass tatsächlich sehr viele Techniken abgedeckt sind. Die Workshops können vielleicht nicht genau Ihre Aufgaben lösen, aber Sie lernen hiermit die Techniken kennen, um die von Ihnen geplanten Effekte zu erzielen.

Checklisten fassen besondere Fragestellungen kurz und übersichtlich zusammen. Sie können die Listen auch zum praxisnahen Einstieg in ein Thema verwenden und sich dieses anhand der Stichworte erarbeiten.

Tipps und Hinweise

In farbigen **Tipp-** und **Hinweis-Boxen** finden Sie nützliche Anmerkungen aller Art. Die Randnotizen beschleunigen Ihren Workflow, weisen auf besondere Stolpersteine hin oder geben Zusatzinformationen für Fortgeschrittene.

Abbildungen
Die Abbildungen zeigen besprochene Funktionen möglichst isoliert und demonstrieren dabei deren praktischen Einsatz. Vor allem wenn Sie nicht wissen, wie die Funktion heißen könnte, mit der sich eine Grafik realisieren ließe, sollen Ihnen die Abbildungen dabei helfen, einen bestimmten Effekt oder eine Vorgehensweise schneller zu finden. Viele

Abbildungen finden Sie als Illustrator-Dokumente zum »Auseinandernehmen« auf der beiliegenden DVD, geordnet nach den Kapitelnummern. Analysieren Sie die Dokumente, um ihren Aufbau zu verstehen.

Kontakt

Auf der Website *www.galileo-press.de* können Sie sich auf der »Bonus-Seite für Buchkäufer« mit Ihrer Registrierungsnummer, die vorne im Buch abgedruckt ist, einloggen und erhalten dort zusätzliches Material zum Download. Über die Website von Galileo Press oder per E-Mail an den Verlag können Sie auch Kontakt mit mir aufnehmen, um Fragen, Anregungen und Kritik loszuwerden.

Viele Tipps zu Illustrator habe ich auf meiner Website *www.vektorgarten.de* gesammelt. Ich bin natürlich neugierig und interessiere mich sehr für Ihre Herangehensweise, Ihre Erfahrungen mit Illustrator und mit meinem Buch und für die Arbeiten, die Sie mit beider Hilfe erstellen. Ich freue mich auf Ihre Post.

Dank

Auch in der fünften Runde hat dieses Buch wieder viel Arbeit gemacht. Nicht nur mir. Vielen Dank an das Team von Galileo Press, allen voran meine Lektorinnen Ruth Lahres und Ariane Börder, die mich in den letzten Monaten betreut und unterstützt haben.

Ein großes Danke dem Team der Illustrator-Entwickler und -Produktmanager – hier vor allem Brenda Sutherland, Neeraj Nandkeolyar, Yogesh Sharma, Raghuveer Singh Bhunwal, Ravi Kiran P und Teri Pettit – für anregende Diskussionen und die guten Erklärungen.

In keiner speziellen Reihenfolge Nils, JC, Helga, Nick, Sibylle, Tom, Gustavo, Matthias für Aufmunterung, Bestätigung, moralische Unterstützung und ein offenes Ohr zur rechten Zeit. Danke den DiskutantInnen in den Online-Foren – stellvertretend für alle: mediengestalter.info –, meinen LeserInnen und den TeilnehmerInnen meiner Schulungen für den anregenden Austausch, Euer/Ihr Lob und Eure/Ihre Kritik.

Herzlichen Dank an meine Familie und Freunde für Euer Verständnis und Euer Drandenken.

Ich danke Dir, Klaus, dass Du diese Zeit wieder mitgemacht hast. Jetzt ist es (erstmal) vorbei.

Monika Gause

TEIL I
Programmoberfläche und grundlegende Einstellungen

Kapitel 1
Die Arbeitsumgebung in Illustrator CS6

Herzlichen Glückwunsch! Am 19. März 2012 feierte Illustrator seinen 25. Geburtstag. Zu diesem Jubiläum gab es fundamentale Veränderungen im Programm. Dass dies auch einige Veränderungen an der Oberfläche verursacht hat, haben Sie wahrscheinlich schon gesehen … unerwartet dunkel ist es nun.

An die neue, dunkle Oberfläche müssen Sie sich nicht gewöhnen. Falls Sie Ihnen nicht gefällt, stellen Sie sie einfach um. Wie das geht, wie Sie alles andere einstellen und wie Sie Ihre Ideen mit Illustrator in Vektorgrafik umsetzen können, zeige ich Ihnen in diesem und den folgenden Kapiteln.

1.1 Der Arbeitsbereich

Der Arbeitsbereich mit der Zeichenfläche, der Menüleiste, dem Werkzeugbedienfeld und dem Steuerungsbedienfeld bildet zusammen mit diversen weiteren Bedienfeldern die Elemente in Illustrator, die Ihnen zur Erstellung Ihrer Illustration zur Verfügung stehen, in denen Sie Einstellungen vornehmen und Vorgaben sowie Eigenschaften verwalten.

1.1.1 Dokumentfenster

Illustrator öffnet seine Dateien in Dokumentfenstern, in denen die Grafik oder ein Ausschnitt davon in einer zwischen 3 % und 6.400 % frei bestimmbaren Vergrößerungsstufe dargestellt wird (s. Abbildung 1.2 auf der folgenden Seite). **Zeichenflächen** definieren die Teile der Grafik, die gedruckt oder exportiert werden sollen. Die Größe der Zeichenflächen bestimmen Sie beim Erstellen eines neuen Dokuments oder zu

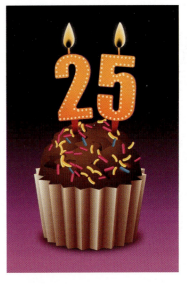

▲ **Abbildung 1.1**
Happy Birthday, Illustrator!

einem späteren Zeitpunkt im Zeichenflächen-Modus. Die jeweils aktive Zeichenfläche ❺ ist schwarz umrandet.

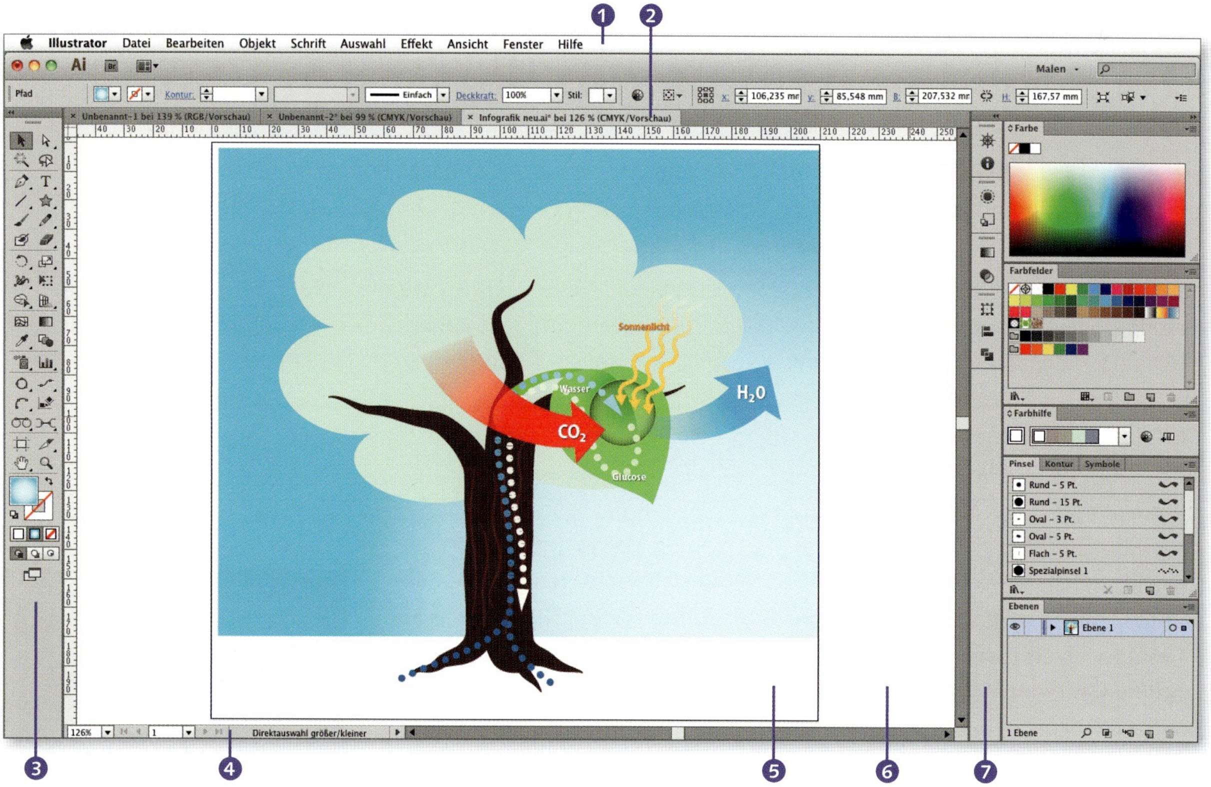

▲ **Abbildung 1.2**
Illustrator-Arbeitsoberfläche (MacOS-Version). Per Voreinstellung ist das Werkzeugbedienfeld in der zweispaltigen Version am linken Bildschirmrand angedockt.

Helligkeit der Oberfläche

Voreingestellt ist die Oberfläche des Programms dunkel. Sie können dies ändern, indem Sie VOREINSTELLUNGEN • BENUTZEROBERFLÄCHE aufrufen und dort mit dem Schieberegler die Helligkeit anpassen. Die Helligkeit der Arbeitsfläche können Sie auch unabhängig von der Farbe der Benutzeroberfläche in Weiß darstellen lassen, indem Sie die gleichnamige Option unter ARBEITSFLÄCHENFARBE aktivieren. Die Icons liegen in angepasster Form für dunkle und helle Benutzeroberflächen vor, um eine gute Erkennbarkeit sicherzustellen.

Der auffälligste Unterschied von Vektorsoftware wie Illustrator zu vielen anderen Programmen ist der Raum um die Zeichenflächen herum – die **Arbeitsfläche** ❻ oder **Montagefläche**. Diese Fläche bildet das Dokument; Sie können in diesem ganzen Bereich Zeichnungen anfertigen oder »zwischenlagern«. Gedruckt oder in anderen Programmen platziert werden können nur die Teile, die innerhalb von Zeichenflächen liegen.

Am unteren Rand des Dokumentfensters sehen Sie auf der linken Seite die **Statusleiste** ❹; hier werden u. a. die Vergrößerungs- bzw. Zoomstufe und verschiedene andere Informationen über das Dokument angezeigt (Statusleiste s. Abschnitt 4.2.3).

Die Anzeige des Dokumenttitelbalkens ❷ und der Menüleiste ❶ lässt sich ausblenden – dies geschieht auch oft unabsichtlich. Drücken Sie die Taste [F], um durch die drei unterschiedlichen Bildschirmmodi zu wechseln.

Viele Funktionen und Befehle sind in Bedienfelder ❼ ausgelagert, die als schwebende Paletten frei platziert werden können. Am linken Rand des Bildschirms finden Sie die Werkzeuge ❸ zur Erstellung, Bearbeitung und Auswahl von Vektorobjekten, zusammengefasst im **Werkzeugbedienfeld**.

1.1.2 Das Werkzeugbedienfeld

Das Werkzeugbedienfeld blenden Sie mit dem Menübefehl FENSTER • WERKZEUGE ein oder aus. Je nach Bildschirmgröße und persönlichen Vorlieben können Sie das Werkzeugbedienfeld ein- oder zweispaltig anzeigen lassen – zum Umschalten zwischen den beiden Modi klicken Sie auf den Button mit dem Doppelpfeil am oberen Rand des Bedienfeldes oder (wenn das Bedienfeld angedockt ist).

Wie alle anderen Bedienfelder können Sie auch dieses mit dem Mauszeiger am oberen Rand bzw. der »geriffelten« Fläche »anfassen« und verschieben.

Wenn Sie den Cursor über dem Feld eines Werkzeugs stillhalten, wird der Name des Werkzeugs als Tooltip – in der deutschen Version »QuickInfo« genannt – eingeblendet.

Um ein Werkzeug auszuwählen, klicken Sie mit der Maus darauf oder verwenden den Tastaturbefehl, der mit dem Namen angezeigt wird. Das aktive Tool ist durch eine dunkle Unterlegung und eine Umrandung hervorgehoben.

Auf vielen Werkzeug-Buttons ist rechts unten ein kleines Dreieck zu finden. Wenn Sie auf den Button klicken und die Maustaste gedrückt halten, werden weitere Werkzeuge angezeigt, die zusammen mit dem angezeigten eine Gruppe bilden. Bewegen Sie den Cursor mit gedrückter Maustaste bis zu dem gewünschten Werkzeug, um es nach dem Loslassen zu aktivieren.

Lassen Sie die Maustaste los, wenn sich der Cursor auf dem Pfeil am Ende des Bedienfeldes befindet, wird die Werkzeuggruppe als eigenständiges Bedienfeld »abgerissen«. Sie können sie dann durch Klicken und Ziehen der Titelleiste verschieben und mit einem Klick auf den Doppelpfeil zwischen horizontaler und vertikaler Anordnung wechseln.

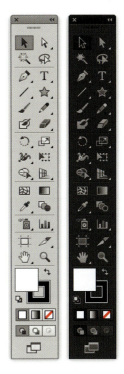

▲ **Abbildung 1.3**
Zweispaltiges Werkzeugbedienfeld in der hellsten und der dunkelsten Einstellung der Oberfläche

Versteckte Werkzeuge

Mit ⌥/Alt-Klick können Sie bequem durch die Werkzeuge der Gruppe wechseln.

◀ **Abbildung 1.4**
Wählen Sie ein Werkzeug aus einer Gruppe, oder lassen Sie die Werkzeuggruppe als separates Bedienfeld darstellen.

▲ **Abbildung 1.5**
Die Gruppe der Form-Werkzeuge

Kapitel 1   Die Arbeitsumgebung in Illustrator CS6

▲ **Abbildung 1.6**
Hotspot dieser Werkzeuge ist die Pfeilspitze.

Die Werkzeuggruppen lassen sich auch an andere Bedienfelder seitlich »andocken«. Mit einem Klick in das Schließfeld wird die Werkzeuggruppe wieder geschlossen.

Ebenso wie die Werkzeugsymbole wurden deren Cursor überarbeitet und besitzen zum Teil neue aktive Punkte – »Hotspots«. Dies ist z. B. der Fall für das Lasso- und das Interaktiv-malen-Werkzeug. In beiden Fällen ist der Hotspot nun die Spitze des kleinen Pfeils.

1.1.3   Bedienfelder (Paletten)

Die meisten Objekteigenschaften, alle Farb- und Muster-Bibliotheken, viele Werkzeug-Optionen und etliche Operationen werden über **Bedienfelder** aufgerufen und gesteuert.

Rufen Sie die Bedienfelder, die Sie für eine Operation benötigen, aus dem Menü FENSTER oder über den Shortcut auf, der im Menü FENSTER jeweils hinter dem Bedienfeldnamen angezeigt wird. Per Voreinstellung sind gebräuchliche Bedienfelder im »Dock« am rechten Bildschirmrand verankert (mehr zum Dock auf den folgenden Seiten). Je nach der unter FENSTER • ARBEITSBEREICH gewählten Option handelt es sich dabei um unterschiedliche Zusammenstellungen von Bedienfeldern.

Ein Häkchen vor dem Eintrag im Menü FENSTER bedeutet, dass das Bedienfeld aktiv ist. Die meisten Bedienfelder sind in Gruppen zusammengestellt und werden als Gruppe geöffnet. Um eine Bedienfeldgruppe wieder zu schließen, klicken Sie auf den Schließen-Button ❷. Anstatt sie zu schließen, können Sie Bedienfeldgruppen auch auf ihr Symbol reduzieren – »minimieren« –, indem Sie auf den Doppelpfeil-Button ❻ klicken (bzw. mit einem Doppelklick auf die dunkle Titelleiste des Bedienfeldes). Betätigen Sie den Button erneut, wird die Gruppe wieder komplett dargestellt.

Um ein Bedienfeld über den Bildschirm zu bewegen, klicken und ziehen Sie die Titelleiste seines Fensters ❹.

Einige Bedienfelder lassen sich in ihrer Größe verändern, z. B. das Verlauf-Bedienfeld. Klicken und ziehen Sie dafür das Größenfeld rechts unten ❽ oder für eine nur vertikale Größenänderung in der Mitte ❼ des Bedienfeldfensters.

> **Tooltips (de-)aktivieren**
>
> Die Anzeige von Tooltips steuern Sie, indem Sie unter VOREINSTELLUNGEN • ALLGEMEIN… die Option QUICKINFO ANZEIGEN aktivieren bzw. deaktivieren.

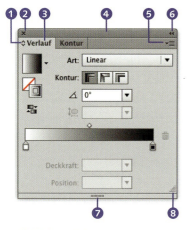

▲ **Abbildung 1.7**
Bedienfeldgruppe in Mac OS

Bedienfelder organisieren | In der Standardansicht finden Sie in Illustrator mehrere Bedienfelder zu Gruppen zusammengefasst. Dies ermöglicht eine platzsparende Handhabung der Hilfsfenster. Wenn Sie ein Bedienfeld aus einer Gruppe in den Vordergrund holen wollen, klicken Sie auf den Reiter mit ihrem Namen ❸. Mit einem Rechtsklick (Mac ctrl + Klick) auf den Reiter rufen Sie ein Kontextmenü auf, in dem

> **Musteroptionen**
>
> Das Musteroptionen-Bedienfeld können Sie zwar ganz normal verschieben und gruppieren, sein Inhalt ist jedoch nur im Musterbearbeitungsmodus aktiv.

Sie neben den bereits erwähnten Optionen außerdem den Befehl zum Schließen eines einzelnen Bedienfeldes geben können. Um ein Bedienfeld aus einer Gruppe zu entfernen, ziehen Sie dessen Reiter aus der Gruppe heraus.

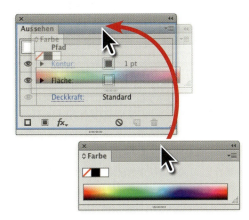

◄ **Abbildung 1.8**
Gruppieren des Farbe-Bedienfeldes mit dem Aussehen-Bedienfeld. Ziehen Sie den Reiter in den Kopfbereich des Bedienfeldes.

Gedockte Bedienfeldgruppen

Diese verschieben Sie, indem Sie die »Griffleiste« oberhalb der Gruppe anfassen und verschieben.

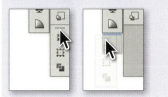

Wenn Sie den Reiter eines Bedienfeldes in den Kopfbereich eines anderen Bedienfeldes oder einer anderen Gruppe hineinziehen – der Bereich wird dabei blau hervorgehoben –, bildet das Programm eine neue Gruppe aus diesen beiden Bedienfeldern bzw. fügt das Bedienfeld der bestehenden Gruppe hinzu (Abbildung 1.8).

◄ **Abbildung 1.9**
Verankern des Farbe-Bedienfeldes am Aussehen-Bedienfeld

Gruppieren/Verankern verhindern

Möchten Sie ein unabsichtliches Gruppieren oder Verankern von Bedienfeldern verhindern, drücken Sie beim Schieben des Bedienfelds ⌘/Strg.

Unter ein einzelnes Bedienfeld oder unter eine Bedienfeldgruppe können Sie weitere Bedienfelder »andocken«, indem Sie deren Reiter in den unteren Bereich (bei den Funktionsbuttons) des anderen Bedienfeldfensters ziehen. Auf diese Art verankerte Bedienfelder bewegen sich dann beim Verschieben des »Mutterbedienfeldes« mit (Abbildung 1.9).

Jeweils ein Doppelklick auf den Reiter ❸ (bzw. den hellgrauen Titelbereich) wechselt zwischen der Standardansicht der Bedienfelder mit allen Optionen und der Darstellung, bei der nur die Titelleiste sichtbar

Bedienfelder nach vorn holen

Ein Bedienfeld können Sie auch noch in den Vordergrund holen, wenn Sie eine Farbe oder Grundobjekte für ein Symbol oder einen Pinsel auf seinen Reiter ziehen.

ist, hin und her. Einige Bedienfelder lassen sich in mehreren Schritten minimieren; dies lösen Sie durch einen Klick auf den Button ❶ im Reiter aus.

Alle Bedienfelder verfügen über ein eigenes Bedienfeldmenü, das spezielle Optionen für das Bedienfeld und oft auch weitere Funktionen anbietet. Rufen Sie dieses Bedienfeldmenü mit einem Klick auf den Menü-Button ❺ auf.

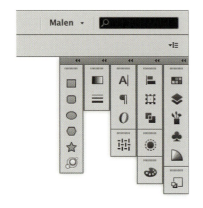

▲ **Abbildung 1.10**
Mehrere Andockbereiche können nebeneinander angeordnet sein (ganz links: eine Werkzeuggruppe).

Alle Bedienfelder verstecken | Drücken Sie ⇥, um alle Bedienfelder auszublenden. Um sie wieder anzuzeigen, drücken Sie die Tabulatortaste erneut.

Bedienfelder andocken | Am linken und rechten Bildschirmrand können Bedienfelder verankert werden. Das »Andocken« ermöglicht es, die Bedienfelder auf die Symbol-Darstellung zu reduzieren, um Platz auf dem Bildschirm zu gewinnen und dennoch bei Bedarf schnell auf die Arbeitsmittel zugreifen zu können. Die Dockfunktionalität kommt Ihnen vor allem entgegen, wenn nur ein Monitor zur Verfügung steht, z. B. an einem Notebook.

Die Steuerung der Dockanzeige nehmen Sie mit den Symbolen in der grauen Titelleiste des Docks vor. Klicken Sie auf den Titelbalken bzw. auf den Button Auf Symbole minimieren ⏮, um den Andockbereich zu erweitern oder ihn auf Symbole zu verkleinern. Oder aktivieren Sie die Option Bedienfelder automatisch auf Symbole minimieren unter Voreinstellungen • Benutzeroberfläche: Dann werden Bedienfelder minimiert, sobald Sie neben ihre Fläche klicken. Klicken und ziehen Sie am linken Rand des Docks – der Cursor zeigt ↔ –, um die Breite der Andockfelder zu verändern. Ein in Symbolform dargestelltes Bedienfeld zeigen Sie an, indem Sie auf sein Symbol klicken.

▼ **Abbildung 1.11**
Bedienfelder im Dock (von links): auf Symbole reduziert, Symbole mit Titel, Andockbereich erweitert, Anzeige eines einzelnen Bedienfeldes

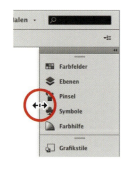

Um Bedienfelder in den Andockbereich zu bewegen, ziehen Sie ihren Reiter oder – bei einer Bedienfeldgruppe – den Kopfbereich an den rechten oder linken Bildschirmrand bzw. in ein bereits bestehendes

Dock. Sie können Bedienfelder sowohl in den auf Symbole reduzierten als auch in den erweiterten Andockbereich verschieben – die Bedienfeldanzeige im Dock passt sich der Darstellung an.

  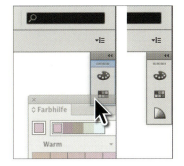

▲ **Abbildung 1.12**
Verankern von Bedienfeldern im Dock (von links): Erstellen eines neuen Andockbereichs, Verankern eines einzelnen Bedienfeldes, Verankern eines Bedienfeldes in einer Bedienfeldgruppe

1.1.4 Das Steuerungsbedienfeld

Im Steuerungsbedienfeld bietet Illustrator zentral und situationsabhängig die gebräuchlichsten Transformations- und Bearbeitungsmöglichkeiten an, die Sie sich anderenfalls in Bedienfeldern und Menüs zusammensuchen müssten.

Beim ersten Start von Illustrator ist das Steuerungsbedienfeld unter der Menüleiste (MacOS: unter der Anwendungsleiste) platziert. Sie können es am linken Rand an der angedeuteten Fensterleiste anfassen und wie andere Bedienfelder an jeden beliebigen Ort auf dem Bildschirm verschieben. Da die Leiste in ihren Ausmaßen jedoch etwas unhandlich ist, ist es empfehlenswert, sie oben am Bildschirmrand zu belassen.

Bedienfelder über das Steuerungsbedienfeld aufrufen

Wenn Sie doch einmal die detaillierteren Einstellungsmöglichkeiten benötigen, klicken Sie auf einen blau unterstrichenen Eintrag im Steuerungsbedienfeld, um das passende Bedienfeld aufzurufen.

▲ **Abbildung 1.13**
Das Steuerungsbedienfeld zeigt kontextbezogen – je nach ausgewähltem Objekt – wichtige Funktionen an. Von oben sind aktiviert: Zeichenflächenwerkzeug, Pfad, Interaktive Malgruppe.

Das Steuerungsbedienfeld passt sich an die Breite Ihres Bildschirms an, indem es Optionen auslässt, für die kein Platz mehr ist. Sie können aber auch selbst Einfluss darauf nehmen, welche Optionen angezeigt werden. Rufen Sie dazu in der Leiste ganz rechts das Bedienfeldmenü auf, und entfernen Sie die Häkchen vor den Optionen, die Sie nicht benötigen, indem Sie die entsprechenden Menüpunkte auswählen. Ein erneuter Aufruf der Menüposition fügt die Option wieder zum Steuerungsbedienfeld hinzu.

▲ **Abbildung 1.14**
Dunkle Darstellung der Bedienelemente

▲ **Abbildung 1.15**
Winkel- und Schieberegler sowie jeweils zugehörige Eingabefelder in der Dialogbox des Scribble-Effekts

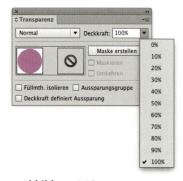

▲ **Abbildung 1.16**
Pop-up-Menü im Transparenz-Bedienfeld

1.1.5 Allgemeine Bedienfeld-Optionen

Den Hintergrund-Grauton der Bedienelemente und Bedienfelder können Sie in der Helligkeit verändern, um ihn z. B. an die Benutzeroberfläche von Videobearbeitungsprogrammen anzupassen. Rufen Sie VOREIN-STELLUNGEN • BENUTZEROBERFLÄCHE auf, und verschieben Sie den Regler.

1.1.6 Werte in Bedienfeldern einrichten

Für Einstellungen, die Sie in Bedienfeldern vornehmen, stehen Ihnen meistens verschiedene Wege offen. Entweder wählen Sie eine Position aus einem Ausklappmenü, oder Sie betätigen einen Schieberegler; oft bietet Illustrator auch Eingabefelder an, in die Sie alphanumerische Werte eintragen können.

Eingabemöglichkeiten | In Eingabefeldern können Sie Werte auf verschiedene Arten verändern:

- Eingeben: Geben Sie den Wert direkt ins Eingabefeld ein. Mit ⇥ bestätigen Sie die Eingabe und fokussieren das nächste Feld.
- Pfeiltasten: Klicken Sie in das Eingabefeld, und verwenden Sie die Cursortasten ↑ und ↓, um Werte zu erhöhen bzw. zu senken.
- Scrollrad: Positionieren Sie den Cursor über dem Eingabefeld (Sie müssen nicht hineinklicken, um es zu fokussieren), und drehen Sie das Scrollrad Ihrer Maus zu sich hin, um Werte zu senken, und in die andere Richtung, um Werte zu erhöhen.
- Bedienelemente: Einige Felder sind zusätzlich mit einem Popup-Menü, einem Schieberegler oder einem Rad ausgestattet, mit denen Sie die Werte auswählen können.
- Beschleunigt eingeben: Drücken Sie die Umschalttaste, um Werte um das Zehnfache zu ändern.

Illustrator rechnen lassen | Sie können solche Eingabefelder auch für einfache Berechnungen nutzen, mit den Operatoren + für Addition, – für Subtraktion, * für Multiplikation, / für Division sowie % für Prozentberechnung. Um den aktuellen Wert in die Kalkulation einzubeziehen, setzen Sie die Einfügemarke vor oder nach den bereits eingetragenen Wert und geben einen mathematischen Ausdruck dazu ein. Bestätigen Sie Ihre Eingabe mit ↵.

Maßeinheiten in den Eingabefeldern | In den Eingabefeldern werden üblicherweise die Maßeinheiten verwendet, die Sie als Vorgaben in den Voreinstellungen oder im aktuellen Dokument bestimmt haben.

Möchten Sie in einzelnen Fällen andere Einheiten verwenden, können Sie diese direkt in Eingabefelder eintragen – Illustrator rechnet die Werte nach der Eingabebestätigung in die voreingestellte Maßeinheit um.

Die Maßeinheiten geben Sie mit einer der Abkürzungen ein, die in Tabelle 1.1 aufgeführt sind.

Maßeinheit	Abkürzung
Millimeter	mm
0,25 Millimeter	Q
Zentimeter	cm
Zoll (Inch)	"
Punkt	Pt
Pica	Pc
Pixel	Px

▲ **Tabelle 1.1**
Abkürzungen für Maßeinheiten

1.1.7 Voreinstellungen

Unter Mac OS finden Sie die Illustrator-Voreinstellungen im Menü ILLUSTRATOR • VOREINSTELLUNGEN. Unter Windows sind die Voreinstellungen über das Menü BEARBEITEN zu erreichen. Im gesamten Buch referenzieren wir die Voreinstellungen daher ohne den übergeordneten Menüpfad. Die Beschreibung der Voreinstellungen finden Sie jeweils bei den Funktionen und Befehlen, die davon betroffen sind.

Bestimmte Werte in den Voreinstellungen, wie z. B. die SCHRITTE PER TASTATUR, können Sie nicht mehr auf 0 setzen.

▲ **Abbildung 1.17**
Ein Kontextmenü

1.1.8 Kontextmenü

Das Kontextmenü stellt Ihnen situationsabhängig die jeweils gebräuchlichsten Menübefehle zur Verfügung. Unter Mac OS rufen Sie es auf, indem Sie [Ctrl] gedrückt halten und die Maustaste klicken. Bei Verwendung einer Mehr-Tasten-Maus bzw. unter Windows erscheint das Kontextmenü mit einem Klick auf die rechte Maustaste.

Aufgrund der teilweise tief verschachtelten Menübefehle ist das Kontextmenü eine praktische Einrichtung. Damit Sie sich an seine Verwendung gewöhnen, sollten Sie es in den unterschiedlichsten Situationen einfach »auf Verdacht« hin aufrufen und Befehle darüber auswählen, soweit sie zur Verfügung stehen.

1.1.9 Menübefehle verwenden

Viele Befehle und Steuerungsmöglichkeiten finden Sie in Illustrators Bedienfeldern – vor allem im Werkzeugbedienfeld. Dennoch sind einige Funktionen nur über Menübefehle zu erreichen.

Shortcuts | Für etliche dieser Menübefehle haben die Entwickler Tastaturkürzel oder »Shortcuts« eingerichtet – diese sind jeweils hinter dem Menüeintrag angegeben – auch in diesem Buch. Es kann jedoch vorkommen, dass ein Shortcut in der deutschen Programmversion nicht funktioniert. Die Tastaturbefehle können Sie an Ihre eigenen Bedürfnisse anpassen (s. Abschnitt 22.1.5).

Menüeinträge mit »...«

Menüeinträge, hinter deren Namen eine Ellipse – drei Punkte ... – folgt, werden nicht direkt ausgeführt, sondern rufen eine Dialogbox auf, in die Sie Optionen eingeben müssen.

Shortcuts und Umlaute

Umlaute und manche andere Sonderzeichen funktionieren leider nicht in Tastaturbefehlen.

Untermenüs | Ein Pfeil ▶ hinter einem Menüeintrag kennzeichnet diesen Eintrag als den Oberbegriff einer Gruppe von Befehlen, die Sie aus einem Untermenü auswählen.

1.2 Bibliotheken verwenden

Illustrator wird mit vielen frei nutzbaren Farbfeldern, Pinseln, Symbolen und Grafikstilen installiert. Diese Vorgaben sparen sehr viel Mühe bei der Arbeit an eigenen Illustrationen ein. Die mit Illustrator gelieferten fertigen Farbfeldbibliotheken enthalten Volltonbibliotheken, wie z. B. Pantone und HKS, außerdem themenzentrierte Zusammenstellungen, wie Natur oder Lebensmittel, sowie Verläufe und Muster.

▲ **Abbildung 1.18**
Eine Pantone-Farbbibliothek

1.2.1 Bibliothek laden

Bei der Installation des Programms werden die vorgefertigten Bibliotheken im Illustrator-Ordner unter dem Verzeichnispfad …/Adobe Illustrator CS6/Vorgaben/ und dort in die entsprechenden Unterordner abgespeichert. Um eine dieser Bibliotheken aufzurufen, stehen Ihnen drei Möglichkeiten zur Verfügung: Entweder lassen Sie sich das Bibliotheksverzeichnis im Menü unter Fenster • Farbfeld- bzw. Grafikstil-, Pinsel- oder Symbol-Bibliotheken anzeigen oder im Bedienfeldmenü ▤ des jeweiligen Bedienfeldes unter z. B. Farbfeldbibliothek öffnen oder mit dem gleichnamigen Button ⌸ unten links im Bedienfeld. Wählen Sie dann eine der aufgeführten Bibliotheken aus.

Bibliotheken werden in einer eigenen Bedienfeldgruppe geöffnet. Bibliotheken gleicher Art, die Sie zusätzlich aufrufen, fügt Illustrator ebenfalls dieser Bedienfeldgruppe hinzu.

Möchten Sie eine Bibliothek nach jedem Start von Illustrator automatisch anzeigen lassen, wählen Sie die Funktion Gleiche Position aus dem Bedienfeldmenü ▤. Der Menüpunkt wird mit einem Haken versehen. Wenn Sie das Bedienfeld nicht mehr benötigen, geben Sie noch einmal den Befehl Gleiche Position.

Bibliotheken durchblättern | Durch die vorhandenen Bibliotheken »browsen« Sie mit folgenden Optionen:

▶ Aus dem Menü wählen ⌸: Soll eine im Bibliothek-Bedienfeld angezeigte Farbfeldbibliothek durch eine andere ersetzt werden, rufen Sie die Farbbibliothek mit dem Menü ⌸ im Bibliothek-Bedienfeld auf.

▶ Vorherige/nächste Bibliothek laden ◀ ▶: Mit den Pfeil-Buttons laden Sie die Bibliotheken der Reihenfolge nach.

Wo sind Pantone und HKS?

Die Bibliotheken der verschiedenen Farbhersteller finden Sie unter der Rubrik Farbtafeln.

Gleiche Position

Der Befehl Gleiche Position gilt nicht für die *ganze* Bedienfeldgruppe, sondern nur für die jeweils aktive Bibliothek. Die Funktion steht auch für Verlaufs- und Muster-Bibliotheken zur Verfügung.

Gleiche Bibliotheken überall

Bibliotheken sind nicht an das Dokument gebunden. Deshalb ist es sinnvoll, Farben, Verläufe und Muster, die Sie in mehreren Illustrationen verwenden wollen, in eigenen Farbfelderbibliotheken zusammenzuführen und abzuspeichern.

1.2.2 Inhalte aus Bibliotheken ins Dokument übernehmen

Um ein Farbfeld, einen Pinsel, einen Grafikstil oder ein Symbol aus einer der Bibliotheken in das jeweilige Bedienfeld des aktuellen Dokuments zu übernehmen, gibt es mehrere Wege:

- Ein Klick auf ein Element in einer Bibliothek fügt dieses dem Bedienfeld hinzu.
- Aktivieren Sie die gewünschten Felder in der Bibliothek (s. Abbildung 1.19). Wählen Sie anschließend aus dem Bedienfeldmenü der Bibliothek den Menüpunkt Zu Farbfeldern/Grafikstilen/Pinseln/Symbolen hinzufügen.
- Ziehen Sie das oder die gewünschten Elemente aus der Bibliothek in das Bedienfeld.
- Weisen Sie einem Objekt ein Farbfeld, einen Grafikstil oder einen Pinsel aus der Bibliothek zu, oder ziehen Sie ein Symbol auf die Zeichenfläche. Damit wird dieses automatisch in das Bedienfeld übernommen.

Überflüssige entfernen | Bevor Sie gezielt Elemente aus Bibliotheken hinzufügen, sollten Sie das jeweilige Bedienfeld aufräumen und nicht Benutztes oder nicht Benötigtes darauf entfernen. Aktivieren Sie diese Elemente, oder wählen Sie Alle nicht verwendeten auswählen aus dem Bedienfeldmenü, und klicken Sie auf den Button Löschen 🗑.

▲ **Abbildung 1.19**
Klicken Sie das erste und zusammen mit der Taste ⇧ das letzte gewünschte Farbfeld an, um auch die dazwischenliegenden Farbfelder mit auszuwählen.

1.2.3 Anzeigeoptionen von Bibliotheken und Bedienfeldern

Wie die entsprechenden Bedienfelder lassen sich auch die Bibliotheken als Liste oder Miniaturen anzeigen. In Pinsel-Bibliotheken und dem Pinsel-Bedienfeld können Sie nur bestimmte Pinselarten anzeigen lassen und in Grafikstil-Bibliotheken die Vorschau von Quadrat auf Text ändern. Die Befehle dazu finden Sie im Bedienfeldmenü.

1.3 Der Anwendungsrahmen

Mit dem Anwendungsrahmen bietet Adobe eine einheitliche Oberfläche für alle Creative Suite-Programme über Betriebssystemgrenzen hinweg. Mac-Anwender finden im Anwendungsrahmen zusätzliche Möglichkeiten, die mit den Systemfenstern allein nicht möglich waren. PC-Nutzer benutzen Software seit jeher in diesem Rahmen, und die folgenden Abschnitte treffen auf den PC teilweise nicht zu.

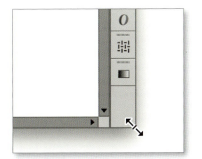

▲ **Abbildung 1.20**
Die Größe des Anwendungsrahmens können Sie bestimmen, indem Sie seine Außenkanten oder Ecken entsprechend Ihren Bedürfnissen verschieben. So können Sie z. B. auf großen Bildschirmen zwei Programme nebeneinander im Blick behalten.

Kapitel 1   Die Arbeitsumgebung in Illustrator CS6

1.3.1   Den Anwendungsrahmen verwenden

Der Anwendungsrahmen vereinigt alle getabbten (Abschnitt 1.3.2) Illustrator-Fenster und -Bedienfelder in einem großen Fenster, das sich komplett verschieben oder aus- bzw. einblenden lässt.

Auf dem Mac ist der Anwendungsrahmen per Voreinstellung ausgeschaltet. Mac-User aktivieren ihn, indem sie das Häkchen vor FENSTER • ANWENDUNGSRAHMEN setzen.

Abbildung 1.21 ▶
Der Anwendungsrahmen mit der Menüleiste ❷, der Anwendungsleiste (unter Windows hinter die Menüleiste verschoben) ❸ und darin den Buttons für die Fenstersteuerung ❶, dem Steuerungsbedienfeld ❹ sowie einigen getabbten Dokumenten ❺

Klicken und ziehen Sie jetzt in der Anwendungsleiste ❸, um den Anwendungsrahmen zu verschieben. Klicken Sie den Schließen-, Ausblenden- und Minimieren-Button ❶, um die damit verbundenen Aktionen auszuführen. Als Mac-Anwender haben Sie die Wahl: Falls Sie den Anwendungsrahmen nicht benutzen, können Sie auch die Anwendungsleiste mit FENSTER • ANWENDUNGSLEISTE ausblenden.

Dateien nicht in Tabs öffnen

Wenn Sie neue Dokumente immer in unabhängigen »schwebenden« Fenstern öffnen möchten, deaktivieren Sie unter VOREINSTELLUNGEN • BENUTZEROBERFLÄCHE die Option DOKUMENTE ALS REGISTERKARTEN ÖFFNEN.

1.3.2   Dokumentfenster

Dokumentfenster können Sie »tabben« – als Registerkarten anordnen –, sodass die Fenster in einem großen Rahmen zusammenhängen. Dies lässt sich für einige oder für alle offenen Dokumentfenster einstellen. Sie haben jedoch auch die Möglichkeit, Dokumente immer in unabhängigen Fenstern zu öffnen.

Zwischen Fenstern wechseln | Getabbte Fenster liegen wie unabhängige Fenster übereinander. Wechseln Sie zwischen den Fenstern, indem Sie auf den gewünschten Reiter klicken – »blättern« können Sie mit ⌘+⇧+` bzw. mit Strg+↹. Sind mehr Fenster geöffnet, als Reiter in den Anwendungsrahmen hineinpassen, wird ein Pfeil ⏵⏵ angezeigt. Klicken Sie darauf, um ein Menü aller Fenster aufzurufen (s. Abbildung 1.22).

▲ **Abbildung 1.22**
Aufrufen nicht mehr darstellbarer Fenster

Fenster anordnen | Wenn Sie die Fenster nebeneinander anordnen möchten, wählen Sie FENSTER • ANORDNEN • NEBENEINANDER. Um wieder alle Fenster überlappend darzustellen, wählen Sie FENSTER • ANORDNEN • ALLE FENSTER ZUSAMMENFÜHREN.

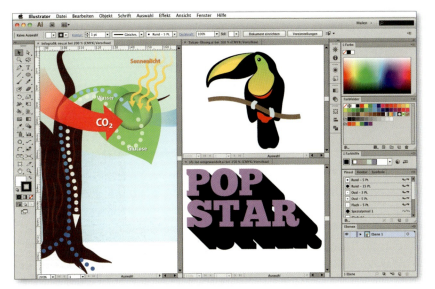

◂ **Abbildung 1.23**
Nebeneinanderliegende Dokumentfenster

▴ **Abbildung 1.24**
Auswahl des Aufteilungsschemas unter DOKUMENTE ANORDNEN

Noch interessanter werden nebeneinanderliegende Fenster in Verbindung mit dem Befehl FENSTER • NEUES FENSTER. Rufen Sie mehrere Fenster eines Dokuments auf, und lassen Sie in den Fenstern unterschiedliche Zoomstufen oder Ansichtsarten anzeigen.

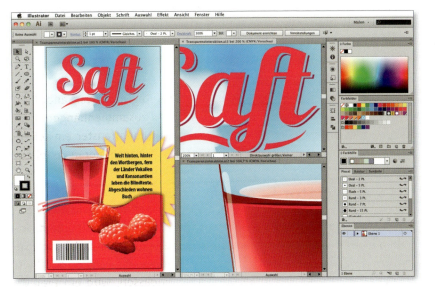

◂ **Abbildung 1.25**
Nebeneinanderliegende Dokumentfenster desselben Dokuments

Die Anordnung der Fenster auf dem Bildschirm bestimmen Sie entweder, indem Sie die Unterteilungen mit dem Cursor verschieben, oder

durch Auswahl eines Aufteilungsschemas im Menü DOKUMENTE ANORD-
NEN in der Anwendungsleiste.

Objekte zwischen Dokumenten kopieren

Sind Dokumentfenster getabbt, ist es möglich, Objekte durch Verschieben auf ein anderes Tab in das zugehörige Dokument zu kopieren. Diese Möglichkeit verlieren Sie, wenn Sie Dokumentfenster voneinander lösen.

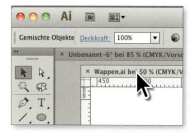

▲ **Abbildung 1.26**
Ein Fenster verschiebbar machen

Abbildung 1.27 ▶
»Tabben« zweier Dokumente durch Verschieben der Titelleiste eines der Fenster

Fenster verbinden und voneinander lösen | Um ein Fenster aus der getabbten Darstellung herauszulösen, wählen Sie FENSTER • ANORDNEN • IN FENSTER VERSCHIEBBAR MACHEN oder ziehen seinen Reiter aus der Titelleiste heraus.

Ziehen Sie die Titelleiste des Fensters wieder in die Tab-Reihe hinein, bzw. ziehen Sie es in den Titelbereich eines anderen Fensters, um eine neue Fenstergruppe zu erzeugen – lassen Sie die Maustaste los, wenn der blaue Rahmen angezeigt wird. Wählen Sie FENSTER • ANORDNEN • ALLE FENSTER ZUSAMMENFÜHREN, um wieder alle Dokumentfenster zu gruppieren.

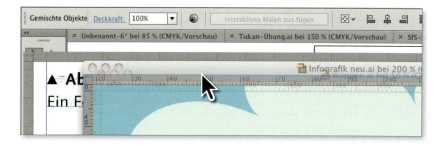

1.4 Illustrator beenden

Am schnellsten beenden Sie Illustrator mit ⌘/Strg + Q . Beim Beenden des Programms erfolgen einige Routineaufgaben, und die noch geöffneten Dateien müssen geschlossen werden.

Offene Dateien | Gespeicherte Dateien werden automatisch geschlossen. Falls Sie die letzten Änderungen an offenen Dateien noch nicht gespeichert haben, gibt Illustrator Ihnen dazu noch einmal Gelegenheit, indem es bei jeder betroffenen Datei nachfragt.

◀ **Abbildung 1.28**
Behandlung offener, nicht gesicherter Dateien beim Beenden des Programms

Sie können die Änderungen verwerfen, indem Sie auf Nicht speichern klicken oder das Beenden des Programms mit Abbrechen stoppen. Wenn Sie die Änderungen erhalten wollen, wählen Sie Speichern – es ist an dieser Stelle jedoch nicht möglich, die Änderungen unter einem neuen Namen zu speichern (analog Speichern unter). Es kann daher sinnvoll sein, Illustrator erst zu beenden, wenn alle Dateien geschlossen sind.

Zwischenablage | Eine weitere Aufgabe ist das Löschen bzw. Speichern der Zwischenablage, also derjenigen Inhalte, die Sie kopiert oder ausgeschnitten haben. Wird die Zwischenablage gelöscht, beendet Illustrator schneller. Allerdings stehen die Inhalte der Zwischenablage dann nicht mehr zur Verfügung, um sie in andere Programme einzufügen. Auch hier lässt Illustrator Ihnen die Wahl.

Zwischenablage Speicherformat

Die Zwischenablage kann entweder als AICB (Adobe Illustrator ClipBoard) oder als PDF gespeichert werden – dies wählen Sie einfach unter Voreinstellungen • Dateien verarbeiten und Zwischenablage.

◀ **Abbildung 1.29**
Behandlung der Zwischenablage beim Beenden des Programms

Warndialoge zurücksetzen

Wenn Sie die Einstellung für die Zwischenablage ändern wollen, die Meldung aber unterdrückt haben, können Sie Warndialoge unter Voreinstellungen • Allgemein zurücksetzen.

Aktivieren Sie Nicht wieder anzeigen, behandelt Illustrator die Zwischenablage immer so, wie Sie es hier auswählen.

1.5 Adobe Bridge

Mit allen Adobe-Programmen und mit der Creative Suite erhalten Sie Adobe Bridge, eine mächtige Dateiverwaltung, ein Automationswerkzeug, das Programme der Creative Suite ansprechen kann und eine Verbindung zwischen den Programmen der Suite bildet.

▲ **Abbildung 1.30**
Das Programmicon von Adobe Bridge

Illustrator-Dateien in Bridge anzeigen | In Bridge ist eine Vorschaufunktion für Adobe-Dateien und die verbreiteten Austauschformate integriert. Die zu Ihren Dateien angelegten Metadaten können Sie anzeigen und als Sortier- sowie als Suchkriterium verwenden – zu Ihren Illustrator-Dateien werden auch verwendete Prozessfarben (Platten) und angelegte Farbfelder angezeigt.

Abbildung 1.31 ▶
Adobe Bridge: Anzeige von Illustrator-Dateien und deren Eigenschaften

Illustrator aufrufen | Haben Sie in Bridge eine Illustrator-Datei aktiviert, öffnen Sie sie entweder durch einen Doppelklick oder indem Sie Datei • Öffnen mit • Adobe Illustrator CS6 wählen.

In Illustrator platzieren | Möchten Sie eine im Dateibrowser ausgewählte Datei in einer Illustrator-Datei platzieren, rufen Sie Datei • Platzieren • In Illustrator aus dem Menü auf.

Skripte und Stapelverarbeitung | Bei der Installation wurden bereits einige programmbezogene Skripte eingerichtet. Diese rufen Sie im Menü Werkzeuge • Illustrator auf.

Farbmanagement | Das Farbmanagement für alle Creative Suite-Anwendungen synchronisieren Sie in Bridge unter Bearbeiten • Creative Suite-Farbeinstellungen… (Farbmanagement s. Abschnitt 8.2).

Kapitel 2
Neue Funktionen in CS6

In dieser Version lag der Fokus der Entwickler auf dem Thema Geschwindigkeit. Entsprechend gibt es nur eine fundamentale und viele kleinere Neuerungen, die aber auf die eine oder andere Weise die Effizienz bei der Arbeit mit Illustrator steigern.

2.1 Programmarchitektur

Nach Premiere und Photoshop arbeitet jetzt auch Illustrator nativ in 64 Bit, das bedeutet, dass das Programm nun mehr als 3 GB RAM ansprechen kann und damit – vor allem größere – Dokumente wesentlich schneller verarbeiten kann. Es bedeutet allerdings auch, dass kein altes Plug-in mehr funktioniert.

2.2 Grafikbearbeitung

2.2.1 Mustererstellung und -bearbeitung

Die Schwierigkeit bei der Konstruktion von Musterfeldern besteht darin, in einer komplexeren (nicht gekachelten) Wiederholung einen passenden Rapport zu finden. Dieser Schritt wurde durch einen Musterbearbeitungsmodus erheblich vereinfacht. Muster sind nicht nur für Anwender in der Modeindustrie oder der Kartografie interessant, sondern u. a. auch für Illustratoren und Grafikdesigner (s. Kapitel 16).

2.2.2 Neue Vektorisierungsfunktion

Nach nur drei Versionen ist »Interaktiv nachzeichnen« nun Geschichte. Die Funktion wurde komplett neu programmiert und viele Bearbei-

▲ **Abbildung 2.1**
Aus einfachen Elementen lassen sich Muster mit wenig Aufwand erstellen.

▲ **Abbildung 2.2**
Das neue (links) im Vergleich zum alten Nachzeichnermodul

▲ **Abbildung 2.3**
Verläufe auf der Kontur funktionieren auch mit variablen Breitenprofilen.

▲ **Abbildung 2.4**
Jetzt mit Vorschau auf der Zeichenfläche: der Gaußsche Weichzeichner

tungsoptionen, die vom Anwender bisher eingestellt werden mussten, in den Algorithmus hineinverlagert, sodass sie nun automatisch erkannt werden. Mit wenigen Mausklicks erzielen Sie bei einem Großteil der Vorlagen dadurch bessere Ergebnisse (s. Abschnitt 19.5).

2.2.3 Verläufe auf Konturen

Von Anwendern seit Langem nachgefragt, in dieser Version ist es möglich: Verläufe können auch Konturen zugewiesen werden. Es gibt dazu drei verschiedene Methoden der Anordnung, und die Verläufe lassen sich mit anderen Funktionen – wie Strichelungen, dem Breitenwerkzeug oder Borstenpinselspitzen – kombinieren (s. Abschnitt 9.6.6).

2.2.4 Gaußscher Weichzeichner

Der neue Gaußsche Weichzeichner hat weitreichendere Folgen, als sein Name vermuten lässt. Er wirkt auch in einigen Effekten unter der Haube mit, wie z. B. im Schlagschatten. Damit müssen Sie sich beschäftigen, wenn Sie Dateien in niedrigere Versionen speichern (s. Abschnitt 13.4.4).

2.3 Produktion

2.3.1 Pantone Plus

Illustrator verwendet jetzt standardmäßig die Pantone-Plus-Farbtafeln. Auch die Einstellung für die Umwandlung von Volltonfarben wurde in diesem Zusammenhang geändert, sodass Volltonfarben immer über die Lab-Werte und das Farbmanagement umgerechnet werden (s. Abschnitt 8.6.3). Dies bedeutet für Sie, dass Pantone-Farben am Bildschirm in den meisten Fällen anders aussehen als früher. Probleme können mit Dateien entstehen, in denen Pixeldateien mit Volltonkanälen platziert sind.

2.3.2 Wörterbücher

Illustrator wurde auf andere Wörterbücher – Hunspell – für die Rechtschreibprüfung und Trennung umgestellt. Hunspell – ein Open-Source-Projekt – entwickelt sich zum De-facto-Standard der Software-Industrie. In Illustrator ist es jedoch leider nicht möglich, zu den vorinstallierten weitere Sprachen nachzurüsten (s. Abschnitt 14.4.8).

2.4 Im- und Export

2.4.1 Adobe Ideas

Mit der Smartphone- und Tablet-App Ideas werden Vektorgrafiken erstellt. Die Dateien können Sie direkt in Illustrator öffnen, um sie weiterzubearbeiten (s. Abschnitt 19.1.7).

▲ Abbildung 2.5
Pantone-Plus-Farbfächer

2.4.2 FreeHand nicht mehr unterstützt

In Illustrator CS6 können keine FreeHand-Dateien mehr geöffnet werden. Wenn Sie dies noch benötigen, sollten Sie dafür eine ältere Illustrator-Version vorhalten (zum Umstieg von FreeHand s. Kapitel 23), denn beim Weg über die aus FreeHand exportierten Austauschformate gingen zu viele Bearbeitungsmöglichkeiten verloren.

2.4.3 HTML-Export nicht mehr möglich

Da das von Illustrator generierte HTML aktuellen Ansprüchen an sauberen und vor allem semantisch richtigen Code nicht mehr entsprach, wurde die Option komplett gestrichen (zum Thema Web s. Abschnitt 21.1).

▲ Abbildung 2.6
Adobe Ideas auf dem iPad

2.5 Bedienung und Benutzeroberfläche

2.5.1 Neuer Look

Vor allem aufgrund der Nachfrage aus dem Video- und Filmbereich wurde die Oberfläche komplett überarbeitet. Sie kann nun durchgehend abgedunkelt werden. Folglich mussten alle Icons des Programms ebenfalls neu gestaltet werden, sodass sie in allen Helligkeitsstufen funktionieren. Darüber hinaus benutzt Illustrator nun nicht mehr die Bedienelemente des jeweiligen Betriebssystems, sondern eigene Buttons und Scroll-Leisten (zur Benutzeroberfläche s. Kapitel 1).

2.5.2 Arbeitsbereiche

Arbeitsbereiche »merken« sich den Status, in dem Sie sie beim Wechsel zu einem anderen Arbeitsbereich verlassen haben. Kehren Sie wieder zurück, dann finden Sie den Arbeitsbereich mit den bei der letzten Be-

▲ Abbildung 2.7
Das Farbe-Bedienfeld und die Drehen-Dialogbox in dunkler Darstellung

▲ Abbildung 2.8
Arbeitsbereiche werden nicht mehr beim Aufrufen zurückgesetzt, sondern behalten die Veränderungen bei.

▲ Abbildung 2.9
Das Erstellen einer Deckkraftmaske ist offensichtlicher geworden und der Schiebregler wurde durch ein Menü ersetzt.

▲ Abbildung 2.10
Senkrecht angeordnete und an ein Bedienfeld angedockte Werkzeuggruppe

nutzung geöffneten Bedienfeldern und deren Anzeigeoptionen vor. Ein eigenständiger Befehl löst das Zurücksetzen des Arbeitsbereichs aus.

2.5.3 Dialogboxen

Auch Dialogboxen haben eine gründliche Überarbeitung erfahren. Dies betrifft nicht nur die Optik, sondern ebenfalls die Bedienung. Einige Schieberegler wurden durch Auswahlmenüs ersetzt, die Reihenfolge beim Durchwechseln mit der Tabulatortaste und die Verwendung der Pfeiltasten (mit Modifizierungsmöglichkeiten) zum Erhöhen und Senken von Werten ist konsequenter implementiert.

2.5.4 Bedienfelder

Das Umbenennen von Ebenen, Pinseln, Farbfeldern etc. ist nun direkt im Bedienfeld möglich, ohne vorher eine Dialogbox aufzurufen.

Einige der gebräuchlicheren Befehle aus verschiedenen Bedienfeldmenüs, wie z. B. das Erstellen einer Deckkraftmaske, haben einen Platz direkt im Bedienfeld.

Das Steuerungsbedienfeld wurde neu organisiert, sodass die Positionen der Bedienelemente, wo immer möglich, einheitlich bleiben.

Um Platz zu sparen, können Sie bei den abgerissenen Werkzeuggruppen nun wählen, ob sie waagerecht oder senkrecht angeordnet werden, und Sie können sie an andere Bedienfelder andocken.

2.5.5 Schriftmenü

Auch auf dem Mac kann das Schriftmenü mit den Pfeiltasten durchscrollt werden. An einem aktivierten Textobjekt wird dabei eine Live-Vorschau angezeigt (zum Thema Schrift und Textobjekte s. Kapitel 14).

2.5.6 Installation und Vorgaben

Bei einer Deinstallation bleiben Vorgaben (wie z. B. der Skripten-Ordner) erhalten und werden anschließend bei einer Neuinstallation in den Programmordner integriert.

2.5.7 Easter-Eggs

Diese Illustrator-Version enthält keine Easter-Eggs mehr – keine alternativen Splash-Screens, Mondphasen oder Mordys Telefonnummer, also nichts, das zur Aufschieberitis anregt. Schade ;-)

Kapitel 3
Vektorgrafik-Grundlagen

Illustrator gehört zur Gruppe der vektorbasierten Grafiksoftware. Das bedeutet, dass Linien und Flächen durch mathematische Funktionen beschrieben werden und nicht mittels einzelner Bildpunkte bzw. Pixel, die eine bestimmte Farbe besitzen. Auf diese Art definierte Formen sind die einzelnen Objekte, aus denen die gesamte Grafik aufgebaut wird.

3.1 Warum wir mit Vektoren zeichnen

Wenn Sie schon einmal auf dem Computer ein Bild bearbeitet haben, kennen Sie sicher pixelbasierte Grafikformate, wie sie beispielsweise Digitalkameras oder Scanner liefern. Bei starker Vergrößerung erkennen Sie am Treppeneffekt den Aufbau dieser Bilder aus lauter einzelnen nebeneinanderliegenden Bildpunkten in unterschiedlichen Farben und Helligkeitsstufen, die die abgebildeten Formen erzeugen. Der verarbeitende Computer erkennt die abgebildeten Formen jedoch nicht.

▲ **Abbildung 3.1**
Pixelgrafik: In der Vergrößerung sieht man die Bildpunkte, aus denen die Grafik zusammengesetzt ist.

In der Vektorgrafik dagegen, bei der alle Objekte mit mathematischen Funktionen beschrieben und gespeichert sind, wird das dargestellte Bild erst im Moment der Ausgabe auf dem Bildschirm oder auf einem Drucker in ein Koordinatensystem von Bildpunkten umgerechnet – und zwar immer in der Auflösung, die das Ausgabegerät darstellen kann. Der Computer kann einzelne abgebildete Objekte unabhängig voneinander referenzieren und Berechnungen mit ihnen ausführen. Daraus ergeben sich eine Reihe von Vorteilen:

- **Vergrößerungen und hochaufgelöste Ausdrucke**: Vergrößerungen erfolgen durch Neuberechnungen der Kurve und werden erst dann in Pixel umgewandelt. Vektorgrafik ist damit frei skalierbar.
- **Ansteuerung von Plottern u. Ä.**: Großformatige Beschriftungen oder Folien für den Flexdruck auf Bekleidung werden mit Plottern geschnitten. Diese auch als »Kurvenschreiber« bezeichneten Geräte

▲ **Abbildung 3.2**
Bézierkurven: In der Vergrößerung sieht man eine scharfe Linie.

verwenden die mathematischen Kurven, um daran entlangzuschneiden.

- **CAD und 3D-Software**: Diese Art Software arbeitet mit Formen in dreidimensionalen Räumen und kann über Austauschformate die Vektorkurven weiterverarbeiten.
- **Weiterverwendung von Einzelteilen**: Sehr häufig werden Bestandteile von Grafiken in leicht abgewandelter Form in anderen Arbeiten benutzt. Mit Vektorobjekten ist dies problemlos möglich.

[Pixel]
Das Kunstwort aus den Begriffen »Picture« und »Element« bezeichnet einen Bildpunkt als kleinste Einheit einer Bilddatei.

Vektorobjekte lassen sich sehr einfach in Pixel umwandeln, umgekehrt ist dies jedoch nicht der Fall. Vektorgrafik ist also erheblich flexibler als Pixelgrafik. Dies ist wichtig, wenn bei der Erstellung einer Grafik noch nicht alle Weiterverarbeitungsszenarien bekannt sind.

Selbstverständlich gibt es Motive und Grafik, die sich nicht sinnvoll oder wirtschaftlich als Vektorgrafik umsetzen lassen. Theoretisch möglich ist jedoch vieles, wie einige Anwender gelegentlich demonstrieren.

3.2 Funktionsweise von Vektorgrafik

Kommen Sie mit auf einen kleinen Ausflug in die Welt der Geometrie, um besser zu verstehen, wie Vektorelemente konstruiert werden, und sehen Sie sich einige Eigenheiten in der Bedienungslogik von Vektorgrafikprogrammen an.

▲ Abbildung 3.3
Pierre Bézier in Bézierpfaden

3.2.1 Formen erstellen

Es gibt verschiedene Vorgehensweisen, um Formen mathematisch zu definieren. Gemeinsam ist ihnen, dass immer die Außenbegrenzung einer Form bzw. der Verlauf einer Linie berechnet wird, unterschiedlich allerdings sind die Algorithmen, die dazu verwendet werden.

Illustrator arbeitet nach der Methode, die der französische Ingenieur Pierre Bézier Anfang 1960 für seine Arbeit bei Renault entwickelt hat. Das bedeutet, dass die Form jeder Linie mit einem Kurvenalgorithmus beschrieben wird, der nach seinem Erfinder »Bézierkurve« genannt wird. In Illustrator werden alle Linien, die aus einzelnen oder mehreren Kurven aufgebaut sind, als *Pfade* bezeichnet.

▲ Abbildung 3.4
Streckenbeschreibung durch Angabe von Winkel (Richtung) und Länge

Gerade Linien: Strecken | »Gehen Sie vom Leuchtturm 400 Meter geradeaus in Richtung Nordwest« beschreibt eine Strecke, also eine gerade Verbindung zwischen zwei Punkten. Allerdings ist diese »relative« Beschreibung mithilfe eines Startpunkts, eines Winkels – hier in Form der Himmelsrichtung – und der Streckenlänge unhandlich. Besser zu bestimmen ist eine Strecke, indem man zwei Punkte absolut in einem Koordinatensystem definiert.

Geometrische Figuren | Wenn Sie mit mathematischen Angaben Strecken platzieren können, dann ist es damit auch möglich, Quadrate, Rechtecke, Sterne und andere geometrische Figuren darzustellen.

Eine weitere Herausforderung ist die Beschreibung eines Kreises, denn dabei reicht das Verbinden von Punkten mit Strecken nicht mehr aus, da der Kreis aus einer gekrümmten Linie besteht. Die Krümmung ist jedoch eindeutig durch den Radius des Kreises zu definieren.

▲ **Abbildung 3.5**
Der Umriss des Glases besteht nur aus Strecken und Kreissegmenten.

Die angesprochenen Algorithmen reichen bereits aus, um viele verschiedene Objekte darzustellen, indem geometrische Figuren aneinandergereiht oder kombiniert werden. Allerdings versagen diese Methoden bei unregelmäßigen Krümmungen – hier kommt Herr Bézier ins Spiel.

Freie Pfade | Um zu verstehen, wie Pierre Bézier beliebige gekrümmte Linien definiert, sehen wir uns einen Kurvenverlauf zwischen zwei Punkten an. Er verwendet dabei eine mathematische Methode mit vier Punkten, um eine Näherung jeder darzustellenden Kurve berechenbar zu machen.

Zwei dieser Punkte stellen die Begrenzungspunkte der Kurve dar, die beiden anderen sind die Endpunkte der Kurventangenten aus den Begrenzungspunkten.

 Casteljau-Algorithmus
Die Kurvennäherung mithilfe der Unterteilungen wird nach Paul de Casteljau benannt. Er hatte noch vor Bézier eine äquivalente Methode entdeckt. Sein Arbeitgeber Citroën behandelte seine Entdeckung allerdings als Firmengeheimnis. Daher erntete Pierre Bézier den Ruhm.

In Illustrator – wie in manchen anderen Vektorprogrammen auch – bestimmen Sie den Kurvenverlauf intuitiv, indem Sie an den Tangenten-Endpunkten ziehen. Die Punkte werden in Illustrator *Griffpunkte*, die Tangenten *Grifflinien* genannt.

Ich will Sie hier nicht mit mathematischen Funktionen quälen, aber ein wenig möchte ich Ihnen schon erklären, wie Herr Bézier das Problem gelöst hat. Um Sie nicht zu verwirren, gebrauche ich dazu die in Illustrator verwendeten Ausdrücke *Ankerpunkte*, *Grifflinien* und *Griffpunkte* – der Veranschaulichung dient Abbildung 3.6.

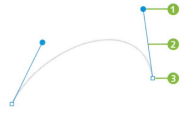

▲ **Abbildung 3.6**
Ankerpunkte ❸, Grifflinien ❷ und Griffpunkte ❶

Wenn man aus zwei Ankerpunkten zwei Linien herauszieht, die Grifflinien, ergeben sich an deren Enden zwei Punkte, die Griffpunkte. Werden nun die Strecken zwischen Ankerpunkten und den zugehörigen Griffpunkten sowie die Strecke zwischen den beiden Griffpunkten halbiert und die entstehenden Punkte miteinander verbunden, ergibt sich eine »Kurve« mit fünf Ecken (s. Abbildung 3.7). Setzt man diese Halbierung der entstehenden Strecken mehrfach fort, kann man bereits den exakteren Verlauf der Kurve erahnen. Um die Krümmung exakt zu beschreiben, müsste man die Halbierung der Strecken unendlich oft fortsetzen. Aber dann würden wir mit Vektorzeichnungen nie fertig werden. Also hört das Programm eben irgendwann damit auf und gibt sich mit einer annähernden Beschreibung der Kurve zufrieden, die aber immer noch exakt genug ist, um ordentlich damit arbeiten zu können.

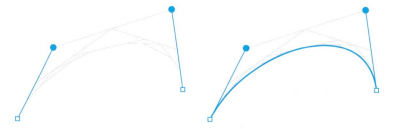

Abbildung 3.7 ►
Kurvennäherung

Interaktiv malen

Die Konstruktion von Vektorobjekten mit offenen Pfaden ist seit Illustrator CS2 dank der Funktion INTERAKTIV MALEN möglich (s. Kapitel 10).

Verbindungen | Ankerpunkte besitzen immer zwei angrenzende Pfadsegmente. Das Anschließen eines dritten Segments ist nicht möglich. Soll eine Verbindung wie bei einem T oder Y hergestellt werden, müssen Sie die Konturenden so wählen, dass das Aufeinandertreffen nicht auffällt. Das Konstruieren eines Flowcharts ist aufgrund dieser Bedingung erheblich erschwert.

Kombinieren, Transformieren, Verformen | Mit Vektorobjekten können Sie »rechnen«. Die Formen lassen sich z. B. voneinander subtrahieren bzw. zueinander addieren, drehen, spiegeln oder in einem Strudel verzerren. Als Ergebnis erhalten Sie wieder exake Pfade (mehr zu diesen Berechnungen erfahren Sie in Kapitel 10.

3.2.2 Objekte

Vektorsoftware referenziert die Teile eines Bildes nicht als eine Anhäufung von Pixeln, sondern speichert die logischen Einheiten des Bildes als Objekte.

Das kleinste mögliche Objekt ist ein einzelner Punkt. Normalerweise besteht ein Objekt mindestens aus einem Pfad, also aus mehreren Punkten. Objekte können miteinander zu komplexeren oder umfangreicheren Objekten kombiniert werden. Alle Kombinationen müssen durch Befehle ausgelöst werden – Objekte, die übereinandergelegt werden, kombinieren sich nicht (wie in der rasterorientierten Grafik) automatisch, sondern bleiben in einem »Stapel« als eigenständige Objekte bestehen.

▲ **Abbildung 3.8**
Papier-Collage

◀ **Abbildung 3.9**
Formen, die in pixelorientierten Programmen gemalt wurden (oben), lassen sich zu einem späteren Zeitpunkt nicht mehr ohne Weiteres voneinander trennen, z. B. verschieben.
In objektorientierten Programmen (unten) verbinden sich Formen nicht, sondern können jederzeit problemlos verschoben oder (wie der Pinselstrich) in ihren Eigenschaften geändert werden.

Stellen Sie sich diese Arbeitsweise vor wie beim Arbeiten mit Formen, die Sie aus farbigem Papier ausschneiden und übereinanderlegen (s. Abbildung 3.8).

3.2.3 Papierhintergrund

Anders als in einer Bildbearbeitungssoftware ist in Vektorgrafikprogrammen die Zeichenfläche insgesamt »durchsichtig« – die Zeichenfläche ist kein Objekt. In Illustrator gibt es auch keine nicht transparente »Hintergrundebene« wie in Photoshop. Das merken Sie u. a. dann, wenn Sie eine Illustrator-Datei in einem Layout platzieren: Außerhalb der Fläche des Objekts sehen Sie den Hintergrund.

Die Transparenz in einem Illustrator-Dokument können Sie sich anzeigen lassen, indem Sie Ansicht • Transparenzraster einblenden wählen – ⌘/Strg+⇧+D. Voreingestellt besteht dieses Raster aus einem grau-weißen bzw. (für Videovorlagen) dunkelgrauen Karomuster; dies können Sie jedoch unter Datei • Dokument einrichten… im Bereich Transparenz ändern. Das Raster ist nicht druckend und dient nur der Bildschirmanzeige. Aktivieren Sie das Transparenzraster, um Ihre Grafik zu untersuchen, wenn sich transparente Objekte nicht verhalten, wie Sie es erwarten.

Farbe Weiß | Die Prozessfarbe Weiß (mehr zu Prozess- und Volltonfarben finden Sie in Kapitel 8), die als CMYK mit jeweils 0 % definiert ist, entspricht der Papierfarbe. Wo sie angewendet ist, wird also nicht gedruckt. Mit Weiß versehene Objekte überdecken jedoch darunterliegende andere Objekte.

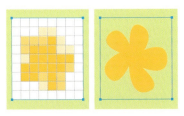

▲ **Abbildung 3.10**
Platzieren im Layout: pixelbasiertes Bild (links), Vektorgrafik (rechts)

▲ **Abbildung 3.11**
Borstenpinselkonturen und Objekte mit Deckkraftmasken auf dem Transparenzraster

Kapitel 3 Vektorgrafik-Grundlagen

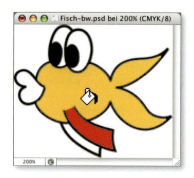

▲ **Abbildung 3.12**
Füllwerkzeug in Photoshop

▲ **Abbildung 3.13**
»Strichlierte Füllung« in der Pfadansicht

▲ **Abbildung 3.14**
Skizze

▲ **Abbildung 3.15**
Falsch konstruiertes Objekt

3.2.4 Farbflächen

Möchten Sie einen Bereich des Dokuments, z. B. den Bereich hinter Ihrer Zeichnung, mit Farbe versehen, müssen Sie immer ein Objekt in der entsprechenden Form zeichnen und mit der Eigenschaft »Flächenfarbe« versehen.

Es ist in der Konzeption von Vektorgrafik eigentlich nicht vorgesehen, einen durch mehrere Objekte begrenzten Bereich zu füllen, wie dies in der pixelbasierten Grafik möglich ist (siehe dazu auch den Kasten »Interaktiv malen« auf S. 56). Und es ist nicht nötig, mit dem Buntstift-Werkzeug einen Bereich durch »Strichlieren« auszumalen (Abbildung 3.13), wie Sie es auf dem Papier machen würden. Stattdessen wird ein Umriss gezeichnet oder aus vorhandenen Objekten konstruiert und mit einer Flächenfarbe versehen.

3.2.5 Eigenschaften

Die Merkmale eines Objekts werden als »Eigenschaften« des Objekts behandelt. Dadurch kann nicht nur die Form, sondern auch ihr Erscheinungsbild viel einfacher bearbeitet werden, ohne sich um die anderen Objekte kümmern zu müssen.

Moderne Vektorsoftware ist in der Lage, einem Objekt nicht nur eine Strichstärke als Kontur und eine Farbe als Füllung der Fläche zuzuweisen, sondern kann auch Verläufe, Muster, unregelmäßige Pinselstriche und diverse Effekte, die bisher eher aus der pixelbasierten Bildbearbeitung bekannt waren, als Eigenschaft verarbeiten. Darüber hinaus kann ein Objekt nicht nur eine einzige Eigenschaft aus jeder Gattung haben, sondern durchaus mehrere, die sich gegenseitig beeinflussen.

Schritt für Schritt
Objekte sinnvoll anlegen

1 Der falsche Weg: Linien einfach nachzeichnen

Der erste Schritt beim Vektorisieren besteht darin, die bestehenden Formen mit dem Zeichenstift nachzuzeichnen. Werden jedoch die Linien in dieser Skizze einzeln und getrennt voneinander konstruiert, dann entstehen beim Anlegen der Flächen Probleme (Abbildung 3.15), denn die Fläche kann nur in dem vom Pfad umschlossenen Raum angelegt werden (zum Füllen offener und geschlossener Pfade s. Kapitel 8).

2   Korrekte Planung der Zeichnung

Daher muss beim Zeichnen der Grundobjekte bereits bedacht werden, welche Objekte später wie gefüllt werden sollen und wie diese Objekte gegebenenfalls noch verformt oder nachträglich transformiert werden müssen. Diese werden als ganze, in der Regel auch geschlossene Flächen angelegt. Der Konturverlauf muss dafür hinter anderen Objekten fortgeführt werden. Im Beispiel gilt dies für den Körper, die Augen, die hintere Flosse und das Maul.

▲ Abbildung 3.16
Geplante Variationen der Figur müssen von Anfang an mitgedacht werden.

3   »Unterbrechen« der Kontur

Das Unterbrechen der Konturen – z. B. an den Augen – wird in diesem Fall dadurch erreicht, dass entsprechende Objekte in der Stapelreihenfolge darüberliegen und mit ihrer Flächenfarbe die dahinterliegenden Konturen verdecken.

▲ Abbildung 3.17
Sinnvoll angelegte Objekte (links und Mitte) lassen sich, wie gewünscht, füllen (rechts).

4   Genauigkeit

Das Überdecken eines Objekts durch ein anderes ist auch nützlich, um saubere »Abschlüsse« von Elementen zu gestalten. Diese müssen nicht exakt konstruiert werden, sondern erhalten durch die Anordnung im Objektstapel eine saubere Kante, wie in diesem Beispiel die hintere Brustflosse (Abbildung 3.18). Obenliegende Objekte sparen die darunterliegenden beim Druck aus (lesen Sie dazu mehr in Abschnitt 20.3).

▲ Abbildung 3.18
Hintere Brustflosse

5   Spätere Änderungen

Ein Vorteil dieser Vorgehensweise besteht darin, dass später noch Änderungen an Details ausgeführt werden können. Auch wenn Variationen (Abbildung 3.16) oder Animationen der Figuren erstellt werden sollen, ist es nötig, die Zeichnung dafür in ihre einzelnen Bestandteile aufzutrennen.

Falls Sie zu einem späteren Zeitpunkt doch noch Elemente zu einem gesamten Bereich kombinieren müssen, können Sie dies ohne Weiteres nachholen (Abbildung 3.19).

▲ Abbildung 3.19
Kombinieren von Objekten

▲ **Abbildung 3.20**
Das Objekt wird ausgespart.

6 Umgebung füllen, Fläche in Weiß

Auch wenn das dargestellte Objekt aus einer Fläche ausgespart werden soll, verwenden Sie diese Konstruktionsart. Der Fischkörper wird mit einer weißen Fläche gefüllt (s. »Farbe Weiß« in Abschnitt 3.2.4). Dazu erstellen Sie ein Rechteck, das in den Hintergrund gestellt wird und die gewünschte Farbe erhält (Abbildung 3.20).

3.2.6 Seitenbeschreibung

In einer Illustrator-Datei werden die Objekte mit ihren Eigenschaften in einem absoluten Koordinatensystem angeordnet und gespeichert. Durch diese Art der Seitenbeschreibung bleiben alle in dem Dokument integrierten Objekte frei im Zugriff und editierbar.

Außerdem werden in diesem Koordinatensystem eine oder mehrere Zeichenflächen angelegt. Dies sind die Bereiche des Dokuments, die zu druckende Elemente enthalten.

3.2.7 Rückschritte und Protokoll

Das Widerrufen von Befehlen ist in Illustrator wie in den meisten anderen Vektorporgrammen anders implementiert als in Bildbearbeitungsprogrammen (s. Abschnitt 4.6). Das hat seinen Grund u. a. darin, dass aufgrund der objektorientierten Arbeitsweise (mit Objekteigenschaften und Effekten) viele Arbeitsschritte ohnehin jederzeit reversibel sind, indem Effekte von einem Objekt entfernt werden oder Einstellungen für einen Pinselstrich geändert werden. Das ist auch unabhängig von den in der Zwischenzeit durchgeführten Arbeitsschritten möglich.

Ein Protokoll-Bedienfeld gibt es aufgrund der vielen alternativen Möglichkeiten in Illustrator nicht.

Kapitel 4
Arbeiten mit Dokumenten

Die besondere Funktionalität eines Programms spiegelt sich natürlich in der Art wider, wie Dokumente angelegt und eingerichtet werden, und darin, welche Hilfsmittel für die Arbeit mit dem Programm vorhanden sind.

4.1 Dokumente erstellen und öffnen

Wenn Sie Dokumente neu erstellen und mit den diversen Ansichtsoptionen und Vorgaben effizient arbeiten wollen, ist es wichtig, zu verstehen, wie Illustrator die jeweiligen Einstellungen speichert und was sie bewirken.

▲ **Abbildung 4.1**
Illustrator CS6 Datei- und Vorlagen-Icon

4.1.1 Neues Dokument erstellen

Es gibt zwei Möglichkeiten zur Erstellung neuer Dokumente: Erzeugen Sie ein vollkommen neues Dokument, so erhalten Sie eine Datei, die einige Standardvorgaben enthält.

Alternativ lässt sich eine Datei aus einer Vorlage erstellen. Eine Vorlagendatei ist wie ein Zeichenblock, von dem Sie ein Blatt abreißen, um darauf zu arbeiten. Eine aus einer Vorlage erzeugte Datei kann neben Farbfeldern, Pinseln und Symbolen Zeichenflächen in unterschiedlichen Größen sowie Teile der Zeichnung auf der oder den Zeichenflächen enthalten (zum Arbeiten mit Vorlagendateien und Dokumentprofilen s. Abschnitt 22.1.2 und 22.1.3).

Neue Datei erstellen | Um eine neue Datei zu erstellen, wählen Sie DATEI • NEU... – ⌘/Strg+N. Anschließend geben Sie Ihre Optionen in die Dialogbox ein:

▲ **Abbildung 4.2**
Einige der Vorlagendateien, die bei einer Standardinstallation in den Ordner COOLE EXTRAS kopiert werden.

Abbildung 4.3 ▶
Die Dialogbox NEUES DOKUMENT

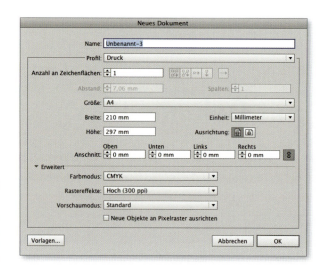

Maximalgröße mehrerer Seiten

Illustrators Arbeitsfläche misst etwa 5,80 m in der Breite und Höhe. Falls Sie über die Dialogbox mehrere Seiten anlegen, müssen diese – nebeneinandergelegt – auf diese Fläche passen. Anderenfalls erhalten Sie einen entsprechenden Warnhinweis.

Wahl des Farbmodus

Wählen Sie den Farbmodus im Hinblick auf die Weiterverarbeitung des Dokuments. Das ist in der Regel CMYK, falls das Dokument gedruckt wird, RGB für bildschirmbasierte Ausgabemedien. Medienneutrales Arbeiten (im RGB-Modus) ist für Vektorgrafik nicht zu empfehlen, denn bei der Farbkonvertierung mit ICC-Profilen entstünde buntes Schwarz. Feine, exakte Linien, wie sie häufig in der Vektorgrafik anzutreffen sind, wären damit nicht sauber zu drucken.

Weitere Optionen

Erstellen Sie ein neues Dokument mit dem Dokumentprofil VIDEO UND FILM, dann können Sie zusätzlich das Transparenzraster bestimmen. Ein Dokument auf Basis des Profils MOBILGERÄTE UND GERÄTE lässt sich mit dem Button DEVICE CENTRAL dort in der Vorschau sehen.

▶ PROFIL: Wählen Sie eines aus den sechs Standard- oder aus selbst erstellten Dokumentprofilen, die bereits die wichtigsten Einstellungen im Hinblick auf verschiedene Ausgabemedien enthalten.

▶ ANZAHL AN ZEICHENFLÄCHEN: Mehrere Seiten (bis zu 100) können Sie durch Eingabe der Anzahl erzeugen. Auf diesem Weg erhalten Sie jedoch nur Zeichenflächen identischer Größe.

▶ ANORDNUNG: Wählen Sie mit den Buttons die Anordnung der Zeichenflächen. Diese bestimmt über deren fortlaufende Nummerierung (die sich jedoch ändern lässt).

▶ ABSTAND: Hier geben Sie den gewünschten Abstand ein, den die Zeichenflächen (zuzüglich der Beschnittzugabe) voneinander haben sollen.

▶ GRÖSSE: Geben Sie hier die Größe der einzelnen Seite(n) an. Im Ausklappmenü finden Sie einige für die jeweiligen Ausgabemedien gebräuchliche vordefinierte Formate. Geben Sie die Maße direkt in die Felder BREITE und HÖHE ein, falls Ihr gewünschtes Format nicht im Menü ist.

Für eine einzelne Zeichenfläche akzeptiert Illustrator Werte von 1 bis 16.383 Pt, das entspricht 0,36 bis 5.779,55 mm. Sie können also Dokumente bis zu etwa 5,80 m Breite und Höhe anlegen.

▶ EINHEIT: Geben Sie hier die Maßeinheit für das Dokument ein, die in den Seitenlinealen und in Dialogboxen verwendet werden soll. Die Angabe betrifft nur die allgemeine Maßeinheit, z. B. zur Positionierung von Elementen – die Angabe von Schriftgrößen und die Breite von Konturen werden nicht beeinflusst.

▶ AUSRICHTUNG: Klicken Sie die Buttons für Hoch- oder Querformat, falls Sie die Angaben für Höhe und Breite gegeneinander austauschen möchten.

- Anschnitt: Ein dort eingegebener Wert wird für alle Zeichenflächen des Dokuments identisch als sichtbare Begrenzung angelegt. Deaktivieren Sie den Ketten-Button, um unterschiedliche Werte für Oben, Unten, Links und Rechts einzugeben. Beim Drucken oder Speichern eines PDF können Sie auf den eingestellten Wert zugreifen. Mehr zum Thema Beschnittzugabe finden Sie in Abschnitt 20.3.4.
- Farbmodus: Ein Illustrator-Dokument wird immer in einem der beiden Farbmodi CMYK oder RGB angelegt. Der Farbmodus sollte an dieser Stelle nicht geändert werden. Stattdessen wählen Sie ein Dokumentprofil im passenden Farbmodus; anderenfalls werden Farbfelddefinitionen umgewandelt.
- Rastereffekte: In diesem Feld bestimmen Sie die Auflösung, die für die Berechnung von Rastereffekten verwendet wird (s. Abschnitt 13.4.1). Für den Druck wählen Sie Hoch (300 ppi).
- Vorschaumodus: Der Vorschaumodus ist die Anzeigeart, in der Sie am Dokument arbeiten. Für bildschirmbasierte Medien ist Pixel geeignet – den Modus Überdrucken sollten Sie nur vorübergehend einsetzen, da er sehr rechenintensiv ist.
- Neue Objekte an Pixelraster ausrichten: Diese Option ist für das Dokumentprofil Web standardmäßig aktiviert und bewirkt, dass Objekte gegebenenfalls verformt werden, um ins Pixelraster zu passen. Sie können diese Option auch zu einem späteren Zeitpunkt noch aktivieren – dies ist in vielen Fällen zu empfehlen (s. Abschnitt 5.6.8 und 21.1.2).

Ohne Dialogbox | Möchten Sie mit den Einstellungen, die Sie für das zuletzt erstellte neue Dokument verwendet haben, eine weitere Datei erzeugen, drücken Sie ⌘+⌥+N bzw. Strg+Alt+N.

Neu aus Vorlage | Um eine neue Datei auf der Basis einer Vorlage zu erstellen, wählen Sie Datei • Neu aus Vorlage… – ⌘/Strg+⇧+N. Standardmäßig zeigt Illustrator in dieser Dialogbox nicht wie im Öffnen-Dialog den zuletzt benutzten Ordner an, sondern den Vorlagenordner im Illustrator-Verzeichnis. Navigieren Sie zur gewünschten Datei, und klicken Sie auf den Neu-Button. Es wird eine neue Datei erstellt (Vorlagen s. Abschnitt 22.1.2).

4.1.2 Dokument öffnen

Um ein Dokument zu öffnen, wählen Sie Datei • Öffnen… – ⌘/Strg+O. Navigieren Sie zum gewünschten Dokument, und bestätigen Sie mit OK.

»Normale« Dateien als Vorlage

In der Dialogbox Neu aus Vorlage können Sie jede Illustrator-Datei auswählen – nicht nur als Dateityp »Vorlage« gespeicherte Dokumente.
»Normale« Illustrator-Dateien werden als Kopie geöffnet, die Sie unter einem neuen Namen speichern müssen.
Umgekehrt wird beim Öffnen von Vorlagendateien immer eine Kopie erzeugt, selbst wenn Sie das Dokument über den Dialog Öffnen… auswählen.

▲ **Abbildung 4.4**
Eines der vielen unerwünschten Resultate des Ausrichtens am Pixelraster: verzerrte Formen

▲ **Abbildung 4.5**
Es ist möglich, mehrere Dateien gemeinsam zu öffnen – aktivieren Sie weitere Dateien, indem Sie ⇧ bzw. für nicht aufeinanderfolgende Dateien ⌘/Strg drücken und die Dokumente anklicken.

Kapitel 4 Arbeiten mit Dokumenten

FreeHand-Dateien öffnen?
In Illustrator CS6 können Free-Hand-Dateien nicht mehr geöffnet werden!

Handelt es sich um alte Illustrator-Dateien oder Fremdformate, enthalten diese eventuell Farbdefinitionen verschiedener Farbmodi. In diesem Fall zeigt Illustrator eine Dialogbox mit einem Warnhinweis, und Sie müssen sich für einen Farbmodus entscheiden. Die Farben des anderen Modus werden konvertiert.

Zuletzt verwendete Dateien | Um eines der zuletzt verwendeten Dokumente erneut zu öffnen, wählen Sie es aus dem Menü Datei • Letzte Dateien öffnen.

▲ **Abbildung 4.6**
Button Gehe zu Bridge

Durchsuchen | Der Befehl Datei • Bridge durchsuchen… – ⌘+⌥+O bzw. Strg+Alt+O – öffnet Adobe Bridge, eine Software, mit der Sie Ihre Dokumente verwalten können. Bridge lässt sich komfortabler öffnen, indem Sie den Button Gehe zu Bridge im Steuerungsbedienfeld anklicken.

4.1.3 Dokumenteinstellungen ändern

Um nachträglich die Optionen eines Dokuments zu ändern, wählen Sie Datei • Dokument einrichten… – ⌘+⌥+P bzw. Strg+Alt+P, oder klicken Sie auf den Button Dokument einrichten im Steuerungsbedienfeld.

Abbildung 4.7 ▶
Optionen für die Beschnittzugabe sowie für Transparenz im Dialog Dokument einrichten

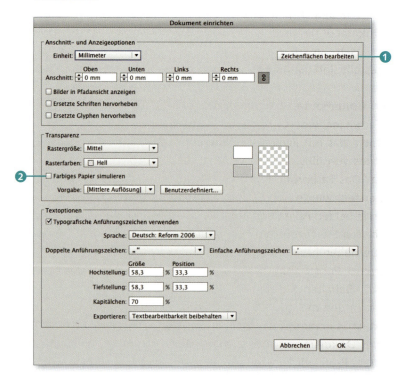

In dieser Dialogbox können Sie jedoch nur einige der Dokumenteinstellungen ändern, wie z. B. die Größe der Beschnittzugabe, Transparenz- oder Typografieoptionen.

Um die Größe einzelner Zeichenflächen zu ändern, klicken Sie auf den Button Zeichenflächen bearbeiten ❶ (s. Abschnitt 4.3).

4.1.4 Papierfarbe simulieren

Wird Ihre Grafik auf farbigem Papier produziert, können Sie bereits am Bildschirm die Auswirkung der Papierfarbe auf die Druckfarbe simulieren. In der Optionsgruppe Transparenz aktivieren Sie Farbiges Papier simulieren ❷ und klicken in das obere der beiden Farbfelder, um den Farbwähler aufzurufen. Richten Sie dort die gewünschte Farbe ein. Die Farbe wird nur am Bildschirm angezeigt – nicht gedruckt –, es gibt in Illustrator keine »Hintergrundfarbe«.

▲ **Abbildung 4.8**
Das Aussehen der Druckfarben auf farbigem Papier wird simuliert.

Farbfeld »Weiß«

Das Standardfarbfeld Weiss – definiert als C0 M0 Y0 K0 – entspricht eigentlich der Papierfarbe, da eben keine Farben gedruckt werden. Daher ist es auch nicht mehr weiß, wenn Sie die Papierfarbe ändern.

4.1.5 Farbmanagement beim Öffnen

Farbmanagement ist in Illustrator seit einigen Versionen ein fest integrierter Bestandteil. Die Voreinstellung für das Farbmanagement in Illustrator wie in allen Anwendungen der Creative Suite ist aktiviert.

Erstellen eines neuen Dokuments | Erstellen Sie ein neues Dokument, wird dem Dokument das dem Dokumentfarbraum entsprechende Farbprofil zugewiesen, sofern die Farbmanagement-Richtlinien entsprechend eingestellt sind (Farbmanagement s. Kapitel 8).

Öffnen von Dokumenten | Bei aktiviertem und entsprechend eingerichtetem Farbmanagement erscheint eine Warnung, sobald Sie ein Dokument öffnen, das mit keinem (Abbildung 4.10) oder einem anderen als dem aktuell von Illustrator verwendeten Farbprofil (Abbildung 4.9) versehen ist. Das Farbprofil gibt an, für welche Ausgabesituation das Dokument erstellt wurde.

Sie haben in beiden Fällen drei Möglichkeiten, den Farbprofil-Konflikt zu lösen – halten Sie gegebenenfalls Rücksprache mit den weiterverarbeitenden Betrieben bzw. mit dem Ersteller des Dokuments:

- ▶ Eingebettetes Profil verwenden bzw. Beibehalten (Kein Farbmanagement): Behalten Sie das eingebettete bzw. kein Profil. Diese Option ist in den meisten Fällen zu empfehlen. Zu einem späteren Zeitpunkt ist es immer noch möglich, ein anderes Profil zuzuweisen.
- ▶ Farben des Dokuments in den Arbeitsfarbraum konvertieren: Das eingebettete Profil wird verworfen, und stattdessen wird das in den

Farbmanagement: Aus

Haben Sie unter Bearbeiten • Farbeinstellungen… in den Farbmanagement-Richtlinien für CMYK oder RGB die Option Aus gewählt, wird kein Farbprofil eingebettet (CMYK bzw. RGB ohne Tags).

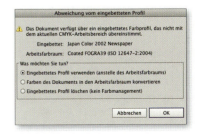

▲ **Abbildung 4.9**
Warnung bei Farbprofil-Konflikt

▲ Abbildung 4.10
Warnung bei nicht vorhandenem Farbprofil

FARBMANAGEMENT-RICHTLINIEN eingestellte Profil eingebettet. Die Farbwerte werden so verändert, dass die Farbdarstellung möglichst identisch mit der ursprünglichen Darstellung bleibt. Diese Einstellung sollten Sie vermeiden.

▶ EINGEBETTETES PROFIL LÖSCHEN: Das eingebettete Profil wird entfernt – das Dokument unterliegt nicht mehr dem Farbmanagement.

▶ PROFIL ZUWEISEN (nur bei fehlendem Profil): War bisher kein Profil eingebettet, können Sie entweder das Profil des Arbeitsfarbraums zuweisen oder ein Profil frei auswählen. Dabei ändern sich die Farbwerte nicht, die Darstellung der Farben auf dem Bildschirm und im Ausdruck zeigt gegebenenfalls einen deutlichen Unterschied.

In den Arbeitsfarbraum konvertieren

Wenn Sie diese Option wählen, werden die Farbwerte konvertiert. Dabei wird reines Schwarz bunt, und reine Farben erhalten gegebenenfalls unerwünschte Beimischungen.

Farbprofil ändern | Möchten Sie einem Dokument ein anderes Farbprofil zuweisen, wählen Sie BEARBEITEN • PROFIL ZUWEISEN… Die Optionen entsprechen den Einstellungen, die Ihnen zur Verfügung stehen, wenn beim Öffnen eines Dokuments ein Farbprofil-Konflikt auftritt.

4.2 Im Dokument navigieren

Illustrator-Dokumente bestehen nicht nur aus den druckbaren Flächen – um die Zeichenflächen herum ist zusätzlicher Raum. Die Navigation innerhalb eines Illustrator-Dokuments unterscheidet sich von der Handhabung in anderen Programmen.

4.2.1 Zeichenfläche

Das Dokumentformat, das Sie in der Dialogbox NEUES DOKUMENT eingerichtet haben, sehen Sie als symbolisches »Blatt« – bzw. als mehrere Blätter, wenn es mehrere Seiten gibt – vor sich im Dokumentfenster liegen ❸, ❻. Diese »Blätter« – sie werden *Zeichenflächen* genannt – stellen den Bereich der Datei dar, in dem Sie Grafiken platzieren können, die gedruckt werden sollen.

Begrenzung ausblenden | Falls Sie lieber ohne die Anzeige des Zeichenflächen-Begrenzungsrahmens arbeiten und Ihre Grafik später an das Format anpassen möchten, blenden Sie die Zeichenfläche aus, indem Sie ANSICHT • ZEICHENFLÄCHE AUSBLENDEN wählen.

Tatsächlich druckbare Fläche anzeigen | Die Größe einer Zeichenfläche und das Papierformat Ihres Druckers stimmen nicht immer überein. Wählen Sie ANSICHT • DRUCKAUFTEILUNG EINBLENDEN, um das im derzeit

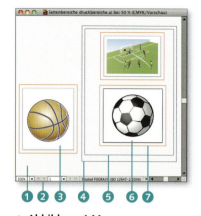

▲ Abbildung 4.11
Arbeitsfläche ❶, Statusleiste ❷, Zeichenfläche ❸, Seitenformat ❹, druckbarer Bereich ❺, aktive Zeichenfläche ❻, Anschnitt ❼

ausgewählten Drucker vorhandene Papierformat auf der Zeichenfläche anzuzeigen. Es wird mithilfe zweier gestrichelter Linien dargestellt: Die äußere dieser beiden Linien ❹ kennzeichnet das eingestellte Papierformat, die innere ❺ die Fläche, die der Drucker auf diesem Format bedrucken kann (Drucken s. Abschnitt 20.4).

4.2.2 Arbeitsfläche/Montagefläche

Im gesamten Bereich eines Illustrator Dokuments – der Arbeitsfläche ❶ – können Sie zeichnen (auch mit Unterstützung von Hilfslinien) oder Teile Ihrer Grafik »aufbewahren«.

Beim Scrollen im Dokument kann es passieren, dass plötzlich eine leere Fläche vor Ihnen liegt. Dann ist meist nicht Ihre Zeichnung gelöscht – Sie blicken nur auf einen unbenutzten Teil der Arbeitsfläche. Haben Sie auf einer Zeichenfläche gearbeitet, holen Sie die Grafik auf der aktiven Zeichenfläche am schnellsten wieder mit ⌘/Strg+0 in den Mittelpunkt. Mit ⌘+⌥+0 bzw. Strg+Alt+0 blenden Sie alle Zeichenflächen ein.

4.2.3 Statusleiste

Am unteren linken Rand des Dokumentfensters sehen Sie die Statusleiste ❷. In der Statusleiste wird die Vergrößerungsstufe angezeigt, und es steht ein Aufklappmenü zur Verfügung, um die Zoomstufe zu wechseln. In einem weiteren Aufklappmenü blättern Sie durch das Dokument. Darüber hinaus können Sie sich eine weitere Statusinformation anzeigen lassen – rufen Sie ein Menü der möglichen Informationen auf, indem Sie auf den Pfeil rechts neben dem Anzeigetext klicken.

4.2.4 Vergrößerungsstufe verändern/zoomen

Jede Stelle Ihrer Illustrator-Datei können Sie in beliebigen Vergrößerungsstufen zwischen 3,13 und 6.400 % betrachten, also z. B. wie mit einer Lupe heranzoomen, um Details zu bearbeiten.

Zoom-Werkzeug | Wählen Sie das Zoom-Werkzeug – Shortcut Z –, um die Ansicht eines Bereichs zu vergrößern oder zu verkleinern. Klicken Sie in die Mitte des Bereichs, an den Sie heranzoomen möchten. Zoomen Sie wieder heraus, indem Sie ⌥/Alt drücken und klicken.

Um schneller eine große Vergrößerung zu erhalten, klicken und ziehen Sie einen Auswahlrahmen um den Bereich, den Sie vergrößern

▲ **Abbildung 4.12**
Wie bei der Arbeit am Reißbrett haben Sie um Ihr Illustrator-Dokument reichlich Fläche zum Ablegen zur Verfügung.

Zeichenfläche in Fenster einpassen: Objekte weg

Wenn nach dem Aufrufen des Befehls IN FENSTER EINPASSEN nichts zu sehen ist, kann es sein, dass Sie neben der oder den Zeichenflächen gearbeitet haben. Zoomen Sie aus der Datei heraus, um die Objekte zu finden.

▲ **Abbildung 4.13**
Die Statusleisten der Dokumente zeigen »Augen«, aktuelles Werkzeug, Mondphase, Farbprofil des Dokuments (von oben). Ein Klick auf den Pfeil ❽ öffnet das Aufklappmenü.

Vergrößerungsstufe

Illustrator berechnet die Vergrößerungsstufe nach einer fest programmierten Monitorauflösung von 72 ppi. Die meisten Monitore sind heutzutage wesentlich höher auflösend. Eine DIN-A4-Zeichenfläche ist daher in der 100 %-Ansicht nicht so groß wie ein DIN-A4-Blatt Papier, das Sie an den Monitor halten.

> **Zoomen per Scrollrad**
>
> Falls Sie eine Maus mit Scrollrad verwenden, drücken Sie ⌥/Alt und bewegen Sie das Scrollrad, um die Vergrößerungsstufe zu verändern. Drücken Sie zusätzlich ⇧, um in größeren Schritten zu zoomen.

möchten. Um den Auswahlrahmen während des Aufziehens zu verschieben, halten Sie die Leertaste und schieben den Rahmen.

Während Sie ein beliebiges Werkzeug verwenden, drücken und halten Sie ⌘/Strg+Leertaste, um temporär zum Zoom-Werkzeug zu wechseln. Drücken Sie zusätzlich ⌥/Alt, um herauszuzoomen.

Menübefehl | Wählen Sie Ansicht • Einzoomen (⌘/Strg+⇧+=) bzw. Ansicht • Auszoomen (⌘/Strg+-), um die Ansicht in voreingestellten Sprüngen zu vergrößern oder zu verkleinern.

Die Ansicht der Zeichenfläche lässt sich mit dem Befehl Ansicht • In Fenster einpassen – ⌘/Strg+0 – an die Größe des Dokumentfensters anpassen.

Möchten Sie eine Darstellung, die der Originalgröße der Zeichnung auf der aktiven Zeichenfläche zumindest annäherungsweise entspricht (s. hierzu den Kasten »Vergrößerungsstufe«), wählen Sie Ansicht • Originalgrösse – ⌘/Strg+1.

▲ Abbildung 4.14
Das Navigator-Bedienfeld: Drücken Sie ⌘/Strg, um mit der eingeblendeten Lupe direkt im Bedienfeld einen Vergrößerungsbereich aufzuziehen.

Navigator-Bedienfeld | Rufen Sie das Navigator-Bedienfeld unter Fenster • Navigator – im Dock ⌘ – auf, und stellen Sie die Vergrößerungsstufe mithilfe des Schiebereglers ein. Oder aktivieren Sie den aktuellen Wert, der links neben dem Regler angezeigt wird, mit einem Doppelklick, und geben Sie einen neuen ein. Verschieben Sie die Ansicht, indem Sie auf den roten Rahmen klicken und ziehen.

Das Navigator-Bedienfeld zeigt immer die Vorschau Ihres Dokuments an – selbst wenn Sie in der Pfadansicht arbeiten. Über das Bedienfeldmenü haben Sie die Möglichkeit, alle Elemente auszublenden, die nicht auf einer Zeichenfläche liegen. Die Farbdarstellung kann von der Arbeitsfläche abweichen.

Statusleiste | Wählen Sie in der Statusleiste die gewünschte Vergrößerungsstufe aus dem Ausklappmenü, oder geben Sie sie direkt in das Feld ein.

4.2.5 Ansicht verschieben

Um Zeichenflächen oder die Arbeitsfläche innerhalb des Dokumentfensters zu verschieben, können Sie alternativ zu den Bildlaufleisten (Scrollbars) das Hand-Werkzeug verwenden.

Wählen Sie die Hand aus dem Werkzeugbedienfeld – H –, und klicken und ziehen Sie mit dem Werkzeug, um die Zeichenfläche zu verschieben.

> **Mit dem Scrollrad die Ansicht verschieben**
>
> Drücken und halten Sie ⌘/Strg, um horizontal zu scrollen. Halten Sie zusätzlich ⇧ gedrückt, um den Scrollvorgang zu beschleunigen.

Während Sie ein anderes Werkzeug benutzen – ausgenommen sind lediglich die Text-Werkzeuge –, können Sie jederzeit temporär zum Hand-Werkzeug wechseln, indem Sie die Leertaste drücken und halten.

4.2.6 Vorschau und Pfadansicht

Normalerweise stellt Illustrator Ihre Grafik im **Vorschaumodus** dar. Im Vorschaumodus sind alle Aussehen-Eigenschaften von Objekten und Ebenen wie Farb- und Verlaufsflächen, Linienstärken, Transparenzen und Effekte sichtbar.

Einige Arbeiten lassen sich schneller und besser erledigen, wenn Sie Konturen, Effekte und Flächen nicht anzeigen lassen, sondern nur die Pfade, aus denen Ihre Illustrationen bestehen. In diesem *Darstellungsmodus* überdecken die Objekte einander nicht. Da keine komplexen Eigenschaften berechnet werden müssen, wird der Bildschirmaufbau beschleunigt.

Um zur Pfaddarstellung zu wechseln, wählen Sie Ansicht • Pfadansicht – ⌘/Strg+Y. In der Pfadansicht wechselt der Menüeintrag zu Vorschau. Wählen Sie diesen Eintrag Vorschau aus, oder verwenden Sie den Shortcut erneut, um wieder die farbige Version anzuzeigen. Wenn kein Objekt aktiviert ist, erreichen Sie den Befehl zum Wechseln zwischen Vorschau und Pfadansicht auch im Kontextmenü.

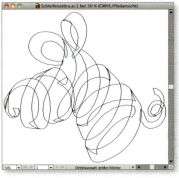

▲ **Abbildung 4.15**
Vorschau (oben), Pfadansicht (unten)

4.2.7 Überdruckenvorschau

Die Überdruckenvorschau simuliert zusätzlich zur normalen Vorschau, wie sich die Überdrucken-Eigenschaft einzelner Objekte auswirkt, wenn Sie Ihre Grafik im Offsetverfahren drucken (Überdrucken funktioniert unter Umständen nicht so, wie Sie es erwarten, lesen Sie daher bitte mehr in Abschnitt 20.3.3).

Selbstverständlich stellt die Ansicht nur eine Näherung des Druckergebnisses dar – sie ist umso besser, je exakter Ihre Arbeitsumgebung kalibriert ist.

Um Ihre Illustration in der Überdruckenvorschau anzuzeigen, wählen Sie Ansicht • Überdruckenvorschau – ⌘+⌥+⇧+Y bzw. Strg+Alt+⇧+Y.

4.2.8 Pixelvorschau

In der Pixelvorschau sehen Sie, wie Ihre Objekte in das Pixelraster eingepasst werden. Bei Auswahl dieses Vorschaumodus wird die Option An Pixel ausrichten aktiviert, mit deren Hilfe das Pixelraster magne-

> **Einzelne Ebenen in Pfadansicht**
>
> Sie können auch nur die Objekte einzelner Ebenen als Pfade anzeigen lassen (s. Abschnitt 11.1.1).

▲ **Abbildung 4.16**
Objekte überdrucken

▲ Abbildung 4.17
An Pixel ausrichten: nicht aktiviert (oben), aktiviert (unten)

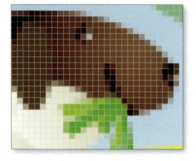

▲ Abbildung 4.18
Das über einer Zoomstufe von 600 % angezeigte Pixelraster

▲ Abbildung 4.19
Gespeicherte Ansichten im Menü

▲ Abbildung 4.20
Ansicht bearbeiten

tisch wird und Sie Objekte optimal an Pixeln und ausrichten können, sodass waagerechte und senkrechte Kanten immer auf ganzen Pixeln positioniert sind und damit nicht weichgezeichnet werden.

Die Pixelvorschau zeigen Sie an, indem Sie Ansicht • Pixelvorschau – Shortcut ⌘/Strg+⇧+Y – aus dem Menü wählen. Illustrator aktiviert Ansicht • An Pixel ausrichten dann automatisch – Sie können es jedoch deaktivieren (mehr zur Webgrafik s. Abschnitt 21.1.2).

Seit Version CS5 kann Illustrator Pfade auch automatisch so ausrichten, dass sie optimal im Pixelraster liegen. Die Option An Pixelraster ausrichten aktivieren Sie beim Erstellen eines neuen Dokuments (s. Abschnitt 4.1.1) oder objektbezogen im Transformieren-Bedienfeld. Achtung: Dabei werden Pfade verschoben.

Ab einer Zoomstufe von 600 % kann das zugrunde liegende Pixelraster als Karomuster mit dünnen Linien dargestellt werden – die Option Pixelraster anzeigen (bei Zoom über 600 %) finden Sie unter Voreinstellungen • Hilfslinien und Raster.

4.2.9 Dokumentansicht speichern

Eine einmal eingerichtete Ansicht eines Dokuments in einer bestimmten Vergrößerungsstufe und in dem gewählten Ansichtsmodus – Pfadansicht oder Vorschau – können Sie im Dokument abspeichern.

Ansicht speichern | Um eine eingerichtete Ansicht zu speichern, wählen Sie Ansicht • Neue Ansicht… Geben Sie anschließend einen Namen in die Dialogbox ein, und klicken Sie auf OK. Sie können bis zu 25 Ansichten je Dokument speichern.

In einer Ansicht wird nicht nur die Zoomstufe, sondern auch die Ebenensichtbarkeit gespeichert. Auf diesem kleinen Umweg können Sie unterschiedliche Ebenenkompositionen – wie Sie sie z. B. aus Photoshop kennen – einfach verwalten.

Achtung: Vermeiden Sie die Verwendung von Zeichen wie Klammern (), Schrägstrichen / oder Bindestrichen -. Illustrator kann nicht alle Sonderzeichen im Menü darstellen.

Ansicht aufrufen | Rufen Sie die Ansichten auf, indem Sie ihre Namen im Menü Ansicht auswählen.

Ansichten verwalten | Um Ansichten umzubenennen oder zu löschen, wählen Sie Ansicht • Ansicht bearbeiten… Aktivieren Sie den Namen der Ansicht in der Liste, und klicken Sie auf den Button Löschen, oder geben Sie die gewünschte Änderung in das Textfeld ein.

4.2.10 Mehrere Dokumentfenster öffnen

Von einem Dokument lassen sich gleichzeitig mehrere Fenster öffnen. So können Sie in verschiedenen Fenstern an unterschiedlichen Details der Zeichnung oder in anderen Darstellungsmodi arbeiten, anstatt häufig die Ansicht verschieben zu müssen.

Öffnen Sie ein neues Fenster, indem Sie FENSTER • NEUES FENSTER auswählen. Sie haben die Möglichkeit, mehrere Fenster automatisch auf dem Bildschirm anzuordnen. Wählen Sie FENSTER • ANORDNEN • ÜBERLAPPEND oder FENSTER • ANORDNEN • NEBENEINANDER, um die Fenster auf dem Bildschirm anzuordnen (s. Abschnitt 1.3.2).

Die Position der beim Speichern des Dokuments geöffneten Fenster wird gesichert und beim nächsten Öffnen wieder genauso angeordnet – auch beim Übertragen der Datei auf die andere Plattform.

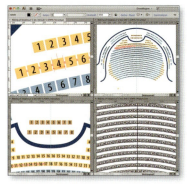

▲ **Abbildung 4.21**
Fenster nebeneinander anordnen

4.3 »Mehrseitige« Dokumente mit Zeichenflächen

Zeichenflächen definieren Teile in Ihrer Grafik, die separat ausgegeben – gedruckt oder exportiert – werden können. Zeichenflächen können Sie einsetzen, um mehrseitige Dokumente anzulegen, unterschiedliche Alternativen eines Designs in einer Datei zu entwickeln oder um mehrere zu einem Werk gehörende Elemente vorzubereiten – wie Banner für eine Website oder Teile für einen Flash-Film. Sie können bis zu 100 Zeichenflächen unterschiedlicher Größen anlegen, die sich auch überlappen dürfen. Mit dem Zeichenflächen-Bedienfeld lassen sich Zeichenflächen bequem verwalten.

▲ **Abbildung 4.22**
Bearbeitung von Zeichenflächen im Zeichenflächen-Modus

4.3.1 Zeichenflächen-Modus aufrufen und verlassen

Wählen Sie das Zeichenflächen-Werkzeug ⊞ – ⇧+0 –, oder klicken Sie in der Dialogbox DOKUMENT EINRICHTEN auf den Button ZEICHENFLÄCHEN BEARBEITEN, um in den Zeichenflächen-Modus zu gelangen.

Zeichenflächen-Modus verlassen | Beenden Sie den Zeichenflächen-Modus, indem Sie ein anderes Werkzeug auswählen oder Esc drücken.

4.3.2 Zeichenflächen-Bedienfeld

Im Zeichenflächen-Bedienfeld erhalten Sie eine Übersicht über alle Zeichenflächen Ihres Dokuments, können diese verwalten und die Reihen-

Zeichenflächen-Bedienfeld und Zeichenflächen-Modus

Um Änderungen mithilfe des Zeichenflächen-Bedienfeldes durchzuführen, müssen Sie nicht in den Zeichenflächen-Modus wechseln.

▲ Abbildung 4.23
Das Zeichenflächen-Bedienfeld

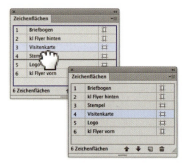

▲ Abbildung 4.24
Umsortieren und Neunummerierung der Zeichenflächen mithilfe des Zeichenflächen-Bedienfeldes

Zeichenfläche zu klein?
Wenn Sie mit dem Zeichenflächen-Werkzeug auf ein Objekt auf der Zeichenfläche klicken (anstatt zu klicken und zu ziehen), wird eine Zeichenfläche in der Größe des Objekts erzeugt.

Hoch- und Querformat
Zwischen den beiden Ausrichtungen wechseln Sie mit den Buttons 🔲 🔲 im Steuerungsbedienfeld.

folge verändern. Rufen Sie das Zeichenflächen-Bedienfeld unter Fenster • Zeichenflächen auf – im Dock 🔲.

Das Bedienfeld listet die Zeichenflächen mit einer fortlaufenden Seitenzahl ❶ auf, unter der Sie die Zeichenfläche auch beim Drucken oder Speichern wiederfinden, sowie der Gesamtzahl der Zeichenflächen ❹. Darüber hinaus zeigt die Liste den Namen (den Sie direkt im Bedienfeld ändern können) ❺ und die Formatlage ❸ an. Die aktive Zeichenfläche ist hervorgehoben ❷.

Mit den Buttons am unteren Rand des Bedienfeldes legen Sie neue Zeichenflächen an ❽ oder löschen bestehende ❾. Durch Verschieben der Einträge in der Liste oder mit den Buttons Nach oben ❻ und Nach unten ❼ können Sie die Reihenfolge der Zeichenflächen verändern.

Zeichenflächen mit Namen versehen | Das Zeichenflächen-Bedienfeld zeigt keine Vorschausymbole. Damit Sie die Einträge besser dem Inhalt zuordnen können, lassen sich Zeichenflächen mit Namen versehen. Den Namen können Sie außer im Bedienfeld auch noch in den Zeichenflächenoptionen (s. Abschnitt 4.3.6) oder im Zeichenflächen-Modus ändern.

Zeichenflächen-Reihenfolge und »Seitenzahl« | Die fortlaufende Nummerierung der Zeichenflächen erfolgt normalerweise in der Reihenfolge ihrer Erstellung, d.h., eine neue Zeichenfläche erhält die nächsthöhere Nummer. Entsprechend der Nummerierung sind die Zeichenflächen im Bedienfeld aufgelistet. Ändern Sie die Reihenfolge in der Liste, dann erhalten die Zeichenflächen neue Nummern.

Dazu klicken und ziehen Sie eine Zeichenfläche an die gewünschte Stelle, oder Sie aktivieren einen Eintrag in der Liste und verwenden die Buttons Nach oben 🔼 und Nach unten 🔽, um die Zeichenfläche eine Position nach vorn oder nach hinten zu verschieben.

4.3.3 Neue Zeichenflächen erstellen

Neben der Option, mehrere nebeneinanderliegende Zeichenflächen identischer Größe beim Erstellen der Datei anzulegen (s. Abschnitt 4.1.1), können Sie Zeichenflächen auch zu einem späteren Zeitpunkt definieren bzw. vorhandene editieren.

Mit Zeichenflächen-Werkzeug | Ziehen Sie mit dem Cursor ein Rechteck an der gewünschten Position in der gewünschten Größe auf der Arbeitsfläche auf. Sofern Ansicht • Intelligente Hilfslinien aktiv ist, zeigen diese die Außenkanten bestehender Zeichenflächen an, sodass Sie eine neue Zeichenfläche daran ausrichten können.

Mit dem Zeichenflächen-Bedienfeld | Aktivieren Sie im Zeichenflächen-Bedienfeld eine Zeichenfläche, deren Maße Sie übernehmen möchten, und wählen Sie Neue Zeichenfläche aus dem Bedienfeldmenü, oder klicken Sie auf den gleichnamigen Button. Die Position der neuen Zeichenfläche wird automatisch bestimmt.

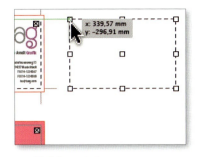

▲ Abbildung 4.25
Platzierungscursor mit einer neuen Zeichenfläche. Die grünen Hilfslinien markieren die Ausrichtung in Relation zu bestehenden Seiten.

Aus einem Rechteck umwandeln | Ein oder mehrere horizontal auf der Zeichenfläche liegende Rechtecke können Sie in Zeichenflächen umwandeln, indem Sie den gleichnamigen Befehl aus dem Menü des Zeichenflächen-Bedienfeldes oder unter Objekt • Zeichenflächen aufrufen. Die Rechtecke sollten einfache Pfade sein.

Mit dem Platzierungscursor | Aktivieren Sie mit dem Zeichenflächen-Werkzeug eine bestehende Zeichenfläche. Anschließend klicken Sie auf den Button Neue Zeichenfläche im Steuerungsbedienfeld. Sie erhalten jetzt einen Platzierungscursor (»Place-Gun«). Mit diesem klicken Sie an die gewünschte Position auf der Arbeitsfläche, um dort die Zeichenfläche zu erstellen. Modifizierungsmöglichkeit: Drücken und halten Sie /Alt und klicken Sie die Position an, bleibt der Platzierungscursor bestehen, und Sie können weitere Seiten anlegen.

▲ Abbildung 4.26
Mehrere Zeichenflächen wurden ausgewählt (oben) und dupliziert (unten).

Innerhalb einer bestehenden Zeichenfläche | Soll eine neue Zeichenfläche innerhalb einer bestehenden aufgezogen werden, drücken Sie und klicken und ziehen dann die neue Fläche auf.

4.3.4 Zeichenfläche duplizieren

Eine bestehende Zeichenfläche duplizieren Sie, indem Sie im Zeichenflächen-Modus /Alt gedrückt halten und die Zeichenfläche verschieben. Sie haben die Wahl, ob dabei die Objekte dupliziert werden, die ganz oder teilweise auf der Zeichenfläche liegen. Dazu klicken Sie auf den Button Bildmaterial mit Zeichenfläche verschieben/kopieren.

Grauer Hintergrund

Die Farbe der Arbeitsfläche außerhalb der Zeichenflächen bestimmen Sie unter Voreinstellungen • Benutzeroberfläche mit der Option Arbeitsflächenfarbe.

Mehrere Zeichenflächen duplizieren | Sollen mehrere Zeichenflächen auf einmal dupliziert werden, klicken Sie sie im Zeichenflächen-Bedienfeld an – halten Sie /Strg gedrückt, um nicht aufeinanderfolgende Einträge zu aktivieren – und rufen Zeichenflächen duplizieren aus dem Bedienfeldmenü auf.

4.3.5 Zeichenfläche skalieren

Aktivieren Sie eine Zeichenfläche im Zeichenflächen-Modus, und ziehen Sie an einer Kante oder Ecke, um die Größe anzupassen.

Größe numerisch eingeben | Klicken Sie auf eine Zeichenfläche, und wählen Sie mit dem Symbol URSPRUNG den Bezugspunkt für die Größenänderung aus. Dann wählen Sie eines der voreingestellten Maße aus dem Menü VORGABEN im Steuerungsbedienfeld.

Alternativ geben Sie die gewünschte Position in die Eingabefelder x bzw. y und die Maße in die Felder B und H im Steuerungsbedienfeld ein.

> **Zeichenfläche und Objekte skalieren?**
>
> Objekte sind unabhängig von Zeichenflächen, und daher gibt es keine Möglichkeit, eine Zeichenfläche zusammen mit den darauf liegenden Objekten zu skalieren.

An die Größe einer Grafik anpassen | Eine Zeichenfläche können Sie automatisch an die Größe des Begrenzungsrahmens einer darin enthaltenen Grafik anpassen. Falls Sie für die Anpassung nicht die gesamte Grafik, sondern nur bestimmte Elemente verwenden wollen, aktivieren Sie diese. Wählen Sie dann aus dem Menü VORGABEN im Steuerungsbedienfeld bzw. aus dem Menü VORG. in den ZEICHENFLÄCHENOPTIONEN den Eintrag AN BILDMATERIALBEGRENZUNGEN ANPASSEN bzw. AN AUSGEWÄHLTE GRAFIK ANPASSEN. Unabhängig davon, ob die gleichnamige Option (unter VOREINSTELLUNGEN • ALLGEMEIN) gesetzt ist, werden die Vorschaubegrenzungen des Objekts verwendet.

▲ Abbildung 4.27
Anpassen der Zeichenfläche per Menü VORGABEN im Steuerungsbedienfeld

▲ Abbildung 4.28
Die Zeichenfläche kann an die komplette Grafik auf der Zeichenfläche (links) oder an ausgewählte Objekte (rechts) angepasst werden.

4.3.6 Zeichenflächenoptionen

Um die Optionen für eine Zeichenfläche oder für das Zeichenflächen-Werkzeug aufzurufen, haben Sie mehrere Möglichkeiten:

▶ Aktivieren Sie eine Zeichenfläche, und doppelklicken Sie auf das Zeichenflächen-Werkzeug.
▶ Klicken Sie auf den Button ZEICHENFLÄCHENOPTIONEN im Steuerungsbedienfeld.

> **Anzeigeoptionen**
>
> Um die Anzeigeoptionen zu ändern, müssen Sie nicht die ZEICHENFLÄCHENOPTIONEN aufrufen, sondern können dazu auch die Buttons im Steuerungsbedienfeld verwenden.
>
>

4.3 »Mehrseitige« Dokumente mit Zeichenflächen

- Doppelklicken Sie auf das Format-Symbol der gewünschten Zeichenfläche im Zeichenflächen-Bedienfeld.
- Rufen Sie Zeichenflächenoptionen aus dem Bedienfeldmenü des Zeichenflächen-Bedienfeldes auf.

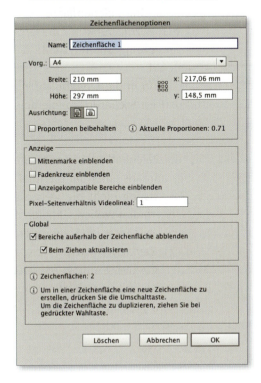

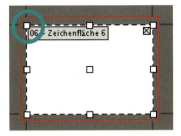

◄ **Abbildung 4.29**
Die Dialogbox Zeichenflächenoptionen

▲ **Abbildung 4.30**
Das Ursprungsymbol wird Ihnen an vielen Stellen wieder begegnen: Die neun Kästchen entsprechen den Anfassern des Zeichenflächenrahmens. Klicken Sie auf ein Kästchen, ist der entsprechende Punkt eines Objekts der Bezugspunkt für Skalierungen oder Positionsbestimmungen.

- Vorg.: Wählen Sie aus dem Menü eine gebräuchliche Größe, oder geben Sie die Maße unter Breite bzw. Höhe ein. Möchten Sie beim Eingeben einer neuen Größe die Proportionen erhalten, aktivieren Sie die entsprechende Option.
- Ursprung: Bestimmen Sie mit dem Symbol den Bezugspunkt für eine Größenänderung oder Position. Klicken Sie auf die Ecke, Kante oder in die Mitte, um die Zeichenfläche anhand dieses Punkts zu skalieren oder zu positionieren.
- Position: Legen Sie unter x und y die Position der Zeichenfläche auf der Arbeitsfläche bezogen auf den Ursprung fest.
- Anzeige: Zusätzlich zu den Begrenzungen der Zeichenfläche blenden Sie weitere Informationen ein (Abbildung 4.30).
- Pixel-Seitenverhältnis Videolineal: Diesen Wert geben Sie für die Videolineale ein, damit diese unabhängig von der Maßeinheit des Dokuments gerätespezifische Pixel anzeigen (Video, s. Abschnitt 21.6).

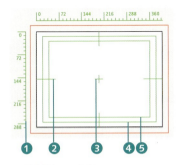

▲ **Abbildung 4.31**
Anzeigeoptionen einer Zeichenfläche: Videolineale ❶, Fadenkreuz ❷, Mittenmarke ❸, anzeigekompatible Bereiche (aktionssicherer Bereich ❹, titelsicherer Bereich ❺)

Anordnen und nicht eindeutig zugeordnete Objekte

Wenn sich Objekte nicht eindeutig zuordnen lassen, d. h. im Bereich mehrerer Zeichenflächen liegen, kommt es zu unerwarteten Ergebnissen. Zeichenflächen innerhalb anderer Zeichenflächen werden nicht neu angeordnet, und Teile der Zeichnung werden u. U. der falschen Zeichenfläche zugerechnet und daher ebenfalls nicht wie gewünscht verschoben.

▶ Bereiche ausserhalb der Zeichenfläche abblenden: Ist das Zeichenflächen-Werkzeug ausgewählt, wird nur die Fläche innerhalb der aktiven Zeichenfläche in normaler Helligkeit dargestellt – der übrige Bereich des Dokuments ist abgedunkelt. Wählen Sie außerdem, ob diese Anzeige beim Bewegen einer Zeichenfläche in Echtzeit aktualisiert werden soll.

4.3.7 Auf der Arbeitsfläche neu anordnen

Die Anordnung der Zeichenflächen im Dokument können Sie bestimmen, indem Sie sie mit dem Zeichenflächen-Werkzeug verschieben. Alternativ lassen Sie die Zeichenflächen automatisch anhand ihrer Nummerierung anordnen. Sortieren Sie sie zunächst nach Bedarf im Zeichenflächen-Bedienfeld.

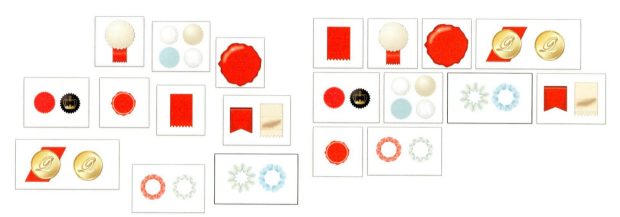

▲ Abbildung 4.32
Neuanordnen von Zeichenflächen

Anschließend rufen Sie Zeichenflächen neu anordnen aus dem Bedienfeldmenü auf. Der Befehl ist nur aktiv, wenn höchstens ein Eintrag im Zeichenflächen-Bedienfeld ausgewählt ist.

Die Optionen Layout, Spalten und Abstand entsprechen denen beim Anlegen eines neuen Dokuments. Wenn Sie die vorhandenen Objekte mit ihren Zeichenflächen verschieben wollen, aktivieren Sie Bildmaterial mit Zeichenfläche verschieben. Objekte, die mehreren Zeichenflächen zugeordnet sind, verhalten sich dabei unerwartet (s. Kasten »Anordnen und nicht eindeutig zugeordnete Objekte«).

▲ Abbildung 4.33
Dialogbox Zeichenflächen neu anordnen

4.3.8 Zeichenfläche löschen

Zum Löschen von Zeichenflächen gibt es mehrere Möglichkeiten: Wählen Sie das Zeichenflächen-Werkzeug, aktivieren Sie eine Zeichenfläche, klicken Sie auf den Button Zeichenfläche löschen, drücken

Sie ⏎, oder klicken Sie den Schließen-Button ⊠ oben rechts in der jeweiligen Zeichenfläche an. Auch den Löschen-Button im Zeichenflächen-Bedienfeld können Sie verwenden. Objekte, die auf den Zeichenflächen lagen, bleiben erhalten.

Leere Zeichenflächen löschen | Mithilfe des Zeichenflächen-Bedienfeldes können Sie gezielt Zeichenflächen, die keine Objekte enthalten, löschen. Wählen Sie LEERE ZEICHENFLÄCHEN LÖSCHEN aus dem Bedienfeldmenü.

4.3.9 Zwischen Zeichenflächen blättern

Die aktive Zeichenfläche ist im Bearbeitungsmodus mit einem schwarzen Rahmen versehen, während die übrigen Zeichenflächen in einem etwas helleren Grau umrandet sind. Wenn Sie ein Objekt aktivieren oder mit dem Auswahl-Werkzeug auf eine Zeichenfläche klicken, wird diese automatisch aktiviert. Durch einen Doppelklick neben den Namen eines Eintrags im Zeichenflächen-Bedienfeld navigieren Sie ebenfalls zu dieser Zeichenfläche. Sie wird automatisch ins Fenster eingepasst.

Alternativ verwenden Sie das Menü in der Statusleiste, um gezielt zu einzelnen Zeichenflächen zu springen, bzw. »blättern« Sie mit den Pfeil-Buttons ⏮, ◀, ▶, ⏭ oder mit ⇧ und ⇞, ⇟ bzw. Bild↑, Bild↓.

Im Zeichenflächen-Modus wechseln Sie zwischen den Zeichenflächen mit ⌥/Alt und →, ↓ bzw. ←, ↑.

▲ **Abbildung 4.34**
Auswählen einer Zeichenfläche aus dem Menü in der Statusleiste

4.3.10 Einzelne Zeichenflächen drucken oder speichern

Für den Ausdruck oder beim Speichern und Exportieren können Sie die Zeichenflächen bestimmen, die berücksichtigt werden sollen (s. Kapitel 20). Beim Speichern älterer Illustrator-Formate können Sie wahlweise jede Zeichenfläche als einzelne Datei oder eine Datei mit allen Objekten erstellen (s. Abschnitt 4.7).

4.4 Maßeinheiten und Lineale

In Illustrator arbeiten Sie immer mit absoluten Maßen in einem definierten Koordinatensystem. Das Dokumentformat gibt die Größenverhältnisse vor.

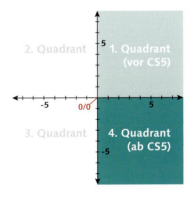

▲ **Abbildung 4.35**
Illustrators Koordinatensystem befindet sich im vierten Quadranten.

4.4.1 Koordinatensystem

Illustrators Koordinatensystem arbeitet seit Version CS5 wie InDesign und Photoshop (und wie von Webseiten gewohnt) im vierten Quadranten des kartesischen Koordinatensystems (das Sie vielleicht noch aus dem Mathematikunterricht kennen). Das bedeutet, dass der Nullpunkt des Dokuments bzw. einzelner Zeichenflächen standardmäßig in der oberen linken Ecke liegt und Sie z. B. positive Werte eingeben müssen, um ein Objekt nach unten zu verschieben. Auch wenn Sie den Nullpunkt in die linke untere Ecke verschieben, bleibt das Koordinatensystem natürlich bestehen (s. auch den Hinweiskasten links).

Einige Skripte funktionieren eventuell nicht, wie erwartet, oder geben falsche Werte aus.

> **Voreinstellung Quadranten?**
>
> In den Voreinstellungen können Sie den Quadranten leider nicht ändern. Es ist jedoch möglich, Illustrator mit einem kleinen Hack in der Prefs-Datei auf das alte Verhalten »zurückzustellen«. Dies können Sie mit einem simplen Text-Editor durchführen. Eine Beschreibung des Hacks finden Sie unter *www.vektorgarten.de/ illustrator-cs5.html#quadrant14*.

4.4.2 Voreinstellungen Maßeinheiten

Die Maßeinheiten für drei verschiedene Aufgabenbereiche können Sie getrennt anpassen. Maßeinheiten legen Sie unter VOREINSTELLUNGEN • EINHEIT – ⌘+⇧+⌥+N bzw. Strg+Alt+1 fest.

▲ Abbildung 4.36
VOREINSTELLUNGEN • EINHEIT

▶ ALLGEMEIN: Die hier angegebene Maßeinheit wird in den Linealen dargestellt – sofern Sie nicht für das Dokument eine andere Einheit festlegen – und ist die Grundlage des Dokumentrasters. Sie wird für Größenangaben, Abstände und Positionierungen von Objekten verwendet.

▶ KONTUR: In dieser Einheit bestimmen Sie Konturstärken. Die Werte im Konturstärkenmenü werden der gewählten Einheit angepasst und nicht einfach von Punkt umgerechnet.

▶ SCHRIFT/ASIATISCHE SCHRIFT: Hier legen Sie fest, in welcher Einheit Sie Schriftgrößen definieren möchten. Das Auswahlmenü ASIATISCHE SCHRIFT kann nur dann verwendet werden, wenn Sie unter VOREINSTELLUNGEN • SCHRIFT das Kästchen ASIATISCHE OPTIONEN EINBLENDEN aktivieren.

▲ Abbildung 4.37
Mit Rechtsklick bzw. ctrl+Klick (Mac-Ein-Tasten-Maus) auf das Lineal rufen Sie ein Menü auf, in dem Sie die Maßeinheit auswählen können.

4.4.3 Maßeinheiten des Dokuments ändern

Die in den Voreinstellungen bestimmten Maßeinheiten werden für alle neuen Dokumente übernommen. Möchten Sie die allgemeine Maßeinheit eines Dokuments nachträglich ändern, wählen Sie DATEI • DOKUMENT EINRICHTEN – Shortcut ⌘+⌥+P bzw. Strg+Alt+P.

In dem Aufklappmenü unter EINHEIT legen Sie die neue Maßeinheit nur für dieses Dokument fest.

> **Muster und die Linealposition**
>
> Wenn Sie mit Zeichenflächenlinealen arbeiten, verändern sich Musterflächen nicht mehr, sobald Sie den Nullpunkt verschieben. Arbeiten Sie dagegen mit globalen Linealen, passiert dies weiterhin.

4.4.4 Lineale

Am Rand des Dokumentfensters können Sie sich Lineale einblenden lassen, die Skalen in der aktuellen Maßeinheit anzeigen. Die Lineale beziehen sich entweder auf einzelne Zeichenflächen (Zeichenflächenlineale) oder auf das gesamte Dokument (globale Lineale). Wählen Sie Ansicht • Lineale einblenden – Shortcut ⌘/Strg+R –, um die Anzeige der Lineale zu aktivieren. Wenn Sie mit der Option Zeichenflächenlineale arbeiten, passt sich die Darstellung der Werte in den Linealen jeweils an, wenn Sie zu einer anderen Zeichenfläche wechseln. Die Art der Lineale wird vom gewählten Dokumentprofil bestimmt.

Zwischen globalen und Zeichenflächenlinealen wechseln | Wenn Sie von Zeichenflächen- auf globale Lineale umstellen möchten, wählen Sie Ansicht • Lineale • In globale Lineale ändern – ⌘+⌥+R bzw. Strg+Alt+R. Damit erhalten Sie ein Koordinatensystem, das alle Zeichenflächen umfasst. Der Menüeintrag wechselt zu In Zeichenflächenlineale ändern, sodass Sie zurückwechseln können. Illustrator merkt sich die letzte Nullpunktposition des jeweils anderen Linealmodus und stellt dahin zurück.

Nullpunkt verschieben | Der Standardnullpunkt der Lineale – also der Punkt, an dem beide Lineale den Wert 0 anzeigen – befindet sich jeweils in der linken oberen Ecke der Zeichenflächen, bei globalen Linealen ungefähr in der Mitte des Dokuments.

Falls Sie zu Konstruktionszwecken den Nullpunkt an einer anderen Stelle benötigen, können Sie ihn frei positionieren. Klicken Sie in das Feld links oben im Dokumentfenster, an dem die beiden Lineale sich treffen, und ziehen Sie zu der Stelle, an der Sie den Nullpunkt positionieren möchten. Während Sie ziehen, zeigt ein Fadenkreuz die neue Position des Nullpunkts an.

Für die Positionierung des Nullpunkts können Sie alle Hilfen verwenden, die Ihnen zur Positionierung von Objekten in Illustrator zur Verfügung stehen, wie Hilfslinien oder das Ausrichten an Ankerpunkten (s. Abschnitt 4.5.5) und Pixeln (s. Abschnitt 21.1.2).

Wenn Sie mit globalen Linealen arbeiten und den Nullpunkt verändern, verschieben sich **Muster**, die Sie Objekten zugewiesen haben.

Ebenso ändert sich mit globalen Linealen bei einer Nullpunktverschiebung das zugrunde gelegte **Pixelraster** des Dokuments (Pixelraster s. Abschnitt 20.1.2) und damit auch die Umrechnung von Vektorobjekten und ihren Eigenschaften ins Pixelraster. Das Arbeiten mit Zeichenflächenlinealen ist daher vor allem im Hinblick auf diese beiden Aspekte

---

Lineale in alten Dokumenten

Der Nullpunkt in alten Dokumenten wird nicht verändert – das Koordinatensystem wechselt jedoch in den vierten Quadranten, sobald Sie diese Dokumente in Illustrator CS6 öffnen.

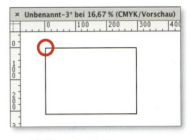

▲ **Abbildung 4.38**
Standardmäßig liegt der Nullpunkt oben links.

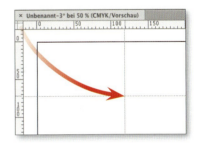

▲ **Abbildung 4.39**
Nullpunkt verschieben

▲ **Abbildung 4.40**
Wird bei globalen Linealen der Nullpunkt verschoben, dann ändert sich die Position von Mustern auf Objekten, egal ob die Voreinstellung Muster transformieren aktiviert ist oder nicht.

▲ **Abbildung 4.41**
Vor allem das Editieren von Objekten in isometrischen Zeichnungen (hier Größenänderung) wird mit einer angepassten Bildachse vereinfacht.

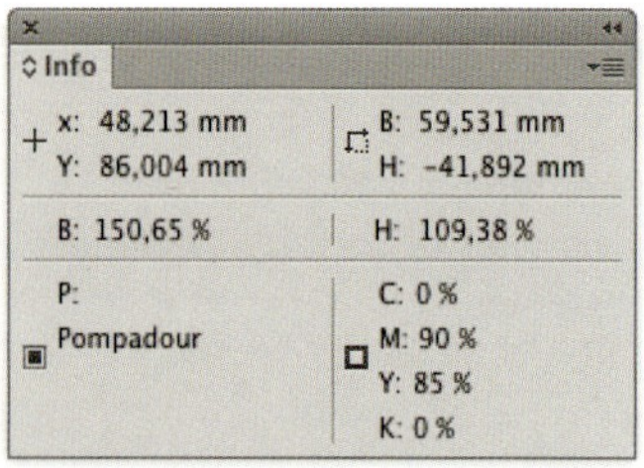

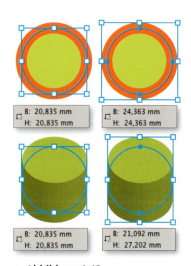

▲ **Abbildung 4.42**
Das Info-Bedienfeld während einer Skalierung mit optionaler Anzeige der Farbwerte

▲ **Abbildung 4.43**
Ohne (links) und mit (rechts) Vorschaubegrenzungen verwenden

zu empfehlen. Überprüfen und korrigieren Sie dennoch die Nullpunkte der Zeichenflächen, bevor Sie beginnen, Objekte zu zeichnen.

Nullpunkt zurücksetzen | Um den Nullpunkt zurückzusetzen, doppelklicken Sie auf die Kreuzungsstelle der Lineale links oben im Dokumentfenster. Wenn Sie mit Zeichenflächenlinealen arbeiten, wählen Sie vorher die gewünschte Zeichenfläche aus.

4.4.5 Bildachse

Per Voreinstellung arbeitet Illustrator mit einer waagerechten Grundachse für die Konstruktion und Transformation von Objekten. Dies können Sie unter Voreinstellungen • Allgemein ändern. Geben Sie einen anderen Winkel unter Bildachse ein, und Elemente werden daraufhin in dieser Lage erstellt.

4.4.6 Positionen, Maße und Informationen anzeigen

Positionen und einige Objekteigenschaften sowie die Parameter von Transformationen, die Sie durchführen, werden im Info-Bedienfeld angezeigt. Rufen Sie dieses unter Fenster • Info auf – ⌘/Strg+F8, im Dock.

Die Maße im Bedienfeld berechnet Illustrator in der eingestellten Einheit, Farbwerte entsprechend dem Dokument-Farbmodus.

Objektinformationen | Im oberen Bereich sehen Sie die Position (X- und Y-Werte) des ausgewählten Objekts und seine Abmessungen (B- und H-Angaben). Die Werte berücksichtigen die Position und die Abmessungen der Pfade. Möchten Sie die Stärke von Konturen oder durch Effekte entstandene Flächen in die Messung einschließen, aktivieren Sie Vorschaubegrenzungen verwenden unter Voreinstellungen • Allgemein… (Abbildung 4.43).

Wählen Sie Optionen einblenden im Bedienfeldmenü, um außerdem die Farbwerte oder das Muster von Füllung und Kontur des aktivierten Objekts im unteren Bereich des Bedienfeldes anzuzeigen.

Transformationen | Verwenden Sie Transformations- oder Mess-Werkzeuge, werden deren Parameter in der mittleren Reihe des Info-Bedienfeldes eingeblendet:

▶ D: Stellt die zurückgelegte Distanz beim Verschieben bzw. den Abstand eines Punkts zum vorher gesetzten Punkt dar.
▶ B/H: Hier sehen Sie den Vergrößerungsfaktor beim Skalieren.

- ⊿ : Dieses Symbol kennzeichnet den Drehwinkel bei der Verwendung des Drehen-Werkzeugs sowie den Winkel, wenn Sie das Verlauf- oder Mess-Werkzeug verwenden oder ein Objekt verschieben.
- Verwenden Sie das Spiegeln-Werkzeug, zeigt das Symbol den Spiegelungswinkel.
- Wenn Sie das Verbiegen-Werkzeug verwenden, wird hier der Winkel der Verbiegungsachse angezeigt.
- ▱ : Dieses Symbol kennzeichnet den Umfang der Verbiegung, wenn Sie das Verbiegen-Werkzeug verwenden.

4.4.7 Abstände messen

Die Abstände zwischen Objekten oder die Winkelung einer Kante können Sie mit dem Mess-Werkzeug ermitteln.

Wählen Sie das Mess-Werkzeug, klicken Sie auf den ersten Messpunkt, und ziehen Sie das Werkzeug zum zweiten Messpunkt. Pfade und Punkte wirken »magnetisch« und lassen den zweiten Messpunkt innerhalb einer engen Toleranz einrasten – den ersten leider nicht.

Im Info-Bedienfeld werden die X- und Y-Koordinaten des ersten Messpunkts, die gemessene Breite B und Höhe H, die ermittelte Distanz A und der Winkel ⊿ zwischen den beiden Messpunkten angezeigt. Die Werte bleiben stehen, bis Sie ein neues Werkzeug wählen oder mit einem Tastaturbefehl temporär ein Werkzeug aktivieren.

Wenn es auf Genauigkeit ankommt, ist das Mess-Werkzeug nicht geeignet. Viel besser lässt es sich mit dem Linien-Werkzeug messen – doppelklicken Sie nach dem »Messen« auf das Werkzeug-Icon, um den Winkel abzulesen, die Länge finden Sie im Dokumentinformationen-Bedienfeld.

▲ **Abbildung 4.44**
Das Info-Bedienfeld zeigt die mit dem Mess-Werkzeug ermittelten Werte an.

Linealwerte in Dialogfeldern

Illustrator übernimmt die mit dem Lineal gemessenen Werte in Transformieren-Dialogboxen: Abstände werden in der VERSCHIEBEN- und der Winkel in der DREHEN-Dialogbox eingestellt.

4.5 Raster und Hilfslinien

Zahlreiche Funktionen erleichtern Ihnen das exakte Positionieren, Verschieben und Ausrichten von Objekten. Neben den hier aufgeführten Rastern und Hilfslinien besteht die Möglichkeit, die Position eines oder mehrerer Objekte an anderen Objekten zu orientieren.

4.5.1 Raster

Als Konstruktionshilfe können Sie sich das Dokumentraster anzeigen lassen. Das Raster liegt über oder unter Ihrer Grafik und wird nicht gedruckt.

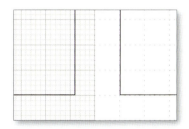

▲ **Abbildung 4.45**
Dokumentraster als Linien und als Punkte

Störrische Werkzeuge

Wenn Sie das Gefühl haben, dass Sie Punkte nicht mehr dort setzen können, wo Sie wollen, kann das daran liegen, dass AM RASTER AUSRICHTEN aktiviert ist.

Intelligente Hilfslinien

Ist AM RASTER AUSRICHTEN aktiviert, können Sie nicht mit intelligenten Hilfslinien arbeiten.

▲ **Abbildung 4.46**
Objekte am Raster ausrichten

Hilfslinien und Ebenen

Hilfslinien werden als Objekte der aktuellen Arbeitsebene zugeordnet und im Ebenen-Bedienfeld angezeigt. Um im Ebenen-Bedienfeld die Übersicht zu behalten, richten Sie eine eigene Ebene für alle Hilfslinien ein (Ebenen s. Abschnitt 11.1).

Hilfslinien verschwinden beim Aktivieren

Wenn die Ansichtsoption ECKEN AUSBLENDEN aktiv ist und Sie eine Hilfslinie aktivieren, so wird diese unsichtbar.

Wenn Sie das Raster benötigen, wählen Sie ANSICHT • RASTER EINBLENDEN – ⌘+</Strg++. Die Rasterweite, die Farbe und die Art, in der das Raster angezeigt wird, definieren Sie unter VOREINSTELLUNGEN • HILFSLINIEN UND RASTER... (mit einem Doppelklick auf das Mess-Werkzeug sind Sie schneller dort). Unter STIL haben Sie die Wahl zwischen den sehr deutlichen Linien und den weniger aufdringlichen Punkten.

Der Wert RASTERLINIE ALLE legt die Hauptunterteilungen fest – im Eingabefeld UNTERTEILUNGEN wird das Raster verfeinert: Geben Sie hier einen Wert größer als 1 ein, um die jeweilige Anzahl zusätzlicher Rasterfelder zu erzeugen. Die Option RASTER IM HINTERGRUND positioniert das Raster hinter den Grafikobjekten.

Am Raster ausrichten | Sie können Ihre Objekte mithilfe des Rasters positionieren; dafür muss das Raster nicht sichtbar sein.

Um das Raster als Positionierungshilfe zu verwenden, wählen Sie ANSICHT • AM RASTER AUSRICHTEN – ⌘+⇧+< bzw. Strg+⇧++. Punkte und Pfade werden damit vom Raster »angezogen«, sobald sie in der Nähe des Rasters bewegt werden. Die Anziehung wirkt nicht auf die Außenbegrenzung des Objekts – z. B. durch eine starke Kontur –, sondern auf den Pfad.

4.5.2 Hilfslinien

Häufig ist das Dokumentraster zu unflexibel, und Sie benötigen Ausrichtungshilfen in unregelmäßigen Abständen. Für diesen Zweck sind Hilfslinien gedacht. Hilfslinien sind wie die Bleistiftmarkierungen, mit denen man früher einen Reinzeichenkarton zu Beginn der Arbeit einteilte, um Objekte auszurichten.

Hilfslinien können gerade Linien oder freie Vektorformen sein, und Sie können sie nicht nur auf, sondern auch außerhalb der Zeichenfläche nach Bedarf frei positionieren. Wenn Sie sie gerade nicht benötigen, blenden Sie sie einfach aus. Wie das Raster werden auch Hilfslinien nicht gedruckt.

Mit dem Lineal erzeugen | Um eine Hilfslinie zu generieren, gehen Sie wie folgt vor:
1. Blenden Sie die Lineale ein, falls sie nicht sichtbar sind – ⌘/ Strg+R.
2. Soll die Hilfslinie an einem Ankerpunkt eines Objekts ausgerichtet werden, aktivieren Sie die Option ANSICHT • AN PUNKT AUSRICHTEN, falls sie nicht bereits aktiv ist.

3. Wenn Sie mehrere Ebenen eingerichtet haben: Wählen Sie die Ebene aus, auf der die Hilfslinie erstellt werden soll.
4. Möchten Sie eine horizontale Hilfslinie erstellen, klicken Sie in das Lineal am oberen Fensterrand (für eine vertikale Hilfslinie klicken Sie in das Lineal am linken Fensterrand) und ziehen bis zur gewünschten Stelle im Dokument. Sobald Sie mit dem Cursor den Linealbereich verlassen, wird eine gepunktete Vorschau der Linie angezeigt.
Soll die Hilfslinie an einem Ankerpunkt einrasten, ziehen Sie auf diesen Punkt, bis sich der Cursor in ▷ ändert.

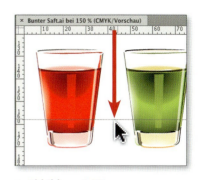

▲ Abbildung 4.47
Hilfslinie aus dem Lineal ziehen

Modifikationsmöglichkeiten | Drücken Sie ⇧ beim Ziehen der Hilfslinie, um diese an den in der aktuellen Zoomstufe angezeigten Linealunterteilungen einzurasten. Drücken Sie beim Ziehen ⌥/Alt, um die Ausrichtung der Hilfslinie von vertikal auf horizontal und umgekehrt zu ändern.

Hilfslinie auf einer Zeichenfläche | Wechseln Sie zum Zeichenflächen-Werkzeug ⌸, aktivieren Sie eine Zeichenfläche, und ziehen Sie eine Hilfslinie, um diese nur auf der ausgewählten Zeichenfläche zu erstellen. Löschen Sie die Zeichenfläche, beibt die Hilfslinie jedoch erhalten.

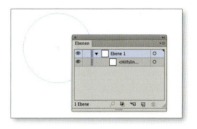

▲ Abbildung 4.48
Aus einem Objekt umgewandelte Hilfslinie – Darstellung im Ebenen-Bedienfeld (rechts)

Aus einem Objekt erzeugen | Aktivieren Sie das Objekt, und wählen Sie Ansicht • Hilfslinien • Hilfslinien erstellen – ⌘+5 bzw. Strg + Num 5.

Sperren/Lösen | Hilfslinien sind nach dem Erstellen nicht fixiert. Um sie vor Veränderungen zu schützen, aktivieren Sie Ansicht • Hilfslinien • Hilfslinien sperren – ⌘+⌥+, bzw. Strg+Alt+,. Möchten Sie die Hilfslinien editieren, deaktivieren Sie die Sperrung wieder.

Ein- und Ausblenden | Mit ⌘/Strg+, können Sie Hilfslinien verstecken und wieder anzeigen. Anschließend sind sie gesperrt.

Positionieren | Um eine Hilfslinie exakt zu positionieren, aktivieren Sie sie, indem Sie darauf klicken. Geben Sie dann die horizontale oder vertikale Position ins Steuerungsbedienfeld oder in das Transformieren-Bedienfeld in das Eingabefeld x bzw. y ein.

Duplizieren | Um eine Hilfslinie zu duplizieren, deaktivieren Sie zunächst gegebenenfalls die Fixierung. Anschließend halten Sie ⌥/Alt gedrückt und klicken und ziehen die Hilfslinie, um eine Kopie an der gewünschten Position zu erzeugen.

> **Hilfslinienfixierung**
>
> Hilfslinien sind standardmäßig nach dem Erstellen nicht fixiert und können daher unmittelbar neu positioniert werden. Sobald Sie die Hilfslinien ausblenden, werden sie jedoch automatisch fixiert und bleiben dies auch beim Wiedereinblenden.

▲ Abbildung 4.49
Hilfslinie durch Eingabe eines Wertes im Steuerungsbedienfeld exakt positionieren

Hilfslinien und Auswahl

Hilfslinien sind Objekte. Das bedeutet, dass Hilfslinien mitausgewählt werden, wenn Sie Objekte mit einem Auswahlrechteck selektieren. Wählen Sie Objekte dagegen mit dem Lasso aus, bleiben Hilfslinien inaktiv.

Anzeige ändern | Unter Voreinstellungen • Hilfslinien und Raster… können Sie Farbe und Anzeigeart der Hilfslinien bestimmen.

Zurückwandeln | Aktivieren Sie eine Hilfslinie, und wählen Sie Ansicht • Hilfslinien • Hilfslinien zurückwandeln – ⌘+⌥+5 bzw. Strg+Alt+5 –, um aus einer Hilfslinie ein Vektorobjekt zu erzeugen. Alternativ drücken Sie ⌘+⌥+⇧ bzw. Strg+Alt+⇧ und doppelklicken auf die Hilfslinie.

Löschen | Um alle Hilfslinien im Dokument zu löschen, wählen Sie Ansicht • Hilfslinien • Hilfslinien löschen. Möchten Sie einzelne Hilfslinien löschen, deaktivieren Sie zunächst die Fixierung, wählen die Hilfslinie mit dem Auswahl-Werkzeug ▸ aus und drücken ⌫ .

Weitreichende Folgen falsch gelöschter Hilfslinien

Wenn Sie Hilfslinien mit dem Direktauswahl-Werkzeug (weißer Pfeil) auswählen und dann löschen, bleiben zwei Ankerpunkte an den äußeren Rändern der Arbeitsfläche bestehen. Wenn Sie später alles auswählen und verschieben oder in ein anderes Dokument kopieren möchten, erhalten Sie die abgebildete Fehlermeldung. Wählen Sie daher Hilfslinien mit dem Auswahl-Werkzeug (schwarzer Pfeil) aus, wenn Sie sie löschen möchten.

Wenn Sie den hier gezeigten Warnhinweis erhalten haben, können Sie die einzelnen Ankerpunkte mit Objekt • Pfad • Aufräumen entfernen.

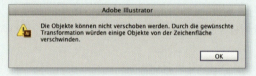

4.5.3 Objekte an Hilfslinien ausrichten

Damit Sie die Hilfslinien zum Ausrichten verwenden können, müssen Sie die Option Ansicht • Am Punkt ausrichten aktivieren – ⌘+⌥+< bzw. Strg+Alt+"– . Die Ausrichtung von Objekten an Hilfslinien erfolgt nach der Position des Cursors beim Verschieben des Objekts, es sei denn, Sie aktivieren magnetische Hilfslinien. Dann rasten die Begrenzungsrahmen der Objekte an Hilfslinien ein.

Sie müssen gegebenenfalls die Anzeige des Begrenzungsrahmens deaktivieren – Ansicht • Begrenzungsrahmen ausblenden –, damit Sie beim Ziehen an einem Punkt nicht unabsichtlich das Objekt verformen, anstatt es zu verschieben (Begrenzungsrahmen s. Abschnitt 5.2.1).

Klicken Sie also die Stelle an, die Sie an der Hilfslinie ausrichten möchten, und ziehen Sie sie an die Hilfslinie, ohne die Maustaste zwischendurch loszulassen. Befindet sich der Cursor innerhalb der Anziehungsdistanz, wechselt das Cursorsymbol ▸, und das Objekt wird an der Hilfslinie ausgerichtet.

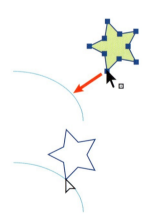

▲ Abbildung 4.50
Objekte an Hilfslinien ausrichten

4.5.4 Objekte an Punkten ausrichten

Ist die Option AM PUNKT AUSRICHTEN aktiviert, können Sie Objekte nicht nur an Hilfslinien, sondern auch an den Anker- und Mittelpunkten anderer Objekte ausrichten.

Voreinstellung Einrasttoleranz | Den Bereich, innerhalb dessen die »Anziehungskraft« von Hilfslinien und Objekten wirksam ist, regeln Sie unter VOREINSTELLUNGEN • AUSWAHL UND ANKERPUNKT-ANZEIGE. Geben Sie einen Wert zwischen 1 und 8 in das Eingabefeld AN PUNKT AUSRICHTEN ein. Je höher der Wert ist, desto stärker ist die Anziehung.

▲ Abbildung 4.51
Voreinstellung zur Einrasttoleranz

Ausrichten

In vielen Fällen empfiehlt sich die Verwendung von Illustrators umfangreichen Ausrichten-Funktionen (s. Abschnitt 5.7).

4.5.5 Intelligente Hilfslinien/Smart Guides

Ein Sonderfall sind die intelligenten Hilfslinien – eigentlich eher ein Arbeitsmodus von Illustrator, in dem Objekte aufeinander »magnetisch« reagieren und auf diese Art einfach aneinander ausgerichtet werden können. Die intelligenten Hilfslinien schalten Sie ein, indem Sie ANSICHT • INTELLIGENTE HILFSLINIEN wählen – ⌘/Strg+U. Standardmäßig aktiviert, aber optional ist die Möglichkeit, mit KONSTRUKTIONSLINIEN zu arbeiten. Die Konstruktionslinien helfen Ihnen, Objekte in frei einstellbaren Winkeln an anderen Objekten auszurichten.

Wenn Sie Objekte mit den Form-Werkzeugen oder mit dem Zeichenstift erstellen oder Objekte bearbeiten, zeigen die intelligenten Hilfslinien Ausrichtungslinien zu anderen Punkten des aktivierten Objekts, zu bereits bestehenden anderen Objekten oder deren Ankerpunkten, zu Hilfslinien sowie zur Geometrie der Zeichenfläche an.

Da die intelligenten Hilfslinien auf viele Punkte und Objektkanten reagieren, sollten Sie das auszurichtende Objekt entweder direkt an dem Punkt »anfassen«, den Sie ausrichten wollen (s. dazu den folgenden Absatz »Modifikationsmöglichkeit«), oder deutlich davon entfernt. So vermeiden Sie, dass sich widersprüchliche Ausrichtungshilfen auf engem Raum überlagern und die Arbeit unübersichtlich machen.

Drehwinkel »magnetisch«?

In InDesign besitzen die intelligenten Hilfslinien fortgeschrittene Funktionen wie das Angleichen von Abständen und Drehwinkeln. Diese stehen in Illustrator leider nicht zur Verfügung.

▼ Abbildung 4.52
Intelligente Hilfslinien:
Ausrichtungslinien ❶,
Ankerpunkt-/Pfadbeschriftungen ❷,
Objekthervorhebung ❸,
Transformieren-Werkzeuge ❹,
Messbeschriftungen ❺,
Konstruktionslinien ❻

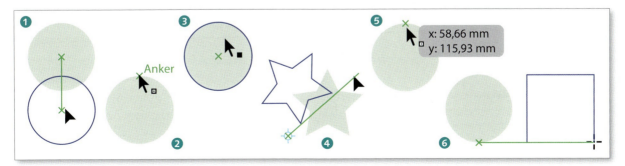

Modifikationsmöglichkeit | Drücken und halten Sie ⌘/Strg, um das Verhalten älterer Illustrator-Versionen zu emulieren, in denen die Ausrichtung anhand der Position des Cursors erfolgte – beim Verschieben von Objekten müssen Sie dann auch den Punkt anklicken, den Sie ausrichten möchten.

Optionen | Die Optionen für die intelligenten Hilfslinien legen Sie unter VOREINSTELLUNGEN • INTELLIGENTE HILFSLINIEN… fest. Neben der FARBE der Linien und der Pfadbeschriftungen haben Sie folgende Optionen:

> **Hilfslinien funktionieren nicht**
> Ist die Option AM RASTER AUSRICHTEN aktiviert, können intelligente Hilfslinien nicht benutzt werden.

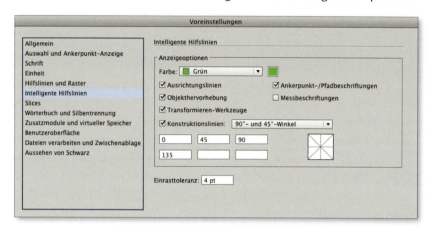

Abbildung 4.53 ▶
Voreinstellungen für intelligente Hilfslinien

- AUSRICHTUNGSLINIEN: Die Ausrichtungslinien helfen beim Ausrichten von Objekten an den Positionen und Abmessungen anderer Objekte.
- OBJEKTHERVORHEBUNG: Diese Option hebt diejenigen Objekte hervor, die gerade magnetisch wirken.
- TRANSFORMIEREN-WERKZEUGE: Ist diese Option aktiviert, können Sie die intelligenten Hilfslinien auch beim Transformieren – Drehen, Spiegeln, Verbiegen, Skalieren – verwenden.
- ANKERPUNKT-/PFADBESCHRIFTUNGEN: Zu den Hilfslinien wird eine textliche Erklärung angezeigt, z. B. die Positionen von Ankerpunkten, (virtuellen) Schnittpunkten oder Ausrichtungswinkel.
- MESSBESCHRIFTUNGEN: Beim Erstellen von Objekten werden deren Maße, beim Verschieben Winkel und Abstände in einem grauen Kästchen angezeigt.
- KONSTRUKTIONSLINIEN: Geben Sie bis zu sechs Winkel an, in denen Konstruktionslinien erzeugt werden. Wählen Sie entweder aus den vordefinierten Zusammenstellungen, oder geben Sie Winkel frei ein.
- EINRASTTOLERANZ: Geben Sie eine Distanz an, innerhalb der der Cursor von einem Objekt angezogen wird.

> **Genauigkeit**
> Auf die Messbeschriftungen können Sie sich nicht verlassen. Die Angaben weichen um tausendstel Millimeter ab.

> **Konstruktionslinien**
> Besonders nützlich ist das Konstruktionslinien-Feature der intelligenten Hilfslinien für die Erstellung isometrischer Zeichnungen.
> Daher finden Sie im Winkel-Menü einige Voreinstellungen mit den entsprechenden Winkeln.

4.5 Raster und Hilfslinien

Schritt für Schritt
Mit intelligenten Hilfslinien gestalten

In diesem Workshop zeichnen Sie die Oberseite eines Würfels, ohne zuvor Hilfslinien aus den Linealen zu ziehen.

1 Magnetische Hilfslinien einrichten

Rufen Sie Voreinstellungen • Intelligente Hilfslinien auf. Aktivieren Sie alle Anzeigeoptionen der intelligenten Hilfslinien – die Messbeschriftungen benötigen Sie nicht unbedingt; falls sie Ihnen im Weg sind, deaktivieren Sie sie. Für die Konstruktionslinien aktivieren Sie die 90°- und 45°-Winkel aus dem Menü. Aktivieren Sie die intelligenten Hilfslinien im Menü Ansicht.

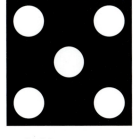

◀ **Abbildung 4.54**
Diesen Würfel konstruieren Sie mit intelligenten Hilfslinien.

2 Zwei Objekte zentrieren

Mit dem Rechteck-Werkzeug ▣ zeichnen Sie bei gedrückter Umschalttaste ⇧ ein Quadrat. Mit dem Ellipse-Werkzeug ⬭ klicken Sie auf den Mittelpunkt – der Tooltipp zeigt Mitte an –, halten ⌥/Alt gedrückt (um den Kreis von der Mitte aus aufzuziehen) und ebenfalls die Umschalttaste ⇧ und ziehen den mittleren Kreis auf.

◀ **Abbildung 4.55**
Mit dem Ellipse-Werkzeug wird aus der Mitte heraus ein Kreis aufgezogen.

3 Ein Objekt duplizieren und im 45°-Winkel verschieben

Mit dem Auswahl-Werkzeug ▶ aktivieren Sie den Kreis, drücken und halten ⌥/Alt, um den Kreis beim Verschieben zu duplizieren, sowie ⌘/Strg, um die Konstruktionslinien anzuzeigen. Ziehen Sie den Kreis in Richtung der linken oberen Ecke.

4 Ein Objekt an zwei anderen Objekten ausrichten

Drücken Sie erneut ⌥/Alt sowie ⌘/Strg, klicken Sie auf die Mitte des mittleren Kreises, und verschieben Sie diesen nach rechts oben bis zu dem Punkt, an dem sich die Konstruktionslinie mit der Ausrichtungslinie aus dem Kreis links oben kreuzt.

Viele Objekte

Befinden sich sehr viele Objekte in Ihrer Datei, z. B. nach dem Umwandeln von Angleichungen, können intelligente Hilfslinien den Bildschirmaufbau beim Bearbeiten deutlich bremsen.

Abbildung 4.56 ▶
Der bestehende Mittelkreis wird zunächst im 45°-Winkel nach links oben dupliziert – seine genaue Endposition bestimmen Sie nach Ihren Vorlieben (links). Dann erzeugen Sie ein weiteres Duplikat nach rechts oben – die Ausrichtungslinie zeigt, wann Sie die Höhe des linken oberen Kreises erreicht haben (rechts).

  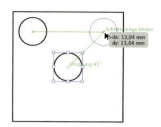

5 **Objekte ausgerichtet zu anderen zeichnen**
Wechseln Sie wieder zum Ellipse-Werkzeug, und bewegen Sie den Cursor über den Mittelpunkt des mittleren und des oberen linken Kreises. Bewegen Sie den Cursor nach links unten, und klicken Sie auf den Punkt, an dem sich die Ausrichtungslinien aus den Mittelpunkten kreuzen. Von dort ziehen Sie mit gedrückter ⌥/Alt-Taste einen Kreis nach links bis zur Ausrichtungslinie auf. Verfahren Sie nach der gleichen Methode für den Punkt rechts unten.

 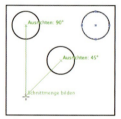  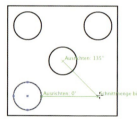 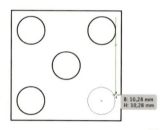

▲ **Abbildung 4.57**
Im Schnittpunkt der Konstruktionslinien aus mittlerem und linkem oberen Kreis beginnen Sie einen neuen Kreis (links), den Sie in derselben Größe wie den oberen aufziehen (2. von links). Ebenso verfahren Sie rechts.

4.5.6 Layoutraster erstellen: In Raster teilen

Viele Layoutprogramme haben Funktionen, um ein Layoutraster zu erstellen, also automatisch eine Seite in regelmäßige Zeilen und Spalten mit Abständen einzuteilen. Illustrator hat zwar nicht so eine Funktion, aber Sie können eine andere Operation zu diesem Zweck nutzen: In Raster teilen erzeugt aus beliebigen Ursprungsobjekten (diese müssen nicht zwingend rechteckig sein) mehrere nicht gruppierte oder verbundene, regelmäßig angeordnete Rechtecke. Die Ursprungsobjekte werden bei der Operation gelöscht.

Um ein Layoutraster generieren zu lassen, erstellen Sie zunächst ein Objekt in der linken oberen Ecke des Bereichs, über den sich das Layoutraster ausdehnen soll – also z. B. die Zeichenfläche abzüglich eines Randabstands. Aktivieren Sie das Objekt, und wählen Sie Objekt • Pfad • In Raster teilen..., um den Befehl anzuwenden. In der Dialogbox geben Sie die Anzahl der Rechtecke, deren Ausmaße und Abstände ein:

▲ **Abbildung 4.58**
Das Ausgangsobjekt muss nicht rechteckig sein.

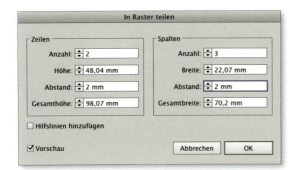

◀ **Abbildung 4.59**
Die Dialogbox IN RASTER TEILEN

- ANZAHL: Geben Sie die Anzahl der Zeilen und Spalten ein. Sobald Sie mehr als die Standardeinstellung 1 eingeben, werden die übrigen Eingabefelder aktiviert.
- HÖHE/BREITE/ABSTAND: Geben Sie alternativ HÖHE bzw. BREITE oder den jeweiligen ABSTAND ein. Der andere Wert wird anhand von ANZAHL und GESAMTHÖHE/-BREITE errechnet.
- GESAMTHÖHE/-BREITE: Die Standardeinstellung sind die Ausmaße des Begrenzungsrahmens der Ursprungsobjekte. Um das Layoutraster zu erstellen, geben Sie hier die Höhe und die Breite der zu bedruckenden Fläche ein.
- HILFSLINIEN HINZUFÜGEN: Diese Option erzeugt Hilfslinien an den Kanten der Rechtecke. Es sind keine »echten« Hilfslinien, sondern eine Gruppe normaler Pfade.

▲ **Abbildung 4.60**
IN RASTER TEILEN kann ein Layoutraster erzeugen.

Wenn Sie Werte eingeben, die zu groß sind, um das aktivierte Objekt logisch in ein Raster zu teilen, werden zunächst die jeweils anderen Werte reduziert und wenn das nicht mehr möglich ist, setzt Illustrator die eingegebenen Werte automatisch zurück.

Um das Layoutraster fertigzustellen, löschen Sie die erzeugten Rechtecke, aktivieren die Gruppe der »Hilfslinien«-Pfade und wählen ANSICHT • HILFSLINIEN • HILFSLINIEN ERSTELLEN, damit die Pfade in echte Hilfslinien umgewandelt werden.

Hilfslinien neben dem Objekt

Es kann passieren, dass die hinzugefügten Hilfslinien neben dem Objekt positioniert werden – und dies nicht nur, wenn das Ursprungsobjekt neben einer Zeichenfläche liegt.

4.6 Widerrufen und wiederherstellen

Wenn Sie bisher an die Arbeitsweise der Bildbearbeitung gewöhnt waren, müssen Sie sich beim Widerrufen von Arbeitsschritten in der Vektorgrafik ein wenig umgewöhnen.

Im Gegensatz zu Photoshop gibt es in Illustrator kein Protokoll- oder History-Bedienfeld. Durch die zuletzt angewendeten Funktionen bewegen Sie sich mit dem Befehl RÜCKGÄNGIG.

▲ Abbildung 4.61
Anzeige der Rückgängig-Schritte in der Statusleiste

▲ Abbildung 4.62
Warnung vor dem Verlust der aktuellen Version

> **Alternative**
>
> Statt zur letzten Version zurückzukehren, speichern Sie den aktuellen Stand unter einem neuen Namen und öffnen die Datei der Vorversion.

Rückgängig | Einer der wichtigsten Befehle – nicht nur in Illustrator – macht den vorherigen Arbeitsschritt rückgängig. Möchten Sie den letzten Befehl widerrufen, wählen Sie BEARBEITEN • RÜCKGÄNGIG – ⌘/Strg+Z.

Und hier kommen wir zu einem wichtigen Unterschied zwischen Vektorgrafik und Bildbearbeitung: Wenn Sie ⌘/Strg+Z erneut drücken, werden weiter zurückliegende Schritte widerrufen. Die Anzahl der widerrufbaren Arbeitsschritte ist durch den verfügbaren Arbeitsspeicher begrenzt und kann nicht eingestellt werden. In den meisten Fällen wird der Befehl, den Sie widerrufen, im Menüeintrag aufgeführt. Sollte es nicht möglich sein, Schritte zu widerrufen oder wiederherzustellen (siehe unten), sind die Befehle im Menü grau dargestellt. Die Anzahl der aktuell widerrufbaren Schritte können Sie sich in der Statusleiste anzeigen lassen: Wählen Sie dazu die Option EINBLENDEN • ANZAHL RÜCKGÄNGIG-SCHRITTE aus dem Menü der Statusleiste.

Der Widerrufen-Befehl kann sogar aufgerufen werden, nachdem Sie eine Datei gespeichert – aber noch nicht geschlossen – haben.

Wiederholen | Widerrufene Arbeitsschritte können Sie auch wiederherstellen. Wählen Sie dazu BEARBEITEN • WIEDERHOLEN – ⌘/Strg+⇧+Z.

Letzte Version der Datei | Möchten Sie zu dem Arbeitsstand zurückkehren, an dem Sie die Datei zuletzt gespeichert haben, wählen Sie DATEI • ZURÜCK ZUR LETZTEN VERSION – F12. Da Sie mit diesem Befehl einen beträchtlichen Teil Ihrer Arbeit verlieren könnten (dieser Befehl ist nicht widerrufbar), fragt Illustrator noch einmal nach, ob Sie das wirklich wollen.

Wenn Sie also eine Variante Ihrer Illustration ausprobieren möchten, ist es wahrscheinlich besser, zu diesem Zweck ein Duplikat zu erstellen – z. B. mit dem Befehl DATEI • KOPIE SPEICHERN –, anstatt später zur letzten Version zurückkehren zu müssen.

4.7 Dokumente speichern

Beim Speichern – wie beim Exportieren – schreibt Illustrator Ihre Grafik in eine Datei. Der Unterschied zwischen beiden Optionen besteht in der Datenstruktur der Dateien.

Dateiformate werden in »nativ« und »nicht nativ« aufgeteilt. Native Formate zeichnen sich dadurch aus, dass ein Programm darin alle Merkmale des Dateiinhalts speichern und wieder so auslesen kann, dass sie

> **Native Formate**
>
> Illustrator kann fünf native Formate speichern: AI (Adobe Illustrator), PDF (Portable Document Format), EPS (Encapsulated PostScript), FXG (Flash XML Graphics) und SVG (Scalable Vector Graphic). Mehr zu Dateiformaten in den Kapiteln 20 und 21.

voll editierbar sind. Achtung bei den Formaten FXG und SVG: Obwohl sie in Illustrator zu den »normalen« Speicherformaten gehören, bleiben nicht alle Objekte voll editierbar.

4.7.1 Speichern

Sie haben mehrere Möglichkeiten, Ihre Illustrator-Grafik zu speichern. Mit dem Befehl SPEICHERN UNTER erzeugen Sie eine neue Datei auf Ihrem Speichermedium – die gesicherte Grafik wird nach dem Speichervorgang auf dem Bildschirm angezeigt. Möchten Sie dagegen eine Kopie der bearbeiteten Grafik erstellen und anschließend am Original weiterarbeiten, wählen Sie KOPIE SPEICHERN. Der Befehl SPEICHERN steht nur zur Verfügung, wenn die Datei bereits auf dem Speichermedium angelegt ist.

Für Ausgabe sammeln
Mehr zu dieser Funktion des Updates CS6.1 finden Sie in Abschnitt 20.X.X.

Wiederherstellung bei Absturz
Illustrator erzeugt **keine** temporären Dateien für eine Wiederherstellung des Dokuments im Falle eines Absturzes.

Was wird gespeichert?
Vergleich der nativen Dateiformate AI, PDF und EPS. Jedes dieser Formate besteht eigentlich (sofern die Option gewählt wurde) aus zwei Dateien mit jeweils spezifischen Merkmalen.

AI: Dateipart für das Öffnen der Datei in Illustrator, mehrseitig, Bilder sind optional eingebettet, enthält Illustrator-Live-Objekte

PDF: Dateipart für das Platzieren in Illustrator und anderen Programmen, mehrseitig, Schriften sind eingebettet, Bilder sind eingebettet

EPS: Dateipart für das Platzieren in Illustrator und anderen Programmen, Schriften sind eingebettet, Bilder sind optional eingebettet

Um eine neue Datei auf dem Speichermedium zu erzeugen, wählen Sie DATEI • SPEICHERN UNTER... (⌘/Strg+⇧+S) oder DATEI • KOPIE SPEICHERN... (⌘+⌥+S bzw. Strg+Alt+S).
1. Wählen Sie den gewünschten Befehl.
2. Navigieren Sie zum gewünschten Speicherort, geben Sie einen Dateinamen ein, und wählen Sie das Dateiformat ADOBE ILLUSTRATOR (AI).
3. Klicken Sie auf den Button SICHERN/SPEICHERN.
4. Legen Sie die Formatoptionen fest.

EPS, PDF, SVG, FXG
Die Dateiformate EPS, PDF, SVG und FXG werden in den Kapiteln 20 und 21 besprochen.

Abbildung 4.63 ▶
Die Dialogbox ILLUSTRATOR-OPTIONEN: Die Transparenz-Optionen der Dialogbox (nicht in der Abbildung zu sehen) werden in Kapitel 12 besprochen.

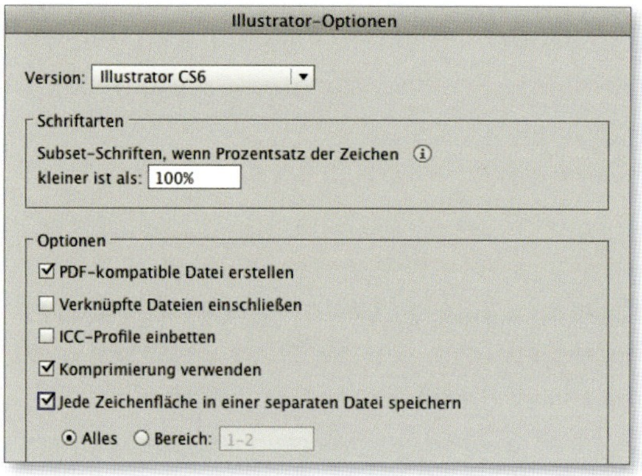

Datenverlust möglich

Da ältere Versionen teilweise nur sehr wenige Features unterstützen, die Sie in Illustrator CS6 selbstverständlich benutzen, verlieren Sie beim Speichern in älteren Versionen die Editierbarkeit wenigstens einiger Objekte.

Eingebettete Schriften

Die eingebetteten Schriften stehen Ihnen für die Bearbeitung der Datei nicht zur Verfügung. Zu diesem Zweck müssen die Schriften auf Ihrem System installiert sein.

PDF-kompatibel speichern?

Wenn eine Illustrator-Datei sich nicht mehr öffnen lässt, ist es in manchen Fällen trotzdem möglich, die Inhalte mithilfe des PDF-Parts der Datei zumindest teilweise zu retten. Dazu platzieren Sie die problematische Datei in einem neuen Illustrator-Dokument.

▶ VERSION: Wählen Sie aus dem Menü, mit welcher Illustrator-Version die Datei kompatibel sein soll. Speichern Sie Ihre Datei auf jeden Fall einmal in der aktuellen Version. Benötigen Sie außerdem eine Datei, die mit einer älteren Programmversion kompatibel ist, speichern Sie sie zusätzlich (s. dazu Tabelle 4.1 »Was passiert mit Objekten beim Speichern in eine alte Dateiversion?« auf S. 93).

▶ SCHRIFTARTEN: Für die Verwendung einer Illustrator-Datei in Layoutsoftware sind die eingesetzten Schriften eingebettet. Mit dieser Option definieren Sie, ob Illustrator den gesamten Font oder nur die verwendeten Zeichen einbettet. Im Eingabefeld legen Sie fest, wie hoch der Anteil der verwendeten Zeichen an einem Font sein muss, damit der komplette Font eingebettet wird. Mit dem Wert 0 % wird die Schrift komplett eingebettet.

Hat ein Font sehr viele Zeichen – OpenType-Fonts können über 65.000 Zeichen enthalten –, würde die Datei mit einer komplett eingebetteten Schrift unnötig groß, da Sie nur selten alle Zeichen in der Datei verwenden.

▶ PDF-KOMPATIBLE DATEI ERSTELLEN: Wenn Sie die Datei auch in anderen Programmen der Creative Suite verwenden möchten, um sie z. B. in InDesign zu platzieren oder in Photoshop zu öffnen, aktivieren Sie diese Option. Sind viele Bilder in Ihrem Dokument platziert (verknüpft), kann sich durch die PDF-Kompatibilität eine erheblich größere Datei ergeben, da alle Bilder in den PDF-Part eingebettet werden.

▶ VERKNÜPFTE DATEIEN EINSCHLIESSEN: Wählen Sie diese Option, dann werden externe Dateien, die Sie platziert haben, in die Illustrator-Datei eingebettet. Diese Option ist praktisch für die Weitergabe fertiggestellter Dateien – es werden dabei jedoch alle verknüpften Dateien in den Dokumentfarbmodus konvertiert. Sie sollten sie aber nur wählen, wenn Sie die externen Dateien nicht mehr weiterbearbeiten müssen.

▶ ICC-Profile einbetten: Die eingestellten Farbprofile werden im Dokument gespeichert. Haben Sie dem Dokument ein Farbprofil zugewiesen, ist diese Option aktiviert.
Deaktivieren Sie ICC-Profile einbetten, wenn Sie das Farbprofil nicht in die Datei einbetten möchten.

▶ Komprimierung verwenden: Die Komprimierung erzeugt eine merklich kleinere Datei, allerdings dauert der Speichervorgang länger. Adobe empfiehlt, die Option zu deaktivieren, falls das Speichern länger als acht Minuten dauert. In derartigen Fällen bringt das Deaktivieren der PDF-Kompatibilität jedoch häufig eher eine Besserung als das Deaktivieren der Komprimierung.

▶ Jede Zeichenfläche in einer separaten Datei speichern: Falls Sie jede Zeichenfläche als eigenständige Datei benötigen, aktivieren Sie diese Option und geben die betreffenden Seiten ein. Egal, ob das Ursprungsdokument vorher gespeichert war oder nicht, es wird neben den Einzelseitendokumenten immer auch ein Mehrseitiges erzeugt.

Sicherungskopien

Auch wenn Illustrator ein stabiles Programm ist, gilt wie überall: Bewahren Sie Zwischenstände auf, und speichern Sie sorgfältig.

Absturz beim Speichern

Sollte während des Speichervorgangs ein Programmabsturz auftreten, führt dies meist zum Verlust der gesamten Datei. Speichern Sie also regelmäßig Zwischenstände mit Speichern unter.

Was geschieht mit Objekten beim Speichern in eine alte Dateiversion?				
Objekte	**CS5**	**CS4**	**CS3**	**CS2**
Textobjekte	OK	OK, aber je nach Textart kann es Umbruchänderungen geben.		
Verläufe	OK	OK	Umwandlung erfolgt, wenn ein Verlauf mehrere der Features oval, verschobener Ursprung oder gedreht nutzt.	
Transparente Verläufe	OK	OK	Verläufe werden mit einer Deckkraftmaske versehen.	
Gitter	OK	OK	OK	OK
Transparente Gitter	OK	Gitter werden mit einer Deckkraftmaske versehen.		
Bildpinsel	OK	Sind die Grundformen mit der Füllregel Nicht-Null und mit nicht angepassten Ecken versehen und ohne Größenanpassung zwischen Hilfslinien, bleiben Pinselpfade erhalten.		
Muster	OK	OK	OK	OK
Pfeilspitzen	OK	Pfeilspitzen werden umgewandelt.		
Gestrichelte Konturen	OK	Konturen werden umgewandelt, wenn sie auf Ecken ausgerichtet sind.		
Schlagschatten	Der Effekt wird in ein Pixelbild umgewandelt.			
Weiche Kante Schein nach innen	OK	OK	OK	OK
Schein nach außen	Der Effekt wird in ein Pixelbild umgewandelt.			
Gaußscher WZ	Der Effekt wird in ein Pixelbild umgewandelt.			

▲ Tabelle 4.1
Nicht alle Objekte können beim Speichern in alte Versionen erhalten bleiben. Welche Objekte funktionieren in welcher Version?

4.7.2 Zwischenspeichern

Ist die Datei einmal gespeichert, lassen sich Zwischenstände einfach mit dem Befehl Datei • Speichern – ⌘/Strg+S – sichern. Das ist praktisch. Mit der Zeit wird die Datei durch dieses Verfahren jedoch größer als nötig.

Daher sollten Sie von Zeit zu Zeit, mindestens aber bei Fertigstellung des Dokuments, den Befehl Speichern unter… verwenden, um eine komplett neue, kompaktere Datei zu schreiben. Wenn Sie auf Sicherheit bedacht sind, speichern Sie diese Datei außerdem unter einem neuen Namen.

Achtung! Wenn Sie eine Datei aus einer älteren Illustrator-Version öffnen und einfach zwischenspeichern, dann wird diese Datei in das alte Format gespeichert. Dabei werden Objekte umgewandelt, die Effekte oder Fuktionalitäten von Illustrator CS6 enthalten. Das bedeutet, dass diese Objekte nach dem Schließen und Wiederöffnen der Datei nicht mehr voll editierbar sind. Alte Dateien sollten Sie daher immer erst einmal per Speichern unter sichern.

Platzieren einer bestimmten Zeichenfläche in InDesign

Möchten Sie eine bestimmte Seite einer AI-Datei in InDesign platzieren, rufen Sie Datei • Platzieren über das Menü auf. Aktivieren Sie im Platzieren-Dialog Importoptionen anzeigen.
In der folgenden Dialogbox (Abbildung) haben Sie dann die Möglichkeit, eine Zeichenfläche auszuwählen.

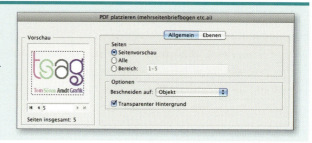

4.7.3 Metadaten speichern

Um Ihre Dokumente besser katalogisieren, recherchieren und verwalten zu können sowie zur Optimierung der Workflows über Unternehmensgrenzen hinweg, setzen viele Arbeitsgruppen auf Metadaten.

Mithilfe der von Adobe entwickelten XMP-Technologie (e**X**tensible **M**etadata **P**latform) lassen sich umfangreiche Metainformationen in Dokumente der Dateiformate Illustrator, PDF, EPS, SVG, GIF, JPEG, Photoshop oder TIFF einbetten und in Publishing-Workflows austauschen.

Möchten Sie XMP-Informationen zu Ihrer Illustrator-Datei abspeichern, rufen Sie Datei • Dateiinformationen… – ⌘+⌥+⇧+I bzw. Strg+Alt+⇧+I – auf. Tragen Sie Ihre Angaben in die entsprechenden Dialogfelder ein:

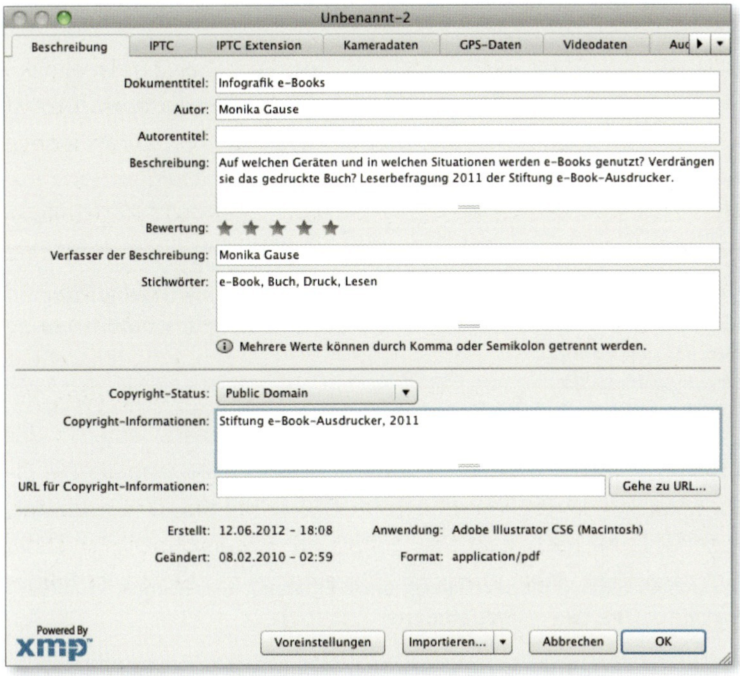

◀ **Abbildung 4.64**
Dialogbox Dateiinformationen

- BESCHREIBUNG: Der Bereich BESCHREIBUNG enthält Informationen zum Dokumentinhalt und -autor sowie Informationen zu Nutzungsrechten. Möchten Sie Informationen zu Nutzungsrechten speichern, wählen Sie aus dem Menü COPYRIGHT-STATUS die Option DURCH COPYRIGHT GESCHÜTZT oder PUBLIC DOMAIN und geben die gewünschten Informationen in die entsprechenden Felder ein.
- URSPRUNG: Unter URSPRUNG stehen Informationen zum Bearbeitungsverlauf der Datei zur Verfügung. Mit einem Klick auf den Kalender-Button können Sie das aktuelle Datum sehr schnell eintragen.
Im Aufklappmenü DRINGLICHKEIT kennzeichnen Sie die redaktionelle Priorität des Dokuments.

Metadaten speichern | Sollen die eingegebenen Daten außerhalb der Illustrator-Datei gespeichert werden, rufen Sie den Eintrag EXPORTIEREN… aus dem Menü IMPORTIEREN… am unteren Rand der Dialogbox auf.

Metadaten-Vorlage | Die Dateiinformationen lassen sich schneller anlegen, wenn Sie mit Metadaten-Vorlagen arbeiten. Erstellen Sie sich einen Satz allgemeiner Informationen innerhalb der Dateiinformationen-Dialogbox, und exportieren Sie diesen als Vorlage. Rufen Sie dann IMPORTIEREN… auf, und wählen Sie diese Datei, um ihre Metadaten in die aktuelle Datei zu übernehmen.

Copyright-Schutz

Der Eintrag in den Dateiinformationen bewirkt keinen technischen Schutz Ihres Dokuments. Es handelt sich hier lediglich um eine Zusammenstellung von Daten, die z. B. von Redaktionssystemen oder Datenbanken automatisiert ausgelesen und verwendet werden können.

▲ **Abbildung 4.65**
Anzeige der Metadaten in Adobe Bridge

▲ **Abbildung 4.66**
Enthält Ihre Datei Transparenz, muss diese beim Speichern ins EPS-Format reduziert werden (zu Transparenz s. Kapitel 12).

▲ **Abbildung 4.67**
Warnung beim Platzieren einer Illustrator-Datei ohne PDF-Kompatibilität in InDesign

▲ **Abbildung 4.68**
Die Sichtbarkeit der Ebenen von Illustrator-CS6-Dateien können Sie in InDesign mit den Objektebenenoptionen steuern.

Checkliste: Auswahl des Dateiformats

Welches Dateiformat Sie auswählen, hängt davon ab, was mit dieser Datei geschehen und in welchem Workflow das Dokument weiterverarbeitet werden soll. Welche Merkmale bieten die einzelnen Dateiformate?

AI | Als natives Speicherformat von Illustrator erhält AI die Editierbarkeit Ihrer Elemente. Nur Illustrator kann eine AI-Datei wieder zur Bearbeitung öffnen. Zusätzlich müssen Sie die Version beachten: Damit die volle Editierbarkeit erhalten bleibt, müssen Sie eine passende Version wählen und können das Dokument auch nur mit dieser oder einer höheren Version öffnen. **Egal, wie Ihre Datei weiterverwendet wird, speichern Sie zum Zweck der Archivierung Ihre Dokumente immer im nativen Format.**
AI ist das empfohlene Format zum Platzieren der Datei in **InDesign** – für den Austausch mit InDesign (und Photoshop) ist in AI-Dateien eine zusätzliche Version des Dateiinhalts als PDF 1.5 gespeichert. Zur Minimierung der Dateigröße können Sie das Speichern des PDF deaktivieren (Option PDF-KOMPATIBLE DATEI ERSTELLEN), der Dateiaustausch innerhalb der Creative Suite basiert jedoch auf der PDF-Kompatibilität. Wenn ein Illustrator-Dokument sich nicht mehr öffnen lässt, kann der Dateiinhalt häufig über den PDF-Zweig zumindest teilweise gerettet werden. Auch in **Flash CS5** können Sie AI-Dateien unter Erhaltung aller Ebenen, Symbole, Texte und vieler Objekte weiterverarbeiten.

EPS | Das Arbeitspferd der Druckvorstufe, EPS, kann von den meisten Applikationen zumindest platziert und korrekt ausgegeben werden – **gilt jedoch inzwischen als veraltet**. Ein EPS kann keine Live-Transparenz oder Aussehen-Eigenschaften wie Pinsel und Effekte enthalten; daher werden diese reduziert. Vor dem Speichern eines EPS müssen Sie also auf korrekte Dokument-Rastereffekt- und Transparenzreduzierungs-Einstellungen achten. In einem EPS ist zusätzlich eine native Version der Datei enthalten, auf die zugegriffen wird, wenn Sie das EPS in Illustrator öffnen – allerdings ist die volle Editierbarkeit von der gewählten EPS-Version abhängig.

PDF | Für den Austausch Ihrer Dateien mit Kunden und Dienstleistern hat sich das PDF-Format etabliert. Einige Illustrator-Features werden von PDF nicht unterstützt, sodass beim Speichern in diesem Format bei bestimmten Objektarten immer eine Reduzierung stattfindet – um diese Tatsache zu kompensieren, kann ein PDF eine native Version der Datei enthalten (Option ILLUSTRATOR-BEARBEITUNGSFUNKTIONEN BEIBEHALTEN). Ab PDF-Version 1.4 wird Live-Transparenz erhalten.

PDF/X | PDF/X-Formate sind durch Standards definiert und können validiert – also auf die Einhaltung der Vorgaben geprüft – werden. PDF/X-1a und PDF/X-3 enthalten reduzierte Transparenz. In PDF/X-4 bleibt Transparenz erhalten.

TEIL II
Objekte erstellen

Kapitel 5
Geometrische Objekte und Transformationen

Die zunächst wenig spektakulären geometrischen Objekte sind eine wichtige Basis, auf der Sie durch Transformation und Kombination wesentlich komplexere Formen entwickeln können. Zum einen sparen Sie durch diese Vorgehensweise Zeit, und zum anderen sind die mit den Werkzeugen erstellten Formen viel exakter als handgezeichnete.

5.1 Form- und Linien-Werkzeuge

Illustrator bietet Ihnen zwei Gruppen von Werkzeugen, mit denen Sie einfache geometrische Objekte erstellen können: Objekte mit offenen Pfaden – die **Linien** – und Objekte, die von einem geschlossenen Pfad begrenzt werden – die **Formen**.

▲ **Abbildung 5.1**
Linien-Werkzeuge

▲ **Abbildung 5.2**
Form-Werkzeuge (zum Blendenflecke-Werkzeug (ganz rechts) s. Abschnitt 13.5.1)

◀ **Abbildung 5.3**
Einsatz der Form-Werkzeuge für geometrische Grundformen

Kapitel 5   Geometrische Objekte und Transformationen

Werkzeugbedienfeld: Füllfarbe

Im Werkzeugbedienfeld sehen Sie die aktuelle Füllfarbe – die Fläche. Rechts: Dieses Symbol erscheint, wenn keine Fläche ausgewählt ist (Farben, Flächen und Konturen s. Abschnitt 8.4.2).

Übersicht

Eine Übersicht der Modifikationsmöglichkeiten finden Sie im Anschluss an die Vorstellung der Werkzeuge.

Die Werkzeuge für Linien und Formen finden Sie im Bedienfeld unter dem Linien- bzw. unter dem Rechteck-Werkzeug. Mit diesen Werkzeugen lassen sich einfach geometrische Objekte erzeugen, die Sie dann wie selbst erstellte Pfade bearbeiten können:
1. Werkzeug auswählen
2. Startposition für das Objekt durch Klicken festlegen
3. mit gedrückter Maustaste das Objekt aufziehen, bis es die gewünschte Größe erreicht hat

Direkt nach dem Erstellen handelt es sich bei den Formen um ganz normale Vektorpfade. Einzelne Optionen, wie die Anzahl der Zacken eines Sterns oder die Eckenrundung, lassen sich im Gegensatz zu vergleichbaren Formen in FreeHand, CorelDraw oder Inkscape nicht mehr ändern.

Modifizierungstasten | Wenn Sie beim »Aufziehen« bestimmte Tasten auf der Tastatur gedrückt halten, können Sie einige der Parameter interaktiv steuern. Die Tasten wirken bei den meisten Werkzeugen gleich oder ähnlich. Um die Erzeugung eines Objekts abzuschließen, lassen Sie zuerst die Maustaste und dann erst die Modifizierungstasten los.

Modifizierungstasten wirken auch dann noch, wenn die Erzeugung des Objekts bereits begonnen hat. Verschiedene Tasten zusammen angewandt, kombinieren deren Wirkungen.

Numerische Eingabe | Um die Form eines Objekts numerisch zu bestimmen, klicken Sie nur an den gewünschten Startpunkt auf der Arbeitsfläche und lassen die Maustaste wieder los. In der darauf erscheinenden Dialogbox tragen Sie die Parameter ein.

Einstellungen, die Sie mithilfe von Tastenkombinationen oder im Dialogfeld vornehmen, werden als Grundeinstellung für das nächste Objekt übernommen, das mit dem jeweiligen Werkzeug erzeugt wird.

5.1.1   Gerade – Liniensegment

Wählen Sie das Werkzeug mit dem Shortcut ⇧+\. Eine Gerade erstellen Sie, indem Sie den Startpunkt klicken und in die gewünschte Richtung ziehen.

Numerisch | Neben der Eingabe von LÄNGE und WINKEL der Linie kann die Option LINIE FÜLLEN angekreuzt werden, mit der ein Objekt in der aktuell eingestellten Füllfarbe erzeugt wird. Diese Option hat bei Geraden keine sichtbaren Auswirkungen, kann jedoch von Bedeutung sein, wenn Sie später Pathfinder-Funktionen anwenden wollen.

▲ Abbildung 5.4
Dialogbox OPTIONEN FÜR LINIENSEGMENT-WERKZEUG

5.1.2 Bogen

Mit dem Werkzeug für Bogensegmente erzeugen Sie Viertelbögen oder geschlossene dreieckige Formen mit einer konkav oder konvex gewölbten Seite.

Numerisch | Die Eingabe der Optionen ist wenig intuitiv.

▲ **Abbildung 5.5**
Dialogbox OPTIONEN FÜR BOGENSEGMENT-WERKZEUG

Bogen: Offen oder geschlossen

Illustrator kann nicht nur geschlossene, sondern auch offene Pfade füllen. Dafür werden einfach die beiden Endpunkte des Pfades »virtuell« verbunden, und die Fläche, die sich dabei ergibt, wird gefüllt.
Es ist ein Unterschied, ob Sie ein Bogensegment vom Typ offen (links) oder geschlossen (rechts) erstellen. An einer gefüllten Welle sehen Sie, was vorgeht (unten).

- Der Referenzpunkt legt den Start der Kurve innerhalb des virtuellen Objekt-Rechtecks (des Begrenzungsrahmens) fest. Um den Referenzpunkt auszuwählen, klicken Sie einen der vier Punkte an. Er wird dann schwarz hervorgehoben.
- LÄNGE DER X-/Y-ACHSE bestimmt die Größe des Bogensegments durch Angabe der horizontalen und vertikalen Dimension des virtuellen Objekt-Rechtecks. Die x-Achse verläuft horizontal, die y-Achse vertikal.
- ART: Dieses Menü gibt an, ob eine offene Kurve oder eine geschlossene Form gezeichnet wird.
- BASISACHSE legt die Achse fest, die als erste aufgezogen wird. Die andere Achse wird dann im rechten Winkel darauf konstruiert. Das Bogensegment wird zwischen dem Referenzpunkt und dem Ende der zuletzt gesetzten Achse gezeichnet.
- STEIGUNG bestimmt, ob das Vierteloval konkav oder konvex gezeichnet wird. Ein Wert von 0 erzeugt eine Gerade. Mit positiven Werten bis +100 ist die Kurve konvex, mit negativen Werten bis –100 ist sie konkav. Ein Wert von +50 oder –50 erzeugt einen regelmäßigen Kreisbogen.
- BOGEN FÜLLEN: Wenn dieses Kontrollkästchen angekreuzt ist, wird das Objekt mit der aktuell eingestellten Farbe gefüllt. Illustrator füllt auch offene Pfade, nicht nur geschlossene Formen (s. Tipp »Bogen: Offen oder geschlossen«).

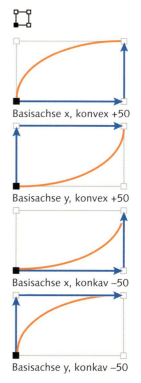

▲ **Abbildung 5.6**
Verschiedene Konstruktionen aus dem Referenzpunkt unten links

Übersicht: Offene-Form-Werkzeuge

Taste	Linie	Bogen	Spirale	Rechteckiges Raster	Radiales Raster
Leertaste	Verschieben des Objekts	Verschieben des Objekts	Verschieben des Objekts	Verschieben des Objekts	Verschieben des Objekts
⇧	Linien werden an 45°-Winkeln ausgerichtet	Bogen haben eine symmetrische Kurve	Richtet die Spirale in 45°-Winkeln aus	Erzeugt ein Quadrat	Erzeugt einen Kreis
⌥/Alt	Zeichnen der Linie aus dem Mittelpunkt	Zeichnen des Bogens aus dem Mittelpunkt	Erhöht oder senkt je nach Bewegungsrichtung des Cursors die Anzahl der Windungen	Zeichnen des Rasters vom Mittelpunkt aus	Zeichnen des Rasters vom Mittelpunkt aus
</Ö	Erzeugt viele Objekte aus demselben Ursprungspunkt	Erzeugt viele Objekte aus demselben Ursprungspunkt	Erzeugt viele Objekte aus demselben Ursprungspunkt	Erzeugt viele Objekte aus demselben Ursprungspunkt	Erzeugt viele Objekte aus demselben Ursprungspunkt
⌘/Strg			Verändert die Dichte der Windungen je nach Bewegungsrichtung des Cursors		
Cursor bewegen			Dreht die Spirale		
↑		Gestaltet die Kurve steiler	Erhöht die Anzahl der Segmente	Erhöht die Anzahl horizontaler Teilungen	Erhöht die Anzahl der Ringe
↓		Gestaltet die Kurve flacher	Senkt die Anzahl der Segmente	Senkt die Anzahl horizontaler Teilungen	Senkt die Anzahl der Ringe
→			Widerruft ⌘/Strg	Erhöht die Anzahl vertikaler Teilungen	Erhöht die Anzahl der Segmente
←				Senkt die Anzahl vertikaler Teilungen	Senkt die Anzahl der Segmente
C		Wechselt zwischen offener Kurve und geschlossener Form		Verändert die Aufteilung der Spalten logarithmisch	Verändert die Aufteilung der Ringe logarithmisch
F		Wechselt die Basisachse zwischen X und Y		Verändert die Aufteilung der Zeilen logarithmisch	Verändert die Aufteilung der Segmente logarithmisch
R			Kehrt die Windungsrichtung der Spirale um		
V				Verändert die Aufteilung der Zeilen logarithmisch	Verändert die Aufteilung der Segmente logarithmisch
X		Wechselt zwischen konkaver und konvexer Kurve		Verändert die Aufteilung der Spalten logarithmisch	Verändert die Aufteilung der Ringe logarithmisch

5.1 Form- und Linien-Werkzeuge

Anmerkungen zur Tabelle »Offene Form-Werkzeuge«

Tastenkombinationen | Drücken Sie mehrere Tasten zusammen, so addieren sich deren Wirkungen.

Leertaste | Mit der Leertaste kann das gesamte Objekt während des Erstellens verschoben werden. Wird die Leertaste, nicht aber die Maustaste losgelassen, nachdem das Objekt neu positioniert ist, kann an der Form des Objekts weitergearbeitet werden.

Bogen | Ein symmetrischer Bogen ❶ lässt sich um seinen Scheitelpunkt spiegeln. Die Stärke der Krümmung bestimmt, ob der Bogen steiler oder flacher ❹ ist. Die Option KONKAVE und KONVEXE KURVE ❸ wirkt sich nur bei geschlossenen Formen aus. Die Modifikationstaste C für eine geschlossene Form können Sie sich gut merken, wenn Sie an das englische Wort »closed« denken ❷.

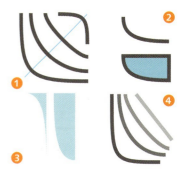

▲ **Abbildung 5.7**
Modifikationsmöglichkeiten bei der Arbeit mit dem Bogen-Werkzeug

Spirale | Die Anzahl der Windungen können Sie mit den Modifikationstasten ↑ oder ↓ nur verändern, wenn nicht gleichzeitig die Maus bewegt wird ❻. Ein Tastendruck bewirkt eine Veränderung um eine Viertelwindung. Die Segmente werden am Mittelpunkt hinzugefügt oder gelöscht.

Soll mit ⌘/Strg die Dichte der Windungen ❼ verändert werden, müssen Sie die Maus bewegen. Vom Mittelpunkt weg wird die Spirale lichter, in umgekehrter Richtung nimmt die Dichte zu.
Die Umkehrung der Richtung ❺ erfolgt durch eine Spiegelung der Spirale entlang der Achse zwischen Cursor und Mittelpunkt.

▲ **Abbildung 5.8**
Mit <(Mac)/Ö(Win) entsteht diese Vervielfältigung.

Rechteckiges und Radiales Raster | Hier kann sowohl die Anzahl der horizontalen ❽ bzw. vertikalen ❾ Unterteilungen geändert werden als auch deren Aufteilung.
Die Aufteilung der Spalten oder Ringe wird mit jedem Druck der Tasten C bzw. X logarithmisch um 10 % ❿ nach links oder rechts bzw. innen oder außen gestaucht. Die Aufteilung der Reihen bzw. der radialen Segmente ⓫ mit F bzw. V erfolgt entsprechend.

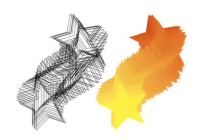

▲ **Abbildung 5.9**
Mit <(Mac)/Ö(Win) und zusätzlich gedrückter Leertaste können diese Formen erstellt werden (rechts: eingefärbt mit VORNE->HINTEN-ANGLEICHEN, s. Abschnitt 8.10.5)

103

Kapitel 5 Geometrische Objekte und Transformationen

Übersicht: Geschlossene-Form-Werkzeuge

Taste	Rechteck	Abgerundetes Rechteck	Kreis	Polygon	Stern
Leertaste	Verschieben des Objekts	Verschieben des Objekts	Verschieben des Objekts	Verschieben des Objekts	Verschieben des Objekts
⇧	Erzeugt ein Quadrat	Erzeugt eine quadratische Form	Erzeugt einen Kreis	Richtet das Objekt waagerecht aus	Richtet die oberste Spitze senkrecht aus
⌥ / Alt	Zeichnen des Objekts vom Mittelpunkt aus	Zeichnen des Objekts vom Mittelpunkt aus	Zeichnen des Objekts vom Mittelpunkt aus		Die Kanten zur jeweils übernächsten Spitze erscheinen durchgezogen
< / Ö	Erzeugt viele Objekte aus demselben Ursprungspunkt	Erzeugt viele Objekte aus demselben Ursprungspunkt	Erzeugt viele Objekte aus demselben Ursprungspunkt	Erzeugt viele Objekte aus demselben Ursprungspunkt	Erzeugt viele Objekte aus demselben Ursprungspunkt
⌘ / Strg					Lässt den Innenradius einrasten, damit Zacken verlängert oder verkürzt werden können
Cursor bewegen				Dreht das Objekt	Dreht das Objekt
↑		Vergrößert den Eckenradius		Erhöht die Anzahl der Polygon-Seiten	Erhöht die Anzahl der Zacken
↓		Verkleinert den Eckenradius		Senkt die Anzahl der Polygon-Seiten	Senkt die Anzahl der Zacken
→		Verwendet den höchstmöglichen Eckenradius			
←		Setzt den Eckenradius auf 0 (normales Rechteck)			

▲ Abbildung 5.10
Zackenformen eines Sterns

Anmerkungen zur Tabelle »Geschlossene-Form-Werkzeuge«

Abgerundetes Rechteck | Die Tasten ↑ und ↓ zum Verändern des Radius der abgerundeten Ecken wirken nur, wenn die Maus nicht bewegt wird. Durch Einstellen des größtmöglichen Eckenradius wird an der kürzeren Seite ein Halbkreis erzeugt.
Den Standardeckenradius richten Sie unter VOREINSTELLUNGEN • ALLGEMEIN ein.

Stern | Mit ⌥/Alt erzeugen Sie einen Stern, bei dem die Kanten zur jeweils übernächsten Spitze durchgezogen erscheinen ❶.

5.1.3 Spirale

Die geometrisch korrekte Konstruktion von Spiralen ist ohne dieses Werkzeug sehr schwierig. Sie können nur Spiralen konstruieren, deren Windungen sich nach innen verjüngen – ein gleichmäßiger Abstand lässt sich auf diesem Weg nicht realisieren.

Klicken Sie auf Ihrer Arbeitsfläche den Punkt an, an dem die Spirale beginnen soll. Anschließende Bewegungen der Maus verändern die Größe und die Ausrichtung des Objekts.

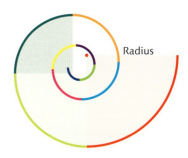

▲ **Abbildung 5.11**
Aufbau einer Spirale

Numerisch | Eingabe der Optionen in die Dialogbox:

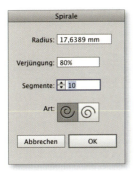

◄ **Abbildung 5.12**
Dialogbox SPIRALE

▲ **Abbildung 5.13**
Um eine Archimedische Spirale wie diese mit konzentrischem, gleichmäßigem Radius umzusetzen, gibt es ein Skript (zu Skripten s. Abschnitt 22.3.1)

▶ RADIUS: Bestimmt die Größe der Spirale. Dabei entspricht der RADIUS der Höhe bzw. Breite des ersten (äußeren) Segments. Dieses ist in Abbildung 5.11 rot dargestellt.

▶ VERJÜNGUNG: Mit einem Wert zwischen 5 und 150 % bestimmen Sie die Dichte der Windungen. Um den unter VERJÜNGUNG eingegebenen Prozentwert wird das jeweils folgende Segment im Verhältnis zum vorhergehenden verkleinert.
Mit einem Wert von 100 entsteht ein Kreis, bei dem alle Spiralelemente quasi übereinanderliegen. Ein Wert von 5 erzeugt eine maximale Lichte, damit entsteht nur ein Bogensegment.

▶ SEGMENTE: Gibt an, aus wie vielen Teilsegmenten die Spirale aufgebaut wird. Ein Teilsegment ist eine Viertelwindung in der Spirale. Nach jedem Segment folgt ein Ankerpunkt.

▶ ART: Hier können Sie auswählen, ob die Spirale links oder rechts gewunden gezeichnet wird.

5.1.4 Rechteckige  oder radiale Raster

Mit diesen Werkzeugen erstellen Sie Rechtecke oder Ovale, die durch Linien unterteilt sind. Wenn Sie einzelne Rasterkästchen mit Farbe füllen möchten, verwenden Sie die Funktion INTERAKTIV MALEN (s. Abschnitt

▲ **Abbildung 5.14**
Ein radiales Raster als Grundlage für die Konstruktion eines »Japanische Postersonne«-Designs; gefüllt sind die Segmente mit zwei gegenläufigen radialen Verläufen.

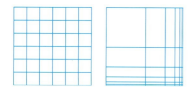

▲ Abbildung 5.15
Rechteckiges Raster: Gleichmäßige und logarithmische Aufteilung

▲ Abbildung 5.16
Radiales Raster: Gleichmäßige und logarithmische Aufteilung

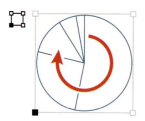

▲ Abbildung 5.18
Radiale Asymmetrie: Die Tortenstücke werden bei positiven Eingabewerten im Uhrzeigersinn kleiner.

▲ Abbildung 5.19
Beide Raster-Werkzeuge sind am interessantesten, wenn Sie jeweils eine Art an Unterteilungen ausschalten – wie z. B. hier für die Flaggen.

10.4). Die Aufteilung kann gleichmäßig oder logarithmisch sein. Ohne Modifizierung werden Objekte mit gleichmäßiger Aufteilung erzeugt.

Numerisch | Optionen in den Dialogboxen:

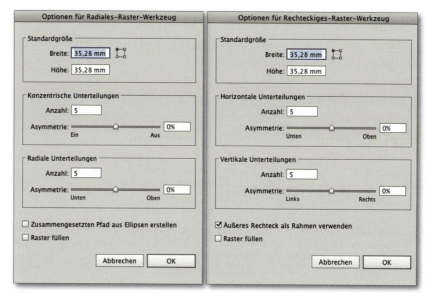

▲ Abbildung 5.17
Dialogboxen OPTIONEN FÜR RADIALES-RASTER- und RECHTECKIGES-RASTER-WERKZEUG

▶ Der Referenzpunkt bestimmt, in welche Richtung das Raster konstruiert wird. Auch radiale Raster werden nicht vom Mittelpunkt, sondern vom Referenzpunkt aus erzeugt.
Achtung! Es ist wenig sinnvoll, einen anderen Referenzpunkt als den Punkt oben links zu wählen, da sonst die Positionsangaben in den Dialogboxen in die Irre führen!

▶ BREITE/HÖHE: Diese Einträge definieren die Größe des Objekts, indem sie die Maße des Begrenzungsrahmens festlegen.

▶ UNTERTEILUNGEN • ANZAHL: Beim Rechteck-Raster geben Sie die Anzahl der Zeilen (horizontal) und der Spalten (vertikal) ein, die innerhalb des Objekts erzeugt werden. Beim radialen Raster wird entsprechend die Anzahl der Ringe (konzentrisch) und der Tortenstücke (radial) gewählt.

▶ UNTERTEILUNGEN • ASYMMETRIE: Die Größe der Unterteilungssegmente kann gleichmäßig sein – dies entspricht einem Asymmetriewert von 0%. Bei anderen Asymmetriewerten erfolgt die Unterteilung logarithmisch. Die maximal einstellbare Asymmetrie liegt bei 500%. Zum Testen beginnen Sie am besten mit Werten zwischen 50% und 80%.

Die Angaben OBEN und UNTEN sowie RECHTS und LINKS im rechteckigen Raster beziehen sich auf den Referenzpunkt. UNTEN und LINKS bedeutet eine größere Dichte in Richtung des Referenzpunktes. Bei der radialen Asymmetrie des radialen Rasters bewirken positive Werte, dass die Tortenstücke (radiale Unterteilungen), bezogen auf den Referenzpunkt, im Uhrzeigersinn kleiner werden. Die Verdichtung der Ringe (konzentrisches Raster) erfolgt mit positiven Werten von innen nach außen, mit negativen Werten entsprechend von außen nach innen.

▲ Abbildung 5.20
Äußeres Rechteck als Rahmen: Statt vier einzelner Linien links ist rechts ein Rahmen.

- ÄUSSERES RECHTECK ALS RAHMEN VERWENDEN: Mit diesem Kontrollkästchen können Sie beim rechteckigen Raster bestimmen, dass die Außenbegrenzung nicht als vier einzelne Linien, sondern als Rechteckform generiert wird.
- RASTER FÜLLEN: Sie können dieses Objekt dann auch automatisch mit der aktuell eingestellten Füllung versehen.
- ZUSAMMENGESETZTEN PFAD AUS ELLIPSEN ERSTELLEN: Ohne dieses Kontrollkästchen aktiviert zu haben, werden die ineinander verschachtelten Ovale/Kreise nur gruppiert. Die Generierung eines zusammengesetzten Pfades ist sinnvoll, wenn Sie die erzeugten Rasterringe abwechselnd füllen wollen (s. Abschnitt 10.1.2)

▲ Abbildung 5.21
Mit der Option ZUSAMMENGESETZTER PFAD können die Zwischenräume zwischen den Ellipsen abwechselnd gefüllt und durchsichtig sein.

5.1.5 Rechteck/Quadrat und Ellipse/Kreis

Wählen Sie das Rechteck-Werkzeug durch einen Klick auf sein Symbol im Werkzeugbedienfeld oder mit M. Das Ellipse-Werkzeug erreichen Sie mit L. Klicken und ziehen Sie mit diesen Werkzeugen ein Rechteck bzw. ein Oval auf. In den jeweiligen Optionen können Sie lediglich BREITE und HÖHE der Formen bestimmen. Klicken Sie auf den Button PROPORTIONEN ERHALTEN, und geben Sie dann entweder HÖHE oder BREITE ein, um die aktuellen Größenverhältnisse von Rechteck bzw. Ellipse beizubehalten.

▲ Abbildung 5.22
Dialogbox RECHTECK

5.1.6 Abgerundetes Rechteck

Klicken und ziehen Sie mit diesem Werkzeug ein Rechteck mit abgerundeten Ecken auf. Wie alle anderen Eigenschaften der geometrischen Objekte ist auch der Eckenradius nicht »live«, sodass bei einer nachträglichen Skalierung die ursprünglich perfekten Viertelkreisrundungen ebenfalls verändert werden. Ein abgerundetes Rechteck erzeugen Sie daher besser aus einem »normalen« Rechteck durch die Anwendung des Effekts ECKEN ABRUNDEN (s. Abschnitt 13.2.2).

▲ Abbildung 5.23
Dialogbox ABGERUNDETES RECHTECK

Kapitel 5   Geometrische Objekte und Transformationen

5.1.7 Polygon

Mit dem Polygon-Werkzeug erstellen Sie gleichmäßige Vielecke. Ein Polygon wird immer vom Mittelpunkt aus erzeugt.

Achtung! Der Mittelpunkt, den Illustrator nach der Erstellung des Objekts anzeigt, ist der Mittelpunkt des Begrenzungsrahmens. Dieser entspricht bei Polygonen (und Sternen) mit ungerader Eckenanzahl nicht dem geometrischen Zentrum. Wenn Sie den Mittelpunkt zu Konstruktionszwecken benötigen, beachten Sie bitte den Hinweiskasten auf der folgenden Seite.

> **Polygon mit Mittelpunkt**
>
> Falls Sie den geometrischen Mittelpunkt eines Polygons zu Konstruktionszwecken benötigen, gehen Sie wie folgt vor:
> 1. Setzen Sie einen Punkt mit dem Zeichenstift.
> 2. Verwenden Sie diesen Punkt als Mittelpunkt für die Konstruktion des Polygons.
> 3. Gruppieren Sie den Ankerpunkt aus Schritt 1 und das Polygon. In der Pfadansicht wird der Ankerpunkt als Kreuz angezeigt.

Abbildung 5.24 ▶
Dialogbox POLYGON

5.1.8 Stern

Das Aussehen des Sterns wird durch den Innenradius (❶ RADIUS 1) und den Außenradius (❷ RADIUS 2) definiert.

Klicken Sie mit dem Stern-Werkzeug-Cursor auf die Zeichenfläche, um den Dialog für die numerische Eingabe aufzurufen.

▲ **Abbildung 5.25**
Konstruktionsmittelpunkt des Fünfecks (rot) im Vergleich zu dem auf der Zeichenfläche angezeigten Mittelpunkt (blau)

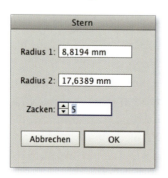 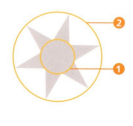

Abbildung 5.26 ▶
Dialogbox STERN

Schritt für Schritt
Ein Dala-Pferdchen aus Grundformen

▲ **Abbildung 5.27**
Konstruktion des Dala-Pferdchens

1 Der Körper

Aktivieren Sie ANSICHT • INTELLIGENTE HILFSLINIEN, falls diese ausgeschaltet sind. Wählen Sie das Abgerundetes-Rechteck-Werkzeug. Klicken und ziehen Sie damit den Rumpf des Pferdchens auf. Wenn Sie die endgültige Größe bestimmt haben, drücken Sie →, bevor Sie die Maustaste loslassen. Damit wird der Eckenradius auf die maximale Größe eingestellt.

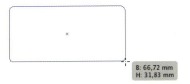 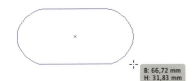

◄ **Abbildung 5.28**
Zeichnen des Rumpfes

2 Hals

Wechseln Sie zum Bogensegment-Werkzeug. Damit ziehen Sie den Hals von rechts unten nach links oben auf. Beginnen Sie auf der Höhe des Mittelpunkts des Rumpfes – der Hals sollte etwa so breit sein wie ein Drittel der Körperlänge (Abbildung 5.29). Mit der Taste C erstellen Sie einen geschlossenen Bogen. Drücken Sie F, um den Bogen zu spiegeln, falls nötig.

 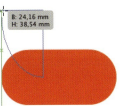 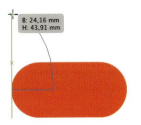

◄ **Abbildung 5.29**
Den Hals setzen Sie etwas links vom Mittelpunkt des Rumpfes an (links) und ziehen nach links oben (Mitte). Schließen Sie den Bogen, und spiegeln Sie ihn, falls nötig, mit den Modifikationstasten (rechts).

3 Kopf

Setzen Sie das Bogen-Werkzeug am oberen Punkt des Halses an, drücken Sie F, um den Bogen umzukehren, und ziehen Sie nach links ❶. Den unteren Bogen des Mauls setzen Sie an der Spitze des eben erstellten Bogens an, dann kehren Sie die Form wieder mit F um und ziehen nach rechts ❷. Die Lücke schließen Sie mit einem Rechteck ❸.

▼ **Abbildung 5.30**
Konstruktion des Kopfes

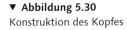

4 Beine

Mit dem Rechteck-Werkzeug ziehen Sie die Vorderbeine vom Scheitelpunkt der Brust nach unten rechts. Die Hinterbeine ziehen Sie ebenfalls

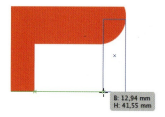

▲ Abbildung 5.31
Konstruktion der Beine

▲ Abbildung 5.32
Zeichnen der Ohren mit dem Polygon-Werkzeug

▲ Abbildung 5.33
Dala-Pferdchen

▲ Abbildung 5.34
Auswahl-Werkzeug, Direktauswahl-Werkzeug und Gruppenauswahl-Werkzeug

> **Pfadanzeige**
>
> Die Hervorhebung der Pfade von ausgewählten Objekten wird durch Ansicht • Ecken ausblenden bzw. Ecken einblenden gesteuert.

vom Scheitelpunkt nach unten links. Die intelligenten Hilfslinien zeigen die Unterkante der Vorderbeine an.

5 **Ohren**

Wählen Sie das Polygon-Werkzeug, und klicken und ziehen Sie eine Form auf. Die Anzahl der Seiten reduzieren Sie mit ↓ auf drei. Ziehen Sie die Form in der gewünschten Größe fertig auf. Mit dem Auswahl-Werkzeug verschieben Sie das Dreieck an seinen Platz.

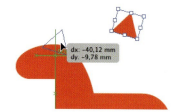

6 **Abschließende Arbeiten**

Konstruieren Sie den Schwanz mit einem weiteren Bogensegment. Die Beine können Sie nach unten konisch zulaufen lassen, indem Sie mit dem Direktauswahl-Werkzeug einzelne Punkte auswählen und verschieben (s. Abschnitt 6.5.1). Das Pferdchen sieht jetzt zwar aus wie eine Figur, besteht jedoch für Illustrator immer noch aus einzelnen Objekten, die z. B. mit Pathfinder-Funktionen oder Interaktiv malen kombiniert werden (s. Abschnitt 10.4).

5.2 Objekte, Pfade und Punkte auswählen

Bevor Sie ein Element – ein Objekt, einen Pfad oder einen Ankerpunkt – in einem Dokument bearbeiten können, müssen Sie Illustrator dieses Element »zeigen«. Das geschieht durch Auswählen (oder »Aktivieren«). Illustrator kann mit seinen drei Auswahl-Werkzeugen (neben Lasso und Zauberstab) verwirrend sein.

5.2.1 Objekte auswählen

Mit dem (schwarzen) Auswahl-Werkzeug V aktivieren Sie das gesamte Objekt bzw. mehrere Objekte. Einzelne Ankerpunkte können Sie nicht mit dem Auswahl-Werkzeug auswählen, dazu benötigen Sie das Direktauswahl-Werkzeug A (mehr zum Direktauswahl-Werkzeug finden Sie in Abschnitt 6.3).

5.2 Objekte, Pfade und Punkte auswählen

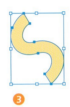

❶ ❷ ❸ ❹ ❺

◄ **Abbildung 5.35**
Mit dem Cursorsymbol zeigt Illustrator bereits beim »Überfahren« der Objekte an, dass ein Objekt aktiviert werden kann.

Um ein Objekt mit dem Auswahl-Werkzeug (schwarzer Pfeil) zu aktivieren, müssen Sie bei ungefüllten Objekten direkt den Pfad anklicken ❶. Bei gefüllten Objekten können Sie hierfür auf die Fläche klicken ❷. Durch eine Outline und die Hervorhebung der Punkte in der Farbe der Ebene zeigt Illustrator an, dass das Objekt nun aktiv ist ❸. Mit ⇧ lassen sich **mehrere Objekte nacheinander auswählen** und zusammen aktivieren.

Die gleiche Wirkung erzielen Sie mit einem Auswahlrechteck, das Sie mit dem Auswahl-Werkzeug über mehrere Elemente aufziehen ❹. Illustrator aktiviert dabei alle Objekte, die von dem Auswahlrechteck berührt werden. Dieses Verhalten lässt sich nicht umstellen.

Achtung! Das Auswahlrechteck darf nicht auf der Fläche einer Figur oder auf einem Pfad beginnen, da Sie sonst dieses Objekt ungewollt verschieben. Um ein Objekt wieder aus der Auswahl herauszunehmen, drücken Sie ⇧ und klicken das entsprechende Objekt erneut an.

Objektauswahl nur durch Pfad

In der Grundeinstellung aktiviert Illustrator gefüllte Objekte, wenn Sie auf die Fläche klicken. Haben Sie sehr viele Objekte, kann es damit schwierig werden, einzelne auszuwählen. Um das Verhalten umzustellen, wählen Sie Voreinstellungen • Auswahl und Ankerpunkt-Anzeige, und aktivieren Sie die Option Objektauswahl nur durch Pfad.

Der Begrenzungsrahmen

Wenn Objekte ausgewählt sind, zeigt Illustrator nicht nur die Pfade, sondern auch einen Rechteckrahmen um die Grundfläche aller ausgewählten Objekte an, den Begrenzungsrahmen ❺. An der Größe dieses Rahmens orientieren sich die Größen- und Positionsangaben für Objekte, z. B. im Transformieren-Bedienfeld ❾. Je nach Einstellung werden Konturstärken oder Effekte, wie z. B. Schlagschatten, vom Begrenzungsrahmen eingeschlossen ❻ oder nicht ❼, unter Voreinstellungen • Allgemein steuert dies die Option Vorschaubegrenzungen verwenden.

Wenn Sie an den Anfassern des Begrenzungsrahmens ziehen, transformieren Sie das Objekt (s. Abschnitt 5.6). Auch das Ursprungsymbol ❽ für den Bezugspunkt von Transformationen bezieht sich auf den Begrenzungsrahmen. Nach einer Drehung des Objekts ist der Begrenzungsrahmen ebenfalls verdreht ❿, dann lässt er sich mit Objekt • Transformieren • Begrenzungsrahmen zurücksetzen wieder in die Waagerechte bringen ⓫.

Bei einigen Operationen kann der Begrenzungsrahmen stören, dann können Sie ihn mit Ansicht • Begrenzungsrahmen ausblenden bzw. ⌘/Strg+⇧+B verstecken.

❻ ❼ ❽ ❾ ❿ ⓫

5.2.2 Punkte, Pfadsegmente, Griffe auswählen

Mit dem (weißen) Direktauswahl-Werkzeug (A) aktivieren Sie Pfadsegmente, Punkte oder Griffe.

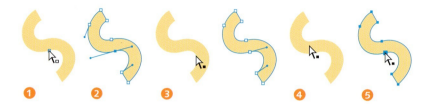

Abbildung 5.36 ▶
Aktivieren von Ankerpunkten und Pfadsegmenten: Auch hier zeigt das Cursorsymbol an, was Sie auswählen können.

Ankerpunkte aktivieren Sie mit dem Direktauswahl-Werkzeug, indem Sie direkt auf den Punkt klicken ❶ (er wird unter dem Cursor hervorgehoben – Voreinstellung s. Abschnitt 6.2.2). Der aktivierte Punkt wird mit seinen Griffen hervorgehoben ❷ – er ist im Gegensatz zu den anderen Punkten des Pfades gefüllt (s. Abschnitt 6.3.2). Um ein Pfadsegment – den Bereich zwischen zwei Punkten – auszuwählen, muss das Objekt deaktiviert sein. Dann klicken Sie auf das Pfadsegment ❸. Achten Sie darauf, genau den Pfad zu treffen.

Mit dem Direktauswahl-Werkzeug ist es (wie mit dem Auswahl-Werkzeug) auch möglich, das Objekt zu aktivieren ❹, dazu klicken Sie auf dessen Fläche.

Ist das Objekt bereits aktiviert, können Sie immer noch einzelne Punkte auswählen. Dazu klicken Sie auf den gewünschten Punkt (der unter dem Cursor hervorgehoben wird) ❺. Mehrere Punkte wählen Sie aus, indem Sie ⇧ gedrückt halten und die Punkte anklicken (ebenfalls mit ⇧ nehmen Sie einen Punkt wieder aus der Auswahl heraus).

Auch mit dem Direktauswahl-Werkzeug können Sie ein Auswahlrechteck über mehrere Punkte aufziehen. Wenn Sie jedoch mit dem Direktauswahl-Werkzeug ein Auswahlrechteck um das gesamte Objekt ziehen, wählen Sie das Objekt aus.

> **Auswahlrechteck und Hilfslinien**
>
> Bei der Verwendung des Auswahlrechtecks aktivieren Sie auch Hilfslinien, die im Arbeitsbereich liegen. Möchten Sie die Aktivierung von Hilfslinien vermeiden, verwenden Sie das Lasso (s. Abschnitt 6.4) statt des Auswahlrechtecks.

Für Fortgeschrittene: Alle Ankerpunkte eines Objekts auswählen

Sobald alle einzelnen Ankerpunkte eines Objekts ausgewählt sind, verhält sich Illustrator so, als wäre das Objekt ausgewählt. Dazu ein einfacher Versuch: Wenn Sie alle Ankerpunkte eines Kreises auswählen (links) und diese mit dem Ausrichten-Bedienfeld oben ausrichten (s. Abschnitt 5.7), müssten im Ergebnis theoretisch alle Punkte in einer Reihe stehen (Mitte). Praktisch passiert jedoch gar nichts, denn Illustrator hat die Auswahl nach seiner Logik nicht auf »alle einzelnen Punkte«, sondern auf »das Objekt« gesetzt, und ein einzelnes Objekt bewegt sich nicht, wenn man es an seiner oberen Kante ausrichtet (rechts).

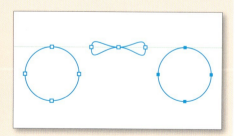

5.2 Objekte, Pfade und Punkte auswählen

5.2.3 Objekte in einer Gruppe auswählen

Um innerhalb der Hierarchie einer Gruppe (s. Abbildung 5.37) auszuwählen, verwenden Sie das Gruppenauswahl-Werkzeug.

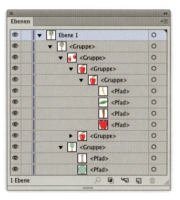

▲ **Abbildung 5.37**
Darstellung einer verschachtelten Gruppe im Ebenen-Bedienfeld

▲ **Abbildung 5.38**
Aktivieren von Objekten mit dem Gruppenauswahl-Werkzeug

Mit diesem Auswahlpfeil arbeiten Sie sich »von innen nach außen« durch die Gruppenhierarchie. Ein Klick mit dem Gruppenauswahl-Werkzeug auf ein Objekt einer Gruppe aktiviert dieses Objekt, jeder weitere Klick auf dasselbe Objekt wählt die nächste hierarchisch übergeordnete Gruppe dazu aus.

Pfade und Punkte in der Gruppe

Um ein einzelnes Objekt, einen Pfad oder seine Punkte innerhalb einer Gruppe zu aktivieren, verwenden Sie ebenfalls das Direktauswahl-Werkzeug.

Temporärer Werkzeugwechsel

Wenn Sie für jede Auswahl das passende Auswahl-Werkzeug aus dem Werkzeugbedienfeld holten, kämen viele Mauskilometer zusammen. Es ist daher möglich, temporär zwischen den Werkzeugen zu wechseln. Am vielseitigsten einsetzbar ist das Direktauswahl-Werkzeug, da Sie mit ihm bereits ohne Modifikationstasten – je nachdem, wohin Sie klicken – das Objekt oder einzelne Punkte auswählen können. Mit diesen Tasten wechseln Sie zwischen den Auswahl-Werkzeugen:

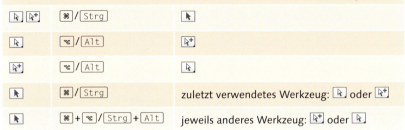

5.2.4 Objekte vor oder hinter anderen auswählen

Ist ein Objekt durch ein anderes **verdeckt**, können Sie es aktivieren, indem Sie ⌘/Strg gedrückt halten und auf die Fläche des verdeckten Objekts klicken. Mit dem ersten Klick aktiviert Illustrator das vorderste Objekt, und es wird das Cursor-Symbol für HINTERE AUSWÄHLEN ange-

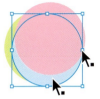

▲ **Abbildung 5.39**
Um das dahinter ausgewählte Objekt zu bearbeiten, müssen Sie dann dennoch seine sichtbare Fläche, seinen Pfad oder den Begrenzungsrahmen »anfassen«.

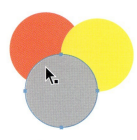

▲ Abbildung 5.40
Um mit dem Klickpunkt den roten Kreis auszuwählen, verwenden Sie das Kontextmenü. Über das Hauptmenü würde der gelbe Kreis ausgewählt.

Hinweis: »Alles auswählen«

Sind Hilfslinien nicht gesperrt, werden sie bei Verwendung des Befehls ALLES AUSWÄHLEN ebenfalls aktiviert.

Auswahl-Alternativen

Beschäftigen Sie sich auch mit den Alternativen Zauberstab (s. Abschnitt 9.5.1), Lasso (s. Abschnitt 6.4) und die Auswahl gleicher Elemente per Menü (s. Abschnitt 9.5.2).

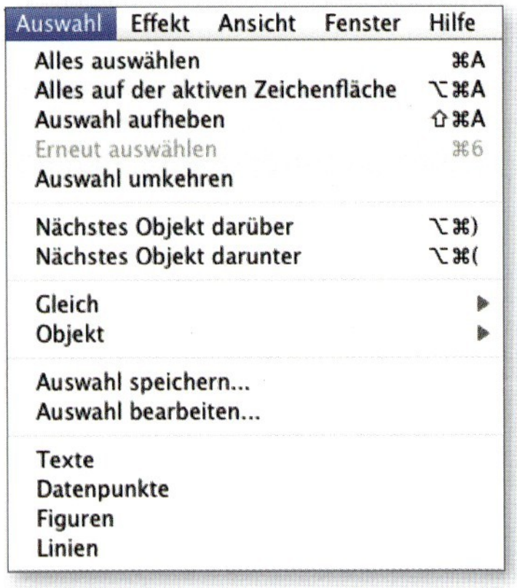

▲ Abbildung 5.41
Menü AUSWAHL mit eigenen gespeicherten Auswahlen

zeigt. Halten Sie ⌘/Strg und klicken erneut, wird mit jedem weiteren Klick das nächste Objekt im Stapel ausgewählt.

Die Auswahl dahinterliegender Objekte muss in VOREINSTELLUNGEN • AUSWAHL- UND ANKERPUNKT-ANZEIGE aktiviert sein.

Über das Kontextmenü | Eine weitere Möglichkeit zum Auswählen verdeckter Objekte besteht darin, dass Sie das vordere auswählen, an eine Stelle klicken, die innerhalb des gewünschten Objekts liegt, und aus dem Kontextmenü den Befehl AUSWAHL • NÄCHSTES OBJEKT DARUNTER anwenden. Das funktioniert auch in umgekehrter Richtung mit AUSWAHL • NÄCHSTES OBJEKT DARÜBER.

Der gleichnamige Befehl aus dem Hauptmenü aktiviert dagegen das jeweils nächste Objekt in der Stapelreihenfolge – unabhängig vom Klickpunkt.

5.2.5 Auswahlen mit Menübefehlen verändern

Das einzelne Anklicken der gewünschten Objekte kann mühsam sein. Ein kleiner Umweg kann Sie schneller zur gewünschten Auswahl führen.

Alles auswählen | Alle Objekte im Dokument wählen Sie aus, indem Sie ⌘/Strg+A drücken oder über das Menü AUSWAHL • ALLES AUSWÄHLEN aufrufen. Es werden die Objekte auf allen Zeichenflächen aktiviert. Mit ⌘+⌥+A bzw. Strg+Alt+A wählen Sie alle Objekte auf der aktiven Zeichenfläche aus.

Auswahl umkehren | Unter Umständen sind gerade die Objekte einfacher mit der Maus zu erreichen, die Sie eigentlich nicht auswählen möchten. In diesem Fall könnte der Befehl AUSWAHL • AUSWAHL UMKEHREN Abhilfe schaffen. Mit seiner Hilfe ist es möglich, die aktuell aktivierten Objekte zu deaktivieren und dafür alle nicht ausgewählten Objekte auszuwählen. Dieser Befehl wirkt über alle Zeichenflächen.

Auswahl aufheben | Möchten Sie alle Objekte deselektieren, klicken Sie mit dem Auswahl-Werkzeug einfach auf einen leeren Platz auf der Zeichenfläche, oder verwenden Sie den Befehl AUSWAHL • AUSWAHL AUFHEBEN – Shortcut ⌘+⇧+A bzw. Strg+⇧+A.

5.2.6 Auswahlen speichern

Falls Sie häufiger dieselben Objekte selektieren müssen, lohnt es sich, die vorgenommene Auswahl zur späteren Verwendung in der Datei zu speichern. Dies ist auch bei einer Auswahl möglich, die Objekte auf mehreren Ebenen (s. Abschnitt 11.3.1) einschließt.

Wenn Sie Ihre Auswahl erstellt haben, wählen Sie AUSWAHL • AUSWAHL SPEICHERN…. Geben Sie einen Namen in die Dialogbox ein. Die Auswahl wird anschließend unter diesem Namen im AUSWAHL-Menü aufgelistet (s. Abbildung 5.41).

Benötigen Sie eine Auswahl nicht mehr oder möchten Sie Auswahlen umbenennen, rufen Sie die Dialogbox unter AUSWAHL • AUSWAHL BEARBEITEN… auf. Dort können Sie die gespeicherten Auswahlen bearbeiten.

5.3 Objekte in der Stapelreihenfolge anordnen

Wie beim Arbeiten mit ausgeschnittenen Papierformen liegen alle Objekte im Dokument eindeutig übereinander. Das bedeutet, dass von gefüllten Formen, die an gleichen oder ähnlichen Positionen auf der Arbeitsfläche liegen, immer nur die vorderste komplett sichtbar ist.

▲ **Abbildung 5.42**
Eine nicht eindeutige Stapelreihenfolge wie beim Mikado können Sie nur simulieren (s. Abschnitt 12.2).

5.3.1 Davor oder Dahinter zeichnen

Illustrator behandelt Ihre Arbeitsfläche normalerweise wie einen Posteingangskorb: Es legt ein neues Objekt immer obendrauf. Sie können dieses Verhalten jedoch umkehren, indem Sie den Button DAHINTER ZEICHNEN im Werkzeugbedienfeld klicken. Dann werden nicht nur neu gezeichnete Formen hinten angeordnet. Auch wenn Sie Objekte per / Alt und Ziehen vervielfältigen oder sie in das Dokument einfügen, stellt Illustrator die neuen Objekte hinter das aktivierte bzw. alle anderen Objekte. Um wieder zurückzuwechseln, klicken Sie NORMAL ZEICHNEN . Der »Gedrückt-Status« der Buttons zeigt den Zeichenmodus an. Durch die drei Modi (INNEN ZEICHNEN s. Abschnitt 11.3.1) wechseln Sie mit + D .

▲ **Abbildung 5.43**
NORMAL und DAHINTER ZEICHNEN im Werkzeugbedienfeld

5.3.2 Die Stapelreihenfolge ändern

Wie im Posteingangskorb auch können Sie Ihre Illustrator-Objekte neu stapeln. Wählen Sie das Objekt aus, dessen Anordnung Sie im Stapel verändern möchten, und rufen Sie dann über das Menü OBJEKT • ANORDNEN… bzw. im Kontextmenü unter ANORDNEN die gewünschte Option auf. Sie können Objekte jeweils um einen Schritt nach vorn oder hinten schieben oder ganz nach vorn bzw. ganz nach hinten bringen.

▲ **Abbildung 5.44**
Duplizieren eines Objekts durch / Alt -Klicken und Ziehen im Modus DAHINTER ZEICHNEN

> **Alternativen: Stapelreihenfolge**
> Im Ebenen-Bedienfeld können Sie sehr anschaulich die Stapelreihenfolge umsortieren (s. Abschnitt 11.3.2). Auch mit DAVOR bzw. DAHINTER EINFÜGEN ist eine Umsortierung möglich (s. Abschnitt 5.5.2).

Wenn Sie mit mehreren Ebenen arbeiten (s. Abschnitt 11.1), erfolgt diese Neuanordnung nur innerhalb der aktiven Ebene.

Schritt für Schritt
Stapelreihenfolge ändern

1 Aufgabe
Öffnen Sie die Datei »Objektstapel.ai« von der DVD. Der Plan wurde im Nachhinein um einige Objekte ergänzt, und diese müssen jetzt in die richtige Stapelreihenfolge gebracht werden.

Abbildung 5.45 ▶
Plan vorher (links) und nachher (rechts)

▲ **Abbildung 5.46**
Problem »Liegewiese«

2 Problem 1: »Liegewiese« links unten
Das grüne Objekt links unten überdeckt die Bäume. Es bestehen zwei Möglichkeiten: Sie können die Bäume auswählen und nach vorn stellen – für die Auswahl der Bäume müssten Sie jedoch in die Pfadansicht wechseln.

In unserem Fall ist es einfacher: Die »Liegewiese« kann – zusammen mit dem hellgrünen Hintergrund – ganz unten in den Objektstapel eingeordnet werden.

Aktivieren Sie also das Hintergrundelement, drücken Sie dann ⇧ und wählen das »Liegewiese«-Objekt aus, und wählen Sie anschließend OBJEKT • ANORDNEN • IN DEN HINTERGRUND oder ⌘/Strg+⇧+(.

3 Problem 2: »Straßenbrücke«
Die Brücke sollte zwar *über* der Straße, aber *unter* dem Fußweg liegen. Sie könnten die Brücke auswählen und so lange einen Schritt nach hinten schieben, bis sie sich an der richtigen Position befindet. Allerdings ist nicht bekannt, wie viele Schritte dafür notwendig wären, denn auch Objekte, die sich nicht in der Nähe befinden, können im Objektstapel zwischen der Brücke und dem Weg liegen.

> **Alternative: Dahinter einfügen**
> An dieser Stelle könnten Sie auch nur das Brückenobjekt ausschneiden (⌘/Strg+X) dann den »Fußweg« auswählen und die Brücke DAHINTER EINFÜGEN (⌘/Strg+B; s. Abschnitt 5.5.2).

Also müssen Sie auch in diesem Fall eine andere Vorgehensweise wählen: Aktivieren Sie den »Fußweg« und alle Objekte, die ihn überlagern sollen (Abbildung 5.47). Gehen Sie am besten so vor, dass Sie zunächst die kleinteiligen Objekte auswählen und zum Schluss den »Fußweg« – achten Sie darauf, dass Sie bei jedem Klick eine Stelle treffen, an der kein bereits ausgewähltes Objekt liegt. Anschließend rufen Sie OBJEKT • ANORDNEN • IN DEN VORDERGRUND – ⌘/Strg+⇧+) – auf.

▲ Abbildung 5.47
Problem »Straßenbrücke«

4   Problem 3: »Baum«

Unten in der Mitte der Grafik befindet sich der letzte Problemfall: ein Baum, der nach vorn geholt werden muss. Hier gehen wir das Risiko ein und bewegen das Objekt schrittweise durch den Objektstapel. Aktivieren Sie den Baum, und wählen Sie gegebenenfalls mehrfach OBJEKT • ANORDNEN • SCHRITTWEISE NACH VORNE – bequemer und mit weniger Mausbewegung geht es jedoch mit ⌘+⌥+⇧+V bzw. Strg+Alt+⇧+V.

▲ Abbildung 5.48
Problem »Baum«

5.4   Objekte gruppieren

Wenn Sie mehrere unterschiedliche Objekte dauerhaft oder auf Zeit als Einheit behandeln wollen, können Sie diese zu einer Gruppe zusammenfügen. Dadurch wird die Anordnung der Objekte zueinander gesichert, und Sie sparen sich das mühsame Aktivieren einzelner Objekte, wenn Sie alle zusammen transformieren möchten. Darüber hinaus liegen alle Objekte einer Gruppe an aufeinanderfolgenden Positionen in der Stapelreihenfolge. Durch eine Gruppierung lassen sich also Probleme der Anordnung lösen bzw. vermeiden – es ist allerdings nicht möglich, nicht zur Gruppe gehörende Objekte zwischen die Elemente der Gruppe zu stapeln und die Elemente einer Gruppe befinden sich immer auf derselben Ebene.

Gruppe erstellen | Um eine Gruppe zusammenzufügen, aktivieren Sie die entsprechenden Objekte und wählen dann OBJEKT • GRUPPIEREN – ⌘/Strg+G. Gruppen können hierarchisch verschachtelt werden, d. h., Gruppen können Teil einer anderen, übergeordneten Gruppe sein.

Ein Objekt hinzufügen | Um einer Gruppe ein Objekt hinzuzufügen, ist es nicht nötig, die Gruppe aufzulösen. Stattdessen positionieren Sie das Element an der gewünschten Stelle, schneiden es aus und aktivieren (mit dem Gruppenauswahl- oder dem Direktauswahl-Werkzeug) das

▲ Abbildung 5.49
Gruppen können weiter mit anderen Gruppen und mit einzelnen Objekten zu übergeordneten Gruppen zusammengefasst werden.

Teile in Gruppen bearbeiten

Um die einer Gruppe untergeordneten Elemente zu bearbeiten, können Sie den Isolationsmodus verwenden (s. Abschnitt 11.4). In diesem Bearbeitungsmodus ist nur das gewünschte Objekt auf der Zeichenfläche bearbeitbar und seine Gruppierung temporär aufgehoben – alle anderen Objekte sind jetzt nicht zugänglich und abgedimmt.

▲ **Abbildung 5.50**
Vor (links) und nach dem Auflösen der Gruppe – der Schlagschatten ist als Eigenschaft der Gruppe ebenfalls entfernt worden.

Gruppen und Pathfinder

Gruppierte Objekte verhalten sich unter Umständen nicht, wie Sie es erwarten, wenn Sie Pathfinder anwenden. In vielen Fällen sind zusammengesetzte Pfade eher angemessen (s. Abschnitt 10.1.2).

Zwischenablage

Die Zwischenablage können Sie auch benutzen, um Objekte zwischen Illustrator und anderen Programmen auszutauschen (s. Abschnitt 19.1.2 und Abschnitt 20.1.3 ff). Gegebenenfalls muss das Format der Zwischenablage umgestellt werden, wenn Sie Objekte in andere Applikationen einfügen möchten. Sehen Sie sich dazu die Hinweise in den jeweiligen Abschnitten an.

Objekt innerhalb der Gruppe, vor das das Element eingefügt werden soll. Wählen Sie anschließend Bearbeiten • Davor einfügen.

Alternativ verwenden Sie das Ebenen-Bedienfeld (s. Abschnitt 11.2.7) oder den Isolationsmodus (s. Abschnitt 11.5).

Gruppe auflösen | Eine aktivierte Gruppe kann mit dem Menü Objekt • Gruppierung aufheben – ⌘/Strg+⇧+G – wieder getrennt werden. Damit wird die jeweils hierarchisch erste Gruppe aufgehoben, aber tiefer verschachtelte Gruppen bleiben bestehen.

Wenn Sie eine Gruppe auflösen, werden die Objekte nicht wieder auf die Ebenen »zurückgelegt«, auf denen sie vor der Gruppierung lagen. Illustrator »merkt« sich diese Information nicht.

Besitzt eine Gruppe eigene Aussehen-Eigenschaften (s. Kapitel 13), dann gehen diese Eigenschaften verloren, sobald Sie die Gruppe auflösen, und die Objekte auf der Zeichenfläche ändern ihr Erscheinungsbild gegebenenfalls erheblich.

5.5 Objekte bearbeiten

5.5.1 Löschen

Aktivierte Objekte können mit Bearbeiten • Löschen oder mit der Löschtaste von der Arbeitsfläche entfernt werden. Haben Sie unabsichtlich ein Element gelöscht, widerrufen Sie den Arbeitsschritt.

5.5.2 Copy & Paste

Mithilfe der Zwischenablage können Sie Objekte sowohl innerhalb eines Illustrator-Dokuments wie auch zwischen zwei Dokumenten und sogar zwischen verschiedenen Applikationen – vor allem innerhalb der Creative Suite – austauschen.

Kopieren und Ausschneiden | Aktivieren Sie das Objekt, und wählen Sie Bearbeiten • Kopieren bzw. Ausschneiden. Auf der Tastatur benutzen Sie ⌘/Strg+C zum Kopieren und ⌘/Strg+X, um Objekte auszuschneiden.

Einfügen | Wenn Sie ein Objekt aus der Zwischenablage in ein Dokument einfügen möchten, wählen Sie Bearbeiten • Einfügen – ⌘/Strg+V. Das eingefügte Objekt wird in der Mitte des aktuellen Fensters platziert – nicht in der Mitte der Arbeitsfläche oder des Dokuments. In der Stapelreihenfolge der Objekte wird es ganz vorn oder ganz hinten (je nach Zeichenmodus, s. Abschnitt 5.3.1) angeordnet. Fügen Sie ein Objekt in ein Dokument ein, wird bei dieser Aktion die Zwischenablage nicht geleert – stattdessen können Sie weitere Kopien des Objekts einfügen.

Arbeiten mit zusammengeführten Fenstern

Ziehen Sie ein Objekt auf den Reiter eines anderen Dokuments, um es in dieses Dokument zu kopieren (s. Abschnitt 1.3.2).

Davor und Dahinter einfügen | Wenn Sie ein Objekt vor einem anderen im Stapel einfügen möchten, aktivieren Sie dieses und wählen Bearbeiten • Davor Einfügen – ⌘/Strg+F. Entsprechend funktioniert es, ein Objekt hinter einem anderen zu platzieren, mit Bearbeiten • Dahinter Einfügen oder ⌘/Strg+B.

Ist kein Objekt auf der Arbeitsfläche aktiviert, wenn Sie einen der beiden Befehle benutzen, wird das Objekt aus der Zwischenablage mit Davor einfügen ganz vorn bzw. mit Dahinter einfügen ganz hinten auf der aktiven Zeichenfläche angeordnet. Das eingefügte Objekt wird relativ zur aktiven Zeichenfläche so positioniert, wie es sich zu der beim Kopieren aktiven Zeichenfläche (im anderen Dokument) verhielt.

▲ **Abbildung 5.51**
Davor einfügen fügt in einem Stapel das Objekt aus der Zwischenablage vor dem aktiven Objekt ein.

An Originalposition einfügen | Auch mit diesem Befehl – ⌘/Strg+⇧+V – fügen Sie ein Objekt relativ zur aktiven Zeichenfläche an der gleichen Position ein, die es im Ursprungsdokument hatte. Dabei spielt es keine Rolle, ob Sie mit globalen oder mit Zeichenflächenlinealen (s. Abschnitt 4.4.4) arbeiten.

▲ **Abbildung 5.52**
Ein ganz normal eingefügtes Objekt (gelb) liegt in der Mitte des Dokumentfensters – ein davor eingefügtes Element (grün) liegt an seinem ursprünglichen Platz auf der Zeichenfläche (schwarzer Rahmen).

In alle Zeichenflächen einfügen | Möchten Sie ein Objekt auf allen Zeichenflächen an derselben Position einfügen, wählen Sie diesen Befehl – ⌘+⌥+⇧+X bzw. Strg+Alt+⇧+X. Falls Sie ein Objekt innerhalb desselben Dokuments auf mehrere Zeichenflächen verteilen möchten, sollten Sie es nicht kopieren, sondern ausschneiden. Andernfalls würden Sie zwei übereinanderliegende Objekte erhalten. Da es in Illustrator keine Musterseiten gibt, erreichen Sie mit dieser Funktion zumindest ein ähnliches Ergebnis, wenn Sie außerdem das Objekt vorher in ein Symbol umwandeln (s. Kapitel 17).

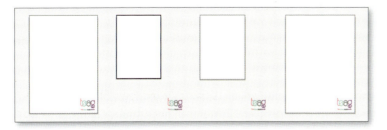

◄ **Abbildung 5.53**
Beim Einfügen in alle Zeichenflächen verwendet Illustrator die linke obere Ecke der Zeichenflächen als Bezugspunkt für die Position des Objekts.

Hinweis: Haupt-Ebenen

Sowohl der Befehl Alles einblenden als auch Alle entsperren haben keinen Einfluss auf die Einstellungen der Sichtbarkeit oder Fixierung, die in der obersten Hierarchie des Ebenen-Bedienfeldes vorgenommen wurden, also Haupt-Ebenen (s. Abschnitt 11.2.2).

Vorsicht!

Auch wenn sich gesperrte und ausgeblendete Objekte nicht mehr auf der Zeichenfläche aktivieren lassen, können Sie über das Ebenen-Bedienfeld dennoch versehentlich mit ausgewählt und in der Folge auch bearbeitet werden (s. Abschnitt 11.1.1).

▲ **Abbildung 5.54**
Transformationswerkzeuge (von links): Drehen, Spiegeln, Skalieren, Verbiegen und das nicht zu den Transformationen gehörige Formändern-Werkzeug (s. Abschnitt 6.5.9)

Transformationswerte

Die intelligenten Hilfslinien zeigen den Skalierungsfaktor, Winkel und die Spiegelungsachse an. Wenn Sie diese Anzeige nicht wünschen, deaktivieren Sie unter Voreinstellungen • Intelligente Hilfslinien die Option Messbeschriftungen.

5.5.3 Duplizieren

Die Methode des Kopierens und Einsetzens lässt sich bequem zum Kopieren von Objekten verwenden. Einfacher geht es allerdings, wenn Sie ein oder mehrere Objekte aktivieren und mit gedrückter ⌥/Alt-Taste an eine andere Position ziehen. Dabei bleibt das ursprünglich ausgewählte Objekt an seinem Platz, und eine Kopie wird verschoben. Auch in den Dialogboxen der Transformationswerkzeuge können Sie anwählen, dass eine Kopie statt des Originals bearbeitet wird (s. Abschnitt 5.6).

5.5.4 Ausblenden und Einblenden

Sie können einzelne aktivierte Objekte mit dem Menü Objekt • Ausblenden • Auswahl ausblenden – ⌘/Strg+3. Die Objekte werden versteckt und können mit dem Auswahl-Werkzeug nicht mehr versehentlich aktiviert werden. Wenn Ihnen beim Bearbeiten von Objekten darüberliegende Objekte im Wege sind, hilft der Menüpunkt Objekt • Ausblenden • Sämtliches Bildmaterial darüber weiter. Alternativ können Sie auch mit dem Kurzbefehl ⌘/Strg+⌥/Alt+⇧+4 alle nicht ausgewählten Objekte ausblenden.

Um ausgeblendete Objekte wieder sichtbar zu machen, wählen Sie Objekt • Alles einblenden – ⌘/Strg+⌥/Alt+3.

5.5.5 Fixieren

Wenn Sie die Position und die aktuellen Eigenschaften eines Objekts schützen möchten oder wenn dieses Objekt die Bearbeitung anderer Objekte behindert, wählen Sie nach der Aktivierung Objekt • Fixieren • Auswahl – ⌘/Strg+2. Mit dem Kurzbefehl ⌘/Strg+⌥/Alt+⇧+2 können Sie alle nicht ausgewählten Objekte sperren. Sie können gesperrte Objekte nicht mehr auf der Zeichenfläche aktivieren und versehentlich ändern.

Mit Objekt • Alle entsperren – ⌘/Strg+⌥/Alt+2 – werden alle Fixierungen wieder aufgehoben.

5.6 Objekte transformieren

Verschieben, Drehen, Spiegeln, Skalieren, Verbiegen und Verzerren sind die Standardumformungen, die Illustrator für Objekte anbietet. Es ist nicht notwendig, Vektorobjekte sofort in ihrer endgültigen Form zu erstellen, da sie ohne Qualitätseinbußen transformierbar sind. Das vereinfacht Entwurf und Konstruktion. Die verschiedenen Möglichkeiten, Objekte zu transformieren, sind:

- mithilfe des Begrenzungsrahmens
- mit den spezifischen Transformationswerkzeugen
- über die Menübefehle unter Objekt • Transformieren oder Transformieren im Kontextmenü
- mit dem Frei-transformieren-Werkzeug
- mit dem Transformieren-Bedienfeld

▲ **Abbildung 5.55**
Position eines Objekts im Steuerungsbedienfeld (Ausschnitt), links das Referenzpunktsymbol

▲ **Abbildung 5.56**
Wenn ein Objekt aktiviert und ein Werkzeug ausgewählt ist, wird der Referenzpunkt angezeigt. Original ist er in der Mitte des Begrenzungsrahmens des Objekts.

Referenzpunkt | Alle Transformationen beziehen sich auf einen Referenzpunkt, der für die Berechnung der Transformation so etwas wie der Nullpunkt ist. Bei einer Drehung ist es beispielsweise der Punkt, um den die Drehung vorgenommen wird.

Voreingestellt als Referenzpunkt ist der rechnerische Mittelpunkt des Begrenzungsrahmens (s. Abschnitt 5.2.1) eines Objekts. Sie können den Referenzpunkt aber auch selbst bestimmen.

Wenn Sie mehrere Transformationen direkt hintereinander verwenden, wird der einmal definierte Referenzpunkt auf die folgenden Umformungen übertragen.

Es ist umständlich, den Referenzpunkt für eine Transformation nachträglich in ein exaktes Verhältnis zum Objekt (z. B. einen bestimmten Abstand) zu bringen. Wenn Sie also diese Genauigkeit benötigen, markieren Sie am besten den gewünschten Mittelpunkt mit Hilfslinien, konstruieren dann das Objekt und transformieren es anschließend.

Mehrere Vorgehensweisen

Sie erreichen dasselbe Ergebnis oft auf verschiedenen Wegen. Probieren Sie alle aus, und entscheiden Sie sich für die Methode, die Ihrer Arbeitsweise am besten entspricht.

Objekt-Mittelpunkt | Den Mittelpunkt von Objekten, die Sie mit dem Ellipse-Werkzeug, dem Rechteck- oder Abgerundetes-Rechteck-Werkzeug erstellen, zeigt Illustrator standardmäßig an. Sie können jedoch für jedes Objekt individuell bestimmen, ob der Mittelpunkt seines Begrenzungsrahmens (der in den wenigsten Fällen dem geometrischen Mittelpunkt des Objekts entspricht) eingeblendet werden soll. Dazu verwenden Sie das Attribute-Bedienfeld – ⌘/Strg+F11 – und klicken auf den Button Mitte ausblenden bzw. Mitte einblenden.

Da der Mittelpunkt »magnetisch« ist, können Sie ihn verwenden, um Objekte z. B. beim Verschieben daran auszurichten.

▲ **Abbildung 5.57**
Mitte aus- und einblenden im Attribute-Bedienfeld

Begrenzungsrahmen | Der Begrenzungsrahmen (s. Abschnitt 5.2.1) ist an den Ecken und in der Mitte der Seiten mit »Anfassern« versehen, die zur Durchführung der Transformation verwendet werden.

Kopie | Verwenden Sie den Tastatur-Modifizierer ⌥/Alt bzw. den Button Kopieren, um ein Duplikat des Objekts zu transformieren.

▲ **Abbildung 5.58**
Verwendung des Begrenzungsrahmens zum Drehen eines Objekts

Kapitel 5 Geometrische Objekte und Transformationen

▲ **Abbildung 5.59**
So wird die Blume aussehen.

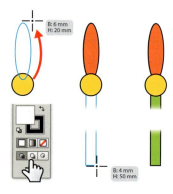

▲ **Abbildung 5.61**
Die Grundelemente werden dahinter gezeichnet.

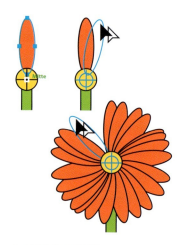

▲ **Abbildung 5.62**
Drehen und Duplizieren des Blütenblattes

Schritt für Schritt
Eine Blume zeichnen

1 Neues Dokument und erstes Objekt

Erstellen Sie ein neues Illustrator-Dokument mit dem Dokumentprofil DRUCK. Aktivieren Sie die intelligenten Hilfslinien – ⌘/Strg+U. Darin ziehen Sie die ersten benötigten Formen für die Blüte auf. Zeichnen Sie einen Kreis mit einem Durchmesser von etwa 8 mm. Holen Sie das Feld FLÄCHE im Werkzeugbedienfeld mit einem Klick in den Vordergrund, und wählen Sie für den Kreis eine Farbe im Farbfelder-Bedienfeld (ANSICHT • FARBFELDER).

▲ **Abbildung 5.60**
Aufziehen und Färben des Kreises

2 Dahinter zeichnen

Wählen Sie im Werkzeugbedienfeld den Modus DAHINTER ZEICHNEN, und ziehen Sie mit dem Ellipse-Werkzeug ein Oval für ein Blütenblatt in der Größe von etwa 6×20 mm auf. Geben Sie auch diesem eine Flächenfarbe. Dann zeichnen Sie noch den Stengel, den Sie mit dem Rechteck-Werkzeug etwa in der Größe von 4×50 mm anlegen.

3 Blütenblätter transformieren

Wechseln Sie wieder in den Modus NORMAL ZEICHNEN. Aktivieren Sie das Blütenblatt, und wählen Sie das Drehen-Werkzeug. Mit einem Mausklick setzen Sie den Dreh-Mittelpunkt in die Mitte des Kreises – die intelligenten Hilfslinien zeigen ihn an.

Dann klicken Sie am oberen Ende des Blütenblattes. Lassen Sie die Maustaste nicht los und drücken Sie zusätzlich ⌥/Alt, um eine Kopie des Blattes zu erzeugen. Wenn Sie die Kopie gedreht haben, lassen Sie die Maustaste los. Klicken Sie jetzt auf die eben erstellte Kopie, drücken Sie dann zusätzlich ⌥/Alt, und stellen Sie die Drehung fertig. Auf diese Art erzeugen Sie weitere Kopien, bis die Blüte komplett ist. Die Drehwinkel dürfen gerne unregelmäßig sein.

5.6 Objekte transformieren

4 Oval für Blatt

Jetzt zeichnen Sie ein weiteres senkrechtes Oval für ein Blatt unten am Stängel. Nehmen Sie das Ankerpunkt-konvertieren-Werkzeug – ⇧+C –, und klicken Sie auf den oberen und den unteren Ankerpunkt des Ovals. Gehen Sie wieder zurück zum Auswahl-Werkzeug, und färben Sie auch dieses Blatt ein.

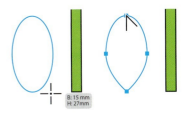

▲ **Abbildung 5.63**
Formen des Blattes aus einer Ellipse

5 Oval drehen

Mit dem Begrenzungsrahmen drehen Sie dieses Blatt nun 45° gegen den Uhrzeigersinn. Dazu bewegen Sie den Cursor über die linke obere Ecke des Begrenzungsrahmens – das Cursorsymbol zeigt ↻. Klicken und ziehen Sie nach links unten, und halten Sie dabei ⇧ gedrückt. Das Blatt verschieben Sie mit dem Auswahl-Werkzeug noch ein wenig nach rechts an den Stängel, falls nötig.

Illustrator rechnen lassen

In den Eingabefeldern können Sie auch Berechnungen vornehmen lassen: Setzen Sie den Cursor hinter die bereits eingetragene Zahl, und geben Sie eine der Rechenarten +, -, *, / sowie eine Zahl ein.

6 Neuer Referenzpunkt und Oval spiegeln

Jetzt wechseln Sie zum Spiegeln-Werkzeug. Drücken Sie ⌥/Alt, und klicken Sie damit auf die Mitte des Stängels. In der Dialogbox SPIEGELN wählen Sie ACHSE • VERTIKAL und klicken auf KOPIEREN.

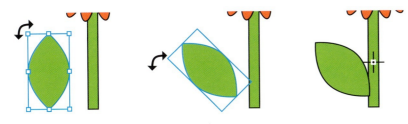

▲ **Abbildung 5.64**
Drehen und Spiegeln des Blattes

Modifikationstasten für alle Transformationswerkzeuge

Mit den Werkzeugen für Drehen, Spiegeln, Skalieren und Verbiegen können Sie Objekte manuell oder durch die Eingabe der Parameter in der jeweils zugehörigen Dialogbox umformen. Rufen Sie die Dialogbox auf, indem Sie bei gedrückter Taste ⌥/Alt einen Punkt auf der Zeichenfläche anklicken, dann wird dieser Punkt als Mittelpunkt der Transformation verwendet. Beim manuellen Transformieren mit den Werkzeugen haben Sie folgende Modifizierungsmöglichkeiten:

- ⇧ erlaubt, je nach gewähltem Werkzeug, in 45°-Schritten vorzugehen bzw. die Objekt-Proportionen beizubehalten.
- Wenn Sie ⌥/Alt drücken, nachdem Sie die Transformation begonnen haben, transformieren Sie eine Kopie des Objekts.

Objekt oder Muster?

Mit den Kontrollkästchen OBJEKTE und MUSTER in der Dialogbox der Transformationswerkzeuge bestimmen Sie, ob Sie nur das Objekt, nur das Muster des Objekts oder beides transformieren wollen. Mehr zum Transformieren von Mustern finden Sie in Kapitel 16.

Negativ oder positiv?

Möchten Sie ein Objekt in dieselbe Richtung drehen, die das Werkzeug-Icon anzeigt, dann geben Sie einen positiven Wert ein.

▲ Abbildung 5.65
Die Dialogbox VERSCHIEBEN

▲ Abbildung 5.66
Die Dialogbox DREHEN

▲ Abbildung 5.67
Drehen um einen frei gewählten Referenzpunkt ist eine Methode, um Zifferblätter zu erstellen

5.6.1 Objekte verschieben

Um ein Objekt manuell zu verschieben, klicken Sie es mit dem Auswahl-Werkzeug an und ziehen es an die gewünschte Position. Aktivierte Objekte können auch mit den Cursortasten ↑, ↓, → und ← in die entsprechende Richtung bewegt werden.

Numerische Eingabe | Wählen Sie das Auswahl-Werkzeug, aktivieren Sie das zu verschiebende Objekt, und drücken Sie ↵ oder die Eingabetaste, um die Dialogbox aufzurufen – alternativ doppelklicken Sie auf das Auswahl-Werkzeug oder wählen aus dem Menü OBJEKT • TRANSFORMIEREN • VERSCHIEBEN, Shortcut ⌘/Strg+⇧+M. Die Verschiebung des Objekts erfolgt relativ zur bisherigen Position.

Um ein Objekt absolut an einer bestimmten Stelle auf der Arbeitsfläche neu zu positionieren, müssen Sie das Transformieren-Bedienfeld benutzen (s. Abschnitt 5.6.8).

Die Cursortasten funktionieren nicht

Wenn Sie ein Objekt mit den Cursortasten verschieben wollen, es sich aber auf der Zeichenfläche nicht bewegt, überprüfen Sie unter VOREINSTELLUNGEN • ALLGEMEIN die Option SCHRITTE PER TASTATUR. Steht diese auf einem sehrkleinen Wert, ist eine Verschiebung nicht erkennbar. Diese Option enthält den Standardwert für die Verschiebung mit den Cursortasten. Verschieben die Cursortasten das Objekt in eine falsche Richtung, dann überprüfen Sie die BILDACHSE: Diese sollte auf 0° eingestellt sein, damit die Cursortasten wie erwartet funktionieren.

5.6.2 Objekte drehen

Wählen Sie das Werkzeug im Werkzeugbedienfeld, oder drücken Sie R. Nach dem Anklicken des Referenzpunkts führen Sie das Drehen-Werkzeug auf der Arbeitsfläche um den Referenzpunkt herum, um ein aktiviertes Objekt zu drehen. Drücken Sie ⌥/Alt, und klicken Sie einen Referenzpunkt an, um diesen als Mittelpunkt für eine numerische Drehung per Dialogbox zu verwenden.

Mit dem Begrenzungsrahmen | Um ein Objekt mit dem Begrenzungsrahmen zu drehen, bewegen Sie den Auswahl-Cursor an der Außenkante des Rahmens entlang. Wenn der Cursor ein Drehen-Symbol ↻ bzw. ↺ anzeigt, können Sie klicken und den Cursor ziehen, um das Objekt zu drehen.

Numerische Eingabe | Durch Eingabe des Winkels in der Dialogbox drehen Sie Objekte um den definierten Referenzpunkt. Negative Winkel bewirken eine Drehung im Uhrzeigersinn, positive gegen ihn.

5.6 Objekte transformieren

▲ **Abbildung 5.68**
Diese Grafik besteht aus Grundformen, die gedreht und dupliziert wurden. Mit dem Formerstellungswerkzeug können dann die komplexen Objekte gebildet werden.

5.6.3 Objekte spiegeln

Wählen Sie das Spiegeln-Werkzeug aus dem Werkzeugbedienfeld, oder drücken Sie [O]. Entlang einer virtuellen Achse, die durch den Referenzpunkt verläuft, wird das Objekt gespiegelt. Beim manuellen Spiegeln bewegen Sie mit dem Cursor diese Achse und relativ dazu das Objekt.

Numerische Eingabe | Die virtuelle Achse verläuft durch den Referenzpunkt. Sie haben die Möglichkeit, entweder eine horizontale, eine vertikale oder eine Achse im frei definierbaren Winkel von –360 bis 360° anzugeben.

Eine Achse von 0° verläuft vom Referenzpunkt aus horizontal nach links, andere Werte werden gegen den Uhrzeigersinn von dieser Position aus berechnet.

▲ **Abbildung 5.69**
Die Dialogbox Spiegeln

▲ **Abbildung 5.70**
Durch das Spiegeln und Duplizieren erstellen Sie ein exakt symmetrisches Objekt – und sparen Zeit.

◀ **Abbildung 5.71**
Spiegeln eines Objekts (blau umrandet) um den bezeichneten Referenzpunkt, der durch den ersten Klick mit dem Werkzeug bestimmt wird ❶. Der zweite Klick bestimmt den Winkel der Spiegelungsachse ❷. Falls die Maustaste nicht gelöst wird, kann der Achsenwinkel noch gedreht werden ❸ (Ergebnis ❹).

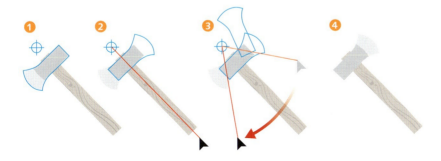

5.6.4 Objekte skalieren

Wählen Sie das Skalieren-Werkzeug aus dem Werkzeugbedienfeld, oder drücken Sie [S]. Dieses Werkzeug dient dazu, die Größe eines Objekts oder einer Objektgruppe zu verändern.

Wenn Sie nach dem Klicken den Cursor zur gegenüberliegenden Seite des Referenzpunkts bewegen, wird das Objekt zusätzlich gespiegelt (Abbildung 5.70).

Sie haben folgende Modifizierungsmöglichkeiten:

▶ Ohne Modifizierung wird das Objekt je nach Cursorbewegung ungleichmäßig in Höhe und Breite verändert.

▲ **Abbildung 5.72**
Ziehen Sie den Cursor auf die gegenüberliegende Seite des Referenzpunkts, um ein Objekt beim Skalieren gleichzeitig zu spiegeln. Mit [⇧] würde die Skalierung nur horizontal ausgeführt.

▲ Abbildung 5.73
Die Dialogbox SKALIEREN

▲ Abbildung 5.74
Originalobjekt mit angewandter Kontur (schwarz), Konturen und Effekte sind mit skaliert (blau), Konturen und Effekte sind nicht mit skaliert (orange).

▼ Abbildung 5.75
Der Unterschied zwischen SKALIEREN (links) und PFAD VERSCHIEBEN (Mitte); diese Art Skalierung wird z. B. gebraucht, um eine Beschnittzugabe zu oder einen Abstand zu anderen Objekten zu erzeugen.

▸ ⇧ erhält die Proportionen des Objekts, sofern Sie in einem 45°-Winkel ziehen. Horizontale Cursorbewegungen verbreitern das Objekt nur, vertikale verändern nur die Höhe.

Mit dem Begrenzungsrahmen | Bewegen Sie den Cursor über die Anfasser, bis er eines der folgenden Symbole anzeigt:
▸ ↕ oder ↔, um nur die Breite bzw. Höhe zu verändern
▸ ↘, um Höhe und Breite des Objekts zu verändern

Wenn eines dieser Zeichen erscheint, können Sie klicken und ziehen. Die entsprechende Transformation wird sofort angezeigt. Sie haben folgende Modifizierungsmöglichkeiten:
▸ ⇧ erhält beim Skalieren die Proportionen des Objekts, egal in welche Richtung Sie den Cursor bewegen.
▸ ⌥/Alt verwendet den Objektmittelpunkt als Referenzpunkt bei der Skalierung.

Numerische Eingabe | Das Kontrollkästchen KONTUREN UND EFFEKTE SKALIEREN muss aktiviert werden, wenn Sie die Konturen und Effekte zusammen mit dem Objekt skalieren wollen, damit beispielsweise Linien beim Vergrößern entsprechend dicker werden. Ob diese Option automatisch aktiviert wird, richtet sich nach der gleichnamigen Einstellung unter VOREINSTELLUNGEN • ALLGEMEIN oder im Transformieren-Bedienfeld.

5.6.5 Objekte gleichmäßig nach allen Seiten skalieren

Ein Sonderfall der Skalierung tritt ein, wenn Sie eine unregelmäßige Fläche gleichmäßig nach allen Seiten erweitern oder »schrumpfen« möchten (in FreeHand »zoomen« genannt) – so wie einen Pfannkuchenteig, der in der Pfanne zerläuft, oder ein eingelaufenes Kleidungsstück. Für dieses Problem können Sie nicht das Skalieren-Werkzeug verwenden, sondern müssen die Pfade »verschieben«.

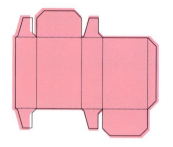
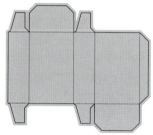

Aktivieren Sie das Objekt, und wählen Sie den Menübefehl OBJEKT • PFAD • PFAD VERSCHIEBEN... aus. Der Befehl lässt sich sowohl auf Objekte mit offenen Pfaden als auch auf geschlossene Formen anwenden – wirkt jedoch bei offenen Pfaden anders. Wenn Sie ihn auf eine Objektgruppe anwenden, wird jeder in der Gruppe enthaltene Pfad umgeformt. Der Befehl kann auch als (nichtdestruktiver) Effekt angewandt werden (s. Kapitel 13).

Nach dem Menüaufruf erscheint eine Dialogbox für numerische Eingabe:

▸ VERSATZ: Geben Sie positive Werte ein, um die Fläche zu erweitern, und negative, um sie schrumpfen zu lassen.
▸ LINIENECKEN und GEHRUNGSGRENZE: s. Abschnitt 9.1, »Standard-Konturoptionen«

▲ **Abbildung 5.76**
Die Dialogbox PFAD VERSCHIEBEN

Offene Pfade verschieben

PFAD VERSCHIEBEN, auf einen offenen Pfad angewendet, erweitert diesen zu einer Fläche (rechts).

5.6.6 Objekte verbiegen (Scheren)

Diese Transformation ist eine von mehreren Möglichkeiten (eine weitere finden Sie auf der folgenden Seite), Isometrien zu erstellen. Das Transformieren eines Objekts mit dem Werkzeug wirkt oft willkürlich, da die Ergebnisse von der Wahl Ihres Startpunkts abhängen.

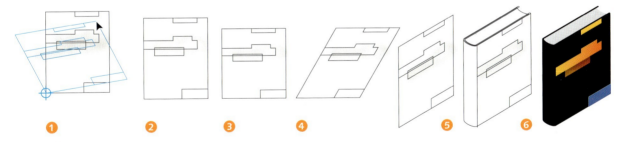

▲ **Abbildung 5.77**
Das Verbiegen auf der Zeichenfläche ist nur wenig kontrollierbar und daher für eine Isometrie ungeeignet ❶. Stattdessen verwendet man eine Reihe fest definierter Transformationen ❷: Vertikal skalieren 86,062 % ❸, Scheren 30° ❹ und Drehen 30° ❺. Die anderen Seiten werden um denselben Wert skaliert, dann wird links –30° geschert und gedreht, oben um 30° geschert und –30° gedreht. ❻.

Wenn Sie das Verbiegen-Werkzeug manuell verwenden, erfolgt die Verbiegung in die Richtung, die sich aus dem Referenzpunkt und der Cursorposition ergibt. Die Verbiegung wird umso stärker, je weiter Sie den Cursor von der Stelle auf der Arbeitsfläche wegbewegen, die Sie bei Beginn der Transformation angeklickt haben (Startpunkt). Kleine Werkzeugbewegungen können zu extremen Verzerrungen führen. Mit ⇧ beschränken Sie den Transformationswinkel auf die Horizontale, die Vertikale bzw. auf 45°-Winkel.

▲ **Abbildung 5.78**
Die Dialogbox VERBIEGEN

▲ Abbildung 5.79
Der Ergebnis

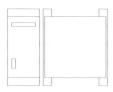
▲ Abbildung 5.80
Die Ausgangsobjekte

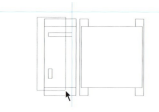
▲ Abbildung 5.81
Auswählen der Objekte mit einem Auswahlrechteck zum Gruppieren

▲ Abbildung 5.82
Grundausrichtung der Objekte an den Hilfslinien

Numerische Eingabe | Die Verbiegen-Operation verformt das Objekt in Richtung einer definierbaren Achse um einen wählbaren Verbiegungswinkel. Die ACHSE gibt die Richtung (also die Ausrichtung der Schere), der WINKEL die Stärke der Verbiegung (also den Winkel der Scherenhälften zueinander) vor.

Schritt für Schritt
Isometrische Zeichnung eines Computers

1 Datei und Hilfslinien
Öffnen Sie die Datei »Isometrie.ai« von der DVD. Zeigen Sie die Lineale an, indem Sie ANSICHT • LINEALE EINBLENDEN wählen oder ⌘/Strg+R drücken. Aktivieren Sie außerdem ANSICHT • INTELLIGENTE HILFSLINIEN. Ziehen Sie sich Hilfslinien ungefähr in die Mitte des Blattes, indem Sie erst in das Lineal an der linken Seite des Fensters klicken und bis in die Mitte des Blattes ziehen. Dann klicken und ziehen Sie die Hilfslinie aus dem oberen Lineal. Sperren Sie die Hilfslinien.

2 Grundformen positionieren
Die Datei enthält bereits die Ausgangselemente für die Zeichnung in der Aufsicht. Positionieren Sie diese Objekte nun auf dem Blatt, vorher müssen Sie sie jedoch gruppieren. Dazu aktivieren Sie jeweils die zusammengehörenden Objekten, indem Sie ein Auswahlrechteck darum aufziehen. Prüfen Sie, dass wirklich nur Objekte ausgewählt wurden, die zu der Seite gehören, dann drücken Sie ⌘/Strg+G.

Klicken und ziehen Sie die Objekte an den Hilfslinien in Position – Abbildung 5.82.

3 Design der Flächen
Falls Sie den Computer noch detaillierter ausarbeiten wollen, muss dies geschehen, bevor Sie ihn isometrisch verzerren. Um Objekte hinzuzufügen, doppelklicken Sie auf die betreffende Gruppe, um in den Isolationsmodus zu gelangen. Dann fügen Sie die gwünschten Elemente hinzu.

4 Transformieren der Objekte
Beginnen Sie mit der großen Fläche – diese wird in der isometrischen Ansicht die rechte Seite sein. Aktivieren Sie die Gruppe dieser Grundfläche mit dem Auswahl-Werkzeug. Dann wählen Sie das Drehen-Werkzeug und klicken auf den Referenzpunkt: die Kreuzung der beiden Hilfslinien. Klicken und ziehen Sie mit dem Werkzeug an der

anderen Seite des Objekts. Halten Sie dabei ⌂, um die Drehung auf 45°-Winkel einzuschränken. Drehen Sie das Objekt um 45° gegen den Uhrzeigersinn. Dann wählen Sie das Skalieren-Werkzeug. Halten Sie ⌥/Alt, klicken Sie auf den Referenzpunkt, und geben Sie bei HORIZONTAL »58 %« und bei VERTIKAL »100 %« in die Dialogbox ein. Wechseln Sie zurück zum Drehen-Werkzeug, drücken Sie erneut ⌥/Alt, und klicken Sie auf den Referenzpunkt. Geben Sie »–30°« für die Drehung ein.

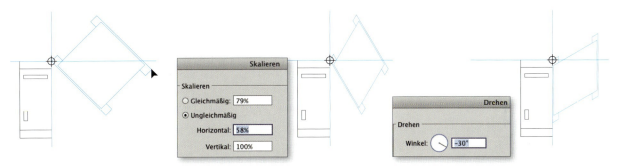

▲ **Abbildung 5.83**
Drehung und Skalierung des Seitenteils

Aktivieren Sie jetzt das andere Teil links. Drehen Sie es 45° im Uhrzeigersinn um den Schnittpunkt der Hilfslinien. Wechseln Sie zum Skalieren-Werkzeug, klicken Sie mit gedrückter ⌥/Alt-Taste den Referenzpunkt, und skalieren Sie das Objekt horizontal um 58 %. Dann wechseln Sie wieder zum Drehen-Werkzeug, klicken den Referenzpunkt und klicken mit dem Drehen-Werkzeug auf die untere Ecke. Diese ziehen Sie an die Kante des rechten Objekts. Dank der intelligenten Hilfslinien rastet sie dort ein.

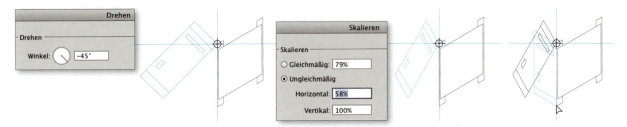

▲ **Abbildung 5.84**
Drehung und Skalierung des Frontteils

5 **Duplizieren des Seitenteils**
Aktivieren Sie mit ⌂+D den Modus DAHINTER ZEICHNEN. Dann klicken Sie mit dem Auswahl-Werkzeug auf den unteren Ankerpunkt des Seitenteils, drücken ⌥/Alt und schieben das Objekt auf den linken hinteren Punkt des Vorderteils (Abbildung 5.84). Für diese Art Nachbearbeitung in isometrischen Zeichnungen wird es häufig nötig sein, die Bildachse umzustellen – dazu verwenden Sie die VOREINSTELLUNGEN (in dieser Zeichnung würden Sie die Winkel 30° bzw. 60° verwenden).

6   Verschieben des Vorderteils

Die Vorderseite muss ein wenig nach innen verschoben werden. Heben Sie die Gruppierung mit ⌘/Strg+⇧+G auf. Dann wählen Sie das Rechteck und die beiden Bedienelemente aus. Blenden Sie mit ⌘/Strg+⇧+B den Begrenzungsrahmen aus, greifen Sie die Objekte an der unteren linken Ecke, und schieben Sie diese auf die Ecke des Hilfsobjekts im Seitenteil (Abbildung 5.85).

Abbildung 5.85 ▶
Duplizieren des Seitenteils und Verschieben der Front nach »innen«

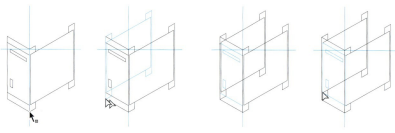

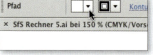

▲ **Abbildung 5.86**
Einfärben der Fläche mit dem Steuerungsbedienfeld

7   Einfärben der Objekte

Jetzt heben Sie alle verbliebenen Gruppierungen auf. Die Objekte müssen nun mit Flächenfarben gefüllt werden. Verwenden Sie dazu das Popup-Menü für Flächenfarben im Steuerungsbedienfeld.

8   Ergänzen der Zeichnung anhand der vorhandenen Teile

Nach dem Einfärben fällt auf, dass die Stapelreihenfolge noch nicht richtig passt. Korrigieren Sie die Stapelreihenfolge. Nun müssen noch einige Objekte auf der Oberseite gezeichnet werden. Sie können mit dem Zeichenstift-Werkzeug einige Punkte setzen oder zunächst Rechtecke aufziehen und deren Ankerpunkte mit dem Direktauswahl-Werkzeug verschieben.

Abbildung 5.87 ▶
Abschließende Arbeiten: Einfärben, Korrigieren der Stapelreihenfolge und Ergänzen der Oberseite durch Anpassen von Rechtecken.

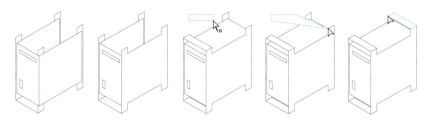

5.6.7   Das Frei-transformieren-Werkzeug

Eines für alles – das Frei-transformieren-Werkzeug bietet Ihnen kombiniert alle Funktionen des Begrenzungsrahmens und zusätzlich die Möglichkeit, Objekte zu verzerren. Dieses Werkzeug ist sinnvoll, wenn Sie lieber mit deaktiviertem Begrenzungsrahmen arbeiten.

Aktivieren Sie die Objekte, die Sie transformieren möchten, zunächst mit dem Auswahl-Werkzeug ▸, und wählen Sie erst dann das Frei-transformieren-Werkzeug aus – E. Jetzt wird für die ausgewählten Objekte automatisch ein Begrenzungsrahmen angezeigt.

> **Begrenzungsrahmen anwenden**
>
> Wie Sie mit einem Begrenzungsrahmen die Transformationen VERSCHIEBEN, DREHEN, SPIEGELN und SKALIEREN durchführen, ist bei den jeweiligen Operationen beschrieben.

◂ **Abbildung 5.88**
Perspektivische Verzerrung mit dem Frei-transformieren-Werkzeug: ungleichmäßig (Mitte), gleichmäßig (rechts)

Um ein Objekt perspektivisch zu verzerren, klicken Sie zuerst auf einen Eck-Anfasser, drücken erst dann ⌘/Strg + ⇧ oder ⌘ + ⌥ + ⇧ bzw. Strg + Alt + ⇧ für eine gleichmäßig perspektivische Verzerrung und ziehen in horizontaler oder vertikaler Richtung. Achtung! Halten Sie unbedingt die Reihenfolge ein, da sonst der Begrenzungsrahmen mit seinen Anfassern nicht mehr sichtbar ist!

Um ein Objekt zu verbiegen, klicken Sie auf einen Seiten-Anfasser, halten ⌘/Strg + ⌥/Alt gedrückt und ziehen das Objekt in die gewünschte Form. Klicken Sie auf den Anfasser an der Ober- oder Unterseite für horizontales Verbiegen und auf der linken oder rechten Seite für vertikales Verbiegen. Mit ⇧ erhalten Sie beim horizontalen Verbiegen die Höhe und beim vertikalen Verbiegen die Breite des Objekts.

▴ **Abbildung 5.89**
Verbiegen (Scheren)

5.6.8 Das Transformieren-Bedienfeld

Die Transformationen VERSCHIEBEN, SKALIEREN, DREHEN, VERBIEGEN sowie VERTIKAL und HORIZONTAL SPIEGELN können Sie numerisch auch im Transformieren-Bedienfeld vornehmen: FENSTER • TRANSFORMIEREN.

Sobald Sie ein oder mehrere Objekte auswählen, werden im Bedienfeld die Parameter des zugehörigen Begrenzungsrahmens, bezogen auf den definierten Referenzpunkt, angezeigt. Auf diesen Referenzpunkt beziehen sich auch die Transformationen, die Sie mithilfe des Bedienfeldes vornehmen. Um eine andere Stelle des Objekts als Referenz zu verwenden, klicken Sie auf eines der kleinen Kästchen im Ursprungssymbol ▦ des Transformieren-Bedienfeldes.

▸ **Verschieben**: Diese Operation erfolgt *absolut*, indem Sie die neue Position des Objekts im Koordinatensystem angeben. Legen Sie den

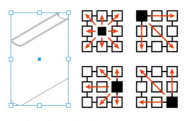

▴ **Abbildung 5.90**
Die Quadrate im Ursprungssymbol entsprechen je einem Anfasser des Begrenzungsrahmens (links: blau). Transformationen werden bezogen auf das angeklickte Quadrat durchgeführt.

Koordinatensystem

Für Informationen zu Illustrators Koordinatensystem s. Abschnitt 4.4.

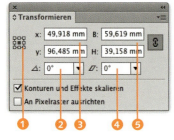

▲ **Abbildung 5.91**
Das Transformieren-Bedienfeld und der Referenzpunkt

Vorschaubegrenzungen

Die im Transformieren-Bedienfeld angezeigten Werte für Position und Größe des Objekts berücksichtigen die Option VORSCHAUBEGRENZUNGEN VERWENDEN unter VOREINSTELLUNGEN • ALLGEMEIN (s. Abschnitt 4.4.6).

»Klonen«

Illustrator hat keinen eigenständigen Befehl für das »Klonen« von Objekten. Benutzen Sie dazu entwder KOPIEREN und DAVOR EINFÜGEN oder im Transformationsdialog den Button KOPIEREN zusammen mit Nullwerten in den Eingabefeldern.

Referenzpunkt ❶ fest, und geben Sie die X- und Y-Koordinate in das entsprechende Feld ❸ ein.

▶ **Skalieren**: Geben Sie die gewünschten Werte in die Kästchen B (Breite) und H (Höhe) ein ❺. Wenn Sie beim Skalieren die Proportionen beibehalten möchten, aktivieren Sie das Kettensymbol rechts daneben. Dann muss nur einer der beiden Werte eingegeben werden, und der andere wird automatisch berechnet. Alternativ geben Sie einen Wert ein, drücken ⌘/Strg und ↵. Der andere Wert wird proportional eingetragen.

▶ **Drehen**: Geben Sie den gewünschten Wert in das Feld neben dem Winkelsymbol ❷ ein. Negative Werte drehen im, positive gegen den Uhrzeigersinn.

▶ **Verbiegen**: An dieser Stelle können Sie durch Eingeben des Verbiegungswinkels ❹ das Objekt nur horizontal verbiegen (neigen).

▶ **Spiegeln**: Mit dem Transformieren-Bedienfeld können Sie ohne Variationen nur um 180° spiegeln, indem Sie im Bedienfeldmenü ▤ HORIZONTAL oder VERTIKAL SPIEGELN aufrufen.

Modifizierungsmöglichkeiten | Wenn Sie über das Bedienfeldmenü ▤ die Optionen anzeigen, bzw. direkt im Bedienfeldmenü haben Sie folgende Optionen:

▶ Für alle Transformationen, die das Transformieren-Bedienfeld anbietet, können Sie auswählen, ob Sie das Objekt, sein Muster oder beides zusammen transformieren möchten. Standardmäßig ist die Option NUR OBJEKT TRANSFORMIEREN aktiviert.

▶ KONTUREN UND EFFEKTE SKALIEREN: Beim Skalieren mit dem Transformieren-Bedienfeld haben Sie wie beim Skalieren per Dialogbox auch die Option, Konturen und Effekte mit dem Objekt zu skalieren.

▶ AN PIXELRASTER AUSRICHTEN: Diese Option erscheint, wenn Sie OPTIONEN EINBLENDEN wählen, und sie bewirkt, dass Objekte an ganzen Pixeln ausgerichtet werden (s. Abschnitt 21.1.2), indem Illustrator automatisch Punkte verschiebt. Deaktivieren Sie diese Option unbedingt, wenn Sie Dokumente für den Druck vorbereiten und das Verformen Ihrer Objekte verhindern wollen.

◀ **Abbildung 5.92**
An Pixelraster ausrichten: rechts nach mehrfacher Veränderung der Konturstärke und/oder Verschieben des Objekts

5.6.9 Erneut transformieren

Um die letzte Transformation mit denselben Einstellungen auf dasselbe oder ein anderes Objekt erneut anzuwenden, wählen Sie im Menü OBJEKT • TRANSFORMIEREN • ERNEUT TRANSFORMIEREN – Shortcut ⌘/Strg+D. Sollten Sie bei der letzten Transformation statt des Originals eine Kopie erzeugt und bearbeitet haben, wird auch mit dieser Option eine Kopie erstellt und transformiert.

Transformieren-Effekt

In vielen Zusammenhängen ist der Transformieren-Effekt dem Befehl ERNEUT TRANSFORMIEREN vorzuziehen (zu Effekten s. Kapitel 13).

Schritt für Schritt
Erneut transformieren

In dieser kleinen Übung setzen wir ERNEUT TRANSFORMIEREN ein, um Objekte wie in einem Zifferblatt kreisförmig anzuordnen. Zunächst erzeugen Sie eine Grundform.

1 Die Grundform

Sie können Ihre Grundform beliebig komplex gestalten. Wenn Sie mehrere Objekte kombinieren, sollten Sie diese aktivieren und gruppieren, bevor Sie fortfahren.

▲ Abbildung 5.93
Wir verwenden einen Stern als Grundform.

2 Die Transformation

Für ein Zifferblatt brauchen wir insgesamt zwölf Objekte. Den Drehwinkel lassen wir von Illustrator ausrechnen. Um die erste Drehung aufzuzeichnen, aktivieren Sie das Grundobjekt und wählen das Drehen-Werkzeug aus.

Drücken Sie ⌥/Alt, und klicken Sie als neuen Referenzpunkt den zukünftigen Mittelpunkt des zu erzeugenden Zifferblattes an. Geben Sie »360/12« als Wert für die Drehung ein, und benutzen Sie zur Bestätigung nicht OK, sondern den Button KOPIEREN.

▲ Abbildung 5.94
Sollen die Sterne wie in der Flagge der EU gleich ausgerichtet sein, dann müssen Sie sie mithilfe einer Angleichung ausrichten (s. Abschnitt 10.6.1).

◀ Abbildung 5.95
Lassen Sie Illustrator den Drehwinkel berechnen. Nicht vergessen: Wählen Sie den Mittelpunkt des Zifferblattes als neuen Referenzpunkt!

3 Die weiteren Schritte

Um das Zifferblatt fertigzustellen, wiederholen Sie OBJEKT • TRANSFORMIEREN • ERNEUT TRANSFORMIEREN oder ⌘/Strg+D, bis das Zifferblatt komplett ist, also noch zehn Mal.

Kapitel 5   Geometrische Objekte und Transformationen

▲ **Abbildung 5.97**
Das »Zifferblatt«

▲ **Abbildung 5.98**
Zusammen um 30° gedreht (Mitte), einzeln um 120° gedreht mit der Zusatzoption ZUFALLSWERT. Der zufällige Wert wird zwischen 1 und dem eingegebenen Wert generiert.

Abbildung 5.99 ▶
Dialogbox EINZELN TRANSFORMIEREN (links) und Unterschied beim transformieren (rechts): SKALIEREN (Mitte) und EINZELN TRANSFORMIEREN mit SKALIEREN (unten) – oben: Ausgangsobjekte

> **Neue Optionen in CS6!**
>
> Auch in dieser Dialogbox können Sie nun noch das Skalierungsverhalten von Konturen und Effekten ändern, und Sie können jetzt auch das Objekt und sein Muster getrennt transformieren.

▲ **Abbildung 5.96**
Der Menübefehl ERNEUT TRANSFORMIEREN

Sie können den Befehl ERNEUT TRANSFORMIEREN auch dann anwenden, wenn Sie die Ausgangstransformation manuell, also nicht numerisch erzeugt haben.

5.6.10   Einzeln transformieren

Wenn Sie mehrere Objekte gleichzeitig transformieren, werden diese bei einer Umwandlung wie eine Gruppe behandelt, auch wenn die Objekte nicht gruppiert sind. Das heißt, sie werden relativ zu einem gemeinsamen Referenzpunkt transformiert.

Wenn für jedes Objekt sein eigener Referenzpunkt gelten soll, verwenden Sie die Dialogbox, die über das Menü OBJEKT • TRANSFORMIEREN • EINZELN TRANSFORMIEREN aufgerufen wird (Abbildung 5.99). Sie haben damit die Möglichkeit, Objekte einzeln um den gleichen Wert zu vergrößern, zu verschieben und zu drehen oder mit dem Button KOPIEREN statt OK zu duplizieren und die Kopien entsprechend umzuwandeln.

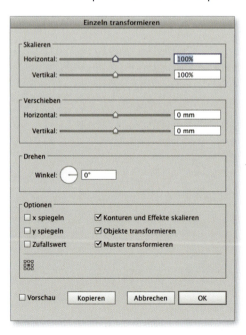
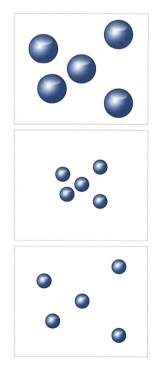

134

Mit den Schiebereglern unter SKALIEREN und VERSCHIEBEN lassen sich nur sehr geringe Werte einstellen, die Funktion akzeptiert jedoch die direkte Eingabe von Skalierungen zwischen –4.000 und +4.000 % und Verschiebungen zwischen –1.411,1111 und +1.411,1111 mm.

Sehr interessant für die Illustration von Naturmotiven ist die Option ZUFALLSWERT, um beispielsweise eine realistischer anmutende Zufallsverteilung und -ausrichtung zu erreichen. Zu diesem Zweck vervielfältigen Sie Objekte zunächst regelmäßig über eine Fläche und wenden anschließend die Funktion EINZELN TRANSFORMIEREN mit der Option ZUFALLSWERT auf alle Objekte an.

Symbolinstanzen einzeln transformieren
Symbolsätze (s. Abschnitt 17.3) können Sie mit der Funktion nicht bearbeiten. Wenn Sie jedoch einen Symbolsatz zunächst mit OBJEKT • UMWANDELN in einzelne Instanzen aufsplitten und die Gruppe auflösen, dann können Sie die Instanzen anschließend einzeln transformieren.

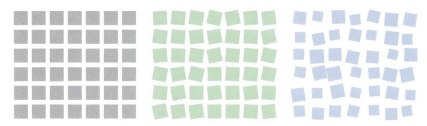

▲ **Abbildung 5.100**
Regelmäßig angeordnete Ausgangsobjekte (links) wurden mit EINZELN TRANSFORMIEREN nur zufällig gedreht (Mitte) und zufällig gedreht, skaliert und verschoben (rechts).

5.7 Ausrichten und Verteilen

Ordnung ist das halbe Leben. Sehr praktisch ist daher die Möglichkeit, Objekte und einzelne Ankerpunkte (s. Abschnitt 6.5.4) aneinander auszurichten oder zu verteilen. So können Sie sich ganz auf den Entwurf Ihrer Illustration konzentrieren und ersparen sich den unnötigen Einsatz von Hilfslinien.

5.7.1 Objekte ausrichten

Objekte werden mit dem Ausrichten-Bedienfeld ausgerichtet. Wählen Sie FENSTER • AUSRICHTEN, um das Bedienfeld aufzurufen – ⇧+F7; im Dock klicken Sie auf das Symbol.

Wählen Sie mindestens zwei Objekte aus, und klicken Sie in der oberen Zeile des Ausrichten-Bedienfeldes (OBJEKTE AUSRICHTEN) das gewünschte Symbol an, um die Objekte entsprechend dem abgebildeten Symbol zueinander auszurichten (siehe Infobox »Ausrichten-Bedienfeld« auf S. 140). Normalerweise erfolgt die Ausrichtung anhand des Begrenzungsrahmens (s. Abschnitt 5.2.1) – dieser Modus wird als AUS-

Anordnen entlang eines Pfades
Illustrator bietet keine ausgefeilten Möglichkeiten, Objekte entlang eines Freiformpfades auszurichten. Spezialpinsel oder Angleichungen können manchmal einfachere Aufgaben dieser Art lösen.

▲ **Abbildung 5.101**
Das Ausrichten-Bedienfeld – Sie finden viele der Optionen auch im Steuerungsbedienfeld.

richten an Auswahl bezeichnet. Es besteht aber auch die Möglichkeit, ein Referenzobjekt zu bestimmen, dessen Position die Basis für die Ausrichtung ist. Die dritte Option ist das Ausrichten an der Zeichenfläche (s. Abschnitt 4.3).

Abbildung 5.102 ▶
Links: Originalobjekte und an der Zeichenfläche ausgerichtet, rechts: Bestimmung eines Objekts, an dem die Ausrichtung erfolgt

Sollen Objekte sowohl waagerecht als auch senkrecht ausgerichtet werden, müssen Sie die horizontale und die vertikale Ausrichtung nacheinander ausführen.

Optionen | Direkt auf dem Bedienfeld sowie im Bedienfeldmenü können Sie folgende Optionen und Einstellungen vornehmen:

▶ Ausrichten an: Hier wechseln Sie zwischen den »Operationsmodi« der Ausrichtenfunktionen An Auswahl ausrichten , An Zeichenfläche ausrichten , An Basisobjekt ausrichten und An Basisankerpunkt ausrichten (wenn einzelne Ankerpunkte ausgewählt sind).
Ein Symbol kennzeichnet die gewählte Ausrichtungsart, die sofort aktiv ist und angewendet wird. Wenn Sie die Objekte deaktivieren, springt die Einstellung automatisch von An Basisobjekt ausrichten auf An Auswahl ausrichten zurück. Die Option An Zeichenfläche ausrichten bleibt allerdings bestehen – diese müssen Sie manuell umstellen, wenn Sie nicht mehr an der Zeichenfläche ausrichten möchten.

▶ Vorschaubegrenzungen verwenden: Als Grundeinstellung werden Objekte anhand ihrer Objektgrenzen – also dem Pfad – ausgerichtet. Wenn Objekte eine starke Außenlinie aufweisen, führt diese Einstellung nicht immer zum gewünschten Ergebnis.

Abbildung 5.103 ▶
Mit der Option Vorschaubegrenzungen verwenden werden z. B. die Linienstärke und der Schlagschatten-Effekt berücksichtigt: Objekte rechts und oben ausgerichtet (links und Mitte mit Option Vorschaubegrenzungen verwenden)

Mit aktivierter Option VORSCHAUBEGRENZUNGEN VERWENDEN werden die sichtbaren Außenbegrenzungen zum Ausrichten von Objekten verwendet, also mit Linienstärken und/oder Effekten.

▲ **Abbildung 5.104**
Ausgangssituation der Schritt-für-Schritt-Anleitung

Schritt für Schritt
Ausrichten

1 An der Seite ausrichten
In dieser Übung führen Sie verschiedene typische Arbeitsabläufe mit dem Ausrichten-Bedienfeld durch. Öffnen Sie die Datei »Ausrichten.ai« von der DVD. Rufen Sie das Ausrichten-Bedienfeld auf, falls es nicht bereits angezeigt wird, und positionieren Sie das Bedienfeld in der Nähe der Seite.

Zunächst benötigen Sie eine Referenz für die Ausrichtung des ganzen Satzspiegels auf der Mitte der Seite: Aktivieren Sie den Text, wählen Sie AN ZEICHENFLÄCHE AUSRICHTEN aus dem Menü AUSRICHTEN AN rechts unten im Ausrichten-Bedienfeld, falls es nicht bereits ausgewählt ist. Dies erkennen Sie am Symbol, das im Icon des Menüs AUSRICHTEN AN dargestellt wird.

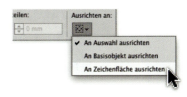

▲ **Abbildung 5.105**
Auswählen der Ausrichtungsoption

Um die Ausrichtung des Textes an der Zeichenfläche durchzuführen, klicken Sie auf den Button HORIZONTAL ZENTRIERT AUSRICHTEN.

2 An Referenzobjekt ausrichten
Die »Headline« ist jetzt Ihr Referenzobjekt für die folgenden Ausrichtungen. Einige Objekte müssen rechtsbündig mit der Headline ausgerichtet werden. Aktivieren Sie die Headline, den grünen und den gelben Kasten sowie den Stern.

Wählen Sie aus dem Menü AUSRICHTEN AN die Option AN BASISOBJEKT AUSRICHTEN. Das im Objektstapel oben liegende Objekt – der Stern – wird automatisch als Basisobjekt bestimmt und zur Kennzeichnung mit einer fetten Outline versehen. Da Sie nicht den Stern, sondern die Headline verwenden wollen, müssen Sie diese jetzt noch als Basisobjekt definieren. Klicken Sie auf die Headline, um sie als Basisobjekt zu bestimmen – drücken Sie dabei keine Modifizierungstasten –, und verwenden Sie anschließend den Button RECHTS AUSRICHTEN.

▲ **Abbildung 5.106**
Ausrichtung der Headline

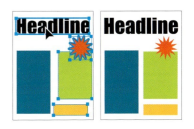

▲ **Abbildung 5.107**
Definieren der Headline als Basisobjekt (links) und Ausrichten daran (rechts)

In dieser Übung werden Sie mit den beteiligten Objekten keine weitere Ausrichtung durchführen. Sollten Sie jedoch für weitere Ausrichtungen mit den aktivierten Objekten ein anderes Referenzobjekt benötigen, müssen Sie vorher die Aktion BASISOBJEKT ABBRECHEN aus dem Bedienfeldmenü ausführen oder ein anderes Objekt anklicken.

▲ Abbildung 5.108
Ausrichten des grünen Kastens

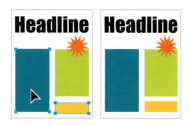

▲ Abbildung 5.109
Ausrichtung am Referenzobjekt

▲ Abbildung 5.110
Die Objekte werden anhand ihrer Außenkanten oder ihrer Mittelpunkte gleichmäßig verteilt.

▲ Abbildung 5.111
Beim Verteilen der Objekte mit frei definiertem Abstand muss ein Referenzobjekt bestimmt werden.

3 Einfache Ausrichtung

Es müssen jetzt zwei Ausrichtungen mit unterschiedlichen Objekten durchgeführt werden:
1. der blaue Kasten und die Headline: links ausrichten
2. der blaue und der grüne Kasten: oben ausrichten

Aktivieren Sie für jeden Schritt die beteiligten Objekte, und klicken Sie auf den entsprechenden Button.

4 Ausrichtung an Referenzobjekt

Abschließend führen Sie noch eine »Ausrichtung unten« des gelben Kastens am Referenzobjekt blauer Kasten durch. Aktivieren Sie die beiden Kästen, klicken Sie auf den blauen Kasten, und wählen Sie den Button UNTEN AUSRICHTEN.

5.7.2 Objekte gleichmäßig verteilen

Beim Verteilen werden die betreffenden Objekte mit gleichmäßigen Abständen zueinander versehen. Die verschiedenen Möglichkeiten sind:

▶ Alle Objekte werden gleichmäßig über den Raum verteilt, ausgerichtet an ihren Außenkanten bzw. ihrem Mittelpunkt, begrenzt von den beiden äußersten Objekten.
▶ Der Raum zwischen den Objekten wird gleichmäßig aufgeteilt.
▶ Ein frei definierbarer Abstand wird zwischen den Objekten eingerichtet.

Ist beim Verteilen von Objekten die Ausrichtung an der Zeichenfläche aktiviert, werden die äußeren Objekte an die jeweiligen Ränder verschoben.

Objekte verteilen | Im Ausrichten-Bedienfeld sind die Symbole in der zweiten und dritten Reihe, OBJEKTE VERTEILEN und ABSTAND VERTEILEN, für das Verteilen von Objekten zuständig.

Aktivieren Sie die Objekte, die verteilt werden sollen. Achten Sie darauf, dass in dem Wertefeld AUTO eingetragen ist, und klicken Sie dann den gewünschten Button im Ausrichten-Bedienfeld an.

Verteilen eines definierten Abstands | Um einen definierten Abstand zwischen den Objekten zu verteilen, gehen Sie folgendermaßen vor:
1. Aktivieren Sie die Objekte, die Sie verteilen möchten.
2. Wählen Sie aus dem Menü AUSRICHTEN AN die Option AN BASISOBJEKT AUSRICHTEN. Das im Stapel oben liegende Objekt wird hervor-

gehoben, und erst jetzt wird das Feld für die Eingabe des Abstands aktiv.
3. Klicken Sie auf das Objekt, von dem aus der Abstand verteilt werden soll. Es wird hervorgehoben.
4. Tragen Sie den gewünschten Abstand in das Feld Auto im Bedienfeld ein.
5. Klicken Sie den gewünschten Button Horizontal verteilen: Abstand bzw. Vertikal verteilen: Abstand im Ausrichten-Bedienfeld an, um den Abstand zwischen den Objekten einzurichten.

Aneinanderstoßen
Um Objekte exakt aneinanderstoßen zu lassen, verwenden Sie die Funktion Abstand verteilen mit dem Wert 0.

5.7.3 Ausrichten von Schnittmasken

Ein mit einer Schnittmaske versehenes Objekt wird korrekt anhand der Schnittmaske (statt wie früher an den Außenkanten des beschnittenen Objekts) ausgerichtet (zu Schnittmasken s. Abschnitt 11.4).

5.7.4 Ausrichten von gruppierten Objekten

Isolieren Sie Gruppen oder zusammengesetzte Formen (Isolationsmodus s. Abschnitt 11.5), und richten Sie dann die Bestandteile aneinander aus. Es ist nicht möglich, einzelne Objekte, die Bestandteile verschiedener Gruppen sind, aneinander auszurichten.

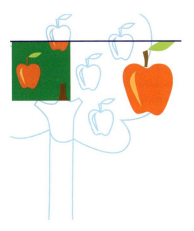

▲ **Abbildung 5.112**
Ein beschnittenes Objekt (blau) wird korrekt an der Oberkante der Schnittmaske mit einem zweiten Objekt (rechts) ausgerichtet.

Ausrichten-Bedienfeld

Ausrichtung (ohne Referenzobjekt)
Die Mittenausrichtungen und erfolgen bezogen auf die rechnerische horizontale bzw. vertikale Mitte des virtuellen Rechtecks, das alle aktivierten Objekte umschließt. Bei Randausrichtungen erfolgt die Anordnung der ausgewählten Kanten aller aktivierten Objekte an der entsprechenden Kante des virtuellen Begrenzungsrechtecks (in der Grafik rot gekennzeichnet).

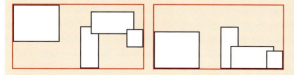

Ausrichtung (mit Referenzobjekt)
Statt auf das virtuelle umgebende Rechteck bezieht sich die Definition der Mitte bzw. der Kanten auf das Referenzobjekt (in der Grafik grün). Das heißt, seine Mitte oder seine untere Kante bestimmt die Position der Mitte oder der unteren Kanten aller ausgerichteten Objekte.

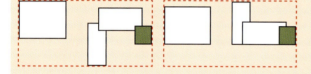

Verteilung (ohne Referenzobjekt)
Die Mittelpunkte bzw. Kanten aller aktivierten Objekte werden gleichmäßig zwischen den Extrempositionen verteilt.
Für die Ermittlung der Extrempositionen werden jedoch nicht die Gesamtobjekte, sondern nur ihre jeweils auszurichtenden Kanten (rot) bewertet.

Verteilung (mit Referenzobjekt)
Zwischen den Mittelpunkten oder Kanten der beteiligten Objekte wird der im Eingabefeld definierte Abstand eingerichtet.

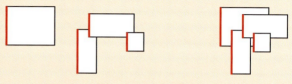

Abstand verteilen (ohne Referenzobjekt)
Die aktivierten Objekte werden in horizontaler oder vertikaler Richtung so auf der Fläche des virtuellen Rechtecks verteilt, dass ein gleichmäßiger Abstand zwischen ihnen entsteht. Die Durchführung ist nur sinnvoll, wenn ausreichend Platz vorhanden ist, um alle Objekte neben- oder übereinander anzuordnen.

Abstand verteilen (mit Referenzobjekt)
Zwischen den Außenbegrenzungen der beteiligten Objekte wird der im Eingabefeld definierte Abstand eingerichtet.

Kapitel 6
Pfade konstruieren und bearbeiten

Im vorigen Kapitel haben Sie gelernt, wie Sie mit den Werkzeugen von Illustrator Formen erzeugen und Objekte transformieren. Dabei sind – ganz unbemerkt – Pfade ins Spiel gekommen. Pfade bilden in Illustrator, wie in allen Vektorprogrammen, die Grundlage aller Formen. Das Zeichenstift-Werkzeug (oder die »Zeichenfeder«) ist die native Methode, um Pfade Punkt für Punkt aufzubauen.

6.1 Die Anatomie eines Pfades

Die wesentlichen Bestandteile eines Pfades sind die **Ankerpunkte**, durch die er geformt wird. Der Teil eines Pfades zwischen zwei Punkten wird **Pfadsegment** ❶ genannt.

Bei geschlossenen Pfaden sind Anfangs- und Endpunkt identisch und auf der Zeichenfläche nicht zu identifizieren – bei offenen Pfaden handelt es sich um einzelne Punkte; oft ist das fehlende Pfadsegment bei offenen Pfaden deutlich sichtbar. Die beiden nicht verbundenen Punkte an den Enden eines offenen Pfades werden als **Endpunkte** ❷ bezeichnet – auch wenn eigentlich einer von ihnen ein Anfangspunkt ist, denn Pfade haben eine Richtung. Illustrator arbeitet mit zwei Typen von Ankerpunkten:

- **Eckpunkte** ❸, an denen der Pfad seinen Verlauf abrupt ändert, also eine Ecke ausbildet
- **Übergangspunkte** ❹ oder »Kurvenpunkte«, an denen der Pfad kontinuierlich ins benachbarte Pfadsegment übergeht

Den Kurvenverlauf zwischen den Ankerpunkten bestimmen Kurventangenten, die **Grifflinien** ❺, deren Länge und Ausrichtung durch Bewegen der **Griffpunkte** an ihrem Ende beeinflusst werden kann.
Pfade können keine »Abzweigungen« besitzen – in einem Punkt treffen immer nur zwei Pfadsegmente aufeinander. Über Optionen wie »inverse

▲ Abbildung 6.1
Bestandteile eines Pfades

▲ Abbildung 6.2
Geschlossener Pfad (violett) und zwei offene Pfade (orange)

Grifflinien greifen?

Auch wenn die Kurventangenten in Illustrator »Grifflinien« heißen, können Sie diese Linien selbst nicht anfassen und bewegen.

Kapitel 6 Pfade konstruieren und bearbeiten

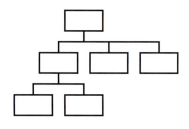

▲ **Abbildung 6.3**
Linien können nicht mit geschlossenen Pfaden verbunden werden, wie es für Flowcharts praktisch wäre.

▲ **Abbildung 6.4**
Zeichenwerkzeuge, von links: Zeichenstift, Ankerpunkt hinzufügen, Ankerpunkt löschen, Ankerpunkt konvertieren

---

Vektorpfade zeichnen

In Abschnitt 6.6 finden Sie wichtige Hinweise, wie Sie effektiv Pfade ziehen können.

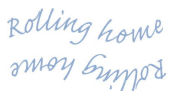

▲ **Abbildung 6.5**
In welcher Reihenfolge Sie die Punkte setzen, bestimmt die Richtung des Pfades. Die Pfadrichtung wirkt sich beispielsweise auf die Kontur von Pinselstrichen und auf die Ausrichtung eines Textes auf einem Pfad aus.

Kinematik« ist es in anderen Programmen (z. B. in Flash sowie einigen Diagrammprogrammen) möglich, mehrere Pfade so zu verknüpfen, dass sich komplette Pfade oder auch nur einige ihrer Segmente nach mathematischen Gesetzmäßigkeiten abhängig voneinander bewegen.

6.2 Pfade erstellen

6.2.1 Werkzeuge zum Zeichnen

Anders als beim Zeichnen auf Papier werden beim Konstruieren mit dem Zeichenstift-Werkzeug die Linien nicht gezogen, sondern es werden einzelne Ankerpunkte gesetzt, die Illustrator dann verbindet.

Sie erzeugen sowohl Eckpunkte als auch Übergangspunkte mit demselben Werkzeug; lediglich das Vorgehen, wie Sie mit dem Werkzeug den Punkt setzen, bestimmt darüber, welche Art von Ankerpunkt generiert wird. Nachträglich lässt sich ein Eckpunkt in einen Übergangspunkt konvertieren und umgekehrt.

Neben dem Zeichenstift-Werkzeug finden Sie Spezialwerkzeuge für das Hinzufügen, Löschen und Konvertieren von Punkten. Alle diese Spezialwerkzeuge lassen sich auch temporär durch Modifizierungstasten erreichen. Der Cursor des Zeichenstift-Werkzeugs zeigt Ihnen anhand seines Symbols, welche Aktion an der jeweiligen Stelle unter dem Cursor mit einem Klick möglich ist:

- einen neuen Pfad beginnen
- den Pfad mit einem Ankerpunkt weiterführen
- einen Ankerpunkt auf einem bestehenden Pfad hinzufügen
- einen Punkt von einem Pfad löschen
- einen Punkt konvertieren
- an einem Endpunkt ansetzen, um den Pfad weiterzuführen
- an einen bestehenden Pfad anschließen
- den Pfad schließen

6.2.2 Vorbereitungen

Die standardmäßig von Illustrator angezeigten Ankerpunkte und Griffe sind sehr klein und daher nur schwer zu greifen.

Sie können jedoch für die Größe der Punkte zwischen drei Optionen auswählen. Rufen Sie Voreinstellungen • Auswahl und Ankerpunktanzeige auf, um die Punktgröße einzustellen.

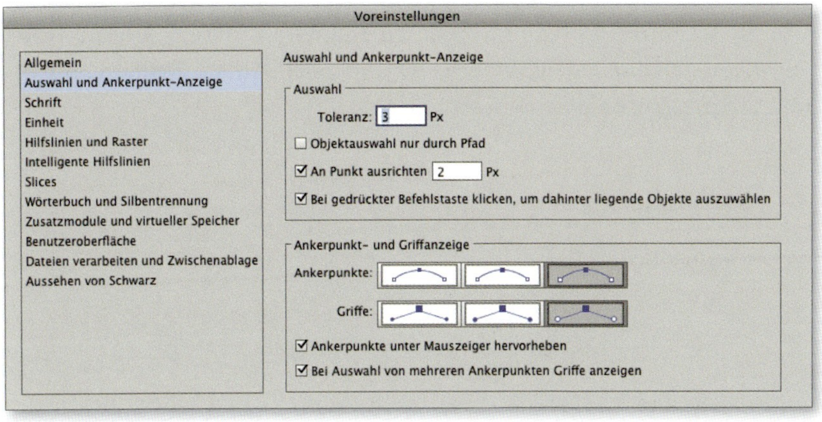

6.2 Pfade erstellen

◄ **Abbildung 6.6**
Voreinstellungen für die Ankerpunkt-Anzeige

▲ **Abbildung 6.7**
Darstellungsgrößen von Ankerpunkten und Griffen: klein (links) bis groß (rechts)

▶ ANKERPUNKTE/GRIFFE: Sie haben die Möglichkeit, die Größe der Ankerpunkte unabhängig von der Größe der Griffe einzustellen. Die grau hinterlegte Option ist aktiv. Klicken Sie auf eine andere Darstellung, um diese auszuwählen.

▶ ANKERPUNKTE UNTER MAUSZEIGER HERVORHEBEN: Befindet sich ein Ankerpunkt unter dem Cursor des Direktauswahl-Werkzeugs, können Sie diesen zusätzlich hervorheben lassen – dies ist hilfreich, wenn Sie einen Punkt finden müssen, solange kein Objekt aktiviert ist.

Dahinter auswählen
Zum Auswählen dahinterliegender Objekte s. Abschnitt 5.2.4.

▲ **Abbildung 6.8**
Unsaubere Pfade können sich im Zusammenhang mit einer variablen Konturstärke (links) oder einem Pinsel (rechts) besonders negativ auswirken.

6.2.3 Eckpunkte anlegen

Die einfachsten Formen, die Sie in Vektorprogrammen erzeugen können, sind offene Linien oder Polygone, also Pfade aus geraden Segmenten, die nur aus Eckpunkten ohne Grifflinien bestehen. Ein Polygon, also eine vieleckige Form, erzeugen Sie mit folgenden Arbeitsschritten:

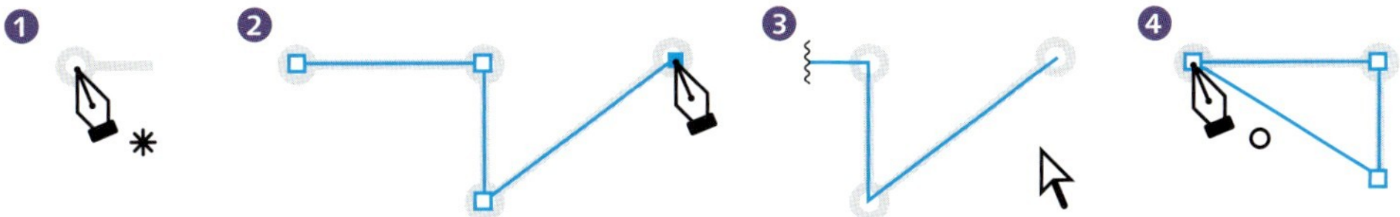

❶ Wählen Sie das Zeichenstift-Werkzeug aus, und bewegen Sie es an eine Position auf der Zeichenfläche, an der sich kein anderer Pfad befindet; der Cursor muss das Symbol anzeigen. Erzeugen Sie durch einen kurzen Klick den Startpunkt Ihres Objekts.

❷ Klicken Sie nun nacheinander auf die Stellen der Zeichenfläche, an denen Sie die folgenden Eckpunkte Ihres Polygons setzen wollen. Der Cursor muss dabei das Symbol anzeigen.

Um die Eingabe eines Pfades zu beenden, haben Sie zwei Möglichkeiten:

❸ Um das Objekt als offenen Pfad abzuschließen, halten Sie ⌘/Strg gedrückt und klicken auf eine leere Stelle der Arbeitsfläche. Alternativ können Sie auch ein neues Werkzeug auswählen.

❹ Klicken Sie wieder auf den Startpunkt, dann entsteht ein geschlossener Pfad. Der Cursor ändert sich dabei in .

143

Kapitel 6 Pfade konstruieren und bearbeiten

▲ **Abbildung 6.9**
Die Krümmung eines Kurvensegments wird durch die Grifflinien der beiden benachbarten Ankerpunkte bestimmt. Einen Kurvenverlauf können Sie nur sauber zeichnen, wenn Sie ihn mit beiden Tangenten steuern.

Übung | Um die Vorgehensweise zu trainieren, öffnen Sie die Datei »Geraden-zeichnen.ai« von der DVD und zeichnen die Formen, wie direkt auf der Zeichenfläche beschrieben.

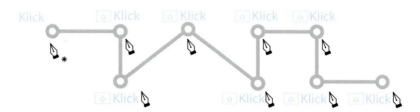

▲ **Abbildung 6.10**
Eine der Übungen zum Zeichnen von Eckpunkten auf der DVD

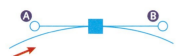

▲ **Abbildung 6.11**
In Pfadrichtung (Pfeil) ist Ⓐ der hinführende, Ⓑ der wegführende Griff.

6.2.4 Kurven zeichnen mit Übergangspunkten

Übergangspunkte bilden keine Ecken aus, sondern ermöglichen einen homogenen Übergang zwischen zwei Kurventeilen. Wie zwei Kurvensegmente in einem Kurvenpunkt ineinander übergehen, bestimmen die Länge und Richtung ihrer Tangenten. Die eine Tangente bestimmt die Form der Kurve zum vorher gesetzten Punkt (»hinführender Griff«), die andere Grifflinie legt den Kurvenverlauf zum nachfolgenden Ankerpunkt fest (»wegführender Griff«). So erzeugen Sie einen Übergangspunkt:

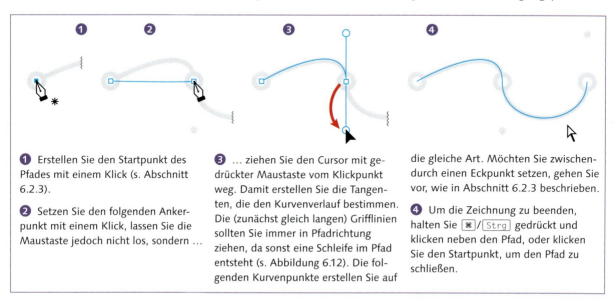

❶ Erstellen Sie den Startpunkt des Pfades mit einem Klick (s. Abschnitt 6.2.3).

❷ Setzen Sie den folgenden Ankerpunkt mit einem Klick, lassen Sie die Maustaste jedoch nicht los, sondern …

❸ … ziehen Sie den Cursor mit gedrückter Maustaste vom Klickpunkt weg. Damit erstellen Sie die Tangenten, die den Kurvenverlauf bestimmen. Die (zunächst gleich langen) Grifflinien sollten Sie immer in Pfadrichtung ziehen, da sonst eine Schleife im Pfad entsteht (s. Abbildung 6.12). Die folgenden Kurvenpunkte erstellen Sie auf

die gleiche Art. Möchten Sie zwischendurch einen Eckpunkt setzen, gehen Sie vor, wie in Abschnitt 6.2.3 beschrieben.

❹ Um die Zeichnung zu beenden, halten Sie ⌘/Strg gedrückt und klicken neben den Pfad, oder klicken Sie den Startpunkt, um den Pfad zu schließen.

Übung | Um die Vorgehensweise zu trainieren, öffnen Sie die Datei »Kurven-zeichnen.ai« von der DVD und zeichnen die Formen, wie direkt auf der Zeichenfläche beschrieben.

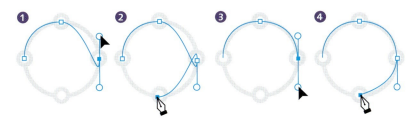

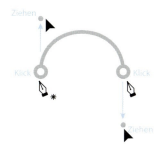

▲ **Abbildung 6.12**
Herausziehen der Griffe im Vergleich: Werden die Griffe gegen die Pfadrichtung herausgezogen ❶, entsteht beim Weiterführen des Pfades eine Schleife ❷. Beim Herausziehen in Richtung des Pfades ❸ wird der Pfad glatt weitergeführt ❹.

▲ **Abbildung 6.13**
Eine der Übungen zum Zeichnen von Kurvenpunkten auf der DVD

Übergangspunkt als Startpunkt | Sie können einen Übergangspunkt auch bereits als Startpunkt erzeugen. Gehen Sie dabei wie folgt vor:

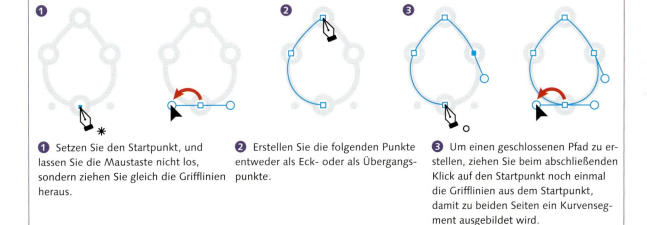

❶ Setzen Sie den Startpunkt, und lassen Sie die Maustaste nicht los, sondern ziehen Sie gleich die Grifflinien heraus.

❷ Erstellen Sie die folgenden Punkte entweder als Eck- oder als Übergangspunkte.

❸ Um einen geschlossenen Pfad zu erstellen, ziehen Sie beim abschließenden Klick auf den Startpunkt noch einmal die Grifflinien aus dem Startpunkt, damit zu beiden Seiten ein Kurvensegment ausgebildet wird.

Übung | Um die Vorgehensweise zu trainieren, öffnen Sie die Datei »Geschlossene-Formen-zeichnen.ai« von der DVD und zeichnen die Formen, wie direkt auf der Zeichenfläche beschrieben.

▲ **Abbildung 6.14**
Übungen zum Zeichnen von geschlossenen Formen auf der DVD

6.2.5 Kombinationspunkte oder »gebrochene Ankerpunkte«: Eckpunkte zwischen Kurvensegmenten

Ein Eckpunkt muss nicht unbedingt von zwei geraden Pfadsegmenten eingeschlossen sein, er kann auch einem Kurvensegment folgen oder vor einem Kurvensegment angeordnet sein. Dann besitzt auch der Eckpunkt eine oder zwei Tangenten. Die Tangenten des Eckpunkts lassen sich jedoch im Gegensatz zu denen des Kurvenpunkts unabhängig voneinander bewegen. In Illustrator gibt es keine eigene Bezeichnung für diese Art Punkte, manche Anwender bezeichnen sie als »gebrochene Ankerpunkte« oder als »Kombinationspunkte«.

Gehen Sie wie folgt vor, um Kombinationspunkte zu zeichnen:

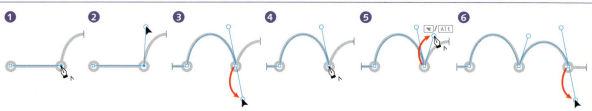

❶ Zunächst erstellen Sie eine Gerade mit einem Startpunkt und einem Eckpunkt. Lassen Sie die Maustaste los, und bewegen Sie den Cursor über den zuletzt gesetzten Ankerpunkt. Der Cursor zeigt hierbei einen kleinen Pfeil neben der Zeichenfeder.

❷ Klicken Sie auf den Punkt, und ziehen Sie mit gedrückter Maustaste die Grifflinie aus dem Ankerpunkt heraus. Dann lassen Sie die Maustaste los. Diese Aktion verändert Ihre Zeichnung zunächst nicht.

❸ Der nächste Punkt soll zwar ein Eckpunkt werden, Sie benötigen aber die beiden Grifflinien, daher setzen Sie einen Übergangspunkt duch Klicken und Ziehen. Nun sehen Sie das Kurvensegment, das Sie in Schritt ❷ begonnen haben.

❹ Klicken Sie mit dem Cursor einmal auf den eben erstellten Punkt. Die wegführende Grifflinie wird entfernt.

❺ Um ein weiteres Kurvensegment anzuschließen, aber den Eckpunkt zu erhalten, halten Sie ⌥/Alt gedrückt, und ziehen Sie die Grifflinie aus dem Punkt.

❻ Führen Sie die Linie weiter, indem Sie einen weiteren Kurvenpunkt setzen. Damit daran ein gerades Segment anschließen kann, löschen Sie den wegführenden Griff wie in Schritt ❹.

▲ **Abbildung 6.15**
Unterschied zwischen Eck- und Kurvenpunkten: Die Tangenten von Eckpunkten (links) lassen sich unabhängig voneinander bewegen.

Übung | Um die Vorgehensweise zu trainieren, öffnen Sie die Datei »Eck-Kurven-zeichnen.ai« von der DVD und zeichnen die Formen, wie direkt auf der Zeichenfläche beschrieben.

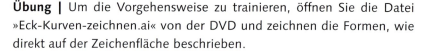

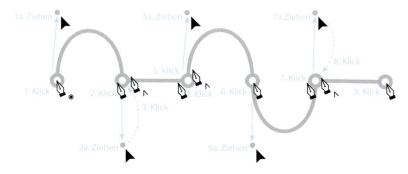

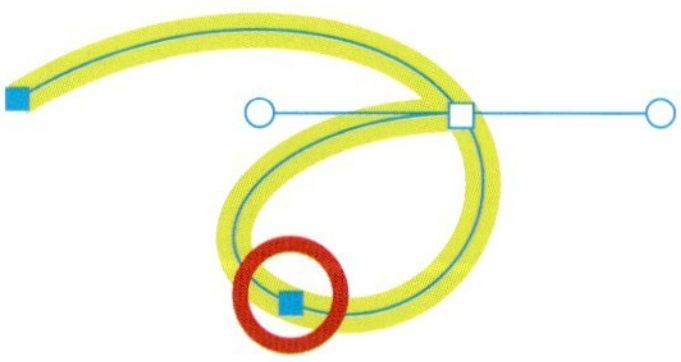

▲ **Abbildung 6.17**
Mindestens ein Punkt muss zwischen den beiden übereinanderliegenden Punkten liegen, wenn Sie eine Schleife bilden wollen.

▲ **Abbildung 6.16**
Eine der Übungen zum Zeichnen von gebrochenen Kurven auf der DVD

Modifikationsmöglichkeiten | Werkzeugwechsel sollten Sie bei der Arbeit mit den Zeichen-Werkzeugen vermeiden. Verwenden Sie stattdessen Modifikationstasten zum Wechseln zwischen den Werkzeugen. Auch zum Zoomen und zum Verschieben der Ansicht gibt es Modifikationstasten für temporäre Werkzeugwechsel. Zoomen Sie zum Zeichnen an das Motiv heran, sodass Sie immer die etwa zwei bis drei folgenden Pfadsegmente im Blick haben. Zum Nacharbeiten der Pfade kann es nötig sein, noch näher heranzuzoomen. Wichtig: Achten Sie darauf, beim Einsatz der Modifikationstasten nicht versehentlich das Objekt oder den Ankerpunkt zu deaktivieren, an dem Sie gerade zeichnen.

Werkzeug	Anwendung der Modifikationstasten	Auswirkung
✏	⇧ beim Setzen eines Punkts durch Mausklick	Pfadsegment waagerecht, senkrecht oder im 45°-Winkel erzeugen
✏	⇧ beim Ziehen eines Griffpunkts	Griff waagerecht, senkrecht oder im 45°-Winkel ziehen
✏	⇧ und auf vorhandenen Ankerpunkt (keinen Endpunkt) klicken	einen neuen Punkt direkt über den bestehenden Ankerpunkt setzen (Schleife im Pfad), s. Abbildung 6.17
✏	Leertaste während des Setzens eines Punkts	diesen Punkt verschieben; eine Vorschau des Pfad3s wird angezeigt (»Gummibandmodus«).
✏	⌘/Strg	temporär zum zuletzt verwendeten Auswahl-Werkzeug ▶, ▷ oder ▶⁺
✏	⌥/Alt	temporär zum Ankerpunkt-konvertieren-Werkzeug ⌐
✏	Leertaste	temporär zum Hand-Werkzeug ✋ für das Verschieben des Fensterinhalts
✏	⌘/Strg+Leertaste	temporär zum Zoom-Werkzeug (Lupe) 🔍; zusätzlich ⌥/Alt drücken, um auszuzoomen

▲ **Tabelle 6.1**
Modifikationstasten für Zeichenstift-Werkzeuge

6.2.6 Korrekturen durchführen

Häufig werden Sie direkt beim Zeichnen eines Pfades ungünstig gesetzte Punkte bemerken. Leider stellen sich Fehler meistens erst im Zusammenspiel mehrerer Punkte heraus.

Die Arbeit mit dem Zeichenstift geht besser von der Hand, wenn Sie sie »in einem Rutsch« durchführen – d.h., wenn Sie im ersten Durchgang den Pfad erstellen und erst im zweiten Durchgang die Ankerpunkte und Grifflinien mithilfe des Direktauswahl- und des Ankerpunkt-konvertieren-Werkzeugs justieren.

Als sinnvoll erweist sich allerdings manchmal das Widerrufen des gerade erstellten Punkts. Dazu wählen Sie im Menü BEARBEITEN • RÜCKGÄNGIG: ZEICHENSTIFT – ⌘/Strg+Z. Der zuletzt gesetzte Punkt wird samt Pfadsegment entfernt, und der davor erzeugte Ankerpunkt wird aktiviert, sodass es möglich ist, sofort wieder ein neues Segment anzuschließen.

Bequemer zeichnen

Trotz aller Modifikationstasten und temporärer Werkzeugwechsel: Illustrators Zeichen-Werkzeuge sind und bleiben umständlich. Plug-ins bieten wesentliche Verbesserungen, s. Kapitel 24.

Kapitel 6 Pfade konstruieren und bearbeiten

▲ Abbildung 6.18
Dieses Übungsmotiv wird nachgezeichnet.

▲ Abbildung 6.19
Die Ebenen in der Vorlagendatei

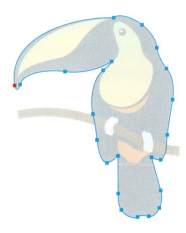

▲ Abbildung 6.20
Mit Punkten an diesen Positionen lässt sich die Form zeichnen (Startpunkt in Rot).

Schritt für Schritt
Einen stilisierten Tukan zeichnen

Beim Erstellen von Pfaden mit dem Zeichenstift wird meist nach einer Vorlage gearbeitet, da man sonst die Proportionen des Gesamtobjekts allzu leicht aus dem Blick verliert. So halten Sie es auch in dieser Übung.

1 Planung

Öffnen Sie die Illustrator-Datei »Tukan-Vorlage.ai« von der DVD. Die Vorlage für die Zeichnung ist bereits in der Datei enthalten. Sehen Sie sich die Vorlage an, und planen Sie, wie Sie die Zeichnung aus Einzelteilen aufbauen und wo Sie Punkte setzen wollen. In diesem Fall ist es günstig, folgende Teile einzeln zu zeichnen: die schwarzen, gelbgrünen und roten Flächen, den Ast und die Füße. Sie können Einzelteile zu einem späteren Zeitpunkt zu einer Form kombinieren.

Beim Nachzeichnen ist es vorläufig nicht so wichtig, dass Sie die vorgegebene Form genau treffen. Es kommt eher darauf an, dass Sie alle Punkte korrekt als Eck- oder Übergangspunkte setzen und möglichst die benötigten Grifflinien sofort mit erzeugen, denn so sparen Sie sich beim »Nacharbeiten« viel Mühe.

2 Vorbereitungen

Rufen Sie VOREINSTELLUNGEN • AUSWAHL- UND ANKERPUNKTANZEIGE auf, und stellen Sie die ANKERPUNKT- UND GRIFFANZEIGE auf die jeweils untere – größte – Anzeigeform. So treffen Sie die Punkte besser.

In der Übungsdatei sind bereits zwei Ebenen angelegt: eine Vorlagenebene (s. Abschnitt 11.1.2) und eine weitere für die Zeichnung. Diese Organisation hat den Vorteil, dass Sie beim Zeichnen in der Pfadansicht arbeiten können und weder von Flächen noch von zu starken Konturen gestört werden. Mit ⌘/Strg+Y gehen Sie in die Pfadansicht. In der Vorlagenebene bleibt trotzdem das Bild zu sehen.

Jetzt klicken Sie noch einmal kurz auf das Direktauswahl-Werkzeug im Werkzeugbedienfeld – damit Sie später temporär zu diesem wechseln können – und wählen dann das Zeichenstift-Werkzeug.

3 Viele Kurven-, wenige Eckpunkte

Punkte sollten an den Stellen gesetzt werden, an denen die Kurve ihre Steigung ändert (s. Abschnitt 6.7.8). Mit den in Abbildung 6.20 markierten Punkten können Sie die Form konstruieren. Beginnen Sie an der Schnabelspitze – hier wird ein Kurvenpunkt benötigt, der einen sehr langen und einen sehr kurzen Griff besitzt –, und zeichnen Sie im Uhrzeigersinn. Die Richtung, in der Sie zeichnen, wählen Sie nach Motiv und Ihren persönlichen Vorlieben – sie hat keine Bedeutung für das

Ergebnis. Klicken Sie mit dem Zeichenstift-Werkzeug den ersten Punkt, halten Sie die Maustaste gedrückt, und ziehen Sie die Griffe ein wenig heraus. Wenn Sie den Pfad schließen, müssen Sie beide Grifflinien ohnehin erneut anpassen. Es lohnt daher nicht, jetzt genauer zu arbeiten. Den Kurvenpunkt sollten Sie jedoch anlegen, denn das wäre nachträglich etwas komplizierter.

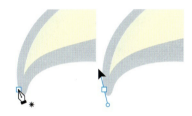

▲ **Abbildung 6.21**
Der Kurvenpunkt muss erzeugt, die Griffe jedoch nicht genau angelegt werden.

4   Eckpunkte mit Kurvensegmenten zu beiden Seiten
Am anderen Ende des Schnabels sitzt ein Eckpunkt – der zu beiden Seiten Kurven besitzt. Sie klicken also auf die Ecke und ziehen gleich die Griffe heraus. Achten Sie auf das in der Pfadrichtung nach hinten zeigende Pfadsegment, und ziehen Sie den Griff passend heraus: etwa ein Drittel der Pfadlänge. Lassen Sie die Maustaste jetzt nicht gleich los, sondern lernen Sie eine Abkürzung kennen: Sobald der nach hinten zeigende Griff »sitzt«, drücken Sie ⌥/Alt, um temporär zum Ankerpunkt-konvertieren-Werkzeug zu wechseln (der Cursor wechselt sein Symbol nicht!), und ziehen Sie damit den vorderen Griff in Richtung des Pfades – wieder auf etwa ein Drittel der Pfadlänge. Der Griff wurde abgebrochen, der Punkt ist jetzt ein Eckpunkt.

> **Symmetrien**
> Die Seiten dieses Tukanmotivs sind lediglich ähnlich aufgebaut. Falls ein Motiv spiegelbildlich konstruiert ist, sollten Sie selbstverständlich die Spiegelachse ermitteln und dann nur eine Seite zeichnen.

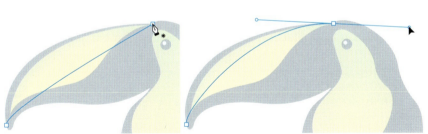
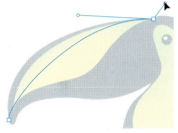

▲ **Abbildung 6.22**
Am Übergang vom Schnabel zum Kopf setzen Sie einen Eckpunkt mit zwei Kurvensegmenten.

5   Die Arbeitsfläche im Fenster verschieben
Bei den folgenden Punkten müssen Sie sicher etwas weiter nach oben scrollen. Benutzen Sie entweder die Scrollbalken, oder drücken und halten Sie die Leertaste, und verschieben Sie mit dem Handcursor 🖐 die Zeichenfläche auf dem Monitor. Klicken Sie erst, wenn die Hand erschienen ist, und lassen Sie nach dem Verschieben erst die Maustaste, dann die Leertaste los. Ansonsten würden Sie einen Ankerpunkt setzen.

6   Etliche Kurvenpunkte … und die Flügelspitze
Es folgen fünf Kurvenpunkte. Sie klicken jeweils auf die gewünschte Stelle, halten und ziehen die Griffe heraus, um einen Kurvenpunkt zu erstellen. Die Griffe sollten ungefähr so lang sein wie ein Drittel des Pfadsegments, an das sie grenzen.

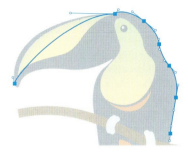

▲ **Abbildung 6.23**
Die Kurvenpunkte bis zur Flügelspitze

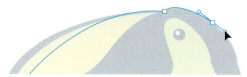

Abbildung 6.24 ▶
Beim Klicken und Ziehen eines Kurvenpunkts wird die Maustaste die ganze Zeit gedrückt.

Die Flügelspitze wird dann wieder ein Eckpunkt mit zwei anschließenden gebogenen Segmenten. Beginnen Sie ihn also wie einen Kurvenpunkt (achten Sie auf das nach hinten zeigende Pfadsegment), drücken Sie dann ⌥/Alt, um temporär zum Ankerpunkt-konvertieren-Werkzeug zu wechseln, und »brechen« Sie den bereits vorhandenen Griff ab.

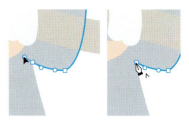

▲ **Abbildung 6.25**
Schwanzwurzel: Hier achten Sie vor allem darauf, den nach hinten zeigenden Griff passend zu setzen, und löschen anschließend den nicht benötigten Griff.

7 Schwanz mit Geraden

Auch der folgende Punkt ist ein Eckpunkt, zu dem zwar eine Kurve hinführt, dessen folgendes Segment jedoch eine Gerade ist. Daher beginnen Sie den Punkt wie einen Kurvenpunkt und achten darauf, den nach hinten zeigenden Griff richtig zu setzen. Dann lassen Sie die Maustaste los und klicken anschließend noch einmal auf den soeben gesetzten Punkt. Der nach vorne zeigende Griff wird dadurch gelöscht.

Der nächste Punkt ist ein Eckpunkt mit einer anschließenden Kurve. Klicken Sie, um diesen Punkt zu setzen, dann klicken Sie erneut auf den Punkt und ziehen eine Grifflinie heraus. Achten Sie darauf, dass diese Grifflinie in einer Flucht mit dem geraden Pfadsegment liegt.

Abbildung 6.26 ▶
Ein Pfadsegment wird als Gerade ausgeführt.

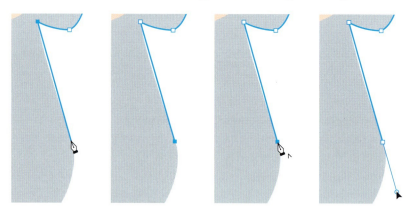

> **Ups!**
> Falls Sie beim Verschieben der Arbeitsfläche im Fenster doch versehentlich einen Ankerpunkt setzen, widerrufen Sie den Schritt sofort mit ⌘/Strg+Z. Normalerweise können Sie anschließend weiterzeichnen, als wäre nichts gewesen. Achten Sie jedoch trotzdem auf den Cursor: Zeigt dieser ein kleines Kreuz, würden Sie einen neuen Pfad anfangen. In diesem Fall müssen Sie noch einmal auf den vorherigen Punkt klicken und dort auch die Grifflinie noch einmal ziehen (s. dazu Abschnitt 6.6.3).

8 Weiter wie gehabt

Die folgenden Punkte sind Kurvenpunkte. Auf der anderen Seite des Vogelkörpers müssen Sie dann wieder die gleichen Arten von Punkten setzen.

9 Und wieder zum Schnabel

Am Ansatzpunkt des Schnabels geht es nun in die letzte Runde. Beginnen Sie den Punkt wieder als Eckpunkt, und brechen Sie dann den

Griff ab. Es folgt dann ein Kurvenpunkt an der Stelle, wo die S-Kurve die Richtung wechselt, und ein weiterer Kurvenpunkt an der Schnabelspitze. Seine Griffe sind unterschiedlich lang – am besten ziehen Sie sie zunächst in der Länge des nach vorne zeigenden Griffs. Dann lassen Sie die Maustaste los und wechseln mit ⌘/Strg temporär zum Direktauswahl-Werkzeug. Mit diesem verlängern Sie den nach hinten zeigenden Griff und passen seine Lage an.

▼ **Abbildung 6.27**
Mit dem temporär aufgerufenen Direktauswahl-Werkzeug können Sie einzelne Griffe gleich korrigieren.

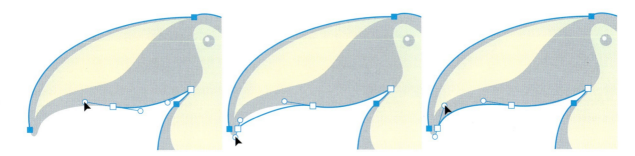

10 Pfad schließen

Jetzt sind Sie wieder am Startpunkt angekommen. Bewegen Sie den Cursor über den Startpunkt – der Cursor signalisiert, dass Sie den Pfad hier schließen können. Klicken Sie auf den Startpunkt, und ziehen Sie gleich die Griffe heraus. Ziehen Sie beide Griffe zunächst nur kurz. Den nach vorne zeigenden Griff verlängern Sie nachträglich, indem Sie mit ⌘/Strg temporär zum Direktauswahl-Werkzeug wechseln.

11 Weitere Formen

Der Tukan besteht aus einigen weiteren Formen. Die Methoden, um diese Formen zu zeichnen, enstprechen denen, die Sie bereits kennengelernt haben. Lediglich die Erstellung einer Form mit einem Eckpunkt als Startpunkt werden wir uns noch am Beispiel der gelben Innenform des Schnabels ansehen.

Diesen Pfad beginnen Sie an der unteren Ecke. Klicken Sie, um den ersten Punkt zu setzen, lassen Sie die Maustaste jedoch nicht los, drücken Sie ⌥/Alt, um temporär zum Ankerpunkt-konvertieren-Werkzeug zu wechseln und ziehen Sie erst dann den Griff heraus.

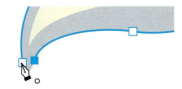

▲ **Abbildung 6.28**
Dieser Cursor zeigt an, dass der Pfad hier mit einem Klick geschlossen wird.

Vorlagenfarbe

Die Abbildungen hier im Buch zeigen eine sehr helle Vorlage. Diese wurde nur gewählt, damit der Pfad, die Punkte und die Griffe im Druck besser zu erkennen sind. Für das Nachzeichnen ist häufig eine kontrastreichere Vorlage besser geeignet. Um die Helligkeit der Vorlage einzustellen, rufen Sie die Ebenenoptionen auf (s. Abschnitt 11.2.2).

◀ **Abbildung 6.29**
Einen Startpunkt als Eckpunkt setzen: erst klicken, dann ⌥/Alt drücken, dann ziehen

▼ **Abbildung 6.30**
Zeichnen der Innenform des Schnabels: Dass der Startpunkt ein Eckpunkt ist, sieht man beim Schließen des Pfades.

Setzen Sie dann an der anderen Ecke zunächst einen Kurvenpunkt, drücken beim Ziehen der Griffe ebenfalls ⌥/Alt und brechen den Griff ab. Setzen Sie anschließend an der Unterseite dieser Form noch zwei Kurvenpunkte. Jetzt kommen Sie zurück zum Anfangspunkt. Bewegen Sie den Cursor darüber – er zeigt das Symbol ♦₀. Wenn Sie ihn anklicken und den Griff herausziehen, merken Sie, dass Sie zu Beginn tatsächlich einen Eckpunkt erzeugt haben.

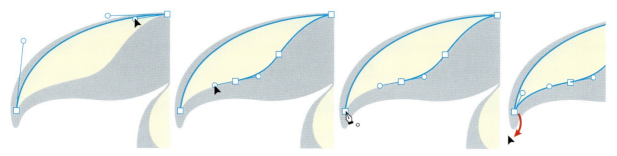

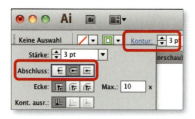

▲ **Abbildung 6.31**
Einstellen der Kontur direkt im Steuerungsbedienfeld und Aufrufen des Kontur-Bedienfeldes

▼ **Abbildung 6.32**
Die Zehen wurden mit einer fetten Kontur versehen – jeweils zwei Zehen sind gleich.

12 Konturen für sich arbeiten lassen
An den Füßen des Vogels können Sie sich Arbeit sparen, wenn Sie nicht außen um die Form herumfahren, sondern nur einen offenen Pfad zeichnen und die Form durch eine starke Kontur mit abgerundeten Enden erzeugen. Das ist hier möglich, weil die Füße über die gesamte Länge eine einheitliche Stärke haben.

Zeichnen Sie also einen Pfad in der Mitte der rechten Zehe. Dann geben Sie eine stärkere Kontur im Steuerungsbedienfeld ein – mit einem Klick auf das Wort Kontur rufen Sie das Kontur-Bedienfeld auf und aktivieren dort die runden Enden. Zoomen Sie an das Bein heran (mit ⌘/Strg+Leertaste erhalten Sie die Lupe), und probieren Sie aus, mit welcher Konturstärke Sie die gewünschte Dicke erreichen (Umwandeln von Konturen in Flächen s. Abschnitt 10.5.1).

Wenn die eine Zehe fertiggestellt ist, wechseln Sie zum Auswahl-Werkzeug, halten Sie ⌥/Alt gedrückt, und klicken und verschieben Sie die Zehe, um eine Kopie zu erzeugen.

Anschließend werden die Zehen mit Objekt • Pfad • Konturlinie in eine Fläche umgewandelt.

13 Konturstärken nutzen

Für den Ast nutzen Sie die gleiche Vorgehensweise und führen diese anschließend noch weiter. Zeichnen Sie den Ast, und weisen Sie ihm eine passende Konturstärke zu.

Dann wählen Sie Objekt • Pfad • Konturlinie. Der Ast wird in eine Fläche umgewandelt. Mit ⇧+X vertauschen Sie Flächen- und Konturfarbe.

Jetzt wählen Sie das Direktauswahl-Werkzeug , aktivieren die einzelnen Ankerpunkte und verschieben diese, um die gewünschte Form zu erreichen.

Einen neuen Pfad beginnen
Wenn Sie einen neuen Pfad beginnen möchten, deaktivieren Sie sicherheitshalber vorher alle noch ausgewählten Pfade. Wenn ein offener Pfad aktiviert ist, kann es sein, dass Sie diesen versehentlich fortführen, anstatt einen neuen Pfad zu zeichnen.

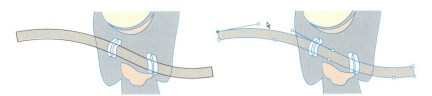

◀ **Abbildung 6.33**
Eine Kontur wird in eine Fläche umgewandelt und anschließend verformt.

6.3 Punkte und Pfadsegmente auswählen

Pfade sind nach dem Erstellen selten in der optischen Form, die gewünscht ist. Zum Nacharbeiten müssen Sie Punkte bewegen oder umwandeln, Grifflinien nachrichten und Pfadsegmente verformen. Voraussetzung dafür ist, dass die entsprechenden Ankerpunkte bzw. Pfadsegmente ausgewählt werden.

Bei der Arbeit mit den Auswahl-Werkzeugen gibt Ihnen – wie beim Zeichenstift – der Cursor wertvolle Hinweise darauf, welche Aktion Sie an einer bestimmten Stelle ausführen können (s. auch Abbildung 5.35 und 5.36 auf den Seiten 111 und 112):

- der normale Cursor des Auswahl-Werkzeugs
- das Objekt aktivieren
- das Objekt an einem seiner Ankerpunkte »greifen«
- der normale Cursor des Direktauswahl-Werkzeugs
- ein Pfadsegment oder das komplette Objekt aktivieren und verschieben
- einen Ankerpunkt aktivieren und verschieben

Beim Ausführen von Aktionen zeigt der Cursor weitere Symbole:
- Verschieben eines Objekts, Ankerpunkts oder Griffs
- Einrasten an einem Punkt beim Verschieben
- Duplizieren eines Objekts
- Einrasten an einem Punkt beim Duplizieren

FreeHand-Umsteiger

Umsteiger, die die Werkzeuge von FreeHand gewohnt sind, werden die Auswahl-Werkzeuge als gewöhnungsbedürftig empfinden. Illustrator verwendet das Auswahl-Werkzeug und das Direktauswahl-Werkzeug sehr spezifisch, denn das Programm macht einen Unterschied zwischen der Auswahl eines Objekts und der eines Ankerpunkts.

6.3.1 Vorschau oder Pfadansicht

Meist zeichnen Sie im Vorschaumodus. Pfade, die in der Vorschau verdeckt sind, können Sie in der Pfadansicht bearbeiten, dann sind die Farben, Konturen und Füllungen der Objekte nicht aktiv.

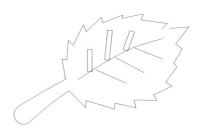

Abbildung 6.34 ▶
In der Pfadansicht erkennen Sie auch von breiten Konturen den Pfadverlauf, Sie können Konturen von Flächen unterscheiden, und die Füllung stört nicht bei der Auswahl von Ankerpunkten.

Auch für die Arbeit mit dem Auswahlrechteck oder dem Lasso an gefüllten Flächen oder breiten Konturen kann es sinnvoll sein, in die Pfadansicht zu wechseln und zur Weiterbearbeitung Ihrer Auswahl in den Vorschaumodus zurückzukehren – in beide Richtungen: ⌘/Strg+Y. Auswahlen gehen dabei nicht verloren.

Auswahl wird nicht angezeigt

Wenn Sie zwar etwas ausgewählt haben, die Auswahl jedoch nicht angezeigt wird, haben Sie vielleicht unabsichtlich die Ecken ausgeblendet.
Wählen Sie ANSICHT • ECKEN EINBLENDEN, um die Anzeige wieder zu aktivieren.

6.3.2 Aktive Pfade, Pfadsegmente und Ankerpunkte

Illustrator zeigt in der Bildschirmdarstellung an, welche Pfade, Ankerpunkte und Grifflinien aktiv sind und bearbeitet werden können.

❶ Ist ein Objekt ausgewählt, werden alle seine Ankerpunkte als gefüllte Quadrate angezeigt. Sie können einzelne Punkte oder deren Grifflinien nicht verändern.

❷ Wenn ein Pfadsegment ausgewählt ist, sind alle Ankerpunkte des Objekts nicht gefüllt. Die Grifflinien, die die Form des aktiven Segments bestimmen, sind sichtbar.

❸ Ein aktiver Ankerpunkt wird als gefülltes Quadrat angezeigt. Die anderen Punkte des Objekts sind ungefüllt. Die Griffe des aktiven Punkts und der benachbarten Pfadsegmente sind sichtbar.

Anzeige der Grifflinien | Per Voreinstellung zeigt Illustrator nur die Grifflinien eines einzeln ausgewählten Punkts je Objekt an. Sind an einem Objekt mehrere Punkte ausgewählt, werden nur die Grifflinien dargestellt, die jeweils an die äußeren Pfadsegmente dieser Auswahl angrenzen. Möchten Sie die Grifflinien aller ausgewählten Punkte anzeigen lassen, aktivieren Sie unter VOREINSTELLUNGEN • AUSWAHL UND ANKERPUNKT-ANZEIGE die Option BEI AUSWAHL VON MEHREREN ANKERPUNKTEN GRIFFE ANZEIGEN.

Dieselbe Einstellung können Sie auch über die Buttons GRIFFE im Steuerungsbedienfeld vornehmen, die eingeblendet werden, sobald Ankerpunkte ausgewählt sind. Drücken Sie den Button GRIFFE EINBLENDEN (links) bzw. den Button GRIFFE AUSBLENDEN (rechts).

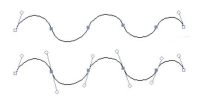

▲ Abbildung 6.35
Buttons zum Einblenden aller Griffe im Steuerungsbedienfeld

Auswahl von Pfadsegmenten über das Menü | Über das AUSWAHL-Menü haben Sie weitere Möglichkeiten, Punkte auszuwählen. Aktivieren Sie ein Objekt, und wählen Sie die Funktion AUSWAHL • OBJEKT • GRIFFLINIEN. Damit werden alle Pfadsegmente des Objekts aktiviert.

Dieser Befehl ist nützlich, wenn Sie ein Objekt in einem Schritt an allen Ankerpunkten zerschneiden möchten: Schneiden Sie zu diesem Zweck das Objekt nach dem Auswählen der Grifflinien aus ⌘/Strg+X, und fügen Sie es wieder ein ⌘/Strg+F.

▲ Abbildung 6.36
Voreingestellte Darstellung der Grifflinien (oben) und mit Anzeige aller Griffe (unten)

6.3.3 Smart Guides – intelligente Hilfslinien

Eine andere Möglichkeit, um Pfade – auch verborgene – zu identifizieren, ist die Option ANSICHT • INTELLIGENTE HILFSLINIEN (s. Abschnitt 4.5.6). Wenn Sie diesen Modus einschalten, zeigt Illustrator alle Pfade unter dem Cursor an sowie in der Standardeinstellung die Position von Ankerpunkten. Der Shortcut zum Ein- und Ausschalten ist ⌘/Strg+U.

Intelligente Hilfslinien stehen nicht zur Verfügung, wenn die Option AM RASTER AUSRICHTEN aktiv ist.

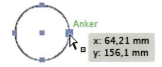

▲ Abbildung 6.37
Smart Guides zeigen Pfade, Punkte sowie Grifflinien an, und sie machen alle Objekte magnetisch.

6.3.4 Pfade und Punkte ein- und ausblenden

Wenn Sie die Anzeige der Grifflinien, Pfade und Punkte stört, wählen Sie die Menüoption ANSICHT • ECKEN AUSBLENDEN.

Sie haben dann zwar keinen Anhaltspunkt mehr, welche Elemente Ihrer Grafik gerade aktiv sind, unter dem Cursor liegende Ankerpunkte werden trotzdem weiterhin hervorgehoben. Bei ausgeblendeten Ecken ist auch die Textauswahl nicht zu sehen.

Aufgrund des in Photoshop sehr gebräuchlichen Shortcuts ⌘/Strg+H wird die Pfadanzeige häufig unabsichtlich ausgeblendet. Möchten Sie sie wieder einblenden, rufen Sie ANSICHT • ECKEN EINBLENDEN auf.

6.4 Freihand-Auswahl mit dem Lasso

Neben dem Auswahl-Rechteck, das Sie mit den Auswahl-Werkzeugen über mehrere Objekte aufziehen können, gibt es das Lasso-Werkzeug zur freihändigen Auswahl einzelner oder mehrerer Punkte bzw. Pfadsegmente – je nachdem, wie Sie das Werkzeug führen.

Werkzeug-Hotspot
Der aktive Punkt des Werkzeugs ist übrigens die Pfeilspitze, nicht mehr das Ende des Lassos.

Lasso-Werkzeug | Um einzelne oder mehrere Ankerpunkte mit dem Lasso zu aktivieren, gehen Sie wie folgt vor:

❶, **❸** Wählen Sie das Lasso-Werkzeug – Q –, und klicken und ziehen Sie es um das oder die Objektteile herum, als würden Sie diese einkreisen. Der Cursor muss nicht bis zum Startpunkt zurückgezogen werden.

Illustrator schließt die Auswahl auf dem kürzesten Weg, wenn Sie die Maustaste loslassen.

❷ Damit das Objekt ausgewählt wird (und nicht einzelne Punkte), umrunden Sie das gesamte Objekt mit dem Lasso.

❹ Sofern Sie mit dem Lasso nur Teile eines oder mehrerer Objekte erfassen, werden nur die Ankerpunkte aktiviert, die sich innerhalb der Lasso-Auswahl befinden. Um die mit dem Lasso aktivierten Punkte zu verschieben, verwenden Sie das Direktauswahl-Werkzeug.

Modifikationsmöglichkeiten | Lasso-Werkzeug
▶ Mit ⇧ fügen Sie Ankerpunkte zur Auswahl hinzu.
▶ Mit ⌥/Alt werden ausgewählte Punkte deaktiviert.

6.5 Punkte und Pfadsegmente bearbeiten

Sie können einzelne oder mehrere Ankerpunkte zusammen bewegen oder anderweitig transformieren, um die Form eines Pfades zu ändern. Pfadsegmente lassen sich direkt anfassen und bearbeiten, oder das Segment wird mithilfe der Grifflinien in die richtige Form gebracht.

Pfeiltasten funktionieren nicht
Wenn sich ein Objekt bei Betätigung der Pfeiltasten nicht bewegt, prüfen Sie, ob unter der Option SCHRITTE PER TASTATUR unter VOREINSTELLUNGEN • ALLGEMEIN der Wert 0 eingetragen ist.

6.5.1 Ankerpunkte bewegen

Um einen Ankerpunkt zu bewegen, aktivieren Sie ihn mit dem Direktauswahl-Werkzeug und ziehen ihn an die gewünschte Position. Solange nicht bereits das gesamte Objekt aktiviert ist, können Sie in einem Zug einen Punkt auswählen und verschieben, ohne die Maustaste zwischendurch loszulassen.

Ist das Objekt dagegen selektiert und möchten Sie einen Ankerpunkt bewegen, klicken Sie den Punkt einmal mit dem Direktauswahl-Werkzeug an, und klicken und ziehen Sie den Punkt in einem zweiten Schritt.

Alternativ lassen sich aktivierte Ankerpunkte mit den Pfeiltasten ↑, ↓, → und ←, dem Ausrichten-Bedienfeld, der Funktion OBJEKT • VERSCHIEBEN oder per Eingabe der neuen Position in das Transformieren- oder das Steuerungsbedienfeld bewegen.

Modifizierungsmöglichkeiten | Ankerpunkte bewegen
Mit der ⇧-Taste verschieben Sie Ankerpunkte in festen 45°-Winkeln. Da diese Taste gleichzeitig dazu dient, mehrere Punkte auszuwählen, müssen Sie die Modifikationstaste und die Maus in der richtigen Reihenfolge bedienen. Dies erreichen Sie, wenn Sie die Umschalttaste erst drücken, wenn Sie schon begonnen haben, die Objekte zu verschieben, und sie erst nach der Maustaste loslassen.

Auswahl-Werkzeug temporär
Wie in vielen anderen Grafikprogrammen lässt sich auch in Illustrator das Auswahl-Werkzeug temporär aufrufen, während Sie ein anderes Werkzeug benutzen. Allerdings wechseln Sie dabei immer zum zuletzt verwendeten Auswahl-Werkzeug – das kann neben dem Direktauswahl-Werkzeug auch eines der beiden anderen Auswahl-Werkzeuge sein. Wenn Sie während der Erstellung eines Pfades einen der vorher gesetzten Punkte verschieben wollen, müssen Sie das Direktauswahl-Werkzeug verwenden. Klicken Sie deshalb noch einmal kurz auf das Direktauswahl-Werkzeug, bevor Sie den Zeichenstift aufrufen.

6.5.2 Punkte transformieren

Nicht nur komplette Formen, auch mehrere Ankerpunkte, die Sie zusammen ausgewählt haben, können Sie gemeinsam mit den Transformationswerkzeugen bearbeiten. Sehr praktisch ist diese Vorgehensweise beispielsweise beim »Abknicken« einer Form.

Um das Bein aus der Datei »Punkte gemeinsam transformieren.ai« zu beugen, verfahren Sie wie folgt:

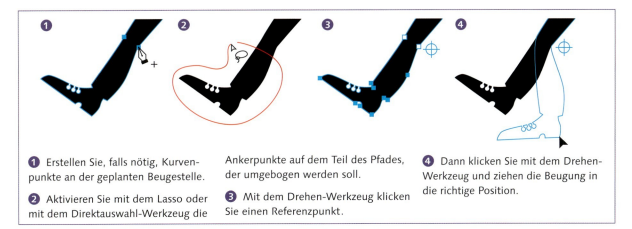

❶ Erstellen Sie, falls nötig, Kurvenpunkte an der geplanten Beugestelle.

❷ Aktivieren Sie mit dem Lasso oder mit dem Direktauswahl-Werkzeug die Ankerpunkte auf dem Teil des Pfades, der umgebogen werden soll.

❸ Mit dem Drehen-Werkzeug klicken Sie einen Referenzpunkt.

❹ Dann klicken Sie mit dem Drehen-Werkzeug und ziehen die Beugung in die richtige Position.

▲ Abbildung 6.38
Die Dialogbox Durchschnitt berechnen

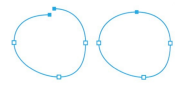

▲ Abbildung 6.39
Mit Durchschnitt berechnen lassen sich zwei Ankerpunkte vor dem Zusammenfügen auf dieselbe Position bringen.

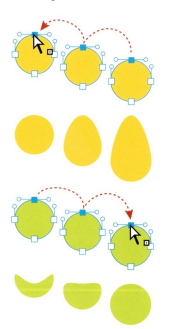

▲ Abbildung 6.40
Ausrichten der aktivierten Punkte: Bezugspunkt links (gelb), Bezugspunkt rechts (grün)

6.5.3 Punkte horizontal und/oder vertikal zentrieren

Mit der Funktion Durchschnitt berechnen können Sie mehrere Punkte eines oder mehrerer Objekte horizontal und/oder vertikal auf eine jeweilige Mittelachse zentrieren.

Aktivieren Sie die auszurichtenden Objekte oder Punkte, und rufen Sie den Menübefehl Objekt • Pfad • Durchschnitt berechnen… auf – ⌘+⌥+J bzw. Strg+Alt+J.

Geben Sie mit den Optionsbuttons die Richtung der Achse an, entlang derer die Ankerpunkte gemittelt werden sollen. Um Punkte nur in vertikaler Richtung zu verschieben, geben Sie eine waagerechte Achse an und umgekehrt. Verwenden Sie diese Funktion anstelle des Ausrichtens z. B., um eine Linie, die nur aus zwei Punkten besteht, »geradezurücken«.

Da Illustrator einen Durchschnitt bildet, werden zumindest die Punkte in den Extrempositionen verschoben.

6.5.4 Punkte ausrichten und anordnen

Die Funktionen des Ausrichten-Bedienfelds (s. Abschnitt 5.7) können Sie auch auf Punkte anwenden. Es ist jedoch nicht möglich, alle Punkte eines Pfades zusammen auszurichten (siehe Hinweis »Alle Ankerpunkte eines Objekts auswählen« auf Seite 112). Um Punkte aneinander auszurichten, gehen Sie wie folgt vor:

1. Aktivieren Sie die Punkte mit dem Direktauswahl-Werkzeug ▶ oder dem Lasso ⌇.
2. Wählen Sie den Bezug im Menü Ausrichten an. Wählen Sie hier Basisankerpunkt, dann dient der zuletzt ausgewählte Punkt als Bezugspunkt, d. h., seine Position verändert sich nicht.
3. Rufen Sie die gewünschte Ausrichtungsart mit einem Klick auf den entsprechenden Button im Ausrichten-Bedienfeld oder im Steuerungsbedienfeld auf. Die Option Vorschaubegrenzungen verwenden wird ignoriert.

6.5.5 Mit Grifflinien den Kurvenverlauf anpassen

Selten wird der Kurvenverlauf eines Pfades, den Sie neu erstellen, sofort Ihren Anforderungen entsprechen. Meistens müssen die einzelnen egmente nachträglich angepasst werden. Dazu verändern Sie die Grifflinien an den Ankerpunkten, indem Sie die zugehörigen Griffpunkte bewegen.

6.5 Punkte und Pfadsegmente bearbeiten

1 Bewegen Sie das Direktauswahl-Werkzeug über den Pfad. Direkt über einem Ankerpunkt zeigt der Cursor das Symbol. Über einem Pfadsegment oder der Fläche des Objekts zeigt der Cursor an.

2 Klicken Sie auf ein Pfadsegment, um die zugehörigen Grifflinien der beiden benachbarten Punkte anzuzeigen. Mit einem Klick auf einen Punkt werden die Grifflinien beidseitig dieses Ankerpunkts sichtbar.

3 Bewegen Sie nun die Grifflinien mithilfe der Griffpunkte, und verändern Sie so die Krümmung des Kurvensegments **4**.

Werden nach dem Aktivieren eines Punkts oder eines Segments keine Grifflinien angezeigt, sind diese noch im Ankerpunkt versteckt. Lesen Sie dazu mehr im nächsten Abschnitt.

6.5.6 Eckpunkte und Übergangspunkte konvertieren

Auch das nachträgliche Umwandeln von Ecken in Kurven und zurück, um Ihre Designs gezielt anzupassen oder wenn Sie einmal versehentlich den falschen Typ eines Ankerpunkts gesetzt haben, ist kein Problem.

Um einen Eckpunkt in einen Kurvenpunkt umzuwandeln und umgekehrt, verwenden Sie das Ankerpunkt-konvertieren-Werkzeug oder den Zeichenstift zusammen mit ⌥/Alt.

Während Sie das Ankerpunkt-konvertieren-Werkzeug nur jeweils an einem Punkt einsetzen können, lassen sich die Funktionsbuttons Ausgewählte Ankerpunkte in Ecke und in Übergang konvertieren aus dem Steuerungsbedienfeld auf mehrere Punkte gleichzeitig anwenden.

Umwandlungsfunktionen | Aktivieren Sie einen oder mehrere Punkte, und rufen Sie die Funktion Ausgewählte Ankerpunkte in Ecke konvertieren bzw. Ausgewählte Ankerpunkte in Übergang konvertieren durch einen Klick auf den jeweiligen Button im Steuerungsbedienfeld auf.

Bei der Erzeugung von Eckpunkten werden alle Griffe in den Punkt zurückgeschoben. Wandeln Sie Eckpunkte dagegen in Übergangspunkte um, generiert Illustrator automatisch Grifflinien, die zum Verlauf der angrenzenden Pfade passen.

Eck- in Kurvenpunkte

Das Umwandeln von Eckpunkten in Kurvenpunkte geschieht destruktiv, d. h., Griffe werden neu generiert und vorhandene Griffe »überschrieben«. Soll ein Griff erhalten werden, markieren Sie seine Position mit Hilfslinien – diese rasten an Griffpunkten ein –, und richten Sie den neuen Griff an den Hilfslinien aus. Alternativ arbeiten Sie mit intelligenten Hilfslinien (siehe S. 133 unten).

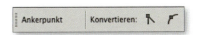

▲ **Abbildung 6.41**
Ankerpunkt-konvertieren-Funktionen im Steuerungsbedienfeld

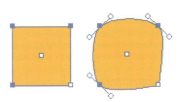

▲ **Abbildung 6.42**
Eckpunkte in Übergangspunkte umgewandelt

Eckpunkt umwandeln | Um einen Eckpunkt in einen Kurvenpunkt umzuwandeln, gehen Sie so vor:

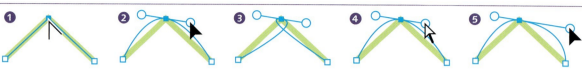

1 Aktivieren Sie den Pfad, und bewegen Sie das Ankerpunkt-konvertieren-Werkzeug ▷ über den Punkt.

2 Klicken und ziehen Sie damit die Griffe in Pfadrichtung aus dem Ankerpunkt. Lassen Sie dann die Maustaste los. Illustrator erzeugt gleich lange Grifflinien nach beiden Seiten.

3 Bei einem bereits bestehenden Objekt müssen Sie ausprobieren, ob die Kurve nach dem Herausziehen der Kurventangente weiterhin glatt verläuft. Bildet der Pfad eine Schleife, steht die Grifflinie gegen die Pfadrichtung!

4 Meistens benötigen Sie jedoch für die beiden benachbarten Kurventeile unterschiedlich lange Tangenten.

5 Wählen Sie das Direktauswahl-Werkzeug, und richten Sie damit die Grifflinien nach.

Übergangspunkt umwandeln | Wenn Sie einen Kurvenpunkt in einen Eckpunkt umwandeln wollen, sind folgende Schritte notwendig:

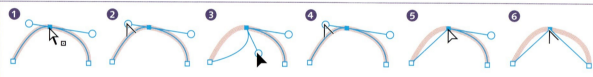

1 Aktivieren Sie den Ankerpunkt mit dem Direktauswahl-Werkzeug ▷. Dabei werden die Grifflinien sichtbar. Das Vorgehen richtet sich danach, wie die beiden benachbarten Pfadsegmente gestaltet werden sollen:

2 Möchten Sie eines oder beide angrenzenden Pfadsegmente in Kurven umwandeln, müssen Sie die Grifflinien lediglich »abbrechen«. Bewegen Sie mit dem Ankerpunkt-konvertieren-Werkzeug einen der Griffpunkte. Dadurch wird an dem Punkt eine Ecke ausgebildet, denn die gegenüberliegende Tangente bleibt in ihrer ursprünglichen Position 3. Möchten Sie den anderen Griff ebenfalls verändern, richten Sie die Tangente mit dem Direktauswahl-Werkzeug nach.

4 Soll eines der benachbarten Pfadsegmente eine Gerade werden, gehen Sie genauso vor, wie oben beschrieben. Die zu dem geraden Pfadsegment gehörige Tangente wird jedoch nicht mehr benötigt. Deshalb müssen Sie den Griff in den Ankerpunkt zurückschieben und dabei den Punkt genau treffen.

5 Achten Sie deshalb auf das Symbol des Cursors, der Ihnen mit einem weißen Pfeil ▷ anzeigt, wenn Sie über dem Ankerpunkt sind und die Maustaste loslassen können. Alternativ wählen Sie das Ankerpunkt-konvertieren-Werkzeug ▷ (es funktioniert nicht mit dem temporär aufgerufenen Werkzeug) und doppelklicken den Griff, um ihn in den Punkt zu schieben.

6 Falls Sie einen Eckpunkt ohne Grifflinien benötigen, weil beide angrenzenden Pfadsegmente gerade verlaufen sollen, klicken Sie mit dem Ankerpunkt-konvertieren-Werkzeug ▷ nur kurz auf den Ankerpunkt, dann verschwinden beide Grifflinien automatisch.

Griff »abbrechen« mit dem Direktauswahl-Werkzeug

Auch mit dem Direktauswahl-Werkzeug können Sie Griffe »abbrechen«, wenn Sie es mit gedrücktem ⌥/Alt verwenden.

In Kurvenpunkt zurückwandeln | Soll eine vorhandene Grifflinie beim Umwandeln eines Eckpunkts in einen Kurvenpunkt original erhalten bleiben, können Sie mit intelligenten Hilfslinien arbeiten:

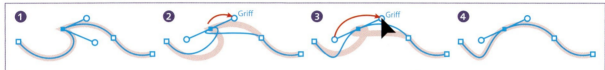

① Aktivieren Sie Ansicht • Intelligente Hilfslinien – Shortcut ⌘/Strg+U.

② Wählen Sie das Ankerpunkt-konvertieren-Werkzeug, und ziehen Sie neue Grifflinien aus dem Punkt. Bewegen Sie den Cursor auf die Position des Griffpunkts, den Sie erhalten möchten. Die intelligenten Hilfslinien zeigen den Griff an.

③ Falls die Position der beiden Grifflinien jetzt vertauscht ist und der Pfad eine Schleife beschreibt, ziehen Sie den zu erhaltenden Griff mit dem Direktauswahl-Werkzeug an seine korrekte Position ④.

6.5.7 Kurven direkt bearbeiten, Pfadsegmente verschieben

Anstatt die Form eines Kurvensegments über die Grifflinien zu manipulieren, können Sie das Segment auch direkt bearbeiten. Diese Vorgehensweise ist allerdings nur möglich, wenn bereits mindestens eine Grifflinie vorhanden ist:

1. Wenn das Objekt, das Sie verändern möchten, insgesamt aktiv ist, müssen Sie zunächst die Auswahl aufheben und den Pfad erneut mit dem Direktauswahl-Werkzeug aktivieren.
2. Klicken Sie auf den gewünschten Teil des Pfades und ziehen Sie den Cursor seitlich, um in einem Zug das entsprechende Pfadsegment zu aktivieren und seinen Kurvenverlauf zu verändern.

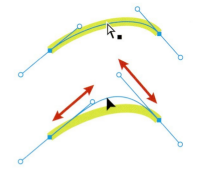

▲ **Abbildung 6.43**
Direktes Verformen eines Pfadsegments

Bei dieser Aktion verändern die Grifflinien nur ihre Länge, ihr Winkel aber bleibt gleich! Wenn Sie Pfadsegmente völlig frei verformen wollen, müssen Sie auf Plug-ins zurückgreifen (s. Kapitel 25).

6.5.8 Pfadsegmente oder Ankerpunkte löschen

Je nach der gewählten Methode beim Löschen von Pfadsegmenten oder Ankerpunkten erhalten Sie unterschiedliche Resultate:

▶ **Pfadsegment löschen**: Klicken Sie mit dem Direktauswahl-Werkzeug auf ein Pfadsegment, und wählen Sie im Menü Bearbeiten • Löschen, oder drücken Sie einfach die Löschtaste. Illustrator entfernt nur das Pfadsegment, die begrenzenden Ankerpunkte bleiben erhalten. Der Pfad ist aufgetrennt.

▶ **Ankerpunkt mit der Löschtaste entfernen**: Aktivieren Sie einen Punkt mit dem Direktauswahl-Werkzeug, und drücken Sie die Löschtaste. Der Punkt und die beiden angrenzenden Pfadsegmente werden entfernt, die benachbarten Ankerpunkte bleiben jedoch erhalten. Der Pfad ist nach dieser Operation aufgetrennt.

Löschen mit der Löschtaste

Beachten Sie bitte, dass das Löschen von Ankerpunkten mit der Löschtaste dazu führen kann, dass einzelne Ankerpunkte ohne Funktion in der Grafik zurückbleiben (s. Abbildung 6.44)!

Automatisch Punkte löschen

Das Verhalten des Zeichenstifts, über einem aktiven Pfad temporär das Ankerpunkt-hinzufügen-Werkzeug oder das Ankerpunktlöschen-Werkzeug bereitzustellen, können Sie mit der Option Autom. hinzuf./löschen aus unter Voreinstellungen • Allgemein deaktivieren.

Kapitel 6 Pfade konstruieren und bearbeiten

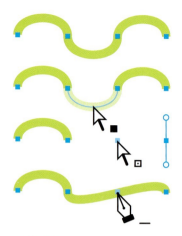

▲ **Abbildung 6.44**
Von oben: Original, Löschen eines Pfadsegments, Löschen eines Ankerpunkts mit der Löschtaste, Anwendung des Ankerpunkt-löschen-Werkzeugs

- **Ankerpunkt-löschen-Werkzeug**: Um das Auftrennen des Pfades zu vermeiden, also wirklich nur den Ankerpunkt zu löschen, verwenden Sie das Ankerpunkt-löschen-Werkzeug.
- **Ankerpunkt-löschen-Funktion**: Sollen mehrere Ankerpunkte in einem Schritt gelöscht werden, aktivieren Sie sie mit dem Direktauswahl- oder dem Lasso-Werkzeug und verwenden den Button Ausgewählte Ankerpunkte entfernen im Steuerungsbedienfeld. Auch mit dieser Funktion wird der Pfad nicht getrennt.
  Achtung! Der Punkt wird nicht »intelligent« gelöscht, d. h., die angrenzenden Griffe werden nicht angepasst und der Pfadverlauf ändert sich.
- **Einzelnen Ankerpunkt (ohne Pfad) löschen**: Ankerpunkte, die nicht Bestandteil eines Pfades sind, haben meist keine Funktion. Diese herrenlosen Überbleibsel sind nur in der Pfadansicht als kleine Kreuzchen zu erkennen. Im Laufe der Arbeit sammeln sich erfahrungsgemäß unbemerkt etliche davon an.
  Zum Aufräumen einer Grafik gehört es deswegen auch, solche verwaisten Punkte zu löschen. Führen Sie dazu Auswahl • Objekt • Einzelne Ankerpunkte aus, um alle Einzelpunkte zu aktivieren, und entfernen Sie diese anschließend mit der Löschtaste.

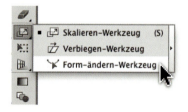

▲ **Abbildung 6.45**
Das Form-ändern-Werkzeug im Werkzeugbedienfeld

6.5.9 Arbeiten mit dem Form-ändern-Werkzeug

Mit dem Drehen-Werkzeug ist es ohne Schwierigkeiten möglich, die Krümmung eines einigermaßen geraden Pfades zu verändern, wie das Beispiel in Abschnitt 6.5.2 zeigt. Ist ein Pfad allerdings mit Details versehen, wie beispielsweise der Rand eines Blattes oder die Kante einer Briefmarke, benötigen Sie das Form-ändern-Werkzeug. Damit passen sich die Details des Pfades der Formänderung mit an.

❶ Wählen Sie zunächst die Ankerpunkte bzw. die Pfadsegmente aus, die von der Verformung betroffen sein sollen, wobei diese auch zu verschiedenen Objekten gehören können. Aktivieren Sie aber Objekte nicht als Ganzes! Am besten geht das mit dem Lasso oder einem Auswahlrechteck, das vom Direktauswahl-Werkzeug erzeugt wird.

❷ Klicken Sie mit dem Form-ändern-Werkzeug auf die Stelle des Pfades, die als Fokus für die Verformung dienen soll; dabei setzt Illustrator dort einen Punkt mit einem Rahmen. Mit ⇧ setzen Sie mehrere Fokuspunkte ❸.

❹ Klicken und ziehen Sie anschließend einen der Fokuspunkte. Wenn Sie dabei ⇧ gedrückt halten, werden Werkzeugbewegungen in 45°-Winkeln erzwungen.

Modifikationsmöglichkeiten | Form-ändern-Werkzeug
Mit ⇧ beschränken Sie die Verformung auf 45°-Winkel.

▲ **Abbildung 6.46**
Mit der ⇧-Taste erreichen Sie eine Beschränkung der Verformung beispielsweise in horizontaler Richtung.

6.6 Pfade ergänzen und kombinieren

Objekte werden meist nicht »in einem Stück« konstruiert; oft müssen Pfade durch Ankerpunkte ergänzt oder mehrere einzelne Teile zu einem gesamten Pfad zusammengesetzt werden.

6.6.1 Auf einem Pfad Ankerpunkte hinzufügen

Wenn ein Pfadverlauf nicht so ganz Ihren Vorstellungen entspricht, ist es manchmal notwendig, hier oder dort einen Ankerpunkt auf dem Pfad hinzuzufügen. Beachten Sie dabei aber, dass Ihnen zusätzliche Punkte zwar mehr Detailkontrolle geben, andererseits können zu viele Ankerpunkte aber auch Probleme verursachen, weil es schwieriger wird, lange, homogene Kurvenschwünge gleichmäßig und ohne Dellen zu erzeugen.

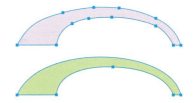

▲ **Abbildung 6.47**
Pfade mit vielen Punkten (oben) sind schwierig als Ganzes nachzurichten.

Die Werkzeuge | Zwei Werkzeuge können Sie alternativ benutzen, um einen Pfad durch Ankerpunkte zu ergänzen:

▶ **Zeichenstift** 🖉: Über einem aktiven Pfad verwandelt sich der Zeichenstift automatisch in das temporäre Ankerpunkt-hinzufügen-Werkzeug (sofern die Voreinstellung AUTOM. HINZUF./LÖSCHEN AUS deaktiviert ist). Der Cursor zeigt das mit dem Symbol ♦₊ an. Um einen Ankerpunkt hinzuzufügen, klicken Sie an der gewünschten Stelle auf den ausgewählten Pfad. Der neue Punkt wird auch in Kurvensegmenten so eingefügt, dass sich die Krümmung nicht verändert. Der Punkt bleibt aktiv, und seine Grifflinien sind sichtbar.
Achtung! Wenn Sie den Pfad vorher nicht aktivieren, erzeugen Sie dabei einen neuen Pfad, anstatt nur einen zusätzlichen Punkt auf einem bestehenden Pfad anzulegen! Hilfreich kann hier sein, dass der

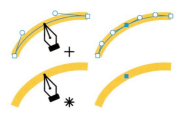

▲ **Abbildung 6.48**
Ob ein neuer Punkt (oben) oder ein neuer Pfad entsteht (unten), erkennen Sie am Cursor-Symbol des Zeichenstifts.

Zeichenstift zusammen mit ⌘/Strg temporär zum zuletzt benutzten Auswahl-Werkzeug wird.

- **Ankerpunkt-hinzufügen-Werkzeug**: Arbeiten Sie wie mit dem Zeichenstift. Wenn Sie mit dem Ankerpunkt-hinzufügen-Werkzeug direkt arbeiten, ist es allerdings nicht notwendig, den Pfad vorher zu aktivieren. Sie müssen lediglich den richtigen Pfad ziemlich genau treffen.

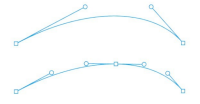

▲ **Abbildung 6.49**
Illustrator setzt den korrekten Übergangspunkt und kürzt die vorhandenen Grifflinien.

Eck- oder Kurvenpunkt | Setzen Sie einen Ankerpunkt nachträglich auf einen bestehenden Pfad, verwendet Illustrator automatisch den passenden Ankerpunkttyp. Auf einem Pfadsegment, das eine Gerade bildet, wird der neue Punkt als Eckpunkt definiert. Setzen Sie nachträglich einen Ankerpunkt auf ein Segment, das auch nur die geringste Krümmung aufweist, erzeugt Illustrator einen Übergangspunkt. Die zugehörigen Grifflinien passt das Programm automatisch an, sodass der Pfadverlauf nach dem Setzen des Punkts genauso aussieht wie vorher.

6.6.2 Ankerpunkte automatisch hinzufügen

Ein Sonderfall ist es, wenn Sie auf allen Segmenten eines Pfades jeweils zwischen zwei Ankerpunkten einen zusätzlichen Punkt benötigen, z. B. als zusätzliche Fixierpunkte, bevor Sie Verflüssigen-Operationen (s. Abschnitt 7.5) anwenden.

Dafür ist die Menüfunktion OBJEKT • PFAD • ANKERPUNKTE HINZUFÜGEN vorgesehen, die Sie auf aktivierte Objekte anwenden. Eine mehrfache Benutzung dieses Befehls teilt die vorher entstandenen Pfadsegmente weiter auf.

▲ **Abbildung 6.50**
Ankerpunkte wurden mit der entsprechenden Menüfunktion hinzugefügt.

Bei unregelmäßig gekrümmten Pfadsegmenten (z. B. von Ovalen) werden die Ankerpunkte nicht auf der Hälfte des Pfadsegments zwischen den bestehenden Punkten hinzugefügt. Falls Sie dies benötigen, ist der Einsatz von Skripten nötig.

6.6.3 Pfade verlängern bzw. weiterführen

Sie können an einem der Endpunkte eines bestehenden Pfades ein neues Pfadsegment ansetzen. Außerdem wird das Zeichnen eines Pfades mit dem Zeichenstift oft versehentlich oder durch Aufrufen bestimmter Funktionen, wie etwa das Deaktivieren der intelligenten Hilfslinien, unterbrochen. Dann müssen Sie ebenfalls so vorgehen, als hätten Sie diesen Pfad bereits deaktiviert, und das Zeichnen neu aufnehmen. Dazu gehen Sie wie folgt vor:

6.6 Pfade ergänzen und kombinieren

Wenn der Endpunkt, an dem Sie den Pfad verlängern wollen, ohne Markierung schwer zu treffen ist, z. B. bei breiten Konturen, aktivieren Sie zuerst das Objekt.

❶ Wählen Sie den Zeichenstift, und bewegen Sie ihn über einen Endpunkt – der Cursor zeigt ✎.

❷ Klicken Sie auf den Endpunkt, oder klicken und ziehen Sie ❹, um die Griff-linie für eine Krümmung gleich mitzu-generieren.

❸ und ❺ Erzeugen Sie weitere Anker-punkte wie beim Erstellen eines neuen Pfades.

Achtung: Beim Verlängern eines Pfades mit dieser Methode wird möglicherweise die Pfadrichtung geändert. Sie verläuft nach dem Ansetzen des Pfades in Richtung des geklickten Endpunkts und weiter zu den ergänzten Ankerpunkten.

Die Umkehrung der Pfadrichtung kann dazu führen, dass richtungsabhängige Konturen nicht mehr so aussehen, wie Sie es wünschen. Klicken Sie gegebenenfalls im Anschluss an das Verlängern mit dem Zeichenstift den gegenüberliegenden Endpunkt an, um die Pfadrichtung wieder zu korrigieren. Dabei darf jedoch nicht der andere Endpunkt aktiv sein.

▲ **Abbildung 6.51**
Pfadrichtung umkehren

6.6.4 Neuen Pfad mit einem bestehenden Pfad verbinden

Das Anhängen eines Pfades funktioniert, indem Sie zuerst einen neuen Pfad zeichnen. Treffen Sie dann beim Zeichnen eines Pfades auf den Endpunkt eines vorhandenen offenen Pfades, werden beide miteinander verbunden. Und so wird's gemacht:

1. Zeichnen Sie mit dem Zeichenstift einen neuen Pfad, und lassen Sie den zuletzt gesetzten Ankerpunkt aktiv.
2. Bewegen Sie das Werkzeug über den Endpunkt eines bereits bestehenden offenen Pfades, bis der Cursor einen Endpunkt mit dem Symbol ✎ anzeigt.
3. Klicken Sie auf dieses Pfadende.

Auch bei dieser Operation können sich die Pfadrichtung und damit richtungsabhängige Eigenschaften umkehren (s. Abschnitt 6.6.3).

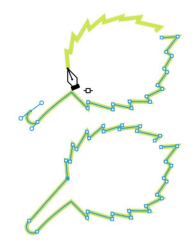

▲ **Abbildung 6.52**
Klicken Sie auf den Endpunkt eines offenen Pfades, und schließen Sie an diesen an.

6.6.5 Offene oder geschlossene Pfade?

Illustrator-Pfade können offen oder geschlossen sein. Das Dokumentinformationen-Bedienfeld zeigt an, ob ein Pfad geschlossen ist. Aktivieren

Einfacher »ausmalen«

Weitergehende Füllmöglichkeiten eröffnet Ihnen INTERAKTIV MALEN (s. Abschnitt 10.4).

Sie dazu den Pfad, und wählen Sie im Bedienfeldmenü des Dokumentinformationen-Bedienfeldes den Eintrag OBJEKTE.

Offene Pfade sind an jedem Ende durch Punkte begrenzt, bei geschlossenen Pfaden sind Anfangs- und Endpunkt identisch.

Nach der Illustrator-Begriffserklärung ist »der Bereich, der innerhalb eines Pfades ist«, die Fläche eines Objekts, die gefüllt werden kann. Um diesen Raum zu definieren, werden bei offenen Pfaden die beiden Endpunkte virtuell mit einer Geraden verbunden. In Illustrator können also sowohl geschlossene als auch offene Pfade mit einer Füllung versehen werden – aber …

… Achtung! Nicht jedes andere Vektorprogramm behandelt offene Pfade so wie Illustrator. Wenn Sie Dateien erstellen, die für den Austausch bestimmt sind, wie beispielsweise Logos, empfiehlt es sich, alle Pfade zu schließen, die gefüllt werden sollen.

Clipart-Anbieter

Wenn Sie Ihre Illustrationen bei Clipart-Anbietern wie istockphoto einreichen, werden Dateien häufig daraufhin getestet, ob alle Pfade geschlossen sind.

6.6.6 Pfade schließen

Damit Sie sich spätere Korrekturen ersparen, ist es nützlich, Pfade sofort bei der Erstellung zu schließen, indem Sie als letzten Schritt noch einmal auf den Startpunkt klicken.

Es ist aber auch möglich, einen Pfad nachträglich per Menübefehl zu schließen – jedoch immer nur jeweils einen Pfad. Falls mehrere offene Pfade aktiv sind, wenn Sie den Zusammenfügen-Befehl anwenden, werden diese zu einem Pfad verbunden.

▲ **Abbildung 6.53**
Egal, wie nahe zwei Punkte beieinanderliegen, wenn die Ankerpunkte nicht exakt übereinander platziert sind, wird beim Zusammenfügen eine Linie dazwischen erzeugt.

Aktivieren Sie das Objekt mit dem Auswahl-Werkzeug. Alternativ können Sie auch die beiden offenen Endpunkte mit dem Direktauswahl-Werkzeug bzw. mit dem Lasso auswählen. Anschließend wählen Sie den Befehl OBJEKT • PFAD • ZUSAMMENFÜGEN… – ⌘/Strg+J – oder verwenden den Button AUSGEWÄHLTE ENDPUNKTE VERBINDEN aus dem Steuerungsbedienfeld. Zwischen den Endpunkten entsteht eine Gerade als Verbindung; die ehemaligen Endpunkte konvertieren zu Eckpunkten.

Wenn beide Endpunkte exakt übereinanderliegen, vereint Illustrator sie mit dem obigen Menübefehl zu einem einzigen Punkt. Je nachdem, ob die beiden an die Endpunkte anschließenden Pfadsegmente Kurven oder Geraden sind, entsteht ein Kurven- oder ein Eckpunkt. Wenn Sie selbst bestimmen möchten, ob ein Kurven- oder ein Eckpunkt entsteht, aktivieren Sie die beiden Endpunkte und rufen den ZUSAMMENFÜGEN-Befehl mit ⌘+⇧+⌥+J bzw. Strg+⇧+Alt+J auf.

Um Punkte übereinanderzulegen, bevor Sie den Pfad schließen lassen, wählen Sie einen Endpunkt aus und schieben ihn über den anderen Endpunkt, bis der Cursor das Symbol ▷ anzeigt, oder verschieben Sie

Schneller zusammenfügen

Aktivieren Sie zwei Endpunkte des gleichen Pfades oder von zwei verschiedenen Pfaden und drücken Sie ⌘+⌥+J bzw. Strg+Alt+J, dann werden die beiden Punkte in einem Zug übereinander positioniert und zu einem Punkt zusammengefügt, ohne eine Dialogbox aufzurufen. Der vereinte Ankerpunkt wird ein Eckpunkt.

beide Endpunkte mit OBJEKT • PFAD • DURCHSCHNITT BERECHNEN... (s. Abschnitt 6.5.3).

6.6.7 Endpunkte von mehreren Pfaden zusammenfügen

Auch Endpunkte von mehreren offenen Pfaden lassen sich per Menü zusammenfügen. Achten Sie darauf, dass die betreffenden Pfade nicht zu verschiedenen Gruppen gehören oder auf unterschiedlichen Unterebenen liegen. Sollten die Endpunkte der Pfade nicht übereinanderliegen, werden jeweils Verbindungen zwischen den am nächsten nebeneinanderliegenden Punkten erstellt. Sie können die Lage der Pfade auch vorher anpassen:

▲ **Abbildung 6.54**
Um die Herzform zu schließen, lassen Sie zunächst die Ankerpunkte übereinanderrechnen. Anschließend fügen Sie die Punkte mit ⌘+⇧+⌥+J bzw. Strg+⇧+Alt+J zusammen. An dieser Stelle muss eine Ecke entstehen.

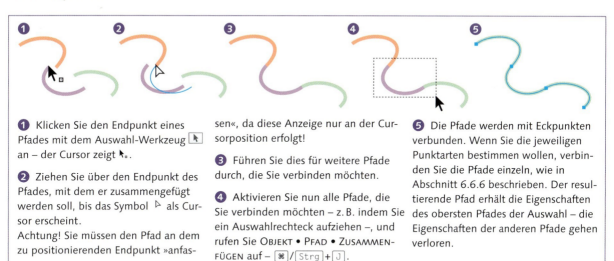

❶ Klicken Sie den Endpunkt eines Pfades mit dem Auswahl-Werkzeug an – der Cursor zeigt.

❷ Ziehen Sie über den Endpunkt des Pfades, mit dem er zusammengefügt werden soll, bis das Symbol ▷ als Cursor erscheint.
Achtung! Sie müssen den Pfad an dem zu positionierenden Endpunkt »anfas-

sen«, da diese Anzeige nur an der Cursorposition erfolgt!

❸ Führen Sie dies für weitere Pfade durch, die Sie verbinden möchten.

❹ Aktivieren Sie nun alle Pfade, die Sie verbinden möchten – z. B. indem Sie ein Auswahlrechteck aufziehen –, und rufen Sie OBJEKT • PFAD • ZUSAMMENFÜGEN auf – ⌘/Strg+J.

❺ Die Pfade werden mit Eckpunkten verbunden. Wenn Sie die jeweiligen Punktarten bestimmen wollen, verbinden Sie die Pfade einzeln, wie in Abschnitt 6.6.6 beschrieben. Der resultierende Pfad erhält die Eigenschaften des obersten Pfades der Auswahl – die Eigenschaften der anderen Pfade gehen verloren.

6.6.8 Pfade zerschneiden

Zum Auftrennen von Pfaden verwenden Sie entweder das Schere-Werkzeug oder den Funktionsbutton im Steuerungsbedienfeld.

Schere-Werkzeug ✂ | Mit dem Schere-Werkzeug können Sie einen Pfad an jeder beliebigen Stelle trennen. Der Pfad muss dazu nicht aktiviert sein. Bewegen Sie das Schere-Werkzeug über die gewünschte Po-

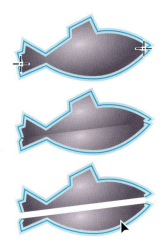

▲ **Abbildung 6.55**
Nach dem ersten Schnitt ist der Pfad offen, nach dem zweiten Schnitt sind es zwei Pfade. Verlaufsfüllungen werden beiden Objekten zugewiesen.

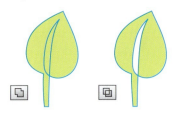

▲ **Abbildung 6.56**
Füllregel: Nicht-Null (links), Gerade-Ungerade (rechts)

▲ **Abbildung 6.57**
Attribute-Bedienfeld: Füllregeln

sition, und klicken Sie damit auf den Pfad. Nach dem Schneiden eines geschlossenen Pfades erhalten Sie einen offenen Pfad.

Nach dem Schneiden eines offenen Pfades sind zwei offene Pfade vorhanden. An den Schnittstellen liegen jeweils zwei Ankerpunkte exakt übereinander.

Wenn Sie Ankerpunkte mit dem Schere-Werkzeug genau treffen wollen, sollten Sie die Menüoption Ansicht • Intelligente Hilfslinien aktivieren. Um einen Pfad genau an Ankerpunkten zu trennen, ist die folgende Funktion jedoch besser geeignet.

Pfad an ausgewählten Ankerpunkten ausschneiden | Aktivieren Sie die Ankerpunkte, an denen Sie den Pfad auftrennen möchten, und verwenden Sie den Button im Steuerungsbedienfeld.

6.6.9 Sich selbst überschneidende Pfade – Füllregeln

Die meisten Pfade umlaufen ein Objekt, ohne sich dabei selbst in den Weg zu kommen. Sie können Schleifen jedoch gezielt einsetzen, um »Löcher« in einer Form zu erzeugen, d.h. einen Bereich, der von der zugewiesenen Füllung ausgenommen ist.

Diese Löcher entstehen nicht automatisch an einer Schleife, sondern Sie müssen dazu die entsprechende Füllregel-Eigenschaft im Attribute-Bedienfeld festlegen. So gehen Sie dabei vor:

Rufen Sie das Bedienfeld unter Fenster • Attribute auf – ⌘/Strg+F11. Die Füllregel bestimmen Sie mit zwei Buttons, die sich rechts im Bedienfeld befinden (Abbildung 6.57).

Sie haben die Wahl zwischen zwei Füllregeln: Nicht-Null und Gerade-Ungerade (s. Abschnitt 10.1.2).

6.7 Strategien zum Zeichnen von Vektorpfaden

Vielleicht ist bei Ihnen nun nach dem Lesen dieses Kapitels der Eindruck entstanden, dass das Konstruieren von Vektorobjekten schrecklich kompliziert ist. Das wäre tatsächlich der Fall, wenn Sie jede Form vom ersten bis zum letzten Ankerpunkt mit dem Zeichenstift-Werkzeug erzeugen müssten, aber so ist es glücklicherweise nicht. Es gibt viele Strategien, wie Sie sich die Arbeit erleichtern können – und mit der Zeit stellt sich auch die nötige Übung beim Verwenden der Zeichenfeder ein.

6.7.1 Handskizzen als Grundlage

Viele Entwürfe für Zeichnungen und Layouts entstehen auf dem Zeichenblock als »Daumennagel-Skizze«. Solche Vorlagen in Illustrator »freihändig« anzufertigen, ist nicht so einfach. Scannen Sie deshalb Ihre Handskizze ein, und setzen Sie den Scan in Ihre Illustrator-Datei als Zeichenhilfe auf einer Vorlagen-Ebene ein (zu Vorlagen s. Abschnitt 11.1.2, zu Pixelbildern s. Abschnitt 19.2). Die Vorlagenebene können Sie einfach per Kurzbefehl ⌘/Strg+⇧+W aus- und wieder einblenden, um so Ihre Zeichnung mit der Vorlage zu vergleichen.

Wenn Sie mit einem Grafiktablett arbeiten, sind auch das Bleistift- oder das Tropfenpinsel-Werkzeug gut zum Skizzieren geeignet. Diese Arbeitsweise erspart Ihnen das Digitalisieren.

▲ **Abbildung 6.58**
Skizze als Grundlage: eingescannt (oben), Vektorskizze (unten)

6.7.2 Effizient arbeiten mit Vorlagen

Bearbeiten Sie die Vorlagen, die Sie vektorisieren. Erhöhen Sie vorab den Kontrast, um Details besser erkennen zu können, und entfernen Sie Rauschen oder Störungen. Je höher der Kontrast der Vorlage ist und je schärfer deren Kanten sind, desto exakter können Sie Ihre Pfade ausrichten.

Für einige Arbeiten kann es auch sinnvoll sein, in Illustrator zwei unterschiedlich bearbeitete Vorlagen passgenau übereinanderzuplatzieren und je nach Bedarf einzublenden.

Bei (fotorealistischen) Illustrationen, die Sie nach Fotovorlagen erstellen, ist vielleicht das folgende Vorgehen nützlich: Verwenden Sie in Photoshop den Posterisieren-Befehl unter BILD • KORREKTUREN • TONTRENNUNG, und passen Sie die Anzahl der Stufen nach Bedarf an, um die bestimmenden Farbflächen der Vorlage erkennbar zu machen. Die so entstandenen Flächen können Ihnen als Anhaltspunkt für die Formgebung in Ihrer Illustration dienen. Wenn Sie die tongetrennte und die normale Version in der Illustrator-Datei als Vorlage direkt übereinanderplatzieren, so können Sie nach Bedarf hin- und herwechseln.

▲ **Abbildung 6.59**
Fotovorlage (links), tongetrennt (rechts)

6.7.3 Umgang mit Details

Verlieren Sie sich vor allem beim Illustrieren von Portraits nicht zu schnell in Details. Eine zu hohe Genauigkeit in der Mundpartie lässt Lippen beispielsweise sehr schnell rissig aussehen (s. Abbildung 6.64), da sich Details in der Vektorgrafik durch ihre scharfen Kanten immer auffallend von der Umgebung abheben. Achten Sie darauf, dass der Grad der Genauigkeit über das gesamte Bild einheitlich ist.

▲ **Abbildung 6.60**
Zu hohe Detailtreue (oben) kann auch zu unerwünschten Wirkungen führen.

▲ Abbildung 6.61
Viele Grafikteile lassen sich mit den Form-Werkzeugen aufbauen.

Falls es gewünscht ist, Partien durch Detailreichtum aus der Gesamtillustration hervorzuheben, achten Sie darauf, dass der Unterschied »gewollt« aussieht und es nicht so wirkt, als hätten Sie in den weniger detaillierten Bereichen keine Lust mehr gehabt.

6.7.4 Form-Werkzeuge benutzen

Benutzen Sie Illustrators Form-Werkzeuge, um sich die Arbeit zu vereinfachen (Form-Werkzeuge s. Abschnitt 5.1). Viele Formen, die Sie selbst mühsam konstruieren müssten, generiert Ihnen das Programm nach der Eingabe einiger Parameter ganz automatisch. Andere Objekte lassen sich ableiten, indem Sie die Grundformen mit den Transformieren-Werkzeugen bearbeiten. Solche generierten Objekte können Sie anschließend wie selbst gezeichnete Pfade bearbeiten oder zerschneiden, falls Sie nur Teile davon benötigen. Oder Sie kombinieren verschiedene einfache Formen zu einer komplexeren (Kombinieren s. Abschnitt 10.2, Checkliste »Logo-Vektorisierung« s. Seite 652).

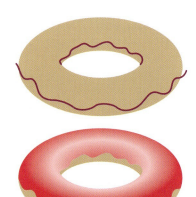

▲ Abbildung 6.62
INTERAKTIV MALEN hilft, um offene Pfade als füllbare Formen zu nutzen.

6.7.5 Erst denken, dann zeichnen

Bei komplexeren Konstruktionen erleichtern Sie sich die Arbeit, indem Sie darüber nachdenken, wie Sie Illustrators Konstruktionsfunktionen (z. B. die Pathfinder-Operationen oder die Funktion INTERAKTIV MALEN) einsetzen können. Damit sparen Sie sich viel Arbeit.

Es müssen jedoch auch hier einige Bedingungen gegeben sein – so funktionieren z. B. einige Pathfinder nicht oder nur eingeschränkt mit offenen Pfaden (s. Abschnitt 10.2.1). Lernen Sie diese Funktionen eingehend kennen, so können Sie auch im Produktionsstress ihr ganzes Potenzial ausschöpfen.

6.7.6 Schwungvoll und handgezeichnet

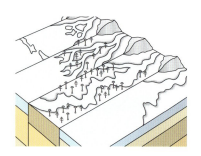

▲ Abbildung 6.63
Natürliche Formen lassen sich schneller mit dem Zeichenstift zeichnen als konstruieren.

Verwenden Sie das Bleistift-, Pinsel- oder Tropfenpinsel-Werkzeug, um einen handgezeichneten »Look« zu erreichen. Zeichnen Sie auf einem Grafiktablett schnell und mit hohen Glättungseinstellungen, wenn schwungvolle Formen gefragt sind. Arbeiten Sie mit höherer Genauigkeit, um natürliche Formen exakt nachzuzeichnen.

Auch Pfade, die Sie mit diesen »Freihand-Werkzeugen« erstellen, können Sie mit dem Zeichenstift nachbearbeiten (Buntstift und Pinsel s. Abschnitt 7.1).

6.7.7 Kreuzende Formen (z. B. in Schriften und Logos)

Je ungenauer und grober skizziert eine Vorlage ist, desto wichtiger ist es, gleichzeitig flexibel zu bleiben und saubere Formen und Übergänge zu erzeugen. Zeichnen Sie jede der kreuzenden Formen für sich, und kombinieren Sie sie erst später in einem zweiten Schritt mithilfe von Pathfinder-Funktionen oder als zusammengesetzte Formen (s. Abschnitt 10.2). So erreichen Sie, dass die Kurven jeweils durchgehend sind und sauber wirken.

Darüber hinaus haben Sie auf diese Art eine bessere Möglichkeit, Korrekturen an Strichstärken oder der exakten Positionierung der Einzelformen auszuführen.

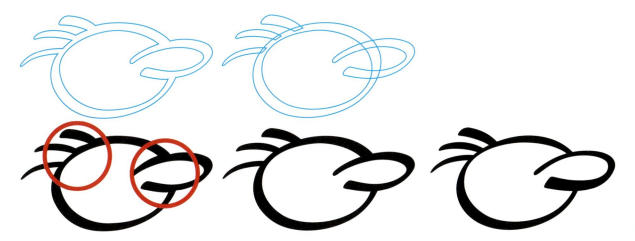

▲ **Abbildung 6.64**
Formen mit überkreuzenden Linien werden zusammenhängend gezeichnet (links). Dabei entstehen »Brüche« der Kurven (übertriebene Darstellung). Im Vergleich: Zeichnen der Einzelformen und Kombinieren als zusammengesetzte Form (Mitte und rechts – eine zusätzliche Form deckt den Strich an der Nase ab). Die Kurven »brechen« nicht, und Änderungen (wie z. B. rechts) sind einfacher durchzuführen.

Handelt es sich um einen einzelnen Pfad, der sich selbst überkreuzt, achten Sie auf die korrekte Füllregel (s. Abschnitt 10.1.2), um »Löcher« an den Überschneidungsstellen zu vermeiden.

6.7.8 Wie viele Punkte dürfen es denn sein?

Das Motto für gelungene Pfade sollte sein: »So viele Ankerpunkte wie nötig, aber so wenige wie möglich«. Das ist einfach gesagt, aber gerade für Anfänger nicht immer so einfach zu beurteilen. Da kann es eine gute Hilfe sein, mit den entsprechenden Illustrator-Funktionen Pfade in kleinen Schritten zu vereinfachen und zu beobachten, wo automatisch Punkte gesetzt werden, solange die Form eines Pfades optisch nicht merklich leidet.

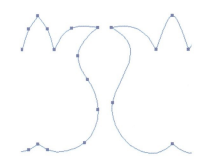

▲ **Abbildung 6.65**
Der Pfad (links) wurde mit OBJEKT • PFAD • VEREINFACHEN bearbeitet (rechts). Ankerpunkte werden von der Funktion ökonomisch gesetzt.

Zu viele Punkte erhöhen die Dateigröße und die Komplexität Ihrer Pfade. Bei zu vielen Punkten können Ihre Dateien unter Umständen von einigen RIPs und Druckern nicht mehr verarbeitet werden. Theoretisch können Sie jede Kurve aus zwei Punkten erzeugen. Praktisch gelingt das nicht immer, wenn Kurven mathematisch nicht so regelmäßig sind, wie es auf den ersten Blick aussieht.

Punkte sollten Sie zu beiden Seiten einer Kurve setzen – an der Stelle, an der der Pfad beginnt, seine Richtung zu ändern. Dies ist an Eckpunkten einfach zu entscheiden. Bei Kurven, die ihre Steigung ändern, gehört Erfahrung dazu.

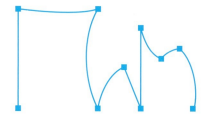

▲ **Abbildung 6.66**
An einer Ecke muss ein Punkt gesetzt werden – der Pfad ändert abrupt seine Richtung.

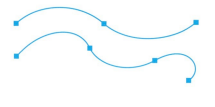

▲ **Abbildung 6.67**
Auch bei einer Schlangenlinie fällt die Entscheidung leicht: Wo der Pfad in eine andere Richtung abbiegt, muss ein Punkt gesetzt werden.

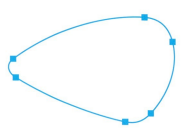

▲ **Abbildung 6.68**
Schwierig wird es, wenn der Pfad nicht seine Richtung, sondern nur seine Steigung ändert. Hier muss der Punkt gefunden werden, an dem die Änderung stattfindet.

Wenn Sie merken, dass sich durch Verändern der Griffe ein bestimmtes Kurvensegment nicht, wie gewünscht (oder der Vorlage entsprechend), biegen lässt, suchen Sie eine andere Position für einen oder beide beteiligten Ankerpunkte.

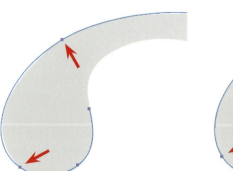

▲ **Abbildung 6.69**
Mit der Position der beiden markierten Punkte lässt sich die Kurve nicht formen (links). Die Punkte wurden an bessere Positionen verschoben (rechts).

6.7.9 Verwendung der Grifflinien

Zur Definition einer Kurve benötigen Sie die Grifflinien aus den Punkten beidseitig des Pfadsegments. Gewöhnen Sie sich deshalb daran, immer beide Tangenten zu setzen.

Grifflinien sollten etwa so lang sein wie ein Drittel der Kurve, die sie steuern. Wenn ein Kurvensegment auf eine Gerade folgt, sollte die Grifflinie die Richtung der Geraden fortsetzen, damit am Übergang keine Ecke entsteht (und damit einen »Konnektorpunkt« simulieren). Wenn Sie merken, dass Sie extrem lange Grifflinien setzen müssen, um eine Kurve zu erzeugen, sollten Sie zusätzliche Ankerpunkte anlegen.

▲ Abbildung 6.70
Die Länge der Grifflinien entspricht etwa einem Drittel der Länge des Pfadsegments.

6.7.10 Lernen Sie aus gelungenen Illustrationen

Wann immer Sie Illustrator- oder andere Vektordateien von Kollegen bekommen, schauen Sie »unter die Haube« – Illustrator kann viele Vektordateiformate problemlos öffnen. Analysieren Sie die Konstruktionsweise mithilfe des Ebenen-Bedienfeldes (s. Abschnitt 11.1). Aktivieren Sie Objekte und Punkte – lernen Sie, wenn es gut gemacht ist. Wenn Sie es nicht optimal finden, probieren Sie, ob es besser geht.

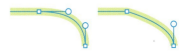

▲ Abbildung 6.71
Übergang von einer Geraden in eine Kurve: »Konnektorpunkt«

In den vergangenen Jahren sind viele kostenlose Clipart-Archive entstanden, die sehr hochwertige Arbeiten kostenlos zum Download anbieten. Verwenden Sie die Grafiken nicht einfach weiter, sondern untersuchen Sie auch ihren Aufbau.

»Spicken« können Sie auch bei den Schriftenherstellern. Wandeln Sie die Fonts renommierter Firmen in Pfade um, und vergleichen Sie den Kurvenverlauf, die gesetzten Punkte sowie Winkelung und Verhältnis der Tangenten (Umwandeln von Text in Pfade s. Abschnitt 14.9.1).

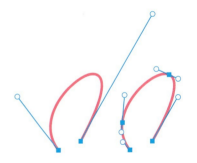

▲ Abbildung 6.72
Eine extreme Grifflinien-Konstruktion erschwert die Arbeit in hohen Zoomstufen.

6.7.11 Prüfen

Um zu prüfen, ob Ihre eigenen Formen gelungen sind, ist es nützlich, die Grafik auszudrucken, das Blatt umzudrehen und es gegen das Licht zu halten – oder drucken Sie Ihre Grafik gleich spiegelverkehrt aus, wenn Ihr Druckertreiber dies unterstützt. In der spiegelverkehrten Ansicht erkennen Sie viele Problemfälle besser.

Haben Sie Logos oder Schriften gezeichnet, drucken Sie diese in unterschiedlichen Größen aus.

▲ Abbildung 6.73
In Pfade umgewandelte Schrift

Kapitel 6 Pfade konstruieren und bearbeiten

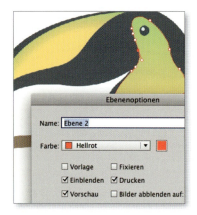

▲ **Abbildung 6.74**
In der Ebenenfarbe werden Pfade hervorgehoben.

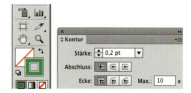

▲ **Abbildung 6.75**
Zeichnen Sie mit der Fläche OHNE und einer dünnen Kontur in einer Kontrastfarbe zum jeweiligen Hintergrund.

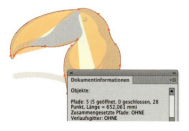

▲ **Abbildung 6.76**
Nicht verbundene einzelne Pfade werden zum Problem, wenn Sie das Objekt füllen wollen.

Weitere Tipps

Beachten Sie auch die Checkliste »(Logo-)Vektorisierung« auf Seite 652 mit weiteren Hinweisen.

Checkliste: Mit dem Zeichenstift arbeiten

Vorlagenebene | Falls Sie ein Pixelbild als Vorlage verwenden, richten Sie eine Vorlagenebene ein. Arbeiten Sie nach einer Vektorskizze, hellen Sie deren Farbe auf, und sperren Sie die entsprechende Ebene (Ebenen s. Abschnitt 11.1). Die Vorlagenebene lässt sich mit dem Shortcut ⌘/Strg+⇧+W einfach aus- und einblenden, um Ihr Ergebnis besser beurteilen und vergleichen zu können.

Aufteilung in Ebenen | Richten Sie Ebenen für die einzelnen Teile der Illustration ein, sodass Sie einzelne Elemente einfach ausblenden und fertiggestellte Bereiche sperren können.

Ebenenfarbe | Pfade werden in der Farbe der Ebene hervorgehoben. Stellen Sie diese so ein, dass sich der Pfad gut von dahinterliegenden Vorlagen abhebt.

Hilfslinien | Nutzen Sie Hilfslinien und intelligente Hilfslinien (s. Abschnitt 4.5.6), um sich die Konstruktion zu vereinfachen.

Kontur und Fläche | Für das Zeichnen mit dem Zeichenstift arbeiten Sie mit der Fläche OHNE sowie einer dünnen Kontur (bis 0,2 Punkt) in einer gut mit den Vorlagen kontrastierenden Farbe (s. Abschnitt 8.4.2). Nutzen Sie auch die Möglichkeit, einzelne Ebenen in der Pfadansicht anzeigen zu lassen (s. Abschnitt 11.1.1).

Erst zeichnen | Zeichnen Sie den Pfad zwar so genau wie möglich; kleinere Unreinheiten korrigieren Sie jedoch erst in einem zweiten Durchgang. Dies erspart Ihnen Werkzeugwechsel und minimiert das Risiko, den Pfadverlauf unabsichtlich zu unterbrechen.

Shortcuts | Nutzen Sie die Modifikationstasten zum Werkzeugwechsel. Wenn Ihnen diese Arbeitsweise noch zu ungewohnt ist, reißen Sie das Zeichenstift-Untermenü aus dem Werkzeugbedienfeld ab und positionieren es in der Nähe Ihrer Zeichnung.

Pfade schließen | Wenn Sie eine flächige Form zeichnen, schließen Sie den Pfad. Offene Pfade können bei Pathfinder-Operationen und beim Austausch mit anderen Programmen und Anwendern unerwartete Ergebnisse verursachen.

Konstruktionsfunktionen | Nutzen Sie die Formwerkzeuge und die Konstruktion mit dem Pathfinder sowie das Umwandeln von Konturen in Flächen so oft wie möglich (s. Abschnitt 5.1, 10.2 und 10.5.1), um sich mühsame Zeichenarbeit zu erleichtern. Wandeln Sie jedoch keine Konturen um, wenn es nicht unbedingt nötig ist.

Fertige Ebenen fixieren | Sobald Sie einen Abschnitt Ihrer Zeichnung fertiggestellt haben, sperren Sie seine Ebene, um unabsichtliche Änderungen zu vermeiden.

Übung macht den Meister | Die Arbeit mit dem Zeichenstift braucht viel Fingerfertigkeit und Erfahrung für die richtige Position der Ankerpunkte. Haben Sie also Geduld, und trainieren Sie es häufig. Es wird Ihnen später locker und flüssig von der Hand gehen.

Motivation | Wenn Sie es sich aussuchen können, nehmen Sie sich als erstes Projekt ein einfaches Motiv vor, das Ihnen gefällt. Steigern Sie nach und nach die Komplexität der Vorlagen. So haben Sie regelmäßig Erfolgserlebnisse.

Kapitel 7
Freihand-Werkzeuge

Die Werkzeuge Buntstift, Pinsel, Radiergummi oder die Verflüssigen-Werkzeuge bieten eine grundsätzlich andere Herangehensweise an die Erstellung einer Grafik als das Zeichenstift-Werkzeug. Diese Werkzeuge mit der Maus zu bedienen, ist nicht immer ganz bequem, daher unterstützt Illustrator auch Grafiktabletts, die den Gebrauch der digitalisierten Zeichenstifte, Pinsel etc. mit einem »natürlichen Feeling« versehen.

▲ **Abbildung 7.1**
Freihand-Werkzeuge: BUNTSTIFT, GLÄTTEN, LÖSCHEN, PINSEL, TROPFENPINSEL, RADIERGUMMI, MESSER

7.1 Freihand-Linien zeichnen

Mit Werkzeugen, die einen Freihand-Pfad erzeugen, ziehen Sie eine Linie so, wie Sie es auf einem Blatt Papier machen würden, erhalten aber einen Vektorpfad mit Ankerpunkten und Griffen, den Sie mit allen üblichen Werkzeugen bearbeiten können.

7.1.1 Das Buntstift-Werkzeug

Mit dem Buntstift lassen sich Formen nicht exakt konstruieren, er ist jedoch nützlich, um organische oder unregelmäßige Formen zu zeichnen.

▲ **Abbildung 7.2**
Illustrator berechnet die Punkte für den Freihand-Pfad, den Sie zeichnen.

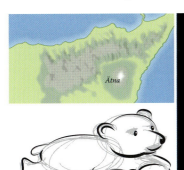

◄ **Abbildung 7.3**
Ideales Anwendungsgebiet für das Buntstift-Werkzeug sind organische Formen wie Umrisse von Landkarten (links oben), Skizzen wie die Vorzeichnung des Eisbären oder ein handgezeichneter Look.

Mit dem Buntstift zeichnen | Um mit dem Buntstift einen neuen Pfad zu zeichnen, führen Sie folgende Schritte aus:

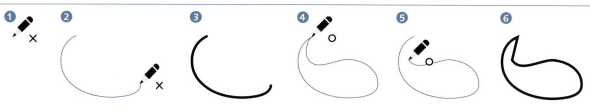

❶ Setzen Sie den Cursor des Buntstift-Werkzeugs – N – mit der Maus oder dem Stift des Grafiktabletts an die Stelle der Arbeitsfläche, an der Sie den Pfad beginnen wollen. Achten Sie dabei auf das Cursorsymbol, damit Sie nicht einen bestehenden, noch aktivierten Pfad ändern!

❷ Beginnen Sie, den Pfad zu zeichnen. Während Sie die Linie entstehen lassen, wird ihr Verlauf gestrichelt angezeigt.

Mauseingabe: Klicken und ziehen Sie den Pfad. Anschließend lassen Sie einfach die Maustaste los.
Grafiktablett: Setzen Sie den Stift auf die aktive Fläche des Grafiktabletts, und ziehen Sie den Pfad. Zum Beenden heben Sie den Stift vom Tablett ab.

❸ Illustrator berechnet den Pfad. Je nach Stärke der eingestellten Glättung erzeugt das Programm Korrekturen am Pfadverlauf.

❹ Um einen geschlossenen Pfad zu zeichnen, bewegen Sie den Cursor möglichst nahe an den Startpunkt und halten die Taste ⌥/Alt, während Sie die Maustaste loslassen. Achten Sie auf den Cursor.

❺ Wenn Sie die ⌥/Alt-Taste an einer beliebigen Stelle verwenden, wird der Pfad automatisch durch die kürzeste Verbindung geschlossen ❻.

Pfad korrigieren | Mit dem Buntstift-Werkzeug können Sie bestehende Pfade – egal, wie die Pfade ursprünglich erstellt wurden – intuitiv verändern und den Pfadverlauf korrigieren:

❶ Bewegen Sie das Buntstift-Werkzeug an die Stelle des aktivierten Pfades, die Sie korrigieren möchten, bis das Symbol angezeigt wird. In den Buntstift-Optionen muss eingestellt sein, dass aktivierte Pfade bearbeitet werden. Auch die Nähe des Cursors zum Pfad definieren Sie dort.

❷ Teil im Pfadverlauf ersetzen: Klicken Sie an der Stelle auf den Pfad, an der die Korrektur beginnen soll, und beenden Sie die Eingabe an einer anderen Stelle über dem Pfad.

❸ Der Linienteil zwischen Korrekturanfang und Korrekturende wird durch den neuen Pfadverlauf ersetzt. Der Rest der Linie bleibt unangetastet.

❹ und ❺ Pfadanfang oder Pfadende ersetzen: Führen Sie die Korrekturlinie vom ursprünglichen Pfad weg, und enden Sie nicht auf dem Pfad.

❻ Der alte Pfadverlauf wird ab dem Korrekturstartpunkt bis zu seinem bisherigen Pfadende gelöscht und durch die neu generierte Linie ersetzt.

Pfade ergänzen | Um mit dem Buntstift-Werkzeug an einen bestehenden Pfad einen neu gezeichneten Pfadteil anzusetzen, sind folgende Schritte notwendig:

7.1 Freihand-Linien zeichnen

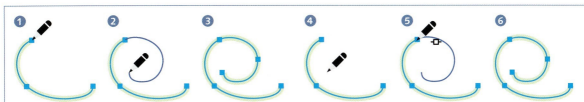

Aktivieren Sie den bestehenden Pfad, und rufen Sie das Buntstift-Werkzeug auf – [N]. Sie haben nun zwei Möglichkeiten, an den Pfad anzusetzen:

❶ Setzen Sie mit dem Cursor an einem der beiden bestehenden Endpunkte des aktivierten Pfades an, und zeichnen Sie den neuen Pfadteil ❷. Illustrator verbindet die neue Linie automatisch mit dem bestehenden Pfad ❸.

❹ Setzen Sie mit dem Cursor an einer beliebigen Stelle der Arbeitsfläche an, und beginnen Sie, den neuen Pfadteil zu zeichnen. Drücken Sie [cmd]/[Strg], bevor Sie den neuen Pfadteil beenden. Der Cursor ändert das Symbol in .

❺ Ziehen Sie die Linie bis zu einem der Endpunkte des aktivierten Pfades. Lassen Sie erst die Maustaste, dann [cmd]/[Strg] los. Illustrator verbindet die neue Linie mit der bestehenden zu einem gesamten Pfad ❻.

Pfade verbinden | Die Methoden aus dem vorherigen Abschnitt können Sie kombinieren, um eine Verbindung zwischen zwei bereits existierenden Pfaden herzustellen:

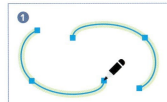 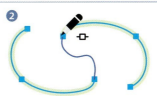 

❶ Setzen Sie mit dem Buntstift-Werkzeug an einem Endpunkt der beiden aktivierten Pfade an.

❷ Beginnen Sie, die Verbindungslinie zu zeichnen. Bevor Sie den neuen Pfadteil beenden, drücken und halten Sie die Modifizierungstaste [cmd]/[Strg]. Dabei ändert der Cursor das Symbol in . Ziehen Sie die Linie bis zu einem der Endpunkte des anderen aktivierten Pfades. Lassen Sie zuerst die Maustaste, dann [cmd]/[Strg] los.

❸ Illustrator verbindet die neue Linie mit den bestehenden Linien zu einem gesamten Pfad.

Modifikationsmöglichkeiten | Um einen geschlossenen Pfad mit dem Buntstift zu zeichnen, drücken und halten Sie [⌥]/[Alt], nachdem Sie begonnen haben, den Pfad zu zeichnen. Der Cursor ändert das Symbol in . Halten Sie die Taste gedrückt, solange Sie zeichnen. Anschließend lassen Sie zuerst die Maustaste, danach [⌥]/[Alt] los. Der Pfad wird auch dann geschlossen, wenn die Eingabe nicht in der Nähe des Pfadanfangs beendet wird.

Drücken und halten Sie [⌥]/[Alt], bevor Sie mit dem Zeichnen beginnen, um vom Buntstift-Werkzeug temporär zum Glätten-Werkzeug zu wechseln.

Keine Pfadvorschau?

Unter Umständen wird die gezeichnete Linie nicht als gestrichelte Vorschau angezeigt, dann öffnen Sie das Info-Bedienfeld.

Kapitel 7   Freihand-Werkzeuge

Genauigkeit und Zoomstufe

Die Genauigkeit variiert mit der Zoomstufe, in der Sie in Ihrem Dokument arbeiten: In höheren Vergrößerungsstufen orientiert sich der gezeichnete Pfad enger an Ihrer Stiftführung.

Voreinstellungen | Mit einem Doppelklick auf das Buntstift-Werkzeug im Werkzeugbedienfeld rufen Sie die Dialogbox OPTIONEN FÜR BUNTSTIFT-WERKZEUG auf.

▲ **Abbildung 7.4**
Die Dialogbox OPTIONEN FÜR BUNTSTIFT-WERKZEUG

▲ **Abbildung 7.5**
Oben schnell und unten langsam gezeichneter Pfad, bei einer GENAUIGKEIT von 2 px, GLÄTTUNG 0.

▲ **Abbildung 7.6**
GLÄTTUNG 0 (links) und 100 (rechts); nachgezeichnete Vorlage in Grau

- GENAUIGKEIT: Die Genauigkeit, mit der Ihre Handbewegung in einen Pfad umgesetzt wird, bestimmen Sie, indem Sie mit einem Wert zwischen 0,5 und 20 Pixel angeben, ab welchem räumlichen Abstand zum vorherigen ein neuer Ankerpunkt gesetzt werden soll. Mit einem niedrigen Wert wird bereits nach einer kleinen Positionsänderung des Cursors ein neuer Punkt gesetzt; die Cursorbewegung wird also sehr genau umgesetzt. Bei größeren Werten entstehen entsprechend weniger Punkte.
  Darüber hinaus sind für die Genauigkeit die Zeichengeschwindigkeit und die Zoomstufe maßgebend, bei einem schnelleren Strich entstehen weniger Punkte.
- GLÄTTUNG: Mit diesem prozentualen Wert bestimmen Sie, wie stark Kurven vom Programm nach der Eingabe geglättet werden sollen. Werte zwischen 0 bis 100 % sind möglich. Je nach Höhe des Wertes gleicht Illustrator die Krümmungen so an, dass sie einen homogenen Verlauf nehmen. Bei höheren Werten kann sich der von Ihnen gezeichnete Pfad durch die GLÄTTUNG stark ändern.
- NEUE BUNTSTIFTKONTUREN FÜLLEN: Aktivieren Sie diese Option, um jeden neu erstellten Pfad mit der aktuell eingestellten Füllung zu versehen. Ist im Werkzeugbedienfeld OHNE voreingestellt, wird dem neuen Objekt trotz dieser Option natürlich keine Fläche zugeordnet.
- AUSWAHL BEIBEHALTEN: Mit diesem Kontrollkästchen bestimmen Sie, ob ein Buntstift-Pfad nach Beendigung der Eingabe aktiv bleiben soll.
- AUSGEWÄHLTE PFADE BEARBEITEN: Deaktivieren Sie diese Option, wenn Sie vermeiden möchten, dass gegebenenfalls ein noch aktivierter

Pfad verändert wird, sobald Sie mit dem Buntstift eine neue Linie in seiner unmittelbaren Nähe ansetzen.

Freihand-Tools und Einrasten

Ein Merkmal verbindet alle Freihand-Tools, egal womit sie eingegeben werden: Sie rasten nicht an Hilfslinien ein.

Viele Striche zeichnen

Falls Sie viele neue Pfade dicht nebeneinander erzeugen müssen, wie es beim Zeichnen von Schraffuren der Fall ist, haben Sie zwei Möglichkeiten, um nicht ständig versehentlich den eben gezeichneten Pfad durch einen neuen zu ersetzen:

Entweder Sie schalten in den Voreinstellungen die Option AUSGEWÄHLTE PFADE BEARBEITEN grundsätzlich aus, oder Sie lassen Illustrator einen neu gezeichneten Pfad immer sofort nach seiner Fertigstellung deaktivieren.

7.1.2 Das Pinsel-Werkzeug

Der wichtigste Unterschied zwischen Pinsel und Buntstift ist die Fähigkeit des Pinsel-Werkzeugs, Druck und Neigung eines Stifts auf dem Grafiktablett auszuwerten, in Kontureigenschaften umzusetzen und diese Parameter mit dem Pfad zu speichern.

▲ Abbildung 7.7
Das Pinsel-Bedienfeld in der Ansicht LISTE

Einstellungen im Pinsel-Bedienfeld | Dem Pinsel-Werkzeug aus dem Werkzeugbedienfeld sind die Einstellmöglichkeiten im Pinsel-Bedienfeld zugeordnet. Das Bedienfeld rufen Sie mit FENSTER • PINSEL auf – F5, im Dock. Im Pinsel-Bedienfeld legen Sie fest, mit welcher Pinselspitze das Werkzeug arbeiten soll und wie die Eingabe mit einem Grafiktablett umgesetzt wird.

Im Pinsel-Bedienfeld stehen unterschiedliche Pinsel-Kategorien zur Verfügung. Sie können die Darstellung wählen zwischen der MINIATURANSICHT, in der die Pinselspitzen besser zu erkennen sind, oder der LISTENANSICHT, in der die Pinsel-Kategorien angezeigt werden. Am rechten Symbol in der Liste erkennen Sie, welche Pinselspitze zu welcher Pinsel-Kategorie gehört: Kalligrafiepinsel, Bildpinsel, Musterpinsel, Spezialpinsel oder Borstenpinsel.

Buntstift oder Pinsel?

Das Buntstift-Werkzeug wertet im Gegensatz zum Pinsel-Werkzeug Zusatzinformationen wie den Druck oder die Stiftneigung etc. beim Einsatz eines Grafiktabletts nicht aus!

In diesem Abschnitt beschäftigen wir uns mit den Kalligrafiepinseln. Wenn Sie wollen, dass nur die Kalligrafiepinselspitzen im Bedienfeld angezeigt werden, wählen Sie EINBLENDEN: KALLIGRAFIEPINSEL aus dem Bedienfeldmenü des Pinsel-Bedienfeldes und deaktivieren die restlichen. Mehr zu den anderen Pinsel-Kategorien finden Sie in Abschnitt 9.4.

Pfaden, die Sie mit dem Pinsel-Werkzeug zeichnen, wird von Illustrator immer eine Pinselkontur zugewiesen. Das Programm verwendet dazu entweder die aktuell eingestellte Pinselkontur oder – falls Sie keine ausgewählt haben – die erste Kontur im Pinsel-Bedienfeld.

Pinsel zeichnet nicht

Wenn statt des normalen Pinsel-Cursors das Symbol ⊘ erscheint und Sie daher den Pinsel nicht benutzen können, liegt dies daran, dass das Pinsel-Bedienfeld keine Pinsel enthält. Laden Sie diese aus einer Bibliothek.

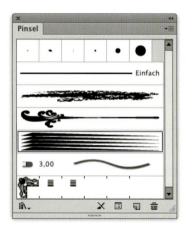

▲ Abbildung 7.8
Das Pinsel-Bedienfeld in der Miniaturansicht

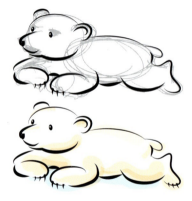

▲ Abbildung 7.9
Verwendung eines Pinsels zum Skizzieren (oben, in Grau), Ausführung mit Bildpinseln, Kolorierung mit Kalligrafiepinseln

▲ Abbildung 7.10
Auch die Skizzen des WACOM-Inklings werden mit Kalligrafiepinseln umgesetzt.

Mit dem Pinsel einen Pfad erstellen | Um mit dem Pinsel-Werkzeug einen neuen Pfad zu erstellen, gehen Sie wie folgt vor:
1. Rufen Sie das Pinsel-Werkzeug auf – B.
2. Wählen Sie eine Kalligrafiepinselspitze aus dem Pinsel-Bedienfeld.
3. Führen Sie den Cursor an die Stelle der Arbeitsfläche, an der der Pinselstrich beginnen soll. Der Cursor zeigt das Symbol.
4. Zeichnen Sie jetzt den Pfad:
    ▸ Mit der Maus: Klicken Sie, und ziehen Sie die Linie. Um die Eingabe zu beenden, lassen Sie die Maustaste los.
    ▸ Mit dem Grafiktablett: Setzen Sie den Stift mit leichtem Druck auf das Grafiktablett, und ziehen Sie die Linie. Wenn Sie die Eingabe beenden wollen, heben Sie den Stift vom Tablett ab.
   Der Pfad wird in Echtzeit auf dem Bildschirm dargestellt (diese Darstellung erhalten Sie nur mit Kalligrafiepinseln).
5. Je nach eingestellter GLÄTTUNG führt Illustrator entsprechende Korrekturen am Pfadverlauf durch.

Pfad nachbearbeiten und verbinden | Mit dem Pinsel-Werkzeug können Sie nicht nur Pfade ändern, die Sie mit dem Pinsel gezeichnet haben, denn sobald Sie z. B. einer konstruierten geometrischen Form eine Pinselspitze aus dem Pinsel-Bedienfeld als Kontur zuweisen, besteht die Möglichkeit, auch diesen Pfad mit dem Pinsel-Werkzeug zu editieren.

Die Arbeitsschritte, um Pfade mit dem Pinsel-Werkzeug nachzubearbeiten, zu korrigieren oder zu verbinden, entsprechen denen des Buntstift-Werkzeugs (Abschnitt 7.1.1). Zusätzlich werden die Parameter bei der Stifteingabe mit dem Grafiktablett erfasst. Lesen Sie deshalb bitte die ausführliche Beschreibung zur Korrektur eines Pfades mit dem Buntstift-Werkzeug weiter oben in diesem Kapitel.

Modifikationsmöglichkeiten | Drücken Sie ⇧, bevor Sie beginnen, den Pfad zu malen, um einen geraden Strich horizontal, vertikal oder im 45°-Winkel geneigt zu ziehen.

Um einen geschlossenen Pfad mit dem Pinsel anzulegen, drücken und halten Sie ⌥/Alt, nachdem Sie begonnen haben, den Pfad zu zeichnen. Dabei ändert sich das Cursorsymbol in.

Voreinstellungen | Mit einem Doppelklick auf das Werkzeug in dem Werkzeugbedienfeld rufen Sie die Dialogbox OPTIONEN FÜR PINSEL-WERKZEUG auf. Die Eingabemöglichkeiten entsprechen denen des Buntstift-Werkzeugs, die Sie weiter oben erläutert finden.

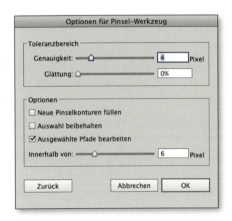

◀ **Abbildung 7.11**
Die Dialogbox OPTIONEN FÜR PINSEL-WERKZEUG

▲ **Abbildung 7.12**
Mit verschiedenen Kalligrafiepinseln gezeichnetes Porträt

7.1.3 Kalligrafische Pinsel

Die Kalligrafiepinsel finden Sie in der Auswahl der Pinselspitzen im Pinsel-Bedienfeld. Alternativ öffnen Sie eine Bibliothek mit dem Befehl PINSEL-BIBLIOTHEK ÖFFNEN • KÜNSTLERISCH • KALLIGRAFISCH im Bedienfeldmenü oder mit dem Button MENÜ PINSEL-BIBLIOTHEKEN.

Klicken Sie in eine der Auswahlzeilen oder auf eine Miniatur, um eine Pinselspitze auszuwählen (Zuweisen und Editieren von Pinselspitzen, Abschnitte 9.4.1 ff.).

Mit einem Doppelklick neben dem Namen rufen Sie die optionalen Einstellmöglichkeiten zu der Pinselspitze auf. Für kalligrafische Pinselspitzen wird damit die Dialogbox KALLIGRAFIEPINSELOPTIONEN geöffnet.

Optionen | Mit den KALLIGRAFIEPINSELOPTIONEN steuern Sie die Form und das Verhalten der Pinselspitze entsprechend der Handhabung Ihres Stifts. Druck, Neigungswinkel, Ortung und Drehung des Stifts auf dem Grafiktablett werden als Parameter mit dem Pfad gespeichert, sodass Sie auch einen fertig gezeichneten Pfad durch Änderungen der Pinsel-Optionen verändern können.

▲ **Abbildung 7.13**
Mit Transparenzeinstellungen simulieren Sie Aquarell- oder Marker-Illustrationen.

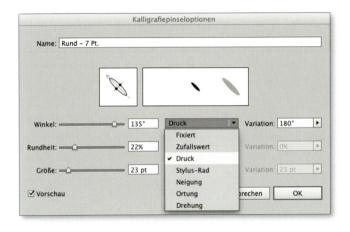

◀ **Abbildung 7.14**
Die Dialogbox KALLIGRAFIEPINSELOPTIONEN

Pinselpfad in Fläche wandeln

Möchten Sie einen mit dem Kalligrafiepinsel erzeugten Pfad detaillierter bearbeiten und ihn zu diesem Zweck umwandeln, wählen Sie den Befehl OBJEKT • AUSSEHEN UMWANDELN.

Kapitel 7   Freihand-Werkzeuge

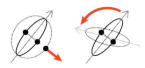

▲ **Abbildung 7.15**
Anpassen mit der Koordinatendarstellung

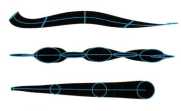

▲ **Abbildung 7.16**
Die Eigenschaften einer Pinselspitze – Winkel, Rundheit, Grösse – und ihre jeweilige Wirkung auf den Pinselstrich

---

Stift-Optionen nutzen

Die speziellen Stiftfunktionen Druck, Stylus-Rad, Neigung, Ortung und Drehung werden im Menü nur aktiv, wenn ein Treiber für ein Grafiktablett auf Ihrem Computer installiert ist.
Bei der Erstellung eines kalligrafischen Pfades mit der Maus können Sie die speziellen Stiftfunktionen jedoch auch dann nicht nutzen und nicht simulieren, wenn ein Treiber installiert ist.

▲ **Abbildung 7.17**
Wacom »Grip Pen Thick Body«, »Airbrush« und »GripPen« (Fotos: WACOM)

▲ **Abbildung 7.18**
Alternative Wacom-Stiftmine »Pinselspitze« (vergrößert)

▶ Name: Zur einfachen Identifizierung können Sie jeder Pinselspitze einen Namen zuordnen. Die Namen können Sie auch direkt im Pinsel-Bedienfeld ändern, ohne die Dialogbox zu öffnen. Dazu doppelklicken Sie den bestehenden Namen.

▶ Koordinatendarstellung der Pinselspitze: Die Form der Pinselspitze können Sie durch Manipulation des Piktogramms oder numerisch in den entsprechenden Eingabefeldern verändern. Um die Pinselspitze intuitiv zu editieren, ziehen Sie an den schwarzen Punkten oder drehen das Koordinatenkreuz.

▶ Winkel: Mit diesem Eingabefeld definieren Sie den Winkel, in dem die Spitze auf dem Blatt zeichnet. Dieser Winkel beeinflusst die entstehende Konturenstärke nur, wenn die Spitze nicht rund ist.

▶ Rundheit: Diese Eingabe bestimmt die gewünschte Form der Pinselspitze zwischen einem gleichmäßigen Kreis und einem flachen Oval. Flache Spitzen verhalten sich wie Breitfedern, runde ermöglichen keine Änderungen in der Konturenstärke.

▶ Grösse: Mit der Pinselgröße legen Sie fest, wie dick die Kontur wird. Der Wert Stärke im Kontur-Bedienfeld vervielfacht die Breite der Kontur zusätzlich. Während die Stärkeeinstellung aber auf die gesamte Kontur wirkt, können Sie mit einer variablen Pinselgröße und der Verwendung eines Grafiktabletts eine sehr dynamische Linienführung erreichen.

▶ Variation: Für jede der Pinseleigenschaften können Sie bestimmen, wie stark die Kontur variieren darf. Je höher der Wert ist, desto größer ist der Einfluss der Stiftführung auf die generierte Kontur.
Bei Verwendung der Maus variieren Größe, Rundung und Winkel während des Zeichnens nicht.

Optionen für die Stifteingabe | Für die drei Pinseleigenschaften Grösse, Rundheit und Winkel bestimmen Sie in einem Ausklappmenü, durch welchen Parameter des Grafiktabletts Sie die jeweilige Option steuern wollen. Bei jeder Stiftbewegung lassen sich damit drei verschiedene Eigenschaften des Pinselstrichs gleichzeitig steuern.

Einige dieser Einstellungen nützen Ihnen nur bei der Arbeit mit bestimmten Tabletts. Für die Einstellungen Drehung und Stylus-Rad benötigen Sie darüber hinaus bestimmte Eingabestifte: den »Grip Pen Thick Body«, den »Grip Pen« oder den »Airbrush« (Abbildung 7.17). Mit speziellen Stiftspitzen, wie z. B. der »Pinselspitze« reagieren die Stifte noch besser auf den ausgeübten Druck oder vermitteln ein natürlicheres Oberflächengefühl.

Folgende Optionen sind jeweils in den Ausklappmenüs für Durchmesser, Rundheit und Winkel verfügbar:

▶ Fixiert: Mit dieser Einstellung fixieren Sie den im Eingabefeld definierten Wert und unterbinden damit willkürliche Einflüsse. Wenn Sie ein Gefühl für die Stiftführung mit den Auswirkungen auf die Linienstärke bekommen wollen, testen Sie sich einfach durch alle Steuerungsmöglichkeiten, indem Sie jeweils zwei Pinseleigenschaften fixieren und nur eine der Eingaben variieren.

▶ Zufallswert: Die Eigenschaft, für die Sie diese Option wählen, steuert Illustrator mit einem Zufallswert, der sich während des Zeichnens nicht verändert. Erst bei einem neuen Ansetzen des Stifts wird vom Programm eine andere zufällige Einstellung vorgenommen.

▲ **Abbildung 7.19**
Die Pinselspitze reagiert auf veränderten Druck des Stifts auf das Grafiktablett.

▶ Druck: Bei dieser Auswahl steuern Sie die dynamische Veränderung der jeweiligen Pinseleigenschaft durch den Druck, den Sie mit dem Stift auf das Tablett ausüben (Abbildung 7.19).
Höherer Druck bewirkt für den Winkel der Pinselspitze eine Drehung gegen den Uhrzeigersinn, für die Rundheit ein runderes Aussehen, und die Grösse wird erhöht.
Viele Grafiktabletts werden mit verschiedenen Stiftminen ausgeliefert. Eine gefederte Mine, wie z. B. Wacoms »Pinselspitze« (Abbildung 7.18), gibt Ihnen mehr Kontrolle über die drucksensitive Steuerung.

▲ **Abbildung 7.20**
Neigung: Der Winkel des Stifts (hier: »ArtMarker«) zum Tablett steuert die Dynamik.

▶ Stylus-Rad: Das Stylus-Rad ist ein spezielles Merkmal des Eingabe-Werkzeugs »Wacom Airbrush«. Damit können Sie die Pinseleigenschaft durch Drehung an diesem Regler steuern, der mit einem Scrollrad vergleichbar ist. Der eingestellte Wert wird absolut definiert.

▶ Neigung: Wählen Sie Neigung, wenn Sie Winkel, Rundheit oder Grösse beim Zeichnen durch Veränderung des Neigungswinkels des Stiftes variieren möchten (Abbildung 7.20).
Eine stärkere Stiftneigung wirkt wie ein stärkerer Druck.

▶ Ortung: Die Ortung ist die Richtung, in die der Stift während des Zeichnens geneigt wird (Abbildung 7.21).
Falls Sie den Parameter Ortung zur Steuerung der Grösse verwenden, können relativ abrupte Änderungen der Linienstärke erfolgen.
Gute Ergebnisse mit sehr weichen Übergängen erhalten Sie bei der Steuerung des Winkels durch den Parameter Ortung. Neigen Sie den Stift nach rechts oder nach vorn, wird der Winkel gegen den Uhrzeigersinn gedreht, bei einer Neigung nach links oder hinten wird er im Uhrzeigersinn gedreht.

▲ **Abbildung 7.21**
Ortung: Die Richtung der Neigung steuert die Veränderung der Pinselspitze.

▶ Drehung: Wenn Sie während des Zeichnens den Stift um seine Längsachse drehen, wird Grösse, Winkel oder Rundheit verändert (Abbildung 7.22). Diese Funktion können Sie nur mit dem »Wacom Grip Pen« bzw. deren Vorgängern, dem »Art Pen« und dem »Art Marker« benutzen.

▲ **Abbildung 7.22**
Drehung: Der Stift wird um seine Längsachse gedreht.

7.2 »Natürlich« malen mit dem Borstenpinsel

Eigentlich würde man annehmen, dass dieses Werkzeug eher zu Photoshop gehört (dort existiert es ebenfalls). Für alle, die mit Pinseln nicht so geübt umgehen können, besitzt Illustrators Borstenpinsel jedoch mindestens einen unschlagbaren Vorteil: Es können sowohl die Pfade als auch die Einstellungen des Pinsels jederzeit nachbearbeitet werden.

Der Borstenpinsel (engl. »Bristle Brush«) ist eigentlich »nur« eine zusätzliche Pinselspitze für das Pinsel-Werkzeug. Er funktioniert vom Grundprinzip ähnlich wie der Kalligrafiepinsel, nur dass nicht eine Form entlang des Pfades verformt wird, sondern mehrere, die außerdem einander transparent überlagern. Verteilung, Größe und Intensität dieser Formen bestimmen Sie mit Ihren Vorgaben. Auch wenn Sie es an keiner Stelle einstellen können, reagiert der Borstenpinsel auf Druck, Neigung und Drehung des Stifts auf dem Grafiktablett.

Borstenpinsel in Photoshop
Die Nachbearbeitungsmöglichkeit einzelner Pfade ist der hauptsächliche Unterschied zum Borstenpinsel in Photoshop.

▲ **Abbildung 7.23**
Zur Transparenzinteraktion des Borstenpinsels s. Abschnitt 12.4.3.

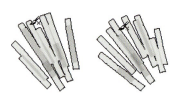

▲ **Abbildung 7.24**
Diese Vorschau bekommen Sie nur mit einem Grafiktablett: Halten Sie den Stift etwas über dem Grafiktablett, drehen und neigen ihn, dann können Sie die Änderungen am Cursor beobachten.

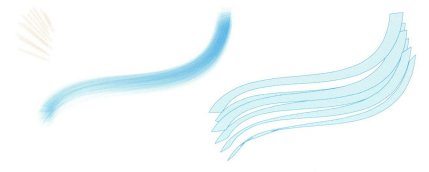

▲ **Abbildung 7.25**
Grundform (rot, vergrößert) und ihre Anpassung entlang des Pfades (blau) – dabei wird die Form je nach Zeichenrichtung gedreht bzw. entsprechend den mit dem Grafiktablett übermittelten Parametern verändert. Wandelt man die Pinselkontur um (mit OBJEKT • AUSSEHEN UMWANDELN), ist zu erkennen, wie der Borstenpinsel mit einander überlagernden Formen arbeitet (rechts). Zur Demonstration wurden einige Elemente gelöscht und der Abstand vergrößert.

▲ **Abbildung 7.26**
Vorschau (oben) und endgültig berechneter Pfad (unten)

Mit dem Borstenpinsel malen | Wie alle anderen Pinselspitzen kann auch ein Borstenpinsel jedem bestehenden Pfad zugewiesen werden. Um direkt mit dem Pinsel-Werkzeug und einem Borstenpinsel zu malen, gehen Sie wie folgt vor:

1. Wählen Sie das Pinsel-Werkzeug, und rufen Sie das Pinsel-Bedienfeld auf – F5.
2. Im Pinsel-Bedienfeld aktivieren Sie eine Borstenpinsel-Vorgabe oder richten einen neuen Borstenpinsel ein (s. den folgenden Abschnitt).

Wenn Sie eine bereits vorhandene Pinselspitze verwenden möchten, können Sie diese auch aus dem Menü Ausgangspunkt für Pinsel im Steuerungsbedienfeld aufrufen.

Wählen Sie eine Konturfarbe.

3. Bewegen Sie den Pinsel über eine leere Fläche auf der Zeichenfläche – der Cursor zeigt ✏︎×.

   Sie können auch aktivierte Pfade an einem Endpunkt fortführen, wenn die entsprechende Pinseloption eingestellt ist.
4. Malen Sie die Pinselstriche durch Klicken und Ziehen des Pinselcursors über die Zeichenfläche. Es wird eine Vorschau der Physik-Simulation angezeigt.
5. Sobald Sie die Maustaste loslassen bzw. den Stift vom Tablett abheben, wird der Pfad berechnet und dargestellt. Die endgültige Version unterscheidet sich meist erheblich von der Vorschau.
6. Wenn Ihnen ein Pfad nicht gefällt, können Sie ihn löschen und noch einmal ziehen – viel flexibler ist jedoch die Möglichkeit, einzelne Ankerpunkte und Griffe mit dem Direktauswahl-Werkzeug nachzurichten.

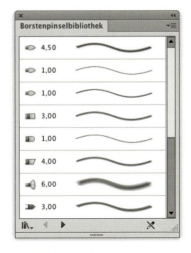

▲ **Abbildung 7.27**
Eine Bibliothek mit Beispielpinseln finden Sie unter dem Button Menü »Pinsel-Bibliotheken«.

◀ **Abbildung 7.28**
Mit Borstenpinseln wurde in bestehenden Formen gemalt – den Hintergrund bildet ein Bildpinselstrich.

Innen zeichnen | Eine besonders interessante Möglichkeit besteht darin, mit dem Borstenpinsel vorhandene Flächen »anzumalen«:
1. Dazu wählen Sie einen geschlossenen Pfad aus.
2. Gehen Sie in den Modus Innen zeichnen, indem Sie den gleichnamigen Button 🔳 im Werkzeugbedienfeld anklicken.
3. Deaktivieren Sie den Pfad.
4. Nehmen Sie das Pinsel-Werkzeug mit einer Borstenpinselspitze sowie eine Konturfarbe, und malen Sie damit direkt in der Form (s. Abbildung 7.30).
5. Um den Modus Innen zeichnen zu verlassen, verwenden Sie den Kurzbefehl ⇧+D.

▲ **Abbildung 7.29**
Borstenpinselkonturen können mit Verläufen versehen werden, diese lassen sich jedoch nicht längs oder quer zum Pfad anordnen.

▲ **Abbildung 7.30**
Das Objekt, in dem Sie zeichnen, wird durch die gestrichelten Ecken gekennzeichnet. Es bildet die Schnittmaske über den Pinselstrichen.

Einstellungen testen

Zeichnen Sie einen Pfad, vervielfältigen Sie ihn, und weisen Sie den Kopien unterschiedlich eingestellte Borstenpinsel zu. So können Sie am besten sehen, welche Auswirkungen Variationen in den Optionen auf die Kontur haben.

Borstenpinsel-Optionen | Eine Borstenpinsel-Vorgabe finden Sie im Pinsel-Bedienfeld der meisten Dokumentprofile. Doppelklicken Sie neben dem Namen dieser Vorgabe, um die Optionen zu bearbeiten. Alternativ erstellen Sie einen neuen Pinsel. Dazu klicken Sie den Button NEUER PINSEL. Als Option wählen Sie BORSTENPINSEL. In der folgenden Dialogbox geben Sie die Einstellungen ein. Die Werte, die Sie eingeben, steuern die Physik-Simulation des virtuellen Pinsels – eine Vorstellung der Wirkweise erhalten Sie eher, wenn Sie an einen realen Pinsel denken als an die gezeichnete Vektorform.

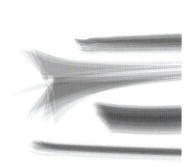

▲ **Abbildung 7.32**
Die Physik-Engine des Borstenpinsels: Je nachdem, wie Sie den Stift auf ein Grafiktablett setzen, entstehen sehr unterschiedliche Striche mit derselben Pinselspitze.

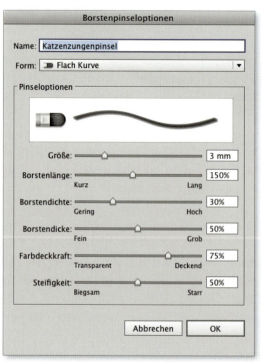

◄ **Abbildung 7.31**
Die Dialogbox BORSTENPINSEL-OPTIONEN

- Form: In diesem Menü finden Sie einige Formvorgaben, die das grundsätzliche Verhalten das Pinsels steuern. Jede dieser Formen gibt es in der Art Rund und Flach. Die Namen der Vorgaben entsprechen den Bezeichnungen »realer« Pinsel, das Symbol zeigt diese zusätzlich.
- Grösse: Hier bestimmen Sie den Durchmesser des Pinsels – gemessen an der Stelle, an der die Haare bzw. Borsten gehalten werden. Die Größe können Sie auch direkt beim Arbeiten mit dem Pinsel auf der Zeichenfläche mit den Tasten < und ⇧+< ändern.
- Borstenlänge: Dieser Wert betrifft die Länge der Borsten. Kleine Werte resultieren in »gestrichelt« wirkenden Konturen.
- Borstendichte: Beschreibt die Anzahl der Borsten. Die Parameter Dichte und Dicke sind voneinander abhängig: Eine höhere Dichte verursacht schlankere Borsten.
- Borstendicke: Bezeichnet die Stärke der einzelnen Borsten.
- Farbdeckkraft: Die Deckkraft der Farbe in den einzelnen Borsten, sie variiert auch zwischen den Borsten. Die Opazität lässt sich beim Zeichnen auch ohne Öffnen der Dialogbox mithilfe der Tasten 1 bis 0 einstellen.
- Steifigkeit: Die Steifigkeit der Borsten hat Auswirkungen auf die Dynamik des Strichs, selbst dann, wenn Sie mit der Maus arbeiten. Ein höherer Wert bewirkt einen Strich von gleichmäßigerer Stärke.

▲ Abbildung 7.33
Die Auswirkungen Ihrer Einstellungen sehen Sie, wenn Sie mit ausgewähltem Pinsel einmal auf die Zeichenfläche klicken: hier Vergleich der Dichte-Einstellungen niedrig (links) und hoch (rechts).

▲ Abbildung 7.34
Kurze Borsten

Borstenpinsel und Ausgabe | Beim Arbeiten mit dem Borstenpinsel entsteht eine sehr komplexe Transparenz. Daher gibt Illustrator beim Speichern, Drucken oder Reduzieren der Transparenz auch eine entsprechende Warnung aus, sobald Sie mehr als 30 Borstenpinsel-Konturen einsetzen. Nehmen Sie diese Warnung ernst, und klicken Sie sie nicht einfach weg. Ist Ihre Grafik aufgrund einer sehr hohen Zahl an Borstenpinsel-Konturen komplex, sollten Sie sie vor dem Drucken komplett in ein Pixelbild umwandeln – selbstverständlich eine Kopie der Datei, nicht das Original (Transparenzreduzierung s. Abschnitt 12.4).

Deckkraft mit 0 bis 9

Die Deckkraft können Sie entweder durch zwei Ziffern eingeben (es zählen immer die beiden zuletzt getippen Ziffern) oder mit Kürzeln für die Zehner – also z. B. 5 für den Wert 50.

7.3 Flächen malen mit dem Tropfenpinsel

Für Anwender, die eher malerisch oder skizzenhaft arbeiten wollen, kann es kompliziert werden, wenn Formen eine Füllung erhalten sollen. Zu diesem Zweck müssen die richtigen Pfade geschlossen sein – darauf achtet man jedoch beim Skizzieren häufig nicht. Ein Ausweg ist hier das Tropfenpinsel-Werkzeug: Es ermöglicht das skizzenhafte Arbeiten und erleichtert das Erstellen geschlossener Pfade. Allerdings ist es nicht möglich, damit geometrisch exakte Formen zu erstellen.

Tropfenpinsel universell

Mit dem Tropfenpinsel können Sie alle bestehenden Flächen bearbeiten, egal, mit welchem Werkzeug diese ursprünglich erzeugt wurden – vorausgesetzt, die Flächen besitzen keine Kontur.

Mit dem Tropfenpinsel-Werkzeug (engl. »Blob-Brush«) können Sie kalligrafisch arbeiten oder die Möglichkeiten eines Grafiktabletts nutzen, und – es werden gleich Flächen erzeugt. Der Tropfenpinsel ist damit das Pendant zum Radiergummi-Werkzeug (s. Abschnitt 7.4.4), mit dem Sie die erzeugten Flächen korrigieren. Darüber hinaus können Sie übereinanderliegende Formen mit gleichen Eigenschaften (Fläche, Transparenz, Stile) kombinieren.

▲ **Abbildung 7.35**
Anders als ein Kalligrafiepinsel (Mitte, Pfadansicht) erzeugt der Tropfenpinsel (rechts) direkt Flächen und vereinigt gleichfarbige Flächen bereits beim Malen miteinander.

Fläche malen | So arbeiten Sie mit dem Tropfenpinsel:

1. Wählen Sie das Tropfenpinsel-Werkzeug, ⇧+B.
2. Doppelklicken Sie auf sein Symbol im Werkzeugbedienfeld, um die Formeigenschaften einzustellen, oder wählen Sie einen Kalligrafiepinsel im Pinsel-Bedienfeld.
3. Wenn Sie sicherstellen wollen, dass bestehende Flächen (z. B. eine Vorskizze) nicht verändert werden, sperren Sie die Objekte oder deren Ebene. Dies ist dann unerlässlich, wenn Sie mit einer bereits verwendeten Farbe arbeiten wollen.
4. Legen Sie in einem der entsprechenden Bedienfelder eine Farbe für die Kontur (s. den nebenstehenden Hinweiskasten) fest. Möchten Sie einen Grafikstil anwenden, wählen Sie auch diesen aus dem Grafikstile-Bedienfeld.
5. Beginnen Sie die Zeichnung. Die Form muss nicht »in einem Rutsch« gezeichnet werden. Setzen Sie das Werkzeug zwischenzeitlich ab und führen die Zeichnung dann fort, fügt Illustrator die Formen automatisch zusammen, solange Sie die Farbe nicht ändern. Mit < und ⇧+< verkleinern bzw. vergrößern Sie den Werkzeugdurchmesser bei der Arbeit.

▲ **Abbildung 7.36**
Korrekturen mit dem Zeichenstift- und Direktauswahl-Werkzeug (rechts unten) sind meist exakter, glatter und schneller erledigt als Korrekturen mit Radiergummi und Tropfenpinsel (links unten).

7.3 Flächen malen mit dem Tropfenpinsel

6. Führen Sie Korrekturen entweder mit dem Radiergummi-Werkzeug durch, oder wählen Sie das Direktauswahl- oder das Zeichenstift-Werkzeug, und bearbeiten Sie die Pfade.

Optionen | Doppelklicken Sie das Tropfenpinsel-Werkzeug im Werkzeugbedienfeld, um seine Voreinstellungen zu definieren. Die Beschreibung der Optionen für den TOLERANZBEREICH finden Sie weiter oben beim Buntstift-Werkzeug (s. S. 178), die der STANDARD-PINSELOPTIONEN beim Pinsel-Werkzeug (s. S. 181).

Flächen- oder Konturfarbe?

Der Tropfenpinsel malt nur Flächen, verwendet dazu jedoch die als Kontur eingestellte Farbe. Ist keine Konturfarbe eingestellt, verwendet er die Flächenfarbe. Ist auch keine Flächenfarbe gewählt, verwendet er die zuletzt benutzte Farbe.

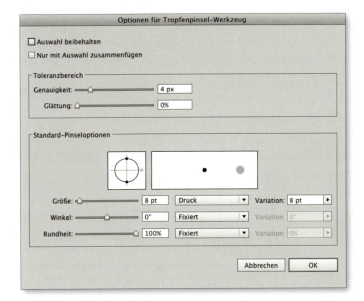

◀ **Abbildung 7.37**
Die Dialogbox OPTIONEN FÜR TROPFENPINSEL-WERKZEUG

▶ AUSWAHL BEIBEHALTEN: Setzen Sie hier ein Häkchen, wird die eben gezeichnete bzw. bearbeitete Pinselfläche nicht deaktiviert. So können Sie sehen, welche Objekte zusammengefügt wurden, und es lässt sich in Verbindung mit der folgenden Option steuern, wie der Tropfenpinsel Objekte verbindet.
▶ NUR MIT AUSWAHL ZUSAMMENFÜGEN: Kreuzen Sie diese Option an, werden nur die auf der Zeichenfläche selektierten Objekte beim Zusammenfügen neuer mit bestehenden Flächen berücksichtigt. Die beiden Optionen können Sie miteinander kombinieren.

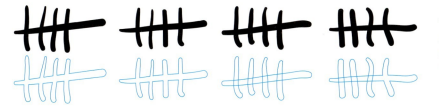

◀ **Abbildung 7.38**
Von links: keine der Optionen, AUSWAHL BEIBEHALTEN, NUR MIT AUSWAHL ZUSAMMENFÜGEN, beide Optionen

▲ **Abbildung 7.39**
Tropfenpinsel: Ausgangssituation

▲ **Abbildung 7.40**
Verbinden von Objekten durch Übermalen mit dem Tropfenpinsel; geänderte Stapelreihenfolge der Objekte

▶ STANDARD-PINSELOPTIONEN: Die hier getroffenen Optionen werden ignoriert, sobald Sie im Pinsel-Bedienfeld einen Kalligrafiepinsel anklicken.

Arbeitsweise des Tropfenpinsels | Damit Sie später weniger Überraschungen erleben, probieren Sie die grundsätzlichen Prinzipien des Tropfenpinsels aus:

▶ Mit dem Tropfenpinsel-Werkzeug können alle Vektorpfade bearbeitet werden, die keine Kontur besitzen.
▶ Das Tropfenpinsel-Werkzeug kann auch in eine Gruppe hineinwirken. Schneiden Sie zwei Gruppen, erfolgt nur eine Bearbeitung der Objekte der obersten Gruppe. Symbolinstanzen werden nicht bearbeitet.
▶ Wenn Sie Objekte bearbeiten möchten, stellen Sie für die Arbeit mit dem Tropfenpinsel dieselbe Farbe und sonstige Aussehen-Eigenschaften bzw. Grafikstile ein.
▶ Es werden nur gleichfarbige Objekte zusammengefügt, die in der Stapelreihenfolge direkt übereinanderliegen. Liegt ein Objekt mit anderen Eigenschaften dazwischen, erzeugt Illustrator ein gesondertes Objekt aus dem Pinselstrich.

◀ **Abbildung 7.41**
Da ein andersfarbiges Objekt zwischen dem neuen und dem bestehenden Pfad liegt, werden die Flächen nicht zusammengefügt.

▶ Es werden alle geschnittenen Pfade miteinander vereinigt, die übereinstimmende Eigenschaften besitzen.
▶ Zusammengefügt wird mit dem vordersten Objekt. Es findet also eine Veränderung der Stapelreihenfolge statt – vergleichbar mit dem Gruppieren.

Grafikstile für den Tropfenpinsel | Rufen Sie das Grafikstile-Bedienfeld auf, und laden Sie über das Bedienfeldmenü oder den Button MENÜ »GRAFIKSTIL-BIBLIOTHEKEN« den ZUSATZ FÜR TROPFENPINSEL. Dort finden Sie einige voreingestellte Grafikstile speziell für den Einsatz in illustrativen Arbeiten, die Techniken wie Aquarell- oder Ölmalerei andeuten, indem die Ränder weichgezeichnet, die Deckkraft reduziert oder die Formen plastisch gestaltet werden.

▲ **Abbildung 7.42**
Die Grafikstil-Bibliothek ZUSATZ FÜR TROPFENPINSEL: Wie alle Grafikstile können Sie auch diese als Basis für eigene Kreationen verwenden.

7.4 Objekte intuitiv bearbeiten und Pfade vereinfachen

Selbstverständlich lassen sich alle mit Freihand-Werkzeugen erstellten Pfade mit den Zeichenstift-Werkzeugen bearbeiten und korrigieren. Illustrator bietet jedoch auch Werkzeuge, mit denen Sie Objekte genauso intuitiv bearbeiten, wie Sie sie mit Pinsel und Buntstift zeichnen können.

7.4.1 Das Glätten-Werkzeug

Das Glätten-Werkzeug dient der nachträglichen Glättung eines Pfads oder einzelner seiner Bereiche. Stellen Sie sich das Glätten-Werkzeug nicht wie ein »Bügeleisen« für Ihren Pfad vor – vielmehr zeichnen Sie damit einen geänderten Verlauf. Illustrator übernimmt allerdings nicht die neu gezeichnete Linie, sondern erzeugt nach Beendigung der Eingabe eine Zwischenstufe zwischen dem ursprünglichen Pfad und dem mit dem Glätten-Werkzeug gezeichneten.

▲ **Abbildung 7.43**
Die Objekte im Symbol wurden mit dem Buntstift-Werkzeug gezeichnet und anschließend mit Zeichenstift-Werkzeugen bereinigt.

Pfad glätten | So arbeiten Sie mit dem Glätten-Werkzeug:

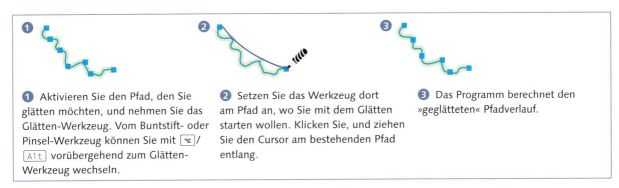

❶ Aktivieren Sie den Pfad, den Sie glätten möchten, und nehmen Sie das Glätten-Werkzeug. Vom Buntstift- oder Pinsel-Werkzeug können Sie mit ⌥/Alt vorübergehend zum Glätten-Werkzeug wechseln.

❷ Setzen Sie das Werkzeug dort am Pfad an, wo Sie mit dem Glätten starten wollen. Klicken Sie, und ziehen Sie den Cursor am bestehenden Pfad entlang.

❸ Das Programm berechnet den »geglätteten« Pfadverlauf.

Voreinstellungen | Mit einem Doppelklick auf das Werkzeug im Werkzeugbedienfeld rufen Sie die Dialogbox Optionen für Glätten-Werkzeug auf. Sie können die Werte per Schieberegler oder numerisch eingeben.

Glättung und Zoomstufe

Die Stärke der Glättung ist auch abhängig von der Zoomstufe, in der Sie arbeiten – die Wirkung des Werkzeugs ist in einer niedrigen Zoomstufe stärker.

◀ **Abbildung 7.44**
Die Dialogbox Optionen für Glätten-Werkzeug

Kapitel 7   Freihand-Werkzeuge

▲ **Abbildung 7.45**
Vereinfachen kann auch auf einzelne ausgewählte Ankerpunkte angewandt werden.

Zu viele Punkte

Die Weiterverarbeitung kann z. B. zu Problemen führen, wenn die Datei an andere Programme weitergegeben wird (wie CAD, 3D-Modelling) oder eine Ausgabe auf einem Plotter oder Laserschneider stattfindet.

▶ Genauigkeit: Dieser Wert legt fest, wie genau der von Illustrator erstellte geglättete Pfad der Cursorbewegung folgt.
▶ Glättung: Mit dieser Einstellung bestimmen Sie, wie stark der Pfad nach Beendigung der Eingabe geglättet wird.

Lesen Sie zu den Optionen auch die Hinweise zu der entsprechenden Einstellung für das Buntstift-Werkzeug weiter oben (s. Abschnitt 7.1.1).

7.4.2   Pfade vereinfachen

Pfade, die mit den Freihand-Werkzeugen erstellt wurden, können mehr Punkte enthalten, als zur Beschreibung ihrer Form notwendig sind. Das erschwert die Nachbearbeitung und führt manchmal zu Schwierigkeiten bei der Ausgabe der Datei.

Die Anzahl der Ankerpunkte können Sie von Illustrator reduzieren lassen. Aktivieren Sie dazu den Pfad oder einen Pfadabschnitt (z. B. können Sie die Eckpunkte eines Pfades von der Auswahl ausschließen, um sie vor Veränderungen zu schützen), und wählen Sie im Menü Objekt • Pfad • Vereinfachen… In der zugehörigen Dialogbox Vereinfachen definieren Sie, wie das Programm diesen Befehl ausführen soll. Während Sie die Einstellungen vornehmen, sollten Sie das Kontrollkästchen Vorschau aktivieren.

Die Vereinfachungsoptionen können auf ausgewählte Abschnitte des Pfades angewendet werden – die Option Gerade Linien wirkt sich jedoch immer auf den gesamten Pfad aus.

▲ **Abbildung 7.47**
Kurvengenauigkeit 50 % (oben) und 0 % (unten)

◀ **Abbildung 7.46**
Die Dialogbox Vereinfachen

Optionen | Pfade vereinfachen

▶ Kurvengenauigkeit: Da dieser Befehl alle Ankerpunkte außer Anfangs- und Endpunkt – bzw. alle aktivierten Ankerpunkte – verändert, bestimmen Sie hier mit einem Prozentwert zwischen 0 und 100, wie genau sich der neue Pfadverlauf am alten orientieren soll. Je höher der Wert ist, desto genauer bleibt der Pfadverlauf erhalten.

Achtung! Werte ab 85 % können dazu führen, dass Punkte hinzugefügt werden. Die Anzahl der Punkte (Original und Aktuell) wird angezeigt, wenn Sie die Vorschau aktivieren.

- **Winkel-Schwellenwert:** Durch Eingabe eines Schwellenwertes größer als 0 können Sie die Position von Eckpunkten vor Veränderungen sichern. Mit einem kleinen Wert werden nur Eckpunkte erhalten, an denen der Pfad seine Richtung deutlich ändert. Je größer der Wert ist, desto mehr Eckpunkte bleiben bestehen. Es sei denn, die Einstellung Gerade Linien ist gesetzt – dann bleiben mehr Eckpunkte erhalten, je kleiner Sie den Schwellenwert wählen (zu Eckpunkten s. Abschnitt 6.2.3).
- **Gerade Linien:** Mit dieser Option erstellen Sie gerade Linien zwischen den Punkten des Pfades, die bei der Vereinfachung verbleiben. Diese Einstellung kann eine große Hilfe bei der Optimierung von geometrischen Zeichnungen sein, die Sie mit der LiveTrace-Funktion (Interaktiv nachzeichnen) vektorisieren.
- **Original anzeigen:** Aktivieren Sie diese Option, wird die Originalform des Pfades in Rot dargestellt. Durch den direkten Vergleich finden Sie schneller Werte, die die ursprüngliche Form des Objekts nicht beeinträchtigen.

▲ **Abbildung 7.48**
Winkel-Schwellenwert 105 % (links) und 106 % (rechts), Originalpfad in Rot

▲ **Abbildung 7.49**
Gerade Linien

7.4.3 Das Messer-Werkzeug

Mit dem Messer-Werkzeug, das Sie in einer Gruppe mit dem Radiergummi- und dem Schere-Werkzeug finden, arbeiten Sie wie mit einem Skalpell. Klicken und ziehen Sie den gewünschten Schnitt über die Objekte. Illustrator zerschneidet die Objekte und bildet dabei neue geschlossene Pfade, die jeweils die Aussehen-Eigenschaften des Quellobjekts besitzen.

Es werden nur aktivierte Objekte zerschnitten, die entweder mit einer Füllung versehen und/oder geschlossen sind. Haben Sie kein Objekt ausgewählt, werden alle gefüllten und/oder geschlossenen Objekte zerschnitten, durch die der Schnitt führt, egal auf welcher Ebene sie liegen – soweit sie nicht fixiert oder ausgeblendet sind!

Die neuen Objekte sind nicht gruppiert oder anderweitig verbunden, sodass Sie sie nach dem Schneiden sofort weiterverarbeiten können.

Modifikationsmöglichkeit | Messer-Werkzeug
- Mit ⌥/Alt erzeugen Sie einen geraden Schnitt. Führen Sie dabei den Schnitt so, wie Sie das Liniensegment-Werkzeug handhaben (s. Abschnitt 5.1.1).

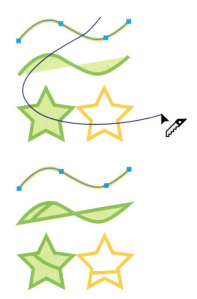

▲ **Abbildung 7.50**
Je ein geschlossener (Stern) und ein offener Pfad (Welle) mit (grün) und ohne Füllung (orange) werden zerschnitten. Auf dem Pfad der orangefarbenen Welle sind die Punkte markiert.

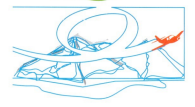

▲ **Abbildung 7.51**
Das Radiergummi-Werkzeug zerteilt offene und geschlossene Pfade (unten: Pfadansicht).

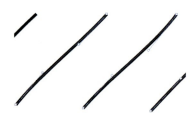

▲ **Abbildung 7.52**
Ursprünglich gerade Linien wurden nach dem Durchtrennen mit dem Radiergummi merklich verformt.

▶ Drücken und halten Sie ⌥+⇧/Alt+⇧, um gerade Schnitte in 45°-Winkeln auszuführen. Selbst wenn diese Möglichkeit einen Eindruck von Genauigkeit suggeriert: Auch damit lässt sich das Werkzeug nicht an Punkten, Objekten oder Hilfslinien ausrichten.

7.4.4 Das Radiergummi-Werkzeug

Dieses Werkzeug verbindet die Möglichkeiten des Messer-Werkzeugs mit den Optionen eines Kalligrafiepinsels. Auch der Radiergummi arbeitet entweder an aktivierten oder an allen Objekten, durch die Sie das Werkzeug führen. Im Unterschied zum Messer-Werkzeug lassen sich mit dem Radiergummi auch offene ungefüllte Pfade zerschneiden. Die Anwendung des Radiergummis an offenen Pfaden führt jedoch häufig zu unerwünschten Verformungen der Restpfade.

Optionen | Öffnen Sie die Werkzeug-Optionen mit einem Doppelklick auf das Werkzeug oder mit der Taste ⏎. Die Einstellungsmöglichkeiten entsprechen denen der Kalligrafiepinsel.

Modifikationsmöglichkeiten | Radiergummi-Werkzeug
▶ Mit ⇧ erzeugen Sie Linien im 45°-Winkel.
▶ Halten Sie ⌥/Alt gedrückt, um eine Rechteckform aufzuziehen, die von den Objekten entfernt wird. Die Rechteckform kann nicht an Hilfslinien ausgerichtet werden.
▶ Drücken Sie < oder ⇧+< zum Verkleinern bzw. Vergrößern der Werkzeugspitze.

Arbeitsweise des Radiergummi-Werkzeugs | Der Radiergummi verhält sich beim Radieren von Pfaden mit besonderen Eigenschaften wie Effekten oder Konturen manchmal nicht so, wie Sie es vielleicht erwarten.

▲ **Abbildung 7.53**
Radieren mehrerer mit Konturen, Pinseln und Effekten versehener Objekte (Mitte); Radieren nach Umwandlung der Formen (rechts); Ausgangsformen (links)

Das Radiergummi-Werkzeug wandelt nicht vor dem Bearbeiten automatisch das Aussehen um (Aussehen umwandeln s. Abschnitt 11.6.8), sondern radiert die Grundformen der Objekte. Wenn also wie in diesem Beispiel ein Pfad zweigeteilt wird, wird anschließend beiden Hälften der Pinsel zugewiesen, besitzt eine geschlossene Form eine Kontur, wird diese nach dem Teilen mit dem Radiergummi um beide Hälften komplett herumgeführt. Mit dem Radiergummi können Sie einige Objekte nicht bearbeiten, wie z. B. Text, platzierte Pixelbilder oder Symbolinstanzen (Symbole s. Kapitel 17).

> **Radiergummi und Wacom**
>
> Wenn Sie den drucksensitiven Stift eines Grafiktabletts (der eine Radiergummi-Option besitzt) umdrehen, wird automatisch das Radiergummi-Werkzeug gewählt. Die Anzeige im Werkzeugbedienfeld springt nicht um.

7.4.5 Das Löschen-Werkzeug

Mit dem Löschen-Werkzeug können Sie unabhängig von vorhandenen Ankerpunkten einzelne Bereiche eines Pfades entfernen. Im Unterschied zum Radiergummi-Werkzeug bearbeiten Sie mit dem Löschen-Werkzeug auch bei geschlossenen Pfaden den Pfad und schneiden nicht die Fläche.

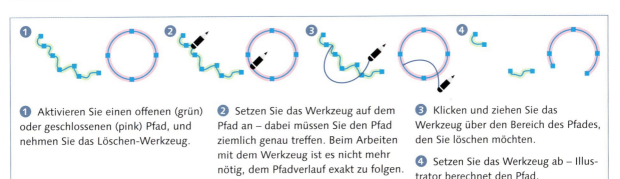

1 Aktivieren Sie einen offenen (grün) oder geschlossenen (pink) Pfad, und nehmen Sie das Löschen-Werkzeug.

2 Setzen Sie das Werkzeug auf dem Pfad an – dabei müssen Sie den Pfad ziemlich genau treffen. Beim Arbeiten mit dem Werkzeug ist es nicht mehr nötig, dem Pfadverlauf exakt zu folgen.

3 Klicken und ziehen Sie das Werkzeug über den Bereich des Pfades, den Sie löschen möchten.

4 Setzen Sie das Werkzeug ab – Illustrator berechnet den Pfad.

7.5 Objekte intuitiv deformieren mit den Verflüssigen-Werkzeugen

Mit den Verflüssigen-Werkzeugen, die Sie unter dem Breitenwerkzeug finden, können Sie Vektorformen sehr intuitiv verformen. Das funktioniert nicht nur mit einzelnen Pfaden, sondern mit kompletten Objekten, Verzerrungshüllen, Gittern u. a.

Pfade reagieren schnell auf Bewegungen mit diesen Tools. Die verformten Pfade werden im Übergang zu den nicht deformierten Teilen der Objekte weich geglättet, sodass sich die Verflüssigen-Werkzeuge sehr gut eignen, um natürliche oder dynamische Formen aus geometrischen Figuren zu erzeugen.

▲ **Abbildung 7.54**
Verflüssigen-Werkzeuge:
VERKRÜMMEN, STRUDEL, ZUSAMMENZIEHEN, AUFBLASEN, AUSBUCHTEN, KRISTALLISIEREN, ZERKNITTERN (ganz links: Breitenwerkzeug)

Abbildung 7.55 ▶
Änderungen wie auf der rechten Seite können mit den Verflüssigen-Werkzeugen intuitiv vorgenommen werden.

▲ **Abbildung 7.56**
Verwendet an Verzerrungshüllen, können Sie eine kontrolliertere Verzerrung erzielen (oben: AUFBLASEN; unten: STRUDEL im Vergleich links mit und rechts ohne Verzerrungshülle).

Abbildung 7.57 ▶
Wirkweise der Verflüssigen-Werkzeuge

▲ **Abbildung 7.58**
Verzerrungen mit dem Verkrümmen- und dem Aufblasen-Werkzeug

7.5.1 Arbeitsweise der Werkzeuge

Die Verflüssigen-Werkzeuge verformen die Objekte, die ausgewählt wurden. Beim Klicken mit dem Werkzeug wird der bearbeitete Pfad dünn farbig angezeigt.

Falls keine Objekte aktiviert sind, verflüssigen Sie die Objekte, die sich beim Klicken innerhalb des Wirkungsradius des Werkzeugcursors befinden, und zwar egal, auf welcher Ebene. Die Verflüssigen-Werkzeuge können Sie auf Pfade sowie auf Verzerrungshüllen, Verlaufsgitter und eingebettete Bilder anwenden.

Abhängig von der Größe des Wirkungsradius sind nicht die kompletten Objekte von der Verformung betroffen, sondern nur einzelne Pfadsegmente. Wenn Sie sichergehen möchten, dass nur bestimmte Objekte oder Objektteile in die Verflüssigen-Operation einbezogen werden, wählen Sie diese vorher aus.

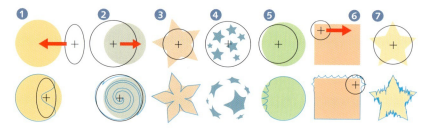

Das Verkrümmen-Werkzeug | Mit diesem Werkzeug – ⇧ + R – erzeugen Sie in den von der Operation betroffenen Pfaden ovale Dellen in der Richtung, in der Sie das Werkzeug bewegen.

Die Einbeulung des Pfades ist umso größer, je näher der Mittelpunkt des Werkzeugs dem bearbeiteten Pfad kommt ❶.

Das Strudel-Werkzeug | Das Strudel-Werkzeug verwirbelt Pfade in einer Art virtuellem Mixer. Pfade, die sich im Wirkungsbereich des Werkzeugs befinden, werden in Richtung des Werkzeug-Mittelpunkts gezogen und in einer Spirale um ihn gewickelt ❷.

7.5 Objekte intuitiv deformieren mit den Verflüssigen-Werkzeugen

Das Zusammenziehen-Werkzeug | Das Zusammenziehen-Werkzeug zieht Pfade und Punkte, die sich in seinem Radius befinden, wie ein Magnet in seinen Mittelpunkt ❸.

Das Aufblasen-Werkzeug | Das Aufblasen-Werkzeug verschiebt Punkte und Pfadsegmente von seinem Mittelpunkt nach außen, sodass eine optische Wirkung wie beim Aufblasen eines bedruckten Luftballons entsteht. Die Verformung beschränkt sich auf den »heißen« Bereich der Werkzeugspitze ❹.

Das Ausbuchten-Werkzeug | Das Ausbuchten-Werkzeug formt viele kleine Kurven in einen Pfad, indem es den Pfad an einigen Punkten fixiert und die Segmente zwischen diesen Punkten in seinen Mittelpunkt zieht ❺.

Das Kristallisieren-Werkzeug | Das Kristallisieren-Werkzeug arbeitet umgekehrt: Es erzeugt Ankerpunkte auf dem Pfad und bewegt diese Punkte als Spitzen von seinem Wirkungsradius weg. Die zwischen den Punkten liegenden Pfadsegmente werden gebogen ❻.

Das Zerknittern-Werkzeug | Das Zerknittern-Werkzeug faltet einen Pfad wie eine seismische Messkurve ❼.

7.5.2 Verflüssigen-Werkzeuge zum Deformieren anwenden

Die Art des Gebrauchs ist bei allen Verflüssigen-Werkzeugen gleich:
1. Wählen Sie eines der Verflüssigen-Werkzeuge im Werkzeugbedienfeld aus.
2. Der Wirkungskreis der Werkzeugspitze wird als Oval unter dem Cursor angezeigt. Sie können die Größe des »heißen« Bereichs der Spitze nach Ihren Wünschen anpassen, indem Sie zusammen mit der Modifikationstaste [⌥]/[Alt] die Maus klicken und ziehen – der Cursor zeigt das Symbol. Modifizieren Sie zusätzlich mit [⇧], erhalten Sie eine gleichmäßig runde Werkzeugspitze.
3. Nun kommen wir zum Verformen:
   - Aktivierte Pfade: Aktivieren Sie eines oder mehrere Objekte oder einzelne Pfadsegmente. Klicken und ziehen Sie mit dem Werkzeug über die Pfade, oder halten Sie einfach die Maustaste über den aktivierten Objektteilen gedrückt, ohne zusätzlich das Werkzeug zu bewegen.

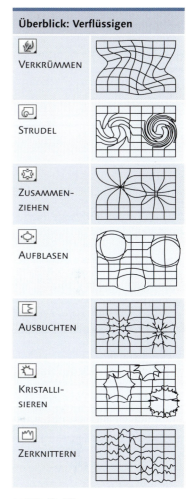

▲ **Tabelle 7.1**
Die Verflüssigen-Werkzeuge und ihre Wirkweisen

▲ **Abbildung 7.59**
Eingebettete Bilder können mit den Verflüssigen-Werkzeugen (hier Aufblasen) verformt werden.

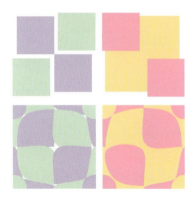

▲ **Abbildung 7.60**
Die Verflüssigen-Werkzeuge (hier: AUFBLASEN) arbeiten bei exakt nebeneinanderliegenden Objekten sichtbar ungenau (links). Achten Sie daher bereits im Vorfeld auf sinnvolle Überlappungen der Objekte (rechts).

▶ Keine Pfade sind aktiviert: Wenn keine Objekte aktiviert sind, bewegen Sie die Werkzeugspitze über die Objekte, die Sie verflüssigen möchten. Klicken Sie erst über den Objekten, und beginnen Sie dann zu ziehen.
Achtung! Dabei werden alle Objekte auf allen Ebenen deformiert, die sich im »heißen« Bereich der Werkzeugspitze befinden, sofern sie nicht ausgeblendet oder fixiert sind!

4. Wenn das jeweilige Werkzeug in Aktion ist, bewegen sich die Pfadsegmente der von der Verflüssigung betroffenen Objekte mit dem Werkzeug. Kreuzen Sie mit dem Cursor weitere aktivierte Pfadsegmente, werden diese ebenfalls in die Bearbeitung einbezogen.
5. Um die Anwendung des Werkzeugs zu beenden, lassen Sie die Maustaste los bzw. heben den Stift vom Grafiktablett ab.
6. Wiederholen Sie gegebenenfalls die Schritte ab 3, denn in manchen Fällen ist ein mehrfaches Ansetzen des Werkzeugs in Folge wirkungsvoller als eine lange Anwendung.

Modifikationsmöglichkeiten | Verflüssigen-Werkzeuge
▶ ⇧: Beschränkt die Werkzeugbewegung auf waagerechte oder senkrechte Winkel.
▶ Cursorbewegung: Da die Werkzeuge mit einer kleinen Verzögerung arbeiten, erzeugt ein verändertes Bewegungstempo der Werkzeuge andere Ergebnisse.

Optionen | Mit einem Doppelklick auf eines der Verflüssigen-Werkzeuge im Werkzeugbedienfeld rufen Sie die zugehörigen Optionen auf. Die Einstellungen gelten für alle Werkzeuge (s. den Hinweis links).

Abbildung 7.61 ▶
Die Optionen des Strudel-Werkzeugs

Optionen für alle Werkzeuge!

Bitte beachten Sie, dass Größe, WINKEL und INTENSITÄT, die Sie für eines der Verflüssigen-Werkzeuge eingeben, in alle anderen übernommen werden.
Wenn die beiden Parameter für das Ergebnis in Ihrer Grafik wichtig sind, sollten Sie sie überprüfen, bevor Sie das Werkzeug anwenden.

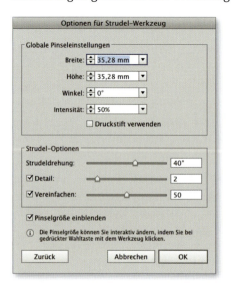

7.5 Objekte intuitiv deformieren mit den Verflüssigen-Werkzeugen

- BREITE und HÖHE: Hier geben Sie die Breite und Höhe des ovalen Wirkungsbereichs der Werkzeugspitze durch Auswahl aus dem Menü oder Eingabe ins Textfeld ein.
  Die Maßeinheiten aus VOREINSTELLUNGEN • EINHEIT im Bereich ALLGEMEIN werden für die Eingabe von Maßen verwendet – die Vorgaben im Popup-Menü sind leider in Punkt aufgelistet.
  Bei allen Werkzeugen können Sie die Form und damit den »heißen« Bereich der Werkzeugspitze auch manuell anpassen – s. dazu die Anleitung auf Seite 197.

▲ **Abbildung 7.62**
Auch wenn Sie mit der allgemeinen Maßeinheit Millimeter arbeiten, werden die Vorgaben in Punkt aufgelistet.

- WINKEL: Stellen Sie eine ovale Spitze durch Eingabe des Winkels schräg.
- INTENSITÄT: Bei Mauseingabe bestimmt dieser Wert, wie schnell die Verformung durch das Werkzeug erfolgt.
  Wenn Sie nur geringe Deformationen erreichen möchten, müssen Sie einen sehr niedrigen Intensitätswert einstellen.
  Bei der Eingabe mit einem Stift auf dem Grafiktablett muss das Kontrollkästchen DRUCKSTIFT VERWENDEN aktiviert werden. Die numerische Werteingabe wird damit abgeschaltet, denn dann bestimmt der auf den Stift ausgeübte Druck die Schnelligkeit und damit die Intensität der Verformung.

Durch die Werkzeuge wechseln

Wenn Sie ein Werkzeug aus einer Werkzeuggruppe im Werkzeugbedienfeld mit gedrückter ⌥/Alt-Taste anklicken, wechseln Sie zum folgenden Werkzeug der Gruppe.

- PINSELGRÖSSE EINBLENDEN: Das schwarze Oval unter dem Cursor vermittelt Ihnen ein Gefühl dafür, welche Pfade in den Wirkungsbereich des Werkzeugs einbezogen werden (s. auch BREITE/HÖHE). Deaktivieren Sie die Anzeige durch Entfernen des Häkchens.
- DETAIL: Mit diesem Wert geben Sie an, wie detailliert die Verformung sein soll. Ein höherer Wert generiert eine feingliedrigere Verformung. Das heißt, die Anzahl der zusätzlich erzeugten Ankerpunkte ist größer als bei einem niedrigen Wert.
- Zusätzliche Option der Werkzeuge VERKRÜMMEN, STRUDEL, ZUSAMMENZIEHEN UND AUFBLASEN:
  - VEREINFACHEN: Mit dieser Option geben Sie an, wie stark der Pfad nach der Verflüssigen-Operation optimiert wird. Beim Vereinfachen wird die Anzahl der Punkte reduziert, die den Pfad bilden. Mit dem Schieberegler steuern Sie die Genauigkeit: Höhere Werte erzeugen weniger Punkte und damit glattere Pfade.
- Zusätzliche Option des Strudel-Werkzeugs:
  - STRUDELDREHUNG: Je höher der Wert der STRUDELDREHUNG ist, desto stärker und schneller erfolgt die Drehung. Positive Werte bewirken eine Drehung gegen den Uhrzeigersinn, negative Werte im Uhrzeigersinn.

▲ **Abbildung 7.63**
Mit dem Verkrümmen-Werkzeug bearbeitete Kopien einer komplexeren Form (rechts unten)

Kapitel 7 Freihand-Werkzeuge

▲ **Abbildung 7.64**
Verschiedene Stufen der Komplexität

▲ **Abbildung 7.65**
Von oben: Pinsel verschiebt Ankerpunkt, Pinsel verschiebt wegführende Griffe

▶ Zusätzliche Optionen der Werkzeuge Ausbuchten, Kristallisieren und Zerknittern:
  ▶ Komplexität steuert die Reaktionszeit des Werkzeugs – ein höherer Wert lässt das Werkzeug in kürzeren Abständen reagieren. Ein sehr niedriger Komplexitätswert bewirkt keine Änderung, wenn keine Ankerpunkte im Wirkungsbereich des Werkzeugs liegen.
  ▶ Pinsel verschiebt Ankerpunkt: Mit dieser Option bestimmen Sie, ob das Werkzeug Ankerpunkte, die bereits auf dem Pfad vorhanden sind, verschieben darf. Wenn Sie Pinsel verschiebt Ankerpunkt aktivieren, erzielen Sie extremere Verformungen des Pfades.
  ▶ Pinsel verschiebt hinführende/wegführende Griffe: Steuern Sie hiermit, welche Grifflinien verändert werden – die Bezeichnungen »hinführend« bzw. »wegführend« bezieht sich auf die Pfadrichtungen (s. Abschnitt 6.6.3).
▶ Zusätzliche Optionen des Zerknittern-Werkzeugs:
  ▶ Horizontal/Vertikal: Mit diesen Werten geben Sie an, wie stark die Verformung in horizontaler bzw. vertikaler Richtung erfolgen soll.

Beim Zerknittern-Werkzeug wirkt die Bewegungsrichtung der Werkzeugspitze nicht auf die Richtung der Verformung!

Kapitel 8
Farbe

Erst duch den Einsatz von Farbe auf Konturen oder Flächen werden Pfade sichtbar. Mit Farbmanagement und Farbharmoniefunktionen unterstützt Illustrator Sie sowohl beim produktionssicheren Einsatz als auch beim kreativen Umgang mit Farbe.

Um Farbe in Ihren Dokumenten gezielt einsetzen und sich auf die farbgetreue Verarbeitung bis zur Ausgabe verlassen zu können, ist es wichtig, zu verstehen, wie Farbe in Illustrator funktioniert.

8.1 Farbmodelle

Farbmodelle machen Farben messbar und zuverlässig beschreibbar, damit sie in unseren täglich gebrauchten Medien exakt reproduzierbar sind. Farben werden in diesen Modellen auf unterschiedlichste Weise kategorisiert und mit numerischen Werten geordnet. Von vielen Farbmodellen existieren wiederum verschiedene Varianten, die Farbräume. Sie werden definiert durch den begrenzten Farbumfang, den bestimmte Geräte oder Vermittlungsmethoden darstellen können. Die numerischen Werte, die die Farben beschreiben, beziehen sich jeweils auf einen solchen Farbraum. Gleiche Werte charakterisieren deshalb in einem anderen Farbraum ganz andere Farben.

 Exkurs: Lab-Farbmodell
(eigentlich L*a*b) Im Gegensatz zu anderen Farbmodellen beschreibt das Lab-Modell, wie Farben aussehen, und nicht, wie ein Gerät sie mischt.
Daher wird dieser Standard der CIE (Commission Internationale d'Eclairage) von Farbmanagementsystemen als Referenz verwendet. In Illustrator können Sie Lab verwenden, um Volltonfarben zu erstellen und am Bildschirm darzustellen.

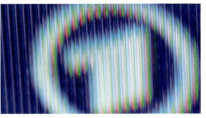

◄ **Abbildung 8.1**
Im Druck werden Mischfarben erzeugt, indem unterschiedlich große Rasterpunkte in den Druckfarben (CMYK) übereinandergedruckt werden (links).
Das RGB-Farbmodell erzeugt Farben mit farbigen Lichtquellen (rechts).

▲ Abbildung 8.2
Der »Schuh« stellt das vom menschlichen Auge wahrnehmbare Farbspektrum dar. Die inneren Rahmen kennzeichnen die darstellbaren Farben in verschiedenen Farbmodellen.
▶ Weißer Rahmen: RGB-Farbraum
▶ Grauer Rahmen: Pantone-Farbraum
▶ Schwarzer Rahmen: CMYK-Farbraum

Darstellbarer Farbraum

Der darstellbare Farbraum aus dem Umfang der von uns wahrnehmbaren Farben ist bei subtraktiver Farbmischung, und damit auch bei CMYK, wesentlich kleiner als bei der additiven Farbmischung mit aktiven Lichtquellen im Farbmodell RGB.

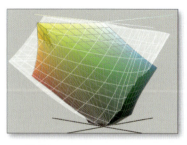

▲ Abbildung 8.3
Vergleich der Farbräume »Adobe RGB« und »Europe ISO Coated FOGRA 27« in Apples ColorSync-Dienstprogramm

8.1.1 RGB

Die gebräuchlichsten Farbmodelle – auch in Illustrator – sind RGB und CMYK. RGB ist ein Farbmodell zur Beschreibung additiv gemischter Farben. Aktive Lichtquellen mit gleicher Stärke in den Grundfarben Rot, Grün und Blau addieren sich im menschlichen Auge zu weißem Licht. Werden die Grundfarben in unterschiedlicher Intensität gemischt, interpretiert das Auge dies als farbiges Licht. Durch das Abschwächen einzelner Lichtquellen kann ein weiter Bereich des sichtbaren Farbspektrums erzeugt werden. Schwarz wird durch das Fehlen aller Farbinformationen wahrgenommen. Neutrales Grau entsteht, wenn die Intensität der Grundfarben gleichmäßig reduziert ist, z. B. R–G–B: 87–87–87.

8.1.2 CMYK

CMYK ist ein Farbmodell zur Beschreibung der subtraktiven Farbmischung. Aus dem Farbspektrum einer weißen Lichtquelle, das von einer Fläche reflektiert wird, filtern Farben, die auf der Fläche vorhanden sind, Bereiche des Spektrums heraus. Das Auge erreichen also nur Teile des ursprünglich weißen Lichts, die als Farbe wahrgenommen werden. Da der Teil des weißen Lichts, der bei der Reflexion absorbiert wird, mit dem Farbauftrag auf der reflektierenden Fläche beeinflusst werden kann, spricht man hier von subtraktiver Farbmischung.

Durch kleine farbige Punkte auf einer Fläche, die das weiße Licht filtern, entsteht im menschlichen Auge ein Farbeindruck, der nicht den einzelnen Farben der Punkte entspricht, sondern einer Mischung daraus. Diese Auflösungsschwäche des menschlichen Auges macht man sich beim Vierfarbdruck zunutze, indem Raster aus Punkten der Komplementärfarben zu Rot/Grün/Blau, nämlich Cyan/Magenta/Gelb, auf einen weißen Träger gedruckt werden, um so bei der Reflexion einer Lichtquelle dem Betrachter ein breites Farbspektrum zu simulieren.

Cyan, Magenta und Gelb übereinandergedruckt sollten theoretisch Schwarz ergeben. In der Praxis entsteht eher ein »schmutziges« Graubraun. Zum Ausgleich der optischen Eigenschaften der Buntfarben und um saubere Hell-/Dunkelabstufungen erzeugen zu können, wird das schwarze Raster hinzugefügt. Daher ist für dieses Farbmodell die Bezeichnung CMYK gebräuchlich, nach den entsprechenden Farbbezeichnungen Cyan/Magenta/Yellow/Key in der englischen Sprache. Die Bezeichnung »Key« anstelle von »Black« für »Schwarz« wurde gewählt, um bei der Abkürzung »B« eine Verwechslung mit »Blue« bzw. »Blau« auszuschließen.

8.2 Farbmanagement

Farbe wird von jedem Ein- oder Ausgabegerät auf eine andere Weise erfasst oder wiedergegeben. Dabei kommen unterschiedliche Farbmodelle zur Anwendung. Sowohl die technischen Fähigkeiten der Geräte als auch die verwendeten Farbmodelle schränken den darstellbaren Farbumfang (Gamut) ein. Durch das Farbmanagement sollen nun die einzelnen Farbmodelle und der Farbumfang der beteiligten Geräte und Prozesse in Einklang gebracht werden. Farbmanagement hat die Aufgabe, Farbe konstant und vorhersehbar zu reproduzieren.

Die Optimierung der Bilddaten anhand drucktechnischer Kennlinien – wie es in der Vergangenheit üblich war – setzt voraus, dass die für Erfassung, Verarbeitung und Wiedergabe der Farbinformationen benutzten Geräte dasselbe Farbmodell verwenden. Durch den Einsatz offener, digitaler und modularer Systeme ist das aber nicht mehr sichergestellt. Farben müssen also unabhängig von gerätespezifischen Farbmodellen definiert werden. Mit dem ICC-Profil können die Steuersignale der Geräte mit einem Farbort im farbmetrischen Referenzfarbraum (XYZ oder Lab) verknüpft werden und damit den Gamut eines Geräts beschreiben.

> **Farbmanagement ist aktiv!**
>
> Das Farbmanagement ist per Voreinstellung aktiviert. Damit nicht eventuell für Ihren Workflow ungeeignete Optionen Ihre Arbeit ruinieren, sollten Sie sich mit dem Farbmanagement beschäftigen und sich auch mit Ihren Dienstleistern absprechen.

8.2.1 Farbmanagement vorbereiten

Der erste Schritt ist die **Kalibrierung und Profilierung Ihres Monitors**. Am besten ist der Einsatz externer Messtechnik und Profilierungssoftware, die Sie von verschiedenen Anbietern erhalten. Zum Einstellen nach Augenmaß können Sie unter Mac OS die Funktion KALIBRIEREN… verwenden, die Sie unter SYSTEMEINSTELLUNGEN • MONITORE • FARBEN finden. Unter Windows 7 verwenden Sie den DISPLAY COLOR CALIBRATION WIZARD, für ältere Systeme gibt es vergleichbare Software im Web.

> **Bildschirmkalibrierung**
>
> Ihr Monitor sollte etwa eine halbe Stunde in Betrieb sein, bevor Sie mit der Kalibrierung beginnen.
> Da ein Farbeindruck immer von der Umgebungsfarbe beeinflusst wird, sollten Sie einen neutral grauen Bildschirmhintergrund einrichten.
> Zu den Kalibrierungsfunktionen der beiden Betriebssysteme Mac OS und Windows stehen Online-Hilfen zur Verfügung.

8.2.2 Farbmanagement über Adobe Bridge einrichten

Adobe hat in seinen wichtigen Applikationen Photoshop, InDesign und Illustrator eine gemeinsame Farbmanagement-Architektur mit identischen Einstellungen implementiert. Darüber hinaus lassen sich diese Applikationen synchronisieren, sodass Sie applikationsübergreifend mit konsistenten und vorhersagbaren Bildschirmfarben arbeiten können. Dies ist eine wichtige Grundlage für den reibungslosen Ablauf Ihrer Gestaltungs-, Proof- und Druck-Workflows. Setzen Sie neben Illustrator andere Anwendungen der Creative Suite ein, dann richten Sie die Farbmanagement-Einstellungen über Adobe Bridge ein. Mit dem Button GEHE ZU BRIDGE in der Anwendungsleiste (Mac) bzw. der Menüleiste

(Windows) rufen Sie Bridge aus Illustrator auf. In Bridge wählen Sie BEARBEITEN • CREATIVE SUITE-FARBEINSTELLUNGEN – ⌘/Strg+⇧+K.

Abbildung 8.4 ▶
Die Dialogbox SUITE-FARBEINSTELLUNGEN in Adobe Bridge

Hier finden Sie die Auswahl der von Adobe mitgelieferten Farbeinstellungsdateien (CSF). Wenn Sie eine der Einstellungen anklicken und anschließend mit dem Button ANWENDEN bestätigen, wird diese Einstellung in alle Applikationen übernommen, und sie sind synchronisiert.

Coated FOGRA27 und 39

Die »Coated FOGRA«-Profile wurden von Adobe aus den Spezifikationen diverser Druckverbände zusammengestellt. Sie sind daher nicht optimal. Laden Sie sich stattdessen Profile der ECI (European Color Initiative) von *www.eci.org*.

8.2.3 Farbeinstellungen in Illustrator

Um die Voreinstellungen für das Farbmanagement in Illustrator einzurichten, rufen Sie BEARBEITEN • FARBEINSTELLUNGEN auf – ⌘/Strg+⇧+K. Bewegen Sie den Mauszeiger über die Ausklappmenüs, dann wird im Feld BESCHREIBUNG (unten) jeweils ein kurzer Hilfetext zu den Optionen angezeigt.

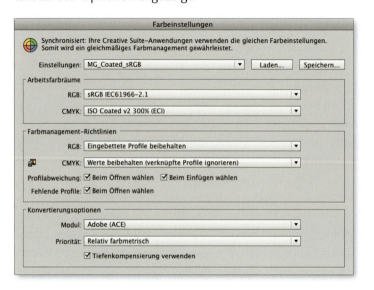

Abbildung 8.5 ▶
Die Dialogbox FARBEINSTELLUNGEN

Farbmanagement deaktivieren

Wählen Sie ADOBE ILLUSTRATOR 6.0 EMULIEREN, um das Farbmanagement »auszuschalten«. In dieser Einstellung bettet Illustrator keine Farbprofile in Ihre Dokumente ein.
Beachten Sie jedoch, dass sich das Farbmanagement nicht ganz deaktivieren lässt und auch in dieser Einstellung im Hintergrund arbeitet.

Synchronisierung | Das Icon signalisiert, ob die Farbeinstellungen der zur Creative Suite gehörenden Programme identisch sind. Definieren Sie Ihre Farbmanagement-Richtlinien über Adobe Bridge, werden die Einstellungen automatisch synchronisiert. Sobald Sie lokal in einer der Applikationen Änderungen am Farbmanagement vornehmen, sind die Einstellungen der Creative Suite-Anwendungen nicht mehr synchron.

▲ **Abbildung 8.6**
Die Creative Suite-Anwendungen sind synchronisiert (links) bzw. nicht synchronisiert (rechts).

Einstellungen | Wählen Sie eine der vorkonfigurierten EINSTELLUNGEN aus dem Aufklappmenü. Diese fassen die von Adobe empfohlenen Optionen für den jeweils im Namen erkennbaren Einsatzzweck zusammen. Falls Sie wenig Erfahrung mit Farbmanagement haben, sollten Sie keine Änderungen an den Optionen der EINSTELLUNGEN vornehmen.

Arbeitsfarbräume | Wählen Sie hier jeweils für RGB und CMYK Ihren bevorzugten Arbeitsfarbraum aus. Der Arbeitsfarbraum ist ein Übergangsfarbraum (für die Bearbeitung des Dokuments) und wird jedem neuen Dokument automatisch zugewiesen. Darüber hinaus bestimmt er die Anzeige eines Dokuments ohne eingebettetes Profil (Untagged).

Erstellen Sie Dokumente für den Druck, sollten Sie einen möglichst großen RGB-Arbeitsfarbraum wählen, z. B. ADOBE RGB (1998). Bei der Vorbereitung von Grafik für das Web empfiehlt sich der »kleinste gemeinsame Nenner« sRGB IEC61966, der den »Standardmonitor« der Web-User simuliert. Wählen Sie als RGB-Arbeitsfarbraum **nicht** das Farbprofil Ihres Monitors aus.

Als CMYK-Arbeitsfarbraum wählen Sie einen für das anvisierte Druckverfahren geeigneten Farbraum.

Farbmanagement-Richtlinien | Hier legen Sie fest, wie Illustrator Dokumente behandelt, in die kein Farbprofil oder ein vom aktuellen Arbeitsfarbraum abweichendes Profil eingebettet ist.

- AUS: Mit dieser Option werden die eingebetteten Farbprofile gelöscht. Das Profil des aktuellen Arbeitsfarbraums wird **nicht** eingebettet, aber zur Anzeige des Dokuments verwendet.
- EINGEBETTETE PROFILE BEIBEHALTEN: Das vom Ersteller der Datei ursprünglich eingebettete Profil bleibt erhalten.
- IN ARBEITSFARBRAUM UMWANDELN: Statt des ursprünglichen Profils wird das Profil des Arbeitsfarbraums zugewiesen. Farben werden entsprechend konvertiert.
- WERTE BEIBEHALTEN (VERKNÜPFTE PROFILE IGNORIEREN): Diese Einstellung steht Ihnen für CMYK zur Verfügung. Wählen Sie WERTE BEIBEHALTEN, dann werden Farbwerte nicht vom Farbmanagement konvertiert, wenn Sie z. B. eine Datei mit abweichendem Farbprofil öffnen

> **RGB-Arbeitsfarbraum**
>
> Wenn Sie häufig Fotos aus dem semiprofessionellen Bereich in Layouts weiterverarbeiten, kann es sinnvoll sein, sRGB als RGB-Arbeitsfarbraum einzustellen. Es ist der Standardfarbraum für Consumer-Kameras. Erhalten Sie in diesem Workflow ausnahmsweise professionelle Fotos, ist es kein Problem, da diese in der Regel mit dem korrekten Farbprofil versehen sind.

> **Weiterführende Informationen**
>
> Als weiterführende Lektüre (nicht nur) für die Behandlung abweichender Farbprofile empfehle ich den Ratgeber »PDF/X und Colormanagement« (*www.cleverprinting.de*).

▲ **Abbildung 8.7**
FARBNUMMERN BEIBEHALTEN verhindert eine CMYK-zu-CMYK-Konvertierung beim Einfügen von Grafiken.

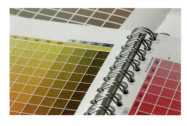

▲ Abbildung 8.8
Farbatlas

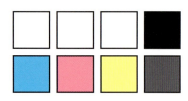

▲ Abbildung 8.9
Umwandlung eines reinen Schwarz in ein 4C-Schwarz

▲ Abbildung 8.10
Warnungen bei abweichender Einstellung für den sicheren CMYK-Workflow

▲ Abbildung 8.11
Mit aktivierter Option BEIM ÖFFNEN WÄHLEN zeigt Illustrator diese Warnung, wenn Sie ein Dokument öffnen, das ein abweichendes Farbprofil besitzt.

oder Inhalte daraus in das aktuelle Dokument einfügen (s. auch den folgenden Abschnitt »Sicherer CMYK-Workflow«).

Da Ihnen das Farbprofil einen Anhaltspunkt darüber gibt, für welches Zielmedium das Dokument bestimmt war, ist zu empfehlen, ein abweichendes Farbprofil beim Öffnen beizubehalten bzw. ein fehlendes Profil nicht zu ersetzen. Zu einem späteren Zeitpunkt besteht immer noch die Möglichkeit, mit BEARBEITEN • PROFIL ZUWEISEN ein anderes Profil in die Datei einzubetten oder das Profil zu löschen.

Sicherer CMYK-Workflow | Möchten Sie sicherstellen, dass Bild- und Grafikdateien im CMYK-Farbmodus nicht durch das Farbmanagement konvertiert werden, bieten Illustrator und InDesign den »sicheren CMYK-Workflow« an. Unter FARBMANAGEMENT-RICHTLINIEN für CMYK sollte die Einstellung WERTE BEIBEHALTEN (VERKNÜPFTE PROFILE IGNORIEREN) ausgewählt sein.

Bei der Definition von CMYK-Farben nach einem Farbatlas wurde das Ausgabemedium bereits berücksichtigt, sodass in diesem Fall meistens keine Umwandlung der Farben gewünscht ist. Das größte Problem der Konvertierung zwischen zwei verschiedenen CMYK-Farbräumen besteht in der Umwandlung eines reinen Schwarz (CMYK 0/0/0/100) in ein Schwarz, das sich aus allen vier Druckfarben zusammensetzt. Dieses Verhalten ist vor allem bei Vektorgrafik mit vielen feinen Konturen sowie für schwarzen Fließtext unerwünscht, da im Druck auftretende Registerungenauigkeiten im schlimmsten Fall dazu führen, dass Text und Grafik unleserlich werden.

Wurde bei der Erstellung der Datei die jeweils andere Einstellung WERTE BEIBEHALTEN bzw. VERKNÜPFTE PROFILE BEIBEHALTEN gewählt, zeigt Illustrator dies beim Öffnen einer Datei mit abweichendem Farbprofil ebenfalls mit einer Warnung an.

Profil-Abweichungen | Die eben besprochenen FARBMANAGEMENT-RICHTLINIEN kommen beim Öffnen oder Platzieren eines Dokuments in Illustrator ohne weitere Nachfrage sofort zur Anwendung, es sei denn, Sie aktivieren die Optionen unter PROFIL-ABWEICHUNGEN. Mit den Optionen erreichen Sie, dass Illustrator vor jedem Öffnen eines Dokuments mit abweichendem Farbprofil nachfragt, was geschehen soll. Ihre FARBMANAGEMENT-RICHTLINIEN sind in dieser Dialogbox vorausgewählt.

Aktivieren Sie die Optionen BEIM ÖFFNEN bzw. BEIM EINFÜGEN WÄHLEN, um die größtmögliche Flexibilität und Kontrolle beim Umgang mit Farbprofilen zu erhalten.

Beachten Sie beim Platzieren von Grafik, dass Dokumente ihre eingebetteten Farbprofile nur behalten, wenn sie mit der Option VERKNÜPFEN platziert werden. Betten Sie eine Grafik beim Platzieren in Ihr Illustrator-Dokument ein, so wird diese entsprechend den eingestellten Richtlinien in das Farbprofil des Illustrator-Dokuments umgewandelt.

Konvertierungsoptionen | Unter MODUL wählen Sie das CMM – Color Management Module, also die Farbmanagement-Engine – aus. Diese Engine rechnet die Farben anhand der Geräteprofile in den Zielfarbraum um. CMMs unterscheiden sich in Details. Wählen Sie eines der Module aus der Liste aus, und wechseln Sie dieses nicht ohne einen triftigen Grund – so lernen Sie mit der Zeit, die Ergebnisse der Farbraumkonvertierungen immer besser einzuschätzen.

Wählen Sie hier aus den in Ihrem System installierten Engines. Die Adobe-Engine ADOBE (ACE) steht Ihnen inzwischen nicht mehr nur in Adobe-Anwendungen zur Verfügung. Das Color Management Module kann auch in andere Applikationen eingebunden werden, sodass ein programmübergreifendes einheitliches Farbmanagement möglich ist.

Mit der Wahl der PRIORITÄT (Methode, Wiedergabeabsicht) geben Sie vor, wie das Farbmanagement diejenigen Farbpositionen behandeln soll, die außerhalb der Reichweite – Color Gamut genannt – des Zielmediums liegen:

- PERZEPTIV: Farben werden so im Zielfarbraum abgebildet, dass das Verhältnis der Abstände der Farben zueinander erhalten bleibt. Die absoluten Farben können sich dabei verändern. Diese Wiedergabeabsicht eignet sich gut, wenn viele Farben signifikant außerhalb des Zielfarbraums liegen.
- SÄTTIGUNG: Die Sättigung der Farben bleibt erhalten, die Farbtöne können sich ändern. Die Methode wird vor allem für Geschäftsgrafiken (PowerPoint-Charts) empfohlen, sollte jedoch in der professionellen Druckvorstufe nicht verwendet werden.
- RELATIV FARBMETRISCH: Bezugspunkt für die Verschiebung der Farben vom Quell- in den Zielfarbraum ist der Weißpunkt des jeweiligen Farbraums. Farben, die außerhalb des Zielfarbraums liegen, werden auf den nächstreproduzierbaren Buntton abgebildet.
- ABSOLUT FARBMETRISCH: Die Ausgabe verhält sich wie mit der Option RELATIV FARBMETRISCH. Es wird aber der Weißpunkt des Quellfarbraums erhalten. Diese Wiedergabeabsicht eignet sich ausschließlich für das Proofen.

Tiefenkompensierung verwenden | Diese proprietäre Adobe-Einstellung sorgt dafür, dass der Schwarzpunkt des Quellfarbraums auf den

---

Graustufenprofile?

Illustrator ignoriert Graustufenprofile, wie z. B: DOT GAIN 20 %.

Verwendung von ColorSync

Falls Sie unter Mac OS APPLE COLORSYNC als MODUL einstellen, achten Sie darauf, im ColorSync-Dienstprogramm unter EINSTELLUNGEN • CMMs nicht die Einstellung AUTOMATISCH auszuwählen. Mit dieser Einstellung könnten Sie nicht feststellen oder gar bestimmen, welche Engine zum Einsatz kommt.

Wiedergabeabsicht?

Alternativ zum Begriff »Rendermethode« ist die Bezeichnung »Wiedergabeabsicht« gebräuchlich, die sich vom englischen »Rendering Intent« herleitet.

[Farbwerteatlas]

Die Farbwirkung wird immer auch durch das verwendete Papier beeinflusst. Auf Naturpapieren sehen Farben anders aus als auf Kunstdruckpapieren, wie sie für Fotokalender verwendet werden. Bestimmen Sie Farben daher möglichst nach Referenzmustern, die auf einem ähnlichen Papier gedruckt sind, wie Sie es für die Produktion geplant haben. Farbmusterbücher oder Farbwerteatlanten bekommen Sie im Fachbuchhandel (s. Abbildung 8.8).

> **Profil speichern?**
>
> Da Vektorgrafik in den meisten Fällen im Hinblick auf einen bestimmten Ausgabeprozess hin gestaltet wird und die Farben anhand von Farbmusterbüchern gewählt werden, kann es sinnvoll sein, kein Farbprofil in die Datei einzubetten. So vermeiden Sie auf jeden Fall eine CMYK-zu-CMYK-Konvertierung, wenn die Illustrator-Datei in einem Layout platziert wird. Allerdings müssen Sie in diesem Fall unbedingt den Ausgabeprozess kennzeichnen, für den die Datei bestimmt ist, z. B. über den Dateinamen oder einen Vermerk im Dokument. Wenn Sie eigene Dokumentprofile (s. Abschnitt 22.1.3) anlegen, sollten Sie darin keine Farbprofile speichern.

▲ **Abbildung 8.12**
Warnung bei nicht vorhandenem Farbprofil

> **In Profil konvertieren?**
>
> Eine Datei von einem in ein anderes Profil konvertieren können Sie nur beim Öffnen der Datei. Stellen Sie das Zielprofil in den FARBEINSTELLUNGEN ein, und wählen Sie dann beim Öffnen der Datei die Option IN ARBEITSFARBRAUM KONVERTIEREN.

Schwarzpunkt des Zielfarbraums gerechnet wird. Ist die Option aktiviert, nutzen Sie also das zur Verfügung stehende dynamische Spektrum optimal aus. Das macht sich z. B. bei der Zeichnung in dunklen Bereichen Ihrer Bilder bemerkbar.

8.2.4 Farbprofile und Dokumente

Erstellen Sie ein neues Dokument, wird das dem Dokumentfarbraum entsprechende Farbprofil in das Dokument eingebettet, sofern die FARBMANAGEMENT-RICHTLINIEN entsprechend eingestellt sind.

Öffnen von Dokumenten mit abweichenden Profilen | Bei aktiviertem und entsprechend eingerichtetem Farbmanagement erscheint eine Warnung, sobald Sie ein Dokument öffnen, das mit keinem oder einem anderen als dem aktuell von Illustrator verwendeten Farbprofil versehen ist. Das Farbprofil gibt an, für welche Ausgabesituation das Dokument erstellt wurde.

Sie haben in beiden Fällen drei Möglichkeiten, den Farbprofil-Konflikt zu lösen – halten Sie gegebenenfalls Rücksprache mit den weiterverarbeitenden Betrieben bzw. mit dem Ersteller des Dokuments (s. Abbildung 8.10):

- EINGEBETTETES PROFIL VERWENDEN bzw. BEIBEHALTEN (KEIN FARBMANAGEMENT): Behalten Sie das eingebettete bzw. kein Profil. Diese Option ist in den meisten Fällen zu empfehlen. Zu einem späteren Zeitpunkt ist es immer noch möglich, ein anderes Profil zuzuweisen.
- FARBEN DES DOKUMENTS IN DEN ARBEITSFARBRAUM KONVERTIEREN: Das eingebettete Profil wird verworfen, und stattdessen wird das in den FARBMANAGEMENT-RICHTLINIEN eingestellte Profil eingebettet. Die Farbwerte werden so verändert, dass die Farbdarstellung möglichst identisch mit der ursprünglichen Darstellung bleibt. Diese Einstellung sollten Sie vermeiden.
- EINGEBETTETES PROFIL LÖSCHEN: Das eingebettete Profil wird entfernt – das Dokument unterliegt nicht mehr dem Farbmanagement.
- PROFIL ZUWEISEN: War bisher kein Profil eingebettet, können Sie entweder das Profil des Arbeitsfarbraums zuweisen oder ein Profil frei auswählen. Dabei ändern sich die Farbwerte nicht, die Darstellung der Farben auf dem Bildschirm und im Ausdruck zeigt gegebenenfalls einen deutlichen Unterschied.

Platzieren von Bilddateien | Wenn Sie eine Datei mit einem abweichenden Farbprofil verknüpfen, merkt sich Illustrator nicht die Einstellungen, die Sie beim Platzieren dieser Datei für die Behandlung des

Farbprofils vornehmen, sondern Sie müssen diese Einstellung bei jedem Öffnen der Illustrator-Datei erneut vornehmen. Sind mehrere Dateien platziert, ist es sehr verwirrend, dass es keinen Hinweis darüber gibt, für welches Bild Sie Einstellungen vornehmen.

Farbprofile zuweisen oder ändern | Beim Speichern können Sie das in den FARBEINSTELLUNGEN für den Dokumentfarbraum passende Profil in das Dokument einbetten. Wurde dem Dokument ein Farbprofil zugewiesen, so ist in der Dialogbox SPEICHERN die Option ICC-PROFIL SPEICHERN aktiv. Deaktivieren Sie sie, um kein Profil einzubetten.

Möchten Sie einer Datei zu einem späteren Zeitpunkt ein anderes Profil zuweisen oder ein eingebettetes Profil löschen, wählen Sie BEARBEITEN • PROFIL ZUWEISEN…

Wählen Sie FARBMANAGEMENT NICHT AUF DIESES DOKUMENT ANWENDEN, um ein eingebettetes Profil zu entfernen, oder RGB- bzw. CMYK-ARBEITSFARBRAUM, um den in den Illustrator-Farbeinstellungen derzeit eingerichteten Farbraum zuzuweisen. Alternativ wählen Sie ein Profil aus dem Aufklappmenü.

Um zu erfahren, welches Farbprofil in Ihrem Dokument eingebettet ist, verwenden Sie das Dokumentinformationen-Bedienfeld oder rufen den Eintrag EINBLENDEN • FARBPROFIL DES DOKUMENTS in der Statusleiste links unten im Dokumentfenster auf.

▲ **Abbildung 8.13**
Die Dialogbox PROFIL ZUWEISEN

▲ **Abbildung 8.14**
Anzeige des Farbprofils in der Statusleiste

▲ **Abbildung 8.15**
Das Dokumentinformationen-Bedienfeld

8.3 Dokumentfarbmodus

Illustrator kann sowohl mit CMYK-Farbräumen als auch mit RGB-Farbräumen arbeiten, jedoch nur in einem Farbmodus pro Dokument. Der Modus ist für jedes Dokument frei wählbar.

Farbmodus für ein neues Dokument | Bereits beim Erstellen eines neuen Dokuments müssen Sie den Farbmodus bestimmen, mit dem Sie arbeiten wollen. In den Dokumentprofilen ist der Farbmodus bereits voreingestellt, und alle Farbfelder sind auf Basis dieses Modus definiert (s. Abschnitt 4.1.1), wechseln Sie daher nicht einfach den Farbmodus, sondern wählen Sie ein passendes Dokumentprofil.

Wählen Sie den Farbmodus entsprechend dem zukünftigen Einsatz Ihrer Grafik aus. CMYK sollten Sie einstellen, wenn Ihre Datei für den Druck erstellt wird, RGB dagegen, um sie in einer Bildschirmpräsentation zu verwenden. In dem so voreingestellten Farbmodus werden Farben im Dokument gespeichert – unabhängig davon, in welchem Farbmodus Sie die Farben beim Mischen definieren.

> **Farbmodus wechseln?**
>
> Bei einem Wechsel des Dokumentfarbmodus wird jede im Dokument definierte Prozessfarbe entsprechend den in den Farbeinstellungen definierten Profilen umgerechnet. Dabei können Veränderungen der Farbdefinition entstehen, sodass die Farbe z. B. bei einer Konvertierung von CMYK nach RGB und wieder zurück zu CMYK voraussichtlich nicht mehr Ihrer ursprünglich angelegten Farbe entspricht (s. Abbildung 8.16).

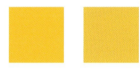

▲ **Abbildung 8.16**
Aus M 25/Y 100 wird nach Umwandlung in den RGB-Modus und anschließender Rückwandlung C 1,17/M 26,56/Y 92,97.

	Englisch	Deutsch
CMYK	Cyan Magenta Yellow Key	Cyan Magenta Gelb Schwarz
HSB	Hue Saturation Brightness	Farbton Sättigung Helligkeit
RGB	Red Green Blue	Rot Grün Blau

▲ **Tabelle 8.1**
Farbmodelle

Farbmodus einstellen oder ändern | Den Dokumentfarbmodus bestimmen Sie in der Dialogbox NEUES DOKUMENT – ⌘/Strg+N.

Möchten Sie den Farbmodus eines geöffneten Dokuments ändern, wählen Sie DATEI • DOKUMENTFARBMODUS • CMYK-FARBE bzw. RGB-FARBE.

Medienneutraler Workflow? | Ziel in modernen, medienneutralen Workflows sollte es eigentlich sein, Grafik nur einmal in einem möglichst großen Farbraum zu erstellen und sie je nach Bedarf vom Farbmanagement in andere Farbräume umrechnen zu lassen. Rasterbilder werden daher in der Regel in RGB erstellt, bearbeitet, gespeichert und sogar platziert. Erst bei der Ausgabe ins PDF werden sie in den benötigten Farbraum konvertiert. Mit Vektorgrafik ist dies in einem auf ICC-Profilen basierenden Workflow nicht möglich, da beim Konvertieren buntes Schwarz und minimale störende Beimischungen entstehen können (s. Abbildung 8.16). Dies ließe sich nur mit Device-Link-Profilen verhindern. Der medienneutrale Workflow lässt sich also in Illustrator nicht umsetzen, da z. B. buntes Schwarz in exakten Grafiken bei nur der geringsten Passerungenauigkeit bis zur Unlesbarkeit führen kann.

8.4 Farben anwenden und definieren

Illustrator stellt verschiedene Funktionen zur Fügung, Farben zu »mischen« und Farbtöne zu erzeugen. Je nach Kontext der Aufgabe liegt es an Ihnen, eine Vorgehensweise zu wählen, die Ihre Kreativität unterstützt und zugleich effizient ist.

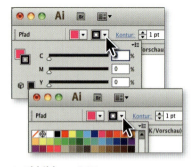

▲ **Abbildung 8.17**
Im Steuerungsbedienfeld haben Sie einen schnellen Zugriff auf das Bedienfeld FARBFELDER und, mit gedrückter Taste ⇧, auf das Farbe-Bedienfeld.

8.4.1 Objektfarben – lokale und globale Farbfelder

In Illustrator ist Farbe eine Objekteigenschaft. Sie können die Farbe für jedes Objekt einzeln einstellen und diesem direkt zuordnen. Bei umfangreichen Grafiken wird dieses Verfahren allerdings schnell sehr aufwendig. Meist ist es vorteilhafter, Farben im Farbfelder-Bedienfeld zu verwalten, denn dann ist es möglich, eine einmal definierte Farbe auf mehrere Objekte anzuwenden und die Farbe für diese Objekte gleichzeitig zu ändern.

Illustrator unterscheidet jedoch zwischen lokalen und globalen Farbfeldern.

Lokale Farbfelder | Nach der Zuweisung eines lokalen Farbfeldes auf ein Objekt bricht die Verbindung zwischen Farbfeld und Objekt ab, sodass eine nachträgliche Änderung der Farbe in dem Farbfeld nicht automatisch auf das Objekt angewendet wird.

Globale Farbfelder | Bei globalen Farbfeldern bleibt die Verbindung zwischen Objekt und Farbfeld bestehen. Wenn Sie die Farbe in einem globalen Farbfeld ändern, wird diese Eigenschaft bei allen Objekten aktualisiert, die dieses Farbfeld verwenden (s. Abschnitt 8.5.1).

▲ **Abbildung 8.18**
Eine Kontur ist der mit Eigenschaften versehene Pfad, eine Fläche der umschlossene Raum. Bei einem offenen Pfad werden die beiden Endpunkte auf kürzestem Wege verbunden, um den Raum für die Fläche zu bestimmen.

8.4.2 Kontur und Fläche

Farben können sowohl der Kontur – sie entspricht in der Regel dem Pfadverlauf – als auch dem vom Pfad umschlossenen Raum, d. h. der Fläche, zugeordnet werden. Anstelle des Begriffs »Fläche« finden Sie an einigen Stellen im Buch den alternativen Begriff »Füllung«, eine direkte Übersetzung der englischen Bezeichnung »Fill«.

Fläche bzw. Füllung | Mit einem offenen Pfad ist es eigentlich nicht möglich, eine Fläche zu definieren, trotzdem kann Illustrator einen offenen Pfad mit einer Füllung versehen. Das Programm füllt dabei die Fläche, die sich ergäbe, wenn die beiden Endpunkte des Pfades auf kürzester gerader Strecke verbunden würden. Ein Pfadsegment entlang dieser virtuellen Linie wird allerdings nicht erzeugt. Das erkennen Sie, wenn Sie dem Objekt eine Kontur zuweisen.

Fläche und Kontur tauschen

Der Austausch der Farben für Fläche und Kontur funktioniert nicht, wenn mehrere ausgewählte Objekte unterschiedliche Flächen oder Konturen besitzen.

Fläche und Kontur im Werkzeugbedienfeld | Die Farben, die aktuell für Fläche und Kontur ausgewählt sind, bzw. die Füllung und Kontur des aktivierten Objekts werden im Werkzeugbedienfeld in den Feldern Fläche ❶ und Kontur ❷ angezeigt.

Über das Werkzeugbedienfeld haben Sie verschiedene oft gebrauchte Funktionen zum Farbhandling dauernd im Zugriff:

- Das im Werkzeugbedienfeld jeweils obenauf – also im Fokus – liegende Farbfeld können Sie mithilfe des Farbe-Bedienfeldes ändern. Um das untenliegende Feld nach oben zu holen, klicken Sie es an – Shortcut zum Hin- und Herwechseln: X.
- Mit einem Klick auf den Doppelpfeil ↳ tauschen Sie die eingestellten Farben für Fläche und Kontur gegeneinander aus – ⇧+X.
- Mit einem Klick auf das Schwarz-Weiß-Symbol ⌸ setzen Sie die Aussehen-Eigenschaften von Füllung und Linie auf die Standardwerte weiße Fläche und schwarze Kontur in der Stärke 1 Punkt – D. Diesen Standard können Sie im Grafikstile-Bedienfeld ändern (s. Abschnitt 11.8.3).

▲ **Abbildung 8.19**
Die Felder Fläche und Kontur im Werkzeugbedienfeld

▲ **Abbildung 8.20**
Vertauschen des Fokus (Mitte) und Vertauschen der Farben von Kontur und Fläche (rechts)

Abbildung 8.21
Links: keine Kontur
Mitte: Kontur und Fläche
Rechts: keine Fläche

▸ Kontur und Fläche eines Objekts müssen nicht zwangsläufig mit einer Farbe versehen sein – oft ist eine Kontur und/oder eine Füllung sogar unerwünscht. Für diese Fälle ist die Eigenschaft OHNE vorgesehen. Mit einem Klick auf das Symbol ⌀ setzen Sie diese Eigenschaft für FLÄCHE bzw. KONTUR – ⟦#⟧.
Auch OHNE kann jederzeit wieder gegen eine Farbdefinition ausgetauscht werden.

Kontur und Fläche neuer Objekte | Für ein Objekt, das Sie neu zeichnen, wendet Illustrator immer die aktuell eingerichteten Farbfelder aus dem Werkzeugbedienfeld an. Da Farbe eine Objekteigenschaft ist, kann sie jedoch jederzeit umdefiniert werden.

> **Achtung bei aktiviertem Objekt**
> Ist ein Objekt aktiv, werden Änderungen an den Einstellungen der Farbauswahl-Felder im Werkzeugbedienfeld direkt auf das aktivierte Objekt angewendet!

8.4.3 Arbeiten mit dem Farbe-Bedienfeld

Das Farbe-Bedienfeld ermöglicht es Ihnen, Farben für ein Objekt oder einen Verlauf direkt und ohne Umweg über die Farbfelder zu bestimmen. Dies kann Änderungen an den Farbdefinitionen zu einem späteren Zeitpunkt jedoch unnötig verkomplizieren. Im Gegensatz zum Farbwähler unterliegt die Farbanzeige im Farbe-Bedienfeld dem Farbmanagement und verbirgt daher keine Überraschungen.

Abbildung 8.22
Mit einem Doppelklick rechts neben dem Eingabefeld wechselt die RGB-Werteangabe zwischen Prozent und numerisch.

Farbe-Bedienfeld anzeigen | Rufen Sie das Bedienfeld mit dem Menübefehl FENSTER • FARBE auf – ⟦F6⟧ –, oder klicken Sie im Dock auf das Symbol 🎨.
Falls das Farbe-Bedienfeld nicht alle Optionen anzeigt, die in Abbildung 8.23 zu sehen sind, wählen Sie im Bedienfeldmenü ▾≡ den Befehl OPTIONEN EINBLENDEN.

Abbildung 8.23 ▸
Das Farbe-Bedienfeld im Modus CMYK, Websicheres RGB und HSB

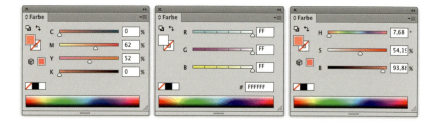

> **Farbe wird konvertiert**
> Egal, in welchem Farbmodell Sie die Farbe definieren, sie wird von Illustrator in den Dokumentfarbmodus konvertiert.
> Dafür werden die Profile verwendet, die im Farbmanagement unter BEARBEITEN • FARBEINSTELLUNGEN... eingestellt sind.

Farben einstellen | Links oben im Farbe-Bedienfeld erkennen Sie die Felder KONTUR und FLÄCHE als Miniaturen wieder. Im Farbe-Bedienfeld können Sie Farben numerisch oder mithilfe von Farbreglern definieren sowie durch einen Klick in die Farbspektrumleiste auswählen. Ist ein Objekt aktiv, werden Farbänderungen direkt angewendet.

8.4 Farben anwenden und definieren

- Die Einstellungen im Farbe-Bedienfeld wirken sich auf die aktuelle **Kontur oder Fläche** aus, je nachdem, welches Auswahlfeld oben liegt und damit aktiv ist. Die Aktivierung der beiden Anzeigen können Sie durch Klick oder X wechseln.
- Wählen Sie im Bedienfeldmenü das **Farbmodell**, in dem Sie Ihre Farbe definieren wollen. Auch Farben, die Sie im Farbe-Bedienfeld festlegen, werden von Illustrator in den Dokumentfarbmodus umgerechnet und so gespeichert.
- Um Ihre Farbe mit den **Farbreglern** zu bestimmen, bewegen Sie eines der kleinen Einstelldreiecke. Der Farbbalken über dem Regler zeigt jeweils an, wie die geänderte Farbe aussieht; entsprechend wird auch der Inhalt des Farbfelds für KONTUR oder FLÄCHE geändert.
- Um Farben **numerisch** zu definieren, geben Sie die entsprechenden Werte in die Eingabefelder für H, S und B oder R, G und B bzw. C, M, Y und K ein. Je nach Farbmodell steht Ihnen ein unterschiedlicher Werteumfang zur Verfügung.
- Für **Gradeinheiten** (°) ist eine Spanne von 0 bis 360 erlaubt, bei **prozentualen Anteilen** (%) sind Werte zwischen 0 und 100 möglich. RGB-Werte richten sich nach dem dezimalen 8-Bit-Wert von 0 bis 255. Im Modus RGB können Sie alternativ mit Prozentwerten arbeiten. Doppelklicken Sie neben das Eingabefeld, um die Einheit zu ändern.
- Wenn Sie Ihren Cursor über der Farbspektrumleiste platzieren, ändert sich die Marke in ein **Pipette**-Symbol. Klicken Sie in die Leiste, um eine Farbe aufzunehmen. Die Farbspektrumleiste können Sie vergrößern, indem Sie einen der Greifränder im Farbe-Bedienfeld nach rechts bzw. nach unten ziehen.
- Um **Schwarz oder Weiß** zu definieren, klicken Sie in das entsprechende Feld links über der Farbspektrumleiste.
- OHNE, also »ohne Kontur« bzw. »ohne Fläche«, stellen Sie mit einem Klick in das Feld links über dem Spektrum ein.
- Wenn Sie eine HSB- oder RGB-Farbe definieren, die im CMYK-Farbraum nicht darstellbar ist (also außerhalb des Gamuts liegt), **warnt** Illustrator im Farbwähler mit dem Zeichen und zeigt in dem Farbfeld darunter den nächstliegenden im Vierfarbmodus druckbaren Farbton an. Sie übernehmen diese Farbe, indem Sie auf das Warndreieck klicken.
- Ist eine **nicht websichere** Farbe ausgewählt, wird das im Farbwähler mit dem Zeichen ebenfalls signalisiert und die nächstliegende websichere Farbe angezeigt. Die Übernahme erfolgt durch einen Klick auf den Würfel.

Schnell zum Farbe-Bedienfeld

Das Farbe-Bedienfeld können Sie auch über das Werkzeugbedienfeld aufrufen. Klicken Sie dazu auf das Farbe-Symbol, oder tippen Sie ein Komma (,). Haben Sie vorher ein Objekt ausgewählt, das entweder keine Füllung oder eine Verlaufsfüllung enthält, wird diesem die angezeigte Farbe zugewiesen.

▲ **Abbildung 8.24**
Vergrößertes Farbe-Bedieneld mit Greifrändern

Per Drag & Drop zuweisen

Wenn Sie im Farbe-Bedienfeld eine Farbe gemischt haben und diese einem bestehenden Objekt zuordnen möchten, ziehen Sie das Feld KONTUR oder FLÄCHE (je nachdem, für welches Sie die Farbe gemischt haben) direkt auf das Objekt, ohne dieses zu aktivieren. Wenn Sie das Objekt vorher auswählen, werden seine aktuellen Farben im Farbe-Bedienfeld abgebildet. Damit würden Sie Ihre gerade erstellte Mischung verlieren.

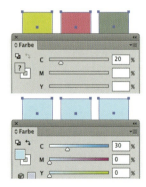

▲ **Abbildung 8.25**
Gemeinsame Farbanteile mehrerer aktivierter Objekte werden zwar angezeigt, lassen sich jedoch nicht gefahrlos ändern (unten).

Zuletzt benutzte Farbe

Wenn Sie einem Objekt einen Verlauf, ein Muster oder die Eigenschaft OHNE zuweisen, wird im Farbe-Bedienfeld auch die zuletzt benutzte Farbe angezeigt. Klicken Sie gegebenenfalls darauf, um sie zu verwenden.

[RGB-Websafe]
Die websicheren Farben sind eine Untergruppe aus dem RGB-Farbraum. Die Palette enthält die 216 Farben, die sowohl in der 8-Bit-Systemfarbpalette des Mac- als auch des Windows-Betriebssystems vorhanden sind. Diese Farben werden auf Monitoren im 256-Farben-Modus betriebssystem- und browserübergreifend weitgehend identisch dargestellt.
Dank des technischen Fortschritts sind websichere Farben inzwischen nur noch in Ausnahmefällen von Belang.

▶ **Hexadezimalwerte** tragen Sie im Modus RGB-Farbe oder Websicheres RGB in das Hex-Feld (#) ein. Sie können Hex-Werte auch über die Zwischenablage aus anderen Programmen oder HTML-Dokumenten kopieren. Illustrator versteht allerdings nur die sechsstellige Notierung von Farben, keine Kurzformen. Achten Sie beim Kopieren des Werts aus dem HTML-Code darauf, dass das Nummernzeichen (#) nicht mit kopiert wird.

Modifikationsmöglichkeiten | Farbe-Bedienfeld
▶ ⇧ oder ⌘/Strg: Drücken Sie ⇧ und bewegen einen Farbregler, dann laufen die anderen Regler mit, sodass sich nur die Intensität der Farbe ändert. Diese Methode funktioniert nicht im HSB-Modell.
▶ ⇧: Drücken Sie ⇧, und klicken Sie auf die Farbspektrumleiste, um den angezeigten Farbmodus zu ändern.

Optionen | Im Bedienfeldmenü ▤ können Sie zwei Operationen auf die ausgewählte Farbe anwenden – UMKEHREN (früher INVERTIEREN) und KOMPLEMENTÄR. Beide Befehle führen eine mathematische Berechnung des Farbwerts aus, der dem rechnerischen Inversions- bzw. Komplementärwert des eingestellten Farbtons entspricht.

⌘/Strg+Z widerruft die letzte Änderung, die Sie im Farbe-Bedienfeld vorgenommen haben.

Mit dem Befehl NEUES FARBFELD ERSTELLEN öffnen Sie die gleichnamige Dialogbox. Richten Sie dort zusätzliche Optionen ein, und speichern Sie die definierte Farbe als Farbfeld.

8.4.4 Farben mit der Pipette übertragen

Farbe, Transparenz, Kontur-Eigenschaften etc. können Sie mit dem Pipette-Werkzeug 🖉 von einem Objekt auf ein anderes übertragen. Die Pipette kann nicht nur Farben, sondern alle Aussehen-Eigenschaften eines ausgewählten Objekts aufnehmen und übertragen (Pipette s. Abschnitt 11.7.1).

8.4.5 Der Farbwähler

Mit einem Doppelklick auf das Feld FLÄCHE oder das Feld KONTUR im Werkzeugbedienfeld rufen Sie die Dialogbox FARBWÄHLER auf. Der Farbwähler ist die ungeeignetste Methode, in Illustrator Farben zu bestimmen, da er nicht dem Farbmanagement unterliegt und die dargestellten Farben nicht mit der Anwendung auf der Zeichenfläche oder dem gedruckten Ergebnis übereinstimmen.

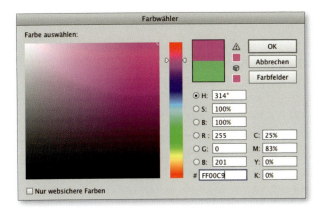

◀ **Abbildung 8.26**
Der Farbwähler

[HSB- bzw. HLS-Farbmodell]
Dieses Farbmodell wurde auf der menschlichen Farbwahrnehmung aufgebaut. Farben werden durch ihre Eigenschaften Hue (Farbton), Saturation (Sättigung) und Brightness bzw. Luminance (Helligkeit) beschrieben.

Mit dem Button FARBFELDER rufen Sie eine Liste der im Farbfelder-Bedienfeld eingerichteten Farben auf.

▲ **Abbildung 8.27**
Farbfelder-Bedienfeld in der Miniaturen-Ansicht – je nach gewähltem Dokumentprofil befinden sich unterschiedliche Farbfelder im Bedienfeld.

8.5 Mit Farbfeldern arbeiten

Sie können sich viel Arbeit sparen, wenn Sie eine einmal eingerichtete Farbe als **Farbfeld** im aktuellen Illustrator-Dokument speichern. Zusammengehörige Farbfelder können Sie zu **Farbgruppen** kombinieren.

Um einheitliche Farbfelder auch für andere Dokumente zur Verfügung zu stellen, besteht die Möglichkeit, **Farbfelder** in **Bibliotheken** zu organisieren, die unabhängig von den Dokumenten gespeichert werden.

8.5.1 Farbfelder-Bedienfeld

Die gespeicherten Farbfelder und Farbgruppen verwalten Sie im Farbfelder-Bedienfeld. Wählen Sie den Menüpunkt FENSTER • FARBFELDER, um das Farbfelder-Bedienfeld auf dem Bildschirm anzeigen zu lassen. Im Dock klicken Sie das Symbol an.

Beim ersten Aufruf des Farbfelder-Bedienfeldes sehen Sie die darin abgelegten Farben als kleine Miniaturen. Um auch die Namen der Farbfelder und die zugehörigen Kennzeichnungen sichtbar zu machen, wählen Sie aus dem Bedienfeldmenü den Darstellungsmodus LISTE aus.

Farbfeldarten | Illustrator unterscheidet mehrere Arten von Farbfeldern: OHNE (Farbe), PROZESSFARBE, GLOBALE PROZESSFARBE, VOLLTONFARBE, TONWERT, GRAUSTUFEN, VERLAUF, MUSTER und PASSERMARKEN.

Die verschiedenen Farbfeldarten haben ihren Ursprung vor allem in den Anforderungen, die für die Ausgabe auf Belichtern und Druckmaschinen abgedeckt werden müssen.

Farben in [Klammern]
Farben, deren Namen in eckigen Klammern stehen, können Sie wie alle anderen eingeklammerten Vorgaben nicht löschen.

> **Achtung bei Passermarken**
>
> Verwenden Sie das Passermarken-Farbfeld nicht, um »Tiefschwarz« in einer Grafik zu erzielen. Für einen flächigen Einsatz erzeugt diese Eigenschaft einen zu hohen Farbauftrag und damit Probleme beim Trocknen im Druckverfahren. Wenn Sie die Eigenschaft für Text einsetzen, besteht die Gefahr, dass die Randschärfe der Buchstaben leidet, sobald die Druckfarben nicht exakt genug übereinandergedruckt werden. Der Text wird dadurch schwerer lesbar.

▲ **Abbildung 8.28**
Farbfelder-Bedienfeld in der Ansicht als Liste

▲ **Abbildung 8.29**
Pantone- und HKS-Farbfächer

- **Ohne**: Wenn Sie das Farbfeld OHNE ⃠ auf einen Pfad oder auf eine Fläche anwenden, wird eine eventuell zugeordnete Kontur bzw. Füllung entfernt. Illustrator legt das Farbfeld OHNE automatisch mit jeder neuen Datei an, es kann weder gelöscht noch verändert werden.
- **Passermarken**: Ein zugewiesenes Passermarken-Farbfeld ✥ bewirkt einen 100%igen Farbauftrag auf *allen* Farbauszügen eines Dokuments – auch den Auszügen der Volltonfarben. Dieses Farbfeld wird zur Erzeugung von Passermarken gebraucht, die eine passgenaue Ausrichtung der Druckplatten erlauben. Das Passermarken-Farbfeld wird automatisch angelegt, es kann weder gelöscht noch verändert werden.
- **Prozessfarbe**: Prozessfarben ☒ oder »Skalenfarben« sind Mischwerte aus den vier Grundfarben des Drucks: Cyan, Magenta, Gelb und Schwarz.
  CMYK-Farben werden immer dann eingesetzt, wenn so viele Farben in einem Dokument vorhanden sind, dass es unpraktisch und unwirtschaftlich ist, einzelne vorgemischte Druckfarben zu verwenden, wie beispielsweise beim Druck von Farbfotos oder vielfarbigen Illustrationen. Ist eine Prozessfarbe als globales Farbfeld gespeichert, dann erkennen Sie das am Symbol ▦.
  Da die Farbmischung von Druckfarben am Bildschirm nur simuliert werden kann, sollten Sie Prozessfarben nach einem Farbwerteatlas bestimmen.
- **Volltonfarbe**: Volltonfarben ◉ oder »Schmuckfarben« sind bereits fertig gemischt, bevor sie in die Druckmaschine gefüllt werden. Mit Volltonfarben statt mit Prozessfarben zu arbeiten, ist sinnvoll, wenn im Dokument weniger als vier Farben eingesetzt werden.
  Volltonfarben können Prozessfarben auch als zusätzliche Farbe ergänzen, um eine spezielle Farbe für ein Logo oder eine Farbe außerhalb des CMYK-Farbraums zu reproduzieren. Beispiele dafür sind Neonfarben, Metallic, einige Pastelltöne und viele sehr intensive Farben.
  Für jede verwendete Volltonfarbe wird eine eigene Druckplatte benötigt. Zu den verbreiteten Druckfarbensystemen für Volltöne zählen das HKS- und das Pantone-System. Illustrator stellt neben weiteren Systemen deren Farbtabellen als Farbbibliotheken bereit (zu Farbfeldbibliotheken s. Abschnitt 8.7.9).
  Die Einrichtung von Volltonfarben eignet sich auch, um Separationsauszüge für eine Drucklackierung oder andere Veredelungsverfahren zu generieren.
- **Buchfarbe**: Der überwiegende Teil der Schmuckfarben ist durch die Umsetzung in CMYK nicht darstellbar, dafür sehr viel besser im Lab-Farbraum, dessen Anwendung jedoch auch nicht in jedem Zu-

sammenhang möglich oder sinnvoll ist. Daher wurden Buchfarben eingeführt. Anders als traditionelle Farbfelder enthalten Buchfarben zwei Farbdefinitionen: die vom Hersteller vorgegebene CMYK-Übertragung ◨ und den exakteren Lab-Wert ◨. Basierend auf verschiedenen Einstellungen kommt die eine oder die andere Definition zur Anwendung (mehr zu Buchfarben s. Abschnitt 8.6.3).

- **Tonwert**: Ein Tonwert entsteht, wenn eine Farbe in der Intensität verringert wird, definiert durch den prozentualen Anteil seiner Grundfarbe. Werte zwischen 0 und 100 % sind möglich.
  Tonwert-Farbfelder können nur auf der Grundlage bereits bestehender globaler Farbfelder mit CMYK-Farben oder Volltonfarben erzeugt werden. Tonwert-Farbfelder bleiben mit ihrer Grundfarbe verknüpft, sodass sich auch der Tonwert automatisch ändert, wenn Sie die Grundfarbe bearbeiten.
- **Graustufen**: Graustufen sind Abstufungen zwischen Schwarz und Weiß, definiert durch den prozentualen Anteil von Schwarz. Es lassen sich Werte zwischen 0 und 100 % eingeben. Eine Kontur oder Fläche, deren Farbeigenschaft als Graustufenwert definiert ist, wird bei der Vierfarbseparation nur auf dem Schwarz-Auszug ausgegeben.
- **Verlauf**: Ein Verlauf ist ein gerechneter Übergang zwischen zwei oder mehr Farben (s. Abschnitt 9.6).
- **Muster**: Muster sind Rapporte aus Vektor-, Pixel- oder Textobjekten (s. Kapitel 16).
- **Farbgruppe**: Eine Farbgruppe ▭ enthält Prozess- oder Volltonfarbfelder oder eine Kombination aus beiden. Sie können entweder bestehende Farbfelder nachträglich in Farbgruppen einsortieren oder Farbgruppen mithilfe von Farbfelder-Bedienfeld und INTERAKTIVE FARBE entwickeln (s. Abschnitt 8.9).

Funktionsbuttons | Mit den Buttons am unteren Rand des Farbfelder-Bedienfeldes ist es z. B. möglich, die Liste nach den Farbfeldarten zu filtern, Bibliotheken aufzurufen oder Farbfelder aus dem Bedienfeld zu entfernen. Wenn Sie einen Filtermodus aufrufen, wird das Bedienfeld in die Ansicht (Liste oder Miniaturen) umgeschaltet, in der diese Filterung zuletzt angezeigt wurde.

- MENÜ »FARBFELDBIBLIOTHEKEN« ❶ ▭: In diesem Menü finden Sie alle im Programmordner vorinstallierten sowie Ihre selbst definierten Farbfeldbibliotheken zur Auswahl. Das Speichern eigener Bibliotheken nehmen Sie hier ebenfalls vor.
- MENÜ »FARBFELDARTEN EINBLENDEN« ❺: Wählen Sie aus dem Menü, welche Farbfeldarten im Bedienfeld angezeigt werden sollen. Der Button zeigt jeweils das Symbol des aktuellen Bedienfeldinhalts an.

▲ Abbildung 8.30
In fotorealistischen Illustrationen werden viele Verlaufsflächen verwendet, um eine plastische Wirkung zu erzielen.

▲ Abbildung 8.31
Mehrere Tonwerte der Farbe Cyan (Ausschnittsvergrößerung)

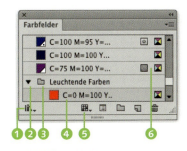

▲ Abbildung 8.32
In der ersten Spalte ❷ der Liste ist das Farbfeld mit der zugehörigen Farbe eingeordnet, in der zweiten Spalte ❹ finden Sie den Namen des Farbfelds, und auf der rechten Seite der Liste ❻ werden die Kennzeichnungssymbole angezeigt. Gruppen ❸ sind eingerückt und befinden sich immer am Ende der Liste.

▲ Abbildung 8.33
Anzeige der Verlaufsfelder

▶ Farbfeldoptionen ❼ 🔲: Der Button ist nur aktiv, wenn ein Farbfeld ausgewählt ist. Mit diesem Befehl rufen Sie die Optionen für das ausgewählte Farbfeld auf. Den Namen des Farbfeldes können Sie direkt in der Listenansicht des Bedienfeldes ändern.

▶ Neue Farbgruppe ❽ 🔲: Sind Farbfelder aktiviert, können Sie diese mit einem Klick auf den Button in eine Gruppe zusammenfügen. Ist kein Farbfeld aktiv, wird eine leere Gruppe erzeugt.
Sind Objekte auf der Zeichenfläche ausgewählt, können ihre Farben in die Farbgruppe aufgenommen werden.

▶ Neues Farbfeld ❾ 🔲: Mit diesem Button kann ein neues Farbfeld angelegt werden (s. Abschnitt 8.5.2).

▶ Farbfeld löschen ❿ 🗑: Der Papierkorb-Button ist nur aktiv, wenn Sie ein Farbfeld ausgewählt haben. Mit einem Klick auf den Button löschen Sie das aktive Farbfeld aus dem Bedienfeld.

Deaktivieren vor dem Sortieren

Achten Sie darauf, dass kein Objekt auf der Zeichenfläche ausgewählt ist, wenn Sie Farbfelder manuell sortieren, da sonst das jeweils angeklickte Farbfeld den Objekten zugewiesen wird.

Farbfelder sortieren | Sie können das Farbfelder-Bedienfeld nach logischen Kriterien sortieren lassen oder die Reihenfolge der Felder manuell ändern.

▶ Nach Name sortieren: Mit dieser Option bestimmen die Namen der Farbfelder ihre Reihenfolge im Bedienfeld.

▶ Nach Art sortieren: Dieser Menüpunkt im Bedienfeldmenü sortiert das Bedienfeld nach den Farbfelderarten in der folgenden Reihenfolge: Ohne, Passerkreuze, Lokale Farben, Globale Farben, Verläufe, Muster und Farbgruppen.

▶ Manuell sortieren: Um das Bedienfeld manuell zu sortieren, klicken Sie ein Farbfeld an und ziehen es an eine andere Position.

Keine Farbfelder?

Ist das Farbfelder-Bedienfeld leer, prüfen Sie zunächst anhand des Symbols auf dem Button Menü »Farbfeldarten einblenden«, ob vielleicht die Anzeige auf Farbfelder 🔲, Verlaufsfelder 🔲, Musterfelder 🔲 oder Farbgruppen 🔲 eingeschränkt ist.

Wenn trotz der Anzeige Alle Farbfelder 🔲 kein Farbfeld zu sehen ist, dann sind keine Farbfelder im Dokument angelegt. Dies passiert vor allem, wenn Sie eine Rasterdatei (ein Pixelbild) oder ein PDF direkt in Illustrator öffnen.

▲ Abbildung 8.34
Bereits bei Eingabe des ersten Buchstabens springt die Anzeige zu einem Treffer. Da die Sortierung aber einer schwer verständlichen Logik folgt, kann es zum Problem werden, wirklich die Farbe zu finden, die man sucht.

Farbfelder schnell finden | In Farbfeldbibliotheken ist jetzt standardmäßig ein Suchfeld eingeblendet. Wenn Sie im Farbfelder-Bedienfeld ebenfalls das Suchfeld verwenden möchten, rufen Sie im Bedienfeldmenü den Befehl Suchfeld einblenden auf. In das nun angezeigte Textfeld können Sie Teile des Namens eingeben, um das entsprechende Farbfeld direkt anzuspringen. Während Sie Buchstaben eingeben, springt die Aktivierung jeweils zum ersten passenden Treffer und ändert sich gegebenenfalls zu einem besseren Treffer, während Sie weitere Zeichen eingeben. Die Suche muss manchmal regelrecht ausgetrickst werden, wenn Sie z. B. PANTONE 613 suchen, geben Sie » 613« ein, denn bei einer Suche nach »613« wird eher PANTONE 7613 gefunden.

Der eingegebene Suchbegriff kann nicht aus dem Suchfeld gelöscht werden. Möchten Sie einen anderen Begriff suchen, geben Sie diesen einfach ein.

> **Leerstelle!**
> Beim Suchen von dreistelligen Farbnummern geben Sie eine Leerstelle vor der Nummer ein.

8.5.2 Neue Farbfelder anlegen

Wenn Sie ein neues Farbfeld im Farbfelder-Bedienfeld anlegen wollen, stehen Ihnen verschiedene Wege zur Verfügung.

Neues Farbfeld… | Wählen Sie den Befehl entweder aus dem Bedienfeldmenü, oder klicken Sie den Button am unteren Rand des Bedienfeldes an, um die Dialogbox NEUES FARBFELD anzuzeigen. Der im Farbe-Bedienfeld definierte Farbwert ist als Vorgabe eingestellt. Die Farbe kann durch OK übernommen oder mit den Optionen der Dialogbox verändert werden. Auf diese Art können Sie Prozess- und Volltonfarben sowie Graustufen anlegen. Details zu den einzelnen Farbtypen finden Sie auf den folgenden Seiten.

> **»Neues Farbfeld« ausgegraut**
> Wenn sich der Befehl NEUES FARBFELD nicht benutzen lässt, besitzt wahrscheinlich die aktuell aktive – im Vordergrund liegende – Fläche oder Kontur die Eigenschaft OHNE.

Modifikationstasten	Voreinstellung in der Dialogbox
⌘/Strg	Das Farbfeld wird als Volltonfarbe angelegt.
⌘/Strg+⇧	Eine globale Prozessfarbe ist vordefiniert.
⌥/Alt	Ohne eine Dialogbox zu öffnen, wird eine Kopie des ausgewählten Farbfeldes erzeugt.
⌥/Alt+⌘	Eine Volltonfarbe wird erzeugt, ohne die Dialogbox anzuzeigen.
⌘+⌥+⇧ bzw. Strg+Alt+⇧	Eine globale Prozessfarbe wird erstellt, ohne die Dialogbox anzuzeigen.

Farbe etc. in das Farbfelder-Bedienfeld ziehen | Farben, Tonwerte und Verläufe können aus den entsprechenden Bedienfeldern in das Farbfelder-Bedienfeld gezogen werden, um sie dort in einem eigenen Farbfeld zu speichern. Neu angelegte Farben sind zunächst als *lokale* Farbfelder definiert, die Sie gegebenenfalls mithilfe der Dialogbox FARBFELDOPTIONEN in globale Farbfelder umdefinieren müssen. Sie können die oben beschriebenen Modifikationstasten benutzen.

Achtung: Wenn Sie ein Objekt von der Zeichenfläche ins Farbfelder-Bedienfeld ziehen, wird ein Musterfeld angelegt.

▲ Abbildung 8.35
Färben Sie Objekte um, indem Sie globale Farbfelder neu definieren.

Abbildung 8.36 ▶
So ziehen Sie die Miniatur einer Farbe aus dem Farbe-Bedienfeld in das Farbfelder-Bedienfeld.

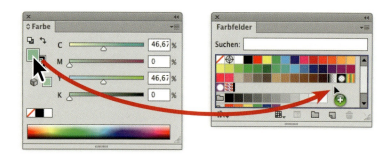

Wenn ein Bedienfeld in einer Gruppe nicht im Vordergrund liegt

Eine Farbe lässt sich nicht so einfach auf das Farbfelder-Bedienfeld ziehen, wenn dieses in einer Gruppe »versteckt« ist. Es ist nicht mehr nötig, zuerst die Bedienfelder nebeneinanderzulegen, damit Sie etwas daraufziehen können. Ziehen Sie das Farbfeld (oder z. B. die Grafik, die Sie in ein Symbol umwandeln möchten) auf den Reiter des Bedienfeldes, und warten Sie einen Moment, bis das Bedienfeld automatisch in den Vordergrund geholt wird. Nun bewegen Sie die Farbe (oder die Grafik) in das Bedienfeld, um daraus das Farbfeld (oder das Symbol) zu definieren. Sind die Bedienfelder auf die Symboldarstellung minimiert, ziehen Sie die Farbe oder die Grafik auf das Symbol des Bedienfeldes.

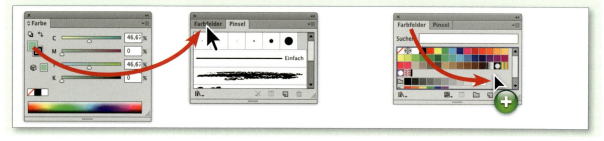

8.5.3 Farbfeldoptionen bzw. Neues Farbfeld

Aktivierte Farbtonfelder

Beim Erstellen eines neuen Farbfeldes sollte kein Farbtonfeld aktiviert sein, da bei aktiviertem Farbtonfeld dieses dupliziert wird, anstatt die Dialogbox zu öffnen.

Die Dialogbox FARBFELDOPTIONEN wird geöffnet, wenn Sie auf ein Feld im Farbfelder-Bedienfeld doppelklicken oder es aktivieren und die Anweisung FARBFELDOPTIONEN… im Bedienfeldmenü oder mit dem Button ▫ aufrufen.

Der Dialog NEUES FARBFELD wird angezeigt, sobald Sie per Button ▫ oder im Bedienfeldmenü ein neues Farbfeld erzeugen. Beide Bedienfelder sind gleich aufgebaut.

Bei Verlaufs- und Musterfeldern ist lediglich die Änderung des Farbfeldnamens möglich – dies können Sie jedoch direkt in der Listenansicht durchführen.

Name wie Farbdefinition

Möchten Sie, dass Illustrator den Namen Ihres Farbfeldes aktualisiert, sobald Sie die Definition ändern, dann ändern Sie auf keinen Fall die Schreibweise.

▶ FARBFELDNAME: Der Name der Farbe wird u. a. im Farbfelder-Bedienfeld angezeigt. Per Voreinstellung verwendet Illustrator die Farbdefinition als Namen. Dieser Name wird aktualisiert, wenn Sie die Definition zu einem späteren Zeitpunkt ändern. Dazu muss das Farbfeld jedoch im Dokumentfarbmodus angelegt sein und die Schreibweise der Farbdefinition intakt bleiben.

- Farbart: Mit diesem Aufklappmenü bestimmen Sie, auf welche Art die Farbe im Druck reproduziert wird. Sie haben die Wahl zwischen Prozessfarbe und Volltonfarbe.
  - Einstellung im Dokumentfarbmodus CMYK-Farbe: Eine Prozessfarbe wird in die Grundfarben des Drucks Cyan, Magenta, Gelb und Schwarz zerlegt. Volltonfarben dagegen druckt man als vorgemischte Farbtöne. Von jeder Volltonfarbe wird eine separate Druckplatte erzeugt.
  - Einstellung im Dokumentfarbmodus RGB-Farbe: Wenn Sie für Bildschirm, Projektion o. Ä. gestalten – also im Dokumentfarbmodus RGB-Farbe –, sollten Sie Prozessfarbe wählen.
- Global: Mit diesem Kontrollkästchen bestimmen Sie, ob eine Farbe global oder lokal angelegt werden soll. Nur bei Farbfeldern mit globalen Farben bleibt nach der Zuordnung der Farbe als Eigenschaft für ein Objekt die Verknüpfung zwischen dem Farbfeld und dem Objekt aufrechterhalten. Darüber hinaus ist es möglich, von globalen Farbfeldern Farbtöne zu erzeugen.
  - Bei der Farbart Volltonfarbe ist diese Option nicht aktiv, weil Volltonfarben von Illustrator grundsätzlich als globale Farben definiert werden.
  - Auf die Farbseparation hat die Option Global keine Auswirkung.
- Farbmodus: Wählen Sie aus diesem Ausklappmenü, in welchem Farbmodus Sie die Farbe definieren möchten – die Anzeige der Schieberegler wechselt nach Ihrer Auswahl.
  Achtung! Wenn Sie als Farbart Prozessfarbe ausgewählt haben, rechnet Illustrator die von Ihnen definierte Farbe in den Dokumentfarbmodus um. Haben Sie dagegen Volltonfarbe aktiviert, bestimmt die Farbdefinition lediglich die Bildschirmanzeige Ihrer Farbe. Das Druckergebnis hängt ausschließlich von der Farbmischung in der Druckmaschine ab.
- Signalisierung ⚠ und ⬛: S. Abschnitt 8.4.3.
- Vorschau: Aktivieren Sie das Kontrollkästchen Vorschau, um Änderungen globaler Farbfelder direkt an Objekten auf der Zeichenfläche zu sehen.

▲ **Abbildung 8.37**
Die Dialogbox Farbfeldoptionen

Tonwerte definieren

Für Illustrationen benötigen Sie häufig Tonwerte Ihrer Farbfelder. Tonwerte können Sie jedoch nur von Vollton- oder globalen Farbfeldern erstellen.

▲ **Abbildung 8.38**
Volltonfarbe, Option Global

Prozessfarben definieren | Falls Sie Prozessfarben in einem anderen als dem Dokumentfarbmodus definieren, achten Sie auf die Signalisierung ⚠ und gegebenenfalls ⬛ (s. Abschnitt 8.4.3).

Volltonfarbe definieren | Pantone- oder HKS-Farben legen Sie an, indem Sie die entsprechende Farbfeldbibliothek unter Farbtafeln aus dem Menü 📖 aufrufen und die Farbe auswählen.

Volltonfarben separieren

In Programmen der Adobe Creative Suite lässt sich im Dialog Drucken für jede Volltonfarbe bestimmen, ob sie separiert werden soll. Dann werden die Farbfelddefinitionen für die Separation verwendet. Diese Möglichkeit sollten Sie jedoch nur in einem gut abgestimmten Workflow verwenden.

Höchstens 27

Zu viele Volltonfarben verteuern die Produktion. Dazu besteht eine technische Beschränkung auf 27 Schmuckfarben. Wurden mehr Volltonfarben verwendet, kann es zu Problemen kommen.

▲ **Abbildung 8.39**
Definition eines Graustufen-Farbfeldes

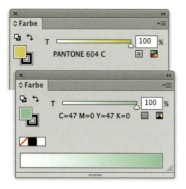

▲ **Abbildung 8.40**
Tonwert einer Vollton- und einer globalen Prozessfarbe

Änderung der Quellfarbe

Ein Tonwert-Farbfeld bleibt immer mit dem Farbfeld der Quellfarbe verbunden. Änderungen an der Definition der Quellfarbe bewirken auch eine Veränderung aller zugehörigen Tonwert-Farbfelder!

Volltonfarben sind immer **global**, daher ist es nicht möglich, die Option zu deaktivieren. Auch wenn Sie Volltonfarben in der Datei im CMYK-Modus definieren, steuern Sie damit nicht die Farbseparation, sondern nur die Bildschirmdarstellung und die Farbmischung auf Desktop- und Proof-Druckern. Die Bildschirmdarstellung der Volltonfarbe sowie der Ausdruck auf Desktop-Druckern können deshalb nur eine angenäherte Simulation der letztendlich gedruckten Farbe sein.

Graustufen-Farbfeld definieren | Graustufen, die Sie einem Objekt als Eigenschaft zuweisen, werden bei der Vierfarbseparation nur im Auszug für die schwarze Druckplatte ausgegeben.

Ein Graustufen-Farbfeld (in der Listendarstellung ■) können Sie nur als nicht globale Prozessfarbe im Farbmodus GRAUSTUFEN anlegen. Der Graustufenbalken wird angezeigt, und Sie können den Wert mit dem Regler einstellen.

Tonwert-Farbfeld definieren | Ein Tonwert-Farbfeld kann nur aus einer globalen Prozessfarbe oder aus einer Volltonfarbe erzeugt werden. Ein Tonwert-Farbfeld erzeugen Sie wie folgt:

1. Wählen Sie aus dem Farbfelder-Bedienfeld eine Volltonfarbe oder eine globale Prozessfarbe aus. Sie können auch ein Objekt aktivieren, dem Sie die gewünschte Farbe zugewiesen haben.
2. Die aktive Farbe wird im Tonwert-Farbbalken im Farbe-Bedienfeld angezeigt. Tragen Sie die Intensität in das Eingabefeld ein, oder bewegen Sie den Regler an die gewünschte Position. Sie können Tonwerte zwischen 0 und 100 % eingeben: 0 % bedeutet kein Farbauftrag, 100 % liefert volle Intensität.
3. Wenn Sie den Tonwert als Farbfeld speichern möchten, ziehen Sie die Miniatur des Tonwertes aus dem Farbe-Bedienfeld in das Farbfelder-Bedienfeld, oder betätigen Sie den Button NEUES FARBFELD im Farbfelder-Bedienfeld. Das Tonwert-Farbfeld erhält den Namen des Farbfeldes der Grundfarbe – die Intensität wird als Prozentwert an den Namen angefügt.

Tonwert-Farbfeld editieren | Mit einem Doppelklick auf ein Tonwert-Farbfeld wird die Dialogbox FARBFELDOPTIONEN zur *Quellfarbe* aufgerufen! Änderungen, die Sie darin vornehmen, wirken sich auf die Quellfarbe und auf *alle* damit verbundenen Tonwert-Farbfelder aus! Der Wert eines Tonwert-Farbfeldes lässt sich nicht einfach ändern.

Verlauf-Farbfeld definieren | Um ein neues Verlauf-Farbfeld anzulegen, erstellen Sie zunächst den Verlauf im Verlauf-Bedienfeld. Ziehen

Sie die Miniatur des Verlaufs aus dem Verlauf-Bedienfeld in das Farbfelder-Bedienfeld. Verlauf-Farbfelder sind immer global. Zu Verläufen s. Abschnitt 9.6.

Muster-Farbfeld definieren | Zur Erstellung von Mustern s. Kapitel 16, »Muster, Raster und Schraffuren«.

8.5.4 Farbfelder aus verwendeten Farben erstellen

Sie können entweder alle im Dokument verwendeten Farben oder die Farben ausgewählter Objekte als globale Farbfelder zum Farbfelder-Bedienfeld hinzufügen. Die Funktion berücksichtigt alle in Verläufen oder Verlaufsgittern definierten Farben sowie Farben von Objekten auf gesperrten Ebenen. Es werden jedoch nicht automatisch Verlaufs- oder Musterfelder erzeugt.

Aktivieren Sie das Objekt, dessen Farben Sie als Farbfelder generieren möchten, und rufen Sie den Befehl AUSGEWÄHLTE FARBEN HINZUFÜGEN auf; oder deaktivieren Sie alle Objekte, und wählen Sie VERWENDETE FARBEN HINZUFÜGEN aus dem Bedienfeldmenü des Farbfelder-Bedienfeldes. Die Farbfelder werden erzeugt und den Objekten zugewiesen. Alternativ erstellen Sie eine Farbgruppe (s. Abschnitt 8.6.4).

8.5.5 Farben aus anderen Dokumenten laden

Um Farbfelder aus einer anderen Illustrator-Datei in das aktuelle Dokument zu laden, sind zwei Vorgehensweisen möglich:

▶ Wählen Sie aus dem Bedienfeldmenü des Farbfelder-Bedienfeldes den Befehl FARBFELDBIBLIOTHEK ÖFFNEN • ANDERE BIBLIOTHEK... In dem aufgerufenen Öffnen-Dialog wählen Sie die gewünschte Illustrator-Datei aus, deren Farbfelder Sie übernehmen möchten. Alle Farbfelder der anderen Datei werden in einem eigenen Bibliothek-Bedienfeld angezeigt.

▶ Wenn Sie nur einige Farben aus einer anderen Illustration benötigen, kopieren Sie dort die Objekte, denen die gewünschten Farbfelder zugeordnet sind, in die Zwischenablage, und fügen Sie die Objekte ins aktuelle Dokument ein. Dabei werden globale Farbfelder automatisch in das Farbfelder-Bedienfeld eingefügt. Lokale Farbfelder müssen Sie nötigenfalls aus den Farben der Objekte erstellen. Die eingefügten Objekte können Sie nach der Übernahme der Farben löschen.

Haben eingefügte Farbfelder den gleichen Namen, aber eine andere Farbdefinition als Farbfelder im Arbeitsdokument, tritt ein Farbfeld-

▲ **Abbildung 8.41**
Verwendete Farben hinzufügen

Farbgruppe aus verwendeten Farben

Wenn Sie eine Farbgruppe aus verwendeten Farben erstellen (s. Abschnitt 8.6.4), können auch Schwarz und Weiß als globale Farbfelder angelegt werden.

▲ **Abbildung 8.42**
Die Dialogbox FARBFELDKONFLIKT

Farbfelder in neuen Dokumenten

Farbfelder, die Sie in einem Dokument konfiguriert haben, werden nicht automatisch als Voreinstellung für neue Dokumente übernommen. Wenn Sie die Einstellung für neue Dokumente editieren möchten, öffnen Sie das entsprechende Dokumentprofil und legen dort die gewünschten Farbfelder an.

Konflikt auf. Handelt es sich dabei um Volltonfarben, werden die Farbdefinitionen der aktuellen Datei beibehalten. Bei globalen Prozessfarben erscheint die Dialogbox FARBFELDKONFLIKT. Sie haben folgende Auswahl:

- FARBFELDER ZUSAMMENFÜGEN: Die Farben des aktuellen Dokuments werden beibehalten.
- FARBFELDER HINZUFÜGEN: Die Farbfelder werden dem Farbfelder-Bedienfeld hinzugefügt, und den Namen wird eine fortlaufende Nummer angehängt.

8.6 Farbfelder anwenden

Die zentrale Speicherung von Farben, Farbtönen und Verläufen in den Farbfeldern einer Datei ist vor allem dann von Nutzen, wenn Sie Änderungen zeitsparend durchführen möchten. Für den vollen Effizienzgewinn sollten Sie Farbfelder von Anfang an einsetzen.

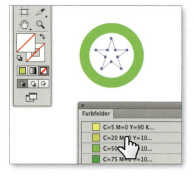

▲ Abbildung 8.43
Farbfelder zuweisen

8.6.1 Farbfelder zuweisen

Um ein Farbfeld der Kontur oder der Fläche eines Objekts als Eigenschaft zuzuweisen, gehen Sie so vor:

1. Wählen Sie das gewünschte Objekt aus.
2. Klicken Sie im Werkzeugbedienfeld auf das Feld FLÄCHE, sofern Sie eine Füllung zuweisen möchten, oder auf das Feld KONTUR, um die Kontur mit einer Eigenschaft zu versehen.
3. Mit einem Klick – keinem Doppelklick, denn dann würden Sie den Farbfeldnamen zum Ändern aktivieren – auf ein Farbfeld, einen Verlauf oder ein Muster im Farbfelder-Bedienfeld schließen Sie die Aktion ab.

▲ Abbildung 8.44
Die Farbfelder-Auswahl im Steuerungsbedienfeld

Farben über das Steuerungsbedienfeld zuweisen | Alternativ wählen Sie das Farbfeld im Steuerungsbedienfeld aus. Klicken Sie dazu kurz in das Farbfeld des Ausklappmenüs FLÄCHE bzw. KONTUR, um dort die Farbfelder-Auswahl einzublenden. Durch einen erneuten Klick auf das gewünschte Farbfeld in der Auswahl weisen Sie die Eigenschaft zu.

8.6.2 Farbfelder organisieren

Farbfelder duplizieren | Um ein oder mehrere Farbfelder zu duplizieren, aktivieren Sie das oder die gewünschten Farbfelder und wählen den Befehl Farbfeld duplizieren im Bedienfeldmenü aus. Alternativ ziehen Sie die Farbfelder auf den Button Neues Farbfeld .

Farbfelder ersetzen | Um ein Farbfeld zu ersetzen, halten Sie ⌥/Alt gedrückt und ziehen eine Farbe oder einen Verlauf aus dem Farbe-, dem Farbhilfe-, dem Werkzeug- bzw. dem Verlauf-Bedienfeld oder einer Bibliothek auf das Farbfeld, das Sie ersetzen wollen. Achten Sie darauf, dass dieses durch einen Rahmen hervorgehoben wird, bevor Sie die Maustaste loslassen. Der Name des ersetzten Farbfeldes wird aktualisiert, falls Sie ihn nicht verändert haben.

Ersetzen Sie eine globale Farbe, werden die Objekte aktualisiert, die dieses Farbfeld verwenden.

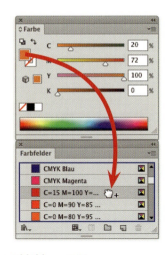

▲ Abbildung 8.45
Farbfeld ersetzen: Achten Sie auf die Hervorhebung!

Globale Farbfelder zusammenfügen | Wenn Sie gleiche oder ähnliche Farben dokumentweit vereinheitlichen möchten, z. B. um die Anzahl der Sonderfarben zu reduzieren oder verwendete Farben zu vereinheitlichen, können Sie Farbfelder mit globalen Farben bzw. Verläufe oder Muster zusammenfügen. Dazu aktivieren Sie zunächst das Farbfeld, das die anderen ersetzen soll. Anschließend wählen Sie zusätzlich die Farbfelder aus, die Sie ersetzen wollen, und klicken im Bedienfeldmenü auf den Befehl Farbfelder zusammenfügen.

Objekte, denen die ersetzten Farbfelder zugeordnet waren, werden aktualisiert.

8.6.3 Buchfarbenoptionen

Die Farbfeldbibliotheken einiger Hersteller sind mit zwei Farbdefinitionen versehen – wenn diese Farben zu einem späteren Zeitpunkt in Prozessfarben umgewandelt werden sollen, müssen Sie eine Auswahl treffen, welche der beiden Farbdefinitionen zu diesem Zweck verwendet wird. Rufen Sie Volltonfarben… aus dem Menü des Farbfelder-Bedienfeldes auf, um dies zu definieren.

▲ Abbildung 8.46
Globale Farben zusammenfügen

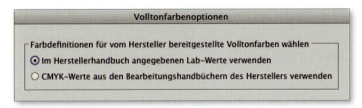

◀ Abbildung 8.47
Volltonfarbenoptionen

Pantone und Buchfarben

Die aktuellen Pantone +-Farbbibliotheken sind nicht mehr mit zwei Farbdefinitionen ausgestattet, sondern enthalten nur noch eine Lab-Definition.

Wenn Sie Volltonfarben in Prozessfarben umwandeln müssen, sprechen Sie auf jeden Fall mit Ihrem Dienstleister darüber, welche Einstellung unter den gegebenen Umständen vorzuziehen ist.

Kapitel 8 Farbe

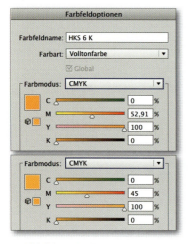

▲ **Abbildung 8.48**
Umwandlung von HKS 6 K mit Option Lab (oben); CMYK (unten)

- LAB-WERTE VERWENDEN: Diese Option führt dazu, dass Buchfarben auf Basis der vom Hersteller definierten Lab-Werte anhand der Farbmanagement-Einstellungen in CMYK-Werte umgewandelt werden. Damit erhalten Sie zwar eventuell eine genauere Annäherung an die Volltonfarbe, dies kann jedoch zulasten der Konsistenz der Farbe über mehrere Programme und Anwendungen hinweg geschehen. Wenn Sie mit Pantone-Farben arbeiten, ist diese Einstellung vorzuziehen, denn die aktuellen Pantone +-Bibliotheken enthalten keine CMYK-Definition mehr.
- CMYK-WERTE VERWENDEN: Mit dieser Option wird die Buchfarbe anhand der CMYK-Definition des Herstellers umgewandelt. Diese Option ist häufig vorzuziehen, da mithilfe der ÜBERDRUCKENVORSCHAU oder der Option ÜBERDRUCKEN SIMULIEREN beim Drucken von Fall zu Fall auf die Umwandlung mithilfe der Lab-Werte zurückgegriffen werden kann.

Die CMYK-Definition ermitteln die Hersteller auch unter der Maßgabe, so wenige Prozessfarben wie möglich zu mischen. Allerdings ist die CMYK-Definition auf einen bestimmten Anwendungszweck festgeschrieben und bezieht sich bei amerikanischen Herstellern in der Regel auf den Farbraum »U.S. Web Coated«.

Pantone +

Illustrator CS6 enthält die Pantone +-Farbbibliotheken. Wenn Sie alte Dateien öffnen, werden Pantone-Farben darin sehr wahrscheinlich anders aussehen als früher. Wie die Farben gedruckt werden, ist davon unbeeinflusst, es sei denn, Sie wandeln die Farben in Prozessfarben um. Probleme können mit diesen Farbbibliotheken entstehen, wenn Sie Rasterbilder platzieren, in denen Pantone-Farbkanäle enthalten sind, die es in Pantone + nicht mehr gibt. Diese Farben werden in Illustrator schwarz dargestellt. Sie können die Pantone +-Farbbibliotheken gegen die alten Pantone-Bibliotheken austauschen: http://helpx.adobe.com/illustrator/kb/pantone-plus.html

---

8.6.4 Farbgruppen erstellen

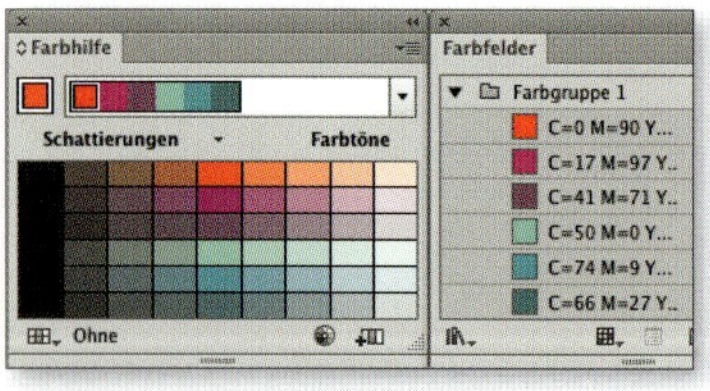

Organisieren Sie beliebige zusammengehörende Farben sowie Farbharmonien mit dem Farbfelder-Bedienfeld, dem Farbhilfe-Bedienfeld oder der Funktion BILDMATERIAL NEU FÄRBEN zu Farbgruppen.

- **Farbfelder-Bedienfeld**: Aktivieren Sie mehrere Farbfelder, und rufen Sie NEUE FARBGRUPPE… aus dem Menü des Farbfelder-Bedienfeldes auf, oder klicken Sie auf den gleichnamigen Button unten im Bedienfeld.

  Alternativ aktivieren Sie eines oder mehrere Objekte und klicken an, um eine Farbgruppe aus den in diesen Elementen verwendeten Farben zu erstellen.

- **Farbhilfe-Bedienfeld**: Die im Farbhilfe-Bedienfeld eingestellte Farbharmonie speichern Sie mit dem Befehl aus dem Bedienfeldmenü

▲ **Abbildung 8.49**
Beim Speichern einer Gruppe aus dem Farbhilfe-Bedienfeld wird nur die Farbharmonie übernommen.

oder einem Klick auf den Button FARBGRUPPE IN FARBFELDBEDIENFELD SPEICHERN .
▸ **Interaktive Farbe**: In der Dialogbox BILDMATERIAL NEU FÄRBEN klicken Sie ebenfalls auf den Button NEUE FARBGRUPPE , um die eingestellte Farbharmonie als Farbgruppe zu speichern.

Optionen | Wenn Sie die neue Farbgruppe aus dem Farbfelder-Bedienfeld erstellen, haben Sie folgende Optionen:
▸ ERSTELLEN AUS: Wählen Sie hier, ob die Farbgruppe aus ausgewählten Farbfeldern bestehen soll oder ob Sie die Farbfelder aus aktivierten Objekten (»Bildmaterial«) aufnehmen möchten. Wählen Sie Letzteres, können Sie zwei weitere Einstellungen festlegen:
   ▸ PROZESS NACH GLOBAL KONVERTIEREN: Mit dieser Option werden globale Farbfelder erzeugt.
   ▸ FARBFELDER FÜR FARBTÖNE EINSCHLIESSEN: Wenn Sie in der Grafik Farbtöne verwendet haben, werden diese als Farbfelder angelegt.

8.6.5 Farbgruppen bearbeiten

Farbgruppen lassen sich zu einem späteren Zeitpunkt ergänzen oder auflösen.

Ein Farbfeld zur Farbgruppe hinzufügen | Ziehen Sie ein bestehendes Farbfeld an die gewünschte Stelle in der Farbgruppe, oder ziehen Sie es auf das Ordnersymbol. Um gleichzeitig ein neues Farbfeld zu erstellen und es einer Farbgruppe hinzuzufügen, aktivieren Sie die Farbgruppe mit einem Klick auf das Ordnersymbol und klicken auf den Button NEUES FARBFELD .

Farbgruppen auflösen | Möchten Sie eine Farbgruppe löschen und ihren Inhalt wieder in normale Farbfelder zurückwandeln, aktivieren Sie die Gruppe durch einen Klick auf das Ordnersymbol und wählen GRUPPIERUNG DER FARBGRUPPE AUFHEBEN aus dem Menü des Farbfelder-Bedienfeldes.

Farbgruppen löschen | Um die Farbgruppe und alle darin enthaltenen Farbfelder zu löschen, aktivieren Sie die Farbgruppe und klicken auf den Button FARBFELD LÖSCHEN . Drücken Sie dabei /Alt, um die Farbgruppe ohne Nachfrage zu löschen.

Interaktive Farbe
Alle Farbfelder, die Sie in der Funktion BILDMATERIAL NEU FÄRBEN zum Umfärben von Objekten oder beim Experimentieren mit Farbharmonien verwenden möchten, müssen in einer Farbgruppe gespeichert sein.

▲ **Abbildung 8.50**
Die Dialogbox NEUE FARBGRUPPE

Mehrere Farbfelder aktivieren
Um viele hintereinanderliegende Farbfelder in einer oder mehreren Reihen zu aktivieren, klicken Sie das erste Farbfeld der Reihe an, halten und klicken dann auf das letzte Farbfeld, das Sie auswählen wollen. Die dazwischenliegenden werden automatisch mit aktiviert.
Um mehrere Farbfelder zu aktivieren, die nicht direkt nebeneinanderliegen, klicken Sie auf das erste, modifizieren dann mit /Strg und wählen nacheinander die anderen gewünschten Farbfelder dazu aus.

Farbfelder und Speicherplatz

Unbenutzte Farbfelder – aber vor allem Musterfelder – kosten Speicherplatz, reduzieren Sie daher den Inhalt des Bedienfeldes.

Bibliotheken verwenden

Mehr zum Umgang mit Bibliotheken finden Sie in Abschnitt 1.2.

▲ **Abbildung 8.51**
Aufrufen benutzerdefinierter Bibliotheken

Bibliotheken und Benutzerprofile

Der von Illustrator vorgeschlagene Standard-Speicherort für eigene Farbfelder- (sowie Pinsel-, Symbol- und Grafikstil-)Bibliotheken liegt in Ihrem Benutzerordner. Das bedeutet, dass andere Benutzer Ihres Computers diese Bibliotheken nicht verwenden können. Wenn Sie die Bibliotheken anderen Nutzern zugänglich machen möchten, sollten Sie also einen anderen Ort wählen.

▲ **Abbildung 8.52**
Farbfeld-Austauschwarnung

8.6.6 Farbfelder löschen

Aktivieren Sie das oder die Farbfelder, die Sie löschen möchten. Anschließend wählen Sie FARBFELD LÖSCHEN aus dem Bedienfeldmenü oder klicken auf FARBFELD LÖSCHEN 🗑.

Löschen Sie ein Farbfeld mit einer globalen Farbe, geht die Farbeigenschaft in Objekten, die dieses Farbfeld verwenden, nicht verloren. Sie wird vom Programm in eine lokale Farbe ohne Verbindung zu einem Farbfeld umgewandelt. Da eine Volltonfarbe nur global sein kann, wird sie gegebenenfalls in die Farbart CMYK-Farbe konvertiert.

Nicht benutzte Farbfelder löschen | Die Übersicht im Farbfelder-Bedienfeld wird besser, wenn Sie nicht benötigte Farbfelder löschen.

Verwenden Sie aus dem Bedienfeldmenü den Befehl ALLE NICHT VERWENDETEN AUSWÄHLEN, um die in Ihrem Dokument unbenutzten Farben, Verläufe, Muster etc. zu aktivieren. Anschließend löschen Sie die aktiven Farbfelder.

8.6.7 Farbfeldbibliotheken selbst erstellen

Beim Speichern als Bibliothek werden – mit Ausnahme von PASSERMARKEN und OHNE – alle Farbfelder verwendet, die sich im Farbfelder-Bedienfeld befinden. Löschen Sie also zunächst alle Farbfelder, die Sie nicht in der Bibliothek benötigen. Anschließend wählen Sie FARBFELDBIBLIOTHEK ALS AI SPEICHERN… aus dem Menü des Farbfelder-Bedienfeldes.

Speichern Sie die Bibliothek im vorgeschlagenen Standardordner, wird sie in das Farbfeldbibliotheken-Untermenü unter dem Punkt BENUTZERDEFINIERT aufgenommen.

Farbfeldbibliotheken besitzen kein Farbprofil. Wenn Sie Farbfelder in Dokumenten mit einem anderen Dokumentfarbmodus verwenden, werden die Farben konvertiert.

8.6.8 Farben in der Creative Suite 6 austauschen

Um Farbfelder zwischen Illustrator, Photoshop und InDesign auszutauschen, müssen Sie die Farbfelder zunächst aus der jeweiligen Applikation exportieren. Wählen Sie dazu aus dem Bedienfeldmenü des Farbfelder-Bedienfeldes des entsprechenden Programms den Punkt FARBFELDER FÜR DEN AUSTAUSCH SPEICHERN – in Illustrator wählen Sie FARBFELDBIBLIOTHEK ALS ASE SPEICHERN.

Verlaufs-, Muster- und Farbtonfelder können nicht in andere Applikationen übernommen werden und sind daher nicht in den Austauschbibliotheken enthalten.

8.7 Farbharmonien erarbeiten

Zu den schwierigsten Aufgaben in der Gestaltung gehört die Entwicklung von Farbschemata, die harmonische Farben für ein Layout beinhalten. Entsprechend gefragt sind Farbharmoniefunktionen.

8.7.1 Farbhilfe-Bedienfeld

Mit dem Farbhilfe-Bedienfeld – das auch Bestandteil der Funktion »Interaktive Farbe« ist – entwickeln Sie Farbharmonien auf der Basis der klassischen Farbharmonieregeln und eines auswählbaren Variationsschemas. Wählen Sie Fenster • Farbhilfe aus dem Menü, um das Bedienfeld anzeigen zu lassen. Im Dock besitzt das Bedienfeld das Symbol 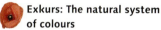.

Im Bedienfeld wird zunächst nach der gewählten Harmonieregel ❷ aus einer Basisfarbe ❶ eine Farbgruppe erstellt (eine Übersicht der Harmonieregeln und der jeweils zugrunde liegenden geometrischen Beziehungen im Farbkreis sehen Sie im Kasten »Farbharmonien« unten). Anschließend baut Illustrator aus den Farben dieser Farbgruppe ❺ (oberhalb mit dem kleinen schwarzen Dreieck gekennzeichnet) das Rasterschema der Farbvariationen ❹ auf. Die Abstufungen entstehen nach den Variationsschemata Farbtöne/Schattierungen, Warm/kalt und Strahlend/gedeckt ❸, die sich über das Bedienfeldmenü aufrufen lassen und über dem Rasterschema eingeblendet sind. Aus der Farbharmonie können Sie eine Farbgruppe erstellen oder die Farben des Rasters direkt auf Objekte anwenden.

> **Exkurs: The natural system of colours**
>
> Nahezu alle Farbharmonie-Tools basieren auf dem natürlichen Farbsystem. Dieses wurde 1776 von dem Engländer Moses Harris formuliert. Es versucht darzustellen, wie »materially, or by the painter's art« aus Primärfarben weitere Farben gemischt werden können. Harris unterschied zwei Harmonien: die der »prismatic colors« aus den Grundfarben Zinnoberrot, Ultramarin und Königsgelb und die Harmonie der »compound colors« der aus den Grundfarben gemischten Töne Orange, Grün und Purpur.

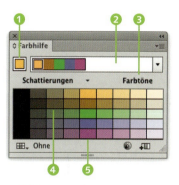

▲ Abbildung 8.53
Das Farbhilfe-Bedienfeld

Farbharmonien

Analog ❻: Farben, die im Farbkreis sehr dicht nebeneinanderliegen.
Monochromatisch ❼: Variationen der Sättigung einer Farbe
Schattierungen ❽: Die Grundfarbe wird mit Schwarz abgemischt.
Zusammengesetzt (Compound): Kombination aus »erdigen« Tönen mit Anteile aller drei Primärfarben

Komplementär ❾: Die Farben liegen auf dem Farbkreis gegenüber.
Teilkomplementär ❿: Eine Farbe wird kombiniert mit den beiden Nachbarfarben ihrer Komplementärfarbe.
Hoher Kontrast: verschiedene Formen kontrastreicher Zusammenstellungen – abgeleitet aus der Teilkomplementär-Regel

Triade ⓫: drei Farben, die auf dem Farbkreis gleich weit voneinander entfernt sind
Tetrade: vier Farben mit identischem Abstand – eine Sonderform der Doppel-Komplementär-Regel
Pentagramm: fünf Farben, deren Abstand identisch ist

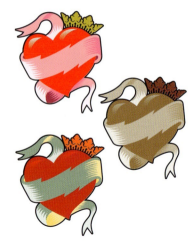

▲ Abbildung 8.54
Einschränkung auf Farbbibliotheken ALTERTUM (Mitte) und RUSSISCHE PLAKATKUNST (unten)

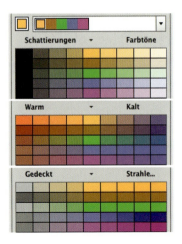

▲ Abbildung 8.55
Variationsschema (von oben): FARBTÖNE/SCHATTIERUNGEN, WARM/KALT, STRAHLEND/GEDECKT

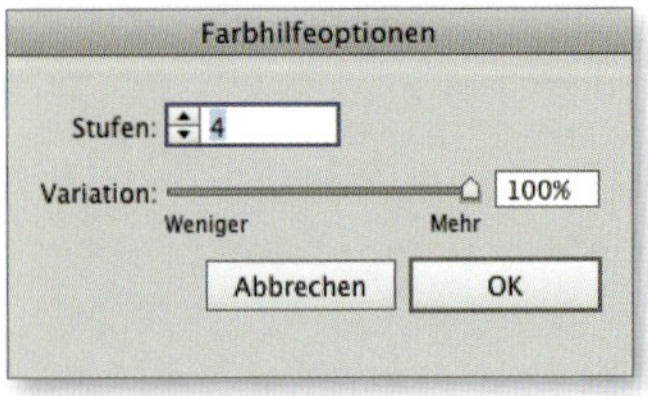

▲ Abbildung 8.56
Die Dialogbox FARBHILFEOPTIONEN

Farbharmonien generieren | Farbhilfe-Bedienfeld

▶ ALS BASISFARBE EINSTELLEN ❶: Auf dem Button wird die Farbe des zuletzt ausgewählten Objekts, die im Farbe-Bedienfeld definierte oder im Farbfelder-Bedienfeld ausgewählte Farbe angezeigt. Klicken Sie darauf, um diese Farbe als Basisfarbe für die Erzeugung der Farbharmonien festzulegen. Möchten Sie die Basisfarbe ändern, wählen Sie zunächst eine andere Farbe aus und klicken den Button erneut an.

▶ HARMONIEREGELN ❷: Wählen Sie aus diesem Menü die Harmonieregeln, nach denen aus der Grundfarbe eine Farbgruppe gebildet wird. Um das Menü anzuzeigen, klicken Sie einmal kurz auf das Pfeilsymbol.

▶ AUF FARBBIBLIOTHEK BESCHRÄNKEN: Aktivieren Sie eine Bibliothek aus diesem Menü, um die Auswahl der Farben in den Farbvariationen auf in dieser Farbbibliothek enthaltene Farbtöne einzugrenzen. Auf die Art ist es möglich, z. B. nur mit Pantone-Farben zu arbeiten. Wählen Sie die Option OHNE aus, um die Eingrenzung aufzuheben.

▶ FARBEN BEARBEITEN: Mit einem Klick auf den Button oder durch Auswahl des Befehls aus dem Bedienfeldmenü rufen Sie die Funktion BILDMATERIAL NEU FÄRBEN auf (s. Abschnitt 8.9).

▶ FARBGRUPPE IN FARBFELDBEDIENFELD SPEICHERN: Mit diesem Befehl speichern Sie die eingestellte Farbharmonie als Farbgruppe im Farbfelder-Bedienfeld. Alternativ wählen Sie mehrere Farben in den Farbvariationen aus – drücken Sie dazu ⌘/Strg – und speichern diese als Farbgruppe.

Variationsschema auswählen | Farbhilfe-Bedienfeld

▶ FARBTÖNE/SCHATTIERUNGEN ANZEIGEN: Aus den Grundfarben werden Variationen zwischen den Extremen »Abgedunkelt« und »Aufgehellt« berechnet.

▶ WARM/KALT ANZEIGEN: Die Variationen bewegen sich zwischen warmen (Rot) und kalten Farbtönen (Blau).

▶ STRAHLEND/GEDECKT ANZEIGEN: Mit dieser Option variiert Illustrator die Leuchtkraft der Farben.

Optionen | Farbhilfe-Bedienfeld

▶ FARBHILFEOPTIONEN: In den Optionen des Farbhilfe-Bedienfeldes steuern Sie die Anzahl der Felder in den Farbvariationen und mit dem Regler die Stärke der VARIATION. Erhöhen Sie die Anzahl der STUFEN auf bis zu 20, oder senken Sie die Stärke der VARIATION, um feinere Abstufungen zu erhalten.

Schritt für Schritt
Farbschema finden und anwenden

1 Auswählen einer Basisfarbe
Öffnen Sie die Datei »Tintenfisch-Shirt.ai« von der DVD. Die Grafik soll ein anderes Farbschema erhalten. Da Sie mindestens das Farbfelder- und das Farbhilfe-Bedienfeld parallel benötigen, ziehen Sie beide aus dem Dock heraus.

Deaktivieren Sie alle Elemente der Grafik. Nehmen Sie eine Farbe mit der Pipette auf, stellen Sie sie im Farbe-Bedienfeld ein, oder klicken Sie auf ein Farbfeld. Die Farbe wird als Basisfarbe im Farbhilfe-Bedienfeld angezeigt.

▲ Abbildung 8.57
Eine Farbe aus der Grafik aufnehmen

2 Einstellen einer Harmonieregel
Wählen Sie eine Harmonieregel aus dem Menü – die zugehörigen Farben werden jeweils im Menü dargestellt. Entspricht eine Farbharmonie Ihren Vorstellungen, dann folgt der nächste Schritt. Falls Ihnen keine Farbkombination zusagt, können Sie jederzeit die Basisfarbe wechseln, indem Sie auf ein Feld aus den Farbvariationen klicken. Diese Farbe wird dann im Button BASISFARBE angezeigt – klicken Sie darauf, um alle Farbharmonien auf die neue Farbe berechnen zu lassen.

▲ Abbildung 8.58
Harmonieregel »Tetrade 2«

3 Variationsart bestimmen
Als weitere Möglichkeit des Experimentierens mit Farben probieren Sie die alternativen Variationsarten aus dem Menü FARBTÖNE/SCHATTIERUNGEN, WARM/KALT oder STRAHLEND/GEDECKT.

4 Einschränken auf Farbbibliothek
Sind Sie darauf angewiesen, nur Farben aus einer bestimmten Bibliothek (z. B. HKS, Pantone), Tonalität (z. B. Barock, Erdtöne), für definierte Einsatzbereiche (z. B. Business, Spielzeug) oder für einen Einsatzbereich mit technischen Ansprüchen (z. B. Webfarben) nutzen zu können, verwenden Sie das Menü unten links, um die Farbvariationen darauf einzuschränken.

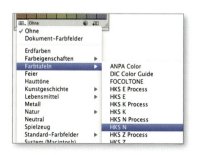

▲ Abbildung 8.59
Auf FARBTAFELN einschränken

5 Farbgruppe speichern
Sind Sie mit der Farbkombination zufrieden, speichern Sie die Farben als Farbgruppe, indem Sie auf den Button FARBGRUPPE SPEICHERN im Farbhilfe-Bedienfeld klicken.

▲ Abbildung 8.60
Gespeicherte Farbgruppe

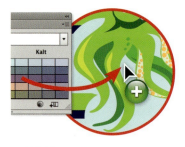

▲ Abbildung 8.61
Einfärben

▲ Abbildung 8.62
Umgefärbte Grafik

6 **Anwenden der Farben**
Um die Farben auf die Grafik anzuwenden, ziehen Sie die Symbole aus den Farbvariationen auf die einzelnen Teile der Illustration – Sie müssen die Objekte nicht auswählen. Sie können jede Farbe aus den Farbvariationen verwenden – nicht nur die direkt zur Farbharmonie gehörenden Farben, denn alle Farben im Grid harmonieren miteinander.

8.7.2 Barrierefreiheit von Farbkombinationen

Etwa 10 % der Menschen sind farbenblind. Daher sollten Sie darauf achten, Ihre Grafik so zu gestalten, dass die Bildaussage für alle zugänglich ist. In Illustrator können Sie sich einen Softproof anzeigen lassen, der simuliert, wie Ihre Grafik unter den beiden am weitesten verbreiteten Arten der Farbfehlsichtigkeit wirkt.

Um den Proof einzurichten, wählen Sie Ansicht • Proof einrichten • Farbenblindheit (Protanopie) bzw. Farbenblindheit (Deuteranopie). Dann wählen Sie Ansicht • Farbproof, sodass das Häkchen gesetzt ist.

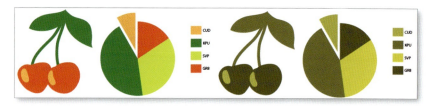

▲ Abbildung 8.63
Bei der Grafik jeweils links (Kirsche) ist der Inhalt anhand der Form zu erkennen. Ein Diagramm sollte jedoch eindeutig gefärbt sein, sodass die Legende exakt zuzuordnen ist.

▲ Abbildung 8.64
Das Kuler-Bedienfeld: Auswahl-Menü ❶, Suchfeld ❷

8.8 Mit Kuler arbeiten

In der Online-Community Kuler erstellen die Nutzer Farbharmonien und tauschen und diskutieren diese.

8.8.1 Kuler-Bedienfeld

Die Verbindung zu Kuler stellen Sie über das Kuler-Bedienfeld her. Rufen Sie es unter Fenster • Erweiterungen • Kuler auf. Im Dock besitzt das Kuler-Bedienfeld das Symbol.

Das Bedienfeld listet automatisch die von den Kuler-Nutzern am höchsten bewerteten Farbharmonien auf. Die Farbharmonien in Kuler enthalten bis zu fünf Farben. Dies ist die höchste Anzahl Farben, die Kuler je Farbkombination verwalten kann.

Farbharmonien durchblättern | Mit den Buttons ◄ und ► blättern Sie durch die Farbharmonien.

Andere Auswahl anzeigen | Neben den am besten bewerteten Harmonien können Sie in Kuler auch solche anzeigen lassen, die zuletzt hinzugefügt oder am häufigsten heruntergeladen wurden. Wählen Sie im Auswahl-Menü ❶ aus, welche Harmonien Sie sehen möchten. Um die Liste neu zu laden, verwenden Sie den Button Schemas Aktualisieren ↻.

▲ Abbildung 8.65
Auswahl der Farbharmonien nach Bewertung, Aktualität, Zufall und eigenen Kategorien

Darüber hinaus haben Sie die Möglichkeit, bis zu vier definierbare Themen zu »abonnieren« und in diesem Menü anzeigen zu lassen. Gehen Sie wie folgt vor:

1. Rufen Sie aus dem Menü Anzuzeigende Schemas auswählen ❶ die Optionen Benutzerdefiniert auf. Geben Sie ein Suchwort – ein Schlagwort oder auch den Namen eines Nutzers, dessen Farbzusammenstellungen Ihnen gefallen – in eines der Felder ein. Geben Sie weitere Suchwörter in die anderen Felder ein.
2. Bestätigen Sie mit Speichern.
3. Rufen Sie Ihre Suchwörter im Menü Anzuzeigende Schemas auswählen auf, um die Farbharmonien anzusehen.
4. Möchten Sie eines der Suchwörter entfernen, klicken Sie auf das Minus-Zeichen neben dem Begriff.

▲ Abbildung 8.66
Abonnieren der Farbharmonien eines Nutzers oder nach einem Stichwort

Kuler durchsuchen | Geben Sie ein Suchwort in das Suchfeld ein, das in den Titeln, Nutzernamen oder den Schlagwörtern der Farbharmonien recherchiert wird. Die Ergebnisse zeigt Ihnen das Kuler-Bedienfeld als Farbharmonien an.

Details anzeigen | Finden Sie heraus, wer eine Farbkombination hochgeladen hat und wie sie bewertet ist, indem Sie die Farbharmonie mit einem Klick aktivieren und dann den Cursor über den Pfeil ► rechts neben den Namen bewegen. Ein Fenster zeigt die gewünschten Informationen. Klicken Sie auf den Pfeil, um ein Menü mit weiteren Optionen anzuzeigen. Dort können Sie u. a. die Farbharmonie online in der Kuler-Community aufrufen.

▲ Abbildung 8.67
Suchergebnis »Chocolate«

Farbharmonien importieren | Möchten Sie eine Farbharmonie aus dem Kuler-Bedienfeld in Ihrem Dokument benutzen, klicken Sie darauf,

▲ Abbildung 8.68
Details einer Farbharmonie

▲ Abbildung 8.69
Den Farbfeldern hinzufügen

▲ Abbildung 8.70
Im Farbfelder-Bedienfeld ausgewählte Farbgruppe

um sie zu aktivieren. Zeigen Sie das Aufklappmenü mit einem Klick auf den Pfeil ▶ an, und wählen Sie ZUM FARBFELDBEDIENFELD HINZUFÜGEN.

8.8.2 Eigene Farbgruppen in Kuler veröffentlichen

Möchten Sie in Kuler selbst etwas veröffentlichen, benötigen Sie zunächst ein Konto in der Community. In dieses Konto loggen Sie sich ein und führen dann in Illustrator folgende Schritte durch:

1. Erstellen Sie eine Farbgruppe. Diese sollte nicht mehr als fünf Farben enthalten. Sind es mehr, werden nur die ersten fünf verwendet.
2. Aktivieren Sie die Farbgruppe im Farbfelder-Bedienfeld.
3. Klicken Sie auf den Button HOCHLADEN 🖼 im Kuler-Bedienfeld.
4. In der Kuler-Weboberfläche geben Sie einen Namen und die Schlagwörter (Tags) für die Farbgruppe ein. Anschließend veröffentlichen oder speichern Sie die Farbgruppe.

Abbildung 8.71 ▶
Die Kuler-Oberfläche im Web

8.9 Interaktive Farbe verwenden

Mit der Funktion LIVE COLOR – in der deutschen Version INTERAKTIVE FARBE – haben Sie zum einen die Möglichkeit, im Farbkreis mit Farbharmonien zu experimentieren, und zum anderen ist die Funktion ein mächtiges Werkzeug zur Veränderung der in der Grafik verwendeten Farben, z. B. können Sie mit wenigen Schritten eine in Prozessfarben aufgebaute Illustration für den Zweifarbendruck modifizieren. LIVE CO-

LOR erinnert an die seit einigen Jahren im Web verbreiteten Farbharmoniewerkzeuge. Das Farbhilfe-Bedienfeld als einen Bestandteil diesr Funktion haben Sie bereits kennengelernt, den anderen Teil rufen Sie mit BEARBEITEN • FARBEN BEARBEITEN • BILDMATERIAL NEU FÄRBEN auf.

Funktionsmodi | Die Dialogbox BILDMATERIAL NEU FÄRBEN besitzt zwei Bereiche: BEARBEITEN und ZUWEISEN (s. Abschnitt 8.9.2). Ist nichts auf der Zeichenfläche ausgewählt, wird nur BEARBEITEN angeboten.

▼ **Abbildung 8.72**
Farbvarianten von Illustrationen und Packungsdesigns

8.9.1 Farbharmonien in Farbgruppen bearbeiten

Der Part BEARBEITEN der Funktion BILDMATERIAL NEU FÄRBEN dient vor allem der Detailanpassung von Farbgruppen.

Bildmaterial neu färben im Modus »Bearbeiten« anzeigen | Um Farbgruppen zu bearbeiten, deaktivieren Sie alle Objekte und verwenden eine der folgenden Methoden, LIVE COLOR aufzurufen:

▶ mit einem Doppelklick auf das Ordnersymbol 📁 einer Farbgruppe im Farbfelder-Bedienfeld
▶ durch Anklicken des Buttons FARBGRUPPE BEARBEITEN ODER ANWENDEN 🎨 im Farbfelder-Bedienfeld (dieser erscheint nur, wenn eine Farbgruppe aktiviert ist)
▶ durch Anklicken des Buttons FARBEN BEARBEITEN ODER ANWENDEN 🎨 im Farbhilfe-Bedienfeld

▲ **Abbildung 8.73**
Der Button FARBGRUPPE BEARBEITEN ODER ANWENDEN

Wenn Sie BILDMATERIAL NEU FÄRBEN per Doppelklick auf eine Gruppe aufgerufen haben, werden die zugehörigen Farbfelder automatisch im Feld AKTIVE FARBEN ❷ und der Gruppenname im Feld ❺ neben dem Harmonieregelmenü ❹ angezeigt (Abb. 8.74). Das Farbrad ❸ zeigt die Farben der ausgewählten Gruppe in den Kreissymbolen. Die Basisfarbe ist mit einem größeren Symbol repräsentiert als die abhängigen Farben.

▲ **Abbildung 8.74**
Die Basisfarbe ist mit einem größeren Kreis gekennzeichnet.

Kapitel 8 Farbe

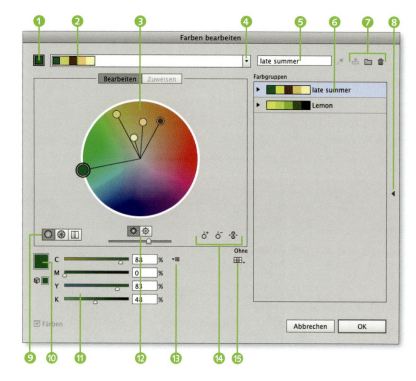

Abbildung 8.75 ▶
Die Dialogbox BILDMATERIAL NEU FÄRBEN im Modus BEARBEITEN: Basisfarbe 1, AKTIVE FARBEN 2, Farbrad 3, Menü HARMONIEREGELN 4, Name der aktiven Farbgruppe 5, Farbgruppen des Dokuments 6, Verwalten von Farbgruppen: ÄNDERUNGEN SPEICHERN, NEUE FARBGRUPPE, FARBGRUPPE LÖSCHEN 7, Farbgruppenspeicher ein- und ausblenden 8, Anzeigeart des Farbrads: GEGLÄTTET, SEGMENTIERT, FARBKONTROLLSTREIFEN 9, Button FARBWÄHLER 10, Farbregler für ausgewählte Farbe bzw. globale Einstellungsregler 11, Wechsel der Anzeige zwischen SÄTTIGUNG/FARBTON und HELLIGKEIT/FARBTON 12, Auswahl des Modus der Farbanpassungsregler bzw. Umschalten auf globale Farbeinstellung 13, FARBE HINZUFÜGEN/ ENTFERNEN, VERKNÜPFUNG DER HARMONIE AUFHEBEN (in Balkendarstellung: Zufallsgeneratoren) 14, Farbfeldbibliothek zur Beschränkung der Farbgruppe auswählen 15

Harmonieregeln – Übersicht

Eine Übersicht über die Harmonieregeln finden Sie in Abschnitt 8.7.1.

Übereinanderliegende Farben

Wenn Farben im Farbrad übereinanderliegen, wechseln Sie die Darstellungsform zwischen Helligkeit und Sättigung, um auf alle Farben zugreifen zu können.

Gruppe auswählen | Um eine andere Gruppe zu bearbeiten, wählen Sie diese im Farbgruppenspeicher 6. Verwenden Sie den Button 8 am Rand, um die Liste ein- und auszublenden.

Harmonieregel auswählen | Möchten Sie die Gruppe mit einer anderen Harmonieregel anhand der Basisfarbe neu zusammenstellen, wählen Sie die Regel im Harmonieregelmenü 4. Die Anordnung der Farben auf dem Farbrad stellt die zugrunde liegende Regel, also das Verhältnis der Farben zueinander, anschaulich dar.

Farbraddarstellung | Für die Darstellung des Farbrads können Sie mit den Buttons 9 zwischen drei Arten wählen:
▶ GEGLÄTTET: Dies ist die Standardeinstellung, in der jedes einzelne Pixel für eine andere Farbe steht.
▶ SEGMENTIERT: Das Farbrad wird in zwölf Segmente unterteilt, die jeweils sechs Abstufungen besitzen. Nur in den beiden Farbrad-Darstellungen lassen sich der Gruppe Farben hinzufügen.
▶ FARBKONTROLLSTREIFEN: Die in der aktuellen Zusammenstellung enthaltenen Farben werden als Balken dargestellt. Nur in dieser Darstellungsform können Sie Zufallsoperationen auf die Farbgruppe anwenden.

▶ Sättigung und Farbton ⚙/Helligkeit und Farbton ⚙ auf Farbrad anzeigen ⑫: Mit diesem Button wechseln Sie zwischen den beiden Anzeigearten auf dem Farbrad. Sättigung und Farbton zeigt von der Mitte nach außen jeweils Variationen der Sättigung einer Farbe, die Helligkeit bleibt konstant. Helligkeit und Farbton zeigt von innen nach außen Variationen der Helligkeit mit konstanter Sättigung. Mit dem Schieberegler steuern Sie die Helligkeit, falls Sättigung/Farbton aktiv ist bzw. die Sättigung, falls Helligkeit/Farbton aktiv ist. Bewegen Sie den Cursor über den Regler, dann zeigt die QuickInfo an, welchen Wert Sie einstellen können.

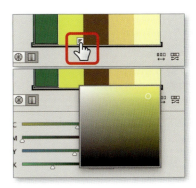
▲ **Abbildung 8.76**
Aufrufen des Farbspektrums

Farbgruppen bearbeiten | Klicken und ziehen Sie eine Farbe im **Farbrad**, um sie neu zu definieren. Solange die Farben in der Gruppe miteinander verbunden sind, bewegen sich alle Farben der Gruppe entsprechend der Harmonieregel. Alternativ aktivieren Sie eine Farbe, indem Sie auf ihr Kreissymbol klicken, und stellen Sie sie mithilfe der Farbregler ⑪ unter dem Farbrad ein. Wählen Sie aus dem Menü ⚙ ⑬ den Farbraum, in dem Sie die Einstellung vornehmen möchten. Zu den Symbolen ⚙ und ⚠ s. Abschnitt 8.4.3. Oder doppelklicken Sie auf eine Farbe, um die Änderung im Farbwähler durchzuführen (siehe Abschnitt 8.4.5).

▲ **Abbildung 8.77**
Regler zur globalen Anpassung der Farben

Halten Sie den Cursor in der **Balkendarstellung** über einem Balken, erscheint ein kleines Symbol ⚙ rechts unten im Balken. Klicken Sie darauf, um ein Farbspektrum aufzurufen und in diesem die Farbe neu einzustellen.

Um alle Farben einer Gruppe synchron zu bearbeiten, wählen Sie Globale Anpassung aus dem Menü ⑬. Mit den Reglern passen Sie Sättigung, Helligkeit, Farbtemperatur und Luminanz an.

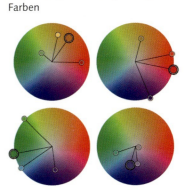
▲ **Abbildung 8.78**
Verknüpfte Farben können nur entsprechend der Harmonieregel verändert werden.

Beziehungen in Farbgruppen bearbeiten | Die Funktionsbuttons haben folgende Auswirkungen:

▶ Verknüpfung der harmonischen Farben: Sollen einzelne Farben der Gruppe unabhängig von anderen bearbeitet werden, heben Sie die Verknüpfung auf, indem Sie auf das Symbol Verknüpfung aufheben ⚙ klicken. Um die Verbindung wieder herzustellen, klicken Sie auf Farben verknüpfen ⚙.
▶ Farbe hinzufügen ⚙ (nur in Farbraddarstellung): Mit diesem Tool fügen Sie der Gruppe eine Farbe hinzu. Wählen Sie zunächst das Werkzeug, und klicken Sie damit anschließend auf die gewünschte Farbe im Farbrad.
▶ Farbe entfernen ⚙ (nur in Farbraddarstellung): Wählen Sie dieses Werkzeug, um eine Farbe durch Anklicken im Farbrad zu löschen.

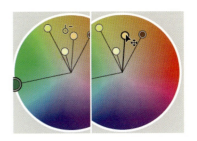
▲ **Abbildung 8.79**
Hervorheben einer Farbe vor dem Entfernen

▲ Abbildung 8.80
Darstellung des Farbrads mit Einschränkung auf die HKS-K-Bibliothek

---

Symbole vorher kopieren

Anders als Verläufe oder Musterfelder werden Symbole direkt editiert und verändert. Um die Version mit den Originalfarben zu erhalten, sollten Sie vor dem Editieren eine Kopie des Symbols erstellen. Mehr zu Symbolen finden Sie in Kapitel 17.

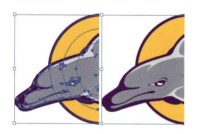

▲ Abbildung 8.81
Damit Sie die Farben besser beurteilen können, blendet Illustrator die Pfade automatisch aus (rechts).

Mit Zuweisen experimentieren

Nehmen Sie sich ausreichend Zeit, um alle Optionen der Funktion ZUWEISEN von BILDMATERIAL NEU FÄRBEN gründlich kennenzulernen.

Eine Hervorhebung beim Überfahren mit dem Werkzeug zeigt die jeweils betroffene Farbe an.

Einschränken der Farbauswahl | Wählen Sie einen Eintrag aus dem Menü BESCHRÄNKT AUF FARBEN IN FARBBIBLIOTHEK ⌗ ⑮, um die Auswahl der Farben darauf einzuschränken, z. B. eine Pantone- oder HKS-Bibliothek. Die Darstellung des Farbrads ändert sich entsprechend, und der Name der ausgewählten Bibliothek wird über dem Menü eingeblendet. Um diese Einstellung wieder aufzuheben, wählen Sie OHNE.

Farbgruppen speichern und verwalten | Aus BILDMATERIAL NEU FÄRBEN heraus haben Sie Zugriff auf die Farbgruppen im Farbfelder-Bedienfeld:

▶ ÄNDERUNGEN AN FARBGRUPPE SPEICHERN 🖫: Ihre Modifikation wird in die bestehende Farbgruppe gesichert.

▶ NEUE FARBGRUPPE 🗀: Erstellen Sie eine neue Farbgruppe aus den im Farbrad angezeigten Farben – bestehende Farbgruppen bleiben intakt.

▶ FARBGRUPPE LÖSCHEN 🗑: Löschen Sie die aktivierte Farbgruppe (auch aus dem Farbfelder-Bedienfeld).

8.9.2 Farben in Objekten ändern

Mit der Funktion BILDMATERIAL NEU FÄRBEN können Sie die Farben von Objekten auf der Zeichenfläche ändern, unabhängig davon, welche (und ob überhaupt) Farbfelder definiert sind.

Sie können Farben in Verläufen, Verlaufsgittern, Mustern und Symbolen ändern. Die geänderten Verläufe und Musterfelder werden als neue Farbfelder abgelegt.

Bildmaterial neu färben im Modus »Zuweisen« anzeigen | Aktivieren Sie die Objekte, die Sie umfärben möchten, und wählen Sie:

▶ Verwenden Sie das Menü BEARBEITEN • FARBE BEARBEITEN • BILDMATERIAL NEU FÄRBEN… Anders als der Name des Befehls suggeriert, kann jedoch keine Pixelgrafik bearbeitet werden.

▶ Klicken Sie auf den Button FARBEN BEARBEITEN ODER ANWENDEN ⊙ im Farbhilfe-Bedienfeld oder im Steuerungsbedienfeld.

Klicken Sie anschließend auf ZUWEISEN, falls der Modus nicht automatisch gewählt wurde. Illustrator blendet die Objektpfade aus und behält nur die Anzeige des Begrenzungsrahmens bei.

8.9 Interaktive Farbe verwenden

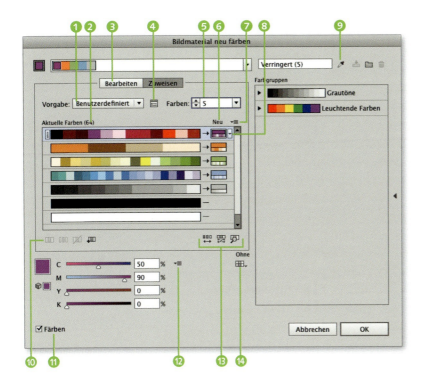

◀ **Abbildung 8.82**
Dialogbox BILDMATERIAL NEU FÄRBEN im Modus ZUWEISEN: Farbänderungs-vorgaben ❶, Spalte AKTUELLE FARBEN ❷, Umschalten in den Modus BEARBEITEN ❸, FARBREDUKTIONSOPTIONEN ❹, Begrenzung der Farbanzahl ❺, Spalte NEU ❻, Sortierung der neuen Farben ändern ❼, Auswahl der Einfärbemethode ❽, Aufnehmen der Farben aus der ausgewählten Grafik ❾, Buttons zum Zusammenfassen der Farben ❿, Option FÄRBEN ⓫, Menüauswahl Farbmodus für Farbregler ⓬, Zufallsgenerator und Finden von Farben ⓭, Menüauswahl Farbbibliothek ⓮

Die in Ihrer Grafik enthaltenen Farben werden in der Spalte AKTUELLE FARBEN ❷ angezeigt. Daneben – in der Spalte NEU ❻ – sehen Sie die Liste der neuen Farben. Eine neue Farbe ersetzt jeweils die aktuellen Farben derselben Reihe, wenn beide mit dem Pfeil → verbunden sind. Ist in der Spalte NEU keine Farbe angelegt, bleibt die aktuelle Farbe unverändert erhalten.

Die Sortierreihenfolge der aktuellen Farben erfolgt wahlweise nach Farbton oder Helligkeit. Dies bestimmen Sie in den FARBREDUKTIONSOPTIONEN ❹. Die Sortierung der neuen Farben können Sie mit dem Sortierungsmenü ❼ – unabhängig von den aktuellen Farben – ändern.

Haben Sie BILDMATERIAL NEU FÄRBEN über das Farbhilfe-Bedienfeld aufgerufen, listet die Spalte NEU die Farben aus der in der Farbhilfe aktuell eingestellten Farbgruppe auf. Wählen Sie diesen Weg, wenn Sie ein komplett neues Farbschema anwenden möchten.

Die Option FÄRBEN ⓫ aktivieren Sie, damit Ihre Einstellungen an der Grafik auf der Zeichenfläche angewandt werden. Deaktivieren Sie die Option, bevor Sie auf OK klicken, werden die Veränderungen nur an Farbgruppen durchgeführt und die Grafik bleibt unangetastet.

Umfärben | Um die Zuordnung der aktuellen und neuen Farben zu ändern, haben Sie folgende Möglichkeiten:
▶ Wählen Sie eine andere Harmonieregel aus dem Menü.

Inhalt der Spalte »Neu«

Anders als beim Aufrufen über die Farbhilfe listet die Spalte NEU die aktuellen Farben der Grafik auf, wenn Sie LIVE COLOR über das Menü oder das Steuerungsbedienfeld aufrufen.

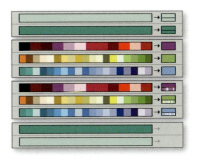

▲ **Abbildung 8.83**
Zuordnung neuer zu aktuellen Farben: (Von oben) keine Veränderung; jeweils mehrere aktuelle Farben werden zu einer neuen Farbe; Tonwertabstufungen oder Variationen der neuen Farben bilden verschiedene aktuelle Farben ab; es sind keine neuen Farben zugeordnet.

239

Live Color ist nicht »live«!

Live Color (Interaktive Farbe) ist nicht auf die gleiche Weise live (interaktiv) wie andere Funktionen mit diesem Namensbestandteil (Abpausen, Malen, Effekte), denn sobald Sie die Dialogbox mit OK bestätigt haben, wird die Grafik umgefärbt. Dies können Sie nur widerrufen. Zu einem späteren Zeitpunkt lassen sich die Optionen nicht verändern.

▶ Wechseln Sie in den Modus Bearbeiten, und editieren Sie die Farben im Farbrad (s. Abschnitt 8.9.1).
▶ Wählen Sie eine Farbgruppe aus dem Farbgruppenspeicher.
▶ Wählen Sie eine der Vorgaben aus dem Menü ❶.
▶ Reduzieren Sie die Anzahl der Farben ❺.
▶ Ändern Sie die Sortierung in der Spalte Aktuelle Farben oder Neu ❼.
▶ Stellen Sie die Farbkombinationen in den Balken der Spalte Aktuelle Farben neu zusammen.
▶ Verwenden Sie die Zufalls-Buttons 🖳 und 🖳 ❸.
▶ Ändern Sie die Definition der neuen Farben.

Farben reduzieren | Um die Anzahl der verwendeten Farben in Ihrer Grafik zu reduzieren, wählen Sie aus dem Menü Farben ❺ die gewünschte Menge aus oder geben eine Zahl direkt in das Feld ein. Eine Reduzierung tritt auch auf, wenn Sie eine Farbgruppe auswählen, die weniger Farben enthält als die Grafik.

Bildmaterial neu färben fasst in diesem Fall automatisch Farben in den Farbzeilen zusammen (die Zusammenfassung erfolgt auf der Basis interner Kriterien), die einer neuen Farbe zugewiesen werden. Sie können die Zusammenstellungen entweder mithilfe der Sortierung der aktuellen Farben oder durch Klicken und Ziehen der Farben auf einen anderen Balken ändern.

Mit der Einstellung Färbungsmethode in den Farbreduktionsoptionen ❹ oder im Menü 🖳 ❽ müssen Sie anschließend wählen, wie der zwischen den aktuellen Farben vorhandene Farb- oder Tonwertunterschied mit der neuen Farbe umgesetzt werden soll.

Sollen Schwarz, Weiß und Grau umgefärbt werden, müssen Sie dies in den Farbreduktionsoptionen ❹ einstellen.

▼ **Abbildung 8.84**
Ausgangsbild (links), Ergebnis (rechts), Umwandlungsregel (Mitte): Mehrere Farben im linken Balken werden zusammengefasst. Die Balken der neuen Farben zeigen zweigeteilt oben die exakte Farbe, unten die Abstufungen, die durch die Einfärbemethode entstehen. Der Pfeil zeigt an, dass eine Umwandlung vorgenommen wird.

Sortierung der neuen Farben | Durch einen Klick auf den Button in der Spalte Neu 🖳 ❼ rufen Sie das Sortierungsmenü auf. Eine Änderung der Sortierung der Farben verursacht eine neue Zuordnung von aktuellen zu neuen Farben.

8.9 Interaktive Farbe verwenden

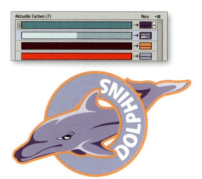

▲ **Abbildung 8.85**
Änderung der Sortierung von Farbton rückwärts (Mitte) auf Helligkeit – Dunkel zu hell (rechts)

Beim Zuweisen einer Farbharmonie oder einer Farbgruppe bleibt die Reihenfolge der Farben darin vorerst erhalten. Damit das Ergebnis dem Original möglichst nahekommt, sollten Farb- oder zumindest Helligkeitswerte einander entsprechen. Passen Sie dazu die Reihenfolge von aktuellen und neuen Farben aneinander an.

Mit dem Zufallsprinzip arbeiten | Um schnell und unkompliziert verschiedene Möglichkeiten mit der eingestellten neuen Farbgruppe zu testen, verwenden Sie die Zufallsfunktionen ⓭:

▸ Farbreihenfolge beliebig ändern : Vertauscht die Reihenfolge der neuen Farben (ohne eine Gesetzmäßigkeit).
▸ Sättigung und Helligkeit werden zufällig geändert : Dies betrifft alle neuen Farben außer der Basisfarbe.

▲ **Abbildung 8.86**
Farbreihenfolge beliebig ändern (oben), Sättigung und Helligkeit zufällig ändern (unten)

Aktuelle Farben auswählen | Um Optionen für einzelne Farben in den Farbzeilen »manuell« zu setzen, müssen Sie diese auswählen. Klicken Sie auf eine Farbe, um sie zu aktivieren. Die Aktivierung wird mit einem Rahmen dargestellt. Verwenden Sie ⇧, um nebeneinanderliegende, oder ⌘/Strg, um einzelne weitere Farben auszuwählen.

▲ **Abbildung 8.87**
Kennzeichnung der Basisfarbe der Aktuellen Farben

Farben verschieben | Illustrator sortiert aktuelle zu neuen Farben nach rein rechnerischen Kriterien. Es ist eher unwahrscheinlich, dass diese Zuordnung Ihnen auf Anhieb zusagt. Sie können die Farben jedoch durch Klicken und Ziehen manuell umsortieren.

◂ **Abbildung 8.88**
Manuelles Verschieben einer Farbe auf eine andere Farbzeile

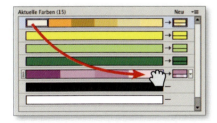 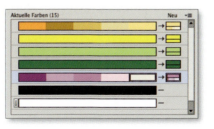

Um eine einzelne aktuelle Farbe in eine bestehende andere Zeile zu integrieren, wählen Sie sie aus und ziehen sie an die gewünschte Stelle.

Farbzeile verschieben | Soll eine komplette Farbzeile in eine andere Zeile integriert werden, bewegen Sie die Maus links neben das Farbfeld und klicken und ziehen die Zeile mit dem Button.

Farbzeile hinzufügen | Benötigen Sie eine neue Zeile, um Farben aus anderen Zeilen herauszulösen, dann verwenden Sie den Button NEUE ZEILE, um eine leere Zeile zu generieren. Diese wird immer unterhalb der letzten Zeile angelegt, und es ist zunächst keine neue Farbe zugeordnet.

Farben in neuer Zeile zusammenfassen | Sollen aus mehreren Zeilen einzelne Farben herausgelöst und in einer neuen Zeile kombiniert werden, aktivieren Sie die einzelnen Farben und klicken auf den Button FARBEN ZU EINER ZEILE ZUSAMMENFÜGEN. Es entsteht eine neue Zeile unterhalb der definierten Farbreihen, d.h. der Zeilen, denen eine neue Farbe zugewiesen ist.

Der erstellten Zeile ist zunächst keine neue Farbe zugewiesen – klicken Sie in die Spalte NEU, um eine neue Farbe zuzuweisen.

> **Rückgängig nicht möglich**
>
> Planen Sie sorgfältig, ob Sie Farben separieren, verschieben, in einer neuen Farbzeile zusammenfassen oder eine leere Zeile erstellen (s. »Farbe in der Spalte ›Neu‹ anlegen« auf der folgenden Seite).

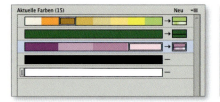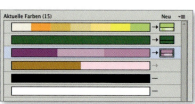

Abbildung 8.89 ▶

FARBEN ZU EINER ZEILE ZUSAMMENFÜGEN: Die neue Zeile wird unterhalb der definierten Farbzeilen angelegt. Da keine neue Farbe zugewiesen ist, bleiben die aktuellen Farben zunächst erhalten.

Farben separieren | Um einzelne oder mehrere Farben aus einer Farbzeile herauszulösen und dafür jeweils eine eigene Zeile anzulegen, aktivieren Sie die Farben und verwenden den Befehl FARBEN AUF MEHRERE ZEILEN AUFTEILEN. Auch diese Zeilen werden unterhalb der definierten Farbzeilen angelegt und erhalten zunächst keine neue Farbe.

Farbe in der Spalte »Neu« anlegen | Nachdem Sie Farben aus Zeilen herausgelöst oder neu kombiniert haben, kann es sein, dass die Anzahl der Farben in der ausgewählten Farbgruppe nicht ausreicht, um für alle Zeilen eine neue Farbe zur Verfügung zu stellen. Klicken Sie in eine leere Zeile der Spalte NEU, und bestätigen Sie die daraufhin erscheinende Dialogbox, dann wird eine neue Farbe in der obersten freien Zeile der Spalte NEU angelegt.

8.9 Interaktive Farbe verwenden

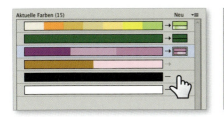 

◄ **Abbildung 8.90**
So fügen Sie einer aktuellen Harmonie eine Farbe hinzu: Auch wenn Sie in eine andere Reihe klicken (links), die Farbe wird immer an der ersten freien Stelle angelegt (rechts).

Legen Sie Zeilen, die Sie mit neuen Farben versehen möchten, vorzugsweise oberhalb von Schwarz und Weiß an, z. B. mit Farben auf mehrere Zeilen aufteilen .

Neue Farbe einstellen | Möchten Sie die Definition einer Farbe in der Spalte Neu ändern, haben Sie folgende Möglichkeiten:

▸ Aktivieren Sie die Farbe, und stellen Sie sie mit den Reglern ein. Wählen Sie einen Farbmodus aus dem Menü .

▸ Um zwei neue Farben gegeneinander auszutauschen, klicken und ziehen Sie eine Farbe auf die andere (s. Abbildung 8.91).

▼ **Abbildung 8.91**
Vertauschen zweier Farben in der Spalte Neu (Grafik – aktuelle Farben, links vor und rechts nach Farbtausch)

 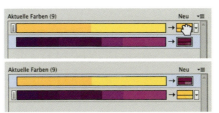 

▸ Möchten Sie eine der aktuellen Farben als neue Farbe verwenden, klicken und ziehen Sie sie aus der Farbzeile auf die neue Farbe, die Sie ersetzen möchten.

 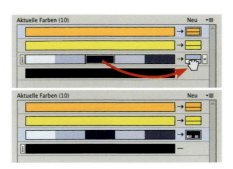 

▸ Aktivieren Sie die neue Farbe, und wechseln Sie in den Modus Bearbeiten. Im Farbrad ist die Farbe hervorgehoben, und Sie können sie verschieben. Wenn Sie nur die eine Farbe verändern möchten und nicht die komplette Harmonie, denken Sie daran, die Verknüpfung der harmonischen Farben zu lösen .

▲ **Abbildung 8.92**
Ersetzen einer neuen Farbe durch eine aktuelle Farbe

243

▲ **Abbildung 8.93**
Auswahl einer Farbbibliothek zu einer Vorgabe

▲ **Abbildung 8.94**
Automatische Umwandlung in die nächstliegenden Pantone-Solid-Farben durch Einschränkung auf die entsprechende Bibliothek

▶ Doppelklicken Sie auf die Farbe, und stellen Sie die gewünschte Änderung im Farbwähler ein, oder wählen Sie eine Farbe aus den Farbfeldern des Dokuments.

Einschränkung der Farbwahl auf Bibliotheken | Eine Einschränkung der neuen Farben auf bestimmte Farbbibliotheken nehmen Sie entweder bei AUF BIBLIOTHEK BESCHRÄNKEN ⊞, nach der Auswahl einer Vorgabe im Menü MIT VORGABE NEU FÄRBEN oder in der Dialogbox FARBREDUKTIONSOPTIONEN ▣ vor.

Die Option AUF BIBLIOTHEK BESCHRÄNKEN lässt sich einsetzen, um zu einer Farbe den nächstliegenden HKS- oder Pantone-Wert zu ermitteln. Beachten Sie, dass das Ergebnis von Ihrer Einstellung in den VOLLTONFARBENOPTIONEN abhängt (s. Abschnitt 8.6.3).

Aktuelle Farben einstellen | Möchten Sie zu einem späteren Zeitpunkt wieder die ursprünglichen Farben der Grafik in die Spalte NEU aufnehmen, verwenden Sie den Button FARBEN AUS AUSGEWÄHLTEM BILDMATERIAL ERFASSEN ▰.

Farben oder Farbzeilen vom Umfärben ausschließen | Wenn Sie eine Farbe nicht verändern möchten, aktivieren Sie diese Farbe, und klicken Sie auf den Button AUSGEWÄHLTE FARBEN WERDEN AUSGESCHLOSSEN ▰. Es ist möglich, den Befehl gleichzeitig auf mehrere ausgewählte Farben anzuwenden.

▲ **Abbildung 8.95**
Die ausgewählte Farbe (links) wird vom Umfärben ausgeschlossen: Sie wurde in eine neue Zeile unten angefügt. In der Spalte NEU wurde in diesem Fall ebenfalls eine neue Farbe angelegt, da die ausgewählte Farbgruppe weitere Farben enthielt

Soll eine ganze Farbzeile nicht umgefärbt werden, klicken Sie auf den Pfeil →, der die aktuelle und die neue Farbe verbindet. Der Pfeil wird zu einem Strich – klicken Sie auf diesen, um das Umfärben wieder zu aktivieren.

8.9 Interaktive Farbe verwenden

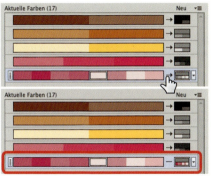

▲ **Abbildung 8.96**
Die Zeile wird vom Umfärben ausgeschlossen.

Farbreduktionsoptionen/Optionen für neues Färben | Die Umwandlung der Farben können Sie mit Einstellungen steuern, die teilweise global und zum Teil nur auf einzelne Farben oder Farbreihen angewendet werden. Die Einstellungen nehmen Sie einzeln über Buttons und Menüs in der Dialogbox Bildmaterial neu färben oder global für alle Farben in den Farbreduktionsoptionen vor. Diese rufen Sie mit dem Button 🔲 ❹ auf. Ihre Optionen werden erst beim Schließen der Farbreduktionsoptionen in die Vorschau der Grafik übernommen. Die Farbzeilen reflektieren jedoch Ihre Einstellungen sofort.

▲ **Abbildung 8.97**
Die Dialogbox Farbreduktionsoptionen/Optionen für neues Färben

- Vorgabe: In dieser Liste finden Sie eine Reihe von typischen Farbreduzierungseinstellungen, z. B. auf ein bis drei Farben, zusammen mit passenden weiteren Optionen. Diese können Sie unverändert oder als Anhaltspunkt für die Arbeit mit Live Color übernehmen. Sobald Sie einzelne Parameter ändern, wechselt die Bezeichnung im Menü zu Benutzerdefiniert.
Alternativ finden Sie diese Vorgaben im Hauptmenü unter Bearbeiten • Farben bearbeiten • Mit Vorgabe neu färben.

▲ **Abbildung 8.98**
Die Reduzierungsvorgaben im Menü

- Farben: Hier bestimmen Sie die Anzahl der Farben. Die Einstellung finden Sie auch direkt in der Dialogbox Bildmaterial neu färben im gleichnamigen Menü.
- Auf Bibliothek beschränken: Wählen Sie eine Farbbibliothek, auf die die Auswahl der neuen Farben eingeschränkt werden soll. Wenn Sie hier eine Schmuckfarben-Bibliothek auswählen, verwenden Sie nicht die Färbungsmethode Farbtöne/Schattierungen oder Farbton-Verschiebung (Illustrator lässt deren Kombination mit Schmuckfarben-Bibliotheken leider ohne Warnung zu.).
Die ausgewählte Bibliothek wird angezeigt (Abbildung 8.99). Mit dem Button 🔲 lässt sich die Auswahl ebenfalls durchführen.

▲ **Abbildung 8.99**
Anzeige der ausgewählten Bibliothek

- Sortieren: Durch Sortieren bestimmen Sie die Reihenfolge der Farben in der Spalte Aktuelle Farben. Sie können die Reihenfolge nach

245

Farbton oder Helligkeit einrichten. Mit Ihrer Auswahl beeinflussen Sie die Umwandlung der Farben.

▶ FÄRBUNGSMETHODE/EINFÄRBE-METHODE: Legen Sie fest, wie die Farben in einer Reihe durch die jeweils zugeordnete neue Farbe repräsentiert werden. Sie können für jede Reihe eine unterschiedliche Methode wählen (Abbildung 8.101).

Soll einer Reihe eine abweichende Methode zugewiesen werden, bewegen Sie die Maus über die Reihe, und klicken Sie auf den Pfeil 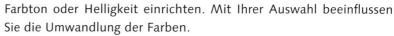 ❽, der rechts neben dem Farbfeld in der Spalte NEU erscheint. Deaktivieren Sie die Option AUF ALLE ANWENDEN.

▼ Abbildung 8.100
Reduzierung auf eine Farbe, Schwarz und Weiß werden nicht verändert; Färbungsmethode (von links nach rechts): ORIGINAL, EXAKT, FARBTÖNE BEIBEHALTEN, FARBTÖNE SKALIEREN, FARBTÖNE/SCHATTIERUNGEN, FARBTON-VERSCHIEBUNG.

▲ Abbildung 8.101
Auswahl der Färbungsmethode/ Einfärbemethode

▶ EXAKT: Die neue Farbe wird exakt, nicht abgestuft, angewandt. Damit ist in der Regel der Verlust von Helligkeits- oder Farbunterschieden verbunden.

▶ FARBTÖNE BEIBEHALTEN: Wurden in der aktuellen Version der Grafik Tonwertabstufungen verwendet – wie es häufig der Fall ist, wenn globale oder Volltonfarben eingesetzt sind –, werden diese bei der Umsetzung in die neuen Farben exakt erhalten. Diese Einstellung kann zu Zeichnungsverlusten führen, wenn die neue Farbe heller ist als die dunkelste aktuelle Farbe einer Reihe.

▶ FARBTÖNE SKALIEREN (Standardeinstellung): Die dunkelste aktuelle Farbe einer Reihe wird durch die neue Farbe ersetzt. Alle anderen Farben dieser Reihe erhalten eine neu berechnete Tonwertabstufung der neuen Farbe.

▲ Abbildung 8.102
FARBTÖNE SKALIEREN (Mitte): Vor allem in den hellen Bereichen geht Zeichnung verloren – mit FARBTÖNE BEIBEHALTEN (rechts) geschieht dies in den dunklen Bereichen.

▶ Farbtöne/Schattierungen (nur wenn Volltonfarben nicht erhalten werden): Mit dieser Option wird in einer Reihe zunächst die Farbe mit der mittleren Helligkeit gesucht. Diese Farbe wird durch die »reine« neue Farbe ersetzt. Hellere Farben in der Reihe erhalten Abstufungen der neuen Farbe, bei dunkleren Farben wird Schwarz hinzugefügt.

▶ Farbton-Verschiebung (nur wenn Volltonfarben nicht erhalten werden): Zunächst wird die dominante Farbe der Zeile Aktuelle Farben als Basisfarbe für die Konvertierung ermittelt. Diese Basisfarbe wird durch die neue Farbe ersetzt. Die anderen Farben werden entsprechend ihrem Verhältnis zur Basisfarbe in Farbton, Sättigung und Helligkeit verändert.

▶ Farbtöne kombinieren: Verwenden Sie diese Option, um alle Tonwerte einer globalen Farbe in einer Reihe zusammenzufassen. Die Zusammenfassung in einer Reihe nimmt Illustrator auch dann vor, wenn keine Reduzierung stattfindet. Die Option eignet sich in Verbindung mit der Färbungsmethode Farbtöne beibehalten.

▶ Beibehalten: Hier sind die Farben aufgelistet, die typischerweise nicht umgewandelt werden – Weiß, Schwarz und Grautöne. Denken Sie daran: Wenn Sie in Verbindung mit der Vorgabe Zweifarbiger Auftrag Grautöne oder Schwarz beibehalten, verwenden Sie drei Druckfarben.

Zuordnung erneut anwenden?
Leider ist es nicht möglich, die Zuordnung der alten zu den neuen Farben zu speichern und an einer anderen, gleichartigen Grafik genauso anzuwenden.

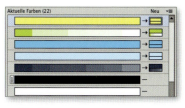

▲ Abbildung 8.103
Farbtöne kombinieren: In der mittleren Reihe wurden zusammengehörige Farbtöne gesammelt.

Originalfarbe in der Grafik anzeigen | Besonders bei sehr feinen Farbabstufungen ist es nicht immer möglich, zu erkennen, wo genau in der Grafik eine Farbe vorkommt. Um bestimmte Farben zu finden, verwenden Sie den Button Klicken Sie auf die Farben, um sie im Bildmaterial zu finden . Die bearbeitete Grafik wird insgesamt auf der Zeichenfläche abgedimmt. Wenn Sie jetzt mit dem Lupencursor eine Farbe in der Spalte Aktuelle Farben anklicken, werden nur Objekte hervorgehoben, die mit dieser Farbe versehen sind. Die Anzeige der Ursprungsfarben funktioniert auch, wenn bereits Umwandlungseinstellungen vorgenommen wurden.

Klicken Sie erneut auf den Button, um den Anzeigemodus zu beenden.

▲ Abbildung 8.104
Anzeige »gefundener« Farben vor der insgesamt gedimmten Grafik

Zurücksetzen | Möchten Sie nach umfangreichen Änderungen der Einstellungen wieder zum Ursprungszustand zurückkehren, bleibt Ihnen meist nur, den Dialog Bildmaterial neu färben mit dem Button Abbrechen zu schließen. Nach geringfügigen Manipulationen kann der Befehl Aktuelle Farben einstellen manchmal die Farbeinstellungen zurücksetzen.

Kapitel 8 Farbe

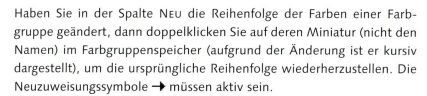

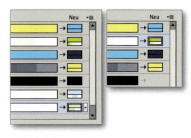
▲ **Abbildung 8.105**
Wiederherstellen der Reihenfolge in einer Gruppe

Haben Sie in der Spalte Neu die Reihenfolge der Farben einer Farbgruppe geändert, dann doppelklicken Sie auf deren Miniatur (nicht den Namen) im Farbgruppenspeicher (aufgrund der Änderung ist er kursiv dargestellt), um die ursprüngliche Reihenfolge wiederherzustellen. Die Neuzuweisungssymbole ➜ müssen aktiv sein.

Zurückwandeln? | Obwohl die Funktion ein »Interaktiv« im Namen führt, ist sie – anders als von gleichnamigen Funktionen gewohnt – nicht »live«. Sie können also nur mit Bearbeiten • Rückgängig Ihre Einstellungen »zurückwandeln«. Und dies auch nur, solange es die Rückschritte zulassen.

Schritt für Schritt
Farbmodus umwandeln, Farben reduzieren und Schwarz korrigieren

Diese Illustration soll mit der Funktion Bildmaterial neu färben für den Druck aufbereitet und die Anzahl der Farben soll reduziert werden. Darüber hinaus probieren Sie noch einmal, ob es nicht vielleicht eine interessantere Farbkombination gibt.

▲ **Abbildung 8.106**
Die Originalgrafik

1 Erste Schritte
Öffnen Sie die Datei »Matrosengrafik.ai« von der DVD. Das Dokument wurde versehentlich im RGB-Farbmodus angelegt. Um es in den CMYK-Modus umzuwandeln, wählen Sie Datei • Dokumentfarbmodus • CMYK-Farbe. Viele Farben sind nun etwas »schmutzig« geworden. Vor allem ist buntes Schwarz in der Datei – was bei dieser Grafik mit ihren feinen Konturen zu Passerproblemen führen kann.

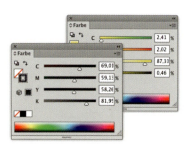
▲ **Abbildung 8.107**
Nach der Konvertierung sind Bunttöne schmutzig, und Schwarz ist bunt.

2 Grafik auswählen und Bildmaterial neu färben aufrufen
Aktivieren Sie alle Objekte der Grafik mit ⌘/Strg+A. Rufen Sie Bildmaterial neu färben auf, indem Sie auf den Button im Steuerungsbedienfeld klicken.

3 Eine neue Harmonieregel zuweisen
Experimentieren Sie zunächst mit den Objektfarben, indem Sie alternative Harmonieregeln aus dem Menü auswählen. Weisen Sie auch andere Farbgruppen aus dem Farbgruppenspeicher zu – und testen Sie erneut die Harmonieregeln.

8.9 Interaktive Farbe verwenden

▲ Abbildung 8.108
Von links: Zuweisen einer anderen Farbgruppe, Zuweisen einer anderen Harmonieregel

4 Zurücksetzen

Bevor Sie jetzt die Grafik gezielt auf wenige Farben aus einer vorgegebenen Bibliothek reduzieren, setzen Sie Ihre bisherigen Änderungen zurück. Dazu schließen Sie den Dialog mit einem Klick auf ABBRECHEN. Die weiteren Schritte müssen Sie noch vorbereiten. Die Grafik soll auf eine Pantone-Farbe und Schwarz reduziert werden.

Damit dies möglichst einfach durchzuführen ist, stellen Sie sich eine entsprechende Farbgruppe zusammen. Es ist bereits eine Farbgruppe »Ergebnisfarben« vorbereitet. In diese Farbgruppe müssen Sie jetzt noch das Farbfeld SCHWARZ verschieben, achten Sie darauf, dass es rechts vom Blau liegt. Aber Achtung: dieses Schwarz müssen Sie noch korrigieren. Öffnen Sie es mit einem Doppelklick, und stellen Sie seine Definition auf 0/0/0/100 % ein. Aktivieren Sie die Option GLOBAL.

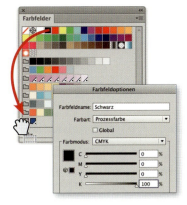

▲ Abbildung 8.109
Zusammenstellen der Gruppe und Korrektur von Schwarz

5 Optionen einstellen

Öffnen Sie nun die Dialogbox BILDMATERIAL NEU FÄRBEN erneut. Rufen Sie die FARBREDUKTIONSOPTIONEN auf. Die Anzahl der Farben sowie die Einschränkung auf die Bibliothek sind bereits eingestellt. Stellen Sie darüber hinaus unter SORTIEREN die Option FARBTON VORWÄRTS ein. Damit werden ähnliche Farbtöne in einer Reihe kombiniert. Hier müssen Sie außerdem bestimmen, dass Schwarz umgefärbt werden kann. Dazu deaktivieren Sie das Häkchen vor SCHWARZ und bestätigen mit OK.

▲ Abbildung 8.110
FARBREDUKTIONSOPTIONEN

6 Neue Farben auswählen

Klicken Sie im FARBGRUPPENSPEICHER auf die Farbgruppe »Ergebnisfarben«. Die Farben werden zugewiesen, und die Darstellung auf der Zeichenfläche sollte bereits weitgehend dem erwarteten Ergebnis entsprechen. Da die Farbtöne exakt erhalten bleiben sollen – vor allem auf den »Tortenstücken« des Diagramms –, klicken Sie auf den kleinen Pfeil rechts der neuen Farbe und wählen die Einfärbemethode FARBTÖNE

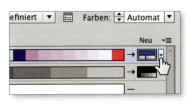

▲ Abbildung 8.111
Aufrufen der Einfärbeoptionen

249

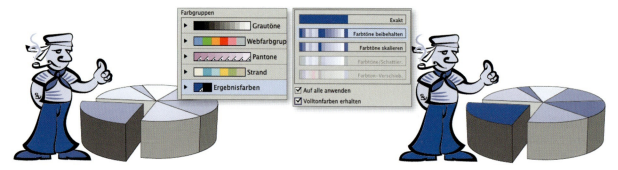

BEIBEHALTEN. Da es sich bei dem gewählten Pantone-Ton um eine relativ dunkle Farbe handelt, wurde der Kontrast noch einmal verstärkt.

▲ **Abbildung 8.112**
Nach dem Zuweisen der Farbgruppe entspricht das Ergebnis bereits weitgehend den Erwartungen (links). Die Einfärbemethode (Mitte) wird auf FARBTÖNE BEIBEHALTEN umgestellt, sodass vor allem das Diagramm noch kräftiger wird.

▲ **Abbildung 8.113**
Für die neue Farbe Schwarz wird eine andere Einfärbemethode gewählt.

▼ **Abbildung 8.114**
Im Farbe-suchen-Modus prüfen Sie noch einmal, ob die Konturfarbe die dunkelste in der Reihe ist (links). Außerdem finden Sie die Hautfarbe heraus (rechts).

7 Schwarz anders behandeln

Um das Schwarz korrekt umzuwandeln, können Sie die Einfärbemethode FARBTÖNE BEIBEHALTEN jedoch nicht gebrauchen, denn das ursprüngliche bunte Schwarz besitzt keinen 100%igen Schwarzanteil und würde demnach das 100-K-Schwarz nicht in voller Farbdeckung erhalten. Gehen Sie daher nun in die Einfärbemethode des schwarzen Farbbalkens, deaktivieren Sie die Option AUF ALLE ANWENDEN, und aktivieren Sie die Einfärbemethode FARBTÖNE SKALIEREN.

Da die Konturfarbe die dunkelste Farbe im Balken ist, funktioniert dies. Wenn Sie sich nicht sicher sind, ob dem so ist, prüfen Sie dies im Farbe-Suchen-Modus (s. den folgenden Schritt).

8 Farbe von Armen und Gesicht herausfinden

Die Hauttöne sollen nicht in Blau übersetzt werden, da das zu unnatürlich wirkt. Zunächst finden Sie den Farbton im Balken. Klicken Sie auf den Lupe-Button, um in den Farbe-suchen-Modus zu gelangen. Nun klicken Sie auf die naheliegenden Farben, bis Sie die richtige gefunden haben.

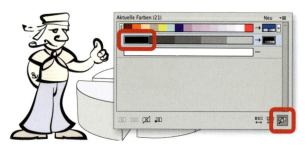
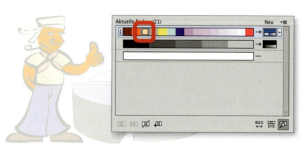

9 Farbe durch Verschieben zuweisen

Die ermittelte Farbe verschieben Sie in den anderen Farbbalken, der neu in Schwarz eingefärbt wird. Damit ist das Umfärben erledigt, und Sie können wieder auf die Lupe klicken, um den Farbe-suchen-Modus zu verlassen.

Auf dieselbe Art könnten Sie auch noch die Schuhe des Matrosen umfärben.

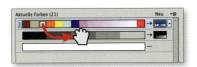
▲ **Abbildung 8.115**
Durch Verschieben in einen anderen Balken können Sie neue Farben manuell zuweisen.

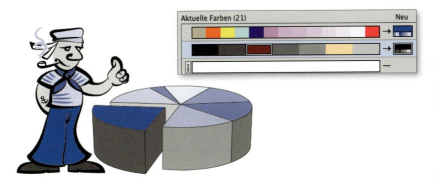

▲ **Abbildung 8.116**
So könnte die fertiggestellte Grafik aussehen.

Die Grafik ist jetzt fertiggestellt. Schließen Sie die Dialogbox, indem Sie mit OK bestätigen. Die Originalgrafik sollten Sie aufheben, da INTERAKTIVE FARBE keine Live-Eigenschaft ist.

Wenn Sie ganz sichergehen wollen, rufen Sie nun das Separationenvorschau-Bedienfeld (s. Abschnitt 20.3.6) auf und prüfen, ob Schwarz wirklich nicht mehr bunt ist. Mithilfe des Farbe-Bedienfeldes können Sie außerdem nachsehen, welche Farbtöne den einzelnen Objekten zugewiesen wurden.

▲ **Abbildung 8.117**
Prüfen der Farben mit dem Separationenvorschau- und dem Farbe-Bedienfeld

8.10 Farbfilter

Oft ist es sinnvoll oder notwendig, die Farben mehrerer Objekte gleichzeitig zu beeinflussen oder umzuwandeln, beispielsweise um eine gemeinsame »Farbwelt« zu organisieren. Die darauf spezialisierten Funktionen finden Sie unter BEARBEITEN • FARBEN BEARBEITEN.

8.10.1 Farbbalance einstellen (Farben einstellen)

Wie beim Einsatz von Filtern in der Fotografie gibt Ihnen Illustrator mit dieser Funktion weitgehende Einwirkungsmöglichkeiten an die Hand, um die Farbstimmung Ihrer Grafik zu verändern.

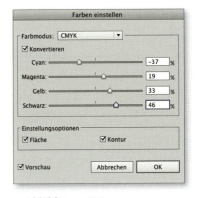
▲ **Abbildung 8.118**
Die Dialogbox FARBEN EINSTELLEN

▲ Abbildung 8.119
Farbfilter FARBBALANCE EINSTELLEN,
Original (oben)

Aktivieren Sie mehrere Objekte in Ihrer Grafik, deren Farben Sie einstellen wollen, und rufen Sie unter BEARBEITEN • FARBEN BEARBEITEN • FARBBALANCE EINSTELLEN… die zugehörige Dialogbox auf.

Wählen Sie mit den Kontrollkästchen im unteren Teil der Dialogbox, ob sich die Einstellungen auf die FLÄCHE (Füllung), die KONTUR oder auf beide beziehen sollen.

Wenn Sie die Option VORSCHAU aktivieren, werden die Einstellungen direkt auf die ausgewählten Objekte angewendet.

Die anderen Einstellmöglichkeiten in der Dialogbox ändern sich je nachdem, welchen FARBMODUS Sie in dem gleichnamigen Ausklappmenü anwählen: GRAUSTUFEN, RGB, CMYK oder GLOBAL.

Globale Farben | Bei Objekten, denen eine globale Prozessfarbe oder eine Volltonfarbe als Eigenschaft zugeordnet ist, wird im Ausklappmenü FARBMODUS die Menüauswahl GLOBAL angezeigt.
Zwei Möglichkeiten stehen zur Verfügung:

▶ FARBTON: Mit diesem Regler verändern Sie gleichzeitig die Farbintensität aller ausgewählten Objekte.

▶ GLOBALE in LOKALE FARBEN umwandeln: Dazu wählen Sie in dem Ausklappmenü den FARBMODUS aus – je nach Dokumentfarbmodus CMYK oder RGB – und kreuzen die Option KONVERTIEREN an. Nun werden die Regler für die entsprechenden Grundfarben eingeblendet. Anschließend passen Sie mit den Schiebereglern die Farbmischungen gleichmäßig für alle ausgewählten Objekte an. Wenn Sie die Eingabe mit OK beenden, werden die entsprechenden Farben der Objekte in lokale Farben konvertiert, und die Verbindung zu den Farbfeldern ist gekappt.

Lokale Farben | Bei Objekten, die lokale Farben als Eigenschaft aufweisen, verändern Sie mit den Reglern in der Dialogbox gleichzeitig die Anteile der einzelnen Grundfarben in den Farbmischungen aller ausgewählten Objekte. Die Regelungsmöglichkeiten richten sich nach dem Dokumentfarbmodus, entweder CYAN, MAGENTA, GELB und SCHWARZ bei CMYK oder ROT, GRÜN und BLAU bei RGB.

Farbe in Graustufen umwandeln | Wenn Sie farbige Objekte in grau abgestufte umwandeln möchten, wählen Sie in dem Ausklappmenü FARBMODUS den Menüpunkt GRAUSTUFEN aus, aktivieren die Option KONVERTIEREN und passen gegebenenfalls mit dem Regler SCHWARZ den Grautonwert an. Die Farben sind danach lokal, Verbindungen zu Farbfeldern wurden aufgelöst.

Globale und lokale Farben

Am einfachsten ist es, entweder nur globale oder nur lokale Farben gemeinsam mit Farbfiltern zu bearbeiten. Sollte es doch einmal notwendig sein, globale und lokale Farben gemischt zu editieren, müssen Sie zunächst die globalen Farben in lokale Farben umwandeln, bevor Sie alle gemeinsam einstellen können. Gehen Sie dazu so vor, wie unter »Globale Farben« beschrieben.

Noch mehr Farbbearbeitung

Viel weitergehende Möglichkeiten haben Sie mit dem Plug-in Phantasm CS (s. Abschnitt 25.2.7).

8.10.2 Sättigung erhöhen (Sättigung verändern)

Diesen Filter unter BEARBEITEN • FARBEN BEARBEITEN • SÄTTIGUNG ERHÖHEN setzen Sie ein, wenn Sie nur die Sättigung der Farben ausgewählter Objekte verringern oder erhöhen möchten. Geben Sie einen Wert zwischen –100 % und +100 % an, oder verwenden Sie den Schieberegler. Niedrigere Werte verringern die Sättigung, höhere Werte verstärken sie. Die Veränderung wirkt sich sowohl auf die Füllung als auch auf die Kontur aus.

Die Funktion hat Schwierigkeiten mit tief verschachtelten Gruppen, Schnittmasken, interaktiven Malgruppen und anderen neuartigen Objekten. Wählen Sie die Objekte mit dem Direktauswahl-Werkzeug aus.

▲ **Abbildung 8.120**
Die Dialogbox SÄTTIGUNG ERHÖHEN

▼ **Abbildung 8.121**
Eine Verringerung der Sättigung verstärkt die Tiefenwirkung der Illustration.

8.10.3 In Graustufen konvertieren

Dieser Befehl aus dem Menü BEARBEITEN • FARBEN BEARBEITEN • IN GRAUSTUFEN KONVERTIEREN konvertiert die Farben der aktiven Objekte in Graustufen, basierend auf ihrem Luminanzwert, also ihrer Helligkeit. Der Befehl wird direkt ohne Einstellmöglichkeit angewendet. Sie können die Funktion auch auf Muster und eingebettete Pixelbilder anwenden.

Grauumwandlung besser

Auch wenn Sie nur Farben in graue Tonwerte konvertieren möchten, ist der Filter FARBEN EINSTELLEN dem Graustufen-Filter vorzuziehen, da Sie dort auch gleichzeitig die Helligkeit einstellen können. Einen noch größeren Einfluss auf das Ergebnis haben Sie mit der Funktion BILDMATERIAL NEU FÄRBEN.

◀ **Abbildung 8.122**
IN GRAUSTUFEN KONVERTIEREN

8.10.4 In CMYK konvertieren, in RGB konvertieren

Abhängig vom Dokumentfarbmodus ist im Menü BEARBEITEN • FARBEN BEARBEITEN einer der beiden Befehle aktiv – der Filter konvertiert Grau-

Kapitel 8   Farbe

Schwarz überdrucken
S. dazu Abschnitt 20.3.3, »Überdrucken«.

stufen in CMYK- bzw. RGB-Farben. Der Filter wird direkt und ohne Dialogbox ausgeführt!

8.10.5   Horizontal, Vertikal, Vorne -> Hinten angleichen

Diese Filter aus dem Menü BEARBEITEN • FARBEN BEARBEITEN werden auf mindestens drei Objekte angewendet – die Objekte dürfen *nicht mit globalen* Farben gefüllt sein. Sie erzeugen Farbabstufungen zwischen den Objekten an den Extrempositionen auf der Zeichenfläche in horizontaler bzw. vertikaler Richtung oder in der Stapelreihenfolge und weisen diese Abstufungen den dazwischenliegenden Objekten zu. Die Farben der Konturen bleiben unverändert. Die Filter werden direkt ausgeführt!

Neben der in Abbildung 8.122 demonstrierten Anwendung für kartografische Arbeiten können Sie mit den Angleichen-Farbfiltern auch in Einzelflächen konvertierte Verläufe umfärben.

»Verlaufssimulationen«, die aus Einzelobjekten aufgebaut sind, sind zwar selten geworden, da in aktuellen Illustrator-Versionen zu diesem Zweck entweder »richtige« Verläufe, Verlaufsgitter oder Angleichungen eingesetzt werden und da diese Dokumente auch in der Regel in dieser Form ausgegeben werden können. In Pinseln finden Sie diese Konstruktion jedoch noch vor, da in Pinseln keine Verläufe erlaubt sind (s. Abschnitt 9.4.10) und Angleichungen umgewandelt werden müssen, bevor Sie den Pinsel erstellen.

▲ **Abbildung 8.123**
Mit den Angleichen-Filtern lassen sich z. B. in der Kartografie regelmäßige Farbübergänge erstellen (unten). Hier erweist es sich auch als besonders praktisch, dass Konturen nicht angegriffen werden.

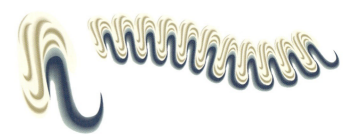

▲ **Abbildung 8.124**
Um z. B. in diesem Musterpinsel die eher schmutzige braune Grundfarbe etwas heller zu gestalten, wurden zunächst die betreffenden Elemente umgefärbt, bevor VORNE -> HINTEN ANGLEICHEN zum Einsatz kam.

8.10.6   Farben invertieren

Mit diesem Filter aus dem Menü BEARBEITEN • FARBEN BEARBEITEN erzeugen Sie ein »Negativ« Ihrer Grafik.

▲ **Abbildung 8.125**
Original, Invertieren

254

Kapitel 9
Flächen und Konturen gestalten

Konturen und Flächen können Sie sehr vielseitig gestalten, und Sie behalten trotzdem die volle Editierbarkeit – erst recht, nachdem die bereits vorhandenen variablen Konturstärken in dieser Version nun durch Konturverläufe ergänzt werden.

9.1 Standard-Konturoptionen

Konturen sind Eigenschaften, die der Umriss eines Objekts besitzt, die also in der Regel direkt auf dem Pfad liegen. Konturen definieren sich z. B. über ihre Farbe (bzw. ein Muster oder einen Verlauf – zu Verläufen auf Konturen s. Abschnitt 9.6.6), die Strichstärke oder eine Strichelung.

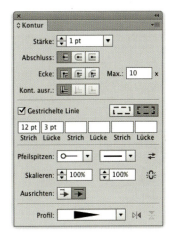

◀ **Abbildung 9.1**
Verschiedene Konturmuster und Pinsel

9.1.1 Kontur-Bedienfeld

Im Kontur-Bedienfeld verwalten Sie die Strichstärke, das Linienmuster, die Ausrichtung der Kontur, die Formen der Enden und der Ecken eines Pfades sowie die Ausrichtung von Strichelungen, Pfeilspitzen und ein Breitenprofil der Kontur.

Um das Kontur-Bedienfeld anzeigen zu lassen, wählen Sie FENSTER • KONTUR – ⌘/Strg+F10 – oder klicken im Dock auf ▤.

▲ **Abbildung 9.2**
Kontur-Bedienfeld mit allen Optionen

Kapitel 9　Flächen und Konturen gestalten

▲ **Abbildung 9.3**
Konturen werden üblicherweise gleichmäßig beidseitig des Pfades angelegt.

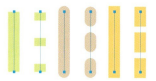

▲ **Abbildung 9.4**
Einstellungen für die Abschlüsse

Hervorstehende Linienenden?

Diese Linien sind nützlich für Zeichnungen aus CAD-Programmen, die häufig als eine Sammlung von Einzelpfaden importiert werden, sowie für die Darstellung von Diagrammachsen. Mit abgeflachten Enden fallen die aufgetrennten Pfade auf (links) – hervorstehende Enden verbergen die Schnitte (rechts).

▲ **Abbildung 9.5**
Ecken-Einstellungen

▲ **Abbildung 9.6**
Die Spitze ist 4,5-mal so lang, wie die Kontur stark ist. Bei einer Gehrungsgrenze unter 4,6 wird die Spitze also abgeflacht.

Falls nicht alle Optionen des Bedienfeldes dargestellt sind, ändern Sie die Ansicht mit einem Doppelklick auf den Reiter oder über den entsprechenden Befehl im Bedienfeldmenü. Aktivieren Sie das Objekt, und definieren Sie seine Eigenschaften, indem Sie im Kontur-Bedienfeld die gewünschten Werte angeben:

▶ STÄRKE: Legen Sie die Strichstärke numerisch im Eingabefeld fest, oder rufen Sie einen Eintrag aus dem Ausklappmenü auf, das Illustrator am rechten Rand des Feldes anbietet. Der Doppelpfeil links neben dem Feld erhöht bzw. reduziert den Eingabewert jeweils um einen Zähler. Die Maßeinheit des Menüs legen Sie in VOREINSTELLUNGEN • EINHEIT – ⌘ + ⌥ + ⇧ + N bzw. Strg + Alt + ⇧ + N – fest. Die im Menü gelisteten Werte können Sie nicht konfigurieren.

Wenn Sie die Stärke in einer anderen als der voreingestellten Maßeinheit eingeben möchten, tippen Sie deren Abkürzung (s. Tabelle 1.1 auf S. 41) nach der Zahl ein. Illustrator rechnet den Wert sofort in die Standardmaßeinheit um.

Achten Sie beim Eingeben eigener Einheiten darauf, dass Sie vorher den kompletten Feldinhalt aktivieren – das erreichen Sie mit einem Klick auf die Bezeichnung STÄRKE.

▶ ABSCHLUSS: Mit den Optionsbuttons bestimmen Sie, wie die Linienenden offener Pfade bzw. die Enden der Teillinien einer Strichelung aussehen. Drei Varianten stehen zur Auswahl:

  ▶ ABGEFLACHT: Bei dieser Form wird die Linie direkt am Endpunkt abgeschnitten.
  ▶ ABGERUNDET: Hier wird die Linie am Endpunkt mit dem Radius einer halben Linienstärke gerundet.
  ▶ ÜBERSTEHEND: Das Linienende ist quadratisch und ragt eine halbe Linienstärke über die Endpunkte des Pfades hinaus.

▶ ECKE: Diese Optionsbuttons legen die Form der Ecken eines Pfades fest. Auch wenn es die Anordnung der Buttons nahelegt, müssen Sie Eckenformen nicht zwingend zusammen mit den optisch entsprechenden Linienenden verwenden.

Zwischen folgenden Eckenformen können Sie wählen:

  ▶ GEHRUNGSECKEN: Mit dieser Option werden spitze Ecken an den Eckpunkten eines Pfades erzeugt. Legen Sie in dem Eingabefeld MAX. die Gehrungsgrenze fest (Abbildung 9.6).
  ▶ ABGERUNDETE ECKEN: Die Ecken eines Pfades werden gerundet.
  ▶ ABGEFLACHTE ECKEN: Bei dieser Eckenform wird die Spitze abgeschnitten.

▶ MAX. (Gehrungsgrenze): Diese Eingabe hat nur Auswirkungen auf Gehrungsecken. Pfadecken, denen diese Form zugewiesen ist, werden bei spitzen Winkeln sehr lang. Mit der Gehrungsgrenze legen Sie die Toleranzschwelle fest, ab welcher Länge Illustrator eine Ecke als abgeflachte Ecke ausbilden soll. Bis zu zwei Nachkommastellen sind möglich.

Die Ecke wird abgeflacht, wenn die Länge der Ecke den Wert übersteigt, der sich aus der Multiplikation der eingegebenen Gehrungsgrenze mit der Linienstärke ergibt. Je höher der Wert ist, desto spitzer können die Ecken werden, bevor Illustrator die abgeflachte Form anwendet.

- KONTUR AUSRICHTEN: Diese Option ist nur bei geschlossenen Pfaden aktiv und funktioniert nicht, wenn der Kontur ein Verlauf zugewiesen wurde. Üblicherweise wird in Vektorgrafiksoftware die Konturstärke von der Mitte des Pfades nach beiden Seiten angelegt. In Illustrator können Sie bestimmen, ob Sie die Kontur auf die Mitte des Pfades , auf die Innenseite oder auf die Außenseite der Form legen möchten.

  Achtung: Wenn Sie eine solche Kontur in eine Fläche umwandeln möchten, verwenden Sie nicht OBJEKT • PFAD • KONTURLINIE, denn der Befehl erkennt nur Konturen, die auf der Mitte des Pfades angeordnet sind. Der Menüpunkt OBJEKT • AUSSEHEN UMWANDELN setzt dagegen auch komplexere Konturen in Flächen um.

- GESTRICHELTE LINIE: Um eine gestrichelte Linie anzulegen, aktivieren Sie diese Option. In den Eingabefeldern darunter definieren Sie jeweils die Länge von STRICH und LÜCKE.
  - Geben Sie nur einen Wert in das erste Feld ein, werden alle Teilstriche und Lücken in dieser Länge erzeugt.
  - Unterschiedliche Strich- und Lückenlängen legen Sie durch entsprechende Werte in den ersten beiden Feldern fest.
  - Da mehrere Wertfeld-Paare hintereinander angeordnet sind, können Sie damit auch kompliziertere Strichelungsarten verwirklichen.
- Strichanpassungen an den Ecken: Mit den beiden Buttons richten Sie die Strichelung am Pfad aus.
  - BEHÄLT DIE LÄNGE EXAKT BEI wendet Striche und Lücken in genau der von Ihnen definierten Länge an.
  - RICHTET STRICHE AN ECKEN UND PFADENDEN AUS gleicht die Strichelungen aller Pfadecken so an, dass sie gleichmäßig aussehen, und passt die Länge der Striche und Lücken dazwischen ein.
- PFEILSPITZEN: Zu Pfeilspitzen s. den Abschnitt 9.2.
- PROFIL: Hier wählen Sie aus einer Liste von vorhandenen Breitenprofilen, die durch Bearbeitung von Konturen mit dem Breitenwerkzeug entstehen (s. Abschnitt 9.3).

Gepunktete Linie

Eine punktierte Linie erreichen Sie mit den Optionen RUNDE LINIENENDEN, GESTRICHELTE LINIE und der Eingabe »0« für den STRICH. Wählen Sie die Breite der LÜCKE mindestens 1,5-mal so groß wie die Linienstärke.

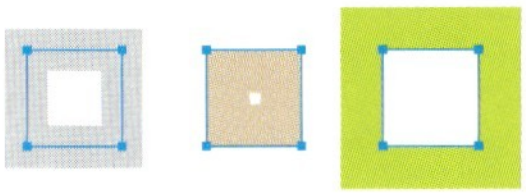

▲ **Abbildung 9.7**
Konturausrichtung

Ausrichten bei offenen Pfaden

Wollen Sie bei einem offenen Pfad die Kontur links oder rechts des Pfades anordnen, dann können Sie dazu Breitenprofile einsetzen (s. Abschnitt 9.3.2).

Konturstärke und Größenanzeige

Ob die Konturstärke bei der Berechnung der Objektgröße berücksichtigt wird, bestimmen Sie mit der Option VORSCHAUBEGRENZUNGEN VERWENDEN unter VOREINSTELLUNGEN • ALLGEMEIN.

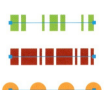

▲ **Abbildung 9.8**
Unterschiedliche Strichelungen:
grün: 10 | 3 | 6 | 20 | 3 | 6 Pt
rot: 10 | 3 | 20 | 3 | 3 | 4 Pt
orange: 0 | 34 Pt

Kapitel 9 Flächen und Konturen gestalten

▲ Abbildung 9.9
Nicht an den Pfadenden und Ecken ausgerichtete (rot) und ausgerichtete (schwarz) gestrichelte Konturen

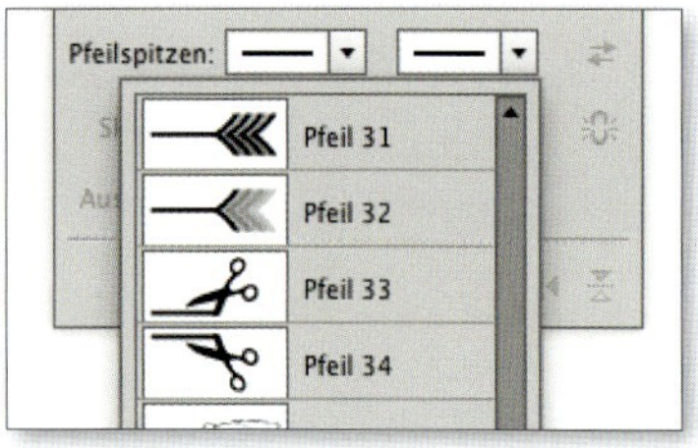

Haarlinie | Die im Kontur-Bedienfeld nicht verfügbare Konturstärke »Haarlinie« verursacht auf jedem Ausgabegerät eine Kontur in der kleinsten darstellbaren Stärke. Diese Konturen sind im Offsetdruck nicht reproduzierbar, werden jedoch von mancher Plotsoftware verwendet, um Pfade zu kennzeichnen, entlang derer geschnitten werden soll. Darüber hinaus können in platzierten oder geöffneten Dokumenten aus anderen Programmen Haarlinien enthalten sein. Illustrator zeigt im Kontur-Bedienfeld die Stärke 0 Pt an, wenn eine Haarlinie vorhanden ist.

Die einzige Möglichkeit, in Illustrator Haarlinien zu erzeugen, besteht über die Pathfinder-Funktion KONTUR AUFTEILEN.

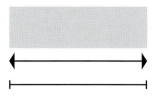

▲ Abbildung 9.10
Auswählen einer Pfeilspitze im Kontur-Bedienfeld

9.2 Pfeilspitzen

Pfeilspitzen sind seit Version CS5 eine Kontureigenschaft – kein Effekt mehr. Sie werden daher auch im Kontur-Bedienfeld ausgewählt.

9.2.1 Pfeilspitzen zuweisen

Aktivieren Sie einen offenen Pfad, und wählen Sie im Kontur-Bedienfeld unter PFEILSPITZEN eine Spitze für den Ausgangspunkt oder das Pfadende oder beide aus dem jeweiligen Menü (Abbildung 9.10). Anschließend bestimmen Sie die Optionen für beide Spitzen:

▶ SKALIEREN: Geben Sie hier die Größe der Pfeilspitze im Verhältnis zur Konturstärke an. Die Größe beider Pfeilspitzen können Sie individuell eingeben oder mit dem Button VERKNÜPFT SKALIERUNG aneinander koppeln.

▶ AUSRICHTEN: Mit den beiden Buttons bestimmen Sie, wo sich die Spitze des Pfeils befindet: genau am Pfadende oder darüber hinausgehend. Für exakte Bemaßungen von Objekten können Sie die Pfeilspitze exakt auf den Endpunkt positionieren.

▶ PFEILSPITZE AM ANFANG UND ENDE VERTAUSCHEN: Mit diesem Button kehren Sie die Zuordnung der Pfeilspitzen auf dem Pfad um.

▲ Abbildung 9.11
Mit den exakt am Pfadende ausgerichteten Pfeilspitzen sind saubere Bemaßungspfeile ohne Umstände möglich.

▲ Abbildung 9.12
Als Pfeilspitzen können Sie völlig freie Formen definieren – bestimmte Objekte sind als Pfeilspitzen jedoch nicht funktionsfähig. Daher wandeln Sie am besten alle Objekte um, bevor Sie daraus das Symbol erstellen.

9.2.2 Pfeilspitzen selbst erstellen

Eigene Pfeilspitzen definieren Sie in der Datei »Pfeilspitzen.ai«, die sich unter Mac OS im Programmpaket in RESSOURCES/DE _ DE/PFEILSPITZEN.AI und Windows in C:\PROGRAMME\ADOBE\ADOBE ILLUSTRATOR CS6\SUPPORTED FILES\REQUIRED\RESSOURCES\DE _ DE\PFEILSPITZEN.AI befindet.

Zeichnen Sie die Form der Pfeilspitze – orientieren Sie sich dabei an den vorhandenen Spitzen –, und wandeln Sie die Grafik in ein Symbol um. Ändern oder löschen Sie nicht die in der Pfeilspitzendatei vorhandenen Standardpfeilspitzen – sie werden von älteren Dokumenten benötigt. Achten Sie darauf, in der Pfeilspitzendatei selbst keine Pfeilspitzen anzuwenden; anderenfalls würde die Datei nicht mehr funktionieren.

Speichern Sie diese Datei am besten in den Ordner ZUSATZMODULE, um künftig einfacher darauf zugreifen zu können. Verändern Sie nicht die Originaldatei im Ressourcenordner des Programms.

Eigene Pfeilspitzendatei weitergeben?

Eine Datei, in der Sie eigene Pfeilspitzen verwendet haben, ist ohne Weiteres druckbar. Soll ein Kollege jedoch weitergehende Änderungen an den mit Pfeilspitzen versehenen Objekten durchführen, dann geben Sie die Pfeilspitzendatei lieber mit.

9.2.3 Pfeilspitzen in alten Dokumenten

Die in früheren Versionen über den Effekt erstellten Pfeilspitzen bleiben editierbar erhalten. Sobald Sie ein altes Dokument öffnen, greifen Sie über das Aussehen-Bedienfeld auf den Pfeilspitzen-Effekt zu und stellen dort die Optionen ein (Aussehen-Bedienfeld s. Abschnitt 11.6.1). Eine einfache Migration Ihrer Pfeilspitzen gibt es nicht – wenn Sie sie mit den neuen Möglichkeiten anlegen möchten, müssen Sie sie über das Kontur-Bedienfeld zuweisen.

▲ **Abbildung 9.13**
Zeichnungen dieser Art waren früher ein klassisches Anwendungsbeispiel für Bildpinsel – sie lassen sich mit Breitenprofilen jetzt noch bequemer umsetzen.

9.3 Variable Konturstärken mit dem Breitenwerkzeug

Mit dem Breitenwerkzeug lassen sich Konturen sehr variabel und intuitiv anpassen, z. B. in Comiczeichnungen, Logos oder typografischen Arbeiten.

9.3.1 Wie funktionieren Breitenprofile?

Mit Breitenprofilen können Sie variable Konturstärken entlang eines einzelnen Pfades realisieren. Dies wird erreicht durch eine Reihe von auf dem Pfad platzierten Breitenpunkten, an denen die Konturstärke zu beiden Seiten mit identischen Werten oder asymmetrisch definiert ist. Die Profile sind »objektneutral« – sie werden unabhängig von der

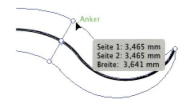

▲ **Abbildung 9.14**
Erstellen eines Breitenpunkts auf einem Pfad – in welche Richtung Sie die Anfasser ziehen müssen, ist davon abhängig, auf welche Seite des Pfades Sie geklickt haben.

Kapitel 9 Flächen und Konturen gestalten

▲ **Abbildung 9.15**
Wird an der markierten Stelle ein Breitenpunkt gesetzt, so ergänzt Illustrator automatisch einen weiteren Breitenpunkt auf dem Eckpunkt im linken Beispiel. Dies passiert nicht auf dem Kurvenpfad.

▲ **Abbildung 9.17**
Einen Pfad, der ein Breitenprofil besitzt, können Sie auch mit abgerundeten Ecken und Pfadenden versehen, z. B. um diese Tropfendesigns zu erstellen.

▲ **Abbildung 9.18**
Mit gedrücker ⇧/Alt-Taste können Sie einen Anfasser nur zu einer Seite herausziehen. Weitere Modifikationstasten finden Sie in Tabelle 9.1.

▲ **Abbildung 9.19**
Auch auf Bildpinselkonturen können Sie Breitenprofile anwenden (unten), damit können Sie diese Konturen sehr individuell anpassen.

Datenstruktur des Pfades (also seinen Punkten und Griffen) als relative Daten gespeichert.

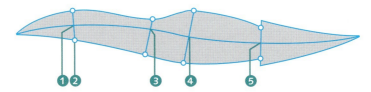

▲ **Abbildung 9.16**
Pfad mit kontinuierlichen ❶ ❹ und nicht kontinuierlichen ❺ Breitenpunkten und deren Anfassern ❷. Ein Breitenpunkt ❸ ist asymmetrisch angelegt. Gespeichert wird die Position der Breitenpunkte relativ zur Pfadlänge: »Die Breite startet bei 0; etwa auf einem Sechstel der Länge verbreitert sich der Pfad auf 80 %; nach 40 % der Länge um die volle Breite nach rechts und die halbe Breite nach links« etc.

Breitenprofile lassen sich nicht nur auf »normale« Konturen, sondern auch auf Bild- und Musterpinselkonturen anwenden. Die Breitenprofile werden den Pfaden mithilfe des Breitenwerkzeugs oder bereits gespeicherter Profile bzw. Grafikstile zugewiesen. Breitenprofile können im Workflow in vielen Fällen Kalligrafie- und Bildpinsel ersetzen.

9.3.2 Breitenpunkte anlegen und bearbeiten

Um die Breite von Konturen variabel zu gestalten, verwenden Sie das Breitenwerkzeug.

Breitenpunkte intuitiv anlegen | Bewegen Sie das Breitenwerkzeug – ⇧+W – über den aktivierten oder nicht ausgewählten Pfad an die Stelle, deren Breiten Sie anpassen wollen. Wenn der Cursor zu einem ▸+ wechselt, klicken Sie auf den Pfad und ziehen die Anfasser heraus.

Sobald Sie einen Breitenpunkt auf einem Pfad angelegt haben, zeigt das Aussehen-Bedienfeld einen Asterisk – ein Sternchen * – neben der Konturstärke des Objekts an. Die im Aussehen- und im Kontur-Bedienfeld angezeigte STÄRKE entspricht der Stärke an der breitesten Stelle der Kontur.

Nicht kontinuierlichen Breitenpunkt anlegen | Um einen Breitenpunkt zu erstellen, an dem sich die Konturstärke abrupt ändert, verschieben Sie einen Breitenpunkt auf einen seiner Nachbarpunkte.

Breitenpunkte numerisch definieren | Doppelklicken Sie auf den Pfad, um einen neuen Breitenpunkt numerisch zu definieren:

9.3 Variable Konturstärken mit dem Breitenwerkzeug

◀ **Abbildung 9.20**
Optionen für kontinuierliche (links) und nicht kontinuierliche (rechts) Breitenpunkte: Bei letzteren lassen sich die Optionen für beide Breiten eingeben.

BREITENOPTIONEN: Geben Sie entweder Werte für SEITE 1 (in Pfadrichtung links) bzw. SEITE 2 ein, oder ändern Sie die GESAMTBREITE. Bei einer Änderung der GESAMTBREITE passt Illustrator die Werte für SEITE 1 und 2 proportional an.

- ANGRENZENDE BREITENPUNKTE ANPASSEN: Aktivieren Sie diese Option, damit benachbarte Punkte proportional ebenfalls verändert werden.
- NUR EINE BREITE (nur nicht kontinuierliche Breitenpunkte): Wandeln Sie den Punkt in einen kontinuierlichen Breitenpunkt um, indem Sie die Option bei der Breite aktivieren, die erhalten bleiben soll.
- LÖSCHEN: Klicken Sie auf Löschen, um den Breitenpunkt zu entfernen.

Breitenpunkte bearbeiten | Sie können entweder den Breitenpunkt selbst oder mithilfe der Anfasser die Breitenoptionen bearbeiten. Bewegen Sie den Cursor des Breitenwerkzeugs über einen bestehenden Breitenpunkt – der Cursor zeigt eine kleine Welle ▸~, und die Anfasser werden angezeigt:

- Breitenpunkt verschieben: Klicken und ziehen Sie den Punkt den Pfad entlang.
- Breite anpassen: Doppelklicken Sie entweder auf den Punkt, um die numerische Eingabe zu öffnen, oder klicken und ziehen Sie die Anfasser.
- Breitenpunkt löschen: Aktivieren Sie den Punkt mit dem Breitenwerkzeug, und löschen Sie den Punkt mit ⟨ ← ⟩.

▲ **Abbildung 9.21**
Durch das Auftrennen des Pfades am markierten Punkt verschieben sich Positionen des Breitenprofils.

▼ **Tabelle 9.1**
Modifikationsmöglichkeiten beim Erstellen und Bearbeiten von Breitenpunkten

	Ohne Modifikation	⇧	⌥/Alt	⌥/Alt+⇧
Klicken und Ziehen der Anfasser	symmetrische Breitenänderung nur am betreffenden Punkt	symmetrische Breitenänderung, die auch benachbarte Punkte betrifft	Breitenänderung nur auf der Seite, an der gezogen wird	Breitenänderung für alle Punkte nur auf der Seite, an der gezogen wird
Breitenpunkt auf Pfad verschieben	Verschieben des ausgewählten Punkts – ohne Nachbarpunkte passieren zu können	Verschieben aller Punkte relativ zum ausgewählten Punkt und zum Pfad	Kopieren und Verschieben des ausgewählten Punkts	Kopieren und Verschieben des ausgewählten Punkts und Positionsanpassung der Nachbarpunkte

Kapitel 9 Flächen und Konturen gestalten

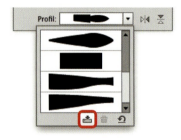

▲ **Abbildung 9.22**
Speichern eines Breitenprofils mithilfe des Menüs VARIABLES BREITENPROFIL

Den Pfad bearbeiten | Unter bestimmten Umständen fügt Illustrator dem Breitenprofil absolute Positionierungen hinzu (etwa wenn ein Eckpunkt so verschoben wird, dass sich seine Position relativ zur Pfadlänge ändert). In diesem Fall werden Breitenpunkte absolut an bestimmte Ankerpunkte gehängt. Diese absoluten Positionierungsinformationen werden auch aktualisiert, wenn Sie einzelne Punkte löschen oder hinzufügen. Führen Sie jedoch Operationen, etwa mit Pathfinder oder dem Radiergummi-Werkzeug, durch, können sich Breitenprofile extrem am Pfad verschieben. Daher sollten Sie zunächst den kompletten Pfadverlauf weitestgehend fertigstellen, bevor Sie Breitenprofile anlegen und »feintunen«.

Kontur zu einer Seite eines offenen Pfades ausrichten

Mit dem Breitenwerkzeug können Sie eine Kontur zu einer Seite eines Pfades ausrichten. Sie benötigen dafür nur ein universell anwendbares Breitenpofil.
Um sich dieses anzulegen, gehen Sie wie folgt vor:
1. Zeichnen Sie eine Gerade mit dem Linien-Werkzeug.
2. Mit dem Breitenwerkzeug doppelklicken Sie erst den einen, dann den anderen Punkt, um die Breitenpunkte numerisch zu bearbeiten, und geben Sie jeweils 1 mm für SEITE 1 ein. SEITE 2 setzen Sie auf 0 ❶.
3. Speichern Sie dieses Breitenprofil über den Button im Menü VARIABLES BREITENPROFIL, dann können Sie es zukünftig einfacher anwenden.
4. Wenn Sie es nun einem Pfad zuweisen, bestimmen Sie die Konturstärke ganz normal im Kontur-Bedienfeld ❷. Falls Sie die Kontur an der anderen Seite des Pfades benötigen, spiegeln Sie das Breitenprofil mit dem Button HORIZONTAL SPIEGELN am Pfad.
5. Zu diesem Profil können Sie sich auch Pfeilspitzen anlegen, diese müssen jeweils um eine halbe Pfadbreite zu beiden Seiten verschoben werden. Da Sie Pfeilspitzen nicht am Pfad spiegeln können, benötigen Sie sie für beide Seiten ❸.

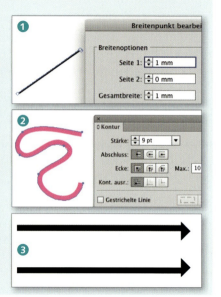

9.3.3 Speichern eines Breitenprofils

Breitenprofile sind Aussehen-Eigenschaften (s. Abschnitt 11.6). Um sie zu einem späteren Zeitpunkt auf weitere Konturen anwenden zu können, haben Sie die Möglichkeit, das Breitenprofil zusammen mit anderen Objekteigenschaften als Grafikstil zu speichern (s. Abschnitt 11.8).

Sie können auch nur das Profil zur weiteren Verwendung im Kontur-Bedienfeld speichern. Dazu rufen Sie das Menü VARIABLES BREITENPROFIL im Steuerungs- oder im Kontur-Bedienfeld mit einem Klick auf den Pfeil auf. Dann betätigen Sie den Button ZU PROFILEN HINZUFÜGEN unten in diesem Menü. In einer Dialogbox können Sie noch einen Namen eingeben. Das Profil wird programmweit gespeichert.

Profile verwalten | Das aktuell aktivierte Profil löschen Sie mit dem Button PROFIL LÖSCHEN. Mit PROFILE ZURÜCKSETZEN stellen Sie die Voreinstellung wieder her.

9.3.4 Breitenprofil zuweisen

Um einer Kontur ein gespeichertes Breitenprofil zuzuweisen, wählen Sie es aus dem Menü aus. Das Profil verwendet die aktuell zugewiesene Konturstärke als Basis für die Berechnung der relativen Breitenänderungen (s. Abbildung 9.22). Wenn Sie die »Kurven« des Profils nicht bemerken, müssen Sie die Konturstärke erhöhen.

Schritt für Schritt
Mit Breitenprofilen arbeiten

Ein Breitenprofil ist ideal, um kalligrafische Striche zu erzeugen. Breitenprofile lasen sich präzise korrigieren, sind nachträglich editierbar, und Sie können sie auch ohne Grafiktablett benutzen.

▲ Abbildung 9.23
Das Workshop-Ergebnis

1 Dreiecksprofil anlegen

Öffnen Sie die Datei »Matrose start.ai« von der DVD – die Nase des Matrosen soll noch eine variable Kontur erhalten. Aktivieren Sie den Pfad – dies ist zwar für die Anwendung des Breitenwerkzeugs nicht nötig, Sie können so aber den Breitenpunkt besser positionieren. Bewegen Sie das Breitenwerkzeug auf den Endpunkt am Nasenflügel. Dort klicken und ziehen Sie nach außen, um den Pfad an der Stelle zu verbreitern – falls Sie die intelligenten Hilfslinien und darin die Anzeige der Messbeschriftungen aktiviert haben, ziehen Sie bis etwa 3,5 mm.

▲ Abbildung 9.24
Beginnen Sie mit der Breite am Endpunkt.

2 Profil ausarbeiten

An der Stirn muss das Profil jetzt ergänzt werden. Setzen Sie den nächsten Breitenpunkt genau auf den Eckpunkt über dem Auge, und verbreitern Sie die Kontur an dieser Stelle ein wenig.

Zusammen mit diesem Breitenpunkt wurde automatisch ein weiterer auf dem Eckpunkt an der Nasenwurzel gesetzt. Zoomen Sie an diese Stelle heran, und bewegen Sie das Breitenwerkzeug über den Punkt, sodass die Anfasser sichtbar werden. Ziehen Sie diese nach außen, um die Kontur an der Stelle auf etwa 1,4 mm zu verbreitern. Achten Sie darauf, keinen neuen Breitenpunkt zu setzen, sondern den vorhandenen zu verwenden, damit die Breite kontinuierlich verändert wird.

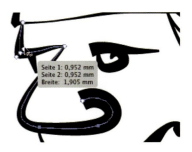

▲ Abbildung 9.25
An dieser Stelle ist es wichtig, den Breitenpunkt genau auf den Eckpunkt zu setzen.

 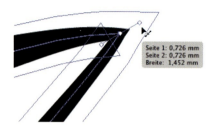 

▲ **Abbildung 9.26**
Breite am zweiten Eckpunkt: Wenn Sie versehentlich einen zweiten Breitenpunkt setzen, erhalten Sie eine Stufe (links); verwenden Sie also den vorhandenen Breitenpunkt (Mitte), und gestalten Sie ihn asymmetrisch (rechts).

3 Asymmetrische Breite

An der unteren Seite soll die Kontur etwas schmaler werden – es soll also ein asymmetrischer Breitenpunkt erstellt werden. Halten Sie ⌥/Alt gedrückt, und ziehen Sie den unteren Anfasser wieder etwas in Richtung Mitte, sodass die Kontur auf der Seite etwa 0,4 mm breit ist.

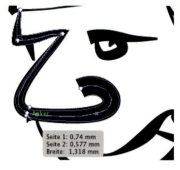

▲ **Abbildung 9.27**
Feintuning der Nasenspitze

4 Feintunen

Jetzt sehen Sie sich noch die Nasenspitze an und korrigieren gegebenenfalls an der Stelle noch die Breite der Kontur.

9.4 Pinselkonturen

Das Prinzip von Pinseln beruht darauf, Vektorobjekte nach unterschiedlichen Gesetzmäßigkeiten entlang eines Pfades anzuordnen und zu verformen. Pinsel sind somit nicht einfach eine erweiterte Gestaltungsmöglichkeit für Kontureigenschaften, sondern ebenfalls ein Konstruktionswerkzeug.

Pinselspitzen sind nicht an das Pinsel-Werkzeug gebunden, vielmehr kann jeder Vektorpfad eine Pinselspitze als Kontur-Eigenschaft annehmen. Die Pinselspitzen selbst sind normale Vektorobjekte und somit beliebig skalier- und verformbar.

▲ **Abbildung 9.28**
Zu Kalligrafiepinseln und Borstenpinseln s. Kapitel 7

▼ **Abbildung 9.29**
Viele Objekte sind mit einem Pinsel effizient aus einfachen Ausgangsobjekten konstruiert.

9.4 Pinselkonturen

9.4.1 Pinsel-Bedienfeld

Im Pinsel-Bedienfeld verwalten Sie die Pinsel für das aktuelle Dokument, wählen Pinselspitzen für das Pinsel-Werkzeug aus und weisen Pfaden Pinselspitzen als Kontur-Eigenschaft zu. Das Bedienfeld rufen Sie mit FENSTER • PINSEL auf – [F5], im Dock.

Anzeige | Sie können im Bedienfeldmenü zwischen zwei Anzeigemodi wählen:
- In der Miniaturansicht sind die Pinselformen gut zu erkennen.
- Die Listenansicht weist auch den Namen der Pinsel und die Kennzeichnung für die Pinselart auf.

Die Anzeige des Pinselbedienfeldes lässt sich wie die anderer Bedienfelder konfigurieren, s. Abschnitt 1.2.

Pinselarten | Illustrator kennt fünf Pinselarten: BILDPINSEL, SPEZIALPINSEL, MUSTERPINSEL, KALLIGRAFIEPINSEL (s. Abschnitt 7.1.3) und BORSTENPINSEL (s. Abschnitt 7.2.1).

9.4.2 Pinselkontur als Eigenschaft zuweisen

Aktivieren Sie ein Objekt, und klicken Sie auf einen Pinsel im Pinsel-Bedienfeld, um dem Objekt diese Pinselkontur zuzuweisen. Besitzt ein Objekt eine Kontur, wird diese durch die neu zugewiesene ersetzt. Sind dem Objekt bereits mehrere Konturen zugeordnet, so ersetzt die neue Kontur die im Aussehen-Bedienfeld aktivierte Kontur des Objekts (s. Abbildung 9.32, Aussehen-Bedienfeld: s. Abschnitt 11.6). Ein Warndreieck im Steuerungsbedienfeld signalisiert, wenn eine andere als die oberste Kontur aktiv ist.

9.4.3 Pinselkontur von einem Objekt entfernen

Um eine Pinselkontur von einem aktivierten Objekt zu entfernen, klicken Sie auf den Button PINSELKONTUR ENTFERNEN im Pinsel-Bedienfeld. Die Pinselkontur wird in die Standardkontur von 1 Punkt Breite umgewandelt, die Konturfarbe bleibt erhalten.

9.4.4 Pinselkonturen editieren – Optionen

In den Optionen zu jeder Pinselspitze und zu jeder Pinselkontur ist es möglich, sehr detailliert auf die Form des Pinsels bzw. der Pinselkontur Einfluss zu nehmen.

> **Dokumentprofil und Pinsel**
>
> Je nach Dokumentprofil (DRUCK, WEB, VIDEO) ist das Pinsel-Bedienfeld mit unterschiedlichen Pinseln »bestückt«. Es sind nicht immer Beispielpinsel für alle fünf Pinselarten vorhanden, teilweise müssen sie aus einer der Pinsel-Bibliotheken übernommen werden, die mit dem Programm geliefert werden (s. Abschnitt 9.4.8).

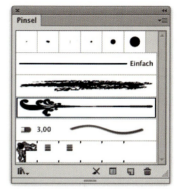

▲ **Abbildung 9.30**
Miniaturansicht des Pinsel-Bedienfeldes

▲ **Abbildung 9.31**
Listenansicht des Pinsel-Bedienfeldes

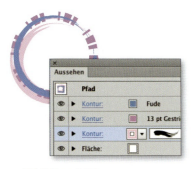

▲ Abbildung 9.32
Mehrere Konturen im Aussehen-Bedienfeld – aktiv ist die unterste.

▲ Abbildung 9.33
Die KONTUR-OPTIONEN ermöglichen es, dieselbe Pinselspitze in einer Datei unterschiedlich einzusetzen (hier gespiegelt und anders skaliert) und damit speicherplatzsparend sowie übersichtlich viele Variationen zu erstellen.

▲ Abbildung 9.34
Dieselbe Pinselgrundform (schwarzes Dreieck) angewendet auf einen Kreis als Bildpinsel (blau), Musterpinsel (grün) und Spezialpinsel (rot)

Pinseloptionen | Die Optionen der Pinselspitzen rufen Sie entweder durch einen Doppelklick auf das Symbol des Pinsels im Bedienfeld auf, oder Sie aktivieren den Pinsel und wählen den Menüpunkt PINSELOPTIONEN… im Bedienfeldmenü des Pinsel-Bedienfeldes aus.

Einstellungen, die Sie in den PINSELOPTIONEN vornehmen, gelten für den Pinsel generell, d. h., die Änderungen werden automatisch dokumentweit auf alle Objekte übernommen, die diese Pinselspitze als Eigenschaft besitzen. Auf die Optionen gehe ich im folgenden Abschnitt genauer ein.

Wenn Sie die bestehende Pinselform ebenfalls erhalten möchten, duplizieren Sie diesen Pinsel, bevor Sie die Veränderungen vornehmen. Dazu aktivieren Sie ihn und ziehen ihn auf das Symbol des Funktionsbuttons NEUER PINSEL.

Kontur-Optionen | Für Pinselkonturen einzelner Objekte können Sie verschiedene Parameter des Pinsels lokal, also nur für dieses Objekt, verändern. Aktivieren Sie das Objekt, dessen Pinselkontur Sie bearbeiten wollen, und klicken Sie den Funktionsbutton OPTIONEN FÜR AUSGEWÄHLTES OBJEKT im Pinsel-Bedienfeld an.

Die KONTUR-OPTIONEN enthalten einen Teil der Einstellmöglichkeiten, die auch in den PINSELOPTIONEN für den Pinsel global vorhanden sind.

Pinsel und Konturstärke

Bei allen Pinselkonturen bedeutet die Standardkonturstärke von 1 Punkt im Kontur-Bedienfeld, dass Illustrator die Pinselkontur in der Originalgröße der Grafik zeichnet, die der Pinselspitze zugrunde liegt. Andere Konturstärken fungieren als Multiplikationsfaktor: Eine Einstellung von 6 Punkt im Kontur-Bedienfeld bewirkt also eine sechsfache Vergrößerung der Pinselspitze, und 0,5 Punkt halbiert sie. Ein Skalierungsfaktor, der in den Pinseloptionen eingestellt ist, verändert die Konturstärke zusätzlich.

9.4.5 Bildpinsel

In vielen Bildpinseln sind Striche realer Zeichen- und Malwerkzeuge vektorisiert. Bildpinsel sind jedoch auch in naturalistischen Illustrationen oder zur Konstruktion geometrischer Objekte nützlich. Die Vektorform wird gleichmäßig am Verlauf eines Pfades über die gesamte Länge »gestreckt«. Mit den Optionen in den Dialogboxen steuern Sie das Aussehen des Pfades.

Mit Hilfslinien können Sie Dehnungsstellen definieren. Bildpinsel lassen sich mit dem Grafiktablett steuern, und die Pinsel können mithilfe von Eckenoptionen besser um Ecken geführt werden als früher.

9.4 Pinselkonturen

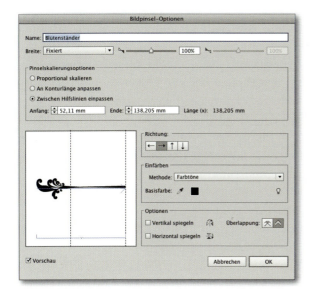

◀▲ **Abbildung 9.35**
Bildpinsel-Optionen und Kontur-Optionen

▶ Breite: Dieser Wert bestimmt den prozentualen Skalierungsfaktor für die Breite der Pinselspitze und damit indirekt auch die Stärke des Pinselstrichs. Er lässt sich fixieren, per Grafiktablett oder mithilfe von Breitenpunkten bzw. -profilen (s. Abschnitt 9.3) steuern. Falls Sie eine andere Option als Fixiert aus dem Menü wählen, müssen Sie für die Breite eine Unter- und eine Obergrenze angeben.

▶ Tablettoptionen-Menü: Wählen Sie, mit welcher Option des Grafiktabletts Sie die Konturstärke am Pfad variabel steuern möchten (Grafiktablett s. Abschnitt 7.1.3).

▶ Pinselskalierungsoptionen: Bestimmen Sie hier, wie sich die Pinselspitze an die Pfadlänge anpasst.

  ▶ Proportional skalieren: Die Pinselkontur wird zum Anpassen an die Pfadlänge insgesamt skaliert, die Breite verändert sich also.

  ▶ An Konturlänge anpassen: Die Pinselspitze wird nur in die Länge gezogen bzw. gestaucht, die Breite bleibt bestehen.

  ▶ Zwischen Hilfslinien einpassen: Es wird nur der Bereich zwischen den Hilfslinien gestreckt bzw. gestaucht, die geschützten Enden werden nicht verändert. Die Dehnungsstellen definieren Sie, indem Sie die gestrichelten Hilfslinien in der Bilddarstellung verschieben.

▶ Richtung: Mit diesen Optionsbuttons wählen Sie in 90°-Schritten aus, in welche Richtung die Pinselspitze auf den Pfad angewendet wird. Der blaue Pfeil im Schaubild der Pinselspitze symbolisiert die Pfadrichtung, die den Bezug für die Ausrichtung des Pinsels darstellt (Pfadrichtung s. Abschnitt 6.2). Ändern Sie die Pfadrichtung zu ei-

▲ **Abbildung 9.36**
Illustrieren mit dem Bildpinsel

▲ **Abbildung 9.37**
Anwendung eines Breitenprofils auf eine Bildpinselkontur (unten) – dafür sollten jedoch alle Konturen, die in der Pinselgrundform enthalten sind, in Pfade umgewandelt sein.

267

▲ **Abbildung 9.38**
Eine proportional skalierte Pinselkontur (blau) hat eine an die Pfadlänge angepasste Stärke. Eine nicht proportional skalierte Pinselkontur (violett) ist immer gleich stark. Bei einer nur zwischen Hilfslinien skalierten Kontur (grün) bleiben die Proportionen definierter Stellen (meist die Abschlüsse) erhalten (Grundform: schwarz).

nem späteren Zeitpunkt, wird sich der Pinsel der neuen Richtung anpassen.

- VERTIKAL SPIEGELN, HORIZONTAL SPIEGELN: Mit diesen Optionen bestimmen Sie, ob die Pinselspitze bei der Anwendung entlang des Pfades und/oder um den Pfad gespiegelt werden soll.
- EINFÄRBEN: Normalerweise behalten Spezial-, Bild- und Musterpinsel die Farbeigenschaften, die in den jeweils zugrunde gelegten Grafiken bzw. Musterelementen festgelegt sind. Mit den Optionen unter EINFÄRBEN können Sie einen Einfluss der Konturfarbe auf die Pinsel bestimmen.

Die Einfärben-Option ist vor allem bei schwarzen Pinselspitzen nützlich, um die daraus generierten Konturen einzufärben. Stellen Sie die Einfärbemethode FARBTÖNE (früher TONWERTE) ein (sehen Sie hierzu den Kasten »Einfärben und Farbmodus«), damit die Konturfarbe den Pinsel einfärbt.

Die Wirkung der anderen Einfärben-Optionen kann von Pinselspitze zu Pinselspitze je nach deren Ursprungsfarben stark variieren.

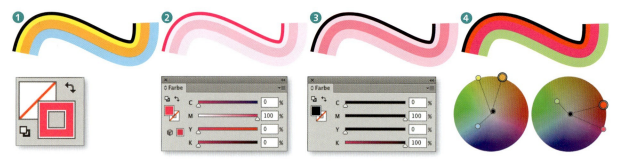

▲ **Abbildung 9.39**
Auswirkung der Einfärbe-Optionen – allen Konturen wurde die Farbe 100 % Magenta zugewiesen (Pinsel ohne Einfärbung ❶). Mit der Methode FARBTÖNE wird der schwarze Streifen im Pinsel in genau 100 % Magenta eingefärbt, die anderen Streifen entsprechend ihrer Helligkeit ❷. FARBTÖNE/SCHATTIERUNGEN färbt die im Original schwarzen Bereiche in 100 % Magenta plus 100 % Schwarz ❸. FARBTONVERSCHIEBUNG verdreht die Ausgangsfarben im Farbrad so, dass die Basisfarbe auf die Konturfarbe (hier Magenta) fällt ❹.

▲ **Abbildung 9.40**
»Faltung« einer Bildpinselkontur: nicht angepasst (oben) und angepasst (unten)

- ÜBERLAPPUNG: Hier definieren Sie, wie der Pinsel »gefaltet« wird. Mit der Option AN ECKEN ANPASSEN ⌂ erhalten Sie eine wesentlich bessere Berechnung der Ecken von Bildpinseln. Die Option ist allerdings nicht in allen Fällen die bessere. Manche Pinsel sehen mit der »alten« Methode ECKEN UND KANTEN NICHT ANPASSEN besser aus. Falls beide Optionen kein zufriedenstellendes Ergebnis bringen, müssen Sie entweder die Ecken im Pfad in Kurven umwandeln oder, falls das nicht möglich ist, das Objekt umwandeln und die kritischen Stellen nacharbeiten.

Bildpinsel und die Füllregeln

Falls bei der Anwendung eines Bildpinsels »Löcher« auftreten, sobald der Pfad sich selbst überschneidet, sollten Sie mithilfe des Attribute-Bedienfeldes die am Originalobjekt verwendete Füllregel überprüfen.
Die Löcher treten auf, wenn der Pinsel mit der Füllregel GERADE-UNGERADE versehen ist – dies passiert auch, wenn die Pinselgrundform selbst kein zusammengesetzter Pfad ist. Daher sollten Sie beim Erstellen eines Pinsels immer darauf achten, der Grundform die Füllregel NICHT-NULL zuzuweisen (zu Füllregeln s. Abschnitt 10.1.2). Wenn Sie in niedrigere Versionen speichern, bleiben nur Pinselkonturen erhalten, deren Grundobjekte mit der Füllregel NICHT-NULL versehen sind.

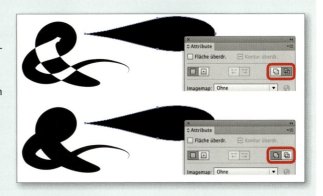

Anwendungsbeispiele für Bildpinsel | Bildpinsel lassen sich z. B. für Mehrfach-Konturen einsetzen (s. Abbildung 9.39 gegenüber). Als Grundformen würden Sie in diesen Fällen mehrere Rechtecke anlegen. Auch in naturalistischen Illustrationen lässt sich das Prinzip einsetzen, z. B. für das Zeichnen von Gräsern oder Blättern. Und Bildpinsel sind geeignet, um viele individualisierte Versionen einer Grundform zu erstellen.

▼ **Abbildung 9.41**
Typische Anwendungsfelder für einen Bildpinsel

Einfärben und Farbmodus

Achten Sie beim Einfärben mithilfe der Pinseloptionen auf die Abhängigkeit vom Dokumentfarbmodus. Die Pinselform muss die Farbe 100 % Schwarz bzw. RGB 0/0/0 besitzen. Haben Sie die Pinselgrundform aus einem Dokument in einem anderen Farbmodus übernommen, wird die Farbe konvertiert und ist folglich nicht exakt schwarz. Falls Sie Fehldarstellungen Ihrer eingefärbten Pinselkontur bemerken, überprüfen Sie also die Farbe der Pinselform. Wenn Sie wie im Beispiel eine in 100 % K eingefärbte Pinselgrundform in einem RGB-Dokument verwenden, wird eine dieser Pinselkontur zugewiesene Farbe immer heller sein. Erst wenn Sie die Pinelgrundform als RGB-Schwarz definieren, fällt die der Kontur zugewiesene Farbe exakt aus.

Kapitel 9   Flächen und Konturen gestalten

9.4.6   Spezialpinsel

Die Grafik der Pinselspitze wird im Rahmen der frei definierbaren Grenzen nach dem Zufallsprinzip entlang des Pfades verstreut. Spezialpinsel können die Stifteingabe für die Steuerung der Streuung auswerten (Grafiktablett s. Abschnitt 7.1.3). Das Breitenwerkzeug können Sie an Spezialpinselkonturen nicht anwenden.

▼ **Abbildung 9.42**
SPEZIALPINSEL-OPTIONEN und KONTUR-OPTIONEN

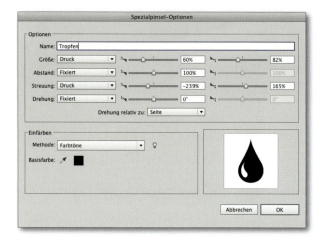

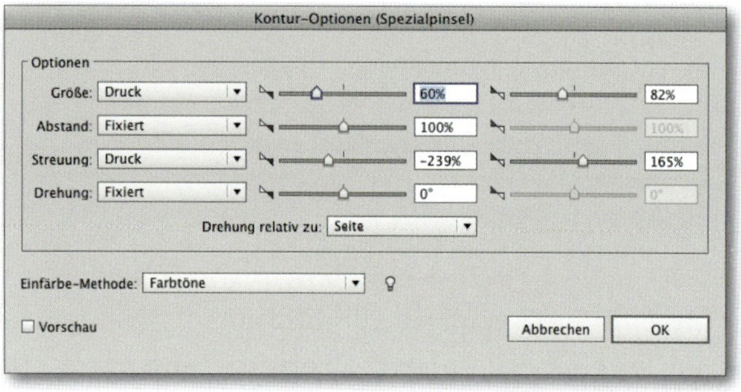

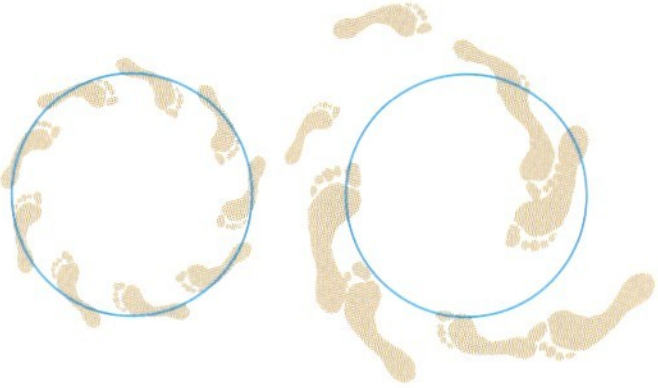

Die Streuung wird durch fünf Variablen definiert, die Sie alle auf einen bestimmten Wert fixieren oder durch einen Bereich beschreiben können, innerhalb dessen das Programm entweder zufällig oder per Stifteingabe variiert.

▶ GRÖSSE: Wenn Sie im zugehörigen Ausklappmenü die Option FIXIERT einstellen, legen Sie in dem Eingabefeld prozentual zur Größe der Originalgrafik des Pinsels fest, wie groß die Objekte der Pinselspitze in die Kontur ausgebracht werden sollen. Bei allen anderen Optionen gilt das linke Eingabefeld als prozentuale Untergrenze der Objektgröße für einen Zufallswert, und das rechte Eingabefeld enthält die Obergrenze.

▶ ABSTAND: Mit diesen Eingaben steuern Sie den Abstand zwischen den Objekten.

▶ STREUUNG: Diese Vorgaben beschreiben die Genauigkeit, mit der die Objekte der Pinselspitze dem Pfadverlauf folgen. Höhere Werte führen zu einer weiteren Streuung. Positive bzw. negative Werte bestimmen, zu welcher Seite des Pfades gestreut wird.

▶ DREHUNG: Hier können Sie entweder einen festen oder zufälligen Drehwinkel der Pinselgrafik um ihren Mittelpunkt einstellen.

▶ DREHUNG RELATIV ZU: In diesem Ausklappmenü bestimmen Sie den Bezug für die Berechnung der Drehung. Erfolgt die Drehung relativ zum PFAD, kann die Grafik des Pinsels dem Pfadverlauf besser folgen.

▲ **Abbildung 9.43**
Rechts: Spezialpinsel mit Variation in GRÖSSE, ABSTAND, STREUUNG und DREHUNG. Anders als Bild- und Musterpinsel passt sich der Spezialpinsel nicht der Biegung des Pfades an.

▲ **Abbildung 9.44**
Drehung relativ zum Pfad (links) und zur Seite (rechts)

9.4 Pinselkonturen

Wenn Sie bei 0° Drehung die Pinselspitze relativ zum Pfad ausrichten, liegt die Grafik immer genau entlang des Pfades.

▸ EINFÄRBEN: Verhält sich wie beim Bildpinsel, s. Abbildung 9.39.

9.4.7 Musterpinsel

Der Musterpinsel enthält bis zu fünf Musterelemente für Anfang, Ende, Kanten, innere und äußere Ecken, die in der Kontur je nach Form des Pfades angewendet werden. Die Musterelemente folgen dem Pfad exakt, d. h., die Grafiken werden gegebenenfalls gebogen.

Musterpinselkonturen können Sie mit dem Grafiktablett oder mit dem Breitenwerkzeug mit einer variablen Konturstäre versehen.

Workshop zu Mustern
Zur Erstellung von Musterelementen s. den Workshop auf Seite 274 sowie Kapitel 17, »Muster, Raster und Schraffuren«.

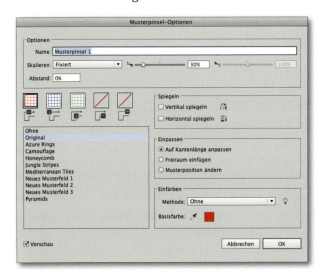

▲ **Abbildung 9.45**
MUSTERPINSEL-OPTIONEN und KONTUR-OPTIONEN für den Raster-Pinsel aus Abbildung 9.46

In den Pinseloptionen bestimmen Sie die Musterelemente für die Pinselspitze. Die verschiedenen Musterelemente werden auf bestimmte Abschnitte eines Pfadverlaufs angewendet. Das erste Musterfeld enthält das Kantenelement für den normalen Pfadverlauf, die »Kante«. Anders als die folgenden Felder muss es belegt sein. Mit diesen Feldern geben Sie vor, ob Illustrator für »äußere« Ecken, »innere« Ecken, Pfadanfang und Pfadende besondere Musterelemente verwenden soll. In der Liste darunter erscheinen alle Muster, die im Farbfelder-Bedienfeld enthalten sind. Um einem der Elemente für den Musterpinsel ein Muster-Farbfeld zuzuordnen, aktivieren Sie zunächst das entsprechende Element durch einen Klick und wählen anschließend in der Liste das gewünschte Muster aus. Nachdem Sie die Musterelemente belegt haben, wird die Ver-

Nicht erlaubte Grundobjekte

In **allen** Pinselspitzen dürfen folgende Objekte nicht enthalten sein: Verläufe, andere Pinsel, Verlaufsgitter, Diagramme, Pixelgrafik oder maskierte Objekte. Angleichungen werden automatisch umgewandelt.

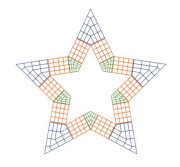

▲ **Abbildung 9.46**
Angewendete MUSTERPINSEL-OPTIONEN aus Abbildung 9.45

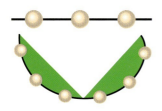

▲ Abbildung 9.47
Eine (nicht sichtbare) Fläche im Grundobjekt (oben) erzeugt Fehler (unten).

▲ Abbildung 9.48
Mit Musterpinseln lassen sich auch schwierige Objekte illustrieren

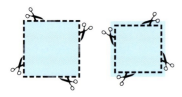

▲ Abbildung 9.49
Musterelemente auf Kantenlänge angepasst und Musterposition geändert

▲ Abbildung 9.50
Umfärben eines Pinsels aus den mitgelieferten Bibliotheken mithilfe von BILDMATERIAL NEU FÄRBEN

bindung zu den Musterfeldern im Farbfelder-Bedienfeld nicht weiter aufrechterhalten. Sie können diese also ändern oder löschen.

Darüber hinaus haben Sie in den Pinseloptionen Einfluss auf die folgenden Parameter:

▶ Größe: Mit der Option SKALIEREN legen Sie fest, ob die Grafiken der Musterelemente bei der Anwendung auf eine Kontur prozentual vergrößert oder verkleinert werden sollen. Zusätzlich können Sie den ABSTAND zwischen den einzelnen Musterelementen dehnen oder verringern. Bei 0 % berühren sich die Elemente. Die Obergrenze ist bei 10.000 %.

▶ Tablettoptionen-Menü: Wählen Sie, mit welcher Option des Grafiktabletts Sie die Konturstärke am Pfad variabel steuern möchten (Grafiktablett s. Abschnitt 7.1.3).

▶ SPIEGELN: Die Option VERTIKAL SPIEGELN hat zur Folge, dass die Musterelemente senkrecht zum Pfad gespiegelt werden. Bei HORIZONTAL SPIEGELN kehrt Illustrator die Belegung der Musterelemente auf dem Pfad um.

▶ EINPASSEN: Nur in den wenigsten Fällen entspricht die Länge des Pfades einem Vielfachen der Länge der Musterelemente. Deshalb müssen Sie bestimmen, auf welche Weise Illustrator die Elemente einpassen soll:
AUF KANTENLÄNGE ANPASSEN staucht oder streckt nach Bedarf die Elemente zwischen zwei Eckpunkten. Wenn Sie die Form der Musterelemente nicht verändern möchten, können Sie stattdessen FREIRAUM EINFÜGEN lassen, dann entstehen allerdings Lücken in der Kontur. Die dritte Möglichkeit – MUSTERPOSITION ÄNDERN – verändert den Abstand der Musterelemente zum Pfad, dabei bleibt der Pfad in seiner ursprünglichen Lage, aber die Kontur kann als Folge weit neben dem Pfad positioniert sein.

▶ EINFÄRBEN: Verhält sich wie beim Bildpinsel, s. Abbildung 9.39.

9.4.8 Pinsel-Bibliotheken laden

Ein Verzeichnis der gespeicherten Pinsel-Bibliotheken mit vielen verschiedenen Pinselspitzen finden Sie im Bedienfeldmenü des Pinsel-Bedienfeldes unter PINSEL-BIBLIOTHEK ÖFFNEN bzw. mit einem Klick auf den Button (mehr zu Bibliotheken finden Sie in Abschnitt 1.2).

9.4.9 Pinsel umfärben

Dank BILDMATERIAL NEU FÄRBEN ist das Umfärben bereits vorhandener Pinsel sehr einfach. Gehen Sie wie folgt vor:

1. Wenden Sie den betreffenden Pinsel an einem Objekt auf der Zeichenfläche an. Möchten Sie die Farben eines Musterpinsels ändern, ist es nicht nötig, dass alle seine Musterelemente an diesem Objekt erscheinen, um sie umzufärben.
2. Aktivieren Sie das Objekt, und rufen Sie BEARBEITEN • FARBEN BEARBEITEN • BILDMATERIAL NEU FÄRBEN… auf.
3. Nehmen Sie die Farbänderungen vor (s. Abschnitt 8.9). Illustrator erzeugt automatisch ein Duplikat des Pinsels mit geänderten Farben im Pinsel-Bedienfeld.

9.4.10 Pinselspitzen selbst erstellen

Sie können selbst neue Pinselspitzen aller Arten herstellen. Wählen Sie dazu NEUER PINSEL… aus dem Menü des Pinsel-Bedienfeldes, oder klicken Sie auf den Button NEUER PINSEL. Anschließend erscheint eine Dialogbox, die die Pinselart abfragt.

▲ Abbildung 9.51
Optionen für NEUER PINSEL

Bildpinsel und Spezialpinsel | Die Pinselarten BILDPINSEL und SPEZIALPINSEL können Sie nur auswählen, wenn ein oder mehrere Vektorobjekte auf der Arbeitsfläche aktiviert sind.

Erstellen Sie deshalb zunächst die Grafik für die Pinselspitze ganz normal in Ihrem Dokument, und halten Sie sie aktiv. In Ihren Pinselgrafiken können Sie keine Verläufe verwenden – ersetzen Sie Verläufe durch Angleichungen (s. Abschnitt 10.6).

▲ Abbildung 9.52
Muster im Farbfelder-Bedienfeld – das Erstellen von Musterpinseln geht jedoch auch ohne diesen Umweg über Musterfelder.

Anschließend klicken Sie im Pinsel-Bedienfeld auf den Button NEUER PINSEL. Damit wird die Pinselspitzengrafik an die Dialogbox BILDPINSEL-OPTIONEN bzw. SPEZIALPINSEL-OPTIONEN übergeben, in der Sie die oben beschriebenen Einstellungen vornehmen können.

Nach der Übernahme als Pinselspitze bleibt die Verbindung zur Originalgrafik nicht bestehen, und Sie können diese löschen.

Unterschiede zwischen Bild- und Musterpinsel

Manche Konturen können alternativ mit Bild- oder Musterpinseln realisiert werden. Ihre Entscheidung für einen Pinseltyp kann einen großen Unterschied in der Darstellung bedeuten, wenn sich ein Pfad selbst überkreuzt: Bildpinsel (links), Musterpinsel (rechts).

Musterpinsel | Musterpinsel basieren auf Muster-Farbfeldern. Um einen derartigen Pinsel zu erstellen, erzeugen Sie zunächst die einzelnen Musterelemente. Sie können die Musterelemente auch jeweils als eigenes Musterfeld im Farbfelder-Bedienfeld ablegen, die dann in der Dialogbox MUSTERPINSEL-OPTIONEN in einer Liste zur Auswahl stehen. Falls Sie allerdings regelmäßig Musterpinsel erstellen müssen, geht es anders schneller. Dazu aktivieren Sie das Kantenelement auf der Zeichenfläche und klicken auf den Button NEUER PINSEL im Pinsel-Bedienfeld. Wählen Sie die Option MUSTERPINSEL. Anschließend drücken Sie ⌥/Alt und ziehen die weiteren Elemente nacheinander an ihre Position in den Kästchen des Musterpinsels im Pinsel-Bedienfeld (aktivieren Sie dafür die Miniaturenansicht). Die Positionen sind genau festgelegt – am besten holen Sie sich einen fertigen Musterpinsel mit allen Elementen zum Vergleich ins Pinsel-Bedienfeld, damit Sie die Elemente an die richtigen Positionen ziehen können.

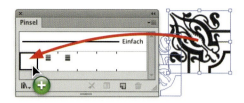 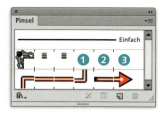

▲ **Abbildung 9.53**
Hinzufügen des Elements »Äußere Ecke« zu einem Musterpinsel ohne Umwege über Musterfelder (links); Positionen der Elemente: Innere Ecke ❶, Anfang ❷, Ende ❸

▲ **Abbildung 9.54**
Das Ergebnis (oben) und die Ausgangselemente für den Workshop

Schritt für Schritt
Umrandung einer Landkarte mit einer Doppelkontur

In der Datei »Musterpinsel-Workshop.ai« finden Sie die Grundelemente für die Umrandung einer Karte. Das Kanten- und das Eckelement liegen exakt »auf einer Linie«, das vereinfacht die Konstruktion erheblich.

1 Mittellinie markieren

Im ersten Schritt finden Sie die Mittellinie des Randes heraus. Damit die Randelemente später an die Ecken passen, werden Begrenzungsrechtecke erzeugt, die so ausgerichtet sein müssen, dass die Kontur genau in ihrer Mitte liegt.

Es gibt mehrere Wege, diese Mitte zu finden – wir verwenden eine Hilfskonstruktion mit einem Rechteck. Gehen Sie mit ⌘/Strg+Y in die Pfadansicht, aktivieren Sie mit ⌘/Strg+U die intelligenten Hilfslinien. Ziehen Sie mit dem Rechteck-Werkzeug ein Rechteck von der Oberkante bis zur Unterkante des horizontalen Musters auf. An dem senkrechten Linienstück der Ecke messen Sie die Gesamtbreite auf dieselbe Art.

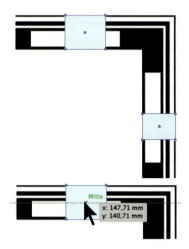

▲ **Abbildung 9.55**
Mit Rechtecken wird die Mitte der Kontur ausgemessen, und dann werden jeweils Hilfslinien gezogen. Die intelligenten Hilfslinien zeigen an, wenn Sie den Mittelpunkt getroffen haben.

In den Rechtecken ist der Mittelpunkt markiert. Zoomen Sie heran, und ziehen Sie jeweils Hilfslinien darauf. Die Rechtecke brauchen Sie jetzt nicht mehr und löschen sie daher.

2 Mitte der Lücke markieren

Die Musterelemente werden so gebaut, dass der schwarze Strich in der Mitte und links und rechts davon je die Hälfte der Lücke liegen. Dazu müssen Sie nun die Mitte der horizontalen Lücken markieren. Dies nehmen Sie ebenfalls mit Rechtecken vor. Markieren Sie diese Mittelpunkte mit senkrechten Hilfslinien, und löschen Sie die Rechtecke wieder.

▼ **Abbildung 9.56**
Arbeiten mit intelligenten Hilfslinien (links und Mitte); Hilfslinien, die nach Abschluss dieses Schritts vorliegen sollten (rechts)

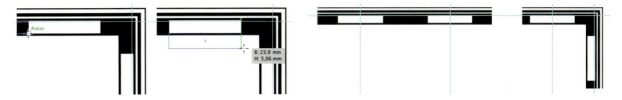

3 Begrenzungsrechteck für Eckelement

Das Eckelement erhält nun ein Begrenzungsrechteck, das markiert, wie die Kantenelemente angesetzt werden. Dieses Rechteck muss exakt quadratisch sein, Sie ziehen es mit dem Rechteck-Werkzeug ▣ mit gedrückter ⇧- und ⌥/Alt-Taste vom Mittelpunkt bis zu der Hilfslinie, die die Mitte der Lücke markiert. Markieren Sie anschließend die untere Kante des Rechtecks mit einer Hilfslinie.

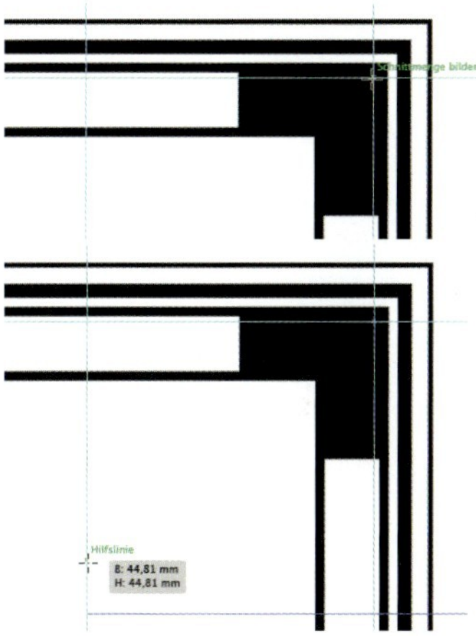

4 Begrenzungsrechteck für die Kante

Da das Begrenzungsrechteck für die Kante dieselbe Höhe besitzen muss, können Sie das Quadrat wiederverwenden. Drücken Sie ⌥/Alt und ⇧, um eine Kopie waagerecht zu verschieben, und ziehen Sie das Quadrat bis an eine der Hilfslinien heran. Anschließend passen Sie seine Breite an, sodass es exakt zwischen den beiden Hilfslinien liegt.

Beide Begrenzungsrechtecke müssen in den Hintergrund gestellt werden. Aktivieren Sie sie, schneiden sie mit ⌘/Strg+X aus und fügen Sie sie mit ⌘/Strg+B im Hintergrund wieder ein.

▲ **Abbildung 9.57**
An die Ecke müssen Sie näher heranzoomen, um die Mitte genau zu treffen.

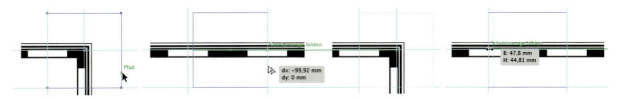

▲ **Abbildung 9.58**
Duplizieren und Anpassen des Begrenzungsrechtecks

5 Überflüssige Objekte entfernen

Alle Elemente, die über das Begrenzungsrechteck hinausragen, müssen nun entweder gelöscht oder so skaliert werden, dass sie exakt mit ihm abschließen. Wählen Sie die jeweiligen Punkte mit dem Direktauswahl-Werkzeug aus, und verschieben Sie sie exakt waagerecht bzw. senkrecht, bis sie am Begrenzungsrechteck einrasten. Am besten gelingt dies in der Pfadansicht.

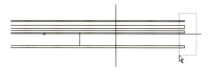

Abbildung 9.59 ▶
Anpassen der Musterpinsel-Elemente

Hilfslinien sperren
Damit Sie die Hilfslinien nun nicht mehr unbeabsichtigt aktivieren, können Sie sie sperren.

6 Eckelement drehen

Das Eckelement muss anders ausgerichtet werden, damit Illustrator es im Pinsel korrekt anordnet. Am besten erstellen Sie zunächst eine Kopie des Elements samt seinem Begrenzungsrechteck (das Original können Sie dann einfacher bearbeiten, falls es nötig sein sollte) und drehen diese dann so, dass die Ecke nach links oben zeigt. Dem Begrenzungsrechteck weisen Sie Kontur und Fläche OHNE zu.

7 Pinsel erzeugen

Um den Pinsel zu erstellen, ziehen Sie das Kantenelement (samt Begrenzungsrechteck) ins Pinsel-Bedienfeld. In der Dialogbox NEUER PINSEL wählen Sie einen MUSTERPINSEL. Geben Sie dem Pinsel dann einen Namen, und schließen Sie die MUSTERPINSEL-OPTIONEN.

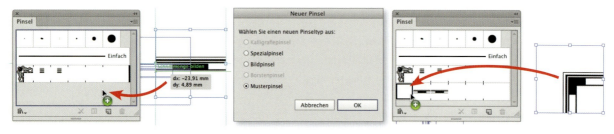

▲ **Abbildung 9.60**
Der Musterpinsel wird direkt im Pinsel-Bedienfeld zusammengestellt – in der Dialogbox geben Sie nur weitere Optionen ein.

8 Eckelement hinzufügen

Um das Eckelement hinzuzufügen, ziehen Sie es samt seinem Begrenzungsrechteck mit gedrückter Taste ⌥/Alt auf das linke freie Feld im Eintrag des eben erzeugten Pinsels.

9 Testen

Ziehen Sie nun ein Rechteck auf, und weisen Sie diesem den neuen Pinsel zu, um zu testen, ob alles funktioniert.

10 Das Prinzip übertragen

Einen Musterpinsel benötigen Sie entweder, wenn die Grundform entlang der Kontur wiederholt oder wenn eine Kontur kontrolliert um Ecken geführt werden soll. In der Konstruktion erweist sich ein Musterpinsel z. B. als äußerst nützlich, wenn Sie Ketten, Reißverschlüsse, Seile oder Zöpfe benötigen.

◀ **Abbildung 9.61**
Typische Anwendungsfelder für einen Musterpinsel

9.4.11 Pinsel-Muster

Für die Erstellung von Musterfeldern zur Verwendung in Musterpinseln sollten Sie folgende Richtlinien beachten:

▶ Die obere Kante der Musterelemente zeigt bei der Anwendung des Pinsels immer nach außen ❶.
▶ Während Kantenelemente rechteckig sein können, müssen Eckenelemente eine quadratische Form besitzen.
▶ Die Kantenlängen der Elemente müssen an den aneinandergrenzenden Seiten identisch sein ❷.
▶ Achten Sie beim Erstellen einer Kontur, die durch alle Musterelemente durchlaufende Elemente besitzt, darauf, dass diese an den Seiten aneinander anschließen ❸.
▶ Eigentlich soll kein Element der zu einem Pinsel gehörenden Musterfelder über den Begrenzungsrahmen hinausragen, es funktioniert jedoch trotzdem und kann Ihnen viel Arbeit abnehmen. Das Begrenzungsrechteck bestimmt darüber, wie die Elemente aneinandergefügt werden. Konstruieren Sie es sorgfältig.

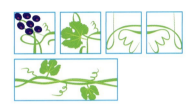

▲ **Abbildung 9.62**
Eckenelemente, Anfang, Ende und Kantenelement

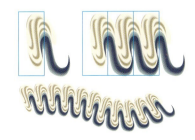

▲ **Abbildung 9.63**
Dieses Kantenelement ragt über das Begrenzungsrechteck hinaus.

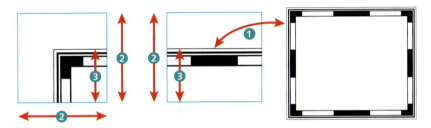

◀ **Abbildung 9.64**
Richtlinien für die Gestaltung von Musterpinsel-Elementen

In der Illustrator-Hilfe werden die beiden Eckenformen als »äußere« und »innere« Ecke bezeichnet – es geht jedoch um die Richtung, in die der

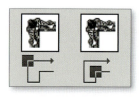

▲ Abbildung 9.65
Die Icons unterhalb der Elemente in den Musterpinsel-Optionen zeigen den Unterschied zwischen den Eckenelementen.

▲ Abbildung 9.66
Beim Umwandeln von Pinselkonturen werden oft viele Ankerpunkte erzeugt.

▲ Abbildung 9.67
Das Zauberstab-Bedienfeld

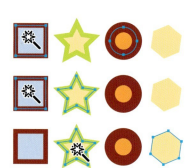

▲ Abbildung 9.68
Zauberstab-Auswahl (von oben): gleiche Konturfarbe, gleiche Konturstärke, gleiche Flächenfarbe

Pfad »abbiegt« (s. Abbildung 9.65). Dies hat auch zur Folge, dass ein anderes Eckenelement verwendet werden kann, wenn Sie die Pfadrichtung umkehren. Belegen Sie in der Dialogbox Musterpinsel-Optionen immer beide Ecken mit einem Muster – verwenden Sie dasselbe Musterfeld für beide Ecken, falls Sie nur ein Design vorbereitet haben.

9.4.12 Pinselkonturen in Pfade umwandeln

Da Pinselkonturen zu den speziellen Illustrator-Fähigkeiten gehören, sind sie nicht mit jeder anderen Applikation kompatibel. Wenn Sie deshalb Pinselkonturen als eigenständige Vektorformen benötigen, die Sie weiterverarbeiten oder in ein anderes Programm übernehmen wollen, verwenden Sie den Menübefehl Objekt • Aussehen umwandeln. Der dabei generierte Pfad kann aus sehr vielen Punkten bestehen, Sie sollten ihn gegebenenfalls vereinfachen (s. Abschnitt 7.4.2).

9.5 Auswahlen auf Farb- und Objektbasis

Bislang haben Sie Auswahlen manuell mit den Auswahlwerkzeugen vorgenommen. Mit Menübefehlen und dem Zauberstab-Werkzeug ist es möglich, nach gleichen oder ähnlichen Objekteigenschaften suchen zu lassen und Objekte zu selektieren.

9.5.1 Zauberstab-Werkzeug – Objektauswahl

Wenn Sie mit dem Zauberstab-Werkzeug – Y – auf ein Objekt klicken, wählt Illustrator automatisch alle Objekte aus, die mit dem angeklickten Objekt die im Zauberstab-Bedienfeld vorgegebenen Eigenschaften teilen. Folgende Eigenschaften können einzeln oder kombiniert Basis für die Auswahl sein: Flächenfarbe, Konturfarbe, Konturstärke, Deckkraft und Füllmethode.

Anhand der Eigenschaften auswählen | Rufen Sie mit einem Doppelklick auf den Zauberstab im Werkzeugbedienfeld die Optionen auf, und kreuzen Sie die Attribute an, die beim Suchen mit dem ausgewählten Objekt übereinstimmen sollen. Wenn Sie eine exakt eingegrenzte Auswahl wünschen, sollten Sie deshalb die Toleranz jeweils auf 0 einstellen. Das Zauberstab-Bedienfeld kann während des Suchens offen bleiben. Um erneut eine Auswahl zu erstellen, klicken Sie mit dem Zauberstab auf ein Objekt, das die Attribute enthält, nach denen Sie suchen möchten.

9.5 Auswahlen auf Farb- und Objektbasis

Wenn Sie in einer Datei alle Objekte mit Konturstärken unter 0,2 Pt suchen möchten, gehen Sie wie folgt vor:

1. Zeichnen Sie ein Objekt, und geben Sie diesem eine Kontur in der STÄRKE 0,01 Pt ❶.
2. Doppelklicken Sie auf das Zauberstab-Werkzeug, und aktivieren Sie im Zauberstab-Bedienfeld nur die Option KONTURSTÄRKE.
3. Geben Sie »0,18 Pt« unter TOLERANZ ein ❷. Wichtig: Geben Sie die Einheit Punkt ebenfalls ein, und bestätigen Sie mit ⏎. Der Wert wird in die aktuelle Maßeinheit umgerechnet.
4. Klicken Sie mit dem Zauberstab-Werkzeug auf das in Schritt 1 erstellte Objekt ❸.

▲ Abbildung 9.69
Einen einfachen Zugriff auf das Auswahlmenü haben Sie über das Icon im Steuerungsbedienfeld.

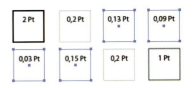

▲ Abbildung 9.70
Recherchieren und Korrigieren einer zu geringen Konturstärke in einer Datei

Taste	Auswirkung
⇧	Stellen Sie gegebenenfalls erneut die Optionen ein und drücken ⇧, während Sie auf das Objekt klicken, das die gewünschten Eigenschaften besitzt, um weitere Objekte zur Auswahl hinzuzufügen.
⌥/Alt	Halten Sie ⌥/Alt gedrückt, und klicken Sie auf ein Objekt, das die Eigenschaften der Objekte aufweist, die Sie aus der Auswahl entfernen möchten.

▲ Tabelle 9.2
Modifikationsmöglichkeiten des Zauberstab-Werkzeugs

Einschränkung auf eine bestimmte Zeichenfläche | Es ist nicht möglich, das Zauberstab-Werkzeug (oder die Menübefehle) auf einzelne Zeichenflächen einzuschränken. Wenn Sie eine Einschränkung auf eine Zeichenfläche benötigen, sollten Sie entweder zusätzlich konsequent mit Ebenen arbeiten und je Zeichenfläche eine Hauptebene verwenden, die Sie bei Bedarf im Ebenen-Bedienfeld sperren. Oder Sie gehen wie folgt vor:

1. Klicken Sie auf die gewünschte Zeichenfläche, um diese zu aktivieren – die Zeichenfläche wird schwarz umrandet.
2. Rufen Sie AUSWAHL • ALLES AUF DER AKTIVEN ZEICHENFLÄCHE auf.
3. Wählen Sie AUSWAHL • AUSWAHL UMKEHREN und OBJEKT • SPERREN • AUSWAHL. Jetzt sind alle anderen Objekte fixiert.
4. Wenden Sie die gewünschten Auswahlbefehle an.

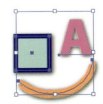

▲ Abbildung 9.71
Auch wenn die Objekte ansonsten unterschiedliche Eigenschaften besitzen, können Sie die identischen Attribute im Aussehen-Bedienfeld editieren.

9.5.2 Objekte mit gleichen Attributen über das Menü auswählen

Ähnliche Suchmöglichkeiten, wie sie beim Zauberstab bestehen, finden Sie in der Attributliste unter Auswahl • Gleich • Aussehen, Aussehensattribute, Füllmethode, Fläche und Kontur, Flächenfarbe, Deckkraft, Konturfarbe, Konturstärke, Grafikstil, Symbolinstanz und Verknüpfungsblockreihen (teilweise werden diese Eigenschaften erst in den folgenden Kapiteln erklärt). Mit diesen Menübefehlen können Sie nur Objekte mit exakt gleichen Attributen auffinden. Eine Möglichkeit, Toleranzen einzustellen, besteht nicht.

Gleiche Eigenschaften suchen | Aktivieren Sie ein Objekt, und wählen Sie im Menü einen der oben aufgeführten Befehle aus, um andere Objekte zu finden, die die entsprechende Eigenschaft mit dem aktivierten Objekt teilen. Um beispielsweise Objekte mit gleicher Konturstärke wie bei dem Referenzobjekt zu finden, wählen Sie Auswahl • Gleich • Konturstärke.

Noch genauer suchen Sie nach Aussehensattributen. Dazu aktivieren Sie im Aussehen-Bedienfeld das gewünschte Attribut – eine Kontur bzw. Fläche mit sämtlichen Eigenschaften, einzelne Effekte oder Deckkrafteinstellungen – und wählen Auswahl • Gleich • Aussehensattribute. Illustrator wählt alle Objekte aus, die dieses Attribut mit denselben Optionen besitzen. Und selbst wenn die ausgewählten Objekte weitere unterschiedliche Attribute besitzen, können Sie die gesuchten Eigenschaften editieren (s. Abbildung 9.71 auf der vorherigen Seite).

Nach Eigenschaften recherchieren | Sie können mit diesen Menübefehlen aber auch recherchieren, ob Objekte mit bestimmten Eigenschaften im Dokument vorhanden sind. Dabei darf kein Objekt aktiviert sein. Richten Sie die zu suchende Eigenschaft im zugehörigen Bedienfeld ein, und wählen Sie aus dem Menü das entsprechende Attribut aus. Beispielsweise prüft Illustrator mit dem Befehl Auswahl • Gleich • Konturfarbe, ob die im Werkzeugbedienfeld oder Farbe-Bedienfeld für die Kontur bestimmte Farbe in Ihrem Dokument einem Objekt als Kontur-Eigenschaft zugewiesen ist. Gefundene Objekte werden aktiviert.

Die gleiche Auswahl auf andere Attribute anwenden | Möchten Sie auf die gleiche Weise wie vorher nach anderen Attributen suchen, aktivieren Sie ein Objekt, das die gewünschten Eigenschaften besitzt, und (anstatt erneut über Auswahl • Gleich zu gehen) drücken Sie ⌘/Strg+6, den Shortcut für den Befehl Auswahl • Erneut auswählen.

Auswahl nach Farbton

Soll bei der Suche nach globalen Farben und Volltonfarben über das Menü auch die Farbtoneinstellung berücksichtigt werden, dann aktivieren Sie in den Voreinstellungen die Option Gleicher Farbton-Prozentsatz.

Auswahl nach Deckkraft

Der Befehl Auswahl • Gleich • Deckkraft ignoriert gesonderte Deckkrafteinstellungen für Fläche und Kontur (zu Transparenz s. Abschnitt 12.1).

Suche nach Symbolinstanzen

Um alle Instanzen eines bestimmten Symbols in Ihrem Dokument zu finden, differiert die Vorgehensweise etwas. In diesem Fall wählen Sie nicht das Symbol im Symbole-Bedienfeld aus, sondern aktivieren eine Instanz des Symbols, die in Ihrem Dokument platziert ist (zu Symbolen s. Kapitel 17).

Verknüpfungsblockreihen?

Der Befehl Auswahl • Gleich • Verknüpfungsblockreihen sucht verknüpfte Flächentext-Objekte (zur Typografie s. Kapitel 14).

9.6 Verläufe

Verläufe sind berechnete Übergänge zwischen zwei und mehr Farben, die linear oder radial, also kreisförmig, angelegt sind. Dabei können Sie nicht nur Anfangs- und Endfarbe vorgeben, sondern auch Zwischenfarben an frei wählbaren Positionen ⬒ einfügen. Um einen Verlauf genau zu definieren, ist es möglich, die Stellen im Verlauf zu verändern, an denen der Anteil der beiden beteiligten Verlaufsfarben jeweils 50 % beträgt. In Illustrator wird dieser Punkt MITTELPUNKT ◆ genannt. Außerdem können Sie die Deckkraft der Verlaufsfarben reduzieren. Neu in dieser Version: Sie können Verläufe direkt einer Kontur zuweisen.

▲ **Abbildung 9.72**
Verläufe im Einsatz

9.6.1 Verlauf-Bedienfeld

Im Verlauf-Bedienfeld bearbeiten Sie vorhandene Verläufe oder legen neue an. Das Bedienfeld rufen Sie mit dem Menübefehl FENSTER • VERLAUF auf – ⌘/Strg+F9, im Dock ▣. Sollten im Bedienfeld nicht alle Einstellmöglichkeiten zu sehen sein, wählen Sie aus dem Bedienfeldmenü ▤ den Menüpunkt OPTIONEN EINBLENDEN.

Einstellmöglichkeiten | Wenn Sie Illustrator starten, zeigt das Verlauf-Bedienfeld einen Schwarz-Weiß-Verlauf. Sobald Sie jedoch ein Objekt aktivieren, dem ein Verlauf als Füllung zugewiesen ist, wird dieser in das Feld VERLAUF ❶ und in den VERLAUFSREGLER ❻ übernommen.

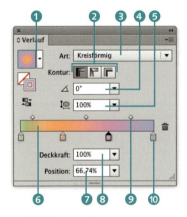

▲ **Abbildung 9.73**
Das Verlauf-Bedienfeld mit allen Optionen

- VERLAUF ❶: Im Menü, das Sie mit dem Pfeil aufrufen, stehen die Verlaufsfelder aus dem Farbfelder-Bedienfeld zur Verfügung, und Sie können den aktuell eingestellten Farbverlauf als Farbfeld speichern.
- KONTUR ❷: Mit den Buttons bestimmen Sie, wie der Verlauf auf der Kontur geführt wird: in der Kontur, entlang der Kontur oder quer zur Kontur.
- ART: In dem Ausklappmenü ❸ wählen Sie aus, ob der Verlauf LINEAR, also gerade entlang einer Strecke, oder KREISFÖRMIG vom Mittelpunkt zur Peripherie eines gedachten Kreises berechnet werden soll.
- WINKEL ❹: Mit einer Gradangabe in diesem Feld geben Sie den Winkel des Verlaufs relativ zur Zeichenfläche an – dies gilt für lineare und gestauchte kreisförmige Verläufe.
  Bei einem Winkel von 0° wird ein linearer Verlauf in dem Objekt waagerecht so generiert, wie er im Verlaufsregler angezeigt ist. Positive Winkelwerte drehen den Verlauf gegen, negative Gradzahlen im Uhrzeigersinn.
  Statt der numerischen Bestimmung können Sie auch das Verlauf-Werkzeug ▣ oder die Anfasser des Verlaufsoptimierers (s. Abschnitt

Verlauf-Bedienfeld vergrößern

Sie können einen Verlauf wesentlich genauer editieren, wenn Sie das Verlauf-Bedienfeld verbreitern. Klicken und ziehen Sie dafür das Vergrößerungsfeld des Bedienfeldes unten rechts bis zur gewünschten Breite.

Kapitel 9   Flächen und Konturen gestalten

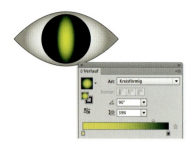

▲ **Abbildung 9.74**
Gestauchter kreisförmiger Verlauf

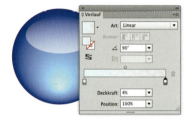

▲ **Abbildung 9.75**
Transparente Verlaufsfarbe

> **Verlauf umdefinieren**
>
> Möchten Sie den im Verlauf-Bedienfeld angezeigten Verlauf einem Objekt zuweisen, das bereits eine andere Verlaufsfüllung besitzt, ziehen Sie das Feld VERLAUFSFLÄCHE auf das nicht aktivierte Objekt.

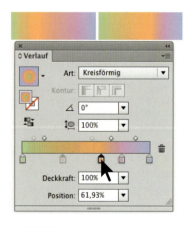

▲ **Abbildung 9.76**
Übergangspunkt verschieben

9.6.3 ff) verwenden, um den Winkel des Verlaufs direkt am Objekt auf der Zeichenfläche intuitiv zu definieren – das Eingabefeld wird dann automatisch ausgefüllt.

▶ SEITENVERHÄLTNIS ❺: Mit einem Wert zwischen 0,5 und 32.767 % bestimmen Sie die »Rundheit« radialer Verläufe. Einen kreisförmigen Verlauf erreichen Sie mit 100 %.

▶ VERLAUFSREGLER ❻: Der Verlaufsregler zeigt in einem Balken eine Ansicht des Verlaufs und bietet mit den darüber und darunter angeordneten verschiebbaren Symbolen Einstellmöglichkeiten an.

▶ ÜBERGANGSPUNKT 🔒 ❿: Die Übergangspunkte sind als Markierungen unter dem Verlaufsregler zu finden und lassen sich entlang des Verlaufsbalkens verschieben. Übergangspunkte, die nicht am Anfang oder Ende des Verlaufsbalkens sitzen, kennzeichnen die Stellen des Verlaufs, an denen ein Verlaufsabschnitt endet und ein anderer beginnt, also die Punkte, an denen die im Übergangspunkt angezeigte Farbe nicht mit einer anderen Farbe des Verlaufs gemischt ist.

▶ MITTELPUNKT ◆ ❾: Die Mittelpunkte definieren jeweils den rechnerischen Mittelpunkt eines Übergangs.

▶ DECKKRAFT ❽: Mit einem Wert von 0 bis 100 % bestimmen Sie die Deckkraft der Farbe an einem Übergangspunkt. Mit 0 % ist die Farbe vollkommen transparent. Sobald die Deckkraft eines Übergangspunkts reduziert wurde, ergänzt Illustrator dessen Symbol um ein kleines kariertes Rechteck 🔒.

▶ POSITION ❼: Wenn Sie einen Übergangspunkt oder einen Mittelpunkt anklicken, wird dieser aktiviert und seine Position prozentual zum Gesamtverlauf in dem Eingabefeld angezeigt. Entsprechend können Sie auch die Position durch eine Eingabe in das Feld numerisch verändern. Das ist manchmal zur Feineinstellung eines Verlaufs ganz nützlich.

9.6.2   Arbeiten mit dem Verlaufsregler

Im Verlaufsregler stellen Sie die Farben und ihre Position ein. Alternativ verwenden Sie zum gleichen Zweck den Verlaufsoptimierer (s. Abschnitt 9.6.4).

Eine Verlaufsfarbe ändern | Um die Farbe eines Übergangspunkts zu ändern, klicken Sie auf das zugehörige Farbquadrat. Dadurch wird die derzeit dafür definierte Farbe im Farbe-Bedienfeld angezeigt, und das Farbquadrat wird hervorgehoben 🔒.

Sie können nun im Farbe-Bedienfeld die Farbe durch Verschieben der Regler oder durch die Eingabe anderer numerischer Werte konfigurieren. Doppelklicken Sie auf einen Farbregler, wird ein kombiniertes Farbe-Farbfelder-Bedienfeld als Popup-Menü eingeblendet (wechseln Sie zwischen beiden mit den Buttons). Die Veränderung der Farbe und damit der optische Eindruck des Verlaufs wird automatisch im Verlauf-Bedienfeld aktualisiert. Um nach dem Ändern der Farbe eines Verlaufsstopps das Popup-Bedienfeld wieder zu verlassen, klicken Sie nicht auf den Verlaufsregler – damit würden Sie den aktiven Verlaufsstopp verschieben. Klicken Sie stattdessen an anderer Stelle auf das Verlauf-Bedienfeld, oder drücken Sie Esc.

Möchten Sie dem Übergangspunkt ein Farbfeld aus dem Farbfelder-Bedienfeld zuweisen, drücken Sie die Modifizierungstaste /Alt, und klicken Sie auf das gewünschte Farbfeld.

Verschieben Sie den Deckkraftregler, oder tippen Sie einen Wert in das Eingabefeld ein, um die Verlaufsfarbe transparent zu gestalten.

▲ **Abbildung 9.77**
Das Popup-Menü für die FARBFELD-AUSWAHL

Die Position einer Farbe verschieben | Um die Position eines Übergangspunkts im Verlaufsregler zu verändern, klicken und ziehen Sie ihn an eine neue Stelle, oder klicken Sie ihn an, und geben Sie einen neuen numerischen Wert in das Feld POSITION ein (s. Abbildung 9.76).

Möchten Sie zwei Farben im Verlauf gegeneinander austauschen, halten Sie die Modifizierungstaste /Alt gedrückt, und ziehen Sie einen der beiden Übergangspunkte auf den anderen.

Zwischenfarben im Verlauf einrichten und entfernen | Im Verlaufsregler fügen Sie Übergangspunkte hinzu, indem Sie eine Farbe aus dem Farbe-, dem Farbfelder- oder dem Farbhilfe-Bedienfeld an die gewünschte Position im VERLAUFSREGLER ziehen (s. Abbildung 9.78).

Um einen Übergangspunkt zu duplizieren, halten Sie /Alt gedrückt, und ziehen Sie den entsprechenden Übergangspunkt an die gewünschte Position im Verlaufsregler.

Um eine Farbe aus dem Verlauf zu entfernen, ziehen Sie ihr Symbol nach unten aus dem Verlauf-Bedienfeld heraus, oder aktivieren Sie den Übergangspunkt, und klicken Sie auf den Button VERLAUFSREGLER LÖSCHEN.

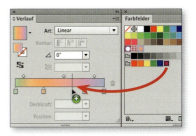

▲ **Abbildung 9.78**
Ziehen Sie ein Farbfeld auf den VERLAUFSREGLER. Ein senkrechter Strich kennzeichnet die Position des Farbfeldes im Verlauf.

Farbübergang im Verlauf verschieben | Die Position eines Mittelpunkts ◇ im Verlaufsregler verändern Sie durch Klicken und Ziehen (s. Abbildung 9.79), oder Sie klicken das Symbol an und geben einen neuen numerischen Wert in das Feld POSITION ein.

Verlauf umkehren | Klicken Sie auf den Button VERLAUF UMKEHREN, um die Reihenfolge der Verlaufsfarben umzukehren.

▲ **Abbildung 9.79**
Mittelpunkt verschieben

▲ **Abbildung 9.80**
Vorsicht bei Verwendung des Schwarzweißverlaufs im RGB-Farbmodus: Das in dem Verlauf verwendete Graustufen-Schwarz (oben), wird je nach Farbmanagement-Einstellungen gegebenenfalls nicht in RGB 0/0/0 (unten) umgewandelt.

▲ **Abbildung 9.81**
Mit dem Verlauf-Werkzeug können Sie Verläufe intuitiv anwenden.

> **Alle Übergangspunkte löschen**
> Um zu einem einfachen Schwarz-Weiß-Verlauf zurückzukehren, können Sie, anstatt alle einzelnen Übergangspunkte zu entfernen, mit gedrückter ⌘/Strg-Taste in das Verlauf-Symbol im Werkzeugbedienfeld klicken.

Abbildung 9.83
Visualisierung einer Medaille

9.6.3 Verlauf-Werkzeug

Das Verlauf-Werkzeug können Sie, wie gewohnt, verwenden, um Verlaufswinkel, -länge und -richtung festzulegen – der Verlaufsoptimierer stellt eine Ergänzung zum Verlauf-Werkzeug dar. Weder das Verlauf-Werkzeug noch der Verlaufsoptimierer funktionieren an Verläufen auf Konturen.

Verlaufswinkel ändern | Neben der Möglichkeit, den Winkel eines Verlaufs numerisch im Verlauf-Bedienfeld zu bestimmen, können Sie Verlaufswinkel und Verlaufsrichtung auch intuitiv mit dem Verlauf-Werkzeug einstellen:

1. Aktivieren Sie ein Objekt, und weisen Sie seiner Fläche einen Verlauf zu, oder wählen Sie ein Objekt, dessen Verlaufsfläche Sie ändern möchten.
2. Wählen Sie das Verlauf-Werkzeug aus – G.
3. Klicken Sie mit dem Werkzeug an die Stelle, an der der Verlauf beginnen soll, und ziehen Sie mit der Maus einen Füllpfad in die Richtung, in die sich der Verlauf erstrecken soll. Am Startpunkt setzt Illustrator den Verlauf mit der Farbe an, die im Verlaufsregler am linken Ende angezeigt wird. Dort, wo Sie die Maustaste loslassen, endet der Verlauf mit der Farbe vom rechten Rand des Verlaufsreglers.

Bei einem kreisförmigen Verlauf bestimmen Sie den Verlaufsradius von seiner Mitte aus und ziehen einen Füllpfad bis zum Rand.

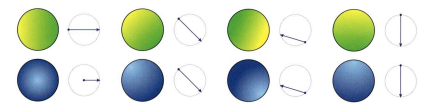

▲ **Abbildung 9.82**
Unterschiedliche Winkel desselben linearen (oben) und kreisförmigen (unten) Verlaufs an einem Objekt.

Verlaufsanfang und Verlaufsende bestimmen | Das Verlauf-Werkzeug bestimmt nicht nur den Winkel, sondern es definiert mit dem Start- und Endpunkt auch die Strecke, über die der Verlauf berechnet wird. Klicken Sie mit dem Verlauf-Werkzeug außerhalb der Fläche des aktivierten Objekts und/oder lassen Sie die Maustaste außerhalb des Objekts los, wird zwar der Verlauf über die gesamte Entfernung berechnet, angezeigt wird jedoch nur der Teil, der von der Fläche des Objekts begrenzt wird. Bestimmen Sie mit dem Verlauf-Werkzeug nur eine Strecke, die kleiner ist als die Ausdehnung der Objektfläche, werden die

9.6 Verläufe

Verlaufswinkel exakt nachbauen

Beim Nachbauen eines mit einem Verlauf gefüllten Logos besteht die Schwierigkeit darin, den exakten Verlaufswinkel zu ermitteln. Nutzen Sie die Funktion BILDNACHZEICHNER, um die Bildvorlage mit nur wenigen Farben zu vektorisieren ❶. Dabei geschieht eine Posterisierung, anhand derer sich der Verlaufswinkel sehr gut mit dem Mess-Werkzeug (noch genauer mit dem Linien-Werkzeug) ermitteln lässt ❷. Zu dem gemessenen Winkel addieren oder subtrahieren Sie (je nachdem, wie die Farben angelegt sind) 90° und haben damit die im Verlauf-Bedienfeld benötigte Angabe ❸.

Flächenteile neben Verlaufsanfang und Verlaufsende mit der Start- bzw. der Endfarbe aufgefüllt.

Modifikationsmöglichkeit | Verlauf-Werkzeug
⇧: Damit beschränken Sie die Bewegung des Verlauf-Werkzeugs auf 45°-Winkel.

9.6.4 Verlaufsoptimierer verwenden

Zusätzliche Optionen des Verlauf-Werkzeugs zeigen Winkel, Länge, Rundheit (bei kreisförmigen Verläufen) und natürlich die Farben eines Verlaufs direkt am Objekt an, und Sie können alle diese Eigenschaften auch mit den Reglern editieren.

Rufen Sie ANSICHT • VERLAUFSOPTIMIERER EINBLENDEN auf, aktivieren Sie ein Objekt mit Verlaufsfläche, und wählen Sie das Verlauf-Werkzeug – G –, um die Regler anzuzeigen.

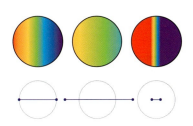

◤ **Abbildung 9.84**
Start- und Endpunkte an den Rändern des Objekts (links), außerhalb der Fläche des Objekts (Mitte) und innerhalb (rechts)

Interaktiv malen

An Verläufen in interaktiven Malgruppen kann der Verlaufsoptimierer nicht benutzt werden.

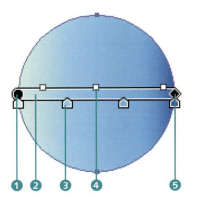 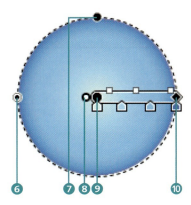

◀ **Abbildung 9.85**
Verlaufsoptimierer bei linearen (links) und kreisförmigen (rechts) Verläufen: Verlaufsleiste ❷, Übergangspunkt ❸, Mittelpunkt ❹, Verlaufsanfang ❶ ❾ und -ende ❺ ❿ sowie zusätzliche Anfasser ❻ ❼ ❽, um Verlaufseigenschaften zu editieren

285

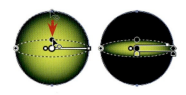

▲ Abbildung 9.86
Verändern der Verlaufsproportionen

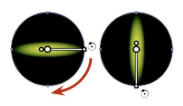

▲ Abbildung 9.87
Drehen des Verlaufs

▲ Abbildung 9.88
Vergrößern eines Verlaufs

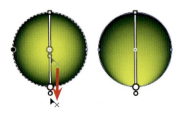

▲ Abbildung 9.89
Verschieben des Ursprungs

Verlauf schneller definieren

Um gleichzeitig einem Objekt einen neuen Verlauf zuzuweisen und das Verlauf-Bedienfeld aufzurufen, klicken Sie auf das Verlauf-Symbol im Werkzeugbedienfeld, oder tippen Sie `.`.

Einstellmöglichkeiten | Die Verlaufsleiste ❷ mit den Übergangs- ❸ und Mittelpunkten ❹ bedienen Sie wie im Verlauf-Bedienfeld. Auch hier erreichen Sie mit einem Doppelklick auf einen Übergangspunkt das Farbe- bzw. Farbfelder-Bedienfeld als Popup.

▶ **Verlaufslänge**: Bewegen Sie den Cursor über das Verlaufsende ❺, ❿ (oder bei kreisförmigen Verläufen die gegenüberliegende Seite ❻) – der Cursor nimmt das Symbol an. Klicken und ziehen Sie, um die Länge des Verlaufs zu ändern.

▶ **Verlaufswinkel**: Den Winkel eines linearen Verlaufs ändern Sie, indem Sie den Cursor neben den Endpunkt bewegen – der Cursor wechselt zu . Klicken und ziehen Sie dort.
Bei kreisförmigen Verläufen können Sie entlang der Außenbegrenzung (gestrichelter Rahmen) klicken und ziehen. Auch hier ändert der Cursor sein Symbol in .
Um Länge und Winkel des Verlaufs gemeinsam zu verändern, drücken Sie ⌥/Alt und klicken auf das Verlaufsende. Der Cursor zeigt .

▶ **Verlaufsposition**: Die Position des Verlaufs auf dem Objekt verschieben Sie, indem Sie am Verlaufsanfang klicken und ziehen. Der Cursor zeigt ▶.

▶ **Seitenverhältnis**: Um kreisförmige Verläufe zu stauchen oder zu strecken, bewegen Sie den Cursor über den schwarzen Anfasser ❼ – das Cursorsymbol wechselt zu . Klicken und ziehen Sie die Form.

▶ **Ursprung radialer Verläufe**: Den Ursprung radialer Verläufe können Sie aus der Mitte herausbewegen. Dazu ziehen Sie an dem Anfasser ❽ neben dem Verlaufsanfang – der Cursor zeigt .

9.6.5 Verläufe an Objekten anwenden

Je nach Bedarf gibt es verschiedene Verfahren, einem Objekt einen Verlauf zuzuweisen oder einen bestehenden Verlauf zu editieren.

Neuen Verlauf zuweisen | Sie haben folgende Möglichkeiten:

▶ Aktivieren Sie das Objekt, wählen Sie seine Fläche oder seine Kontur im Werkzeug- oder im Farbe-Bedienfeld aus, und klicken Sie im Farbfelder- oder einem Farbfeldbibliothek-Bedienfeld auf einen Verlauf (bzw. rufen Sie das Farbfeld-Bedienfeld aus dem Fläche- oder Konturmenü im Steuerungsbedienfeld auf).

▶ Ziehen Sie die Verlaufsfläche aus dem Verlauf-Bedienfeld auf das nicht aktivierte Objekt. Je nachdem, ob gerade Flächen oder Konturen fokussiert sind, wird der Verlauf entsprechend zugewiesen.

▶ Aktivieren Sie ein Objekt und seine Fläche bzw. Kontur, und klicken Sie oben links im Verlauf-Bedienfeld in die Verlaufsfläche, oder wählen Sie einen Verlauf aus dem Menü, um dem Objekt diesen Verlauf zuzuweisen.

▲ **Abbildung 9.90**
Einen Verlauf über mehrere Objekte anlegen

Einen bestehenden Verlauf editieren | Um einen Verlauf zu ändern, aktivieren Sie entweder das Objekt, dem der Verlauf zugewiesen ist, oder rufen Sie mit einem Klick ein Verlauf-Farbfeld im Farbfelder-Bedienfeld auf. Der Verlauf wird im Verlauf-Bedienfeld angezeigt. Nun können Sie den Verlauf mit allen oben bereits beschriebenen Methoden verändern.

Bitte beachten Sie, dass zwar aktivierte Objekte aktualisiert werden, der Inhalt eines ausgewählten Verlauf-Farbfelds, jedoch nicht automatisch durch den geänderten Verlauf ersetzt wird.

Verlauf zurücksetzen | Winkel und Proportion können Sie durch Eingabe der Werte im Verlauf-Bedienfeld zurücksetzen, Skalierungen und die Verschiebung des Ursprungs jedoch nicht. Wenn der Verlauf bereits als Farbfeld angelegt ist, weisen Sie dieses dem Objekt erneut zu, um alles zurückzusetzen. In anderen Fällen erzeugen Sie zunächst ein Farbfeld des Verlaufs.

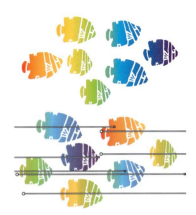

▲ **Abbildung 9.91**
Verlauf über mehrere Objekte (oben) und nach dem Verschieben der Objekte (unten): Jedem Objekt wurde dieser Verlauf zugewiesen, nur die Positionen wurden synchronisiert.

Verlauf über mehrere Objekte anlegen | Um einen Verlauf über mehrere Objekte zu erzeugen, ist es in den meisten Fällen ratsam, diese Objekte vorher zu einem zusammengesetzten Pfad oder einer zusammengesetzten Form zu verbinden. Die Integrität des Verlaufs bleibt so auch beim Transformieren einzelner Objekte erhalten.

Mit dem Verlauf-Werkzeug können Sie jedoch einen Verlauf auch mehreren voneinander unabhängigen Objekten zuweisen. Dabei wird der Gesamtverlauf auf die einzelnen Objekte verteilt. Diese Verlaufsteile sind aber im Gegensatz zu zusammengesetzten Pfaden oder Formen anschließend unabhängig voneinander, sodass bei einer Transformation der einzelnen Objekte der Eindruck des Gesamtverlaufs zerstört wird.

Um einen gemeinsamen Verlauf über die Flächen (das Verlauf-Werkzeug kann nicht an Konturen verwendet werden) mehrerer Objekte anzulegen, gehen Sie wie folgt vor:

1. Aktivieren Sie die Objekte, und weisen Sie ihnen den gleichen Verlauf zu.
2. Wählen Sie das Verlauf-Werkzeug, klicken Sie auf den Startpunkt an einer beliebigen Stelle, und ziehen Sie bis zum gewünschten Endpunkt über die Objekte hinweg.

▲ **Abbildung 9.92**
Da Sie an Verlaufskonturen weder das Verlauf-Werkzeug noch den Verlaufsoptimierer verwenden können, müssen Sie einen zusammengesetzten Pfad erstellen, um den Verlauf über alle Objekte zu ziehen.

9.6.6 Verläufe auf Konturen

Nachdem man lange Zeit einen Verlauf nur auf dem Weg über Pinsel oder das Ausreizen der Aussehen-Eigenschaften auf Konturen anlegen konnte, ist es in Version CS6 möglich, das direkt zu tun.

Weite Anwendungsfelder für diese Option gibt es in der (fotorealistischen) Illustration – ein Beispiel dafür finden Sie im Ordner »Coole Extras« auf Ihrer Festplatte – oder beim Zeichnen von Karten und Infografik. Auch Neon-Texteffekte lassen sich damit erstellen. Noch vielseitiger wird der Konturverlauf dadurch, dass Sie ihn mit Borstenpinseln, Kalligrafiepinseln und variablen Konturstärken kombinieren und einzelne Konturfarben transparent stellen können.

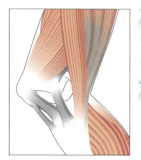
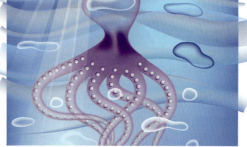
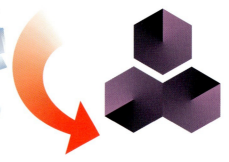

▼ **Abbildung 9.93**
Beispiele für Konturverläufe in Illustrationen, Infografik und Grafik

▲ **Abbildung 9.94**
Mit Einschränkungen lässt sich die Funktion auch nutzen, um einer Form folgende Verläufe zu simulieren, indem man die Konturstärke sehr dick anlegt. Sind die Ecken der Form allerdings zu eng, ergeben sich unschöne Überschneidungen.

Anwendung | Einen Verlauf auf der Kontur erzeugen Sie, indem Sie die Kontur des Objekts fokussieren und einen Verlauf auswählen. Anschließend werden im Kontur-Bedienfeld die Buttons zur Ausrichtung der Kontur aktiv. Die Bezeichnung der Verlaufsausrichtung ist etwas unklar – achten Sie daher lieber auf die Symbole der Buttons.

▶ VERLAUF IN KONTUR: Der Verlauf wird über die gesamte Fläche gelegt, die der Begrenzungsrahmen des Objekts umfasst. Sie können ein Winkel des Verlaufs angeben.
▶ VERLAUF VERTIKAL AUF KONTUR: Der Verlauf folgt allen Ecken und Kurven den Pfad entlang. Diese Verlaufsform hätte man früher mit einer Angleichung erzeugt.
▶ VERLAUF HORIZONTAL AUF KONTUR: Der Verlauf ist quer zum Pfad ausgerichtet. Diese Verlaufsform wurde früher mit einem Pinsel hergestellt.
  ▶ Kreisförmige Verläufe: Mit der Option HORIZONTAL bzw. VERTIKAL AUF KONTUR bewirkt ein radialer Verlauf einen hin- und zurücklaufenden Verlauf.

Ausrichtung der Kontur | Verlaufskonturen können nicht innen oder außen am Pfad ausgerichtet werden, sondern nur auf der Mitte des Pfades liegen. Falls es nötig ist, die Kontur auf dem Pfad zu verschieben, verwenden Sie entweder den Effekt PFAD VERSCHIEBEN (s. Abschnitt 13.2.7) oder das Breitenwerkzeug (s. Abschnitt 9.3).

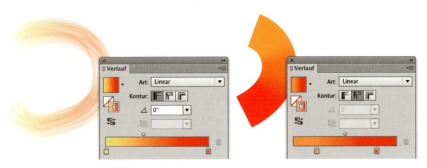

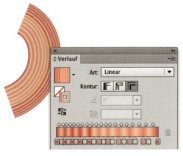

▲ **Abbildung 9.95**
Verlauf in einer Kontur (links), entlang einer Kontur (VERTIKAL; Mitte) und quer zur Kontur (HORIZONTAL; rechts)

Kombination mit anderen Optionen | Konturverläufe können mit anderen Konturoptionen kombiniert werden. Besonders interessante Anwendungen können Sie auch entwickeln, wenn Sie über das Aussehen-Bedienfeld mehrere Konturen anlegen und diesen jeweils unterschiedliche Optionen zuweisen.

- Strichelungen: Ein Verlauf auf einer gestrichelten Kontur verläuft nicht innerhalb der einzelnen Striche, sondern immer noch in der gesamten Kontur.
- Transparente Verlaufsfarben: Wie in allen anderen Verläufen können Sie auch auf Konturen einzelne Verlaufsfarben mit reduzierter Deckkraft anlegen und dadurch Konturen »ein- und ausblenden«.
- Breitenwerkzeug: Eine variable Konturstärke verändert auch den Verlauf proportional.
- Kalligrafie- und Borstenpinsel: Von allen Pinselarten funktionieren nur Kalligrafie- und Borstenpinsel mit Konturverläufen – und auch hier nur die Verläufe in der Kontur, nicht entlang des oder quer zum Pfad. Dennoch kommen Sie nun mit Borstenpinseln und (transparenten) Verläufen näher an die Möglichkeiten der analogen Malerei heran.

Mehrere Verlaufskonturen

Wenn Sie einem Pfad mehrere Konturen mit Verläufen, Breitenprofilen und gegebenenfalls mit Transparenz zuweisen, kann dies weniger leistungsfähige Rechner (z. B. mit schwachen Porzessoren und geringer RAM-Ausstattung) sehr beanspruchen. Arbeiten Sie vorsichtig, und speichern Sie regelmäßig Zwischenstände.

◄ **Abbildung 9.96**
Der Verlauf aus Abbildung 9.95 erhält ein Breitenprofil (links) und wird dann mit einem Verlauf von Weiß nach transparent entlang der Kontur überlagert (Mitte). Der weiß-transparente Verlauf erhält die Füllmethode FARBTON (rechts).

Verlauf-Werkzeug | Die Feineinstellung der Verläufe müssen Sie in allen Fällen mit dem Verlauf-Bedienfeld vornehmen, denn das Verlauf-

Kapitel 9 Flächen und Konturen gestalten

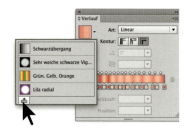

▲ Abbildung 9.97
Verlaufsfeld speichern

Verlaufsfelder sind global

Bei der Zuweisung von Verlauf-Farbfeldern beachten Sie bitte, dass diese global sind. Wenn Sie also am Inhalt des Farbfeldes Änderungen vornehmen, werden diese auf alle Objekte angewendet, denen das Farbfeld als Eigenschaft zugeordnet ist.

Werkzeug funktioniert auf Verläufen nicht. Es ist daher auch nicht möglich, den gesamten Verlauf im Objekt zu verschieben, Sie können nur die Regler im Verlauf-Bedienfeld verwenden.

9.6.7 Verlauf in das Farbfelder-Bedienfeld übernehmen

Wenn Sie einen erstellten Verlauf im Farbfelder-Bedienfeld speichern möchten, ziehen Sie das Feld VERLAUF aus dem Verlauf-Bedienfeld in das Farbfelder-Bedienfeld oder klicken auf den Button ZU FARBFELDERN HINZUFÜGEN im Ausklappmenü VERLAUF.

Soll ein vorhandenes Farbfeld ersetzt werden, ziehen Sie die Verlaufsfläche mit gedrückter ⌥/Alt-Taste auf das zu tauschende Farbfeld.

Verlaufswinkelung | Der Winkel des Verlaufs wird im Farbfeld gespeichert. Wenn Sie das Verlaufsfeld einem Objekt zuweisen, halten Sie ⌥/Alt gedrückt, um den gespeicherten Winkel ebenfalls zuzuweisen. In einem Grafikstil wird der Winkel neben anderen Eigenschaften des Verlaufs (Rundheit, Ursprung) gespeichert.

9.6.8 Verläufe und Volltonfarben

Dank der seit Illustrator CS3 integrierten DeviceN-Unterstützung ist es möglich, Verläufe zwischen Vollton- und Prozessfarben anzulegen.

Flächen | Mit diesen Verläufen versehene Flächen können Sie sogar als überdruckend definieren oder die Verlaufsfarben transparent anlegen. Die Ausgabe über das Speichern eines PDF oder das Drucken erfolgt korrekt. Beim Drucken eines Verlaufs, der Volltonfarben enthält, muss unter AUSGABE die Option ALLE VOLLTONFARBEN IN PROZESSFARBEN KONVERTIEREN deaktiviert werden.

Konturen | In Konturverläufen bleiben zwar die Volltonfarben ebenfalls erhalten, allerdings werden bei HORIZONTALEN und VERTIKALEN Verläufen die Zwischenfarben nicht sauber gebildet, sondern die Volltonfarben werden im Übergang in Prozessfarben umgewandelt.

▲ Abbildung 9.98
Ein Verlauf zwischen zwei Volltonfarben in der Separationsvorschau (links: IN DER KONTUR, rechts: VERTIKAL AUF DER KONTUR)

9.6.9 Verlaufsobjekte verformen

Bei den verschiedenen Möglichkeiten, Objekte zu verformen, verhalten sich zugeordnete Verlaufsfüllungen unterschiedlich:

▸ **Transformationen**: Lineare und kreisförmige Verlaufsfüllungen und -konturen werden mit den Objekten transformiert (s. Abschnitt 5.6).

290

- **Verzerrungshüllen**: Auf lineare Verlaufsfüllungen sowie auf lineare und radiale Verlaufskonturen können Sie Verzerrungshüllen anwenden, Sie benötigen jedoch in vielen Fällen eine höhere Genauigkeit in den Hüllen-Optionen, um die Verläufe genau in die Hülle einzupassen – Einstellung Genauigkeit etwa 70–80 (s. Abschnitt 10.7). Aktivieren Sie die Hüllen-Option Lineare Verläufe verzerren.
- **Filter und Effekte**: Verzerrungs- und Transformationsfilter und -effekte beeinflussen die Form des Objekts und haben daher auch eine Auswirkung auf horizontal und vertikal ausgerichtete Konturverläufe, nicht jedoch auf zugeordnete Verlaufsfüllungen (s. Abschnitt 13.2).

Abstufungen beim Druck

Beim Druck von Verläufen kann der Effekt des »Bandings« auftreten (mehr dazu in Kapitel 20). Dies lässt sich in besonders hartnäckigen Fällen nur durch das Hinzufügen von Störungen in der Bildbearbeitung lösen.

9.6.10 Probleme mit dem Mittelpunkt

Vor allem bei Verläufen zwischen Farben mit einem hohen Farbkontrast tritt häufig das Problem auf, dass der Mittelpunkt des Verlaufs zu neutral ist. Das ist durch die Berechnung bedingt und lässt sich nur dadurch beheben, dass Sie einen Übergangspunkt setzen und die Farbe selbst definieren. Bei Verläufen zwischen Vollton- und Prozessfarben können Sie mit zwei Flächen arbeiten, die einander überdrucken und jeweils gegenläufig in die Transparenz gehen.

▲ **Abbildung 9.99**
Berechnete Mitte (oben) im Gegensatz zu selbst definierter Mitte (unten)

9.6.11 Verläufe umwandeln

Beim Umwandeln verhalten sich Verläufe unterschiedlich, je nachdem, ob sie einer Fläche oder einer Kontur zugewiesen sind.

Verlaufsflächen | Eine Verlaufsfläche können Sie in Gitterobjekte oder in einzelne Farbobjekte umwandeln. Umgewandelte Objekte sind allerdings nicht mehr voll editierbar.

Aktivieren Sie die Verlaufsfläche, und rufen Sie über das Menü die Dialogbox Objekt • Umwandeln... auf. Darin stehen zwei Möglichkeiten der Optionen zur Verfügung:

- Verlaufsgitter: Wenn Sie einen Verlauf in ein Gitterobjekt umwandeln, haben Sie feinere Einflussmöglichkeiten auf die Gestaltung der Verlaufsfläche (mehr zu Gitterobjekten lesen Sie in Abschnitt 9.7, »Gitterobjekte – Verlaufsgitter«).
- Festlegen ... Objekte: Mit dieser Option wandeln Sie eine Verlaufsfläche in einzelne einfarbige Flächen um, die zusammen den Eindruck des Verlaufs wiedergeben. Diese Art, Verläufe zu erzeugen, ist zwar veraltet, kann in Illustrator aber immer noch interessant sein, wenn Sie den Eindruck eines Verlaufs in einem Pinsel haben möchten.

▲ **Abbildung 9.100**
Verlaufsfläche in Verlaufsgitter und Flächen umgewandelt (grobe Auflösung)

▲ **Abbildung 9.101**
Die Dialogbox Umwandeln

▲ **Abbildung 9.102**
Eine Kontur mit variablem Breitenprofil und einem horizontalen Verlauf wird in ein Gitter umgewandelt. Dieses Verlaufsgitter ist eine gute Grundlage zum Ausarbeiten der Illustration mit dem Gitter-Werkzeug.

In niedrigere Version speichern

Beim Herunterspeichern einer Datei wird ein Konturverlauf automatisch umgewandelt. Die Dateien sind in der alten Version zwar nicht mehr einfach editierbar, aber problemlos skalierbar.

▲ **Abbildung 9.103**
Konischer Verlauf

▲ **Abbildung 9.104**
Die Arbeitsdatei enthält die benötigten Pfade.

▸ In dem Eingabefeld bestimmen Sie die »Auflösung« der Umrechnung. Dabei bedeuten höhere Zahlenwerte einen homogeneren Übergang. Der Wert beschreibt die Anzahl der Einzelobjekte, in die Illustrator einen Verlaufsteil zwischen zwei definierten Übergangspunkten zerlegt. Die Zahl entspricht also nur bei einfachen Verläufen zwischen zwei Farben der Anzahl der erzeugten Flächen. Die Außenform des Objekts wendet Illustrator als Schnittmaske auf die Flächen an (Schnittmasken s. Abschnitt 11.4).

Konturverläufe | Konturverläufe bleiben auch interessant, wenn man das Konstrukt umwandelt. Dazu wählen Sie OBJEKT • AUSSEHEN UMWANDELN. Anschließend erhalten Sie je nach Ausrichtung des Verlaufs auf der Kontur eines von zwei Objekten. Ist der Verlauf IN DER KONTUR, erhalten Sie einen mit einem Verlauf gefüllten Pfad. Bei Verläufen VERTIKAL und HORIZONTAL AUF DER KONTUR erhalten Sie Verlaufsgitter.

Den Konturverlauf können Sie also dazu verwenden, sich die Grundlage eines Verlaufsgitters zu konstruieren. Achten Sie darauf, die Verläufe zu diesem Zweck nur mit zwei Farben anzulegen und den Mittelpunkt nicht zu verschieben, damit das Gitter nicht zu komplex wird. Auch besondere Pfadenden sollten Sie nicht anlegen.

9.6.12 Konischer Verlauf

Der konische Verlauf ist eine spezielle Art des kreisförmigen Verlaufs. In Illustrator können Sie einen konischen Verlauf nur mit Workarounds erzeugen. Eine dieser Möglichkeiten besteht in einem Verlauf entlang der Kontur, eine weitere basiert auf Verlaufsgittern, eine dritte Möglichkeit ist die Verwendung von Angleichungen (s. Abschnitt 10.6).

Schritt für Schritt
Eine kleine Infografik mit Verläufen

Infografik ist ein bedeutendes Einsatzgebiet für Illustrator, und mit den Verläufen auf Konturen ist ein sehr mächtiges Werkzeug speziell für diesen Bereich hinzugekommen. In dieser Beispielgrafik sehen wir uns einige Details an. Öffnen Sie »Infografik-Start.ai« von der DVD.

1 Ein Blatt aus zwei Objekten
Die Darstellung dreidimensionaler Objekte in der Vektorgrafik beruht auf der Kombination vieler Objekte, deren Verlaufsflächen mit ihren Hell- und Dunkelwerten Licht und Schatten nachbilden. Das Blatt in unserer Infografik ist ein einfaches Beispiel, wie man mit nur wenigen

Mitteln eine plastische Wirkung herstellt. Es besteht aus zwei Objekten. Das obere besitzt einen Verlauf, der angepasst werden muss.

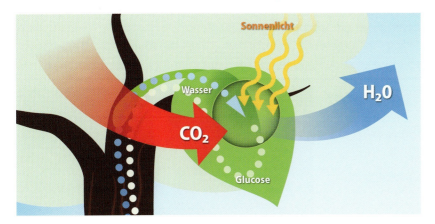

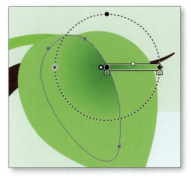

◀ **Abbildung 9.105**
So soll es aussehen: Infografik mit Pfeilspitzen, Konturverläufen und variablen Konturstärken

Das hintere, blattförmige Objekt erhält eine durchgefärbte grüne Fläche in C 50/Y 85. Das vordere Objekt, das die Mittelader des Blattes markiert, wird mit einem kreisförmigen Verlauf von C 80/Y 100/K 20 bis zum Blattgrün versehen.

Mit dem Verlauf-Werkzeug ▣ positionieren Sie die Mitte des Verlaufs ungefähr auf die Mitte des Blattes und skalieren den Verlauf etwa wie in Abbildung 9.106.

▲ **Abbildung 9.106**
Gestaltung des Blatts mit einem Verlauf

2 »Lupe«

Als Nächstes nehmen Sie sich die »Lupe« vor. Sie besteht aus einem Kreis, der mit einer dünnen hellen Kontur und einem radialen Verlauf versehen ist. Die Kontur soll eine kleine Kante bilden, damit die »Versenkung« plastischer wirkt.

Weisen Sie dem Kreis zunächst eine Kontur von 0,5 Punkt Stärke in C 30/Y 70 zu.

Dann erhält auch der Kreis einen radialen Verlauf von außen C 60/Y 90/K 60 in 100 % Deckkraft nach innen C 30/Y 70 in 30 % Deckkraft. So scheint das Blatt ein wenig durch. Den Mittelpunkt des Verlaufs verschieben Sie so weit wie möglich nach außen.

▲ **Abbildung 9.107**
Der Verlauf in der »Lupe« ist teilweise transparent.

3 Baum aus Konturen

Die Rinde des Baums wird angedeutet. Die Pfade versehen Sie zunächst mit einer variablen Konturstärke. Nehmen Sie das Breitenwerkzeug 🖉, und verbreitern Sie damit eine der Konturen etwa in der Mitte.

Anschließend weisen Sie der Kontur einen Verlauf zu. Er startet mit dem Dunkelbraun des Baumstamms C 50/M 70/Y 80/K 70 und geht bis zu einem etwas helleren Braunton C 6/M 60/Y 65/K 70. Den Verlauf le-

▼ **Abbildung 9.108**
Anlegen des variablen Breitenprofils; Zuweisen des Verlaufs; Übertragen der Eigenschaften auf die anderen Pfade mit dem Pipette-Werkzeug

gen Sie quer zum Pfad, also HORIZONTAL AUF DER KONTUR und KREISFÖRMIG an, damit erreichen Sie, dass er auf der anderen Seite des Pfades wieder zurück zum Dunkelbraun verläuft. Verschieben Sie den Verlaufsmittelpunkt ein wenig zum helleren Ton.

Mit der Pipette oder einem Grafikstil können Sie diese Eigenschaften auch den anderen Pfaden auf dem Baumstamm zuweisen.

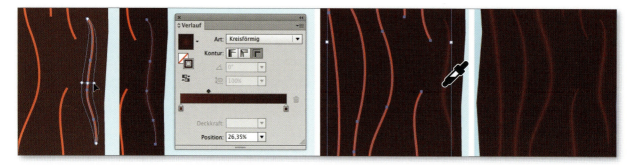

4 Sich verjüngende Pfeile
Mit Pfeilen können Sie nicht nur Richtungen darstellen, sondern, indem Sie die Pfeile an- oder abschwellen lassen, auch eine Kraft- oder Mengenentwicklung andeuten. Mit zusätzlich eingesetzten Verläufen können Sie die Aussage verstärken oder durch transparente Verlaufsfarben den Hintergrund stärker einbeziehen und die Pfeile besser in der Grafik verorten.

In unserem Beispiel legen Sie zunächst eine Kontur von etwa 50 Punkt an beiden Pfaden an. In beiden Fällen zeigen die Pfeile nach rechts. Wählen Sie die Pfeilspitze »PFEIL 8« für das Pfadende aus (falls dieses nicht nach rechts zeigen sollte, können Sie die Pfeile mit dem Button ANFANG- UND ENDE VERTAUSCHEN noch auswechseln). Die Pfeilspitzen sind viel zu groß. Geben Sie etwa 9 % für den roten und etwa 13 % für den blauen Pfeil unter SKALIEREN ein.

Nehmen Sie dann das Breitenwerkzeug, und passen Sie an beiden Enden des Pfades die Stärke an. Der rote Pfeil verjüngt sich, der blaue verbreitert sich zur Spitze hin.

▼ **Abbildung 9.109**
Dem Pfad wird eine sehr starke Kontur und eine Pfeilspitze zugewiesen. Mit dem Breitenwerkzeug erfolgt die Verjüngung. Die Pfeilspitze ist exakt am Pfadende platziert, so können Sie ihre Position sehr genau durch den Endpunkt steuern.

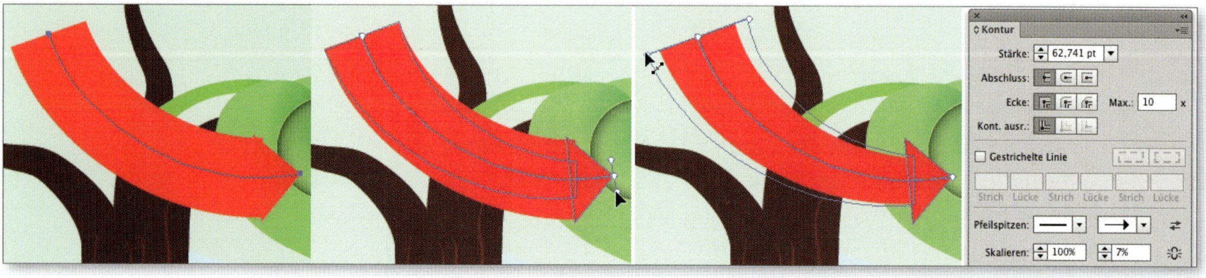

Beiden Pfeilen wird dann ein Verlauf jeweils von der Transparenz in die volle Deckkraft der jeweiligen Farbe zugewiesen. D. h., beide Verlaufsstopps erhalten dieselbe Farbe, aber eine unterschiedliche Deckkraft. Der Verlauf geht entlang des Pfades, also VERTIKAL AUF DER KONTUR.

▼ **Abbildung 9.110**
Einstellen des Verlaufs für den Pfeil

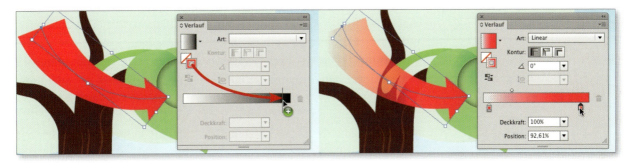

5 Gepunktete Linien

Zum Abschluss muss noch der Transport von Wasser und Glucose durch die gepunkteten Linien dargestellt werden. Weisen Sie den beiden Pfaden eine Stärke von 7 Punkt zu. Aktivieren Sie die Strichelung, und geben Sie einen STRICH von 0 Punkt und eine LÜCKE von 12 Punkt an.

Nun erhalten beiden Pfade noch die Pfeilspitze »PFEIL 9« mit 30 % SKALIEREN. Für das Wasser zeigt Sie in Richtung des Blattes, für die Glukose in Richtung Baumstamm.

Auch für diese beiden Pfade legen Sie dann noch einen Konturverlauf an, der für den Wasserpfeil von C 100/M 50 bis C 40 und für den Glucose-Pfeil von C 20/Y 40 bis Y 6 führt.

▲ **Abbildung 9.111**
Eigenschaften der gepunkteten Linie für den Wassertransport

9.7 Gitterobjekte – Verlaufsgitter

Mit Illustrator können Sie fotorealistische Illustrationen erstellen, die kaum noch von Fotografien zu unterscheiden sind. Ermöglicht wird dies durch die Verlaufsgitter oder Gitterobjekte, eine spezielle Art von Vektorobjekten.

Auf einem Gitterobjekt fließen mehrere Farben ineinander und bilden Verläufe in unterschiedlichen Richtungen. Stellen Sie sich das so vor, als ob Sie mit einem farbgetränkten Pinsel auf einem feuchten Aquarellpapier farbige Punkte setzen, die dann etwas auseinanderfließen und sich gegebenenfalls mit anderen Farben mischen. In Illustrator werden diese Farbtupfer mithilfe eines Gitters auf einem Objekt positioniert, einem Raster aus Vektorlinien, das Sie auch nachträglich weiter transformieren und verzerren können. Ein Gitterobjekt ist also ein mehrfarbiges Ob-

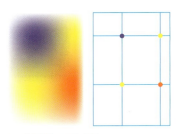

▲ **Abbildung 9.112**
Ein Gitterobjekt und seine Konstruktion – die kleinen Kreise zeigen die an den Gitterpunkten eingestellten Farben.

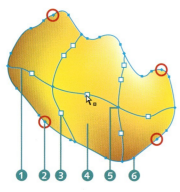

▲ **Abbildung 9.113**
Gitterlinien ❶, Eckpunkte (rote Markierung) ❷, Knoten (weiß) ❸, Gitterfelder ❹, Gitterpunkte (Raute) ❺, Vertexpunkte (Quadrat) ❻

Gitter besser bearbeiten

Mit dem Plug-in »Mesh Tormentor« (für CS6 noch nicht erschienen – Stand: August 2012) lassen sich, neben vielen anderen Funktionen, Knoten in bearbeitbare Vertexpunkte umwandeln.

▲ **Abbildung 9.114**
Die Paprika ist aus mehreren Verlaufsgittern konstruiert, das Loch im Donut entstand mithilfe einer Deckkraftmaske

jekt, zwischen dessen Farben der Gitterpunkte bzw. Gitterlinien Illustrator nahtlose Farbverläufe generiert.

Das Raster des Gitterobjekts basiert immer auf einer rechteckigen Grundform, und wenn Sie einen beliebigen Pfad in ein Gitter umwandeln, versucht Illustrator, diesen, so gut es automatisch möglich ist, in dieses rechtwinklige Raster zu formen. Dabei entsteht eine Anatomie eines Objekts mit einigen typischen Bestandteilen:

▶ **Eckpunkte** (Corner nodes) ❷: Zwischen diesen vier Eckpunkten wird das Gitter aufgespannt. Eckpunkte sind häufig erst zu erkennen, wenn man versucht, sie mit dem Ankerpunkt-konvertieren-Werkzeug zu bearbeiten – sie verhalten sich überraschend.

▶ **Gitterlinien** ❶: Bezeichnen das Raster von Vektorpfaden, das das Gitter durchzieht.

▶ **Gitterpunkte** ❺: Gitterpunkte bilden die Kreuzungspunkte von Gitterlinien und verbinden sie fest. An Gitterpunkten werden Farben und ihre Deckkraft definiert.

▶ **Gitterfelder** ❹: Ein von Gitterlinien umschlossener Bereich wird als Gitterfeld bezeichnet. Gitterfelder können ausgewählt, mit Farbe versehen und bewegt oder kopiert und als neues Gitter eingefügt werden.

▶ **Vertexpunkte** ❻: Mit diesen Stützpunkten kann der Verlauf der Gitterlinien detaillierter beeinflusst werden. Sie nehmen jedoch keine Farbe an.

▶ **Knoten** (Knots) ❸: Bezeichnen automatisch gesetzte Punkte, die beim Aktivieren des Gitterobjekts nicht sichtbar sind und nur beim Überrollen mit dem Direktauswahl-Werkzeug angezeigt werden. Sie sind nicht editierbar und verhalten sich komplett unberechenbar.

9.7.1 Verlaufsgitter erzeugen

Die Grundlage für ein solches Gitterobjekt sind offene oder geschlossene Pfade – nicht jedoch zusammengesetzte Pfade, zusammengesetzte Formen oder Textobjekte. Verlaufsgitter können Sie automatisch mithilfe der Dialogbox OBJEKT • VERLAUFSGITTER ERSTELLEN oder durch Umwandlung eines Verlaufsobjekts sowie manuell mit dem Gitter-Werkzeug erzeugen.

Dem Gitterobjekt kann direkt keine Kontur zugewiesen werden. Falls Sie eine Kontur benötigen, erstellen Sie entweder eine Kopie des Objekts vor der Umwandlung in ein Gitter oder erzeugen eine neue Kontur für das Gitterobjekt mithilfe des Aussehen-Bedienfeldes. Außerdem sollte der Form vor der Umwandlung in ein Gitterobjekt die benötigte Grundfarbe zugewiesen werden.

9.7 Gitterobjekte – Verlaufsgitter

Bessere Kontrolle über Gitterlinien

Ein gängiger Weg, um eine gute Kontrolle über die Form der Gitterlinien zu haben, ist es, mit einem einfachen Grundobjekt zu beginnen, dieses in ein Gitter mit wenigen Zeilen und Spalten umzuwandeln und das Gitter erst anschließend mit den Zeichen-, Transformations- oder Verflüssigen-Werkzeugen zu bearbeiten, bis die Außenform den Anforderungen genügt. Danach erstellen Sie manuell die benötigten zusätzlichen Gitterlinien, die sich so automatisch und homogen in die bestehende Form einfügen. Vergleichen Sie hier ein aus einer einfachen Form konstruiertes Gitter (links) mit einem automatisch aus einem gebogenen Objekt erzeugten Gitter (rechts).

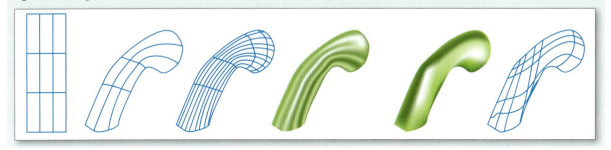

Vom Einfachen zum Komplizierten | Illustrator versucht bei der Umwandlung eines Pfades in ein Gitter immer, diesen Pfad in das rechtwinklige Raster zu »pressen«, z. B., indem zwischen zwei jeweils etwa parallel verlaufenden Linienpaaren Zwischenpfade erstellt werden, die dann das Rastergitter bilden.

Bevor Sie ein Verlaufsgitter durch Umwandlung vom Programm generieren lassen, sollten Sie deshalb Ihr Ausgangsobjekt unter diesen Gesichtspunkten betrachten, ob seine Form für eine automatische Umwandlung in ein Gitterobjekt geeignet ist. Bei dem stark gebogenen Stiel der Paprika in Abbildung 9.114 ist es beispielsweise nicht sinnvoll, ein Verlaufsgitter automatisch aus der fertigen Außenform erstellen zu lassen (s. den Kasten »Bessere Kontrolle über Gitterlinien«).

Gitter automatisch generieren | Um ein regelmäßiges Gitter automatisch zu erzeugen, aktivieren Sie den gewünschten Pfad, den Sie in ein Gitterobjekt umwandeln möchten, und rufen Sie die Dialogbox Verlaufsgitter erstellen über das Menü Objekt • Verlaufsgitter erstellen… auf. Darin finden Sie folgende Einstellmöglichkeiten:

- Zeilen/Spalten: Mit diesen Vorgaben bestimmen Sie die gewünschte Anzahl der zu erzeugenden horizontalen und vertikalen Gitterlinien.
- Aussehen: Durch eine Option aus dem Ausklappmenü legen Sie fest, ob und wie in dem neu erzeugten Gitterobjekt ein Grundverlauf zwischen der zugewiesenen Flächenfarbe und Weiß generiert werden soll.
  - Flach: Kein Grundverlauf wird erzeugt.
  - Zur Mitte: Die Farbe verläuft vom Rand zur Mitte.
  - Zur Kante: Die Farbe verläuft von der Mitte zum Rand.

▲ **Abbildung 9.115**
Konstruktion eines Gitters auf einer Form

▲ **Abbildung 9.116**
Die Dialogbox Verlaufsgitter erstellen

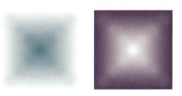

▲ **Abbildung 9.117**
Generiertes Verlaufsgitter mit einem Grundverlauf Zur Kante (links) und Zur Mitte (rechts)

▶ LICHTER: Mit diesem Prozentwert bestimmen Sie die Intensität von Weiß im Grundverlauf. Um die Auswirkung zu beurteilen, nehmen Sie die Option VORSCHAU zu Hilfe.

Gitter mit dem Gitter-Werkzeug erstellen | Wenn Sie ein unregelmäßiges Gitter benötigen, sollten Sie es manuell mit dem Gitter-Werkzeug erstellen – U.

Sie müssen kein Objekt aktivieren, bevor Sie mit dem ersten Gitterpunkt beginnen. Klicken Sie mit dem Werkzeug nacheinander auf die Stellen des Zielobjekts, an denen Sie einen Gitterpunkt erzeugen möchten. Besitzt das Objekt keine Fläche oder arbeiten Sie in der Pfadansicht, müssen Sie den ersten Klick auf den Pfad setzen. Beachten Sie dabei den Cursor, denn der zeigt mit dem Symbol an, ob auf dem Objekt unter der Einfügemarke ein Gitterpunkt gesetzt werden kann.

Ein Klick auf den Rand oder auf eine bestehende Gitterlinie fügt dem Gitterobjekt eine neue Spalte oder eine neue Reihe hinzu. Klicken Sie zwischen Gitterlinien, dann wird sowohl eine Spalte als auch eine Reihe generiert.

Illustrator weist jedem neuen Gitterpunkt zunächst die Farbe zu, die im Farbe-Bedienfeld für Fläche eingestellt ist. Sollen neue Gitterpunkte ohne Farbe erstellt werden, drücken Sie beim Klicken des Punkts die Modifizierungstaste.

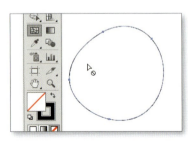

▲ **Abbildung 9.118**
An dieser Stelle eines Objekts ohne Fläche können Sie keinen Gitterpunkt setzen.

Gitter aus Verzerrungshüllen erzeugen | Verlaufsgitter und Verzerrungshüllen sind eng miteinander verwandt, sodass Sie eine Verzerrungshülle als Verlaufsgitter verwenden können und umgekehrt. Das ist nützlich, denn Illustrator bietet einige Verkrümmungsarten an, die Sie extrahieren und als Basis für die Erstellung eines Verlaufsgitters benutzen können.

Dazu erzeugen Sie aus einer einfachen Form ein Hüllenobjekt mit Verkrümmung, und wählen Sie den Menübefehl OBJEKT • VERZERRUNGSHÜLLE • ZURÜCKWANDELN, um das Gitter aus dem Objekt zu extrahieren. Der Befehl ZURÜCKWANDELN generiert zu Ihrem Ausgangsobjekt ein Gitterobjekt als Form mit einer grauen Fläche. Sie sehen seine Gitterlinien, sobald Sie das Objekt aktivieren. Dieses Gitter lässt sich wie andere Gitterobjekte auch mit weiteren Gitterlinien versehen, einfärben und umformen.

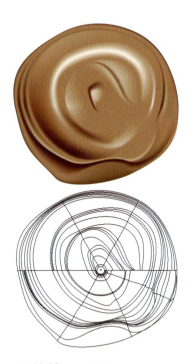

▲ **Abbildung 9.119**
Ausgangsobjekt für die Praline war ein als Verzerrungshülle erzeugter Halbkreis. Er wurde dann gespiegelt und dupliziert, um die andere Hälfte zu formen.

Mehr zur Herstellung, Anwendung und Zurückwandlung von Verzerrungshüllen finden Sie in Abschnitt 10.7.

Gitter aus einem Verlauf erzeugen | Wenn Sie einen Farbverlauf detaillierter beeinflussen möchten, empfiehlt es sich, einen »normalen« Verlauf in ein Verlaufsgitter umzuwandeln.

Aktivieren Sie dazu das Verlaufsobjekt, und rufen Sie die Dialogbox UMWANDELN über das Menü OBJEKT • UMWANDELN… auf. Darin wählen Sie die Optionen FLÄCHE und VERLAUFSGITTER.

Aus einem kreisförmigen Verlauf entsteht bei der Umwandlung ein zu einem Kreis gebogenes Rechteck. Diese Form ist deshalb so interessant, weil sie mit den Transformationswerkzeugen aus einem rechteckigen Gitterobjekt nur schwer generiert werden kann. Beachten Sie bitte, dass bei dem aus der Umwandlung entstandenen kreisförmigen Gitter in der Mitte vier Gitterpunkte übereinandergestapelt sind, die zum Bearbeiten gegebenenfalls zusammen mit einem Auswahlrechteck aktiviert werden müssen.

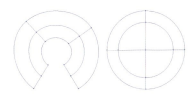

▲ Abbildung 9.120
Das kreisförmige Gitter (rechts) ist im Grunde nur ein zu einem Kreis gebogenes Rechteck (links).

9.7.2 Verlaufsgitter bearbeiten

Mit den Möglichkeiten, die sich beim Bearbeiten eines Verlaufsgitters ergeben, lassen sich sehr komplexe Verlaufsformen verwirklichen. Folgende Möglichkeiten stehen zur Verfügung, um ein Gitterobjekt zu editieren:

Gitterlinien und Gitterpunkte hinzufügen | Wie weiter oben in dem Absatz über das manuelle Erstellen von Gitterobjekten beschrieben, können Sie mit dem Gitter-Werkzeug jedem Verlaufsgitter, egal wie es erzeugt wurde, jederzeit Gitterlinien und Gitterpunkte hinzufügen.

Gitterpunkte bearbeiten | Einzelne Gitterpunkte eines Gitterobjekts aktivieren und verschieben Sie mit dem Werkzeug GITTER, DIREKTAUSWAHL oder LASSO, indem Sie darauf klicken bzw. klicken und ziehen. Möchten Sie einen Gitterpunkt exakt entlang einer Gitterlinie verschieben, verwenden Sie das Gitter-Werkzeug, halten ⇧ gedrückt und verschieben den Punkt.

Wenn ein Gitterpunkt aktiviert ist, werden seine Grifflinien angezeigt. Mit den Grifflinien bestimmen Sie die Form der Gitterlinien. Klicken und ziehen Sie die Grifflinien in die gewünschte Position. Mit gedrückter ⇧-Taste und dem Gitter-Werkzeug können Sie alle Grifflinien eines Gitterpunkts synchron bewegen. Möchten Sie Grifflinien »abbrechen«, also einen Übergangspunkt in einen Eckpunkt umwandeln, verwenden Sie das Ankerpunkt-konvertieren-Werkzeug und ziehen den Griffpunkt.

▲ Abbildung 9.121
Der Schokotropfen ist aus einem Gitter mit einer einfacheren Form mittels Schnittmaske freigestellt.

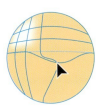

▲ Abbildung 9.122
Verschieben eines Gitterpunkts entlang einer Gitterlinie

Beachten Sie bitte, dass Sie mit dem Gitter-Werkzeug genau auf den Gitterpunkt klicken müssen, um ihn zu aktivieren, da sonst zusätzliche Gitterlinien erzeugt werden!

Treffen Sie mit dem Direktauswahl-Werkzeug in der Vorschau einen Punkt nicht exakt, wird ein gesamtes Gitterfeld mit allen zugehörigen Gitterpunkten ausgewählt und gegebenenfalls verschoben. Wenn Sie also gezielt mehrere Punkte aktivieren wollen, z. B. mit einem Auswahlrechteck oder mit dem Lasso-Werkzeug, ist zu empfehlen, vorher in die Pfadansicht zu wechseln.

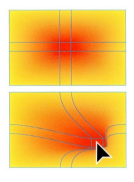

▲ Abbildung 9.123
Verschieben eines Gitterfeldes

Gitterpunkte löschen | Verwenden Sie dazu das Gitter-Werkzeug, drücken und halten Sie die Modifizierungstaste ⌥/Alt, und klicken Sie auf den entsprechenden Gitterpunkt, sobald das Cursorsymbol zusätzlich ein Minuszeichen 🖱 anzeigt.

Wenn Sie einen Gitterpunkt entfernen, werden auch die sich im Punkt kreuzenden Gitterlinien gelöscht.

Gitterfelder bearbeiten | Gitterfelder aktivieren Sie, indem Sie in das Feld klicken. Auch Felder können Sie verschieben – dabei werden alle begrenzenden Gitterlinien und Gitterpunkte mit verschoben. Darüber hinaus lässt sich ein ganzes Feld auch kopieren und als neues Gitterobjekt wieder in die Datei einfügen.

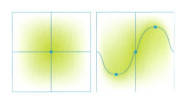

▲ Abbildung 9.124
Gitterlinien mit Ankerpunkten (Vertexpunkten) formen

Ankerpunkte hinzufügen (Vertexpunkte) | Verwenden Sie Vertexpunkte, um die Form von Gitterlinien zu beeinflussen, ohne dafür im Gitter zusätzliche Zeilen oder Spalten zu erzeugen.

Neue Ankerpunkte auf Gitterlinien setzen Sie mit dem Ankerpunkthinzufügen-Werkzeug 🖉.

▲ Abbildung 9.125
Die Verzerrungshülle wird wiederverwendet, um die Schatten als Gitter zu konstruieren.

Farben zuweisen | Sie können in einem Gitter Prozess- und Volltonfarben gemeinsam verwenden und bei beiden auch mit reduzierter Deckkraft arbeiten. Um einem aktivierten Gitterpunkt oder einem Gitterfeld eine Farbe zuzuweisen, sind drei Wege möglich:
▸ Farbe-Bedienfeld: Stellen Sie die Farbe im Farbe-Bedienfeld ein, die dann automatisch auf den aktiven Gitterpunkt oder auf das aktive Gitterfeld übernommen wird.
▸ Farbfeld: Klicken Sie zusammen mit der Modifikationstaste ⌥/Alt auf ein Farbfeld.
▸ Pipette: Wählen Sie das Pipette-Werkzeug, und klicken Sie zusammen mit der Modifikationstaste ⇧ auf der Zeichenfläche eine Stelle mit der gewünschten Farbe an.

9.7 Gitterobjekte – Verlaufsgitter

Wenn Sie mit intelligenten Hilfslinien arbeiten, können Sie die Farben sehr einfach mit dem Pipette-Werkzeug zuweisen. Gehen Sie dazu wie folgt vor:

Heben Sie alle Auswahlen auf, wählen Sie die gewünschte Füllfarbe aus, und benutzen Sie das Pipette-Werkzeug, um zusammen mit der ⌥/Alt-Taste auf den Gitterpunkt oder das Gitterfeld zu klicken, dem Sie die Farbe zuweisen möchten. Bitte beachten Sie, dass auch das Gitterobjekt nicht ausgewählt sein darf.

Shortcuts: intelligente Hilfslinien ⌘/Strg+U, alle Auswahlen aufheben ⌘/Strg+⇧+A.

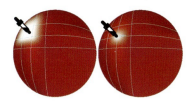

▲ **Abbildung 9.126**
Die Arbeit mit Pipette und intelligenten Hilfslinien erspart Ihnen das vorherige Auswählen von Gitterfeldern oder Gitterpunkten.

Deckkraft reduzieren | Um die Deckkraft eines Gitterpunkts zu reduzieren, aktivieren Sie den Gitterpunkt, rufen Sie das Transparenz-Bedienfeld auf – ⌘/Strg+⇧+F10 –, und stellen Sie die gewünschte Deckkraft mit dem Regler ein.

Die Möglichkeit, die Deckkraft der Farbe eines Gitterpunkts zu reduzieren, wurde in Illustrator CS5 neu eingeführt. In früheren Versionen wurden zu diesem Zweck häufig Deckkraftmasken (s. Abschnitt 12.2) eingesetzt. Wenn Sie eine Datei mit transparenten Gittern in CS4 und noch älteren Dateiversionen speichern, erstellt Illustrator dabei automatisch eine Deckkraftmaske. Die Datei bleibt also vergleichsweise gut editierbar.

Das Reduzieren der Deckkraft ist besonders interessant, um Gitterobjekte mit dem Hintergrund zu »verschmelzen«, die Sie zur Darstellung von Details zusätzlich erstellt haben. Da der Hintergrund normalerweise viele Verläufe aufweist, wäre eine Anpassung der Randfarben des obenliegenden Gitters ohne die Transparenz schwierig.

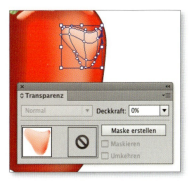

▲ **Abbildung 9.127**
Die Reflexion auf der Paprika können Sie mithilfe transparenter Randpunkte nahtlos in den Hintergrund übergehen lassen.

◀ **Abbildung 9.128**
Am ausgewählten Punkt (sowie einigen umliegenden) wurde die Deckkraft reduziert, sodass darunterliegende Objekte sichtbar werden. Die Konstruktion direkt im Gitter erzeugt weniger Objekte und ist häufig unkomplizierter als die früher übliche Methode einer Deckkraftmaske.

Kapitel 9 Flächen und Konturen gestalten

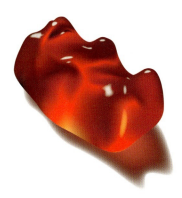

▲ Abbildung 9.129
Das Ergebnis des Verlaufsgitter-Workshops

Vorlagenebene

Eine Vorlagenebene können Sie mit dem Kurzbefehl ⌘/Strg + ⇧ + W aus- und einblenden.

Schritt für Schritt
Mit Verlaufsgittern illustrieren

In diesem Workshop zeichnen Sie ein Gummibärchen mit einem Verlaufsgitter. Sie lernen bereits die Kombination von Gitterobjekten mit weiteren Techniken wie Filtern und Transparenz, denn die Details sind nachträglich mit zusätzlichen Objekten aufgesetzt.

1 Die Datei aufbauen

Wichtig für die Arbeit mit Verlaufsgittern ist der Aufbau der Datei – speziell das Anlegen geeigneter Ebenen. Im Beispiel-Dokument ist die Gummibärchen-Vorlage bereits platziert. Diese Ebene wandeln Sie in eine Vorlagenebene um, das bringt Ihnen viele Vorteile beim Wechseln der Ansicht. Doppelklicken Sie auf das Symbol der Ebene, um die Optionen aufzurufen. In den EBENENOPTIONEN aktivieren Sie die Einstellung VORLAGE. Geben Sie dann noch 100 % unter BILDER ABBLENDEN AUF ein. Die Vorlagenebene ist auch automatisch gesperrt 🔒.

Jetzt legen Sie mit einem Klick auf den Button NEUE EBENE ERSTELLEN 📄 eine Ebene zum Zeichnen des Verlaufsgitters an. Mit ⌘/Strg + Y wechseln Sie nun in die Pfadansicht. Die Vorlage bleibt automatisch in der Vorschau.

▲ Abbildung 9.130
Einrichten der Ebenen: Ebene 1 wird in eine Vorlagenebene umgewandelt, und es wird eine neue Ebene angelegt und in der Pfadansicht angezeigt.

2 Das Gitter erstellen

Die Form des Gummibärchens besitzt extreme Ausbuchtungen, sodass es nicht möglich ist, aus der Außenform des Objekts ein sinnvolles Gitter zu erzeugen.

Statt also die Außenform des Bärchens nachzuzeichnen, ziehen Sie ein Rechteck auf, das etwa so groß wie das Bärchen ist. Weisen Sie diesem eine weiße Fläche zu – damit können Sie später beim Einfärben besser erkennen, welche Gitterpunkte noch nicht ihre endgültige Farbe erhalten haben. Wählen Sie OBJEKT • VERLAUFSGITTER ERSTELLEN, und geben Sie je drei ZEILEN und SPALTEN ein.

▲ Abbildung 9.131
Ein aus der Außenform erstelltes Gitter wäre nicht kontrollierbar.

9.7 Gitterobjekte – Verlaufsgitter

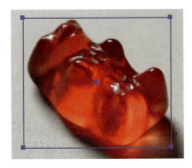

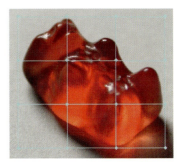

▲ **Abbildung 9.132**
Erstellen eines Gitters aus einem Rechteck

3 Das Gitter zurechtbiegen

Verwenden Sie das Direktauswahl-Werkzeug, um das Gitter in die Form des Bärchens zu bringen. Die Eckpunkte sollten strategisch bereits so platziert werden, dass sich die Gitterlinien passend bilden können (s. den Abschnitt »Bessere Kontrolle über Gitterlinien« auf Seite 297) – dies erreichen Sie, wenn die Eckpunkte etwa die Form eines Trapezes bilden.

Verschieben Sie dann die weiteren Punkte des Basisgitters bereits auf die benötigten Positionen (s. den Kasten »Wie gehe ich mit Verlaufsgittern um?« auf Seite 306). Achten Sie auch darauf, dass deren Verteilung ungefähr gleichmäßig erfolgt, damit die weiteren Gitterlinien nach Ihren Wünschen entstehen.

Biegen Sie die Gitterlinien des Basisgitters mit den Griffen des Gitters ebenfalls passend zurecht. Um Griffe »abzubrechen«, wählen Sie das Ankerpunkt-konvertieren-Werkzeug. Wenn die Gitterpunkte nicht ausreichen, um die benötigten Formen zu bilden, klicken Sie mit dem Ankerpunkt-hinzufügen-Werkzeug auf die Gitterlinien, um Punkte hinzuzufügen.

Gitterpunkt sicher aktivieren

Wenn Sie einen vorhandenen Gitterpunkt aktivieren wollen, benutzen Sie am besten das Direktauswahl-Werkzeug, denn damit riskieren Sie nicht, versehentlich eine neue Gitterlinie zu erzeugen.

▼ **Abbildung 9.133**
Verformen des Rechteckgitters in die Bärchenform. Mitte: Die Position der Eckpunkte des Gitters wurde hervorgehoben.

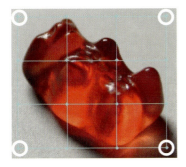
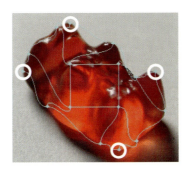

4 Zusätzliche Gitterlinien erzeugen

Wechseln Sie jetzt zum Gitter-Werkzeug. Klicken Sie damit auf die Gitterlinien, um zusätzliche Gitterpunkte und -linien zu erzeugen. So-

Kapitel 9 Flächen und Konturen gestalten

fort nach dem Erstellen einer zusätzlichen Gitterlinie verschieben Sie die Punkte an die benötigten Stellen und biegen die Gitterlinien mit den Griffen zurecht.

Abbildung 9.134 ▶
Für das Einfärben fertiggestelltes Gitter: Beim Einfärben der Gitterpunkte werden Sie jedoch immer noch Stellen finden, an denen die Konstruktion nicht ganz passt. Dann müssen Punkte und Griffe verschoben werden. Zu einem späteren Zeitpunkt fügen Sie auch noch weitere Gitterlinien hinzu, um Details zu ergänzen.

Komplexe Außenform

Ist die benötigte Außenform sehr komplex oder benötigen Sie ein »Loch« im Objekt, verwenden Sie eine Schnittmaske, um dem Gitterobjekt seine endgültige Form zu geben (zu Schnittmasken s. Abschnitt 11.4).

▲ **Abbildung 9.135**
Aufgenommene Farbfelder

5 Farben aufnehmen

Wenn die Konstruktion steht, nehmen Sie die benötigten Farben mit dem Pipette-Werkzeug aus der Fotovorlage auf. Dazu drücken Sie ⇧ und klicken auf die Stelle des Fotos, an der Sie Farbe aufnehmen wollen. Rufen Sie dann das Farbe-Bedienfeld auf, korrigieren Sie, falls nötig, die Einstellungen, und ziehen Sie die Farbminiatur aus dem Farbe- ins Farbfelder-Bedienfeld (zum Erstellen von Farbfeldern s. Abschnitt 8.5.2).

6 Einfärben

Noch in der Pfadansicht aktivieren Sie die Gitterpunkte, die Sie einfärben möchten, mit dem Direktauswahl-Werkzeug oder indem Sie sie mit dem Lasso umrunden. Dann klicken Sie auf das entsprechende Farbfeld.

Wechseln Sie während des Einfärbens immer wieder mit ⌘/Strg +Y in die Vorschau, um die Wirkung Ihrer Farbgebung zu überprüfen. Um auch die Vorschau mit der Vorlage zu vergleichen, verstecken Sie die Ebene mit Ihrer Zeichnung, indem Sie auf das Augensymbol 👁 klicken, ohne dabei zusätzliche Modifizierungstasten zu drücken.

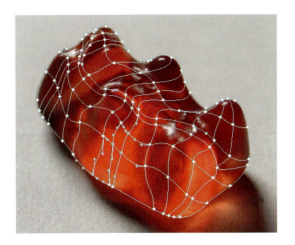 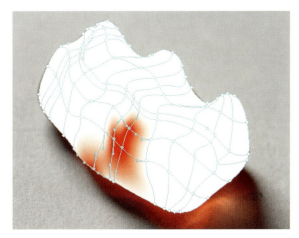

Die Vorschau können Sie nutzen, um unpassende Farben zu korrigieren – wählen Sie die entsprechenden Gitterpunkte in der Vorschau aus, und weisen Sie ihnen ein anderes Farbfeld zu.

Oder identifizieren Sie in der Vorschau die noch nicht mit Farbe versehenen Gitterpunkte. Wählen Sie einen weißen Gitterpunkt aus, wechseln Sie wieder in die Pfadansicht der Ebene, und weisen Sie ihm ein Farbfeld zu.

▲ **Abbildung 9.136**
Einige Punkte wurden in der Pfadansicht des Gitters ausgewählt und mit einem Farbfeld versehen (links). Rechts: Vorschau des Gitterobjekts

7 Details: Zusätzliche Gitterlinien

Die Entscheidung, ob Sie für die Ergänzung von Details zusätzliche Gitterlinien anlegen oder dies über zusätzliche Objekte lösen, ist davon abhängig, wie groß ein Detail ist, ob die zusätzlichen Gitterlinien auch an anderer Stelle für Ergänzungen nützlich sind und ob das Gesamtgitter nach dem Hinzufügen noch handhabbar bleibt. Wenn Sie Gitterlinien hinzufügen, haben Sie zwei Möglichkeiten:

▲ **Abbildung 9.137**
Verschiedene Stadien des Einfärbens

Entweder wählen Sie das Gitter mit dem Auswahl-Werkzeug aus und klicken anschließend mit dem Gitter-Werkzeug auf eine bestehende Gitterlinie. Hinzugefügte Gitterpunkte erhalten dann automatisch einen Mischfarbton aus den benachbarten Gitterpunkten, sodass der Farbeindruck erhalten bleibt.

Oder Sie deaktivieren das Gitter, wählen im Farbfelder-Bedienfeld die Farbe aus, die Sie verwenden möchten, und klicken dann mit dem Gitter-Werkzeug an die gewünschte Stelle im Gitter.

▼ **Abbildung 9.138**
Ein Gitterpunkt erhält beim Hinzufügen entweder eine automatische Farbe (links), oder Sie bestimmen die Farbe (rechts).

In beiden Fällen können Sie selbstverständlich die Farbe auch nachträglich noch ändern. Wenn Sie die zusätzlichen Gitterpunkte nachträglich verschieben, verändert sich allerdings das Verlaufsverhalten der Farben und damit das Aussehen der Zeichnung. Dies fällt besonders bei automatisch eingefärbten Punkten auf.

8 Details: Glanzlichter

Legen Sie eine weitere neue Ebene für die Details an. Gehen Sie so vor, wie in Schritt 1 beschrieben. Diese Details wie Glanzlichter oder kleine Schatten definieren Sie nicht über das Verlaufsgitter. Stattdessen zeichnen Sie sie zunächst mit dem Zeichenstift- oder Buntstift-Werkzeug »konventionell« nach – zeichnen Sie die Fläche etwas größer, falls Sie die Kante weichzeichnen möchten. Weisen Sie die passende Farbe zu.

Wie gehe ich mit Verlaufsgittern um?

Verlaufsgitter funktionieren in mancher Hinsicht anders als »normale« Vektorobjekte. Mit diesen Tipps fällt der Einstieg leichter.

Auch wenn Sie mit Verlaufsgittern sehr komplexe Verläufe erzeugen können, sollten Sie Ihre **Illustrationen in handhabbare Einzelobjekte aufteilen**. Darüber hinaus ist es empfehlenswert, immer im Blick zu behalten, ob in manchen Situationen alternativ zu einem Verlaufsgitter das gewünschte Ergebnis nicht einfacher oder besser mit einem »normalen« Verlauf oder einer Angleichung zu erreichen ist (zu Angleichungen s. Abschnitt 10.6).

Konstruieren Sie erst das Gitter – mindestens mit einer großzügigen Verteilung der Lichter und Schatten –, und definieren Sie die Farbe an den Gitterpunkten im zweiten Schritt.

Gitterpunkte werden **in die Mitte der zu definierenden Farbfläche** (der Vorlage) gesetzt, nicht an deren Rand. Das ist anfangs irritierend, weil beim »normalen« Vektorisieren der Pfad entlang der Grenze der Farbfläche geführt wird. Beachten Sie auch den Kasten »Bessere Kontrolle über Gitterlinien« auf Seite 297. In der folgenden Übung lernen Sie den Ablauf kennen.

9.7 Gitterobjekte – Verlaufsgitter

Um die Kanten weichzuzeichnen, verwenden Sie Effekt • Stilisierungsfilter • Weiche Kante. Aktivieren Sie die Vorschau, und stellen Sie den Radius der Weichzeichnung ein.

Um ein Glanzlicht besser in die Zeichnung zu integrieren, reduzieren Sie mithilfe des Transparenz-Bedienfeldes seine Deckkraft ein wenig oder verwenden die Füllmethode Negativ multiplizieren. Für kleine Schatten verwenden Sie dagegen Multiplizieren.

▼ **Abbildung 9.139**
Details werden als einzelne Objekte gezeichnet (links) und mit dem Effekt Weiche Kante sowie einer reduzierten Deckkraft und der Füllmethode Multiplizieren (für Schatten) bzw. Negativ multiplizieren (für Glanzlichter) versehen (Mitte). Rechts: fertiggestellte Zeichnung

9.7.3 Verlaufsgitter zurückwandeln

Das Zurückwandeln von Gitterobjekten ist nicht so einfach wie bei anderen komplexen Objekten. Deshalb ist es ratsam, sofern Sie vorher bereits wissen, dass Sie die Grundform noch einmal brauchen, diese vor dem Umwandeln in ein Gitter zu duplizieren.

Wenn Sie dennoch aus einem Gitter einen normalen Pfad »zurückgewinnen« müssen, aktivieren Sie das Gitterobjekt und wählen Objekt • Pfad • Pfad verschieben… mit einem Versatz von 0. Illustrator erzeugt dann die Außenform des Gitters als Pfad hinter dem Gitterobjekt.

Schritt für Schritt
Einen konischen Verlauf erstellen

Eine spezielle Art des kreisförmigen Verlaufs – den konischen Verlauf – können Sie in Illustrator nur über Umwege, z. B. über Angleichungen, Konturverläufe, oder, wie hier beschrieben, über die Verlaufsumwandlung und eine Verzerrungshülle erzeugen. Folgende Schritte sind notwendig:

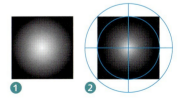

▲ **Abbildung 9.140**
Ein kreisförmiger Verlauf kann in ein interessantes Gitter umgewandelt werden.

Kapitel 9 Flächen und Konturen gestalten

▲ **Abbildung 9.141**
Umwandeln eines Verlaufs in ein Gitter

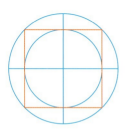

▲ **Abbildung 9.142**
Die Schnittmaske (rot)

▼ **Abbildung 9.143**
Anwenden des Gitters als Hülle auf den Verlauf und Einstellen der Hüllen-Optionen.

1 Kreisförmigen Verlauf erzeugen
Füllen Sie eine Rechteckform mit einem einfachen kreisförmigen Verlauf, und weisen Sie dem Objekt die Kontur Ohne zu ❶.

2 In ein Gitter umwandeln
Wandeln Sie den Verlauf mit der Menüfunktion Objekt • Umwandeln… in ein Verlaufsgitter um ❷.

3 Das Gitter herauslösen
Geben Sie nacheinander die Menüanweisungen Objekt • Schnittmaske • Zurückwandeln und Objekt • Gruppierung aufheben. Aktivieren Sie anschließend die Schnittmaske, und löschen Sie sie heraus. In der Pfadansicht ist die Rechteckform der Schnittmaske gut zu erkennen (s. Abbildung 9.128).

4 Neuen Verlauf erstellen
Erstellen Sie ein Rechteck mit dem gewünschten Verlauf, und positionieren Sie dieses Rechteck in der Stapelreihenfolge unter dem Gitterobjekt. Dazu verwenden Sie den Befehl Objekt • Anordnen • Nach hinten stellen ❸. Der neue Verlauf muss auf der Zeichenfläche nicht unbedingt beim Gitterobjekt platziert sein.

5 In die konische Form bringen
Aktivieren Sie den Verlauf und das radiale Gitter, und wählen Sie den Menüpunkt Objekt • Verzerrungshülle • Mit oberstem Objekt erstellen. Damit die Hülle auch die Verlaufsfüllung verformt, rufen Sie Objekt • Verzerrungshülle • Hüllen-Optionen auf ❹ und aktivieren die Option Lineare Verlaufsflächen verzerren (zu Schnittmasken s. Abschnitt 11.4, zu Verzerrungshüllen s. Abschnitt 10.7).

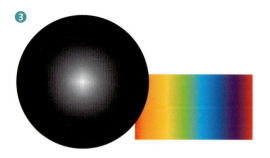

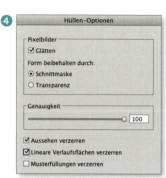

TEIL III
Objekte organisieren und bearbeiten

Kapitel 10
Vektorobjekte bearbeiten und kombinieren

In der Entwurfsphase sollten Sie nach Möglichkeit die einfachste Form wählen, mit der ein Objekt erstellt werden kann. In den bisherigen Kapiteln haben Sie einzelne Pfade sowie geometrische Figuren, Vektorkonstruktionen und Freihandformen erstellt und bearbeitet. Mehrere dieser Formen werden dann zu komplexeren Gebilden kombiniert. Während die komplexen Formen anfangs noch locker verbunden sind, müssen sie für die endgültige Zeichnung umgewandelt werden.

◀ **Abbildung 10.1**
Eine komplexe Zeichnung in der Layoutphase (orangene Fläche zur Demonstration der Behandlung von Flächen): Verwendet wurden Schnittmasken, interaktive Malgruppen, Pinselkonturen, Symbole. Alle Einzelbestandteile lassen sich noch unabhängig von anderen Einzelteilen verschieben oder transformieren. Damit bleiben Sie in dieser Phase flexibel.

10.1 Objekte kombinieren

Ein umfangreiches Arsenal an Funktionen und Methoden hilft beim Kombinieren von Objekten. Einige Vorgehensweisen sind irreversibel, andere lassen das Ausgangsobjekt intakt. Beim Einsatz sollten Sie immer eine möglichst lange Editierbarkeit der Objekte im Blick haben. Daher beginnen wir mit den Funktionen, die ein Auflösen der Kombination ermöglichen: Objekte gruppieren (s. Abschnitt 5.4), einen zusammengesetzten Pfad erzeugen und Objekte zu einer zusammengesetzten Form vereinen.

▲ **Abbildung 10.2**
Schnittmasken sind ebenfalls ein mächtiges Konstruktionswerkzeug (s. Kapitel 11).

311

Abbildung 10.3 ▶
Die Zeichnung wurde expandiert. Sie ist universell einsetzbar (u. a. zum Schneiden oder als Photoshop-Pfad), die Einzelelemente ließen sich jedoch nur noch mit hohem Aufwand editieren.

▲ **Abbildung 10.4**
Mehrere Pfade werden zu einem zusammengesetzten Pfad verbunden, um Löcher zu stanzen oder Füllungen über mehrere Formen anzulegen.

10.1.1 Gruppieren

Zusammengehörende Objekte werden gruppiert, um ihre Handhabung zu vereinfachen, so wirken beispielsweise Transformationen auf alle Objekte einer Gruppe gleichzeitig. Das Gruppieren kann aber auch für die Anwendung von Effekten wichtig sein, da es eine weitere Hierarchiestufe erzeugt (s. Abschnitt »Gruppen und Ebenen« auf S. 426).

Die Objekte beeinflussen sich jedoch nicht gegenseitig, sie behalten ihre individuellen Aussehen-Eigenschaften wie Konturen, Füllungen, Transparenzen und Effekte. Das Gruppieren der Objekte reicht auch nicht aus, wenn Sie Pathfinder-Funktionen anwenden, Verläufe über mehrere Objekte vereinheitlichen oder mehrere Pfade als Schnittmaske verwenden wollen. Zu diesen Zwecken brauchen Sie zusammengesetzte Pfade.

▲ **Abbildung 10.5**
Das Wappen aus Abbildung 10.3 als zusammengesetzter Pfad im Ebenen-Bedienfeld

10.1.2 Zusammengesetzter Pfad

Zusammengesetzte Pfade dienen der Konstruktion komplexer Objekte aus einzelnen Pfaden. Da solche Objekte mit allen Programmen und Geräten voll kompatibel sind, die PostScript verarbeiten können, sind sie problemlos über die Entwurfsphase hinaus auch zur Ausgabe auf Druckern und Belichtern oder beim Dateiaustausch mit anderen Programmen verwendbar.

Ein wichtiger Einsatzzweck für zusammengesetzte Pfade ist beispielsweise das »Stanzen« von Löchern in gefüllte Objekte.

▲ **Abbildung 10.6**
Das Attribute-Bedienfeld

Um einen zusammengesetzten Pfad zu erzeugen, aktivieren Sie die entsprechenden Pfadobjekte und wählen im Menü OBJEKT • ZUSAMMENGESETZTER PFAD • ERSTELLEN – Shortcut ⌘/Strg+8.

Der zusammengesetzte Pfad ist danach nur *ein* Objekt im Ebenen-Bedienfeld. Die Punkte und Pfadsegmente der ursprünglichen Pfade können Sie mit dem Direktauswahl-Werkzeug aktivieren und bearbeiten; wenn Sie die Ursprungspfade als Objekte bearbeiten möchten, versetzen Sie sie in den Isolationsmodus (s. Abschnitt 11.5).

Aussehen-Eigenschaften | Beim Zusammensetzen übernimmt das Programm die Aussehen-Eigenschaften des untersten Ausgangspfades. Eigenschaften anderer Pfade gehen verloren.

Attribute | Die Füllregel-Eigenschaft bestimmt darüber, an welchen Stellen in zusammengesetzten Pfaden Löcher entstehen, durch die dahinterliegende Objekte sichtbar werden, und an welcher Stelle die Fläche des zusammengesetzten Pfades erscheint.

Die Füllregel wählen Sie im Attribute-Bedienfeld aus ❷. Eindeutig vorhersagbar sind die Ergebnisse der Füllregeleigenschaft Gerade-Ungerade ▣ (s. Abbildung 10.8). Die voreingestellte Eigenschaft für neu angelegte zusammengesetzte Pfade ist Nicht-Null ▣ (s. Abbildung 10.7).

Mit den Pfeilsymbolen ❶ schalten Sie Pfadrichtung umkehren ein ▣ oder aus ▣. Um diese Eigenschaft für einzelne Objekte zu setzen, aktivieren Sie den betreffenden Pfad mit dem Direktauswahl-Werkzeug und klicken die gewünschte Eigenschaft an.

Auflösen | Um einen zusammengesetzten Pfad aufzuteilen, wählen Sie Objekt • Zusammengesetzter Pfad • Zurückwandeln.

10.1.3 Zusammengesetzte Form

In einer zusammengesetzten Form kombinieren Sie Objekte zu einem virtuellen Objekt. Bestandteile einer zusammengesetzten Form können geschlossene und offene Pfade, zusammengesetzte Pfade, gruppierte Objekte, Textobjekte, Symbole oder andere zusammengesetzte Formen sein. Deshalb besteht die Möglichkeit, zusammengesetzte Formen aus vielen gestapelten Objekten hierarchisch sehr tief zu verschachteln. Sehr komplexe virtuelle Objekte können Rechenzeit bei der Ausgabe auf Druckern kosten und sind nicht für alle Arten der Weiterverarbeitung geeignet (s. auch die Checkliste »Datei für Folienplot« auf S. 334).

Eigenschaften | Einzelnen Objekten in einer zusammengesetzten Form können unterschiedliche Effekte zugeordnet werden (Effekte s. Abschnitt 13.2, Aussehen-Eigenschaften s. Abschnitt 11.5).

Die Originalobjekte, aus denen die sichtbare Form kombiniert wird, bleiben jeweils intakt, Sie können jedes einzelne Objekt weiterhin

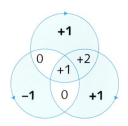

▲ **Abbildung 10.7**
Bei der Füllregel Nicht-Null wird gerechnet: Ein Pfad, der im Uhrzeigersinn verläuft, zählt mit +1, Pfade gegen den Uhrzeigersinn mit −1. Für jede Fläche berechnet Illustrator die Summe aus allen die Fläche überschneidenden Pfaden. Ist die Summe 0, dann entsteht ein Loch. Bei allen anderen Ergebnissen entsteht eine Füllung.

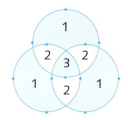

▲ **Abbildung 10.8**
Mit der Regel Gerade-Ungerade entsteht dann ein Loch, wenn eine gerade Anzahl an Objekten übereinanderliegt.

▲ **Abbildung 10.9**
Zusammengesetzte Form aus einem zusammengesetzten Pfad, einem Symbol und einem Textobjekt

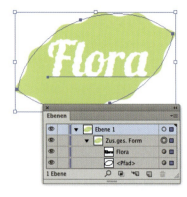

▲ **Abbildung 10.10**
Verschiedene Effekte sind einzelnen Objekten einer zusammengesetzten Form zugeordnet.

▲ **Abbildung 10.11**
Die Formmodi-Buttons im Pathfinder-Bedienfeld

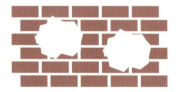

▲ **Abbildung 10.12**
Damit die beiden Löcher korrekt in die Mauersteine gestanzt werden, müssen die Löcherformen und die Steine jeweils zu zusammengesetzten Pfaden verbunden werden.

Pathfinder im Menü?

Wie bei vielen anderen Funktionen gibt es für die FORMMODI und Pathfinder-Befehle keine Entsprechung im Menü. Die Pathfinder-Effekte besitzen nur den gleichen Namen (mehr dazu in Kapitel 13, S. 432).

transformieren oder anderweitig bearbeiten, und zusammengesetzte Formen können wieder aufgelöst und in ihre Quellobjekte zerlegt werden.

Zusammengesetzte Form erstellen | Zusammengesetzte Formen erstellen Sie mit dem Pathfinder-Bedienfeld, das Sie aus dem Menü FENSTER aufrufen – ⌘/Strg+⇧+F9. Die übliche Vorgehensweise ist, beim Erstellen mit dem Formmodus zu bestimmen, wie die Ursprungsobjekte einer zusammengesetzten Form aufeinander einwirken und ihr Aussehen gegenseitig beeinflussen. Dazu aktivieren Sie die Objekte, halten ⌥/Alt gedrückt und klicken auf den gewünschten Button in der oberen Reihe des Pathfinder-Bedienfeldes.

Normalerweise wirken in zusammengesetzten Formen alle Pfade als einzelne Objekte aufeinander. Soll ein Objekt aus mehreren Pfaden bestehen, sollen z. B. zwei Löcher in eine Mauer gestanzt werden, müssen diese Pfade erst jeweils zu zusammengesetzten Pfaden verbunden werden.

Offene Pfade werden automatisch auf kürzesten Weg geschlossen (s. Abbildung 10.14). In einer zusammengesetzten Form geschieht dies jedoch nur virtuell.

Formmodi | Die vier verschiedenen Modi finden Sie im Pathfinder-Bedienfeld im ersten Abschnitt: HINZUFÜGEN ZUM FORMBEREICH, SUBTRAHIEREN VOM FORMBEREICH, SCHNITTMENGE MIT DEM FORMBEREICH und ENTFERNEN VON ÜBERLAPPENDEN FORMBEREICHEN. Ähnliche Funktionen sind aus 3D-Programmen als Boolesche Operationen bekannt.

▶ HINZUFÜGEN ZUM FORMBEREICH (Vereinen) 🔲: Die Flächen aller aktivierten Objekte werden als eine gesamte Fläche mit den Aussehen-Eigenschaften des Objekts ausgegeben, das im Stapel an oberster Stelle liegt ❶.

▶ SUBTRAHIEREN VOM FORMBEREICH (Stanzen) 🔲: Im aktivierten Stapel wird von der Fläche des untersten Objekts die gemeinsame Fläche der davorliegenden Objekte abgezogen. Es bleibt nur die Restfläche des untersten Objekts mit dessen Aussehen-Eigenschaften als virtuelles Objekt übrig ❷.

▶ SCHNITTMENGE MIT DEM FORMBEREICH 🔲: Als virtuelles Objekt wird nur die Fläche ausgegeben, die allen aktivierten Objekten gemeinsam ist. Das Aussehen wird vom obersten Objekt übernommen ❸.

▶ ENTFERNEN VON ÜBERLAPPENDEN FORMBEREICHEN (Schnittmenge entfernen) 🔲: Dieser Modus beeinflusst die aktivierten Objekte wie die Gerade-Ungerade-Füllregel. An den Stellen, an denen eine gerade Anzahl an Objekten übereinanderliegt, entsteht ein Loch in der zusammengesetzten Form. Dort, wo im aktivierten Stapel eine ungerade Anzahl an Objekten übereinander angeordnet ist, wird eine Fläche ausgegeben. Die Form nimmt die Aussehen-Eigenschaften des obersten Objekts an ❹.

Formmodus ändern | Im Objektstapel einer zusammengesetzten Form besitzt jedes einzelne Objekt, mit Ausnahme des untersten, den Formmodus, den Sie für das gesamte virtuelle Objekt gewählt haben. Das hierarchisch unterste Objekt bleibt ohne Formmodus. Sie können den Modus jedes einzelnen Objekts ändern, indem Sie es mit dem Direktauswahl-Werkzeug anklicken und im Pathfinder-Bedienfeld einen anderen Modus-Button betätigen. Der neue Formmodus ersetzt den zugewiesenen.

Da das nachträgliche Ändern des Formmodus unter Umständen viel Probieren erfordert, erstellen Sie lieber zunächst kleinere Einheiten und kombinieren diese dann zu größeren, z. B. vereinen Sie zunächst drei Pfade und subtrahieren anschließend einen vierten.

Form editieren | Das Ebenen-Bedienfeld zeigt die zusammengesetzten Formen und alle zugehörigen Objekte so an, dass Sie die Zusammenhänge erkennen können. Außer der Anwendung eines anderen Formmodus können Sie über das Ebenen-Bedienfeld auch die Hierarchie und die Stapelreihenfolge in der zusammengesetzten Form verändern (Stapelreihenfolge s. Abschnitt 5.3, Ebenen s. Abschnitt 11.2.7).

Um auf einzelne Objekte Transformationen anzuwenden, aktivieren Sie das Objekt, das Sie bearbeiten möchten, mit dem Direktauswahl- oder Gruppenauswahl-Werkzeug. Danach können Sie dieses Objekt wie gewohnt transformieren.

Möchten Sie einzelnen Objekten der zusammengesetzten Form nachträglich Effekte zuweisen, müssen Sie diese Objekte im Ebenen-Bedienfeld als Ziel auswählen (s. Abschnitt 11.3).

Form auflösen | Wenn Sie eine zusammengesetzte Form wieder auflösen möchten, wählen Sie aus dem Menü des Pathfinder-Bedienfeldes den Befehl Zusammengesetzte Form zurückwandeln. Sie erhalten wieder die ursprünglichen Objekte.

Zusammengesetzte Form umwandeln | Um eine zusammengesetzte Form auf einen Pfad oder auf einen zusammengesetzten Pfad zu reduzieren, müssen der zugrunde liegende Objektstapel und seine Einzelobjekte zerstört werden. Alle redundanten, nicht sichtbaren Segmente des virtuellen Objekts werden entfernt, und ein neues Objekt wird zusam-

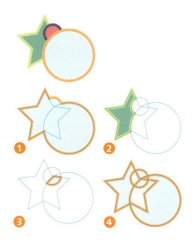

▲ Abbildung 10.13
Auswirkungen der Formmodi auf die Originalobjekte: Hinzufügen ❶, Subtrahieren ❷, Schnittmenge ❸, Entfernen von überlappenden Formbereichen ❹

Einzelobjekte auswählen

Zum Auswählen eines Objekts innerhalb der zusammengesetzten Form verwenden Sie das Gruppenauswahl-Werkzeug oder das Ebenen-Bedienfeld.

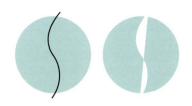

▲ Abbildung 10.14
Subtrahieren eines offenen Pfades: Er wird automatisch geschlossen.

Isolationsmodus

Im Isolationsmodus können Sie nur die oberste Hierarchiestufe einer komplexen zusammengesetzten Form bearbeiten.

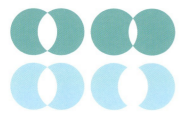

▲ **Abbildung 10.15**
Zusammengesetzte Form vor (grün) und nach (blau) dem Umwandeln; Verschieben eines Teils (jeweils rechts)

▲ **Abbildung 10.16**
Das Pathfinder-Bedienfeld: Auch die Formmodi-Buttons der oberen Reihe arbeiten wie die Pathfinder destruktiv, wenn Sie nicht ⌥/Alt drücken.

▲ **Abbildung 10.17**
Ausgangsobjekte

▲ **Abbildung 10.18**
Fläche aufteilen

▲ **Abbildung 10.19**
Überlappungsbereich entfernen

mengesetzt, das in seiner reduzierten Form dem Erscheinungsbild des virtuellen Objekts entspricht, das bisher faktisch nur als rechnerische Ausgabe auf dem Bildschirm angezeigt wurde.

Um eine zusammengesetzte Form so zu bearbeiten, verwenden Sie den Funktionsbutton Umwandeln aus dem Pathfinder-Bedienfeld, oder wählen Sie aus dem Menü des Bedienfeldes den Befehl Zusammengesetzte Form umwandeln (einer Übersicht der verschiedenen Umwandeln-Befehle finden Sie in Tabelle 10.1 auf der nächsten Seite).

10.2 Objekte zerteilen – Pathfinder

Der Begriff »Pathfinder« ist für einen der wichtigsten Funktionsbereiche von Illustrator ziemlich irreführend, denn es wird eigentlich nichts gesucht. Es handelt sich um angewandte Mengenlehre.

10.2.1 Pathfinder-Funktionen

Die Pathfinder-Funktionen rechnen aktivierte Objekte nach logischen Algorithmen ineinander, sodass ein oder mehrere neue Pfade entstehen. Pathfinder-Funktionen können Sie nur auf Vektorobjekte anwenden. Einige der Funktionen erfordern geschlossene Pfade, bzw. offene Pfade werden automatisch geschlossen, und für drei der Funktionen müssen die Pfade auch gefüllt sein. Pathfinder-Funktionen können Sie nicht auf Textobjekte anwenden. Auch die hier beschriebenen Funktionen können Sie nur im Pathfinder-Bedienfeld aufrufen, nicht im Menü.

Funktionsarten | Um eine Pathfinder-Funktion auf ein aktiviertes Objekt anzuwenden, klicken Sie im unteren Abschnitt des Pathfinder-Bedienfeldes auf einen der nachfolgend beschriebenen Funktionsbuttons:

▶ Fläche aufteilen : Diese Funktion teilt die Gesamtfläche aller Objekte entlang der vorhandenen Pfade auf, bis keines der Objekte mehr von einem Pfad durchschnitten wird. Offene Pfade werden, wenn nötig, automatisch geschlossen. Es entstehen neue Objekte aus geschlossenen Pfaden, die miteinander gruppiert sind. Die Aussehen-Eigenschaften der neuen Objekte richten sich jeweils nach dem entsprechenden sichtbaren Teil des Ursprungsobjekts.

▶ Überlappungsbereich entfernen : Die in einem Stapel aktivierter Objekte weiter oben angeordneten Objekte stanzen mit den Teilen, die von ihnen sichtbar sind, aus den darunterliegenden Objekten jene Bereiche aus, die sie verdecken. Offene Pfade werden, wenn nötig, automatisch geschlossen. Es entstehen mehrere geschlossene

10.2 Objekte zerteilen – Pathfinder

Befehl	Anwendbar auf	Auswirkung	Vor- und Nachteile
Konturlinie	Konturen, auch Pinselkonturen, aber nicht Konturen von Textobjekten	Kontur wird in Pfade umgewandelt, bei mehreren Konturen nur die im Aussehen-Bedienfeld ausgewählte Kontur.	Automatisiert anwendbar, denn sind von mehreren ausgewählten Objekten einzelne nicht betroffen, werden sie nicht verändert.
Umwandeln	Pfade mit einfachen Aussehen-Eigenschaften, einige Live-Objekte	je nach eingestellten Optionen; Konturen und einige Live-Objekte und -Eigenschaften werden in Pfade umgewandelt.	Kann Verlaufsgitter erstellen, trennt Symbolsätze auf, ohne Instanzen abzulösen.
[Live-Objekte] umwandeln	jeweils betroffene Live-Objekte, z. B. Angleichungen, interaktive Malgruppen, Verzerrungshüllen etc.	Die zuvor nur virtuell vorhandenen Objekte – z. B. Zwischenstufen einer Angleichung – werden als Pfade erstellt.	automatisiert anwendbar
Aussehen umwandeln	Objekte mit komplexen Aussehen-Eigenschaften, Pinselpfade, Effekte	Konturen und Flächen werden auf einzelne Objekte verteilt, Pinsel und Effekte in Pfade umgewandelt.	Automatisiert anwendbar; Schrift wird nicht umgewandelt.
Schrift in Pfade umwandeln	Textobjekte	Texte werden in Pfade umgewandelt.	Automatisiert anwendbar; besitzt das Objekt bestimmte Effekte (Zufallseffekte), dann verändern sich deren Einstellungen nach dem Umwandeln der Schrift.
Transparenz reduzieren	alle Objekte	Je nach Einstellungen werden Konturen und Schrift in Pfade umgewandelt, Effekte erweitert und Transparenz reduziert	Das Aussehen der Objekte ändert sich nicht, von der Anwendung sind immer alle ausgewählten Objekte betroffen. Transparenz wird immer reduziert.

▲ **Tabelle 10.1**
Umwandeln-Befehle in Illustrator

Pfade, die ihre ursprüngliche Füllung beibehalten, aber keine Kontur mehr aufweisen.

Objekte ohne Fläche werden von der Funktion ignoriert und ohne Warnung entfernt. Das gilt auch für Linien, die nur dann von der Funktion einbezogen werden, wenn ihnen eine Fläche zugeordnet ist, selbst wenn diese keine Auswirkung auf die Bildschirmanzeige hat.

Ist auf ein obenliegendes Objekt eine Transparenz oder Farbe überdrucken angewendet, entsteht aus der Überlappung eine Fläche. Die neu entstandenen Objekte sind gruppiert.

- Verdeckte Fläche entfernen : Arbeitet wie die Funktion Überlappungsbereich entfernen. Zusätzlich werden gleichfarbige Flächen, die aneinandergrenzen, zu einem Objekt vereinigt. Konturen werden gelöscht und die neu entstandenen Objekte gruppiert. Dies ist eine wichtige Funktion, um Vektorgrafik zu »säubern« und z. B. für das Plotten vorzubereiten (mehr dazu in der Checkliste auf S. 334).
- Schnittmengenfläche : Die neuen Objekte, die bei Anwendung dieser Funktion entstehen, werden aus den Schnittmengen gebil-

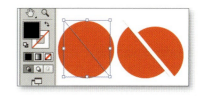

▲ **Abbildung 10.20**
Wenn die Gerade mit einer Fläche versehen ist (links), lässt sich Überlappungsbereich entfernen anwenden (rechts).

▲ **Abbildung 10.21**
Verdeckte Fläche entfernen

Nach dem Umwandeln …

Verwenden Sie die Funktion VERDECKTE FLÄCHE ENTFERNEN zur Optimierung umgewandelter Pinselkonturen.

▲ **Abbildung 10.22**
SCHNITTMENGENFLÄCHE

▲ **Abbildung 10.23**
KONTUR AUFTEILEN

▲ **Abbildung 10.24**
HINTERES OBJEKT ABZIEHEN

Verdeckte Fläche entfernen

Wenn der Pathfinder VERDECKTE FLÄCHE ENTFERNEN einmal nicht wie erwartet funktioniert, überprüfen Sie, ob die Objekte wirklich dieselbe Flächenfarbe und identische Überdrucken-Einstellungen besitzen. Vor allem bei Schwarz bemerkt man die Unterschiede nicht auf den ersten Blick.

det, die das in einem Stapel aktivierter Objekte oberste Objekt mit den Teilen der darunterliegenden Objekte bildet, die sichtbar wären, wenn das oberste Objekt durchsichtig wäre. Objekte und Objektteile, die außerhalb der Form des obersten Objekts liegen, werden gelöscht. Damit wirkt dieser Pathfinder ähnlich wie eine Schnittmaske, und er wird u. a. auch benutzt, um Schnittmasken »endgültig« umzuwandeln.

Der Restpfad des obersten Objekts bleibt bestehen, hat aber keine Kontur und keine Füllung. Der Befehl kann bei der Anwendung auf offene Pfade zu unerwarteten Ergebnissen führen. Die neu entstandenen Objekte sind gruppiert.

Diese Funktion setzt gefüllte Objekte voraus.

▶ KONTUR AUFTEILEN: Die Konturen der aktivierten Objekte werden überall an den Stellen geschnitten, an denen sie sich überschneiden. Es entstehen einzelne offene Pfade. Als Konturfarbe wird ihnen die Farbe der Füllung des ursprünglichen Objekts zugeordnet. Die Pfade haben die Konturstärke »Haarlinie« – Illustrator zeigt dies im Kontur-Bedienfeld durch den Wert 0 an.

Diese Funktion eignet sich gut als Vorbereitung manueller Überfüllungen und ist eine Möglichkeit, in Illustrator Haarlinien zu erzeugen, die von mancher Plot-Software als Schneidepfad benötigt werden.

▶ HINTERES OBJEKT ABZIEHEN: Diese Funktion bewirkt bei den aktivierten Objekten ein umgekehrtes Stanzen. Das bedeutet, dass von der Fläche des im Stapel obersten Objekts die Flächen aller im Stapel darunterliegenden Objekte subtrahiert werden, soweit sie mit dem obersten Objekt eine Schnittmenge bilden. Illustrator schließt offene Pfade, wenn nötig, automatisch.

Objekte und Objektteile, die außerhalb der Fläche des obersten Objekts liegen, werden gelöscht. Das neu entstandene Objekt behält die Aussehen-Eigenschaften des obersten Objekts.

Bedienfeldmenü | Pathfinder-Bedienfeld

▶ ÜBERFÜLLEN: Diese Funktion hilft bei den Druckvorbereitungen beim manuellen Überfüllen (s. Abschnitt 20.3.3).

▶ WIEDERHOLEN: Um die zuletzt verwendete Pathfinder-Funktion auf andere Objekte anzuwenden, können Sie den Befehl WIEDERHOLEN: … aus dem Bedienfeldmenü verwenden.

▶ ZUSAMMENGESETZTE FORM ERSTELLEN, ZUSAMMENGESETZTE FORM ZURÜCKWANDELN und ZUSAMMENGESETZTE FORM UMWANDELN sind Menübefehle, die bereits im Abschnitt 10.1.3 über zusammengesetzte Formen erläutert wurden.

10.2 Objekte zerteilen – Pathfinder

Pathfinder-Anwendungen

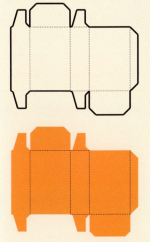

Formen aus CAD-Systemen bestehen häufig aus vielen einzelnen Pfaden. Um diese effizient zu einem Pfad zusammenzufügen, weisen Sie allen Pfaden eine Füllung zu und verwenden die Funktion FLÄCHE AUFTEILEN. Wichtig ist, dass Sie dabei die Option UNGEFÜLLTE OBJEKTE ENTFERNEN deaktivieren.

Alternativ zur Funktion INTERAKTIV MALEN lässt sich ebenfalls der Pathfinder FLÄCHE AUFTEILEN nutzen, um aus offenen Pfaden Flächen zu erzeugen. Achten Sie darauf, dass sich Pfade an Schnittstellen berühren oder überschneiden. Deaktivieren Sie die Option UNGEFÜLLTE OBJEKTE ENTFERNEN.

Um eine komplexe Grafik aus der Layoutversion in die endgültige – plottfähige – Version umzuwandeln, ist der Pathfinder VERDECKTE FLÄCHE ENTFERNEN hilfreich. Mit nur einem Klick erzeugt er die optimierten Objekte.

Pathfinder-Optionen | Über das Bedienfeldmenü rufen Sie auch die Dialogbox PATHFINDER-OPTIONEN auf.

◀ **Abbildung 10.25**
Die Dialogbox PATHFINDER-OPTIONEN

▶ GENAUIGKEIT: Wenn das Programm zusätzliche Ankerpunkte in Pfade einfügen muss, beispielsweise in Kurvensegmenten, können Sie bestimmen, wie genau die Funktion dabei arbeiten soll. Ein niedriger Wert erzeugt eine höhere Genauigkeit. Das bedeutet, dass bei erzeugten Pfaden mehr Punkte generiert werden und damit ein präziserer Pfadverlauf entsteht.
Die Berechnung des Ergebnisses dauert bei höherer Genauigkeit länger. Sie können mit der Funktion experimentieren, denn der Button STANDARDWERTE setzt die Einstellung zurück.

Zusammengesetzte Form erstellen

Die Anwendung dieses Befehls aus dem Menü ist vor allem dann interessant, wenn Sie einzelne Pfade für den PSD-Export vorbereiten möchten. Nur zusammengesetzte Pfade werden beim PSD-Export in Photoshop-Formebenen umgewandelt.

▲ **Abbildung 10.26**
Zwischenpunkte auf einer Geraden

▶ Überflüssige Ankerpunkte entfernen: Alle Punkte, die keine Auswirkung auf die Form eines Pfades haben, werden entfernt, z. B. nicht benötigte Zwischenpunkte auf einer Geraden.

▶ Ungefüllte Objekte entfernen hat nur Auswirkungen auf die Funktionen Fläche aufteilen und Kontur aufteilen.
Wenn Sie mit einer der beiden Funktionen bei derselben Aktion sowohl Objekte verwenden, die mit einer Füllung versehen sind, als auch Objekte ohne Füllung, wirken die ungefüllten Objekte zwar am Ergebnis mit, werden aber selbst gelöscht. Es kommt nicht darauf an, ob die Füllung auf dem Bildschirm sichtbar ist (auch eine gerade Linie kann eine Füllung haben), es zählt nur die zugeordnete Eigenschaft.

10.2.2 Pathfinder-Effekte

Pathfinder-Effekte führen zwar gleichnamige Operationen durch wie die Buttons im Pathfinder-Bedienfeld, fungieren aber als Objekteigenschaften. Pathfinder-Effekte finden Sie unter Effekt • Pathfinder im Menü. Pathfinder-Effekte können auf Gruppen, einzelne Textobjekte und ganze Ebenen angewendet werden (s. Abschnitt 13.2.8; für Hart und weich mischen Abschnitt 12.3).

Übersicht: Löcher stanzen

Die einfachste Art, Löcher zu stanzen, besteht darin, einen zusammengesetzten Pfad zu erstellen.

In einer zusammengesetzten Form können Textobjekte, Symbole und Pfade mit Effekten kombiniert sein.

Mit dem Radiergummi-Werkzeug können Sie Löcher durch mehrere Objekte »malen« (s. Abschnitt 7.4.4). Die Pfade werden dabei zerschnitten.

Schnittmasken (s. Abschnitt 11.4) sind sehr flexibel und können auf alle Objektarten angewendet werden.

Löcher mit weichen Kanten erzeugen Sie mit Deckkraftmasken (s. Abschnitt 12.2) – diese lassen sich auf Pixelbilder anwenden und auch daraus erstellen.

Mit Aussparungsgruppen (s. Abschnitt 12.1.6) können Sie sehr komplexe Transparenzinteraktionen und u. a. auch Löcher definieren.

10.2.3 Andere Methoden, um Objekte zu zerteilen

Neben den komplexen, logisch orientierten Pathfinder-Funktionen bietet Illustrator auch einfachere Methoden, die Objekte nur zerschneiden.

In Raster teilen | IN RASTER TEILEN erzeugt aus beliebigen Quellobjekten mehrere nicht gruppierte oder verbundene, regelmäßig angeordnete Rechtecke (s. Abschnitt 4.5.7).

▲ **Abbildung 10.27**
DARUNTER LIEGENDE OBJEKTE AUFTEILEN wurde verwendet, um diesen Rapport für einen Musterpinsel zu konstruieren.

Darunter liegende Objekte aufteilen | Sie können einen Pfad bestimmen, um mit diesem wie beim Ausstechen von Keksen *alle* Objekte zu zerschneiden, die darunterliegen. Es werden wirklich *alle* Objekte unter der »Stanze« zerteilt, auch solche auf anderen Ebenen. Ausgenommen sind nur ausgeblendete und gesperrte Ebenen (s. Abschnitt 11.1).

Der Befehl wirkt sowohl mit offenen als auch mit geschlossenen Pfaden, jedoch nicht mit gruppierten oder zusammengesetzten Pfaden. Aktivieren Sie den Pfad, der als »Stanze« dienen soll, und wählen Sie im Menü OBJEKT • PFAD • DARUNTER LIEGENDE OBJEKTE AUFTEILEN.

▲ **Abbildung 10.28**
Das Radiergummi-Werkzeug, mit einer kalligrafischen Werkzeugspitze eingesetzt

Radiergummi | Mit dem Radiergummi-Werkzeug können Sie Schnitte in variabler Linienstärke durch Objekte führen.

> **Besser auswählen**
>
> Wenn Sie Schwierigkeiten haben, Objekte zu aktivieren, wechseln Sie mit ⌘/Strg+Y in die Pfadansicht. In diesem Modus können Sie Objekte nur aktivieren, indem Sie auf deren Pfad klicken. Danach wechseln Sie mit demselben Shortcut zurück in die Vorschau.

10.3 Formen intuitiv erstellen

Während jedes Kind in einem Malbuch schwarze Linien und Ränder als Grenze für die Farbe erkennt, ist das für Vektorsoftware nicht so ganz einfach. Solche Programme können eigentlich nur eine Form beschreiben und, wenn nötig, mit einer Füllung versehen. Für zwei direkt aneinandergrenzende Farbflächen werden daher auch zwei Formen benötigt (s. Abschnitt 3.2.5).

Mit den Pathfinder-Befehlen und der Funktion INTERAKTIV MALEN (s. Abschnitt 10.4) können Sie geschlossene und offene Pfade als Grundbausteine für komplexere Konstruktionen verwenden. Die Pathfinder sind jedoch wenig intuitiv und INTERAKTIV MALEN ist für viele Einsatzzwecke zu umständlich (s. die Vergleichstabelle auf S. 324). Daher gibt es das Formerstellungswerkzeug.

10.3.1 Funktionsweise des Formerstellungswerkzeugs

Mit dem Formerstellungswerkzeug können Sie Bereiche einer Zeichnung füllen, die von Pfaden begrenzt werden, auch wenn diese Linien zu verschiedenen Objekten gehören oder kleine Lücken aufweisen.

▲ **Abbildung 10.29**
Das Formerstellungswerkzeug ist ein einfaches Konstruktionshilfsmittel.

Optionen | Mit einem Doppelklick auf das Werkzeug rufen Sie die Voreinstellungen auf.

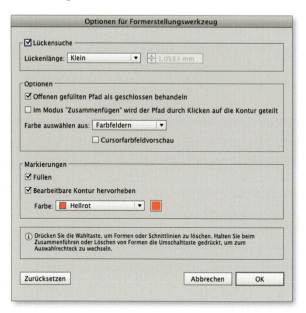

◀ Abbildung 10.30
Dialogbox OPTIONEN FÜR FORMERSTELLUNGSWERKZEUG

Einfachheit gewinnt

Die Arbeit mit dem Formerstellungswerkzeug geht flüssiger, wenn Sie auf Einfachheit der Ausgangsformen achten: Löschen Sie alles, was nicht nötig ist. Handelt es sich um viele Objekte, arbeiten Sie in mehreren Schritten und aktivieren nur die jeweils nötigen Elemente. Löschen Sie mit ⌥/Alt so schnell wie möglich die Bereiche, die Sie nicht brauchen.

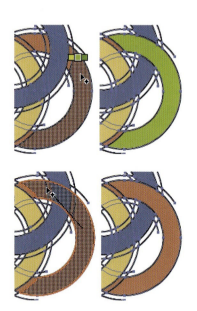

▲ Abbildung 10.31
Vor dem Erstellen der Form wird ein Farbfeld im Cursor gewählt (oben) oder die Farbe des zuerst angeklickten Bereichs verwendet (unten).

▶ LÜCKENSUCHE: Falls Illustrator die gewünschten Formen nicht erkennen will, kann es sein, dass Pfade nicht aufeinandertreffen. Aktivieren Sie dann die LÜCKENSUCHE, und wählen Sie eine LÜCKENLÄNGE (s. Abschnitt 10.4)

▶ OFFENEN GEFÜLLTEN PFAD ALS GESCHLOSSEN BEHANDELN: Besitzt ein offener Pfad eine Fläche, dann wird er mit dieser Option so behandelt, als wäre er durch die kürzeste Verbindung zwischen beiden Endpunkten geschlossen.

▶ IM MODUS »ZUSAMMENFÜGEN« …: Mit dieser Option können Sie durch Klicken auf eine Kante diesen Abschnitt des Pfades mit Kontureigenschaften versehen oder abtrennen.

▶ FARBE AUSWÄHLEN AUS: Mit dieser Option bestimmen Sie, wie die Farben zum Füllen der neuen Formen bestimmt werden.

▶ BILDMATERIAL: Die neue Form erhält die Farbe, die der zuerst angeklickte Bereich besitzt. Diese Option funktioniert nicht immer.

▶ FARBFELDERN: Die Farbe wird aus den Farbfeldern gewählt. Diese Option ist noch nützlicher, wenn Sie die CURSORFARBFELDVORSCHAU aktivieren. Diese blendet neben dem Cursor Farbfelder ein, zwischen denen Sie mit den Pfeiltasten wechseln können.

▶ MARKIERUNGEN: Die Hervorhebungen zeigen die entstehenden Formen an.

▶ Füllen: Die gefüllten Bereiche werden bereits beim »Überrollen« mit dem Cursor durch ein Raster angezeigt.
▶ Bearbeitbare Kontur hervorheben: Beim Klicken der Maustaste wird der entstehende Pfad hervorgehoben. Illustrator erweitert die Form jeweils um die Bereiche, die Sie mit dem Cursor kreuzen. Die Farbe der Hervorhebung bestimmen Sie im Menü.

▲ Abbildung 10.32
Löschen von Bereichen durch Verwendung von ⌥/Alt

Modifikationsmöglichkeiten
▶ Drücken Sie ⌥/Alt, und ziehen Sie das Werkzeug über Bereiche, um diese zu löschen.
▶ Mit ⇧ können Sie ein Auswahlrechteck über Bereichen aufziehen, um Formen zu bilden. Drücken Sie zusätzlich ⌥/Alt, um mit einem Auswahlrechteck Bereiche zu löschen.

10.3.2 Eine Form aus Bereichen bilden

So fügen Sie mit dem Formerstellungswerkzeug Bereiche zusammen:
1. Legen Sie sich eine Farbgruppe mit den Farbfeldern an, die Sie verwenden möchten, oder weisen Sie den Ausgangsobjekten die Farben zu. Aktivieren Sie die Pfade, aus denen Sie eine neue Form konstruieren möchten.
2. Doppelklicken Sie das Formerstellungswerkzeug, und stellen Sie die Optionen ein.
3. Bewegen Sie den Cursor über die aktivierten Pfade – die Rasterung zeigt die Bereiche an, die Illustrator füllen kann. »Blättern« Sie mit den Pfeiltasten, um ein Farbfeld auszuwählen, oder verwenden Sie das Farbe-Bedienfeld.
4. Klicken Sie in den gewünschten Bereich, und ziehen Sie das Werkzeug über die Bereiche, die Sie der neuen Form hinzufügen wollen. Dies kann jeweils immer nur in gerader Strecke erfolgen.
5. Um Bereiche zu löschen, halten Sie ⌥/Alt gedrückt und klicken mit dem Cursor hinein oder klicken und ziehen über mehrere Bereiche.

▲ Abbildung 10.33
Wurden bereits die Ausgangsformen reduziert (rechts), arbeitet das Werkzeug flüssiger.

10.3.3 Kanten einfärben und Konturen auftrennen

So trennen Sie Pfade an Schnittpunkten auf; dies kann in einem Arbeitsgang zusammen mit dem Bilden von Formen geschehen:
1. Wählen Sie die Ausgangsobjekte aus.
2. Doppelklicken Sie das Formerstellungswerkzeug, und aktivieren Sie die Optionen Im Modus »zusammenfügen« wird der Pfad … geteilt und Bearbeitbare Kontur hervorheben.

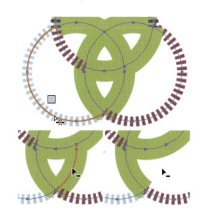

▲ Abbildung 10.34
Auf eine Kante können Sie eine Konturstärke, -farbe und Strichelung anwenden (oben) oder die Kante löschen (unten).

Kapitel 10 Vektorobjekte bearbeiten und kombinieren

3. Stellen Sie ggf. Kontureigenschaften ein, und bewegen Sie den Cursor über die Pfade. Kanten werden zwischen den Kreuzungspunkten zweier Pfade hervorgehoben.
4. Klicken Sie auf eine Kante, um ihr Kontureigenschaften zuzuweisen. Klicken Sie mit ⌥/Alt, um Kanten zu löschen.

▼ Tabelle 10.2
Vor- und Nachteile der Konstruktionsmethoden und -werkzeuge in Illustrator

	Pro	Contra
Pathfinder	Mit wenigen Klicks können komplexe Konstruktionen reingezeichnet werden. Zusammengesetzte Formen sind möglich (mit den FORMMODI).	Für effiziente Arbeitsweisen ist »Geheimwissen« erforderlich. Pathfinder sind unintuitiv.
Interaktiv malen	Dank LÜCKENSUCHE ist die Funktion fehlertolerant, Pfade müssen nicht exakt sein. Das Ergebnis ist als Live-Objekt editierbar; die Funktion unterstützt eperimentelle Vorgehensweisen.	Umwandeln und Nacharbeiten ist erforderlich. Die Vorgehensweise ist bei Ausgangsobjekten mit vielen Pfaden aufwendig.
Formerstellungswerkzeug	Dank LÜCKENSUCHE ist die Funktion fehlertolerant. Es ist kein Umwandeln erforderlich. Das Werkzeug ist intuitiv.	Aufgrund der sofortigen Umwandlung sind keine Experimente mit Formen möglich. Die Vorgehensweise ist bei bei Ausgangsobjekten mit vielen Pfaden aufwendig.

10.4 Interaktiv malen

Malen klingt im Zusammenhang mit Vektorgrafik zunächst wie etwas, das sich gegenseitig ausschließt, denn mathematische oder geometrische Funktionen sind ja nicht gerade auf die intuitive Arbeit ausgelegt.

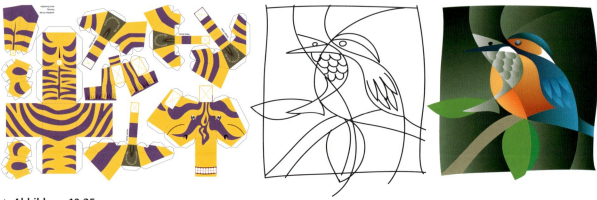

▲ Abbildung 10.35
Anwendungsbeispiele für INTERAKTIV MALEN

INTERAKTIV MALEN – englisch »Live Paint« – ermöglicht wie das Formerstellungswerkzeug das Füllen von Bereichen, die von mehreren Pfaden umschlossen sind, sowie das Anlegen von Kontureigenschaften auf

Pfadabschnitten. Die füllbaren Flächen in Malgruppen werden **Teilflächen** genannt, die sich überschneidenden Pfade heißen **Kanten**.

Im Unterschied zu den mit dem Formerstellungswerkzeug konstruierten Formen sind **Live-Paint-Objekte** bzw. **interaktive Malgruppen** editierbar, da die Ausgangsobjekte nicht verändert werden, solange Sie das Objekt nicht umwandeln.

Lücken erkennen und bearbeiten | Aktivieren Sie zunächst im Menü die Option Ansicht • Interaktive Mallücken einblenden, damit Ihnen die erkannten Lücken angezeigt werden.

Rufen Sie danach die Dialogbox Lückenoptionen auf. Sie finden sie unter Objekt • Interaktiv malen • Lückenoptionen… oder mithilfe des Buttons Lückenoptionen im Steuerungsbedienfeld.

▲ Abbildung 10.36
Interaktiv malen kann auch eingesetzt werden, um aus einigen Pfaden Symbole zu konstruieren.

◂ Abbildung 10.37
Die Dialogbox Lückenoptionen

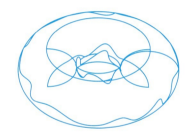

- Lückensuche: Mit dem Kontrollkästchen Lückensuche links oben können Sie die automatische Lückenerkennung starten.
- Vorschau: Aktivieren Sie die Option Vorschau, um die Auswirkung Ihrer Einstellungen in Ihrer Grafik zu sehen.
- Pinsel stoppt bei/Benutzerdefiniert: Hier stellen Sie ein, ab welcher Breite Illustrator Lücken erkennen soll. Probieren Sie verschiedene Vorgaben mithilfe der Vorschau aus. Einstellmöglichkeiten sind im Ausklappmenü Pinsel stoppt bei Kleinen, Mittelgrossen oder Grossen Lücken oder alternativ im Eingabefeld Benutzerdefiniert frei einzugebende numerische Maße. Die Lücken werden auf der kürzesten geraden Strecke überbrückt.
- Farbe für die Lückenvorschau: Passen Sie die Farbe der Lückenmarkierung so an, dass sie in der Grafik gut erkennbar ist.
- Lücken mit Pfaden schliessen: Wenn Sie die angezeigten Lücken endgültig schließen wollen, erzeugen Sie entsprechende Pfade mit dem Button Lücken mit Pfaden schliessen. Achtung! Sie verlieren danach allerdings die automatische Erkennung und müssen alle Lücken manuell bearbeiten.

▲ Abbildung 10.38
»Flach« gerenderte und umgewandelte 3D-Objekte lassen sich mit Interaktiv malen bereinigen, um sie manuell mit Verläufen zu gestalten.

Kapitel 10 Vektorobjekte bearbeiten und kombinieren

▲ **Abbildung 10.39**
OPTIONEN FÜR INTERAKTIV-MALEN-WERKZEUG

▲ **Abbildung 10.40**
Der eingeblendete Hilfetext zeigt an, dass Sie mit einem Klick eine Malgruppe erzeugen können.

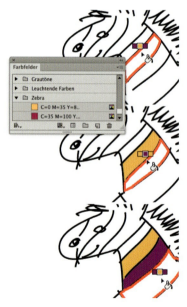

▲ **Abbildung 10.41**
Richten Sie sich eine Farbgruppe der geplanten Farben ein, dann können Sie mithilfe der Pfeiltasten sehr schnell zwischen den Farben wechseln, ohne das Werkzeug absetzen zu müssen.

Interaktiv-malen-Optionen | Mit einem Doppelklick auf das Werkzeugsymbol rufen Sie dann die OPTIONEN FÜR INTERAKTIV-MALEN-WERKZEUG auf.

▶ OPTIONEN: Wählen Sie aus, welche der beiden Bereiche MALFLÄCHEN oder PINSELSTÄRKEN der Cursor anzeigen soll. Die Option PINSELSTÄRKEN zeigt Kanten – also Teile von Pfaden – an. Sie müssen mindestens eine der Optionen aktivieren. Falls Sie nicht beide aktivieren, können Sie mit gedrückter Taste ⇧ zur jeweils anderen umschalten. Wie beim Formerstellungswerkzeug können Sie auch hier eine Vorschau der Farbfelder im Cursor anzeigen.

▶ MARKIEREN: Wählen Sie hier die Farbe und Stärke der Hervorhebung aus.

10.4.1 Malgruppe erstellen

Um eine Zeichnung mit der Interaktiv-malen-Funktion zu kolorieren, gehen Sie wie folgt vor:

1. Aktivieren Sie alle Pfade, die zu dem zu bearbeitenden Teil Ihrer Grafik gehören.
2. Erzeugen Sie eine interaktive Malgruppe, indem Sie aus dem Menü OBJEKT • INTERAKTIV MALEN • ERSTELLEN auswählen, oder nehmen Sie das Interaktiv-malen-Werkzeug aus dem Werkzeugbedienfeld – K –, und klicken Sie irgendwo im Bereich der aktivierten Objekte.
3. Bestimmen Sie, ab welchem Abstand Lücken geschlossen werden sollen. Die Einstellungen setzen Sie in der Dialogbox OBJEKT • INTERAKTIV MALEN • LÜCKENOPTIONEN…
4. Falls nötig, ergänzen Sie Pfade, um größere Lücken von Hand zu schließen. Dazu haben Sie zwei Möglichkeiten:
   ▶ Doppelklicken Sie auf die interaktive Malgruppe, und fügen Sie Pfade im Isolationsmodus hinzu.
   ▶ Zeichnen Sie die gewünschten Pfade, wählen Sie die Malgruppe und die neuen Pfade aus, und rufen Sie OBJEKT • INTERAKTIV MALEN • ZUSAMMENFÜGEN auf. Die Eigenschaften der Pfade wie Füllung oder Konturstärke bleiben erhalten.

10.4.2 Malgruppe bearbeiten

Eine interaktive Malgruppe können Sie bequem und umfangreich editieren, da die Ursprungsobjekte weiterhin vorhanden sind.

Kanten und Teilflächen einfärben | Die Kanten und Teilflächen können Sie mit Farben, Verläufen und Mustern versehen. Es ist nicht möglich,

Pinsel, Transparenz, Effekte oder Verzerrungshüllen direkt auf Kanten oder Teilflächen anzuwenden.

1. Nehmen Sie das Interaktiv-malen-Werkzeug, und wählen Sie eine Farbe im Farbe- oder Farbfelder-Bedienfeld. Der Cursor zeigt die gewählte Farbe und – falls Sie ein Farbfeld gewählt haben – auch die beiden benachbarten Farben als Symbole an.
2. Mit den Tasten ← bzw. → wählen Sie die benachbarten Farbfelder aus. Mit den Tasten ↑ bzw. ↓ wechseln Sie durch die Farbgruppen.
3. Bewegen Sie den Cursor über die Malgruppe. Das Werkzeugsymbol zeigt einen gefüllten Eimer, wenn Sie eine Fläche füllen können, und ein Verbotssymbol signalisiert nicht füllbare Bereiche. Der aktive Punkt des Werkzeugs ist die Spitze des kleinen Pfeils.
4. Falls Sie die Werkzeugoption PINSELSTÄRKEN nicht aktiviert haben, drücken Sie ⇧, um Konturen zu gestalten. Auch hier signalisiert der Cursor mit einem Verbotssymbol, wenn Sie das Werkzeug nicht anwenden können.
5. Klicken Sie mit dem Werkzeug in die gewünschte Fläche oder auf eine Kontur, um diese zu färben. Als optische Hilfe hebt Illustrator Flächen oder Konturen unter dem Cursor, die gefüllt werden können, mit einem dicken roten Rand hervor.

▲ **Abbildung 10.42**
Um alle Kanten einer Malgruppe mit derselben Pinselkontur zu versehen, legen Sie mithilfe des Aussehen-Bedienfeldes eine neue KONTUR für die Malgruppe an und weisen ihr den Pinsel zu.

Optionen und Kurzbefehle

▶ Klicken und ziehen Sie das Interaktiv-malen-Werkzeug über mehrere Flächen, um diese »in einem Rutsch« zu füllen.
▶ Doppelklicken Sie auf eine Fläche, um alle Flächen bis zur nächsten, mit einer Kontur versehenen Kante zu füllen.
▶ Klicken Sie dreifach auf eine Teilfläche, um alle Teilflächen der Malgruppe zu füllen, die zu dem Zeitpunkt dieselbe Füllung aufweisen.

Verläufe in Malgruppen

Das Verlauf-Werkzeug können Sie zwar benutzen, um den Verlauf in einer Teilfläche zu bearbeiten, die Verlaufsoptimierer werden jedoch nicht angezeigt (Verläufe s. Abschnitt 9.6).

Teilflächen und Kanten auswählen | Möchten Sie einer Teilfläche einen Verlauf zuweisen, einen Verlauf editieren oder eine Kante löschen, müssen Sie diese auswählen.

Dazu verwenden Sie das Interaktiv-malen-Auswahlwerkzeug. Dieses zeigt mit seinem Cursor an, ob eine Teilfläche oder eine Kante selektierbar ist.
Die Optionen ähneln denen des Interaktiv-malen-Werkzeugs:

▶ Mit ⇧ wählen Sie weitere Flächen oder Kanten aus.
▶ Mit einem Doppelklick auf eine Fläche oder Kontur wählen Sie direkt angrenzende Flächen bzw. Konturen mit derselben Farbe aus.
▶ Mit einem Dreifachklick aktivieren Sie alle gleichfarbigen Flächen oder Konturen der interaktiven Malgruppe.

▲ **Abbildung 10.43**
Unsaubere Kanten werden aktiviert und gelöscht. Angrenzende Teilflächen werden dabei vereinigt und erhalten die Eigenschaften der vormals größeren Fläche.

▲ **Abbildung 10.44**
Auswahl gleichfarbiger Flächen oder Konturen mit Doppelklick und Dreifachklick

▶ Aktivieren Sie eine Kante oder Teilfläche, und rufen Sie eine Eigenschaft unter Auswahl • Gleich auf, um entsprechende Kanten oder Teilflächen zu selektieren.

Kanten verschieben und Pfade ändern | Um innerhalb der Malgruppe einzelne Pfade zu ändern, wechseln Sie in den Isolationsmodus oder arbeiten mit dem Direktauswahl-Werkzeug. Beim Verschieben von Pfaden innerhalb einer interaktiven Malgruppe können Lücken zu groß und dadurch Teilflächen gelöscht oder geändert werden. Die Flächen oder Konturen der geänderten Teilflächen wechseln dabei in gegebenenfalls überraschender Weise. Dies kann dazu führen, dass Sie die Lückenoptionen anpassen oder weitere ergänzende Pfade zeichnen müssen.

▲ **Abbildung 10.45**
Der Endpunkt des Pfades am Unterlid wurde nur leicht verschoben.

Zurückwandeln | Um die in einer interaktiven Malgruppe zusammengefassten Pfade in den Ursprungszustand zurückzuversetzen, aktivieren Sie das Objekt und wählen Objekt • Interaktiv malen • Zurückwandeln. Das Objekt verliert damit alle Live-Paint-Eigenschaften, Füllungen und Konturen.

Umwandeln | Für einige Anwendungszwecke – z. B. für den Austausch mit anderen Programmen – benötigen Sie statt einer Malgruppe eine »normale« Vektorumsetzung Ihrer Zeichnung mit geschlossenen Pfaden für die Flächen und mit den zusätzlichen Konturen. Das können Sie aus einer Malgruppe automatisch erzeugen lassen, indem Sie das Objekt aktivieren und den Menübefehl Objekt • Interaktiv malen • Umwandeln ausführen.

Umwandeln der Malgruppe

Beim Umwandeln der interaktiven Malgruppe werden die Kanten nicht in Flächen umgewandelt, sondern als Konturen generiert. Je nach Konturstärke werden Teilflächen überlappt. Wenn Sie Flächen benötigen, müssen Sie die Konturen zusätzlich in Pfade umwandeln. Auch ist es unter Umständen nötig, eine zu starke Überlappung der Konturen und Flächen zu korrigieren.

Schritt für Schritt
»Interaktiv malen« anwenden

Übungsdatei
Die Datei »ZebranurPfad.ai« finden Sie auf der DVD zum Buch.

1 Malgruppe erstellen
Aktivieren Sie alle Pfade, die zur Malgruppe gehören sollen. Wählen Sie das Interaktiv-malen-Werkzeug aus dem Werkzeugbedienfeld, oder

tippen Sie die Taste [K]. Dann klicken Sie mit dem Werkzeug in den Bereich der Zeichnung. Sobald Sie das Werkzeug über die aktivierten Objekte bewegen, erscheint ein entsprechender Hilfetext.

Die Malgruppe können Sie auch mit [⌘]+[⌥]+[X] bzw. [Strg]+[Alt]+[X] zusammenfügen.

2 Flächen testen

Bewegen Sie das Interaktiv-malen-Werkzeug über die Malgruppe, und beobachten Sie die fetten roten Ränder, die die füllbaren Flächen kennzeichnen.

Prüfen Sie bei allen Flächen, die Sie füllen wollen, ob sie von Illustrator richtig erkannt werden. Sollten noch Lücken bestehen, verwenden Sie die Dialogbox LÜCKENOPTIONEN, um die Erkennung anzupassen.

▲ **Abbildung 10.46**
Das fertig kolorierte Zebra

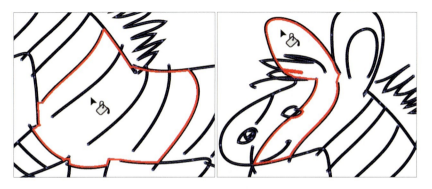

◄ **Abbildung 10.47**
Ohne entsprechende Änderung in den LÜCKENOPTIONEN werden viele Flächen zusammengefasst, die eigentlich einzeln gefüllt werden sollen.

3 Lückenoptionen

Wählen Sie OBJEKT • INTERAKTIV MALEN • LÜCKENOPTIONEN…, und aktivieren Sie zunächst die VORSCHAU.

Aktivieren Sie die LÜCKENSUCHE, und wählen Sie eine Einstellung aus dem Menü. Beobachten Sie dabei die Lücken, die in Ihrer Zeichnung gekennzeichnet werden.

Lücken sind nicht zu erkennen

Falls Sie die LÜCKENVORSCHAU nicht von Ihrer Zeichnung unterscheiden können, passen Sie die Signalfarbe an, indem Sie eine andere Farbe aus dem Ausklappmenü wählen.

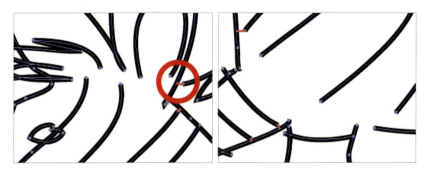

◄ **Abbildung 10.48**
LÜCKENSUCHE mit eigener Einstellung 3 mm. Vergleichen Sie die Stelle im roten Kreis mit Abbildung 10.49 links.

Wenn Ihnen die voreingestellten Optionen nicht ausreichen, geben Sie andere Werte in das Eingabefeld ein. Sehr hohe Werte führen unter

Umständen dazu, dass kleinere Lücken nicht mehr automatisch geschlossen werden.

Abbildung 10.49 ▶
LÜCKENSUCHE mit eigener Einstellung 7 mm. Beachten Sie die gerade Strecke im roten Kreis, die an dieser Stelle nicht gewünscht ist, und vergleichen Sie sie mit Abbildung 10.48 rechts.

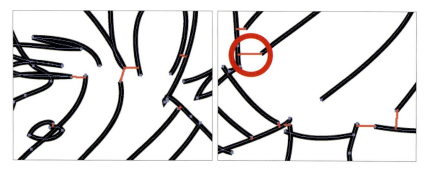

In den meisten Fällen ist es besser, kleine Lücken automatisch schließen zu lassen und die größeren manuell zu bearbeiten, da für die größeren Lücken oft eine Kurve benötigt wird. Wenn Sie passende Einstellungen gefunden haben, schließen Sie den Dialog mit OK.

Die Option LÜCKEN MIT PFADEN SCHLIESSEN ist in unserem Fall nicht sinnvoll, da es hier besser ist, manuelles und automatisches Lückenschließen zusammen zu verwenden.

4 Lücken prüfen
Prüfen Sie die Grafik erneut, indem Sie das Interaktiv-malen-Werkzeug über die kritischen Flächen bewegen und auf die roten Signalkonturen achten.

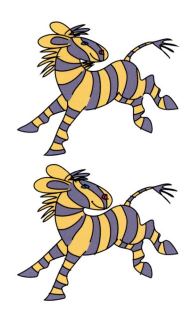

▲ **Abbildung 10.50**
Der Kopf dieses Zebras wurde nach Erstellen der Malgruppe transformiert und detailliert nachgearbeitet.

5 Malgruppe zur manuellen Nacharbeit isolieren
Aktivieren Sie ANSICHT • INTERAKTIVE MALLÜCKEN EINBLENDEN, um die geschlossenen Lücken bei der manuellen Nachbearbeitung im Blick zu haben. Isolieren Sie nun die Malgruppe durch einen Doppelklick, oder indem Sie das Live-Paint-Objekt aktivieren und anschließend auf das Symbol AUSGEWÄHLTE GRUPPE ISOLIEREN im Steuerungsbedienfeld klicken. Pfade, die Sie der isolierten Gruppe hinzufügen, werden in die Malgruppe aufgenommen.

▲ **Abbildung 10.51**
Die isolierte Gruppe wird durch den grauen Titelbalken signalisiert.

6 Große Lücken mit Pfaden schließen
In der Malgruppe können Sie nun die großen Lücken schließen, indem Sie Pfade als Grenzlinien zeichnen. Verwenden Sie dafür den Buntstift oder den Zeichenstift. Den Pinsel lässt Illustrator innerhalb einer Malgruppe nicht zu. Die auffallendste Lücke besteht am Hinterteil des Zebras. Diese Lücke muss mit einer Kurve geschlossen werden, damit die gefüllte Fläche die Form unterstützt. Eine größere Ansicht erhalten Sie mit der Lupe.

10.4 Interaktiv malen

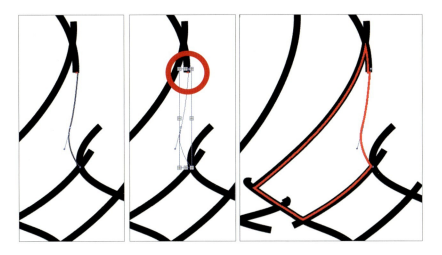

◀ **Abbildung 10.52**
Schließen der größten Lücke mit einem Pfad – achten Sie darauf, den Pfad nicht an der oberen Linie anzuschließen, sondern einen neuen Pfad zu beginnen. Im mittleren Bildausschnitt ist zu sehen, wie der kleine Abstand zum bestehenden Punkt automatisch geschlossen wird.

Legen Sie einen Pfad an – wie abgebildet. Sie müssen beim Erstellen der Endpunkte nicht genau den vorhandenen Pfad treffen, wie es beim Konstruieren eines Objekts notwendig wäre.

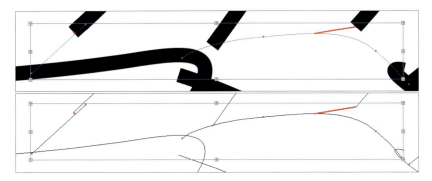

▲ **Abbildung 10.53**
In der Pfadansicht sehen Sie an diesem Beispiel, dass sich die Pfade nicht berühren müssen, um die Lücke zu schließen.

Da die »Lückenschließer«-Pfade selbst nicht sichtbar sein sollen, reicht es vollkommen aus, wenn die neuen Linien so nahe an die bestehenden Pfade heranreichen, dass die eingestellten LÜCKENOPTIONEN greifen.

Pfade, deren Form Ihnen nicht sofort gefällt, können Sie selbstverständlich mit den Werkzeugen ANKERPUNKTE HINZUFÜGEN und LÖSCHEN, GLÄTTEN, PUNKTE UMWANDELN etc. nachbearbeiten.

Lassen Sie den Pfad ausgewählt, und aktivieren Sie – soweit dies nicht bereits vorher erfolgt ist – im Werkzeugbedienfeld die Option OHNE KONTUR .

Prüfen Sie noch einmal, ob alle Lücken geschlossen sind, bevor Sie die isolierte Gruppe mit einem Klick auf das Symbol im Steuerungsbedienfeld beenden.

▲ **Abbildung 10.54**
Das Farbfeld für KONTUR ist aktiviert.

331

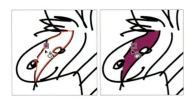

▲ Abbildung 10.55
Teilflächen werden mithilfe des Interaktiv-malen-Werkzeugs mit Farbe gefüllt.

Farben einstellen und aktive Malgruppen

Ist eine Malgruppe ausgewählt und das Auswahl-Werkzeug aktiv und Sie stellen eine Farbe für Kontur oder Fläche ein, dann wird diese Farbe der aktivierten Malgruppe zugewiesen. Ist dagegen das Interaktiv-malen- oder das Interaktiv-malen-Auswahlwerkzeug ausgewählt, dann passiert dies nicht.

Abbildung 10.56 ▶
Wählen Sie Kanten mit dem Interaktiv-malen-Auswahlwerkzeug aus, und ändern Sie ihre Eigenschaften.

7   Flächen füllen

Wenn keine Lücken mehr offen sind, können Sie die Teilflächen und Kanten Ihrer Malgruppe gestalten.

Um Teilflächen mit einer Farbfüllung zu versehen, deaktivieren Sie die Malgruppe, aktivieren Sie das Farbfeld für FLÄCHE im Werkzeugbedienfeld und bestimmen eine Farbe im Farbfelder-Bedienfeld, oder mischen Sie eine neue Farbe im Farbe-Bedienfeld.

Danach wählen Sie das Interaktiv-malen-Werkzeug und klicken damit in die Teilfläche, die Sie kolorieren möchten. Achten Sie dabei auf das Cursorsymbol und auf die Signalisierung durch die rote Umrandung der Fläche.

Möchten Sie dagegen Kanten einfärben oder Teilflächen nicht nur mit einer einfachen Farbfüllung versehen, müssen Sie die entsprechenden Elemente aktivieren.

Dann holen Sie sich das Interaktiv-malen-Auswahlwerkzeug aus dem Werkzeugbedienfeld und klicken die Kante oder die Teilfläche an, die Sie gestalten möchten.

Das Interaktiv-malen-Auswahlwerkzeug zeigt durch einen Wechsel des Cursorsymbols an, ob Sie eine Kante oder eine Teilfläche aktivieren können.

Halten Sie gedrückt, um der Auswahl eine weitere Kante bzw. Teilfläche hinzuzufügen.

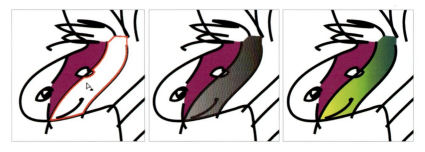

▲ Abbildung 10.57
Auch Teilflächen wählen Sie so aus, um sie mit komplexeren Füllungen zu versehen.

Einen Verlauf legen Sie an, indem Sie eine oder mehrere Teilflächen selektieren und im Verlauf-Bedienfeld die Art des Verlaufs sowie die gewünschten Farben bestimmen. Sollen zu einem späteren Zeitpunkt Verlaufsfarben geändert werden, nutzen Sie dafür ebenfalls das Verlauf-Bedienfeld, nicht die Funktion INTERAKTIVE FARBE (s. Abbildung 10.58).

Mit dem Verlauf-Werkzeug legen Sie Winkel und Länge des Verlaufs fest, indem Sie mit dem Cursor auf den Startpunkt des Verlaufs klicken und bis zum gewünschten Endpunkt ziehen. Den Verlaufsoptimierer (s. Abschnitt 9.6.4) können Sie zusammen mit interaktiven Malgruppen leider nicht verwenden.

▲ **Abbildung 10.58**
Nach dem Editieren einer Verlaufsfarbe mit INTERAKTIVE FARBE wurde der Verlauf den Teilflächen neu zugewiesen und die ursprüngliche Verlaufslänge ignoriert (rechts).

8 Umwandeln

Um eine Malgruppe umzuwandeln und damit Objekte zu erzeugen, die Sie auch für den Austausch mit anderen Programmen verwenden können, aktivieren Sie die betreffende Malgruppe und wählen im Menü den Befehl OBJEKT • INTERAKTIV MALEN • UMWANDELN aus. Teilflächen und Kanten werden damit in einzelne geschlossene Pfade mit Füllung umgewandelt. Nach der Umwandlung sind die Objekte gruppiert. Lösen Sie die Gruppierung auf, um die Objekte zu analysieren.

▲ **Abbildung 10.59**
Eine umgewandelte Malgruppe

10.5 Linien in Flächen umwandeln

Illustrator kann Pfade mit vielen verschiedenen Konturen und Effekten versehen – aber egal, wie flächig solche Linien auf dem Bildschirm aussehen, für die Bearbeitung im Programm bleiben es Pfade, die auch nur als solche behandelt werden.

10.5.1 Die Funktion »Konturlinie«

In Entwurfsphasen ist es oft spontaner, Illustrationen, Piktogramme oder Logos zunächst aus breiten Linien aufzubauen, deren Kurvenführung viel leichter handhabbar ist als die von Flächen mit parallel verlaufenden Außenpfaden. Spätestens bei der Reinzeichnung müssen solche Quasiflächen jedoch in echte Flächen mit geschlossenen Außenpfaden umgewandelt werden. Auch sind viele Weiterbearbeitungsschritte in Illustrator oder in anderen Programmen nur mit gefüllten, geschlossenen Formen möglich, beispielsweise die Anwendung der Pathfinder. Um »flächige Pfade« in Flächen mit Außenpfad umzuwandeln, verwenden Sie die Funktion KONTURLINIE. Damit werden Strichelungen und variable Breitenprofile (s. Abschnitt 9.3) korrekt in Flächen umgewandelt – auch unter Berücksichtigung abgerundeter Konturenden.

▲ **Abbildung 10.60**
Ineinanderliegende Eckenrundungen lassen sich mit einer starken Kontur einfach konstruieren (unten).

▲ Abbildung 10.61
T-Shirt mit Folienbedruckung: Bei starker Beanspruchung sind feine Konturen besonders gefährdet.

▲ Abbildung 10.62
Ob die kleinsten Elemente die Mindestgröße einhalten, prüfen Sie mit einem Kreis, der einen Durchmesser in der Mindestgröße besitzt.

▲ Abbildung 10.63
Beim Fräsen wird meist ein Werkzeug in der gewünschten Stärke eingesetzt. In diesem Fall müssen Konturen nicht in Flächen umgewandelt werden.

Checkliste: Datei für Folienplot

Absprachen | Sprechen Sie mit dem Dienstleister die Dateianforderungen ab, z.B. die Linienstärke, die Definition von Farben, den Maßstab und das Dateiformat. Suchen Sie einen frühzeitigen Kontakt, und planen Sie ausreichend Zeit für Tests ein, vor allem, wenn Sie in einer Konstellation zum ersten Mal arbeiten.

Farben | Erfragen Sie, wie Farben definiert werden sollen, und legen Sie Farbfelder entsprechend an. Arbeiten Sie mit globalen Farbfeldern.

Details | In der Regel ist eine Mindestgröße bzw. Mindestlinienstärke definiert – entweder bedingt durch das Schneiden der Folie oder aufgrund der Weiterverarbeitung und Haltbarkeit (s. Abbildung 10.61). Achten Sie beim Anlegen der kleinsten Elemente auf den Maßstab. Wenn Motive später verkleinert werden, verringert sich die Stärke von Konturen entsprechend.

Konturen | Wandeln Sie alle Konturen in Flächen um. Speichern Sie jedoch immer eine Version Ihrer Datei mit den originalen, nicht umgewandelten Objekten. Zum einen lassen sich so Änderungen einfacher druchführen, zum anderen benötigen Sie die Originaldaten vielleicht noch einmal für eine andere Anwendung (s. auch den Punkt »Fräsen« weiter unten).

Schneidelinien | Falls Ihr Motiv gedruckt und nur die Außenkontur geschnitten wird, fragen Sie, wie die Schneidelinie angelegt werden muss. Erfragen Sie die Linienstärke, die Farbe und die Bezeichnung dieser Kontur. Klären Sie auch das Anlegen von Überfüllungen, falls Ihr Motiv bis zur Schneidekontur reicht.

Schriften | Erfragen Sie die Mindestgröße für Schriften – berücksichtigen Sie besonders Serifenschriften und hier vor allem die Linienstärke der Serifen. Wandeln Sie alle Schriften in Pfade um.

Kombinationen | Wandeln Sie alle zusammengesetzten Formen um. Kombinieren Sie übereinanderliegende gleichfarbige Objekte zu einer Form, z.B. mit der Pathfinder-Funktion VERDECKTE FLÄCHE ENTFERNEN.

Benachbarte Farbflächen | Erfragen Sie, ob Sie benachbarte oder übereinanderliegende verschiedenfarbige Formen aussparend oder überdruckend anlegen müssen. Falls ausgespart werden soll, sprechen Sie das Anlegen der Überfüllung ab.

Zahl der Ankerpunkte | Reduzieren Sie die Anzahl der Ankerpunkte, um die Komplexität Ihrer Grafik zu verringern und damit auch die Verarbeitungszeit zu senken.

Hilfslinien | Löschen Sie alle Hilfslinien, da sie von der Plottersoftware ebenfalls als Schneidelinien interpretiert werden könnten.

Dateiformate | Speichern Sie die Datei im abgesprochenen Dateiformat. Ihre Datei wird in den meisten Fällen nicht mit Illustrator weiterverarbeitet. Falls Ihr Dienstleister Ihnen kein Austauschformat nennen kann, probieren Sie alte EPS- oder Illustrator-Formate. Generieren Sie die Austauschformate nur zusätzlich zu Ihrer nativen Illustrator-Datei.

Fräsen | Für das Fräsen gelten andere Voraussetzungen (s. Abbildung 10.63). Sprechen Sie diese ebenfalls mit Ihrem Dienstleister ab.

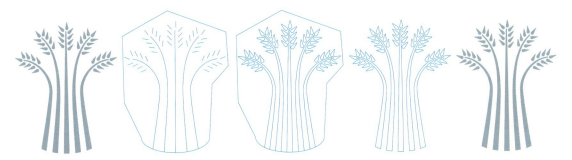

Die Funktion »Konturlinie« anwenden | Aktivieren Sie die Pfade, die Sie in Flächen umwandeln möchten, und wählen Sie im Menü den Befehl Objekt • Pfad • Konturlinie aus. Weitere Parameter sind nicht vorgesehen. Illustrator setzt voraus, dass die Eigenschaften wie Stärke, Strichelungen und Eckenformen beibehalten werden sollen. Die Funktion kann daher gleichzeitig auf mehrere Pfade mit unterschiedlichen Konturstärken angewendet werden.

Illustrator trennt einen Pfad, dem eine Füllung zugeordnet ist, in zwei Objekte auf. Die Kontur wird in eine Fläche umgewandelt, die Füllung bleibt als Objekt ohne Kontur bestehen, und beide Objekte werden miteinander gruppiert. Überschneidet ein Pfad sich selbst, entsteht automatisch ein zusammengesetzter Pfad.

Pfad mit mehreren Konturen | Ist ein Pfad mit mehreren Konturen versehen, wird nur *die* Kontur in eine Fläche umgewandelt, die im Aussehen-Bedienfeld aktiviert ist. Statt der Funktion Konturlinie wenden Sie in diesem Fall den Befehl Objekt • Transparenz reduzieren an – aktivieren Sie die Option Konturen in Pfade umwandeln.

▲ **Abbildung 10.64**
In der Entwicklungsphase dieses Logos erwiesen sich Konturen mit Breitenprofil sowie eine Schnittmaske als sehr flexibel. Um jedoch die untere Rundung der Halme auszuführen, mussten die Konturen in Pfade umgewandelt werden.

Umwandeln-Funktionen

In Tabelle 10.1 auf S. 317 finden Sie einen Vergleich der verschiedenen Umwandeln-Funktionen in Illustrator.

10.5.2 Der Effekt »Konturlinie«

Konturlinie können Sie auch als Effekt anwenden. Wie bei allen Effekten wird die Kontur nicht sofort in eine Fläche umgewandelt, sondern bleibt editierbar (s. Abschnitt 13.2.6). Ein Anwendungsbeispiel für den Effekt finden Sie im »Kartengrafik«-Workshop in Kapitel 11 auf S. 386.

Schritt für Schritt
Reinzeichnung eines Logos

In diesem Workshop sehen wie uns einige Methoden an, um ein bisher mit Konturen, Schnittmasken und allerlei Hilfsobjekten konstruiertes Logo reinzuzeichnen. Öffnen Sie die Datei »Logo reinzeichnen.ai« von der DVD.

▲ **Abbildung 10.65**
Das Ergebnis des Workshops

1 Analyse

Beginnen Sie damit, sich die Datei anzusehen. Untersuchen Sie den Aufbau mithilfe des Ebenen-Bedienfeldes und gehen Sie in die Pfadansicht, um zu prüfen, welche Elemente umgewandelt werden müssen. Jetzt müssen Sie planen, in welcher Reihenfolge Sie vorgehen, d. h., welche Elemente für die jeweiligen Schritte umgewandelt vorliegen müssen.

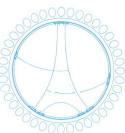
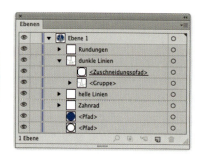

Abbildung 10.66 ▶
In der Vorschau ist der Aufbau des Logos aus Konturen nicht zu erkennen. So ist es praktisch für Änderungen, zur Weiterbearbeitung jedoch nicht geeignet.

In dieser Konstruktion sind fast alle Elemente mit Konturen gebaut. Zwischenräume sind mit weißen Elementen umgesetzt. Es müssen also Konturen umgewandelt und zu Flächen zusammengefügt, die weißen Bereiche ausgestanzt und Rundungen angewendet werden. Bei der Arbeit mit den vielen Elementen kann es sehr häufig vorkommen, dass Sie Teile unabsichtlich aktivieren, vor allem die dunklen und weißen direkt aufeinanderliegenden Konturen sind »gefährdet«. Um das zu vermeiden, können Sie diese Elemente ausblenden.

Die Elemente, die Sie erst viel später benötigen, liegen in der Gruppe »Rundungen« und in der Gruppe »Zahnrad«. Klicken Sie auf das Augensymbol ● neben den Einträgen im Ebenen-Bedienfeld, um sie auszublenden. Das Zahnrad ist nun nur noch ein fetter dunkler Kreis.

▲ **Abbildung 10.67**
Zu Beginn werden die dünnen dunklen Linien bearbeitet.

Blenden Sie außerdem die Gruppe »helle Linien« aus, da sie die Arbeit an den dunklen Linien stören, sowie den blauen Kreis, da die dunklen Konturen darauf nur schwer zu erkennen wären.

2 Dunkle Konturen

Auf die dunklen Linien ist eine Schnittmaske angewandt. Auch diese Schnittmaske wird in diesem Schritt umgewandelt, zunächst geht es aber an die Konturen selbst.

Wählen Sie die dunklen Linien mit dem Auswahl-Werkzeug aus. Auch wenn die Schnittmaske angewendet ist, können Sie die Konturen umwandeln. Wählen Sie OBJEKT • PFAD • KONTURLINIE. Das Ergebnis können Sie nur in der Pfadansicht begutachten. Diese einzelnen Flächen müssen im nächsten Schritt miteinander vereinigt werden.

▲ **Abbildung 10.68**
Die Linien in ihrer Schnittmaske – dank Pfadansicht ist zu erkennen, dass die Linien noch über den Schneidepfad hinausgehen.

Dazu müssen Sie jedoch in den Isolationsmodus wechseln. Doppelklicken Sie auf eine der Linien. Alle Elemente der Gruppe sind aktiviert.

10.5 Linien in Flächen umwandeln

Klicken Sie auf den Button VEREINEN im Pathfinder-Bedienfeld. Mit einem Doppelklick auf die freie Zeichenfläche verlassen Sie den Isolationsmodus wieder.

Deaktivieren Sie die Auswahl, und klicken Sie dann erneut auf die Linien, die Schnittmaske ist jetzt wieder insgesamt ausgewählt. Sie muss nun ebenfalls umgewandelt werden. Das geht, weil keine Konturen mehr vorhanden sind. Klicken Sie auf den Button SCHNITTMENGENFLÄCHE im Pathfinder-Bedienfeld (Abbildung 10.70).

Die dunklen Linien benötigen Sie nun erst wieder zum Schluss, daher blenden Sie sie jetzt mit einem Klick auf das Auge aus.

▲ Abbildung 10.69
Zusammenfügen der dunklen Linien im Isolationsmodus

3 Weiße Konturen umwandeln

Blenden Sie die Gruppe »helle Linien« wieder ein, indem Sie an die Stelle klicken, an der zuvor das Augensymbol zu sehen war ❶. Auch diese Konturen müssen umgewandelt werden. Wenn Sie die Linien nicht umfärben wollen, gehen Sie jetzt am besten in die Pfadansicht.

Mit einem Klick aktivieren Sie die gesamte Gruppe und wenden wieder der OBJEKT • PFAD • KONTURLINIE an. Bevor Sie nun weitermachen, müssen Sie an einer Ecke eine kleine Korrektur vornehmen. Der über die Kreislinie reichende Teil dieses Pfades sollte entfernt werden.

▲ Abbildung 10.70
Schnittmaske nach Umwandlung

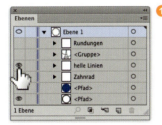   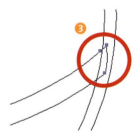

Wählen Sie den betreffenden Pfad durch einen Klick mit dem Gruppenauswahl-Werkzeug aus ❷. Die Änderung muss nicht allzu präzise vorgenommen werden, daher können Sie z. B. das Radiergummi-Werkzeug verwenden und einfach den Teil des Pfades radieren, der über den Kreis reicht ❸. Damit Sie den betreffenden Kreis gut erkennen können, blenden Sie den dunklen Kreis (das unterste Objekt im Ebenen-Bedienfeld) ebenfalls aus.

Deaktivieren Sie den Pfad wieder, wählen Sie erneut die ganze Gruppe aus und wenden Sie den Pathfinder VEREINEN darauf an.

▲ Abbildung 10.71
Einblenden der hellen Linien; Direktauswahl der überstehenden Linie; nach der Korrektur mit dem Radiergummi

4 Ecken abrunden

Blenden Sie jetzt zusätzlich die Ebene »Rundungen« ein, ziehen Sie ein Auswahlrechteck über alle Elemente auf, und verwenden Sie wieder

▲ Abbildung 10.72
Nach dem Vereinen der weißen Pfade

Kapitel 10 Vektorobjekte bearbeiten und kombinieren

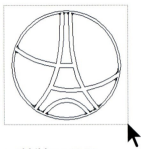

▲ **Abbildung 10.73**
Auswählen mit einem Auswahlrechteck

den Pathfinder VEREINEN, um alles zu kombinieren. Die weißen Objekte blenden Sie nun im Ebenen-Bedienfeld wieder aus (Abb. 10.73).

5 Zahnkranz

Um den Zahnkranz zu erstellen, beginnen Sie mit dem dunklen Kreis und wandeln ihn mit der Funktion KONTURLINIE um.

Anschließend blenden Sie die Gruppe »Zahnrad« wieder ein. Als Gruppe können Sie sie jedoch nicht gebrauchen, um darauf Pathfinder-Funktionen anzuwenden. Stattdessen muss ein zusammengesetzter Pfad erstellt werden. Heben Sie die Gruppierung mit ⌘/Strg+⇧+G auf, und während alle Objekte noch aktiv sind, bilden Sie den zusammengesetzten Pfad mit ⌘/Strg+8.

Aktivieren Sie jetzt zusätzlich den dunklen Kreis ❶, und subtrahieren Sie die Ovale ❷ vom Kreis, indem Sie die gleichnamige Pathfinder-Funktion anwenden ❸.

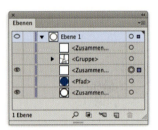 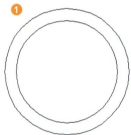 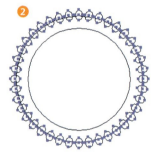 

▲ **Abbildung 10.74**
Umwandeln des Zahnkranzes und Stanzen der Zähne von der Linie

6 Weiß ausstanzen

Nun blenden Sie alle Elemente im Ebenen-Bedienfeld ein ❹. Überprüfen Sie die Stapelreihenfolge – es haben sich durch die vorherigen Operationen Änderungen ergeben, sodass die dunklen Linien nicht mehr oben liegen. Dies müssen Sie korrigieren, indem Sie die <Gruppe> im Ebenen-Bedienfeld ganz nach oben verschieben ❺.

Außerdem ist das Zahnrad vor den blauen Kreis gerutscht. Auch das korrigieren Sie im Ebenen-Bedienfeld ❻.

▼ **Abbildung 10.75**
Sortieren der Stapelreihenfolge und Aktivieren der Elemente für die Anwendung von VERDECKTE FLÄCHE ENTFERNEN

Aktivieren Sie nun alles, und klicken Sie dann mit gedrückter Taste ⇧ noch einmal auf die dunklen Linien, um sie wieder von der Auswahl auszunehmen. Dann wenden Sie die Pathfinder-Funktion VERDECKTE FLÄCHE ENTFERNEN an. Damit wird alles so zerschnitten, dass sich nebeneinanderliegende Formen ergeben.

7 Weiß löschen

Nach dem Anwenden von VERDECKTE FLÄCHE ENTFERNEN sind viele weiße Objekte übrig geblieben. Diese werden nicht benötigt, damit das Logo auch geplottet werden kann.

Doppelklicken Sie auf das Zauberstab-Werkzeug, um die Optionen aufzurufen. Aktivieren Sie die Option FLÄCHENFARBE, und stellen Sie die TOLERANZ auf 0. Dann klicken Sie auf den weißen Bereich. Die aktivierten Objekte löschen Sie.

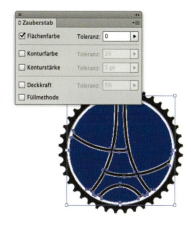

▲ **Abbildung 10.76**
Auswahl der nicht benötigten weißen Objekte mit dem Zauberstab.

8 Alles einblenden und prüfen

Prüfen Sie jetzt die Grafik erneut. Gehen Sie noch einmal in die Pfadansicht, sehen Sie sich die Ebenen genau an. Blenden Sie gegebenenfalls Elemente aus, um zu sehen, ob Duplikate vorhanden sind.

Bei dieser Prüfung wird Ihnen ein Pfad begegnen, der verdächtig aussieht. Er gehört zur Gruppe der dunklen Pfade. Aktivieren Sie ihn, indem Sie im Ebenen-Bedienfeld in die Spalte ganz rechts klicken. Es handelt sich um einen ungefüllten Pfad ohne Kontur (Abbildung 10.77). Er hat offensichtlich keine Funktion, daher löschen Sie ihn.

Dann heben Sie die bestehenden Gruppierungen auf und verbinden alle blauen Objekte zu einem zusammengesetzten Pfad. Nehmen Sie das ebenfalls für alle dunklen Objekte vor (Abbildung 10.78). Die zusammengesetzten Pfade lassen sich nun beispielsweise mit Verläufen füllen. ■

▲ **Abbildung 10.77**
Ein Pfad ohne Fläche und Kontur ist »übrig«.

10.6 Formen und Objekte »überblenden«

Da Pfade auf geometrischen Algorithmen basieren, ist es möglich, interpolierte Formen zwischen zwei geometrischen Figuren zu berechnen. In Illustrator wird diese Funktion ANGLEICHEN genannt. Angleichungen setzt man häufig ein, um unregelmäßige Verläufe oder einfache Guillochen zu erzeugen – die von Wertpapieren oder Urkunden bekannten Linienmuster.

▲ **Abbildung 10.78**
Als Ergebnis sollten zwei zusammengesetzte Pfade entstehen.

▲ Abbildung 10.79
Die Angleichung ist eine beliebte Methode, um Spezialverläufe zu erzeugen (oben: Ausgangsformen, unten: nach Angleichung).

10.6.1 Pfade interpolieren – Angleichung erstellen

Sie können Angleichungen zwischen zwei und mehreren Objekten – nicht nur Einzelpfaden, sondern auch Gruppen – auf zwei verschiedene Weisen erstellen: per Menübefehl oder mit dem Angleichen-Werkzeug (Abbildung 10.80).

Interpolieren mit Tastatur- oder Menübefehl | Aktivieren Sie die Objekte, zwischen denen Sie interpolieren möchten, und wählen Sie OBJEKT • ANGLEICHEN • ERSTELLEN – ⌘+⌥+B bzw. Strg+Alt+B. Die Berechnung der Zwischenstufen in einem Stapel mehrerer aktivierter Objekte erfolgt immer von unten nach oben zwischen zwei übereinanderliegenden Objekten.

Interpolieren mit dem Angleichen-Werkzeug | Wählen Sie das Angleichen-Werkzeug – W –, und klicken Sie der Reihe nach auf die Objekte, zwischen denen Sie die Interpolationen erstellen möchten. Dabei ist die Stapelreihenfolge der Objekte ohne Belang. Die Objekte müssen nicht aktiviert sein. Nachdem Ihre Angleichungsgruppe vollständig ist, klicken Sie erneut auf das Angleichen-Werkzeug im Werkzeugbedienfeld, um die Aktion zu beenden. Alternativ drücken Sie ⌥/Alt, wenn Sie das letzte Objekt anklicken, um das Angleichen abzuschließen. Daraufhin wird die Dialogbox ANGLEICHUNG-OPTIONEN geöffnet (s. Abschnitt 10.6.3).

▲ Abbildung 10.80
Angleichen der ganzen Objekte per Menübefehl (oben), Auswahl einer jeweils gleichen Anzahl an Punkten und Bestimmen der Referenzpunkte mit dem Angleichen-Werkzeug (unten)

Mit Bezugspunkten angleichen | Wenn Sie mit dem Angleichen-Werkzeug einzelne Ankerpunkte der Objekte anklicken, werden diese Punkte als Referenzpunkte für die Überblendung verwendet (Abbildung 10.80). Als optische Hilfe wechselt das Zeigersymbol zu ⌖+, sobald das Programm einen Punkt unter dem Cursor erkennt.

Möchten Sie mehrere Punkte als Referenzpunkte verwenden, wählen Sie das Direktauswahl-Werkzeug und aktivieren damit einzelne Punkte auf dem Start- und dem Endobjekt. Achten Sie darauf, auf beiden jeweils eine identische Anzahl an Punkten auszuwählen (diese Vorgehensweise ist nicht möglich, wenn Sie gruppierte Objekte angleichen). Dann klicken Sie mit dem Angleichen-Werkzeug einen der aktivierten Punkte und sein Gegenstück auf dem anderen Objekt an.

▲ Abbildung 10.81
Die Länge der Grifflinien der Angleichungsachse (jeweils cyan) bestimmt die Verteilung der interpolierten Objekte.

Das Interpolationsergebnis bearbeiten | Beim Angleichen wird aus den interpolierten Objekten eine Angleichungsgruppe gebildet, die Sie mit dem Auswahl-Werkzeug als Ganzes aktivieren und mit Transformationswerkzeugen bearbeiten können.

Um die Quellobjekte, zwischen denen Sie die Angleichung erstellt haben, zu aktivieren und zu bearbeiten, verwenden Sie das Direktauswahl-Werkzeug (s. Abschnitt 6.3) oder bearbeiten die Angleichung im Isolationsmodus.

Die Angleichungsachse bearbeiten | Illustrator erstellt einen Pfad als Achse, auf dem die Zwischenstufen angeordnet werden. Sobald die Angleichungsgruppe aktiviert ist, wird diese Achse in der Vorschau eingeblendet; in der Pfadansicht ist sie immer sichtbar. Nach der Berechnung der Zwischenstufen ist die Achse eine gerade Linie, die jedoch wie jeder Pfad bearbeitet werden kann, um so die Anordnung der interpolierten Objekte zu verändern (s. Abschnitt 10.6.4). Die Verteilung der Objekte wird durch die Länge der Grifflinien bestimmt (Abbildung 10.81).

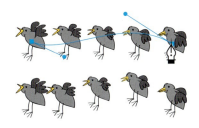

▲ Abbildung 10.82
Die Angleichungsachse kann mit den Zeichen-Werkzeugen bearbeitet werden.

Farbmischungen

Verwenden Sie Angleichungen, um schnell Farbmischungen und Zwischentöne herzustellen.

10.6.2 Farben, Transparenz, Effekte, Symbole und Gruppen angleichen

Verschiedene Eigenschaften der überblendeten Pfade werden beim Erzeugen der Zwischenstufen unterschiedlich behandelt.

Farben angleichen | Die Berechnung der Zwischenstufen einer Angleichung farbiger Objekte erfolgt in fast allen Fällen als Prozessfarben in CMYK (Farbe s. Abschnitt 8.5). So funktionieren die verschiedenen Farbraum-Angleichungen:

▶ Zwischen einer Volltonfarbe (z. B. Pantone, HKS) und einer Prozessfarbe: Die Zwischenstufen werden als Prozessfarbe berechnet. Die Quellobjekte behalten ihren Farbraum bei.
▶ Zwischen einer Volltonfarbe und einer anderen Volltonfarbe: Die Zwischenstufen werden als Prozessfarben berechnet, die Quellobjekte behalten ihre ursprüngliche Volltonfarbe.
▶ Zwischen verschiedenen Tonwerten einer Volltonfarbe: Die Zwischenstufen werden in den dazwischenliegenden Tonwerten berechnet.

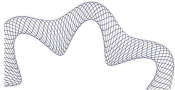

▲ Abbildung 10.83
Einfache Guillochen (oben). Um komplexere Formen (unten) zu erstellen, benötigen Sie Spezialsoftware, wie z. B. Excourse Excentro.

Verläufe angleichen | Das Angleichen von Verläufen ist eine interessante Möglichkeit, noch weichere Übergänge zu erstellen. Weisen Sie entweder allen beteiligten Objekten einen Verlauf zu, oder erstellen Sie Angleichungen zwischen Objekten mit Verlauf und durchgefärbten Objekten.

Transparenzen angleichen | Grundlage für die Berechnung einer Transparenz sind die Parameter DECKKRAFT und FÜLLMETHODE (s. Abschnitt

▲ Abbildung 10.84
Angleichungen zwischen Verlaufsobjekten

▲ Abbildung 10.85
Illustrator kann keine »optisch korrekte« Angleichung zwischen gedrehten Objekten erzeugen.

▲ Abbildung 10.86
Weisen Sie stattdessen allen Objekten den Effekt TRANSFORMIEREN zu. Drehen Sie das mittlere Objekt durch die Optionen des Effekts. Anfangs- und Endobjekt erhalten den Effekt mit allen Optionen in der »Ruheposition« (oben). Dann erstellen Sie die Angleichung mit ausgetauschter Angleichungsachse (unten).

Abbildung 10.87 ▶
Angleichungen zwischen Gruppen: mit entsprechender Stapelreihenfolge (oben), Stapelreihenfolge der beiden Gruppen jeweils unterschiedlich (unten)

12.1). Angleichungen können zwar zwischen unterschiedlichen Deckkraft-Einstellungen, nicht aber zwischen differierenden Füllmethoden zweier Objekte erzeugt werden.

Sind den Quellobjekten unterschiedliche Füllmethoden zugeordnet, weisen alle interpolierten Objekte die Füllmethode des in der Stapelreihenfolge oberen Objekts auf. Das untere Objekt behält seine ursprüngliche Füllmethode bei.

Die Wirkung der Transparenz auf die Überblendobjekte innerhalb der Angleichungsgruppe wird nur berechnet, wenn Sie im Transparenz-Bedienfeld die Option AUSSPARUNGSGRUPPE deaktivieren (Aussparungsgruppen s. Abschnitt 12.1.6).

Effekte angleichen | Die Angleichung verschiedener Effekte zwischen zwei Objekten ist nicht immer möglich. Relativ problemlos erfolgt die Erzeugung von Zwischenschritten bei Objekten mit gleichen Effekten in unterschiedlichen Einstellungen, wie z. B. der Stärke. Die Angleichung zwischen zwei Objekten mit unterschiedlichen Einstellungen für den Transformieren-Effekt ermöglicht Ihnen, ein Objekt drehen zu lassen. Das Beispiel mit dem Snowboarder finden Sie auf der DVD: »Angleichen-Drehen.ai«.

Symbole und Gruppen angleichen | Illustrator kann auch zwischen Instanzen *verschiedener* Symbole (s. Kapitel 17) überblenden. Entscheidend für die Zuordnung der Objekte zueinander ist sowohl bei Symbolinstanzen als auch bei Gruppen die Stapelreihenfolge der Objekte.

Die Einzelobjekte aus Symbolen und Gruppen, die angeglichen werden sollen, müssen an entsprechender Stelle in den jeweiligen Objektstapeln liegen. Ein Objekt, das keine Entsprechung im anderen Objektstapel besitzt, wird bis ins »Nichts« verkleinert. Illustrator beginnt mit dem Angleichen bei den untersten Objekten der Stapel.

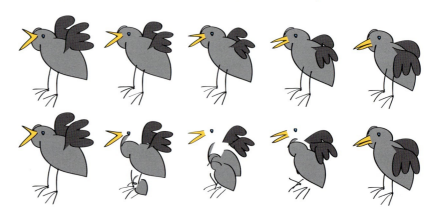

10.6.3 Angleichung-Optionen

Die Optionen der Angleichung bestimmen, wie viele Zwischenschritte erzeugt und wie diese auf der Angleichungsachse ausgerichtet werden.

Rufen Sie die ANGLEICHUNG-OPTIONEN auf, indem Sie die Angleichungsgruppe aktivieren und im Menü OBJEKT • ANGLEICHEN • ANGLEICHUNG-OPTIONEN… auswählen, oder doppelklicken Sie auf das Angleichen-Werkzeug im Werkzeugbedienfeld.

◀ Abbildung 10.88
Die Dialogbox ANGLEICHUNG-OPTIONEN

- **ABSTAND:** In diesem Ausklappmenü legen Sie fest, auf welche Weise Illustrator die Angleichung abstuft:
  - **FARBE GLÄTTEN:** Mit dieser Option erzeugt Illustrator die *rechnerisch* optimale Anzahl an Zwischenschritten für eine Überblendung ohne wahrnehmbare Zwischenstufen. Die Option ist vor allem für Angleichungen verschiedenfarbiger Objekte sinnvoll. FARBE GLÄTTEN kann nur auf Pfade und zusammengesetzte Pfade oder Formen angewendet werden. Werden Gruppen angeglichen, erfolgt dies immer in Stufen. Ist die Distanz zwischen den Objekten gering, erzeugt die Methode zu viele Objekte, was Probleme in der Weiterverarbeitung verursachen kann. Bei sehr großen Distanzen kann die Anzahl der Objekte zu gering sein.
  - **FESTGELEGTE STUFEN:** Damit können Sie selbst festlegen, wie viele Zwischenschritte Sie benötigen. Illustrator berechnet danach deren Abstände. Diese Option wird meistens eingesetzt, um Objekte entlang Pfaden anzuordnen (Abbildung 10.90).
  - **FESTGELEGTER ABSTAND:** Hier geben Sie einen festen räumlichen Abstand zwischen den zu interpolierenden Objekten vor. Illustrator errechnet dazu die Anzahl der Stufen.
- **AUSRICHTUNG:** Mit diesen Funktionsbuttons bestimmen Sie, ob die Objekte der Angleichungsgruppe senkrecht zur Seite  oder senkrecht zur Angleichungsachse  ausgerichtet werden.

▲ Abbildung 10.89
Die Option FARBE GLÄTTEN mit einem zusammengesetzten Pfad (oben) und einer Gruppe (unten)

10.6.4 Fertige Angleichungsgruppen verändern

Die beim Angleichen entstandenen »Angleichungsgruppen« aus interpolierten Objekten können Sie nachträglich mit verschiedenen Menübefehlen verändern.

▲ Abbildung 10.90
Um Objekte entlang Freiformpfaden anzuordnen, können Sie ebenfalls Angleichungen verwenden und die Angleichungsachse ersetzen.

Kapitel 10 Vektorobjekte bearbeiten und kombinieren

▲ **Abbildung 10.91**
Angleichung zweier Gruppen ❶, Achse umkehren ❷, Farbrichtung umkehren ❸; wenn die Objekte der Angleichungsgruppe senkrecht zur Angleichungsachse ausgerichtet sind, wird beim Umkehren der Farbrichtung auch die Ausrichtung der Objekte umgekehrt ❹.

▲ **Abbildung 10.92**
Erst nach dem Umwandeln haben Sie Zugriff auf die Zwischenstufen.

Abbildung 10.93 ▶
Links: Diese Angleichungen werden auf der Schaufelfläche erstellt. Rechts: Anders als bei Verlaufsgittern – deren Gitterpunkte jeweils ins Zentrum der Farbfläche gehören – werden die Pfade an die Ränder der Abstufungen gesetzt.

Aktivieren Sie die Angleichungsgruppe, und wählen Sie den gewünschten Befehl aus dem Menü Objekt • Angleichen:

▶ Achse umkehren: Diese Funktion kehrt die Reihenfolge der Objekte entlang der Angleichungsachse um. Der Pfad selbst wird nicht verändert ❶.
▶ Farbrichtung umkehren: Mit diesem Befehl kehren Sie die Stapelreihenfolge in der Angleichungsgruppe um ❸ und ❹.
▶ Achse ersetzen: Sie können den Angleichungspfad durch einen anderen offenen oder geschlossenen Pfad ersetzen (Abbildung 10.89). Aktivieren Sie die Angleichungsgruppe und den gewünschten Pfad, und wählen Sie Objekt • Angleichung • Achse ersetzen.
▶ Umwandeln: In der Angleichungsgruppe haben Sie mit dem Direktauswahl-Werkzeug nur Zugriff auf die Quellobjekte. Wenn Sie die interpolierten Objekte außerhalb der Angleichungsgruppe verwenden oder bearbeiten möchten, müssen Sie die ganze Gruppe in einzelne Objekte umrechnen lassen. Aktivieren Sie die Angleichungsgruppe, und wählen Sie Objekt • Angleichen • Umwandeln (Abbildung 10.92).
▶ Zurückwandeln: Um die Angleichung aufzulösen, aktivieren Sie die Angleichungsgruppe und wählen Objekt • Angleichen • Zurückwandeln. Der Angleichungspfad wird dabei als separates Objekt erzeugt.

Schritt für Schritt
Mit Angleichungen illustrieren

1 Vorlage nachzeichnen

Platzieren Sie das Foto »Schaufel-Vorlage.jpg« als Vorlage in einer neuen Illustrator-Datei (Vorlagenebenen s. Abschnitt 11.1.2).

Zeichnen Sie zunächst die Grundformen der Grafik mit den Zeichen-Werkzeugen oder dem Buntstift. Für die Überblendung benötigen Sie in vielen Fällen nicht nur die Anfangs- und die Endstufe, sondern diverse Zwischenschritte.

 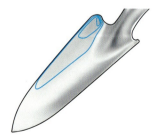

Dafür gibt es zwei Gründe: Zum einen haben Sie mit Zwischenschritten die Möglichkeit, einen detailgenauen Verlauf zu erzeugen, zum anderen können Sie die Zwischenfarben besser steuern.

Wir werden die Formen mithilfe der schwarz umrandet dargestellten Fläche beschneiden, deshalb dürfen die Formen deren Ränder überlappen (Schnittmasken s. Abschnitt 11.4).

2 Farbfelder anlegen und Grundformen einfärben

Die Farbfelder finden Sie in der Farbgruppe SCHAUFEL. Versehen Sie jeweils alle äußeren Flächen der Angleichungen mit dem Farbfeld MITTELTON. Dieses wird später auch der Hintergrundform zugewiesen.

▲ **Abbildung 10.94**
Die fertiggestellte Illustration der Schaufel

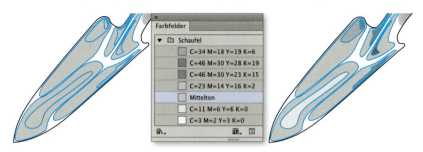

◄ **Abbildung 10.95**
Farbfelder für die Angleichungen; die äußeren Formen sind mit dem MITTELTON versehen (links), die inneren mit passenden Tönen anhand der Fotovorlage.

Die inneren Flächen werden mit jeweils passenden Farben aus den übrigen Farbfeldern versehen. Orientieren Sie sich dabei an der Fotovorlage.

3 Einfache Überblendung

Die Angleichung der beiden Objekte links unten können Sie einfach erstellen: Wählen Sie beide Objekte aus, und rufen Sie OBJEKT • ANGLEICHEN • ERSTELLEN auf. Bei den anderen Objekten ist es unter Umständen nicht so einfach – probieren Sie jedoch immer erst das »einfache« Angleichen. Sollte dabei nicht das gewünschte Ergebnis herauskommen, müssen Sie detaillierter vorgehen.

4 Kompliziertere Überblendung

Die beiden Objekte unten rechts überblenden Sie auf eine andere Art. Wählen Sie auf jedem Pfad mit dem Direktauswahl-Werkzeug drei Punkte aus (s. Abbildung 10.96). Anschließend klicken Sie mit dem Angleichen-Werkzeug zwei einander entsprechende Punkte an, die die Bezugspunkte für die Angleichung ergeben werden.

Dazu bewegen Sie das Werkzeug über den ersten der Punkte, bis der Cursor das Symbol zeigt. Es ist unwesentlich, ob Sie mit dem innersten oder dem äußersten Objekt beginnen. Klicken Sie auf den Punkt,

> **Für Eilige**
>
> Die Datei »Schaufel.ai« enthält bereits die Formen und Farbfelder.

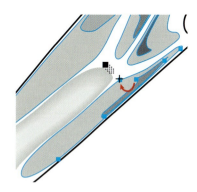

▲ **Abbildung 10.96**
Nachdem das Objekt vorne links fertiggestellt ist, nehmen Sie die Angleichung vorne rechts mit dem Angleichen-Werkzeug vor.

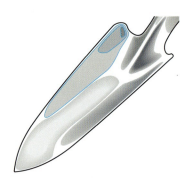

▲ **Abbildung 10.97**
Diese Angleichungen sind relativ einfach erstellt.

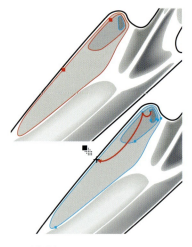

▲ **Abbildung 10.98**
Erst werden Punkte hinzugefügt (oben, rot), dann wird mit den aktivierten Punkten die Angleichung erstellt (unten, blau).

Abbildung 10.99 ▶
Die frisch erstellte Schnittmaske besitzt zunächst keine eigenen Eigenschaften (links) – wählen Sie die Maske mit dem Direktauswahl-Werkzeug aus, und weisen Sie ihr die Eigenschaften (wieder) zu.

und bewegen Sie den Cursor danach über den nächsten Punkt – der Cursor ändert sich in ▚×.

Auf dieselbe Art gehen Sie bei den beiden Angleichungen am Stielansatz vor – dort wählen Sie jedoch jeweils vier Ankerpunkte auf den Pfaden aus. Wenn Sie nach dem Erstellen der Angleichung nicht zufrieden sind, widerrufen Sie den Schritt, wählen Sie andere Punkte aus und probieren es erneut. Das Ergebnis sehen Sie in Abbildung 10.97.

5 Punkte einfügen und angleichen
Wenn Sie durch Auswählen von Punkten nicht zum Ziel kommen, müssen Sie dem Pfaden Punkte hinzufügen (s. Abbildung 10.98 rot). Für die letzte fehlende Angleichung reicht je ein Punkt auf den beiden äußeren Pfaden. Klicken Sie dazu mit dem Zeichenstift-Werkzeug an den gewünschten Stellen auf den aktivierten Pfad (s. Abschnitt 6.5.1).

Anschließend wählen Sie die blau gekennzeichneten Punkte mit dem Direktauswahl-Werkzeug aus und klicken mit dem Angleichen-Werkzeug zwei Bezugspunkte an.

6 Erstellen der Schnittmaske
Holen Sie die Außenform der Schaufel mit OBJEKT • ANORDNEN • IN DEN VORDERGRUND nach vorn. Selektieren Sie zusätzlich die Angleichungen, die Sie eben erstellt haben, sowie die weiteren Angleichungen, die bereits in der Datei vorhanden waren. Wählen Sie OBJEKT • SCHNITTMASKE • ERSTELLEN, oder verwenden Sie den Shortcut ⌘/Strg+7. Das Maskenobjekt bildet mit der beschnittenen Angleichungsgruppe den Schnittsatz.

Die bei dieser Operation verloren gegangenen Aussehen-Eigenschaften des Maskenobjekts ordnen Sie wieder zu, indem Sie es mit dem Direktauswahl-Werkzeug auswählen und erneut eine schwarze Kontur mit abgerundeten Linienecken in Schwarz einstellen sowie der Fläche den MITTELTON zuweisen.

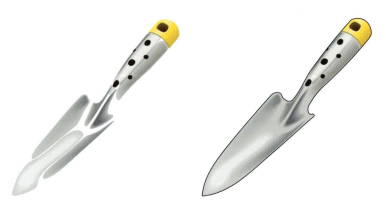

7 Abschließende Arbeiten

Einige Objekte (die »Löcher« im Griff) liegen auf einer gesperrten Ebene. Falls Sie die Schaufel insgesamt auf der Zeichenfläche verschieben oder in ein anderes Dokument kopieren wollen, müssen Sie diese Fixierung lösen (s. Abschnitt 11.2.9).

Sehen Sie sich bei dieser Gelegenheit die bereits bestehenden Objekte an, und studieren Sie ihren Aufbau. ■

10.7 Objekte mit »Hüllen« verzerren

Um sehr komplexe Verzerrungen durchzuführen, können Sie Objekte mit Hüllen versehen. Eine Hülle ist entweder eine fertige Stilform, ein generiertes Gitter oder eine eigene Vektorform, in die Sie Vektorobjekte, Textobjekte oder sogar eingebettete Pixelbilder »einspannen«. »Eingehüllte« Vektorgrafiken und Texte bleiben editierbar.

10.7.1 Verzerrungshülle Verkrümmung

Bei der Verkrümmung haben Sie die Wahl zwischen verschiedenen vorgegebenen Stilformen wie WELLE, FLAGGE, BOGEN und Fischauge-Wölbungen o. Ä., um Objekte zu verzerren.

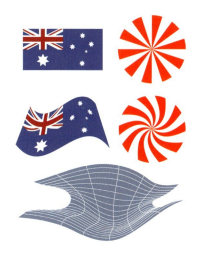

▲ **Abbildung 10.100**
Verkrümmung mit dem Stil FLAGGE und WIRBEL sowie eine Freiform-Verzerrungshülle

Verkrümmung anwenden | Aktivieren Sie das Objekt, das Sie verformen möchten, und wählen Sie aus dem Menü OBJEKT • VERZERRUNGSHÜLLE • MIT VERKRÜMMUNG ERSTELLEN… – ⌘+⌥+⇧+W bzw. Strg+Alt+⇧+W. Die Funktion kann auch auf mehrere aktivierte Objekte gleichzeitig angewendet werden.

In der aufgerufenen Dialogbox VERKRÜMMEN-OPTIONEN wählen Sie in dem Aufklappmenü den STIL der Hülle aus und stellen die Stärke der BIEGUNG und gegebenenfalls einer zusätzlichen VERZERRUNG ein. Wenden Sie zunächst verschiedene Stil-Arten an, um die Verkrümmungen kennenzulernen.

▲ **Abbildung 10.101**
Verkrümmung mit dem Stil TORBOGEN

▲ **Abbildung 10.102**
Über das Steuerungsbedienfeld lassen sich die Optionen bestehender Verzerrungshüllen direkt einstellen.

◀ **Abbildung 10.103**
Die Dialogbox VERKRÜMMEN-OPTIONEN

▲ **Abbildung 10.104**
Aus den CAD-Vorlagen der Druckerei wird eine Hüllenform generiert, die dann auf das Design angewendet wird.

▲ **Abbildung 10.105**
Dialogbox für die Erstellung des Gitters

▲ **Abbildung 10.106**
Verzerrungshülle, auf ein Pixelbild angewendet (rechts)

Pixelbilder und Hüllen
Pixelbilder müssen eingebettet werden, bevor eine Hülle darauf angewendet werden kann.

▶ STIL: Die Namen der Stilarten sind zum größten Teil selbsterklärend, das jeweils zugeordnete Piktogramm zeigt das Schema der Verkrümmung.
▶ HORIZONTAL/VERTIKAL: Diese Einstellung legt die Ausrichtung der Verkrümmung fest.
▶ BIEGUNG: Stellen Sie entweder mit dem Regler oder numerisch die Stärke der Verkrümmung ein.
▶ VERZERRUNG: Mit den Reglern HORIZONTAL und VERTIKAL bestimmen Sie eine zusätzliche waagerechte und/oder senkrechte Verzerrung der Grundverkrümmung. So erreichen Sie gegebenenfalls zusätzlich eine perspektivische Anmutung.
▶ VORSCHAU: Aktivieren Sie die VORSCHAU, damit die Auswirkung Ihrer Einstellungen auf das Objekt angezeigt wird.

10.7.2 Verzerrungshülle Gitter

Alternativ können Sie Ihr Objekt in eine Gitter-Hülle einbetten, um es zu verformen. Ein solches Verzerrungsgitter ist jeweils an seinen Schnittpunkten im Objekt verankert.

Gitter einstellen | Um ein Objekt in ein Verzerrungsgitter zu hüllen, wählen Sie OBJEKT • VERZERRUNGSHÜLLE • MIT GITTER ERSTELLEN… – ⌘+⌥+M bzw. Strg+Alt+M. In der danach angezeigten Dialogbox HÜLLENGITTER bestimmen Sie, wie engmaschig das Verzerrungsgitter sein soll, indem Sie die Anzahl der ZEILEN und SPALTEN, also mittelbar die Menge der wirksamen Gitterpunkte, angeben. Lassen Sie sich die VORSCHAU anzeigen, damit das Gitter während der Eingabe auf Ihr Objekt projiziert wird.

Gitter anwenden | Das Gitter selbst verursacht keine Veränderung Ihres Objekts. Die Verzerrung erfolgt, wenn Sie mit dem Direktauswahl-Werkzeug einzelne Punkte an den Gitter-Kreuzungen verschieben oder den Winkel und die Länge der zugehörigen Grifflinien verändern. Die Gitterhülle kann auch auf mehrere aktivierte Objekte gleichzeitig angewendet werden.

10.7.3 Eigene Verzerrungshülle

Die dritte Möglichkeit, eine Hülle zu erzeugen, besteht darin, eine eigene Vektorform als Hülle zu verwenden. Sie können dazu sowohl einen einzelnen offenen oder geschlossenen Pfad als auch ein selbst erzeugtes Gitterobjekt benutzen. Offene Pfade werden von Illustrator zu diesem

Zweck geschlossen, daher sind die Resultate der Verzerrung nicht immer voraussagbar.

In einem Stapel aktivierter Objekte wird stets das oberste als Hülle eingesetzt, soweit es sich dafür eignet.

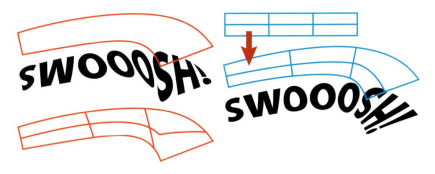

◀ **Abbildung 10.107**
Beim Verzerren von Objekten mit Freiformhüllen ist häufig ein kleiner Umweg nötig. Anstatt eine Form direkt anzuwenden (links, rot), ist es besser, zunächst ein rechteckiges Gitter zu generieren (s. Abschnitt 9.7.1), dieses in die gewünschte Form zu bringen (rechts, blau) und dann die Hülle mit dem obersten Objekt zu erstellen (Gitter und Hüllen sind eng verwandt). Die Hüllenform, die sich aus dem roten Pfad ergäbe, ist links unten dargestellt.

Mit dem obersten Objekt verzerren | Erstellen Sie eine Form oder einen Pfad in der Stapelreihenfolge über dem Objekt, das Sie verzerren möchten. Nach dem Aktivieren der beiden Objekte wählen Sie OBJEKT • VERZERRUNGSHÜLLE • MIT OBERSTEM OBJEKT ERSTELLEN – ⌘ + ⌥ + C bzw. Strg + Alt + C.

Damit wird das zu bearbeitende Objekt in die selbst erstellte Hülle eingebettet. Wenn Sie nun mit dem Direktauswahl-Werkzeug die Ankerpunkte der Hülle bzw. deren Grifflinien verändern, verzerren Sie entsprechend auch das eingebettete Objekt.

10.7.4 Gemeinsame Einstellungen für alle Verzerrungshüllen

Mit Einstellungen in der Dialogbox HÜLLEN-OPTIONEN nehmen Sie Einfluss auf die Berechnung der Verformung. Rufen Sie OBJEKT • VERZERRUNGSHÜLLE • HÜLLEN-OPTIONEN auf, oder klicken Sie auf den Button HÜLLEN-OPTIONEN im Steuerungsbedienfeld.

▶ PIXELBILDER – GLÄTTEN: Mit dieser Option aktivieren Sie das Anti-Aliasing für Pixelbilder. Dies führt zu besseren Resultaten bei der Verformung von Pixelbildern, aber auch zu einer zumindest leichten Weichzeichnung.

▶ PIXELBILDER – FORM BEIBEHALTEN DURCH: Pixelbilder haben eine rechteckige Grundform, die nicht in jedes Hüllen-Objekt optimal einzupassen ist. Um das Ergebnis zu verbessern, gibt es zwei Einstellmöglichkeiten:

  ▶ SCHNITTMASKE – Mit dieser voreingestellten Option werden gegebenenfalls Bildteile abgeschnitten.

[Anti-Aliasing]
Beim Zeichnen einer Linie auf einem Pixelraster können nur waagerechte und senkrechte Linien sauber dargestellt werden. Schräge Linien und Kurven verursachen Treppenabstufungen.
Das Anti-Aliasing mildert den Treppeneffekt, indem es die Kantenpixel einer Linie in abgeschwächter Intensität färbt, je nachdem, wie groß der Anteil des Pixels ist, der vom Linienverlauf abgedeckt ist.

▲ **Abbildung 10.108**
Die Dialogbox HÜLLEN-OPTIONEN

[Alpha-Kanal]
Alpha-Kanäle werden verwendet, um Masken, also Auswahlen, in den Dateien der Pixelbilder zu speichern, zu denen sie gehören. In einem Alpha-Kanal werden die ausgewählten Bereiche als weiße Pixel und die nicht ausgewählten Bereiche als schwarze Pixel dargestellt. Graustufen bilden weiche Übergänge.

▲ **Abbildung 10.109**
Lineare Verläufe und Muster verzerren

▲ **Abbildung 10.110**
Konturen können nicht mit Hüllen verzerrt werden (links). Weisen Sie daher der Kontur den Effekt Konturlinie zu, und aktivieren Sie Aussehen verzerren.

▲ **Abbildung 10.111**
Mit Anderer Verkrümmung erstellen

▸ Transparenz – Mit dieser Option können Sie einen Alpha-Kanal aus Ihrem Pixelbild als Maske aufrufen.
▸ Genauigkeit: Mit dem Schieberegler oder mit der numerischen Eingabe steuern Sie, wie genau die Verzerrungsberechnung durchgeführt wird.
Da Sie mit einer Hülle nicht exakt konstruieren können und die Genauigkeit Einfluss auf die Geschwindigkeit der Berechnung hat, sind höhere Werte für Vektorobjekte in den meisten Fällen eher kontraproduktiv. Vor allem beim Verzerren gekrümmter Pfade führt ein hoher Genauigkeitswert zu sehr vielen Ankerpunkten, die für eine Weiterbearbeitung nach dem Umwandeln eventuell nicht mehr handhabbar sind.
Bei umhüllten Pixelbildern führt eine größere Genauigkeit jedoch zu sichtbar besseren Resultaten.
▸ Aussehen verzerren: Sind auf das umhüllte Objekt Effekte angewendet, aktivieren Sie diese Option, um mit der Verzerrungshülle das bereits gefilterte Objekt zu verändern. Deaktivieren Sie das Kontrollkästchen, wenn die Effekte erst auf das von der Hülle verformte Objekt wirken sollen.
▸ Lineare Verlaufsflächen verzerren: Ist dieses Kontrollkästchen aktiviert, werden lineare Verläufe in verzerrten Objekten mit verformt; ohne Aktivierung dieser Option wird nur der Pfad bearbeitet. Radiale Verläufe kann Illustrator nicht verzerren (s. Abschnitt 9.6).
▸ Musterfüllungen verzerren: Aktivieren Sie diese Option, wenn Sie Musterfüllungen zusammen mit dem Objektpfad verzerren wollen (s. Kapitel 16).

Konturen verzerren | Während Sie das Verzerren von Verlaufsfüllungen und Mustern über die Hüllen-Optionen bestimmen können, ist das Verzerren von Konturen nicht unmittelbar möglich. Mit einem kleinen Umweg geht es aber doch: Weisen Sie der Kontur den Effekt • Pfad • Konturlinie zu, um die Konturstärke in die Verzerrung einzubeziehen (s. Abschnitt 13.2.6).

10.7.5 Verzerrungshüllen ändern und bearbeiten

Sowohl die Form der Hülle als auch die Form der umhüllten Objekte können Sie nachträglich mithilfe verschiedener Menübefehle weiter bearbeiten und verändern.

Mit anderer Verkrümmung erstellen | Falls Sie es sich anders überlegt haben und eine andere Verzerrung möchten, weisen Sie einfach mit dem Menü im Steuerungsbedienfeld oder über OBJEKT • VERZERRUNGSHÜLLE • MIT ANDERER VERKRÜMMUNG ERSTELLEN… einen anderen Verkrümmungsstil zu. Die aktuelle Hülle geht verloren. Wählen Sie diesen Befehl auch, wenn Sie die VERKRÜMMEN-OPTIONEN Ihrer Hülle unter Beibehaltung des Verkrümmungsstils ändern möchten.

Mit anderem Gitter erstellen | Wie im letzten Absatz beschrieben, können Sie über das Menü ebenfalls ein anderes Gitter zuweisen: OBJEKT • VERZERRUNGSHÜLLE • MIT ANDEREM GITTER ERSTELLEN… Aktivieren Sie die Option HÜLLENFORM ERHALTEN, wenn Sie innerhalb der bestehenden (bereits bearbeiteten) Hüllenform lediglich eine neue Unterteilung einrichten wollen.

▲ **Abbildung 10.112**
MIT ANDEREM GITTER ERSTELLEN

Zurückwandeln | Mit diesem Befehl befreien Sie das Objekt aus der Hülle und wandeln es in seinen Ursprungszustand zurück. Die Hülle wird in der Form zurückgegeben, die sie zum Zeitpunkt der Rückwandlung hatte. Das gilt ebenfalls für eigene Objekte, die Sie als Verzerrungshülle einsetzen. Diese werden jedoch, wie andere Hüllenarten auch, nicht in ihren Anfangszustand zurückversetzt. Die zurückgegebene Hülle liegt als graues Objekt im jeweiligen Stapel obenauf.

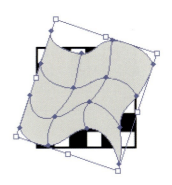

▲ **Abbildung 10.113**
Zurückgewandeltes Hüllen-Objekt

Umwandeln | Verwenden Sie diesen Befehl, um verzerrte, umhüllte Objekte zur Weiterbearbeitung umrechnen zu lassen. Nach der Umwandlung wird die Hülle gelöscht. Die verzerrten Objekte können sehr viele Ankerpunkte aufweisen und dadurch nur noch schwer zu bearbeiten sein. In einem solchen Fall machen Sie die Aktion rückgängig und vermindern in den HÜLLEN-OPTIONEN den Wert für GENAUIGKEIT.

Die Hülle nachbearbeiten | Die Hüllen selbst sind Vektorobjekte, deshalb können Sie alle Hüllen-Arten nachträglich editieren. Gehen Sie wie folgt vor:
1. Aktivieren Sie die intelligenten Hilfslinien, um die Hülle besser zu erkennen.
2. Selektieren Sie das umhüllte Objekt, und klicken Sie auf den Button HÜLLE BEARBEITEN im Steuerungsbedienfeld, oder wählen Sie OBJEKT • VERZERRUNGSHÜLLE • HÜLLE BEARBEITEN. Links im Steuerungsbedienfeld wird HÜLLENVERKRÜMMUNG bzw. HÜLLENGITTER angezeigt.
3. Benutzen Sie das Direktauswahl-Werkzeug, um die Hülle zu aktivieren und ihren Pfad sichtbar zu machen.
4. Mit dem Direktauswahl-Werkzeug können Sie nun Punkte verschieben und Grifflinien verändern. Aktivierte Ankerpunkte löschen Sie mit ←, und Gitterlinien werden mit dem Gitter-Werkzeug

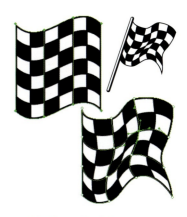

▲ **Abbildung 10.114**
Bearbeitete Verzerrungshülle; anschließend wurde die Hülle gedreht (rechts oben).

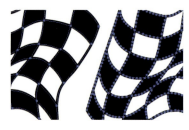

▲ Abbildung 10.115
Sehr viele Ankerpunkte (rechts)

▲ Abbildung 10.116
Um beispielsweise einen Text zu editieren, müssen Sie den Inhalt des Hüllenobjekts bearbeiten (hier im ISOLATIONSMODUS).

hinzugefügt, indem Sie damit an der gewünschten Stelle auf den Hüllen-Pfad klicken (s. Abschnitt 6.5).

Den Inhalt einer Hülle bearbeiten | Wenn Sie Veränderungen an einem verzerrten Objekt innerhalb der Hülle vornehmen möchten, aktivieren Sie das Hüllenobjekt und verwenden den Button INHALT BEARBEITEN im Steuerungsbedienfeld oder wählen OBJEKT • VERZERRUNGSHÜLLE • INHALT BEARBEITEN – ⌘/Strg+⇧+V. Sie können die Hüllenverkrümmung auch doppelklicken, um den Inhalt im Isolationsmodus zu bearbeiten (Abbildung 10.116). Das Steuerungsbedienfeld zeigt HÜLLE an.

Während Sie sich im Inhalt-Bearbeiten-Modus oder im Isolationsmodus befinden, werden die umhüllten Objekte im Ebenen-Bedienfeld angezeigt (s. Abschnitt 11.5).

Da Sie die Objekte häufig nicht an der Position auswählen können, an der sie in der Hülle sichtbar sind, sollten Sie entweder in der Pfadansicht arbeiten – ⌘/Strg+Y –, oder Sie aktivieren die intelligenten Hilfslinien, wenn Sie die Auswirkung auf das verzerrte Objekt weiterhin beobachten möchten – ⌘/Strg+U.

Um die Bearbeitung der Hüllen-Inhalte zu beenden, drücken Sie erneut ⌘/Strg+⇧+V. Die Verzerrung wird danach entsprechend angepasst.

10.7.6 Verkrümmungen als Effekt anwenden

Unter EFFEKT • VERKRÜMMUNGSFILTER können Sie die verschiedenen Stilarten der Verkrümmung als Effekt anwenden. Einer der Vorteile besteht darin, dass sich Verkrümmungseffekte auf Konturen und Flächen getrennt anwenden lassen.

Aktivieren Sie dazu das Objekt, das Sie mit dem Effekt versehen möchten, und wählen Sie den gewünschten Verkrümmungseffekt aus dem Menü. Sie haben für die Effekte die bereits besprochenen Verkrümmungsoptionen zur Verfügung. Um die Verkrümmungsoptionen zu einem späteren Zeitpunkt zu editieren, doppelklicken Sie den Effekt im Aussehen-Bedienfeld.

Die HÜLLEN-OPTIONEN in dem Menü unter OBJEKT • VERZERRUNGSHÜLLE haben keinen Einfluss auf Verkrümmungen, die Sie als Effekt angelegt haben.

▲ Abbildung 10.117
Im Workshop am Schluss von Kapitel 13 finden Sie ein Anwendungsbeispiel für Verkrümmungseffekte.

Kapitel 11
Hierarchische Struktur: Ebenen & Aussehen

Ebenen stellen zunächst nur ein Mittel zu dem Zweck dar, die Elemente eines Dokuments zu organisieren. Betrachtet man das Ebenen-Bedienfeld jedoch etwas genauer, so bildet sich in ihm die komplette Hierarchie einer Datei ab. Auch im Erscheinungsbild der Elemente – in Illustrator »Aussehen« genannt – begegnen Sie der hierarchischen Strukturierung. Um (fremde) Dokumente zu »lesen« und um rationell konstruieren zu können, ist das Verständnis von Ebenen- und Aussehen-Bedienfeld grundlegend.

11.1 Ebenen-Grundlagen

Je mehr Objekte Ihr Illustrator-Dokument enthält, desto schwieriger wird es, den Überblick über alle Elemente zu behalten. Viele einzelne Formen bilden größere Einheiten, Objekte verdecken sich gegenseitig, und es kann sehr mühsam sein, Vordergrundobjekte jedes Mal verstecken zu müssen, um eine kleine Änderung am Bildhintergrund vornehmen zu können. Ebenen stellen eine effiziente Möglichkeit dar, Objekte zu strukturieren und zu verwalten.

Stellen Sie sich Ebenen wie durchsichtige Folien über den Zeichenflächen vor, auf denen Sie die Objekte befestigen. Alle Ebenen reichen jeweils über alle Zeichenflächen. In Ebenen können Sie weitere Unterebenen erstellen. Jedes Illustrator-Dokument hat mindestens eine Ebene.

▲ **Abbildung 11.1**
Ebenen als durchsichtige Folien über der Zeichenfläche

Illustrator ist nicht Photoshop

Wenn Sie verhindern wollen, dass sich Objekte miteinander verbinden, benötigen Sie zu diesem Zweck keine Ebenen (objektorientierte Arbeitsweise s. Abschnitt 3.2.2).

Ebenen in Flash & After Effects

Flash und After Effects erkennen in Illustrator angelegte Ebenen und übernehmen sie.

11.1.1 Ebenen-Bedienfeld

Die Verwaltung der Ebenen, Unterebenen und der in ihnen enthaltenen Objekte geschieht mithilfe des Ebenen-Bedienfeldes. Jedes Objekt, jede Gruppe oder Ebene stellt ein »Element« im Ebenen-Bedienfeld dar. Die Anordnung der Elemente im Bedienfeld entspricht der Stapelreihenfolge der Objekte und ihrer Hierarchie in Gruppen, Unterebenen und Ebenen. Das im Bedienfeld obenliegende Element ist auch in der

Kapitel 11   Hierarchische Struktur: Ebenen & Aussehen

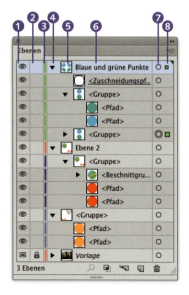

▲ Abbildung 11.2
Das Ebenen-Bedienfeld

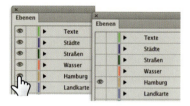

▲ Abbildung 11.3
⌥/Alt-Klick auf Sichtbarkeits- und Bearbeitungsspalte blendet bzw. fixiert alle bis auf die angeklickte Ebene.

Bildschirmaufbau

Das Erstellen der Miniaturen kann das Anzeigen der Unterelemente einer Ebene verlangsamen. In den EBENENOPTIONEN lässt sich das Anzeigen der Miniaturen abschalten.

Stapelreihenfolge (s. Abschnitt 5.3) auf der Zeichenfläche an oberster Stelle.

Ebenen-Bedienfeld anzeigen | Rufen Sie das Bedienfeld auf, indem Sie FENSTER • EBENEN wählen, F7 drücken oder im Dock klicken.

Aufbau des Ebenen-Bedienfeldes | In jeder Zeile des Ebenen-Bedienfeldes finden Sie mehrere Interaktionsbuttons, mit denen Elemente bedient werden. Durch die Anordnung dieser Buttons ergeben sich die »Spalten« des Ebenen-Bedienfeldes.

▶ **Sichtbarkeit**: In der Sichtbarkeitsspalte ❶ des Bedienfeldes zeigt das Augensymbol 👁 an, dass das Element sichtbar ist. Das Outline-Symbol ○ signalisiert die Pfaddarstellung des Elements. Eine Vorlagenebene wird durch ein eigenes Symbol gekennzeichnet.
Klicken Sie in die Sichtbarkeitsspalte, um ein Element anzuzeigen oder zu verstecken. Ist eine Ebene oder Gruppe nicht sichtbar, sind automatisch auch die jeweils untergeordneten Elemente versteckt.

▶ **Ebenenfixierung**: Die Bearbeitungsspalte ❷ stellt mit dem Schlosssymbol 🔒 dar, dass ein Element gesperrt ist. Dann sind die Aktivierung der Objekte oder gar Änderungen daran unmöglich. Klicken Sie in die Spalte, um die Fixierung für ein Element einzurichten oder eine vorhandene Fixierung aufzuheben.
Elemente in gesperrten Ebenen oder Gruppen können unter bestimmten Umständen trotzdem ausgewählt und verändert werden.

▶ **Farbkennzeichnung**: Der Balken ❸ zeigt die in den Ebenenoptionen ausgewählte Farbe an, die zur Hervorhebung zugehöriger aktivierter Objekte auf der Zeichenfläche verwendet wird.

▶ **Ebeneninhalt**: Ein Pfeil ❹ bedeutet, dass ein Element weitere Elemente enthält.
Klicken Sie auf den Pfeil ▶, um die untergeordneten Elemente anzuzeigen. Die Namen weiterer Elemente werden der Hierarchie entsprechend eingerückt.

▶ **Miniaturen**: Die Ebeneninhalte sehen Sie als Icon ❺ neben dem Ebenennamen ❻. Den Ebenennamen können Sie direkt ändern.

▶ **Ziel-Symbole**: Die Symbole ○ in der Zielspalte ❼ dienen dazu, Elemente als »Ziel« für die Anwendung von Grafikstilen und Effekten auszuwählen, und sie zeigen an, ob diese auf ein Element angewendet sind ◉.

▶ **Objekt-Auswahl**: Ein farbiges Quadrat in der Auswahlspalte ❽ zeigt an, welches Element ausgewählt ist. Die Farbe des Quadrats entspricht der Farbe, in der das Element auf der Zeichenfläche hervorgehoben ist.

Das »Eselsohr« ↰ rechts oben kennzeichnet die Ebene, der neu erstellte Objekte zugeordnet werden.

Modifikationstasten: Anzeige und Fixierung im Ebenen-Bedienfeld	
⌥/Alt	Mit ⌥/Alt und Klick in die Spalten Sichtbarkeit 👁 oder Bearbeitung 🔒 eines Elements werden alle Elemente außer dem angeklickten versteckt bzw. fixiert. Mit einem erneuten Klick wird die Aktion widerrufen (Abbildung 11.3).
⌥/Alt	Mit ⌥/Alt und Klick auf den Pfeil ▶ einer Ebene werden alle untergeordneten Ebenen und Gruppen ebenfalls geöffnet bzw. geschlossen.
⌘/Strg	Mit ⌘/Strg und Klick auf das Sichtbarkeitssymbol 👁 einer Ebene werden alle enthaltenen Elemente in der Pfadansicht gezeigt.
⌘/Strg +⌥/Alt	Mit ⌘/Strg+⌥/Alt und Klick auf das Sichtbarkeitssymbol 👁 einer Ebene werden alle anderen Ebenen in der Pfadansicht dargestellt. Die Menübefehle ANDERE AUSBLENDEN, ANDERE EBENEN PFADANSICHT und ANDERE SPERREN haben eine entsprechende Auswirkung.

▲ **Abbildung 11.4**
Sind nicht alle Objekte auf der Ebene gesperrt, dann können mit einem Klick in die Auswahlspalte der Ebene auch die gesperrten Objekte ausgewählt werden.

▲ **Abbildung 11.5**
Optionen für das Ebenen-Bedienfeld

Bedienfeldoptionen | Wählen Sie BEDIENFELDOPTIONEN... aus dem Bedienfeldmenü des Ebenen-Bedienfeldes, um die Darstellung der Elemente im Bedienfeld zu ändern (Abbildung 11.5):

▶ NUR EBENEN EINBLENDEN: Aktivieren Sie diese Option, um die Darstellung im Ebenen-Bedienfeld auf Ebenen und Unterebenen zu beschränken. Einzelne Objekte, Gruppen und Schnittmasken werden im Bedienfeld nicht mehr aufgeführt. Diese Option beeinflusst nicht die Anzeige der Objekte auf der Zeichenfläche.

▶ ZEILENGRÖSSE: Mit dieser Option definieren Sie die Darstellungsgröße der Zeilen im Bedienfeld. Wählen Sie entweder eine der voreingestellten Größen, oder geben Sie einen Wert zwischen 12 und 100 Pixel frei ein. Ab einer Größe von 20 Pixeln oder MITTEL werden Miniaturen der Ebenen angezeigt (Abbildung 11.6).

▶ MINIATUREN: In den Miniaturen sehen Sie eine Vorschau des Elements. Legen Sie hier fest, für welche Elemente eine Miniatur angezeigt wird. Da die Berechnung der Miniaturen beim Navigieren in umfangreichen Ebenen einen Moment in Anspruch nehmen kann, ist es möglich, sie für Objekte, Gruppen, Unterebenen und Ebenen gezielt zu deaktivieren.

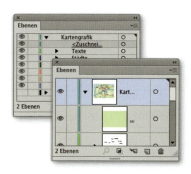

▲ **Abbildung 11.6**
Zeilengröße KLEIN und 50 Pixel

11.1.2 Vorlagenebenen

Vorlagenebenen sind eine spezielle Ebenenart. Dieser Typ wird weder gedruckt noch exportiert. Platzieren Sie Ihre Scribbles oder Muster in

▲ **Abbildung 11.7**
Vorlagenebene und Illustration

Vorlagenebenen, wenn Sie sie mit Illustrators Werkzeugen nachzeichnen wollen. Um Ihnen das Nachzeichnen zu vereinfachen, sind auf Vorlagenebene eine reduzierte Deckkraft für Pixelbilder sowie die Ebenenfixierung voreingestellt.

Eine Datei kann mehrere Vorlagenebenen enthalten. Sie erkennen sie am kursiv geschriebenen Namen und dem Vorlagensymbol ▭.

Vorlagenebenen erstellen | Vorlagenebenen lassen sich direkt beim Platzieren verknüpfter Dateien, z. B. von Bilddaten, erzeugen, wenn Sie die Option VORLAGE im Import-Dialog aktivieren. Zu einem späteren Zeitpunkt können Sie eine Ebene in eine Vorlagenebene umwandeln, indem Sie die Option VORLAGE im Ebenenoptionen-Dialog ankreuzen oder den Befehl VORLAGE aus dem Bedienfeldmenü auswählen.

Vorlagenebenen ausblenden

Praktisch an Vorlagenebenen ist, dass Sie sie mit einem Menübefehl aus- und wieder einblenden können: ⌘/Strg+⇧+W.

11.1.3 Gruppen

Gruppen können Sie mit dem Ebenen-Bedienfeld zwar nicht erzeugen, die Hierarchie der Gruppe ist aber sichtbar und kann editiert werden. Gruppieren Sie Objekte, wird im Ebenen-Bedienfeld ein Element mit dem Namen »Gruppe« angezeigt. Der Pfeil ▶ deutet an, dass die gruppierten Objekte untergeordnet sind.

Untergeordnete Objekte können Sie durch Verschieben aus der Gruppe entfernen oder mithilfe der Bedienfeldbefehle löschen. Andererseits ist es auch möglich, der Gruppe weitere Objekte hinzuzufügen.

Gruppieren Sie Objekte von unterschiedlichen Ebenen, wird die Gruppe auf der obersten beteiligten Ebene eingerichtet. Lösen Sie die Gruppe auf, legt Illustrator die Objekte nicht wieder auf die Ursprungsebenen, da das Programm diese Informationen nach dem Gruppieren nicht speichert.

Ändern Sie den Namen des Gruppenelements, so ist eine Gruppe nicht mehr so einfach von einer Ebene zu unterscheiden. Zur besseren Unterscheidbarkeit kennzeichnen Sie die Namen entsprechend. Andernfalls finden Sie die Information über die Elementart auch im Steuerungsbedienfeld (s. Abbildung 11.9).

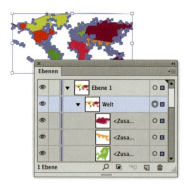

▲ **Abbildung 11.8**
Darstellung einer Gruppe im Ebenen-Bedienfeld

▲ **Abbildung 11.9**
Diese Kennzeichnung im Steuerungsbedienfeld kann nicht vom Anwender beeinflusst werden und zeigt immer die Objektart an.

11.2 Mit dem Ebenen-Bedienfeld arbeiten

Bei der Analyse einer Datei stellt das Ebenen-Bedienfeld die erste Anlaufstelle dar, da darin alle Objekte eingetragen sind. Im Ebenen-Bedienfeld können Sie diese Elemente jedoch nicht nur ansehen, sondern auch äußerst effizient bearbeiten.

11.2.1 Ebenen erstellen

- **Neue Ebene:** Klicken Sie auf den Button Neue Ebene erstellen ⬚ am unteren Rand des Bedienfeldes. Wählen Sie Neue Ebene… aus dem Bedienfeldmenü, wenn Sie beim Erstellen der Ebene die Ebenenoptionen (s. Abschnitt 11.2.2) einstellen wollen. Die neue Ebene wird in der Stapelreihenfolge über der aktiven Ebene angelegt.
- **Neue Unterebene:** Eine Unterebene unter der aktiven Ebene legen Sie an, indem Sie auf den entsprechenden Button ⬚ klicken. Wählen Sie den Befehl Neue Unterebene… aus dem Bedienfeldmenü, um die Optionen-Dialogbox aufzurufen.
Aktivieren Sie eine Unterebene, und klicken Sie auf den Button Neue Ebene ⬚, um eine Unterebene auf derselben Hierarchiestufe wie die aktive Unterebene zu erzeugen.

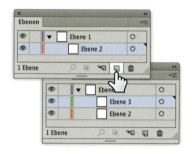

▲ **Abbildung 11.10**
Erzeugen einer neuen Unterebene auf der gleichen Hierarchiestufe

Modifikationstasten: Ebenen erstellen	
⌥/Alt	Drücken Sie ⌥/Alt, und klicken Sie auf einen der Buttons ⬚ oder ⬚, um die Ebenenoptionen beim Erstellen der Ebene oder Unterebene aufzurufen.
⌘/Strg	Nur für neue Ebenen: Drücken Sie ⌘/Strg beim Klicken des Buttons ⬚, um eine neue Hauptebene zu erzwingen.
⌘/Strg + ⌥/Alt	Nur für neue Ebenen: Drücken Sie ⌘/Strg+⌥/Alt beim Klicken des Buttons ⬚, um eine Ebene in der Stapelreihenfolge unter der aktivierten Ebene einzurichten.

Hilfslinien und gesperrte Ebene

Befinden sich Hilfslinien auf einer gesperrten Ebene, verlieren diese durch die Fixierung ihre Eigenschaft als Positionierungshilfe. Aktivieren Sie intelligente Hilfslinien, oder heben Sie die Ebenenfixierung auf.

11.2.2 Ebenenoptionen

Mit einem Doppelklick auf die Miniatur einer Ebene (doppelklicken Sie nicht auf ihren Namen, denn dann aktivieren Sie nur den Namen, um ihn zu ändern) oder mit dem entsprechenden Befehl im Bedienfeldmenü rufen Sie die Ebenenoptionen auf.

Sichtbarkeit und Photoshop

Wenn Sie eine AI-Datei mit ausgeblendeter Ebene in Photoshop platzieren (Datei • Platzieren), wird die Ebenensichtbarkeit nicht berücksichtigt. Speichern Sie eine PDF-Datei ohne die Option Aus oberen Ebenen Acrobat-Ebenen erstellen, wenn die Sichtbarkeit beim Platzieren berücksichtigt werden soll.

◀ **Abbildung 11.11**
Die Dialogbox Ebenenoptionen

- **Name:** Per Voreinstellung werden Ebenen durchgezählt. Zur besseren Übersicht geben Sie einen aussagekräftigen Namen ein. Auch andere

Kapitel 11 Hierarchische Struktur: Ebenen & Aussehen

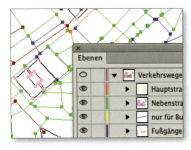

▲ **Abbildung 11.12**
Darstellung von Auswahlen in unterschiedlichen Farben

▲ **Abbildung 11.13**
Interaktive Malgruppen (links) und Symbole (rechts) sind bereits durch ihre Auswahlmarkierung auf der Zeichenfläche zu erkennen.

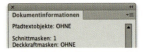

▲ **Abbildung 11.14**
Anzeige einer Schnittmaske im Dokumentinformationen-Bedienfeld

▲ **Abbildung 11.15**
An der Hinterlegung können Sie Ebenen und Unterebenen von Gruppen und Schnittmasken unterscheiden. Unterstreichungen kennzeichnen Deckkraftmasken, Schnittmasken sind nur an der Bezeichnung zu erkennen.

Elemente wie Pfade und Gruppen lassen sich umbenennen. Sie können bis zu 255 Zeichen eingeben.

▶ FARBE: Bestimmen Sie eine Farbe, in der die zur Ebene gehörenden Objekte auf der Zeichenfläche hervorgehoben werden, wenn sie ak-

---

Checkliste: Was ist was?

Illustrator versieht jeden Eintrag im Ebenen-Bedienfeld mit der Bezeichnung des Objekts (z. B. PFAD, GRUPPE, EBENE). Diese technischen Bezeichnungen werden häufig in inhaltsbezogene geändert. Wenn Sie jedoch fremde Dateien ändern müssen, ist es für die Herangehensweise wichtig, zu wissen, um welche Art von Objekt es sich handelt, denn nicht alle Werkzeuge und Bearbeitungsfunktionen können auf alle Objektarten angewandt werden und nicht alle Vorgehensweisen passen zu allen Elementen. Sie haben verschiedene Möglichkeiten, Objekte zu identifizieren:

Auswahlmarkierung | Bereits wenn Sie ein Objekt auf der Zeichenfläche anklicken, können Sie einige Objektarten anhand der Auswahl-Markierung erkennen: so sind interaktive Malgruppen mit kleinen Sternchen in den Anfassern des Begrenzungsrahmens versehen und Symbolinstanzen besitzen ein Kreuz innerhalb (meistens in der Mitte) ihres Bereichs (Abbildung 11.13).

Objekt-Bezeichnung | Wählen Sie fragliche Einträge im Ebenen-Bedienfeld als Ziel aus (zur Ziel-Auswahl s. Abschnitt 11.3). Falls die Bezeichnung der Elemente im Ebenen-Bedienfeld geändert wurde, können Sie ganz links im Steuerungsbedienfeld die eingeblendete Objektart ablesen. Diese Bezeichnung kann vom Anwender nicht geändert werden.

Dokumentinformationen | Weitere Angaben zu ausgewählten (wahlweise auch allen) Objekten im Dokument finden Sie im Dokumentinformationen-Bedienfeld. Dort kann ebenfalls die Art der Objekte abgelesen werden (Abbildung 11.14).

Pfeil und Hinterlegung | Zwar zeigt das Bedienfeld sowohl bei Gruppen als auch bei Ebenen einen Pfeil an, Sie können Ebenen und Unterebenen aber an der Hinterlegung ihres Eintrags von der Hinterlegung untergeordneter Elemente und Gruppen unterscheiden: Ist die Benutzeroberfläche hell, dann sind Ebenen heller als andere Einträge, auf der dunklen Benutzeroberfläche ist es umgekehrt.

Schnittmasken | In Illustrator gibt es zwei Arten von Schnittmasken: eine wird Objekten zugewiesen und bildet mit diesen eine Gruppe – bezeichnet als *Beschnittgruppe* –, die andere wird der Ebene zugewiesen und ist nur an dem enthaltenen *Zuschneidungspfad* zu erkennen (zu Schnittmasken s. Abschnitt 11.4). Leider werden Schnittmasken nicht mehr durch die gestrichelten Unterteilungen der Einträge markiert.

Deckkraftmasken | Ist der Name des Eintrags im Ebenen-Bedienfeld (gestrichelt) unterstrichen, weist dies darauf hin, dass das Objekt mit einer Deckkraftmaske versehen wurde.

Aussehen | Wenn die Objektart selbst unauffällig ist, dann kann die individuelle Form auch noch durch besondere Eigenschaften des Objekts begründet sein, z. B. zugewiesene Pinsel oder Effekte. Diese Eigenschaften lesen Sie im Aussehen-Bedienfeld ab, wenn das fragliche Element als Ziel ausgewählt ist (zu Aussehen-Eigenschaften s. Abschnitt 11.6).

tiviert sind. Wählen Sie eine der Farben aus dem Menü, oder klicken Sie auf das Farbfeld, um mit einem Farbwähler Farben frei zu definieren – freie Farbdefinitionen werden nicht ins Menü aufgenommen. Die Farbe zeigt Illustrator als schmalen Balken neben der Bearbeitungsspalte an (Abbildung 11.12).

▶ VORLAGE: Mit dieser Option wandeln Sie die betreffende Ebene in eine Vorlagenebene um.
▶ FIXIEREN: Die Fixierung einer Ebene lässt sich alternativ zur Bearbeitungsspalte auch mit dieser Option einrichten.
▶ EINBLENDEN: Auch die Sichtbarkeit der Ebene können Sie im Optionen-Dialog bestimmen.
▶ DRUCKEN: Mit dieser Option bestimmen Sie, ob die Ebene gedruckt wird. Beim Ausdrucken während des Entwurfsprozesses kann Ihnen diese Option Zeit sparen. Wenn Sie die Datei exportieren und in anderen Programmen nutzen, bleibt die Eigenschaft »nicht druckend« unter Umständen nicht erhalten.
▶ VORSCHAU: Diese Option legt fest, ob die Inhalte der Ebene im Vorschaumodus oder in der Pfadansicht gezeigt werden. Das Symbol ○ kennzeichnet die Pfadansicht.
▶ BILDER ABBLENDEN AUF: Geben Sie hier ein, wie stark die auf dieser Ebene platzierten Pixelbilder abgeblendet werden sollen. Die Abblendung betrifft nur die Bildschirmdarstellung, Ausdrucke bleiben davon unbeeinflusst. Die Abblendung von Bildern ist nützlich für das manuelle Nachzeichnen von Rastergrafik.

11.2.3 Elemente im Ebenen-Bedienfeld auswählen

Es besteht ein Unterschied zwischen dem Auswählen eines Objekts auf der Zeichenfläche – das Sie z. B. transformieren wollen – und dem Aktivieren des gleichen Elements im Ebenen-Bedienfeld.

Wenn Sie ein oder mehrere Elemente im Ebenen-Bedienfeld aktivieren, können Sie darauf die Befehle des Ebenen-Bedienfeldes anwenden, um die Hierarchie der Elemente zu verändern. Sie wählen damit jedoch normalerweise nicht das Objekt auf der Zeichenfläche aus (Abbildung 11.17; mehr zur Auswahl der Objekte finden Sie im Abschnitt 11.3).

Klicken Sie auf die Miniatur, den Namen oder den Raum neben dem Namen, um ein Element im Ebenen-Bedienfeld zu aktivieren. Das aktivierte Element wird durch eine Einfärbung der Zeile im Bedienfeld hervorgehoben.

Auch fixierte oder ausgeblendete Elemente können Sie aktivieren und in der Hierarchie verschieben.

▲ **Abbildung 11.16**
Das Aktivieren gesperrter Elemente ist möglich.

Ebenen nicht drucken

Wollen Sie sichergehen, dass Ebenen in einer exportierten Datei nicht drucken, erstellen Sie eine Version, in der die betreffenden Ebenen nicht enthalten sind, und exportieren Sie diese.

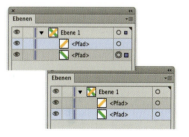

▲ **Abbildung 11.17**
Beim Aktivieren eines Objekts auf der Zeichenfläche wird das entsprechende Element im Ebenen-Bedienfeld nicht ausgewählt (oben) – beim Aktivieren eines Elements im Ebenen-Bedienfeld wird das Objekt nicht ausgewählt (unten).

Wozu braucht man das?

Wenn Sie bereits eine Auswahl auf der Zeichenfläche vorgenommen haben, brauchen Sie diese nicht zuerst zu deaktivieren, um z. B: noch die Stapelreihenfolge zu verändern, bevor Sie mit den ausgewählten Objekten arbeiten.

Kapitel 11 Hierarchische Struktur: Ebenen & Aussehen

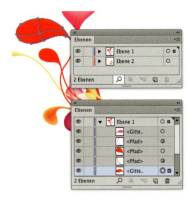

▲ **Abbildung 11.18**
Ausgewähltes Objekt auf Zeichenfläche, Ebenen-Bedienfeld vor (oben) und nach OBJEKT SUCHEN (unten)

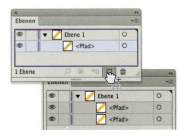

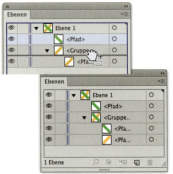

▲ **Abbildung 11.19**
Zwei Methoden, ein Element zu duplizieren

Ebenen und Speicherplatz

Ebenen kosten Speicherplatz. Daher sollten Sie die Anzahl Ihrer Ebenen reduzieren, sobald Sie sie nicht mehr benötigen.

Anstatt Objekte mithilfe der Auswahl-Werkzeuge auf der Zeichenfläche zu aktivieren, können Sie zu diesem Zweck ebenfalls das Ebenen-Bedienfeld verwenden. Lesen Sie dazu Abschnitt 11.3.

Modifikationstasten: Elemente auswählen	
⇧	Mehrere aufeinanderfolgende Elemente, die sich in der gleichen Hierarchiestufe unterhalb eines Elternelements befinden, aktivieren Sie, indem Sie ⇧ drücken und den ersten und letzten gewünschten Eintrag anklicken.
⌥/Alt	Drücken Sie ⌥/Alt und klicken Sie auf ein Element, um es im Ebenen-Bedienfeld und gleichzeitig auf der Zeichenfläche auszuwählen.
⌘/Strg	Drücken Sie ⌘/Strg, wenn Sie Elemente auswählen möchten, die im Bedienfeld nicht direkt aufeinanderfolgen.

Elemente im Ebenen-Bedienfeld finden | Wenn Sie Objekte, die auf der Zeichenfläche ausgewählt sind, im Ebenen-Bedienfeld lokalisieren möchten, wählen Sie OBJEKT SUCHEN 🔍, und im Ebenen-Bedienfeld werden alle Untergruppen bis hin zum aktivierten Element »aufgeklappt«. Liegen die ausgewählten Objekte auf verschiedenen Ebenen, werden nur die Elemente der im Objektstapel obersten Ebene angezeigt (Abbildung 11.18).

Haben Sie in den Bedienfeld-Optionen die Einstellung NUR EBENEN EINBLENDEN aktiviert, ändert sich OBJEKT SUCHEN in EBENE SUCHEN.

11.2.4 Elemente duplizieren

Möchten Sie Objekte, Gruppen oder ganze Ebenen duplizieren, aktivieren Sie sie im Ebenen-Bedienfeld, und ziehen Sie sie über das Symbol NEUE EBENE ERSTELLEN 🗔, oder wählen Sie AUSWAHL DUPLIZIEREN aus dem Bedienfeldmenü. Alternativ drücken Sie ⌥/Alt und verschieben die Objekte in eine Gruppe, auf eine andere Ebene oder an eine andere Stelle in der Stapelreihenfolge, um das Element dabei zu duplizieren.

11.2.5 Ebenen zusammenfügen und löschen

Viele Applikationen der Creative Suite sind in der Lage, mit Dateien umzugehen, die verschachtelte Ebenen enthalten. Exportieren Sie Dateien, um sie in anderen Applikationen zu verwenden, kann es dagegen sinnvoll sein, alle Objekte auf einer einzigen Ebene ohne Verschachtelung abzulegen. Nicht alle Grafikprogramme können Illustrator-Ebenen interpretieren.

Ebenen oder Unterebenen, die sich auf einer Hierarchiestufe unter einem gemeinsamen Elternelement befinden, lassen sich zu einer Ebene vereinen. Aktivieren Sie die Ebenen, die Sie zusammenfügen möchten, und wählen Sie Ausgewählte zusammenfügen aus dem Bedienfeldmenü. Nach dem Zusammenfügen bleibt die Ebene bestehen, die Sie zuletzt aktiviert haben. Die Stapelreihenfolge der Objekte bleibt erhalten.

Auf Hintergrundebene reduzieren (Flattening) | Alle Ebenen des Dokuments führen Sie zusammen, indem Sie die Ebene aktivieren, in der anschließend alle Elemente enthalten sein sollen, und dann Auf Hintergrundebene reduzieren aus dem Bedienfeldmenü wählen. Unterebenen und Gruppen bleiben erhalten.

Elemente löschen | Möchten Sie ein oder mehrere Elemente löschen, aktivieren Sie sie und klicken auf das Symbol Auswahl löschen , oder wählen Sie Auswahl löschen aus dem Bedienfeldmenü.

11.2.6 Neue Ebenen für ausgewählte Objekte erstellen

In neuer Ebene sammeln | Mit diesem Befehl verschieben Sie ausgewählte Elemente einer Ebene oder Unterebene in eine neue Ebene. Diese wird auf der Hierarchiestufe erstellt, auf der sich die ausgewählten Elemente befanden.

Ebenen für Objekte erstellen | Speziell für die Vorbereitung von Animationen sind diese beiden Operationen gedacht. Wenn Sie Assets für After Effects in Illustrator vorbereiten, müssen Sie alle Objekte, die in After Effects auf einzelnen Ebenen liegen sollen, bereits in Illustrator auf Hauptebenen angelegt haben. Die Befehle Ebenen für Objekte erstellen (Sequenz/Aufbau) verteilen die untergeordneten Elemente einer Ebene, Gruppe oder Überblendung auf eigene Ebenen. Eine Überblendung wird nach Anwendung des Befehls in die einzelnen Stufen aufgelöst (Überblendung/Angleichung s. Abschnitt 10.6).

Aktivieren Sie eine Ebene, Unterebene oder Gruppe, um alle enthaltenen Elemente auf einzelne Ebenen zu verteilen. Das in der Stapelreihenfolge unterste Objekt legt Illustrator auf die unterste Ebene.

▶ Sequenz: Mit dem Befehl Ebenen für Objekte erstellen (Sequenz) wird für jedes Element eine eigene Ebene erstellt. Damit können Sie z. B. eine Figur durch das Bild bewegen.

▶ Aufbau: Möchten Sie dagegen simulieren, dass sich ein Gesamtbild aus den Einzelobjekten nacheinander zusammenstellt, wählen Sie Ebenen für Objekte erstellen (Aufbau). Auch hier entspricht die An-

Schreibschutz-Symbol

Ist die aktivierte Ebene fixiert oder ausgeblendet, zeigt der Cursor das Schreibschutz-Symbol, wenn Sie ein Zeichen-Werkzeug ausgewählt haben oder versuchen, das Element im Ebenen-Bedienfeld zu verschieben.

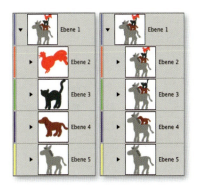

▲ **Abbildung 11.20**
Ebenen für Objekte erstellen: Sequenz (links), Aufbau (rechts)

▲ **Abbildung 11.21**
Ebenen aus Illustrator (oben) in After Effects (unten)

zahl der Ebenen der Anzahl der Objekte. Die Verteilung der Objekte auf die Ebenen geschieht jedoch kumulativ, d.h., das unterste Objekt des Stapels ist auf allen Ebenen vorhanden. Auf den folgenden Ebenen wird jeweils ein weiteres Objekt den bereits vorhandenen hinzugefügt.

Achtung: Illustrator legt die neuen Ebenen als Unterebenen an. Sie müssen sie aus dieser Ebene herauslösen, damit die Ebenen z.B. in After Effects erkannt werden.

Animation exportieren | Beim Export einer Illustrator-Datei in das Flash-Format (SWF) können die Ebenen automatisch in einzelne Frames einer Animation umgewandelt werden (s. Abschnitt 21.4.5).

▲ Abbildung 11.22
Reihenfolge umgekehrt (rechts)

11.2.7 Ebenen und Elemente verschieben

Die Hierarchie und die Stapelreihenfolge der Objekte lassen sich im Ebenen-Bedienfeld verändern, indem Sie Elemente an andere Positionen verschieben. Klicken und ziehen Sie den Eintrag an die gewünschte Position. Sie können ihn zwischen zwei andere Elemente oder in eine Gruppe oder Ebene bewegen. Die Position wird während des Ziehens jeweils hervorgehoben. Auf diese Art lassen sich auch Gruppen und Schnittmasken durch Entfernen oder Hinzufügen von Elementen bearbeiten.

▼ Abbildung 11.23
Wenn Sie die genaue Position der verschobenen Elemente bestimmen wollen, dann schieben Sie sie an die gewünschte Stelle (links). Verschieben Sie die Elemente stattdessen einfach auf eine Ebene oder Gruppe, dann werden sie an der obersten Stelle dieser Ebene oder Gruppe eingefügt.

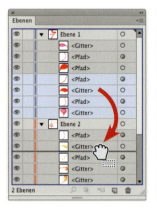

Umgekehrte Reihenfolge | Dieser Befehl aus dem Bedienfeldmenü kann die Stapelreihenfolge mehrerer aktivierter Elemente einer Hierarchiestufe – Einzelobjekte, Gruppen oder Ebenen – umkehren, sodass die vorher unterste Ebene oben liegt und weitere Ebenen entsprechend gestapelt werden (Abbildung 11.22).

11.2 Mit dem Ebenen-Bedienfeld arbeiten

Checkliste: Einsatz von Ebenen

Ebenen lassen sich einsetzen, um ein Layout zu strukturieren, den Bildschirmaufbau zu beschleunigen und rationeller zu arbeiten.

Hilfslinien | Sind viele Hilfslinien in einem Dokument eingerichtet, können sie irritieren – vor allem bei der Arbeit in großen Zoomstufen. Über das Menü ANSICHT • HILFSLINIEN lassen sich aber nur *alle* Hilfslinien ein- oder ausblenden. Legen Sie verschiedenartige Hilfslinien auf unterschiedliche Ebenen, haben Sie die Möglichkeit, diese selektiv ein- oder auszublenden.

Pixeldaten | Pixeldaten verlangsamen den Bildschirmaufbau. Ist ein Bild aber einmal ins Layout integriert, müssen Sie es meist erst wieder zum Ausdrucken der Datei anzeigen. Wenn Sie jedes eingebundene Bild auf einer eigenen Ebene ablegen, können Sie für diese einzeln den Vorschaumodus deaktivieren, und der Bildschirmaufbau wird beschleunigt.

Hintergrund-/Vordergrundtrennung | Bei komplexeren Illustrationen eignen sich Ebenen natürlich dazu, Hintergrund- und Vordergrundobjekte voneinander zu trennen. Sie vereinfachen sich die Arbeit durch die Möglichkeit, die Datei hierarchisch zu strukturieren und fertiggestellte Bildelemente zu fixieren und/oder auszublenden.

Alternative Versionen | Möchten Sie mehrere Layoutvorschläge vorbereiten oder benötigen Sie zusätzliche Sprachversionen, sind Ebenen in vielen Fällen der Aufteilung auf mehrere Dateien vorzuziehen. Ergeben sich Änderungen am Grundlayout, müssen Sie nur eine Datei editieren (Abbildung 11.24).

Aussehen-Eigenschaften | Da Ebenen auch Aussehen-Eigenschaften besitzen können, sind sie ein wichtiges Strukturierungselement für Dokumente, z. B. in der Kartografie (s. dazu auch die Übung am Schluss dieses Kapitels).

Mehrere Seiten | Es kann sinnvoll sein, für einzelne Seiten auch dedizierte Ebenen anzulegen, um Auswahlen nach bestimmten Kriterien zu vereinfachen. Von sich aus reichen Ebenen über alle Seiten, und die meisten Auswahlbefehle sind nicht auf bestimmte Zeichenflächen beschränkt.

Reinzeichnungselemente | Beschnitt- und Falzmarken, Stanzformen, Vorlagen für Spezialllackierungen etc. können Sie praktisch auslagern, indem Sie Ebenen dafür anlegen. Wenn Sie Anzeigen gestalten, die ein Motiv in verschiedenen Formaten verwenden, legen Sie die Beschnittmarken der unterschiedlichen Formate auf einzelne Ebenen.

Datenbanksteuerung | Mit dem Variablentyp SICHTBARKEIT können Sie auch Ebenen ein- und ausblenden. So lassen sich Ebenen datenbankbasiert anzeigen. Die Variable SICHTBARKEIT können Sie für Ebenen setzen, die als Ziel ausgewählt sind (Ziel-Auswahl s. Abschnitt 11.3).

▲ **Abbildung 11.24**
Alternative Versionen eines Illustrationsdetails

▲ **Abbildung 11.25**
Sichtbarkeitsvariable

Aussehen und Einfügen

Aussehen-Attribute, die auf Ebenen der obersten Hierarchiestufe angewendet sind, werden nicht in das Zieldokument übernommen. Bewegen Sie die Ebenen in tiefere Hierarchiestufen, bevor Sie die Objekte kopieren.

11.2.8 Ebenen beim Einfügen merken

Kopieren Sie ein Objekt aus einem Dokument über die Zwischenablage in eine andere Illustrator-Datei, wird es per Voreinstellung auf der aktiven Ebene eingesetzt.

Dieses Verhalten von Illustrator können Sie ändern, sodass die Ebeneninformationen kopierter Elemente beim Einfügen erhalten bleiben.

Kapitel 11 Hierarchische Struktur: Ebenen & Aussehen

Objektauswahl unter Windows

Unter Windows gestaltet sich die Auswahl Ihrer Objekte noch einfacher, sofern Sie diesen einprägsame eigene Namen gegeben haben. Drücken Sie Strg + Alt, und klicken Sie ins Ebenen-Bedienfeld. Mit einem schwarzen Rahmen zeigt Illustrator an, dass dieses jetzt auf Tastatureingaben reagiert. Tippen Sie dann den Namen des gewünschten Objekts, wird dieses aktiviert. Dieser Trick funktioniert auch in anderen Bedienfeldern.

▲ **Abbildung 11.26**
Auswahl durch Klick in die Auswahlspalte

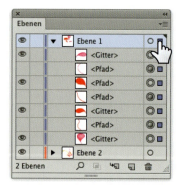

▲ **Abbildung 11.27**
Auch wenn sich einzelne ausgeblendete Elemente nicht auswählen lassen, werden sie mitselektiert, wenn Sie die gesamte Gruppe oder Ebene aktivieren.

Wählen Sie EBENEN BEIM EINFÜGEN MERKEN aus dem Menü des Ebenen-Bedienfeldes, bevor Sie das Element einfügen. Die Option muss nicht bereits beim Kopieren des Elements aktiv sein. Existieren im Zieldokument die benötigten Ebenen, wird das eingefügte Element entsprechend eingeordnet. Anderenfalls erzeugt Illustrator die Ebenen beim Einfügen des Objekts.

Sind Ebenen bereits vorhanden, kann sich die Stapelreihenfolge der eigenfügten Objekte ändern.

11.2.9 Verstecken und Fixieren

Die Sperren- und Verstecken-Befehle im Menü OBJEKT wirken sich nicht auf Ebenen in der obersten Hierarchiestufe aus. Die Befehle ALLES LÖSEN und ALLE EINBLENDEN können ebenfalls nicht angewendet werden, um fixierte oder versteckte Ebenen der ersten Hierarchiestufe zu lösen oder einzublenden. Stattdessen müssen Sie das Augensymbol 👁 bzw. das Schloss 🔒 im Ebenen-Bedienfeld verwenden oder die Befehle ANDERE EBENEN AUSBLENDEN, ANDERE/ALLE EBENEN VORSCHAU bzw. ANDERE/ALLE EBENEN SPERREN aus dem Bedienfeldmenü. Diese Befehle können Sie auch in Aktionen aufnehmen.

11.3 Objekt- und Ziel-Auswahl

Die Unterscheidung, die Illustrator zwischen der Auswahl von Objekten und Zielen macht, kann verwirren. Die hierarchische Struktur der Objekte, Ebenen und der anwendbaren Aussehen-Eigenschaften macht die Auswahl eines Ziels nötig.

11.3.1 Objekte mit dem Ebenen-Bedienfeld auswählen

Alternativ zum Anklicken der Objekte auf der Zeichenfläche können Sie ein oder mehrere Objekte auch mithilfe des Ebenen-Bedienfeldes auswählen.

Um ein einzelnes Objekt auszuwählen, klicken Sie in der Zeile seines Eintrags in die Auswahlspalte rechts neben dem kreisförmigen Ziel-Symbol ○. Alle Objekte einer Ebene oder Gruppe aktivieren Sie, indem Sie in die Auswahlspalte der Ebene oder Gruppe klicken. Sie können nur sichtbare Elemente aktivieren – es sei denn, auf einer Ebene oder in einer Gruppe sind nur einzelne Elemente ausgeblendet.

11.3 Objekt- und Ziel-Auswahl

Modifikationstasten: Objektauswahl und Ziel-Auswahl	
⇧	Halten Sie ⇧ gedrückt, um mehrere Objekte nacheinander auszuwählen bzw. als Ziel auszuwählen.
⌥/Alt + ⇧	Um Objekte von der Auswahl bzw. der Ziel-Auswahl abzuziehen, halten Sie ⌥/Alt+⇧ gedrückt, und klicken Sie in die Auswahlspalte des betreffenden Elements.
⌥/Alt	Halten Sie ⌥/Alt gedrückt, und klicken Sie auf ein Element, um alle Elemente bis auf das angeklickte aus der Auswahl bzw. der Ziel-Auswahl zu entfernen.

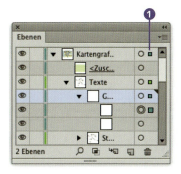

▲ **Abbildung 11.28**
Darstellung einer Objektauswahl in der Auswahlspalte ❶ des Ebenen-Bedienfeldes

Auswahl-Symbol | Die Auswahl wird in der Auswahlspalte durch farbige Quadrate gekennzeichnet. Ein großes Quadrat ■ signalisiert, dass alle Objekte ausgewählt wurden, die zum Element gehören. Die Auswahl eines Objekts wird immer in allen übergeordneten Ebenen bis in die erste Hierarchiestufe angezeigt. In den Auswahlspalten der Ebenen bedeutet das kleinere Quadrat ▪, dass weitere, nicht ausgewählte Objekte vorhanden sind. Wird auf Ebenen auch das große, umrandete Quadrat angezeigt, sind alle Objekte der Ebene aktiviert.

Die erste übergeordnete Ebene des aktivierten Objekts wird im Ebenen-Bedienfeld farbig hervorgehoben.

Objektbaum anzeigen

Jetzt wird es technisch. Jedes Objekt erhält beim Speichern der Datei eine eindeutige ID-Nummer, die als Bestandteil der XMP-Daten gespeichert wird. Den Objektbaum mit diesen Daten können Sie unter DATEI • DATEIINFORMATIONEN im Reiter RAW-DATEN einsehen.

Alle Objekte einer Ebene auswählen | Möchten Sie nur alle Objekte aktivieren, die auf derselben Ebene liegen wie das aktuell selektierte Objekt, wählen Sie AUSWAHL • OBJEKT • ALLES AUF DENSELBEN EBENEN. Wie die Bezeichnung des Befehls nahelegt, funktioniert das auch, wenn mehrere Objekte selektiert sind, die zu verschiedenen Ebenen gehören.

11.3.2 Objekte verschieben und duplizieren

Um ein aktiviertes Objekt auf eine andere Ebene oder in eine Gruppe zu verschieben, klicken und ziehen Sie das Auswahl-Symbol – das kleine Quadrat auf einer übergeordneten Ebene oder das große Quadrat des Elements – auf die gewünschte Ebene. Während des Verschiebens wird ein Quadrat unter dem Cursor angezeigt – wenn Sie dabei über eine gesperrte Ebene schieben, verschwindet diese Anzeige. Wie üblich, wird das Objekt dupliziert, wenn Sie dabei ⌥/Alt gedrückt halten.

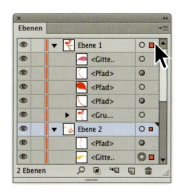

▲ **Abbildung 11.29**
Verschieben eines Objekts von »Ebene 2« auf »Ebene 1«

11.3.3 Ziel-Auswahl und Aussehen-Eigenschaften

Wenn Sie einen Effekt oder besondere Aussehen-Eigenschaften auf ein Objekt anwenden möchten, klicken Sie üblicherweise das Objekt mit dem Auswahl-Werkzeug an und ordnen die Eigenschaft zu. Sehen Sie sich beim Auswählen einmal das Element im Ebenen-Bedienfeld an, dann können Sie beobachten, dass ein Objekt automatisch als Ziel ausgewählt wird, sobald Sie es aktivieren.

  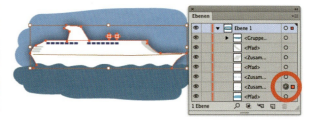

▲ Abbildung 11.30
Ein auf der Zeichenfläche aktiviertes Objekt ist auch als Ziel ausgewählt (links). Das Ziel-Symbol verändert sich, wenn ein Effekt zugewiesen wurde (rechts).

Ziel-Symbol | Jeder Eintrag im Ebenen-Bedienfeld enthält das Ziel-Symbol. Es zeigt die Zuordnung von Aussehen-Eigenschaften und Effekten an:

Seine Grundform ○ signalisiert, dass ein Element – Objekt, Gruppe oder Ebene – außer *einer* Kontur und *einer* Fläche keine weiteren Aussehen-Eigenschaften besitzt. Das Symbol wird um einen Außenring ◎ ergänzt, sobald das Element als Ziel ausgewählt ist. Die gefüllte Form ● zeigt an, dass dem Element Aussehen-Eigenschaften zugeordnet wurden. Auch für diese Form bedeutet der zusätzliche Ring ◉, dass das Element als Ziel ausgewählt ist.

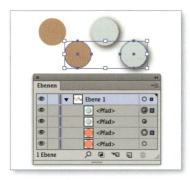

▲ Abbildung 11.31
Unterschiedliche Stadien des Ziel-Symbols für unterschiedliche ausgewählte und inaktive Objekte

Ziel auswählen | Das Ziel-Symbol dient auch als »Button« für die Ziel-Auswahl von Elementen. Dies ist die einzige Möglichkeit, Ebenen als Ziel auszuwählen, um ihnen ebenfalls Aussehen-Eigenschaften zuzuordnen. Um Elemente – Pfade, Gruppen oder Ebenen – mithilfe des Ebenen-Bedienfeldes als Ziel auszuwählen, klicken Sie auf das Ziel-Symbol ○ oder ●. Weisen Sie anschließend die gewünschten Aussehen-Eigen-

Auswahl ... Ziel-Auswahl: Worin liegt der Unterschied?

Wenn beim Auswählen eines Objekts dieses auch als Ziel ausgewählt wird (und umgekehrt), warum gibt es dann überhaupt einen Unterschied zwischen Auswahl und Ziel-Auswahl? In vielen Fällen werden Sie tatsächlich keinen Unterschied bemerken. Wenn Sie jedoch Effekte zuweisen, kann der Unterschied beträchtlich sein, denn je nachdem, wie Sie das Ziel auswählen, wird der Effekt an anderer Stelle zugewiesen.

Im Beispiel sollen alle Objekte auf der Ebene einen Schlagschatten erhalten. Mit einem Klick in die Auswahlspalte werden alle einzelnen Objekte ausgewählt (links) und auch als Ziel ausgewählt. Folglich erhält jedes einzelne Objekt einen Schlagschatten.
Bei einem Klick auf das Ziel-Symbol werden zwar auch alle Objekte ausgewählt (rechts). Als Ziel wird jedoch die Ebene ausgewählt und sie erhält folglich auch den Schlagschatten.

schaften (Abschnitt 11.6) zu. Die Modifikationstasten funktionieren wie bei der Objektauswahl (s. S. 111).

11.3.4 Aussehen verschieben und duplizieren

Das Ziel-Symbol können Sie verwenden, um Eigenschaften eines Elements einem anderen Element zuzuweisen. Klicken und ziehen Sie das Ziel-Symbol auf das Element, dem Sie die Eigenschaften zuordnen möchten (Abbildung 11.33). Alle Eigenschaften, die das »empfangende« Element bereits besitzt, werden durch die verschobenen Eigenschaften ersetzt. Das »abgebende« Element, von dem Sie das Ziel-Symbol verschieben, verliert alle Aussehen-Eigenschaften, die über die Grundeigenschaften Kontur und Fläche hinausgehen (Aussehen-Eigenschaften s. Abschnitt 11.6).

▲ Abbildung 11.32
Ebene als Ziel auswählen

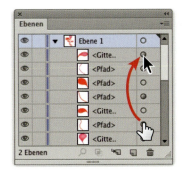
▲ Abbildung 11.33
Beim Duplizieren der Aussehen-Eigenschaften von einem Element zum anderen gibt es kein Cursor-Feedback

Modifikationsmöglichkeit | Drücken Sie ⌥/Alt, um die Aussehen-Eigenschaften zu duplizieren.

11.3.5 Ebenen und Aussehen-Eigenschaften

Alle Objekte, die auf einer Ebene erstellt, auf sie verschoben oder kopiert werden, erhalten automatisch die Aussehen-Eigenschaften der Ebene zusätzlich zu Eigenschaften, die den Objekten zugeordnet sind (Abb. 11.34). Aufgrund der Objekthierarchie wirken die Eigenschaften der Ebene oberhalb der Objektmerkmale – Eigenschaften der Objekte bleiben erhalten und werden gegebenenfalls überdeckt oder verstärkt. Durch die Zuordnung der Aussehen-Eigenschaften zu einer Ebene statt zu den einzelnen Objekten können Sie sich das Erstellen gleichartiger Objekte erleichtern. Das Objekt verliert die der Ebene zugewiesenen Eigenschaften, sobald Sie es auf eine andere Ebene verschieben.

Sehr nutzbringend können Sie das bei der Gestaltung von Straßen- und Anreiseplänen für sich einsetzen. Ist das Aussehen der Ebene zugewiesen, bilden sich Kreuzungen fast von selbst.

11.4 Objekte mit Schnittmasken formen

Eine Schnittmaske ist ein Vektorobjekt, das wie der Ausschnitt eines Passepartouts andere Objekte »zuschneidet«, sodass von ihnen nur die Teile sichtbar sind, die innerhalb der Vektorform liegen. Das lässt sich z. B. für »Lupen« in der Infografik, zum Beschneiden von Pixelgrafiken oder zum Säubern der Kanten von Angleichungen verwenden.

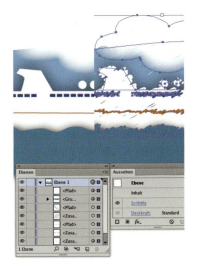
▲ Abbildung 11.34
Alle Objekte einer Ebene erhalten das Aussehen der Ebene (hier: SCRIBBLE-Effekt) zusätzlich zu ihren bestehenden Eigenschaften.

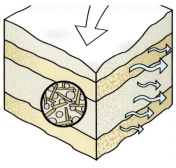

▲ **Abbildung 11.35**
Mithilfe von Schnittmasken werden Grafiken in Formen eingepasst.

▲ **Abbildung 11.36**
Ein Schnittsatz aus einzelnen Objekten wird im Ebenen-Bedienfeld als BESCHNITTGRUPPE bezeichnet.

▲ **Abbildung 11.37**
Die gestrichelten Winkel rahmen das Objekt ein, in dem gezeichnet wird.

Innen zeichnen: Borstenpinsel

Der Modus INNEN ZEICHNEN ist eine Möglichkeit, um mit dem Borstenpinsel interessante Texturen auf Objekte zu malen.

11.4.1 Schnittmasken erstellen

Das Maskenobjekt – im Ebenen-Bedienfeld als *Zuschneidungspfad* gekennzeichnet – und die beschnittenen Objekte bilden den *Schnittsatz*. Schnittsätze lassen sich objektbasiert aus einzelnen ausgewählten Elementen oder ebenenbasiert erstellen. Als Maskenobjekt können Sie alle Textobjekte sowie jeden Vektorpfad verwenden – auch zusammengesetzte Pfade und zusammengesetzte Formen.

Schnittsatz aus einzelnen Objekten | Möchten Sie den Schnittsatz aus einzelnen Objekten erstellen, ordnen Sie die Objekte so an, dass das Objekt, das das oder die anderen Objekte beschneiden soll, im Objektstapel oben liegt.

Anschließend aktivieren Sie die Objekte und wählen OBJEKT • SCHNITTMASKE • ERSTELLEN – ⌘/Strg+7. Der Schnittsatz entsteht auf der Ebene, die das Maskenobjekt enthält. Die beschnittenen Objekte werden dorthin verschoben. Die Elemente eines auf diese Art erzeugten Schnittsatzes sind miteinander gruppiert und werden im Ebenen-Bedienfeld als BESCHNITTGRUPPE bezeichnet.

Innen zeichnen | Auf eine sehr intuitive Art können Sie Schnittmasken erstellen, indem Sie einen Pfad auswählen und auf den Button INNEN ZEICHNEN im Werkzeugbedienfeld klicken. Anschließend können Sie das Objekt deaktivieren und direkt in der Fläche des Objekts arbeiten, z. B. zeichnen oder etwas aus der Zwischenablage einfügen. Diese Methode, eine Schnittmaske zu erzeugen, kommt daher dem aus FreeHand bekannten »Innen einfügen« sehr nahe. Soll die Schnittmaske aus mehreren Pfaden erstellt werden, müssen Sie daraus zunächst einen zusammengesetzten Pfad erstellen (s. Abschnitt 10.1.2). Den Innen-zeichnen-Modus erreichen Sie auch mit ⇧+D – der Shortcut wechselt durch die Zeichen-Modi und muss gegebenenfalls mehrfach gedrückt werden.

Um den Innen-zeichnen-Modus zu beenden, doppelklicken Sie auf eine freie Stelle der Zeichenfläche, oder aktivieren Sie einen anderen

Zeichenmodus mit einem Klick auf NORMAL ZEICHNEN bzw. DAHINTER ZEICHNEN.

Schnittsatz aus einer Ebene | Um alle Objekte einer Ebene in einen Schnittsatz umzuwandeln, aktivieren Sie die Ebene oder eines der enthaltenen Objekte im Ebenen-Bedienfeld und klicken auf den Button SCHNITTMASKE ERSTELLEN am unteren Rand des Bedienfeldes. Das in der Stapelreihenfolge oben liegende Objekt wirkt als Schnittmaske auf alle anderen Elemente der Ebene.

Die Elemente werden nicht miteinander gruppiert und lassen sich daher weiterhin z. B. mit dem Auswahl-Werkzeug einzeln selektieren.

Die Methode können Sie auch auf eine Gruppe anwenden, das Ergebnis ist dann dasselbe wie der »Schnittsatz aus einzelnen Objekten«.

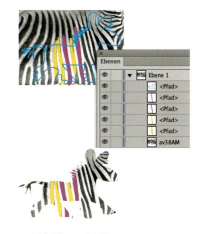

▲ **Abbildung 11.38**
Anordnung der Objekte zum Erstellen eines Schnittsatzes

Aussehen-Eigenschaften des Maskenobjekts | Vektorobjekte, die als Masken verwendet werden, verlieren ihre Aussehen-Eigenschaften automatisch. Die Aussehen-Eigenschaften von Textobjekten müssen Sie manuell entfernen, falls Sie sie nicht benötigen (Aussehen-Eigenschaften s. Abschnitt 11.6).

Wenn Sie den Zuschneidungspfad eines Schnittsatzes mit dem Direktauswahl-Werkzeug auswählen – dazu müssen Sie direkt auf den Pfad klicken –, können Sie ihm eine Kontur und eine Fläche sowie Verzerrungs- und Transformationseffekte zuordnen. Weitere Konturen, Flächen und Effekte lassen sich zwar zuweisen, haben jedoch keine sichtbaren Auswirkungen.

▼ **Abbildung 11.39**
Sollen mehrere Objekte die Maske bilden (links), müssen Sie die Pfade zu zusammengesetzten Pfaden bzw. zusammengesetzten Formen verbinden, bevor Sie sie als Schnittmaske anwenden (Mitte), Gruppieren reicht nicht. Der Maske können Sie wieder Eigenschaften zuweisen, wenn Sie sie mit dem Direktauswahl-Werkzeug auswählen (rechts).

11.4.2 Schnittsätze editieren

Aktivieren Sie eine BESCHNITTGRUPPE, so erscheinen im Steuerungsbedienfeld die Buttons ZUSCHNEIDUNGSPFAD und INHALTE BEARBEITEN. Klicken Sie auf den Button ZUSCHNEIDUNGSPFAD BEARBEITEN, so wird der Masken-Pfad aktiviert, und Sie können ihn mit den entsprechenden Werkzeugen verändern. Um die beschnittenen Objekte gemeinsam zu transformieren, klicken Sie auf den Button INHALTE BEARBEITEN oder wählen OBJEKT • SCHNITTMASKE • INHALTE BEARBEITEN. Sobald Sie einen der Buttons angeklickt haben, müssen Sie die Bearbeitung beginnen. Ein Klick auf ein anderes Objekt oder die Zeichenfläche deaktiviert den zu bearbeitenden Zuschneidungspfad oder den Inhalt.

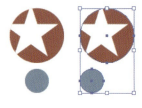

▲ **Abbildung 11.40**
Ausrichten einer Schnittmaske mit dem Ausrichten-Bedienfeld

▲ **Abbildung 11.41**
Beispiel für die Abbildungen unten: Grün: Schnittmaske

Möchten Sie auf einzelne enthaltene Objekte zugreifen, dann verwenden Sie das Direktauswahl- oder Gruppenauswahl-Werkzeug, oder arbeiten Sie im Isolationsmodus (s. Abschnitt 11.5).

11.4.3 Mit Schnittmasken arbeiten

Um eine Schnittmaske auszuwählen, müssen Sie mit dem Auswahl-Werkzeug auf die maskierten Objekte oder auf den Pfad des Maskenobjekts klicken, nicht auf die vom Maskenobjekt umschlossene Fläche – sie ist nicht »aktiv«. Wenn Sie Schnittsätze an anderen Objekten ausrichten, erfolgt dies anhand der Dimensionen des Maskenobjekts (s. Abbildung 11.40).

Beim Auswählen von Objekten sind alle außerhalb des Maskenobjekts liegenden Objekte auf der Zeichenfläche ebenfalls nicht »aktiv« und können daher außer mit dem Lasso-Werkzeug nicht versehentlich ausgewählt werden. Bei aktivierten intelligenten Hilfslinien werden jedoch Objekte unter dem Cursor hervorgehoben, deren Begrenzungsrahmen sich innerhalb der Maske befindet.

 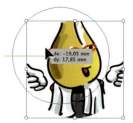 

▲ **Abbildung 11.42**
Schnittmaske als Gruppe: Unter dem Cursor wird ein beschnittener Pfad hervorgehoben, kann jedoch nicht aktiviert werden (links). Mit dem Auswahl-Werkzeug wählen Sie die Gruppe als Ganzes aus und transformieren sie (rechts).

Wurde die Schnittmaske auf die Ebene angewendet, sind alle beteiligten Objekte einzeln aktivierbar und editierbar.

▼ **Abbildung 11.43**
Schnittmaske auf Ebene: Objekte auch außerhalb der Schnittmaske lassen sich aktivieren und einzeln bearbeiten.

 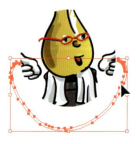  

> **Schnittmasken »endgültig« umwandeln**
>
> Eine Schnittmaske lässt die Geometrie eines Objekts intakt und blendet nur die unerwünschten Teile aus. Es ist nicht vorgesehen, eine Schnittmaske »umzuwandeln«, so wie Sie dies für andere Objekte, wie z. B. Verzerrungshüllen, kennen. Befinden sich nur einfache mit Flächen versehene Objekte ohne Konturen in der Beschnittgruppe, können Sie probieren, ob eine der Pathfinder-Funktionen Schnittmengenfläche, Fläche aufteilen, Überlappungsbereich entfernen oder Verdeckte Fläche entfernen das gewünschte Resultat bringt.

11.4.4 Schnittmaske zurückwandeln

Um den Schnittsatz aufzulösen und in seine Ausgangsobjekte zurückzuwandeln, aktivieren Sie den Schnittsatz und wählen Objekt • Schnittmaske • Zurückwandeln. Sind mehrere Schnittmasken ineinander verschachtelt, können Sie auch eine untergeordnete Schnittmaske mit dem Direktauswahl- oder dem Gruppenauswahl-Werkzeug auswählen und den Befehl nur für diese aufrufen. Alternativ ziehen Sie die Objekte im Ebenen-Bedienfeld aus dem Schnittsatz heraus.

▲ **Abbildung 11.44**
Isolieren per Kontextmenü über einer aktivierten Gruppe

11.5 Mit dem Isolationsmodus in tiefe Hierarchien vordringen

Im Isolationsmodus können Sie tiefer verschachtelte Gruppen, Unterebenen, zusammengesetzte Pfade und Formen, Schnittmasken, Angleichungen, Verlaufsgitter, Symbole, interaktive Malgruppen und einzelne Pfade so bearbeiten, als wären sie nicht Bestandteil übergeordneter Elemente. Flash-Anwender kennen diesen Bearbeitungsmodus vom Handling der Symbole.

> **Isolationsmodus aufrufen**
>
> Das Aufrufen des Isolationsmodus durch einen Doppelklick können Sie mithilfe der Option Zum Isolieren doppelklicken in Voreinstellungen • Allgemein unterbinden. Dann kann der Isolationsmodus nur noch mit dem Button im Steuerungsbedienfeld oder dem Befehl Ausgewählte Gruppe isolieren aus dem Kontextmenü aufgerufen werden.

11.5.1 Isolationsmodus aufrufen

In der Originaleinstellung (lesen Sie dazu auch den Hinweis »Isolationsmodus aufrufen«) rufen Sie den Isolationsmodus für ein Objekt auf, indem Sie darauf doppelklicken. Möchten Sie Änderungen in hierarchisch untergeordneten Gruppen dieses Objekts vornehmen, doppelklicken Sie wiederum auf diese. Alternativ haben Sie folgende Möglichkeiten:

- Wählen Sie das gewünschte Objekt aus, und klicken Sie auf den Button Ausgewählte Gruppe isolieren ⊞ im Steuerungsbedienfeld.
- Rufen Sie Ausgewählte Gruppe isolieren im Kontextmenü über einem selektierten Objekt auf, das Sie mit einem Rechtsklick (Windows) oder [ctrl]+Mausklick (Mac) anzeigen.

▲ **Abbildung 11.45**
Aktivieren eines Elements (hier Pfad) im Ebenen-Bedienfeld, um den Isolationsmodus aufzurufen

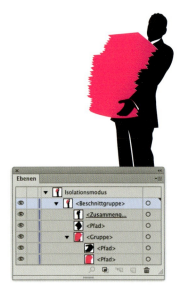

- Aktivieren Sie einen Eintrag im Ebenen-Bedienfeld, und wählen Sie Isolationsmodus aufrufen aus dem Bedienfeldmenü.

11.5.2 Im Isolationsmodus arbeiten

Auf der Zeichenfläche sehen Sie das isolierte Objekt in normaler Darstellung, die anderen Objekte werden gedimmt. Im Isolationsmodus wird das Ebenen-Bedienfeld auf die isolierte Gruppe und deren untergeordnete Elemente reduziert. Die Kennzeichnungsfarbe der isolierten Ebene wird unter dem Klickpfad am oberen Dokumentrand als schmale Linie angezeigt.

Objekte, die Sie im Isolationsmodus erzeugen oder einfügen, werden der bearbeiteten Gruppe oder Hierarchiestufe hinzugefügt.

Pfadansicht | Im Isolationsmodus können Sie auch in die Pfadansicht wechseln, um Objekte noch genauer zu editieren.

▲ **Abbildung 11.46**
Ebenen-Bedienfeld im Isolationsmodus

Hierarchien navigieren | Im grauen Balken unterhalb der Titelleiste des Dokuments wird die Objekthierarchie als Klickpfad dargestellt. Navigieren Sie mit diesem Klickpfad durch die Objekthierarchie, indem Sie auf die Bezeichnungen übergeordneter Objekte klicken. Eine Unterstreichung hebt diese jeweils unter dem Cursor hervor.

Einzelne Pfade isolieren

Eine große Arbeitserleichterung ist das Isolieren eines einzelnen Pfades, der teilweise von anderen Objekten überdeckt ist, denn man kann die anderen Objekte im Isolationsmodus nicht versehentlich aktivieren.

▲ **Abbildung 11.47**
Hierarchiepfad der isolierten Gruppe

11.5.3 Isolationsmodus beenden

Um den Isolationsmodus zu verlassen, haben Sie wieder mehrere Möglichkeiten:
- Klicken Sie auf den Button Isolierte Gruppe beenden im Steuerungsbedienfeld.
- Klicken Sie – gegebenenfalls mehrfach – auf den Pfeil links des Klickpfades im grauen Balken.
- Doppelklicken Sie auf eine freie Stelle auf der Zeichenfläche.
- Drücken Sie `Esc`.
- Wählen Sie aus dem Bedienfeldmenü des Ebenen-Bedienfeldes oder aus dem Kontextmenü Isolationsmodus beenden.

▲ **Abbildung 11.48**
Klicken auf den Pfeil beendet den Isolationsmodus.

11.6 Aussehen-Eigenschaften

Als Aussehen-Eigenschaften werden alle die Eigenschaften bezeichnet, die das Erscheinungsbild von Objekten verändern, ohne ihre Struktur zu beeinflussen. Dazu gehören Konturen und Flächen, Pinselkonturen, Effekte und Transparenzeinstellungen. Nicht nur Vektor- und Textobjekte, auch Gruppen und Ebenen können Sie mit Aussehen-Eigenschaften versehen. Darüber hinaus lassen sich Effekte und Transparenzoptionen den Flächen und Konturen gesondert zuweisen. So bildet sich eine komplexe Hierarchie von Attributen, die das Aussehen eines Objekts steuern.

Ziel
Für das Verständnis des Aussehen-Bedienfeldes ist der Unterschied zwischen Auswahl und Ziel-Auswahl wichtig, s. Abschnitt 11.3.

◄ **Abbildung 11.49**
Aus einem Kreispfad entsteht erst durch Zuweisen von Konturen, Flächen und Effekten bzw. Kombinationen aus allem (ganz rechts) das Erscheinungsbild der Grafik.

11.6.1 Aussehen-Bedienfeld

Am Erscheinungsbild der Grafik können Sie meist nicht erkennen, welcher Stufe der Objekthierarchie ein bestimmtes Attribut zugeordnet ist. Das Aussehen-Bedienfeld gibt Auskunft darüber, wie sich die äußerliche Erscheinung des als Ziel ausgewählten Objekts zusammensetzt. Das Bedienfeld rufen Sie auf, indem Sie FENSTER • AUSSEHEN – ⇧+F6 – wählen oder im Dock klicken.

Grafikstile per Drag & Drop
Ziehen Sie die Miniatur aus dem Aussehen-Bedienfeld auf ein Objekt auf der Zeichenfläche, um dieses mit den Eigenschaften zu versehen. Das Objekt muss nicht ausgewählt sein.

Darstellung der Objekt-Eigenschaften | Aussehen-Eigenschaften eines Objekts und der Gruppen und Ebenen, die es einschließen, werden in der Reihenfolge angewendet, in der sie im Bedienfeld aufgelistet sind. Die oben liegende Eigenschaft liegt im Vordergrund der Grafik. Die Anzeige von Effekten entspricht der Reihenfolge, in der sie am Objekt angewendet werden – der oben stehende Effekt wird zuerst angewandt.

- **Ebenenhierarchie**: Oberhalb des schwarzen Trennstrichs im Bedienfeld sehen Sie die Ebenenhierarchie des Ziels ❹ fett hervorgehoben dargestellt. Seine Attribute zeigt das Aussehen-Bedienfeld unterhalb des Trennstrichs an.
  Ein Klick auf eine andere Stufe in der Ebenenhierarchie wählt diese als Ziel aus und öffnet dessen Aussehen-Eigenschaften.
- **Aussehen-Attribute**: Die Attribute werden in ihrer Stapelreihenfolge dargestellt ❸. Ist das Ziel eine Gruppe oder Ebene, listet das Aussehen-Bedienfeld einen Eintrag INHALT auf. Doppelklicken Sie auf diesen, um den Inhalt der Gruppe als Ziel auszuwählen und seine Attribute aufzulisten.

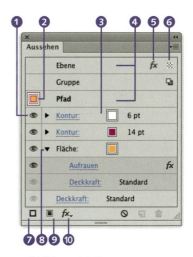

▲ **Abbildung 11.50**
Das Aussehen-Bedienfeld

Kapitel 11 Hierarchische Struktur: Ebenen & Aussehen

Gleiche Attribute bearbeiten
Sind nur einzelne Attribute bei mehreren aktiven Objekten identisch, so lassen sich diese Attribute im Aussehen-Bedienfeld bearbeiten.

Sternchen *
Der Asterisk hinter einer Konturstärke zeigt an, dass der Pfad ein Breitenprofil besitzt (s. Abschnitt 9.3).

Achtung: Aufheben der Gruppe
Besitzt eine Gruppe Eigenschaften, gehen diese Attribute verloren, sobald Sie die Gruppierung lösen. Erstellen Sie einen Grafikstil aus den Eigenschaften, bevor Sie die Gruppierung aufheben. Am Ziel-Symbol im Ebenen-Bedienfeld erkennen Sie, dass die Gruppe Aussehen-Eigenschaften besitzt.

Dies ist jedoch nur sinnvoll, wenn eine der Eigenschaften in identischer Form an allen Objekten des Inhalts vorhanden ist.

- **Miniatur**: Ein Symbol ❷ visualisiert die Aussehen-Eigenschaften an einem Quadrat. Mithilfe des Bedienfeldmenüs können Sie die Miniatur aus- oder einblenden.
- **Indikatorsymbole**: Das Transparenz-Symbol ✱ und das Kontur-Fläche-Symbol ❻ kennzeichnen, dass die entsprechenden Eigenschaften den Container-Elementen des Ziels (z. B. Gruppen oder Ebenen) zugeordnet sind ❺.
  Das Effekt-Symbol *fx* signalisiert die Anwendung eines Effekts nicht nur an übergeordneten Gruppen oder Ebenen – es wird auch bei allen Effekten angezeigt, die dem Ziel zugewiesen sind.
- **Sichtbarkeit**: Das Auge 👁 ❶ zeigt an, ob das Aussehen-Attribut sichtbar ist. Mit einem Klick auf das Auge können Sie die Sichtbarkeit einzelner Eigenschaften ein- und ausblenden.
- **Zusätzliche Attribute**: Mit einem Klick auf den Pfeil ▶ neben einem Kontur- oder Fläche-Eintrag im Aussehen-Bedienfeld zeigen Sie die Eigenschaften dieses Elements an ❽.
- **Neue Kontur/Fläche**: Klicken Sie auf den entsprechenden Button ❼ oder ❾, um eine zusätzliche Kontur oder Fläche für das Ziel zu erstellen.
- **Neuen Effekt hinzufügen**: Rufen Sie mit diesem Button *fx.* ❿ das Effekt-Menü auf.

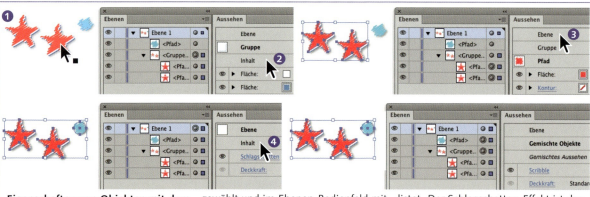

Eigenschaften von Objekten mit dem Aussehen-Bedienfeld untersuchen:
❶ Wird einer der Sterne mit dem Auswahl-Werkzeug angeklickt, dann ist die Gruppe als Ziel ausgewählt und im Aussehen-Bedienfeld hervorgehoben.

❷ Mit einem Doppelklick auf den Eintrag INHALT im Aussehen-Bedienfeld werden die beiden Sterne als Ziele aus-

gewählt und im Ebenen-Bedienfeld mit dem Ziel-Symbol markiert. Da beide identische Attribute besitzen, werden diese im Aussehen-Bedienfeld detailliert dargestellt.

❸ Ein Klick auf die Ebene im Aussehen-Bedienfeld wählt sie als Ziel aus. Ihre untergeordneten Elemente werden wie bei der Gruppe als INHALT aufge-

listet. Der Schlagschatten-Effekt ist der Ebene zugewiesen.

❹ Ein Doppelklick auf den Inhalt wählt die Gruppe und den Kreis als Ziel aus und zeigt den Effekt an, der beiden zugewiesen ist. Die Einstellungen für den Effekt können bearbeitet werden.

11.6.2 Konturen und Flächen anlegen

Jedes Vektorobjekt hat eine Kontur, eine Füllung und die Standardtransparenz-Einstellung. Ebenen und Gruppen ist voreingestellt nur die Transparenz zugeordnet. Um einem Objekt zusätzliche Konturen, Füllungen und Effekte zuzuweisen – bzw. einer Gruppe oder Ebene die Attribute neu zuzuweisen (Nutzen von Aussehen für Ebenen s. Abschnitt 11.6.6) –, können Sie sie ganz neu anlegen oder bereits vorhandene Attribute duplizieren.

Neue Kontur und Fläche | Zusätzliche Konturen und Füllungen legen Sie an, indem Sie den Button Neue Kontur hinzufügen bzw. Neue Fläche hinzufügen im Aussehen-Bedienfeld anklicken oder den Befehl aus dem Bedienfeldmenü wählen. Ist einer der vorhandenen Einträge aktiviert, wird die neue Eigenschaft darüber angelegt.

▲ Abbildung 11.51
Beim Hinzufügen der ersten Fläche wird auch eine Kontur angelegt.

> **Checkliste: Eine zusätzliche Kontur oder ein zusätzliches Objekt?**
>
> Der »Effekt«, den Sie mit einer zusätzlichen Kontur (bzw. einer weiteren Fläche) für ein Objekt erreichen, lässt sich genauso einfach (und auf den ersten Blick vielleicht sogar einfacher) mit einem Duplikat des Objekts erreichen. Warum also sollten Sie lieber das zunächst kompliziert erscheinde Aussehen-Bedienfeld benutzen, anstatt einfach das Objekt zu duplizieren?
>
> **Übersicht** | Wenn Sie zusätzliche Konturen als Objekt-Eigenschaft erzeugen, dann halten Sie die Gesamtanzahl der Objekte in der Datei klein. Damit bleibt das Dokument übersichtlicher.
> Da Aussehen-Eigenschaften an fast allen Illustrator-Objekten angelegt werden können, ist es z. B. möglich, eine Umrandung als Eigenschaft des Textobjekts zu definieren.
>
> **Vererbung** | Eine mit dem Aussehen-Bedienfeld erzeugte zusätzliche Kontur oder Fläche verhält sich abhängig vom Objekt und damit von dessen weiteren Eigenschaften. Dies zeigt sich etwa beim Transformieren der Objekte oder beim Ändern eines Pfadverlaufs.
> Schon einfache rechteckige, mehrfarbige und skalierbare Rahmen lassen sich mithilfe von Aussehen-Eigenschaften komfortabler und robuster realisieren als mit zusätzlichen Objekten (s. Abbildung 11.52).
>
> **Konstruktion** | Komplexe Konstruktionen können Sie mithilfe der vielfältigen Transformations- und Verformungsfunktionen von Effekten häufig viel einfacher realisieren als mit duplizierten Objekten (zu Effekten s. Kapitel 13, »Spezial-Effekte«). Beispiele dafür finden Sie unter Aussparungsgruppen in Abschnitt 12.1.6.
>
> **Flexibilität** | Änderungen der Attribute, wie z. B. Abstände zwischen Konturen, lassen sich häufig einfacher und vor allem zu einem sehr späten Zeitpunkt im Projektverlauf an Aussehen-Eigenschaften als an separaten Objekten durchführen.
>
> **Übertragbarkeit** | Als Aussehen generierte Konturen und Flächen sind Objekteigenschaften und daher auf andere Objekte übertragbar. Sie lassen sich sogar unabhängig von der ursprünglichen Datei in einer Grafikstil-Bibliothek speichern und mit anderen Nutzern austauschen.

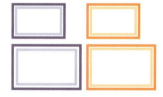

▲ Abbildung 11.52
Doppelkontur vor und nach dem Skalieren: konstruiert aus zwei gruppierten Objekten (violett) und als zusätzliche Kontur eines Objekts (orange)

▲ Abbildung 11.53
Mehrfarbige Kontur vor und nach der Änderung des Pfadverlaufs: konstruiert aus drei gruppierten Objekten (violett) und als zusätzliche Konturen eines Objekts (orange)

▲ Abbildung 11.54
Neue Kontur (oben) und duplizierte Kontur (unten)

▲ Abbildung 11.55
Attribute für das gesamte Objekt (links) und eine einzelne Fläche (rechts) zuweisen

▲ Abbildung 11.56
Wirbel-Effekt auf das ganze Objekt (links) und auf die Fläche angewendet (rechts)

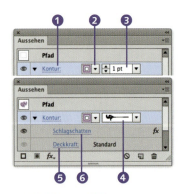

▲ Abbildung 11.57
Steuerungselemente zum Editieren von Eigenschaften im Aussehen-Bedienfeld

Um einer Gruppe oder Ebene Kontur- und Flächeneigenschaften zuweisen zu können, müssen Sie zunächst über das Menü Konturen und Flächen anlegen. Erzeugen Sie die erste Kontur oder Fläche eines Elements, wird immer das jeweils andere Attribut mit angelegt.

Kontur und Fläche duplizieren | Wenn Sie einen bestehenden Eintrag aktivieren und auf den Button AUSGEWÄHLTES OBJEKT DUPLIZIEREN klicken oder OBJEKT DUPLIZIEREN aus dem Menü wählen, wird eine Kopie erzeugt. Das ist vor allem dann nützlich, wenn die zu kopierende Eigenschaft nicht nur aus einer Farbe, sondern auch aus Effekten und Transparenzen besteht, die Sie für die neue Eigenschaft übernehmen und editieren möchten.

11.6.3 Eigenschaften zuordnen

Während Sie eine Pinselspitze nur der Kontur und eine Farbe nur einer Kontur oder einer Fläche zuweisen, lassen sich Effekte, Füllmethoden und Deckkraft-Einstellungen sowohl dem Element – Pfad, Gruppe oder Ebene – als auch einzelnen Konturen oder Flächen zuordnen.

Möchten Sie Effekte und Transparenz für das gesamte Objekt einrichten, aktivieren Sie das Ziel, also den Eintrag oberhalb des schwarzen Trennstrichs im Aussehen-Bedienfeld: Pfad, Gruppe bzw. Ebene. Um einer bestimmten Kontur oder Fläche Aussehen-Eigenschaften zuzuweisen, aktivieren Sie deren Eintrag.

Wenn Sie eine Eigenschaft im Eifer des Gefechts dem falschen Attribut zugeordnet haben, ist es möglich, sie später an die richtige Stelle zu verschieben – s. den nächsten Abschnitt.

11.6.4 Eigenschaften bearbeiten

Klicken Sie auf einen Eintrag im Aussehen-Bedienfeld, dann erscheinen kontextsensitiv zusätzliche Steuerungselemente, mit denen Sie direkt das Farbfelder- ❷ oder das Farbe-Bedienfeld und – bei Konturen – das das Konturstärken-Menü ❸ aufrufen können. Unterstrichene Einträge ❶ im Aussehen-Bedienfeld können Sie anklicken, um Optionen aufzurufen. Haben Sie eine Pinselkontur angewendet, wird ein Pinselspitzen-Menü ❹ neben dem Farbfeld eines Konturattributs angezeigt. Ein Doppelklick auf die freie Fläche rechts neben dem Menü öffnet die Kontur-Optionen-Dialogbox des Pinsels.

Jedes Attribut sowie das Objekt insgesamt besitzen einen Eintrag DECKKRAFT ❺. Mit einem Klick auf den unterstrichenen Eintrag öffnet sich das Transparenz-Bedienfeld, und Sie können Deckkraft und Füllmethode des Attributs ändern.

Haben Sie einem Objekt einen Effekt zugeordnet, dessen Einstellungen Sie verändern möchten, müssen Sie auf den unterstrichenen Eintrag des Effekts 6 im Aussehen-Bedienfeld klicken. Es öffnet sich die Dialogbox mit den Optionen des Effekts.

Aussehen-Attribute anordnen | So, wie Sie die Einträge im Ebenen-Bedienfeld in der Stapelreihenfolge und der Hierarchie »verschieben« können, lassen sich fast alle Attribute im Aussehen-Bedienfeld einem anderen Eintrag zuordnen. Klicken und ziehen Sie ein Kontur-, Fläche- oder Effekt-Attribut auf eine Trennungslinie, um es an einen anderen Platz in der Stapelreihenfolge zu verschieben. Wichtig: Klicken Sie dabei nicht auf die Bezeichnung des Eintrags, sondern auf eine leere Stelle der Zeile – gegebenenfalls müssen Sie das Bedienfeld verbreitern.

Effekt-Attribute *fx* lassen sich auf Kontur- oder Flächeneinträge ziehen, um sie speziell diesen Attributen zuzuordnen. Die Ausnahme bildet die Deckkraft-Einstellung – diese müssen Sie bei jedem Attribut einzeln verändern. Möchten Sie die Transparenz des Objekts oder eines Attributs auf den Grundzustand setzen, aktivieren Sie den Eintrag DECKKRAFT und klicken auf LÖSCHEN.

Modifizierungsmöglichkeiten | Aussehen-Attribute anordnen
▶ Drücken Sie ⌥/Alt, um einen Eintrag zu duplizieren.
▶ Drücken Sie ⇧, um mehrere Einträge zu aktivieren und sie anschließend gemeinsam zu verschieben oder zu duplizieren.

Sichtbarkeit von Eigenschaften | Zum Austesten von Aussehen oder zur Beschleunigung des Bildschirmaufbaus haben Sie die Möglichkeit, einzelne Eigenschaften auszublenden. Klicken Sie dazu auf das Augensymbol 👁 im Aussehen-Bedienfeld. Um die Eigenschaft wieder einzublenden, klicken Sie erneut. Wählen Sie ALLE AUSGEBLENDETEN ATTRIBUTE ANZEIGEN aus dem Bedienfeldmenü, um alle wieder anzuzeigen. Ausgeblendete Eigenschaften werden trotzdem mit dem Pipette-Werkzeug übertragen und in Grafikstile gespeichert, sind dort aber auch ausgeblendet.

Fokus nicht auf oberer Eigenschaft | Haben Sie im Aussehen-Bedienfeld nicht die oberste Fläche bzw. Kontur ausgewählt, zeigt Illustrator im Steuerungsbedienfeld einen Warnhinweis ⚠ an (s. Abbildung 11.60). Er weist Sie darauf hin, dass Sie vorgenommene Änderungen

> **Farben statt Farbfelder**
>
> Um anstelle des Farbfelder- das Farbe-Bedienfeld aufzurufen, drücken Sie ⇧, wenn Sie die Farbminiatur im Aussehen-Bedienfeld anklicken.

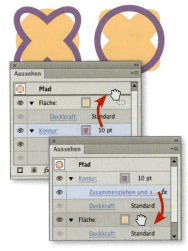

▲ **Abbildung 11.58**
Verschieben der Kontur in den Vordergrund und des Effekts von der Kontur auf die Fläche (oben: Vorher-Nachher).

▲ **Abbildung 11.59**
Einzelne Attribute wurden ausgeblendet (rechts oben: Ergebnis). Ausblenden der DECKKRAFT ist erst möglich, wenn Deckkraft-Einstellungen geändert wurden.

▲ Abbildung 11.60
Fokus-Warnung

Wacom-Inkling-Dateien

Eine besondere Situation ergibt sich auch bei den Dateien der Inkling-Software. Dessen Pfade sind mit Kalligrafiepinsel-Konturen versehen. Zusätzlich besitzen auch die Ebenen Pinselkonturen. Wenn Sie den Charakter der Linien verändern wollen, dann müssen Sie beide Hierarchiestufen berücksichtigen.

Abbildung 11.61 ▶
Zwei sich kreuzende Pfade erhalten jeweils eine Dreifach-Kontur (Mitte). Dieselbe Kontur als Eigenschaft der Ebene erzeugt eine Kreuzung statt einer Überführung (rechts).

▼ **Abbildung 11.62**
Eine Gruppe mit unterschiedlichen Aussehen-Attributen (links: Original). Achten Sie auf den Eintrag INHALT.

gegebenenfalls nicht sehen können. Wenn Sie den Fokus auf das obere Attribut setzen möchten, klicken Sie das Symbol an.

11.6.5 Eigenschaften für neue Objekte

Objekte, die Sie neu auf der Zeichenfläche erstellen, können entweder alle Eigenschaften des zuletzt aktivierten Objekts übernehmen oder nur mit dessen Basisattributen (Kontur, Fläche und Standardtransparenz) versehen werden. Aktivieren Sie im Bedienfeldmenü den Eintrag NEUES BILD HAT GRUNDFORM, wenn neue Elemente nur die Basisattribute erhalten sollen.

11.6.6 Aussehen und Gruppen/Ebenen/Symbole

Wenn Sie Aussehen-Eigenschaften einer Gruppe oder einer Ebene zuweisen, wirkt sich dies auf das Erscheinungsbild anders aus, als wenn Sie dieselben Eigenschaften auf jedes Objekt einzeln anwenden. Die Umrechnung der Eigenschaften in das Erscheinungsbild erfolgt an einer anderen Stelle in der Objekthierarchie.

Haben die Pfade neben der Ebene oder Gruppe eigene Konturen, Flächen oder Effekte, entscheidet die Stapelreihenfolge von Inhalt und Gruppen- bzw. Ebenen-Eigenschaften über die Wirkung der Attribute auf das Erscheinungsbild des Objekts.

Wenn Sie die Aussehen-Eigenschaften dieser Objekte aufrufen, erscheint im Aussehen-Bedienfeld der zusätzliche Eintrag INHALT – er steht für die untergeordneten Objekte. Die Position dieses Eintrags innerhalb des Attributstapels entscheidet darüber, ob die individuellen Objekte in einer Gruppe die Attribute überdecken, die der Gruppe zugewiesen wurden, oder umgekehrt.

Einer Gruppe eine neue Flächenfarbe zuweisen | Weisen Sie einer Gruppe, die bisher keine eigene Fläche besitzt, eine neue Flächen- oder Konturfarbe zu, dann werden diese Eigenschaften direkt den gruppierten Objekten zugeordnet.

▼ Abbildung 11.63
Besitzt eine Gruppe keine Fläche und Kontur, werden ihr zugewiesene Farben an die gruppierten Objekte »weitergereicht«.

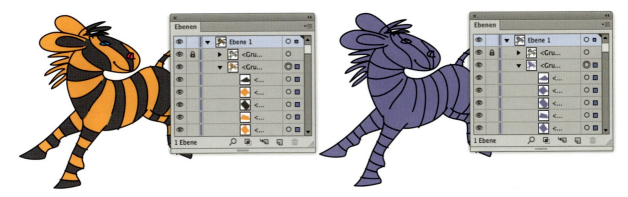

11.6.7 Auswahl auf der Basis von Eigenschaften

Objekte, deren Aussehen identisch zum aktivierten Objekt sind, wählen Sie mit Auswahl • Gleich • Aussehen aus. Möchten Sie alle Objekte finden, die mindestens ein identisches Attribut besitzen, rufen Sie Auswahl • Gleich • Aussehensattribute auf. Ausgewählt werden nur Objekte, deren Attribute mit identischen Einstellungen (z. B. Konturstärke, Effektoptionen) versehen sind.

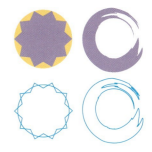

11.6.8 Aussehen umwandeln

Für den Export in andere Programme, eine spezielle Weiterbearbeitung oder, wenn Sie beim Ausdrucken auf Probleme stoßen, kann es hilfreich sein, die komplexe Struktur der Aussehen-Eigenschaften eines Objekts auf einzelne Objekte zu verteilen und Effekte in Pfade oder sogar Pixelbilder umzurechnen.

Diesem Zweck dient der Befehl Objekt • Aussehen umwandeln. Ist ein Objekt z. B. mit mehreren Konturen versehen, werden mehrere Objekte mit je einer Kontur erstellt. Je nach Aussehen-Attribut wirkt der Befehl anders:

▸ Einfache Konturen und Füllungen verteilt das Programm auf separate Objekte.
▸ Pinselkonturen werden in Flächen umgewandelt.
▸ Die zunächst »virtuellen« Auswirkungen der Effekte, die die Objektform verändern, berechnet Illustrator als Formen.
▸ Einige Stilisierungseffekte wie Schatten und Schein werden als Pixelbild berechnet.

▲ Abbildung 11.64
Aussehen umwandeln: Pfadansicht (unten) – normale Konturen werden nicht in Flächen umgewandelt (links).

Konturen in Flächen wandeln

Bei dieser Operation werden nicht automatisch alle Konturen in Flächen verwandelt. Um Konturen in Flächen umzuwandeln, verwenden Sie zusätzlich den Befehl Objekt • Umwandeln … Beides in einem Schritt können Sie mit Objekt • Transparenz reduzieren … erreichen. Einen Vergleich der Umwandeln-Befehle in Illustrator finden Sie in Tabelle 10.1 auf S. 317.

▲ **Abbildung 11.65**
Reduzieren auf die Grundform

11.6.9 Aussehen-Attribute vom Objekt entfernen

Auf Grundform reduzieren | Um alle Eigenschaften außer den in der Grundform enthaltenen von einem Objekt zu entfernen, wählen Sie AUF GRUNDFORM REDUZIEREN aus dem Bedienfeldmenü.

Die Grundform besteht aus einer Kontur, einer Fläche und der Standardtransparenz. In der Stapelreihenfolge liegt die Kontur über der Fläche. Die Standardtransparenz ist definiert als Füllmethode NORMAL, DECKKRAFT 100 %. Zusätzliche Optionen für Transparenz – AUSSPARUNGSGRUPPE, FÜLLMETHODE ISOLIEREN – sind deaktiviert (zu Transparenz s. Kapitel 12).

> **Ein Attribut aus einer Ebene oder Gruppe entfernen**
>
> Haben Sie einer Ebene oder Gruppe eine Kontur und eine Füllung zugewiesen und möchten Sie nur eines dieser Attribute entfernen, dürfen Sie den Eintrag nicht löschen, denn der andere würde ebenfalls gelöscht. Setzen Sie stattdessen das nicht benötigte Attribut auf OHNE.

Aussehen löschen | Löschen Sie einzelne Aussehen-Attribute, indem Sie sie aktivieren und OBJEKT ENTFERNEN aus dem Bedienfeldmenü wählen, auf den Button AUSGEWÄHLTES OBJEKT LÖSCHEN am unteren Rand des Bedienfeldes klicken oder den Eintrag auf das Symbol ziehen.

Möchten Sie alle Attribute eines Objekts löschen, wählen Sie AUSSEHEN LÖSCHEN aus dem Bedienfeldmenü oder klicken auf den Button AUSSEHEN LÖSCHEN. Dabei gehen alle Attribute verloren, und die Basiseigenschaften KONTUR und FLÄCHE werden auf OHNE gesetzt.

11.7 Aussehen-Eigenschaften mit der Pipette übertragen

Möchten Sie ein Objekt genauso wie ein anderes Objekt gestalten, können Sie die Aussehen-Attribute des Musterobjekts aufrufen und in derselben Form bei dem anderen Objekt einrichten.

Illustrator bietet jedoch ein Hilfsmittel, um Eigenschaften einfacher zu übertragen: das Pipette-Werkzeug.

Das Pipette-Werkzeug übernimmt Eigenschaften eines Objekts im Aussehen-Bedienfeld und kann sie auf ein anderes Objekt übertragen. Darüber hinaus können Sie mit der Pipette Farben aus platzierten Pixelbildern aufnehmen.

11.7.1 Attribute übernehmen

Um Eigenschaften eines anderen Objekts zu übernehmen, gehen Sie wie folgt vor:
1. Aktivieren Sie das oder die Objekte, deren Eigenschaften Sie verändern wollen.

▲ **Abbildung 11.66**
Objekteigenschaften übertragen

2. Wählen Sie das Pipette-Werkzeug, oder drücken Sie [I] (Achtung: den Shortcut können Sie nicht benutzen, wenn Sie Text ausgewählt haben).
3. Klicken Sie mit dem Pipetten-Cursor auf das Objekt, dessen Eigenschaften Sie übernehmen möchten.

▲ **Abbildung 11.67**
Pipettengenauigkeit: Rot: 1 Pixel, Blau: 3 × 3 Pixel, Grün: 5 × 5 Pixel

Attribute auf mehrere Objekte übertragen | So übertragen Sie Eigenschaften von einem Objekt auf andere Objekte:
1. Klicken Sie mit dem Cursor des Pipette-Werkzeugs auf das Objekt, dessen Eigenschaften Sie aufnehmen möchten.
2. Drücken und halten Sie [⌥]/[Alt] – der Pipetten-Cursor verändert sich in eine spiegelverkehrte Form – , und klicken Sie auf das oder nacheinander auf die Objekte, auf die Sie die aufgenommenen Eigenschaften übertragen möchten.

Optionen | Per Doppelklick auf das Pipette-Werkzeug im Werkzeugbedienfeld erreichen Sie die Optionen. Hier stellen Sie ein, welche Eigenschaften aufgenommen und welche auf andere Objekte übertragen werden.

Außerdem können Sie die Genauigkeit des Farbaufnahme-Werkzeugs für Pixelbilder einstellen: Es nimmt entweder exakt die Farbe des angeklickten Pixels auf oder bildet einen Durchschnitt aus den Farben der Umgebungspixel.

▲ **Abbildung 11.68**
Mit diesen Optionen überträgt das Pipette-Werkzeug alle Aussehen-Eigenschaften – wenn Sie AUSSEHEN aufklappen, ist dies nicht mehr der Fall.

11.7.2 Farbe aufnehmen

Sie können auch nur eine Farbe aufnehmen – das kann die Farbe einer Kontur, einer Fläche, eine Farbe von einer bestimmten Stelle eines Verlaufs oder eine Farbe aus einer platzierten Rastergrafik sein – und sie für die Füllung oder Kontur eines aktivierten Objekts übernehmen. Gehen Sie wie folgt vor, um nur die Farbe aufzunehmen und zu übertragen:
1. Falls Sie ein Objekt einfärben möchten, wählen Sie es aus.
2. Aktivieren Sie im Werkzeugbedienfeld das Farbauswahlfeld KONTUR oder FLÄCHE – je nachdem, auf welches der beiden Sie die Farbe übertragen möchten.
3. Wählen Sie die Pipette.
4. Halten Sie [⇧], und klicken Sie mit dem Pipetten-Cursor auf die Farbe, die Sie übertragen möchten. Beim Klick »füllt« sich der Cursor mit Farbe – zeigt er außerdem ein kleines Quadrat, so heißt dies, dass die Farbe nur im RGB-Modus aufgenommen werden konnte und daher in den Farbmodus des Dokuments konvertiert wurde. Die

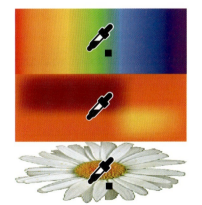

▲ **Abbildung 11.69**
Aus Verläufen können Farben nur im RGB-Modus aufgenommen werden – Rastergrafik muss eingebettet sein, damit Farben nicht konvertiert werden.

Kapitel 11 Hierarchische Struktur: Ebenen & Aussehen

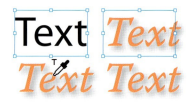

▲ **Abbildung 11.70**
Übertragen von Zeichenformatierungen mit dem Pipette-Werkzeug

angewendete Farbe stimmt also nicht ganz exakt mit der aufgenommenen Farbe überein.

Ist kein Objekt aktiv, dann werden die Eigenschaften des mit der Pipette angeklickten Objekts zur Voreinstellung für das nächste Objekt.

Die Pipette arbeitet nicht wie in Photoshop

Illustrators Pipette dient vor allem dazu, Aussehen-Eigenschaften von Vektor-Objekt zu Vektor-Objekt zu übertragen, sie ist kein Farbmessinstrument. Wenn Sie exakte Werte aus platzierten Bildern benötigen, messen Sie daher lieber mit der Pipette in Photoshop. Sie können auch im Farbwähler oder in beim Eingeben der Werte eines Farbfeldes nicht direkt die Pipette benutzen, um Farben von der Zeichenfläche aufzunehmen.

Nach Grafikstil auswählen

Möchten Sie alle Objekte aktivieren, die einen bestimmten Grafikstil besitzen, aktivieren Sie entweder den Grafikstil im Bedienfeld oder ein Objekt, dem er zugeordnet ist, und wählen Sie Auswahl • Gleich • Stil.

11.8 Aussehen-Eigenschaften als Grafikstile speichern

Die Möglichkeit, Aussehen-Attribute zu übertragen, erleichtert die Arbeit ein wenig. Weitaus effektiver gestaltet sich die Vorgehensweise, wenn Sie Aussehen-Eigenschaften mithilfe eines Grafikstils zusammenfassen.

In einem Grafikstil speichern Sie eine Zusammenstellung von Aussehen-Eigenschaften, damit diese für zukünftige Objekte einfach wiederverwendbar sind. Das spart Ihnen nicht nur Arbeit, sondern wahrt auch ein exakt einheitliches Aussehen.

Wenn Sie Grafikstile auf Objekte anwenden, behalten diese die Verbindung zum Grafikstil, sodass Änderungen an der Definition des Stils an allen Objekten übernommen werden, die diesen Stil verwenden. Grafikstile können Sie wie Farbfelder nicht nur innerhalb einer Datei, sondern mittels Bibliotheken auch über Dokumente hinweg verwenden.

▲ **Abbildung 11.71**
Das Grafikstile-Bedienfeld mit Vorschau als Quadrat (oben) und als Text (unten)

11.8.1 Grafikstile-Bedienfeld

Grafikstile werden mit dem Grafikstile-Bedienfeld verwaltet. Rufen Sie das Bedienfeld mit Fenster • Grafikstile auf – ⌂+F5, im Dock. Die Darstellungsart und Sortierung des Grafikstile-Bedienfeldes wählen Sie aus dem Menü.

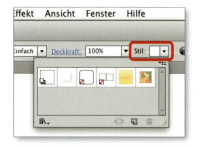

▲ **Abbildung 11.72**
Grafikstile im Steuerungsbedienfeld

▶ **Miniaturen**: Voreingestellt zeigt das Grafikstile-Bedienfeld die Einträge in Reihen nebeneinander als Miniaturen an. Ob die Miniaturen ein einfaches Quadrat oder einen Buchstaben als Anwendungsbeispiel verwenden, wählen Sie im Bedienfeldmenü unter QUADRAT FÜR VORSCHAU VERWENDEN bzw. TEXT FÜR VORSCHAU VERWENDEN. Das Symbol ⬚ zeigt an, dass der Grafikstil die Fläche und Kontur OHNE besitzt.

- **Vergrößerte Vorschau**: Mit ⌃+Mausklick (Mac) bzw. mit einem Klick mit der rechten Maustaste (Win) auf die Miniatur zeigen Sie eine vergrößerte Vorschau des Grafikstils an.

Grafikstil-Bibliotheken verwenden | Grafikstil-Bibliotheken rufen Sie im Menü FENSTER • GRAFIKSTIL-BIBLIOTHEKEN auf oder mit GRAFIKSTIL-BIBLIOTHEK ÖFFNEN aus dem Menü des Grafikstile-Bedienfeldes bzw. mit dem Button MENÜ GRAFIKSTIL-BIBLIOTHEKEN unten im Bedienfeld (Bibliotheken s. Abschnitt 1.2).

▲ Abbildung 11.73
Vergrößerte Vorschau eines Stils

> **Muster in Grafikstilen**
>
> Verwenden Sie Muster-Farbfelder in Ihren Grafikstilen, brauchen Sie sich um diese beim Speichern der Bibliothek nicht zu kümmern. Der Grafikstil enthält die nötigen Informationen.

11.8.2 Grafikstil zuweisen

Möchten Sie einem Objekt einen Grafikstil zuweisen, aktivieren Sie das Objekt bzw. wählen eine Ebene als Ziel aus und klicken auf einen Stil aus dem Grafikstile-Bedienfeld, einer Grafikstil-Bibliothek oder im Steuerungsbedienfeld unter STIL.

Die Eigenschaften des Grafikstils ersetzen die bestehenden Aussehen-Eigenschaften des Objekts.

Grafikstil und Textobjekte | Beim Anwenden eines Grafikstils auf ein Textobjekt haben Sie die Wahl, ob die Originalschriftfarbe erhalten bleiben oder der Grafikstil die Schriftfarbe bestimmen soll. Aktivieren Sie die Option ZEICHENFARBE ÜBERSCHREIBEN im Bedienfeldmenü, damit der Grafikstil die Schriftfarbe bestimmt. Die Auswirkung dieser Option ist manchmal nicht vorhersehbar, häufig erhalten die Zeichen die Farbe OHNE (zur »Anatomie« eines Textobjekts s. Abschnitt 14.8.2).

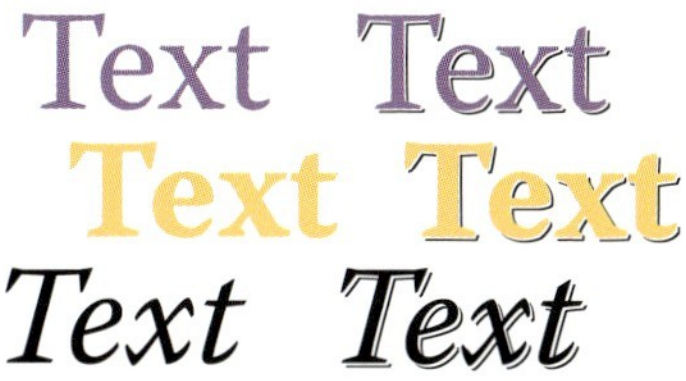

▲ Abbildung 11.74
Der Grafikstil des Objekts wird im Aussehen-Bedienfeld angezeigt.

Modifikationsmöglichkeit | Drücken Sie ⌥/Alt und klicken auf einen Grafikstil, um diesen zu den vorhandenen Aussehen-Attributen des Objekts hinzuzufügen, anstatt bestehende Eigenschaften zu ersetzen. Das Objekt besitzt dann jedoch keine Verbindung zu einem Grafikstil.

Verbindung lösen | Möchten Sie die Verbindung zwischen Objekt und Grafikstil lösen, klicken Sie auf den Button VERBINDUNG MIT GRAFIKSTIL AUFHEBEN. Alternativ verändern Sie eines der Aussehen-Attribute des Objekts. Das Objekt behält die Aussehen-Eigenschaften, wird aber nicht mehr aktualisiert, wenn Sie die Grafikstil-Definition editieren.

▲ Abbildung 11.75
Zeichenfarbe überschreiben (rechts)

> **Grafikstile zum Hinzufügen**
>
> Grafikstile, die keine eigene Flächen- oder Konturfarbe besitzen, sind für diese Anwendung geradezu prädestiniert. Sie erkennen derartige Stile an dem Symbol ⬚ neben ihrer Miniatur.

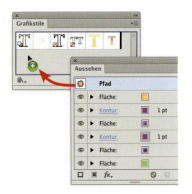

▲ **Abbildung 11.76**
Erstellen eines Grafikstils durch Ziehen der Miniatur aus dem Aussehen-Bedienfeld ins Grafikstile-Bedienfeld

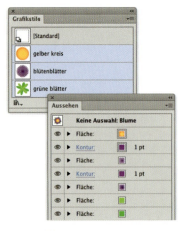

▲ **Abbildung 11.77**
Die Kombination der drei Grafikstile (oben) ergibt das Aussehen (unten).

Grafikstil vom Objekt entfernen | Einen Grafikstil entfernen Sie vom Objekt, indem Sie dem Objekt den STANDARD-GRAFIKSTIL zuweisen. Damit werden alle Aussehen-Eigenschaften gelöscht, und das Objekt erhält die Grundattribute.

11.8.3 Grafikstil erstellen

Um einen neuen Grafikstil zu erstellen, richten Sie zunächst die Aussehen-Attribute ein, oder aktivieren Sie ein Objekt, das diese Attribute besitzt. Wählen Sie NEUER GRAFIKSTIL… aus dem Bedienfeldmenü, oder klicken Sie auf den Button NEUER GRAFIKSTIL. Sie können auch das Objekt ins Grafikstile-Bedienfeld ziehen.

Wenn Sie einen neuen Grafikstil aus den Eigenschaften eines aktivierten Objekts erstellen, wird der neue Stil diesem Objekt automatisch zugeordnet.

Modifikationsmöglichkeit | Grafikstil erstellen
- Drücken Sie ⌥/Alt, und klicken Sie auf den Button NEUER GRAFIKSTIL, um die Optionen-Dialogbox aufzurufen.
- Drücken Sie ⌥/Alt, und ziehen Sie ein Objekt auf einen vorhandenen Stil, um diesen zu ersetzen (s. auch Abschnitt 11.8.4).

Grafikstil-Optionen | In den Grafikstil-Optionen haben Sie nur die Möglichkeit, dem Grafikstil einen Namen zu geben. In der Listenansicht des Grafikstile-Bedienfeldes können Sie dies auch direkt vornehmen.

Grafikstil duplizieren | Erzeugen Sie die Kopie eines vorhandenen Grafikstils, indem Sie diesen aktivieren und GRAFIKSTIL DUPLIZIEREN aus dem Menü wählen oder auf den Button NEUER GRAFIKSTIL klicken.

Grafikstile kombinieren | Möchten Sie einen neuen Grafikstil erstellen, der die Attribute mehrerer bestehender Stile in sich vereint, können Sie sie mit einem Menübefehl zusammenfügen:
1. Da der neue Stil die Aussehen-Attribute der zusammengefügten Grafikstile in der Reihenfolge enthält, die sie im Bedienfeld hatten, müssen Sie die Stile gegebenenfalls anordnen.
2. Aktivieren Sie die betreffenden Grafikstile anschließend im Bedienfeld – drücken Sie ⌘/Strg, um nicht direkt aufeinanderfolgende Einträge auszuwählen.
3. Rufen Sie dann GRAFIKSTILE ZUSAMMENFÜGEN aus dem Menü des Grafikstile-Bedienfeldes auf. Geben Sie dem neuen Stil in der Dialogbox einen Namen.

11.8 Aussehen-Eigenschaften als Grafikstile speichern

Grafikstil löschen | Einen Grafikstil löschen Sie, indem Sie ihn aktivieren und GRAFIKSTIL LÖSCHEN aus dem Bedienfeldmenü wählen oder auf den Button GRAFIKSTIL LÖSCHEN 🗑 klicken. Bestätigen Sie die Dialogbox mit OK. Möchten Sie die Abfrage umgehen, ziehen Sie den Eintrag oder die Miniatur auf den Button.

Falls der Grafikstil auf Objekte angewendet war, behalten diese Objekte die Aussehen-Attribute. Es besteht jedoch keine Verknüpfung mehr mit einem Grafikstil.

Grafikstile aufräumen | Möchten Sie das Bedienfeld »aufräumen«, verwenden Sie den Befehl ALLE NICHT VERWENDETEN AUSWÄHLEN aus dem Bedienfeldmenü, um automatisch alle Grafikstile zu aktivieren, die Sie keinem Objekt zugewiesen haben. Anschließend löschen Sie diese Stile.

11.8.4 Attribute eines Grafikstils ändern

Einzelne Attribute eines Grafikstils können Sie nicht ändern. Es ist nur möglich, den gesamten Stil durch einen neuen zu ersetzen, der die geänderten Attribute enthält. Sie haben verschiedene Möglichkeiten:

- **Grafikstil durch Grafikstil ersetzen**: Um einen Grafikstil durch einen anderen Grafikstil zu ersetzen, drücken Sie ⌥/Alt und ziehen im Grafikstil-Bedienfeld den gewünschten Eintrag auf den Stil, den Sie ersetzen möchten. Mit dieser Methode lassen sich unterschiedliche, bereits an Objekten angewendete Aussehen-Attribute vereinheitlichen (Abbildung 11.78).
- **Mit Aussehen-Miniatur neu definieren**: Ändern Sie die Attribute an einem Objekt, oder aktivieren Sie ein Objekt, das die nötigen Attribute besitzt. Drücken Sie ⌥/Alt, und ziehen Sie die Miniatur aus dem Aussehen-Bedienfeld auf den zu ersetzenden Grafikstil.
- **Bedienfeldmenü Aussehen-Bedienfeld**: Aktivieren Sie den Grafikstil, der ersetzt werden soll, sowie ein Objekt, das die neuen Attribute besitzt. Wählen Sie GRAFIKSTIL NEU DEFINIEREN aus dem Bedienfeldmenü des Aussehen-Bedienfeldes.

> **Alles aufräumen**
>
> Mit der Aktion STANDARDAKTIONEN • NICHT VERWENDETE BEDIENFELDELEMENTE LÖSCHEN können Sie neben Grafikstilen auch nicht benutzte Symbole, Pinsel und Farbfelder automatisch entfernen.

> **Skalierter Grafikstil**
>
> Wurden die Einstellungen eines Grafikstils gemeinsam mit dem Objekt skaliert und möchten Sie den Grafikstil mitsamt der Skalierung als neuen Stil definieren, dann ziehen Sie das Objekt mit den skalierten Eigenschaften ins Grafikstile-Bedienfeld.

▲ **Abbildung 11.78**
Wenn Sie einen Grafikstil ersetzen, wird der betreffende Eintrag hervorgehoben.

> **Standardeigenschaften ändern**
>
> Auch die Standardeigenschaften schwarze Kontur und weiße Fläche sind ein Grafikstil – bezeichnet als [STANDARD] – und Sie können diese Eigenschaften ändern. Dazu gehen Sie ebenso vor wie beim Ändern aller anderen Grafikstile und ersetzen die Attribute des Grafikstils [STANDARD] durch eigene. Wenn Sie diese Änderung in einem neuen Dokumentprofil vornehmen, dann haben Sie diese neuen Standardeigenschaften in allen neuen Dateien, die auf dem Dokumentprofil basieren (zu Dokumentprofilen s. Kapitel 22).

Kapitel 11 Hierarchische Struktur: Ebenen & Aussehen

▲ Abbildung 11.79
Kartengrafik

Schriftgrößen
Wenn es die maximale Dokumentgröße nicht überschreitet, sollten Sie die Karte im benötigten Format anlegen. So lassen sich Schriftgrößen besser einschätzen, und Sie laufen nicht Gefahr, Schriften unlesbar klein oder viel zu groß anzulegen.

▼ Abbildung 11.80
Erstellen der Unterebenen für die Straßen. Die Namen können Sie entweder direkt im Ebenen-Bedienfeld oder in den Ebenenoptionen eingeben.

Schritt für Schritt
Kartengrafik effizient umsetzen

In dieser Übung lernen Sie den Umgang mit Ebenen, Aussehen, Grafikstilen und Schnittmasken kennen sowie Vorgehensweisen, um Straßen zu zeichnen.

1 Vorlage importieren und Vorlagenebene einrichten

Wählen Sie Datei • Platzieren…, und selektieren Sie die Vorlagendatei »Strassenplan-Vorlage.tif« von der DVD. Aktivieren Sie die Option Vorlage in der Dialogbox, damit automatisch eine Vorlagenebene für die Grafik und eine neue Ebene für die Vektorisierung erzeugt wird. Die Vorlagenzeichnung wird abgeblendet und die Ebene gesperrt.

2 Ebenen für Grafik definieren

Richten Sie die weiteren benötigten Ebenen ein. Es muss mindestens je eine Ebene für alle Landkartenelemente und die Straßen vorhanden sein. In der Ebene »Straßen« richten Sie außerdem je eine Unterebene für die Autobahnen und die Bundesstraßen ein.

Dazu aktivieren Sie die Ebene »Straßen«, drücken ⌥/Alt und klicken einmal auf den Button Neue Unterebene erstellen. Geben Sie »Bundesstraßen« ein, und bestätigen Sie. Dann drücken Sie erneut ⌥/Alt und klicken auf den Button Neue Ebene erstellen. Da die Unterebene aktiviert war, wird eine weitere Unterebene erstellt. Dieser geben Sie den Namen »Autobahn«.

Farbfelder anlegen
Wenn eine derartige Karte für eine Publikation gezeichnet wird, für die es ein gestalterisches Konzept und entsprechende Farbvorgaben gibt, ist es sinnvoll, von diesen Farben in Schritt 3 Farbfelder anzulegen bzw. eine Farbfeldbibliothek zu öffnen und die Farbfelder zu übernehmen.

Auf dieselbe Art erstellen Sie Ebenen und Unterebenen für die Texte. Die fertiggestellte Ebenenstruktur sehen Sie in Abbildung 11.81.

3 Erste Objekte nachzeichnen

Wenn Sie sich über das endgültige Seitenverhältnis Ihrer Karte nicht sicher sind, ist es sinnvoll, die Grundfläche etwas großzügiger anzulegen und sie gegebenenfalls später mit Schnittmasken zu beschneiden.

4 Wasserflächen

In der Übung beginnen Sie auf der Ebene »Wasser« mit dem Nachzeichnen der Wasserflächen. Den Oberlauf des Flusses sollten Sie zunächst als einen Pfad mit einer starken Kontur anlegen und erst dann in eine Fläche umwandeln, wenn Sie mit dem Flussverlauf zufrieden sind und dessen Stärke an das Design Ihrer Karte angepasst haben. Den Unterlauf mit Mündung und Nordsee zeichnen Sie gleich als Fläche – alternativ können Sie mit variablen Konturstärken arbeiten und diese später umwandeln.

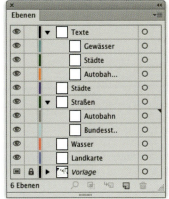

▲ **Abbildung 11.81**
Fertiggestellte Ebenenstruktur der Grafik

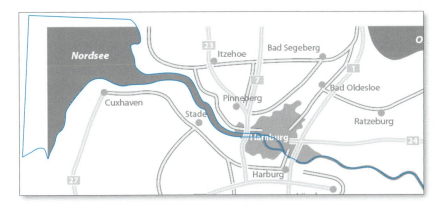

◄ **Abbildung 11.82**
Der Oberlauf des Flusses ist zunächst nur eine Kontur.

Passen Sie gegebenenfalls die Stärke des Oberlaufs an, und wählen Sie dann OBJEKT • PFAD • KONTURLINIE. Anschließend aktivieren Sie zusätzlich den Unterlauf und klicken im Pathfinder-Bedienfeld auf VEREINEN, um beide zu einem Objekt zusammenzufügen. Zeichnen Sie danach die Ostsee.

▲ **Abbildung 11.83**
Die Kontur wird umgewandelt (links) und dann mit dem Unterlauf vereinigt (Mitte).

5 Weitere Kartenelemente

Zeichnen Sie den Stadtumriss und abschließend den Umriss der helleren Fläche, der die Metropolregion darstellt, jeweils auf den dafür vorgesehenen Ebenen. Beide Ebenen blenden Sie anschließend aus, damit

▲ Abbildung 11.84
Stadtumriss auf eine eigene Ebene verschieben

diese beim weiteren Zeichnen nicht im Weg sind. Klicken Sie dazu auf das Augensymbol 👁.

Die Objekte sind in der falschen Reihenfolge: Sie benötigen noch eine Ebene für den Stadtumriss unterhalb der Ebene »Wasser«. Erstellen Sie diese, und verschieben Sie den Stadtumriss dorthin.

6 Straßen entwerfen

Legen Sie einige Autobahnen und Bundesstraßen auf den jeweiligen Ebenen als Linien an.

Verwenden Sie die bereits vorhandenen Straßen, um deren Optik zu entwerfen. Den Straßen werden Sie die in Plänen übliche Kennzeichnung geben – damit Sie die Konturstärken zum Design passend anlegen können, benötigen Sie die Beispielstraßen.

▲ Abbildung 11.85
Aussehen-Eigenschaften der Straßen: dargestellt in der Grafik (links) und im Aussehen-Bedienfeld (Mitte und rechts)

Reihenfolge der Konturen

Achten Sie auf die Reihenfolge der Konturen – vergleichen Sie dazu Abbildung 11.85.

Aktivieren Sie eine der »Autobahnen«, und weisen Sie ihr eine weiße Kontur in der Stärke von 12 Pt zu. Erzeugen Sie anschließend mit dem Aussehen-Bedienfeld eine weitere Kontur darüber, die Sie 100 % Cyan einfärben, Stärke 10 Pt, und noch eine dritte Kontur – weiß, 2 Pt. Wählen Sie eine »Bundesstraße« aus, und weisen Sie ihr eine gelbe Kontur – M25/Y100 – in 7 Pt zu.

7 Grafikstile einrichten

Um die Eigenschaften zukünftig einfacher zuweisen zu können, richten Sie Grafikstile ein. Aktivieren Sie dazu eines der eben mit Konturen versehenen Straßenobjekte, drücken Sie ⌥/Alt, und klicken Sie auf den Button NEUER GRAFIKSTIL 🔲 im Grafikstile-Bedienfeld. Geben Sie dem Stil einen aussagekräftigen Namen. Verfahren Sie genauso mit dem anderen Straßenobjekt.

▲ Abbildung 11.86
Grafikstil erzeugen

11.8 Aussehen-Eigenschaften als Grafikstile speichern

8 Grafikstile zuweisen

Erstellen Sie die Pfade für die restlichen Straßen auf den entsprechenden Ebenen.

Anschließend aktivieren Sie jeweils alle Objekte auf einer Ebene, indem Sie in die Auswahlspalte der Ebene im Ebenen-Bedienfeld klicken. Löschen Sie die Aussehen-Eigenschaften, die Sie den Straßen testweise zugewiesen hatten, indem Sie auf den Button AUSSEHEN LÖSCHEN im Aussehen-Bedienfeld klicken.

Wählen Sie dann die Ebene als Ziel aus, indem Sie auf das Ziel-Symbol neben ihrem Namen klicken, und weisen Sie der Ebene den Grafikstil zu, indem Sie im Grafikstile-Bedienfeld auf sein Symbol klicken. So werden Straßenkreuzungen fast »von selbst« erzeugt (Abbildung 11.88).

▲ **Abbildung 11.87**
Auswählen aller Pfade auf der Ebene »Autobahn«

◀ **Abbildung 11.88**
Auswählen der Ebene als Ziel (links); Kreuzungen nach dem Zuweisen der Grafikstile (rechts)

9 Für Fortgeschrittene: Outline erzeugen

In diesem Zwischenschritt wird eine zusätzliche gemeinsame Outline für alle Straßen gebildet. An dieser Stelle ist es nötig, einen kleinen Zwischenschritt einzufügen und einen zusätzlichen Effekt zuzuweisen (s. Abschnitt 13.1.3). Wählen Sie die Ebene »Bundesstraßen« als Ziel aus. Rufen Sie das Aussehen-Bedienfeld auf, und aktivieren Sie den Eintrag der gelben Kontur. Weisen Sie dieser EFFEKT • PFAD • KONTURLINIE zu. Diesen Effekt weisen Sie ebenso der unteren weißen Kontur der Ebene »Autobahnen« zu.

Anschließend wählen Sie die (übergeordnete) Ebene »Straßen« als Ziel aus. Über das Bedienfeldmenü des Aussehen-Bedienfeldes erzeugen Sie eine neue Kontur.

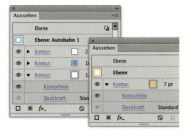

▲ **Abbildung 11.89**
Zusätzlicher KONTURLINIE-Effekt

◀ **Abbildung 11.90**
Erstellen einer neuen Kontur für die »Straßen«

Geben Sie dieser neuen Kontur die Farbe Schwarz. Ziehen Sie die Kontur im Aussehen-Bedienfeld unter den Eintrag INHALT.

▲ **Abbildung 11.91**
Die neue Kontur umrahmt alle Straßen mit einer gemeinsamen schwarzen Linie. Dies funktioniert nur, wenn den untergeordneten Ebenen zuvor der Effekt KONTURLINIE zugewiesen wurde.

10   Zeichnung ausarbeiten

Jetzt erstellen Sie die Städte als Punkte und die Texte der zugehörigen Städtenamen und der Gewässer.

Einige Städtenamen liegen unglücklich über Straßen. Damit sich diese Namen von den Straßen abheben, verwenden Sie wieder das Aussehen-Bedienfeld und weisen den Textobjekten eine neue Kontur zu, die Sie unter den Eintrag ZEICHEN schieben.

▲ **Abbildung 11.92**
Einige Texte stehen nicht gut vor dem Hintergrund.

Der Kontur geben Sie die Farbe der dahinterliegenden Fläche. Wählen Sie die Konturstärke so, dass sich der Text gut abhebt. Wählen Sie außerdem die runde Eckenform, diese sieht an etwas spitzer zulaufenden Ecken schöner aus.

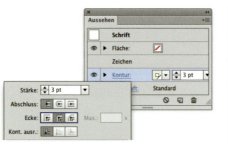

▲ **Abbildung 11.93**
Die zusätzliche Kontur für die Beschriftungstexte wird unter die ZEICHEN verschoben und mit Farbe und Konturstärke versehen.

11   Beschneiden

Im letzten Schritt sollen noch alle Elemente an der Außenkante sauber beschnitten werden. Da alle auf ihren jeweiligen Ebenen verbleiben müssen, können Sie nicht einfach eine Schnittmaske für die Objekte anlegen. Stattdessen arbeiten Sie hier mit einer zusätzlichen Ebene, die in der Hierarchie eine Stufe über allen anderen Ebenen liegt. Auf diese Ebene wird eine Schnittmaske angewendet.

Blenden Sie alle Ebenen ein, deren Objekte beschnitten werden müssen. Erstellen Sie jetzt eine weitere Ebene in der obersten Hierarchiestufe. Wählen Sie im Ebenen-Bedienfeld alle Ebenen aus, und verschieben Sie diese in die neue Ebene.

Erstellen Sie auf der neuen Ebene ein Rechteck in der passenden Größe über allen Objekten. Aktivieren Sie die neue Ebene im Ebenen-Bedienfeld, und klicken Sie auf den Button SCHNITTMASKE ERSTELLEN.

▲ **Abbildung 11.94**
Von links: Erstellen einer neuen Ebene, Verschieben aller Grafikebenen in die neue (nun übergeordnete) Ebene, Zeichnen des Rechtecks, Definieren einer Schnittmaske für die Ebene

Wählen Sie das Maskenobjekt mit dem Direktauswahl-Werkzeug aus, und weisen Sie ihm eine Fläche zu. Diese Fläche wird an den bisher noch nicht mit einer Fläche belegten Stellen sichtbar – also der Landmasse außerhalb des hellgrünen Bereichs.

▲ **Abbildung 11.95**
Die Zacken dieses Buttons lassen sich nicht aktivieren, denn sie sind das Ergebnis von Effekten.

▲ **Abbildung 11.96**
Hier handelt es sich um mehrere offene Pfade. Daher nimmt das »Objekt« keine Füllung an.

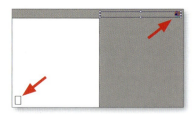

▲ **Abbildung 11.97**
Beim Öffnen von Fremdformaten kann es schon mal passieren, dass Objekte (o. rechts) weit außerhalb der Zeichenfläche (u. links) liegen.

▲ **Abbildung 11.98**
Das im Drucken-Dialog eingerichtete Papierformat (gestrichelte Linie) deckt nur die Hälfte der Zeichenfläche ab.

Checkliste: Objekte lassen sich nicht bearbeiten

Wenn Objekte »verschwinden«, sich nicht mehr aktivieren und bearbeiten lassen oder auch bei der Analyse einer fremden Datei ist es nötig, den Dingen auf den Grund zu gehen. Die aufgelisteten (fett gedruckten) Symptome sind nur die gebräuchlichsten Beispiele. Die Methoden gelten selbstverständlich auch für andere Problemfälle.

Meine Objekte sind nicht mehr da | Sehen Sie im Ebenen-Bedienfeld nach, ob die Sichtbarkeit aller Ebenen aktiviert und die Fixierung deaktiviert ist. Suchen Sie dort direkt nach dem Eintrag Ihres Objekts.
Oder wechseln Sie mit ⌘/Strg+Y aus der Vorschau in die Pfadansicht – so sehen Sie auch Objekte, die mit der Farbe WEISS oder OHNE versehen sind bzw. außerhalb ihrer Schnittmaske liegen.

Ich kann keine einzelnen Punkte aktivieren | Prüfen Sie mit dem Aussehen-Bedienfeld, ob die vermeintliche Form nur das Resultat eines auf das Objekt oder die Ebene angewendeten Effekts ist. Sehen Sie im Ebenen-Bedienfeld nach, ob das Objekt fixiert ist.

Der Transformationsrahmen ist weg | Falls Sie den Begrenzungsrahmen vermissen, prüfen Sie im Menü ANSICHT, ob seine Anzeige vielleicht ausgeblendet ist.

Kein Objekt lässt sich aktivieren | Lassen sich Objekte scheinbar nicht aktivieren, obwohl sie nicht fixiert sind, so ist meist nur die Anzeige der Aktivierung ausgeblendet. Wählen Sie ANSICHT • ECKEN EINBLENDEN. Eine andere Möglichkeit ist, dass Sie die Voreinstellung OBJEKTAUSWAHL NUR ÜBER PFAD aktiviert haben. Diese bewirkt, dass ein Klick auf die Objektfläche nicht ausreicht, um das Element zu selektieren.

Das Objekt lässt sich nicht füllen | Verwenden Sie das Dokumentinformationen-Bedienfeld (Option OBJEKTE), um zu prüfen, ob es sich wirklich um einen geschlossenen Pfad und nicht um mehrere offene handelt. Sehen Sie in der Zielspalte des Ebenen-Bedienfeldes nach, ob dem Objekt spezielle Aussehen-Eigenschaften zugewiesen sind.

Es sind keine Objekte auf der Zeichenfläche | Sie wählen ANSICHT • ALLE IN FENSTER EINPASSEN, und es werden keine Objekte angezeigt? Vielleicht haben Sie aus Versehen nicht auf der Zeichenfläche, sondern auf der Montagefläche gezeichnet. Dies kann vor allem dann passieren, wenn Sie die Anzeige der Zeichenflächenbegrenzung ausblenden. Zoomen Sie aus dem Dokument heraus, oder sehen Sie im Ebenen-Bedienfeld nach.

Es werden nur Teile der Objekte gedruckt | Blenden Sie die Zeichenfläche ein, und prüfen Sie, ob die Elemente darauf liegen. Sehen Sie mit eingeblendeter Druckaufteilung nach, ob die Zeichenfläche richtig auf dem Papierformat ausgerichtet ist.

Das Objekt lässt sich nicht bearbeiten | Das Steuerungsbedienfeld zeigt die Objektart an, sobald ein Objekt ausgewählt ist. So lässt sich einfach überprüfen, ob Objekte aktiviert werden und um welche Objekte es sich handelt. Sie können nicht alle Operationen an jedem Objekt ausführen.
Lesen Sie die Hinweise in Fehlermeldungen sorgfältig – in den Voreinstellungen können Sie ALLE WARNDIALOGFELDER ZURÜCKSETZEN, falls Sie Fehlermeldungen unterdrückt haben. Als Zusatzkapitel zu diesem Buch erhalten Sie unter *www.galileodesign.de* eine Übersicht von Illustrators Fehlermeldungen.

Kapitel 12
Transparenzen und Masken

Transparenzen begegnen Ihnen in Illustrator an vielen Stellen – vielleicht sogar, ohne dass Sie es merken. Natürlich arbeiten Sie mit Transparenz, wenn Sie mit dem Transparenz-Bedienfeld die Deckkraft eines Objekts reduzieren, eine Füllmethode oder eine Deckkraftmaske zuweisen. Neben einigen Live-Effekten wie Schatten und Weichzeichner verursacht vor allem der neue Borstenpinsel sehr komplexe Transparenzinteraktionen.

◄ **Abbildung 12.1**
Die Einsatzmöglichkeiten für Transparenz sind vielfältig (von links): reduzierte Deckkraft und Füllmethoden in einer Illustration, Schlagschatten- und Schein-Effekt, Aussparungsgruppen

12.1 Deckkraft und Füllmethode

Die Einstellungen für Deckkraft und Füllmethode, die Zuweisung von Deckkraftmasken und die Einstellungen der Optionen für gruppierte Objekte mit Transparenzeigenschaften nehmen Sie mithilfe des Transparenz-Bedienfeldes vor.

12.1.1 Transparenz-Bedienfeld

Rufen Sie das Bedienfeld mit dem Befehl FENSTER • TRANSPARENZ – ⌘/ Strg+⇧+F10, im Dock 🔘 – auf. Blenden Sie die Optionen über das Bedienfeldmenü ein, falls sie versteckt sind.

Dokumente und Transparenz

Ein Illustrator-Dokument besitzt selbst keine Hintergrundfarbe (mehr dazu in Kapitel 3).

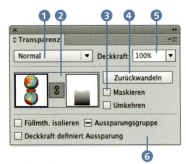

▲ Abbildung 12.2
Das Transparenz-Bedienfeld (bei aktiviertem Objekt mit Deckkraftkraftmaske)

Auswahl nach Deckkraft

Deckkraft- oder Füllmethode-Einstellungen, die lediglich einer Kontur oder Fläche zugewiesen sind, werden bei AUSWAHL • GLEICH • DECKKRAFT nicht berücksichtigt. Die Auswahl vergleicht nur Einstellungen für das Objekt.

Füllmethoden per Tastatur

Die Menüauswahl im Transparenz-Bedienfeld können Sie mit eigenen Tastaturbefehlen (s. 22.1.5) belegen. Besonders praktisch ist die Möglichkeit, einen Befehl für das »Zappen« durch das Füllmethoden-Menü anzulegen. Dann können Sie per Tastatur die jeweils nächste bzw. vorherige Füllmethode auswählen.

Weitere Infos zu Füllmethoden

Die Bezeichnungen und die Wirkung der Füllmethoden entsprechen denen der Füllmethoden in Photoshop und anderen Bildbearbeitungsprogrammen. Und sie sind gut dokumentiert. Falls Sie sich näher für die Algorithmen interessieren, haben wir daher auch die englischen Bezeichnungen der Füllmethoden – engl. »Blending Modes« – aufgeführt.

▶ Füllmethode: Die Füllmethoden ❶ bestimmen den Algorithmus, nach dem aus übereinanderliegenden Farben der Farbeindruck berechnet wird. NORMAL ist die Grundeinstellung. Alternative Füllmethoden zeigen nur dann eine Wirkung, wenn sie Objekten zugewiesen werden, die über anderen Objekten liegen.

▶ DECKKRAFT: Durch die DECKKRAFT ❺ haben Sie die Möglichkeit, die Füllmethode weitgehender zu steuern, indem Sie mit einem Wert von 0 bis 100 % vorgeben, welchen Anteil die Farbe eines Objekts an der Ergebnisfarbe hat. Mit der Füllmethode NORMAL und einer DECKKRAFT von weniger als 100 % erzeugen Sie ein durchscheinendes Objekt.

Verwenden Sie die Deckkrafteinstellung nicht, um ein einfarbiges Objekt »aufzuhellen«. Zu diesem Zweck ist eine Tonwerteinstellung besser geeignet (s. Abschnitt 8.5.1).

▶ MASKE ERSTELLEN/ZURÜCKWANDELN: Klicken Sie auf diesen Button ❹, um einem Objekt eine Deckkraftmaske zuzuweisen bzw. sie wieder zu entfernen.

▶ Miniatur: In dem Miniatur-Feld ❷ werden das ausgewählte Objekt und die darauf wirkende Deckkraftmaske angezeigt – falls für das Objekt eine Maske eingerichtet ist.

▶ Masken-Optionen: Die Einstellungen ❸ für die Deckkraftmaske sind anwählbar, sobald ein maskiertes Objekt aktiviert wurde.

▶ Optionen für Gruppen: Falls Sie Objekte gruppieren, denen Transparenzeinstellungen zugeordnet sind, können Sie mit den drei Optionen ❻ bestimmen, wie sich die Transparenzeinstellungen dieser Objekte innerhalb der Gruppe und in Bezug auf Objekte außerhalb der Gruppe auswirken.

12.1.2 Füllmethoden

Die Optionen im Menü FÜLLMETHODE sind gruppiert. Nach der Option NORMAL folgen vier Gruppen, die anhand der Auswirkung der Methoden zusammengestellt sind: abdunkelnd, aufhellend, kontrastverändernd und vergleichend. Die letzte Gruppe fasst Berechnungen mit Farbton, Sättigung und Luminanz zusammen, deren Auswirkungen auf die Farben der Objekte jedoch nicht vergleichbar sind.

Die Wirkung der Füllmethoden unterscheidet sich je nach dem Farbmodus des Dokuments. In der Regel sind die Auswirkungen der Füllmethoden im RGB-Modus stärker als im CMYK-Modus. Einige Füllmethoden zeigen jedoch im CMYK-Modus überhaupt keine Wirkung.

▲ Abbildung 12.3
ABDUNKELN

▲ Abbildung 12.4
MULTIPLIZIEREN

▲ Abbildung 12.5
FARBIG NACHBELICHTEN

▲ Abbildung 12.6
AUFHELLEN

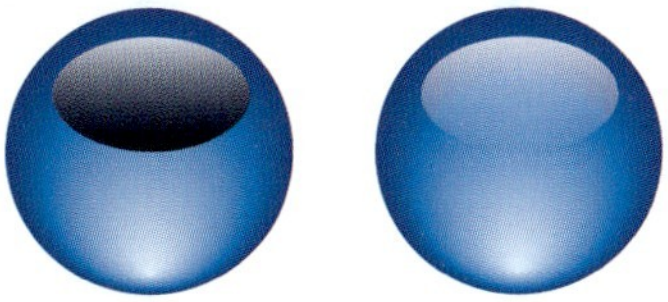

▲ Abbildung 12.7
NEGATIV MULTIPLIZIEREN

▲ Abbildung 12.8
FARBIG ABWEDELN

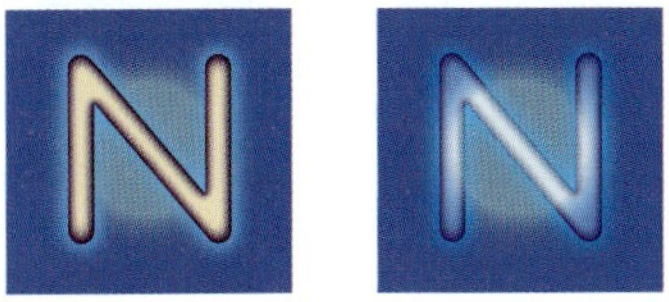

▲ Abbildung 12.9
INEINANDERKOPIEREN

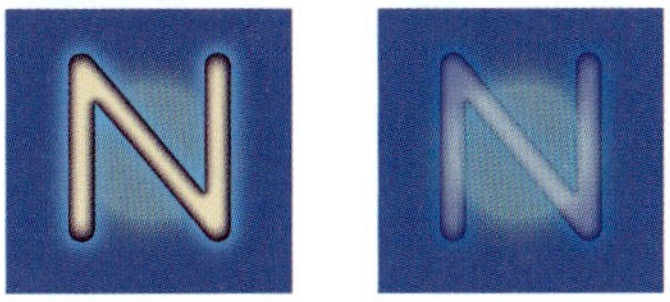

▲ Abbildung 12.10
WEICHES LICHT

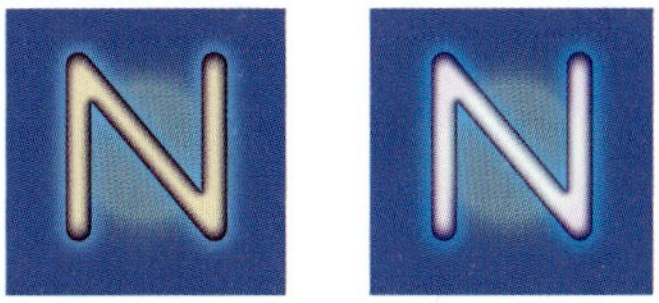

▲ Abbildung 12.11
HARTES LICHT

▲ Abbildung 12.12
DIFFERENZ (RGB)

▲ Abbildung 12.13
AUSSCHLUSS (RGB)

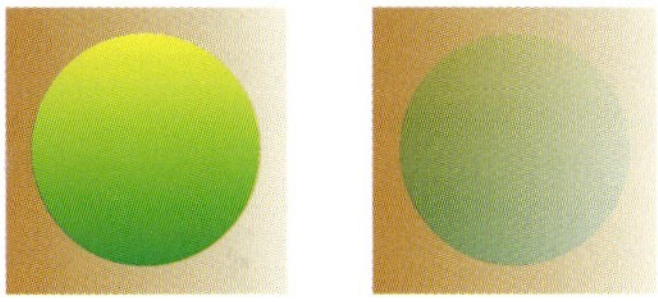

▲ Abbildung 12.14
FARBTON

▲ Abbildung 12.15
SÄTTIGUNG

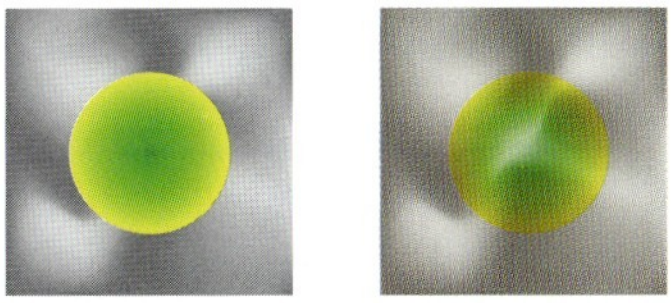

▲ Abbildung 12.16
FARBE (RGB)

▲ Abbildung 12.17
LUMINANZ

Bezeichnungen | Die Farbe, die unter dem mit einer Füllmethode versehenen Objekt liegt, bezeichnet man als **Grundfarbe**.

Angleichungsfarbe nennt man die Farbe, die das mit der Füllmethode versehene Objekt ursprünglich besitzt. Flächen, auf denen ein mit einer Füllmethode versehenes Objekt andere Objekte überlappt, zeigen die **Ergebnisfarbe** (s. Abbildung 12.18 auf der folgenden Seite).

Wichtige Grundlagen

Transparenzen sind im Nu eingerichtet, sie können jedoch beim Drucken und Exportieren Probleme bereiten, daher sollten Sie sich auch mit der Ausgabe von Transparenzen befassen.

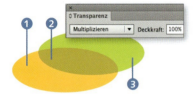

▲ Abbildung 12.18
Bezeichnungen: Grundfarbe ❶, Angleichungsfarbe ❸, Ergebnisfarbe ❷

Füllmethoden	Blending modes
Normal	Normal
Abdunkeln	Darken
Multiplizieren	Multiply
Farbig nachbelicht.	Color Burn
Aufhellen	Lighten
Neg. multiplizieren	Screen
Farbig abwedeln	Color Dodge
Ineinanderkopieren	Overlay
Weiches Licht	Soft Light
Hartes Licht	Hard Light
Differenz	Difference
Ausschluss	Exclusion
Farbton	Hue
Sättigung	Saturation
Farbe	Color
Luminanz	Luminosity

▲ Tabelle 12.1
Füllmethoden, deutsche und englische Bezeichnungen

▲ Abbildung 12.19
BLENDENFLECKE nutzen NEGATIV MULTIPLIZIEREN.

▶ **Normal**: Bei dieser Methode liegen die Flächen opak (deckend) übereinander. Nur die eingestellte Deckkraft kann zu einer Veränderung der Farben führen. Die Option NORMAL ist die Standardfüllmethode für neu erstellte Objekte und Ebenen.

▶ **Abdunkeln**: Die jeweils dunklere von Grund- und Angleichungsfarbe bildet die Ergebnisfarbe. Die Farben beeinflussen sich aber nicht.

▶ **Multiplizieren**: Die Wirkung dieser Berechnung entspricht dem mehrfachen Übermalen einer Fläche mit Aquarellfarben. Die Ergebnisfarbe ist immer dunkler als die Ursprungsfarben. Das Multiplizieren mit Schwarz ergibt Schwarz, mit Weiß entsteht keine Veränderung.

▶ **Farbig nachbelichten**: Diese Füllmethode können Sie sich als eine verstärkte Multiplikation vorstellen. Je dunkler die Angleichungsfarbe, desto dunkler wird die Ergebnisfarbe. Weiß erzeugt keine Änderung. Im RGB-Modus hat diese Füllmethode eine wesentlich stärkere Wirkung als im CMYK-Modus. Verwenden Sie im CMYK-Modus 100 % Cyan, Magenta oder Gelb als Grundfarbe, werden diese nicht verändert.

▶ **Aufhellen**: Analog zu der Abdunkeln-Methode bildet hier die jeweils hellere Farbe die Ergebnisfarbe.

▶ **Negativ multiplizieren**: Wenn Sie mit zwei Diaprojektoren auf eine Fläche projizieren, entspricht das der Wirkung von NEGATIV MULTIPLIZIEREN. Die Ergebnisfarbe ist heller als die Grundfarbe – mit der Angleichungsfarbe Schwarz bleibt die Grundfarbe erhalten, mit Weiß entsteht Weiß.

▶ **Farbig abwedeln**: Die Methode ist die Umkehrung von FARBIG NACHBELICHTEN. Die Angleichungsfarbe hellt die Grundfarbe auf. Je heller sie ist, desto stärker ist die Wirkung. Schwarz hat keine Auswirkung auf die Grundfarbe.
Im CMYK-Modus werden 100 % Gelb, Magenta oder Cyan nicht durch die Angleichungsfarbe beeinflusst.

▶ **Ineinanderkopieren**: Ist die Angleichungsfarbe heller als die Grundfarbe, verwendet Illustrator die Methode NEGATIV MULTIPLIZIEREN – ist die Angleichungsfarbe dunkler, die Methode MULTIPLIZIEREN. Die Zeichnung des Ursprungsbildes – Schatten und Spitzlichter – bleibt erhalten.

▶ **Weiches Licht**: Wie der Name sagt, entspricht die Wirkung dem Anstrahlen der Grafik mit diffusem Licht. Es ist ein abgeschwächtes INEINANDERKOPIEREN – die Grundfarben bleiben weitgehend erhalten.

▶ **Hartes Licht**: HARTES LICHT simuliert das Anstrahlen des Grundbildes mit einem Scheinwerfer. Mit dieser Methode erhalten Sie die Zeichnung des Angleichungsbildes. Das Grundbild moduliert dessen Kontrast. Verwenden Sie HARTES LICHT z. B., um Spitzlichter und Schatten zu setzen.

- **Differenz** (nur im RGB-Modus): Ist die Angleichungsfarbe heller, wird die Grundfarbe invertiert; ist die Grundfarbe heller, wird die Angleichungsfarbe invertiert. Sind Grund- und Angleichungsfarbe identisch, entsteht Schwarz.
- **Ausschluss**: AUSSCHLUSS erzeugt eine kontrastärmere Wirkung als DIFFERENZ – wie diese aber auch nur im RGB-Modus.
- **Farbton**: Die Ergebnisfarbe erhält den Farbton der Angleichungsfarbe und die Sättigung der Grundfarbe. Die Helligkeit der Ergebnisfarbe entspricht dem Grauwert, der entstünde, wenn die Grundfarbe in Graustufen umgewandelt würde. Die Grundfarbe Grau wird nicht verändert.
- **Sättigung**: Bei dieser Methode hat die Ergebnisfarbe die Sättigung der Angleichungsfarbe, dafür Farbton und Helligkeit der Grundfarbe. Sind sowohl Grund- als auch Angleichungsfarbe »reine« Farben, erfolgt keine Änderung.
- **Farbe**: Farbton und Sättigung der Ergebnisfarbe werden von der Angleichungsfarbe übernommen. Die Helligkeit entspricht dem Grauwert der Grundfarbe.
Im RGB-Modus können Sie diese Methode verwenden, um Graustufenbilder mit überlagerten Farbflächen zu kolorieren. Im CMYK-Modus werden Grautöne als Grundfarben nicht verändert.
- **Luminanz**: Dies ist praktisch die Umkehrung der Füllmethode FARBE. Farbton und Sättigung der Ergebnisfarbe entsprechen den Werten der Grundfarbe. Die Helligkeit wird vom Grauwert der Angleichungsfarbe übernommen.

▲ **Abbildung 12.20**
Volltonfarben (Schmuckfarben) können Sie nicht mit allen Füllmethoden wie erwartet verwenden. Hier (von links oben): NEGATIV MULTIPLIZIEREN, AUFHELLEN, FARBTON, LUMINANZ

▲ **Abbildung 12.21**
NEGATIV MULTIPLIZIEREN im Modus RGB: additive Lichtmischung

12.1.3 Transparenzen zuweisen

Deckkraft und Füllmethode lassen sich auf Ebenen, Gruppen, Objekte und unabhängig voneinander auf deren Konturen und Füllungen anwenden. Einstellungen, die Sie für eine Ebene und ein Objekt vorgenommen haben, verhalten sich kumulativ. Das kann bei Füllmethoden zu unerwünschten Resultaten führen.

Möchten Sie einem Objekt oder einer Gruppe eine Transparenzeinstellung zuweisen, wählen Sie das Objekt oder die Gruppe aus und nehmen die Einstellung mithilfe des Transparenz-Bedienfeldes vor. Zielgenauer gehen Sie vor, indem Sie das Ebenen- und das Aussehen-Bedienfeld (Abschnitte 11.1.1, 11.6.1) verwenden, um Transparenzeinstellungen zu definieren. Gehen Sie wie folgt vor:

Volltonfarben und Transparenz

Wenn Sie Volltonfarben mit Transparenz verwenden möchten, sollten Sie die Ergebnisse regelmäßig mit der Überdruckenvorschau vergleichen. Prüfen Sie auch die Separation der Dateien sorgfältig.

Transparenzanzeige

Das Aussehen-Bedienfeld zeigt in der Objekthierarchie vorhandene Transparenzen durch das Transparenz-Symbol ▓ an.

Kapitel 12 Transparenzen und Masken

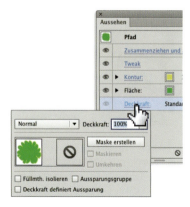

1. Wählen Sie das Objekt, die Gruppe oder Ebene als Ziel aus.
2. Klicken Sie im Aussehen-Bedienfeld auf den Eintrag DECKKRAFT des Objekts, seiner Fläche oder seiner Kontur, um das Transparenz-Bedienfeld aufzurufen. Wählen Sie die Füllmethode, und/oder geben Sie eine DECKKRAFT ein.

▲ Abbildung 12.22
Mit einem Klick auf DECKKRAFT rufen Sie das Transparenz-Bedienfeld auf.

12.1.4 Probleme mit Schwarz und Weiß im Farbmodus CMYK

Im Farbmodus CMYK arbeiten viele Füllmethoden, z. B. NEGATIV MULTIPLIZIEREN und AUFHELLEN, nicht, wie erwartet, wenn Schwarz (100 % K) beteiligt ist: Es spart aus. Probieren Sie in diesen Fällen ein sattes Schwarz (achten Sie auf den maximalen Druckauftrag).

Die beiden genannten Füllmethoden zeigen darüber hinaus keine Wirkung, wenn keine Hintergrundfläche in der Grafik vorhanden ist. Legen Sie eine weiße Fläche in den Hintergrund.

▲ Abbildung 12.23
Eine Flamme mit der Füllmethode NEGATIV MULTIPLIZIEREN und ein Blendenfleck auf Schwarz; 100 % K (Mitte); Tiefschwarz (rechts); ohne Füllmethode (links)

▲ Abbildung 12.24
Ein Schwarzweißverlauf (NEGATIV MULTIPLIZIEREN) auf farbigem Hintergrund; 100 % K zu Weiß (Mitte); Tiefschwarz zu Weiß (rechts); ohne Füllmethode (links)

12.1.5 Objekte mit einer bestimmten Deckkraft oder Füllmethode auswählen

Alle Objekte, die eine vorgegebene oder die gleiche Deckkraft oder Füllmethode wie ein bestimmtes Objekt besitzen, wählen Sie folgendermaßen aus:
1. Aktivieren Sie ein Objekt, das die gewünschte Einstellung besitzt, oder deaktivieren Sie alle Objekte, und geben Sie die Einstellung – Deckkraft oder Füllmethode – im Transparenz-Bedienfeld ein.
2. Wählen Sie AUSWAHL • GLEICH • DECKKRAFT bzw. FÜLLMETHODE.

▲ Abbildung 12.25
Füllmethode MULTIPLIZIEREN: Eine sich selbst überschneidende Borstenpinselkontur (oben) erzeugt dabei im Gegensatz zu zwei sich überschneidenen Pfaden (unten) keine Interaktion mit sich selbst (s. Abschnitt »Aussparungsgruppe«).

12.1.6 Transparenz und Gruppen

Ein Objekt, das mit Transparenz versehen ist, verursacht Wechselwirkungen mit allen unter ihm liegenden Objekten. Ist das Objekt jedoch

Teil einer Gruppe oder liegt es auf einer eigenen Ebene, können Sie die Wechselwirkungen einschränken.

Das Transparenz-Bedienfeld bietet die Optionen Füllmethode isolieren und Aussparungsgruppe. Aktivieren Sie die Gruppe, oder wählen Sie die Ebene als Ziel aus, und definieren Sie anschließend die Optionen im Transparenz-Bedienfeld.

Füllmethode isolieren | Aktivieren Sie diese Option, um die Wirkung der Füllmethode auf Objekte innerhalb der Gruppe oder Ebene zu beschränken. Im Beispiel von Abbildung 12.26 (rechts) wird eine Multiplikation innerhalb der Gruppe der gelben Sonne ausgeführt, aber beeinflusst keine anderen Objekte.

Es wird jedoch nur die Füllmethode isoliert – die Deckkrafteinstellung betrifft auch Objekte, die nicht zur Gruppe gehören.

Objekte, die in der Stapelreihenfolge über den mit einer Füllmethode versehenen Objekten liegen, sind von den Auswirkungen der Transparenz unbeeinflusst.

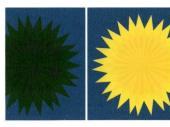

▲ Abbildung 12.26
Füllmethode isoliert (rechts): So wirkt Multiplizieren nicht auf den Hintergrund.

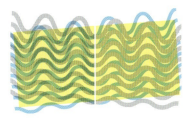

▲ Abbildung 12.27
Aussparungsgruppe aus (links) und aktiviert (rechts): Blaue und graue Linien interagieren nicht mehr miteinander, sondern nur noch mit dem gelben Objekt (mehr auf der DVD).

Aussparungsgruppe | Mit dieser Option lassen sich die Objekte innerhalb der Gruppe von den Berechnungen der Deckkraft und der Füllmethode ausschließen, d.h., nur Objekte außerhalb der Gruppe sind betroffen – s. Abbildung 12.27 (rechts).

Die Option kann einen von drei Zuständen annehmen. Diese Zustände wechseln jeweils nach einem Mausklick:

▶ Deaktiviert ☐: Füllmethode und Deckkraft werden auf alle Objekte innerhalb wie außerhalb der Gruppe berechnet.
▶ Aktiviert ☑: Die zur Gruppe gehörenden Objekte haben keine Wechselwirkungen untereinander und werden behandelt, als wären sie opak. Dies ist die Standardeinstellung für Angleichungen (s. Abschnitt 10.6).
▶ Neutral ⊟: Verwenden Sie die Einstellung Neutral, um die Aussparungsoption einer übergeordneten Gruppe oder Ebene nicht zu beeinflussen. Die Einstellung ist wichtig für ineinander verschachtelte Gruppen. Bei neuen Gruppen oder Ebenen setzt Illustrator automatisch diese Einstellung.

▲ Abbildung 12.28
Angleichung (weißer Reflex): Aussparungsgruppe aktiviert (links)

Transparenz überprüfen

Die Transparenz können Sie sich mit Ansicht • Transparenzraster einblenden anzeigen lassen – ⌘/Strg+⇧+D. Voreingestellt besteht dieses Raster aus einem grau-weißen bzw. dunkelgrauen Karomuster; dies können Sie jedoch unter Datei • Dokument einrichten... ändern.

Optionen | Beide Einstellungen lassen sich für die oberste Ebene der Objekthierarchie – also für das gesamte Dokument – anwenden. Isolierte Füllmethode auf Seite benötigen Sie, wenn Sie Ihre Grafik in Adobe InDesign weiterverarbeiten wollen und z.B. unterbinden möchten, dass die Füllmethoden der Objekte in der Illustrator-Datei auch auf Objekte in der InDesign-Datei wirken. Aussparungsgruppe auf Seite

▲ Abbildung 12.29
Die Option ISOLIERTE FÜLLMETHODE AUF SEITE (rechts)

▲ Abbildung 12.30
Das Aussehen-Bedienfeld mit Transparenz-Symbolen

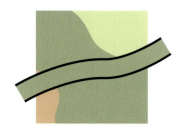

▲ Abbildung 12.31
Die Ausgangssituation in der Datei »Eisenbahnschiene.ai«

Pfad Auswählen

Den Pfad müssen Sie mit einem Klick auf der Zeichenfläche oder im Ebenen-Bedienfeld auswählen. Mit einem Auswahlrechteck würden Sie den direkt darunterliegenden Pfad ebenfalls aktivieren.

bewirkt, dass das Ergebnis der Transparenzreduzierung anders ausfällt als die Vorschau des Dokuments, und sollte daher mit Vorsicht verwendet werden.

Um die jeweilige Einstellung für die ganze Seite zu setzen, wählen Sie aus dem Bedienfeldmenü ISOLIERTE FÜLLMETHODE AUF SEITE bzw. AUSSPARUNGSGRUPPE AUF SEITE.

12.1.7 Transparenzeinstellungen zurücksetzen

Die Transparenzeinstellungen eines Objekts sowie der übergeordneten Gruppen und Ebenen können nicht zusammen gelöscht werden. Stattdessen müssen Sie jedes einzelne Element der Objekthierarchie aktivieren bzw. als Ziel auswählen, um die Transparenzeinstellungen auf den Standardwert – NORMAL mit 100 % Deckkraft – zurückzusetzen. Denken Sie daran, auch die Optionen FÜLLMETHODE ISOLIEREN und AUSSPARUNGSGRUPPE anzupassen. Ist Transparenz die einzige Aussehen-Eigenschaft z. B. einer Gruppe, können Sie sich Arbeit ersparen, indem Sie den Button AUSSEHEN LÖSCHEN ⊘ im Aussehen-Bedienfeld klicken.

Schritt für Schritt
Aussparungsgruppen im Einsatz

Wie Sie mit Aussparungsgruppen non-destruktiv Formen konstruieren können, die anderweitig wesentlich komplizierter aufzubauen wären, sehen wir uns in diesem Beispiel an.

1 Das Problem

In der Datei »Eisenbahnschiene.ai« sehen Sie einen schwarzen und einen grünen Pfad vor einem mehrfarbigen Hintergrund. Das Prinzip, auf diese Weise Straßen aufzubauen, haben Sie ja bereits im Workshop »Kartengrafik effizient umsetzen« in Kapitel 11 kennengelernt – wir kommen später noch dazu, wie man auch hier mit nur einem Pfad (und mehreren Konturen) arbeiten kann.

Bei der Eisenbahnschiene funktioniert es nur, solange der Hintergrund einheitlich gefärbt ist. Das ist hier nicht der Fall, daher müssen wir erreichen, dass der grüne Pfad »durchsichtig« wird.

2 Lösungsansatz

Im Abschnitt über die Aussparungsgruppen haben Sie gesehen, dass etwas sehr Ähnliches zu erreichen wäre, wenn Sie den grünen Pfad auswählen, seine Füllmethode auf MULTIPLIZIEREN stellen …

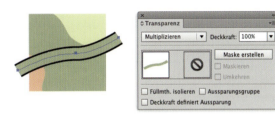

◀ **Abbildung 12.32**
Nachdem der grüne Pfad auf MUL-TIPLIZIEREN steht, ist er zunächst unsichtbar.

… und ihn dann mit dem schwarzen Pfad gruppieren und die beiden als Aussparungsgruppe definieren.

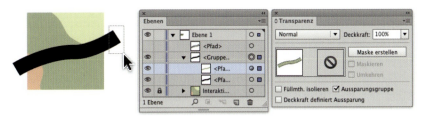

◀ **Abbildung 12.33**
Beide Pfade werden gruppiert und dann die Aussparungsgruppe erstellt.

Damit kommen Sie sehr nah an die Lösung heran, nur die Eigenfarbe des grünen Pfades dunkelt durch das Mutliplizieren den Hintergrund ab. Dieser Effekt ist natürlich unerwünscht.

3 Deckkraft statt Füllmethode

▲ **Abbildung 12.34**
Der Hintergrund ist nun zwar durch den Pfad sichtbar, aufgrund des Multiplizierens liegt die Kontur jedoch wie eine grüne Brille darüber.

Die Grundidee funktioniert nicht nur mit Füllmethoden, sondern auch durch das Reduzieren der Deckkraft. Daher verwenden Sie das Ebenen-Bedienfeld, klappen die Gruppe auf und wählen den grünen Pfad als Ziel aus. Dann nehmen Sie das Transparenz-Bedienfeld und stellen die Füllmethode auf NORMAL – der grüne Pfad ist nun wieder komplett sichtbar, denn Aussparungsgruppen wirken nicht mit dieser Füllmethode.

Stellen Sie nun die DECKKRAFT des grünen Pfades auf 0 % – damit spart er wieder den schwarzen Pfad aus, verfälscht aber nicht den Hintergrund, denn Objekte mit einer Deckkraft von 0 sind unsichtbar.

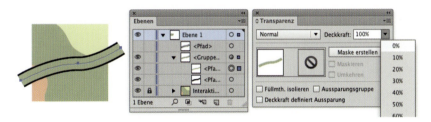

▲ **Abbildung 12.36**
Statt einer Füllmethode kann man auch auf Basis von Deckkrafteinstellungen Aussparungsgruppen konstruieren – das geht auch mit einer DECKKRAFT von 0 %.

▲ **Abbildung 12.35**
Das Ergebnis mit zusätzlich sichtbaren Schwellen, die aus einer gestrichelten Kontur gebaut wurden.

Kapitel 12 Transparenzen und Masken

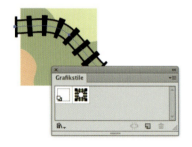

▲ **Abbildung 12.37**
Der Hintergrund ist nun zwar durch den Pfad sichtbar, aufgrund des Multiplizierens liegt die Kontur jedoch wie eine grüne Brille darüber.

Im Ebenen-Bedienfeld aktivieren Sie nun noch die Sichtbarkeit des oberen, bisher versteckten Pfad3s – er stellt die Schwellen der Eisenbahnlinie dar.

4 Ein Pfad statt mehrerer Pfade

Die ganze Konstruktion ist ein wenig ungeschickt, weil die Eisenbahnlinie im Moment noch durch drei Pfade dargestellt wird. Änderungen an deren Verlauf sind damit praktisch unmöglich.

Der große Vorteil von Aussparungsgruppen ist, dass sie sich auch auf ein Objekt mit mehreren Flächen oder Konturen anwenden lassen.

Löschen Sie die bisherigen Pfade, zeichnen Sie einen neuen und wenden Sie darauf den Grafikstil EISENBAHN an. In diesem Grafikstil muss nun noch die Aussparungsgruppe definiert werden. Dazu wählen Sie im Aussehen-Bedienfeld die grüne Kontur aus und weisen ihr die DECKKRAFT 0 % zu. Dann klicken Sie ganz unten auf den Eintrag DECKKRAFT und aktivieren die Option AUSSPARUNGSGRUPPE für das gesamte Objekt.

 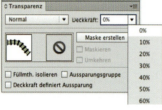  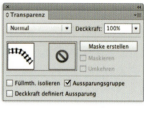

▲ **Abbildung 12.38**
Mit einem Klick den Deckkraft-Eintrag zuerst der Kontur, dann des Pfades insgesamt wird jeweils das Transparenz-Bedienfeld aufgerufen und die DECKKRAFT reduziert bzw. die AUSSPARUNGSGRUPPE eingestellt.

5 Doppelnaht und Typografie

Im Mode-Design bietet sich diese Technik zur Darstellung von Doppelnähten an.

Abbildung 12.39 ▶
Über einer fetten gestrichelten liegt eine etwas feinere durchgehende Linie, deren DECKKRAFT auf 0 reduziert ist. Der Pfad ist eine AUSSPARUNGSGRUPPE.

Verpackungs- und Logodesigner können mit der Methode interessante typografische Lösungen konstruieren, bei denen sich auch nachträglich noch die Schriftart, -farbe oder der Abstand zwischen der Schrift und ihrer Kontur ändern lässt.

▲ **Abbildung 12.40**
Zwei weitere Flächen werden jeweils mit dem Transformieren-Effekt verschoben; die mittlere wird mit einer Deckkraft von 0 ausgespart.

▲ **Abbildung 12.41**
Aussehen-Eigenschaften der Textobjekte links

Layouter können so Schrift, Flächen und Hintergrundfotos miteinander verbinden, denn Aussparungsgruppen funktionieren auch zwischen Flächentexten und ihren (eingefärbten) Flächen; mehr zu den Hierarchien von Textobjekten finden Sie in Abschnitt 14.8.

▲ **Abbildung 12.42**
Hier sind Deckkrafteinstellungen für die Fläche des Flächentextes sowie für die Zeichen selbst eingesetzt. Das ganze Textobjekt ist eine Aussparungsgruppe.

12.2 Deckkraftmasken

Eine Deckkraftmaske ermöglicht es, einem Objekt eine uneinheitliche Opazität zuzuweisen, indem ein Maskenobjekt die Deckkraft vorgibt. Dies ist vergleichbar mit Ebenenmasken in der Bildbearbeitung oder Alpha-Kanälen im Videobereich.

Wie beim Alpha-Kanal steuert der Grauwert des Maskenobjekts die »Durchsichtigkeit« der Grafik. An den schwarzen Stellen der Maske ist das Grafikobjekt durchsichtig, an weißen Stellen deckend. Grautöne unterschiedlicher Intensität variieren die Deckkraft.

Eine Deckkraftmaske lässt sich aus allen Illustrator-Objekten herstellen, wie z. B. aus Textobjekten, Verlaufsgittern, platzierten Bildern sowie mit Mustern und Verläufen versehenen Objekten. Sowohl die Maske als auch die Gruppe der maskierten Objekte lassen sich jederzeit im Nachhinein editieren und ergänzen.

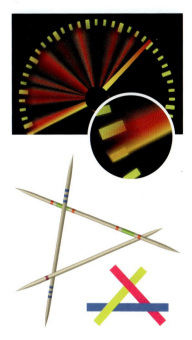

▲ **Abbildung 12.43**
Deckkraftmasken bieten interessante Optionen in Illustrationen.

Kapitel 12 Transparenzen und Masken

Transparente Gitter vor CS5

Illustrator-Versionen vor CS5 können noch keine transparenten Gitterpunkte im Verlaufsgitter definieren – die Deckkraftmaske ist dafür der gebräuchliche Workaround. Beim Speichern in eine ältere Version wird automatisch eine Deckkraftmaske erzeugt.

▲ **Abbildung 12.44**
Die Deckkraftmaske erzeugt einen weichen Übergang des Objekts mit »Live«-3D-Effekt in den Hintergrund.

Abbildung 12.45 ▶
Umwandeln vorhandener Objekte in eine Deckkraftmaske

12.2.1 Deckkraftmaske erstellen

Eine Deckkraftmaske für Objekte oder Gruppen können Sie erstellen, indem Sie ein bestehendes Objekt umwandeln oder die Maske im »Maskierungsmodus« konstruieren.

Sie benötigen die Anzeige der Miniaturen im Transparenz-Bedienfeld – wählen Sie MINIATUREN EINBLENDEN, falls sie nicht bereits angezeigt werden.

Objekt in Maske umwandeln | Dies ist der einfachste Weg, Objekte zu maskieren. Diese Methode müssen Sie außerdem wählen, wenn Sie mehrere Elemente zusammen mit einer Maske versehen möchten. Gehen Sie wie folgt vor:

1. Um eine Kombination mehrerer Objekte als Maske zu verwenden, müssen diese zunächst gruppiert werden. Denn nur einzelne Objekte oder Gruppen lassen sich in ein Maskenobjekt umwandeln.
2. Die Maske aus Abbildung 12.44 besteht aus zwei Objekten: einer weißen Fläche und einem Angleichungsobjekt – sie sind miteinander gruppiert.
3. Positionieren Sie das Maskenobjekt an die gewünschte Stelle in der Stapelreihenfolge über das oder die zu maskierenden Objekte ❶. Das Maskenobjekt muss nicht auf derselben Ebene liegen wie das maskierte Objekt.
4. Aktivieren Sie das Maskenobjekt und das oder die zu maskierenden Objekte.
5. Klicken Sie auf den Button MASKE ERSTELLEN im Transparenz-Bedienfeld ❷ (der Button wechselt anschließend zu ZURÜCKWANDELN) Im Ebenen-Bedienfeld wird das maskierte Objekt durch eine Unterstreichung gekennzeichnet ❸ (wenn das Bedienfeld ganz schmal gezogen wurde, ist sie gestrichelt).

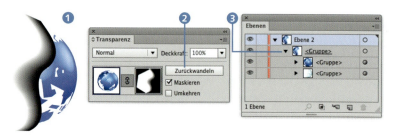

Leere Maske für Objekte oder Ebenen erstellen | Wenn Sie eine Ebene mit einer Deckkraftmaske versehen möchten, müssen Sie die folgende Methode verwenden. Sie können aber auch Einzelobjekte auf diese Art mit einer Maske versehen. Und so geht's:

1. Falls Sie bereits ein Maskenobjekt vorbereitet haben, kopieren Sie es in die Zwischenablage oder schneiden es aus.
2. Aktivieren Sie ein einzelnes Objekt oder eine Gruppe, bzw. wählen Sie das zu maskierende Objekt, die Gruppe oder Ebene im Ebenen-Bedienfeld als Ziel aus (s. Abschnitt 11.3.3).
3. Klicken Sie den Button MASKE ERSTELLEN im Transparenz-Bedienfeld, wählen Sie DECKKRAFTMASKE ERSTELLEN aus dessen Bedienfeldmenü, oder doppelklicken Sie auf den Platz rechts neben der Objektminiatur. Illustrator erzeugt eine leere Maske. Mit einem Klick auf die Maskenminiatur wechseln Sie in den Maskierungsmodus.
4. Der Modus wird im Titelbalken durch den Begriff <DECKKRAFTMASKE> angezeigt, der an den Dateinamen angehängt wird (Abbildung 12.46), sowie durch die Umrandung der Maskenminiatur im Transparenz-Bedienfeld. Im Ebenen-Bedienfeld steht nur eine Ebene zur Verfügung – sie ist als <DECKKRAFTMASKE> gekennzeichnet.
5. Erstellen Sie die Maske mit den Werkzeugen von Illustrator, oder fügen Sie das vorbereitete Maskenobjekt aus der Zwischenablage ein.
6. Beenden Sie den Maskierungsmodus mit einem Klick auf die Miniatur des maskierten Objekts. Im Ebenen-Bedienfeld erkennen Sie die maskierte Ebene oder das maskierte Objekt an der – in manchen Fällen gestrichelten) Unterstreichung.

12.2.2 Verknüpfung von Objekt und Deckkraftmaske

Die Miniatur eines Maskenobjekts wird neben der Miniatur des maskierten Objekts im Transparenz-Bedienfeld angezeigt. Per Voreinstellung sind Objekt und Maske miteinander verknüpft – dies erkennen Sie an dem gedrückten Ketten-Button ⚇ zwischen den beiden Miniaturen. Die Verknüpfung bedingt, dass das Maskenobjekt transformiert wird, wenn Sie das maskierte Objekt drehen, skalieren, spiegeln oder verbiegen.

Umgekehrt ist das nicht der Fall – wenn Sie im Maskierungsmodus die Maske transformieren, bleibt das maskierte Objekt davon unbeeinflusst.

Klicken Sie auf den Ketten-Button ⚇ – er wechselt sein Symbol zu –, oder wählen Sie DECKKRAFTMASKENVERKNÜPFUNG AUFHEBEN aus dem Bedienfeldmenü, um die Verknüpfung zwischen Maske und maskiertem Objekt zu lösen. Die Maske bleibt dann in ihrer Position, wenn Sie das maskierte Objekt bearbeiten. Klicken Sie erneut auf den Button, oder wählen Sie DECKKRAFTMASKE VERKNÜPFEN aus dem Bedienfeldmenü, um die Verknüpfung wieder einzurichten.

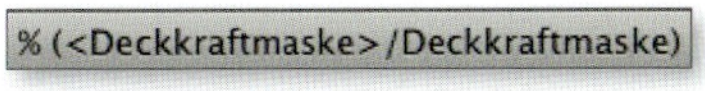

▲ **Abbildung 12.46**
Anzeige des Maskierungsmodus im Titelbalken; in diesem Modus haben Sie nur Zugriff auf die betreffenden Maskenobjekte, andere Objekte sind nicht aktiv.

▲ **Abbildung 12.47**
Ebenen-Bedienfeld im Maskierungsmodus

▲ **Abbildung 12.48**
Die Ebene »Ebene_1« ist mit einer Deckkraftmaske versehen, zu erkennen an der (in diesem Fall gestrichelten) Unterstreichung.

▲ **Abbildung 12.49**
Deckkraftmaskenverknüpfung aufheben

12.2.3 Optionen für Deckkraftmasken

Mit der Maske freistellen (Maskieren) | Eine neue Deckkraftmaske richtet Illustrator standardmäßig so ein, dass das Maskenobjekt nicht nur über seinen Grauwert die Opazität des maskierten Objekts bestimmt, sondern dass dieses durch die Außenform des Maskenobjekts gleichzeitig freigestellt wird. Zu erkennen ist dies am schwarzen Hintergrund der Maskenminiatur.

Möchten Sie die Deckkraftmaske nicht als Freistellungsmaske verwenden, deaktivieren Sie die Option Maskieren im Transparenz-Bedienfeld.

Wenn Sie alle neuen Deckkraftmasken nicht als Freistellmasken verwenden wollen, deaktivieren Sie im Bedienfeldmenü die Option Neue Deckkraftmasken sind Schnittmasken. Die Option ist programmbezogen, Illustrator verwendet sie also für jedes neue Dokument sowie für bestehende Dokumente, die Sie öffnen.

Schwarz-Definition beachten

Wenn Sie Schwarzweißverläufe in RGB-Dateien in einer Deckkraftmaske verwenden, achten Sie darauf, dass das darin definierte Schwarz RGB 0/0/0 entspricht. Ein Graustufenschwarz in einer Deckkraftmaske erzeugt keinen Übergang zu kompletter Transparenz (links). Diese Farbe müssten Sie manuell in RGB 0/0/0 konvertieren.

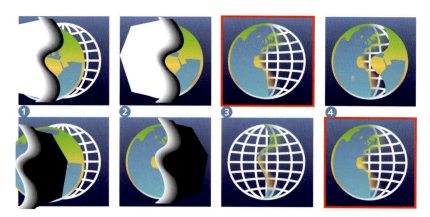

Abbildung 12.50 ▶
Das gleiche Ergebnis (rot umrandet) kann auf zwei Wegen erreicht werden: Ausgangsobjekte ❶ und deren Anordnung ❷; Deckkraftmaske mit Maskieren ❸; Deckkraftmaske ohne Maskieren ❹. Die weißen Linien wurden nicht mit maskiert.

Deckkraftmaske invertieren | Möchten Sie die Maske umkehren, d. h., Bereiche maskieren, die sichtbar sind, und verborgene Bereiche anzeigen, aktivieren Sie die Option Invertieren im Transparenz-Bedienfeld. Die Option kehrt die Helligkeitswerte der Maske um. Die Maske selbst wird nicht verändert, daher können Sie ihr normales Verhalten wieder herstellen, indem Sie die Option deaktivieren.

Möchten Sie die Invertierung für jede neue Maske automatisch aktivieren, wählen Sie die Option Neue Deckkraftmasken sind invertiert aus dem Bedienfeldmenü.

Maskieren und Invertieren?

Die Optionen Maskieren und Invertieren wollen Ihnen die Arbeit erleichtern. So können Sie Masken auf die Art konstruieren, wie es Ihnen am einfachsten erscheint, weil bereits Objekte vorhanden sind, auf die Sie aufbauen können, weil Sie schwarze Objekte sehen können oder weil Sie bestimmte Maskenteile gar nicht erst zeichnen müssen, sondern die Maske auch zuschneiden lassen.

Freistellung und Schrift | Verwenden Sie schwarze Schrift als Deckkraftmaske, ist das maskierte Objekt zunächst unsichtbar, da Schwarz die Elemente ausblendet und außerdem maskiert wird. Sie müssen entweder die Schrift invertieren oder die Maskierung deaktivieren.

Deckkraftmaske deaktivieren | Soll die Deckkraftmaske zwar erhalten bleiben, jedoch – vorübergehend – deaktiviert werden, aktivieren Sie das Objekt bzw. wählen es im Ebenen-Bedienfeld als Ziel aus und wählen DECKKRAFTMASKE DEAKTIVIEREN aus dem Menü des Transparenz-Bedienfeldes. Alternativ drücken Sie ⇧ und klicken auf die Maskenminiatur. Die deaktivierte Maske wird durch ein rotes Kreuz in der Miniatur gekennzeichnet.

Wählen Sie DECKKRAFTMASKE AKTIVIEREN, bzw. drücken Sie ⇧, und klicken Sie erneut auf die Miniatur, um die Maske wieder zu aktivieren.

▲ Abbildung 12.51
Deckkraftmaske deaktiviert

Deckkraft definiert Aussparung | Mit dieser Option können Sie Aussparungsgruppen (s. Abschnitt 12.1.6) und Deckkraftmasken zu komplexen transparenten Überlagerungen kombinieren.

Die Option DECKKRAFT DEFINIERT AUSSPARUNG wird beliebigen untergeordneten Objekten innerhalb einer Aussparungsgruppe zugewiesen. Während bei einer einfachen Aussparungsgruppe die Form des obersten Objekts der Gruppe die Aussparung bestimmt, sind es mit dieser Option die Form des betreffenden Objekts und seine Deckkraft. So können Sie also sehr komplexe Formen von Transparenz in Objekten erzeugen, durch die der Hintergrund hindurchscheint.

Die Option funktioniert nur in Verbindung mit anderen Füllmethoden als NORMAL oder mit einer Deckkraftmaske.

▲ Abbildung 12.52
Mit DECKKRAFT DEFINIERT AUSSPARUNG können Sie z. B. Super-Pen durch komplex gestaltete Glasfläche fliegen lassen (Beispiel mit Erläuterungen auf der DVD).

12.2.4 Deckkraftmaske bearbeiten

Wenn Sie die Maske eines Objekts bearbeiten möchten, aktivieren Sie das maskierte Objekt bzw. wählen es in der Ebenen-Maske als Ziel aus. Im Transparenz-Bedienfeld klicken Sie auf die Maskenminiatur, um in den Deckkraftmaskenmodus zu wechseln. In diesem Modus lassen sich Maskenobjekte editieren und neue Objekte zur Maske hinzufügen.

Modifikationsmöglichkeiten
▸ Halten Sie ⌥/Alt gedrückt, und klicken Sie auf die Maskenminiatur, um nur das Maskenobjekt auf der Zeichenfläche anzuzeigen und andere Objekte auszublenden.
▸ Wählen Sie ANSICHT • PFADANSICHT – ⌘/Strg+Y, um den Vorschaumodus zu verlassen.

▲ Abbildung 12.53
In den Deckkraftmaskenmodus wechseln

12.2.5 Maskengruppe bearbeiten und ergänzen

Mehrere mit einer gemeinsamen Deckkraftmaske versehene Objekte werden beim Erstellen der Maske gruppiert. Einzelne Objekte aus die-

▲ Abbildung 12.54
Anzeige einer maskierten Gruppe im Ebenen-Bedienfeld

Kapitel 12   Transparenzen und Masken

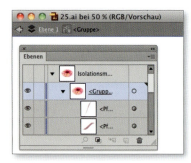

▲ **Abbildung 12.55**
Isolationsmodus: Titelbalken der Datei und Ebenen-Bedienfeld

ser Gruppe müssen Sie mit dem Direktauswahl-, dem Gruppenauswahl-Werkzeug oder dem Lasso aktivieren, um sie zu bearbeiten. Möchten Sie die Maskierungsgruppe um weitere Objekte ergänzen, haben Sie zwei Möglichkeiten:

▶ Erstellen Sie zunächst die neuen Objekte, und verwenden Sie anschließend das Ebenen-Bedienfeld, um diese Objekte in die Gruppe und an die passende Position zu verschieben (s. Abschnitt 11.2.7).
▶ Doppelklicken Sie auf die maskierte Gruppe auf der Zeichenfläche, um sie zu »isolieren«. Anschließend arbeiten Sie mit den Objekten, als wären sie nicht gruppiert (s. Abschnitt 11.5).

12.2.6   Deckkraftmaske vom Objekt entfernen

Möchten Sie die Maske vom Objekt entfernen, wählen Sie das Objekt im Ebenen-Bedienfeld als Ziel aus, und klicken Sie dann auf den Button ZURÜCKWANDELN, oder wählen Sie aus dem Menü des Transparenz-Bedienfeldes DECKKRAFTMASKE ZURÜCKWANDELN.

Das oder die zur Maske gehörenden Objekte werden in »normale« Vektorobjekte umgewandelt und in der Stapelreihenfolge über dem maskierten Objekt positioniert.

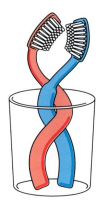

▲ **Abbildung 12.56**
Die fertige Illustration

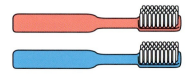

▲ **Abbildung 12.57**
Die Pinselgrundformen

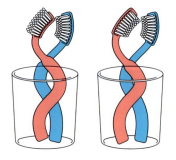

▲ **Abbildung 12.58**
Zuweisen der Pinsel und Spiegeln

Schritt für Schritt
Mit Deckkraftmasken arbeiten

Neben dem Umsetzen von weichen Übergängen gehört das »Durchbrechen« der Stapelreihenfolge zu den häufigsten Anwendungsfällen für Deckkraftmasken: Wenn ein Objekt gleichzeitig über und unter einem anderen liegen soll – und das editierbar –, kommen Sie mit Masken einfach zum Ziel. Öffnen Sie die Datei »Zahnbürsten Start.ai«.

1   Aufbau der Zeichnung

Die beiden Zahnbürsten wurden bereits als Bildpinsel (mit Anpassung zwischen Hilfslinien) angelegt. Die Pinsel müssen noch den beiden Pfaden zugewiesen werden. Nehmen Sie dies mithilfe des Pinsel-Bedienfeldes vor. Anschließend rufen Sie mit einem Klick auf den Button ▣ im Pinsel-Bedienfeld die OPTIONEN FÜR AUSGEWÄHLTES OBJEKT auf und spiegeln es horizontal ⌛ um den Pfad (Pinsel s. Abschnitt 9.4)

2   Erzeugen der Maske

An einer Stelle muss eine der Zahnbürsten maskiert werden, damit die Umschlingung glaubhaft aussieht. Die Maske wird nun aus einer Kopie der anderen Zahnbürste erstellt. Dazu muss die Bürste vom Pinselpfad in normale Pfade umgewandelt werden. Aktivieren Sie die blaue Zahnbürste, kopieren Sie sie und deaktivieren Sie dann die aktivierte Zahnbürste. Nun fügen Sie den Inhalt der Zwischenablage mit ⌘/Strg+F davor ein, um die Kopie an derselben Stelle zu erstellen, und wählen Sie dann OBJEKT • AUSSEHEN UMWANDELN. Sie können jetzt die Pfade ganz normal bearbeiten.

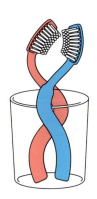

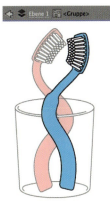
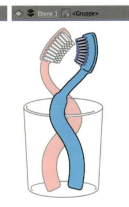

▲ **Abbildung 12.59**
Die eingefügte blaue Zahnbürste liegt im Vordergrund, in der Pfadansicht ist sie gut zu erkennen (links und Mitte). Im Isolationsmodus löschen Sie als Erstes die Borsten – die Borsten der darunterliegenden Zahnbürste müssen immer noch zu sehen sein.

3 Zuschneiden

Von der umgewandelten Pinselkopie benötigen Sie nur ein kleines Stück. Der Rest kann gelöscht werden. Doppelklicken Sie die umgewandelte Zahnbürste, um in den Isolationsmodus zu kommen. Löschen Sie zunächst die Borsten. Den Stiel der Bürste schneiden Sie nun mit dem Messer-Werkzeug durch wie in Abbildung 12.60. Anschließend löschen Sie die beiden Teile, die Sie nicht benötigen.

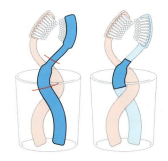

▲ **Abbildung 12.60**
Zuschneiden der Zahnbürstenkopie

4 Maske vorbereiten und erstellen

Das übrig gebliebene Stück Bürstenkopie füllen Sie nun mit Schwarz (behalten Sie die schwarze Kontur). Achten Sie darauf, in dieser Datei im Farbmodus CMYK ein 100-K-Schwarz zu verwenden (im Farbmodus RGB würden Sie RGB 000 nehmen, kein Graustufenschwarz). Aktivieren Sie dann das Maskenobjekt und die rote Bürste, und klicken Sie im Transparenz-Bedienfeld auf den Button MASKE ERSTELLEN. Deaktivieren Sie die Option MASKIEREN.

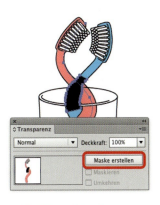

▲ **Abbildung 12.61**
Maskieren der roten Bürste

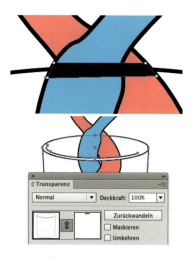

▲ Abbildung 12.62
Maskierung am Rand des Glases

5 Glasrand maskieren
Nun muss nur noch der hintere Rand des Glases teilweise maskiert werden. Wegen der relativ fetten Konturen muss das nicht sehr genau passieren (in der Mitte der Kontur reicht). Daher zeichnen Sie eine Form wie in Abbildung 12.62 mit den Zeichenstift-Werkzeug und füllen sie ebenfalls mit Schwarz. Aktivieren Sie das Glas und diese Form, und klicken Sie wieder auf MASKE ERSTELLEN. Deaktivieren Sie dann auch noch MASKIEREN.

12.3 »Transparenz«-Effekte

Mithilfe von Effekten lässt sich eine transparente Optik auch durch die Transparenz-Simulation herstellen. Die beiden hier vorgestellten Effekte haben keine große Bedeutung in Illustrator, da viel mächtigere Funktionen mit echter Transparenz und eine stabile Weiterverarbeitung von Transparenz zur Verfügung stehen.

Pathfinder-Effekte
Mehr zur Anwendung von Pathfinder-Effekten s. Abschnitt 13.2.8

Hart mischen und Weich mischen | Um Objekte weich oder hart zu mischen, aktivieren Sie sie, gruppieren sie und wählen EFFEKT • PATHFINDER • WEICH bzw. HART MISCHEN aus dem Menü.

Diese beiden Effekte imitieren nur die Optik einer Transparenz, indem Sie die Überschneidungsfläche mit Farbmischungen versehen, die aus den Farben der beteiligten Objekte generiert wurden. HART MISCHEN und WEICH MISCHEN sollte nur auf Objekte mit einfachen Farbfüllungen angewendet werden. Sind Objekte mit Verlaufsfüllungen versehen oder bereits Verformungs- oder andere Effekte darauf angewendet worden, müssen Sie statt dieser Effekte »echte« Transparenzen zuweisen, d.h., mit der Reduzierung der Deckkraft und/oder einer geeigneten Füllmethode arbeiten.

▲ Abbildung 12.63
Bei WEICH MISCHEN scheinen jeweils die hinteren Objekte durch die vorderen hindurch.

Während WEICH MISCHEN den oberen Objekten eine in der Stärke einstellbare Transparenzoptik verleiht, färbt HART MISCHEN die Schnittmenge der Objekte in einer Farbe, die aus den jeweils dunkelsten Werten der einzelnen Druckfarben gemischt ist, die die Originalobjekte besitzen.

Die am Bildschirm angezeigten Mischfarben können nicht mit dem Pipette-Werkzeug aufgenommen werden.

▲ Abbildung 12.64
HART MISCHEN – sind Verlaufsflächen beteiligt (rechts), haben weder WEICH MISCHEN noch HART MISCHEN sichtbare Auswirkungen.

Optionen | Nach dem Aufrufen des Effekts WEICH MISCHEN tragen Sie die Stärke in der Dialogbox unter DECKKRAFT ein. Ein höherer Wert verstärkt den Eindruck von Transparenz.

12.4 Transparenzen reduzieren

Innerhalb der Applikationen der Creative Suite wird Transparenz »live« verwendet, d. h., im Moment der Ausgabe berechnet. Für den Druck oder den Austausch mit Programmen, die keine Live-Transparenz beherrschen, müssen die Transparenz-Effekte jedoch auf eine andere Art dargestellt werden.

Den Prozess der Umwandlung der betroffenen Objekte bezeichnet man als *Transparenzreduzierung* oder auf Englisch als *Flattening*.

Der Begriff *Flattening* bezeichnet den Vorgang sehr plastisch: Ursprünglich einander überlagernde Objekte werden derart zerschnitten, dass daraus nebeneinanderliegende Objekte entstehen. Wo die Objekte mit Mitteln der Vektorgrafik darstellbar sind, werden Vektorobjekte erstellt. Ist der optische Eindruck mit Vektorobjekten nicht reproduzierbar, wird er in Bitmap-Elemente – also pixelbasierte Grafik – umgesetzt.

Die Herausforderung besteht darin, den Eindruck der Überlagerung exakt so zu reproduzieren, wie er mit den Transparenzeinstellungen entworfen wurde. Eine in Illustrator integrierte Software – der *Flattener* – ist für die Reduzierung zuständig.

Transparenzreduzierung können Sie zum einen für ausgewählte Objekte manuell über das Menü anwenden. Zum anderen können Reduzierungsvorgaben erstellt und beim Drucken sowie beim Speichern und Exportieren in bestimmte Dateiformate auf die ganze Datei angewandt werden.

▲ **Abbildung 12.65**
Transparenzreduzierung

Reduzierung testen

Das Angenehme an Illustrator ist, dass Sie mit Objekt • Transparenz reduzieren unkompliziert testen können, wie Illustrator Objekte beim Reduzieren behandelt. Nach dem Ausführen des Befehls sehen Sie die Objekte direkt in Illustrator (s. Abschnitt 12.4.7).

12.4.1 Transparenzquellen

Von Transparenzreduzierung betroffen sind Objekte, deren Aussehen Transparenz enthält, sowie Elemente, die in der Stapelreihenfolge unter Transparenzquellen liegen oder deren Abstand zu transparenten Objekten weniger als 1 Punkt beträgt. Transparente Objekte sind:

▶ Elemente, deren Deckkraft reduziert ist oder die eine andere Füllmethode als Normal besitzen – einschließlich Verläufen und Verlaufsgittern, deren Einzelfarben in ihrer Deckkraft reduziert wurden
▶ Objekte, die mit einer Deckkraftmaske versehen sind
▶ Mit den Effekten Schlagschatten, Weiche Kante und Schein nach außen oder innen versehene Elemente
▶ Platzierte PSD- oder PDF-Dateien, die Transparenzen enthalten
▶ Angewendete Muster, Stile, Pinsel oder Symbole, die die aufgeführten Eigenschaften besitzen – vor allem Borstenpinsel

▲ **Abbildung 12.66**
Einige der Grafikstile des Dokumentprofils Druck enthalten Transparenz.

QuarkXPress

Ab Version 8 können Sie Illustrator-Dateien direkt platzieren. Mit Transparenz in Illustrator- oder PDF-Dateien kann QuarkXPress 8 jedoch nicht umgehen. Nach wie vor sollten Sie in XPress 8 also transparenzreduzierte EPS-Dateien platzieren. In Version 9 wird beim Import eine automatische Verflachung durchgeführt, die jedoch unter Umständen schlechtere Ergebnisse (Umwandlung in Pixel) als eine Transparenzreduktion in Illustrator liefert. Daher sollten weiterhin EPS-Dateien platziert werden.

▲ **Abbildung 12.67**
Zu niedrige Auflösung

▲ **Abbildung 12.68**
Konturen teilweise als Flächen

12.4.2 Arbeitsweise des Flatteners

Jedes transparente Objekt in einer Grafik muss daraufhin beurteilt werden, wie am besten mit ihm zu verfahren ist.

Am vorteilhaftesten ist, wenn die ursprüngliche Form des Elements bewahrt werden kann – z. B. Textobjekte als solche erhalten bleiben. Ist das nicht möglich, dann sollten sie in eine verwandte Form – also Text in Vektorobjekte – umgewandelt werden. Erst als letzten Ausweg zieht der Flattener die Rasterung als pixelbasierte Grafik in Betracht.

Welche Methode den Vorzug hat und mit welchen Einstellungen sie angewandt wird, bestimmen Sie durch das Definieren einiger Vorgaben. So lässt sich die Transparenzreduzierung auf den Weiterverarbeitungsprozess und die Art der von Transparenz betroffenen Objekte individuell zuschneiden.

12.4.3 Problemfälle

▶ **Auflösung**: Wird in einem Dokument eine Transparenzreduzierung durchgeführt, kann es passieren, dass einzelne Bereiche eines Objekts vor dem Ausdrucken oder Belichten, andere Teile desselben Objekts jedoch erst im Moment des Drucks gerastert werden.
Wählen Sie eine zu niedrige Auflösung für die Transparenzreduzierung, sind die während der Reduzierung gerasterten Bereiche zu erkennen (Abbildung 12.67). Eine zu hohe Auflösung erzeugt dagegen sehr große Dateien, gegebenenfalls ohne gleichzeitig einen Qualitätsvorteil zu bieten.

▶ **In Flächen umgewandelte Linien**: Wird eine Kontur nur teilweise in eine Fläche umgewandelt, kann es an der Trennstelle zwischen beiden Teilen der Kontur zu einem sichtbaren Sprung kommen, da PostScript-Geräte Konturen anders berechnen als Flächen (Abbildung 12.68). Um das Problem zu umgehen, sollten Sie versuchen, alle Konturen in Flächen umzuwandeln.

▶ **Farbsprünge**: Wenn nur ein Teil eines Vektorobjekts gerastert wird, ist es möglich, dass an der Grenze zwischen dem gerasterten und dem nicht in Pixeldaten umgesetzten Teil sichtbare Farbsprünge entstehen – auf Englisch »Color Stitching« genannt. Dies entsteht dadurch, dass Farben in Pixelbildern von PostScript-RIPs gegebenenfalls anders interpretiert werden als in Vektorobjekten angelegte Farben.

▶ **Text**: Werden nur einzelne Glyphen in einem Textobjekt in Pfade umgewandelt, sollten Sie darauf achten, dass der verwendete Zeichensatz auf den Drucker geladen wird, damit sichergestellt ist, dass für den Druck der nicht umgewandelten Zeichen der korrekte Font verwendet wird.

Noch besser ist es allerdings, statt einzelner Bereiche das gesamte Textobjekt in Pfade umzuwandeln, da auch unter Verwendung des korrekten Zeichensatzes Unterschiede in der Berechnung der Buchstabenformen auftreten können (s. Abschnitt 14.9.1).

- **Überdrucken**: Bei der Transparenzreduzierung werden überdruckende Bereiche in der Regel in nicht überdruckende Formen umgewandelt. Wurden in den transparenten Bereichen Schmuckfarben verwendet, kann es aber auch passieren, dass der Flattener überdruckende Bereiche einrichtet. Achten Sie darauf, dass der PostScript-RIP diese ausgeben kann. Beim Drucken eines Composite-Proofs aus Acrobat oder InDesign aktivieren Sie die Option ÜBERDRUCKEN: SIMULIEREN.
- **Schmuckfarben**: Dateien, in denen transparente Bereiche und Schmuckfarben zusammenwirken, müssen Sie für die Verwendung im Layout in neueren Dateiformaten – AI bzw. EPS ab Version 10, PDF ab 1.4 – speichern, um zu vermeiden, dass Schmuckfarben in CMYK umgewandelt werden. Illustrator gibt eine Warnung aus, wenn Sie Transparenzen und Schmuckfarben gemeinsam verwenden – ein aus diesen Dateien erstelltes PDF sollte immer genau daraufhin überprüft werden, ob Schmuckfarben korrekt erhalten bleiben und die transparenten Überlagerungen das erwartete Ergebnis liefern.
- **Farbmanagement**: Die Transparenzreduzierung findet in einem für alle Objekte gemeinsamen Farbraum statt. In Illustrator entspricht der Transparenzreduzierungsfarbraum dem Dokumentfarbraum. Vor der Reduzierung wird der Farbraum der an der Transparenz beteiligten platzierten Grafiken überprüft, und die Bilder werden gegebenenfalls in den Dokumentfarbraum umgerechnet. Dabei kommen die in den Farbeinstellungen vorgenommenen Optionen zum Einsatz, sie sollten unbedingt korrekt eingerichtet sein.
- **Pixelbasierte Effekte**: Die Effekte SCHATTEN, WEICHE KANTE und SCHEIN NACH AUSSEN/INNEN werden mit den Einstellungen in den Dokument-Rastereffekt-Einstellungen in Pixelbilder umgewandelt, bevor der Flattener die betroffenen Bereiche reduziert. Richten Sie die Einstellungen entsprechend ein (s. Abschnitt 13.4).
- **Borstenpinsel**: Sobald Sie in einer Datei mehr als 30 Borstenpinselkonturen eingesetzt haben, erhalten Sie beim Speichern eine Warnung, dass diese Datei im Falle einer Transparenzreduzierung (z. B. beim Schreiben eines PDFs aus dem Layoutprogramm) zu komplex werden könnte. Den darin enthaltenen Vorschlag, die Borstenpinselpfade in ein Pixelbild zu konvertieren (s. Abschnitt 7.2), sollten Sie bereits dann in Erwägung ziehen, wenn die Datei weniger komplex ist.

Text und Transparenz

Nach Möglichkeit sollten Sie die Interaktion von längeren Lesetexten mit transparenten Objekten vermeiden.
Achten Sie darauf, diese Texte im Objektstapel ganz oben anzulegen – am besten auf einer eigenen Ebene.

Separationen in Acrobat

Bei komplexen Transparenzinteraktionen (oder wenn Ihnen die Separationsvorschau in Illustrator CS6 nicht ausreicht) verwenden Sie nach dem Erstellen des PDF die Separationsvorschau von Acrobat – so lässt sich die korrekte Umsetzung überprüfen. Die Überprüfung ist vor allem dann wichtig, wenn Sie platzierte Duplex- und Mehrkanal-Bilder mit Transparenz verwenden.

Bildauflösung und Transparenz

Bilder, die zusammen in einer transparenten Region platziert sind, sollten in einer einheitlichen Auflösung vorliegen (der in den Reduzierungsoptionen eingestellten Auflösung), um zu vermeiden, dass automatisches Upsampling (eine Erhöhung der Auflösung) stattfindet. Diese automatische Neuberechnung würde der Bildqualität eventuell schaden.

Abbildung 12.69 ▶
Bereits zwei Borstenpinselpfade können bei einer Transparenzreduzierung 1.015 Pfade erzeugen.

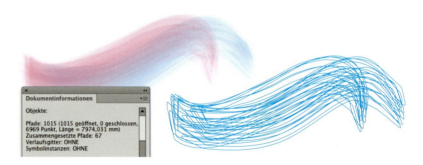

▶ **OPI**: Arbeiten Sie in einem OPI-Workflow mit niedrig aufgelösten Bildern im Layout, müssen Sie diese vor der Transparenzreduzierung gegen die hochaufgelösten Daten austauschen (»Fatten before you flatten«).

12.4.4 Einstellungen für die Transparenzreduzierung

In den Dialogboxen DOKUMENT EINRICHTEN, SPEICHERN, DRUCKEN, TRANSPARENZ REDUZIEREN, TRANSPARENZREDUZIERUNGSVORGABEN und REDUZIERUNGSVORSCHAU haben Sie folgende Möglichkeiten, die Umwandlung der transparenten Objekte zu beeinflussen:

Abbildung 12.70 ▶
Optionen für OBJEKT • TRANSPARENZ REDUZIEREN

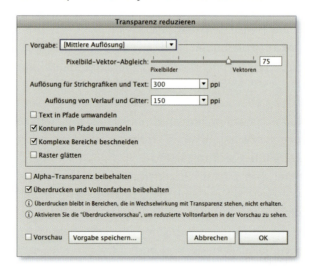

> **Rücksprache mit dem Dienstleister**
>
> Sprechen Sie die Einstellungen – vor allem die Auflösung – mit Ihrem Dienstleister ab, oder fragen Sie nach einer Voreinstellungsdatei.

> **Reduzierungsvorschau**
>
> Verwenden Sie das Reduzierungsvorschau-Bedienfeld, um sich die von der jeweiligen Einstellung betroffenen Bereiche anzeigen zu lassen.

▶ NAME (nur TRANSPARENZREDUZIERUNGSVORGABEN): Unter diesem Namen wird Ihre Vorgabe in den Menüs der anfangs genannten Dialogboxen aufgeführt.
▶ PIXELBILD-VEKTOR-ABGLEICH: Mit diesem Regler bestimmen Sie eine Art Schwellenwert, der festlegt, ab welchem Grad von Komplexität Objekte in Pixel umgesetzt werden.

Setzen Sie den Wert auf 0, um den kompletten, von Transparenz betroffenen Bereich zu rastern.

Mit dem Wert 100 versucht der Flattener, möglichst alle Bereiche als Vektorobjekte zu generieren. Diese Einstellung liefert die bestmögliche Qualität, kann jedoch sehr zeitintensiv sein. Einige Objekte lassen sich darüber hinaus nicht als Vektorobjekte darstellen.

Einstellungen von 1 bis 99 rastern nur Teilbereiche. Stehen nur wenige einfache Objekte in Wechselwirkung, kann es passieren, dass Sie keine Unterschiede zwischen verschiedenen Reglerpositionen bemerken.

- Auflösung für Strichgrafiken und Text: In der hier vorgegebenen Auflösung rastert der Flattener Vektor- und Textelemente. Auf Desktop-Druckern bis 600 dpi sollten Sie für die beste Qualität die Geräteauflösung verwenden.

  Die höchste Auflösung würde jedoch bei Belichtern zu sehr großen Dateien und langen Bearbeitungszeiten führen – probieren Sie, exakt die Hälfte der Geräteauflösung einzustellen.

- Auflösung von Verlauf und Gitter: Diese Einstellung bestimmt die Auflösung für die Rasterung von Verläufen und Verlaufsgitterobjekten (Abbildung 12.71).

  Für diese Objekte wählen Sie die Einstellung, die Sie für Bildmaterial verwenden – üblicherweise um 300 ppi.

- Text in Pfade umwandeln: Aktivieren Sie diese Option, um alle Textobjekte in Pfade zu konvertieren. So lassen sich Probleme vermeiden, die bei der Umwandlung einzelner Glyphen entstehen können (Abbildung 12.72).

- Konturen in Pfade umwandeln: Der Flattener wandelt alle Konturen in Pfade um, wenn Sie diese Option wählen.

- Komplexe Bereiche beschneiden: Mit dieser Option wird um eine gerasterte Fläche ein Beschneidungspfad angelegt. So besitzen diese Flächen saubere Außenkanten, und der Anschluss an nicht reduzierte Bereiche passt besser.

▲ Abbildung 12.71
Oben: Verlaufsgitter 60 ppi/Text 120 ppi, unten: Verlaufsgitter 300 ppi/Text 1.200 ppi

▲ Abbildung 12.72
Das Umwandeln wird auch für Zeichen erzwungen, die nicht im Bereich der Transparenz liegen.

◀ Abbildung 12.73
Komplexe Bereiche beschneiden bewirkt, dass die in Pixel umgewandelten Bereiche (jeweils rechts) zusätzlich mit Schnittmasken versehen werden.

Kapitel 12 Transparenzen und Masken

▲ Abbildung 12.74
RASTER GLÄTTEN (rechts)

▶ RASTER GLÄTTEN: Diese Einstellung ist neu in Version CS6 und bewirkt eine Kantenglättung der in Pixel umgewandelten Bereiche, die dadurch vor allem in kleineren Abbildungsgrößen oder geringen Auflösungen deutlich besser dargestellt werden (s. Abbildung 12.74).

▶ ALPHA-TRANSPARENZ BEIBEHALTEN (nur OBJEKT • TRANSPARENZ REDUZIEREN): Verwenden Sie diese Option nur zur Vorbereitung von Objekten für den Flash- oder SVG-Export. Objekte, denen andere Füllmethoden als NORMAL zugewiesen sind, werden reduziert, nur Alpha-Transparenzen – also Deckkrafteinstellungen – bleiben bestehen.

▶ ÜBERDRUCKEN UND VOLLTONFARBEN BEIBEHALTEN (nur OBJEKT • TRANSPARENZ REDUZIEREN): Diese Einstellung entspricht der Option ÜBERDRUCKEN BEIBEHALTEN aus dem Dialog DRUCKEN (s. Abschnitt 20.4).

12.4.5 Transparenzreduzierungsvorgaben einrichten

Ihre Einstellungen können Sie als Vorgaben speichern, die zukünftig im Auswahlmenü VORGABE in allen betroffenen Dialogboxen zur Verfügung stehen. Ebenfalls lassen sich Vorgabendateien laden, die Sie von Dienstleistern erhalten haben.

Rufen Sie BEARBEITEN • TRANSPARENZREDUZIERUNGSVORGABEN… auf, um die Vorgaben zu verwalten. In der Liste unter VORGABEN sehen Sie alle gespeicherten oder geladenen Einstellungen. Per Voreinstellung sind nur die Illustrator-Standardvorgaben – in den eckigen Klammern – vorhanden. Diese lassen sich weder editieren noch löschen.

Mit einem einfachen Klick auf eine Vorgabe zeigt die Dialogbox die Einstellungen im Textfeld an. Doppelklicken Sie auf einen Eintrag, um ihn zu bearbeiten.

Möchten Sie Einstellungen aus einer Datei laden, klicken Sie auf IMPORTIEREN…, und selektieren Sie die gewünschte Datei.

Einen neuen Eintrag legen Sie an, indem Sie auf den entsprechenden Button klicken. Anschließend richten Sie die gewünschten Optionen in der Dialogbox ein – s. den vorhergehenden Abschnitt.

▲ Abbildung 12.75
TRANSPARENZREDUZIERUNGS-VORGABEN

Reduzierungsvorschau-Bedienfeld

Auch aus dem Reduzierungsvorschau-Bedienfeld lassen sich Vorgaben speichern. Wählen Sie den Eintrag aus dem Bedienfeldmenü, wenn Sie mit Ihren im Bedienfeld vorgenommenen Einstellungen zufrieden sind.

Reduzierungsvorgaben für Dateien bestimmen | Wenn Sie ein Dateiformat speichern bzw. exportieren, das keine Live-Transparenz beherrscht, oder wenn Sie transparente Elemente in die Zwischenablage kopieren, werden die Transparenzeinstellungen aus der Dialogbox DOKUMENT EINRICHTEN für die Reduzierung verwendet.

Wählen Sie DATEI • DOKUMENT EINRICHTEN… – ⌘+⌥+P bzw. Strg+Alt+P –, und bestimmen Sie im Optionenbereich TRANSPARENZ eine Vorgabe aus dem Aufklappmenü, oder klicken Sie auf den Button BENUTZERDEFINIERT…, um die Einstellungen anzupassen.

12.4 Transparenzen reduzieren

12.4.6 Reduzierungsvorschau

Um Objekte in Ihrer Datei zu identifizieren, die von Transparenzreduzierung mit den gewählten Einstellungen betroffen sind, rufen Sie das Reduzierungsvorschau-Bedienfeld unter FENSTER • REDUZIERUNGSVORSCHAU auf – im Dock. Wählen Sie OPTIONEN EINBLENDEN aus dem Bedienfeldmenü, um die Transparenzreduzierungseinstellungen im Bedienfeld anzuzeigen.

Gehen Sie wie folgt vor, um eine Reduzierungsvorschau Ihrer Grafik zu generieren:
1. Wählen Sie Ihre Transparenzreduzierungseinstellungen.
2. Klicken Sie auf den Button AKTUALISIEREN.
3. Wählen Sie eine Option aus dem Menü MARKIEREN.
   Aktivieren Sie die Option DETAILLIERTE VORSCHAU aus dem Bedienfeldmenü, um alle Einträge im Menü MARKIEREN anzuzeigen. Die Erläuterungen zum Menü lesen Sie weiter unten.
4. Nehmen Sie gegebenenfalls Änderungen an den Einstellungen vor. Nach jeder Änderung müssen Sie die Vorschau aktualisieren.

Soft-Proof?

Für den Soft-Proof von Volltonfarben, Überdrucken-Eigenschaften und Füllmethoden eignet sich die Reduzierungsvorschau nicht.

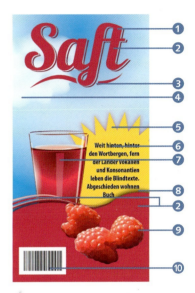

▲ **Abbildung 12.76**
Transparenz-Wechselwirkung: Aussparungsgruppe ❶, Volltonfarben, teilweise transparent überlagert ❷, Kontur mit Deckkraftmaske ❸, transparentes Gitter ❹, Muster, teilweise transparent überlagert ❺, Text, teilweise transparent überlagert ❻, transparent überlagerter Verlauf ❼, Schlagschatten ❽, transparentes PSD ❾, verknüpftes EPS ❿

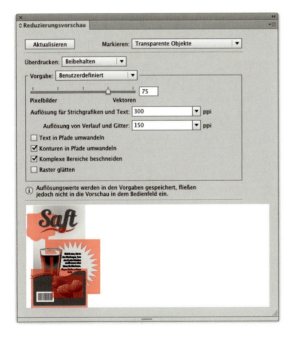

◀ **Abbildung 12.77**
REDUZIERUNGSVORSCHAU

Markieren-Auswahl | Wählen Sie eine der Optionen im Menü MARKIEREN, um die jeweils betroffenen Bereiche in einem rötlichen Farbton anzeigen zu lassen.
▶ OHNE (FARBVORSCHAU): Diese Vorschau enthält keine Hervorhebungen.

Beispiel auf der DVD

Das hier verwendete Beispiel finden Sie als Datei auf der DVD: »Transparenzinteraktion.ai«.

▲ Abbildung 12.78
Das Muster kann in zweierlei Hinsicht Probleme bereiten: Zum einen wird es selbst umgewandelt (links), und zum anderen enthält es Konturen, die ebenfalls von Transparenz betroffen sind (rechts).

- **Gerasterte komplexe Bereiche:** Wählen Sie diese Option, um die Bereiche anzuzeigen, die aufgrund der Einstellung unter Pixelbild-Vektor-Abgleich von der Rasterung betroffen sind.
- **Transparente Objekte:** Mit dieser Auswahl hebt Illustrator alle Objekte hervor, die Transparenz-Quellen sind – s. Abbildung 12.77 – sowie überdruckende Elemente.
- **Alle betroffenen Objekte:** Zeigt alle Objekte, die Wechselwirkungen mit Transparenz aufweisen.
- **Betroffene verknüpfte EPS-Dateien:** Platzierte EPS-Dateien, die von Transparenz betroffen sind, werden hervorgehoben.
- **Umgewandelte Muster:** Mit dieser Einstellung weist Illustrator auf Muster hin, die aufgrund von Transparenzwirkungen umgewandelt werden müssen (Muster s. Kapitel 16).
- **In Pfade umgewandelte Konturen:** Die Option zeigt Linien an, die in Flächen konvertiert werden – entweder aufgrund von Wechselwirkungen mit Transparenz oder weil die Option Konturen in Pfade umwandeln ausgewählt ist.
- **In Pfade umgewandelter Text (nur Detaillierte Vorschau):** Die Hervorhebung betrifft Texte, die in Pfade umgewandelt werden – aufgrund einer Transparenz-Interaktion oder weil die Option Text in Pfade umwandeln aktiviert ist.
- **Alle Pixelbildbereiche (nur Detaillierte Vorschau):** Wählen Sie diese Option, um alle Bereiche herzuheben, die in Pixelbilder konvertiert werden.
Platzierte Pixelbilder, die nicht von Transparenz betroffen sind, zeigt die Vorschau nicht an.

Abbildung 12.79 ▶
Alle Pixelbildbereiche: Hier wurde ein nicht transparentes JPEG hinzugefügt – es wird nicht hervorgehoben (rechts).

Optionen | Falls Ihnen die Darstellungsgröße der Grafik im Vorschaubereich des Bedienfeldes nicht ausreicht, klicken und ziehen Sie das Vergrößerungsfeld unten rechts im Bedienfeld.

Um Details genauer zu betrachten, bewegen Sie den Cursor über den Vorschaubereich – das Cursorsymbol zeigt eine Lupe 🔍. Klicken Sie mit der Lupe auf den Bereich, der vergrößert werden soll. Möchten

Sie wieder herauszoomen, drücken Sie ⌥/Alt und klicken mit der Verkleinerungslupe auf die Grafik.

Sie können den Vorschaubereich jedoch auch verschieben. Drücken Sie dafür die Leertaste – der Cursor zeigt die Greifhand –, und klicken und ziehen Sie die Vorschau.

12.4.7 Beispiele

An Beispielen zeigen wir Ihnen die Auswirkungen verschiedener Optionen – zum Vergleich öffnen Sie die Datei »Transparenzinteraktion.ai« von der DVD. Prüfen Sie Dateien wie diese zuvor im Separationenvorschau-Bedienfeld, um sie auf eventuell vorhandene Sonderfarben hin zu überprüfen. Auf diese Objekte müssen Sie besonders achten. Prüfen Sie auch, welche Füllmethoden und Effekte zum Einsatz kommen, z. B. kann ein Schlagschatten umgewandelt werden und können Sonderfarben dabei erhalten bleiben. Mit anderen Füllmethoden ist das nicht möglich. Die Reduzierungsvorschau zeigt diese Unterschiede nicht an.

Weiße Linien im PDF
Wenn Sie eine Datei mit reduzierter Transparenz in Adobe Acrobat überprüfen, sind häufig feine weiße Linien zu sehen. Es handelt sich dabei in den meisten Fällen nur um ein Problem der Bildschirmdarstellung.

Pixelbild-Vektor-Abgleich | Unterschiedliche Schwellenwerte wirken sich auf die Umrechnung der Vektorgrafik in Pixelbilder aus – die Vorschau zeigt GERASTERTE KOMPLEXE BEREICHE.

Je niedriger der Wert unter PIXELBILD-VEKTOR-ABGLEICH ist, desto mehr Bereiche werden hervorgehoben und folglich in Pixelbilder konvertiert; dies bedeutet übrigens nicht zwingend, dass dabei die Volltonfarbe umgewandelt wird.

▲ **Abbildung 12.80**
PIXELBILD-VEKTOR-ABGLEICH (von links): 0, 5, 46 und 100; zu sehen sind relativ große Unterschiede zwischen 0, 5 und 46, danach jedoch keine Differenz mehr.

Umgewandelte Muster und Konturen | Dieses Beispiel zeigt, dass Sie eine transparente Grafik sehr genau untersuchen sollten, um die Auswirkungen der Einstellungen richtig beurteilen zu können. Das hier verwendete Muster besteht aus Konturen. Bei der Transparenzverflachung wird das Muster umgewandelt, wie die Vorschau zeigt. Auch wenn Sie die Vorschau der umgewandelten Konturen anzeigen, sehen Sie eine Hervorhebung im Bereich des Musters. Es würden also Teile der aus dem Muster umgewandelten Konturen in Pfade umgewandelt werden. Das kann nicht nur aus optischen Gründen ein Problem werden, daher sollten Sie hier auch noch die Option KONTUREN IN PFADE UMWANDELN aktivieren, dann werden die Konturen komplett umgewandelt. Eine nur teilweise Umwandlung der Konturen kann gegebenenfalls zu Abstürzen führen.

Abbildung 12.81 ▶
Anzeige der umgewandelten Muster (links), in Pfade umgewandelten Konturen (Mitte) und mit der Option KONTUREN IN PFADE UMWANDELN (rechts)

12.4.8 Objekte manuell reduzieren

Da beim Reduzieren die Bearbeitungsmöglichkeit zumindest einiger Objekte verloren geht, sollte das manuelle Reduzieren eine Ausnahme bleiben. Wenn Sie SWF- oder SVG-Dateien exportieren wollen, kann es aber notwendig sein, transparente Elemente auf diese Weise zu präparieren. Und es gibt einige ganz anders gelagerte Aufgaben, in deren Zusammenhang die Transparenzreduzierung nützlich ist.

Aktivieren Sie alle Objekte, die Sie reduzieren möchten, und wählen Sie OBJEKT • TRANSPARENZ REDUZIEREN... aus dem Menü. Geben Sie Ihre Einstellungen in der Dialogbox ein.

Sicherung mit Live-Transparenz
Speichern Sie auf jeden Fall eine Version Ihrer Datei mit Live-Transparenz für den Fall, dass Sie zu einem späteren Zeitpunkt Änderungen durchführen müssen.

Schriften in PDFs umwandeln
Wenn Sie in Illustrator ein PDF bearbeiten müssen und nicht über die Schriften verfügen, dann können Sie das PDF verknüpfen und anschließend die Transparenz reduzieren und dabei die Schrift in Pfade umwandeln. Texte sind anschließend natürlich nicht mehr editierbar, andere Elemente jedoch schon.

12.5 Transparenz speichern

Ob Transparenz »live« oder reduziert gespeichert wird, hat nicht nur eine Bedeutung für die Editierbarkeit der Transparenz. Live-Transparenz ermöglicht eine Wechselwirkung zwischen den transparenten Objekten der Illustration und Elementen in einer Layoutdatei. Die Transparenzreduzierung sollte im Workflow so spät wie möglich stattfinden, das wäre z. B. beim Erstellen des PDF aus dem Layoutprogramm.

Möchten Sie mit Live-Transparenz arbeiten, müssen Sie klären, ob Ihr Layoutprogramm dazu in der Lage ist. Die beste Unterstützung für

Live-Transparenz besteht innerhalb der Programme der Creative Suite. Sind Dateien für den Austausch mit Programmen anderer Hersteller bestimmt, muss die Transparenz in der Regel reduziert werden. Ob Live-Transparenz überhaupt gespeichert werden kann, ist abhängig vom Dateiformat.

12.5.1 AI (Illustrator)

Speichern Sie eine Datei im Illustrator-Format ab Version 9, bleiben Transparenzen »live« erhalten und sind beim erneuten Öffnen weiterhin editierbar – auch das eingebettete PDF, das für das Platzieren im Layout verwendet wird, enthält Live-Transparenz. Beim Speichern in älteren Formaten wird die Transparenz nach den ausgewählten Vorgaben reduziert.

12.5.2 EPS

▲ **Abbildung 12.82**
In InDesign wurden direkt in die Satzdatei ein PSD und ein Textrahmen platziert. Darüber liegen eine Illustrator AI9-Datei (oben) und ein EPS (unten).

Das EPS-Format unterstützt keine Live-Transparenz. Dass transparente Objekte in einem aus Illustrator gespeicherten EPS beim erneuten Öffnen in Illustrator editierbar sind, hat nur damit zu tun, dass dann auf das standardmäßig eingebettete AI-Dokument zugegriffen wird (s. Abschnitt 4.7.1).

Eine Wechselwirkung zwischen transparenten Illustrationsobjekten in einem platzierten EPS und anderen Elementen in der Layoutdatei ist jedoch ausgeschlossen.

12.5.3 PDF

Ab PDF 1.4 (Acrobat 5) unterstützt das PDF-Format Live-Transparenz – allerdings nur, wenn Sie die Datei speichern. Beim Erstellen eines PDF über den Befehl Drucken mit dem Acrobat Distiller werden alle Transparenzen reduziert, da Live-Transparenz nicht in PostScript beschrieben werden kann.

Speichern Sie ein PDF 1.3, besteht die Möglichkeit, über ein eingebettetes AI-Dokument die Editierbarkeit der Transparenz beim erneuten Öffnen in Illustrator zu erhalten (nicht verfügbar in PDF/X). PDF 1.3 kann jedoch keine Live-Transparenz darstellen. Um ein voll editierbares PDF zu speichern, aktivieren Sie die Option Illustrator-Bearbeitungsfunktionen beibehalten auf der Seite Allgemein (s. Abschnitt 20.2.1).

▲ **Abbildung 12.83**
AI CS6 (oben) und PDF/X-1 (unten)

Kapitel 12 Transparenzen und Masken

▲ **Abbildung 12.84**
Objekte, die nicht von Transparenz betroffen sein sollen, liegen auf der obersten Ebene.

▲ **Abbildung 12.85**
Deaktivierte Option AICB (Adobe Illustrator Clipboard) in den Voreinstellungen

▲ **Abbildung 12.86**
Überdrucken simulieren (oben rechts) bei einem PDF 1.3 mit Sonderfarben; Option in Acrobat

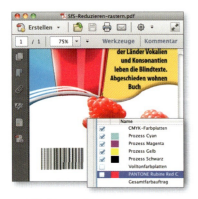

▲ **Abbildung 12.87**
Prüfen eines PDFs mit Acrobat

Checkliste: Transparenz

Rücksprache | Sprechen Sie mit Ihrem Dienstleister ab, in welcher Form Sie Dokumente liefern sollen. Erkundigen Sie sich bei PDFs auch nach der Version, denn nicht alle PDF-Versionen unterstützen Transparenz.

Live-Transparenz separat halten | Setzen Sie Ebenen konsequent ein, um Objekte mit Live-Transparenz von nicht transparenten Objekten zu trennen. Setzen Sie Fließtext auf die oberste Ebene, damit er nicht von Transparenz betroffen ist.

Vorschau | Testen Sie Ihre Grafik mit der Überdruckenvorschau bzw. der Separationenvorschau und die Reduzierungsoptionen mithilfe der Reduzierungsvorschau.

Text in Pfade konvertieren | Falls Texte von Live-Transparenz betroffen sind, aktivieren Sie die Option TEXT IN PFADE UMWANDELN, damit der Text einheitlich behandelt wird. Das Gleiche gilt für Konturen.

RIP-Software auf den neuesten Stand bringen | Arbeiten Sie möglichst mit den aktuellen Treiberversionen für Drucker und RIPs.

Farbkorrekturen im Druckertreiber | Deaktivieren Sie die Farbkorrektur-Funktionen (nicht Farbmanagement) der Druckertreibersoftware, wenn Sie Dateien mit Live-Transparenz ausgeben.

Platzieren im Layout | Wenn die Layoutsoftware es ermöglicht, platzieren Sie native Illustrator-Dateien (mit eingebettetem PDF-Part) oder speichern Sie ein PDF mit Transparenz. InDesign ist z. B. in der Lage, Dateien mit Live-Transparenz zu verarbeiten.

Über die Zwischenablage einfügen | Sollen Objekte mit Live-Transparenz über die Zwischenablage in InDesign eingefügt werden, deaktivieren Sie unter VOREINSTELLUNGEN • DATEIEN VERARBEITEN UND ZWISCHENABLAGE die Option AICB. Besser ist es jedoch, eine AI- oder PDF-Datei zu speichern und diese in InDesign zu platzieren.

Sonderfarben und Transparenz | Bei der gemeinsamen Verwendung von Volltonfarben und Transparenz aktivieren Sie die Option ÜBERDRUCKEN UND VOLLTONFARBEN BEIBEHALTEN, und prüfen Sie Dateien vor der Weitergabe mit der Separationsvorschau von Acrobat. Für die korrekte Anzeige und den Ausdruck eines Composite-Proofs aktivieren Sie ÜBERDRUCKEN SIMULIEREN. Dasselbe gilt für platzierte verknüpfte DCS-Dateien, die mit Transparenz interagieren.

OPI-Workflows | Ersetzen Sie die niedrig aufgelösten Bilder vor der Transparenzreduzierung durch Bilder in hoher Auflösung (»Fatten before you flatten«).

Überprüfen | Aktivieren Sie das Transparenzraster, um Ihre Grafik zu untersuchen, wenn sich transparente Objekte nicht verhalten, wie Sie es erwarten. Die Transparenz in Ihrem Dokument können Sie anzeigen, indem Sie ANSICHT • TRANSPARENZRASTER EINBLENDEN wählen – ⌘/Strg+⇧+D. Das Raster ist nicht druckend und dient nur zur Bildschirmanzeige.

Kapitel 13
Spezial-Effekte

Effekte sowie einige Spezialwerkzeuge und -Funktionen bieten zahlreiche Operationen aus der Abteilung »Augenpulver« an, vor allem sind sie jedoch nützliche Hilfsmittel für ganz alltägliche Gestaltungsaufgaben.

13.1 Allgemeines zu Effekten

Je geübter Sie mit dem Ebenen- und dem Aussehen-Bedienfeld (s. Kapitel 11) arbeiten, desto mehr Nutzen ziehen Sie aus der Anwendung von Effekten.

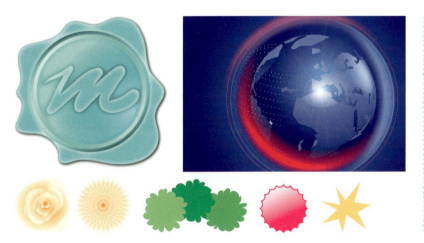

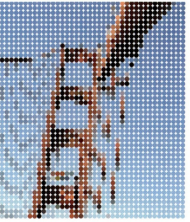

▲ **Abbildung 13.1**
Verschiedene Filter und Effekte im Einsatz

13.1.1 Arbeitsweise von Effekten

Ein Effekt ist eine Aussehen-Eigenschaft, die zwar den optischen Eindruck des Elements verändert, seine Konstruktion jedoch intakt lässt. Sie können die Parameter eines auf ein Objekt angewendeten Effekts jederzeit ändern; Effekte sind also »live«. Auch die mit dem gleichnami-

Kapitel 13 Spezial-Effekte

gen Werkzeug erstellten Blendenflecke sind »live«, und ihre Optionen lassen sich zu einem späteren Zeitpunkt verändern. Die Arbeitsweise mit Live-Effekten ist damit sehr flexibel, da Änderungen noch sehr spät im Produktionsprozess durchgeführt werden können.

Nur noch wenige Funktionen – wie das Mosaik – arbeiten »destruktiv«, sodass sofort nach der Anwendung Zugriff auf die neu entstandene Form besteht und einzelne Ankerpunkte individuell verändert werden können. Auch mit Effekten versehene Objekte können Sie nachbearbeiten. Es muss nur vorher der Befehl OBJEKT • AUSSEHEN UMWANDELN angewendet werden.

Effekte lassen sich – auch zusammen mit anderen Aussehen-Eigenschaften – als Grafikstil speichern und auf diese Art komfortabel anwenden (Grafikstile s. Abschnitt 11.8).

13.1.2 Effekte zuweisen

Effekte lassen sich einem einzelnen Objekt – bzw. nur dessen Kontur oder Fläche –, einer Gruppe oder einer Ebene zuweisen. Aktivieren Sie das Objekt auf der Zeichenfläche, bzw. wählen Sie es im Ebenen-Bedienfeld als Ziel aus. Möchten Sie den Effekt nur der Kontur oder der Fläche zuweisen, wählen Sie den entsprechenden Eintrag im Aussehen-Bedienfeld aus. Anschließend wählen Sie den Effekt aus dem Hauptmenü oder dem Menü im Aussehen-Bedienfeld unter dem Button NEUEN EFFEKT ZUWEISEN und richten die Parameter ein.

Alternativ wenden Sie den Effekt auf eine ganze Ebene an. Wählen Sie die Ebene durch einen Klick auf das Ziel-Symbol im Ebenen-Bedienfeld aus (s. Abschnitt 11.3.3), und wählen Sie dann den gewünschten Effekt.

> **DVD**
> Die Quelldokumente des größten Teils der in diesem Kapitel gezeigten Abbildungen finden Sie auf der DVD. Untersuchen Sie den Aufbau der Dokumente genau, und sehen Sie sich auch die Optionen der einzelnen Effekte an.

> **Details besser erkennen**
> Wenn ein Objekt aktiviert ist, können die durch einen Effekt entstehenden Details von den hervorgehobenen Objektkanten verdeckt sein, sodass die Einstellung der Optionen schwierig ist. Wählen Sie ANSICHT • ECKEN AUSBLENDEN – Shortcut ⌘/Strg + H, um die Objektkanten aus- und einzublenden.

▲ **Abbildung 13.2**
Klicken Sie auf das Ziel-Symbol, um eine ganze Ebene auszuwählen.

> **Filter verwenden**
> Die Illustrator-eigenen Filter wurden in Version CS4 abgeschafft, Drittanbieter-Plug-ins liegen jedoch teilweise noch als Filter vor. Im Gegensatz zu Effekten wenden Filter ihre Operationen direkt auf die Objekte an und verformen damit deren Geometrie bzw. wandeln (im Fall von pixelbasierten Filtern) Objekte direkt in Pixelgrafiken um. Filter können Sie nur auf das Objekt als Ganzes anwenden. Selektieren Sie das Objekt, und wählen Sie den Filter aus dem Menü unter OBJEKT • FILTER. Für die meisten Filter müssen Sie anschließend die gewünschten Optionen definieren. Verwenden Sie – wenn möglich – die Vorschau-Option, um die Auswirkung Ihrer Einstellungen direkt einzuschätzen. Falls Sie nach Anwendung des Filters nicht zufrieden sind, müssen Sie den Befehl widerrufen und mit anderen Einstellungen erneut anwenden.

> **Effekte für alle Objekte**
> Über einen kleinen Umweg können Sie nahezu jedes Illustrator-Objekt mit Effekten versehen: Erzeugen Sie mithilfe des Aussehen-Bedienfeldes eine zusätzliche Fläche oder Kontur für das Objekt, und weisen Sie dieser den Effekt zu.

Effekt erneut anwenden | Wie Photoshop merkt sich auch Illustrator den letzten verwendeten Filter und die Einstellungen, die Sie vorgenommen haben. Möchten Sie denselben Filter oder Effekt an einem anderen Objekt erneut anwenden, bestehen zwei Möglichkeiten:

- Mit denselben Einstellungen anwenden: Wählen Sie EFFEKT • <NAME DES EFFEKTS> ANWENDEN – Shortcut ⌘/[Strg]+[⇧]+[E].
- Mit anderen Einstellungen anwenden: Wählen Sie EFFEKT • <NAME DES EFFEKTS...> – oder verwenden Sie den Shortcut ⌘+[⌥]+[⇧]+[E] bzw. [Strg]+[Alt]+[⇧]+[E]. Geben Sie anschließend Ihre Optionen in die Dialogbox ein.

13.1.3 Anordnung von Effekten im Aussehen-Bedienfeld

Das Endergebnis einer Anwendung mehrerer Aussehen-Eigenschaften eines Objekts ist maßgeblich von der Reihenfolge der Effekte sowie ihrer Zuordnung zu den einzelnen Konturen und Füllungen des Objekts abhängig. Eine andere Reihenfolge kann ein völlig anderes Erscheinungsbild ergeben.

Die einzelnen Einträge eines Objekts im Aussehen-Bedienfeld werden von oben nach unten abgearbeitet. Der folgende Eintrag wirkt auf das Ergebnis der vorherigen Operation. Eigenschaften, die einer Kontur oder Füllung zugewiesen sind, wirken jedoch nur auf diese. Effekte können für das gesamte Objekt nur vor oder nach dessen Konturen und Flächen angeordnet werden (s. Abbildung 13.3).

▲ **Abbildung 13.3**
Effekte liegen ober- und/oder unterhalb des gelb markierten Bereichs, oder sie sind gezielt einzelnen Konturen und Flächen zugewiesen. Es ist nicht möglich, einen Effekt zwischen Konturen und Flächen einzufügen.

  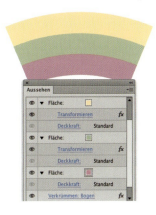 

▲ **Abbildung 13.4**
Reihenfolge von Effekten (von links): ein Rechteck mit drei Flächen, die per Transformieren-Effekt (s. Abschnitt 13.2.4) verschoben wurden; BOGEN auf das Grundobjekt angewendet (also vor der Transformation der Flächen); BOGEN auf das Gesamtobjekt angewendet (nach der Transformation); BOGEN nur auf eine der Flächen angewendet

Pre- und Post-Effekte | Es ist Ihnen wahrscheinlich schon aufgefallen, dass einige Effekte nach der Anwendung automatisch ganz oben im Aussehen-Bedienfeld aufgelistet werden, andere wiederum ganz unten.

Diese Anordnung hat nichts damit zu tun, welches Element aktiviert war, sondern ist in die Effekte implementiert. Die Anwendung vieler Effekte ist (normalerweise) nur an bestimmten Stellen sinnvoll, und entsprechend sind die Effekte als Pre-Effekte oder Post-Effekte konfiguriert

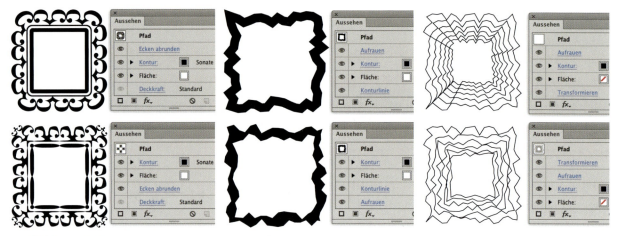

▲ Abbildung 13.5
Automatische Reihenfolge der Effekte an einem einfachen Rechteck (jeweils oben) im Vergleich mit Änderungen der Reihenfolge (jeweils unten): ECKEN ABRUNDEN wird normalerweise direkt auf die Pfade angewandt, noch bevor diese Flächen oder Konturen erhalten. Werden sie dagegen nach z. B. (Muster-)Pinseln angewandt, verformen sie diese und nicht die Pfade (links). KONTURLINIE ist nur sinnvoll, wenn bereits eine Kontur besteht. Wendet man nachträglich AUFRAUEN an, verformt es die (virtuell) umgewandelte Kontur, nicht mehr den Pfad (Mitte). Vertauscht man AUFRAUEN und TRANSFORMIEREN, dann entstehen erst Kopien, dann werden alle einzeln zufällig verformt, zum Schluss erhalten sie ihre Eigenschaften.

Gruppen und Ebenen | Sind in diesem Gefüge außerdem durch Gruppen oder Ebenen weitere Hierarchiestufen eingefügt, dann erfolgt die Anwendung der Effekte von innen nach außen. Effekte eines einzelnen Pfades werden also ausgeführt, bevor die Effekte von Gruppen oder Ebenen wirken. So können die äußeren Effekte auf den Ergebnissen der inneren aufbauen und Abfolgen von Effekten, die sich innerhalb eines Objekts nicht erstellen lassen, über die Hierarchie umgesetzt werden (ein Beispiel finden Sie in der Schritt-für-Schritt-Anleitung am Ende von Kapitel 11 in Schritt 9).

13.1.4 Effekte editieren

Um die Einstellungen für Effekte nachträglich zu editieren, doppelklicken Sie auf den entsprechenden Eintrag im Aussehen-Bedienfeld:
1. Rufen Sie das Aussehen-Bedienfeld mit FENSTER • AUSSEHEN auf.
2. Wählen Sie das Objekt oder die Ebene als Ziel aus.

Als Ziel auswählen

Die Zielauswahl ist ein grundlegendes Konzept für die Anwendung von Effekten. Sehen Sie sich daher in Kapitel 11.3.3 an, wie Sie Elemente als Ziel auswählen.

3. Klicken Sie auf den blau unterstrichenen Effekt in der Liste des Aussehen-Bedienfeldes. Falls der Effekt auf eine Fläche oder eine Kontur angewendet wurde, zeigen Sie deren Eigenschaften vorher mit einem Klick auf den Pfeil an.

◀ **Abbildung 13.6**
Das Objekt wurde als Ziel ausgewählt (Mitte) – jetzt werden mit einem Klick auf den blau unterstrichenen Effekt dessen Optionen aufgerufen.

13.1.5 Effekte vom Objekt löschen

Um einen Effekt von einem Objekt zu entfernen, aktivieren Sie das Objekt und rufen das Aussehen-Bedienfeld auf – Shortcut ⇧+F6. Aktivieren Sie den Effekt im Aussehen-Bedienfeld, und klicken Sie auf den Button AUSGEWÄHLTES OBJEKT LÖSCHEN. Möchten Sie alle Effekte sowie zusätzliche Flächen und Konturen löschen, klicken Sie auf AUSSEHEN LÖSCHEN.

13.1.6 Effekte umwandeln

Die Optionen eines Live-Effekts sind zwar editierbar, nicht aber die bei der Anwendung des Effekts entstehenden Formen. Möchten Sie z. B. einzelne Punkte eines entstehenden Pfades bearbeiten, müssen Sie das Objekt umwandeln – OBJEKT • AUSSEHEN UMWANDELN. Beim Umwandeln entstehen mehrere Formen, die zusammen das Aussehen des Ursprungsobjekts darstellen.

Das Umwandeln von Objekten ist darüber hinaus manchmal notwendig, um komplexere Objekte zu drucken oder in andere Programme zu exportieren, daher geschieht es auch beim Speichern in Austauschformate wie PDF oder EPS automatisch.

▲ **Abbildung 13.7**
Mit Live-Effekten: Die Rosette entsteht allein durch die Effekte.

13.2 Konstruktionseffekte

Die Effekte aus diesem Bereich sind unspektakulär, dafür sehr nützlich beim Konstruieren von und mit Formen. Dank dieser Effekte können Sie sich häufig das Umwandeln von Grundformen zu einem allzu frühen Zeitpunkt ersparen.

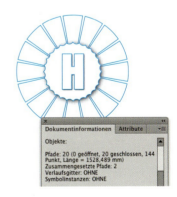

▲ **Abbildung 13.8**
Nach dem Umwandeln entstehen aus den Eigenschaften eigenständige Objekte.

▲ Abbildung 13.9
Symbole oder Nummerierungen für Karten aus Schrift-Elementen

Abbildung 13.10 ▶
Form-Optionen

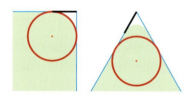

▲ Abbildung 13.11
Der Wert Radius ist eigentlich der Abstand von der Ecke (Schwarz) – bei rechten Winkeln (links) entspricht er auch dem Radius (Rot), bei anderen Winkeln nicht (rechts).

▲ Abbildung 13.12
Optionen Ecken abrunden

13.2.1 In Form umwandeln …

Mit diesem Effekt erstellen Sie aus jedem beliebigen Objekt eine der Formen Rechteck, Abgerundetes Rechteck, Ellipse. Das klingt zunächst überflüssig – es wäre ja durchaus möglich, ein neues Objekt mit dem entsprechenden Werkzeug herzustellen.

Sinnvoll ist die Anwendung des Effekts beim Erzeugen zusätzlicher Formen, die sich an der Größe des »Mutterobjekts« orientieren. So lassen sich z. B. Buttons generieren, die sich immer der benötigten Textlänge anpassen.

Die aus dem Menü gewählte Form lässt sich mit dem Aufklappmenü Form auch noch in der Optionen-Dialogbox ändern.

Die Maße der Form können Sie absolut oder relativ angeben. Wählen Sie die entsprechende Option, und tragen Sie anschließend entweder feste Maße oder die hinzuzufügende Breite und Höhe in die Eingabefelder ein. Als Eingaben werden Werte zwischen 0,0004 und 5 779,9111 mm für Absolut bzw. –5 644,4443 und +5 644,4443 mm akzeptiert.

Haben Sie die Form Abgerundetes Rechteck gewählt, müssen Sie darüber hinaus den Eckenradius angeben.

13.2.2 Ecken abrunden

Dieser Effekt aus der Gruppe der Stilisierungsfilter erzeugt an allen Eckpunkten eines Pfades Rundungen. Der Radius-Wert definiert eigentlich die Entfernung vom Eckpunkt, an der die Abrundung beginnt – bei Rechtecken entspricht der Radius-Wert dann dem Radius der Rundung. Wenn Sie abgerundete Ecken immer mit dem echten Radius erzeugen wollen, müssen Sie mit Plug-ins arbeiten, z. B. mit VectorScribe.

Mit dem Effekt können Sie z. B. Rechtecke mit abgerundeten Ecken erzeugen, deren Eckenradius auch beim Skalieren der zugrunde liegenden Form seinen exakten Wert behält; dies allerdings nur, wenn Konturen und Effekte skalieren in den Voreinstellungen deaktiviert ist.

Die Anwendung des Effekts ECKEN ABRUNDEN auf Pfade mit Kurvensegmenten kann dazu führen, dass diese Segmente begradigt werden. Hier hilft eine vorherige Anwendung des Effekts AUFRAUEN (s. Abschnitt 13.3.2).

▲ **Abbildung 13.13**
Auswirkung des Effekts ECKEN ABRUNDEN auf die Grundform (links): Die ursprünglich kurvenförmigen Segmente werden begradigt (Mitte). Der Effekt AUFRAUEN verhindert dies (rechts).

13.2.3 Frei verzerren

Dieser Effekt aus dem Untermenü EFFEKT • VERZERRUNGS- UND TRANSFORMATIONSFILTER hat die gleichen Auswirkungen wie das Verbiegen-Werkzeug. Anstatt die Anfasser des Objekt-Begrenzungsrahmens direkt zu bewegen, ziehen Sie am Rahmen in der Dialogbox.

Da Sie mit dem Effekt IN FORM UMWANDELN keine Dreiecke erzeugen können, wäre dies für den Effekt FREI VERZERREN nur ein Beispiel eines Einsatzes. Oder Sie nutzen FREI VERZERREN als Grundlage für dreidimensional wirkende Schatten.

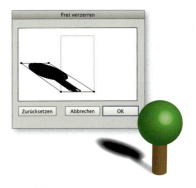

▲ **Abbildung 13.14**
Schatten für ein 3D-Objekt mit FREI VERZERREN

13.2.4 Transformieren

Der Transformieren-Effekt unter EFFEKT • VERZERRUNGS- UND TRANSFORMATIONSFILTER erinnert an den Befehl EINZELN TRANSFORMIEREN (s. Abschnitt 5.6.10). Höhere Werte, als sich mit den Schiebereglern einstellen lassen, können Sie direkt in die Felder eintippen, z. B. bis zu 1.000 Kopien. Sehr wichtig für die Auswirkung des Effekts ist die Position des Referenzpunkts, die Sie mit dem Referenzpunktsymbol in Bezug zum Objekt setzen.

Der Transformieren-Effekt ist nicht für das exakte Positionieren gedacht, da Sie alle Optionen in relativen Einheiten angeben. Nützlich ist dieser Effekt z. B. für die Erstellung einfacher Schatten oder die Vervielfältigung des Grundobjekts.

Interessant ist der Transformieren-Effekt auch, wenn Sie ihn verwenden, um eine 3D-Extrusion weiterzubearbeiten (die Schritt-für-Schritt-Anleitung dazu finden Sie in Abschnitt 18.2.8).

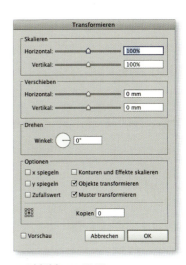

▲ **Abbildung 13.15**
Transformieren-Effekt

Mit dem Transformieren-Effekt und einer schönen Glyphe können Sie auch verspielte Muster zaubern.

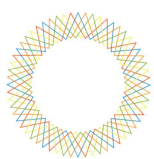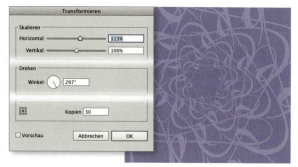

▲ **Abbildung 13.16**
Der Transformieren-Effekt ist vielseitig einsetzbar. Vor allem wird er benötigt, um einzelne Flächen oder Konturen zu transformieren (Mitte) oder um (virtuelle) Kopien zu erstellen (rechts). Noch interessanter wird das Muster rechts, wenn Sie mehrere Exemplare transparent überlagern.

Symmetrisch gestalten

Beim Erarbeiten einer Form ist es für die perfekte Symmetrie sinnvoll, nur eine Hälfte zu zeichnen und anschließend zu spiegeln. Wenn Sie dabei außerdem die Wirkung der Gesamtform berücksichtigen wollen, wenden Sie den Transformieren-Effekt auf die halbe Form an. Anschließend können Sie diese »feintunen«. Der Effekt muss im Aussehen-Bedienfeld ganz oben stehen, also vor Konturen, Flächen und eventuellen weiteren Effekten.

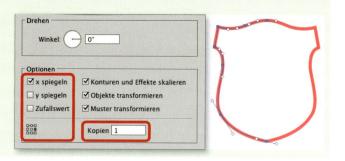

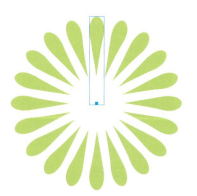

▲ **Abbildung 13.17**
Transformieren um einen außerhalb des Objekts liegenden Ursprung.

Freiere Referenzpunkte beim Transformieren | Das Ursprung-Symbol erlaubt Ihnen nur Referenzpunkte, die innerhalb des Begrenzungsrahmens des Ausgangsobjekts liegen. Wenn Sie den Referenzpunkt in weiterer Entfernung setzen wollen, dann können Sie mit »Hilfspunkten« arbeiten:

1. Setzen Sie durch einen Klick mit dem Zeichenstift-Werkzeug einen einzelnen Ankerpunkt in der gewünschten Entfernung zum Objekt – für Abbildung 13.17 wurde er genau mittig zum Objekt ausgerichtet.
2. Gruppieren Sie das Objekt mit dem Ankerpunkt, und weisen Sie der Gruppe den Transformieren-Effekt zu.
3. Setzen Sie den Ursprung entsprechend der Postion des »Hilfspunktes«. Auch mit dieser Methode können Sie nur eine der vorgegebenen neun Postionen wählen, die Entfernung zum Ausgangsobjekt lässt sich jedoch freier wählen.

13.2.5 Kontur nachzeichnen

Dieser Effekt – Sie rufen ihn unter Effekt • Pfad • Kontur nachzeichnen auf – zeichnet die Form eines Objekts nach und erstellt daraus einen Pfad. Der Effekt Kontur nachzeichnen ist ein »Pre-Effekt« (s. Abschnitt 13.1.3). Er zeigt nur eine Wirkung, wenn er vor weiteren Kontur- oder Flächeneigenschaften angewendet wird – dies geschieht automatisch. Es ist ein typischer »Hilfseffekt« und wird in der Regel verwendet, um anschließend einen weiteren Effekt anwenden zu können. Folgen ihm keine Konturen oder Flächen, kann es sein, dass das Objekt unsichtbar wird.

Angewendet auf Textobjekte, entspricht Kontur nachzeichnen dem Befehl Schrift • In Pfade umwandeln. Der Text bleibt dank des Effekts jedoch editierbar. Eine Beispielanwendung ist das vertikale Ausrichten von Textobjekten an einer Grafik (s. Abschnitt 14.9.1).

Ein weiteres interessantes Einsatzgebiet sind eingebettete transparente Pixelbilder oder Verlaufsgitterobjekte, die Sie mithilfe dieses Effekts unter Berücksichtigung der Transparenz mit einer Kontur versehen können.

Der Effekt wird üblicherweise auf zusätzliche Konturen angewendet: Legen Sie im Aussehen-Bedienfeld eine neue Kontur an, und weisen Sie dieser den Effekt Kontur nachzeichnen zu.

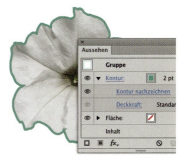

▲ **Abbildung 13.18**
Konturiertes transparentes Pixelbild: Auch wenn der Effekt hier nach den Kontureigenschaften aufgelistet wird, erfolgt seine Anwendung vorher.

▲ **Abbildung 13.19**
Mithilfe von Kontur nachzeichnen kann auch ein Gitter eine Kontur erhalten (links) – auch wenn hier der Effekt nach der Kontur aufgelistet wird, wird er dennoch vor ihr angewandt. Wird gar keine Kontur angewandt, verschwindet auch das Gitterobjekt (rechts).

13.2.6 Konturlinie

Auch dieser Effekt ist ein »Hilfseffekt«. Viele Objekte lassen sich besser mithilfe einer Kontur konstruieren, vor allem, wenn man zusätzlich die Möglichkeiten des Breitenwerkzeugs oder Strichelungen einsetzt. Es ist in solchen Fällen auch sinnvoll, die Kontur so lange wie möglich zu erhalten und nicht umzuwandeln, denn Änderungen lassen sich dann einfacher umsetzen. Schwierig wird es, wenn noch eine Outline erzeugt, die Fläche des Objekts mit weiteren Effekten verformt oder Pathfinder-Effekte angewandt werden sollen. Mithilfe des Konturline-Effekts – Sie finden ihn unter Effekt • Pfad • Konturlinie – wandeln Sie eine Kontur in eine Fläche um.

Abbildung 13.20 ▶
Anwendungsfälle des Effekts Konturlinie: Eine Kontur soll noch einmal konturiert werden (links – einen ähnlichen Fall finden Sie in der Schritt-für-Schritt-Anleitung in Abschnitt 11.8.4 in Schritt 9); eine Kontur soll mit einem zufällig »rauen« Rand versehen werden, als wäre sie eine Fläche (rechts).

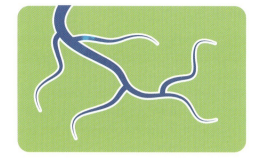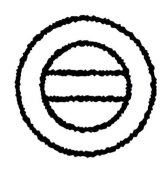

Schnittmarken

Den SCHNITTMARKEN-Effekt finden Sie in Abschnitt 20.3.7.

Zum Effekt KONTURLINIE gibt es keine Optionen. Die Breite der Kontur richtet sich nach der eingestellten Linienstärke des betroffenen Pfades.

Im Gegensatz zu KONTUR NACHZEICHNEN muss KONTURLINIE als »Post-Effekt« (s. Abschnitt 13.1.3) nach einer Kontur angewendet werden, da der Effekt deren Eigenschaften als Basis für seine Berechnung verwendet – Illustrator CS6 erledigt das automatisch.

13.2.7 Pfad verschieben

▲ **Abbildung 13.21**
PFAD VERSCHIEBEN an einem offenen (links) und einem geschlossenen Pfad (rechts). Die Ausgangsobjekte sind in Grau dargestellt.

Dieser Effekt hat unterschiedliche Auswirkungen, je nachdem, ob Sie ihn auf einen geschlossenen oder einen offenen Pfad anwenden. Wählen Sie EFFEKT • PFAD • PFAD VERSCHIEBEN… Geschlossene Pfade werden nach allen Seiten gleichmäßig erweitert oder geschrumpft – aus offenen Pfaden entsteht bei der Anwendung des Effekts eine geschlossene Form.

Sie können den Effekt PFAD VERSCHIEBEN z. B. einsetzen, um Objekte mit einer Umrandung zu versehen (ein Beispiel finden Sie in der folgenden Schritt-für-Schritt-Anleitung), und deren Abstand zum Objekt gezielt steuern.

13.2.8 Pathfinder

▲ **Abbildung 13.22**
Zweifarben-Text durch Pathfinder-Effekt (Farbe der ZEICHEN: Blau)

Pathfinder-Effekte sind für die Anwendung auf Ebenen, Gruppen und Textobjekte vorgesehen, also auf Objekte, die mehrere Pfade enthalten. Ein Pathfinder-Effekt bestimmt, wie die einzelnen Formen aufeinander wirken. Das Ergebnis entspricht meist dem der jeweils gleichnamigen Pathfinder-Funktion.

Ein Beispiel einer Anwendung für Pathfinder-Effekte ist die Erstellung von Konturen für Symbole (s. Abschnitt 17.2.3).

Auch wenn ein Objekt mehrere Flächen oder Konturen besitzt, existieren mehrere – wenn auch virtuelle – Pfade. Daher ergibt die Anwendung einiger Pathfinder-Effekte auf einzelne Objekte in Konstellationen mit mehreren Flächen oder Konturen nützliche und interessante Lö-

Pathfinder-Funktionen oder Pathfinder-Effekte?

Die Pathfinder-Effekte werden häufig mit den nur über das Pathfinder-Bedienfeld zugänglichen Pathfinder-Funktionen verwechselt. Es handelt sich jedoch um zwei verschiedene Dinge. Wird eine Pathfinder-Funktion auf mehrere Objekte angewendet, dann werden die betreffenden Formen miteinander kombiniert. Die Zuweisung eines Pathfinder-Effekts auf mehrere Objekte hat jeweils nur Auswirkung auf jedes einzelne dieser Objekte.

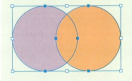  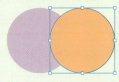 

sungen. In diesen Objektstilen werden Pathfinder-Effekte als »Bindeglied« eingesetzt, um aus den Ergebnissen der angewendeten Effekte eine Gesamtform zu erstellen (s. dazu auch den folgenden Workshop »Konturierter Text«).

Falls Sie sich einmal nicht sicher sind, welcher Pathfinder-Effekt der passende für die Aufgabe ist: Weisen Sie zunächst irgendeinen zu. Dann rufen Sie die Effekteinstellungen über das Aussehen-Bedienfeld auf, aktivieren die Vorschau und probieren alle Pathfinder durch.

13.2.9 Pfeilspitzen

Dieser Effekt erscheint nur im Aussehen-Bedienfeld, wenn Sie alte Dateien öffnen, in denen er noch als Live-Effekt auf Objekte angewandt ist. Sie können die Optionen editieren. Neue Pfeilspitzen legen Sie über das Kontur-Bedienfeld an (s. Abschnitt 9.2).

▲ **Abbildung 13.23**
Optionen der Pathfinder-Effekte

Schritt für Schritt
Konturierter Text

In dieser Übung erstellen Sie einen mehrfach konturierten, editierbaren Text – einsetzbar z. B. für Logos oder Überschriften.

1 **Textobjekt erstellen und Kontur hinter dem Text**

Erstellen Sie Textobjekt in einer fetten Schriftart – im Beispiel handelt es sich um »Cooper Black« in 65 Punkt. Dieses Textobjekt bildet die innere Form des Designs. Der Text erhält eine hellgraue Fläche – so sehen Sie den Unterschied zu den folgenden weißen Konturen besser.

Mit einem Klick auf Neue Kontur hinzufügen im Aussehen-Bedienfeld erstellen Sie nun eine Kontur für das Textobjekt. Weisen Sie der Kontur die Farbe Schwarz und eine Stärke von 7 Punkt zu und verschieben Sie sie hinter den Eintrag Zeichen (s. Abschnitt 11.6).

▲ **Abbildung 13.24**
Ergebnis der Übung

▲ **Abbildung 13.25**
Der Text mit seiner grauen Fläche

Kapitel 13   Spezial-Effekte

▲ **Abbildung 13.26**
Die hinterste Kontur

2   Weiße Kontur vorne

Mit einem Klick auf NEUE KONTUR HINZUFÜGEN ▫ erzeugen Sie nun eine weitere Kontur. Sie erhält die Farbe Weiß und eine Stärke von 2 Punkt.

Damit sie die Form der Buchstaben nicht beeinträchtigt, müssen Sie sie nach außen verschieben, dies geschieht mit EFFEKT • PFAD • PFAD VERSCHIEBEN. Weisen Sie den Effekt nur der weißen Kontur zu, und geben Sie »1 PT« als VERSATZ der Verschiebung ein.

3   »Schattenkante«

Damit die weiße Kontur dreidimensional hervorstehend wirkt, erhält sie einen schwarzen Schatten. Er wird mit einer weiteren Kontur erzeugt.

Die weiße Kontur ist noch aktiviert – klicken Sie auf den Button AUSGEWÄHLTES OBJEKT DUPLIZIEREN ▫. Von den beiden nun vorhandenen weißen Konturen geben Sie der unteren die Farbe Schwarz. Weisen Sie ihr dann den EFFEKT • VERZERRUNGS- UND TRANSFORMATIONSFILTER • TRANSFORMIEREN zu, und verschieben Sie sie horizontal und vertikal jeweils um 0,35 mm.

Abbildung 13.27 ▶
Die dreidimensionale Wirkung entsteht durch die versetzte schwarze Kontur.

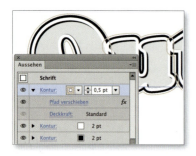

▲ **Abbildung 13.28**
Die äußere Umrandung verläuft noch um jeden einzelnen Buchstaben …

▲ **Abbildung 13.29**
… zwei Pathfinder-Effekte korrigieren dies.

 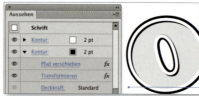

4   Graue Kante und Abschluss

Die äußere schwarze Kontur soll nun noch mit einer schmalen, helleren Linie verziert werden. Dazu legen Sie mit einem Klick auf NEUE KONTUR HINZUFÜGEN ▫ eine weitere Kontur an. Sie erhält eine Stärke von 0,5 Punkt und einen graugelblichen Farbton aus den Standardfarbfeldern.

Mit EFFEKT • PFAD • PFAD VERSCHIEBEN wird diese Kontur um 1,6 mm nach außen verschoben. Nun ist noch jeder Buchstabe einzeln umrandet, und die Umrandungen überschneiden einander. Um eine gemeinsame Umrandung zu erstellen, weisen Sie nur dieser Kontur nacheinander EFFEKT • PATHFINDER • ÜBERLAPPUNGSBEREICH ENTFERNEN und EFFEKT • PATHFINDER • HINZUFÜGEN zu.

Um die Schrift wellenförmig zu verbiegen, weisen Sie dem Textobjekt noch einen Verzerrungseffekt zu. Klicken Sie auf den Eintrag TEXT ganz oben im Aussehen-Bedienfeld, und wählen Sie dann EFFEKT • VERZERRUNGSFILTER • FLAGGE. Stellen Sie die Verzerrung nach der Vorschau ein.

Doppelklicken Sie den Eintrag ZEICHEN, damit Sie noch die Fläche von Grau auf Weiß ändern können. ■

13.3 Zeichnerische Effekte

Diese Gruppe von Effekten verändert die Linienführung oder – wie im Fall des Scribble-Effekts – erzeugt Linien in einer Fläche. Durch allerlei Zufallsalgorithmen lässt sich mit diesen Filtern etwas »handgemachte« raue Optik in Vektorzeichnungen bringen.

13.3.1 Scribble-Effekt

Der Scribble-Effekt – aufzurufen unter Effekt • Stilisierungsfilter • Scribble… – füllt Formen mit einer Linienschraffur. Eine Vielzahl von Parametern ermöglicht sehr unterschiedliche Visualisierungen: vom Kinderbild bis zur technischen Zeichnung.

In den mitgelieferten Grafikstilen finden Sie eine Sammlung von Aussehen-Eigenschaften, die auf dem Scribble-Effekt basieren – rufen Sie die Grafikstil-Bibliothek unter Fenster • Grafikstil-Bibliotheken • Scribble-Effekte auf.

Den Scribble-Effekt können Sie sowohl auf die Fläche als auch auf die Kontur eines Objekts anwenden. Weisen Sie den Scribble-Effekt dem Objekt insgesamt zu, wirkt er sowohl auf die Fläche als auch auf die Kontur, sofern diese vorhanden ist.

▲ **Abbildung 13.30**
Der Scribble-Effekt schafft einen gezeichneten Eindruck.

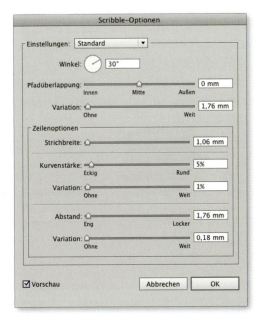

◄ **Abbildung 13.31**
Scribble-Optionen

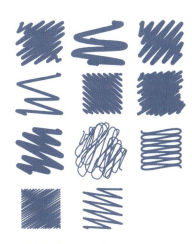

▲ **Abbildung 13.32**
Wie die Voreinstellungen in allen Optionen können Sie auch die Scribble-Voreinstellungen als Basis für eigene Kreationen nutzen.

▶ Einstellungen: Aus diesem Menü rufen Sie komplette Einstellungssets auf. Nutzen Sie die Voreinstellungen, um auf deren Basis ein Design nach Ihren Vorstellungen zu entwickeln.

▲ Abbildung 13.33
PFADÜBERLAPPUNG

▲ Abbildung 13.34
KURVENSTÄRKE eckig und rund

> **Scribble-Pinsel live**
>
> Auf der DVD finden Sie ein Dokument, das zeigt, wie Sie den Pinsel einem SCRIBBLE zuweisen können, ohne es vorher umzuwandeln.

Abbildung 13.35 ▶
Links: SCRIBBLE »Kinderzeichnung«, umgewandelt; rechts: mit Pinselkonturen

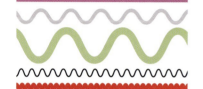

▲ Abbildung 13.36
Mit dem Zickzack-Effekt aus einer Geraden erzeugte Wellenlinien

- **WINKEL:** Geben Sie die Richtung der Schraffur an. Der Winkel wird in Werten von −179° bis 180° definiert.
- **PFADÜBERLAPPUNG:** Legen Sie fest, wie genau die Schraffur die Objektgrenzen treffen soll. Mit dem Wert 0 findet die Richtungsänderung exakt an der Begrenzung statt, und ein negativer Wert bewirkt einen Abstand nach innen. Mit einem positiven Wert erlauben Sie ein »Übermalen« der Objektform.
- **STRICHBREITE:** Geben Sie die Stärke der Schraffurlinien an.
- **KURVENSTÄRKE:** Dieser Wert definiert den Kurvenradius bei der Richtungsänderung. Mit dem Wert 0 wird eine Ecke erzeugt, höhere Werte generieren Kurven.
- **ABSTAND:** Hier legen Sie die Dichte der Schraffur fest, indem Sie den Abstand zwischen den einzelnen Linien angeben. Dichtere Schraffuren verursachen längere Berechnungszeiten beim Bildschirmaufbau.
- **VARIATION:** Definieren Sie hier einen Toleranzbereich, innerhalb dessen der jeweilige Wert über- oder unterschritten werden darf – das sorgt für unregelmäßige Schraffuren.

Scribble umwandeln | Soll Ihre Scribble-Textur eher gemalt als gezeichnet aussehen, bietet sich die Anwendung einer Pinselkontur an. Der durch den Scribble-Effekt generierten Linie können Sie jedoch keine Pinselkontur zuordnen – zunächst müssen Sie das mit dem Scribble-Effekt versehene Objekt umwandeln:

Aktivieren Sie es, und wählen Sie OBJEKT • AUSSEHEN UMWANDELN. Die Aussehen-Eigenschaften des Objekts werden in einzelne Elemente umgewandelt und gruppiert – aus der Scribble-»Füllung« entsteht dabei ein Pfad. Diesen aktivieren Sie und weisen ihm eine Pinselkontur zu.

13.3.2 Zickzack und Aufrauen

Während der Zickzack-Effekt regelmäßige Zacken oder Wellen in einem Pfad generiert, erzeugt der Aufrauen-Effekt unregelmäßige Zacken. Die Verteilung der Zacken über eine gegebene Distanz wird bei beiden Effekten anders berechnet. Davon abgesehen, gleichen sich die Optionen. Sie finden beide Effekte im Untermenü unter EFFEKT • VERZERRUNGS- UND TRANSFORMATIONSFILTER.

13.3 Zeichnerische Effekte

◀ **Abbildung 13.37**
Optionen ZICKZACK und AUFRAUEN-Optionen

- GRÖSSE: Wählen Sie den Ausschlag (ZICKZACK) bzw. den Maximalwert des Ausschlags (AUFRAUEN). In beiden Fällen können Sie diesen Wert ABSOLUT oder RELATIV zur Länge des betroffenen Pfades angeben.
- WELLEN PRO SEGMENT/DETAIL: Hier legen Sie die Dichte der Zacken fest. Für den Zickzack-Effekt definieren Sie die Anzahl der Wellen pro Pfadsegment.
  Der Wert DETAIL im Aufrauen-Effekt erzeugt eine Verteilung der Zacken bezogen auf die Pfadlänge in ZOLL (Inch), unabhängig von den gesetzten Ankerpunkten, die den Pfad in Segmente aufteilen.
- PUNKT: Ob Wellen oder Zacken entstehen, hängt von der Art der verwendeten Ankerpunkte ab. Legen Sie dies mit der Option GLATT bzw. ÜBERGANG oder ECKIG bzw. ECKE fest.

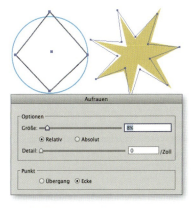

▲ **Abbildung 13.38**
Setzen Sie den Wert DETAIL auf 0, verschiebt AUFRAUEN vorhandene Punkte. Damit können Sie Unregelmäßigkeiten in Formen erzeugen.

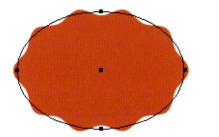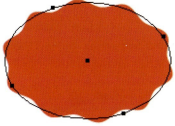

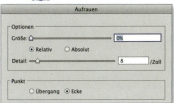

▲ **Abbildung 13.39**
Die Position der Wellen richtet sich nach der Position der Ankerpunkte auf dem Pfad.

Der Aufrauen-Effekt wird – bezogen auf die Gesamtlänge des Pfades – gleichmäßig angewendet. Das führt dazu, dass auch er ein sehr nützlicher »Zwischeneffekt« ist. Wenn Sie die GRÖSSE auf 0 % setzen, können Sie ihn einsetzen, um Punkte gleichmäßig zu verteilen oder (virtuell) benötigte Punkte hinzuzufügen. Wie der Aufrauen-Effekt funktioniert, sehen Sie, wenn Sie ein Objekt umwandeln, das mit dem Effekt versehen ist.

▲ **Abbildung 13.40**
Die Auswirkung von AUFRAUEN mit der GRÖSSE 0 % sieht man nach dem Umwandeln.

437

Kapitel 13   Spezial-Effekte

▲ **Abbildung 13.41**
Ein »live« editierbarer Stern aus einem Kreis mit dem Effekt ZICKZACK

▲▶ **Abbildung 13.42**
Anwenden von Zickzack- und Aufrauen-Effekt zur Erzeugung gleichmäßiger Wellen (rechts); nicht erwünschtes Ergebnis (Mitte); verwendete Effekte (oben).

Kombination von Zickzack und Aufrauen | Da der Zickzack-Effekt die Unterteilungen pro Pfadsegment vornimmt, kann das Ergebnis unregelmäßig ausfallen (s. Abbildung 13.42 – rote Linie). In Kombination mit AUFRAUEN lassen sich regelmäßige Wellen generieren (grüne Linie).

Weisen Sie dem Pfad zunächst den Aufrauen-Effekt mit einer Stärke von 0 zu. Damit erzeugt er keine sichtbaren Veränderungen am Pfad, setzt jedoch seine eigenen Unterteilungen. Anschließend wenden Sie den Zickzack-Effekt an.

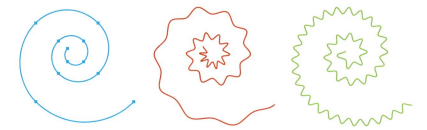

Ähnlich setzen Sie den Aufrauen-Effekt auch in Kombination mit anderen Effekten ein. Beispiele dazu finden Sie bei den Effekten ECKEN ABRUNDEN, WIRBEL- und ZUSAMMENZIEHEN UND AUFBLASEN.

13.3.3 Tweak

Durch Verschiebung von Ankerpunkten und/oder Grifflinien nach einem Zufallsalgorithmus innerhalb der eingegebenen Toleranzwerte wird die Form eines Pfades verändert.

Rufen Sie TWEAK unter EFFEKT • VERZERRUNGS- UND TRANSFORMATIONSFILTER • TWEAK… auf:

▲ **Abbildung 13.43**
Wird TWEAK nach dem Transformieren und nach einem Pinsel angewandt, dann kann es die durch das Transformieren entstandenen Kopien der Pinselform verändern und so einen zufälligen Charakter in die Zeichnung bringen.

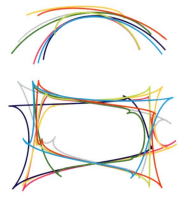

▲ **Abbildung 13.44**
Wird der Tweak-Effekt mit denselben Einstellungen auf die Konturen eines Objekts angewendet, können sich die entstandenen Formen stark unterscheiden.

438

Geben Sie den Toleranzbereich relativ zur Länge des Pfadsegments ein, oder bestimmen Sie einen absoluten Wert getrennt für die horizontale und vertikale Verformung.

Möchten Sie eine senkrechte oder waagerechte Linie verformen (wie in Abbildung 13.44 oben), müssen Sie mit absoluten Werten arbeiten, um eine Wirkung zu erzielen.

Unter ÄNDERN müssen Sie mindestens eine Option aktivieren – eine Erläuterung der Optionen finden Sie auf S. 200.

13.3.4 Wirbel

Dieser Effekt wirkt ähnlich wie das Strudel-Werkzeug aus der Gruppe der Verflüssigen-Tools. Wählen Sie ihn unter EFFEKT • VERZERRUNGS- UND TRANSFORMATIONSFILTER • WIRBEL… aus.

Die Dialogbox akzeptiert Werte von –3.600° bis +3.600°. Ab einer bestimmten Stärke der Verwirbelung – etwa 600° – wird die Form der Objekte durch sichtbare Polygonpfade gebildet.

▲ **Abbildung 13.45**
Wirbel-Effekt

> **Wirbel-Effekt glätten**
>
> Auch um mit dem Wirbel-Effekt versehene Objekte etwas zu glätten, lässt sich der Aufrauen-Effekt einsetzen.
>
> Wenden Sie ihn vor dem Wirbel mit einer GRÖSSE von 0 % und der Option ÜBERGANGSPUNKTE an. DETAILS setzen Sie anhand der Vorschau.

13.3.5 Zusammenziehen und aufblasen

Dieser Effekt wirkt nur auf Pfade, die eine Krümmung aufweisen oder ihre Richtung an einem Eckpunkt ändern. Bei der Anwendung werden die Ankerpunkte des Pfades und die dazwischenliegenden Segmente gegeneinander verschoben. Benötigen Sie zusätzliche Ankerpunkte (wie in Abbildung 13.49), wenden Sie zusätzlich den Effekt AUFRAUEN mit einer GRÖSSE von 0 % an.

Wählen Sie ZUSAMMENZIEHEN UND AUFBLASEN unter EFFEKT • VERZERRUNGS- UND TRANSFORMATIONSFILTER.

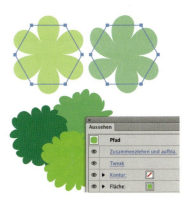

▲ **Abbildung 13.46**
Aus einem regelmäßigen Objekt erzeugt der Aufblasen-Effekt ein ebenso regelmäßiges Ergebnis. Kombinieren Sie AUFBLASEN mit TWEAK, z. B. um aus 16-seitigen Polygonen einige Büsche für einen Landschaftsplan zu erstellen.

▲ **Abbildung 13.47**
Nicht geschlossener, gekrümmter Pfad mit den Effekten ZUSAMMENZIEHEN (links) und AUFBLASEN (rechts)

▲ **Abbildung 13.48**
Optionen ZUSAMMENZIEHEN UND AUFBLASEN

Kapitel 13 Spezial-Effekte

▲ **Abbildung 13.49**
Die Effekte Aufrauen und Zusammenziehen und Aufblasen erzeugen den Button aus einem Kreis.

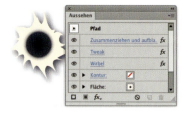

▲ **Abbildung 13.50**
Das Einschussloch verwendet drei Effekte zum Erzeugen der gerissenen Kante.

▶ Zusammenziehen: Mit Werten von –200 bis 0 % werden Ankerpunkte nach »außen« verschoben und Pfadsegmente nach »innen« gezogen.
▶ Aufblasen: Wenn Sie den Regler nach rechts schieben oder Werte von 0 bis 200 % eingeben, zieht der Effekt Ankerpunkte nach »innen« und verschiebt Pfadsegmente nach »außen«.

13.3.6 Verkrümmungsfilter

Die Effekte unter Effekt • Verkrümmungsfilter entsprechen den »Verzerrungshüllen« (s. Abschnitt 10.7). Vorteil der Verzerrung per Effekt: Sie müssen nicht erst in einen Bearbeitungsmodus wechseln; daher ist das Editieren eines solchen Objekts etwas unkomplizierter als mit einer Verzerrungshülle. Hinzu kommt, dass sich beim Zuweisen von Verkrümmungen als Effekte unterschiedliche Verkrümmungsarten miteinander kombinieren lassen. Und Sie können die Verkrümmungsfilter in Grafikstile einbinden – Optionen für die Genauigkeit, Verläufe oder Muster stehen jedoch nicht zur Verfügung.

▲ **Abbildung 13.51**
Der Text wurde wie auf einem Sweatshirt gebogen. Um den gestickten Look anzudeuten, wurde zusätzlich der Scribble-Effekt angewendet.

Schwingungen, Fischauge und Wirbel | Anders als die anderen Stile verformen diese drei keine rechteckigen, aufrecht stehenden Formen. Erst wenn Sie derartige Objekte leicht drehen, findet eine sichtbare Verkrümmung der äußeren Objektkante statt.

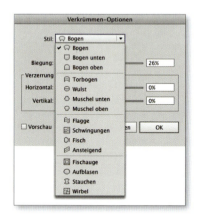

▲ **Abbildung 13.52**
Optionen der Verkrümmen-Effekte

Abbildung 13.53 ▶
Verformen rechteckiger Objekte im Vergleich

13.3 Zeichnerische Effekte

Checkliste: Effekt-Grafiken analysieren

Dank des Aussehen-Bedienfeldes ist das Analysieren eines komplexen Objekts einfach (Aussehen-Bedienfeld s. Abschnitt 11.6). Wenn Sie neugierig sind, wie Effekte an einem Objekt verwendet wurden, um ein bestimmtes Aussehen zu erzielen, folgen Sie diesen Tipps:

Objekte | Gehen Sie in die Pfadansicht und sehen Sie sich die Ausgangsformen an.

Objekt-Hierarchie | Analysieren Sie mithilfe des Ebenen-Bedienfeldes, in welcher Stapelreihenfolge und Hierarchie die Objekte angeordnet sind. Denken Sie daran, auch Ebenen und Gruppen »aufzuklappen«, denn häufig bauen Effekte aufeinander auf.
Finden Sie anhand der Ziel-Symbole ⊚ heraus, welche Objekte besondere Aussehen-Eigenschaften besitzen. Klicken Sie im Ebenen-Bedienfeld auf ein Ziel-Symbol, um sich die Aussehen-Eigenschaften anzusehen (Ebenen s. Abschnitt 11.1, Ziel-Auswahl s. Abschnitt 11.3.3).

Beteiligte Eigenschaften | Untersuchen Sie die angewendeten Füllungen, Konturen, Transparenzeigenschaften und Effekte. Sehen Sie im Aussehen-Bedienfeld die Einstellungen nach, indem Sie auf die unterstrichenen Begriffe klicken und dadurch die Optionen anzeigen. Beachten Sie vor allem die Anwendungsreihenfolge und die Hierarchien: Ist der Effekt dem gesamten Objekt oder nur einer Kontur (einer Fläche) zugeordnet?
Das Aussehen-Bedienfeld zeigt auch an, ob übergeordnete Elemente zusätzlich Effekte oder Transparenz besitzen. Diese Einträge finden Sie ganz oben im Bedienfeld über dem fett hervorgehobenen Eintrag mit der Miniatur des Objekts. Sie sind mit entsprechenden Symbolen versehen, wenn sie eigene Effekte besitzen (Abbildung 13.55).

Optionen editieren | Sind Sie sich über die Auswirkung einer Eigenschaft nicht sicher, weisen Sie dieser andere Eigenschaften zu: Ändern Sie die Farbe, die Konturstärke oder die Effekt-Optionen. Achten Sie auf Kleinigkeiten, wie die mit dem Referenzpunkt-Symbol des Transformieren-Effekts vorgenommene Ausrichtung (Abbildung 13.56).

Eigenschaften ändern | Falls Sie den Sinn einer Eigenschaft infrage stellen, dann deaktivieren Sie probeweise deren Sichtbarkeit, indem Sie auf das Augensymbol 👁 klicken (Abbildung 13.57), oder ändern Sie die Reihenfolge bzw. die Hierarchie der Anwendung, indem Sie z. B. den Effekt statt einer Gruppe deren INHALT zuweisen oder die Eigenschaft einer Gruppe von unterhalb des INHALTS darüber verschieben.
Um Ihre Version besser mit dem Original vergleichen zu können, arbeiten Sie an einem Duplikat des Objekts.

Tests | Übertragen Sie die Eigenschaften auf andere Objekte, um die Auswirkungen genauer zu untersuchen, z. B. auf einen offenen statt einen geschlossenen Pfad, auf ein Polygon oder einen Stern anstelle eines Kreises oder auf eine Gruppe anstelle eines einzelnen Objekts.

Umwandeln | Falls Sie gar nicht herausfinden können, welche Auswirkungen genau ein Effekt verursacht, isolieren Sie ihn an einem neuen Objekt und wandeln Sie die Grafik um. Unter Umständen soll dieser Effekt nur einige Punkte hinzufügen, ohne das Objekt selbst zu verformen (s. Abschnitt 13.3.2).

▲ Abbildung 13.54
Aus einem einzelnen Ankerpunkt kann mit Konturen und Füllungen mit eigenen Eigenschaften eine Illustration entstehen.

▲ Abbildung 13.55
Übergeordnete Eigenschaften

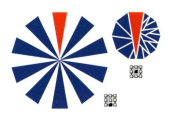

▲ Abbildung 13.56
Auswirkung des Referenzpunkts beim Transformieren-Effekt

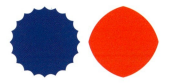

▲ Abbildung 13.57
Links mit AUFRAUEN (GRÖSSE 0 %) und ZUSAMMENZIEHEN UND AUFBLASEN, rechts nur mit ZUSAMMENZIEHEN UND AUFBLASEN

Farbmoduswechsel

Haben Sie im Dokumentfarbmodus RGB ein Objekt mit einem Photoshop-Effekt versehen und wechseln in den Modus CMYK (oder umgekehrt), kann sich das Ergebnis des Effekts verändern.

13.4 Pixelbasierte Effekte

Etliche aus Photoshop und anderen Programmen bekannte Bildbearbeitungsroutinen stehen Ihnen als Effekte für die Anwendung sowohl auf Vektor- als auch auf platzierte Pixeldaten zur Verfügung. Die Funktionen sind sowohl im Dokumentfarbmodus RGB als auch in CMYK nutzbar. Wenn Sie diese Effekte nutzen, müssen Sie sich auch mit den Rastereffekt-Einstellungen befassen (s. Abschnitt 13.4.1). Beachten Sie, dass bei diesen Effekten Transparenz zum Einsatz kommt, zu deren Verarbeitung Sie Voreinstellungen definieren müssen, die für den angestrebten Weiterverarbeitungsprozess geeignet sind (Transparenzreduzierung s. Abschnitt 12.4).

Abbildung 13.58 ▶
Eine Kombination der Filter AQUARELL und MALGRUND ergibt eine »handgemachte« Anmutung.

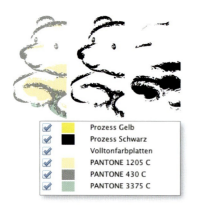

▲ **Abbildung 13.59**
Mit Effekt versehenes Volltonfarbenobjekt, Separation (in Acrobat)

Dank DeviceN ist die Anwendung von Photoshop-Filtern auf Volltonfarbenobjekte und Duplexbilder möglich – die Objekte werden korrekt separiert. Je nachdem, in welchem Dokumentfarbmodus und mit welchen Farbtypen (Vollton- oder Prozessfarbe) Sie arbeiten, können die Ergebnisse des Filters unterschiedlich ausfallen.

Bildbearbeitungsroutinen wendet Illustrator immer auf eingebettete Bilder an. Effekte können Sie zwar auch verknüpften Bildern zuweisen, die Anwendung des Effekts bewirkt jedoch, dass eine eingebettete Kopie des Bildes erzeugt wird.

13.4.1 Dokument-Rastereffekt-Einstellungen

Die Einstellungen in dieser Dialogbox bestimmen die Auflösung und Qualität der von den rasterbasierten Effekten in Pixelbilder umgewandelten Vektorobjekte. Eine Umwandlung in Pixel kann auch bei der Verwendung des 3D-Effekts vorkommen – es erscheint in diesem Fall in der 3D-Dialogbox ein entsprechender Warnhinweis. Daher sollten Sie die Einstellungen vor Beginn Ihrer Arbeit – spätestens jedoch vor der

Rastereffektauflösung

Die wichtigste Einstellung in dieser Dialogbox, die AUFLÖSUNG, finden Sie in den Grundeinstellungen für neue Dokumente.

13.4 Pixelbasierte Effekte

Ausgabe Ihrer Dokumente auf Druckern oder in PDF- und PostScript-Dateien – überprüfen und gegebenenfalls an die Anforderungen des aktuellen Projekts anpassen (s. Kapitel 20 bzw. 21).

Auf die Bearbeitung platzierter Rasterbilder haben die meisten Einstellungen keinen Einfluss – diese werden in ihrer vorliegenden Auflösung bearbeitet, die im Steuerungsbedienfeld für ein ausgewähltes Bild angezeigt wird. Sie können jedoch durch die Auswahl des Farbmodells GRAUSTUFEN oder BITMAP ein Farbbild in einen dieser Modi umwandeln und dabei auch die Auflösung verändern:

Konvertierung in Graustufen
Die Umwandlung eines Farbbildes in ein Graustufen- oder Bitmap-Bild sollten Sie möglichst in Bildbearbeitungsprogrammen vornehmen, da Sie dort den Farbkontrast in einen entsprechenden Schwarzweißkontrast umsetzen können. Für die Umwandlung von Vektorobjekten bietet INTERAKTIVE FARBE eine große Funktionsvielfalt.

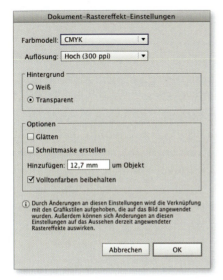

◀ Abbildung 13.60
DOKUMENT-RASTEREFFEKT-EINSTELLUNGEN

- FARBMODELL: Hier haben Sie die Wahl, Rastereffekte in vier Farbmodellen berechnen zu lassen. Je nach gewähltem Dokumentfarbmodus in RGB bzw. CMYK, darüber hinaus kann die Pixelbildumwandlung in GRAUSTUFEN oder BITMAP (Schwarzweiß) erfolgen.
- AUFLÖSUNG: Bestimmen Sie die Auflösung für die Umwandlung von Vektor- in Pixelbilder und die Darstellung rasterbasierter Effekte wie SCHLAGSCHATTEN und SCHEIN. Die Auflösung bezieht sich auf die Maße der Objekte im Dokument – wenn Sie Ihre Illustration in 100 %-Größe weiterverarbeiten, arbeiten Sie direkt mit der benötigten Auflösung. Anderenfalls berechnen Sie den Skalierungsfaktor ein.
- HINTERGRUND: Mit den Optionsbuttons wählen Sie, wie sich die Transparenz der Vektorelemente – die durch die Außenbegrenzung der Objektform definiert ist – im Rasterbild darstellt: mit weißen Pixeln oder durch Transparenz (Abbildung 13.61).

Aktivieren Sie das Transparenzraster im Menü ANSICHT, um eine Vorschau der transparenten Bereiche zu erhalten.

▲ Abbildung 13.61
GAUSSSCHER WEICHZEICHNER – Hintergrund transparent (oben), Hintergrund weiß (unten)

443

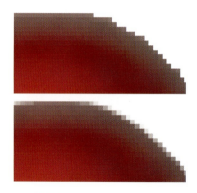

▲ Abbildung 13.62
Außenkante eines Objekts mit Effekt SUMI-E ohne GLÄTTEN (oben), mit GLÄTTEN (unten)

- WEISS: Die ursprünglich transparenten Bereiche eines Vektorobjekts werden in deckende weiße Pixel umgerechnet.
- TRANSPARENT: Das Pixelbild ist nur auf den Flächen deckend, die durch die Vektorform definiert sind. So sind Objekte, die unter dem mit einem Rastereffekt versehenen Element liegen, sichtbar. Die Einstellung TRANSPARENT bewirkt, dass die durch einen Effekt veränderte Außenform eines Objekts beschnitten wird, und sie kann zu Fehldarstellungen führen, wenn innerhalb der Fläche des Objekts »Löcher« entstehen.
Im Farbmodell BITMAP verwenden Sie die Einstellung TRANSPARENT, um die weißen Pixel der Bitmaps transparent darzustellen.
- GLÄTTEN: Mit dieser Option aktivieren Sie die Kantenglättung (Anti-Aliasing) von Vektorobjekten, wenn Rastereffekte darauf angewendet werden. Die Option GLÄTTEN bringt nur an den Objektaußenkanten eine sichtbare Veränderung, nur wenig bis gar nicht im Inneren des mit einem Effekt versehenen Objekts.
- SCHNITTMASKE ERSTELLEN: Während mit der Option HINTERGRUND TRANSPARENT die Maske direkt in der eingestellten Auflösung berechnet und gegebenenfalls geglättet wird, definiert bei der Option SCHNITTMASKE eine Vektorform die Außenbegrenzung des Objekts.
Diese Option ist vor allem dann der Einstellung TRANSPARENT vorzuziehen, wenn weitere Elemente unter dem mit dem Effekt versehenen Element liegen.
- HINZUFÜGEN: Um das Objekt wird eine Fläche in der angegebenen Größe hinzugefügt. Dies benötigen Sie für Effekte, die die Außenform des Objekts vergrößern, wie den Gaußschen Weichzeichner. Um in diesem Fall sicherzustellen, dass die mit dem Effekt erzeugte weiche Kante nahtlos in den Hintergrund übergeht, müssen Sie einen ausreichend großen Bereich hinzufügen. Der genaue Wert richtet sich nach Ihren Einstellungen im Effekt, daher reicht die Standardvorgabe von 12,7 mm nicht immer.
- VOLLTONFARBEN BEIBEHALTEN: Sonderfarben bleiben erhalten, wenn Sie pixelbasierte oder Photoshop-Effekte darauf anwenden. Konvertieren Sie jedoch die Volltonfarben zu einem späteren Zeitpunkt (z. B. im Layoutprogramm) in Prozessfarben, kann dies sichtbare Auswirkungen haben. Daher können Sie durch Deaktivierung dieser Option bestimmen, dass bei einer Interaktion von Volltonfarben und pixelbasierten Effekten die Konvertierung bereits in Illustrator erfolgt.
Lassen Sie Volltonfarben erhalten, dann bleiben die Farbdefinitionen bestehen, und der optische Eindruck wird z. B. im Fall eines Schlagschattens durch Überdrucken dargestellt.

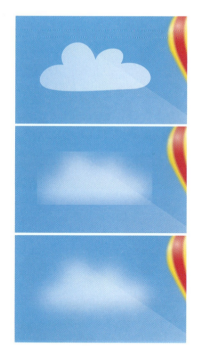

▲ Abbildung 13.63
Originalobjekt (oben), mit Effekt GAUSSSCHER WEICHZEICHNER (Mitte und unten) – Option HINZUFÜGEN: nicht ausreichend (Mitte), ausreichend (unten)

13.4.2 Effekte und Auflösung

Werte, die Sie für die Photoshop-Effekte eingeben, sind absolute Pixelwerte. Sie beziehen sich auf die Dokument-Rastereffekt-Einstellungen. Anders als in früheren Versionen verändert sich das Aussehen der mit Photoshop-Effekten versehenen Objekte aber nicht mehr zu stark, sobald Sie die im Filter eingegebenen Werte mit anderen Dokument-Rastereffekt-Einstellungen verwenden. Die Werte werden automatisch umgerechnet.

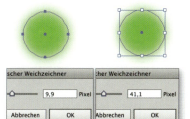

▲ **Abbildung 13.64**
Bei Änderung der Rastereffektauflösung werden die Effekteinstellungen umgerechnet, sodass das Erscheinungsbild des Objekts gleich bleibt.

> **Rastereffekt-Auflösung und Rechenzeit**
>
> Bei sehr komplexen oder großen Objekten kann es Geschwindigkeitseinbußen geben, wenn Sie permanent mit hoher Auflösung arbeiten. Sie können entweder die angewendeten Effekte mithilfe des Aussehen-Bedienfeldes unsichtbar schalten, indem Sie auf das Auge 👁 klicken, oder die Rastereffektauflösung niedriger einstellen.

Die pixelbasierten Illustrator-Effekte (WEICHE KANTE, SCHEIN NACH INNEN/AUSSEN und SCHLAGSCHATTEN) arbeiten mit auflösungsunabhängigen Werten. Sowohl das Erscheinungsbild der Objekte als auch die Werte selbst ändern sich bei einer Änderung der Auflösung nicht.

13.4.3 In Pixelbild umwandeln

Illustrator bietet diese Funktion sowohl als Befehl unter OBJEKT • IN PIXELBILD UMWANDELN als auch als Effekt unter EFFEKT • IN PIXELBILD UMWANDELN an. Sie dient dazu, Vektorelemente zu rastern.

Sie benötigen diesen Zwischenschritt z. B., wenn Ihre Objektkonstruktion so komplex ist, dass sie bei der Ausgabe auf dem Drucker Fehler verursacht, oder wenn der Export in bestimmte Formate fehlschlägt, weil Elemente nicht in eine korrespondierende Form übersetzt werden können. Die Borstenpinsel erzeugen möglicherweise Transparenzinteraktionen, die für die Ausgabe zu komplex sind, sodass die Illustrationen gerastert werden müssen.

▲ **Abbildung 13.65**
IN PIXELBILD UMWANDELN

Typische Anwendungen sind Transparenzen – beim Ausdruck auf älteren Geräten oder beim Export in das Flash-Format. Weitere Einsatzbereiche sind die Aufbereitung von Textelementen für das Screendesign, die Umwandlung in Graustufen oder das Downsampling (Senken der Auflösung) eingebetteter Pixelbilder, z. B. um beim Vektorisieren glattere Pfade zu erhalten.

Die Optionen entsprechen den DOKUMENT-RASTEREFFEKT-EINSTELLUNGEN, eine zusätzliche Option besteht beim GLÄTTEN, das Sie hier aus einem Aufklappmenü wählen. Das Anti-Aliasing lässt sich für Bildmaterial oder für Schrift optimieren (s. Abschnitt 14.9).

> **Größenbeschränkung**
>
> Falls der Effekt IN PIXELBILD UMWANDELN bei einer sehr großen querformatigen Grafik nicht angewendet werden kann, probieren Sie, die Grafik um 90° zu drehen, und wenden Sie den Effekt an. Der Effekt besitzt eine Größenbeschränkung, die für die Höhe größere Dimensionen zulässt als für die Breite.

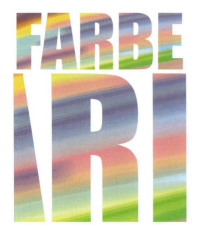

▲ Abbildung 13.66
Diese kleine Borstenpinsel-Illustration besteht nach dem Reduzieren der Transparenz aus 185.000 Pfaden; eine Umwandlung in Pixel ist hier vorzuziehen.

Volltonfarben | Dank der DeviceN-Unterstützung ab Illustrator CS3 bleiben Volltonfarben beim Umwandeln von Vektor- in Pixelgrafik mit diesem Befehl erhalten.

13.4.4 Gaußscher Weichzeichner

Der Gausssche Weichzeichner – unter Effekt • Weichzeichnungsfilter • Gaussscher Weichzeichner – wirkt zunächst nur wie einer unter vielen Photoshop-Effekten. Er bildet jedoch auch die Grundlage für die Effekte Schlagschatten und Schein nach innen bzw. Schein nach aussen. Der Gaußsche Weichzeichner wurde für Illustrator CS6 neu programmiert, sodass er nun sehr viel schneller arbeitet und eine Vorschau am Objekt auf der Zeichenfläche bietet.

Der Effekt erzeugt (im Gegensatz zum Effekt Weiche Kante) eine Weichzeichnung des gesamten Objekts bzw. der gesamten Gruppe oder Ebene – auch der inneren Bereiche.

Abwärtskompatibilität | Öffnen Sie eine ältere Datei, dann erscheint im Aussehen-Bedienfeld der Eintrag Alter Gaussscher Weichzeichner, falls Sie ein entsprechendes Objekt bearbeiten. Sie können die Einstellungen ändern und das Dokument auch wieder editierbar für die alte Version speichern – dies gilt jedoch nicht für Schlagschatten und Schein.

▲ Abbildung 13.67
Aussehen-Eigenschaften eines Objekts aus einer alten Illustrator-Datei

▲ Abbildung 13.68
Einstellungen für den Effekt Gaussscher Weichzeichner (links): Die Weichzeichnung erfolgt sowohl zur Innen- wie zur Außenseite des Objekts. Im Vergleich dazu (rechts): Einstellungen für den Effekt Weiche Kante: Die Weichzeichnung erfolgt nur zur Innenseite des Objekts.

13.4.5 Weiche Kante

Der Effekt Weiche Kante erzeugt einen allmählichen Übergang eines Objekts oder einer Gruppe zum Hintergrund, indem die Deckkraft des Objekts an dessen Außenkante allmählich sinkt.

Als Außenkante wird die Grenze der Fläche betrachtet, die ein Objekt oder eine Gruppe durch seine bzw. ihre Füllung und/oder Kontur

▲ Abbildung 13.69
Ein Bokeh-Lichterspiel mit einem Spezialpinsel, Transparenzeinstellungen und dem dem Effekt Weiche Kante

bedeckt. Das heißt, Sie können auch eine Kontur mit einer weichen Kante versehen. Die Breite des Übergangs bestimmen Sie in den Optionen des Effekts.

13.4.6 Schlagschatten

Der Schlagschatten-Effekt dient vor allem dem Zweck, den optischen Eindruck eines Schattens der Objektform zu erzeugen – ob tatsächlich eine »Schatten«-Wirkung entsteht, bestimmen jedoch die zugewiesene Farbe und Füllmethode. Der Einfachheit halber bezeichnen wir den Effekt im Weiteren als »Schatten«.

Die Farbe des Schattens, seinen Versatz zum Objekt und den Grad der Weichzeichnung definieren Sie in den Optionen, wenn Sie einem Objekt den Effekt zuweisen – Ihre Einstellungen können Sie jedoch zu einem späteren Zeitpunkt editieren.

Selektieren Sie das Objekt oder die Gruppe, oder wählen Sie die Ebene als Ziel aus. Falls Sie den Effekt nur der Fläche oder der Kontur eines Objekts zuweisen möchten, wählen Sie diese im Aussehen-Bedienfeld aus. Rufen Sie anschließend Effekt • Stilisierungsfilter • Schlagschatten... auf.

▲ **Abbildung 13.70**
Der Schlagschatten-Effekt erzeugt nur die Version links – für einen Schatten wie rechts benötigen Sie ein weiteres Objekt.

▲ **Abbildung 13.71**
Effekte Schlagschatten und Schein nach innen mit unterschiedlichen Füllmethoden in CMYK; Hintergrund (von oben nach unten): Weiß, Grau, Ohne.

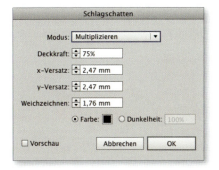

◄ **Abbildung 13.72**
Einstellungen für den Schlagschatten-Effekt

- **Modus:** Wählen Sie aus diesem Menü die Füllmethode, mit der der Schatten in die hinter ihm liegenden Objekte gerechnet wird.
  Beachten Sie außerdem die Wechselwirkungen mit der Füllmethode, die dem Objekt zugewiesen ist: Anders als in den Ebenen-Effekten von Photoshop wird diese in Illustrator auch auf den Schatten angewendet.
- **Deckkraft:** Bestimmen Sie die Stärke der Schattierung.
- **x/y-Versatz:** Die Position des Schattens relativ zum Objekt bestimmen Sie durch Eingabe eines Abstands zwischen –352,77 und 352,77 mm. Negative Werte bewirken eine Verschiebung nach oben bzw. links.
- **Weichzeichnen:** Die Option erzeugt eine weiche Kante des Schattens. Bestimmen Sie den Grad der Weichzeichnung durch Eingabe ei-

Füllmethode = Modus

Die Füllmethode wird in den Optionen aller Effekte als »Modus« bezeichnet. Diesen Begriff verwenden auch Photoshop und andere Programme für die Füllmethode.

Volltonfarben

Wenn Sie den Farbwähler über das Farbfeld aufgerufen haben, klicken Sie darin auf den Button FARBFELDER und wählen die Farbe aus der Liste aus (s. Abschnitt 8.4.5).

▲ Abbildung 13.73
Mit der Option DUNKELHEIT nimmt der Schatten die Farbe der Objekte an (rechts) – dies jedoch nicht, wenn sie mit Verläufen gefüllt sind (links).

Große Schatten

Das Berechnen von Schatten für große Objekte kann Illustrator stark beanspruchen und lange beschäftigen – ein Abbruch ist jedoch möglich. Seien Sie vorsichtig bei Objekten, die größer als 1.000 mm sind.

▲ Abbildung 13.74
SCHEIN NACH INNEN

nes Werts zwischen 0 und 50,8 mm. Einen Schatten mit einer harten Kante – Wert 0 – sollten Sie jedoch nicht mit dem Schlagschatten-Effekt, sondern mit dem Transformieren-Effekt und einer geeigneten Transparenz erzeugen.

▶ FARBE: Die Farbe des Schattens können Sie mit dem Farbwähler oder durch Auswahl eines Farbfeldes bestimmen. Wenn Sie eine Volltonfarbe verwenden möchten, muss diese zuvor als Farbfeld definiert worden sein.

▶ DUNKELHEIT: Diese Option bewirkt, dass Füllung und Kontur des Objekts im Schatten abgebildet werden – etwa wie Glasfenster, deren Muster sich auf Objekten abzeichnen, wenn Licht durch sie fällt. Muster- oder Verlaufsfüllungen werden jedoch nicht in den Schatten übernommen.

Geben Sie einen Wert zwischen 0 und 100 % ein, um die Balance zwischen Schwarzanteil und Ursprungsfarbe zu bestimmen. Bei einem Wert von 0 % wird dem Schatten kein Schwarz zugegeben, und bei einem Wert von 100 % enthält der Schatten nur Schwarz.

Schattiertes Objekt drehen

Wenn Sie ein Objekt mit Schlagschatten auf der Zeichenfläche drehen, bewegt sich dessen Schlagschatten nicht mit – wie Sie es vielleicht erwartet hätten. Stattdessen wird der Schatten in dieselbe Richtung geworfen wie bisher. Um dieses Problem zu umgehen, erstellen Sie ein Symbol des Objekts und drehen dieses.

Dies gilt auch für andere Effekte – z. B. den Transformationseffekt –, die Frage ergibt sich jedoch im Zusammenhang mit Schatten am häufigsten.

13.4.7 Schein nach außen

Mit diesem Effekt erzeugen Sie eine schattenähnliche Fläche, die sich allerdings vom Objekt nach allen Seiten gleichmäßig ausdehnt. Ob der Eindruck eines »Scheins« entsteht, hängt von der ausgewählten Farbe, dem Modus und der Farbe der dahinterliegenden Objekte ab – voreingestellt ist der Modus NEGATIV MULTIPLIZIEREN, der einen Schein vergleichbar mit einem Neon-Effekt erzeugt (Optionen s. Abschnitt 13.4.6).

◀ **Abbildung 13.75**
Einstellungen für die Effekte Schein nach aussen und Schein nach innen

13.4.8 Schein nach innen

Dieser Effekt verursacht ein Objekt, das dem vorherigen entspricht, der Schein ist jedoch ins Innere des Objekts ausgerichtet. Schein nach innen ist nicht nur für Neon-Effekte nützlich – vor allem wird er gern verwendet, um Objekte plastisch hervortreten zu lassen (zu den Optionen s. Abschnitt 13.4.6).

Die Farbe des Scheins wählen Sie im Farbwähler aus. Mit Kante legen Sie den Schein von der Außenkante des Objekts nach innen an – mit Mitte in umgekehrter Ausrichtung.

▲ **Abbildung 13.76**
Interessante zeichnerische Effekte erhalten Sie mit Tontrennung & Kantenbetonung.

> **Achtung! Speichern in alte Versionen: Schlagschatten und Schein**
>
> Da der Kern der Effekte Schlagschatten und Schein nach außen und innen grundlegend verändert wurde (s. Abschnitt 13.4.4), sind die Effekte nicht kompatibel mit älteren Illustrator-Versionen. Wenn Sie eine ältere Datei öffnen und einen darin enthaltenen Schlagschatten oder Schein ändern (oder auch nur die Dialogbox öffnen und mit OK bestätigen), kann die Datei nicht mehr editierbar in ältere Versionen gespeichert werden. Wenn Sie eine alte Datei bearbeiten und bereits wissen, dass sie wieder in der alten Version editierbar sein muss, lassen Sie Schlagschatten und Schein in Ruhe.

13.4.9 Photoshop-Filter

Gehen Sie wie folgt vor, um einem oder mehreren Pixelbildern oder Vektorobjekten einen Photoshop-Effekt zuzuweisen:
1. Wählen Sie ein Objekt aus. Sollen mehrere Vektorobjekte gemeinsam mit einem Effekt versehen werden, gruppieren Sie sie. Oder:
   - Wählen Sie eine Kontur oder Fläche im Aussehen-Bedienfeld aus.
   - Wählen Sie eine Ebene als Ziel aus, um den Effekt allen Objekten auf dieser Ebene zuzuweisen (Ziel-Auswahl s. Abschnitt 11.3.3).
   - Platzieren Sie ein Bild (s. Abschnitt 19.1.4).
2. Wählen Sie den Effekt direkt aus dem Menü Effekt • Photoshop-Effekte, oder selektieren Sie Effekt • Effekte-Galerie. Nicht alle Effekte können Sie über die Effekte-Galerie aufrufen – die Weichzeichnungs- und Videofilter finden Sie dort nicht.

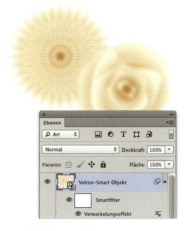

▲ **Abbildung 13.77**
Sie können Illustrator-Zeichnungen auch als Smart-Objekt in Photoshop-Dateien einfügen (Abschnitt 20.1.5) und dort mit Smart-Filtern versehen. Diese sind wie Illustrator-Effekte jederzeit editierbar.

> **Im Layout vergrößern**
>
> Denken Sie daran, dass Sie Illustrator-Dateien im Layoutprogramm nicht einfach vergrößern können, sobald Sie die auflösungsabhängigen Photoshop-Effekte darin angewendet haben.

3. Stellen Sie die Optionen des jeweiligen Effekts ein.
4. Klicken Sie auf den Button OK.

Effekte-Galerie | Photoshop-Plug-ins sind in dieser praktischen »Galerie« zusammengefasst, sodass Sie einfach zwischen verschiedenen Filtern hin und her wechseln und die Wirkungen vergleichen können.

Die Galerie wird beim Auswählen der meisten Effekte automatisch geöffnet. Rufen Sie die Galerie direkt auf mit EFFEKT • EFFEKTE-GALERIE…

▲ **Abbildung 13.78**
Dialogbox Effekte-Galerie

▲ **Abbildung 13.79**
Mehrere Objekte müssen gruppiert werden, bevor Sie einen Photoshop-Filter anwenden (rechts), da sich anderenfalls die Farbbereiche nicht richtig verbinden (links).

Im Aufklappmenü ❹ stellen Sie die Zoomstufe der Vorschau ein. Es ist auch möglich, die Dialogbox auf die volle Bildschirmgröße zu maximieren. Das Vorschaubild lässt sich vergrößern, indem Sie durch einen Klick auf den Pfeil-Button ❷ die Filterminiaturen vorübergehend ausblenden.

Den anzuwendenden Filter wählen Sie in der Mitte der Dialogbox, indem Sie auf die Vorschau-Miniaturen ❺ klicken – öffnen und schließen Sie die Filtergruppen durch einen Klick auf den Eintrag ❶.

Alternativ selektieren Sie einen Filter aus dem Menü ❸, in dem die Namen aller Filter aufgelistet sind. Auch wenn die Box ❻ es nahelegt:

13.4 Pixelbasierte Effekte

Es lassen sich in der Effekte-Galerie keine Effekte hinzufügen. Dies können Sie jedoch problemlos über das Aussehen-Bedienfeld vornehmen.

Photoshop-Effekte und SVG | Vermeiden Sie Photoshop-Effekte (wie auch pixelbasierte Effekte), wenn Sie eine SVG-Datei exportieren wollen. Mit diesen Effekten versehene Objekte werden beim SVG-Export in Rasterdaten umgewandelt, die im SVG-Viewer nicht skalierbar sind.

Schritt für Schritt
Ein Orden mit Rosette

1 Das Grundobjekt

In dieser Übung zeichnen Sie einen Orden, der auf einer einzigen Grundform basiert – alle Details werden wir mithilfe von Aussehen-Eigenschaften und Effekten generieren. Setzen Sie zunächst den Text »1.« in einer Schriftgröße von 90 Punkt – im Beispiel habe ich die Schriftart MYRIAD PRO verwendet. Geben Sie der Eins eine blaue Fläche und eine dunkelblaue Kontur.

▲ **Abbildung 13.80**
Der fertiggestellte Orden

2 Neue Fläche hinzufügen

Rufen Sie das Aussehen-Bedienfeld auf, und klicken Sie auf den Button NEUE FLÄCHE HINZUFÜGEN. Die neue Fläche sowie die automatisch erzeugte neue Kontur verschieben Sie im Bedienfeld unter den Eintrag ZEICHEN.

▼ **Abbildung 13.81**
Erzeugen einer zusätzlichen Fläche und Anordnen von Fläche und Kontur innerhalb des Aussehen-Bedienfeldes

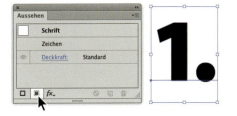  

3 Mittlere Fläche

Aktivieren Sie die neue Fläche, und weisen Sie ihr einen Verlauf von Weiß nach Rot zu. Dieser ist zunächst nicht zu sehen, da die Fläche noch vom Zeichen verdeckt wird.

Dann wählen Sie EFFEKT • IN FORM UMWANDELN • ELLIPSE. Geben Sie eine feste Größe von 36 mm in der Horizontalen und Vertikalen ein. Weisen Sie der Fläche den EFFEKT • VERZERRUNGS- UND TRANSFORMATIONSFILTER • AUFRAUEN zu. Wählen Sie eine GRÖSSE von 0 % und bei DETAIL 7/Zoll. Jetzt weisen Sie noch EFFEKT • VERZERRUNGS- UND TRANS-

451

formationsfilter • Zusammenziehen und aufblasen mit einem Wert von –3 zu (s. Abbildung 13.83).

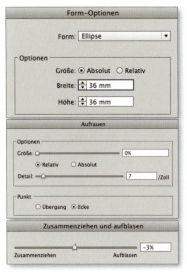

▲ **Abbildung 13.82**
Nach dem Zuweisen des Ellipse-Effekts (links); mit allen Effekten (rechts)

Wenn Sie die Anzahl der Zacken verringern wollen, rufen Sie den Aufrauen-Effekt durch einen Klick auf seinen Eintrag im Aussehen-Bedienfeld erneut auf, aktivieren die Vorschau und ändern die Optionen. Mit dem Verlauf-Werkzeug passen Sie anschließend Länge und Richtung des Verlaufs an.

▲ **Abbildung 13.83**
Einstellungen für die Effekte der angelegten Fläche: Ellipse, Aufrauen und Zusammenziehen und aufblasen

4 Kontur erzeugen

Aktivieren Sie die Kontur, und geben Sie ihr eine dunkelrote Farbe. Drücken Sie ⌥/Alt, und ziehen Sie den Effekt Ellipse von der Fläche zur Kontur. Das Drücken der Taste ⌥/Alt bewirkt dabei das Kopieren. Verfahren Sie ebenso mit den anderen Effekten der Fläche, sodass die Kontur dieselbe Form annimmt wie die Verlaufsfläche.

▲ **Abbildung 13.84**
Für das Verschieben/Kopieren greifen Sie den Eintrag am besten direkt auf der Kennzeichnung *fx* ganz rechts.

▲ **Abbildung 13.85**
Kontur und Fläche mit allen Effekten

5 Grundobjekt für Rosette

Erzeugen Sie eine weitere Fläche durch einen Klick auf den Button Neue Fläche hinzufügen. Dieser geben Sie eine rote Farbe. Verschieben Sie sie dann unter die bereits bestehende Fläche und Kontur.

6 Rosettenform biegen

Dann weisen Sie der Fläche den Effekt • In Form umwandeln • Rechteck zu. Wählen Sie eine Breite von 0,1 mm und eine Höhe von 36 mm (dies entspricht der Höhe des Kreises aus Schritt 3).

Mit Effekt • Transformations- und Verzerrungsfilter • Transformieren verschieben Sie diese Rechteckfläche um −18 mm Vertikal. Weisen Sie anschließend Effekt • Verkrümmungsfilter • Bogen mit einem Wert von 10 % Horizontal zu.

7 Rosette komplettieren

Um die Form zu vervielfältigen, weisen Sie einen zweiten Transformieren-Effekt zu – ignorieren Sie die entsprechende Warnung, indem Sie auf Neuen Effekt anwenden klicken. In den Optionen geben Sie »8« Kopien ein und einen Drehwinkel von »40°«. Achten Sie darauf, den Referenzpunkt korrekt zu setzen: Er sollte unten in der Mitte sein.

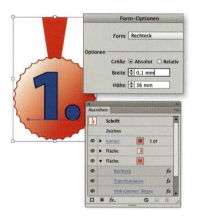

▲ **Abbildung 13.86**
Rechteck-Optionen (oben);
Rosettengrundform (unten)

▲ **Abbildung 13.87**
Wenden Sie den zweiten Effekt trotz Warnung (links) an – Ergebnis (rechts).

8 Blaue Rosette

Die rote Fläche duplizieren Sie, indem Sie sie aktivieren und auf den Button Ausgewähltes Objekt duplizieren klicken. Der Kopie geben Sie eine blaue Farbe. Anschließend weisen Sie ihr einen dritten Transformieren-Effekt zu. Dieser sollte einen Referenzpunkt in der Mitte besitzen und einen Drehwinkel um 20°. Alle anderen Optionen müssen sich im Grundzustand befinden.

▼ **Abbildung 13.88**
Die rote Rosetten-Teilform wird dupliziert (links, blau hervorgehoben). Nach dem Umfärben überdeckt sie noch die rote Form (2. von links). Dies ändern Sie mit dem Transformieren-Effekt (rechts).

Kapitel 13 Spezial-Effekte

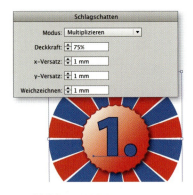

▲ **Abbildung 13.89**
Schlagschatten unter der Verlaufsfläche

9 Schatten

Jetzt geht es noch einmal an die gezackte Verlaufsfläche aus Schritt 3. Diese erhält einen Schlagschatten – Effekt • Stilisierungsfilter • Schlagschatten – mit einer Verschiebung von 1 mm in beide Richtungen und einer Weichzeichnung von ebenfalls 1 mm.

10 Glanzreflex

Abschließend erstellen Sie noch eine neue zusätzliche Fläche, aus der Sie einen Glanzreflex konstruieren. Dazu aktivieren Sie den Eintrag Zeichen im Aussehen-Bedienfeld, indem Sie einmal darauf klicken. Dann klicken Sie noch einmal auf den Button Neue Fläche hinzufügen. Die neue Fläche entsteht über dem Eintrag Zeichen.

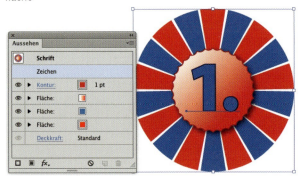
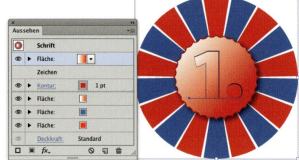

▲ **Abbildung 13.90**
Die neue Fläche wird über dem aktivierten Eintrag Zeichen (links) angelegt und überdeckt diesen zunächst (rechts).

Weisen Sie der Fläche den Effekt • In Form umwandeln • Ellipse mit einer absoluten Größe in einer Breite von 26 mm und einer Höhe von 18 mm zu. Mithilfe des Verlauf-Bedienfeldes erhält diese Fläche einen linearen Verlauf von Weiß in voller Deckkraft zu Weiß mit einer Deckkraft von 0 % und einem Winkel von –90°.

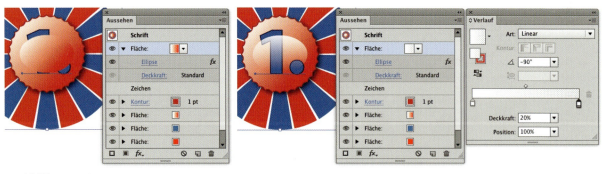

▲ **Abbildung 13.91**
Der Glanzreflex erhält seine Fläche.

Verwenden Sie dann einen Transformieren-Effekt, um diese Fläche etwas nach oben zu verschieben. Die Mitte der Rosette wirkt dadurch etwas plastisch.

Klicken Sie auf den Eintrag DECKKRAFT im Aussehen-Bedienfeld, stellen Sie die Füllmethode auf NEGATIV MULTIPLIZIEREN und die DECKKRAFT auf etwa 50 %. Zum Vergleich finden Sie auf der DVD die Datei »Ordenfertig.ai«.

▲ Abbildung 13.92
Abschließend wird die Transparenz des Glanzreflexes eingestellt.

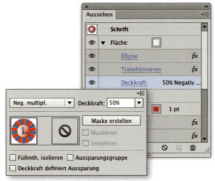

▲ Abbildung 13.93
Die »Klötzchen« sind ein Zeichen für eine zu niedrige Rastereffektauflösung.

13.5 Special Effects

Die folgenden »Special Effects« sind streng genommen keine Illustrator-Effekte, sondern diverse Funktionen, die zum Teil einen eng eingegrenzten Einsatzbereich haben.

13.5.1 Blendenflecke

Dieser Spezialeffekt wird mit dem entsprechenden Werkzeug aufgetragen – Sie finden es bei den Konstruktionswerkzeugen im Werkzeugbedienfeld. Gehen Sie wie folgt vor, um Blendenflecke anzulegen:

1. Wählen Sie das Blendenflecke-Werkzeug aus dem Werkzeugbedienfeld.
2. Falls Ihr Blendenflecke-Objekt RINGE (Abbildung 13.97) enthalten soll, doppelklicken Sie auf das Werkzeug, um die Optionen aufzurufen. Aktivieren Sie die Einstellung RINGE, falls sie nicht ausgewählt ist, und klicken Sie auf OK.
3. Klicken Sie auf den gewünschten Mittelpunkt, und ziehen Sie die Größe des LICHTKRANZES (s. Abbildung 13.96) auf.
4. Klicken und ziehen Sie, um den Pfad mit den Ringen zu erstellen. Drücken Sie dabei ↑ bzw. ↓, um die Anzahl der Ringe zu erhöhen bzw. zu senken. Sind Sie mit dem Ergebnis nicht zufrieden, widerrufen Sie einen Schritt und ziehen den Pfad erneut.

▲ Abbildung 13.94
Blendenflecke in einer Vektor-Illustration

▲ Abbildung 13.95
Das Blendenflecke-Werkzeug ganz unten in der Reihe der Werkzeuge für geschlossene Formen

455

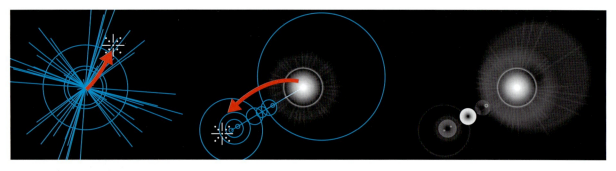

▲ **Abbildung 13.96**
Das Blendenflecke-Werkzeug wird in zwei Schritten angewendet.

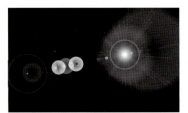

Das Werkzeug generiert ein Objekt »Blendenflecke«, das wiederum aus einer Reihe von Vektorelementen besteht, deren Eigenschaften Sie zum Teil mithilfe der Optionen des Blendenflecke-Werkzeugs steuern können (Abbildung 13.98).

Optionen | Aktivieren Sie das Blendenflecke-Objekt auf der Zeichenfläche, und doppelklicken Sie auf das Werkzeug, um die Optionen des Objekts einzustellen. Die Dialogbox können Sie auch ohne aktiviertes Objekt verwenden, um die Einstellungen des Werkzeugs vorzunehmen.

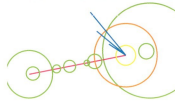

▲ **Abbildung 13.97**
Schema der Blendenflecke: Mitte (gelb), Lichtkranz (orange), Strahlen (blau), Ringe (grün), Pfad (magenta)

Abbildung 13.98 ▶
Die Optionen-Dialogbox des Blendenflecke-Werkzeugs erreichen Sie mit einem Doppelklick auf das Werkzeug.

Unter Mitte, Lichtkranz und Strahlen legen Sie die jeweiligen Eigenschaften der Elemente fest. Falls Sie Strahlen nicht benötigen, deaktivieren Sie die Option.

Ringe definieren Sie durch die Länge des Pfades, die Anzahl der Ringe sowie die Richtung, in der der Pfad verläuft. Möchten Sie Ringe nachträglich für ein bestehendes Blendenflecke-Objekt erzeugen oder die Eigenschaften ändern, müssen Sie dafür die Dialogbox verwenden.

Farben | Der Farbeindruck des Blendenflecks ist vom Untergrund und vom verwendeten Farbmodus abhängig. Im Farbmodus CMYK erscheinen Blendenflecke auf einem reinen schwarzen Hintergrund immer in Graustufen, da sie die Füllmethode Negativ multiplizieren verwenden. Sollen die Blendenflecke einen Farbton erhalten, müssen Sie dem Hintergrundschwarz bunte Farben beimischen.

Die Blendenflecke selbst können Sie mit Bearbeiten • Farben bearbeiten • Bildmaterial neu färben umfärben, ohne sie zuvor umzuwandeln. Dies ist jedoch nur im Farbmodus RGB sinnvoll.

Umwandeln | Ein Blendenflecke-Objekt können Sie mit dem Befehl Objekt • Umwandeln… in seine Einzelteile zerlegen – anschließend ist es möglich, diese zu untersuchen, um festzustellen, mit welchen Füllungen und Transparenzeigenschaften der Effekt erzeugt wird. Darüber hinaus können Sie einzelne Elemente mit anderen Eigenschaften versehen.

▲ **Abbildung 13.99**
Farbmodus CMYK: Blendenfleck auf 100K und 100M/100K

13.5.2 Objektmosaik

Dieser Filter stellt eine ganz andere Art dar, ein Pixelbild zu vektorisieren. Er erzeugt das typische Pixelmuster zu niedrig aufgelöster Rastergrafik – gebildet aus Vektorpfaden. Damit lassen sich interessante Gestaltungselemente erstellen. Sie finden das Mosaik unter Objekt • Objektmosaik erstellen. Ein Objektmosaik können Sie nur aus eingebetteten Pixelbildern erstellen – wandeln Sie Vektorgrafik vorher um.

> **Farben bearbeiten (Farbfilter)**
>
> Diese Gruppe von Funktionen – zu finden unter Bearbeiten • Farben bearbeiten – verändert die Farbdefinitionen mehrerer Objekte gleichzeitig (s. Abschnitt 8.10). Einige dieser Funktionen lassen sich auch auf Pixelbilder anwenden.
> Der Befehl Schwarz überdrucken automatisiert das Einrichten der Überdrucken-Eigenschaft, die Sie manchmal benötigen, um Probleme in der Printprodukion zu beheben (s. Abschnitt 20.3.3)

◀ **Abbildung 13.100**
Optionen des Filters Mosaik

▲ **Abbildung 13.101**
Anzahl der Steine entspricht den Proportionen des Bildes.

▸ **Aktuelle Grösse:** Hier wird die Größe des Bildes in der eingestellten Maßeinheit angezeigt.

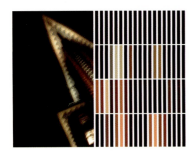

▲ Abbildung 13.102
ANZAHL DER STEINE nicht proportional zu den Bildmaßen

▶ NEUE GRÖSSE: Möchten Sie das Mosaik in einer anderen Größe erstellen, geben Sie die Maße hier ein. Sie können den Wert auch prozentual zur alten Größe angeben. Aktivieren Sie dafür die Option SKALIEREN ANHAND PROZENTWERT.

▶ ABSTAND DER STEINE: Per Voreinstellung stoßen die Steine direkt aneinander. Geben Sie hier einen Wert ein, der als Zwischenraum zwischen den Elementen dient.

▶ ANZAHL DER STEINE: Mit diesen Werten bestimmen Sie indirekt die Größe der einzelnen »Pixel«. Wenn Sie quadratische Steine erzeugen möchten, geben Sie z. B. die Anzahl der Steine für die Breite an, aktivieren die Option BREITE unter SEITENVERHÄLTNIS ERHALTEN und klicken auf den Button PROPORTIONEN VERWENDEN.

Sie müssen übrigens keine quadratischen Steine erzeugen – wenn Sie einen der Werte ganz niedrig wählen, können Sie »Linien« anstelle von »Pixeln« generieren lassen.

▶ ERGEBNIS: Wählen Sie, ob das Ergebnis in Farbe oder Graustufen umgesetzt werden soll.

▶ RASTER LÖSCHEN: Aktivieren Sie diese Option, um das Rasterbild nach der Erstellung des Mosaiks zu löschen.

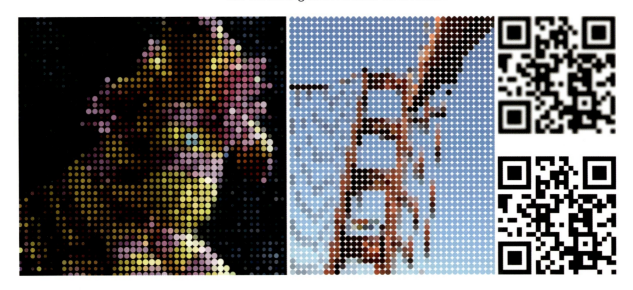

▲ Abbildung 13.103
Anwendungen für den Mosaik-Filter: Punktraster (links mit anschließendem Skalieren der Punkte per Skript) und Vektorisieren von QR-Codes (Code von *www.goqr.me/de/*) – das funktioniert auch mit weniger idealen Vorlagen (rechts oben: weichgezeichnet)

Punktraster mit dem Mosaik-Filter | Zusammen mit dem Effekt IN FORM UMWANDELN können Sie den MOSAIK-Filter einsetzen, um ein farbiges Punktraster zu erstellen. Gehen Sie wie folgt vor:

1. Platzieren Sie eine Vorlage – deaktivieren Sie die Option VERKNÜPFEN. Es ist wichtig, dass die Vorlage nicht in Gruppen oder Schnittmasken verschachtelt ist. Rufen Sie daher das Ebenen-Bedienfeld auf, um Ihr Objekt zu prüfen.

Falls Sie eine Vektorgrafik als Vorlage verwenden wollen, rastern Sie diese zunächst mit OBJEKT • IN PIXELBILD UMWANDELN.
2. Wenden Sie auf das Bild den MOSAIK-Filter an. Richten Sie die Optionen zur Erzeugung von quadratischen Mosaikteilen ein, indem Sie auf den Button PROPORTIONEN VERWENDEN klicken.
3. Als Ergebnis erhalten Sie eine Gruppe. Den Effekt müssen Sie im nächsten Schritt jedoch auf die Einzelobjekte anwenden. Um diese auszuwählen, aktivieren Sie zunächst die Gruppe. Rufen Sie dann das Aussehen-Bedienfeld auf – ⇧+F6 –, und doppelklicken Sie dort auf den Eintrag INHALT.
4. Wählen Sie jetzt den EFFEKT • IN FORM UMWANDELN • ELLIPSE aus. Richten Sie in den Optionen eine zusätzliche Breite und Höhe mit einem negativen Wert ein – wie groß dieser ausfallen muss, ist von der Größe Ihrer Mosaiksteinchen abhängig.
5. Sollen die Punkte außerdem abhängig von ihrer Helligkeit skaliert werden, wandeln Sie das Aussehen um und wenden anschließend das Skript »SizeByLuminance« von John Wundes auf die Punkte an.

▲ **Abbildung 13.104**
Umwandlung eines Bilds in ein Raster (oben) und Umwandlung der Rasterkästchen in Punkte (unten)

13.5.3 SVG-Filter

Diese Gruppe von Filtern ist für den Einsatz in Webgrafiken bestimmt. Ein SVG-Filter beschreibt einen Satz von Eigenschaften der **Extended Modelling Language (XML)**. Diese Eigenschaften werden als mathematische Funktionen bei der Darstellung der Grafik, z. B. im Browser, angewendet. Durch Anpassung der Routinen in der Datei »Adobe SVG-Filter.svg« oder mithilfe des Aussehen-Bedienfeldes können Sie eine andere Filterwirkung erzeugen (SVG-Export s. Abschnitt 21.3).

Reihenfolge mit SVG-Filtern

Um die Rasterung des Objekts zu vermeiden, müssen Sie einen SVG-Filter immer als letzten Effekt zuweisen – er muss also im Aussehen-Bedienfeld unten (über dem Eintrag DECKKRAFT) stehen.

◂ **Abbildung 13.105**
Verschiedene SVG-Filter im Beispiel – Originalobjekte (klein, Mitte); einige SVG-Filter arbeiten basiert auf der Farbe der Objekte, andere kreieren eigene Farben.

Einige der Effekte können nur mithilfe eines SVG-Renderers dargestellt werden – Sie können das Ergebnis also erst nach dem Speichern der

Kapitel 13 Spezial-Effekte

SVG-Datei in einer SVG-fähigen Applikation, z. B. einem Webbrowser mit SVG-Plug-in, betrachten.

▲ **Abbildung 13.106**
Die Dialogbox SVG-Filter anwenden

SVG-Filter anpassen | Um die Optionen eines SVG-Filters zu editieren oder die Filter zu verwalten, gehen Sie wie folgt vor:
1. Weisen Sie einem Objekt einen SVG-Filter zu.
2. Doppelklicken Sie auf den Filter im Aussehen-Bedienfeld.
3. In der Dialogbox SVG-Filter anwenden haben Sie folgende Möglichkeiten:
    ▶ Klicken Sie auf den Button SVG-Filter bearbeiten fx, um den XML-Code in einem internen Editor aufzurufen.
    ▶ Klicken Sie auf den Button Neuer SVG-Filter, um einen eigenen Filter zu programmieren.
    ▶ Weisen Sie einen neuen Filter zu, indem Sie darauf klicken.

Abbildung 13.107 ▶
XML-Code eines SVG-Filters

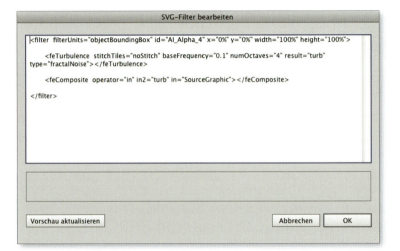

TEIL IV
Spezialobjekte

Kapitel 14
Text und Typografie

Illustrator besitzt einige der fortgeschrittenen Werkzeuge zur Zeichen- und vor allem zur Absatzformatierung, wie sie auch in InDesign implementiert sind. Speziell die Formatierung längerer Textpassagen ist aber eher ein Randthema für die Arbeit mit dem Programm. Die vorhandenen Möglichkeiten sind dennoch eine große Arbeitserleichterung für die Erstellung von Arbeiten, die auch mikrotypografisch überzeugen.

Exkurs: Zitate
Urheber der als Blindtext verwendeten Zitate in diesem Kapitel sind Paul Rand (»To design is …«, »First make it red …«), Erik Spiekermann (»The one thing …«) und Adolph Freiherr von Knigge.

▲ **Abbildung 14.1**
Text-Werkzeuge: Gewöhnen Sie sich von Anfang an das Arbeiten mit den Modifikationstasten ⌥/Alt und ⇧ an, dann benötigen Sie nur das normale Text-Werkzeug.

14.1 Textobjekte erzeugen

Illustrator unterscheidet drei Arten von Textobjekten: Punkttext, Flächentext und Pfadtext.

▸ **Punkttext**: Der Text in diesem Textobjekt startet an dem Punkt, den Sie mit dem Text-Werkzeug anklicken, und fließt von dort, bis ein Umbruch eingegeben wird.
Punkttext eignet sich aufgrund der fest eingegebenen Umbrüche nur für kurze Texte, ist jedoch sehr nützlich für Fälle, in denen Sie Übersatztext aufgrund des hohen Aufwands unbedingt vermeiden müssen, z. B. in Beschriftungen von Karten und Infografik.

Von rechts nach links schreiben

Um die Sprachen des Nahen Ostens in der Schreibweise von rechts nach links zu verarbeiten, benötigen Sie eine spezielle Illustrator-Version: ME.

Kapitel 14 Text und Typografie

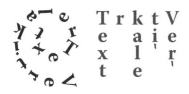

▲ Abbildung 14.2
Vertikaler Pfad- und Flächentext

> **Horizontal <-> vertikal**
>
> Haben Sie ein Text-Werkzeug ausgewählt und möchten vorübergehend zu seinem vertikalen oder horizontalen Gegenstück wechseln, drücken Sie ⇧.

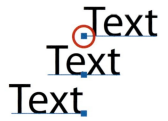

▲ Abbildung 14.3
Der markierte Punkt ist der angeklickte Startpunkt des Textobjekts. Die Textausrichtung (linksbündig, rechtsbündig, zentriert) bezieht sich bei einem Punkttext auf den Punkt, den Sie mit dem Text-Werkzeug angeklickt haben.

▲ Abbildung 14.4
Flächentextobjekt aufziehen

▶ **Flächentext**: Ein Flächentextobjekt wird durch einen äußeren »Rahmen« begrenzt. Der Rahmen wird entweder mit dem Text-Werkzeug oder durch ein Vektorobjekt definiert. Der Textumbruch erfolgt an den Begrenzungen der Fläche.
Mehrere Flächentextobjekte können miteinander verkettet werden, um längere Textabschnitte zu setzen.

▶ **Pfadtext**: Pfadtext läuft in einer Zeile auf einem offenen oder geschlossenen Vektorpfad in dessen Pfadrichtung, d. h. in die Richtung, in der Sie den Pfad gezeichnet haben. Auch Pfadtextobjekte können Sie miteinander verketten.

14.1.1 Textausrichtung

Alle Text-Werkzeuge hält Illustrator für horizontale und für vertikale Textausrichtung vor. Horizontal ausgerichteter Text verläuft in der gewohnten westeuropäischen Schreibweise, vertikale Textausrichtung dient dem Setzen ostasiatischer Sprachen. Setzen Sie vertikal ausgerichteten Text, werden die Buchstaben übereinandergesetzt. Umbrüche erfolgen von rechts nach links.

Die Textausrichtung können Sie jederzeit auch nachträglich ändern. Aktivieren Sie das Textobjekt, und wählen Sie SCHRIFT • TEXTAUSRICHTUNG • HORIZONTAL bzw. VERTIKAL.

14.1.2 Punkttext erstellen

Um Punkttext zu erstellen, wählen Sie das Text-Werkzeug T – T . Bewegen Sie es auf eine Stelle der Zeichenfläche, an der kein Vektorobjekt liegt. Der Cursor zeigt ein I (oder ⊢ bei vertikalem Text). Klicken Sie mit dem Text-Werkzeug, und geben Sie den Text ein. Einen Umbruch erzeugen Sie mit ↵ .

Wenn Sie anschließend ein weiteres Textobjekt erstellen wollen, drücken Sie ⌘/Strg und klicken neben den Text, um ihn zu deaktivieren.

Um nach der Texteingabe das Textobjekt zu aktivieren, wählen Sie das Auswahl-Werkzeug und klicken auf den Text, oder drücken Sie Esc .

14.1.3 Flächentext erstellen

Einen Flächentext können Sie erzeugen, indem Sie eine neue Rechteckfläche erstellen oder einen Pfad umwandeln.

Textobjekt neu erstellen | Um ein rechteckiges Flächentextobjekt zu erstellen, wählen Sie das Text-Werkzeug T und bewegen es über eine freie Stelle auf der Zeichenfläche – der Cursor zeigt das -Symbol. Klicken und ziehen Sie ein Rechteck in der gewünschten Größe auf. Nachdem Sie die Maustaste losgelassen haben, blinkt die Einfügemarke im neuen Flächentextobjekt, und Sie können Ihren Text direkt eingeben.

Vektorobjekt in Textobjekt umwandeln | Wählen Sie das Text-Werkzeug, um einen geschlossenen Pfad in ein Flächentextobjekt umzuwandeln. Um einen offenen Pfad in ein Flächentextobjekt umzuwandeln, drücken Sie ⌥/Alt, wenn Sie das Text-Werkzeug verwenden.

Bewegen Sie das Werkzeug über den Pfad des Vektorobjekts – der Cursor zeigt das -Symbol. Klicken Sie, um die Vektorform in ein Flächentextobjekt umzuwandeln. Dabei werden Fläche und Kontur des Objekts gelöscht, und die Einfügemarke blinkt. Geben Sie Ihren Text ein.

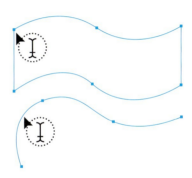

▲ **Abbildung 14.5**
Aus geschlossenen und offenen Vektorpfaden Flächentextobjekte erzeugen

14.1.4 Pfadtext erstellen

Sie müssen zunächst den Pfad erstellen, auf dem Ihr Text laufen soll. Mit dem Text-Werkzeug wandeln Sie den Pfad anschließend in ein Pfadtextobjekt um. Handelt es sich um einen geschlossenen Pfad, müssen Sie ⌥/Alt drücken, wenn Sie mit dem Text-Werkzeug arbeiten.

Bewegen Sie das Werkzeug über den Pfad – der Cursor zeigt das -Symbol. Klicken Sie an der Stelle auf den Pfad, an der der Text beginnen soll – der Text lässt sich jedoch auch im Nachhinein noch auf dem Pfad verschieben (s. Abschnitt 14.2.6). Die Einfügemarke blinkt, und Sie können den Text eingeben.

Alle Aussehen-Eigenschaften des Vektorpfades werden beim Umwandeln in ein Pfadtextobjekt gelöscht. Falls der Pfad eine Kontur oder Füllung erhalten soll, weisen Sie diese zu, nachdem Sie das Pfadtextobjekt erzeugt haben.

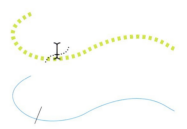

▲ **Abbildung 14.6**
Wird ein Vektorpfad in ein Textobjekt umgewandelt, verliert er seine Aussehen-Eigenschaften.

Pfadtextpfade zurückgewinnen

Pfadtext-Objekte lassen sich nicht zurückwandeln. Möchten Sie den in einem Pfadtext verwendeten Pfad zurückgewinnen, wählen Sie ihn zunächst mit dem Gruppenauswahl-Werkzeug aus. Anschließend können Sie den Pfad kopieren und wieder einfügen.

14.2 Textobjekte bearbeiten

Textobjekte lassen sich nach der Erstellung auf viele Arten verändern und miteinander verbinden. Sie müssen je nach Art des Textobjekts anders vorgehen, um das ganze Objekt zu transformieren.

Alle Textobjekte auswählen

Möchten Sie alle Textobjekte eines Dokuments aktivieren, wählen Sie Auswahl • Objekt • Textobjekte.

14.2.1 Flächentextobjekte bearbeiten

Bei Flächentexten sind unterschiedliche Arten der Bearbeitung möglich.

▲ Abbildung 14.7
Flächentext transformieren

Flächentexte transformieren | Soll die Transformation die Fläche gemeinsam mit dem Text betreffen, dürfen Sie hier nicht den Begrenzungsrahmen verwenden, sondern müssen die Transformieren-Werkzeuge einsetzen. Aktivieren Sie das Flächentextobjekt mit dem Auswahl-Werkzeug, wählen Sie das gewünschte Transformieren-Werkzeug, und führen Sie die Formänderung durch.

Textbereich des Flächentextes skalieren | Um die Größe eines Flächentextobjekts zu verändern, müssen Sie zunächst die Anzeige des Begrenzungsrahmens aktivieren, falls er nicht bereits angezeigt wird. Wählen Sie ANSICHT • BEGRENZUNGSRAHMEN EINBLENDEN – ⌘/Strg+⇧+B.

Aktivieren Sie das Flächentextobjekt mit dem Auswahl-Werkzeug, und ziehen Sie den Begrenzungsrahmen mit den Anfassern in die gewünschte Größe. Alternativ wählen Sie SCHRIFT • FLÄCHENTEXTOPTIONEN… und geben die Maße in BREITE und HÖHE ein.

Frei transformieren

Alternativ zu den dedizierten Transformieren-Werkzeugen können Sie auch das Frei-transformieren-Werkzeug verwenden.

▲ Abbildung 14.8
Die Begrenzungsfläche transformieren

Flächentextform transformieren | Meist richtet man die Vektorform ein, bevor sie in ein Flächentextobjekt umgewandelt wird. Müssen Sie trotzdem einmal die Form mit Transformationswerkzeugen bearbeiten, dann ist es nicht nötig, den Text vorher zu entfernen.

Deaktivieren Sie das Textobjekt, wählen Sie das Gruppenauswahl-Werkzeug, und klicken Sie auf den Begrenzungspfad – der komplette Pfad wird ausgewählt, und nicht nur einzelne Segmente oder Punkte. Wechseln Sie anschließend zum gewünschten Transformieren-Werkzeug, und führen Sie die Veränderungen durch.

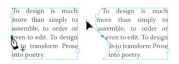

▲ Abbildung 14.9
Flächenform bearbeiten

Flächentextform bearbeiten | Flächentext-Begrenzungen lassen sich nachträglich z. B. mit Wellen gestalten. Die bessere Übersicht haben Sie, wenn Sie unter ANSICHT den Begrenzungsrahmen ausblenden.

Aktivieren Sie das Flächentextobjekt oder seinen Begrenzungspfad, und bearbeiten Sie den Pfad mit dem Zeichenstift-Werkzeug und dem Ankerpunkt-konvertieren-Werkzeug. Um einzelne Punkte zu verschieben, wählen Sie das Direktauswahl-Werkzeug und aktivieren und ziehen dann die Punkte.

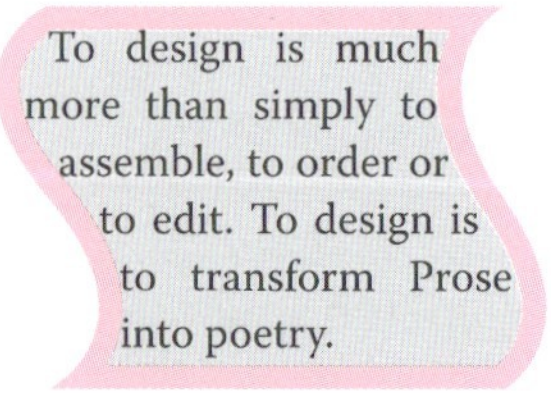

14.2.2 Flächentexteigenschaften einrichten

Nur bei Flächentextobjekten können Sie einen Abstand zwischen der Flächenbegrenzung und dem Text angeben. Dies ist sinnvoll, damit z. B. Text auf farbigen Flächen nicht an den Rand stößt.

▲ Abbildung 14.10
Gleichmäßiger Randabstand

Gleichmäßiger Abstand | Aktivieren Sie das Flächentextobjekt mit dem Auswahl-Werkzeug, und rufen Sie Schrift • Flächentextoptionen… auf. Geben Sie den gewünschten Abstand unter Versatzabstand ein. Der Abstand wird gleichmäßig von allen Rändern des Objekts eingerichtet. Beim Skalieren eines Textobjekts verändert sich der Abstand nicht – Sie müssen ihn gegebenenfalls manuell an die neuen Objektdimensionen anpassen.

Optionen schneller aufrufen

Ist ein Flächentextobjekt oder ein Pfadtextobjekt ausgewählt, können Sie mit einem Doppelklick auf das Text-Werkzeug die Dialogbox der entsprechenden Optionen öffnen.

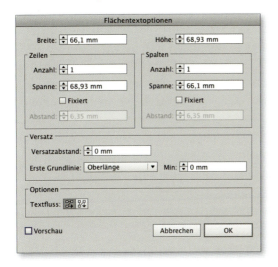

◀ **Abbildung 14.11**
Die Dialogbox Flächentextoptionen

Abstand der ersten Zeile | Um nur den Abstand der ersten Zeile zur Oberkante des Objekts zu verändern, wählen Sie eine Option aus dem Auswahlmenü unter Erste Grundlinie:

- **Oberlänge**: Die Oberlängen der Schrift stoßen an die Oberkante des Textobjekts. Die Voreinstellung für Flächentexte.
- **Grossbuchstabenhöhe**: Die Oberkante des Textobjekts berührt die Oberkante der Großbuchstaben.
- **Zeilenabstand**: Der Abstand der Grundlinie der ersten Zeile bis zur Oberkante des Textobjekts entspricht dem im Zeichen-Bedienfeld eingestellten Zeilenabstand.
- **x-Höhe**: Die Oberkante der Kleinbuchstaben stößt an die Oberkante des Textobjekts.
- **Geviert-Höhe**: Diese Option ist vor allem für asiatische Schriften gedacht. Sie erzeugt einen Abstand in der Höhe eines Gevierts – also der eingestellten Schriftgröße – zwischen erster Grundlinie und Objekt-Oberkante.
- **Fixiert**: Geben Sie einen Wert in das Feld Min ein, um den Abstand zwischen der Grundlinie der ersten Zeile und der Oberkante des Textobjekts zu bestimmen.
- **Alt**: Diese Einstellung emuliert alte Illustrator-Versionen.

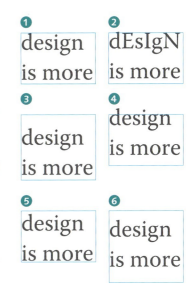

▲ **Abbildung 14.12**
Erste Grundlinie: Oberlänge ❶, Grossbuchstabenhöhe ❷, Zeilenabstand ❸, x-Höhe ❹, Geviert-Höhe ❺, Fixiert ❻

467

▶ Min: Der im Feld Min eingesetzte Wert wird dann verwendet, wenn die durch die Optionen erreichbaren Werte kleiner wären.

Spalten und Zeilen einrichten | Alternativ zu mehreren verketteten Textobjekten können Sie in Flächentextobjekten Textblöcke in Spalten und/oder Zeilen unterteilen lassen. Die Spaltenbreite und Zeilenhöhe sind immer gleichmäßig und wird durch die Anzahl der Spalten und Zeilen und durch die Breite der Zwischenräume bestimmt. Um Textspalten zu definieren, wählen Sie Schrift • Flächentextoptionen…

Möchten Sie ein vorhandenes Textobjekt in eine bestimmte Anzahl Spalten unterteilen, geben Sie nur die Anzahl und den Abstand ein. Die Spanne wird automatisch an die Größe des Objekts angepasst.

▶ Anzahl: Hier legen Sie fest, wie viele Zeilen bzw. Spalten Sie benötigen.
▶ Spanne: In diesen Feldern definieren Sie die Höhe der Zeilen bzw. die Breite der Spalten. Wenn Sie beim Einrichten von Spalten und Zeilen einen Wert in ein Spanne-Feld eingeben, wird die Größe des Textobjekts wie benötigt angepasst.
▶ Abstand: In dieses Feld geben Sie den Abstand zwischen den Zeilen bzw. Spalten ein.
▶ Fixiert: Ist diese Option aktiviert, dann werden die Werte aller drei Optionen im Bereich Zeilen bzw. Spalten erzwungen, indem Illustrator die Größe des Objekts ändert.
▶ Textfluss: Bestimmen Sie hier, in welcher Reihenfolge der Text durch die Reihen und Spalten fließen soll: Nach Zeilen oder Nach Spalten.

14.2.3 Textbreite an Flächenbreite anpassen

Eine Überschrift können Sie exakt an die Breite Ihres Flächentextes anpassen. Der einzupassende Text kann entweder zwischen zwei Absatzschaltungen oder zwischen zwei Zeilenumbrüchen stehen. Aktivieren Sie den Textbereich, den Sie einpassen möchten, und wählen Sie Schrift • Überschrift einpassen. Die Funktion automatisiert lediglich die Laufweitenanpassung. Wenn Sie später Schriftformatierungen vornehmen oder die Größe des Textobjekts verändern, müssen Sie den Befehl erneut anwenden.

14.2.4 Objekte umfließen

Den Textfluss steuern Sie nicht nur über die Begrenzung des Flächentextobjekts. Sie können den Text um andere Objekte herumfließen lassen.

▲ Abbildung 14.13
Aufteilung eines Flächentextes in Spalten (oben) und in Zeilen und Spalten (unten)

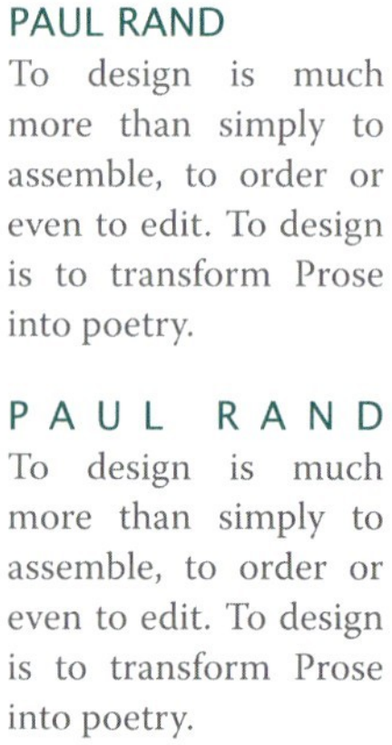

PAUL RAND
To design is much more than simply to assemble, to order or even to edit. To design is to transform Prose into poetry.

P A U L   R A N D
To design is much more than simply to assemble, to order or even to edit. To design is to transform Prose into poetry.

▲ Abbildung 14.14
Anpassen der Überschrift an die Textbreite

Pixelbilder | Die Kanten der in Pixelbildern dargestellten Motive erkennt Illustrator, wenn sie auf einer Ebene freigestellt sind (Abbildung 14.15) oder einen Beschneidungspfad besitzen – diese Bilder müssen eingebettet werden. Sind die Motivkanten sehr unregelmäßig, sollten Sie Ihre Motive besser mithilfe von Schnittmasken (s. Abschnitt 11.4) in Illustrator freistellen (Abbildung 14.16). Der Versatz zwischen glatten Kanten und Text ist auf diese Art besser zu steuern. Da Text ohnehin nur zeilenweise um das Motiv fließen kann, benötigen Sie keine allzu exakte Freistellung.

Effekte | Die Auswirkungen von Effekten auf die Außenform eines Objekts werden in die Berechnung des Abstands zum Text einbezogen.

Stapelreihenfolge und Hierarchie | Texte, die andere Objekte umfließen sollen, dürfen nicht gruppiert sein. Richten Sie Umfließen-Objekte und Texte so ein, dass sie sich auf derselben Ebene befinden – die Umfließen-Objekte liegen in der Stapelreihenfolge über den Texten (Ebenen s. Abschnitt 11.2.7).

Liegen Texte über den Umfließen-Objekten, sind sie von deren Wirkung ausgenommen. Verschieben Sie Texte, die keine Objekte umfließen sollen, trotzdem auf andere Ebenen, um die Übersicht in Ihren Dokumenten zu verbessern. Um ein Umfließen-Objekt zu erzeugen, gehen Sie so vor:

1. Positionieren Sie den Text und die Umfließen-Objekte.
2. Ordnen Sie die Hierarchie und die Stapelreihenfolge der Objekte. Überprüfen Sie beides mithilfe des Ebenen-Bedienfeldes (Abbildung 14.17).
3. Aktivieren Sie das oder die Umfließen-Objekte, und wählen Sie Objekt • Umfliessen • Erstellen.
4. Rufen Sie Objekt • Umfliessen • Umfliessenoptionen… auf, und bestimmen Sie die Parameter entweder für alle Ihre Umfließen-Objekte identisch oder für jedes individuell – in diesem Fall müssen die Objekte einzeln aktiviert werden (Abbildung 14.18):
   ▸ Versatz: Legen Sie den Abstand zwischen Text und Umfließen-Objekt fest.
   ▸ Umfliessen umkehren: Aktivieren Sie diese Option, um den Text innerhalb des Umfließen-Objekts fließen zu lassen.

Umfließen aufheben | Um die Umfließen-Eigenschaft eines Objekts aufzuheben, aktivieren Sie das Umfließen-Objekt und wählen Objekt • Umfliessen • Zurückwandeln.

▲ Abbildung 14.15
Auf einer Photoshop-Ebene freigestelltes Motiv

▲ Abbildung 14.16
Mit einer Illustrator-Schnittmaske freigestelltes Motiv

▲ Abbildung 14.17
Texte unter einem Umfließen-Objekt (markiert) laufen um das Element herum.

▲ Abbildung 14.18
Die Dialogbox Umfliessenoptionen

Verzerrten Text zurücksetzen

Nur bei Flächentextobjekten können Sie die Größe des Objekts verändern, ohne gleichzeitig die Schrift zu verzerren. Bei Punkt- und Pfadtexten verzerren Sie dabei den Text. Einen unproportional verzerrten Text setzen Sie mit folgendem Befehl zurück: ⌘+⇧+X bzw. Strg+⇧+X.

▲ **Abbildung 14.19**
Pfadtext transformieren (hier Spiegeln)

▲ **Abbildung 14.20**
Pfadtext mit allen Klammern

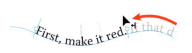

▲ **Abbildung 14.21**
Textbereich begrenzen

▲ **Abbildung 14.22**
Text auf dem Pfad verschieben

▲ **Abbildung 14.23**
Text um einen Pfad spiegeln

14.2.5 Punkttext- und Pfadtextobjekte transformieren

Diese beiden Objektarten lassen sich mithilfe des Begrenzungsrahmens bearbeiten. Aktivieren Sie dessen Anzeige, wählen Sie das Textobjekt mit dem Auswahl-Werkzeug aus, und führen Sie die gewünschte Transformation durch (zum Begrenzungsrahmen s. Abschnitt 5.2.1). Alternativ verwenden Sie die Transformieren-Werkzeuge (Abbildung 14.19).

14.2.6 Text am Pfad verschieben

Wenn Sie einen Pfadtext mit dem Auswahl-Werkzeug aktivieren, sehen Sie drei senkrecht zum Pfad stehende Linien. Diese werden als **Klammern** bezeichnet (Abbildung 14.20).

Bewegen Sie das Auswahl-Werkzeug über die Klammern. Die erste Klammer markiert den Textanfang: Über ihr zeigt der Cursor das ▶⊢-Symbol. Eine weitere Klammer wird bei der Erstellung des Textpfades ans Ende des Pfades gesetzt. Sie markiert das Ende des Textbereichs: Der Cursor zeigt ▶⊣. In der Mitte zwischen diesen beiden Klammern markiert die dritte Klammer die Textmitte: Der Cursor zeigt ▶⊥.

Textbereich verändern | Bewegen Sie die Anfangs- und Endklammer, indem Sie auf der Linie klicken und ziehen, um den Textbereich auf dem Pfad zu erweitern oder einzugrenzen (Abbildung 14.21).

Klicken Sie in das Kästchen auf der Anfangs- bzw. Endklammer, um den Pfadtext mit anderen Textobjekten zu verketten (s. Abschnitt 14.2.9, »Verkettete Textobjekte«).

Text verschieben | Um den Text auf dem Pfad zu verschieben, klicken und ziehen Sie die mittlere Klammer (Abbildung 14.22). Schränken Sie die Bewegung ein – um den Text nicht aus Versehen um den Pfad zu spiegeln –, indem Sie dabei ⌘/Strg drücken. Sie können auch die Textausrichtung auf linksbündig, rechtsbündig oder zentriert umstellen.

Text um den Pfad spiegeln | Um den Text auf der anderen Seite des Pfades laufen zu lassen – als ob Sie die Pfadrichtung umkehren würden –, ziehen Sie die mittlere Klammer auf die andere Seite des Pfades, oder wählen Sie SCHRIFT • PFADTEXT • PFADTEXTOPTIONEN…, und aktivieren Sie die Option SPIEGELN (Abbildung 14.23).

Vertikale Position des Pfadtextes | Um die Position der Textgrundlinie im Verhältnis zum Pfadverlauf zu verändern, geben Sie einen Grundlinienversatz im Zeichen-Bedienfeld ein. Oder Sie wählen SCHRIFT • PFAD-

TEXT • PFADTEXTOPTIONEN… und bestimmen eine andere Option unter
AN PFAD AUSRICHTEN: OBERLÄNGE, UNTERLÄNGE, MITTE oder GRUNDLINIE.

▲ Abbildung 14.24
Negativer Grundlinienversatz

14.2.7 Abstand der Zeichen eines Pfadtextes

Die Laufweite eines Pfadtextes muss fast immer angeglichen werden. Ist der Kurvenverlauf einheitlich, wie z. B. bei einem Kreis, können Sie die Laufweite im Zeichen-Bedienfeld einheitlich anpassen.

Wenn Ihr Pfad sehr enge Kurven beschreibt, kommt es vor, dass die Zeichenabstände in der Kurve viel zu groß sind. In manchen Fällen hilft dagegen die Option ABSTAND unter SCHRIFT • PFADTEXT • PFADTEXTOPTIONEN… Geben Sie einen Wert in das Eingabefeld ABSTAND ein, wird der Buchstabenabstand in engen Kurven angeglichen. Ein höherer Wert verringert den Buchstabenzwischenraum an engen Kurven.

Falls das nicht zu einem optimalen Schriftbild führt, bleibt Ihnen nur, die Laufweite individuell für die einzelnen Textbereiche über das Zeichen-Bedienfeld anzupassen (Abbildung 14.25).

▲ Abbildung 14.25
Text an einem Kreis können Sie einheitlich behandeln, Text an einer Schlangenlinie nicht.

14.2.8 Ausrichten der Zeichen auf dem Pfad

Wie die Zeichen zum Pfad angeordnet sind, ob und wie sie verzerrt werden, steuern Sie unter SCHRIFT • PFADTEXT sowie in den PFADTEXTOPTIONEN. Die Grundeinstellung ist REGENBOGEN.

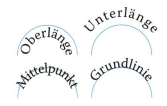

▲ Abbildung 14.26
Vertikale Ausrichtung des Textes am Pfad: OBERLÄNGE, UNTERLÄNGE, MITTE, GRUNDLINIE

◀ Abbildung 14.27
Optionen für die Ausrichtung von Text auf einem Pfad

Die Optionen gelten immer für den gesamten Pfadtext. Um sie anzuwenden, aktivieren Sie das Pfadtextobjekt oder positionieren den Cursor im Text und wählen die Option aus dem Menü unter SCHRIFT • PFADTEXT.

▲ Abbildung 14.28
Weitergehende Gestaltungsmöglichkeiten haben Sie mit Verzerrungshüllen – hier TORBOGEN.

Schritt für Schritt
Schrift auf einem Stempel

Diese Aufgabe ist ein »Dauerbrenner« – nicht nur für die Gestaltung von Stempeln.

1 Grundform erstellen

Zeichnen Sie einen Kreis von etwa 35 mm Durchmesser mit dem Ellipse-Werkzeug – dabei müssen Sie ⇧ gedrückt halten.

Kapitel 14 Text und Typografie

▲ **Abbildung 14.29**
Zwei gegenüberliegende Punkte auf dem Kreis werden aktiviert, und der Pfad wird an diesen getrennt.

Die beiden Texte sollen in entgegengesetzten Richtungen entlang der Kreisform laufen, was sich in Illustrator nicht mit einem Textpfad realisieren lässt. Aktivieren Sie daher mit dem Direktauswahl-Werkzeug die Ankerpunkte links und rechts. Dann klicken Sie auf den Button PFAD AN AUSGEWÄHLTEN ANKERPUNKTEN AUSSCHNEIDEN, um den Kreis in zwei Hälften zu schneiden.

2 In Textpfade umwandeln
Bewegen Sie das Text-Werkzeug auf die obere Hälfte, klicken Sie, wenn das Textpfad-Cursorsymbol erscheint, und geben Sie den Text ein. Gehen Sie ebenso mit der unteren Hälfte vor.

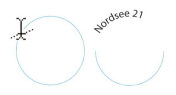

▲ **Abbildung 14.30**
Der obere Pfad wurde in einen Textpfad umgewandelt.

3 Text formatieren
Wählen Sie die Zeichen mit dem Text-Werkzeug aus oder das Textobjekt mit dem Auswahl-Werkzeug, und formatieren Sie die Texte mit dem Zeichen-Bedienfeld. Klicken Sie außerdem im Absatz-Bedienfeld auf ZENTRIEREN. Verwenden Sie SCHRIFT • GROSS-/KLEINSCHREIBUNG ÄNDERN • GROSSBUCHSTABEN, um den Text in Versalien zu setzen.

4 Pfadtexte auf dem Pfad verschieben
Öffnen Sie die Datei »Buch.ai«, und kopieren Sie die Grafik in Ihre Datei. Verschieben Sie das Objekt in die Mitte. Aktivieren Sie einen Text mit dem Auswahl-Werkzeug, und verschieben Sie diesen mithilfe der Pfadtextklammern auf dem Pfad. Wiederholen Sie dies am anderen Text.

▲ **Abbildung 14.31**
Formatierung der Texte

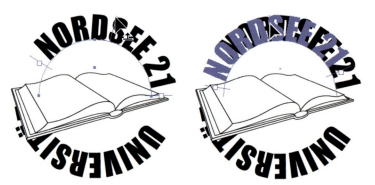

Abbildung 14.32 ▶
Verschieben der Texte auf dem Pfad mithilfe der Pfadtextklammern

---

Pfadtextoptionen aufrufen

Aktivieren Sie ein Pfadtextobjekt, und doppelklicken Sie auf das Pfadtext-Werkzeug, um die PFADTEXTOPTIONEN aufzurufen.

5 Pfadtexte auf dem Pfad spiegeln
Einer der Texte muss am Pfad gespiegelt werden. Welcher es ist, hängt von der Richtung ab, in der der Kreis aufgezogen wurde. In unserem Fall ist es der untere Text. Aktivieren Sie das Textobjekt, und rufen Sie

SCHRIFT • PFADTEXT • PFADTEXTOPTIONEN… auf. Aktivieren Sie die Option SPIEGELN, und wählen Sie AN PFAD AUSRICHTEN: OBERLÄNGE.

◀ **Abbildung 14.33**
Die Dialogbox PFADTEXTOPTIONEN

Pfadtext mit Verzerrung

Soll sich der Pfadtext außerdem entsprechend der Pfadkrümmung verzerren, dann erzeugen Sie einen Bildpinsel aus einer Textzeile. Da Pinsel keine Texte enthalten dürfen, muss das Textobjekt vorher in Pfade umgewandelt werden.

6 **Symmetrischer Abstand beider Texte**
Der Abstand der Texte beider Pfade muss vereinheitlicht werden.

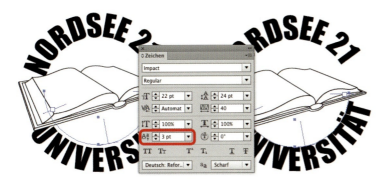

◀ **Abbildung 14.34**
Anpassen des Abstands zum Pfad mit dem GRUNDLINIENVERSATZ

Den Abstand des Textes zum Pfad stellen Sie im Zeichen-Bedienfeld ein, indem Sie den GRUNDLINIENVERSATZ erhöhen. Falls die Einstellung ausgeblendet ist, wählen Sie OPTIONEN EINBLENDEN aus dem Bedienfeldmenü.

Textpfad auswählen

Um den Textpfad eines Pfadtextobjekts oder den Begrenzungspfad eines Flächentextobjekts auszuwählen, verwenden Sie das Direktauswahl- oder das Gruppenauswahl-Werkzeug. Deaktivieren Sie die Auswahl, falls das Textobjekt aktiviert ist. Bewegen Sie das Direkt- oder Gruppenauswahl-Werkzeug über den Pfad.
Erleichtern Sie sich die Auswahl eines Textpfades, indem Sie in die Pfadansicht wechseln (⌘/Strg+Y) oder die intelligenten Hilfslinien aktivieren (⌘/Strg+U).

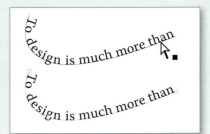

14.2.9 Verkettete Textobjekte

Mehrere Flächentext- oder Pfadtextobjekte können Sie miteinander verketten, der Text fließt dann je nach Platzbedarf in die verketteten Objekte. Wenn Sie ein Flächentext- oder ein Pfadtextobjekt mit dem

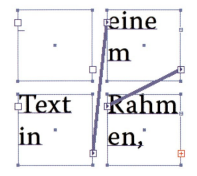

▲ Abbildung 14.35
Ein einzelnes und mehrere verkettete Flächentextobjekte

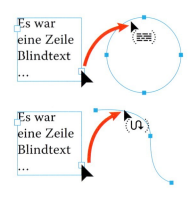

▲ Abbildung 14.36
Ein Textobjekt mit vorhandenen Pfaden verketten – unten mit gedrückter Taste ⌥/Alt für weitere Verkettungen

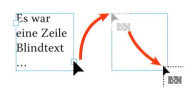

▲ Abbildung 14.37
Ein neues Textobjekt an ein vorhandenes anhängen

Auswahl-Werkzeug aktivieren, sehen Sie zwei Quadrate – »Eingang« und »Ausgang« genannt. Sind diese Quadrate leer ☐, ist der Platz im Objekt ausreichend. Ein Pfeil ▶ in einem der Quadrate zeigt an, dass das Textobjekt mit einem anderen Textobjekt verknüpft ist. Ein rotes Pluszeichen ⊞ im Ausgang signalisiert, dass Text vorhanden ist, der nicht in die Fläche passte – »Übersatz«, also »zusätzlicher Text«.

Textverkettungen legen Sie mit vorhandenen Vektorobjekten an, oder Sie erstellen die neuen Objekte beim Verketten.

Verketten vorhandener Vektorobjekte | Um Textobjekte mit vorhandenen Vektorobjekten zu verketten, gehen Sie so vor:

1. Wählen Sie das Auswahl-Werkzeug, und aktivieren Sie ein Pfadtext- oder Flächentextobjekt. Klicken Sie auf den Eingang oder den Ausgang des Textobjekts. Das Cursorsymbol wandelt sich in.
2. Bewegen Sie den Cursor über den Pfad des Vektorobjekts, das Sie mit dem Textobjekt verketten möchten. Wenn der Cursor bzw. bei bereits vorhandenen Textobjekten zeigt, klicken Sie, um das Textobjekt mit dem Vektorobjekt zu verketten. Dabei werden aus geschlossenen Pfaden immer Flächentextobjekte, aus offenen Pfaden werden Pfadtextobjekte.
3. Falls das Vektorobjekt mit Kontur und Fläche versehen war, werden diese entfernt.

Verketten per Menü | Aktivieren Sie die Vektorobjekte, aus denen Sie den verketteten Text erstellen möchten und gegebenenfalls ein (nicht bereits verkettetes) Textobjekt, das Sie mit den Objekten verknüpfen möchten, und wählen Sie SCHRIFT • VERKETTETER TEXT • ERSTELLEN.

Erzeugen neuer Textobjekte | Etwas anders gehen Sie vor, um beim Verketten ein neues Textobjekt zu erzeugen:

1. Aktivieren Sie ein Pfadtext- oder Flächentextobjekt mit dem Auswahl-Werkzeug, und klicken auf den Ein- oder Ausgang.
2. Mit dem neuen Cursorsymbol klicken Sie entweder, um ein Duplikat des vorhandenen Textobjekts – Pfadtext oder Flächentext – zu erzeugen, oder Sie klicken und ziehen ein Rechteck in der gewünschten Größe auf, um einen Textrahmen zu erzeugen.

Modifizierungsmöglichkeit | Solange Sie bei jedem Klick ⌥/Alt gedrückt halten – der Cursor zeigt bzw. über einem Objekt –, können Sie, ohne abzusetzen, Objekte miteinander verketten.

Verkettungen anzeigen | Besonders wenn Sie mit vielen verketteten Textobjekten arbeiten, unterstützt es die Übersichtlichkeit, die Verkettungen anzuzeigen. Wählen Sie dafür Ansicht • Textverkettungen einblenden – ⌘/Strg+⇧+Y.

Textobjekte zwischen verkettete Objekte einfügen | Ein Textobjekt können Sie nicht nur am Anfang oder Ende einer Kette, sondern auch zwischen bereits verkettete Textobjekte einhängen. Aktivieren Sie das Objekt, vor dessen Eingang oder nach dessen Ausgang Sie ein weiteres Objekt einhängen wollen, und gehen Sie so vor, wie in »Textobjekte verketten« in Abschnitt 14.2.9 beschrieben.

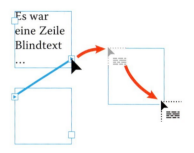

▲ **Abbildung 14.38**
Einen neuen Flächentext zwischen zwei vorhandene Flächentexte einfügen

Alle Textobjekte einer Kette auswählen | Müssen Sie alle Textobjekte einer Kette zusammen bewegen oder bearbeiten, nehmen Sie das Auswahl-Werkzeug, aktivieren eines der zur Kette gehörenden Textobjekte und wählen Auswahl • Gleich • Verknüpfungsblockreihen.

Verkettungen lösen | Sie haben drei Möglichkeiten, Verkettungen zu lösen:

1. Wenn Sie die Verkettung unterbrechen möchten, aktivieren Sie eines der Objekte an einer Seite der zu lösenden Verkettung mit dem Auswahl-Werkzeug. Doppelklicken Sie dann auf seinen Ein- oder Ausgang. Die Verkettung wird gelöst, und der Text verbleibt in dem Objekt, das sich vor der jetzt gelösten Verkettung befand.

2. Um ein Objekt aus der Verkettung herauszulösen und den Text in das folgende Objekt weiterfließen zu lassen, aktivieren Sie das herauszulösende Objekt und wählen Schrift • Verketteter Text • Auswahl zurückwandeln.

3. Möchten Sie alle Verkettungen lösen und den Text in den Objekten behalten, aktivieren Sie ein Objekt aus der Kette mit dem Auswahl-Werkzeug und wählen Schrift • Verketteter Text • Verkettung entfernen.

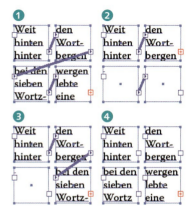

▲ **Abbildung 14.39**
Original ❶, Verkettung unterbrechen ❷, Objekt herauslösen ❸, Verkettung entfernen ❹

Pfadtext aus CS3

Pfadtexte werden vor allem an Pfaden mit extremen Biegungen inzwischen signifikant besser ausgeglichen. Die Veränderung bewirkt allerdings auch, dass beim Import alter Dokumente und beim Export in alte Formate Pfadtexte abweichend gesetzt werden.

14.3 Texte importieren

Meist erfassen Sie Texte nicht in Illustrator, sondern importieren sie. Illustrator interpretiert die gängigen Dateiformate – und Texte lassen sich über die Zwischenablage einfügen.

14.3.1 Kopieren/Einfügen

Wenn Sie Texte aus anderen Anwendungen kopieren und in Illustrator einfügen, wird ein Punkttextobjekt erzeugt. Benötigen Sie ein Flächentextobjekt, erstellen Sie zuerst das Textobjekt und fügen den Text an der Einfügemarke ein.

Textformatierung kopieren | Stellen Sie innerhalb Ihres Dokuments komplette Absätze mit Kopieren und Einfügen um, werden Absatz- und Zeichenformatierungen von der Quelle mit übertragen und bleiben erhalten, auch wenn am Einfügeziel eine andere Formatierung eingerichtet ist.

Formatierte Texte kopieren

Wenn Sie Texte aus Photoshop kopieren und sie in Illustrator einfügen, so bleibt die Textformatierung erhalten. Leider gibt es diesen Komfort in der Kooperation mit InDesign nicht.

Fehlende Schriften

Werden in geladenen Dokumenten Schriften verwendet, die auf Ihrem System nicht installiert sind, zeigt Illustrator eine Warnung. Lesen Sie in Abschnitt 14.5.1 über den Umgang mit fehlenden Schriften nach.

14.3.2 Text laden

Illustrator kann Texte aus Dateien der Formate Microsoft Word Windows 97 bis 2007 sowie Mac 2004 und 2008, RTF und TXT in verschiedenen Kodierungen importieren. Anders als z. B. InDesign importiert Illustrator nicht in Word-Dokumente eingebundene Bilder. Beim Importieren von DOC- und RTF-Dateien ist es möglich, deren Textformatierungen zu erhalten – achten Sie aber darauf, dass die verwendeten Schriften in identischen Font-Formaten auf Ihrem System installiert sind, um Darstellungsprobleme zu vermeiden.

Um einen Text zu importieren, rufen Sie DATEI • PLATZIEREN... auf und wählen die Textdatei in der Dialogbox aus. Klicken Sie auf den Button PLATZIEREN; anschließend werden die Importoptionen angezeigt.

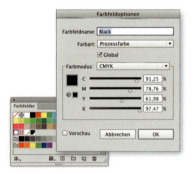

▲ Abbildung 14.40
Schwarz in einer importierten RTF-Datei

DOC und RTF | Für DOC- und RTF-Dateien können Sie hier u. a. bestimmen, ob Textformatierungen erhalten bleiben sollen. Behalten Sie Textformatierungen bei, werden auch die Farben übernommen. Importieren Sie Texte in CMYK-Dokumente, entstehen Probleme durch die importierte Farbe »Schwarz« oder »Black«. Die importierte Farbe ist kein reines, sondern »buntes« Schwarz. Ändern Sie die Farbfeld-Definition – da das Farbfeld global ist, werden alle Objekte aktualisiert (s. Abschnitt 8.5.3).

▲ Abbildung 14.41
Optionen für den Import von TXT-Dateien

TXT | Beim Import einer TXT-Datei haben Sie folgende Optionen:
▶ KODIERUNG: Geben Sie hier die PLATTFORM und den ZEICHENSATZ an, mit denen der Text erstellt wurde.
▶ ZUSÄTZLICHE WAGENRÜCKLÄUFE: In TXT-Dateien werden Leerzeilen verwendet, um Absätze deutlicher herauszustellen. In Illustrator können Sie Abstände zwischen Absätzen anders erzeugen, daher ist

es beim Import von TXT-Dateien möglich, die zusätzlichen Absätze zu entfernen.
- ZUSÄTZLICHE LEERZEICHEN: Beim Speichern im TXT-Format werden Tabulator-Steuerzeichen in eine bestimmte Anzahl Leerzeichen umgewandelt. Aktivieren Sie die Option ZUSÄTZLICHE LEERZEICHEN, um die Leerzeichen in Tabulatoren zurückzuwandeln (zu Tabulatoren siehe Abschnitt 14.6.4).

[Zeichensatz]
Der Zeichensatz ist u. a. abhängig von der Sprache des Textes – er definiert den Umfang der Zeichen, die in einem Text verwendet werden können, und deren computergerechte Codierung.

14.3.3 Textdateien öffnen

Darüber hinaus können Sie Dateien öffnen. Die Formate Microsoft Word (Windows 97 bis 2007) sowie Mac 2004 und 2008, RTF und TXT werden geöffnet. Die Dateien liegen anschließend im RGB-Farbmodus vor – konvertieren Sie den Modus, falls nötig.

Öffnen von Word-Dokumenten
Beim Platzieren oder Öffnen von Word-Dokumenten werden eingebundene Bilder ignoriert.

14.3.4 Texte aus alten Illustrator-Dateien – Legacy Text

Illustrator 10 und frühere Versionen behandelten Text anders als Illustrator ab Version CS. Illustrator CS6 kann Texte aus alten Dateien problemlos darstellen und ausgeben. Möchten Sie Text aus alten Dateien in Illustrator CS6 jedoch editieren oder umformatieren, müssen Sie ihn in die neue Version konvertieren – Textobjekte konvertierter Illustrator 10-Dateien werden »alter Text« – engl.: »Legacy Text« – genannt.

Wenn Sie eine alte Datei öffnen, die Text enthält, zeigt Illustrator einen Warnhinweis. Sie können alle Textobjekte aktualisieren, indem Sie auf den Button AKTUALISIEREN klicken. Klicken Sie auf OK, um den alten Text in der Datei zu belassen.

▲ Abbildung 14.42
»Alter Text«-Warnung

Text aktualisieren | Zu einem späteren Zeitpunkt können Sie entweder den gesamten oder ausgewählten alten Text aktualisieren. Wählen Sie dazu entweder SCHRIFT • ALTER TEXT • GANZEN ALTEN TEXT AKTUALISIEREN, oder aktivieren Sie einzelne Textobjekte, und wählen Sie SCHRIFT • ALTER TEXT • AUSGEWÄHLTEN ALTEN TEXT AKTUALISIEREN.

Kopie des alten Textes beim Aktualisieren | Nach dem Aktualisieren können Veränderungen im Textfluss auftreten. Um die aktualisierten Objekte an das Originallayout anzupassen, gibt es die Möglichkeit, automatisch beim Aktualisieren eine Kopie des alten Textes zu erstellen. Dafür müssen Sie jedoch beim Aktualisieren anders vorgehen: Doppelklicken Sie mit dem Auswahl-Werkzeug auf den alten Text. In der Dialogbox klicken Sie auf den Button TEXTOBJEKT KOPIEREN, um eine Kopie zu erstellen.

▲ Abbildung 14.43
Kopie des alten Textes unter dem aktualisierten Objekt

[WYSIWYG]
Akronym: »What you see is what you get.« Software, die nach dem WYSIWYG-Prinzip arbeitet, zeigt Layouts auf dem Bildschirm so an, wie sie ausgedruckt werden.

Kopien anzeigen und löschen | Die Kopien blenden Sie über das Menü aus und ein. Wählen Sie Schrift • Alter Text • Kopien ausblenden bzw. Kopien einblenden.

Aktivieren Sie die Kopien mit Schrift • Alter Text • Kopien auswählen, und löschen Sie sie mit dem Befehl Schrift • Alter Text • Kopien löschen.

14.3.5 Fremdsprachentexte

Wenn Sie nicht lateinischen Text in Ihr Dokument einfügen, verhindert die Option Fehlenden Glyphenschutz aktivieren aus Voreinstellungen • Schrift, dass in der aktuell eingestellten Schrift nicht vorhandene Zeichen ersetzt werden und der Text durch die Ersetzung unleserlich wird.

Ist eine Schrift ausgewählt, mit der die im Text enthaltenen Zeichen dargestellt werden können, wird der Font verwendet.

▲ **Abbildung 14.44**
Japanischer Text, eingefügt in ein mit einer lateinischen Schrift formatiertes Textobjekt: ohne (oben) und mit Glyphenschutz (unten)

Zeichen auswählen, Text-Cursor verwenden

Sobald Sie ein Text-Werkzeug über ein Textobjekt bewegen, nimmt es das Text-Symbol I an, je nach Textausrichtung. Diese Cursors zeigen Ihnen an, dass Sie mit einem Klick kein neues Textobjekt erzeugen, sondern ein bestehendes editieren.
Einfügemarke setzen | Möchten Sie einem Text weitere Zeichen hinzufügen, klicken Sie mit dem Text-Cursor I an die gewünschte Stelle, und tippen Sie die Zeichen ein.
Zeichen auswählen | Um eines oder mehrere Zeichen auszuwählen, klicken und ziehen Sie mit dem Text-Cursor I über die betreffenden Zeichen. Erweitern Sie die Auswahl, indem Sie ⇧ drücken und ans Ende des auszuwählenden Textes klicken. Sie können nur zusammenhängende Textbereiche auswählen.
Zeichen nicht hervorgehoben | Wenn Sie mit dem Cursor Zeichen ausgewählt haben, aber keine Auswahl angezeigt wird, dann rufen Sie Ansicht • Ecken einblenden auf.

Optionen | Mit einem Doppelklick wählen Sie ein Wort aus, mit einem Dreifachklick einen Absatz.

Wenn Sie den Cursor an einer Stelle in den Text setzen und ⌘/Strg+A drücken, werden alle Zeichen des Textobjekts ausgewählt – ist das Objekt mit anderen verkettet, werden alle Zeichen in der Verkettung ausgewählt. Ist unter Voreinstellungen • Schrift die Option Textobjektauswahl nur über Pfad aktiv, müssen Sie das Text-Werkzeug in Einrastdistanz zur Schriftgrundlinie bzw. des Flächentextrahmens verwenden, um Texte aktivieren zu können.

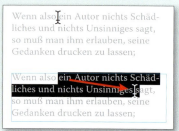

Text-Werkzeug schnell aufrufen

Bei einem Doppelklick mit dem Auswahl-Werkzeug auf ein Textobjekt wechselt Illustrator automatisch zum Text-Werkzeug und setzt eine Einfügemarke in den Text.

14.4 Textinhalte editieren

Illustrator ist kein Textverarbeitungsprogramm – für den Feinschliff der Typografie bietet es dafür etwas mehr. Die Textverarbeitungseinstellungen und -funktionen beinhalten jedoch einige auch für die Formatierung wichtige Optionen.

14.4 Textinhalte editieren

14.4.1 Nicht druckbare Zeichen

Nicht druckbare Zeichen sind z. B. Absatzmarken, Zeilenumbrüche, Tabulatoren und Leerzeichen. Auch wenn sie im Ausdruck nicht sichtbar sind, haben sie einen Einfluss auf den Textumbruch. Daher ist es sinnvoll, zu wissen, wo welche Zeichen sind. Aktivieren Sie SCHRIFT • VERBORGENE ZEICHEN EINBLENDEN – ⌘+⌥+I bzw. Strg+Alt+I –, um die Zeichen anzuzeigen.

10 → Sonntag23.7.↵
Donaudampfschifffahrt¶
¶

▲ **Abbildung 14.45**
Nicht druckende Zeichen: Tabulator, Leerzeichen, Zeilenumbruch, bedingte Trennstriche, Absatzmarken

14.4.2 Sprachen zuweisen

Illustrator arbeitet mit Wörterbüchern für verschiedene Sprachen, auf denen sowohl die Rechtschreibprüfung als auch die Trennregeln basieren. Welches Wörterbuch jeweils benutzt wird, bestimmen Sie, indem Sie Texten neben der Formatierung eine Sprache zuordnen. Da grammatische vor typografischen Trennregeln in den Umbruch eines Textes eingreifen, sollten Sie die Sprache immer zuordnen, bevor Sie die Silbentrennungseinstellungen im Absatz-Bedienfeld vornehmen. Die Sprache können Sie auf drei Ebenen zuweisen:

▶ **Trennregeln für alle Dokumente**: Rufen Sie VOREINSTELLUNGEN • WÖRTERBUCH UND SILBENTRENNUNG… auf, und wählen Sie die Sprache aus, die für alle Ihre Dokumente voreingestellt sein soll.

▶ **Trennregeln für ein Dokument**: Möchten Sie für einzelne Dokumente eine andere Sprache verwenden, wählen Sie DATEI • DOKUMENT EINRICHTEN… und stellen unter TEXTOPTIONEN eine Sprache ein.

▶ **Rechtschreibprüfung**: Für die Rechtschreibprüfung wählen Sie die SPRACHE aus dem Menü im Zeichen-Bedienfeld. Die Sprache, die automatisch für alle neuen Dokumente voreingestellt wird, bestimmen Sie im Zeichenformat des betreffenden neuen Dokumentprofils.

Formatierung eine Sprache zuordnen. Da grammatische vor typografischen Trennregeln in den

Formatierung eine Sprache zuordnen. Da grammatische vor typografischen Trennregeln in der

Formatierung eine Sprache zuordnen. Da grammatische vor typografischen Trennregeln in den

Formatierung eine Sprache zuordnen. Da grammatische vor typografischen Trennregeln in den

▲ **Abbildung 14.46**
Spracheinstellung (von links oben): Französisch/Kanadisch, Deutsch, Englisch, Lettisch

> **Neue Wörterbücher**
>
> Illustrator setzt in Version CS6 statt der Proximity- die Open-Source-Hunspell-Wörterbücher ein.

14.4.3 Anführungszeichen definieren

Typografisch korrekte Anführungszeichen sind eines von vielen Zeichen für die Qualität gestalterischer Arbeit – sie sind aber nicht einfach per Tastatur einzutippen. Großer Beliebtheit erfreut sich die Methode, einfach ⇧+2 zu verwenden. Illustrator kann diese Zeichen automatisch beim Eintippen in die typografischen Anführungszeichen einer Reihe von Sprachen umwandeln. Wählen Sie DATEI • DOKUMENT EINRICHTEN…, aktivieren Sie TYPOGRAFISCHE ANFÜHRUNGSZEICHEN VERWENDEN, und wählen Sie aus den Menüs DOPPELTE und EINFACHE ANFÜHRUNGSZEICHEN die korrekten Zeichen aus.

Wenn typografische Anführungszeichen aktiviert sind, können Sie keine Zollzeichen mehr tippen. Verwenden Sie entweder das Glyphen-

„Deutsch" »Deutsch«
"Englisch" «Französisch»
"Schwedisch" »Schwedisch»
„Holländisch" "Holländisch"

▲ **Abbildung 14.47**
Gebrauch von Anführungszeichen in unterschiedlichen Sprachen: alle genannten Alternativen sind zulässig.

Eingabe Mac	Zeichen
⌥+⇧+W	„
⌥+2	"
⌥+⇧+Q	»
⌥+Q	«

Eingabe Windows	Zeichen
Alt+Num 0132	„
Alt+Num 0147	"
Alt+Num 0187	»
Alt+Num 0171	«

▲ Tabelle 14.1
Typografische Anführungszeichen unter Mac OS und Windows

OpenType-Schriften

Wenn Sie OpenType-Schriften verwenden, sollten Sie für die Umwandlung von Ligaturen und Bruchzahlen das OpenType-Bedienfeld nutzen.

Abbildung 14.48 ▶
Die Dialogbox Satz-/Sonderzeichen

Streiflicht Schilfinsel

▲ Abbildung 14.49
In diesen Fällen dürften z. B. keine Ligaturen verwendet werden.

Bedienfeld, um Zollzeichen einzugeben, oder deaktivieren Sie die Option Typografische Anführungszeichen, und geben Sie die typografischen Anführungszeichen per Tastatur ein.

14.4.4 Groß- und Kleinschreibung ändern

Um die Groß- und Kleinschreibung von Texten zu ändern, aktivieren Sie die betreffenden Textstellen, und wählen Sie eine der Optionen aus dem Menü Schrift • Gross-/Kleinschreibung ändern. Die Untermenübegriffe sind selbsterklärend.

14.4.5 Satz- und Sonderzeichen

Das Eintippen der meisten Sonderzeichen stört den Schreibfluss, und wenn Ihnen Texte angeliefert werden, enthalten diese in den wenigsten Fällen typografische Satzzeichen. Daher können Sie Texte nachträglich über den Befehl Schrift • Satz-/Sonderzeichen… automatisch mit typografischen Sonderzeichen ausstatten, falls diese in der verwendeten Schrift vorhanden sind.

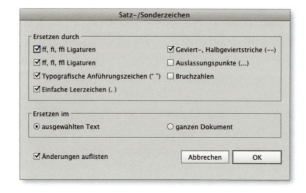

Wählen Sie, welche Zeichen ersetzt werden sollen:

▶ ff, fi, ffi bzw. ff, fl, ffl Ligaturen: Kommen diese Buchstabenkombinationen im Text vor, werden sie durch die entsprechenden Ligaturen ersetzt.
Die Satzregeln des deutschen Sprachraums definieren etliche Ausnahmen, in denen keine Ligaturen verwendet werden dürfen – diese Fälle berücksichtigt Illustrator nicht.

▶ Typografische Anführungszeichen: Diese Option wandelt Zollzeichen in Anführungszeichen um. Die Option ist für den deutschen Sprachraum nicht brauchbar, da immer angelsächsische Anführungszeichen erzeugt werden.

- **Einfache Leerzeichen:** Sind nach einem Punkt mehrere Leerzeichen vorhanden, werden sie bis auf eines gelöscht.
- **Geviert-, Halbgeviertstriche:** Diese Option transformiert zwei Bindestriche -- in einen Halbgeviertstrich – und drei Bindestriche --- in einen Geviertstrich —.
- **Auslassungspunkte:** Das Auslassungszeichen (auch »Dreipunkt« oder »Ellipse« genannt) einer Schrift unterscheidet sich zum Teil erheblich von drei hintereinandergesetzten Punkten. Die Option Auslassungspunkte ersetzt drei Punkte durch ein Auslassungszeichen.
- **Bruchzahlen:** Mehrere Ziffern, die durch einen Schrägstrich getrennt sind, werden durch das entsprechende Bruchzeichen ersetzt, wenn es in der Schrift vorhanden ist.
- **Ersetzen im:** Sie haben die Wahl, ob Sie den ausgewählten Text oder den Text des gesamten Dokuments korrigieren möchten.
- **Änderungen auflisten:** Aktivieren Sie diese Option, dann meldet Illustrator nach Durchführung des Befehls die erfolgten Änderungen.

Sonderzeichen

In Illustrator steht leider nicht so eine große Auswahl an Sonderzeichen, z. B. Leerräumen und Umbrüchen, zur Verfügung wie in Satz- und Layoutprogrammen.

▲ **Abbildung 14.50**
Auslassungspunkte (unten)

14.4.6 OpenType

OpenType ist ein plattformübergreifendes Schriftformat, das Merkmale der bisher gebräuchlichen Formate PostScript Type 1 und TrueType vereinigt. OpenType vereinfacht Fremdsprachensatz und bietet typografische Feinheiten wie Ligaturen, Kapitälchen, Mediävalziffern und Zierbuchstaben. Die typografischen Sonderformen bilden die »Layout-Features«, mit denen die Schrift ausgestattet ist. »Expert-Schriften« stellten dies bisher schon zur Verfügung; besonders an OpenType ist, dass alle Zeichen in einer plattformunabhängigen Datei enthalten sind – Sie können also dieselbe Fontdatei auf MacOS und Windows verwenden.

Schriftarten blättern

Ist ein Textobjekt ausgewählt, können Sie mit den Pfeiltasten durch die Schriftarten blättern. Das Textobjekt zeigt die Schrift sofort an.

▲ **Abbildung 14.51**
Schwungschriften und stilistische Varianten gibt es in kursiven Schnitten (Adobe Caslon Pro).

▲ **Abbildung 14.52**
Kontextbedingte Varianten/Formatvarianten (Caflish Script Pro)

▲ **Abbildung 14.53**
Kontextbedingte und stilistische Varianten (Bickham Script Pro)

▲ **Abbildung 14.54**
Alternative Glyphen für t und g der WarnockPro

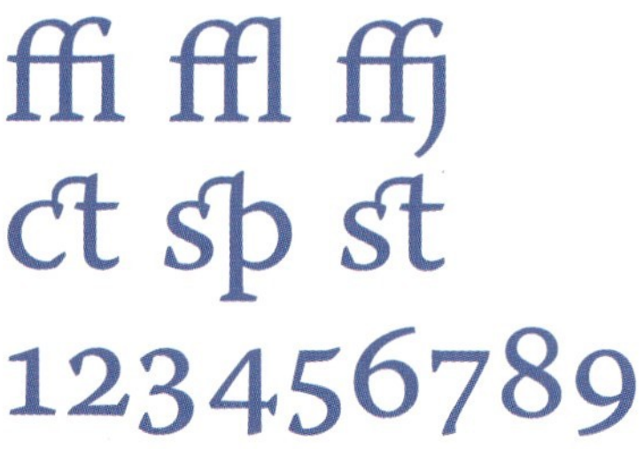

▲ **Abbildung 14.55**
Layout-Features: Standardligaturen, bedingte Ligaturen, Mediävalziffern

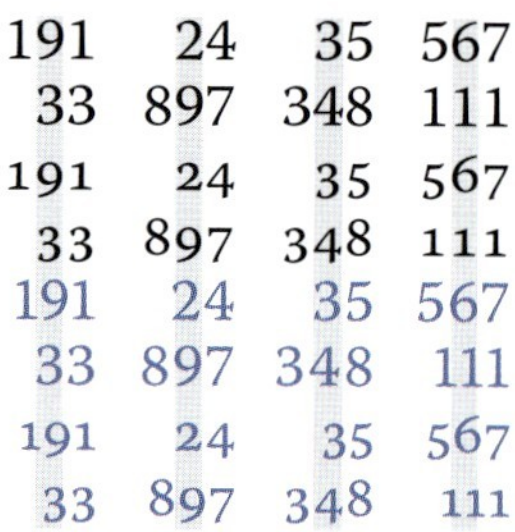

▲ **Abbildung 14.56**
Tabellenziffern (schwarz) haben eine einheitliche Breite.

Da OpenType auf dem Unicode-Standard basiert, um die Zeichenkodierungen und ihre grafische Repräsentation – die Glyphen – im Font zu verbinden, können in einer OpenType-Schrift über 65.000 Zeichen (statt 256 in einer herkömmlichen Schrift) enthalten sein.

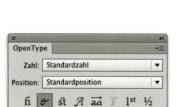

▲ **Abbildung 14.57**
Das OpenType-Bedienfeld

OpenType-Bedienfeld | Auf alle alternativen Glyphen einer Open-Type-Schrift greifen Sie über das OpenType-Bedienfeld zu. Rufen Sie es auf mit FENSTER • SCHRIFT • OPENTYPE –: ⌘+⌥+⇧+T bzw. Strg+Alt+⇧+T, im Dock O.

Aktivieren Sie das Textobjekt oder die Zeichen, deren OpenType-Optionen Sie anwenden möchten, und wählen Sie aus dem OpenType-Bedienfeld die passende Option aus den Gruppen.

▶ ZAHL: Hier finden Sie die Alternativen für die Darstellung von Ziffern und Zahlen – Mediäval- und Tabellenziffern.
▶ POSITION: Diese Varianten enthalten hoch- und tiefgestellte Zahlen sowie Bruchziffern.
▶ Schriftvarianten-Buttons: Mit den Buttons rufen Sie die gleichen Varianten auf, die auch über das Bedienfeldmenü zugänglich sind. Es handelt sich dabei um Standardligaturen fi, kontextbedingte Varianten ℯ, bedingte Ligaturen st, Schwungschriften 𝒜, Formatvarianten (frühere Bezeichnung: stilistische Varianten) ad, Titelschriftvarianten T, Ordinalzeichen 1st und Brüche ½. Buttons, deren Funktion in der ausgewählten Schrift nicht verfügbar ist, sind grau – inaktiv – dargestellt.

Berechnet: $^1/_{1000}$ $^3/_4$ $^7/_9$
Zähler/Nenner: $^1/_{1000}$ $^7/_9$
Brüche: ¾ ½ ⅔

▲ **Abbildung 14.58**
OpenType-Optionen »Position« (untere Zeilen) im Kontrast zu berechneten Bruchziffern (obere Zeile)

14.4.7 Glyphen-Bedienfeld

Die meisten Schriften enthalten Zeichen, die entweder nicht über Tastaturkürzel zugänglich sind oder die Sie so selten verwenden, dass Sie sich die Kürzel nicht merken. Bei reinen Ornamentschriften ist es zudem nützlich, einen Überblick über die enthaltenen Formen zu bekommen.

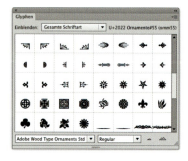

▲ **Abbildung 14.59**
Symbol-Zeichensatz

Im Glyphen-Bedienfeld sehen Sie alle Zeichen einer Schrift. Rufen Sie das Bedienfeld mit FENSTER • SCHRIFT • GLYPHEN, SCHRIFT • GLYPHEN oder im Dock mit dem Symbol 𝓐 auf.

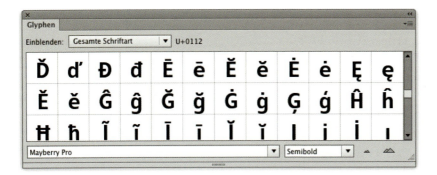

◀ Abbildung 14.60
Das Glyphen-Bedienfeld

Im Schriftartmenü am unteren Rand des Bedienfeldes wird die eingestellte Schrift angezeigt. Wenn Sie eine neue Schriftart auswählen, wird diese als Voreinstellung für neuen Text übernommen bzw. verändert die Formatierung ausgewählter Zeichen.

Die Darstellung der Glyphen der ausgewählten Schrift können Sie durch die Steuerungen des Bedienfeldes beeinflussen:

▶ Kleiner-Größer-Buttons ▲ ▲ : Klicken Sie auf den jeweiligen Button, um die Darstellung der Zeichen im Bedienfeld in festgelegten Schritten zu vergrößern oder zu verkleinern.
▶ EINBLENDEN: Der Funktionsumfang des Menüs am oberen Rand des Bedienfeldes variiert je nach eingestellter Schriftart. Ist eine Open-Type-Schrift mit »Layout-Features« ausgestattet, so können Sie die zu einzelnen Features gehörenden Zeichen im Bedienfeld anzeigen lassen, indem Sie die entsprechende Option aus dem Menü wählen (OpenType s. Abschnitt 14.4.6).

Zeichen auswählen | Um mit dem Glyphen-Bedienfeld ein Zeichen zu setzen, platzieren Sie den Text-Cursor an der gewünschten Stelle im Textobjekt und doppelklicken auf das Zeichen im Glyphen-Bedienfeld.

Alternativen | Aktivieren Sie einen Buchstaben in Ihrem Text, so wird dieses Zeichen im Glyphen-Bedienfeld hervorgehoben. Ein kleines Dreieck rechts unten in einem Glyphen-Feld deutet an, dass für dieses Zeichen alternative Formen vorhanden sind. Das Feature ist OpenType-Schriften vorbehalten. Klicken Sie lange auf das Glyphen-Feld, um ein Auswahlfeld mit den Alternativen für die Glyphe anzuzeigen. Wählen Sie das gewünschte Zeichen aus dem Auswahlfeld, um den aktivierten Buchstaben zu ersetzen.

[Font]
Schriften werden als »Fonts« in verschiedenen Formaten gespeichert. In den Schriftmenüs unter SCHRIFT • SCHRIFTART und im Zeichen-Bedienfeld erkennen Sie das Schriftformat: OpenType 𝐎, PostScript Type 1 𝒂, TrueType 𝐓𝐓, Multiple-Master 𝐌𝐌, Composite 🈁.

Bedienfeld zurücksetzen
Der Befehl BEDIENFELD ZURÜCK-SETZEN aus dem Bedienfeldmenü setzt die Darstellungsgröße der Glyphen auf die Voreinstellung zurück.

[Multiple Master]
Multiple Master (MM) war Adobes Weiterentwicklung des Type-1-Font-Formats. In einer Font-Datei sind bis zu vier »Design-Achsen« angelegt, mit deren Hilfe sich Schriftschnitte variieren lassen.
Das Format ging in der Entwicklung von OpenType auf. In Illustrator 9 konnten MM-Variationen noch erzeugt werden (Abbildung: Multiple-Master-Bedienfeld) – ab CS müssen Variationen im Font gespeichert sein, damit sie zur Verfügung stehen.

▲ Abbildung 14.61
Das MultipleMaster-Bedienfeld aus Illustrator 9

14.4.8 Rechtschreibprüfung

Illustrator kann die Rechtschreibung Ihrer Texte nach seinen Wörterbüchern in mehreren Sprachen prüfen. Durch das Zuweisen einer SPRACHE im Zeichen-Bedienfeld wählen Sie das Wörterbuch (s. Abschnitt 14.8). Rufen Sie die Rechtschreibprüfung auf, indem Sie BEARBEITEN • RECHTSCHREIBPRÜFUNG wählen – ⌘/Strg+I. Klicken Sie auf den Pfeil-Button OPTIONEN, um zu bestimmen, welche Kriterien in die Prüfung eingeschlossen werden sollen:

- ▶ SUCHEN: Geben Sie hier an, ob Illustrator die genannten Optionen als Fehler erkennen soll.
    - ▶ WIEDERHOLTE WÖRTER: Nur dann, wenn diese Option aktiviert ist, erkennt Illustrator zwei identische Wörter in Folge, die korrekt geschrieben sind, als Fehler.
- ▶ IGNORIEREN: Aktivieren Sie die Optionen in diesem Block, wenn Illustrator diese Inhalte nicht als Fehler erkennen soll.

Abbildung 14.62 ▶
Die Dialogbox RECHTSCHREIB-PRÜFUNG mit allen Optionen

Starten Sie die Überprüfung, indem Sie auf den Button BEGINNEN klicken. Illustrator hebt fehlerhafte Wörter hervor und zeigt den Satzzusammenhang an. Sie haben folgende Möglichkeiten:

- ▶ Klicken Sie auf IGNORIEREN, um die Prüfung fortzusetzen, ohne das Wort zu ändern.
- ▶ Klicken Sie auf ALLE IGNORIEREN, um dieses Wort während dieses Prüfungsdurchgangs nicht mehr als Fehler anzeigen zu lassen. Bei einer erneuten Prüfung wird es wieder bemängelt.
- ▶ Wählen Sie eine der vorgeschlagenen Schreibweisen unter VORSCHLÄGE, oder korrigieren Sie die Rechtschreibung des hervorgehobenen

Wortes im oberen Eingabefeld, und klicken Sie auf ÄNDERN, um dieses eine Vorkommen des Wortes zu berichtigen.
- Korrigieren Sie das Wort, und klicken Sie auf ALLE ÄNDERN, um alle Vorkommen des Wortes auf einmal durch Ihre Schreibweise zu ersetzen.
- Wenn die Rechtschreibung korrekt ist und Sie das Wort häufiger verwenden, nehmen Sie es in Ihr EIGENES WÖRTERBUCH auf, indem Sie auf HINZUFÜGEN klicken. Damit wird das Wort nicht mehr bemängelt.
- Klicken Sie auf FERTIG, um die Prüfung zu beenden.

14.4.9 Wörterbuch bearbeiten

Das EIGENE WÖRTERBUCH können Sie editieren, um z. B. eine größere Anzahl Begriffe im Voraus aufzunehmen oder die während einer Rechtschreibprüfung versehentlich hinzugefügten Wörter wieder zu löschen. Rufen Sie dazu BEARBEITEN • EIGENES WÖRTERBUCH BEARBEITEN… auf:

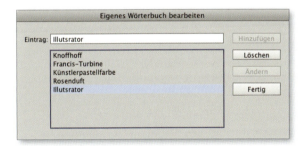

◄ Abbildung 14.63
Die Dialogbox EIGENES WÖRTERBUCH BEARBEITEN

- Um ein Wort in das eigene Wörterbuch einzutragen, geben Sie das Wort unter EINTRAG ein und klicken auf HINZUFÜGEN.
- Vorhandene Wörter wählen Sie aus, indem Sie in der alphabetischen Liste im unteren Feld darauf klicken.
- Aktivieren Sie ein Wort, und klicken Sie auf LÖSCHEN, um es aus dem Wörterbuch zu entfernen.
- Falsche Einträge können Sie korrigieren, indem Sie das Wort aktivieren, im Feld EINTRAG die Fehler berichtigen und anschließend auf ÄNDERN klicken.
- Beenden Sie die Bearbeitung mit dem Button FERTIG.

14.4.10 Suchen und ersetzen

Illustrator lässt Sie nach Texten suchen und gefundene Texte durch andere ersetzen – das ist ein Weg, um besondere Leerzeichen und Striche einzufügen, die Sie in Illustrator nicht tippen können. Um Text im gesamten Dokument zu suchen, heben Sie alle Auswahlen auf. Aktivieren

▲ Abbildung 14.64
Über SUCHEN UND ERSETZEN lassen sich einige Leerzeichen in Texte einfügen, die auf anderem Weg nicht erreichbar sind.

Sie ein Textobjekt oder einzelne Zeichen, um nur diese zu durchsuchen. Rufen Sie anschließend BEARBEITEN • SUCHEN UND ERSETZEN auf.

▲ **Abbildung 14.65**
Die Dialogbox SUCHEN UND ERSETZEN

Geben Sie den gesuchten Text sowie den Text, durch den Sie gefundene Stellen ersetzen lassen möchten, in die Eingabefelder ein. Alternativ wählen Sie ein Sonderzeichen aus dem Aufklappmenü, das Sie mit dem Pfeil neben dem Eingabefeld aufrufen.

Klicken Sie auf den Button SUCHEN, um die erste Fundstelle anzuzeigen. Erst dann sind die weiteren Buttons aktiv:

▶ ERSETZEN: Ersetzt den gefundenen Text durch den eingegebenen.
▶ ERSETZEN UND WEITERSUCHEN: Ersetzt den gefundenen Text und sucht die nächste Stelle.
▶ ALLE ERSETZEN: Ersetzt alle Fundstellen auf einmal.
▶ FERTIG: Klicken Sie auf den Button, um die Suche zu beenden.

Optionen | Suchen und ersetzen

▶ GROSS-/KLEINSCHREIBUNG: Die Groß- und Kleinschreibung muss exakt mit dem Suchbegriff übereinstimmen.
▶ GANZES WORT: Sucht die eingegebene Zeichenfolge nur als eigenständiges Wort, nicht als Wortbestandteil.
▶ RÜCKWÄRTS SUCHEN: Illustrator beginnt die Suche unten in der Stapelreihenfolge der Objekte.
▶ AUSGEBLENDETE EBENEN ÜBERPRÜFEN: Aktivieren Sie die Option, um auch in ausgeblendeten Ebenen nach dem Text zu suchen. Die Textobjekte werden während der Suche vorübergehend eingeblendet, jedoch werden die zugehörigen Ebenen im Ebenen-Bedienfeld nicht hervorgehoben.
▶ GESPERRTE EBENEN ÜBERPRÜFEN: Mit dieser Option können Sie auch gesperrte (fixierte) Ebenen durchsuchen und ändern. Die Ebene wird dabei nicht entsperrt.

▲ **Abbildung 14.66**
Darstellung von fixierten und ausgeblendeten Ebenen (zu Ebenen s. Abschnitt 11.1)

Standardschriftart ändern

Wenn Sie für alle neuen Dokumente eine andere Standardschriftart einrichten möchten, finden Sie dazu eine Anleitung in Abschnitt 14.7.2, »Zeichen- und Absatzformate«.

Schrift vermessen

Höhen messen | Die gebräuchliche Maßeinheit für die Schriftgröße – oder den *Schriftgrad* – ist der Punkt. Illustrator verwendet den DTP-Punkt. Er ist aus der Einheit Zoll/Inch abgeleitet, und 1 Punkt entspricht 1/72 Zoll, also gerundet 0,353 mm. Falls Sie typografische Maße lieber in einer anderen Maßeinheit bestimmen möchten, rufen Sie VOREINSTELLUNGEN • EINHEIT auf und wählen sie aus dem Menü unter TEXT.
Unterschiedliche Schriften sehen auch bei gleichem Schriftgrad häufig unterschiedlich groß aus. Das hat jedoch nichts mit Illustrator zu tun – im Font ist festgelegt, wie groß die dargestellten Zeichen im Verhältnis zur schriftgradbestimmenden Kegelhöhe (s. Abbildung rechts unten) sind.

Breiten messen | Die Breite des Abstands zwischen Buchstaben misst Illustrator in 1/1000 Geviert. Die Einheit Geviert bezieht sich auf die Schriftgröße – das Geviert hat bei einer 10-Punkt-Schrift eine Breite von 10 Punkt, also 10 × 0,353 mm = 3,53 mm.

Zeilenabstand | Der Zwischenraum zwischen den Textzeilen trägt maßgeblich zur Lesbarkeit eines Textes bei. Der Begriff *Zeilenabstand* (ZAB) bezeichnet den Abstand von einer Grundlinie zur nächsten. Der Zeilenabstand wird üblicherweise wie der Schriftgrad in Punkt gemessen.

Laufweite und Kerning | Horizontale Abstände zwischen Buchstaben und Wörtern beeinflussen Sie auf zweierlei Weise: Die Laufweite ist einem Zeichen zugeordnet und bestimmt den Abstand dieses Zeichens zu seinen Nachbarn. Das Kerning ist eine Distanzanpassung zwischen Buchstabenpaaren, deren Abstände nicht automatisch definiert werden können. Qualitätsschriften enthalten *Kerning-Tabellen* mit Einstellungen für problematische Buchstabenpaare.

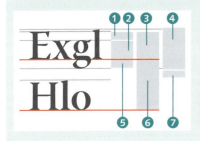

Oberlänge ❶
Mittellänge ❷
Unterlänge ❺
Versalhöhe ❸
Zeilenabstand ❻
Schriftkegel ❹
Durchschuss ❼

14.5 Zeichen formatieren

Zeichenformatierungen sind Einstellungen, die das Aussehen einzelner Buchstaben oder Wörter durch Festlegung von Schriftart und -größe, Zeilen- und Zeichenabständen u. a. bestimmen.

Das Zeichen-Bedienfeld | Dreh- und Angelpunkt für die Zuweisung von Zeichenformatierungen ist das Zeichen-Bedienfeld. Einige Zeichenformatierungen können Sie jedoch auch direkt über das Steuerungsbedienfeld und über das Schrift-Menü vornehmen.

Rufen Sie das Zeichen-Bedienfeld auf, indem Sie FENSTER • SCHRIFT • ZEICHEN (⌘/Strg+T) wählen oder (bei ausgewähltem Textobjekt) auf den Eintrag ZEICHEN im Steuerungsbedienfeld klicken. Im Dock klicken Sie auf das Symbol A.

Falls das Zeichen-Bedienfeld nicht alle Optionen anzeigt, wählen Sie OPTIONEN EINBLENDEN aus dem Bedienfeldmenü.

▲ **Abbildung 14.67**
Das Kontextmenü enthält häufig gebrauchte Befehle für Textobjekte.

▲ **Abbildung 14.68**
Aufrufen des Zeichen-Bedienfeldes über das Steuerungsbedienfeld bei aktivem Textobjekt

Kapitel 14 Text und Typografie

[Schriftschnitt]
Als Schriftschnitte bezeichnet man Varianten einer Schriftart, die zusammen eine Schriftfamilie bilden. Schräglaufende Schriftschnitte werden *kursiv* oder *italic* genannt.
Eine andere Schriftschnittvariable ist die Strichstärke, die je nach Schriftart von *extra light* bis *black* reichen kann.
Die dritte Variante wird durch die Zeichenbreite definiert: Für einige Schriften sind *condensed*- und *extended*-Schnitte erhältlich.

Light Condensed
Light Condensed Italic
SemiCondensed
SemiCondensed Italic
Semibold
Semibold Italic
Black SemiExtended
Black SemiExtended Italic

[Schriftart]
Eine Schriftart ist durch nach einem Grundmuster gestaltete Buchstaben, Ziffern und Satzzeichen gekennzeichnet. Varianten einer Schriftart – die Schriftschnitte – bilden eine Schriftfamilie.

Echt Fett
Echt Krass
Echt Kursiv
Echt Schräg

▲ Abbildung 14.70
Halbfette und künstlich gefettete sowie kursive und schräggestellte Schrift

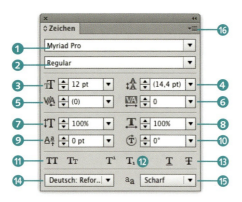

◄ Abbildung 14.69
Das Zeichen-Bedienfeld mit allen Optionen

Schriftart bzw. -familie ❶ und Schriftschnitt ❷ stellen Sie getrennt ein. Es folgen die Größenbestimmungen Schriftgrad ❸ (Größe der Schrift) und Zeilenabstand ❹, die horizontalen Abstände Kerning ❺ und Laufweite ❻.

Illustrator erlaubt eine horizontale ❼ und vertikale ❽ Skalierung von Zeichen, Sie können die Grundlinie einzelner Zeichen verschieben ❾ und einzelne Buchstaben innerhalb eines Textobjekts drehen ❿. Zeichen können in Großbuchstaben oder Kapitälchen umgewandelt ⓫, hoch- oder tiefgestellt ⓬ sowie unterstrichen bzw. durchgestrichen ⓭ und das Anti-Aliasing ⓯ für die Umrechnung in Pixel gewählt werden. Die Sprachwahl ⓮ hat große Auswirkungen auf Trennregeln und die Rechtschreibprüfung. Weitere Formatierungsoptionen finden Sie im Menü ⓰ des Zeichen-Bedienfeldes.

14.5.1 Grundlegende Formatierungen

Schriftfamilie | Mit dieser Einstellung weisen Sie einem Text eine auf Ihrem System installierte Schriftart zu. Aktivieren Sie das Textobjekt oder einzelne Zeichen, und wählen Sie eine Schriftart im Schriftfamilien-Menü. Falls ein Pfeil ▶ rechts vom Schriftnamen ein Untermenü anzeigt, müssen Sie darin auch den Schriftschnitt auswählen. Im Schriftschnitt-Menü listet Illustrator automatisch die zur Familie gehörigen Schnitte, wenn der Font entsprechend angelegt wurde. Rechnerisches Fettsetzen oder Schrägstellen, wie es einige Textverarbeitungsprogramme anbieten, ist nicht möglich.

Geben Sie alternativ die ersten Buchstaben des Namens der gewünschten Schrift in das Schriftnamen-Feld ein. Während Sie tippen, werden vorhandene Schriften mit Namen gewählt.

Unter SCHRIFT • ZULETZT VERWENDETE SCHRIFTEN listet Illustrator die zuletzt gewählten Fonts auf. Wie viele Schriften aufgelistet werden, bestimmen Sie in den VOREINSTELLUNGEN im Bereich SCHRIFT. In der Option ANZAHL DER ZULETZT VERWENDETEN SCHRIFTEN lässt sich ein Wert zwischen 1 und 15 bestimmen.

- **Font-Vorschau**: Im Ausklappmenü des Zeichen-Bedienfelds und im Menü SCHRIFT • SCHRIFTART werden die Schriftnamen in der jeweiligen Type dargestellt. Bei sehr vielen Schriften kann die Vorschau die Anzeige des Menüs verlangsamen.
  Falls Sie die Darstellung der Zeichenform nicht benötigen, wählen Sie VOREINSTELLUNGEN • SCHRIFT und deaktivieren die SCHRIFTVORSCHAU. Um die Vorschau in einer anderen Größe anzuzeigen, wählen Sie diese aus dem Menü SCHRIFTGRAD.
- **Fehlende Schriften**: Öffnen Sie ein Dokument, das Schriften verwendet, die auf Ihrem Computer nicht installiert sind, so zeigt Illustrator in einer Dialogbox eine Warnung und listet die Namen der ersetzten Schriften auf. Sie können den Öffnen-Vorgang abbrechen, um die fehlenden Schriften zu installieren, oder fortsetzen, um die Schriften durch andere zu ersetzen.
  Wenn Sie sehen möchten, an welcher Stelle im Dokument Schriften ersetzt wurden, wählen Sie DATEI • DOKUMENT EINRICHTEN... – [⌘]+[⌥]+[P] bzw. [Strg]+[Alt]+[P]. Aktivieren Sie im Bereich ANSCHNITT- UND ANZEIGEOPTIONEN die Einstellung ERSETZTE SCHRIFTEN HERVORHEBEN.

Comic Sans MS
Cooper Std
COPPERPLATE
couriTerz
Courier
Courier New
Courier Std
Cracked

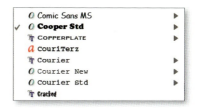

▲ **Abbildung 14.71**
Das Schrift-Menü

Font-Vorschau

Möchten Sie die Font-Vorschau nicht deaktivieren, verwenden Sie das Schriftauswahl-Menü des Steuerungsbedienfeldes – in diesem zeigt Illustrator keine Vorschau an. So können Sie bei Bedarf jederzeit auf ein Menü mit Vorschau zurückgreifen.

Schriftgrad/Schriftgröße | Den Schriftgrad wählen Sie entweder aus dem Menü oder tippen ihn in das Eingabefeld ein. Sie können Größen zwischen 0,1 Punkt und 1.296 Punkt in 0,001-Punkt-Schritten eingeben.

Schriftgrößenbegrenzung

Wenn Sie größere Schriftgrade als 1.296 Punkt benötigen, weisen Sie dem Textobjekt den Effekt TRANSFORMIEREN zu.

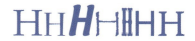

▲ **Abbildung 14.72**
Der Buchstabe H in 24 Punkt

Zeilenabstand | Der Zeilenabstand ist eine Eigenschaft des Zeichens. Wirksam für den Abstand zweier Textzeilen ist jeweils der größte in der unteren Zeile eingestellte Zeilenabstand. Um den Zeilenabstand einzustellen, wählen Sie mindestens ein Zeichen, besser jedoch den ganzen Absatz oder das Textobjekt aus und wählen einen Wert aus dem Menü oder geben ihn in das Eingabefeld ein.

Steht der Wert im Eingabefeld in Klammern, dann wurde der automatische Zeilenabstand zugewiesen. Die Voreinstellung für den automatischen Wert ändern Sie unter dem Eintrag ABSTÄNDE aus dem Menü des Absatz-Bedienfeldes.

In einem Textblock mit automatischem Zeilenabstand kann der Abstand der Textzeilen variieren, wenn einzelne Zeichen unterschiedliche Schriftgrößen und damit einen unterschiedlichen Zeilenabstand besit-

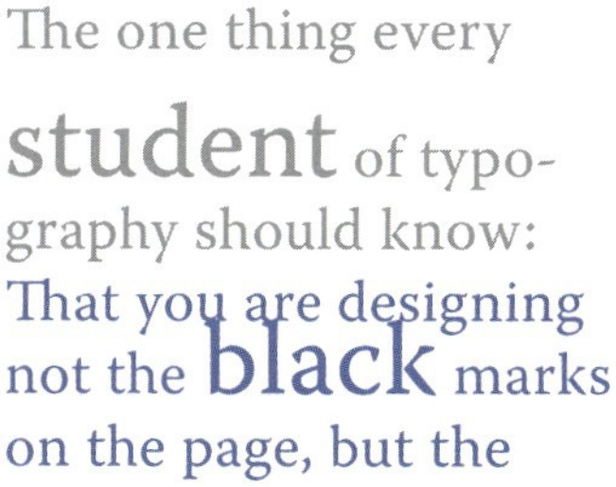
The one thing every
student of typo-
graphy should know:
That you are designing
not the black marks
on the page, but the

▲ **Abbildung 14.73**
Automatischer (oben) und fest definierter Zeilenabstand (unten)

Zeilenabstand = Schriftgröße
Doppelklicken Sie auf das Zeilenabstand-Symbol im Zeichen-Bedienfeld, um den Zeilenabstand auf denselben Wert zu setzen wie die Schriftgröße.

Kerning per Shortcut
Um ohne Umweg über das Zeichen-Bedienfeld den Abstand zweier Zeichen anzupassen, platzieren Sie den Cursor zwischen den beiden Buchstaben, und drücken Sie ⌥/Alt+← zur Verringerung oder ⌥/Alt+→ zur Vergrößerung des Abstands.

▲ Abbildung 14.74
Kerning zwischen problematischen Buchstabenpaaren

Verzerrungen zurücksetzen
Schriftverzerrungen können Sie mit dem Tastaturbefehl ⌘+⇧+X bzw. Strg+⇧+X zurücksetzen. Die Schriftgröße bleibt unberührt – die Breite wird auf 100 % gesetzt.

Condensed
Gequetscht

▲ Abbildung 14.75
Condensed-Schnitt und gestauchte Schrift

zen. Dies kann besonders dann verwirren, wenn ein Leerzeichen eine abweichende Größe besitzt.

Kerning | Einige Standard-Kerning-Einstellungen können Sie sowohl auf das ganze Textobjekt, auf ausgewählte Zeichen wie auch auf ein einzelnes Buchstabenpaar anwenden. Die Eingabe bestimmter Kerning-Werte ist nur für ausgewählte Buchstabenpaare möglich.

▶ AUTOMATISCH/METRISCH: Verwenden Sie die Standardeinstellung AUTOMATISCH, um die im Font gespeicherten Kerning-Tabellen zu verwenden, die die Abstände festlegen.

▶ OPTISCH: Besitzt der Font keine oder unzureichende Kerning-Tabellen oder mischen Sie verschiedene Schriften, dann wählen Sie OPTISCH. Illustrator passt die Abstände nach der Form der Buchstaben an.

▶ MANUELL: Als dritte Möglichkeit bleibt Ihnen manuelles Kerning von Buchstabenpaaren. Platzieren Sie den Text-Cursor zwischen die problematischen Zeichen, und wählen Sie einen Wert aus dem Kerning-Menü des Zeichen-Bedienfeldes, oder tippen Sie den gewünschten Wert direkt in das Eingabefeld ein.

Laufweite | Passen Sie die Laufweite an, indem Sie entweder den ganzen Textblock oder einzelne Buchstaben auswählen und anschließend im Zeichen-Bedienfeld unter LAUFWEITE einen Wert aus dem Menü wählen oder direkt in das Eingabefeld eintippen.

Die Laufweiten-Einstellung wirken sich zusätzlich zu eigenen Kerning-Einstellungen aus.

Sprache | Die Spracheinstellung bestimmt die Funktion der Rechtschreibprüfung und der Silbentrennung (s. Abschnitt 14.6.3).

14.5.2 Schrift umformen, verformen und verschieben

Stauchen und Strecken | Diese beiden Einstellungsmöglichkeiten sind mit großer Vorsicht zu verwenden. Wenn Sie eine schmalere oder breitere Schrift benötigen, sollten Sie nach einem entsprechenden Schriftschnitt oder einer anderen Schriftfamilie suchen.

Für Typografik oder die Gestaltung von Logos können Sie natürlich zu diesen extremen Mitteln greifen. Aktivieren Sie die Schriften, und geben Sie die gewünschten Werte ein – eine vertikale Skalierung verändert selbstverständlich die Höhe der Buchstaben. Der Zeilenabstand passt sich nicht an.

Grundlinienversatz | Mit dieser Option verschieben Sie einzelne Zeichen nach oben oder unten, ohne deren Größe zu verändern. Diese Option ist nützlich, um die Positionen von Zeichen aus Symbolschriften an Texte anzupassen.

▲ Abbildung 14.76
Grundlinienversatz eines Symbols

Drehung | Auch wenn Sie mehrere Zeichen aktiviert haben, werden Zeichen immer individuell um ihren jeweiligen Mittelpunkt gedreht. Das Kerning müssen Sie anschließend anpassen – je nach Drehwinkel entstehen teilweise große Lücken. Für folgende Situationen ist die Drehung nicht vorgesehen:

- **Ausrichtung**: Möchten Sie die Textausrichtung von horizontal auf vertikal – oder umgekehrt – ändern, aktivieren Sie das Textobjekt und wählen Schrift • Textausrichtung • Horizontal oder Vertikal.
- **Ganzen Text drehen**: Um das ganze Textobjekt zu drehen, aktivieren Sie es mit dem Auswahl-Werkzeug und drehen es mithilfe der Transformieren-Werkzeuge oder mit dem Transformieren-Bedienfeld (Transformieren s. Abschnitt 5.6).

▲ Abbildung 14.77
Unterschiedliche Drehwinkel

Unterstrichen und Durchgestrichen | Beim Unterstreichen wird eine Linie unter dem Text erzeugt – Sie können weder ihre Farbe noch ihre Stärke oder ihren Abstand zum Text beeinflussen. Vor allem können Sie die Linie nicht daran hindern, Unterlängen zu schneiden. Die Funktion hat einen Nutzen, um in Layouts für Webseiten Links darzustellen.

Mit der Option Durchgestrichen erzeugen Sie eine Linie, die die Texte durchstreicht. Auch ihre Stärke können Sie nicht beeinflussen. Diese Funktion könnte man zur Abstimmung von Text während der Korrekturphase gebrauchen.

[Unterschneiden]
Ein manuelles Verringern der Schriftabstände bezeichnet man als Unterschneiden. In Zeiten des Bleisatzes wurden dabei tatsächlich Teile des Schriftkegels abgeschnitten.

To design is much more than simply to assemble, to order or even to edit. To design is to transform Prose into poetry.

▲ Abbildung 14.78
Unterstreichungen und Durchstreichungen haben die Farbe des Textes. Für Hervorhebungen ist der fette oder kursive Schriftschnitt besser geeignet.

Kapitälchen | Kapitälchen sind Großbuchstaben, deren Höhe sich nach den Mittellängen richtet und deren Strichstärke der Strichstärke der Schrift angepasst ist. Daher lassen sich »echte« Kapitälchen nicht automatisch durch Skalierung aus Großbuchstaben erzeugen.

Um einen Text in Kapitälchen zu setzen, aktivieren Sie ihn und wählen Kapitälchen aus dem Menü des Zeichen-Bedienfeldes. Wenn Sie eine Schrift verwenden, in der Kapitälchen angelegt sind, werden diese verwendet. Ansonsten berechnet Illustrator die Kapitälchen aus den Versalien der Schrift. Die Grundlage der Berechnung ist die Voreinstellung von 70 % der Versalhöhe für die Größenanpassung der berechneten Kapitälchen. Sie können für das gesamte Dokument eine andere Voreinstellung im Bereich Textoptionen unter Datei • Dokument einrichten… eingeben.

Echte Kapitälchen im Text gesetzt

Falsche Kapitälchen im Text gesetzt

▲ Abbildung 14.79
Echte und gerechnete Kapitälchen – letztere wirken im Vergleich zu mager.

$NH_2CH_2CH_2OH$
$NH_2CH_2CH_2OH$

▲ **Abbildung 14.80**
Rechnerisch tiefgestellte Indexziffern (oben) im Vergleich mit echten Indexziffern

Achtung bei Verzerrungen

Die Einstellungen, die Sie im Zeichen-Bedienfeld vornehmen, werden nicht nur auf das aktivierte Objekt angewendet, sondern auch als Voreinstellung für neuen Text, den Sie erstellen. Achten Sie vor allem darauf, wenn Sie Verzerrungen anwenden.

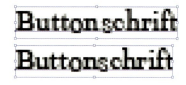

▲ **Abbildung 14.81**
Gebrochene Breiten (oben) und Systemlayout (unten)

Für Web speichern

In FÜR WEB UND GERÄTE SPEICHERN müssen Sie die Option SCHRIFT OPTIMIERT im Menü unter dem Reiter BILDGRÖSSE auswählen.

Hochgestellt/tiefgestellt – Indexziffern | Für mathematische oder chemische Formeln setzen Sie Zahlen im Text, aktivieren sie und wählen HOCHGESTELLT bzw. TIEFGESTELLT aus dem Bedienfeldmenü, um die Zahlen in Indexziffern umzuwandeln. Illustrator verwendet Indexziffern, sofern sie im Font angelegt sind. Enthält eine Schrift keine Indexziffern, werden sie rechnerisch erzeugt – mit denselben Nachteilen, die für Kapitälchen gelten. Die Variablen für die rechnerische Erzeugung von Indexziffern geben Sie ebenso im Bereich TEXTOPTIONEN unter DATEI • DOKUMENT EINRICHTEN… ein:

▶ GRÖSSE: Mit diesem Wert bestimmen Sie die Skalierung im Verhältnis zur Versalhöhe.
▶ POSITION: Geben Sie hier ein, um wie viel Prozent der Schriftgröße Sie die Indexziffer von der Schriftgrundlinie nach oben bzw. unten verschieben wollen.

14.5.3 Schriftdarstellung am Bildschirm verbessern

Systemlayout | Die Einstellung SYSTEMLAYOUT bewirkt, dass Buchstabenabstände immer in ganzen Pixeln ausfallen. Wenn Sie ein Screendesign entwickeln und Schriftgrößen unter 20 Punkt verwenden, sind die Texte mit den standardmäßig verwendeten gebrochenen Zeichenbreiten eventuell nicht gut lesbar. Aktivieren Sie in diesem Fall SYSTEMLAYOUT im Menü des Zeichen-Bedienfeldes. Diese Einstellung gilt im Gegensatz zu anderen für das gesamte Dokument.

Glättungsmethode für die Umrechnung in Pixel | Beim Exportieren der meisten Pixelformate wird auch der Text gerastert. Wie in Photoshop können Sie die GLÄTTUNGSMETHODE für Ihre Textobjekte wählen und damit die Lesbarkeit verbessern. Die Optionen unterscheiden sich in ihrer Stärke und optischen Wirkung. Mit den Optionen SCHARF und SCHÄRFER erfolgt die Glättung nur in horizontaler Richtung, sodass die Schriftgrundlinie exakt steht.

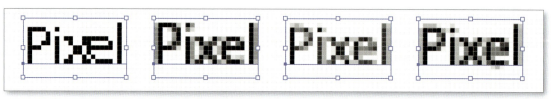

▲ **Abbildung 14.82**
Die Glättungsoptionen OHNE, SCHARF, SCHÄRFER, STARK (von links)

14.5.4 Satzoptionen

Umbrüche verhindern | Möchten Sie verhindern, dass Silben oder Wortgruppen getrennt werden, z. B. ein Wert und die dazugehörige Maßeinheit, dann aktivieren Sie diese Gruppe und wählen KEIN UMBRUCH aus dem Menü des Zeichen-Bedienfeldes.

Asiatische Optionen | Das Zeichen-Bedienfeld verfügt über weitere Optionen speziell für den Satz asiatischer Schriften. Um diese Optionen anzuzeigen, aktivieren Sie die Einstellung ASIATISCHE OPTIONEN EINBLENDEN unter VOREINSTELLUNGEN • SCHRIFT.

Die asiatischen Optionen können Sie auch für spezielle Satzarbeiten in lateinischen Schriftsystemen verwenden – mit der Option WARICHU aus dem Bedienfeldmenü ist es möglich, eine Zeile in weitere Zeilen aufzuteilen (s. Abbildung 14.83).

Zeilenumbruch erzwingen
Um einen Zeilenumbruch zu erzwingen, ohne einen Absatz zu erzeugen, tippen Sie ⇧+↵.

▲ **Abbildung 14.83**
Asiatische Optionen im Zeichen-Bedienfeld

14.5.5 Zeichenformatierungen auf andere Texte übertragen

Um eine Formatierung einfach aus einem vorhandenen Objekt zu übernehmen, verwenden Sie das Pipette-Werkzeug.

Aktivieren Sie das Textobjekt oder den Text, den Sie formatieren möchten. Wählen Sie das Pipette-Werkzeug – 🖋 –, und bewegen Sie es über den Text, dessen Formatierung Sie übernehmen möchten. Wenn das Cursorsymbol 🖋 angezeigt wird, klicken Sie auf den Text. Dessen Formatierung wird auf die aktivierte Schrift übertragen und in das Pipette-Werkzeug aufgenommen.

Sie können jetzt mit dem Pipette-Werkzeug durch Klicken und Ziehen andere Zeichen aktivieren, um diese ebenfalls zu formatieren.

▲ **Abbildung 14.84**
Dem Text wurde die Option WARICHU zugewiesen. In den WARICHU-Optionen stellen Sie die Anzahl der Zeilen und den Skalierungsfaktor ein.

14.5.6 Schriftart suchen

Um die verwendeten Schriften in Ihrem Dokument vor der Abgabe zu vereinheitlichen oder um nicht installierte Schriften dokumentweit einfach durch Alternativen zu ersetzen, verwenden Sie SCHRIFT • SCHRIFTART SUCHEN... Die Funktion SCHRIFTART SUCHEN wirkt sich leider nicht auf Schriften aus, die Sie in Diagrammen verwendet haben.

Im oberen Feld, SCHRIFTARTEN IM DOKUMENT, werden die im Dokument verwendeten Schriftschnitte aufgelistet. Nicht installierte Schriften sind mit einem Stern * gekennzeichnet. Die Reihenfolge ergibt sich durch die Stapelreihenfolge der Textobjekte. Klicken Sie auf einen Schriftnamen, um das jeweils erste Vorkommen dieser Schrift im Dokument hervorzuheben.

Kapitel 14 Text und Typografie

Werteingabe bestätigen

Wenn Sie Werte in die Eingabefelder des Zeichen-Bedienfeldes eintragen, bestätigen Sie mit ⏎ oder der Enter-Taste.
Um zu bestätigen und den Fokus in das nächste Feld zu setzen, verwenden Sie ⇥.

▲ **Abbildung 14.85**
Die Dialogbox SCHRIFTART SUCHEN

Font-Formate

Die Liste der Fonts lässt sich nach Formaten filtern – lesen Sie die Erklärungen zu den Formaten *OpenType* und *Multiple Master* an anderer Stelle in diesem Buch.
Type 1 bezeichnet PostScript-Fonts – sie sind vor allem daran zu erkennen, dass sie aus zwei Dateien bestehen.
Der Begriff *Roman* bezieht sich auf lateinische Schriften mit alphanumerischen Zeichen.
CID (**C**haracter **ID**entifier) dagegen steht für Schriften aus dem fernöstlichen Raum wie Japan, China oder Korea.
Mit der Option STANDARD beschränken Sie die Liste auf Systemfonts.

Im unteren Feld stellen Sie sich eine Liste der potenziellen Kandidaten für das Ersetzen zusammen.

▶ Im Menü ERSETZEN DURCH SCHRIFT AUS haben Sie die Wahl, ob nur die Schriften im aktuellen Dokument oder alle im System installierten Schriften angezeigt werden sollen.

▶ Kreuzen Sie bei IN LISTE EINSCHLIESSEN an, welche Font-Formate zum Ersetzen in Frage kommen.

Klicken Sie anschließend im oberen Feld auf den Namen der zu ersetzenden Schrift und im unteren Feld auf den Namen der Ersatzschrift. Das Ersetzen führen Sie mit einem der Buttons durch:

▶ ÄNDERN: Mit diesem Button ersetzen Sie die Schrift an der hervorgehobenen Stelle durch die ausgewählte Ersatzschrift und suchen anschließend nach dem nächsten Vorkommen.

▶ ALLE ÄNDERN: Ersetzt die Schrift im gesamten Dokument.

▶ SUCHEN: Sucht nach anderen Vorkommen im Dokument, ohne die Schrift zu ersetzen.

▶ LISTE SPEICHERN: Speichern Sie eine Liste der verwendeten Schriften als Textdatei.

▶ FERTIG: Mit diesem Button schließen Sie die Dialogbox.

Beim Ersetzen wird nur die Schriftart geändert, andere Zeichenformatierungen bleiben erhalten.

14.6 Absätze formatieren

Ein Absatz ist der Text, der zwischen zwei »Wagenrückläufen« ⏎ – engl. »Carriage Return« bzw. »CR« – steht. Absatzformatierungen können nur auf komplette Absätze angewandt werden. Um einen Absatz zu formatieren, aktivieren Sie das Textobjekt – die Einstellung wirkt für alle enthaltenen Absätze –, oder setzen Sie den Text-Cursor in den Absatz, den Sie formatieren möchten.

Löschen eines Carriage Returns

Wenn ein Wagenrücklauf zwischen zwei Absätzen herausgelöscht wird, geht eine eventuell abweichende Formatierung des zweiten Absatzes verloren, denn Illustrator wendet auf die gesamte Textpassage zwischen zwei Wagenrückläufen die Formatierung des ersten Absatzes an.

14.6.1 Das Absatz-Bedienfeld

Absatzformatierungen nehmen Sie im Absatz-Bedienfeld vor. Sie rufen das Bedienfeld auf, indem Sie FENSTER • SCHRIFT • ABSATZ wählen oder mit ⌘+⌥+T bzw. Strg+Alt+T. Im Dock ist es das Symbol ¶.

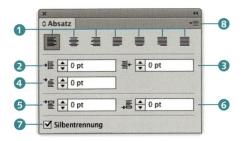

◀ **Abbildung 14.86**
Das Absatz-Bedienfeld

Hauptmerkmal einer Absatzformatierung ist die Ausrichtung ❶ des Textes. Weitere Eigenschaften eines Absatzformats sind der Abstand zum vorhergehenden ❺ oder folgenden Absatz ❻, die Größe des Texteinzugs am Beginn eines Absatzes ❹ sowie gegebenenfalls ein genereller Einzug am linken ❷ und/oder am rechten ❸ Textrand.

Verkettete Textobjekte

Wenn Sie verkettete Textobjekte formatieren, achten Sie darauf, alle Objekte der Kette auszuwählen. Wenn nur ein Textobjekt aus einer Verkettung aktiviert ist, wirkt sich die Formatierung auf alle Absätze aus, die in diesem Textobjekt beginnen, enden oder komplett enthalten sind.

14.6.2 Grundlegende Formatierungen

Textausrichtung | Die Benennung richtet sich danach, an welchem Rand eine Zeile bündig ist. Um einen Text auszurichten, wählen Sie den Absatz aus und klicken auf den gewünschten Ausrichtungs-Button im Absatz-Bedienfeld.

◀ **Abbildung 14.87**
Linksbündiger, rechtsbündiger, zentrierter Satz und Blocksatz im Layout dargestellt. Graue Balken repräsentieren jeweils eine Zeile Text.

Bei linksbündigem ≡ bzw. rechtsbündigem ≡ Text schließt der Text am linken bzw. rechten Rand ab. Auf der jeweils gegenüberliegenden Seite beginnen oder enden die Zeilen unregelmäßig. Jede Zeile ist beim zentrierten Satz ≡ einzeln mittig zum Textrahmen ausgerichtet. Im Gegensatz dazu werden im Blocksatz die Buchstaben- und Wortzwischenräume so variiert, dass der Text beidseitig am Rand bündig ist. In Illustrator können Sie vier Arten von Blocksatzeinstellungen zuweisen, die sich im Umgang mit der letzten Zeile unterscheiden. Am gebräuchlichsten ist die Einstellung Blocksatz, Letzte Zeile linksbündig ≡.

Abbildung 14.88 ▶
Blocksatz: letzte Zeile linksbündig, letzte Zeile zentriert, letzte Zeile rechtsbündig, Blocksatz (alle Zeilen), auch »erzwungener Blocksatz« genannt

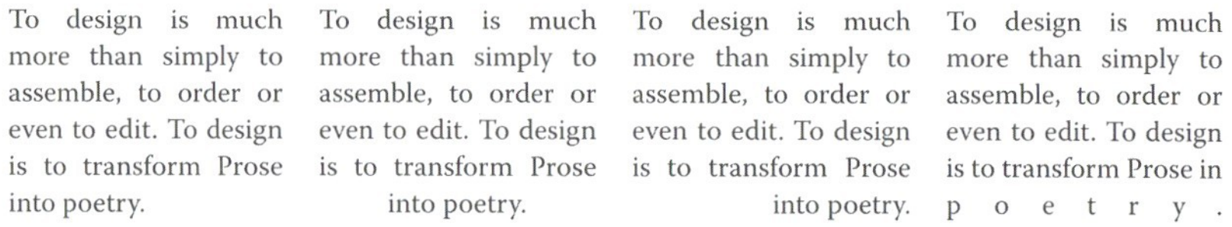

To design is much more than simply to assemble, to order or even to edit. To design is to transform Prose into poetry.

To design is much more than simply to assemble, to order or even to edit. To design is to transform Prose into poetry.

To design is much more than simply to assemble, to order or even to edit. To design is to transform Prose into poetry.

To design is much more than simply to assemble, to order or even to edit. To design is to transform Prose in p o e t r y .

Blocksatz in Illustrator

Illustrators Blocksatz funktioniert nicht korrekt. Vor allem in Verbindung mit dem Einzeilen-Setzer, mit im Text eingefügten bedingten Trennstrichen oder mit erzwungenen Zeilenumbrüchen erhalten Sie alles andere als saubere Ergebnisse. Besser funktioniert es mit dem Alle-Zeilen-Setzer und mit hängender Interpunktion. Die über den Textrahmen ragenden Zeichen der hängenden Interpunktion könnten jedoch unerwünscht sein.

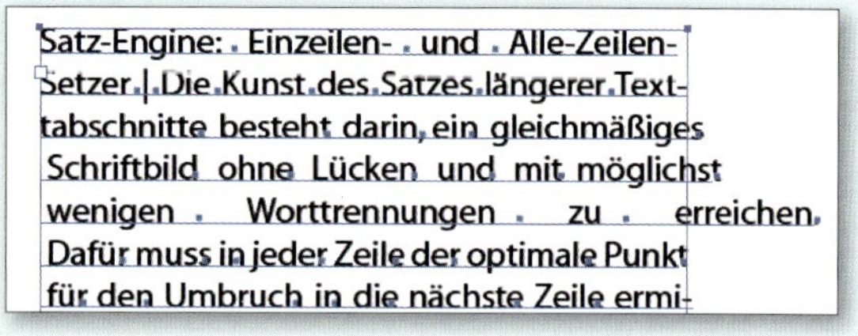

Satz-Engine: . Einzeilen- . und . Alle-Zeilen-Setzer. | .Die.Kunst.des.Satzes.längerer.Text-tabschnitte besteht darin, ein gleichmäßiges Schriftbild ohne Lücken und mit möglichst wenigen . Worttrennungen . zu . erreichen. Dafür muss in jeder Zeile der optimale Punkt für den Umbruch in die nächste Zeile ermi-

Einzüge | Mit Einzügen bestimmen Sie den Abstand des Textes zur Begrenzung des Textobjekts. Sie können Einzüge der ersten Zeile ⁺≡ sowie generelle Einzüge am linken ≡⁺ und rechten ≡⁺ Rand des Absatzes einrichten.

Abbildung 14.89 ▶
Einzug links, Einzug rechts, Einzug links in erster Zeile, hängender Einzug

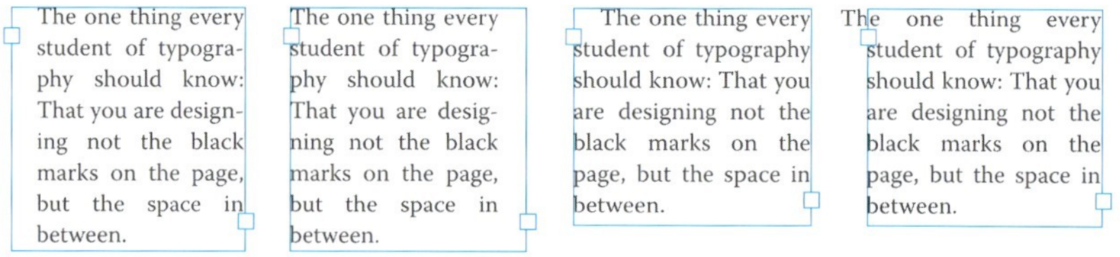

The one thing every student of typography should know: That you are designing not the black marks on the page, but the space in between.

The one thing every student of typography should know: That you are designing not the black marks on the page, but the space in between.

The one thing every student of typography should know: That you are designing not the black marks on the page, but the space in between.

The one thing every student of typography should know: That you are designing not the black marks on the page, but the space in between.

Absatz auswählen

Die Optionen werden dem ausgewählten Absatz zugewiesen! Dies sind der oder die Absätze im aktivierten Textobjekt oder der Absatz, in dem die Einfügemarke steht bzw. Zeichen ausgewählt sind.

Um Einzüge einzurichten, geben Sie den Abstand, um den Sie die Zeile oder den Absatz einziehen wollen, in das entsprechende Eingabefeld ein. Einen »hängenden Einzug« – also das Herausragen der ersten Zeile nach links – erreichen Sie, indem Sie einen negativen Wert unter Einzug links in erster Zeile eingeben (dies ist in Illustrator ohne einen gleichzeitigen linken Einzug möglich).

Abstände zwischen Absätzen | Um Absätze besser voneinander zu trennen, legen Sie Abstände fest, die zwischen den Absätzen zum Zeilenabstand addiert werden. Dieser Methode sollten Sie den Vorzug geben vor der Erzeugung der Abstände durch zusätzliche Zeilenschaltungen, da Sie mit ABSTAND VOR und NACH ABSATZ viel einfacher die Höhe des Abstands beeinflussen können.

Für einen Abstand zwischen der Oberkante des Textobjekts und dem ersten Absatz verwenden Sie ERSTE GRUNDLINIE in der Dialogbox SCHRIFT • FLÄCHENTEXTOPTIONEN… (s. Abschnitt 14.2.2).

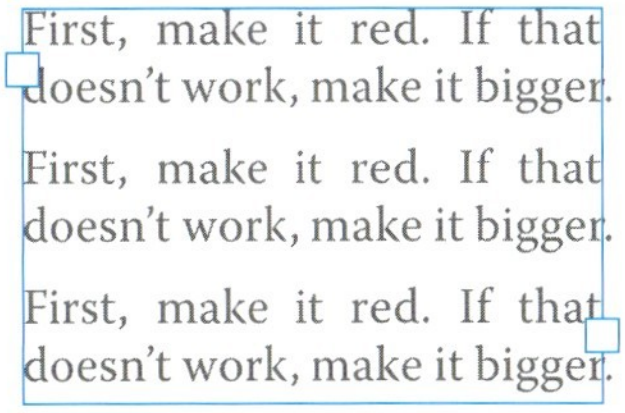

▲ Abbildung 14.90
Abstände zwischen Absätzen

14.6.3 Umbruchoptionen

Hängende Interpunktion und optischer Randausgleich | Bindestriche, Punkte, Anführungszeichen und andere Satzzeichen wirken weniger massiv als Buchstaben. Befinden sich diese Zeichen am bündigen Rand eines Absatzes, dann erscheint dieser Rand unruhig. Die »hängende Interpunktion« lässt den Spaltenrand optisch glatter aussehen. Um hängende Interpunktion auf einen Absatz anzuwenden, setzen Sie den Text-Cursor in den Absatz und wählen HÄNGENDE INTERPUNKTION ROMAN aus dem Menü des Absatz-Bedienfeldes. Einige Satzzeichen ragen anschließend komplett über den Absatzrand hinaus, andere zum Teil.

Der optische Randausgleich gleicht die Ränder aller Absätze eines Textobjekts aus, indem die Kanten einiger Zeichen über den Rand des Textobjekts hinausragen. Aktivieren Sie das Objekt mit dem Auswahl-Werkzeug, und wählen Sie SCHRIFT • OPTISCHER RANDAUSGLEICH.

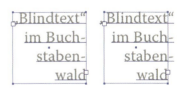

▲ Abbildung 14.91
Ohne (links) und mit (rechts) hängender Interpunktion – hängende Interpunktion sollten Sie nicht auf nebeneinanderstehende Blocksatzspalten anwenden, da die Zwischenräume unsauber wirken.

Einzeilen-Setzer

Diese Option arbeitet nach der Methode, die im Fotosatz und in den Anfangszeiten des DTP vorherrschte. **Jede Zeile wird für sich betrachtet** und nach den in den Dialogen SILBENTRENNUNG und ABSTÄNDE festgelegten Regeln in sich ausgeglichen. Dadurch können in einem an sich gut ausgeglichenen Abschnitt **einzelne Zeilen durch ungünstige Abstände** auffallen. Wenn Sie die Kontrolle über den Satz selbst in der Hand behalten möchten, sollten Sie diese Option wählen.

Der EINZEILEN-SETZER geht nach folgenden Regeln vor: Beim Ausgleichen der Zeile hat die Verringerung oder Vergrößerung der Wortabstände Vorrang vor der Silbentrennung. Die Silbentrennung wird der Verringerung oder Erhöhung der Zeichenabstände vorgezogen. Ist eine Abstandsveränderung nötig, so wird der Abstand eher verringert als erhöht.

Alle-Zeilen-Setzer

Bei dieser Methode werden ein **Netz von Umbruchpunkten innerhalb eines Absatzes** sowie deren Wechselwirkungen aufeinander zusammen betrachtet, und die jeweils optimalen Punkte werden herausgefiltert. Die Filterung geschieht auf der Basis von »Abwertungspunkten« für ungünstige Faktoren. Die höchste Priorität haben gleichmäßige Wort- und Zeichenabstände. Je größer die Abweichung von den gewünschten Werten ist, desto größer ist die Abwertung des Umbruchpunkts. Eine zusätzliche Abwertung gibt es für Silbentrennungen.

Der ALLE-ZEILEN-SETZER nimmt **mehr Rechenzeit** in Anspruch, führt in den meisten Fällen aber zu besseren Ergebnissen. Sie haben jedoch **weniger Kontrolle über einzelne Zeilen**. Nehmen Sie Textänderungen an einer Zeile vor, werden oft nicht nur die folgenden, sondern auch vorhergehende Zeilen neu umbrochen.

Kapitel 14 Text und Typografie

▲ **Abbildung 14.92**
Ohne (links) und mit (rechts) optischen Randausgleich

 Exkurs: TeX
In den 1980er Jahren beschrieben Donald E. Knuth und Michael F. Plass als Erste den Schriftsatz als komplexes Informatikproblem und suchten nach Alternativen für den damaligen Ansatz, zeilenweise vorzugehen. Sie entwickelten den Algorithmus für den Zeilenumbruch, der zum Kernstück von Knuths Public-Domain-Software TeX wurde.

Sprache einstellen!
Stellen Sie sicher, dass Sie die korrekte Sprache für den Absatz eingestellt haben, bevor Sie die Silbentrennung (und die Ausrichtung) detailliert einstellen.

Bedingte Trennstriche
Vorrang vor den in den Wörterbüchern definierten Trennungen haben die manuell im Text eingegebenen »bedingten Trennstriche« oder »weichen Trennungen«. Bedingte Trennstriche können Sie in Illustrator eventuell nicht direkt setzen, der Import (z. B. über die Zwischenablage) funktioniert jedoch.

Satz-Engine: Einzeilen- und Alle-Zeilen-Setzer | Die Kunst des Satzes längerer Textabschnitte besteht darin, ein gleichmäßiges Schriftbild ohne Lücken und mit möglichst wenigen Worttrennungen zu erreichen. Dafür muss in jeder Zeile der optimale Punkt für den Umbruch in die nächste Zeile ermittelt werden. In den meisten Fällen gibt es keinen optimalen Punkt, an dem umbrochen werden kann, sondern mehrere zweitbeste Lösungen. Mit den Optionen EINZEILEN- und ALLE-ZEILEN-SETZER bestimmen Sie, wie Illustrator die Umbruchpunkte auswählen soll.

Silbentrennungswörterbücher | Wo die Rechtschreibregeln eine Trennung zulassen, ermittelt Illustrator anhand der Hunspell-Wörterbücher. Wählen Sie in VOREINSTELLUNGEN • SILBENTRENNUNG… unter STANDARDSPRACHE das Wörterbuch aus, das Sie standardmäßig benutzen.

▶ **Trennungsausnahmen**: Möchten Sie ein Wort von der Trennung ausnehmen, geben Sie es in das Eingabefeld NEUER EINTRAG ein und klicken auf HINZUFÜGEN. Um das Wort wieder aus der Trennungsliste zu entfernen, aktivieren Sie es und klicken LÖSCHEN.
▶ **Abweichende Sprache**: Im Zeichen-Bedienfeld können Sie für einzelne Wörter oder sogar Zeichen ein eigenes Wörterbuch bestimmen (s. Abschnitt 14.4.8).

Silbentrennung | Die Silbentrennungsoptionen im Menü des Absatz-Bedienfeldes bestimmen die ästhetischen Richtlinien für die Trennung von Wörtern. Die Optionen stellen Sie in Illustrator absatzweise ein. Aktivieren Sie die VORSCHAU, damit Sie die Auswirkung Ihrer Einstellungen auf den ausgewählten Text beobachten können.

▲ **Abbildung 14.93**
Die Dialogbox SILBENTRENNUNG

14.6 Absätze formatieren

- **Silbentrennung:** Damit aktivieren Sie die Silbentrennung. Ist die Option deaktiviert, wird lediglich an im Text gesetzten Bindestrichen getrennt.
- **Mindestwortlänge:** Ein Wort muss mindestens die hier angegebene Anzahl Zeichen lang sein, um überhaupt für eine Trennung in Betracht gezogen zu werden.
- **Kürzeste Vorsilbe:** Geben Sie hier die Anzahl Buchstaben an, die mindestens vor dem Trennstrich stehen bleiben müssen.
- **Kürzeste Nachsilbe:** Dieser Wert bestimmt, wie lang der abgetrennte Teil des Wortes mindestens sein muss. Beide Kürzeste Silbe-Werte sollten jeweils nicht kleiner als 2 sein.
- **Max. Trennstriche:** Hier definieren Sie, in wie vielen aufeinanderfolgenden Zeilen Trennungen auftreten dürfen. Da die Satz-Engine ohnehin Trennungen vermeidet, ist der voreingestellte Wert 2 nicht zu hoch.
- **Trennbereich:** Diese Option betrifft nur links- und rechtsbündige sowie zentrierte Absätze, die Sie mit der Option Einzeilen-Setzer versehen. Damit legen Sie einen Bereich am jeweils nicht ausgeglichenen Seitenrand fest – also dem rechten Rand bei linksbündigem Satz –, in dem der Text »flattern« darf. Ist ein Wort zu lang für eine Zeile, dann prüft Illustrator zunächst, ob der Weißraum zu groß wird, wenn vor dem Wort umbrochen wird. Nur wenn das der Fall ist, wird das Wort getrennt. Je breiter Sie den Trennbereich definieren, desto weniger Trennungen erfolgen also und desto stärker flattert der Text. Mit dem Wert 0 geben Sie keine Einschränkung vor.
- **Trennregler:** Mit dem Regler beeinflussen Sie die Prioritäten der Satz-Engine – also die Vergabe der »Abwertungspunkte« –, indem Sie angeben, ob Sie eher eine Veränderung der Abstände (nach rechts schieben) oder mehr Trennungen (nach links schieben) akzeptieren. Die Option betrifft alle Satzarten.
- **Gross geschriebene Wörter trennen:** Für den deutschen Sprachraum sollte diese Option aktiviert bleiben, da ansonsten keine Hauptwörter getrennt würden.

Abstände (früher: Ausrichtung) | Hier definieren Sie, wie Illustrator beim Ausgleichen der Zeilen mit den horizontalen Abständen umgeht. Dabei entspricht die Reihenfolge der Optionen in der Dialogbox (Wortabstand, Zeichenabstand, Glyphenabstand) dem Vorrang, den die Satz-Engine ihnen bei der Ausführung einräumt.

Aktivieren Sie zunächst die Vorschau, damit Ihre Einstellungen im bearbeiteten Text sofort angewendet werden.

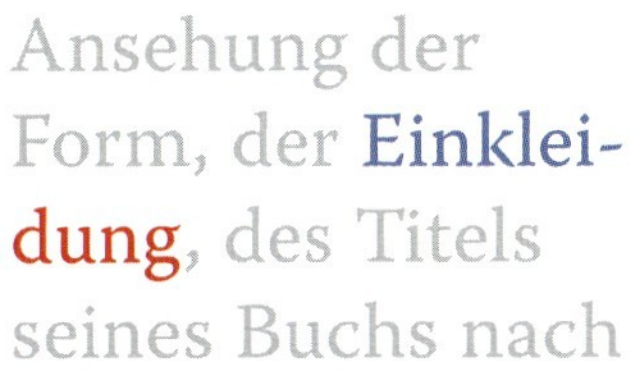

Ansehung der Form, der **Einkleidung**, des Titels seines Buchs nach

▲ Abbildung 14.94
Vorsilbe (blau) und Nachsilbe (rot)

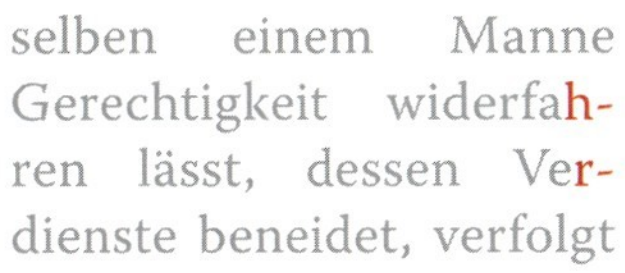

selben einem Manne Gerechtigkeit widerfahren lässt, dessen Verdienste beneidet, verfolgt

▲ Abbildung 14.95
Max. Trennstriche – setzen Sie den Wert auf 0, um der Satz-Engine »freie Hand« zu geben.

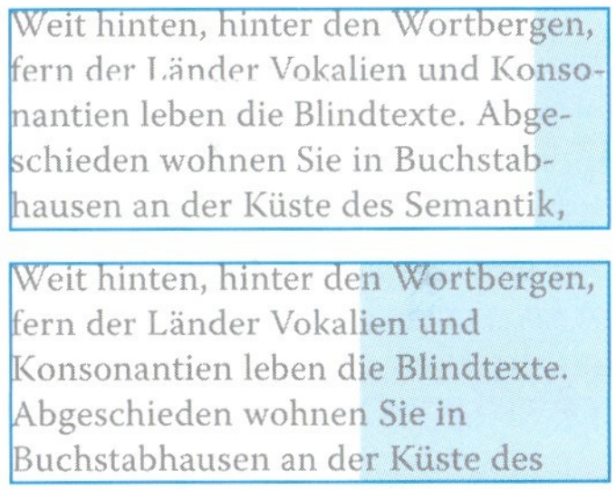

Weit hinten, hinter den Wortbergen, fern der Länder Vokalien und Konsonantien leben die Blindtexte. Abgeschieden wohnen Sie in Buchstabhausen an der Küste des Semantik,

Weit hinten, hinter den Wortbergen, fern der Länder Vokalien und Konsonantien leben die Blindtexte. Abgeschieden wohnen Sie in Buchstabhausen an der Küste des

▲ Abbildung 14.96
Trennbereich 24 (oben) und 80 Pt (unten): Erst wenn ohne Trennung der markierte Bereich »leer« biebe, wird ein Wort getrennt.

Weblayouts

Beim Erstellen von Webseiten-Layouts deaktivieren Sie die Silbentrennung, um das Verhalten von Webbrowsern zu simulieren. Dies hilft Ihnen unter anderem dabei, einzuschätzen, ob die Spaltenbreiten ausreichen.

Abbildung 14.97 ▶
Die Dialogbox ABSTÄNDE

Optimaleinstellung?

Für die Abstände gibt es keine allgemeingültige Optimaleinstellung. Die jeweiligen Werte sind abhängig von der Spaltenbreite (Anzahl der Zeichen), den Proportionen der verwendeten Schrift und dem gesetzten Text (kurze oder lange Wörter).

Wer sich nicht in Ansehung der Form, der Einkleidung, des Titels

Wer sich nicht in Ansehung der Form, der Einkleidung, des Titels

Wer sich nicht in Ansehung der Form, der Einkleidung, des Titels seines Buchs

▲ **Abbildung 14.98**
Oben: Voreinstellung – erzeugt hier große Wortabstände, unten links: Zeichenabstände vergrößert, unten rechts: Zeichenabstände reduziert

Wer sich nicht in Ansehung der Form, der Einkleidung,

▲ **Abbildung 14.99**
Hier wurde Glyphe-Skalierung von 60 % bis 150 % erlaubt.

Wenn also ein Autor nichts Schädliches und nichts Unsinniges sagt, so muß man ihm erlauben, seine Gedanken drucken zu lassen.

Wenn also ein Autor nichts Schädliches und nichts Unsinniges sagt, so muß man ihm erlauben, seine

▲ **Abbildung 14.100**
Der Zeilenabstand wirkt kleiner, wenn die Mittellänge der Schrift größer ist.

Die horizontalen Abstände definieren Sie, indem Sie den optimalen Wert bestimmen und die Toleranz nach unten und oben begrenzen. Die prozentualen Angaben beziehen sich auf die jeweils »normalen Abstände«, die in der Font-Datei bzw. im Zeichen-Bedienfeld vorgegeben sind.

▶ WORTABSTAND: Mit diesen Werten geben Sie die erlaubten Abstände zwischen Wörtern als prozentualen Anteil des »normalen« Abstands an. Erlaubt sind Werte zwischen 0 und 1.000 %. Ein unveränderter Wert entspricht der Eingabe »100 %«.

▶ ZEICHENABSTAND: Bestimmt den Abstand zwischen einzelnen Buchstaben. Im Unterschied zu den anderen Optionen geben Sie hier die Höhe der Abweichung an. Um keine Abweichung vom »Normal«-Abstand zuzulassen, tragen Sie »0« ein. Zulässig sind Eingaben zwischen –100 und 500 %.

▶ GLYPHENABSTAND: Diese Bezeichnung ist irreführend. Eigentlich geht es um eine horizontale Skalierung der Buchstaben. Obwohl Ihnen allein bei dem Gedanken daran wahrscheinlich die Haare zu Berge stehen, kann sie bei hartnäckigen Satzproblemen hilfreich sein. Eine horizontale Skalierung zwischen 97 und 103 % der normalen Buchstabenbreite bemerken nur Experten, Illustrator akzeptiert Werte zwischen 50 und 200 %.

▶ AUTOM. ZEILENABSTAND: Hier geben Sie an, wie der automatische Zeilenabstand (s. Abschnitt 14.5.1) berechnet wird. Vorgabe ist der allgemein übliche Wert von 120 %.

▶ EINZELNES WORT AUSRICHTEN: Wählen Sie aus dem Ausklappmenü, wie Wörter ausgerichtet werden, die mitten im Absatz allein in einer Zeile stehen – was naturgemäß nur bei sehr schmalen Spalten auftritt. Die Ausrichtung der letzten Zeile eines Absatzes im Blocksatz ist nicht davon beeinflusst.

Aufgrund des komplexen Algorithmus zur Ermittlung der optimalen Umbruchpunkte erzielen Sie häufig bessere Ergebnisse, wenn Sie den

Toleranzbereich nicht so stark einengen. Der gewünschte Wert hat für die Satz-Engine ohnehin Priorität.

14.6.4 Tabulatoren

Proportionalschriften – Schriften, deren einzelne Glyphen unterschiedliche Breiten besitzen – werden mithilfe von Tabulatoren ausgerichtet. Tabulatoren sind Steuerzeichen innerhalb des Textes, die dazu dienen, in einem Absatz senkrechte Kolonnen anzulegen. Diesen Steuerzeichen werden Positionen zugewiesen, an denen sie den folgenden Text nach definierbaren Regeln ausrichten.

Die Verwendung von Tabulatoren geschieht in zwei Schritten: Die Steuerzeichen müssen mit der Tabulatortaste ⇥ in den Text gesetzt und die Positionen mithilfe des Tabulatoren-Bedienfeldes ausgerichtet werden. Solange Sie keine Positionen eingerichtet haben, verwendet Illustrator den Standardabstand von einem halben Zoll – ca. 13 mm.

Tabulator und Tab Stop

Etwas Konfusion entsteht durch die Tatsache, dass man mit dem Begriff »Tabulator« sowohl das Steuerzeichen als auch die Positionsmarke bezeichnet.
In der englischen Sprache besteht ein Unterschied: Das Steuerzeichen wird als »Tab«, die Positionsmarke als »Tab Stop« bezeichnet.

Tabulatoren setzen | Für das Arbeiten mit Tabulatoren sollten Sie im Menü SCHRIFT zunächst die verborgenen Zeichen einblenden – ⌘+⌥+I bzw. Strg+Alt+I. Tabulatoren werden jeweils vor die auszurichtenden Zeichen gesetzt.

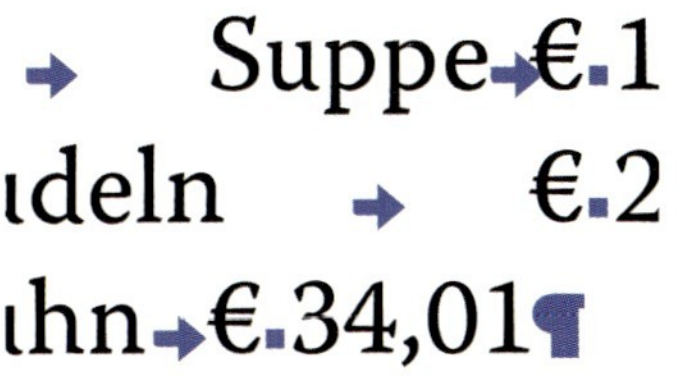

Positionen der Tabulatoren definieren | Rufen Sie das Tabulatoren-Bedienfeld auf, um die Tabulatoren zu positionieren: Wählen Sie FENSTER • SCHRIFT • TABULATOREN – ⌘/Strg+⇧+T, im Dock.

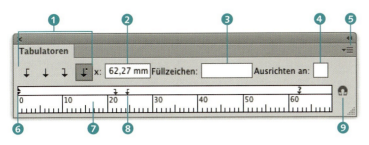

▲ Abbildung 14.101
Als Kennzeichnung des Tabulators hat sich bei DTP-Software ein Pfeil eingebürgert.

◀ Abbildung 14.102
Das Tabulatoren-Bedienfeld

Je nach Textausrichtung hat das Tabulatoren-Bedienfeld eine horizontale (wie in der Abbildung) oder eine vertikale Form. Mit einem Klick auf den Magnet-Button ❾ können Sie das Bedienfeld exakt am aktivierten Textobjekt ausrichten. Dabei wird auch die Bedienfeldbreite angepasst. Mit dem Größenänderungsfeld rechts unter dem Magnet-Button können Sie die Breite manuell einstellen.

Mit den beiden Dreiecken im Tabulatorlineal legen Sie Einzüge fest ❻. Ziehen Sie das obere Dreieck, um die erste Zeile einzuziehen, das untere, um einen linken Einzug für den gesamten Absatz zu definieren.

▲ Abbildung 14.103
Monospace- und Proportionalschrift

```
Nr.  →  123456  →    Suppe €.12,59↵
Nr.  →  3456 → Nudeln  →    €.2,97↵
Nr.  →  23468 → Huhn → €.34,01¶
```

```
Nr. → 123456 → Suppe....→..€.12,59↵
Nr. → 3456 → Nudeln ....→. €.2,97↵
Nr. → 23468 → Huhn ....→. €.34,01¶
```

▲ **Abbildung 14.104**
Tabulatoren im Text, Rohfassung (oben) und ausgerichtet (unten)

124 Pizza   🐟🐟🐟   4,95
125 Pasta   🐟🐟🐟   6,79
126 Salat   🐟🐟🐟   3,56

▲ **Abbildung 14.105**
Sonderzeichen lassen sich als Füllzeichen verwenden – Sie können die gewünschten Zeichen auch via Zwischenablage in das Eingabefeld einfügen. Falls Sie wie in diesem Beispiel eine andere Schriftart für die Füllzeichen verwenden, muss dieser Font dem Tabular zugewiesen werden, damit Sie das Füllzeichen sehen.

Die vorgenommenen Einstellungen werden ins Absatz-Bedienfeld übertragen.

Die Tabulator-Ausrichtungsbuttons ❶ legen fest, wie der Tabulator ❽ den Text anordnet:

▶ ⬇ Richtet Text an der definierten Position linksbündig aus; nach rechts »flattert« der Text. Blocksatzeinstellungen für den Absatz werden ignoriert.
▶ ⬇ An der Tabulatorposition wird der Text zentriert.
▶ ⬇ Verdrängt den Text von der Tabulatorposition nach links.
▶ ⬇ Die Ausrichtung erfolgt an einem Dezimal- oder einem anderen beliebigen definierbaren Zeichen, das Sie in das Eingabefeld AUSRICHTEN AN ❹ eintragen.

Die Position der Tabulatoren geben Sie direkt in das Tabulatorposition-Eingabefeld ❷ ein oder klicken auf das Tabulatorlineal ❼. In beiden Fällen können Sie Maße in Schritten von 0,01 mm mit bis zu 99 Positionen je Zeile bestimmen.

Der Raum zwischen den mit Tabulatoren ausgerichteten Texten kann mit bis zu acht verschiedenen Füllzeichen überbrückt werden, die Sie im Eingabefeld ❸ festlegen.

Optionen | Bedienfeldmenü ❺ des Tabulatoren-Bedienfeldes

▶ AN EINHEIT AUSRICHTEN: Aktivieren Sie diese Option im Bedienfeldmenü, um den Tabstopp beim Verschieben im Tabulatorlineal an den in der jeweiligen Zoomstufe sichtbaren Linealunterteilungen auszurichten.
▶ TABULATOR WIEDERHOLEN: Aktivieren Sie einen Tabstopp im Lineal, und wenden Sie diesen Menübefehl an, um das Lineal mit gleichartigen Tabulatoren aufzufüllen. Als Abstand wird der Abstand links vom ausgewählten Tabstopp bis zum Einzug oder nächsten Tabulator verwendet.
▶ TABULATOR LÖSCHEN: Möchten Sie einen Tabstopp löschen, ziehen Sie ihn aus dem Lineal heraus oder aktivieren ihn und verwenden diesen Befehl.
▶ ALLE TABULATOREN LÖSCHEN: Wählen Sie diesen Befehl, um alle Tabulatoren im Lineal durch die Standardtabulatoren im Abstand von ca. 13 mm zu ersetzen.

Modifizierungsmöglichkeit | Tabulatoren-Bedienfeld
Drücken Sie ⌘/Strg, und ziehen Sie einen Tabstopp, um diesen und alle folgenden Tabstopps im Lineal gemeinsam zu verschieben. Ziehen

Sie den Tabstopp dabei aus dem Lineal heraus, werden auch alle folgenden Tabstopps entfernt.

**Schritt für Schritt
Tabulatoren einsetzen**

1 Planung

An dem Beispiel eines Theaterprogramms werden Sie mit Tabulatoren, Einzügen und Absatzabständen arbeiten. Öffnen Sie zunächst die Datei »Programm.ai« von der DVD. Sie enthält den Text ohne Tabulatoren.

◀ **Abbildung 14.106**
Schema für die Anwendung der Einzüge und Tabulatoren

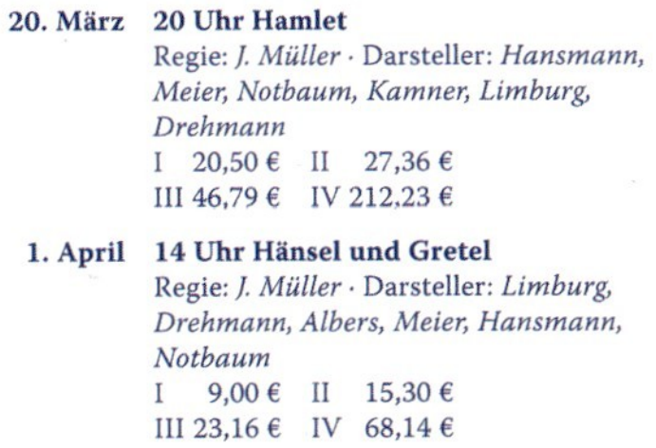

Die Ausrichtung des Haupttextes erfolgt mit einem linken Einzug: Das Datum ist durch Definition eines negativen Erstzeileneinzugs nach links herausgerückt. Tabulatoren positionieren das Datum und den Veranstaltungstitel – darüber hinaus dienen sie hauptsächlich der Ausrichtung der Preise.

▲ **Abbildung 14.107**
Fertiges Layout

2 Textsatz

Ergänzen Sie die Tabulatoren und Zeilenumbrüche im Textsatz der Datei, und richten Sie die Breite des Flächentextobjekts ein:

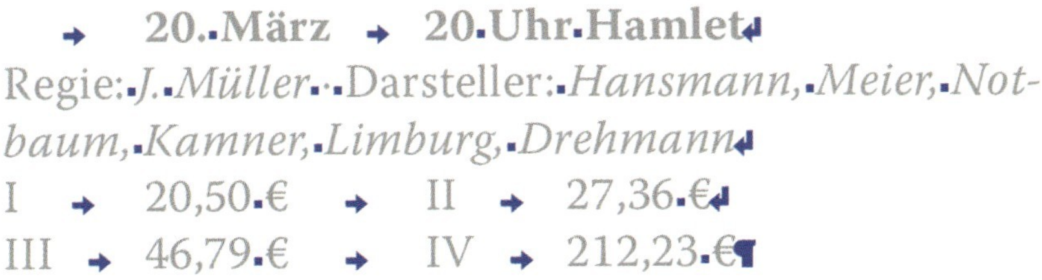

◀ **Abbildung 14.108**
Position der Tabulatorzeichen, Zeilen- und Absatzschaltungen

Zeilenumbrüche – ⇧ + ↵ – sind nach dem Veranstaltungstitel und jeweils vor einer Preiszeile gesetzt. Die Namen umbrechen am Rand des Textrahmens automatisch. Eine Absatzschaltung ↵ erfolgt erst am Ende eines Veranstaltungsblocks.

▲ Abbildung 14.109
Einzug definieren

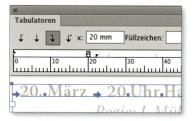

▲ Abbildung 14.110
Das Datum rechtsbündig ausrichten

▲ Abbildung 14.111
Tabulator auf der Einzugsmarke

Unterschied zu InDesign

Falls Sie das Tabulator-Handling aus InDesign gewohnt sind: Dort würde dieser Tab Stop nicht benötigt – Illustrator erkennt die Einzugsmarken nicht als Tabulator-Positionen.

▲ Abbildung 14.112
Verschieben eines Tabulators

3 Einzüge

Einzüge und Tabulatoren können Sie absatzweise einrichten, indem Sie den Text-Cursor in einen Absatz setzen. In diesem Fall definieren Sie die Tabulatoren jedoch für das gesamte Textobjekt.

Aktivieren Sie es mit dem Auswahl-Werkzeug, und rufen Sie mit FENSTER • SCHRIFT • TABULATOREN das Tabulatoren-Bedienfeld auf. Mit dem Magnet-Button richten Sie es am Textobjekt aus.

Zunächst richten Sie den linken Einzug und den negativen Erstzeileneinzug ein. Mit den Linealen im Tabulatoren-Bedienfeld ist das einfach. Ziehen Sie das untere Dreieck auf dem Lineal so weit nach rechts, dass links des Einzugs ausreichend Platz für das Datum entsteht. Auf diese Weise definieren Sie beide Einzüge »in einem Rutsch«. Notieren Sie sich die Position – sie wird im Tabulatorposition-Eingabefeld angezeigt.

4 Datum und Titel

Anschließend richten Sie die Daten rechtsbündig aus. Klicken Sie auf die Position auf dem Lineal: 1–2 mm links von der Einzugsmarke und dann auf den Button RECHTSBÜNDIGER TABULATOR (Abbildung 14.110).

Der nächste Tabulator soll den Text nicht rechts-, sondern linksbündig ausrichten. Solange der eben gesetzte Tabulator im Lineal aber noch hervorgehoben ist, ändern Sie die Ausrichtung nicht, damit würden Sie den aktiven Tabulator umdefinieren.

Die Position – direkt auf der Einzugsmarke – können Sie nicht durch Anklicken festlegen. Klicken Sie stattdessen auf eine Position neben der Einzugsmarke. Während die Tabulatormarke noch aktiviert ist, klicken Sie auf den Button LINKSBÜNDIGER TABULATOR und geben die in Schritt 3 notierte Position der Einzugsmarke in das Eingabefeld ein. Bestätigen Sie die Eingabe mit ↵ (Abbildung 14.111).

5 Preise

Die Preiskategorien und Preise richten Sie mit linksbündigen und Dezimaltabulatoren aus.

Der aktive Tabstopp lässt sich nicht deaktivieren, sodass Sie erst mit einem Klick ins Lineal einen neuen rechtsbündigen setzen und diesen anschließend mit einem Klick auf in einen Dezimaltabulator umwandeln müssen.

Geben Sie ein Komma in das Feld AUSRICHTEN AN ein, und bestätigen Sie die Eingabe mit ↵. Dezimaltabulatoren sind schwierig zu positionieren. Klicken und ziehen Sie die Marke auf dem Lineal – eine senkrechte Linie zeigt die Position des Tabulators im Textblock an. Anschließend setzen Sie einen linksbündigen Tabulator für die Preiskategorie und einen weiteren Dezimaltabulator für die anderen Preise. ∎

14.7 Zeichen- und Absatzformate

Die Einstellungen, die Sie im Zeichen- und/oder Absatz-Bedienfeld vornehmen, können Sie als »Format« abspeichern und anschließend auf Texte anwenden. Dies hat mehrere Vorteile:

- Sie ersparen sich das erneute Eingeben der Optionen.
- Sie riskieren nicht, eine Einstellung zu vergessen/zu verwechseln.
- Sie können Änderungen an einer Stelle – in der Formatdefinition – vornehmen, und sie werden automatisch in den Textobjekten übernommen.

Formate werden im Zeichenformate- und im Absatzformate-Bedienfeld verwaltet. Rufen Sie die Bedienfelder über FENSTER • SCHRIFT • ZEICHENFORMATE bzw. ABSATZFORMATE auf. Im Dock finden Sie die Bedienfelder unter den Symbolen 🅰 bzw. 🅰.

Formatnamen wählen

Wählen Sie einen Namen für das Format, der sich auf die Struktur des Textes bezieht, z. B. »Bildunterschrift«. So erkennen Sie das Format auch dann noch, wenn Sie einzelne Merkmale ändern. Lassen Sie dagegen die Formatnamen auf einer Eigenschaft basieren, wird es verwirrend, wenn Sie gerade diese Eigenschaft ändern, z. B. »Text rot« die Farbe Blau zuweisen.

14.7.1 Besonderheiten der Illustrator-Textformate

Illustrators Absatz- und Zeichenformate besitzen einige Eigenheiten, die Sie kennen sollten, um die Formate effektiv einsetzen zu können.

Abhängigkeiten | Alle Absatzformate sind »Kinder« des [NORMALEN ABSATZFORMATS]. Weitere voneinander abhängige Formatgruppen lassen sich nicht anlegen.

Hierarchie | Das [NORMALE ZEICHENFORMAT] definiert die grundlegende Formatierung der Zeichen. Von ihm übernimmt das [NORMALE ABSATZFORMAT] alles, was es nicht selbst festlegt. Weitere Absatzformate, die Sie anlegen, übernehmen wiederum die Definitionen aus dem [NORMALEN ABSATZFORMAT], die sie nicht beinhalten. Daraus ergibt sich jedoch auch, dass Sie mit Illustrator-Formaten meist nicht bezogen auf den Inhalt semantisch korrekt auszeichnen können.

Formate entfernen | Illustrator besitzt kein Format [OHNE], Sie können Texte also nicht explizit **nicht** auszeichnen, lediglich auf das [NORMALE ZEICHENFORMAT] bzw. [NORMALE ABSATZFORMAT] zurücksetzen.

Absatzeigenschaften undefiniert | Sowohl im Zeichen- wie auch in einem Absatzformat können einzelne Optionen nicht definiert sein. Aufgrund der unüblichen Hierarchie und der Abhängigkeit vom [NORMALEN ZEICHENFORMAT] werden Formate in Illustrator dadurch ein wenig unberechenbar.

▲ Abbildung 14.113
Um wie in diesem Beispiel zwei Schrifthierarchien aufbauen zu können, muss das [NORMALE ZEICHENFORMAT] einbezogen werden: es bestimmt die Fließtextschriftart und -größe. Das [NORMALE ABSATZFORMAT] legt den Text linksbündig an. Ein weiteres Absatzformat definiert die Überschriften. Mit einem Zeichenformat wird das Überschriftenformat zur Schrift für den Titel. Ein weiteres Zeichenformat legt Auszeichnungen im Fließtext an.

14.7.2 Formate verwalten

Zeichen- und Absatzformate können Sie wie Grafikstile oder andere Vorgaben verwalten. Im Vergleich zu InDesign sind die Funktionen stark eingeschränkt – ein Austausch von Formaten zwischen beiden Programmen ist ebenfalls nicht möglich.

Formate anlegen | Ein Zeichenformat definiert Attribute, die Sie im Zeichen-Bedienfeld einstellen. Ein Absatzformat enthält alle Zeichen-Formatierungen und zusätzlich die Attribute aus dem Absatz-Bedienfeld.

Um ein Format auf der Basis eines bereits formatierten Textes anzulegen, aktivieren Sie einige Zeichen, die die gewünschte Formatierung aufweisen, und wählen NEUES ZEICHENFORMAT bzw. NEUES ABSATZFORMAT aus dem jeweiligen Bedienfeldmenü.

▲ **Abbildung 14.114**
Das Absatzformate-Bedienfeld: Override (Abweichung) ❶, NEUES FORMAT ERSTELLEN ❷, AUSGEWÄHLTE FORMATE LÖSCHEN ❸

Formate editieren | Möchten Sie ein Format editieren, heben Sie alle Auswahlen auf und doppelklicken auf den Namen des Formats im jeweiligen Formate-Bedienfeld. Oder aktivieren Sie das Format, und wählen Sie ZEICHEN- bzw. ABSATZFORMATOPTIONEN... aus dem Bedienfeldmenü. Aktivieren Sie VORSCHAU, um Änderungen an den Texten anzuzeigen, denen Sie das Format zugewiesen haben.

Formate laden | Formate aus anderen Illustrator-Dokumenten können Sie in Ihr aktuelles Dokument laden. Dazu wählen Sie aus dem Bedienfeldmenü des Zeichenformate- bzw. Absatzformate-Bedienfeldes den Eintrag ZEICHENFORMATE bzw. ABSATZFORMATE LADEN... Zeichen- und Absatzformate gemeinsam laden Sie mit dem Befehl ALLE FORMATE LADEN.... In der Dialogbox wählen Sie das Illustrator-Dokument, das die gewünschten Formate enthält, und klicken auf ÖFFNEN. Die Formate erscheinen in den entsprechenden Bedienfeldern des aktuellen Dokuments. Hat eines der zu importierenden Formate einen Namen, der im aktuellen Dokument bereits vorkommt, wird dieses Format nicht importiert.

Formate löschen | Bevor Sie Formate löschen, heben Sie alle Auswahlen im Dokument auf. Anschließend aktivieren Sie das oder die Formate, die Sie löschen möchten. Die im Dokument nicht verwendeten Formate wählen Sie aus, indem Sie ALLE NICHT VERWENDETEN AUSWÄHLEN aus dem Bedienfeldmenü aufrufen. Klicken Sie auf den Button AUSGEWÄHLTE FORMATE LÖSCHEN, um die Formate zu löschen. Zeichen- und Absatzformate müssen getrennt gelöscht werden.

Standardschriftart ändern

Auch die Standardschriftart, die jedem neuen Text zugewiesen wird, basiert auf einer Formatdefinition. Wenn Sie den Standardfont dauerhaft ändern möchten, öffnen Sie die entsprechende Vorlagendatei (für Print, Web, Film etc.) aus dem Ordner BENUTZER • [NAME] • LIBRARY • APPLICATION SUPPORT • ADOBE • ADOBE ILLUSTRATOR CS6 • DE_DE • NEW DOCUMENT PROFILES bzw. DOKUMENTE UND EINSTELLUNGEN • [NAME] • APPLICATION DATA • ADOBE • ADOBE ILLUSTRATOR CS6 SETTINGS • DE_DE • NEW DOCUMENT PROFILES.
In dem Dokument rufen Sie das Zeichenformate-Bedienfeld auf und bearbeiten den Eintrag [NORMALES ZEICHENFORMAT]. Wählen Sie die gewünschten Zeichenformatierungen aus, und speichern Sie das Format und die Datei. Schließen Sie die Datei – ein Neustart von Illustrator ist nicht erforderlich.

14.7.3 Formate anwenden

Zeichenformate lassen sich auf einzelne Zeichen, Zeichenketten oder Textobjekte anwenden. Absatzformate können Sie Absätzen oder Textobjekten zuweisen. Weisen Sie einer Zeichenfolge ein Zeichenformat zu, indem Sie die Zeichen aktivieren und im Zeichenformate-Bedienfeld auf den gewünschten Eintrag klicken.

Um einem Absatz ein Absatzformat zuzuweisen, setzen Sie die Textmarke in den Absatz und klicken auf den gewünschten Eintrag im Absatzformate-Bedienfeld.

Override – Abweichung | Nehmen Sie nach der Zuweisung eines Formats über das Zeichen-, OpenType- oder Absatz-Bedienfeld Änderungen an der Formatierung eines Zeichens oder Absatzes vor, so erzeugen Sie ein »Override« (eine Abweichung) des zugewiesenen Formats. Dies wird durch ein Pluszeichen hinter dem Formatnamen im Formate-Bedienfeld angezeigt (Abbildung 14.114). Möchten Sie das Override in die Formatdefinition übernehmen, aktivieren Sie das Format und wählen ZEICHENFORMAT bzw. ABSATZFORMAT NEU DEFINIEREN aus dem Bedienfeldmenü. Soll andererseits der Text wieder die im Format definierten Eigenschaften annehmen, wählen Sie ABWEICHUNGEN LÖSCHEN aus dem Bedienfeldmenü oder drücken ⌥/Alt und klicken auf den Formatnamen.

Format anwenden
Denken Sie daran, das Format auch dem Text zuzuweisen, aus dem Sie es generiert haben. Nur dann übernimmt dieser Text Änderungen, die Sie gegebenenfalls später an dem Format vornehmen.

Abwandlung eines bestehenden Formats
Um ein neues Format auf der Basis eines bestehenden zu erstellen, ziehen Sie den Namen des gewünschten Formats über den Button NEUES FORMAT ERSTELLEN, oder wählen Sie FORMAT DUPLIZIEREN aus dem Bedienfeldmenü. Dann nehmen Sie die Änderungen in den Optionen vor.

14.8 Mit Texten gestalten

Textobjekte besitzen eine besondere Hierarchie, die Sie kennen sollten, wenn Sie alle Möglichkeiten ausschöpfen wollen, Texte mit Eigenschaften wie Flächen, Verläufen, Konturen und Effekten zu versehen und dabei editierbar zu erhalten.

14.8.1 Einfache Aussehen-Optionen

Textobjekte erhalten voreingestellt die im Zeichenformat [NORMALES ZEICHENFORMAT] eingestellte Flächen- und Konturfarbe (s. dazu Hinweis »Standardschriftart ändern«). Um Schrift anders einzufärben oder ihr eine Kontur zuzuordnen, verfahren Sie genauso wie bei jedem anderen Illustrator-Objekt. Aktivieren Sie das Textobjekt oder mit dem Textwerkzeug einzelne Buchstaben, und bestimmen Sie z. B. im Farbfelder-Bedienfeld eine Farbe oder ein Muster (keinen Verlauf) für die Fläche. Jetzt sehen wir uns die Eigenschaften auf dem Textobjekt einmal im Aussehen-Bedienfeld genauer an.

▲ Abbildung 14.115
Von oben: Editierbarer Text mit Verläufen, Gestaltung eines Textobjekts mit mehreren Konturen und Mustern, 3D-Extrudieren

Ist das Textobjekt aktiviert, sind im Aussehen-Bedienfeld keine Eigenschaften sichtbar, das Bedienfeld enthält jedoch den Eintrag ZEICHEN.

Abbildung 14.116 ▶
Die Flächenfarbe des Textes wird zwar im Werkzeugbedienfeld angezeigt, im Aussehen-Bedienfeld ist jedoch nur der Eintrag ZEICHEN enthalten, keine Eigenschaften.

Um die Objekte zu verstehen, zeichnen Sie zum Vergleich ein Rechteck und weisen ihm ebenfalls eine farbige Fläche zu. Diese Fläche sehen Sie im Aussehen-Bedienfeld.

Abbildung 14.117 ▶
Im Gegensatz dazu wird beim Rechteck die Flächenfarbe auch im Aussehen-Bedienfeld angezeigt.

Wenn Sie das Rechteck gruppieren (⌘/Strg+G), ist wie beim Textobjekt im Werkzeugbedienfeld die farbige Fläche zu sehen, im Aussehen-Bedienfeld jedoch nur noch der Eintrag INHALT. Doppelklicken Sie den Eintrag INHALT, dann wird die farbige Fläche wieder angezeigt. Nun doppelklicken Sie auch den Eintrag ZEICHEN bei Ihrem Textobjekt, und Sie sehen dort ebenfalls dessen Fläche.

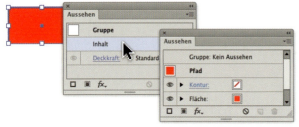 

▲ **Abbildung 14.118**
Im Vergleich eines Textobjekts mit dem gruppierten Rechteck sehen Sie die Verwandtschaft: Textobjekte sind »Behälter« für die Zeichen.

Ein Textobjekt ist also – ähnlich wie eine Gruppe – ein Container, der den Inhalt – die Zeichen – enthält. Wenn Sie Schriften auf die gewohnte Weise formatieren, werden die Eigenschaften den Zeichen zugewiesen. Den Zeichen können Sie jedoch nur durchgefärbte sowie Musterflächen und -konturen zuweisen.

14.8.2 Komplexe Aussehen-Optionen

Soll ein Text dagegen mit Verläufen, Mehrfachkonturen, Pinseln oder Effekten versehen werden oder sollen Kontur und Fläche unterschiedliche Transparenzeinstellungen erhalten, müssen Sie mit Eigenschaften des Textobjekts arbeiten. Um dem Textobjekt, also der SCHRIFT, diese Eigenschaften zuordnen zu können, müssen Sie eine Kontur und Fläche für die SCHRIFT anlegen. Klicken Sie im Aussehen-Bedienfeld den Button NEUE FLÄCHE HINZUFÜGEN oder NEUE KONTUR HINZUFÜGEN.

▲ Abbildung 14.119
Einen Workshop zu Mehrfachkonturen finden Sie in Kapitel 13.

▲ Abbildung 14.120
Das Textobjekt hat jetzt ein eigenes Aussehen, für das alle Möglichkeiten der Farben, Muster, Verläufe und Effekte bereitstehen.

Im Aussehen-Bedienfeld wird durch die zwischen Schrift und Zeichen eingefügten Zeilen FLÄCHE und KONTUR erkennbar, dass die SCHRIFT ab sofort ein eigenes Aussehen hat. Wenn Sie fortan auf das gesamte Textobjekt eine neue Aussehen-Eigenschaft anwenden, wird diese nicht wie vorher an die einzelnen Zeichen weitergereicht, sondern direkt dem Aussehen der Schrift zugeordnet. Die entsprechenden Eigenschaften der einzelnen Zeichen bleiben unangetastet.

Der Schrift können mehrere Flächen und Konturen zugeordnet werden, und anders als Kontur und Fläche der ZEICHEN können Sie die Reihenfolge der Eigenschaften der SCHRIFT verändern. Beachten Sie, dass im Werkzeugbedienfeld und im Steuerungsbedienfeld nur die Eigenschaften der im Aussehen-Bedienfeld jeweils aktiven FLÄCHE oder KONTUR angezeigt werden. Um eine andere Fläche oder Kontur zu ändern, müssen Sie die zugehörige Zeile im Aussehen-Bedienfeld aktivieren.

▲ Abbildung 14.121
Schrift mit einem Verlauf – der Effekt PFAD VERSCHIEBEN dient dazu, das Zeichen etwas fetter zu gestalten.

Schrift mit Verläufen gestalten | Die beschriebene Vorgehensweise wird benötigt, um eine Schrift mit einem Verlauf zu versehen, ohne sie dazu in Pfade umwandeln zu müssen. Wählen Sie NEUE FLÄCHE HINZUFÜGEN aus dem Bedienfeldmenü. Diese Fläche gestalten Sie mit dem gewünschten Verlauf. Möchten Sie dagegen komplexere Verläufe anlegen, können Sie diese mithilfe einer Angleichung oder eines Gitterobjekts erzeugen. Dann legen Sie den Schriftzug als Schnittmaske auf das Gitter oder die Angleichung (s. Abschnitt 14.8.7).

▲ Abbildung 14.122
Text als Schnittmaske für ein Angleichungsobjekt

▲ **Abbildung 14.123**
»Normale« Kontur auf den Zeichen (oben); zusätzliche Kontur auf der Schrift (unten, mit Aussehen-Bedienfeld)

▲ **Abbildung 14.124**
Dem Textpfad lassen sich nachträglich Konturen zuweisen.

▲ **Abbildung 14.125**
Transparente Fläche

> **Hinweis**
>
> Haben Sie bereits die SCHRIFT mit Konturen und Flächen versehen, sind Kontur und/oder Fläche des Text- oder Begrenzungspfades nicht sichtbar.

Konturschrift | Normalerweise beeinträchtigt eine Kontur die Form eines Buchstabens, da sie von der Mitte aus berechnet wird (s. Abbildung 14.123). Da sich auch die Ausrichtung der Kontur am Pfad nicht ändern lässt (s. Abschnitt 9.1.1), müssen Sie zu einem Trick greifen: Weisen Sie dem Text zunächst die gewünschte Füllung zu. Anschließend rufen Sie das Aussehen-Bedienfeld auf und wählen NEUE KONTUR HINZUFÜGEN aus dem Bedienfeldmenü. Die Kontur müssen Sie im Bedienfeld unter den Eintrag ZEICHEN schieben. Weisen Sie dieser Kontur die gewünschte Farbe und Stärke zu.

14.8.3 Pfad- und Flächentexte

Der Vektorpfad eines Textpfades oder eines Flächentextes gehört ebenfalls zum Textobjekt, wird aber bezüglich der Aussehen-Eigenschaften separat behandelt.

Textpfade | Obwohl Illustrator bei der Umwandlung eines Vektorpfades in einen Textpfad alle vorhandenen Aussehen-Eigenschaften löscht, können Sie ihn nachträglich wieder mit allen möglichen Eigenschaften versehen.

Aktivieren Sie dazu den Textpfad mit dem Direktauswahl-Werkzeug, und ordnen Sie ihm mit den entsprechenden Bedienfeldern die gewünschten Aussehen-Eigenschaften zu.

Flächentexte | Auch auf den Begrenzungspfad eines Flächentextes können Sie Kontur- und Flächeneigenschaften sowie Effekte und Transparenzeinstellungen anwenden.

Transparente Fläche eines Flächentextes | Wenn Sie den »Textrahmen« mit dem Direktauswahl-Werkzeug auswählen, können Sie ihm Eigenschaften zuweisen, die sich nicht auf den Text auswirken. Möchten Sie das Beispiel aus Abbildung 14.125 nachbauen, gehen Sie wie folgt vor:

1. Erstellen Sie einen Flächentext, und formatieren Sie den Text. Zur Flächenbegrenzung sollten Sie unter SCHRIFT • FLÄCHENTEXTOPTIONEN einen VERSATZABSTAND eingeben.
2. Anschließend wählen Sie die Begrenzung des Flächentextes mit dem Direktauswahl-Werkzeug aus.
3. Rufen Sie das Aussehen-Bedienfeld auf, und weisen Sie der Fläche eine Farbe zu. Anschließend verwenden Sie das Transparenz-Bedienfeld, um die Deckkraft der Fläche einzustellen.

14.8.4 Überdrucken von Schwarz

Setzen Sie schwarze Schrift auf farbigen Untergrund, so empfiehlt es sich zur Vermeidung von »Blitzern« bei Passerungenauigkeiten, schwarze Schriften grundsätzlich zu »überdrucken«, d. h., ihre Form im Untergrund nicht auszusparen.

Einige Programme richten das Überdrucken schwarzer Schriften automatisch ein. Illustrator dagegen »spart sie aus« – Sie müssen also manuell das Überdrucken einstellen (s. Abschnitt 20.3.3).

▲ Abbildung 14.126
Ungenauigkeiten beim Übereinanderdrucken der einzelnen Farben sind dafür verantwortlich, dass das weiße Papier durch die bedruckte Fläche »blitzt«.

14.8.5 Spezialeffekte

Auf Textobjekte, ihre Füllungen oder Konturen können Sie Effekte anwenden. Die Texte bleiben editierbar.

Pathfinder | Einen eng gesetzten Text können Sie mit einer Outline versehen, indem Sie Effekt • Pathfinder • Hinzufügen auf das Textobjekt anwenden (Workshop s. S. 388).

Wenn Sie mehrere Textobjekte mit einem Pathfinder-Effekt verbinden wollen, müssen Sie sie zunächst gruppieren.

▲ Abbildung 14.127
Ist Text ausgewählt, sind die Verzerrungshüllen über einen Button im Steuerungsbedienfeld aufrufbar.

Zusammengesetzte Formen | Anstelle der Pathfinder-Effekte Hinzufügen, Schnittmenge bilden, Schnittmenge entfernen und Subtrahieren können Sie zusammengesetzte Formen bilden. Um eine zusammengesetzte Form aus mehreren Textobjekten zu erstellen, gruppieren Sie die Textobjekte nicht.

Verzerrungen | Text können mit Hüllen verformt werden, ohne dass Sie sie vorher in Pfade umwandeln müssen. Ist ein Textobjekt ausgewählt, dann stehen im Steuerungsbedienfeld zwei Befehle zur Erstellung von Hüllen in einem Button 🗔 zur Verfügung, und Sie können direkt eine Verzerrung anwenden.

14.8.6 Button erstellen

Einen Button, der sich automatisch an die Textlänge anpasst, erstellen Sie mithilfe der Aussehen-Eigenschaften:
1. Erzeugen Sie ein Punkttextobjekt, und geben Sie eine Beschriftung für Ihren Button ein.
2. Rufen Sie das Aussehen-Bedienfeld auf, und wählen Sie Neue Fläche hinzufügen aus dem Bedienfeldmenü. Schieben Sie die neue Fläche unter den Eintrag Zeichen im Bedienfeld.

▲ Abbildung 14.128
Ein Button, der sich veränderten Textmengen anpasst, und seine Aussehen-Eigenschaften

3. Aktivieren Sie den Eintrag FLÄCHE im Aussehen-Bedienfeld. Weisen Sie eine Farbe zu – diese ist zunächst nicht sichtbar.
4. Wählen Sie EFFEKT • IN FORM UMWANDELN • ABGERUNDETES RECHTECK… In der Dialogbox aktivieren Sie die Option RELATIV, damit sich der Button an unterschiedliche Textlängen anpasst. Mit aktiver VORSCHAU geben Sie Ihre Optionen ein.
5. Die Fläche können Sie mit weiteren Effekten versehen.

14.8.7 Text als Masken verwenden

Textobjekte lassen sich wie Vektorobjekte als Schnittmasken verwenden. Platzieren Sie den Text, wie gewünscht, über der Vektorgrafik oder dem Pixelbild, aktivieren Sie das Textobjekt und das Bild, und wählen Sie OBJEKT • SCHNITTMASKE • ERSTELLEN – ⌘/Strg+7. Der Text ist weiterhin editierbar. Möchten Sie die Schnittmaske auflösen, aktivieren Sie das Objekt und wählen OBJEKT • SCHNITTMASKE • ZURÜCKWANDELN (s. Abschnitt 11.4.4).

▲ Abbildung 14.129
Text als Schnittmaske für ein Foto – um ein Foto direkt in den Text zu platzieren, wählen Sie den Modus INNEN ZEICHNEN (s. Abschnitt 11.4.1).

14.8.8 Grunge-Look

Für die Schrift im Grunge-Look benötigen Sie zunächst ein Foto einer geeigneten Struktur, z. B. Baumrinde, Rost oder altes Holz.

1. Verwenden Sie den BILDNACHZEICHNER (s. Abschnitt 19.5), um aus dem Foto eine Schwarzweiß-Grafik zu generieren.
2. Das Nachzeichnerergebnis legen Sie in der Stapelreihenfolge über die Schrift.
3. Aktivieren Sie Schrift und Grafik, und rufen Sie das Transparenz-Bedienfeld auf. Wählen Sie DECKKRAFTMASKE ERSTELLEN aus dem Bedienfeldmenü (s. Abschnitt 12.2.1).

▲ Abbildung 14.130
Grunge-Schrift: Fotovorlagen finden Sie auf der DVD.

▲ Abbildung 14.131
Eine Baumrindenstruktur erzeugt den Grunge-Look. Alternativ können Sie für vergleichbare Ergebnisse auch Schnittmasken oder Pathfinder-Funktionen verwenden. Bei der Umsetzung mithilfe einer Deckkraftmaske ist der Schritt des Vektorisierens nicht obligatorisch – Sie könnten auch das Foto als Maske verwenden.

14.9 Von Text zu Grafik

Bisher haben wir uns damit beschäftigt, mit typografischen Mitteln Schrift und Textobjekte zu formatieren und zu gestalten. Gerade Illustrator wird aber auch vielfältig dazu verwendet, die Buchstabenformen selbst als Gestaltungsmittel, z.B. für Logos oder Typo-Grafik, zu verwenden und sie zu diesem Zweck umzuformen.

14.9.1 Text in Pfade umwandeln

Da Schriften aus Vektorpfaden erstellt sind, ist es kein Problem, sie wieder in Vektorpfade »umzuwandeln«. Dabei geht die Bearbeitungsmöglichkeit der Textinhalte natürlich verloren. Es gibt verschiedene Gründe, Text in Vektorpfade umzuwandeln. Zum einen haben Sie erweiterte Gestaltungsoptionen. Zum anderen ist es für einige Weiterverarbeitungsprozesse (z.B. Plotten) unumgänglich, mit Pfaden zu arbeiten. Bei Logoschriften ist mit umgewandelten Schriften die Integrität des Erscheinungsbildes am besten gewahrt. Allein zum Zweck des Datenaustauschs mit Druckereien und anderen weiterverarbeitenden Betrieben sollte die Umwandlung vermieden werden.

Aktivieren Sie die Textobjekte, und wählen Sie SCHRIFT • IN PFADE UMWANDELN – ⌘/Strg + ⇧ + O. Die einzelnen Zeichen des in Pfade umgewandelten Textes sind gruppiert. Falls ein Buchstabe nicht nur eine Außen-, sondern auch eine Innenform besitzt (z.B. a, d, g), sind beide Formen als zusammengesetzte Form verbunden.

Besitzt das Textobjekt Effekte, verwenden Sie besser OBJEKT • TRANSPARENZ REDUZIEREN und aktivieren die Option TEXT IN PFADE UMWANDELN (s. Abschnitt 12.4).

▲ **Abbildung 14.132**
Typografik

▲ **Abbildung 14.133**
Bearbeiteter Schriftzug

Schrift in Pfade umwandeln?

Das Umwandeln von Schrift in Pfade sollten Sie, wenn möglich, vermeiden. Das Umwandeln kann dazu führen, dass Schrift nicht mehr in optimaler Qualität belichtet werden kann.

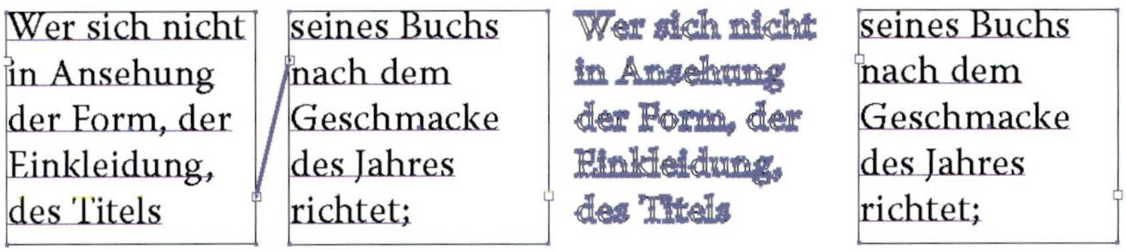

▲ **Abbildung 14.134**
Achten Sie darauf, dass Sie alle Textrahmen einer Kette aktivieren, wenn Sie sie in Pfade umwandeln.

Live-Effekt »Kontur nachzeichnen« | Anstatt den Text endgültig in Pfade zu konvertieren, können Sie dem Textobjekt die Umwandlung mit EFFEKT • PFAD • KONTUR NACHZEICHNEN »live« zuweisen. Der Vorteil besteht darin, dass der Text in der Arbeitsdatei editierbar bleibt, aber beim Exportieren sowie beim Speichern der Datei z.B. als PDF umgewandelt wird. Als sehr nützlich kann sich dieser Effekt beim vertikalen

Kapitel 14 Text und Typografie

▲ Abbildung 14.135
Der am Symbol vertikal auf Mitte ausgerichtete Versaltext (Mitte) wirkt optisch zu hoch. Ist er mit dem Effekt KONTUR NACHZEICHNEN versehen, stimmt der Eindruck (Begrenzungsrahmen der Texte in Hellblau).

Ausrichten von Textzeilen an anderen Objekten erweisen. Normalerweise bildet die Kegelhöhe des Textobjekts seine Ober- und Untergrenze und damit die Referenz für das Ausrichten. Diesen Automatismus müssen Sie aber umgehen, wenn ein Text nur in Versalien gesetzt ist:

1. Weisen Sie dem Textobjekt den Effekt KONTUR NACHZEICHNEN zu.
2. Rufen Sie das Ausrichten-Bedienfeld auf, und aktivieren Sie VORSCHAUBEGRENZUNGEN VERWENDEN im Bedienfeldmenü.
3. Wählen Sie das Text- und das Grafikobjekt aus, und klicken Sie auf den Button VERTIKAL ZENTRIERT AUSRICHTEN.

Schritt für Schritt
Eine Reliefschrift erstellen und grafisch gestalten

Für diese Art von Texteffekt ist Illustrators 3D-Effekt aufgrund der fest verdrahteten Perspektiveinstellung und seiner Rechenfehler nicht sehr gut geeignet.

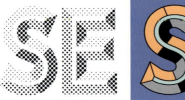  

▲ Abbildung 14.136
Erhabener Text – das Ergebnis des Workshops

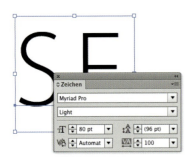

▲ Abbildung 14.137
Das Textobjekt

1 Schrift setzen und umwandeln

Setzen Sie den gewünschten Text aus einer leichten Schrift, z. B. MYRIAD PRO LIGHT. Sie müssen bereits eine sehr große Laufweite einstellen, damit ausreichend Platz für die spätere Erweiterung der Zeichen vorhanden ist. Unser Beispiel ist angepasst auf eine Laufweite von 100 und eine Schriftgröße von 80 Punkt.

Das Anpassen der Laufweite ist vor allem dann wichtig, wenn es sich um einen etwas längeren Text handelt, damit Sie nicht jeden Buchstaben einzeln verschieben müssen.

▲ Abbildung 14.138
Die Zeichen werden erweitert.

2 Schrift in Pfade umwandeln und Kante erstellen

Wählen Sie SCHRIFT • IN PFADE UMWANDELN. Weisen Sie den umgewandelten Buchstaben eine leichte Kontur zu. Dann wenden Sie OBJEKT • PFAD • PFAD VERSCHIEBEN an. Aktivieren Sie die Vorschau, und stellen Sie einen Versatz von etwa 2,7 mm ein.

3 Korrekturen der Pfade

Die Funktion Pfad verschieben arbeitet nicht nach ästhetischen Gesichtspunkten. Daher korrigieren Sie den generierten Pfad, falls nötig (Abbildung 14.139).

4 Ecken verbinden

Aktivieren Sie intelligente Hilfslinien. Nehmen Sie das Linien-Werkzeug, und ziehen Sie Verbindungslinien zwischen den jeweiligen Ecken. Achten Sie darauf, dass das Linien-Werkzeug exakt an den Punkten bzw. den Pfaden einrastet – die intelligenten Hilfslinien kennzeichnen dies.

5 Füllbare Flächen bilden

Jetzt bilden Sie die Flächen, die gefüllt werden sollen. Aktivieren Sie alle Elemente, nehmen Sie das Interaktiv-malen-Werkzeug, wählen Sie ein Farbfeld aus, und klicken Sie in einzelne, durch Linien getrennte Bereiche, um sie mit der Farbe zu versehen. Bereiche, die gefüllt werden können, werden mit einer fetten Umrandung hervorgehoben (einen detaillierten Workshop zu »Interaktiv malen« finden Sie in Abschnitt 10.4.2). Wechseln Sie zu einem anderen Farbfeld, oder stellen Sie eine Farbe im Farbe-Bedienfeld ein, und färben Sie die übrigen Bereiche.

Beachten Sie beim Einfärben den Lichteinfall und die plastische Wirkung der Formen, und verwenden Sie Ihre gewählten Farben entsprechend, sodass Licht und Schatten stimmig erscheinen.

6 Mit Verläufen füllen

Anstatt der plakativen können Sie aus denselben Formen auch eine realistisch aussehende Version erstellen, indem Sie die Flächen mit Verläufen füllen (ein Beispiel finden Sie auf der DVD – untersuchen Sie die darin enthaltenen Verläufe mit dem Verlauf-Werkzeug und aktivierten Verlaufsoptimierern). Fertige metallische Verläufe finden Sie in der Farbfeld-Bibliothek Verläufe • Metalle. Sie sind eine gute Grundlage – bei Bedarf erstellen Sie Ihre eigenen Variationen.

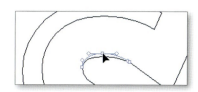

▲ **Abbildung 14.139**
Kleine Korrekturen am Pfad sind eventuell nötig.

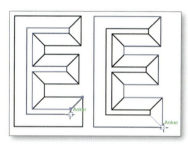

▲ **Abbildung 14.140**
Verbinden der Ecken am E

▲ **Abbildung 14.141**
Füllen der gebildeten Flächen

14.9.2 Glättung von Text beim Speichern in Bitmap-Formate und beim Umwandeln in Pixelbilder

Beim Exportieren Ihrer Grafik in ein pixelbasiertes Format wie JPG, TIF, BMP und beim Anwenden des Befehls Objekt • In Pixelbild umwandeln… bzw. des gleichnamigen Effekts stehen Ihnen mehrere Glättungsoptionen – das Anti-Aliasing – zur Verfügung. Besonders bei Texten in kleinen Größen sollten Sie auf eine optimale Einstellung achten. Wählen Sie unter folgenden Optionen:

Abbildung 14.142
Supersampling (jeweils oben) und Hinting (jeweils unten)

- Ohne: Diese Option deaktiviert die Glättung für das Objekt. Verwenden Sie diese Option z. B. für die Simulation von Fließtext in Webseiten-Layouts.
- Bildmaterial optimiert (Supersampling): Das ist die »normale« Anti-Aliasing-Methode, wie sie beim Export mit aktivierter Glättungsoption erfolgt. Sie ist für Vektorobjekte geeignet.
- Schrift optimiert (Hinted): Bei dieser Methode findet ein »Hinting« der Schrift statt, d. h., die Buchstabengröße wird vorberechnet und in einem zweiten Durchgang auf das Pixelraster hin optimiert. Als Ergebnis werden die »Stämme« eines Zeichens, soweit das möglich ist, auf ganzen Pixeln dargestellt.

Sowohl die Lesbarkeit als auch der optische Eindruck profitieren von diesem Verfahren.

Kapitel 15
Diagramme

Illustrators Diagramme sind schon sehr in die Jahre gekommen, eine State-of-the-Art-Infografik bedarf sehr viel mühsamer Nacharbeit. Die Funktion besitzt dennoch etliche Stellschrauben, die sich nicht auf den ersten Blick erschließen.

15.1 Ein Diagramm erstellen

Wenn Sie ein Diagramm erstellen möchten, wählen Sie zunächst das passende Diagramm-Werkzeug aus dem Werkzeugbedienfeld. Ziehen Sie anschließend ein Rechteck in der gewünschten Größe mit diesem Werkzeug auf, indem Sie den Punkt für eine Ecke anklicken und zur schräg gegenüberliegenden Ecke ziehen, oder klicken Sie mit dem Werkzeug auf die Zeichenfläche, und geben Sie die gewünschte Breite und Höhe in eine Dialogbox ein.

Bei Säulen-, Balken-, Linien- und Flächendiagrammen entspricht die Grundfläche derjenigen Fläche, die durch die Koordinatenachsen begrenzt wird. Die Achsenbeschriftung und die Legende werden außerhalb des mit dem Werkzeug definierten Feldes angebracht.

Wie Sie die Größe und die Proportionen eines Diagramms zu einem späteren Zeitpunkt noch ändern können, lesen Sie in Abschnitt 15.8.

Nachdem Sie das Rechteck definiert haben, öffnet sich das Dateneingabefeld. Wie die Daten eingegeben werden müssen und welche Formatierungsmöglichkeiten für Ihr Diagramm bestehen, lesen Sie unter den Beschreibungen der einzelnen Diagrammarten.

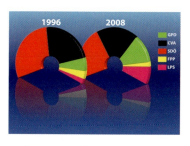

▲ **Abbildung 15.1**
Nachbearbeitetes Kreisdiagramm

▲ **Abbildung 15.2**
Die Diagramm-Werkzeuge: Säulendiagramm, Gestapeltes Säulendiagramm, Balkendiagramm, Gestapeltes Balkendiagramm, Liniendiagramm, Flächendiagramm, Streudiagramm, Kreisdiagramm, Netzdiagramm

◀ **Abbildung 15.3**
Die in der Abbildung blau gestrichelte Linie umreißt das mit dem Diagramm-Werkzeug aufgezogene Rechteck.

Kapitel 15 Diagramme

Abbildung 15.4 ▶
Datentabelle, das »Arbeitsblatt« der Diagramm-Werkzeuge

Eingabe Mac	Zeichen
⌥+⇧+W	„
⌥+2	"
⌥+⇧+Q	»
⌥+Q	«

Eingabe Windows	Zeichen
Alt+Num 0132	„
Alt+Num 0147	"
Alt+Num 0187	»
Alt+Num 0171	«

▲ **Tabelle 15.1**
Typografische Anführungszeichen unter Mac OS und Windows

Testdaten
Viele Testdaten für alle Diagrammtypen finden Sie auf der Website des Statistischen Bundesamts: *www.destatis.de*.

▲ **Abbildung 15.5**
Optionen ZELLEN EINSTELLEN (früher ZELLFORMAT)

15.1.1 Das »Arbeitsblatt« für die Dateneingabe

Die Daten für alle Diagrammtypen geben Sie in die Datentabelle ein.

Die Datentabelle wird als eigenes Fenster geöffnet. In der oberen Leiste sind einige Buttons, dann folgt das »Arbeitsblatt«. Es besteht aus Zeilen ⓬ und Spalten ⓭ einzelner Datenfelder ⓫. Die Bezeichnungen an der Y-Achse des Diagramms werden »Kategorien« ❽ genannt, die Bezeichnungen an der X-Achse heißen »Legenden« ❾. Um Daten einzugeben, aktivieren Sie das gewünschte Datenfeld, indem Sie darauf klicken ❿ – die Texteinfügemarke wird in das Eingabefeld ❶ gesetzt. Dann geben Sie den Wert ein.

Funktionsbuttons | Die Buttons ❷ bis ❼ bieten zusätzliche Steuerungsmöglichkeiten bei der Dateneingabe (s. Abschnitt 15.1.2). Mit einem Klick auf den Button ZELLEN EINSTELLEN ❺ öffnen Sie die Optionen-Dialogbox (Abbildung 15.5).

Optionen | In der Standardeinstellung werden Dezimalzahlen auf zwei Stellen hinter dem Komma gerundet. Geben Sie einen Wert zwischen 0 und 10 in das Feld DEZIMALSTELLEN ein, um die Anzahl der Dezimalstellen zu definieren.

Der Wert im Eingabefeld SPALTENBREITE steuert die Darstellung der Spalten im »Arbeitsblatt«. Möchten Sie nur die Breite *einer* Spalte im Arbeitsblatt verändern, klicken und ziehen Sie die Trennlinie der betreffenden Spalte.

Kategorien und Legenden | Die Bezeichnungen der Kategorien und Legenden werden in der ersten Spalte bzw. Zeile des »Arbeitsblattes« eingetragen.

Möchten Sie nur Zahlen als Bezeichnungen verwenden, schließen Sie diese in Zoll-(Inch-)Zeichen " ein (Abbildung 15.6) – sollen die Zahlen außerdem in Anführungszeichen stehen, umschließen Sie sie zuerst mit typografischen Anführungszeichen (Abbildung 15.7, zu Anführungszeichen s. Tabelle 15.1). Wenn Sie Zahlen und Buchstaben kombinieren, müssen Sie die Bezeichnungen nicht mit Zollzeichen kennzeichnen.

Umbrüche erzwingen Sie in Bezeichnungen, indem Sie einen senkrechten Strich (»Pipe«) [Alt]+[7] (Mac) bzw. [Alt Gr]+[<] (Windows) an die Stelle setzen, an der Sie mit dem Text in die nächste Zeile wechseln möchten (Abbildung 15.9).

▲ **Abbildung 15.6**
Zahlen in Anführungszeichen werden nicht in Balken umgesetzt.

▲ **Abbildung 15.7**
Anführungszeichen um Zahlen in der Legende

◀ **Abbildung 15.8**
Das Diagramm aus der Datentabelle von der gegenüberliegenden Seite

15.1.2 Dateneingabe

Wenn die Tabelle geöffnet wird, ist das Datenfeld links oben aktiviert, sodass Sie gleich mit der Eingabe beginnen können.

Mit [⇥] wechseln Sie zum nächsten Datenfeld der Zeile, mit [↵] wechseln Sie zum nächsten Datenfeld der Spalte. Mit den Pfeiltasten wechseln Sie zum nächsten Datenfeld in der jeweiligen Pfeilrichtung. Diagrammdaten dürfen außer Dezimalkommata keine nicht numerischen Zeichen enthalten – z. B. Punkte, um Tausender zu trennen. Insgesamt können Sie in Ihren Tabellen bis etwa 32.000 Zeilen bzw. Spalten eingeben.

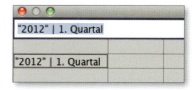

▲ **Abbildung 15.9**
Ein senkrechter Strich (»Pipe«) bewirkt einen Zeilenumbruch.

Daten ändern | Um Daten zu ändern, klicken Sie auf das Feld, dessen Daten Sie ändern möchten, und ändern den Wert im Eingabefeld.

Daten importieren | Aktivieren Sie die Zelle, die den ersten importierten Wert aufnehmen soll, und klicken Sie auf den Import-Button ❷, um eine Datentabelle zu importieren, die Sie in einer Tabellenkalkulation oder einer Textverarbeitung erstellt haben.

Tabellendaten, die Sie importieren möchten, müssen als tabseparierte Textdateien (.txt) gespeichert sein. Erzeugen Sie die Daten in Tabel-

> **Wichtig: Datentabelle schließen!**
>
> Wenn die Datentabelle noch offen ist, können Sie die Diagrammattribute oder -designs nicht aus dem Menü wählen – die Optionen sind ausgegraut.

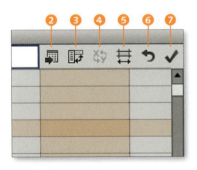

▲ Abbildung 15.10
Die Funktionsbuttons der Datentabelle

lenkalkulationen, so werden sie beim Export als .txt korrekt formatiert. Wenn Sie die Dateien in Textprogrammen schreiben, trennen Sie die Zellen durch ⇥ und die Zeilen durch ↵.

Copy & Paste | Sie können Daten auch über die Zwischenablage einfügen. Kopieren Sie die Daten aus der Tabellenkalkulation, aktivieren Sie die Zelle, die den ersten Wert aufnehmen soll, und fügen Sie die Daten ein.

Zeilen und Spalten vertauschen | Wenn Sie nach dem Erzeugen des Diagramms merken, dass Sie die Daten achsenverkehrt eingegeben haben, vertauschen Sie sie, indem Sie auf den Button REIHE/SPALTE VERTAUSCHEN ❸ bzw. bei Punktdiagrammen X/Y VERTAUSCHEN ❹ klicken.

Eingabe bestätigen | Um Ihre Dateneingabe auf die Diagrammdarstellung anzuwenden, drücken Sie x/ Enter oder klicken auf den Button ANWENDEN ❼. Das »Arbeitsblatt« wird nicht automatisch geschlossen. Schließen Sie es, indem Sie auf den Schließen-Button des Fensters klicken.

Eingabe widerrufen | Sie können Ihre Schritte bis zu dem Punkt widerrufen, an dem Sie das letzte Mal eine Eingabe bestätigt haben. Klicken Sie dafür auf den Button ZURÜCK ZUR LETZTEN VERSION ❻.

15.1.3 Diagrammelemente

Wenn Sie mit Diagrammen arbeiten, ist es hilfreich, zu verstehen, wie die einzelnen Elemente eines Diagramms miteinander verbunden sind. Dies benötigen Sie, um gezielt Teile eines Diagramms auszuwählen, die formatiert werden sollen. Ein Diagramm ist ein gruppiertes Objekt – es wird nur nicht als solches bezeichnet. Das Diagramm ist mit der Datentabelle verbunden und dadurch jederzeit editierbar, solange Sie die Gruppierung nicht lösen. Die grafischen Repräsentanten der Datenreihen (also der Daten, die zu einer Kategorie gehören) sind zuerst miteinander und dann mit der zugehörigen Legende gruppiert. Die Bezeichnungen der X- und der Y-Achse bilden jeweils miteinander und darüber hinaus mit der zugehörigen Achse eine Gruppe. Die Texte in der Legende sind miteinander gruppiert. Alle bilden zusammen die Diagrammgruppe.

Einzelne Elemente oder Untergruppen in einem Diagramm selektieren Sie mit dem Gruppenauswahl-Werkzeug.

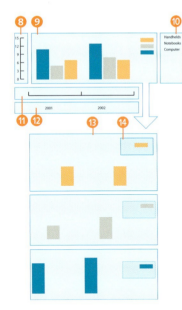

▲ Abbildung 15.11
Hierarchie der Diagrammbestandteile: Wertachse mit Teilstrichwerten ❽, Diagramm ❾, Legendentexte ❿, Kategorieachse ⓫, Achsenwerte ⓬, Datenreihe ⓭, Legende ⓮

15.2 Kreisdiagramme

Aus einer Datentabelle eines Kreis- oder Tortendiagramms können Sie nicht nur ein, sondern auch mehrere zusammenhängende Kreisdiagramme erzeugen. Die Unterschiede in den Summen der Gesamtdaten werden durch Größenunterschiede der Kreise dargestellt.

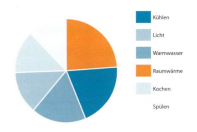

▲ **Abbildung 15.12**
Kreisdiagramm

Dateneingabe | Für ein einfaches Kreisdiagramm müssen Sie lediglich zwei Zeilen eingeben: die Legenden und die zugehörigen Daten. Beginnen Sie in der linken Spalte mit den Legenden und Werten.

◀ **Abbildung 15.13**
Eingabe der Werte für das Kreisdiagramm aus Abbildung 15.2

Geben Sie Daten in weiteren Zeilen ein, werden zusätzliche Kreisdiagramme erzeugt. Wenn Sie diese weiteren Kreise jeweils mit Kategorien bezeichnen möchten, geben Sie die Namen der Kategorien in die linke Spalte ein.

◀ **Abbildung 15.14**
Eingabe der Werte für eine Gruppe von Kreisdiagrammen

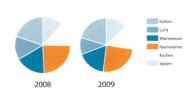

▲ **Abbildung 15.15**
Darstellung der Werte aus Abbildung 15.14

Diagrammattribute | Die Anordnung der Legende sowie die Reihenfolge der Kreissegmente steuern Sie mit den Diagrammattributen. Um diese Dialogbox aufzurufen, aktivieren Sie das Diagramm, und schließen Sie das »Arbeitsblatt«. Anschließend wählen Sie Objekt • Diagramm • Art… oder doppelklicken auf das Diagramm-Werkzeug im Werkzeugbedienfeld – dabei muss nicht das zum Diagrammtyp passende Werkzeug ausgewählt sein. Falls Sie keine Änderungen an der Diagrammart vornehmen möchten, richten Sie zunächst die Einstellungen im Bereich Optionen ein und erst anschließend im Bereich Stil.

Abbildung 15.16 ▶
Diagrammattribute für Kreisdiagramme

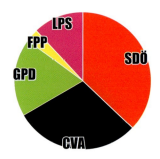

▲ **Abbildung 15.17**
Legende in Segmenten (stark nachbearbeitet)

▲ **Abbildung 15.18**
Position Gestapelt

- **Art:** Klicken Sie auf einen der Buttons, um die Daten mit einem anderen Diagrammtyp zu formatieren.
- **Legende oben:** Wählen Sie diese Option, um die Legende oberhalb des Diagramms – anstatt rechts – zu positionieren. Es muss Normale Legende ausgewählt sein.
- **1. Datenzeile vorne:** Aktivieren Sie diese Option, um bei gestapelten Kreisen die Stapelreihenfolge umzukehren.
- **1. Datenspalte vorne:** Diese Option hat keine Auswirkungen auf Kreisdiagramme.
- **Schlagschatten** fügt eine einfache runde schwarze Fläche hinter dem Diagramm ein.
- **Legende:** Wählen Sie im Ausklappmenü unter Legende, ob eine Normale Legende außerhalb der Fläche des Diagramms positioniert wird, die Legende in Segmenten angezeigt oder Keine Legende dargestellt wird.
- **Position:** Das Menü Position erlaubt die Anordnung mehrerer Kreisdiagramme.
  - Die normale Option Verhältnis stellt die Kreise nebeneinander dar. Ihre Größe entspricht proportional der Summe der Daten eines Diagramms.
  - Wählen Sie Gleichmässig, um alle Kreise in gleicher Größe nebeneinanderzustellen.
  - Mit der Auswahl Gestapelt werden die Kreise aufeinandergestapelt. Normalerweise liegt das Diagramm vorn, das die letzte Datenzeile repräsentiert.
- **Sortieren:** Wählen Sie eine Option aus dem Ausklappmenü Sortieren, um die Reihenfolge der »Tortenstücke« festzulegen.
  - Alle sortiert die Segmente in jedem Kreisdiagramm jeweils im Uhrzeigersinn vom größten zum kleinsten Wert. Der größte Wert

wird im ersten Segment angezeigt – rechts neben der 12-Uhr-Position (Abbildung 15.19 oben).

- Mit der Option ERSTE werden zunächst die Segmente des ersten Diagramms nach den einzelnen Werten sortiert. Die anderen Diagramme folgen dieser Sortierung.
- Wählen Sie OHNE, um die Segmente nach der Reihenfolge der Eingabe in der Tabelle zu sortieren.

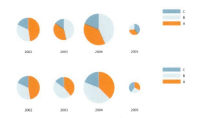

▲ **Abbildung 15.19**
Sortierungsoption ALLE (oben) und OHNE (unten)

15.2.1 Farben und Schriften ändern

Ein neues Diagramm wird automatisch mit Grautönen versehen. Sie können jedoch neue Füllfarben, Verläufe, Muster und Konturen zuordnen. Um einem Segment und der zugehörigen Legende eine neue Füllung und Kontur zu geben, wählen Sie das Gruppenauswahl-Werkzeug und klicken auf das zugehörige Rechteck in der Legende. Dieses Rechteck wird ausgewählt. Klicken Sie mit dem Werkzeug noch einmal auf das gleiche Symbol, und es wird die Gruppe der zugehörigen Segmente ausgewählt (s. Abschnitt 5.2.3). Jetzt weisen Sie allen Objekten die gewünschte Fläche und Kontur zu.

Um alle Beschriftungen auf einmal zu ändern, aktivieren Sie das Diagramm mit dem Auswahl-Werkzeug und weisen neue Textformatierungen zu. Um nur die Beschriftungen der Legende oder der einzelnen Diagramme zu ändern, klicken Sie mit dem Gruppenauswahl-Werkzeug so oft auf einen der zugehörigen Texte, bis alle Texte in der Legende oder unterhalb der Diagramme ausgewählt sind.

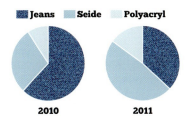

▲ **Abbildung 15.20**
Eigene Muster und Konturen sowie Schriften

Gruppenauswahl-Werkzeug

Bei der Verwendung des Gruppenauswahl-Werkzeugs müssen Sie eine kleine Pause zwischen den Klicks einhalten, damit das Betriebssystem keinen Doppelklick vermutet. Beim Anklicken von Texten kann es sogar sinnvoll sein, den Cursor zwischen den Klicks etwas zu bewegen.

15.3 Säulen- und Balkendiagramme

15.3.1 Vertikales Balkendiagramm oder Säulendiagramm

Bei dieser Art Diagramm werden Werte durch Säulen unterschiedlicher Höhe repräsentiert. Alle Säulen stehen dabei nebeneinander. Die Werte einer Zeile in der Datentabelle bilden eine Wertegruppe. Die Säulen, die sie abbilden, können durch Abstände von den Nachbargruppen abgegrenzt werden.

Dateneingabe | Tragen Sie zunächst die Bezeichnungen in die Tabelle ein. Die Kategorien werden entlang der X-Achse abgebildet. Die Werte bestimmen die Höhe der Säulen. Positive und negative Werte können in einem Diagramm gemischt werden (s. Abbildung 15.23).

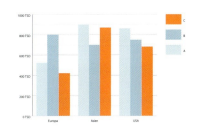

▲ **Abbildung 15.21**
Darstellung der Werte als Säulendiagramm

Abbildung 15.22 ▶
Eingabe der Daten für das Säulendiagramm aus Abbildung 15.21

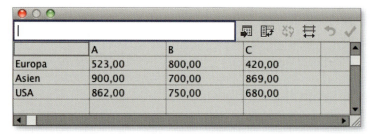

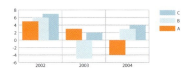

▲ **Abbildung 15.23**
Negative Werte in einem Säulendiagramm

Diagrammattribute | Bei dieser Diagrammart können Sie Breite und Abstände der Säulen sowie die Darstellung der Werte auf den Achsen einstellen. Aktivieren Sie das Diagramm mit dem Auswahl-Werkzeug, schließen Sie das »Arbeitsblatt«, und wählen Sie Objekt • Diagramm • Art…, oder rufen Sie diesen Befehl aus dem Kontextmenü auf.

Abbildung 15.24 ▶
Diagrammoptionen-Seite der Diagrammattribute eines Säulendiagramms

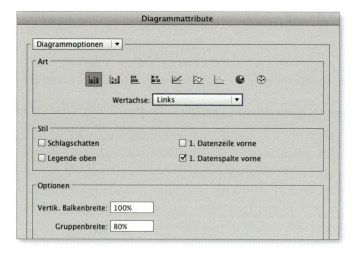

> **Werte in Balken und Säulen**
> Sollen in den Balken oder Säulen eines Diagramms Werte angezeigt werden, setzen Sie zu diesem Zweck ein eigenes Balkendesign ein.

Die Dialogbox besteht aus drei Seiten, die Sie über das Ausklappmenü oben links wechseln können. Zuerst öffnet sich die Seite Diagrammoptionen.

▶ Wertachse: Bestimmen Sie mit dem Ausklappmenü, ob Sie die Y-Achse nur links, rechts oder an beiden Seiten anzeigen lassen möchten. Es ist möglich, auf den Skalen beider Seiten unterschiedliche Werte aufzutragen. Zur Vorbereitung dieser Anzeige müssen Sie zunächst für das gesamte Diagramm die Option Auf beiden Seiten auswählen.

▶ Optionen: Richten Sie hier die Breite der einzelnen Säulen ❷ in dem Feld Vertik. Balkenbreite sowie die Breite einer Wertegruppe ❶ in Gruppenbreite ein, indem Sie Werte zwischen 1 und 1.000 % in das Textfeld eintragen. Bei Werten von 100 % stoßen die Säulen aneinander, bei Werten unter 100 % entstehen Lücken zwischen den Säulen oder Gruppen, Werte über 100 % erzeugen Überlappungen.

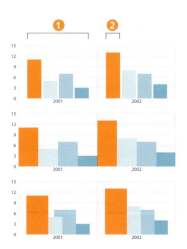

▲ **Abbildung 15.25**
Balkenbreite ❷ und Gruppenbreite ❶ jeweils unter 100 % (oben), beide 100 % (Mitte), Balkenbreite über 100 % und Gruppenbreite unter 100 % (unten)

- 1. Datenspalte vorne: Damit durch die Überlappungen keine Säulen hinter anderen versteckt werden, aktivieren Sie unter Stil die Option 1. Datenspalte vorne, um die Stapelreihenfolge der Säulen umzukehren.
- Legende oben: Die Legende wird waagerecht über dem Diagramm angezeigt.

Wählen Sie Wertachse aus dem Menü, um die Y-Achse zu formatieren.

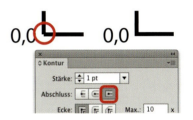

▲ Abbildung 15.26
Das Problem der nicht geschlossenen Ecke am Nullpunkt (links) lösen Sie am besten, indem Sie den Konturen beider Achsen die überstehende Endenform zuweisen.

◄ Abbildung 15.27
Wertachse-Seite der Diagrammattribute eines Säulendiagramms

- Teilstrichwerte: Normalerweise endet die Skala auf der Wertachse (Y-Achse) mit der nächsten geraden Zahl über dem höchsten eingegebenen Wert. Benötigen Sie eine andere Einteilung, aktivieren Sie zunächst Berechnete Werte übergehen. Tragen Sie anschließend den gewünschten Nullpunkt in das Eingabefeld Min ein und den höchsten Wert in das Feld Max. Falls Sie unter Min einen Wert eingeben, der höher ist als der kleinste Wert in Ihrer Datentabelle, werden die unter diesem Wert liegenden Daten unterhalb der X-Achse erzeugt. Wenn Sie in das Max-Feld einen Wert eintragen, der niedriger als der höchste Wert in Ihrer Tabelle ist, überragt die Höhe der Säulen die Wertachse. In das Feld Unterteilungen geben Sie die gewünschte Anzahl Zwischenräume – nicht Teilstriche – ein. An diesen Unterteilungen werden die Werte aufgetragen.
- Teilstriche: Mit dem Ausklappmenü legen Sie die Länge der Unterteilungsstriche fest. Wählen Sie aus, ob Sie keine, kurze Striche (früher Hauptteilstriche) oder Linien quer über das Diagramm (Gitternetzlinien) anzeigen lassen.
- Teilstriche pro Unterteilung: In das Eingabefeld geben Sie einen Wert ab 2 ein, um weitere Unterteilungen zu erzeugen. An diesen Strichen werden keine Werte angezeigt.

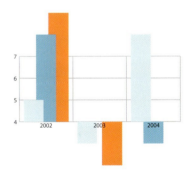

▲ Abbildung 15.28
Berechnete Werte übergehen: Der Min-Wert liegt über dem niedrigsten Tabellenwert – der Max-Wert unter dem höchsten.

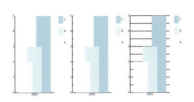

▲ Abbildung 15.29
Teilstriche: Keine, Kurz, Gitternetzlinien

Kapitel 15 Diagramme

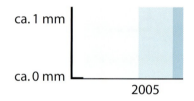

▲ Abbildung 15.30
Präfix (»ca.«) und Suffix (»mm«)

▶ BESCHRIFTUNG HINZUFÜGEN: Per Voreinstellung werden an der Wertachse nur die Werte ohne Maßeinheit angezeigt. Die Einheit können Sie hier ergänzen. Geben Sie in das Feld PRÄFIX Zeichen ein, die vor dem Wert angezeigt werden sollen. In das Feld SUFFIX tragen Sie Ergänzungen ein, die hinter dem Wert stehen. Falls Sie Leerzeichen zwischen dem Wert und dem Präfix bzw. dem Suffix benötigen, geben Sie diese ebenfalls hier ein.

Unter KATEGORIEACHSE bestimmen Sie das Aussehen der X-Achse des Diagramms.

Abbildung 15.31 ▶
Die Kategorieachse-Seite der DIAGRAMMATTRIBUTE eines Säulendiagramms

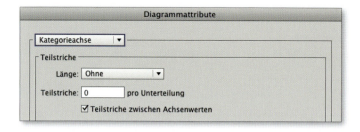

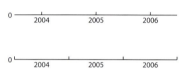

▲ Abbildung 15.32
Teilstriche an (oben) und zwischen (unten) Achsenwerten

▶ Mit den Optionen für TEILSTRICHE bestimmen Sie die Anzahl und das Aussehen von Unterteilungen zwischen den Säulen und Gruppen. Die Option, senkrechte Unterteilungen im Diagramm zu erstellen, hat bei diesem Diagrammtyp nur eine Bedeutung für die Optik – das Verständnis fördert sie nicht unbedingt. Die Optionen unter LÄNGE und TEILSTRICHE entsprechen denen auf der Wertachse-Seite.
▶ TEILSTRICHE ZWISCHEN ACHSENWERTEN: Falls Sie die Wertgruppen in Säulendiagrammen zusätzlich durch Gitternetzlinien trennen möchten, wählen Sie diese Option, um die Teilstriche jeweils mittig zwischen den Werten anzulegen.

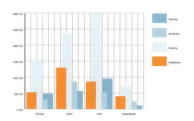

▲ Abbildung 15.33
Senkrechte Teilstriche

15.3.2 Gestapeltes vertikales Balkendiagramm

Wenn Sie zu dieser Diagrammart wechseln, nachdem Sie die Werte für einen anderen Diagrammtyp eingegeben haben, wird die Höhe des Diagramms nicht verändert – die Höhe der Säulen wird proportional an die Höhe des Diagramms angepasst.

Dateneingabe | Geben Sie Ihre Daten wie für das Säulendiagramm ein. Die Daten einer Zeile bilden einen Säulenstapel. Positive und negative Werte können Sie nicht beliebig mischen. Zeilenweise müssen die Vorzeichen der Werte identisch sein.

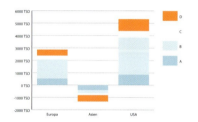

▲ Abbildung 15.34
Negative Werte in einer Zeile des gestapelten Säulendiagramms

15.3 Säulen- und Balkendiagramme

Diagrammattribute | Die Optionen entsprechen denen der Balkendiagramme. Um Verwirrung zu vermeiden, sollten Sie unter DIAGRAMMOPTIONEN die BALKENBREITE entweder durch die Breite des einzelnen Balkens oder die Breite der Gruppe steuern. Setzen Sie den anderen Wert auf »100 %«.

Diagrammart	Einsatzzweck	Werte
Kreisdiagramme	Dieser Diagrammtyp stellt Mengenverhältnisse sehr anschaulich dar. Bei der Präsentation von Wahlergebnissen hat ihn sicher jeder schon einmal gesehen. Die Anteile einzelner Werte am Gesamtwert werden als »Tortenstücke« im Kreis abgebildet.	nur positive oder nur negative Werte
Säulen- und Balkendiagramme	Säulen- und Balkendiagramme repräsentieren einen Wert durch die Höhe einer Säule bzw. die Breite eines Balkens. So lassen sich sowohl Vergleiche verschiedener Werte als auch die Entwicklung eines Wertes einfach visualisieren.	Negative und positive Werte können gemischt werden.
gestapelte Säulen- und Balkendiagramme	Bei diesem Diagrammtyp werden Säulen einer Wertegruppe gestapelt. So ist es möglich, die Gesamtergebnisse besser zu vergleichen – zusätzlich haben Sie einen besseren Überblick über den Anteil einzelner Werte am Gesamtwert einer Wertegruppe.	Positive und negative Werte können Sie nicht beliebig mischen. Zeilenweise müssen die Vorzeichen der Werte identisch sein.
(gestapelte) horizontale Balkendiagramme	Auf den »liegenden« Balken ist eine direkte Beschriftung möglich.	s. jeweils oben
Linien- und Flächendiagramme	Mit diesem Diagrammtyp werden Entwicklungen von Werten dargestellt. Fieberkurven oder Börsenkurse sind ein typischer Anwendungsbereich. Illustrator addiert Werte in Flächendiagrammen, sodass der Verlauf der Werte einer Datenreihe schwer zu interpretieren ist.	Negative und positive Werte können gemischt werden. Bei Flächendiagrammen muss das Vorzeichen je Zeile in der Tabelle einheitlich sein.
Streudiagramme	Streudiagramme helfen dabei, Regelmäßigkeiten oder Tendenzen in Daten zu erkennen und Abhängigkeiten zwischen Wertepaaren zu entdecken. Sie werden z. B. zur Auswertung physikalischer Versuche verwendet.	Negative und positive Werte können gemischt werden. Streudiagramme erfordern jedoch Datenpaare, um Datenpunkte an Koordinaten abzubilden.
Netzdiagramme	Dieser Diagrammtyp ist gut für den Vergleich von Ist-/Soll-Werten geeignet. Auch in der Marktforschung oder zur Visualisierung von Profilen, die sich als Fläche in einem Koordinatensystem von Eigenschaften abbilden, verwendet man Netzdiagramme.	Sie können positive und negative Werte mischen. Übersichtlicher und besser lesbar sind Netzdiagramme allerdings mit Werten eines Vorzeichens.

▲ Tabelle 15.2
Vergleich der Diagrammtypen nach Einsatzzwecken und verwendbarem Datenmaterial

Kapitel 15 Diagramme

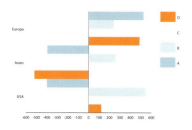

▲ Abbildung 15.35
Positive und negative Werte können beim horizontalen Balkendiagramm gemischt werden.

15.3.3 Horizontales Balkendiagramm

Analog zum Säulendiagramm werden hier die Längen der Balken verglichen. Die Wertachse ist bei dieser Diagrammart die X-Achse.

Dateneingabe | Geben Sie Ihre Daten wie für das Säulendiagramm ein. Sie können positive und negative Werte mischen.

Diagrammattribute | Die Optionen entsprechen denen der Säulendiagramme (s. Seite 524). Die Höhe der Balken und die Höhe einer Balkengruppe werden durch die Optionen HORIZ. BALKENBREITE und GRUPPENBREITE auf der Seite DIAGRAMMOPTIONEN unter OBJEKT • DIAGRAMM • ART… gesteuert.

15.3.4 Gestapeltes horizontales Balkendiagramm

Analog zum gestapelten Säulendiagramm werden hier die Balken aneinandergereiht.

◀ Abbildung 15.36 ▶
In gestapelten Balkendiagrammen lassen sich Mengen gut vergleichen (Quelle der Daten: WWF).

Dateneingabe | Geben Sie Ihre Daten wie für das Säulendiagramm ein.

Diagrammattribute | Die Optionen entsprechen denen der Säulendiagramme (s. Seite 524). Die Höhe der Balken und die Höhe einer Balkengruppe werden durch die Optionen HORIZ. BALKENBREITE und GRUPPENBREITE auf der Seite DIAGRAMMOPTIONEN unter OBJEKT • DIAGRAMM • ART… gesteuert.

> **Fläche und Kontur für Säulen**
>
> Gehen Sie so vor, wie beim Kreisdiagramm beschrieben, um Farben und Füllungen der Säulen und Balken sowie die in den Beschriftungen verwendeten Schriftarten zu ändern.

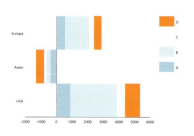

▲ Abbildung 15.37
Negative Werte in einer Zeile des gestapelten horizontalen Balkendiagramms

15.3.5 Eigene Balkendesigns

Beim Gestalten Ihrer Säulen- und Balkendiagramme sind Sie nicht auf das Zuweisen anderer Farben und Füllungen beschränkt. Sie können Formen entwerfen und diese einzelnen Datenreihen zuweisen. Balkendesigns können einfache Logos oder Symbole bis hin zu komplexeren Illustrationen mit Mustern und Text, Effekten oder Verzerrungshüllen sein. In der Übung auf der nächsten Seite zeige ich Ihnen alle Schritte.

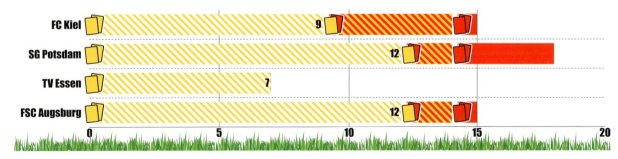

▲ **Abbildung 15.38**
Horizontales Balkendiagramm mit einem eigenen Balkendesign (rechts)

Werte im Balken anzeigen | Mithilfe eines eigenen Balkendesigns ist es möglich, den dargestellten genauen Wert direkt im oder am Balken anzuzeigen.

Begrenzungsrahmen | Ohne weitere Eingriffe würde Illustrator die Gesamthöhe Ihres Balkendesigns auf den darzustellenden Wert skalieren. Dadurch entstehen zwei große Nachteile. Zum einen werden Schriften – z. B. die angezeigten Werte – verzerrt. Zum anderen kann aber je nach Design auch ein falscher Eindruck der Werte entstehen, da Balken kleiner wirken, als sie sind.

Dezimalwerte im Balken

Leider gibt es Probleme beim Anzeigen von Dezimalwerten – hier benutzt Illustrator nicht die Kommatrennung, sondern trennt die Werte nach amerikanischer Art mit einem Punkt.

 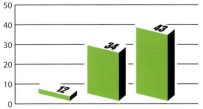  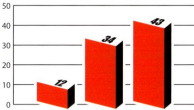

▲ **Abbildung 15.39**
Die Gesamthöhe des Balkendesigns wird skaliert (links). Dadurch wirken die Balken zu klein. Im rechten Diagramm wirken die Balkenlängen optisch korrekt (Begrenzungsrahmen in Blau).

Mithilfe eines Begrenzungsrahmens – eines Rechtecks ohne Kontur und Füllung – steuern Sie die Skalierung des eigenen Designs. Der Begrenzungsrahmen liegt hinter Ihrem Design – zusätzlich können Sie durch Gruppieren einzelne Teile des Designs vor Verzerrung schützen, z. B. die Werte.

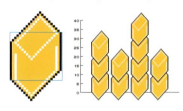

▲ **Abbildung 15.40**
Der Begrenzungsrahmen gibt außerdem vor, wie Ihr Balkendesign bei Auswahl der Option WIEDERHOLEND gestapelt wird.

Kapitel 15 Diagramme

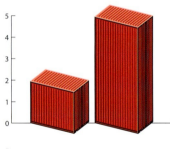

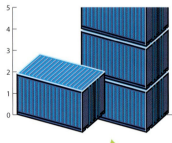

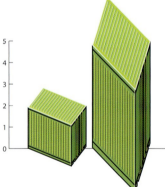

▲ **Abbildung 15.41**
Von oben: FLIESSEND, WIEDERHOLEND, VERTIKAL SKALIERT; zu gleichmäßig skalierten Balken s. Hinweis oben »Aus einer Mücke einen Elefanten machen«

▲ **Abbildung 15.42**
Das fertiggestellte Diagramm

Aus einer Mücke einen Elefanten machen

Menschen werten die Fläche der Balken als Repräsentant der Menge. Seien Sie daher mit der Option GLEICHMÄSSIG SKALIERT vorsichtig. Im Beispiel hat sich die Zahl der Elefanten verdoppelt. Durch die proportionale Skalierung der Grafik entsteht jedoch der Eindruck einer Vervierfachung.

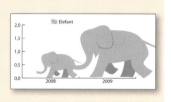

Balkendesigns zuweisen | Sie können entweder das gesamte Diagramm mit einem einheitlichen Balkendesign versehen oder jeweils den Balken, die zu einer Kategorie gehören, das gleiche Design zuweisen. Aktivieren Sie das gesamte Diagramm oder mit dem Gruppenauswahl-Werkzeug die Balken einer Kategorie, und rufen Sie OBJEKT • DIAGRAMM • BALKEN… auf. Wie sich Ihre Designs an die unterschiedlichen Längen der Säulen bzw. Balken anpassen, wählen Sie aus mehreren Möglichkeiten aus:

- VERTIKAL SKALIERT: Für die Anpassung an die Länge der Säulen oder Balken wird das Design nur in der Höhe skaliert.
- GLEICHMÄSSIG SKALIERT: Die Größenanpassung erfolgt proportional in Höhe und Breite. Wenn der Abstand zwischen den Säulen nicht reicht, überlappen sich die Formen.
- WIEDERHOLEND: Die Grundform des Designs wird gestapelt. Dafür müssen Sie bestimmen, wie viele Einheiten durch eine Form repräsentiert werden. Außerdem legen Sie fest, ob ein Design abgeschnitten oder vertikal skaliert wird, wenn Teile einer Einheit dargestellt werden müssen.
- FLIESSEND: Das Design wird an einer bestimmten Stelle gestreckt. Diese Stelle bestimmen Sie bei der Konstruktion des Designs.

Schritt für Schritt
Ein Balkendesign erstellen, zuweisen und mit Farbfeldern weiterbearbeiten

1 Ein Diagramm erstellen

Öffnen Sie die Datei »Daten.txt« von der DVD in einem Text-Editor, und kopieren Sie ihren Inhalt in die Zwischenablage. Ziehen Sie in Illustrator mit dem Vertikales-Balkendiagramm-Werkzeug ein neues Diagramm auf, und fügen Sie die Werte aus der Zwischenablage in die Datentabelle ein. Alternativ tragen Sie Ihre eigenen Daten ein.

530

2 Das Begrenzungsrechteck

Erstellen Sie ein Rechteck, das als Referenz für die Größenanpassung Ihres Balkendesigns an die Balkengröße dient. Um das Design besser an das Diagramm anzupassen, wählen Sie das Direktauswahl-Werkzeug, aktivieren den kleinsten Balken des Diagramms, kopieren ihn und verwenden ihn als Begrenzungsrechteck. Stellen Sie sicher, dass das Rechteck das hinterste Objekt ist, indem Sie Objekt • Anordnen • In den Hintergrund wählen.

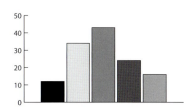

▲ **Abbildung 15.43**
Diagramm mit Standardformatierung nach Eingabe der Daten

3 Balkendesign erstellen

Die Größe des eben erstellten Begrenzungsrechtecks wird bei der Anwendung im Diagramm an die Größe der Balken angepasst, und das Balkendesign-Objekt folgt der Anpassung nach den Regeln, die Sie später definieren. Das Balkendesign muss nicht zwingend in das Begrenzungsrechteck eingepasst werden – in den Abbildungen 15.40 und 15.41 finden Sie Beispiele für Designs, die das Rechteck überragen. Denken Sie aber daran, dass es nicht sinnvoll ist, das Balkendesign sehr viel größer als das Begrenzungsrechteck anzulegen.

Erstellen Sie Ihr Balkendesign, oder verwenden Sie ein vorhandenes Design und passen Sie die Größe an – die Balkengrafik (Abbildung 15.44) finden Sie auf der DVD im Dokument »Block-Grafik.ai«. Nach Fertigstellung der Grafik setzen Sie die Fläche und Kontur des Begrenzungsrechtecks auf Ohne. In einem Balkendesign könnten Sie auch Musterfelder verwenden – unsere Muster weisen wir jedoch zu einem späteren Zeitpunkt zu, um nicht für jede Musterfarbe ein eigenes Design erzeugen zu müssen.

▲ **Abbildung 15.44**
Die Block-Grafik

In dieser Übung benötigen Sie ein fließendes Design und die Anzeige von Werten – sollten Sie auf beides in einem anderen Fall verzichten wollen, springen Sie direkt zu Schritt 6.

▲ **Abbildung 15.45**
Im Balkendesign können gefahrlos Musterfelder verwendet werden.

4 Optional: Werte anzeigen lassen

Möchten Sie in Ihrem Diagrammdesign Werte anzeigen lassen, wählen Sie das Text-Werkzeug, und klicken Sie auf die Stelle, an der der Text erscheinen soll. Sie können Texte im oder neben dem Begrenzungsrechteck anzeigen lassen.

Geben Sie `%` und anschließend zwei Ziffern zwischen 0 und 9 ein. Mit der ersten Ziffer bestimmen Sie die Anzahl an Stellen vor dem Komma – geben Sie hier 0 ein, dann verwendet Illustrator automatisch die benötigte Anzahl.

Mit der zweiten Ziffer steuern Sie die Anzahl der Stellen nach dem Komma. Die Stellen werden immer angezeigt, d.h., dem Wert werden

Standardbegrenzungsrechteck

Falls Sie einmal ohne Begrenzungsrechteck arbeiten, bestimmt die Gesamtbreite aller zugehörigen Objekte (inklusive Hilfslinie) die Proportionen des Balkendesigns.

Werte perspektivisch

Sollen die Werte wie im Beispiel perspektivisch verzerrt dargestellt werden, funktioniert dies nur, wenn Sie das Textobjekt mit dem Verbiegen-Werkzeug bearbeiten.

Kapitel 15 Diagramme

▲ **Abbildung 15.46**
Mit »%01« generieren Sie eine Nachkommastelle.

Standarddehnungspunkt

Ist der Dehnungspunkt nicht mit einer Hilfslinie markiert, nimmt Illustrator die Mitte des Objekts.

▲ **Abbildung 15.47**
Das Balkendesign vertikal skaliert

Jede Datenreihe mit eigenem Design

Um jeder Datenreihe ein eigenes Balkendesign zuzuweisen, wählen Sie das Gruppenauswahl-Werkzeug. Klicken Sie mit dem Werkzeug auf einen der Balken, denen Sie das Design zuweisen möchten. Klicken Sie erneut auf den Balken, um alle Balken auszuwählen, die zur Datenreihe gehören. Klicken Sie noch einmal, um auch das zugehörige Feld in der Legende auszuwählen.

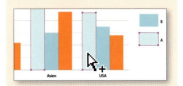

entweder Nullen hinzugefügt, oder Nachkommastellen werden gerundet.

Richten Sie die Zeichenattribute nach Bedarf ein. Falls Sie Texte am Komma ausrichten möchten, richten Sie den Absatz rechtsbündig aus (s. Abschnitt 14.6.2). Text-Objekte in Balkendesigns können Sie mit den Transformationswerkzeugen verzerren, jedoch keine Effekte oder Hüllen anwenden.

5 Optional: Ein fließendes Design erstellen

Der Pseudo-3D-Balken aus dieser Übung würde bei unterschiedlichen Balkenlängen falsch dargestellt, wenn man ihn einfach in die Länge zöge (Abbildung 15.47). Daher ist ein fließendes Design besser geeignet. Bei diesem geschieht die Größenanpassung durch Strecken oder Stauchen an einer Stelle. Oberhalb oder unterhalb dieser Stelle bleibt der Balken unverändert. Den Dehnungspunkt bestimmen Sie durch eine horizontale Linie. Erstellen Sie diese Linie exakt horizontal mit dem Liniensegment- oder dem Zeichenstift-Werkzeug.

Wählen Sie das Begrenzungsrechteck, das Balkendesign und die Linie, und gruppieren Sie sie. Aktivieren Sie anschließend mit dem Direktauswahl-Werkzeug nur die Linie innerhalb der Gruppe. Rufen Sie Ansicht • Hilfslinien • Hilfslinien erstellen auf. Die Linie wird in eine Hilfslinie umgewandelt und entsprechend dargestellt. Deaktivieren Sie dann Ansicht • Hilfslinien • Hilfslinien sperren, falls es nicht bereits deaktiviert ist. Prüfen Sie, ob die Hilfslinie tatsächlich nicht mehr fixiert ist und sich mit dem Design bewegt, wenn Sie die Gruppe mit dem Auswahl-Werkzeug verschieben. Weiter geht es mit Schritt 7.

6 Gruppieren

Wählen Sie das Begrenzungsrechteck und alle Bestandteile Ihres Designs – jedoch nicht das Textobjekt für die Anzeige der Werte – aus, und gruppieren Sie sie.

7 Ein neues Diagrammdesign anlegen

Aktivieren Sie die Elemente Ihres Diagrammdesigns: die eben erstellte Gruppe und das Textobjekt für die Darstellung der Werte. Wählen Sie anschließend Objekt • Diagramm • Designs…

Klicken Sie auf den Button Neues Design – Ihr Design wird im Vorschau-Feld angezeigt (s. Abbildung 15.48). Anhand der Vorschau ist die Anwendung eines Begrenzungsrechtecks nicht mehr zu erkennen.

Danach klicken Sie auf den Button Umbenennen. Geben Sie einen Namen für das Design in die Dialogbox ein. Bestätigen Sie erst den Namen, anschließend die Diagrammdesign-Dialogbox mit OK.

15.3 Säulen- und Balkendiagramme

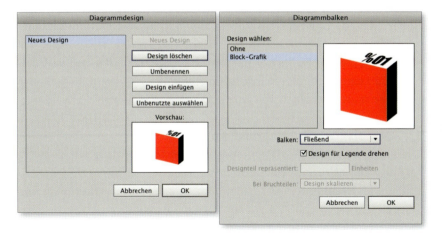

◂◂ **Abbildung 15.48**
Diagrammdesign neu anlegen und verwalten

◂ **Abbildung 15.49**
Den Balken Diagrammdesigns zuweisen

Live-Effekte im Balkendesign?

Wenn Sie in Ihrem Entwurf Live-Effekte, Angleichungen oder Pinsel verwendet haben oder interaktive Malgruppen sowie Abpausobjekte enthalten sind, wandelt Illustrator diese automatisch bei der Definition des Balkendesigns um. Verzerrungshüllen sollten Sie allerdings selbst umwandeln.

8 Das Design anwenden

In dieser Übung soll das Design allen Säulen oder Balken zugewiesen werden. Aktivieren Sie das Diagramm mit dem Auswahl-Werkzeug.

Wählen Sie Objekt • Diagramm • Balken..., sowohl wenn Sie das Design dem gesamten Diagramm zuweisen als auch wenn Sie es nur auf eine Datenreihe anwenden möchten. In der Liste unter Design wählen können Sie auf alle Balkendesigns zugreifen, die in dieser Datei sowie in allen anderen geöffneten Dokumenten gespeichert sind.

Wählen Sie Ihr Design aus der Liste der vorhandenen Designs, indem Sie auf seinen Namen klicken. Bestimmen Sie mit dem Ausklappmenü unter Balken, wie sich Ihr Design an die Länge der Balken anpassen soll – in diesem Fall verwenden Sie die Option Fliessend (s. Abbildung 15.49).

Sollten Sie einmal die Option Wiederholend benötigen, tragen Sie in das Feld bei Designteil repräsentiert ein, wie viele Einheiten Ihr Design darstellt, und wählen Sie aus dem Ausklappmenü Bei Bruchteilen, ob Ihr Design skaliert oder abgeschnitten werden soll, falls nur Teile der definierten Einheit dargestellt werden.

Die Option Design für Legende drehen sollte für diese Übung deaktiviert sein. Bestätigen Sie Ihre Eingaben mit OK.

▲ **Abbildung 15.50**
Nach Zuweisen des Blockdesigns

▲ **Abbildung 15.51**
Mit wiederholendem Design, Bruchteile skaliert

9 Die Schraffuren zuweisen

Jetzt werden Sie jeden der Balken noch mit einem Muster versehen. Sie benötigen für jede Farbvariante des Streifenmusters ein eigenes Farbfeld. Die Beispielmuster finden Sie auf der DVD in der Datei »Balken-Streifen.ai« (Muster s. Kapitel 16). Übertragen Sie die Muster, indem Sie die gestreiften Rechtecke in Ihre Diagrammdatei kopieren.

Aktivieren Sie mithilfe des Direktauswahl-Werkzeugs die rote Fläche eines Balkens, und weisen Sie ihr eine der Schraffuren zu. Wählen Sie

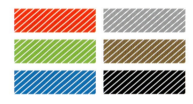

▲ **Abbildung 15.52**
Balken-Streifen

533

Kapitel 15   Diagramme

▲ **Abbildung 15.53**
Das fertiggestellte Diagramm

▲ **Abbildung 15.54**
Die Dialogbox DIAGRAMMBALKEN listet die Balkendesigns aller geöffneten Dateien auf.

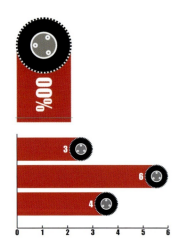

▲ **Abbildung 15.55**
Horizontale Balkendiagramme können ebenfalls mit eigenen Balken versehen werden (unten). Diese müssen vertikal definiert werden (oben).

in der Legende das zugehörige Feld aus, und weisen Sie ihm dieselbe Schraffur zu.

Es ist in diesem Fall leider nicht möglich, die Schraffierung von Balken und Legende in einem Schritt vorzunehmen. Verfahren Sie ebenso mit allen anderen Balken.

10 Den Diagrammhintergrund gestalten
Die Kategorieachse des Diagramms wählen Sie ebenfalls mit dem Direktauswahl-Werkzeug aus und erhöhen die Konturstärke. Die grauen Flächen im Hintergrund des Diagramms legen Sie als Rechtecke an und verschieben sie in der Stapelreihenfolge in den Hintergrund.

15.3.6 Diagrammdesigns aus anderen Dokumenten laden

Möchten Sie ein Balken- oder Punktdesign aus einer anderen Illustrator-Datei in Ihrem aktuellen Dokument verwenden, wählen Sie FENSTER • FARBFELDER-BIBLIOTHEKEN • ANDERE BIBLIOTHEK… Navigieren Sie zum gewünschten Dokument, und klicken Sie auf OK. Die Farbfelder-Bibliothek wird in einem neuen Fenster geöffnet, Sie benötigen sie jedoch nicht. Aktivieren Sie das Diagramm, dem Sie das Design zuweisen möchten, wählen Sie OBJEKT • DIAGRAMM • BALKEN… bzw. PUNKTE…, und rufen Sie den Eintrag des Balken- oder Punktedesigns aus dem Menü auf.

Sie können jedoch in der Dialogbox DIAGRAMMBALKEN auch einfach auf die Designs in geöffneten Dateien zugreifen.

15.3.7 Diagrammdesigns ändern

Falls Sie ein bestehendes Balken- oder Punktdesign ändern möchten, können Sie die Änderung einfach an der Originaldatei durchführen und ein neues Diagrammdesign anlegen. Besteht die Original-Illustration jedoch nicht mehr, müssen Sie das Design aus den Balkenvorlagen zurückwandeln:

1. Deaktivieren Sie alles im Dokument – ⌘/Strg+⇧+A.
2. Rufen Sie OBJEKT • DIAGRAMM • DESIGNS… auf – ohne ein aktiviertes Objekt ist dieser Menüpunkt nur dann aktiv, wenn Diagrammdesigns in der Datei vorhanden sind.
3. Wählen Sie das zu bearbeitende Design aus der Liste aus.
4. Klicken Sie auf den Button DESIGN EINFÜGEN. Bestätigen Sie mit OK. Das Design wird als normales Vektorobjekt ins Dokument eingefügt.
5. Wenn Sie die Änderungen durchgeführt haben, erzeugen Sie ein neues Diagrammdesign.

15.4 Linien- und Flächendiagramme

15.4.1 Liniendiagramm

Die im Koordinatensystem aufgetragenen Werte werden durch Linien miteinander verbunden.

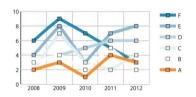

▲ **Abbildung 15.56**
Liniendiagramm

Dateneingabe | Beginnen Sie auch hier mit den Achsenbeschriftungen in der ersten Zeile bzw. Spalte. Eine Datenspalte in der Tabelle wird als eine Linie im Diagramm dargestellt.

◄ **Abbildung 15.57**
Dateneingabe für das Liniendiagramm aus Abbildung 15.56

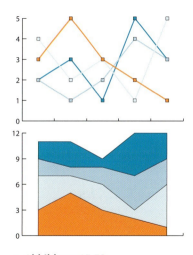

Diagrammattribute | Aktivieren Sie das Liniendiagramm, schließen Sie das Dateneingabefenster, und wählen Sie OBJEKT • DIAGRAMM • ART…, oder doppelklicken Sie auf das Diagramm-Werkzeug, um die Optionen für das Diagramm und die Achsen aufzurufen.

▲ **Abbildung 15.58**
Dieselben Werte in einem Linien- und einem Flächendiagramm: Wertänderungen sind in Letzterem schwer nachzuvollziehen.

◄ **Abbildung 15.59**
Diagrammoptionen-Seite der DIAGRAMMATTRIBUTE eines Liniendiagramms

- ART: Hier können Sie einen anderen Diagrammtyp auswählen und die Position der WERTACHSE – also der Y-Achse – bestimmen.
- LEGENDE OBEN: Zeigt die Legende oberhalb des Diagramms an.
- 1. DATENSPALTE VORNE: Falls durch ungünstige Wertekombinationen Linien versteckt sein sollten, können Sie die Stapelreihenfolge der Linien umkehren, indem Sie die Option 1. DATENSPALTE VORNE aktivieren.

Kapitel 15 Diagramme

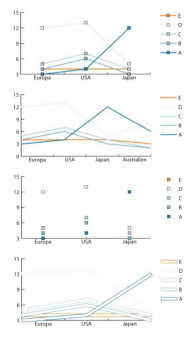

▲ Abbildung 15.60
Von oben: nur Farbänderungen; Datenpunkte nicht angezeigt und volle Diagrammbreite; keine Verbindungen; Linien gefüllt (und Kontur zugewiesen) und volle Diagrammbreite

- Die Option 1. DATENZEILE VORNE hat keine Auswirkungen auf diesen Diagrammtyp.
- Mit DATENPUNKTE ANZEIGEN wählen Sie, ob die eingetragenen Werte durch Punkte dargestellt werden sollen. Diese Punkte lassen sich mit eigenen Designs versehen.
- DATENPUNKTE VERBINDEN: Deaktivieren Sie diese Option, um die Anzeige von Linien zu unterbinden.
- Mit der Option LINIEN FÜLLEN wandeln Sie die Linien in Flächen um – diese können Sie z. B. mit Verläufen füllen. Bestimmen Sie die Breite der Linien, indem Sie einen Wert in das Feld LINIENBREITE eingeben.
- Die Option VOLLE DIAGRAMMBREITE erzeugt Linien, die direkt an der linken Achse beginnen und die volle Breite der X-Achse ausnutzen. Da die Unterteilungen der X-Achse nicht angeglichen werden, erzeugt diese Option etwas Verwirrung, wenn nur wenige Daten vorhanden sind.

Die Einstellmöglichkeiten der Seiten WERTACHSE und KATEGORIE-ACHSE entsprechen denjenigen der Säulen- und Balkendiagramme (s. S. 524).

15.4.2 Farben und Schriften ändern

Farben | Im Unterschied zu Kreis- und Balkendiagrammen sind es beim Liniendiagramm zwei Objekte, deren Farben Sie ändern müssen: der Datenpunkt und die Linie. Verwenden Sie das Gruppenauswahl-Werkzeug, und klicken Sie zweimal hintereinander – aber nicht in Doppelklickgeschwindigkeit – auf einen der Punkte: Jetzt müssen alle DATENPUNKTE auf der Linie und der Punkt in der Legende ausgewählt sein. Anschließend wählen Sie FLÄCHE und KONTUR für den Punkt. Verfahren Sie genauso mit der Linie, wenn Sie sie umfärben möchten.

Schriften | Gehen Sie wie unter Abschnitt 15.2 beschrieben vor, um Schriften zu ändern.

Datenpunkte

Wenn Datenpunkte rund werden sollen, aktivieren Sie die Datenpunkte der betreffenden Kurve mit dem Gruppenauswahl-Werkzeug, und wenden Sie EFFEKT • IN FORM UMWANDELN • ELLIPSE mit der ZUSÄTZLICHEN BREITE und HÖHE von 0 an. Erstellen Sie von diesem Effekt einen Grafikstil, dann lässt er sich noch besser anwenden, und das Diagramm »vergisst« ihn vor allem nicht, wenn Sie die Daten ändern.

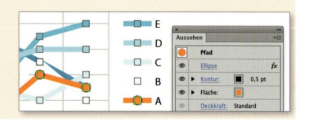

15.4.3 Eigene Punktedesigns

Ähnlich wie für die Balken eines Balkendiagramms können Sie auch für die Datenpunkte eines Liniendiagramms eigene Formen entwerfen und zuweisen. Gehen Sie dabei wie folgt vor:

1. Entwerfen Sie das Punktedesign – die Flamme finden Sie auf der DVD im Dokument »Flammen.ai«.
2. Aktivieren Sie in den Attributen Ihres Diagramms die Option Datenpunkte anzeigen.
3. Passen Sie die Größe des Designs an, indem Sie es vor das Diagramm schieben und so skalieren, dass es zu den vorhandenen Linien und den Abständen zwischen den Punkten passt.
4. Verschieben Sie Ihr Punktedesign an eine freie Stelle auf der Zeichenfläche.
5. Wählen Sie das Direktauswahl-Werkzeug, aktivieren Sie einen der vorhandenen Datenpunkte in dem Diagramm, und kopieren Sie ihn in die Zwischenablage – ⌘/Strg+C.
6. Fügen Sie den Datenpunkt an der Stelle wieder ein, an der Ihr neues Punktedesign liegt. Seine Position bestimmt die relative Position des Designs zu den Datenpunkten im Diagramm. Wählen Sie Objekt • Anordnen • In den Hintergrund. Weisen Sie Ohne für Füllung und Kontur zu.
7. Auch wenn Sie ein größeres Quadrat verwenden, wird Illustrator die Größe des Punktedesigns bei der Anwendung im Diagramm immer so skalieren, dass das hinterste Rechteck 6 × 6 Punkt groß ist.
8. Aktivieren Sie den Punkt und das neue Design, und gruppieren Sie beide.
9. Wählen Sie, während die Gruppe aktiviert ist, Objekt • Diagramm • Designs, und klicken Sie in der Dialogbox auf den Button Neues Design. Anschließend klicken Sie auf Umbenennen und geben einen aussagekräftigen Namen ein.
10. Punktedesigns können Sie entweder einheitlich dem gesamten Diagramm oder einzelnen Kurven zuweisen.
11. Um das neue Design dem gesamten Diagramm zuzuweisen, aktivieren Sie dieses mit dem Auswahl-Werkzeug.
12. Möchten Sie dagegen einzelnen Kurven unterschiedliche Punktedesigns zuweisen, aktivieren Sie die Punkte und die Legende einer Kurve mithilfe des Gruppenauswahl-Werkzeugs.
13. Wählen Sie Objekt • Diagramm • Punkte… Klicken Sie den Namen Ihres neuen Designs in der Auswahlliste an, und bestätigen Sie mit OK.

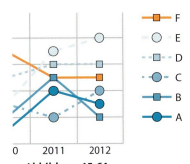

▲ Abbildung 15.61
Gestaltung von Datenpunkten und Linien

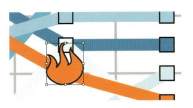

▲ Abbildung 15.62
Größenanpassung des Designs vor dem Diagramm

▲ Abbildung 15.63
»Datenpunkt« aus dem Diagramm kopieren und …

▲ Abbildung 15.64
… auf das Design legen

▲ Abbildung 15.65
Einheitliche neue Punkte im gesamten Diagramm

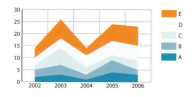

▲ **Abbildung 15.66**
Flächendiagramm

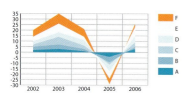

▲ **Abbildung 15.67**
Negative Werte in einer Zeile

15.4.4 Flächendiagramm

Bei diesem Diagrammtyp werden die Werte durch Linien verbunden und die Flächen unterhalb der Linien gefüllt. Um sicherzustellen, dass keine Fläche hinter einer anderen versteckt ist, wird jeder an einem Datenpunkt aufgetragene Wert – wie bei einem gestapelten Balkendiagramm – zum entsprechenden Wert der darunterliegenden Kurve addiert.

Mit Flächendiagrammen lässt sich nicht nur die Entwicklung der Werte, sondern auch die Gesamtmenge, die durch die Flächen repräsentiert wird, vergleichen.

Dateneingabe | Geben Sie die Werte wie für ein Liniendiagramm ein.

Diagrammattribute | Die Auswirkungen der Optionen unter OBJEKT • DIAGRAMM • ART… entsprechen denjenigen der Säulendiagramme.

Die Umkehrung der Stapelreihenfolge durch die Option 1. DATENZEILE VORNE ist wenig zielführend, da alle Flächen hinter der größten versteckt werden.

15.5 Kombinierte Diagramme

Verschiedene Diagrammtypen können Sie in einem Diagramm verbinden, d. h., alle Daten werden in einer Datentabelle verwaltet, aber unterschiedlich dargestellt.

Bis auf Streudiagramme können alle Diagrammtypen miteinander kombiniert werden. Für die Praxis sind wahrscheinlich nur die Kombinationen von Säulen- oder Balkendiagrammen mit Liniendiagrammen sowie von Kreisdiagrammen mit Liniendiagrammen von Bedeutung. Für den Linienpart in diesem Diagramm sollten Sie zwei Datensätze anlegen, da anderenfalls die entsprechende Wertachse unten nicht mit 0 beginnt.

Abbildung 15.68 ▶
Zwei Diagrammtypen in einem Diagramm mit eigenen Designs

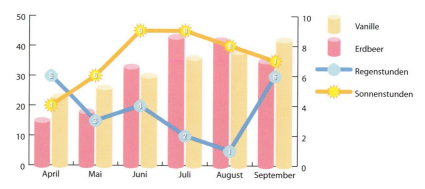

15.5 Kombinierte Diagramme

Um eine Kombination aus einem Balken- oder Kreisdiagramm mit einem Liniendiagramm zu erstellen, formatieren Sie Ihr Diagramm zunächst als Balken- bzw. Kreisdiagramm. Achten Sie darauf, dass die Daten, die Sie später als Linien darstellen möchten, an vorderster Stelle abgebildet werden und dass es mindestens zwei Datensätze sind.

Falls Sie für jedes Diagramm eine eigene Wertachse verwenden möchten, formatieren Sie Ihr Diagramm in den jeweiligen Diagrammoptionen mit Wertachsen an beiden Seiten (das Beispiel finden Sie auf der DVD). Anschließend gehen Sie wie folgt vor:

1. Wählen Sie das Gruppenauswahl-Werkzeug, und klicken Sie auf die Legende der Datenreihe, die Sie umformatieren möchten. Die Legende wird aktiviert. Klicken Sie erneut, um die zugehörigen Balken bzw. Segmente zusätzlich zur Legende zu aktivieren.
2. Rufen Sie OBJEKT • DIAGRAMM • ART… auf, und wählen Sie LINIENDIAGRAMM als Diagrammtyp aus.
3. Wählen Sie aus dem Menü WERTACHSE, auf welcher Achse Sie die Werte des Liniendiagramms anzeigen möchten. Definieren Sie die Optionen für die Anzeige der Linie – mit oder ohne DATENPUNKTE ANZEIGEN bzw. LINIEN FÜLLEN. Das Anzeigen der Datenpunkte ist nötig, falls Sie später ein eigenes Punktedesign anwenden wollen. Bestätigen Sie mit OK.
4. Wenden Sie gegebenenfalls individuelle Balken- oder Punktdesigns an, wie bereits in Abschnitt 15.3.5 beschrieben.

Weitere Diagrammtypen?

Illustrators Vielfalt an Diagrammtypen ist leider begrenzt. Wenn Sie Wünsche haben, die über die hier beschriebenen Diagrammtypen hinausgehen, bleibt nur das Übernehmen von fertigen Diagrammen aus anderen Programmen (wie Excel oder Apple Pages). Diese können Sie in einigen Fällen (aus Excel nur in älteren Versionen) über die Zwischenablage in Illustrator importieren, alternativ auf dem Weg über ein PDF. Die Daten sind dann natürlich in Illustrator nicht mehr editierbar.

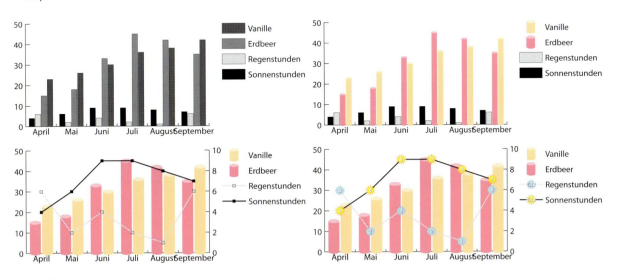

▲ **Abbildung 15.69**
So entsteht aus einem einfachen Balkendiagramm ein kombiniertes Balken- und Liniendiagramm.

15.6 Streu- oder Punktdiagramme

Im Unterschied zu anderen Diagrammtypen werden bei dieser Art an beiden Achsen Werte abgetragen. An Koordinatenpaaren entstehen Datenpunkte.

Abbildung 15.70 ▶
Ein Streudiagramm hilft beim Aufspüren von Regelmäßigkeiten und Abhängigkeiten, hier dem Verhältnis zwischen Alter und Gewicht der deutschen Bevölkerung

Dateneingabe | Die Daten für ein Streudiagramm müssen Sie grundsätzlich anders eingeben als für andere Diagrammtypen. Es ist auch nicht möglich, eine falsche Dateneingabe per Achsentausch zu korrigieren.

Tragen Sie zunächst in der ersten Zeile beginnend in der ersten Zelle über jeder zweiten Spalte die Beschriftungen für Ihre einzelnen Datenreihen ein. Eine Datenreihe besteht jeweils aus Wertepaaren, die in Spalten nebeneinander eingetragen werden – die Werte in der linken der beiden Spalten werden an der Y-Achse abgebildet. Zu einem späteren Zeitpunkt können Sie die Belegung wechseln, indem Sie den Button X/Y VERTAUSCHEN klicken.

In der zweiten Zeile der Tabelle tragen Sie die Überschriften für diese Wertepaare ein – in den Achsen des Diagramms tauchen diese nicht auf. In den folgenden Zeilen geben Sie die Daten ein.

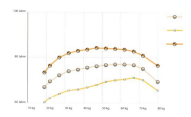

▲ **Abbildung 15.71**
Auswirkung von X/Y VERTAUSCHEN auf die Tabelle aus Abbildung 15.73

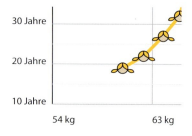

▲ **Abbildung 15.72**
Suffix in der Achsenbeschriftung

▲ **Abbildung 15.73**
Die Datentabelle für das Diagramm aus Abbildung 15.70

Die Beschriftungen »Jahre« und »kg« im Beispieldiagramm der vorhergehenden Seite wurden mit Suffix in den Diagrammattributen realisiert.

Diagrammattribute | Die Optionen für die Darstellung der Punkte und Linien entsprechen denjenigen der Liniendiagramme (s. Abschnitt 15.4.1). Die Wert- und Kategorienachsenattribute entsprechen denen der Säulen- und Balkendiagramme (s. 15.3.1).

Eigene Punktedesigns | Die Standardpunkte können Sie auch bei Streudiagrammen durch eigene Designs ersetzen – die Vorgehensweise entspricht derjenigen beim Liniendiagramm (s. Abschnitt 15.4.3).

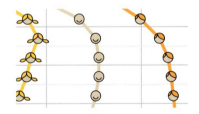

▲ **Abbildung 15.74**
Eigene Punktedesigns im Streudiagramm

15.7 Netz- oder Radardiagramme

Die Achsen aller Werte werden kreisförmig im gleichen Abstand um einen Nullpunkt verteilt. Die Ergebnisse der einzelnen Datenreihen trägt man auf diesen Achsen ein und verbindet jeweils die Werte einer Datenreihe untereinander. Auf diese Weise sind die Unterschiede zwischen den Datenreihen relativ zu einem Nullpunkt gut miteinander zu vergleichen.

Dateneingabe | Geben Sie die Daten wie für Balken- oder Liniendiagramme ein. Die zu vergleichenden Eigenschaften tragen Sie in der linken Spalte ein. Die Beschriftungen der Legende werden in der oberen Zeile eingegeben. Auf der verkehrten Achse eingegebene Daten können Sie mit dem Button Reihe/Spalte vertauschen jederzeit korrigieren.

▲ **Abbildung 15.75**
Eine typische Anwendung eines Netzdiagramms in der Marktforschung

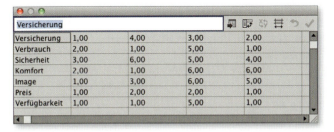

◀ **Abbildung 15.76**
Dateneingabe für Netzdiagramme

Diagrammattribute | Die Einstellungsmöglichkeiten entsprechen denen des Liniendiagramms. Wertachsen sind bei diesem Diagrammtyp radiale Achsen vom Kreismittelpunkt nach außen. Für Kategorieachsen stehen keine Optionen zur Verfügung.

15.8 Diagramme weiterbearbeiten

In den bisherigen Abschnitten haben Sie bereits gesehen, wie Sie Diagrammen andere Füllfarben, Konturen, Balken oder Schriften zuweisen können. In den meisten Fällen reichen diese Möglichkeiten nicht, denn die Diagrammfunktion hat seit ihrer Einführung in Illustrator 3 kein wesentliches Update mehr erfahren und ihre Möglichkeiten entsprechen daher nicht mehr aktuellen Ansprüchen an ansprechende Gestaltung von Infografik.

Durch die Verwendung von Effekten können Sie noch ein wenig »abfangen«, häufig kommen Sie jedoch nicht darum herum, zu tricksen oder das Diagramm umzuwandeln.

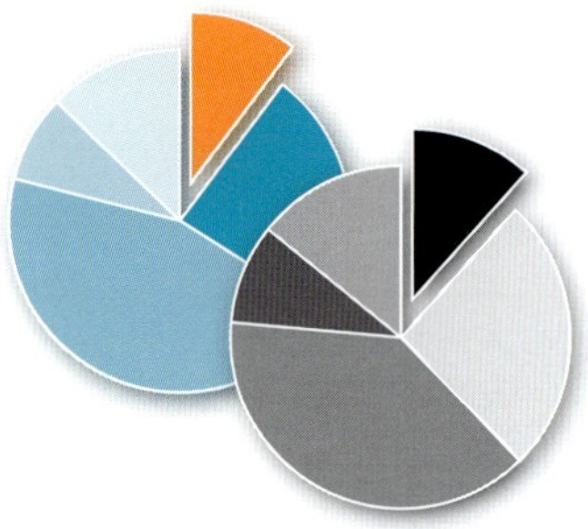

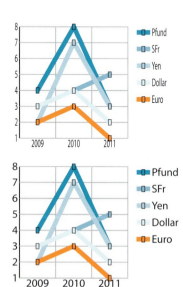

▲ **Abbildung 15.77**
Nach einer Änderung an der Datentabelle hat das Diagramm einige Formatierungen eingebüßt.

15.8.1 Allgemeine Hinweise zur Diagrammbearbeitung

Eine Änderung an den Diagrammdaten oder -Attributen kann zu unerwarteten Ergebnissen führen: Häufig verliert das Diagramm nach Änderungen etliche Eigenschaften wie Farben, Effekte oder eine Skalierung. In ganz extremen Fällen sind die Balken nach der Änderung der Daten wieder grau.

Dies vermeiden Sie, indem Sie die Bearbeitung mit Werkzeugen und Funktionen unterlassen, die nach Illustrator 5 eingeführt wurden, z. B. können Sie folgende Maßnahmen ergreifen:

▶ Farben: Weisen Sie Farben nicht per Drag & Drop, sondern mit dem Farbfelder-Bedienfeld zu.
▶ Skalieren: Skalieren Sie das Diagramm mit dem Skalieren-Werkzeug statt mit dem Transformieren- oder dem Steuerungsbedienfeld.
▶ Effekte: Erstellen Sie Grafikstile von Ihren Effekten, und weisen Sie sie den Balken zu. Dies hat auch den Vorteil, dass Sie die Eigenschaften einfach erneut zuweisen können, falls sie trotz aller Vorsichtsmaßnahmen entfernt werden.

15.8.2 Diagramme skalieren

Die Größe eines Diagramms lässt sich im Nachhinein mithilfe des Skalieren-Werkzeugs ändern (s. Abschnitt 15.8.1). Die Skalierung betrifft auch die Schriften, die Sie daher im Anschluss an die Skalierung neu formatieren müssen. Verzerrte Schriften nach einer nicht proportionalen Skalierung eines Diagramms korrigieren Sie nach dem Skalieren mit ⌘+⇧+X bzw. Strg+⇧+X.

▲ **Abbildung 15.78**
»Zurücksetzen« der unproportional skalierten Schrift

15.8.3 3D-Diagramme

Sie können sehr einfach Tortendiagramme oder dreidimensionale Liniendiagramme erzeugen, indem Sie den 3D-Effekt auf das komplette Diagramm anwenden. Der Clou daran ist: Die Daten können editierbar bleiben.

Mit ein wenig Aufwand können Sie Beschriftungen verbergen, die nach Anwendung des 3D-Effekts unleserlich sind, da der 3D-Effekt auf das komplette Diagramm angewendet wird. Beschriftungen sollten Sie also unabhängig erstellen. Mithilfe von Verzerrungshüllen (s. Abschnitt 10.7) könnten Sie sie sogar an die Perspektive des Diagramms anpassen. Damit die Originaltexte des Diagramms versteckt sind, wählen Sie sie mit dem Gruppenauswahl-Werkzeug aus und weisen ihnen die Füllung OHNE zu. Teilstriche verstecken Sie mithilfe der Diagrammattribute.

Bessere Nachbearbeitungsmöglichkeiten haben Sie allerdings, wenn Sie das Diagramm mitsamt seinem 3D-Effekt umwandeln.

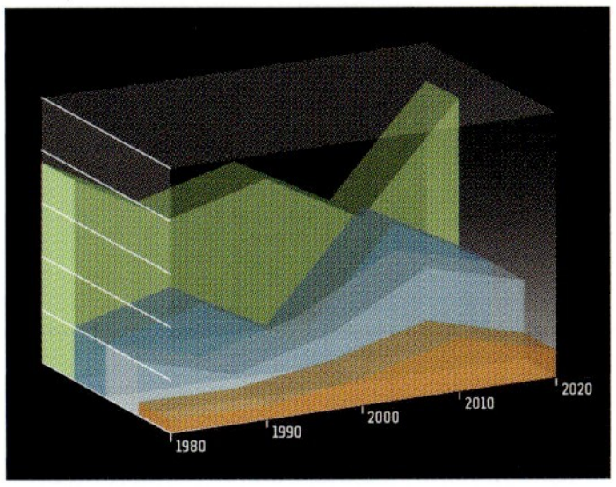

▲ **Abbildung 15.79**
Diese Umsetzung basiert auf einem Liniendiagramm, dessen Linien zu Flächen ergänzt wurden. Dann erfolgte eine Anwendung des 3D-Effekts EXTRUDIEREN, anschließend umwandeln und nachbearbeiten.

15.8.4 Effekte

Auch alle weiteren Effekte lassen sich Diagrammen zuweisen. So können Sie z. B. mit dem Aufrauen und dem Scribble-Effekt einen »handgemachten« Look erstellen. Mit Photoshop-Effekten können Sie ein »malerisches Aussehen« generieren.

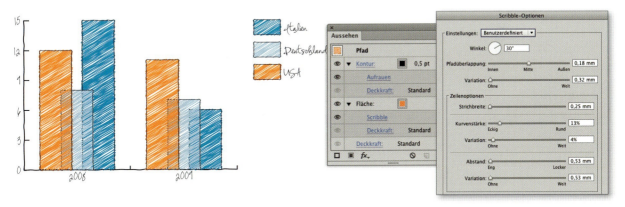

▲ **Abbildung 15.80**
In diesem Beispiel sind alle Konturen mit dem Aufrauen-Effekt versehen, die Flächen der Balken wirken dank Scribble-Effekt wie schraffiert. Die Beschriftung erfolgte mit einem Handschrift-Font.

15.8.5 Corporate-Design-Vorgaben und Illustrator-Diagramme

Nicht nur in der Unternehmenskommunikation, auch in Zeitungen und Magazinen gibt es strenge Vorgaben, wie Diagramme jeweils auszusehen haben. Die Vorgaben betreffen die Gestaltung der Achsen und deren Unterteilungen, die Gestaltung von Legenden in Segmenten sowie darauf verweisende Hinweispfeile, spezielle Auszeichnungen außerhalb

Kapitel 15   Diagramme

▲ **Abbildung 15.81**
Mit dem Skript »SetAllTheThings« von John Wundes können Balkenbreiten nach dem Umwandeln auf exakte Werte gesetzt werden.

des Diagramms, fest definierte Balkenbreiten, die Formatierung von Werten in Diagrammbalken und diverse weitere Merkmale. Die meisten dieser Vorgaben liegen außerhalb der Reichweite von Illustrators Diagrammoptionen. In der Regel läuft die Vorgehensweise also darauf hinaus, nur das Datenskelett (die Unterteilung eines Kreisdiagramms oder die Höhe von Säulen) von Illustrator generieren zu lassen, es dann, falls nötig, umzuwandeln und an die Vorgaben anzupassen. Bei Kreisdiagrammen helfen oft einfache Ergänzungen: ein Mittelkreis oder weiße Konturen, die einen Teil überdecken. Es können auch Teile der nicht umgewandelten Formen kopiert und wieder eingesetzt werden.

▲ **Abbildung 15.82**
Alle Kreisdiagramme sind nicht umgewandelt. Links: in der Vorlage liegt ein Musterdiagramm in der benötigten Größe sowie ein weißer Kreis. Es müssen nur die Daten geändert und eventuell Teile eingefärbt werden. Mitte: das Diagramm erhält weiße Konturen. Rechts: die Musterdatei enthält Textobjekte, die an die Daten angepasst werden, Hilfslinien markieren ihren Abstand zum Diagramm.

15.8.6 Dynamische Daten

Diagrammdaten können Sie mit Datentabellen verknüpfen und so die Werte einfach aktualisieren oder die Diagramme in dynamische Bilderzeugungssysteme einbinden (zu Variablen s. Abschnitt 22.4, zur dynamischen Bilderzeugung s. Abschnitt 21.3, »SVG«).

Um Diagramme dynamisch zu machen, wie es für viele webbasierte Anwendungen und Präsentationen gefragt ist, existieren jedoch komfortablere und umfassendere Möglichkeiten in diversen Programmiersprachen, die bereits an die Bedürfnisse des Webs angepasst sind.

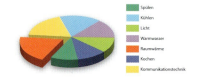

▲ **Abbildung 15.83**
Das Torten-Diagramm mit Schatten

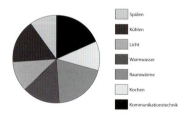

▲ **Abbildung 15.84**
Ausgangsdiagramm

Schritt für Schritt
3D-Tortendiagramm

1 Diagrammdaten eingeben

Öffnen Sie die Datei »Energieverbrauch.txt« von der DVD in einem Textbearbeitungsprogramm wie TextEdit oder Notepad. Aktivieren Sie alles, und kopieren Sie die Daten. In Illustrator ziehen Sie ein neues Kreisdiagramm auf und fügen die Daten aus der Zwischenablage in das Datenfenster ein. Bestätigen Sie die Eingabe, und schließen Sie das Datenfenster.

2 Reihenfolge der Segmente

Die Segmente des Kreisdiagramms sind nun in der Reihenfolge angeordnet, wie die Daten in die Tabelle eingetragen waren. So ist im Diagramm allerdings schwerer auszumachen, welche Menge größer ist. Wenn Sie die Segmente nach Größe sortieren, wird dies einfacher. Dazu rufen Sie die Diagrammoptionen über das Kontextmenü im Eintrag ART auf. In der Dialogbox wählen Sie SORTIEREN: ALLE.

Die Reihenfolge der Einträge in der Legende bleibt unverändert. Diese können Sie nur im Datenblatt bzw. bereits in der Ursprungsdatei ändern.

▲ Abbildung 15.85
Ändern der Sortierung der Diagrammsegmente

3 Farben definieren

Wählen Sie einen Datensatz (bestehend aus dem Diagrammanteil und der Legende) aus, indem Sie mit dem Gruppenauswahl-Werkzeug zweimal langsam hintereinander auf ein »Tortenstück« klicken. Weisen Sie dem Datensatz eine Farbe zu. Gehen Sie auf diese Art bei allen Datensätzen vor, um diese unterschiedlich einzufärben.

Abschließend aktivieren Sie das komplette Diagramm mit dem Auswahl-Werkzeug und setzen die Kontur auf OHNE.

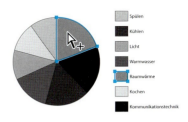

▲ Abbildung 15.86
Aktivieren eines Datensatzes mit dem Gruppenauswahl-Werkzeug

4 Legende

Ziehen Sie mit dem Direktauswahl-Werkzeug ein Auswahlrechteck über der Legende auf. Kopieren Sie diese Elemente mit BEARBEITEN • KOPIEREN – ⌘/Strg+C – in die Zwischenablage. Rufen Sie anschließend die DIAGRAMMOPTIONEN auf, und deaktivieren Sie die Anzeige der Legende. Fügen Sie die kopierte Legende aus der Zwischenablage wieder ein.

Die Legende ist jetzt nicht mehr Teil des Diagramms. Sie lässt sich unabhängig von diesem bearbeiten und ist ihrerseits von den Formatierungen des Diagramms – vor allem dem 3D-Effekt – nicht betroffen. Die Höhe der Farbmarken in der Legende reduzieren Sie mit der Funktion EINZELN TRANSFORMIEREN.

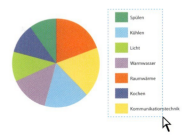

▲ Abbildung 15.87
Aktivieren der Legende mit dem Direktauswahl-Werkzeug

5 Teil herausziehen

Mit dem Direktauswahl-Werkzeug aktivieren Sie das »Tortenstück«, das in der Darstellung hervorgehoben werden soll, und ziehen es aus der Mitte nach außen.

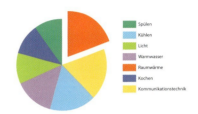

▲ Abbildung 15.88
Die Legende wurde kompakter gestaltet. Ein Teilstück ist herausgezogen.

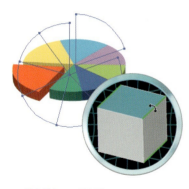

▲ Abbildung 15.89
Ausrichten des 3D-Objekts im Raum

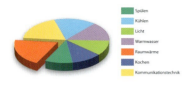

▲ Abbildung 15.90
Das Torten-Diagramm mit Schatten

Achtung: Gruppierung lösen

Nach dem Lösen der Gruppierung sind die Diagrammdaten nicht mehr editierbar.
Haben Sie die Gruppierung eines Diagramms unabsichtlich gelöst, widerrufen Sie den Arbeitsschritt mit BEARBEITEN • RÜCKGÄNGIG.

6 3D-Effekt

Klicken Sie mit dem Auswahl-Werkzeug auf das Diagramm, um es insgesamt auszuwählen. Rufen Sie EFFEKT • 3D • EXTRUDIEREN UND ABGEFLACHTE KANTE auf (s. Abschnitt 18.2.2).

In der Dialogbox aktivieren Sie die VORSCHAU und geben unter TIEFE DER EXTRUSION einen Wert um 20 Punkt ein. Die dreidimensionale Drehung des Objekts richten Sie mithilfe des Würfels ein.

7 Schatten

Mit einem Schatten verleihen Sie der Darstellung etwas Tiefe. Wählen Sie EFFEKT • STILISIERUNGSFILTER • SCHLAGSCHATTEN (s. Abschnitt 13.4.6). Aktivieren Sie auch in dieser Dialogbox die VORSCHAU, und stellen Sie die Optionen nach Bedarf ein.

15.8.7 Diagramme »umwandeln« und nachbearbeiten

Benötigen Sie die Teile des Diagramms als Vektorobjekte, um sie mit Optionen weiterzubearbeiten, die Ihnen für Diagramme nicht zur Verfügung stehen, so aktivieren Sie das Diagramm mit dem Auswahl-Werkzeug und wählen OBJEKT • GRUPPIERUNG AUFHEBEN – Shortcut ⌘/Strg + ⇧ + G.

Die Beschriftungen, Diagrammgitternetze und Diagrammteile sind jeweils gruppiert. Lösen Sie diese weiteren Gruppierungen nach Bedarf.

Nachbearbeitung | Nach dem Umwandeln stehen Ihnen dann alle Möglichkeiten zur Bearbeitung von Vektorelementen zur Verfügung, so können Sie z. B. die Stapelreihenfolge von Balken und Achsen ändern, Teile des Diagramms als Schnittmasken verwenden, Funktionen wie EINZELN TRANSFORMIEREN oder Skripte benutzen und Elemente frei positionieren.

Kapitel 16
Muster, Raster und Schraffuren

Regelmäßige Schraffuren, Raster und Objekttexturen, z. B. für Mode- und Textildesign, technische Illustrationen sowie Planzeichnungen in der Architektur, Geologie und Kartografie, können Sie mit Mustern erstellen, was bisher alles andere als trivial war. Das wurde durch den neuen Musterbearbeitungsmodus gründlich korrigiert.

16.1 Füllmuster verwenden

Ein Muster ist ein Rapport, bestehend aus mehreren Objekten, der eine Objekttextur ergibt. Füllmuster werden als Musterfelder im Farbfelder-Bedienfeld des Dokuments bzw. in einer Farbfelder-Bibliothek verwaltet (s. Abschnitt 8.5). Musterfelder können Sie sowohl der Fläche als auch der Kontur eines Objekts zuweisen. Darüber hinaus bieten Illustrator und einige Plug-ins und Skripte weitere Methoden, Rasterungen zu erzeugen, sodass sich viele unterschiedliche Darstellungsstile entwickeln lassen – von gescribbelt bis streng geometrisch, zufallsbasiert oder als Halbtonraster auf der Basis der Helligkeitswerte einer Vorlage.

▼ **Abbildung 16.1**
Beispiele für die Anwendung von Mustern

▲ Abbildung 16.2
Falls Sie ein zugewiesenes Muster auf der Zeichenfläche nicht sehen, liegt es häufig daran, dass das Muster der Kontur zugewiesen wurde.

16.1.1 Muster zuweisen

Möchten Sie eine Form mit einem Muster füllen, aktivieren Sie das Objekt, fokussieren FLÄCHE oder KONTUR – z. B. im Werkzeugbedienfeld – und klicken im Farbfelder-Bedienfeld auf das gewünschte Muster. Das Musterfeld wird dann – wie Keramikfliesen aneinandergelegt – auf der Fläche oder der Kontur des Objekts wiederholt.

Konturen und Muster | Auf Konturen können Sie sowohl Musterfelder als auch Musterpinsel anwenden. Beim Anwenden eines Musterfeldes wird die Kontur wie eine Fläche behandelt und das Muster einfach wiederholt. Musterpinsel bieten fortgeschrittene Möglichkeiten (s. Abschnitt 9.4.7) zur Gestaltung von Linien.

▲ Abbildung 16.3
Muster im Farbfelder-Bedienfeld

▲ Abbildung 16.4
Musterfelder auf Konturen (1. und 2. von links); Musterpinsel (1. und 2. von rechts)

Feine weiße Linien in der Musterfläche

Diese Linien sind normalerweise nur durch das Glätten der Vektorobjekte in der Bildschirmdarstellung bedingt und sollten daher im Druck nicht mehr auftreten. Deaktivieren Sie die Option GEGLÄTTETES BILDMATERIAL unter VOREINSTELLUNGEN • ALLGEMEIN, um zu überprüfen, ob die Linien nicht aufgrund eines fehlerhaften Musters entstehen.

Weitere Musterfelder laden | Die Standarddokumentprofile enthalten nur wenige Musterfelder. Weitere können Sie als Farbfeldbibliotheken laden (Bibliotheken s. Abschnitt 1.2).

Unter EINFACHE GRAFIKEN finden Sie Rasterpunkte und -linien à la Roy Lichtenstein sowie für Landkarten geeignete Muster. Diese Illustrator-Version enthält einige plakative, florale Muster in der Farbfeldbibliothek MUSTER • DEKORATIV • VONSTER-MUSTER.

▲ Abbildung 16.5
Eine Auswahl der Vonster-Muster (Designer: Von Glitschka)

Muster-Ressourcen

Weitere Muster-Bibliotheken gibt es bei Adobe Exchange unter *www.adobe.com/exchange*. Umfangreiche Bibliotheken mit Mustern für geologische Karten hat das U.S. Geological Survey unter *http://pubs.usgs.gov/of/1999/of99-430/*.

16.1.2 Musterausrichtung

Die Ausrichtung des Musters bezieht sich zunächst auf den Linealnullpunkt des Dokuments – nicht die jeweiligen Nullpunkte einzelner Zeichenflächen. Von dort aus wiederholt Illustrator die Rapporte entlang der X-Achse nebeneinander und entlang der Y-Achse übereinander. Die Ausrichtung der Musterfüllung am Objekt ergibt sich daher daraus, an welcher Stelle der Zeichenfläche es sich befindet, wenn Sie die Füllung zuweisen.

16.1.3 Muster transformieren

Ist das Muster dem Objekt zugewiesen, dann bestimmt die Voreinstellungsoption (unter ALLGEMEIN) MUSTER TRANSFORMIEREN darüber, wie sich das Muster verhält, wenn Sie das Objekt transformieren oder wenn Sie den Linealursprung verändern.

▲ Abbildung 16.6
Das Muster wird am Linealnullpunkt ausgerichtet.

Muster mit Objekten transformieren | Beim Transformieren eines Objekts haben Sie die Wahl, ob Sie die Musterfüllung zusammen mit dem Objekt umformen möchten. Eine Grundeinstellung für Ihre Arbeit mit Illustrator nehmen Sie in den Voreinstellungen vor. Rufen Sie VOREINSTELLUNGEN • ALLGEMEIN… auf, und aktivieren oder deaktivieren Sie die Option MUSTER TRANSFORMIEREN (Abbildung 16.7 und 16.8).

- Option deaktiviert: Die Ausrichtung des Musters ist weiterhin an die Zeichenfläche gebunden. Wenn das Objekt transformiert wird, ist das Muster davon nicht betroffen.
- Option aktiviert: Das Muster ist an das Objekt gebunden und wird mit ihm zusammen transformiert – bewegt, gedreht, skaliert, gespiegelt.

▲ Abbildung 16.7
Die Option MUSTER TRANSFORMIEREN in den Voreinstellungen

Die Einstellung wird in die Optionen von Transformieren-Bedienfeld und -Werkzeugen übernommen. Sie können sie dort für jede Transformation individuell einstellen (Transformieren s. Abschnitt 5.6).

Nur Muster transformieren | Viele Muster (z. B. Schraffuren) lassen sich in horizontaler oder vertikaler Ausrichtung viel einfacher entwickeln. Die Drehung erfolgt dann erst bei der Anwendung am Objekt. Sowohl mit dem Transformieren-Bedienfeld als auch mit den Transformieren-Werkzeugen können Sie das Muster unabhängig vom Objekt transformieren.

- Transformieren-Bedienfeld: Aktivieren Sie im Menü des Transformieren-Bedienfeldes die Option NUR MUSTER TRANSFORMIEREN. Aktivieren Sie das Objekt, und geben Sie die gewünschten Werte ein. Denken Sie daran, die Option im Bedienfeldmenü vor der nächsten Transformation zu überprüfen – Illustrator zeigt ein kleines Warndreieck im Bedienfeld, um Sie darauf hinzuweisen, dass NUR MUSTER TRANSFORMIEREN aktiv ist.
- Transformieren-Werkzeuge: Mit den Transformieren-Werkzeugen haben Sie zwei Möglichkeiten:

▲ Abbildung 16.8
Ohne (links) und mit (rechts) aktivierter Option MUSTER TRANSFORMIEREN

▲ Abbildung 16.9
Warnhinweis bei NUR MUSTER TRANSFORMIEREN

▲ Abbildung 16.10
Die Dialogbox DREHEN

Win: Muster transformieren
Unter Windows funktioniert das intuitive Bearbeiten von Mustern mit den Transformieren-Werkzeugen nur, wenn Sie vorher die Tastaturbelegung in den Betriebssystem-Einstellungen auf US-Englisch umstellen.

1. Per Eingabe: Aktivieren Sie das Objekt, und doppelklicken Sie auf das gewünschte Werkzeug im Werkzeugbedienfeld, um die Dialogbox aufzurufen. Deaktivieren Sie unter OPTIONEN alle bis auf MUSTER TRANSFORMIEREN, und geben Sie die gewünschten Werte ein.
2. Intuitiv: Aktivieren Sie das Objekt, und wählen Sie ein Transformieren-Werkzeug oder (zum Verschieben) das Auswahl-Werkzeug. Drücken Sie die Taste ⌜<⌝ (Mac)/⌜^⌝ (Windows – bitte beachten Sie den Hinweis), während Sie die Transformation ausführen.
3. Wenn Sie einem Objekt mit einem transformierten Muster anschließend ein anderes Muster zuweisen, dann übernimmt das andere Muster die Transformation.

Verändern der Linealkoordinaten | Wenn Sie statt des Objekts die Koordinaten verändern, können sich Muster ebenfalls auf dem Objekt verschieben. Das Verändern der Koordinaten kann auf verschiedene Arten geschehen:

- Verschieben der Zeichenfläche im Dokument
- Ändern des Linealursprungs
- Wechsel zwischen globalen und Zeichenflächenlinealen
- Einfügen in dasselbe Dokument oder in andere Dateien

Musterbeeinflussende Operationen und Funktionen	»Muster transf.« aktiv	»Muster transf.« inaktiv
Linealursprung verschieben; globale Lineale	!	!
Linealursprung verschieben; Zeichenflächenlineale	–	–
Zeichenflächen verschieben/kopieren	–	–
Objekt kopieren/ausschneiden und einfügen	–	!
Objekt an dieselbe Position/in alle Zeichenflächen einfügen	–	!
Kopieren und einfügen in eine neue Datei	!	!

▲ Tabelle 16.1
Unter den mit einem »!« gekennzeichneten Bedingungen verschiebt sich das Muster, wenn Sie die »kritischen« Operationen durchführen. Fett gekennzeichnet sind Operationen, die immer Musterverschiebungen verursachen.

Einfügen in andere Datei
Das Problem der Musterverschiebung lässt sich nur umgehen, wenn Sie das Muster umwandeln, bevor Sie es kopieren und in die andere Datei einfügen. Alternativ platzieren Sie die Illustrator-Datei, die das Objekt mit dem Muster enthält, in das andere Dokument. Achten Sie darauf, die Option VERKNÜPFEN zu aktivieren.

Muster in einem Symbol | Ist das Muster innerhalb eines Symbols angewandt, dann verschiebt es sich unter den oben aufgelisteten Bedingungen nicht mehr. Leider gibt es eine Ausnahme: Auch Muster in Symbolen verschieben sich, wenn die Symbolinstanz kopiert und in ein neues Dokument eingefügt wird.

Muster zurücksetzen | Um den Originalstatus eines Musters wiederherzustellen und die Transformationen zu widerrufen, aktivieren Sie das Objekt und weisen ihm das Musterfeld erneut zu. Dabei wird das Muster natürlich erneut am Linealursprung ausgerichtet. Wenn das Objekt inzwischen an einer anderen Stelle der Zeichenfläche positioniert ist, entsteht nicht mehr die Originalanordnung des Musters.

16.1.4 Muster verändern

Muster sind meist nicht die einzige Objekteigenschaft, die Sie anwenden. Daher sind im Zusammenspiel von Mustern mit anderen Optionen einige Details zu beachten, damit alles, wie erwartet, funktioniert.

Muster und Verzerrungen | Wenn Sie ein Objekt mit einer Verzerrungshülle verformen, können Sie unter Objekt • Verzerrungshülle • Hüllen-Optionen… einstellen, dass Illustrator das Muster gemeinsam mit dem Objekt verzerren soll. Mit den Verkrümmungseffekten unter Effekt • Verkrümmungsfilter ist es nicht möglich, Musterfüllungen zu verzerren (Verzerrungshüllen s. Abschnitt 10.7).

Muster und 3D-Effekte | Dei beiden 3D-Effekte Extrudieren und Kreiseln behandeln das Muster wie gruppierte Ausgangsobjekte. In der Regel ist das nicht gewünscht. Extrudieren oder kreiseln Sie daher Objekte ohne Muster, und applizieren Sie das Muster als Bildmaterial auf das 3D-Objekt (s. Abschnitt 18.3).

16.1.5 Musterfüllung umwandeln

Möchten Sie die Musterfüllung eines Objekts in Pfade umwandeln, aktivieren Sie das Objekt und wählen Objekt • Umwandeln… Bestimmen Sie in der Dialogbox, ob Sie die Fläche oder die Kontur umwandeln möchten (voreingestellt sind alle auf die Objekteigenschaften zutreffenden Optionen), und klicken Sie OK.

Illustrator erzeugt die für die Füllung benötigten Musterelemente als Vektorformen, auf die die Form des Objekts als Schnittmaske angewendet ist. Rufen Sie das Ebenen-Bedienfeld auf, um die Gruppe zu analysieren.

16.1.6 Muster und Speicherplatz

Nicht verwendete Muster-Farbfelder tragen nicht unwesentlich zur Dateigröße eines Dokuments bei. Ganz unbemerkt werden Musterfelder aus Bibliotheken dem Farbfelder-Bedienfeld hinzugefügt, sobald Sie sie testweise auf ein Objekt anwenden. Um Speicherplatz einzusparen, löschen Sie alle nicht verwendeten Musterfelder aus dem Farbfelder-

Keine Muster?
Falls in Ihrem Farbfelder-Bedienfeld keine Muster zu sehen sind, überprüfen Sie die Anzeigeoptionen im Menü »Farbfeldarten einblenden«.

▲ Abbildung 16.11
Hüllen-Optionen (Ausschnitt)

▲ Abbildung 16.12
3D-Effekte werden auf Musterfüllungen angewendet, als wären es Vektorformen.

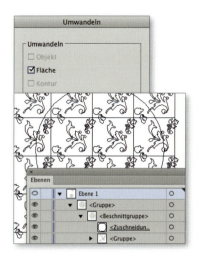

▲ Abbildung 16.13
Dialogbox Umwandeln (oben); umgewandelte Musterfüllung im Ebenen-Bedienfeld (unten)

Lücken in gemusterten Flächen

Dieses Problem sollte bei Mustern, die mit der neuen Musterfunktion erstellt werden, nicht mehr auftreten. Wenn Sie Muster aber nach der herkömmlichen Art erstellen und Ihr Muster nach der Anwendung am Objekt Lücken zeigt, liegt dies meistens an der fehlenden Musterfeldbegrenzung.

Das Ausgangsobjekt links besitzt Elemente, die über die violette Grundfläche hinausreichen. Daher müssen Sie hinter den Elementen ein Rechteck in derselben Größe wie die violette Fläche, jedoch ohne Kontur und Fläche, anlegen.

16.2 Eigene Muster entwickeln

Die meisten Muster wiederholen sich nicht einfach wie aneinandergesetzte Keramikfliesen, sondern die Musterelemente sind gedreht, gespiegelt oder verschoben (oder alles zusammen). Diese Wiederholungen zu konstruieren und nachfolgend in die einfache Kachelung von Musterfeldern zu übersetzen, stellt die Schwierigkeit beim Entwerfen von Mustern dar. Beides wurde in dieser Illustrator-Version erheblich vereinfacht.

Abbildung 16.14 ▶
Versetztes Muster (Gruppe p1, links); gedreht und versetzt (Gruppe p3, Mitte) und ein gedrehtes, gespiegeltes und versetztes Muster (Gruppe p4g, rechts)

Ebene kristallografische Gruppe

Wenn Sie die genannten Begriffe im Web recherchieren, finden Sie sehr viele Quellen, die die Gruppen detailliert und gut illustriert beschreiben. Interessant ist z. B. der Eintrag in der Wikipedia. Anwendungsbeispiele sind auch bei M. C. Escher oder den Ornamenten der Alhambra zu finden.

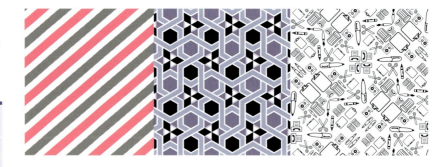

16.2.1 Mustertheorie

Die Musterung eines zweidimensionalen Objekts ist ein mathematisches Problem, das als Parkettierung, Symmetriegruppe oder »Ebene kristallografische Gruppe« bezeichnet wird (engl. Wallpaper Group).

16.2 Eigene Muster entwickeln

Um eine Fläche lückenlos und überlappungsfrei mit gleichförmigen Grundobjekten zu füllen, gibt es 17 unterschiedliche Regeln.

Da Illustrator auch im Musterbearbeitungsmodus keine Spiegelungen oder Drehungen von Musterelementen durchführen kann, ist nur ein kleiner Teil dieser Musterlogiken einfach umsetzbar. Die anderen Parkettierungen müssen Sie weiterhin entweder mithilfe von anderen Funktionen selbst »austüfteln« oder auf Drittanbietersoftware, wie etwa die Plug-ins SymmetryWorks (s. Abschnitt 25.1.11), Xtream Path (s. Abschnitt 25.1.14) oder die Vorlagensammlung »Madpattern« (s. Hinweisbox), zurückgreifen, um ans Ziel zu kommen.

Im Musterbearbeitungsmodus in Illustrator können Sie folgende Versatzarten erzeugen – alle Arten lassen sich noch mit Überlappungen kombinieren:

Madpattern
Muster nach allen 17 Regeln können Sie mithilfe der Illustrator-Vorlagen »Madpattern« erstellen. Diese Vorlagen nutzen Transformieren-Effekte, Schnittmasken und Zeichenflächen, um aus Grundformen Muster zu erstellen. Um mit Mustern zu experimentieren und einen Zugang zur Logik zu finden, ist der Einsatz der unter www.madpattern.com kostenlos erhältlichen Vorlagen sehr zu empfehlen.

Raster | Das Musterelement wird rechtwinklig aneinandergefügt wie bei einer Kachelung.

◀ **Abbildung 16.15**
Das Muster (links) besteht aus Kacheln, die rechtwinklig aneinanderliegen. Das Musterelement (Mitte, blau markiert) entspricht hier auch Illustrators Musterfeld (Mitte, rot). Die Konstruktion der Ausgangsobjekte sollte aber in der einfachsten Form erfolgen (rechts).

Horizontaler/Vertikaler Versatz (Ziegel) | Hier wird das Musterelement entweder in horizontaler oder in vertikaler Richtung versetzt aneinandergefügt wie Mauersteine.

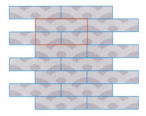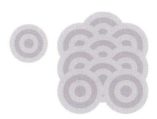

◀ **Abbildung 16.16**
Das kleinste wiederholbare Element (Mitte, blau markiert) lässt sich hier nur versetzt aneinanderfügen. Das Musterfeld muss daher größer sein, damit eine rechtwinklige Kachelung möglich ist (Mitte, rot markiert). Erstellt wurde das Muster ebenfalls aus noch einfacheren Formen, die gestapelt sind (rechts).

Sechsseitiger Versatz (Hexagon) | Bei dieser Art ergibt sich ein Wabenmuster. Die Wabe kann entweder mit einer Kante (vertikal) oder mit einer Spitze nach oben (horizontal) ausgerichtet sein. Im Beispiel unten sehen Sie eine mit der Kante nach oben ausgerichtete Wabenform.

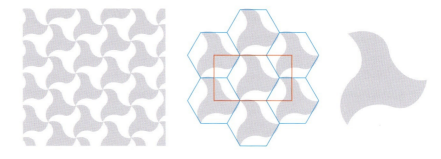

Abbildung 16.17 ▶
Hier sind die Musterelemente im Wabenmuster aneinandergelegt (Mitte, blau markiert). Das Musterfeld kann nur rechteckig sein (Mitte, rot markiert). Das Konstruktionselement ist bereits im Muster gut zu erkennen (rechts).

16.2.2 Aufbau eines Musters in Illustrator

Alle Muster haben bestimmte Gemeinsamkeiten, die auch mit den neuen Funktionen weiterhin Bestand haben.

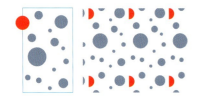

▲ **Abbildung 16.18**
Objekte oder Teile von Objekten, die außerhalb der Musterfeldbegrenzung (hier blau markiert) liegen, werden abgeschnitten.

Kachelung und Musterfeldbegrenzung | Werden Objekte in ein Muster umgewandelt, bestimmt ein unsichtbares Begrenzungsrechteck im Hintergrund der Mustergrafik, wie die Objekte beschnitten und aneinandergefügt werden. Wenn Sie das Muster nach der herkömmlichen Methode erstellen, müssen Sie dieses Rechteck selbst anlegen. Arbeiten Sie mit dem Musteroptionen-Bedienfeld, legt Illustrator das Rechteck automatisch an und optimiert es für eine gute Darstellung im Farbfelder-Bedienfeld, d. h., es werden gegebenenfalls Wiederholungen im Musterfeld hinzugefügt, damit es ungefähr quadratisch ist.

Erlaubte Objekte in Mustern | Neben einfachen Pfaden kann ein Muster Transparenz, Verläufe, Pixelbilder, Textobjekte und Angleichungen, jedoch keine Objekte, die selbst mit einer Musterfüllung versehen sind, enthalten. Pinselkonturen, mit Effekten versehene Objekte, Verlaufkonturen, variable Breitenprofile und Angleichungen wandelt Illustrator automatisch um, sobald Sie davon ein Musterfeld erstellen. Arbeiten Sie im Musterbearbeitungsmodus, dann ist es nicht möglich, die entsprechenden Werkzeuge und Funktionen zu verwenden.

> **Für Änderungen gewappnet**
> Wenn Sie damit rechnen, dass Änderungen am Muster notwendig sein könnten, dann sollten Sie die Originalelemente ebenfalls speichern, denn Änderungen an der umgewandelten Form im Musterfeld könnten aufwendig werden.

Musterelement-Kante und Musterfeldbegrenzung | Wie Sie bereits vorher gesehen haben, entspricht das sich wiederholende Musterelement nur im Fall der Kachel auch dem späteren Musterfeld. Im Musterbearbeitungsmodus können Sie die Musterelement-Kante mit dem Musterelement-Werkzeug direkt verändern – die Anfasser und Widgets werden angezeigt, sobald Sie das Musterelement-Werkzeug auswählen. Auch die spätere Musterfeldbegrenzung können Sie sich anzeigen lassen.

Die Musterelement-Kante ❺ zeigt die Grenzen des sich wiederholenden Artworks an. Um die Größe des Musterelments zu verändern,

▲ **Abbildung 16.19**
Haben Sie den Musterelementtyp Raster ausgewählt, dann ist die Anzeige der Musterlement-Kante inaktiv.

greifen Sie seine Anfasser ❻ oder direkt die Kante. Mit dem rautenförmigen Versatz-Widget ❹ steuern Sie die Verschiebung der Musterelemente bei horizontalem oder vertikalem Versatz. Optional können Sie die Musterfeldbegrenzung ❷ einblenden lassen. Alles, was innerhalb der Begrenzung angezeigt wird ❸, ist Teil des Musterfeldes. Objekte, die Sie im Musterbearbeitungsmodus auf der Arbeitsfläche ❶ außerhalb von Musterelement und Musterfeld erstellt haben, gehen verloren, sobald Sie den Modus verlassen.

16.2.3 Muster erstellen

Muster können Sie entweder – wie immer – einfach ins Farbfelder-Bedienfeld ziehen oder durch Eingeben der Optionen anlegen.

Traditionelle Methode | Wenn Sie eine Mustergrafik, d. h. die Grafikelemente und die unsichtbare Musterfeldbegrenzung, aus alten Dateien in neue Dokumente übertragen wollen oder wenn Sie einfache Muster auf die herkömmliche Art erstellen wollen, dann gehen Sie wie folgt vor:

1. Zeichnen Sie die Grafik, und entwickeln Sie den Rapport Ihres Musters. Erstellen Sie die dazu passende Musterfeldbegrenzung.
2. Stellen Sie sicher, dass die Musterfeldbegrenzung im Hintergrund liegt und die FLÄCHE und KONTUR OHNE ⬚ besitzt.
3. Aktivieren Sie alle Elemente, die zur Mustergrafik gehören, und ziehen Sie alles ins Farbfelder-Bedienfeld.
4. Ziehen Sie eine Form auf, und testen Sie das neue Muster.

Im Musterbearbeitungsmodus | Mit den neuen Funktionen geht es einfacher:

1. Erstellen Sie die Ausgangsobjekte, und aktivieren Sie sie auf der Zeichenfläche.
   Alternativ können Sie auch ohne Ausgangsobjekte in den Musterbearbeitungsmodus (Pattern Editing Mode: PEM) gehen.
2. Rufen Sie OBJEKT • MUSTER • ERSTELLEN auf (oder wählen Sie diesen Befehl aus dem Menü des Musteroptionen-Bedienfeldes). Illustrator isoliert die Musterelemente auf der Zeichenfläche und öffnet das Musteroptionen-Bedienfeld.
3. Passen Sie die Vorschauoptionen an, indem Sie die Anzahl der KOPIEN aus dem Menü wählen (diese Kopien dienen nur der Vorschau des Musters) und die Stärke der Abblendung einstellen.
4. Wählen Sie den MUSTERELEMENTTYP, also die Art der Wiederholung. Geben Sie alle weiteren Optionen ein, oder nehmen Sie das Muster-

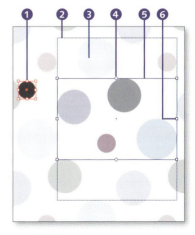

▲ **Abbildung 16.20**
Interaktive Anpassung des Musterelements mit dem Werkzeug

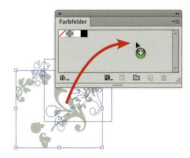

▲ **Abbildung 16.21**
Das Muster samt Musterfeldbegrenzung wird ins Farbfelder-Bedienfeld gezogen.

Musterfelder nicht anwenden

Im Musterbearbeitungsmodus können Sie Musterfelder zwar verwenden, Objekte mit Mustern werden jedoch umgewandelt, sobald das Muster gespeichert wird – Illustrator zeigt auch eine Warnung an, eventuelle Muster werden in dieser Warnung jedoch nicht explizit erwähnt. Achten Sie daher darauf, nicht unbeabsichtigt Muster zuzuweisen.

Kapitel 16 Muster, Raster und Schraffuren

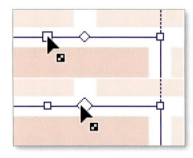

▲ **Abbildung 16.22**
Mit den quadratischen Anfassern wird das Element skaliert, mit den rautenförmigen der Versatz verschoben – die Anfasser werden unter dem Cursor hervorgehoben.

▲ **Abbildung 16.23**
Die Brotkrumennavigation am oberen Rand des Dokuments

Abbildung 16.24 ▶
Das Musteroptionen-Bedienfeld

> **Musteroptionen und Arbeitsbereiche**
>
> Das Musteroptionen-Bedienfeld kann an andere Bedienfelder und an den Bildschirmrand angedockt und auch so in Arbeitsbereiche gespeichert werden. Dann besitzt es dieses Symbol:
>
>

element-Werkzeug mit einem Klick auf den Button im Musteroptionen-Bedienfeld, und stellen Sie die Begrenzungen des Musterelements intuitiv auf der Zeichenfläche ein.

Im Musterbearbeitungsmodus können Sie sowohl das Musterelement als auch die Objekte bearbeiten, die das Muster bilden.

5. Anhand Ihrer Musterelemente und der eingestellten Wiederholung generiert Illustrator den Rapport.
6. Falls Sie einen Zwischenstand speichern möchten, klicken Sie in der Brotkrumenzeile am oberen Rand des Dokuments auf KOPIE SPEICHERN.
7. Mit einem Doppelklick auf eine leere Stelle der Zeichenfläche speichern Sie den letzten Stand und beenden den Musterbearbeitungsmodus.
8. Vor dem Aufruf des Musterbearbeitungsmodus vorhandene Objekte bleiben auf der Zeichenfläche erhalten – Objekte, die Sie erst im Musterbearbeitungsmodus gezeichnet haben, werden nur im Musterfeld gespeichert (oder gelöscht, falls Sie außerhalb des Musterelements liegen).
9. Erstellen Sie nun ein neues Objekt, und testen Sie das Muster.

16.2.4 Das Musteroptionen-Bedienfeld

Im Musteroptionen-Bedienfeld bestimmen Sie die Optionen für das Muster numerisch und rufen das Musterelement-Werkzeug auf.

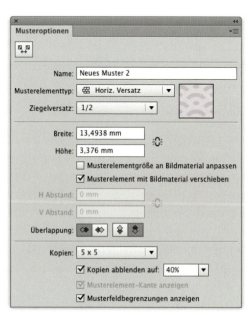

- **Musterelement-Werkzeug:** Im Musterbearbeitungsmodus können Sie die meisten Illustrator-Werkzeuge- und Funktionen einsetzen, um die Grafik des Musters zu erstellen oder zu verändern. Zusätzlich steht Ihnen nur im Musterbearbeitungsmodus das Musterelement-Werkzeug zur Verfügung, um die Musterelement-Kante zu bearbeiten.
- **Name:** Geben Sie dem Muster bereits im Bearbeitungsmodus einen Namen.
- **Musterelementtyp:** Hier wählen Sie die Art der Wiederholung zwischen den Optionen Raster, Horiz./Vert. Versatz und 6-seitig horizontal/vertikal aus (zu den Optionen s. Abbildung 16.15 bis 16.17).
- **Ziegelversatz:** Wählen Sie hier den Versatzabstand aus dem Menü. Alternativ können Sie den Abstand auch mit dem Widget am Musterelementrahmen einstellen.
- **Breite/Höhe:** Geben Sie die Breite und Höhe des Musterelements numerisch ein.
- **Musterelementgrösse an Bildmaterial anpassen:** Aktivieren Sie diese Option, um zu erreichen, dass sich das Musterelement automatisch immer so anpasst, dass es im Musterbearbeitungsmodus verschobene oder neu erstellte Objekte einschließt. Die Mitte des Musterelements bewegt sich dabei nicht in ihrem Verhältnis zur Mitte der Musterobjekte.
- **Musterelement mit Bildmaterial verschieben:** Wenn diese Option aktiv ist und alle Objekte im Musterbearbeitungsmodus bewegt werden, dann passt sich das Musterelement automatisch der neuen Position an.
- **H-Abstand, V-Abstand:** Die beiden Eingabefelder für den horizontalen und vertikalen Abstand werden aktiv, sobald Sie die Option Musterelementgrösse an Bildmaterial anpassen aktivieren. Anschließend können Sie unter Abstand auch negative Werte eingeben.
- **Überlappung:** Sobald Objekte über die Musterelement-Kante hinausragen, müssen Sie einstellen, in welcher Richtung Überlappungen angeordnet werden sollen. Mit den Buttons ▣, ▣, ▣, ▣ legen Sie deren Richtung in beiden Dimensionen fest.
- **Kopien:** Die Optionen in diesem Bereich betreffen nur die Anzeige des Musters im Musterbearbeitungsmodus. Wählen Sie die Anzahl der Kopien in der Vorschau des Musters aus dem Menü aus.
- **Kopien abblenden auf:** Damit Sie die virtuell erzeugten Kopien von den eigentlich vorhandenen Objekten unterscheiden können, ist es möglich, die Kopien abzublenden. Falls Sie mit Mustern in Grautönen arbeiten, kann das Abblenden irritieren.

▲ **Abbildung 16.25**
Dasselbe Musterelement mit unterschiedlichen Ziegelversatz-Abständen. Ein anderer Ziegelversatz bedeutet auch, dass das Musterfeld andere Dimensionen besitzt.

▲ **Abbildung 16.26**
Vor (links) und nach (rechts) Aktivieren der automatischen Anpassung der Musterelementgröße

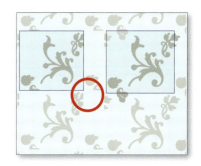

▲ **Abbildung 16.27**
Die Überlappungsrichtung ist wichtig, wenn Muster sowohl einen Hintergrund als auch überlappende Elemente besitzen.

▲ Abbildung 16.28
Im Bedienfeldmenü der MUSTER-OPTIONEN können Sie die Farbe der Kante anpassen, damit sie von den Musterfarben besser zu unterscheiden ist.

▶ MUSTERELEMENT-KANTE ANZEIGEN: Wenn Sie die Wirkung Ihres Musters beurteilen möchten, kann die Umrandung des Musterelements stören, daher können Sie sie hier ausblenden. Mit ausgeblendeter Kante, ausgeblendeten Musterfeldbegrenzungen und nicht abgeblendeter Darstellung der Kopien erhalten Sie eine Anzeige des Musters so, wie es am Objekt aussehen würde. Die Musterelement-Kante wird immer angezeigt, sobald Sie das Werkzeug auswählen.

▶ MUSTERFELDBEGRENZUNGEN ANZEIGEN: Die Musterfeldbegrenzungen sind normalerweise nicht aktiviert. Wenn Sie sehen möchten, welchen Rapport Illustrator aus Ihren Einstellungen berechnet, aktivieren Sie die Anzeige der Musterfeldbegrenzungen.

16.2.5 Musterfelder speichern

Beim Aufrufen des Musterbearbeitungsmodus wird ein Musterfeld angelegt. Wenn Sie den Musterbearbeitungsmodus mit einem Klick auf FERTIG (in der Brotkrumenleiste) beenden, wird das Musterfeld auf den letzten Stand aktualisiert.

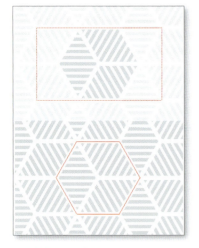

▲ Abbildung 16.29
Mit abgeblendeten Kopien und ausgeblendetem Musterelementrahmen (oben); mit voll aufgeblendeten Kopien und eingeblendetem Musterelement (unten)

Zwischenstände speichern | Wenn Sie verschiedene Zwischenstände Ihres Musters auch ausdrucken und zu einem späteren Zeitpunkt vergleichen möchten, ist es nicht nötig, dafür den Musterbearbeitungsmodus zu verlassen. Klicken Sie in der Brotkrumenzeile auf KOPIE SPEICHERN, um den Zwischenstand zu sichern. Sie arbeiten dann am Originalmuster weiter, **nicht** an der Kopie.

Farbfelder als Bibliothek speichern | Wie alle Farbfelder (und wie Symbole, Pinsel oder Grafikstile) werden auch Musterfelder nur in der aktuellen Datei gespeichert (und auch erst dann, wenn Sie die Datei speichern). Wenn Sie die Muster unabhängig speichern wollen, erstellen Sie eine Bibliothek (s. Abschnitt 1.2).

Als Hintergrund für Webseiten speichern | Damit Sie Ihr Muster auf Webseiten einbinden können, erstellen Sie ein Rechteck, das exakt so groß ist, wie das Musterfeld und füllen dieses Rechteck mit dem Muster. Achten Sie darauf, dass das Rechteck exakt im Pixelraster liegt. Dann passen Sie die Zeichenfläche an die Größe des Rechtecks an und speichern die Grafik in einem für das Web geeigneten Format. Diese Grafik lässt sich kacheln und als Hintergrund verwenden (Erstellen von Screendesigns s. Kapitel 21).

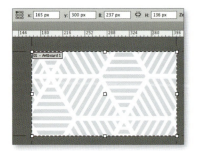

▲ Abbildung 16.30
Zeichenfläche und Objekt müssen beim Speichern für das Web exakt im Pixelraster liegen.

16.2.6 Muster bearbeiten

Muster umfärben | Die Funktion BILDMATERIAL NEU FÄRBEN ermöglicht ein unkompliziertes Umfärben von Musterfeldern. Dazu weisen Sie das Muster einem Objekt zu, aktivieren dieses und rufen BEARBEITEN • FARBEN BEARBEITEN • BILDMATERIAL NEU FÄRBEN... auf (Interaktive Farbe s. Abschnitt 8.9). Sobald Sie die Dialogbox mit OK schließen, wird ein Duplikat des Musterfeldes mit den geänderten Farben erzeugt.

Umfassendere Bearbeitungen | Möchten Sie über Farbänderungen hinausgehende Bearbeitungen an Musterfeldern vornehmen, müssen Sie diese an den Bestandteilen der Mustergrafik durchführen. Dazu doppelklicken Sie auf das Muster im Farbfelder-Bedienfeld, um in den Musterbearbeitungsmodus zu gelangen. Falls Sie die ursprüngliche Version des Musters weiterhin behalten möchten, erstellen Sie entweder vorher eine Kopie im Farbfelder-Bedienfeld oder speichern diese als ersten Schritt im Musterbearbeitungsmodus.

▲ Abbildung 16.31
In früheren Versionen mussten Sie von Objekten, die über den Rand reichen, immer Duplikate auf der anderen Seite erzeugen – die sind nun überflüssig. Beim Öffnen des alten Musters bemerken Sie sie häufig nicht, da sie automatisch abgedimmt werden. Gehen Sie in die Pfadansicht, um solche Elemente zu entdecken.

Bearbeitung herkömmlich erstellter Musterfelder | Wenn Sie alte Muster bearbeiten, achten Sie genau auf deren Konstruktion. Das Ebenen-Bedienfeld ist auch im Musterbearbeitungsmodus aktiv – es sollte daher einen festen Platz auf Ihrer Arbeitsfläche haben:

▶ Schnittmasken: Zunächst erscheint es meist so, als könnte kein Objekt aktiviert werden. Das liegt daran, dass die Musterfeldbegrenzung als Schnittmaske angelegt ist – Illustrator zeigt auch eine entsprechende Warnung an, wenn Sie beginnen, das Muster zu bearbeiten. Sehen Sie sich das Muster im Ebenen-Bedienfeld an, und heben Sie die Schnittmaske auf.
▶ Randobjekte: Mit der herkömmlichen Methode mussten die überstehenden Objekte jeweils zweimal – auf den beiden gegenüberliegenden Seiten der Musterfeldbegrenzung – angelegt werden. Im Musterbearbeitungsmodus benötigen Sie jeweils eines der Duplikate nicht mehr. Löschen Sie die betroffenen Objekte daher, damit sie nicht stören und damit Speicherplatz gespart wird.

16.2.7 Musterfelderoptimierung

Performance | Die programmtechnische Verarbeitung von Musterfüllungen ist von zwei Faktoren abhängig: von der Anzahl und Komplexität der zum Musterfeld gehörenden Elemente und von der Anzahl der für die Füllung des Objekts benötigten Musterwiederholungen. Weniger

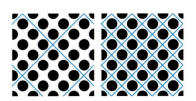

▲ Abbildung 16.32
Je kleiner der Rapport ist, desto mehr Musterfelder sind nötig, um eine Fläche zu füllen.

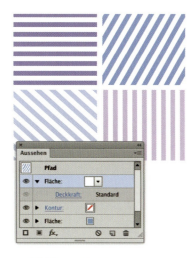

▲ **Abbildung 16.33**
Aus nur einem Musterfeld lassen sich unterschiedliche Muster erstellen, wenn man es geschickt anlegt.

▲ **Abbildung 16.34**
Beispiele für Überlagerungen von Mustern finden Sie in den »Vonster-Grafikstilen«.

Effekte »retten«

Wenn Sie innerhalb des Musterbearbeitungsmodus mit Effekten gearbeitet haben und das betreffende Objekt mit seinen Live-Objekten erhalten wollen, dann kopieren Sie es in die Zwischenablage, wechseln zu einer anderen Datei und fügen das Objekt dort ein.

Vektorobjekte mit möglichst wenigen Ankerpunkten und eine geringe Anzahl an Wiederholungen des Musterfeldes auf dem Objekt sind effizienter. In die Musterfelder einfacher Füllungen (wie Punkt oder Linienmuster) können Sie daher mehrere Rapporte integrieren, um die optimale Balance zu finden. Eine weitere Optimierung erreichen Sie, wenn Objekte mit gleichen Aussehen-Attributen an aufeinanderfolgender Position in der Stapelreihenfolge der Objekte liegen – gruppieren Sie sie zu diesem Zweck (Aussehen s. Abschnitt 11.5).

Einfachheit | Auch wenn die Erstellung von Mustern erheblich einfacher geworden ist, können Sie mit einer durchdachten Arbeitsweise weitere Mühen einsparen. Legen Sie Muster immer in der einfachsten möglichen Form an, für Streifenmuster ist das z. B. die horizontale oder vertikale Ausrichtung – das erspart Ihnen einige Rechenarbeit beim Ermitteln von Abständen zwischen den Streifen oder beim Berechnen von Transformationen im Musterbearbeitungsmodus. Muster können nach der Anwendung am Objekt transformiert, also im Beispiel der Streifenmuster gedreht werden.

Flexible Workflows | Vor allem, wenn Sie Serien mit Mustern gestalten, die sich lediglich durch die Farbe unterscheiden, kann es interessant sein, die Muster so zu optimieren, dass sich durch die Kombination mehrerer Flächen am Objekt und nur weniger Grundmuster die Farbwechsel ergeben.

So können Sie – anstatt rote, blaue und gelbe Streifenmuster anzulegen – nur ein weißgestreiftes Muster erstellen, denn ein Muster deckt nur an den Stellen, an denen es opake Objekte enthält. In anderen Bereichen ist der Hintergrund sichtbar. Wenn Sie am Objekt hinter den weißen Streifen jeweils eine Farbfläche erzeugen, erhalten Sie dasselbe Ergebnis.

Kreative Variationen | Sie können in Ihren Illustrationen mit überlagerten Mustern und »Löchern« arbeiten. Wenn Sie die Opazität der Muster in Ihre Planung einbeziehen, lassen sich zum einen sehr flexible Muster entwickeln, zum anderen entstehen durch die Überlagerungen weitaus komplexere, und gegebenenfalls interessantere Muster. Musterungen, die aus mehreren sich überlagernden Musterflächen bestehen, können Sie als Grafikstil speichern (Grafikstile s. Abschnitt 11.8).

Genauigkeit | Um im Musterbearbeitungsmodus exakt vorgehen zu können, lassen sich Werte für Größen und Abstände im Musteroptionen-Bedienfeld eingeben. Darüber hinaus funktionieren intelligente

16.2 Eigene Muster entwickeln

Hilfslinien und alle anderen Einrastmechanismen. Erstellen Sie sich also die Hilfslinien und Hilfsobjekte, die Sie benötigen.

Im Musterbearbeitungsmodus stehen jedoch die Hilfslinien des Dokuments nicht zur Verfügung. Wenn Sie Hilfsmarkierungen benötigen, die Sie vorher angelegt haben, müssen Sie diese als Objekte zunächst mit ins Muster übernehmen (Sie können sie gegebenenfalls später löschen). Im Musterbearbeitungsmodus können Sie ebenfalls Hilfslinien erzeugen – diese stehen dann außerhalb nicht mehr zur Verfügung, werden jedoch im Musterfeld gespeichert, sodass die Änderungen vorhanden sind.

▲ **Abbildung 16.35**
Ergebnis des Workshops: ein Maschendrahtzaun

Schritt für Schritt
Ein Maschendraht als Muster

Muster können auch in Illustrationen vielfältig eingesetzt werden. Dieser Maschendrahtzaun ist ein Beispiel für eine illustrative Anwendung sowie für die exakte Konstruktion eines Musters gleichermaßen.

1 Analyse des Rapports und Ermitteln des Musterelements

Wenn Sie, wie hier, ein Muster nach einer Vorlage konstruieren, dann versuchen Sie im ersten Schritt, darin wiederholende Elemente zu finden und die Logik der Wiederholung zu identifizieren.

In manchen Mustern kann man unterschiedliche Möglichkeiten der Wiederholung identifizieren – dann muss die Wiederholung gewählt werden, die sich mit Illustrators Musterfunktion besser abbilden lässt.

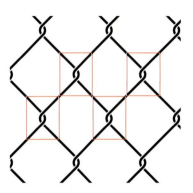

▲ **Abbildung 16.36**
Das sich wiederholende Element wird vertikal versetzt aneinandergefügt.

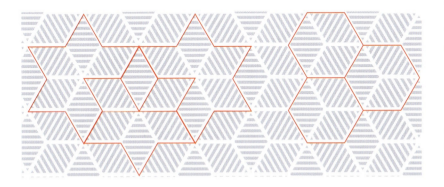

◀ **Abbildung 16.37**
Bei manchen Mustern ist das Musterelement nicht eindeutig – so wie in diesem Beispiel: Man kann sowohl mehrere Sterne als auch Polygone darin sehen.

In dem Zaunbeispiel wiederholt sich die Kreuzung, und sie wird wie Mauerwerk versetzt rapportiert.

2 Grundform zeichnen

Die Grundform ist aus zwei Winkeln mit dem Effekt ECKEN ABRUNDEN einfach konstruiert – die Überlappung bauen Sie mit Aussparungsgrup-

561

pen (ein Beispiel finden Sie in der Schritt-für-Schritt-Anleitung auf Seite 400).

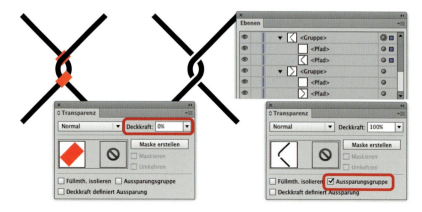

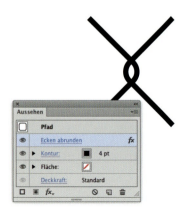

▲ **Abbildung 16.38**
Erstellung der Drahtkreuzung aus einfachen Pfaden mit Ecken-abrunden-Effekt (links). Für die notwendigen Lücken werden weitere dicke Pfade gezeichnet, die mit einer Aussparungsgruppe gestanzt werden.

3 **Exakte Konstruktion des Musterelements**

Wählen Sie nun die Drähte aus und rufen Sie den Musterbearbeitungsmodus mit OBJEKT • MUSTER • ERSTELLEN auf. Mit den intelligenten Hilfslinien können Sie den Musterelementrahmen exakt an den Pfaden ausrichten – das ist nötig, damit keine Stufen zu sehen sind. In den Voreinstellungen für die intelligenten Hilfslinien müssen zu diesem Zweck die Optionen Transformieren-Werkzeuge und Konstruktionslinien aktiv sein. Dann ziehen Sie den Musterelementrahmen in dieser Reihenfolge (achten Sie darauf, dass die intelligenten Hilfslinien immer den Pfad bzw. eine exakte horizontale bzw. vertikale Verschiebung der Hilfslinie anzeigen):

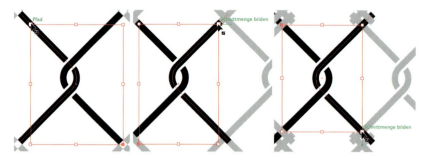

▲ **Abbildung 16.39**
Schrittweises Anpassen der Ecken des Musterelementrahmens: Alle Ecken müssen exakt auf den Pfaden sitzen, damit die Ansätze stimmen.

Anschließend muss das Musterelement noch von der Mitte aus 200 % skaliert werden. Die Skalierung aus der Mitte ist Standard. Geben Sie bei dem Wert im Feld HÖHE »*2« ein, um die Skalierung auszulösen. Wählen Sie für das Muster den MUSTERELEMENTTYP • VERT. VERSATZ.

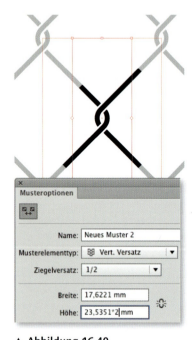

▲ **Abbildung 16.40**
Einstellungen für das Musterelement

16.3 Schraffuren und Strukturen mit anderen Mitteln umsetzen

In manchen Fällen ist die Verwendung eines Musters nicht die optimale Lösung, um sich wiederholende Elemente darzustellen oder eine Fläche mit einem Raster oder einer Schraffur zu füllen. Als Alternative zu Mustern können Sie andere Methoden verwenden.

16.3.1 Transformieren-Effekt

In manchen Fällen ist ein Muster weniger geeignet, um eine Fläche mit sich wiederholenden Elementen zu füllen, z. B. wenn Sie zwingend ganze Rapportelemente benötigen oder wenn beim Wiederholen auch transformiert werden soll. In diesen Fällen kann die Verwendung des Transformieren-Effekts wesentlich vorteilhafter sein (zum Transformieren s. Abschnitt 13.2.4).

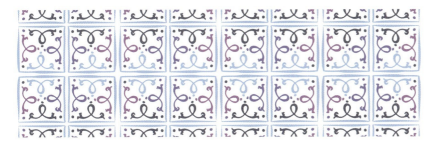

◀▲ **Abbildung 16.41**
Mehrere Transformieren-Effekte in Folge können Muster mit Spiegelsymmetrien erzeugen.

16.3.2 Scribble-Effekt

Auf vorhandene Flächen können Sie den Scribble-Effekt anwenden. Mit ihm lässt sich eine Vielzahl unterschiedlich wirkender Schraffuren erzeugen. Je nachdem, wie locker Sie die Parameter einstellen, wirkt die Zeichnung eher wie eine Skizze oder wie eine strenge Studie (Scribble-Effekt s. Abschnitt 13.3.1).

▲ **Abbildung 16.42**
Schraffur mit einem Scribble-Effekt

16.3.3 Objektmosaik

Mit dem Objektmosaik teilen Sie eine Rastergrafik in einzelne Vektorkästchen auf. Diese Kästchen können weiterverarbeitet werden, sodass Sie entweder die Mosaikrasterung verwenden oder viel freiere Strukturen erstellen können, indem Sie die generierten Karos durch andere Objekte ersetzen bzw. mithilfe von Effekten umformen (Objektmosaik s. Abschnitt 13.5.2, Skripte s. Abschnitt 22.3.1).

▲ **Abbildung 16.43**
Eine gerasterte Landkarte

16.3.4 Handgemachte Strukturen

Falls Sie einen handgemachten Look bevorzugen, können Sie kupferstich- oder holzschnittähnliche Strukturen mit Pinseln oder variablen Breitenprofilen und Angleichungen erzeugen. So erzeugte Strukturen können auch ein dreidimensionalen Eindruck der Oberfläche vermitteln.

Um diese Linien exakt auf Ränder zuzuschneiden, verwenden Sie Schnittmasken.

▲ **Abbildung 16.44**
Angleichungen zwischen Pfaden mit variablem Breitenprofil ergeben einen handgemachten Schraffurlook wie im Holzschnitt oder Kupferstich.

16.3.5 Generative Schraffuren

Strukturen, die nach bestimmten Gesetzmäßigkeiten berechnet werden, sind die Domäne von Drittanbietersoftware. Eine Reihe von Plug-ins und Skripten erlaubt die Erstellung von vektorbasierten Halbtonrastern aus Pixel- oder Vektorvorlagen, z. B. das Plug-in Phantasm CS (zu Skripten s. Abschnitt 22.3.1, zu Plug-ins s. Kapitel 25).

Scriptographer

Das Plug-in Scriptographer bietet eine Reihe von Modulen für sehr kreative Rasterungen. Leider steht seine Aktualisierung auf CS6 stark infrage. Mit älteren Versionen lässt es sich jedoch noch verwenden.

16.3.6 Transparente Überlagerungen

Geht es darum, organische Strukturen mit Vektorgrafik zu verbinden, dann können Sie gescannte oder fotografierte Vorlagen verwenden und sie mit Ihrer Grafik transparent überlagern, indem Sie entsprechende Füllmethoden einsetzen. EIne andere Möglichkeit besteht darin, eine Fotostruktur als Deckkraftmaske auf Vektorobjekte anzuwenden (Transparenz s. Abschnitt 12.2).

Kapitel 17
Symbole: Objektkopien organisieren

Symbole stellen eine konsequente Fortführung der objektorientierten Arbeitsweise von Vektorgrafiksoftware dar, indem durch ihren Einsatz Gleiches nur einmal in der Datei gespeichert sein muss. Symbole kommen auch beim Mapping von 3D-Objekten zum Einsatz und bieten mehr Komfort im Perspektivenraster.

17.1 Wie funktionieren Symbole?

Sie erstellen und speichern eine Grafik einmal, dann vereinfachen Symbol-Spezialwerkzeuge die mehrfache Verwendung der Grafik. Wo diese im Dokument eingesetzt ist, wird nur noch auf das zentral gespeicherte Original verwiesen oder im Programmierer-Jargon »eine Instanz erzeugt«. Bei dieser Arbeitsweise schlagen Sie mehrere Fliegen mit einer Klappe: Die Illustration großer Mengen gleichartiger Objekte wird wesentlich erleichtert, die Konsistenz der Gestaltung in großen Teams kann besser gesichert werden, und darüber hinaus sparen Sie Speicherplatz. Letzteres ist vor allem wichtig, wenn Sie Ihre Illustrator-Dateien in Flash weiterverwenden oder als SVG exportieren. Sowohl das SWF-

▼ **Abbildung 17.1**
Beispiele für den Einsatz von Symbolen in der Infografik, beim Mapping von 3D-Objekten, beim Perspektivenraster und zur Vorbereitung des Flash-Exports

Kapitel 17 Symbole: Objektkopien organisieren

> **»Musterseite« mit Symbolen**
>
> Illustrator hat jetzt zwar mehrere »Seiten«, es gibt jedoch keine Möglichkeit, Musterseiten (Vorlagen) zu definieren. Legen Sie alle Elemente, die Sie normalerweise in einer Musterseite definieren würden, in einem Symbol an, und platzieren Sie eine Instanz auf jeder Zeichenfläche.

als auch das SVG-Format arbeiten mit vergleichbaren Systemen von Grafikinstanzen und können daher die Symbole von Illustrator nutzen.

Ein Symbol platzieren Sie als **einzelne Instanz** oder zusammen mit weiteren Instanzen in einem **Symbolsatz** – dies geht nur mit den Symbol-Werkzeugen.

Einzelne Symbolinstanzen | Einzelne Symbolinstanzen werden vor allem zur einfacheren Auswahl und Aktualisierung der Grafik sowie für eine einheitliche Gestaltung einer Reihe von Projekten benötigt. Typische Beispiele sind Kennzeichnungen in Karten und Plänen. Auch zur Erstellung von Animationen, für 3D-Objekte oder im Perspektivenraster benötigen Sie meist einzelne Symbolinstanzen.

▲ **Abbildung 17.2**
Darstellung von Symbolsatz und einzelner Instanz im Ebenen-Bedienfeld

Symbolsätze | Symbolsätze vereinigen (sehr) viele Instanzen eines oder mehrerer Symbole. Der Symbolsatz ist ein Element im Ebenen-Bedienfeld, das auch nicht »geöffnet« oder im Isolationsmodus bearbeitet werden kann. Symbolsätze werden vor allem zur speicherplatzsparenden Illustration verwendet, um Dinge wie Sand, Laub oder Tierschwärme darzustellen.

17.2 Symbole verwalten

Symbole werden im Symbole-Bedienfeld verwaltet. Es gehört zur Natur der Instanzen, dass sie die Verbindung zum Symbol im Symbole-Bedienfeld behalten. Daher erfolgt eine Aktualisierung der Grafik auf der Zeichenfläche, sobald Sie das Symbol verändern.

▲ **Abbildung 17.3**
Symbole-Bedienfeld in der Miniaturen-Ansicht – in den Dokumentprofilen sind jeweils unterschiedliche Symbole enthalten: DRUCK (oben) und GERÄTE (unten).

17.2.1 Symbole-Bedienfeld

Um das Symbole-Bedienfeld aufzurufen, wählen Sie FENSTER • SYMBOLE – Shortcut ⌘/Strg+⇧+F11 –, oder klicken Sie auf ♣ im Dock.

Symbole auswählen | Klicken Sie auf eine Miniatur oder den Namen eines Symbols im Bedienfeld, um es auszuwählen.

Modifikationsmöglichkeiten | Symbole auswählen
- ⇧: Mit ⇧ können Sie aufeinanderfolgende Symbole auswählen.
- ⌘/Strg: Möchten Sie mehrere nicht aufeinanderfolgende Symbole auswählen, drücken Sie ⌘/Strg und klicken auf zusätzliche Symbole.

▲ **Abbildung 17.4**
Symbole-Bedienfeld in der Listen-Ansicht

17.2 Symbole verwalten

Alle nicht verwendeten auswählen | Symbole tragen zwar zur Reduzierung der Datenmenge bei, unbenutzte Symbole jedoch nicht. Unbenutzte Symbole wählen Sie mit dem Bedienfeldmenübefehl ALLE NICHT VERWENDETEN AUSWÄHLEN aus.

Symbol duplizieren | Um eine Kopie des Symbols zu erzeugen, wählen Sie ein Symbol im Symbole-Bedienfeld oder auf der Zeichenfläche aus und klicken auf den Button NEUES SYMBOL oder rufen den Befehl SYMBOL DUPLIZIEREN aus dem Bedienfeldmenü auf.

Symbol-Bibliotheken laden | In den Standarddokumentprofilen finden Sie nur wenige der mit Illustrator ausgelieferten Symbole. Weitere Symbol-Bibliotheken rufen Sie im Untermenü von FENSTER • SYMBOL-BIBLIOTHEKEN oder mit dem Button MENÜ SYMBOL-BIBLIOTHEKEN... im Symbole-Bedienfeld auf. Der Umgang mit Symbol-Bibliotheken entspricht dem bei anderen Bibliotheken (s. Abschnitt 1.2).

Sobald Sie ein Symbol in einer Bibliothek anklicken, wird es dem Symbole-Bedienfeld des aktuellen Dokuments hinzugefügt. Mehrere Symbole aus einer Bibliothek übernehmen Sie, indem Sie die gewünschten Symbole auswählen und im Menü des Bibliothek-Bedienfelds DEN SYMBOLEN HINZUFÜGEN aufrufen (Abbildung 17.5).

Symbole und Dateigröße
Jedes Symbol aus einer Bibliothek, das Sie ausprobieren, wird automatisch in das Symbole-Bedienfeld übernommen und bleibt dort, auch wenn Sie die Instanz löschen.

▲ **Abbildung 17.5**
Symbole aus einer Bibliothek übernehmen

◀ **Abbildung 17.6**
Beispiele aus Illustrators Symbol-Bibliotheken und von verschiedenen Anbietern aus Adobe Exchange: FOOD for Thought, Credit Cards, Tourism Persons, Nuts and Bolts, Flags

Symbol löschen | Aktivieren Sie einen oder mehrere Einträge im Bedienfeld, und wählen Sie den Befehl SYMBOL LÖSCHEN aus dem Bedienfeldmenü, oder klicken Sie auf den Button SYMBOL LÖSCHEN am unteren Bedienfeldrand, um die Symbole zu löschen.

Existieren Instanzen der zu löschenden Symbole auf der Zeichenfläche, müssen die Instanzen entweder gelöscht oder umgewandelt werden. Bestehende Symbolinstanzen erkennt Illustrator selbsttätig und warnt Sie mit einer Dialogbox (Abbildung 17.8) – Sie können den Löschvorgang in diesem Fall abbrechen, die Instanzen löschen oder umwandeln lassen.

▲ **Abbildung 17.7**
Um eine platzierte Symolinstanz auszuwählen, müssen Sie auf ihre Fläche klicken. Sie kommen also auch an darunterliegende Objekte heran, wenn diese unter dem Symbol herausschauen.

Abbildung 17.8 ▶
Warnung beim Löschen verwendeter Symbole

17.2.2 Symbol auf der Zeichenfläche platzieren

Um eine der Symbolgrafiken in Ihrer Illustration zu benutzen, aktivieren Sie das Symbol im Bedienfeld und klicken auf den Button SYMBOLINSTANZ PLATZIEREN oder wählen den Befehl aus dem Bedienfeldmenü. Anders als mit dem Symbol-aufsprühen-Werkzeug platzieren Sie so exakt eine Instanz.

Instanz anders platzieren

Alternativ können Sie eine Symbolinstanz auch platzieren, indem Sie ihre Miniatur aus dem Symbole- oder einem Bibliothek-Bedienfeld auf die Zeichenfläche ziehen.

Instanzen und Symbolsätze eines Symbols auswählen | Die Instanzen eines Symbols und die Symbolsätze, in denen es enthalten ist, aktivieren Sie, indem Sie das Symbol im Symbole-Bedienfeld auswählen und anschließend den Befehl ALLE INSTANZEN AUSWÄHLEN aus dem Bedienfeldmenü anwenden.

Möchten Sie ausschließlich einzelne Instanzen des Symbols aktivieren, klicken Sie auf eine Symbolinstanz – keinen Symbolsatz – auf der Zeichenfläche und wählen aus dem Menü AUSWAHL • GLEICH • SYMBOLINSTANZ.

▲ **Abbildung 17.9**
Aktivieren Sie die Grafik, und verwenden Sie das Menü ERSETZEN im Steuerungsbedienfeld, um der Instanz ein neues Symbol zuzuweisen.

Einer Instanz ein neues Symbol zuordnen | Möchten Sie die Instanz eines Symbols mit einem anderen Symbol verbinden, aktivieren Sie die Instanz auf der Zeichenfläche. Anschließend wählen Sie ein neues Symbol unter ERSETZEN aus dem Steuerungsbedienfeld.

17.2.3 Symbole transformieren

Einzeln platzierte Symbolinstanzen und ganze Symbolsätze können Sie mit dem Begrenzungsrahmen oder den Transformationswerkzeugen – Spiegeln, Drehen etc. – bearbeiten

Einzelne Bestandteile in einem Symbolsatz können Sie nicht – wie bei einer Gruppe – individuell mit Auswahl-Werkzeugen selektieren. Daher können Sie den Symbolsatz nur insgesamt transformieren.

▲ **Abbildung 17.10**
Symbolsatz transformieren

Transformationen zurücksetzen | Sollen die Veränderungen widerrufen werden, die Sie an einer Symbolinstanz mit den Symbol- oder Transformationswerkzeugen vorgenommen haben, aktivieren Sie die Instanz (der Befehl funktioniert nicht an Symbolsätzen) und klicken auf den Button ZURÜCK im Steuerungsbedienfeld.

Skalierung und Konturen | Konturen innerhalb eines Grafikstils passen sich normalerweise proportional an die Skalierung an. Wenn Sie auf einheitliche Konturstärken angewiesen sind – etwa in der technischen Illustration – ist dieses Verhalten kontraproduktiv. Sie haben nun zwei Möglichkeiten: Sie können die Konturen nicht im Symbol anlegen, sondern später als Grafikstil zuweisen (die Methode ist in der Schritt-für-Schritt-Anleitung am Schluss dieses Kapitel beschrieben), oder Sie aktivieren die 9-Slice-Skalierung (s. Abschnitt 21.4.3). Ein Nebeneffekt der 9-Slice-Skalierung ist der »Schutz« von Konturstärken im Fall einer Skalierung der Symbolinstanz.

17.2.4 Symbole bearbeiten

Die Arbeit mit Symbolen ist auch dadurch effektiv, dass Sie nicht für alle Veränderungen die Symbolverknüpfung lösen müssen.

Symbole und Grafikstile | Weisen Sie einer Instanz oder einem Symbolsatz den Grafikstil auf dem Weg über das Grafikstile-Bedienfeld zu – also indem Sie das Objekt aktivieren und den Stil anklicken –, erfolgt die Anwendung des Stils wie auf eine Gruppe (Aussehen s. Abschnitt 11.6).

Je nach Position des INHALT-Eintrags im Attributstapel während der Definition des Grafikstils werden die Eigenschaften auf das Symbol angewendet. Wenden Sie einen Grafikstil dagegen mit dem Symbolgestalten-Werkzeug an, legt Illustrator die für KONTUR und FLÄCHE definierten Attribute immer über den Eintrag INHALT. Einige Effekte lassen sich nicht mit dem Werkzeug zuweisen, z. B. Pathfinder-Effekte.

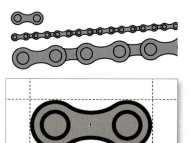

▲ **Abbildung 17.11**
Symbol mit 9-Slice-Skalierung (oben) im Vergleich zum Symbol ohne 9-Slice-Skalierung (unten); Einstellung der 9-Slice-Hilfslinien (Mitte)

▲ **Abbildung 17.12**
Warnhinweis beim Doppelklicken einer Symbolinstanz auf der Zeichenfläche

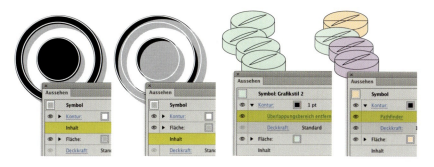

◀ **Abbildung 17.13**
Vergleich: Grafikstile über das Grafikstile-Bedienfeld zugewiesen (jeweils links) und Grafikstile mit dem Symbol-gestalten-Werkzeug aufgetragen (jeweils rechts). Die Konturen und Flächen liegen über dem Inhalt, wenn der Stil mit dem Werkzeug angewendet wurde; Pathfinder-Effekte funktionieren nicht: der Grafikstil enthält eigentlich den Effekt ÜBERLAPPUNGSBEREICH ENTFERNEN.

Symbole umfärben | Möchten Sie nicht nur die Instanzen des Symbols einfärben (s. Abschnitt 17.3.7), sondern die Grundelemente des Symbols umfärben, verwenden Sie die Funktion BILDMATERIAL NEU FÄRBEN (s. Abschnitt 8.9). Gehen Sie wie folgt vor, um Symbole mit anderen Farben zu versehen:

▲ **Abbildung 17.14**
Duplizieren Sie das Symbol im Symbole-Bedienfeld, bevor Sie die Grafik umfärben.

1. Platzieren Sie eine Instanz des Symbols auf der Zeichenfläche. Achtung: Anders als bei Pinseln und Mustern führt Illustrator die Änderungen nicht automatisch an einem Duplikat des Symbols durch. Falls Sie also die ursprüngliche Fassung ebenfalls benötigen, duplizieren Sie das Symbol vorher.
2. Aktivieren Sie die Instanz, und rufen Sie BEARBEITEN • FARBEN BEARBEITEN • BILDMATERIAL NEU FÄRBEN… auf.
3. Führen Sie die gewünschten Änderungen durch.

Bestehende Symbole umarbeiten | Symbole bearbeiten Sie ganz unkompliziert: Doppelklicken Sie entweder auf eine Instanz des Symbols auf der Zeichenfläche oder auf das Icon des Symbols im Symbole-Bedienfeld. Die Grafik wird daraufhin im Isolationsmodus (s. Abschnitt 11.4) angezeigt, und Sie können die gewünschten Änderungen durchführen. Wenn Sie fertig sind, beenden Sie den Isolationsmodus – z. B. mit einem Doppelklick neben die Grafik. Die Änderungen werden für alle Instanzen des Symbols übernommen.

▲ **Abbildung 17.15**
Bearbeiten eines Symbols im Isolationsmodus

Verknüpfung mit Symbol aufheben | Nicht alle Werkzeuge können Sie auf Symbolinstanzen anwenden. Möchten Sie die kompletten Bearbeitungsmöglichkeiten herstellen, müssen Sie die Instanz vom Symbol lösen und sie damit in ein editierbares Objekt umwandeln.

Wählen Sie die Instanz auf der Zeichenfläche aus, und wählen Sie VERKNÜPFUNG MIT SYMBOL AUFHEBEN aus dem Bedienfeldmenü bzw. den gleichnamigen Button. Alternativ verwenden Sie den Button VERKNÜPFUNG LÖSCHEN im Steuerungsbedienfeld.

Beim Umwandeln von Symbolinstanzen werden Unterebenen für die Symbole erstellt.

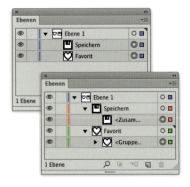

▲ **Abbildung 17.16**
Beim Lösen der Verknüpfung einzelner Symbolinstanzen entstehen Ebenen für jedes betroffene Symbol.

Entstehung von Ebenen beim Umwandeln von Symbolen unterdrücken

Die zusätzlich gebildeten Ebenen stören meistens. Natürlich können Sie nachträglich im Ebenen-Bedienfeld die vorherige Symbolgrafik aus der Ebene entfernen. Da das umständlich ist, sollten Sie lieber dafür sorgen, dass diese Ebenen gar nicht erst entstehen.

Dazu gruppieren Sie die betreffende Symbolinstanz (auch wenn es sich nur um eine Instanz handelt), bevor Sie die Verknüpfung zum Symbol lösen. Ebenen können Gruppen nicht hierachisch untergeordnet werden und entstehen daher nicht.

Verknüpfung aufheben im Symbolsatz | Bei der Anwendung des Befehls VERKNÜPFUNG AUFHEBEN werden alle in einem Symbolsatz enthaltenen Symbolinstanzen umgewandelt. Möchten Sie nur *eine* Instanz aus dem Symbolsatz editieren und die restlichen als Instanzen erhalten, wenden Sie auf einen Symbolsatz zunächst den Befehl OBJEKT • UMwandeln… an – aktivieren Sie nur die Option Objekt. So erzeugen Sie eine Gruppe von Instanzen. Wählen Sie aus dieser Gruppe die Instanz aus, die Sie umwandeln möchten, und heben Sie erst dann die Verknüpfung mit dem Symbol auf.

17.3 Symbol-Werkzeuge

Mit den Mitteln des Symbole-Bedienfeldes können Sie nur jeweils eine Symbolinstanz auf der Zeichenfläche platzieren.

▲ Abbildung 17.17
Die Dialogbox Umwandeln

Mit den Symbol-Werkzeugen erzeugen Sie Symbolsätze aus mehreren Symbolinstanzen und bearbeiten deren Bestandteile. Möchten Sie den kompletten Symbolsatz modifizieren, verwenden Sie dazu die Transformationswerkzeuge oder die Funktionen des Aussehen-, Grafikstile- und Transparenz-Bedienfeldes.

Gemischter Symbolsatz | Die Instanzen in einem Symbolsatz müssen nicht zum selben Symbol gehören. Gehören sie zu verschiedenen Symbolen, bezeichnet man den Satz als »gemischten Symbolsatz« (Abbildung 17.19).

Beachten Sie beim Arbeiten mit gemischten Symbolsätzen, dass die Symbol-Werkzeuge nur jeweils die Instanzen derjenigen Symbole bearbeiten, die im Symbole-Bedienfeld aktiviert sind. Sie können also in der Illustration einer Blumenwiese, die aus Symbolinstanzen eines Grashalms sowie verschiedener Blumenarten besteht, gezielt die Instanzen einer Blumenart verändern.

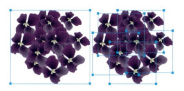

▲ Abbildung 17.18
Umgewandelter Symbolsatz

17.3.1 Gemeinsamkeiten der Symbol-Werkzeuge

Die Symbol-Werkzeuge sind im Werkzeugbedienfeld unter der »Sprühdose« angeordnet. Auch dieses Werkzeugmenü lässt sich »abreißen« und frei auf der Zeichenfläche positionieren (Abbildung 17.20).

Verwenden Sie das Werkzeug Symbol aufsprühen zum Erstellen der Symbolsätze, und beeinflussen Sie mit den Bearbeitungswerkzeugen die Position, die Stapelreihenfolge, die Dichte, die Skalierung, Drehung, Farbe, Transparenz und den Grafikstil einzelner oder mehrerer Symbolinstanzen in einem Symbolsatz.

▲ Abbildung 17.19
Gemischter Symbolsatz – aktivieren Sie im Symbole-Bedienfeld das Symbol, dessen Instanzen Sie mit den Symbol-Werkzeugen bearbeiten möchten.

Optionen | In der gemeinsamen Dialogbox der Symbol-Werkzeuge stellen Sie die Optionen für alle Tools ein. Doppelklicken Sie auf eines der Werkzeuge, um die Optionen aufzurufen.

▲ Abbildung 17.20
Symbol-Werkzeuge (engl. Symbolism Tools) als Bedienfeld

Abbildung 17.21 ▶
Optionen des Symbol-aufsprühen-Werkzeugs

Pinselgröße?

Die Pinselgröße ist bei den Symbol-Werkzeugen eher eine Art »Einflussbereich«, in dem das jeweilige Werkzeug seine Wirkung entfaltet.

▲ **Abbildung 17.22**
»Aufsprühen« der Instanzen und Anwendung des Färben-Werkzeugs – unten: Darstellung der Werkzeugführung und des Drucks auf das Grafiktablett

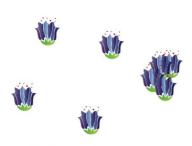

▲ **Abbildung 17.23**
Dichtewert 1 und 10

Im oberen Bereich finden Sie einige Optionen, die für alle Symbol-Werkzeuge eingestellt werden. Die zuletzt an einem Symbolsatz verwendeten Einstellungen für Durchmesser, Intensität und Dichte des Symbolsatzes sind in diesem Satz gespeichert und werden bei seiner erneuten Bearbeitung als Werkzeug-Voreinstellung verwendet:

▶ Durchmesser: Mit einer Eingabe in diesem Dialogfeld steuern Sie den Werkzeugdurchmesser. Klicken Sie auf den Pfeil, und verwenden Sie den Schieberegler, oder geben Sie Werte zwischen 0,36 und 352,42 mm (1 bis 999 Punkt) ein.

▶ Intensität: Mit diesem Wert legen Sie den Wirkungsgrad des Werkzeugs fest; für die »Sprühdose« das Tempo, in dem Instanzen erzeugt werden, oder für das Symbol-färben-Werkzeug die Intensität einer Farbveränderung. Ein höherer Wert verursacht eine schnellere und damit stärkere Wirkung.

Sie haben die Wahl, die Intensität Fixiert mit einer Eingabe zwischen 1 und 10 oder durch die Verwendung des Stifts auf dem Grafiktablett zu steuern. Wählen Sie in diesem Fall aus dem Menü, mit welcher Grafiktablettoption – Druck, Stylus-Rad, Neigung etc. – Sie die Intensität steuern möchten (Grafiktablett s. Abschnitt 7.1.3).

▶ Dichte des Symbolsatzes: Dieser Wert beeinflusst, wie eng die Instanzen im Symbolsatz platziert sind. Geben Sie einen Wert von 1 bis 10 ein – ein höherer Wert rückt die Instanzen näher zusammen. Symbolsätze, die Sie neu erstellen, erhalten den aktuell eingestellten Dichtewert. Um die Dichte eines ausgewählten Symbolsatzes zu verändern, aktivieren Sie den Symbolsatz, rufen die Symbol-Werkzeug-Optionen auf und stellen einen anderen Wert ein.

▶ Pinselgrösse und Intensität anzeigen: Aktivieren Sie dieses Kontrollkästchen, dann zeigt Illustrator den Durchmesser des Werkzeugs mit einem Kreis um den Cursor an, dessen Farbe die Intensität widerspiegelt – von Hellgrau für geringe bis Schwarz für starke Intensität.

In der Button-Reihe darunter wählen Sie das Werkzeug aus, dessen individuelle Optionen Sie einstellen möchten. Die jeweiligen Optionen werden bei den einzelnen Werkzeugen besprochen.

▲ **Abbildung 17.24**
Anzeige von Werkzeugdimension und -stärke durch den Cursor

Werkzeuge anwenden | Die Anwendung aller Symbol-Werkzeuge erfolgt nach demselben Prinzip:
1. Aktivieren Sie einen Symbolsatz – dies kann lediglich beim Symbolaufsprühen-Werkzeug entfallen.
2. Wählen Sie im Symbole-Bedienfeld das oder die Symbole aus, deren Instanzen Sie bearbeiten bzw. auftragen möchten.
3. Wählen Sie das Werkzeug im Werkzeugbedienfeld. Für das Symbolstauchen-, Symbol-drehen-, Symbol-färben-, Symbol-gestalten- und das Symvol-transparent-gestalten-Werkzeug wählen Sie auch die Methode.
4. Bewegen Sie den Werkzeugcursor über den Bereich, auf den Sie Symbole auftragen möchten, bzw. über die Symbole, die Sie bearbeiten möchten, und klicken und ziehen Sie den Mauszeiger in die gewünschte Richtung.

▲ **Abbildung 17.25**
Für die Verwendung der Symbolwerkzeuge muss immer ein Symbol im Symbole-Bedienfeld ausgewählt sein, anderenfalls erscheint eine Fehlermeldung.

17.3.2 Symbol-aufsprühen-Werkzeug

Mit der »Sprühdose« erstellen Sie Symbolsätze oder fügen weitere Symbole zu bestehenden Sätzen hinzu. Wählen Sie das Werkzeug Symbol aufsprühen im Werkzeugbedienfeld – Shortcut ⇧+S – und ein Symbol im Symbole-Bedienfeld oder in einer Bibliothek aus. Klicken oder klicken und ziehen Sie den Cursor auf der Zeichenfläche, um die Instanzen des Symbols aufzutragen.

Um exakt eine Instanz eines Symbols zu erzeugen, verwenden Sie stattdessen den Button Symbolinstanz platzieren im Symbole-Bedienfeld.

Beim »Sprühen« der Instanzen ordnen sich diese selbstständig zueinander, um eine gleichmäßige Flächendeckung im Rahmen des Grenzwertes für die Dichte zu erreichen.

▲ **Abbildung 17.26**
Bei einem längeren Klick auf einen Punkt »fließen« die Instanzen auseinander.

▲ **Abbildung 17.27**
Das ausgewählte Symbol wird auf der Zeichenfläche platziert.

Optionen | Neben den allgemeinen Optionen geben Sie für das Symbol-aufsprühen-Werkzeug an, wie die veränderbaren Eigenschaften einer Symbolinstanz jeweils definiert werden sollen. Mithilfe der Symbolbearbeitungswerkzeuge können Sie dieselben Eigenschaften zu einem späteren Zeitpunkt ändern.

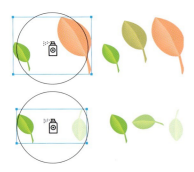

Abbildung 17.28 ▶
Optionen des Symbol-aufsprühen-Werkzeugs (Ausschnitt)

▲ **Abbildung 17.29**
DURCHSCHNITT BERECHNEN – jeweils links: Anwendung des Werkzeugs zwischen bestehenden Instanzen, jeweils rechts: Ergebnis

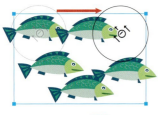

▲ **Abbildung 17.30**
So passt sich die Drehung der Instanzen an die Bewegungsrichtung des Cursors an, wenn Sie BENUTZERDEFINIERT einstellen.

▲ **Abbildung 17.31**
Instanzen bewegen mit dem Symbol-verschieben-Werkzeug

Sie haben zwei Möglichkeiten, das STAUCHEN, SKALIEREN, DREHEN, transparent Gestalten (TRANSP. GEST.), FÄRBEN und GESTALTEN von Symbolen zu definieren:

▶ DURCHSCHNITT BERECHNEN: Um den Wert der jeweiligen Eigenschaft zu ermitteln, wird ein Durchschnitt aus den Eigenschaften bereits im Symbolsatz vorhandener Symbolinstanzen ermittelt. Den Durchschnitt bildet das Programm aus den im Werkzeugdurchmesser liegenden Instanzen des Symbols, das Sie im Symbole-Bedienfeld ausgewählt haben.

▶ BENUTZERDEFINIERT: Mit dieser Option werden die Parameter für die Eigenschaften durch verschiedene Einstellungen definiert:

  ▶ STAUCHEN (Dichte) und SKALIEREN: Dichte und Größe der Instanzen basieren auf der Größe der Symbolgrafik.
  ▶ DREHEN: Die Ausrichtung der Symbolinstanzen richtet sich nach der Richtung der Bewegung, die Sie mit dem Cursor ausführen (s. Abbildung 17.30). Bewegen Sie die Maus nicht, entspricht die Ausrichtung der des Symbols.
  ▶ TRANSP. GEST.: Die Instanzen besitzen eine Deckkraft von 100 %.
  ▶ FÄRBEN: Illustrator verwendet die aktuell eingerichtete Flächenfarbe zum Einfärben der Grafik.
  ▶ GESTALTEN: Die Instanzen werden mit dem im Grafikstile-Bedienfeld ausgewählten Stil versehen.

17.3.3 Symbol-verschieben-Werkzeug

Mit diesem Werkzeug verschieben Sie Symbolinstanzen und verändern die Stapelreihenfolge innerhalb eines Symbolsatzes. In gemischten Symbolsätzen werden zwar primär die Instanzen ausgewählter Symbole, aber zum Ausgleichen der Dichte auch andere Instanzen verschoben, die sich innerhalb des Werkzeugdurchmessers befinden.

17.3.4 Symbol-stauchen-Werkzeug

Das Symbol-stauchen-Werkzeug verwenden Sie, um die Dichte der Instanzen innerhalb eines Symbolsatzes zu bearbeiten, also um die Grafikelemente vom Cursor weg- oder zum Cursor hinzubewegen. Um die Instanzen zueinanderzuziehen, klicken Sie mit dem Cursor auf die

Position, zu der sich die Symbolinstanzen bewegen sollen. Möchten Sie die Instanzen voneinander wegbewegen, halten Sie ⌥/Alt gedrückt und klicken.

Achtung: Vor allem in dichten Symbolsätzen wirkt das Werkzeug sehr stark. Beginnen Sie daher mit niedrigen Intensitätswerten, wenn Sie nur geringfügige Änderungen vornehmen möchten.

Optionen | Neben den allgemeinen Werkzeug-Optionen stellen Sie in den Symbol-Werkzeug-Optionen ein, auf welche Art die Dichteänderung ermittelt wird. Die ausgewählte Option wird automatisch ebenso für die Werkzeuge SYMBOL SKALIEREN, DREHEN, TRANSPARENT GESTALTEN und GESTALTEN übernommen.

Dichte des Symbolsatzes

Möchten Sie die allgemeine Dichte eines Symbolsatzes verändern, aktivieren Sie den Symbolsatz und rufen die SYMBOL-WERKZEUG-OPTIONEN auf. Verändern Sie den Wert unter DICHTE DES SYMBOLSATZES.

◀ **Abbildung 17.32**
Auswahl der Methode in den Werkzeug-Optionen

Wählen Sie im Menü METHODE eine Option:
- DURCHSCHNITT BERECHNEN: Mit dieser Option erzielen Sie ein an die Umgebung angepasstes Ergebnis. Wählen Sie sie z. B. zum nachträglichen Glätten von Übergängen zwischen bearbeiteten und nicht bearbeiteten Bereichen.
- BENUTZERDEFINIERT: Die Wirkung der Bearbeitung ist mit dieser Option am besten zu steuern und in der Regel stärker als mit der Option DURCHSCHNITT BERECHNEN, da nur die Werkzeugbewegung berücksichtigt wird.
  Wählen Sie BENUTZERDEFINIERT dann, wenn Sie die Eigenschaften FÄRBEN, TRANSPARENT GESTALTEN und GESTALTEN wieder komplett von Symbolinstanzen entfernen möchten.
- ZUFALLSWERT: Mit dieser Option steuert ein Zufallswert die Veränderung der Instanzen innerhalb des Werkzeugdurchmessers. Der Zufallswert wird verändert, während Sie die Maustaste gedrückt halten, sodass die Instanzen z. B. beim Skalieren abwechselnd größer und kleiner werden.

▲ **Abbildung 17.33**
Skalieren mit der Option DURCHSCHNITT BERECHNEN – rechts: Ergebnis

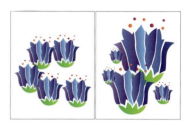

▲ **Abbildung 17.34**
Skalieren mit der Option ZUFALLSWERT – rechts: Ergebnis

17.3.5 Symbol-skalieren-Werkzeug

Dieses Werkzeug setzen Sie ein, um die Größe von Symbolinstanzen nachträglich anzupassen.

Kapitel 17 Symbole: Objektkopien organisieren

▲ **Abbildung 17.35**
Nichtproportionale Skalierung

Abbildung 17.36 ▶
Symbol-Werkzeug-Optionen des Symbol-skalieren-Werkzeugs

▲ **Abbildung 17.37**
Verkleinern von Instanzen unter Beibehaltung der Dichte

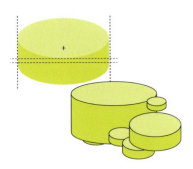

▲ **Abbildung 17.38**
Das Symbol-skalieren-Werkzeug berücksichtigt 9-Slice-Hilfslinien.

Färben und Dateigröße

Das Färben von Symbolen erzeugt deutlich größere Dateien – ist die Dateigröße wichtig (z. B. bei Webprojekten), verwenden Sie die Funktion nicht.

Optionen | Für das Symbol-skalieren-Werkzeug können Sie neben den allgemeinen Optionen und der Methode – lesen Sie dazu die Beschreibung beim Symbol-stauchen-Werkzeug – zwei weitere Optionen definieren:

▶ Proportionale Skalierung: Wählen Sie diese Option, wenn Sie die Proportionen der Formen erhalten möchten. Deaktivieren Sie die Option, wenn Sie die Richtung der Skalierung durch die Mausbewegung bestimmen möchten. Bei diagonalen Bewegungen werden die Instanzen darüber hinaus verbogen (Abbildung 17.35).
▶ Skalieren wirkt sich auf Dichte aus: Aktivieren Sie diese Option, verändert sich beim Skalieren auch die Position der Instanzen. Ist die Option deaktiviert, werden die Instanzen jeweils bezogen auf ihren Mittelpunkt skaliert (Abbildung 17.37).

17.3.6 Symbol-drehen-Werkzeug

Mit diesem Werkzeug drehen Sie die Ausrichtung von Symbolinstanzen in Richtung der Cursorbewegung. Kleine Pfeile über den Grafikelementen zeigen wie Kompassnadeln die Richtung an, während Sie den Cursor darüber bewegen. Klicken und ziehen Sie den Cursor in die Richtung über die Instanzen, in die Sie diese ausrichten möchten.

▲ **Abbildung 17.39**
Anwendung des Symbol-drehen-Werkzeugs

17.3.7 Symbol-färben-Werkzeug

Mit dem Symbol-färben-Werkzeug kolorieren Sie Symbolinstanzen in der Flächenfarbe, die Sie eingestellt haben. Schwarze und weiße Flächen der Symbolinstanzen werden nicht verändert, die Färbung sehr heller oder sehr dunkler Flächen ist naturgemäß nicht sehr auffällig. Sie erhalten als Ergebnis CMYK-Farben, auch wenn Sie eine Volltonfarbe für die Fläche eingestellt haben. Eine bessere Kontrolle über die Färbung haben Sie, wenn Sie mit kleinen Intensitätswerten arbeiten und das Werkzeug dafür öfter anwenden.

▲ **Abbildung 17.40**
Bereits gelb gefärbte Instanzen werden grün umgefärbt – einzelnes Anklicken ersparen Sie sich mithilfe der ⬚-Taste.

▲ **Abbildung 17.41**
Beim Färben (hier Magenta) bleibt die Luminanz erhalten, der Farbton wird verändert.

17.3.8 Symbol-transparent-gestalten-Werkzeug

Mit dem Symbol-transparent-gestalten-Werkzeug stellen Sie die Deckkraft der Instanzen ein und gestalten sie damit durchscheinend bzw. erhöhen die Deckkraft wieder.

▲ **Abbildung 17.42**
Anwendung des Transparent-gestalten-Werkzeugs

Symbol-Werkzeug	⬚	⬚	⌥/Alt
alle	Reduziert den Werkzeugdurchmesser – ⬚+⬚ vergrößert ihn.		
verschieben		Instanzen werden in der Stapelreihenfolge nach vorne geholt. Mit ⌥/Alt+⬚ schieben Sie sie nach hinten.	
stauchen			Instanzen werden voneinander wegbewegt.
skalieren		Die Dichte des Symbolsatzes bleibt beim Skalieren erhalten. Beim Verkleinern werden zusätzliche Instanzen erzeugt; beim Vergrößern werden Instanzen gelöscht (gegebenenfalls sehr schnell).	Instanzen werden verkleinert.
färben		Nur bereits vorher eingefärbten Symbolinstanzen wird eine andere Farbe zugewiesen.	Die Färbung wird wieder reduziert.
transp. gestalten			Die Deckkraft wird wieder erhöht.
gestalten		Nur bereits vorher mit einem Grafikstil versehene Symbolinstanzen wird ein anderer Grafikstil zugewiesen.	Grafikstile werden wieder von den Instanzen entfernt.

▲ **Tabelle 17.1**
Modifikationstasten für die Symbolwerkzeuge

Stapelreihenfolge anpassen

Passen Sie gegebenenfalls die Stapelreihenfolge der Instanzen an, nachdem Sie die Deckkraft reduziert haben, damit der optische Eindruck wieder »stimmig« ist.

▲ **Abbildung 17.43**
Die Instanzen schwarz gefüllter Symbole lassen sich einfärben, indem Sie einen Grafikstil zuweisen.

Symbole und Drucken

»Nested Symbols« – also in Symbolen enthaltene Symbole – können beim Ausdrucken Probleme bereiten.

Symbole aus platzierten Bildern

Betten Sie platzierte Pixelbilder und Grafiken ein – anschließend lassen sich davon Symbole erzeugen. Aktivieren Sie das Bild, und klicken Sie auf den Button EINBETTEN im Steuerungsbedienfeld.

Symbole und Flash

Flash übernimmt die Einstellungen NAME, ART, REGISTRIERUNG und 9-Slice-Hilfslinien sowie den Namen, den Sie der Instanz gegeben haben.

17.3.9 Symbol-gestalten-Werkzeug

Das Symbol-gestalten-Werkzeug ermöglicht es, einer Instanz Grafikstile in definierbarer Intensität zuzuweisen. Wie alle Eigenschaften kann auch die Intensität innerhalb eines Symbolsatzes variieren. Wählen Sie eine niedrige Intensität des Werkzeugs, wenn Sie die graduelle Anpassung exakter steuern möchten.

Achtung: Haben Sie eines der Symbol-Werkzeuge ausgewählt, wenn Sie einen Grafikstil anklicken, wechselt Illustrator automatisch zum Symbol-gestalten-Werkzeug. Ist jedoch irgendein anderes Werkzeug aktiv, wenn Sie einen Grafikstil anklicken, wird der Stil sofort auf den kompletten ausgewählten Symbolsatz angewendet.

Alternative: Spezialpinsel

Wenn Sie über einem Areal der Zeichenfläche unregelmäßig Objekte verteilen möchten, haben Sie neben dem Aufsprühen von Symbolen auch die Möglichkeit, einen Spezialpinsel einzusetzen. Dabei werden die Objekte entlang eines Pinselpfades verteilt (Spezialpinsel s. Abschnitt 9.4.6). Wenn Sie einen Spezialpinsel einsetzen, kann die Verteilung der Objekte in manchen Fällen genauer gesteuert werden als mit dem Symbol-aufsprühen-Werkzeug.

17.4 Eigene Symbole entwickeln

Symbole lassen sich aus fast allen Illustrator-Objekten erzeugen – ausgenommen sind verknüpfte Pixelbilder und Grafiken sowie Diagramme. Sind die in Symbolen enthaltenen Objekte mit Live-Effekten, Pinselkonturen oder Angleichungen versehen oder sind sie selbst Symbole, bleiben diese aktiven Eigenschaften erhalten.

17.4.1 Neues Symbol erstellen

Erstellen Sie zunächst die Grafik, die Sie als Symbol verwenden möchten. Wählen Sie anschließend alle zur Grafik gehörenden Objekte aus, und klicken Sie auf den Button NEUES SYMBOL, oder ziehen Sie die Grafik in das Bedienfeld – Shortcut [F8]. Die Originalgrafik wird durch eine Instanz des erstellten Symbols ersetzt.

Symboloptionen | Beim Erzeugen eines neuen Symbols erscheint die Dialogbox SYMBOLOPTIONEN. Um später eine Einstellung zu ändern, rufen Sie die Optionen aus dem Bedienfeldmenü oder mit dem Button SYMBOLOPTIONEN auf.

17.4 Eigene Symbole entwickeln

- NAME: Der Name des Symbols dient seiner Identifikation im Dokument.
- ART: Die Einstellung ART müssen Sie nur dann vornehmen, wenn eine Weiterbearbeitung in Flash geplant ist (s. Abschnitt 21.4).
- REGISTRIERUNG: Der Registrierungspunkt ist der Bezugspunkt des Symbols. Klicken Sie einen der Punkte im Ursprung-Symbol an, um diesen als Registrierungspunkt zu bestimmen.
- HILFSLINIEN FÜR DIE 9-SLICE-SKALIERUNG AKTIVIEREN: Mit den Hilfslinien können Sie »Sollbruchstellen« für Skalierungen anlegen – zunächst müssen die Hilfslinien aktiviert werden.
- AN PIXELRASTER AUSRICHTEN: Aktivieren Sie diese Option, um jede Instanz des Symbols am Pixelraster auszurichten. Verwenden Sie das Ausrichten am Pixelraster nicht für Printdokumente (s. Abschnitte 5.6.8 und 21.1.2)

▲ Abbildung 17.44
Die Dialogbox SYMBOLOPTIONEN

Modifikationsmöglichkeiten | Symbole erstellen

- ⌥/Alt: Drücken Sie ⌥/Alt, und ziehen Sie die Grafik auf die Miniatur eines bestehenden Symbols, um dieses Symbol zu ersetzen. Alle Instanzen dieses Symbols werden aktualisiert.
- ⇧: Drücken Sie ⇧, und ziehen Sie die Grafik ins Symbole-Bedienfeld, um zu verhindern, dass die Originalgrafik zu einer Instanz des Symbols wird.

Registrierungspunkt | Dieser »Fixpunkt« des Symbols entspricht dem Registrierungspunkt in Flash. Er hat jedoch auch Auswirkungen in Illustrator. Transformationen, die Sie mit den Symbol-Werkzeugen vornehmen, verwenden den Punkt als Bezugspunkt.

Außerdem verändert sich die Position von Symbolinstanzen nicht, wenn Sie Änderungen am Symbol vornehmen. Wenn Sie zu einem späteren Zeitpunkt den Registrierungspunkt verändern wollen, ihn z. B. auf einen markanten Punkt der Grafik setzen wollen, müssen Sie die Objekte im Symbol verschieben.

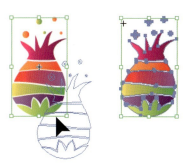

▲ Abbildung 17.45
Um den Registrierungspunkt (in der Symbolinstanz auf der Zeichenfläche als Kreuz gekennzeichnet) zu verschieben, bearbeiten Sie das Symbol im Isolationsmodus und verschieben die Grafik im Verhältnis zum Registrierungspunkt.

9-Slice-Skalierung | Mit Hilfslinien definieren Sie Bereiche, die beim Skalieren nicht verändert werden (s. Abschnitt 21.4.3). 9-Slice-Hilfslinien helfen auch, Konturstärken zu »schützen« (s. Abschnitt 17.2.3).

Ebenen in Symbolen | Wenn Sie die Ausgangsgrafik auf mehreren Unterebenen aufgebaut haben, bleiben diese erhalten, wenn Sie ein Symbol erstellen. Beim späteren Editieren des Symbols können Sie neue Ebenen darin anlegen (Ebenen s. Abschnitt 11.1).

▲ Abbildung 17.46
Symbol mit Ebenen im Isolationsmodus

9-Slice-Skalierung

9-Slice-Hilfslinien können Sie nicht nur für Buttons im Screendesign verwenden, sondern z. B. auch für Umrandungen.

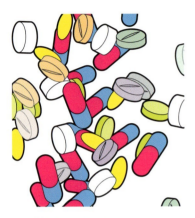

▲ Abbildung 17.47
Die fertiggestellte Grafik

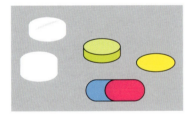

▲ Abbildung 17.48
Die Ausgangsobjekte für die Symbole

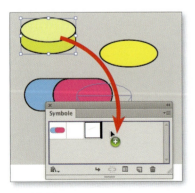

▲ Abbildung 17.49
Erzeugen der Symbole

Symbol ersetzen | Um ein Symbol zu ersetzen, aktivieren Sie die Grafik auf der Zeichenfläche sowie das zu ersetzende Symbol im Symbole-Bedienfeld und wählen SYMBOL NEU DEFINIEREN aus dem Bedienfeldmenü. Alle Instanzen des Symbols werden aktualisiert.

17.4.2 Symbol-Bibliotheken speichern

Aus dem Symbole-Bedienfeld Ihres Dokuments können Sie auch eine eigene Symbol-Bibliothek erzeugen. Stellen Sie dafür die gewünschten Symbole im Bedienfeld zusammen, und löschen Sie nicht benötigte Symbole.

Anschließend wählen Sie SYMBOL-BIBLIOTHEK SPEICHERN… aus dem Menü des Symbole-Bedienfeldes. Wenn Sie die Bibliothek im vorgeschlagenen Standardordner speichern, wird sie in das Symbol-Bibliotheken-Untermenü unter dem Punkt BENUTZERDEFINIERT aufgenommen. Sie können jedoch auch einen anderen Ort wählen – dies ist notwendig, wenn andere Benutzer Ihres Computers die Bibliotheken ebenfalls verwenden sollen (s. den Hinweis »Bibliotheken und Benutzerprofile« auf Seite 228).

Schritt für Schritt
Symbole erstellen und anwenden

1 Vorbereitung

In dieser Übung wenden Sie Grafikstile auf Symbole an, arbeiten mit den Symbol-Werkzeugen und üben Methoden, um einheitliche Konturstärken in Symbolen zu erzielen und Variationen von Symbolen mittels Grafikstilen zu erstellen. Öffnen Sie die Datei »Symbol-Pillen.ai« von der DVD, sie enthält bereits die Grundformen für die Symbole. Die Grundformen sind unterschiedlich aufgebaut und müssen daher auch beim Erstellen der Symbole unterschiedlich behandelt werden.

2 Symbole erstellen

Ziehen Sie nacheinander die Grafiken auf das Symbole-Bedienfeld, oder drücken Sie [F8], um Symbole zu erzeugen. Bei den Grafiken, die Konturen besitzen, müssen Sie die Einstellung HILFSLINIEN FÜR DIE 9-SLICE-SKALIERUNG aktivieren. Die Flash-Optionen benötigen Sie nicht.

Eine der Symbolgrafiken besitzt einen Pathfinder-Effekt. Normalerweise könnte man den Effekt auch erst im Grafikstil für die Symbolinstanz anwenden, dies funktioniert jedoch nicht, wenn der Grafikstil – so wie wir es hier vorhaben – mit dem Symbol-gestalten-Werkzeug aufgetragen wird (vgl. Abschnitt 17.2.4).

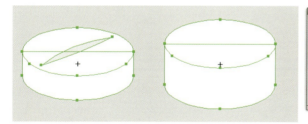

▲ Abbildung 17.50
Auf diesen Grafiken liegt ein Pathfinder-Effekt. Die Objekte bleiben damit einfach editierbar, aber trotzdem funktioniert die Weiterbearbeitung.

3 9-Slice-Hilfslinien

Die 9-Slice-Hilfslinien müssen Sie nach dem Erstellen der Symbole einrichten. Sie dienen dazu, das Skalieren der Konturstärke zu unterdrücken. Dazu doppelklicken Sie das betreffende Symbol im Symbole-Bedienfeld, um in den Isolationsmodus zu gelangen, und verschieben die 9-Slice-Hilfslinien wie in Abbildung 17.51 knapp außerhalb der Symbolgrafik.

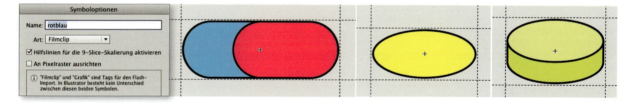

▲ Abbildung 17.51
Diese drei Symbole benötigen 9-Slice-Hilfslinien. Richten Sie die Hilfslinien wie abgebildet ein.

4 Instanzen auf die Zeichenfläche auftragen

Um auch die Wirkung der weißen Pillen gut beurteilen zu können, skalieren Sie das graue Hintergrundrechteck, sodass es die für die Grafik geplante Fläche bedeckt.

Mindestens die Symbole mit und die Symbole ohne Konturen müssen in unterschiedlichen Symbolsätzen aufgetragen werden. Darüber hinaus können Sie natürlich so viele Symbolsätze erstellen, wie es Ihnen angemessen erscheint. Wählen Sie das Symbol-aufsprühen-Werkzeug, und stellen Sie eine Dichte des Symbolsatzes von etwa 3 und eine Intensität von 5 ein. Dann aktivieren Sie eines der Symbole im Symbole-Bedienfeld. Sprühen Sie Instanzen dieses Symbols auf die Zeichenfläche auf. Deaktivieren Sie den Symbolsatz nicht, und wählen Sie ein weiteres Symbol im Symbole-Bedienfeld aus. Sprühen Sie Instanzen dieses Symbols in den bereits vorhandenen Symbolsatz (Abbildung 17.52).

Um einen neuen Symbolsatz zu erstellen, deaktivieren Sie den bereits bestehenden, und tragen Sie erneut Symbole auf.

> **Mit Grafiktablett**
>
> Falls Sie mit einem Grafiktablett arbeiten, stellen Sie bereits für das Aufsprühen der Symbole die Option Drehen auf Benutzerdefiniert.

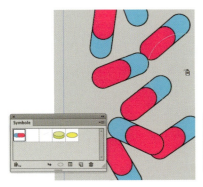 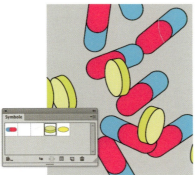 

▲ **Abbildung 17.52**
Symbolinstanzen nacheinander in denselben Symbolsatz auftragen

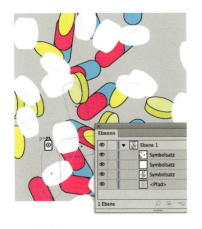

▲ **Abbildung 17.53**
Hier wurden drei Symbolsätze erstellt.

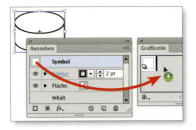

▲ **Abbildung 17.54**
Erstellen eines Grafikstils zum Zuweisen der Kontur mit dem Symbolgestalten-Werkzeug

5 **Symbolsatz mit den Symbol-Werkzeugen skalieren und verschieben**

Nun nehmen Sie das Symbol-skalieren-Werkzeug. Wählen Sie eine INTENSITÄT von 6. Den Radius stellen Sie direkt auf der Zeichenfläche ein. Drücken Sie < oder ⇧+<, um den Werkzeugdurchmesser zu vergrößern bzw. zu verkleinern. Wählen Sie eines der Symbole im Symbole-Bedienfeld aus, und skalieren Sie einzelne Instanzen dieses Symbols mit dem Werkzeug.

Wählen Sie dann das Symbol-verschieben-Werkzeug, und schieben Sie die Instanzen zurecht, bis Ihnen die Verteilung gefällt. Wenn alle Symbole gut verteilt sind, können Sie die graue Hintergrundfläche löschen.

6 **Aussehen für Konturen erstellen**

Die einfache weiße Tablette soll nur eine Kontur erhalten. Der Pathfinder-Effekt ist bereits in der Grafik enthalten und muss daher nicht berücksichtigt werden. Ziehen Sie das Symbol auf die Zeichenfläche, um an dieser Instanz das Aussehen zu entwickeln.

Klicken Sie auf den Button NEUE KONTUR HINZUFÜGEN. Die neue Kontur zeichnet alle Pfade nach. Für die Kontur wählen Sie eine Stärke von 2 Punkt – diese Konturstärke besitzen die anderen Pillen ebenfalls.

Erzeugen Sie einen Grafikstil, indem Sie die Miniatur aus dem Aussehen-Bedienfeld ins Grafikstile-Bedienfeld ziehen.

7 **Flächen gestalten**

Die eingekerbte Pille soll nun in unterschiedlichen Farben gestaltet werden. Im ersten Schritt definieren Sie ebenfalls den Grafikstil an einer Symbolinstanz dieser Pille auf der Zeichenfläche. Im Aussehen-Bedienfeld erzeugen Sie eine neue Fläche – die Kontur wird ebenfalls angelegt.

17.4 Eigene Symbole entwickeln

Definieren Sie eine Farbe für die Fläche, und weisen Sie ebenfalls eine Konturfarbe zu. Ziehen Sie die Miniatur aus dem Aussehen-Bedienfeld ins Grafikstile-Bedienfeld. Dann ändern Sie die Farbe der Fläche und erstellen einen weiteren Grafikstil und mit noch einer Farbe einen dritten Grafikstil.

▼ **Abbildung 17.55**
Der Symbolinstanz wird eine Fläche (links) sowie eine Kontur (Mitte) zugewiesen – anschließend wir ein Grafikstil erzeugt und weiter zwei Variationen erstellt (rechts).

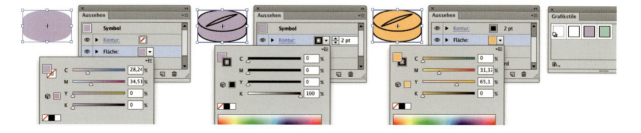

8 Grafikstile auf Symbolinstanzen anwenden

Aktivieren Sie mit dem Auswahl-Werkzeug auf der Zeichenfläche einen Symbolsatz, der die Pillen enthält. Nehmen Sie das Symbol-gestalten-Werkzeug, wählen Sie im Symbole-Bedienfeld das Symbol der einfachen Pille aus, und aktivieren Sie im Grafikstile-Bedienfeld den entsprechenden Stil. Stellen Sie einen großen Werkzeugdurchmesser ein, und tragen Sie den Grafikstil auf die Symbole auf.

Dann wählen Sie im Symbole-Bedienfeld das Symbol der eingekerbten Pille aus und aktivieren im Grafikstile-Bedienfeld einen der eben erzeugten Grafikstile. Stellen Sie die Größe des Symbol-gestalten-Werkzeugs mit den Tastenkürzeln ⟨<⟩ oder ⟨⇧⟩+⟨<⟩ ein, und tragen Sie den Grafikstil auf einige der Symbole auf. Wechseln Sie anschließend nacheinander zu den anderen Stilen, und tragen Sie diese ebenfalls auf.

▼ **Abbildung 17.56**
Nacheinander werden die Grafikstile auf die betreffenden Symbole aufgetragen. Das Werkzeug wirkt nur auf dem jeweils im Symbole-Bedienfeld ausgewählten Symbol – die anderen Instanzen bleiben unangetastet. Erhöhen Sie – falls nötig – die Intensität des Werkzeugs, damit das Zuweisen schneller geht.

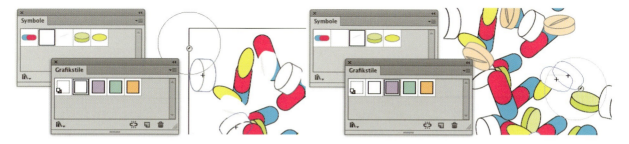

9 Einheitliche fettere Kontur um alles

Nun benötigen Sie noch eine Kontur um alle Pillen. Diese Kontur muss der Ebene zugewiesen werden, die die unterschiedlichen Symbolsätze enthält. Wählen Sie die Ebene als Ziel aus. Legen Sie im Aussehen-Bedienfeld eine neue Kontur mit dem Button NEUE KONTUR HINZUFÜGEN ▭

Kapitel 17 Symbole: Objektkopien organisieren

an. Dieser geben Sie eine etwa doppelt so hohe Konturstärke wie der vorherigen Kontur.

Damit die Kontur alle Objekte gemeinsam umrandet, weisen Sie ihr Effekt • Pathfinder • Hinzufügen zu. An den Ecken sieht diese Kontur dennoch unschön aus. Um das zu beheben, bewegen Sie sie im Aussehen-Bedienfeld unter den Eintrag Inhalt.

Da die Kontur hinter allen Objekten liegt, ist sie jetzt jedoch zu schmal. Erhöhen Sie daher noch ein wenig die Konturstärke.

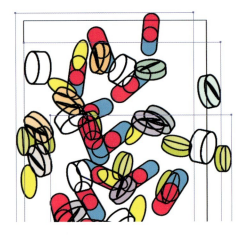

▼ **Abbildung 17.57**
Die Umrandung darf nicht über dem Inhalt liegen, denn sie zeichnet alle vorhandenen Pfade nach (links); stattdessen verschieben Sie sie unter den Inhalt (rechts)

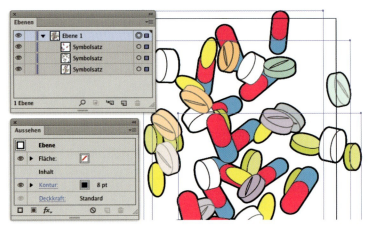

10 Das Prinzip übertragen

Diese Vorgehensweise können Sie nicht nur auf Symbolsätze, sondern auch auf einzelne Instanzen anwenden. Symbole werden häufig in der Infografik eingesetzt, und dort wird vor allem eine einheitliche Gestaltung gebraucht. Erzeugen Sie einen Grafikstil aus den erstellten Aussehen-Eigenschaften, um diese künftig noch einfacher auf viele Objekte anwenden zu können. Je nachdem, wie die Grundobjekte eingefärbt sind und die Konturen gebildet werden sollen, müssen Sie gegebenenfalls andere Pathfinder-Effekte einsetzen.

Damit sich Konturen nicht unbeabsichtigt beim Skalieren verändern, deaktivieren Sie unter Voreinstellungen • Allgemein die Option Konturen und Effekte skalieren. ■

▲ **Abbildung 17.58**
Aus nur einem Symbol (mit 9-Slice-Hilfslinien) können Sie eine Vielzahl unterschiedlicher Objekte generieren.

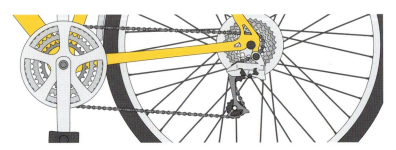

Abbildung 17.59 ▶
In Grafiken wie diesen werden einheitliche Konturen benötigt.

584

Kapitel 18
Perspektivische Darstellungen und 3D-Live-Effekte

Illustrator ist ein 2D-Programm. Dennoch können Sie Objekte in Fluchtpunktperspektive illustrieren. Das Perspektivenraster stellt Mechanismen zur Verfügung, um Objekte an Perspektivebenen auszurichten. Dazu können Sie 3D-Operationen auf Grundformen anwenden, diese mit Oberflächentexturen versehen und mit Lichtquellen beleuchten. Es lassen sich sogar einfache Animationen herstellen.

▲ **Abbildung 18.1**
3D-Effekte im Einsatz in Illustration, Infografik, Typografie und zur Visualisierung von Packungsdesigns

18.1 Zeichnungen in Fluchtpunktperspektive anlegen

Als »Perspektive« bezeichnet man geometrisch-mathematische Verfahren, die Darstellungen der dreidimensionalen Welt auf zweidimensionalen Medien (wie einem Blatt Papier) der menschlichen Wahrnehmung anzunähern. Dies bedeutet vor allem, dass Verkürzungen und Größenveränderungen korrekt wiedergegeben werden. Dazu wird eine

Kapitel 18 Perspektivische Darstellungen und 3D-Live-Effekte

Ein Raster je Dokument

In einem Illustrator-Dokument können Sie ein Perspektivenraster definieren. Falls Sie mehrere perspektivische Szenen in einer Datei kombinieren möchten, erstellen Sie mehrere Illustrator-Dokumente und platzieren diese (verknüpft) im Hauptdokument.

Szene aus einer angenommenen Betrachterposition mithilfe von Konstruktionen aus Bildebene, Boden- und Horizontlinie sowie Fluchtpunkten nachgebildet.

Mit dem Perspektivenraster können Sie in Illustrator-Dokumenten diese Fluchtpunktperspektiven einrichten und Ihre Objekte an den drei darin gebildeten Rasterebenen – auch Fluchtebenen genannt – ausrichten. Objekte auf den Fluchtebenen werden entsprechend den Gesetzmäßigkeiten der Perspektive transformiert. Es handelt sich nicht um eine 3D-Umgebung.

▲ **Abbildung 18.2**
Die räumliche Wirkung ensteht durch die perspektivische Verzerrung und eine korrekte Stapelreihenfolge der Objekte. Objekte im Perspektivenraster werden jedoch nicht automatisch korrekt räumlich angeordnet.

18.1.1 Anatomie eines Perspektivenrasters

Um ein Perspektivenraster anzuzeigen, haben Sie folgende Möglichkeiten:

▸ Wählen Sie ANSICHT • PERSPEKTIVENRASTER • RASTER EINBLENDEN – ⌘/ Strg + ⇧ + I .

▸ Wählen Sie das Perspektivenraster-Werkzeug. In beiden Fällen entsteht ein neues Raster in der Standardzweipunktperspektive, oder das für das Dokument eingerichtete Raster wird eingeblendet.

▸ Wählen Sie eine Vorgabe aus den Untermenüs von ANSICHT • PERSPEKTIVENRASTER • EINPUNKT-, ZWEIPUNKT- oder DREIPUNKTPERSPEKTIVE, oder wählen Sie ANSICHT • PERSPEKTIVENRASTER • RASTER DEFINIEREN…

Das Raster besitzt zahlreiche Bedienelemente (Widgets), um die Perspektive einzustellen und mit Objekten im Raster zu arbeiten:

▼ **Abbildung 18.3**
Bestandteile und Bedienelemente (Widgets) des Perspektivenrasters

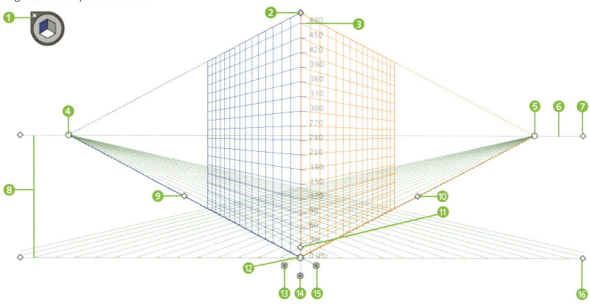

18.1 Zeichnungen in Fluchtpunktperspektive anlegen

Das Raster passen Sie an, indem Sie die Widgets ⊙, ○ bzw. ◇ mit dem Perspektivenraster-Werkzeug verschieben. Anhand der Bodenebene ⓰ kann das gesamte Perspektivenraster verschoben werden. Die Horizontlinie ❻ kennzeichnet die Augenhöhe des Betrachters – die Horizonthöhe ❽ können Sie in vertikaler Richtung mit der Horizontebene ❼ einstellen. Durch das Verschieben des linken ❹ oder des rechten ❺ Fluchtpunkts verändern Sie den Sichtwinkel. In einer Dreipunktperspektive erhalten Sie einen weiteren Fluchtpunkt – je nach Einstellung einen Scheitelpunkt (Zenit) oder einen Fußpunkt (Nadir). Die Rasterausdehnung in seitlicher ❾, ❿ oder vertikaler ❷ Richtung legt die Ausmaße der sichtbaren Rasterlinien fest. Prinzipiell reicht das Raster über das gesamte Dokument. Den Maßstab und die Maßeinheit des Perspektivenrasterlineals ❸ können Sie ebenso wie die Größe der Rasterzellen ⓫ definieren. Aus dem Ursprung ⓬ werden die Lineale des Rasters berechnet – der Ursprung kann verschoben werden. Mit den Widgets für die rechte ⓭, horizontale ⓮ und linke ⓯ Rasterebene können Sie die Ebenen jeweils parallel verschieben. Mit dem Ebenen-Widget ❶ wechseln Sie beim Zeichnen oder Zuordnen von Objekten zwischen den Rasterebenen.

| **Bodenebene verschieben** |
| Die Bodenebene und damit das gesamte Perspektivenraster lässt sich nur mit dem Perspektivenraster-Werkzeug verschieben. |

| **Fluchtpunkt** |
| In einem Fluchtpunkt laufen alle parallelen Linien der zugehörigen Raster- oder Fluchtebene zusammen. |

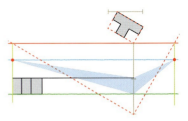

▲ **Abbildung 18.4**
Die Position der Fluchtpunkte wird normalerweise aus der Position von Bodenebene, Horizont und den Planzeichnungen hergeleitet, damit eine plausible Perspektive entsteht.

18.1.2 Perspektivenraster numerisch einrichten

Bevor Sie die ersten Objekte auf das Perspektivenraster legen, richten Sie es passend über ANSICHT • PERSPEKTIVENRASTER • RASTER DEFINIEREN ein. Die Rasterebenen lassen sich zwar nachträglich ändern, die ihnen zugeordneten Objekte verändern sich jedoch nicht entsprechend mit.

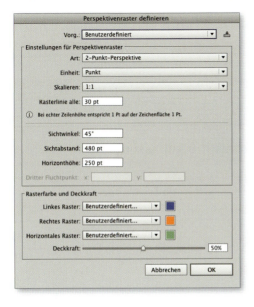

◀ **Abbildung 18.5**
Optionen zur Definition eines Perspektivenrasters

| **Erst Raster definieren** |
| Da sich die Objekte nicht an eine neue Perspektive anpassen, wenn Sie diese nachträglich umstellen, richten Sie erst das Perspektivenraster ein und beginnen dann, die Objekte darin zu zeichnen. |

▲ **Abbildung 18.6**
Dialogbox zur Eingabe eines eigenen Maßstabs

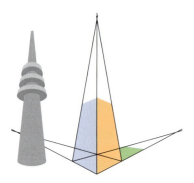

▲ **Abbildung 18.7**
Typische Objekte, wie Sie sie mit den drei Arten von Perspektivenrastern konstruieren können, und das zugrunde liegende Perspektivenraster (von oben): 1-Punkt-, 2-Punkt- und 3-Punkt-Perspektive

Intelligente Hilfslinien

Die intelligenten Hilfslinien funktionieren ebenfalls »perspektivisch«, wenn Sie im Perspektivenraster arbeiten. Dies ist sehr hilfreich.

▶ VORG.: In diesem Menü werden alle gespeicherten Perspektivenraster aufgelistet. Wählen Sie ein Raster, auf dessen Basis Sie Ihr eigenes definieren möchten.
▶ ART: Wählen Sie die Anzahl der Fluchtpunkte aus.
▶ EINHEIT: Bestimmen Sie die Maßeinheit der Rasterlineale.
▶ SKALIEREN: Wählen Sie den Maßstab aus dem Menü, oder geben Sie das Verhältnis der Maße auf der Zeichenfläche zu den Echtmaßen unter BENUTZERDEFINIERT frei ein.
▶ RASTERLINIE ALLE: Bestimmen Sie die Größe der dargestellten Rasterzellen, die Objekte »magnetisch« anziehen können.
▶ SICHTWINKEL: Mit diesem Wert bestimmen Sie die Positionen des linken und rechten Fluchtpunkts relativ zur Blickrichtung. Mit einem Wert von 45° befinden sich beide Fluchtpunkte im gleichen Abstand zur Blickrichtung. Wählen Sie einen höheren Wert, rückt der rechte Fluchtpunkt näher zur Blickrichtung, der linke entfernt sich davon.
▶ SICHTABSTAND: Bestimmen Sie die Entfernung des Betrachters zur Szene. Je höher der Wert ist, desto weiter entfernt voneinander liegen die Fluchtpunkte.
▶ HORIZONTHÖHE: Mit dieser Option bestimmen Sie die Augenhöhe des Betrachters, indem Sie z.B. mit einem niedrigen Wert eine »Froschperspektive« erzeugen.
▶ DRITTER FLUCHTPUNKT: Geben Sie die horizontale und vertikale Position des dritten Fluchtpunkts in einer Dreipunktperspektive an. Mit einem positiven Wert bildet die horizontale Ebene die »Grundfläche«, mit einem negativen Wert das »Dach«.
▶ RASTERFARBE UND DECKKRAFT: Wählen Sie für die Darstellung der Rasterebenen entweder eine Farbe aus dem Menü, oder klicken Sie auf das Farbfeld, um im Farbwähler eine Farbe zu definieren. Reduzieren Sie die DECKKRAFT, um das Raster weniger dominant darzustellen.
▶ VORGABE SPEICHERN: Das eingerichtete Raster können Sie mit dem Button unter einem eigenen Namen zur erneuten Verwendung speichern. Es steht in Ihrem Benutzerkonto programmweit zur Verfügung.

18.1.3 Perspektivenraster intuitiv anpassen

Mit dem Perspektivenraster-Werkzeug – ⇧+P – können Sie die Geometrie des Rasters intuitiv verändern, indem Sie die entsprechenden Bedienelemente (s. Abbildung 18.9) verschieben.

Wenn Sie einfach Fluchtpunkte und Ebenen verschieben, kann es passieren, dass Sie »unrealistische« Perspektiven einstellen. Illustrator überprüft Ihre Einstellungen nicht auf Plausibilität.

18.1 Zeichnungen in Fluchtpunktperspektive anlegen

▶ Verändern Sie die **Horizonthöhe**, indem Sie die Bedienelemente der Horizontlinie in vertikaler Richtung verschieben – der Cursor zeigt.

▶ Den linken und rechten **Fluchtpunkt** sowie den Scheitel- oder Fußpunkt können Sie ebenfalls greifen und horizontal oder frei verschieben. Der Cursor zeigt bzw..
Drücken Sie ⬙, um den Scheitel- oder den Fußpunkt nur vertikal zu verschieben.

▶ Die Rasterebenen können Sie, bezogen auf ihren Fluchtpunkt, auch **parallel verschieben**. Dazu ziehen Sie an den jeweiligen Ebenen-Widgets – die linke und rechte Rasterebene waagerecht, die horizontale Ebene senkrecht. Der Cursor zeigt bzw.. Die Perspektive wird dabei nicht verändert. Wenn Sie dabei ⬙ drücken, rasten die Fluchtebenen an den angezeigten Rasterlinien ein.
Halten Sie ⌘/Strg gedrückt, und doppelklicken Sie die Rasterebenen-Widgets, um die neue Position der Fluchtebene numerisch einzugeben.

▲ **Abbildung 18.8**
Numerisches Verschieben einer Rasterebene – Sie können die Objekte oder Duplikate davon mitverschieben. Dies betrifft nur Objekte, die auf der Ebene liegen (s. »Rasterebene an Objekt ausrichten«).

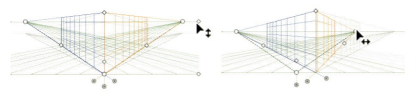

▲ **Abbildung 18.9**
Von links: Verändern der Horizonthöhe, Verschieben des Fluchtpunkts der rechten Rasterebene, paralleles Verschieben der Rasterebene

Rasterebene an Objekt ausrichten | Aktivieren Sie ein Objekt – mit mehreren Objekten funktioniert es nur, wenn sie auf einer Fluchtebene liegen –, und wählen Sie Objekt • Perspektive • Ebene an Objekt ausrichten, um die aktive Rasterebene parallel so zu verschieben, dass sie an diesem Objekt ausgerichtet wird. Das brauchen Sie z. B., wenn Sie neue Objekte exakt auf die Größe bestehender, parallel liegender Objekte anpassen wollen.

Veränderter Fluchtpunkt?

Rasterebenen mit verändertem Fluchtpunkt können nicht wieder korrekt ausgerichtet werden.

▼ **Abbildung 18.10**
Die Größen beider Elemente sind aufeinander abgestimmt (links). Nur wenn die Rasterebene in der korrekten Position ist, passt die Größe des Textes in der Perspektive (rechts).

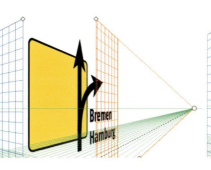

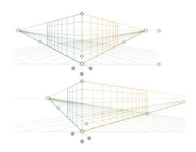

▲ Abbildung 18.11
Bezugspunkt gesperrt

Perspektivenraster fixieren | Das Perspektivenraster kann unter Ansicht • Perspektivenraster in zwei Stufen gesperrt werden:
▸ Bezugspunkt sperren: Wenn Sie Sichtwinkel und Sichtabstand nicht mehr verändern wollen, wählen Sie diese Option. Wenn Sie jetzt einen Fluchtpunkt verschieben, bewegt sich der andere synchron – so, als würde sich die Szene vor dem Betrachter drehen.
▸ Raster sperren: Mit dieser Option erreichen Sie, dass sich die Positionen des Rasters, seiner Horizontlinie und der Fluchtpunkte nicht mehr verändern lassen. Die Rasterebenen lassen sich dennoch parallel verschieben.

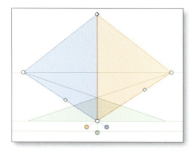

▲ Abbildung 18.12
Flächige Darstellung der Rasterebenen

Darstellung des Perspektivenrasters | Drücken Sie ⌥/Alt, und klicken Sie auf das Steuerelement der linken, rechten oder horizontalen Rasterebene, um deren Darstellungsart zu ändern. Sie haben die Wahl zwischen Rasterlinien, einer flächigen Darstellung und dem Ausblenden der Ebene.

Lineale und Rasterlinien | Das Perspektivenraster besitzt sein eigenes Koordinatensystem. Wenn Sie Objekte darin platzieren und bearbeiten, werden deren Echtmaße im Transformieren- und im Steuerungsbedienfeld angezeigt.

▲ Abbildung 18.13
Gemessen innerhalb des Perspektivenrasters, wird die Größe aller Figuren identisch angezeigt.

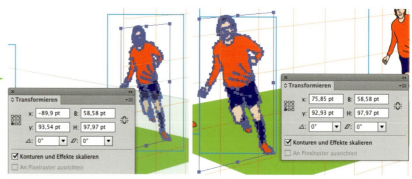

▸ Der **Ursprung** des Koordinatensystems ist standardmäßig in der Mitte der Bodenebene. Um den Ursprung zu verschieben, klicken und ziehen Sie ihn mit dem Perspektivenraster-Werkzeug – der Cursor zeigt.
▸ Die **Größe der Rasterzellen** definieren Sie entweder in den Perspektivenraster-Optionen oder indem Sie das entsprechende Bedienelement (s. Abbildung 17.3, ⑪) verschieben – der Cursor zeigt. Falls Sie den Ursprung bereits verschoben haben, wird er sich mit den Rasterzellengrößen erneut verändern.

▲ Abbildung 18.14
Verschieben des Ursprungs

18.1 Zeichnungen in Fluchtpunktperspektive anlegen

▶ Die **Lineale** an der vorderen Kante der linken und rechten Rasterebene blenden Sie über ANSICHT • PERSPEKTIVENRASTER • LINEALE EINBLENDEN ein.

▶ Um sich eine bessere Übersicht zu verschaffen (oder im Gegenteil Platz für größere Objekte zu schaffen), können Sie die **Rasterausdehnung** auf der linken und der rechten Rasterebene durch Verschieben des entsprechenden Bedienelements verändern – die Ausdehnung des Rasters der horizontalen Ebene verändert sich synchron. Der Cursor zeigt beim Verschieben das Symbol . Auch in Bereichen der Rasterebene, in denen keine Rasterlinien sichtbar sind, können Sie Objekte platzieren, die Positionierungshilfe durch das Einrasten entfällt dort jedoch.

Bezugspunkt

Wenn Sie den Ursprung verschieben, sehen Sie den Bezugspunkt des Perspektivrasters, der darunter lag. Er lässt sich selbst nicht verändern, bewegt sich jedoch mit der horizontalen Ebene, wenn Sie diese verschieben.

◀ **Abbildung 18.15**
Mithilfe des Perspektivrasters erstellte Szene

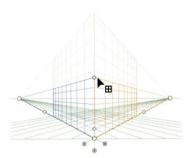

▲ **Abbildung 18.16**
Die Ausdehnung des Rasters wird in der Höhe angepasst.

18.1.4 Direkt im Perspektivenraster zeichnen

Mit den Werkzeugen für offene und geschlossene Formen (s. Abschnitt 5.1) können Sie Objekte direkt im Perspektivenraster anlegen. Alternativ können Sie Ihre Objekte in der Aufsicht zeichnen und sie anschließend mit dem Perspektivenauswahl-Werkzeug auf einer Rasterebene platzieren (s. Abschnitt 18.1.5).

1. Blenden Sie das Perspektivenraster ein – ⌘/Strg+⇧+I.
2. Wählen Sie ein Form-Werkzeug, und bestimmen Sie mit dem Ebenen-Widget oder den Tasten 1 bis 3 die Rasterebene, auf der Sie das Objekt aufziehen möchten. Der Cursor zeigt die aktive Rasterebene durch sein Symbol an: links , rechts , horizontal .
3. Bewegen Sie das Werkzeug an den Startpunkt – sofern die Option ANSICHT • PERSPEKTIVENRASTER • AM RASTER AUSRICHTEN aktiv ist, wird das Werkzeug von den Rasterlinien angezogen, wenn es sich dazu in einem Abstand von ¼ der Zellengröße befindet. Aktivieren Sie außerdem die intelligenten Hilfslinien, damit der Cursor auch an anderen Objekten einrastet.

Texte im Perspektivenraster

Texte können Sie nicht direkt auf eine Rasterebene setzen. Erzeugen Sie ein Textobjekt, und platzieren Sie es dann auf einer Rasterebene (s. Abschnitt 18.1.5). Das Umwandeln der Texte ist nicht nötig.

▲ **Abbildung 18.17**
Das Ebenen-Widget

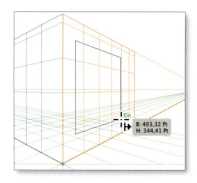

▲ Abbildung 18.18
Die mit dem Rechteck-Werkzeug erstellte Form wird direkt in die Perspektive gebracht.

4. Klicken und ziehen Sie mit dem Werkzeug die Form auf – während des Ziehens können Sie mithilfe der Tasten weiterhin zwischen den Rasterebenen wechseln. Alternativ klicken Sie mit dem Werkzeug auf den Startpunkt und geben die gewünschte Endgröße ein.
5. Illustrator berechnet die Darstellungsgröße des Objekts anhand des für das Perspektivenraster definierten Maßstabs.

Modifikationsmöglichkeiten | Wenn das Perspektivenraster aktiv ist, haben Sie folgende Modifikationsmöglichkeiten:

- ⌘/Strg: Mit dieser Taste wechseln Sie bei der Arbeit mit den Form-Werkzeugen temporär zum Perspektivenauswahl-Werkzeug.
- ⇧, ⌥/Alt usw.: Diese Tasten arbeiten, wie von den Form-Werkzeugen gewohnt (s. Tabellen auf S. 102 und S. 104).
- 1, 2, 3: Mit diesen Tasten wechseln Sie zur linken, horizontalen und rechten Ebene. Der Cursor zeigt die aktive Ebene durch sein Symbol an.
- 4: Drücken Sie die 4, um zwischendurch ein Objekt außerhalb des Perspktivenrasters zeichnen zu können.

18.1.5 Bestehende Objekte im Perspektivenraster platzieren

Diesen Weg wählen Sie, wenn z. B. komplexere Konstruktionen nötig sind, Objekte nicht mit den Formwerkzeugen erstellt werden können oder wenn Sie Texte in Perspektive darstellen wollen:

1. Zeichnen Sie ein oder mehrere Objekte ohne Perspektive, oder übernehmen Sie Objekte aus einem anderen Dokument.
2. Erstellen Sie ein Symbol aus dem Objekt (s. Abschnitt 17.4.1).
3. Wählen Sie das Perspektivenauswahl-Werkzeug – ⇧+V –, bestimmen Sie im Ebenen-Widget (oder mit den Zahlentasten) die Rasterebene – der Cursor zeigt die aktive Ebene durch sein Symbol für links, horizontal und rechts an –, und schieben Sie eine Symbolinstanz der Grafik an die gewünschte Position auf dem Perspektivenraster.

Symbol erstellen?

Der Weg über ein Symbol mag Ihnen umständlich erscheinen, er ist jedoch vor allem dann angebracht, wenn Sie sich die Option bewahren wollen, das Objekt zu einem späteren Zeitpunkt bequem zu editieren. Da Symbole einen festen Registrierungspunkt besitzen, ist es auch nicht nötig, die Position der Symbolinstanz im Perspektivenraster nach der Bearbeitung anzupassen.

▼ Abbildung 18.19
Symbolinstanzen werden auf dem Perspektivenraster platziert.

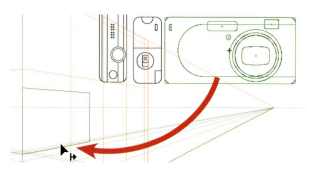
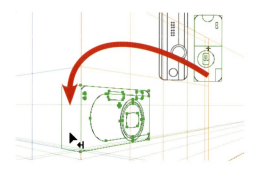

Objekte an Perspektivebenen anhängen | Aktivieren Sie ein Objekt, und wählen Sie OBJEKT • PERSPEKTIVE • AKTIVER EBENE ANHÄNGEN, um dieses Objekt, ohne es perspektivisch zu verzerren, ins Perspektivraster zu bringen. Dies ist z. B. sinnvoll, wenn Sie Objekte herkömmlich perspektivisch verzerrt haben und nun in Perspektive weiterbearbeiten möchten.

Optionen der Perspektiven-Werkzeuge | Doppelklicken Sie eines der Perspektiven-Werkzeuge, um die Optionen einzustellen:

▶ AKTIVE-EBENE-ANZEIGEN-WIDGET: Standardmäßig wird das Bedienelement zum Wechseln der Rasterebenen angezeigt. Deaktivieren Sie die Option, um es auszublenden.

▲ **Abbildung 18.20**
Optionen des Perspektivenraster- und des Perspektivenauswahl-Werkzeugs

▶ WIDGET-POSITION: Wenn Sie das Widget an einer anderen Stelle des Dokumentfensters anzeigen wollen, wählen Sie diese hier aus.

▶ AUTOMATISCHE EBENENPOSITIONIERUNG (Inferenzmodus): Die aktive Rasterebene können Sie temporär an bestimmte Positionen verschieben, um dort ein einzelnes Objekt zu zeichnen. Dazu bewegen Sie den Cursor des Perspektivenauswahl-Werkzeugs über die entsprechende Position und drücken ⇧.

Auswahl-Werkzeug?

Verwenden Sie nicht das Auswahl- oder die Transformieren-Werkzeuge, um Perspektivenobjekte zu bearbeiten. Die Bearbeitung wäre unabhängig von der Perspektive, und das transformierte Objekt würde nicht mehr zum Perspektivenraster passen.

▶ ANKERPUNKT DES PERSPEKTIVENBILDMATERIALS: Aktivieren Sie diese Option, dann lässt sich die aktive Ebene an Ankerpunkten von Objekten ausrichten, die im Perspektivenraster ausgerichtet sind.

▶ SCHNITTPUNKT DER RASTERLINIEN: An Stellen, an denen sich Rasterlinien schneiden, können Sie ebenfalls eine Rasterebene temporär ausrichten lassen.

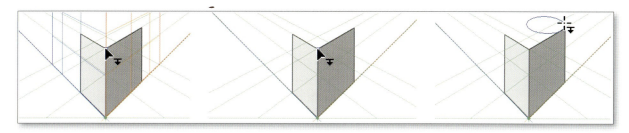

▲ **Abbildung 18.21**
Inferenzmodus: Die aktive Rasterebene wird temporär zu dem Ankerpunkt verschoben, über dem sich der Cursor befindet. Die anderen Rasterebenen werden ausgeblendet.

18.1.6 Objekte im Perspektivenraster bearbeiten

Um Objekte im Perspektivenraster auszuwählen und zu bearbeiten, verwenden Sie das Perspektivenauswahl-Werkzeug. Klicken Sie damit Objekte an, oder ziehen Sie ein Auswahlrechteck über mehrere Objekte auf, um sie zu selektieren. Sobald Sie ein Objekt auswählen, wird dessen Rasterebene ebenfalls aktiviert. Sie können Objekte auf unterschiedlichen Rasterebenen gemeinsam auswählen, aber nicht gemeinsam transformieren.

Kapitel 18 Perspektivische Darstellungen und 3D-Live-Effekte

Objekte auf der Fluchtebene bewegen | Um ein Objekt zu bewegen, wählen Sie es aus und verschieben es direkt mit dem Perspektivenauswahl-Werkzeug ⌘ oder den Pfeiltasten.

Mit ⇧ schränken Sie das Verschieben auf senkrechte oder waagerechte Bewegungen ein. Halten Sie ⌥/Alt gedrückt, um eine Kopie des Objekts zu verschieben.

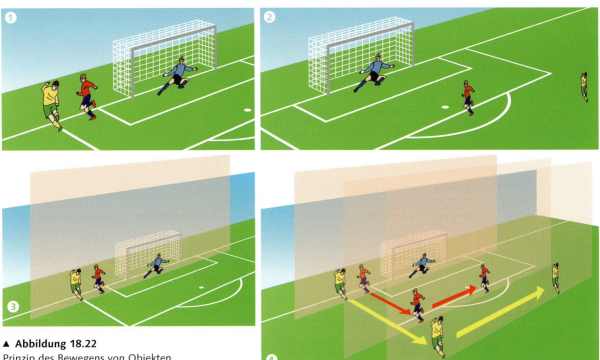

▲ **Abbildung 18.22**
Prinzip des Bewegens von Objekten im Perspektivenraster

▲ **Abbildung 18.23**
Durch ein paralleles Verschieben der einzelnen Teile können Sie aus einem radialen Raster eine Wendeltreppe konstruieren.

Warum funktioniert es nicht, wenn Objekte einfach mit dem Perspektivenauswahl-Werkzeug an die Stelle bewegt werden, an der sie später stehen sollen? In ❶ sehen Sie einige Fußballspieler, deren Größen einander angepasst sind. Sie wurden mit dem Perspektivenauswahl-Werkzeug direkt auf geradem Weg an ihre Plätze bewegt ❷. Dort haben sie zwar die richtige Perspektive, jedoch nicht die korrekte Größe. Wie kommt das?

Jedes Objekt ist auf einer Rasterebene platziert – am Anfang sind alle drei Fußballspieler auf derselben Ebene ❸. Wenn Sie ein Objekt bewegen, bewegen Sie es horizontal und/oder vertikal auf dieser Ebene.

Um die Fußballspieler in die korrekte Lage zu bringen, müssen Sie also sowohl eine parallele Bewegung durchführen – also das Objekt von seiner ursprünglichen Ebene wegbewegen (s. folgende Seite) – als auch eine horizontale ❹.

Objekte skalieren | Skalieren Sie ein Objekt, indem Sie an den Anfassern seines Begrenzungsrahmens ziehen – der Cursor wechselt zu ▸. Mit ⇧ erreichen Sie eine proportionale Skalierung.

Objekte parallel verschieben | Wenn Sie ein Objekt parallel verschieben, bewegen Sie es ausgehend von seiner Rasterebene nach vorn bzw. hinten. Wählen Sie das Objekt mit dem Perspektivenauswahl-Werkzeug aus, drücken und halten Sie die Taste 5, und verschieben Sie das Objekt. Drücken Sie ⌥/Alt, um eine Kopie des Objekts zu verschieben.

Sollen die Objekte auf einer Rasterebene gemeinsam mit der Ebene verschoben werden, drücken Sie ⇧ und verschieben die Rasterebene mit dem Widget. Mit ⌥/Alt verschieben Sie die Fluchtebene zusammen mit Kopien der darauf befindlichen Objekte (beides geht nur mit dem Perspektivenauswahl-Werkzeug).

Besonders interessant ist die Parallelverschiebung in Verbindung mit dem Modus DAHINTER ZEICHNEN. Aktivieren Sie diese Option im Werkzeugbedienfeld (s. Abschnitt 5.3.1), dann werden parallel verschobene Kopien der Objekte hinter den bestehenden angeordnet.

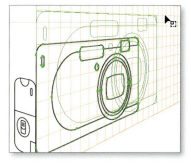

▲ **Abbildung 18.24**
Skalieren von Perspektivobjekten: Es können nur Objekte auf derselben Rasterebene gemeinsam skaliert werden – achten Sie darauf, nur das Perspektivauswahl-Werkzeug zu verwenden.

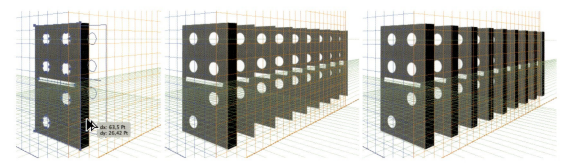

Erneut transformieren | Wenden Sie nach einer Skalierung oder Bewegung im Perspektivenraster den Befehl ERNEUT TRANSFORMIEREN an – ⌘/Strg+D –, dann erfolgt die weitere Transformation unter Berücksichtigung der Perspektive.

Objekte auf andere Rasterebenen verschieben | Verschieben Sie ein Objekt, und drücken Sie die Tasten 1 bis 3, um das Objekt einer anderen Rasterebene zuzuordnen.

Um ein Objekt zu duplizieren und auf eine andere Rasterebene zu verschieben, weisen Sie es erst mit 1 bis 3 der anderen Ebene zu, und halten Sie anschließend ⌥/Alt gedrückt, um es zu duplizieren, anstatt es zu verschieben.

▲ **Abbildung 18.25**
Die Vorderseite des Dominosteins wird parallel verschoben und dabei dupliziert (links). Da der Modus DAHINTER ZEICHNEN aktiv ist, wird die Kopie (auch beim erneuten Transformieren) hinter den bestehenden angelegt (Mitte). Die drei Seiten des Dominosteins können nicht gemeinsam parallel verschoben werden, sondern dies muss in mehreren Schritten erfolgen (rechts).

▲ Abbildung 18.26
Anzeige des Perspektivenobjekts im Steuerungsbedienfeld

Symbole und Texte editieren | Dem Perspektivenraster angehängte Symbole und Texte können Sie im Isolationsmodus in unverzerrter Form bearbeiten. Ist ein solches Perspektivenobjekt ausgewählt, können Sie es isolieren, indem Sie auf das Objekt doppelklicken oder im Steuerungsbedienfeld auf den Button Symbol bearbeiten bzw. Text bearbeiten klicken. Doppelklicken Sie nach dem Bearbeiten auf eine freie Fläche.

Mit dem Zeichenstift bearbeiten | Auch wenn Sie mit dem Zeichenstift-Werkzeug keinen Pfad direkt auf einer Rasterebene neu erstellen können, ist es möglich, bestehende Rasterobjekte mit den Zeichen-Werkzeugen nachzubearbeiten, ohne sie dabei vom Raster zu lösen. Sinnvoll ist dies nur, wenn Sie mit Symbolen gearbeitet haben.

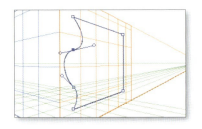

▲ Abbildung 18.27
Arbeiten mit dem Zeichenstift an einem Pfad auf der Rasterebene

Zurückwandeln? | Aufgrund der Komplexität der Funktion ist es nicht möglich, Objekte wieder vom Perspektivenraster abzulösen und in ihre Ausgangsform (ohne Perspektive) zu bringen. In einem Symbol bleibt die Ausgangsform jedoch erhalten und kann weiterhin editiert werden. Erstellen Sie daher Symbole der Grundformen, und platzieren Sie ihre Instanzen im Perspektivenraster.

18.1.7 Konturen, Effekte und besondere Objekte

Perspektivenobjekte können mit Aussehen-Eigenschaften versehen werden, Konturen (dies gilt auch für Pinsel und Breitenprofile), Effekte und Muster werden im Raster jedoch nicht transfomiert, d. h., dass sich z. B. Konturstärken und Musterelemente nicht verjüngen. Muster werden im Raster auch nicht mit dem Objekt bewegt.

Wenn Sie Konturen oder Muster perspektivisch verzerren möchten, müssen Sie zunächst ein Objekt mit einer umgewandelten Kontur (s. Abschnitt 10.5.1) oder einem umgewandelten Muster (s. Abschnitt 16.1.5) erstellen und dieses dann im Perspektivenraster platzieren.

Schnittmasken – z. B. umgewandelte Muster – werden korrekt an die Perspektive angepasst, sofern die maskierten Objekte selbst geeignet sind.

Verzerrungshüllen können Sie zwar nicht im Perspektivenraster platzieren, Sie können jedoch Perspektivenobjekte mit einer Hülle versehen.

Weder verknüpfte noch eingebettete Pixelbilder lassen sich im Perspektivenraster platzieren. Falls es sich um geeignete Motive handelt, können Sie die Bilder vektorisieren und sie anschließend im Perspektivenraster platzieren. Alternativ verwenden Sie Verzerrungshüllen oder den 3D-Effekt Drehen.

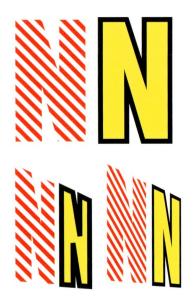

▲ Abbildung 18.28
Originalobjekte (oben): im Perspektivenraster platziert ohne (links unten) und mit (rechts unten) umgewandelter Kontur und umgewandeltem Muster

18.1.8 Umwandeln

Mit OBJEKT • PERSPEKTIVE • AUS PERSPEKTIVE FREIGEBEN lösen Sie Objekte aus dem Perspektivenraster und behalten die perspektivische Darstellung bei.

Die Anwendung mancher Illustrator-Funktionen kann ebenfalls ein Herauslösen aus dem Perspektivenraster erfordern. Falls dies der Fall ist, zeigt Illustrator eine Warnung an. Nicht erforderlich ist das Umwandeln, um Objekte z. B. mit nicht perspektivischen Objekten zu gruppieren.

Ob ein Objekt zum Perspektivenraster gehört, erkennen Sie an seinem Begrenzungsrahmen, wenn Sie es mit dem Perspektivenauswahl-Werkzeug aktivieren: Er besitzt gefüllte Anfasser.

▲ **Abbildung 18.29**
Warnung beim Bearbeiten perspektivischer Objekte mit Transformieren-Werkzeugen

18.1.9 Perspektivenraster und 3D-Effekte

Auch wenn die Ergebnisse ähnlich aussehen, handelt es sich um zwei verschiedene Arten räumlicher Darstellungen. Fluchtpunktperspektiven sind eine mathematisch-geometrische Methode, die menschliche Wahrnehmung der Welt nachzubauen, jedoch sind sie nur eine Näherung. Je nachdem, wie gut Sie die Perspektive konstruieren, erzeugen Sie eine realistischere oder eine weniger realistische Illusion. 3D-Effekte setzen an der anderen Seite an: Sie erstellen dreidimensionale Modelle und imitieren eine Kamera. Damit entsteht immer ein realistisches Abbild eines Objekts. Kombinieren lassen sich beide Funktionen aufgrund der Unterschiede in der Methodik jedoch nicht.

▲ **Abbildung 18.30**
Realistische Darstellung mit Bildmappings der Erdoberfläche und darüber der Wolkenbildung (Bildmaterial © http://visibleearth.nasa.com)

18.2 3D-Objekte mit den 3D-Effekten erzeugen

Für die Konstruktion dreidimensionaler Objekte bietet Illustrator im Menü EFFEKT • 3D drei Operationen: EXTRUDIEREN, KREISELN und DREHEN. Die Effekte EXTRUDIEREN und KREISELN generieren dreidimensionale Körper, deren Lage im Raum frei bestimmt werden kann. Der Drehen-Effekt rotiert zweidimensionale Objekte im Raum und erzeugt eine perspektivische Ansicht. Anders als in »echten« 3D-Programmen sind in Illustrator einzelne Objekte, auf die 3D-Effekte angewendet wurden, unabhängig voneinander – die dreidimensionalen Formen haben jeweils eigene Lichtquellen, und Sie können sie nicht in einem gemeinsamen Raum kombinieren, sondern nur auf der Fläche anordnen. Das Erstellen einer dreidimensionalen Szene ist daher nur eingeschränkt möglich. Als Grundformen können Sie einfache Pfade oder bereits mit anderen

▲ **Abbildung 18.31**
3D-Effekte sind eine große Hilfe, um sich Objekte zu konstruieren, die anschließend umgewandelt und mit Verläufen gefüllt werden.

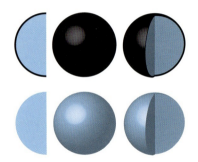

▲ **Abbildung 18.32**
Weil der Halbkreis eine schwarze Kontur besitzt, entsteht beim Kreiseln eine schwarze Kugel (oben Mitte) – keine blaue. Was passiert, ist zu sehen, wenn die Kugel nur 240° gekreiselt wird (oben rechts).

▲ **Abbildung 18.33**
Ausgangsobjekte (links) einzeln (oben) und als Gruppe (unten) extrudiert

Illustrator-Funktionen erstellte oder verformte Objekte – wie Verzerrungshüllen oder Diagramme – verwenden. Da die 3D-Operationen als Live-Effekte angewendet werden, sind sowohl die Grundobjekte als auch die Parameter der Effekte selbst jederzeit editierbar.

18.2.1 Grundformen

Die der Grundform zugewiesenen Füllungen und Konturen übernimmt das dreidimensionale Objekt. Besitzt eine Grundform nur eine Füllung, bildet diese die Oberflächenfarbe des Körpers.

Ist darüber hinaus eine Kontur definiert, entsteht ein zusätzliches Objekt, denn Illustrator wandelt Konturen vor der Anwendung eines 3D-Effekts intern in Flächen um. Daher dauert die Berechnung eines konturierten Objekts länger und kann zu unerwünschten Ergebnissen führen. Verwenden Sie deswegen möglichst Grundformen ohne Kontur.

Gruppen | Auf gruppierte Objekte wirkt sich ein zugewiesener 3D-Effekt aus, als wären sie ein Gesamtobjekt. Sie können also eine korrekte räumliche Anordnung mehrerer Körper erzielen, wenn Sie die Grundformen vor der Anwendung des 3D-Effekts gruppieren. Allerdings lassen sich nur gemeinsame Einstellungen für alle in der Gruppe zusammengefassten Objekte vornehmen.

Dasselbe Ergebnis erhalten Sie, wenn Sie den Effekt auf die Ebene anwenden, der die Objekte zugeordnet sind.

Transparenz | Um ein transparentes Material zu simulieren, legen Sie die Deckkrafteinstellung und gegebenenfalls eine abweichende Füllme-

---

3D-Objekte mit Kontur

Wird ein oder werden mehrere Objekte mit Konturen extrudiert, können die Konturen zu Problemen führen, wie z. B. bei diesem Diagramm. Ohnehin ist dies meist nicht die gewünschte Form der Kontur.

Stattdessen extrudieren Sie Ausgangsobjekte ohne Kontur, gruppieren dann das 3D-Objekt und weisen der Gruppe eine neue Kontur zu. Diese Kontur verschieben Sie unter den Eintrag INHALT im Aussehen-Bedienfeld und weisen ihr außerdem den Pathfinder-Effekt HINZUFÜGEN zu.

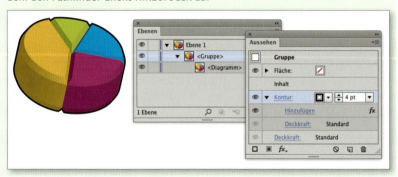

thode für das Grundobjekt an. Beachten Sie die Optionen für verdeckte Flächen (s. Abschnitt 18.2.7).

Muster | Ist ein Objekt mit Musterfüllungen versehen, kann die Berechnung des 3D-Körpers einige Zeit in Anspruch nehmen, vor allem, wenn Sie gleichzeitig Profilkanten zugewiesen haben. Weisen Sie das Muster stattdessen der Oberfläche als Bildmaterial zu.

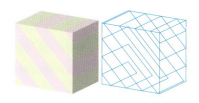

▲ Abbildung 18.34
Eine Musterfüllung wird mit dem Objekt extrudiert.

18.2.2 Extrudieren und abgeflachte Kante

Dieser Effekt verwendet die Grundform als Profil, das entlang der Z-Achse in die Tiefe gezogen wird. Die Z-Achse verläuft immer senkrecht zur Objektoberfläche, d. h. senkrecht zur Zeichenfläche.

Die Form der beim Tiefziehen entstehenden Kante können Sie bestimmen. Der Effekt heißt zwar »abgeflachte Kante«, diese Bezeichnung trifft jedoch auf die allerwenigsten der zur Verfügung stehenden Formen zu. Die Palette der Kantenformen lässt sich außerdem durch eigene Formen ergänzen.

▲ Abbildung 18.35
Grundform und extrudiertes Objekt

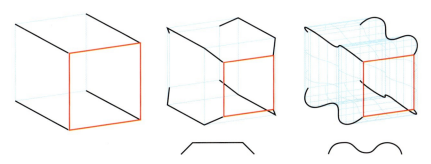

◄ Abbildung 18.36
Extrusion einer Grundform (jeweils rot) ohne Profilkante (links) entlang einer Geraden, mit unterschiedlichen Profilkanten (Mitte und rechts)

Den Effekt können Sie auf offene und geschlossene Pfade, gruppierte Objekte, zusammengesetzte Pfade, zusammengesetzte Formen oder Ebenen anwenden.

Um ein Objekt zu extrudieren, aktivieren Sie es bzw. wählen es als Ziel aus und wählen Effekt • 3D • Extrudieren und abgeflachte Kante… aus dem Menü. Die Optionen, mit denen Sie das Extrusionsobjekt erstellen, finden Sie in der Dialogbox unter dem Drehpositionsregler.

Abgeflachte Kante?

Die englische Originalbezeichnung dieses Effekts – »Bevel« – hätte man vielleicht zutreffender mit »Profilkante« übersetzt.

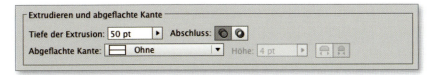

◄ Abbildung 18.37
Extrudieren und abgeflachte Kante – Optionen (Ausschnitt)

▶ **Tiefe der Extrusion:** Geben Sie die Tiefe des Objekts mit einem Wert zwischen 0 und 2.000 Punkt bzw. 705,5 mm ein. Um die Tiefe in

Kapitel 18 Perspektivische Darstellungen und 3D-Live-Effekte

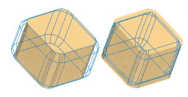

▲ **Abbildung 18.38**
Objekt ohne Profilkante (orange), Profilkante (blau) nach außen (links) und nach innen (rechts)

▲ **Abbildung 18.39**
Unterschiedliche Profilhöhe bei ABGEFLACHTE KANTE NACH INNEN

Millimetern festzulegen, tippen Sie die Einheit »mm« nach dem Wert ein. Nachträgliche Änderungen der Tiefe der Extrusion erfolgen immer von der Mitte aus zu beiden Seiten. Die Position des Objekts auf der Zeichenfläche muss dann also ebenfalls korrigiert werden.

▶ ABSCHLUSS: Mit den Abschluss-Buttons definieren Sie, ob das Objekt geschlossen ⬚ oder offen ⬚ ist.
Offene Körper sollten Sie aus Grundobjekten erzeugen, die keine Kontur besitzen. Besitzt die Grundform eine Kontur, wird je ein Extrusionsobjekt auf beiden Seiten der Kontur angelegt.

▶ ABGEFLACHTE KANTE: In dem Menü bestimmen Sie das Profil des Objekts entlang der Z-Achse.

▶ HÖHE: Geben Sie hier ein, auf welche Höhe das ausgewählte Profil skaliert werden soll. Geben Sie einen Wert zwischen 0 und 100 Punkt – oder 35,2 mm – ein.
Beachten Sie, dass bei der Berechnung NACH INNEN (s. den nächsten Punkt) Darstellungs- und Berechnungsfehler auftreten können, wenn die Höhe des Profils den Durchmesser der Grundfläche des Objekts übersteigt.

▶ ABGEFLACHTE KANTE NACH AUSSEN/NACH INNEN: Die Höhe des Kantenprofils können Sie zur Objektgrundfläche hinzufügen oder innerhalb der Objektgrundfläche berechnen lassen. Wählen Sie mit den Buttons ABGEFLACHTE KANTE NACH AUSSEN ⬚ und ABGEFLACHTE KANTE NACH INNEN ⬚.

18.2.3 Eigene Kantenprofile hinzufügen und verwenden

Das Menü ABGEFLACHTE KANTE in der Dialogbox 3D-EXTRUDIEREN-OPTIONEN enthält nur eine begrenzte Anzahl an Kanten. Sie können es jedoch um eigene Kreationen ergänzen. Bei jedem Start liest Illustrator die Kantenprofile aus einer Datei im Programmordner – in dieser Datei müssen Sie Ihre eigenen Profile anlegen, damit diese beim nächsten Start des Programms im Menü zur Verfügung stehen. Gehen Sie wie folgt vor:

1. Zeichnen Sie das Profil als einzelnen offenen Pfad. Auch wenn der Hilfetext nahelegt, dass Sie den Pfad in der Kantendatei erstellen sollen, ist das nicht notwendig.
Legen Sie Ihre Kante horizontal an. Die Außenseite weist nach oben. Der Teil, der am Objekt nach vorn zeigen soll, ist an der rechten Seite.

2. Öffnen Sie die Datei »Abgeflachte Kanten.ai« aus dem Ordner ADOBE ILLUSTRATOR CS6/REQUIRED/RESOURCES/DE_DE (Mac) bzw. ADOBE ILLUSTRATOR CS6\SUPPORT FILES\REQUIRED\RESOURCES\DE_DE\ (Windows).

▲ **Abbildung 18.40**
Grundobjekt und Profilkante (oben), mit Bildmaterial versehen (unten)

Auf dem Mac müssen Sie dazu den Paketinhalt der Applikation Illustrator anzeigen (s. Abbildung 18.41).

3. Fügen Sie Ihr Kantenprofil über die Zwischenablage in die Kanten-Datei ein.
4. Rufen Sie das Symbole-Bedienfeld unter FENSTER • SYMBOLE – Shortcut ⌘/Strg+⇧+F11 – auf.
Legen Sie Ihr Kantenprofil als neues Symbol an, indem Sie das Profil aktivieren und den Button NEUES SYMBOL klicken – Shortcut F8. Geben Sie dem Symbol einen aussagekräftigen Namen.
5. Speichern Sie die Abgeflachte-Kante-Datei im Ordner ZUSATZMODULE im Illustrator-Programmordner. So erreichen Sie sie das nächste Mal einfacher. Dann schließen Sie sie und beenden Illustrator. Starten Sie Illustrator erneut, und öffnen Sie die Datei, in der Sie die Kante verwenden möchten.
6. Aktivieren Sie das Objekt, dem die Kante zugewiesen werden soll. Falls Sie es bereits mit dem Effekt EXTRUDIEREN versehen haben, rufen Sie die Optionen des Effekts über das Aussehen-Bedienfeld auf. Wählen Sie das vorher eingerichtete Profil im Menü ABGEFLACHTE KANTE aus.
7. Passen Sie – falls nötig – die Höhe des Profils an, und wählen Sie mit den Buttons, ob die Kante nach außen oder innen berechnet werden soll.

▲ **Abbildung 18.41**
So erreichen Sie die Abgeflachte-Kante-Datei auf dem Mac: Rufen Sie das Kontextmenü über dem Programmsymbol auf, und wählen Sie PAKETINHALT ZEIGEN.

18.2.4 Kreiseln

Die Operation KREISELN wird in vielen 3D-Programmen auch als »Rotation« bezeichnet. Der Körper entsteht, indem die Grundform um die Y-Achse rotiert wird. Die Position des Grundobjekts kann rechts oder links der Achse gewählt werden. Auch den Abstand des Grundobjekts zur Achse können Sie definieren – dies benötigen Sie z. B. zum Erstellen von Ring-Objekten.

Wie die Extrusion lässt sich auch dieser Effekt auf Einzelobjekte, zusammengesetzte Pfade und Formen, Gruppen und Ebenen anwenden.

Wenden Sie den Effekt gleichzeitig auf mehrere Objekte an, rotiert jedes um eine eigene Achse. Wenn Sie mehrere Objekte um eine gemeinsame Achse rotieren möchten, gruppieren Sie sie vor Anwenden des Effekts. Alternativ wenden Sie den Effekt auf die Ebene an, der die Objekte zugeordnet sind.

Um ein Objekt, eine Gruppe oder eine Ebene mit dem Effekt KREISELN zu versehen, aktivieren Sie es bzw. wählen es als Ziel aus und rufen EFFEKT • 3D • KREISELN... aus dem Menü auf. Die Optionen, mit denen

▲ **Abbildung 18.42**
Grundformen und gekreiselte Objekte

▲ **Abbildung 18.43**
Einzeln (links) und als Gruppe (rechts) rotiert

Sie das Rotationsobjekt erstellen, finden Sie in der Dialogbox unter dem Drehpositionsregler.

Abbildung 18.44 ►
Kreiseln-Optionen (Ausschnitt)

▲ **Abbildung 18.45**
Aus einem Kreiselobjekt mit offenem Abschluss und entsprechendem Bild-Mapping entsteht ein »Time-Tunnel«.

▶ Winkel: Sie können bestimmen, ob die Grundform ganz um die Achse herum kreiselt – also 360° – oder nur teilweise. Verwenden Sie den Winkelschieber, oder geben Sie einen Wert zwischen 0 und 360° in das Eingabefeld ein.
▶ Abschluss: Mit den Abschluss-Buttons definieren Sie, ob das Objekt geschlossen ⬚ oder offen ⬚ ist. Diese Option bewirkt nur dann eine Veränderung, wenn der Kreiselwinkel kleiner als 360° ist.
▶ Versatz … von: Im Dialogfeld Versatz bestimmen Sie die Entfernung zwischen der Drehachse und der Grundform. Geben Sie einen Wert zwischen 0 und 1.000 Punkt – oder 352,7 mm – ein. Mit dem Aufklappmenü legen Sie fest, auf welcher Seite der Drehachse die Grundform angeordnet wird.

Objekte gefahrlos verschieben

Deaktivieren Sie die Anzeige des Begrenzungsrahmens, wenn Sie 3D-Objekte auf der Zeichenfläche verschieben.
Anderenfalls passiert es nur zu oft, dass Sie die Grundform unabsichtlich transformieren, anstatt das 3D-Objekt zu verschieben.

18.2.5 Objekte im Raum ausrichten

Die Ansicht der Objekte bestimmen Sie zum einen durch ihre Ausrichtung im Raum – in Illustrator als »Position« bezeichnet, obwohl Sie eine räumliche Position nicht definieren können. Darüber hinaus legen Sie mit der Perspektive die Brennweite Ihrer virtuellen Kamera fest. Das Verschieben eines Objekts auf der Zeichenfläche wirkt sich anders als bei »echtem 3D« nicht auf die perspektivische Darstellung aus.

Lokale und globale Achsen | Um die Position eines Objekts relativ zum Betrachter auszurichten, können Sie sowohl lokale – an das Objekt gebundene – als auch globale Achsensysteme verwenden. Prinzipiell funktioniert das Ausrichten wie das Positionieren eines Objekts auf einem Tisch: Sie können entweder das Objekt oder den Tisch bewegen, um das Objekt auf eine Kamera auszurichten. Das lokale Achsensystem bewegt sich bei der Drehung mit dem Objekt, das globale Achsensystem ist selbst fixiert, bewirkt aber – wenn Sie es verwenden – eine Drehung des Objekts sowie aller seiner Achsen.

▲ **Abbildung 18.46**
Lokale (Objekt-)Achsen und globale (Welt-)Achsen

Die zwei Achsensysteme erlauben eine flexible Handhabung der Objektdrehungen: Das Bewegen mit den lokalen Achsen ist intuitiver, da es der Handhabung von Dingen in der realen Welt entspricht. Das Be-

18.2.6 Drehen

Drehen beinhaltet die Ausrichtung der Objekte im Raum und die Einstellung der Perspektive einer virtuellen Betrachtungskamera. Eine Drehung lässt sich sowohl für Extrusions- und Kreiselobjekte als auch für zweidimensionale Formen einrichten.

Beim Drehen zweidimensionaler Formen wirkt sich die Drehung auf Musterfüllungen, Konturstärken und Pinselkonturen aus, die perspektivisch angepasst werden. Die perspektivische Darstellung von Verläufen gelingt in den wenigsten Fällen.

Um dreidimensionale Extrusions- und Rotationsobjekte zu drehen, verwenden Sie die Eingabemöglichkeiten in der Dialogbox des jeweiligen Effekts.

Ein zweidimensionales Objekt drehen Sie, indem Sie es aktivieren und EFFEKT • 3D • DREHEN… aufrufen.

◀ **Abbildung 18.47**
Konturen und Muster werden perspektivisch angepasst.

> **3D-Objekte in einer »Szene«**
>
> Wenn Sie mehrere Objekte zu einem Fluchtpunkt hin ausrichten wollen, konstruieren Sie sich die Perspektive einer Szene mit Hilfslinien.

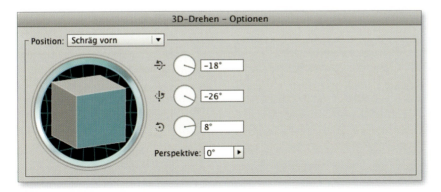

◀ **Abbildung 18.48**
3D-DREHEN-OPTIONEN

- VORSCHAU: Aktivieren Sie die Vorschau, um die Positionsänderungen auf der Zeichenfläche darzustellen.
- POSITION: Einige Standardobjektpositionen sind über das Menü abrufbar. Sie enthalten sowohl die Objektausrichtung als auch die zugehörige Perspektive.
- Winkeleinstellungen: Um die Position frei einzustellen, verwenden Sie den Würfel oder geben die gewünschte Position in die Eingabefelder für die Drehung um die X-Achse, die Y-Achse und die Z-Achse ein.
- Würfel: Der Würfel repräsentiert Ihr Objekt – die Vorderseite ist blau dargestellt, die Ober- und Unterseite hellgrau, die Seitenflächen in einem mittleren Grau, die Rückseite in Dunkelgrau.

▲ **Abbildung 18.49**
Ein mit einem 3D-Effekt versehenes Objekt können Sie nicht direkt auf der Zeichenfläche drehen (Mitte), sondern nur in den Optionen des Effekts.

▲ **Abbildung 18.50**
Drehung um die lokale X-Achse (Mitte), Drehung um die globale Y-Achse (rechts)

»Brennweite« (ca.)	Perspektive
Tele 135 mm	18°
Porträt 80 mm	28°
Normal 50 mm	35°
Weitwinkel 35 mm	80°
Superweitw. 24 mm	120°

▲ **Tabelle 18.1**
Vergleich Perspektive und Objektivbrennweite

▶ Freie Drehung: Klicken und ziehen Sie eine der Würfelflächen, um das Objekt frei zu drehen.
▶ Eingeschränkte Drehung auf lokale Achsen: Bewegen Sie die Maus über eine Würfelkante – der Cursor zeigt den Doppelpfeil ↝, und die Kanten werden farbig hervorgehoben; klicken und ziehen Sie, um das Objekt zu drehen. Die Hervorhebung der Kante zeigt Ihnen an, um welche Achse Sie das Objekt drehen – X-Achse: rot, Y-Achse: grün, Z-Achse: blau.
▶ Auf globale Achsen eingeschränkte Drehung: Drücken und halten Sie ⇧, und bewegen Sie die Maus in das Würfelfeld – der Cursor zeigt das Koordinatenkreuz ✥. Klicken und ziehen Sie die Maus horizontal, um die Drehung auf die globale X-Achse ↷, und vertikal, um die Drehung auf die globale Y-Achse ↻ zu beschränken. Ziehen Sie im blauen Band, das das Feld umgibt, um das Objekt, um die globale Z-Achse ↺ zu drehen.
▶ PERSPEKTIVE: Geben Sie einen Wert zwischen 0 und 160° ein, um die Darstellungsperspektive zu definieren. Ein Wert von 0° bewirkt eine isometrische Darstellung, und große Werte entsprechen in der Wirkung einem starken Weitwinkelobjektiv.

▲ **Abbildung 18.51**
Perspektive 0° und 160°

Spiegelnde Objekte

Soll ein 3D-Objekt eine perspektivisch korrekte Spiegelung erhalten, müssen Sie diese als eigenes Objekt erstellen. Das Objekt und sein Spiegelbild werden gruppiert ❶ und gemeinsam mit einem 3D-Effekt – der Globus im Beispiel wurde gekreiselt – versehen ❷ (selbstverständlich müssen auch eventuelle Texturen spiegelverkehrt appliziert werden). Anschließend legen Sie eine Deckkraftmaske an, die die Spiegelung in den Hintergrund überblendet ❸ (Deckkraftmasken s. Abschnitt 12.2).

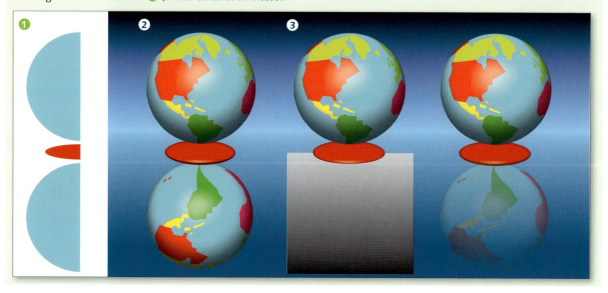

18.2 3D-Objekte mit den 3D-Effekten erzeugen

Fehldarstellungen korrigieren

Bei sehr großen 3D-Objekten – etwa 60–80 cm – können Fehldarstellungen auftreten. Falls dies bei Ihnen der Fall ist, probieren Sie andere Werte im Regler PERSPEKTIVE. Wenn Sie bisher eine Perspektive von 0° verwenden, kann bereits der Wert 1° Besserung bringen.

18.2.7 Schattierung und Beleuchtung

Illustrator berechnet nicht nur eine dreidimensionale Geometrie, sondern passt auch die Füllung der Objekte an die Beleuchtung und die gewählte »Schattierung« an. Mit der Schattierung bestimmen Sie die Oberflächenqualität in vier Stufen von der Drahtmodelldarstellung bis zur Kunststoffschattierung.

Je nach gewählter Schattierung stehen unterschiedliche und unterschiedlich viele Beleuchtungsoptionen zur Verfügung.

Mehr Optionen!

Die in diesem Abschnitt besprochenen Einstellmöglichkeiten sind erst sichtbar, wenn Sie MEHR OPTIONEN in der Dialogbox anzeigen lassen.

◀ Abbildung 18.52
Lichtquellen-Dialogbox

▲ Abbildung 18.53
Schattierungsoptionen: DRAHTMODELL, KEINE, DIFFUSE, KUNSTSTOFFSCHATTIERUNG

- OBERFLÄCHE: Wählen Sie die Oberflächenqualität aus dem Menü. Die Auswahl beeinflusst auch die Darstellungsform des zugewiesenen Bildmaterials (s. nächster Abschnitt):
    - DRAHTMODELLDARSTELLUNG: Es werden die Konturen der Polygone dargestellt, aus denen sich der Körper zusammensetzt. Flächen sind transparent.
    - KEINE SCHATTIERUNG: Das Objekt behält seine Farbe bei. Sie wird nicht durch die dreidimensionale Form oder die Beleuchtung moduliert.
    - DIFFUSE SCHATTIERUNG: Diese Schattierung simuliert diffuse Lichtquellen. Die Objektfarbe wird entsprechend der Körperform moduliert.
    - KUNSTSTOFFSCHATTIERUNG: Mit dieser Option nimmt das Objekt eine reflektierende Oberfläche an – die Beleuchtungsoptionen beinhalten Spitzlichter.

Welches Oberflächenrendering?

Die Entscheidung für eine der Möglichkeiten hängt von der geplanten Weiterverarbeitung der Grafik ab (s. Abschnitt 18.2.9).

605

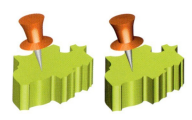

▲ Abbildung 18.54
Reduziertes UMGEBUNGSLICHT (rechts)

▲ Abbildung 18.55
SPITZLICHTINTENSITÄT und -GRÖSSE (von links nach rechts): 60/100, 100/100, 100/80

▲ Abbildung 18.56
Rechte Hälfte: VERDECKTE FLÄCHEN ZEICHNEN aktiviert. Oben: transparentes Objekt, unten: nach Umwandlung (Schema)

▲ Abbildung 18.57
Die Lichtkugel spiegelt unterschiedliche Einstellungen wider.

▶ LICHTINTENSITÄT: Mit einem Wert von 0 bis 100 % steuern Sie die Intensität – also die Helligkeit – der ausgewählten Lichtquelle.

▶ UMGEBUNGSLICHT: Mit der Eingabe in diesem Feld bestimmen Sie die globale Helligkeit der Szene um das Objekt, d. h., alle Seiten des Objekts sind gleichmäßig betroffen. Diese Einstellung lässt sich wie die folgenden nur allgemein für das Objekt vornehmen. Reduzieren Sie die Helligkeit des Umgebungslichts, und verstärken Sie das Spotlicht, um die Form Ihres Objekts durch Erhöhung des Kontrasts besser herauszuarbeiten.

▶ SPITZLICHTINTENSITÄT: Mit diesem Wert steuern Sie die Stärke der von den Lichtquellen erzeugten Reflexionen am Objekt. Geben Sie einen Wert zwischen 0 und 100 % ein – ein größerer Wert verursacht ein glänzenderes Aussehen des Objekts.

▶ SPITZLICHTGRÖSSE: Mit einem Wert von 0 bis 100 % bestimmen Sie die Größe des Spitzlichts.

▶ ANGLEICHUNGSSTUFEN: Die Anzahl der Angleichungsstufen bestimmt die Glätte der Oberflächenschattierung. Geben Sie einen Wert von 1 bis 256 ein. Ein hoher Wert erzeugt glattere Übergänge, aber auch komplexere Objekte, da jede Übergangsstufe als eine Form erstellt wird (s. Abschnitt 18.2.9).

▶ VERDECKTE FLÄCHEN ZEICHNEN: Aktivieren Sie diese Option, wenn Sie alle Flächen des Objekts darstellen lassen möchten. Die Flächen sind sichtbar, wenn für das Grundobjekt eine reduzierte Deckkraft oder eine andere Füllmethode als NORMAL eingestellt ist. Darüber hinaus werden die verdeckten Flächen berechnet, wenn Sie das Aussehen des Objekts umwandeln lassen.

18.2.8 Beleuchtung positionieren

Mit der Beleuchtung erzielen Sie häufig erst die dreidimensionale Wirkung des Objekts, Lichtspots betonen Profilkanten und geben einem Objekt Atmosphäre.

Falls die Beleuchtungsoptionen beim Aufrufen der Effekt-Dialogbox nicht sichtbar sind, zeigen Sie sie an, indem Sie auf den Button MEHR OPTIONEN klicken.

Neben dem Umgebungslicht, das Ihr Objekt von allen Seiten gleich beleuchtet, können Sie mehrere Lichtspots einrichten, die auf bestimmte Bereiche Ihres Objekts zielen. Diese Lichtspots verursachen die Spitzlichter auf der KUNSTSTOFFSCHATTIERUNG.

Die Lichtspots erzeugen und positionieren Sie mithilfe der Lichtkugel – die Kugel repräsentiert das 3D-Objekt. Wenn Sie das Objekt drehen, verändern sich die Positionen der Spotlichter nicht.

Jedes 3D-Objekt hat voreingestellt eine Spot-Lichtquelle. Sie können Lichtquellen hinzufügen und wieder löschen, die letzte Lichtquelle lässt sich jedoch nicht löschen. Spots werden durch Kreise auf der Kugel dargestellt. Weiße Kreise ○ zeigen Lichtquellen auf der Objektvorderseite, schwarze ● stehen für Spots auf der Rückseite des Objekts. Die Farbe der Kugel entspricht der eingestellten SCHATTIERUNGSFARBE.

Spotlicht hinzufügen | Klicken Sie auf den Button NEUES LICHT, um eine neue Lichtquelle zu erzeugen. Die neue Lichtquelle ist aktiviert – angezeigt durch eine Umrandung □.

Spotlicht einrichten | Aktivieren Sie eine Lichtquelle, indem Sie darauf klicken. Geben Sie einen Wert für die LICHTINTENSITÄT ein – dies ist der einzige Wert, den Sie individuell für jeden Spot einstellen können. Klicken und ziehen Sie das Lichtsymbol, um den Spot zu bewegen.

Licht zur Objektrück- oder -vorderseite verschieben | Aktivieren Sie ein vorn liegendes Spotlicht ○, und klicken Sie auf den Button AUSGEWÄHLTES LICHT ZUR OBJEKTRÜCKSEITE VERSCHIEBEN – das Symbol wechselt zu ● und zeigt damit an, dass die Lichtquelle hinter dem Objekt liegt. Aktivieren Sie ein hinten liegendes Licht, und klicken Sie auf den Button AUSGEWÄHLTES LICHT ZUR OBJEKTVORDERSEITE VERSCHIEBEN, um das Licht nach vorn zu holen.

Spotlicht löschen | Möchten Sie ein Spotlicht löschen, aktivieren Sie es, und klicken Sie auf den Button LICHT LÖSCHEN, um die Lichtquelle zu entfernen.

Schattierungsfarbe | Wählen Sie aus dem Menü SCHATTIERUNGSFARBE, mit welcher Farbe Schatten auf dem Objekt erzeugt werden.
- OHNE: Illustrator verwendet nur unterschiedliche Luminanzwerte der Farbe des Objekts, um den Körper darzustellen.
- SCHWARZ: Der Objektfarbe werden Schwarzanteile zugegeben, um das Objekt zu schattieren. Diese Option ist voreingestellt.
- BENUTZERDEFINIERT: Wählen Sie BENUTZERDEFINIERT, und rufen Sie durch einen Klick auf das Farbfeld den Farbwähler auf, um eine Farbe zu definieren, die Illustrator für die Schattierung verwenden soll. Diese Option bewirkt, dass Volltonfarben in CMYK-Farben umgewandelt werden.
- VOLLTONFARBEN BEIBEHALTEN: Aktivieren Sie diese Option, falls Ihr Objekt eine Volltonfarbe besitzt, die Sie im Druck ausgeben möchten.

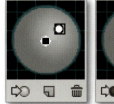

▲ **Abbildung 18.58**
Die vordere (links) und hintere (rechts) Lichtquelle ist ausgewählt – der Button zeigt nicht immer das richtige Symbol, die Anzeige des Lichts auf der Kugel ist jedoch korrekt.

▲ **Abbildung 18.59**
Schattierungsfarben: OHNE (rechts oben), SCHWARZ (links unten), EIGENE: Gelb (rechts unten)

▲ **Abbildung 18.60**
Ob Volltonfarben erhalten bleiben, sehen Sie an diesem Hinweis in den Effekt-Einstellungen.

▲ **Abbildung 18.61**
Der Effekt ist z. B. auf typografischen Postern zu sehen.

▲ **Abbildung 18.62**
Voreinstellung ISOMETRISCH OBEN

Abbildung 18.63 ▶
Mit einer Drehung um –45° und einer vertikalen Skalierung auf 58 % wird aus einer Frontansicht der obere Teil einer isometrischen Darstellung. Diese beiden Operationen machen wir wieder »rückgängig«.

Ist eine benutzerdefinierte Schattierungsfarbe eingerichtet, können Volltonfarben nicht erhalten werden.

Haben Sie die Schattierungsfarbe Schwarz für ein Objekt mit Volltonfarbe ausgewählt und die Option VOLLTONFARBEN BEIBEHALTEN aktiviert, müssen Sie im Menü ANSICHT die ÜBERDRUCKENVORSCHAU aktivieren, um die Auswirkung Ihrer Einstellungen am Bildschirm zu sehen.

Schritt für Schritt
»Drop Shadow«-Effekt

Der Texteffekt gehörte zu Beginn des Desktop Publishings zum Standardinventar vieler Grafik- und Textverarbeitungsprogramme. Illustrator kann so etwas nicht vollautomatisch, es ist daher eine schöne Übung, um Effekte in einer eher ungewohnten Kombination und Reihenfolge zusammenzubringen und dabei noch Details ihrer Arbeitsweise zu entdecken. Anwenden lässt sich diese Vorgehensweise nicht nur auf Text.

1 Text setzen und extrudieren

Setzen Sie einen Text in einer fetten Schrift, im Beispiel habe ich CHUNK FIVE verwendet. Weisen Sie dem Textobjekt EFFEKT • 3D • EXTRUDIEREN UND ABGEFLACHTE KANTE zu. Wählen Sie die Voreinstellung ISOMETRISCH OBEN. Diese Voreinstellung erzeugt die Ansichten der gewünschten Seiten. Was jedoch mit dem Extrudieren-Effekt nicht möglich ist, ist eine Darstellung in unverzerrter Frontalansicht mit nach rechts unten verschobener Seitenansicht.

2 Das Prinzip

Im Isometrie-Workshop in Kapitel 5 (s. S. 128) haben Sie aus einer flachen Darstellung mit in bestimmten Abfolgen vorgenommenen einfachen Transformationen um bestimmte Werte eine Isometrie erzeugt.

Alles, was Sie in diesem Beispiel machen müssen, ist, eine isometrische Darstellung so zu »invertieren«, dass die Frontseite wieder flach ist.

Dazu muss um bestimmte Werte skaliert und um bestimmte Winkel gedreht werden, dies alles in einer festgelegten Reihenfolge. Das Elegante an der Vorgehensweise: Dank des Transformieren-Effekts (s. Abschnitt 13.2.4) müssen Sie nichts umwandeln.

Drehungen können einfach durch eine Gegendrehung »rückgängig« gemacht werden. Bei einer Skalierung ist eine kleine Rechnung erforderlich. Um die Isometrie zu erzeugen, skalieren Sie auf 58 %. Um diese Skalierung wieder zurückzusetzen, muss auf 172,4 % skaliert werden.

▲ **Abbildung 18.64**
Einstellungen des Transformieren-Effekts

3 Transformieren

Weisen Sie dem Textobjekt nun EFFEKT • VERZERRUNGS- UND TRANSFORMATIONSFILTER • TRANSFORMIEREN zu. In der Reihenfolge im Aussehen-Bedienfeld muss dieser Effekt unter dem 3D-Effekt stehen, damit er danach angewandt wird. Geben Sie eine vertikale Skalierung von 172,4 % und eine Drehung um 45° ein. Die eingegebenen Transformationen werden vom Effekt in genau der Reihenfolge von oben nach unten vorgenommen, was für unsere Zwecke genau richtig ist.

▲ **Abbildung 18.65**
Aussehen-Bedienfeld nach Anwendung des Transformieren-Effekts

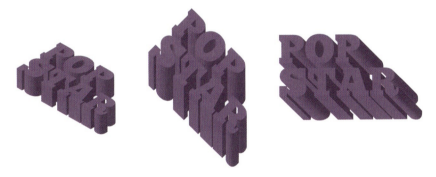

◀ **Abbildung 18.66**
Nacheinander wandeln die Transformationen das 3D-Objekt in die gewünschte Form.

4 3D-Effekt anpassen

Wahrscheinlich stellen Sie jetzt fest, dass das Objekt viel zu lang gezogen ist. Daher öffnen Sie die Einstellungen des 3D-Effekts erneut, indem Sie im Aussehen-Bedienfeld auf seinen Eintrag klicken. Passen Sie die TIEFE DER EXTRUSION anhand der VORSCHAU an. Wegen der Transformation können Sie nun nicht mehr mit genauen Werten arbeiten.

Das Einstellen einer Beleuchtung ist ebenfalls schwierig bis unmöglich, da die Positionen der Lichter durch die Verzerrung nicht mehr berechenbar ist. Eine Feinjustierung der Helligkeit müssen Sie vornehmen, nachdem Sie das Objekt umgewandelt haben. Um mit den umgewandelten Objekten effizienter arbeiten zu können, sollten Sie als Schattierungsart DIFFUSE SCHATTIERUNG oder sogar KEINE SCHATTIERUNG wählen.

▲ **Abbildung 18.67**
Mit etwas weniger Extrusion

Kapitel 18 Perspektivische Darstellungen und 3D-Live-Effekte

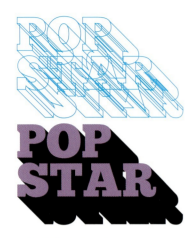

▲ **Abbildung 18.68**
Selbst mit der Schattierungsart KEINE SCHATTIERUNG entstehen immer noch sehr viele Objekte.

5 Umwandeln
Wenden Sie OBJEKT • AUSSEHEN UMWANDELN an, um die Pfade zu bearbeiten und z. B. Schraffuren zuzuweisen oder die Farben gezielt anzulegen.

6 In andere Richtungen extrudieren
Sie können diesen Effekt mit anderen Einstellungen der Optionen sowohl der Extrusion als auch der Transformation in alle vier Richtungen anwenden. Bei zwei der Richtungen ist es genauso einfach wie bei der eben gezeigten:

▲ **Abbildung 18.69**
Auf die Positionsvorgabe ISOMETRISCH UNTEN folgen die Transformationen vertikale Skalierung 172,4 % und Drehung 45° ❶; auf die Position 45°/-35°/30° folgen die Transformationen vertikale Skalierung 172,4 % und Drehung -45° ❷

Bei der vierten Richtung ist es etwas komplizierter. Hier muss eine Drehung, dann eine Skalierung und anschließend wieder eine Drehung erfolgen. Augrund der vorgegebenen Reihenfolge, in der der Transformieren-Effekt die Optionen abarbeitet, müssen Sie zwei Transformieren-Effekte nacheinander anwenden:

Abbildung 18.70 ▶
Basis ist die Position ISOMETRISCH LINKS. Darauf folgt ein Transformieren-Effekt mit einer Drehung um -30° und ein weiterer mit einer horizontalen Skalierung auf 172,4 % und einer Drehung um 45°.

▲ **Abbildung 18.71**
Objekt nach der Umwandlung

18.2.9 3D-Effekte in Vektorpfade umrechnen

Möchten Sie 3D-Objekte weiterbearbeiten, wandeln Sie sie in Vektorpfade um. Aktivieren Sie das Objekt, und wählen Sie OBJEKT • AUSSEHEN UMWANDELN.

Die Verbindung der auf der Objektoberfläche applizierten Grafiken zu den Symbolen geht dabei verloren.

Auch wenn Sie die Option UNSICHTBARE GEOMETRIE (s. Abschnitt 18.3.3) eingestellt haben, werden trotzdem einige eigentlich ausgeblendete Teile des Objekts als Vektorform erstellt.

Schattierungen erzeugt Illustrator nicht als Verläufe, sondern es stellt Übergänge mithilfe aneinandergereihter einfarbiger Flächen dar. Die Objekte sind also kaum mit vertretbarem Aufwand umzufärben. Dem begegnen Sie auf zwei verschiedene Arten:

▸ Speichern Sie eine nicht umgewandelte Version der Grafik, an der Sie Veränderungen einfacher durchführen können.
▸ Falls Sie die 3D-Effekte nur benutzen, um sich das Konstruieren dreidimensionaler Objekte zu vereinfachen, verwenden Sie die Option KEINE SCHATTIERUNG und färben das Objekt nach der Umwandlung mit Verläufen.

▲ Abbildung 18.72
Mit dem 3D-Effekt wurde das Buch konstruiert – koloriert ist es mit Verläufen.

3D-Objekte in anderen Programmen | Auch wenn ein 3D-Objekt in der Illustrator-Datei nicht umgewandelt wurde und daher weiterhin bearbeitbar ist, findet im PDF-Part der Datei immer eine Umwandlung statt. Zwischen den nebeneinanderliegenden einzelnen Objekten, die die Schattierung bilden, sind meistens in der Bildschirmdarstellung aufgrund der Weichzeichnung feine weiße Haarlinien zu sehen. Im Druck spielen sie im Normalfall keine Rolle. Wird eine Illustrator-Datei – d. h. das eingebettete PDF – jedoch in Photoshop geöffnet, stören diese Linien in der Regel erheblich. Wenn Sie Ihre Datei in Photoshop weiterbearbeiten wollen, haben Sie zwei Möglichkeiten:

▸ Exportieren Sie ein PSD aus Illustrator, während das 3D-Objekt noch nicht umgewandelt ist.
▸ Weisen Sie dem 3D-Objekt den Effekt IN PIXELBILD UMWANDELN mit der benötigten Auflösung zu, bevor Sie die Illustrator-Datei speichern. Wird die Datei im Layout platziert, sollten Sie den Effekt entfernen.

▲ Abbildung 18.73
Nach dem Öffnen einer Illustrator-Datei in Photoshop sind die Kanten der einzelnen Objekte als feine Linien zu sehen.

18.3 Oberflächen-Mapping

Die Oberflächen von Extrusions- und Kreiselkörpern können Sie mit Vektor- oder Pixelbildern gestalten. Falls Sie andere 3D-Software kennen, kommt Ihnen die Handhabung des Mappings sicher gewöhnungsbedürftig vor. Illustrator »mappt« ein Objekt nämlich nicht als Ganzes, sondern teilt es in manchmal sehr kleine Flächen auf, die einzeln mit Grafiken belegt werden müssen.

▲ Abbildung 18.74
Auch ein komplexes Objekt wie dieser Container kann »in einem Stück« mit Bildmaterial versehen werden, wenn man die Grundform richtig anlegt.

18.3.1 Flächenaufteilung

Bei einem Würfel ist die Aufteilung von Flächen einfach: auf jede der sechs Seiten kann eine Grafik appliziert werden. Anhand der Ankerpunkte der Grundform und ihrer Profilkante bildet Illustrator die Flächen des Objekts: Ein Eckpunkt erzeugt eine Fläche, ein Kurvenpunkt nicht.

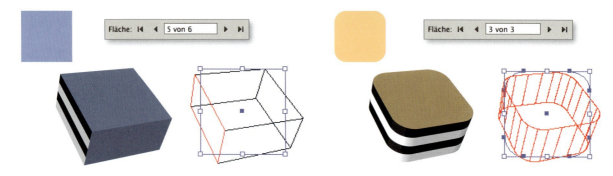

▼ **Abbildung 18.75**
Bilden von Flächen auf der Basis der Ankerpunktart des Grundobjekts

Die von Illustrator vorgenommene Aufteilung der Flächen ist trotz dieser Logik manchmal ungünstig für das Mapping. Das wirkt sich so aus, dass Sie z. B. bei extrudierten gerundeten Formen – etwa einem Flaggenobjekt – das Grafikmotiv nicht in einem Stück applizieren können.

Eine leichte Drehung des Grundobjekts auf der Zeichenfläche kann insofern Abhilfe schaffen, als dass der Körper anders konstruiert wird und die Oberfläche aus einem Stück besteht. Die Ausrichtung des Körpers im Raum nehmen Sie ohnehin in der Dialogbox des 3D-Effekts vor.

▲ **Abbildung 18.76**
Dasselbe Grundobjekt verursacht keine Probleme mehr beim Mapping, nachdem es gedreht wurde (unten).

18.3.2 Bildmaterial anlegen

Grafiken, die Sie auf eine Fläche applizieren möchten, können beliebige Illustrator-Objekte sein – wie Pfade, gruppierte Objekte sowie Gitterobjekte und Pixelbilder.

Achten Sie bei der Applikation von Pixelbildern darauf, diese mit einer ausreichenden Bildauflösung vorzubereiten – vor allem wenn Sie Ihre Illustration drucken wollen. Illustrator verwendet die in der Bilddatei definierten Breiten- und Höhenangaben. Wenn Sie mit exakten Maßen beim Erstellen der Grundobjekte und Anwenden der 3D-Effekte arbeiten, dann lassen sich Bilddateien passend dazu berechnen.

Wie bei so vielen Illustrator-Funktionen kommen auch bei der Oberflächengestaltung wieder die Symbole zum Einsatz: Grafiken, die Sie auf eine Objektoberfläche »mappen« möchten, müssen als Symbol angelegt werden (s. Abschnitt 17.4.1).

Die Verbindung zum Symbol bleibt bestehen, daher werden Aktualisierungen, die Sie am Symbol vornehmen, auf den Objektflächen

▲ **Abbildung 18.77**
Verpackungssimulation

übernommen. Sobald Sie den Inhalt des Symbols aktualisieren – egal, ob Vektor- oder Pixelgrafik –, wird diese Änderung am Objekt auf der Zeichenfläche übernommen, ohne dass Sie noch einmal die Optionen des 3D-Effekts aufrufen müssen.

Bildmaterial passend anlegen | Wenn Sie darauf angewiesen sind, Grafiken zu konstruieren, die exakt passen, können Sie sich bei einigen Formen von Illustrator helfen lassen.

Wenn Sie beispielsweise einen Zylinder durch Extrusion eines Kreises erzeugen, entspricht eine Umwicklung dem Umfang des Kreises. Diesen Wert ermitteln Sie mithilfe des Dokumentinformationen-Bedienfeldes: Aktivieren Sie den Kreis, und rufen Sie im Bedienfeldmenü den Eintrag Objekte auf. Neben anderen Angaben zeigt das Bedienfeld auch die Länge des Pfades an.

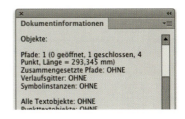

▲ **Abbildung 18.78**
Das Dokumentinformationen-Bedienfeld

Rastereffektauflösung!
Wenn Sie Pixelbilder oder komplexe Grafik (z. B. mit Verläufen) auf 3D-Objekte applizieren, achten Sie darauf, unter Effekt • Dokument-Rastereffekt-Einstellungen eine ausreichende Auflösung einzurichten.

18.3.3 Bildmaterial zuweisen

Möchten Sie einem Körper Bildmaterial zuweisen, rufen Sie die Effekt-Dialogbox auf und bewegen sie an eine Stelle auf dem Bildschirm, die es erlaubt, das Objekt zu sehen.

Aktivieren Sie die Vorschau, und klicken Sie auf den Button Bildmaterial zuweisen… Verschieben Sie auch diese Dialogbox so, dass Sie das Objekt auf der Zeichenfläche im Blick behalten. Aktivieren Sie in der Dialogbox Bildmaterial zuweisen ebenfalls die Vorschau, damit Änderungen »live« auf der Zeichenfläche angezeigt werden.

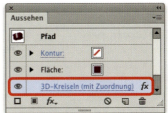

▲ **Abbildung 18.79**
Ist dem 3D-Objekt Bildmaterial zugewiesen, wird dies im Aussehen-Bedienfeld angezeigt.

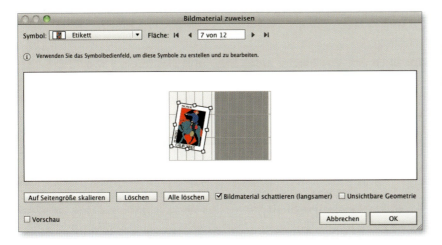

◄ **Abbildung 18.80**
Die Dialogbox Bildmaterial zuweisen

- Auswahl Fläche: Beginnen Sie mit der Auswahl der Fläche, auf die die Grafik »gemappt« werden soll.

▲ **Abbildung 18.81**
Die ausgewählte Fläche wird am Objekt auf der Zeichenfläche hervorgehoben.

Die belegbaren Flächen des Objekts sind nummeriert. Klicken Sie mit den Buttons ▶ ▶▌ ◀ ▌◀ durch die Flächen, oder geben Sie die Nummer der Fläche direkt ein. Im Fenster wird die Fläche dargestellt, und am Objekt erkennen Sie die ausgewählte Fläche an der roten Umrandung.

Ist die Fläche in der aktuellen Drehung des Objekts sichtbar, stellt Illustrator sie im Vorschau-Fenster der Dialogbox hellgrau dar; ist sie versteckt, wird das durch eine dunkelgraue Farbe angezeigt. Flächen an Rundungen sind oft nur teilweise sichtbar, auch dies sehen Sie an der Färbung.

- Auswahl Symbol: Das Menü Symbol listet alle im Dokument angelegten Symbole auf. Wählen Sie das gewünschte Symbol aus. Es wird anschließend auf der grauen Fläche angezeigt.
- Löschen: Klicken Sie auf diesen Button, um die aktuell angezeigte Grafik von ihrer Fläche zu entfernen. Alternativ wählen Sie im Menü Symbol den Eintrag Ohne aus.
- Alle löschen: Löschen Sie mit diesem Button alle Grafiken gleichzeitig von allen Flächen.
- Bildmaterial schattieren: Aktivieren Sie diese Option, wenn die auf das Objekt applizierten Grafiken von der Schattierung und Beleuchtung des Objekts betroffen sein sollen. Die Option können Sie nur für alle Flächen zusammen aktivieren oder deaktivieren. Die Berechnung des Objekts nimmt mit dieser Option mehr Zeit in Anspruch.
- Unsichtbare Geometrie: Wählen Sie diese Option, um das 3D-Objekt auszublenden und nur das applizierte Grafikmaterial anzuzeigen. Auf diese Art verwenden Sie die Funktion Bildmaterial zuweisen wie eine Erweiterung des Verkrümmen-Befehls von Illustrator.

▲ **Abbildung 18.82**
Bildmaterial schattiert (rechts)

▲ **Abbildung 18.83**
Unsichtbare Geometrie: Nur die Grafikapplikation ist sichtbar.

Grafiken auf der Fläche ausrichten und skalieren | Sobald Sie eine Grafik für eine Fläche ausgewählt haben, wird diese im Fenster mit einem Begrenzungsrahmen angezeigt. Verwenden Sie diesen Begrenzungsrahmen, um die Grafik zu positionieren, zu skalieren, zu spiegeln oder zu drehen.

Möchten Sie die Grafik an die Größe der Fläche anpassen, klicken Sie auf den Button Auf Seitengröße skalieren.

Modifikationsmöglichkeit | Drücken Sie ⇧, um die Größe der Grafik proportional zu verändern oder Drehungen auf 45°-Schritte zu beschränken.

Bildmaterial auf Kugeln | Grafik, die einer Kugel zugewiesen werden soll (wie eine Weltkugel oder ein Fußball), muss nach dem Prinzip der

> **Unbeabsichtigte Änderungen**
>
> Warten Sie nach einer Größenanpassung der Grafik, bis die Vorschau aktualisiert ist, und lassen Sie erst dann die Maustaste los.

Rektangularprojektion (zu den »Polen« hin erfolgt eine immer stärkere Verzerrung) erstellt werden, damit sie nach dem Auftragen auf dem Körper »richtig« aussieht.

Bildmaterial auf der Rückseite | Weisen Sie Bildmaterial auf der Rückseite eines extrudierten Objekts zu, kann ein Berechnungsfehler auftreten, der das Bild spiegelt.

▲ **Abbildung 18.84**
Map für einen Fußball

18.3.4 3D-Effekte auf andere Objekte übertragen

Wie alle Effekte lassen sich auch 3D-Effekte mithilfe des Ebenen-Bedienfeldes auf andere Objekte übertragen. Wenden Sie den 3D-Effekt mit den Einstellungen für das Bildmaterial auf ein anderes Objekt an, so kann es vorkommen, dass sich Art und Anzahl der Flächen unterscheiden.

Die Zuordnung der Grafiken zu den Flächen erfolgt anhand der Nummerierung. Fehlen Flächen mit bestimmten Nummern, entfallen die zugeordneten Grafiken.

Die Position der Grafiken ist relativ zum Mittelpunkt der Fläche definiert. Hat die neue Fläche eine andere Größe, erfolgt die Positionierung relativ zum neuen Mittelpunkt.

▲ **Abbildung 18.85**
Aufgrund eines Bugs wird das Bildmaterial auf der Rückseite eines Objekts gespiegelt.

Schritt für Schritt
Ein Buch visualisieren

Die Vorgehensweise für die Visualisierung einer Verpackung ist etwas einfacher als der hier besprochene Ablauf, da bei Packungen die exakten Maße jeder Seite vorgegeben oder bekannt sind und daher einfach eine Form extrudiert werden kann.

1 Erstellen des Grundobjekts

Beim Darstellen des gebundenen Buches mit 3D-Effekten können Sie nur von den Maßen des Covers ausgehen. Die Breite des Buchrückens muss im Verlauf der Arbeit angepasst werden. Die Abbildungen für diesen Workshop finden Sie auf der DVD in der Datei »3-D-Buch.ai«.

Ziehen Sie für den Buchumschlag eine waagerechte Linie, deren Länge der Breite des Covers entspricht. Mit magnetischen Hilfslinien geht es einfacher. Der Linie weisen Sie eine Kontur in der Stärke 4 Punkt zu. Drücken Sie ⌥/Alt+⇧, und verschieben Sie diese Linie mit dem Auswahl-Werkzeug nach oben, um eine Kopie zu erstellen. Der Abstand zwischen beiden Linien entspricht der Stärke des Buches.

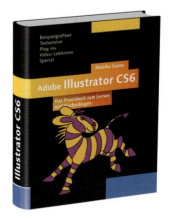

▲ **Abbildung 18.86**
Das fertiggestellte Buch

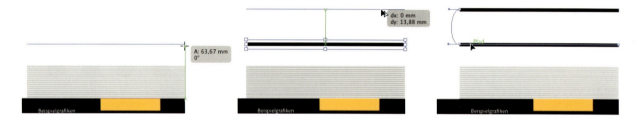

▲ Abbildung 18.87
Konstruieren des Buchumschlags

▲ Abbildung 18.88
Buchblock

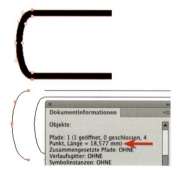

▲ Abbildung 18.89
Ausschneiden der Buchrückenrundung (oben) und Messen ihrer Länge (unten)

▲ Abbildung 18.90
In Pixelbild umwandeln

Mit dem Zeichenstift-Werkzeug zeichnen Sie jetzt an der linken Seite eine Verbindung zwischen den beiden Linien, die leicht gerundet ist: den Buchrücken. Mit Objekt • Pfad • Konturlinie wandeln Sie die Kontur in eine Fläche um.

Der Fläche weisen Sie die bestimmende Farbe der Covergrafik zu, hier Schwarz. Zeichnen Sie jetzt noch eine weitere Form für den Buchblock (s. Abbildung 18.88). Diesem Objekt weisen Sie einen hellen Grauton zu und stellen es in den Hintergrund.

2 Anpassen der Breite der Buchrückengrafik

Jetzt wird die Breite der Buchrücken-Grafik an die Maße des Grundobjekts angepasst. Duplizieren Sie die schwarze Form des Buchrückens. Aktivieren Sie die beiden Punkte, an denen der runde Buchrücken in die geraden Pfadsegmente übergeht (s. Abbildung 18.89, oben), und klicken Sie auf Pfad an ausgewählten Ankerpunkten ausschneiden im Steuerungsbedienfeld.

Aktivieren Sie den »Buchrückenpfad«, rufen Sie das Dokumentinformationen-Bedienfeld auf, und wählen Sie Objekte aus dessen Bedienfeldmenü. Jetzt können Sie die Länge des Pfades ablesen (das kopierte und zerschnittene Objekt können Sie anschließend löschen). Passen Sie die Breite des Buchrücken-Designs an den gemessenen Wert an.

3 Vorbereiten des Bildmaterials

In vielen Fällen ist es zu empfehlen, das Bildmaterial in Pixelbilder umzuwandeln: Dies beschleunigt die Verarbeitung des 3D-Modells, vor allem dann, wenn die Seiten viel Text enthalten oder Sie mit Effekten gearbeitet haben. Aktivieren Sie alle Elemente, die zur Covergrafik gehören. Notieren Sie sich die Höhe der Grafik, den Wert benötigen Sie im nächsten Schritt. Wählen Sie dann Objekt • In Pixelbild umwandeln. Eine Auflösung von 300–400 ppi ist ausreichend, wenn die Illustrator-Grafik nicht mehr vergrößert werden soll. Anderenfalls wählen Sie eine höhere Auflösung. Den Hintergrund setzen Sie Transparent, so lassen sich Umrechnungsfehler ausgleichen, die ansonsten weiße Randpixel erzeugen würden. Dann wandeln Sie auch die Buchrückengrafik in ein Pixelbild um.

Die Grafik, die die Buchseiten darstellt, muss nicht exakt an die Form des Buchblockgrundobjekts angepasst werden; ihre Maße sollten nur ungefähr dem Buchblockgrundobjekt entsprechen. Die exakte Anpassung kann über die Optionen des 3D-Effekts vorgenommen werden. Dieses einfache Objekt müssen Sie auch nicht in ein Pixelbild umwandeln.

Erstellen Sie von jeder der Seiten ein Symbol, indem Sie das Element auf das Symbole-Bedienfeld ziehen oder [F8] drücken. Die Symbole sollten Sie mit eindeutigen Bezeichnungen versehen, dann finden Sie sie später schneller im Menü des 3D-Effekts.

▲ **Abbildung 18.91**
Erstellen eines Symbols (links: Symboloptionen); Symbole des Bildmaterials

4 Erstellen des dreidimensionalen Objekts

Gruppieren Sie die schwarze Buchumschlag-Form und die weiße Seiten-Form, damit beide in einem gemeinsamen 3D-Raum extrudiert werden. Wählen Sie Effekt • 3D • Extrudieren und abgeflachte Kante. Verschieben Sie die Dialogbox so, dass Sie das Objekt auf der Zeichenfläche sehen können.

Geben Sie die im vorigen Schritt ermittelte Höhe des Buches als Tiefe der Extrusion mit der gemessenen Maßeinheit ein – der Wert wird automatisch in die Einheit Punkt konvertiert. Aktivieren Sie die Vorschau, und verwenden Sie den Würfel, um die Perspektive einzustellen. Auch die Beleuchtung sollten Sie in diesem Stadium einstellen, noch bevor das Modell mit Bildern belegt ist, da die Berechnung der Vorschau schneller erfolgt. Rufen Sie die Beleuchtungsoptionen mit einem Klick auf Mehr Optionen auf.

5 Aufbringen der Bilder

Klicken Sie auf den Button Bildmaterial zuweisen. Die zusätzliche Dialogbox verschieben Sie ebenfalls so, dass Sie das Modell sehen können.

Jetzt wählen Sie mit den Pfeiltasten die Vorderseite des Objekts aus – die rote Umrandung auf der Zeichenfläche zeigt Ihnen die aktuelle Fläche an.

▲ **Abbildung 18.92**
Die Tiefe der Extrusion wird in der gemessenen Einheit eingegeben.

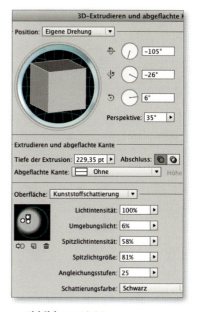

▲ **Abbildung 18.93**
3D-Optionen

▲ **Abbildung 18.94**
Bei der Auswahl der Fläche müssen Sie auf die Details achten, da mehrere Flächen übereinanderliegen.

Anschließend wählen Sie aus dem Menü SYMBOL das Coverbild aus. Es wird im großen Fenster in die Fläche eingepasst. Das Bild sollte genau passen, da Sie das Objekt entsprechend konstruiert haben.

Mit den Pfeil-Buttons wählen Sie jetzt den Buchrücken aus und weisen diesem die entsprechende Grafik zu. Abschließend wählen Sie den Buchblock aus und weisen ihm die Seitengrafik zu. Klicken Sie den Button AUF SEITENGRÖSSE SKALIEREN, um die Größe der Grafik anzupassen.

Aktivieren Sie die OPTION BILDMATERIAL SCHATTIEREN (LANGSAMER), und beenden Sie das Aufbringen des Bildmaterials mit OK. Passen Sie, falls nötig, die Beleuchtung noch einmal an, und bestätigen Sie den Effekt-Dialog mit OK.

6 Rastereffektauflösung

Vor der Weiterverarbeitung öffnen Sie EFFEKT • DOKUMENT-RASTEREFFEKT-EINSTELLUNGEN und stellen sicher, dass die Auflösung dem für die Weiterverarbeitung benötigten Wert entspricht.

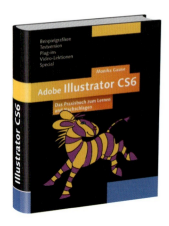

▲ **Abbildung 18.95**
Fertig gemapptes Objekt

Kapitel 19
Mit Pixel- und anderen Fremddaten arbeiten

In Illustrator lassen sich Daten aus unterschiedlichen Programmen weiterverarbeiten. Sie können verschiedene Vektoraustauschformate, aber auch pixelbasierte Daten importieren. Während Sie Vektordateien in fast allen Fällen zur Weiterbearbeitung mit den Werkzeugen von Illustrator öffnen, ist diese Möglichkeit für pixelbasierte Daten natürlich eingeschränkt.

▲ **Abbildung 19.1**
Bilddaten in Vektorgrafikprogrammen: Vorlage zum Nachzeichnen, Layoutskizze, Teil einer Illustration oder eines Layouts, Strukturmaske. Fotovorlagen von: John Nyberg, Mat Pr, Nick Winchester, Michal Zacharzewski, Slavomir Ulicny (alle *stock.xchng*)

Die beiden typischen Anwendungsbereiche für Bilddaten sind folgende:
- Ein Foto oder eine Skizze dient als Vorlage für eine Vektorzeichnung – das Pixelbild wird anschließend gelöscht.
- Das Bild wird – kaum verändert – als Teil eines Layouts oder einer Illustration verwendet, z. B. auf 3D-Objekte »gemappt«, als Grunge-Struktur unter Vektorgrafikelemente gelegt oder mit Schnittmasken versehen.

Bildauflösung | Anders als objektorientierte Vektorgrafikdateien sind pixelbasierte Grafikformate aus einem Raster aus Bildpunkten aufgebaut. Jeder dieser Punkte kann eine andere Farbe annehmen. Pixelbil-

Voreinstellung »Geglättetes Bildmaterial«?

Die Voreinstellung GEGLÄTTETES BILDMATERIAL hat keinen Einfluss auf platzierte Bilder – damit beeinflussen Sie die Bildschirmdarstellung von Vektorelementen. Aufgrund der geglätteten Darstellung erscheinen zwischen direkt aneinandergrenzenden Objekten häufig »Lücken«. Deaktivieren Sie in diesen Fällen die Glättung, um zu prüfen, ob die Lücken tatsächlich vorhanden sind.

▲ **Abbildung 19.2**
Auflösung 304 ppi (links) und 72 ppi (rechts)

Abbildung 19.3 ▶
Anzeige der Bildauflösung im Steuerungsbedienfeld für ein in Illustrator platziertes 300-ppi-Foto bei unterschiedlichen Skalierungen

Gedrehte Bilder

Werden Pixelbilder in Illustrator gedreht, erhalten Sie sehr irreführende ppi-Werte für die Auflösung.

der werden durch Scanner und Digitalkameras erzeugt oder in Bildbearbeitungssoftware erstellt.

Das Punktraster, das die Pixel eines Bildes aufnimmt, kann gröber oder feiner sein. Je höher aufgelöst dieses Raster ist – also je mehr Rasterpunkte auf einer Fläche liegen –, desto mehr Details sind darstellbar. Für bestimmte Anwendungszwecke müssen Ihre Bilddaten eine Mindestauflösung besitzen. Daher ist es notwendig, Bilder, die Sie in Ihre Illustrator-Datei platzieren, dem Anwendungszweck entsprechend vorzubereiten.

Wenn Bilder eine zu geringe Auflösung haben, sehen Sie den »Pixeleffekt« – eine deutliche Mosaikbildung im Ausdruck. Zu hoch aufgelöste Bilder können jedoch auch Probleme bereiten, vor allem in der Verarbeitungszeit auf dem Drucker oder Belichtungsgerät. Sprechen Sie die benötigte Bildauflösung mit den Weiterverarbeitungsbetrieben ab, bevor Sie beginnen.

Illustrator zeigt Ihnen die effektive Auflösung eines ausgewählten Bildes im Steuerungsbedienfeld an. Diese Auflösung berechnet sich aus der Anzahl der Bildpixel und der auf der Zeichenfläche eingerichteten Abbildungsgröße. Diese Information hilft Ihnen, zu beurteilen, ob Sie die Bilddatei in den gewünschten Maßen verwenden können.

Achtung: Auch platzierte EPS- oder PDF-Dateien können Pixeldaten enthalten. Denken Sie daran, dass Sie die Auflösung dieser Bilder beim Skalieren der platzierten Dateien beeinflussen.

Farbe | Wenn Sie Grafiken aus anderen Programmen – vor allem pixelbasierte Dateien – in Illustrator importieren, müssen Sie auf die Farbeinstellungen (sowohl in Illustrator als auch im Ursprungsprogramm der eingebundenen Dateien) achten. Beim Platzieren von Dateien, deren eingebettetes Farbprofil sich vom Farbprofil Ihres Illustrator-Dokuments unterscheidet, ist die Behandlung der Abweichung davon abhängig, ob Sie die Datei einbetten oder verknüpfen. Eingebettete Dateien unterliegen immer dem Farbmodus und dem Farbprofil, das die Illustrator-Datei verwendet. Verknüpfen Sie Dateien, haben Sie die Wahl, das eingebettete Profil zu erhalten oder das Farbprofil Ihres Illustrator-Dokuments zu verwenden (s. Abschnitt 8.2.3 f).

19.1 Externe Dateien integrieren

Wie Sie beim Importieren von Daten aus anderen Programmen vorgehen, hängt nicht nur vom Verwendungszweck des Illustrator-Dokuments oder den Bearbeitungsmöglichkeiten ab. Auch die Optionen, die Illustrator für den Umgang mit den Quellformaten bietet, unterscheiden sich.

19.1.1 Verknüpfen oder einbetten?

Externe Dateien können Sie in Illustrator entweder verknüpfen oder einbetten. Beide Vorgehensweisen haben ihre Anwendungsbereiche.

- **Verknüpfte Dateien** bieten Ihnen zwei Vorteile: Da sie unabhängig von der Illustrator-Datei sind, addieren sie sich nicht zur Dateigröße – jedenfalls nicht zur Größe des Illustrator-Parts. Speichern Sie eine Datei mit PDF-Kompatibilität, werden verknüpfte Bilder aber dennoch in diesen Teil der Datei eingebettet. Darüber hinaus überwacht Illustrator für Sie, ob die verknüpfte Datei aktualisiert wurde. Die platzierte Grafik kann so immer aktuell gehalten werden. Die Bearbeitungsmöglichkeiten sind allerdings begrenzt – verknüpfte Dateien können Sie lediglich mit den Transformieren-Werkzeugen skalieren, drehen, verschieben etc.
- **Eingebettete Dateien** ermöglichen Ihnen dagegen den Zugriff auf die enthaltenen Elemente, z. B. Ebenen und Vektordaten – so ist es auch möglich, Beschneidungspfade aus Photoshop-Dateien mit den Illustrator-Werkzeugen zu bearbeiten.
Wenn Dateien durch viele Hände gehen, ist das Einbetten darüber hinaus ein Weg, das Projekt zusammenzuhalten.

19.1.2 Import der externen Daten

Sie haben vier Möglichkeiten, externe Grafikdateien in Illustrator zu importieren: Öffnen der Dateien, Einfügen über die Zwischenablage (Copy & Paste), Platzieren in eine bereits geöffnete Illustrator-Datei und per

Erneute Profilwarnung

Leider merkt sich Illustrator nicht die Einstellungen, die Sie beim Platzieren der Datei in der Dialogbox der Profilwarnung vornehmen. Stattdessen wird die Profilwarnung bei jedem Öffnen der Illustrator-Datei wieder angezeigt. Da der Name des betreffenden Bildes dabei nicht genannt wird, ist die erneute Einstellung beim Öffnen dann eher ein Glücksspiel.

Platzieren oder einbetten?

ICC-Profile von platzierten Dateien bleiben nur erhalten, wenn Sie die Dokumente verknüpfen. Eingebettete Dateien unterliegen dem Farbmodus und dem Farbprofil der Illustrator-Datei.

DCS 2.0 und Transparenz

DCS 2.0-Dateien können verknüpft platziert werden – eine Transparenzinteraktion wird in diesem Fall korrekt verarbeitet. Vermeiden Sie jedoch, DCS-Dateien in Ihr Illustrator-Dokument einzubetten.

Adobe Bridge

Aus Adobe Bridge können Sie Dateien per Drag & Drop platzieren. Alternativ aktivieren Sie das gewünschte Dokument und wählen das Zielprogramm im Menü DATEI • ÖFFNEN MIT bzw. PLATZIEREN. Beim Platzieren von Bildern aus Bridge in Illustrator wird allerdings die Information über das Farbprofil des Bildes nicht korrekt übermittelt; die Profilwarnung zeigt MEHRERE an.

Kapitel 19 Mit Pixel- und anderen Fremddaten arbeiten

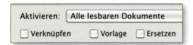

▲ **Abbildung 19.4**
Menüpunkt AKTIVIEREN

Keine Pinsel?
Wenn Sie eine Bilddatei in Illustrator öffnen (anstatt sie zu platzieren), haben Sie anschließend keine Pinsel oder Farbfelder.

Kopieren aus FreeHand
Verwenden Sie in FreeHand den Befehl BEARBEITEN • SPEZIELL • KOPIEREN SPEZIAL mit der Option EPS, um ein Objekt zu kopieren, das Sie in Illustrator einfügen wollen.

Vektorformate nur einbetten
Vor allem vektorbasierte Formate wie CDR, SVG, EMF/WMF, DXF/DWG sowie die Rasterformate PCT und WBMP lassen sich nur einbetten, nicht verknüpfen.

FreeHand-Dateien importieren
In Illustrator CS6 können Sie keine FreeHand-Dateien mehr öffnen.

Abbildung 19.5 ▶
Die Dialogbox PLATZIEREN

Drag & Drop aus dem Quelldokument »ziehen« – vor allem bei den Programmen der Creative Suite.

Dateien öffnen | Illustrator kann nicht nur seine nativen Formate – AI, EPS, PDF, SVG, FXG –, sondern zusätzlich die Speicherformate von Programmen anderer Hersteller zur Bearbeitung öffnen. Eine Übersicht der zahlreichen Speicherformate, die Illustrator öffnet, erhalten Sie, indem Sie im Öffnen-Dialog – ⌘/Strg+O – das Menü AKTIVIEREN (Mac) bzw. DATEITYP (Windows) aufklappen. Beachten Sie vor allem die Versionsnummern – insbesondere beim Öffnen (dasselbe gilt auch für das Platzieren) von Fremdformaten können Sie meistens nicht die aktuellsten Versionen verwenden.

Copy & Paste | Kopieren Sie die Grafikelemente (Pixelbilder oder Vektorformen) zunächst im Erstellungsprogramm in die Zwischenablage, in Photoshop BEARBEITEN • KOPIEREN – ⌘/Strg+C. Anschließend wechseln Sie in Ihre Illustrator-Datei und fügen die Elemente mit BEARBEITEN • EINFÜGEN – ⌘/Strg+V – ein. Die auf diese Art importierten Elemente werden in Ihre Illustrator-Datei eingebettet. Transparenz (z. B. von Bildebenen) geht dabei verloren (s. Abbildung 19.6).

Platzieren | Die Platzieren-Funktion unterstützt alle Fremdformate, die auch geöffnet werden können. Nur dann, wenn Sie Grafiken über den Platzieren-Befehl importieren, ist es bei vielen Dateiformaten möglich, diese alternativ zu verknüpfen oder einzubetten, und nur dann wird auch ein in die Datei eingebettetes Farbprofil zuverlässig erkannt. Wählen Sie DATEI • PLATZIEREN…, um eine Verknüpfung zu einer Grafikdatei zu erstellen oder diese einzubetten.

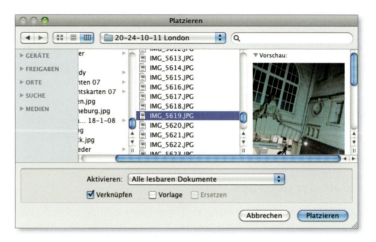

▶ VERKNÜPFEN: Ist diese Option nicht aktiviert, wird die Datei eingebettet. Wählen Sie die Option, um Ihre Grafik als Verknüpfung zu platzieren.
▶ VORLAGE: Möchten Sie den Inhalt der importierten Datei als Vorlage für eine Vektorgrafik verwenden, können Sie mit dieser Option direkt beim Importieren eine Vorlagenebene dafür einrichten und die Grafik darauf platzieren (s. Abschnitt 11.1.2).
▶ ERSETZEN: Soll eine platzierte Grafik durch eine andere Datei ersetzt werden, selektieren Sie die zu ersetzende Datei, rufen den PLATZIEREN-Befehl auf und aktivieren ERSETZEN.

Drag & Drop | Per Klicken und Ziehen lassen sich Elemente vor allem innerhalb der Creative Suite austauschen. Aktivieren Sie das Element im Quellprogramm – in Bilddateien außerdem die betreffende Ebene –, und ziehen Sie es in das geöffnete Illustrator-Dokument. Aus Bilddateien können Sie auf diese Art nur jeweils eine Ebene importieren. Wie beim Copy & Paste geht die Transparenz z. B. von Bildebenen verloren.

Die Grafikelemente werden beim Drag & Drop eingebettet – es sei denn, Sie ziehen eine Datei aus Adobe Bridge in Ihr Illustrator-Dokument. Vom Desktop ins Illustrator-Dokument gezogene Dateien werden verknüpft – halten Sie ⇧ gedrückt, um die ins Dokument gezogene Datei einzubetten.

19.1.3 Schmuckfarben in platzierten Dateien

Sonderfarben wie Pantone oder HKS können z. B. in Duplex- oder Mehrkanalbildern enthalten sein. Den nativen Farbraum platzierter Dateien kann Illustrator dank seiner Unterstützung für DeviceN-Farbräume erhalten.

Es ist auch möglich, dass zu platzierende PDFs Duplexbilder enthalten. Illustrator kann diese eingebetteten Schmuckfarbenbilder als GRAFIK AUS DRITTPROGRAMMEN ohne Bearbeitungsmöglichkeit erhalten und korrekt ausgeben.

Möchten Sie mit Duplex- oder Mehrkanalbildern arbeiten, sollten Sie diese im Bildbearbeitungsprogramm als PSD-Dateien speichern. Im PSD können Sie Duplexbilder mit Alpha-Transparenz versehen (z. B. in Form einer Ebenenmaske), die in Illustrator mit Objekten interagieren kann. PSD-Dateien lassen sich im Illustrator-Dokument entweder einbetten oder verknüpfen.

Die in den Bildern definierten Sonderfarben (bis zu 31 Volltonkanäle) legt Illustrator als Farbfelder an, sodass Sie diese Farben in Ihrer Illustration für Vektorobjekte verwenden können.

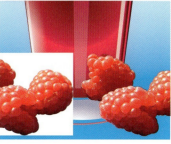

▲ **Abbildung 19.6**
Das auf einer Bildebene freigestellte Motiv (oben) wurde eingefügt (unten links) bzw. platziert (unten rechts).

DCS?
Falls Sie von früher noch daran gewöhnt sind, Duplexbilder als DCS-2-Dateien zu speichern, ist dieser Umweg schon etwas länger nicht mehr nötig.

▲ **Abbildung 19.7**
Ein transparentes PSD mit einem Volltonfarbkanal ist in einer Illustrator-Datei platziert.

Für die Druckvorbereitung können Sie eine Illustrator-Datei, die Duplex- oder Mehrkanalbilder enthält, als PDF speichern oder das PDF mit dem Distiller erzeugen.

Abbildung 19.8 ▶
Anzeige eines Duplexbildes, das in einer PDF-Datei enthalten war, und Aufnahme der Sonderfarben in das Farbfelder-Bedienfeld

Abbildung 19.9 ▼
Ebenentransparenzen, die Sie in Photoshop angelegt haben – z. B. in Bildebenen oder als Ebenenmasken (links) –, bleiben in Illustrator erhalten und wirken im Zusammenhang mit Vektorobjekten.

19.1.4 Photoshop- und TIFF-Dateien importieren

Illustrator kann PSD-Dateien direkt platzieren. Wenn Sie die Bildebenen erhalten möchten oder ein transparent freigestelltes Motiv in Illustrator benötigen, speichern Sie Ihre Datei als PSD oder als TIFF.

▼ **Abbildung 19.10**
Photoshop-Importoptionen für eingebettete (links) und verknüpfte Dateien (rechts), die Ebenenkompositionen enthalten

Wählen Sie eine Photoshop-Datei im Dialog Platzieren, geben Sie die Importoptionen ein, und klicken Sie auf den Button Platzieren. Wenn Sie die Datei einbetten, wählen Sie anschließend die Optionen für das PSD-Format.

Importoptionen | PSD-Dateien

- EBENENKOMPOSITION: Sind in der Photoshop-Datei Ebenenkompositionen zusammengestellt, können Sie auf diese im Aufklappmenü zugreifen. Wenn Sie die Option VORSCHAU ANZEIGEN aktivieren, sehen Sie eine Anzeige der ausgewählten Komposition.
- BEIM AKTUALISIEREN DER VERKNÜPFUNG (nur beim Verknüpfen): Wenn Sie beim Bearbeiten einer verknüpften Datei die Ebenensichtbarkeit verändern, wendet Illustrator die hier definierte Regel bei der Aktualisierung der Verknüpfung an:
    - BENUTZERDEFINIERTE EBENENSICHTBARKEIT BEIBEHALTEN: Die bei der erstmaligen Platzierung des Bildes vorliegende Ebenensichtbarkeit bleibt erhalten.
    - EBENENSICHTBARKEIT VON PHOTOSHOP VERWENDEN: So wie die Ebenen nach der Bearbeitung in Photoshop angezeigt werden, sind sie nach dem Aktualisieren der Verknüpfung in Illustrator sichtbar.
- EBENEN IN OBJEKTE UMWANDELN (nur beim Einbetten): Soweit möglich, importiert Illustrator jede Ebene als einzelne Grafik und Textebenen als Textobjekte (Abbildung 19.12).
  Einige Füllmethoden sowie Einstellungsebenen, Aussparungen und Ebeneneffekte werden beim Einbetten mit den jeweils darunterliegenden Ebenen reduziert.
- EBENEN ZU EINZELNEM BILD REDUZIEREN: Alle Ebenen werden beim Import auf eine einzige reduziert.
- AUSGEBLENDETE EBENEN IMPORTIEREN (nur beim Einbetten): Wählen Sie diese Option, um auch Ebenen zu platzieren, die in der Originaldatei ausgeblendet sind – dieser Status bleibt in Illustrator erhalten.
- SLICES IMPORTIEREN (nur beim Einbetten): Mit dieser Option können Sie Slices importieren (Slices s. Abschnitt 21.1.4). ImageReady-Dateien, in denen außerdem Rollover-Optionen für Slices eingesetzt wurden, sind nicht immer lesbar.

▲ **Abbildung 19.11**
Ebenenkompositionen-Bedienfeld in Photoshop

▲ **Abbildung 19.12**
Ebenen in Objekte umwandeln: Die Textebene ist in Illustrator editierbar.

> **Farbeinstellungen angleichen**
>
> Richten Sie in allen beteiligten Programmen – Bildbearbeitung, Layout und Illustrator – dieselben Farbeinstellungen ein, um Konflikte und Umrechnungsfehler zu vermeiden.

Einige Bilddateien konvertiert Illustrator vor dem Einfügen – so z. B. Dateien mit 16 Bit Farbtiefe in den Kanälen. Dateien, deren Pixelseitenverhältnis nicht quadratisch ist, werden nichtproportional skaliert platziert. Dies kann neben Photoshop-Dateien auch Bilder aus Videoschnittprogrammen betreffen.

Pfade aus Photoshop | Pfade müssen in der PSD- oder TIFF-Datei als Beschneidungspfad oder Formebene angelegt sein. Wenn Sie das Bild in Illustrator einbetten, haben Sie Zugriff auf die Pfade.

▲ **Abbildung 19.13**
Warnhinweise beim Konvertieren von Dateien

Bilddateien »ausbetten« ohne Creative Cloud-Update

Mit einem kleinen Umweg über Photoshop können Sie eingebettete Bilder aus Illustrator-Dateien auch dann »ausbetten«, wenn Sie das Update auf Version 16.1.0 nicht haben – dies funktioniert jedoch nur für CMYK- oder RGB-Bilder, nicht mit Vollton-Kanälen. Dazu speichern Sie das Illustrator-Dokument mit aktivierter PDF-Kompatibilität und öffnen diese Datei in Photoshop. Im PDF-Optionen-Dialog wählen Sie die Einstellung BILDER.

Sie erhalten eine Vorschau der im Dokument eingebetteten Bilder (Mitte). Wählen Sie das gewünschte Bild, und öffnen Sie dieses. Die Bilder lassen sich auch dann »ausbetten«, wenn Sie sie im Illustrator-Dokument transformiert oder mit Masken versehen haben (links). Haben Sie allerdings eine PSD-Datei beim Platzieren in Objekte umgewandelt, so sind die Objekte einzelne Bilder im PDF (rechts).

19.1.5 PDF importieren

Illustrator kann fast jedes nicht passwortgesicherte PDF-Dokument so öffnen, dass sich die enthaltenen Elemente bearbeiten lassen. Nach der Auswahl der PDF-Datei bestimmen Sie in einer zweiten Dialogbox die Platzierungsoptionen. Handelt es sich um ein mehrseitiges PDF, navigieren Sie zunächst mit den Pfeilbuttons zur gewünschten Seite (zum Speichern eines mehrseitigen PDFs s. den Hinweis auf S. 628).

Anschließend wählen Sie aus dem Aufklappmenü, welcher Bereich des PDFs in Illustrator eingefügt werden soll. Die Einträge beziehen sich auf die »Boxen« in einer PDF-Datei, die z. B. das Endformat, die Grafikelemente und den gesamten druckenden Bereich definieren. Die ausgewählte »Box« zeigt das Vorschaubild durch einen gestrichelten Rahmen an.

▲ **Abbildung 19.14**
Optionen PDF PLATZIEREN

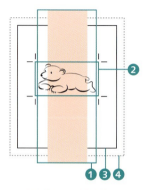

▲ **Abbildung 19.15**
PDF-Boxen

Bezeichnung in der Dialogbox	»Box«
Begrenzungsrahmen ❶	Bounding Box
Bildmaterial ❶	Art Box
Beschneiden ❷	Crop Box
Überlappungsbereich entfernen ❸	Trim Box
Anschnitt ❹	Bleed Box
Medien	Media Box

▲ **Tabelle 19.1**
Optionen im Dialog PDF PLATZIEREN

19.1.6 EPS-Dateien importieren

EPS-Dateien können Sie beim Platzieren in eine Illustrator-Datei sowohl einbetten als auch verknüpfen.

Beim Einbetten werden die enthaltenen Objekte in native Illustrator-Objekte umgewandelt, soweit das möglich ist. Sie sollten EPS-Dateien nur dann einbetten, wenn Sie Objekte bearbeiten wollen – Objekte, die Illustrator nicht erkennt, gehen ansonsten bei der Konvertierung verloren. Um EPS-Dateien einzubetten, öffnen Sie sie oder verwenden den Befehl PLATZIEREN und deaktivieren die Option VERKNÜPFEN. Falls die EPS-Datei in einer neueren Illustrator-Version erstellt wurde, sollten Sie sie öffnen, da dann auf den eingebetteten AI-Part der Datei zugegriffen wird (s. Abschnitt 4.7.1).

In verknüpften EPS-Dateien bleiben alle Objekte und Sonderfarben erhalten. Verwenden Sie DATEI • PLATZIEREN... mit der Option VERKNÜPFEN, um eine EPS-Datei verknüpft zu platzieren.

Verknüpfte EPS drucken

Illustrator-Dateien, die verknüpfte EPS-Dateien im Binärformat enthalten, werden manchmal nicht richtig gedruckt. Speichern Sie EPS-Dateien in diesem Fall im ASCII-Format.

Bessere Bildschirmansicht

Um die Bildschirmansicht vor allem von EPS mit 1-Bit-Vorschau zu verbessern, deaktivieren Sie in den Voreinstellungen unter DATEIEN VERARBEITEN UND ZWISCHENABLAGE die Option FÜR VERKNÜPFTE EPS-DATEIEN VERSION MIT NIEDRIGER AUFLÖSUNG VERWENDEN.

19.1.7 Daten vom Tablet importieren: Adobe Ideas etc.

Mit der Smartphone- und Tablet-App Adobe Ideas malen Sie auf diesen Geräten Vektorpfade. Das ist kein genaues Zeichnen, sondern Sie arbeiten ähnlich wie mit dem Tropfenpinsel in Illustrator. Ideas-Dateien können Transparenzen und mehrere Ebenen enthalten und lassen sich in Illustrator dank eines Importfilters direkt öffnen. Dort können sie dann als Vorlagenzeichnung für eine exakte Vektorisierung verwendet oder weiterbearbeitet werden. Übertragen Sie die Dateien zu diesem Zweck von Ihrem Tablet auf den Mac oder PC mithilfe der Creative Cloud oder per E-Mail-Versand (in dem Fall erzeugt Ideas ein PDF und versendet es). Da Tablets nur RGB-Dateien erzeugen, denken Sie daran, die Farben zu konvertieren.

Andere Apps | Auch mit anderen Apps können Sie Vektorgrafik auf Tablets erstellen – mit der App Inkpad zeichnen Sie z. B. wie mit Illustrators Zeichenstift. Der Datenaustausch erfolgt dann in der Regel über SVG oder PDF. Häufig bieten die Apps entweder einen E-Mail-Versand oder den Austausch über den Online-Dienst Dropbox an.

19.1.8 CorelDraw-Dateien importieren

Illustrator liest CDR-Dateien der Versionen 5 bis 10. Es können viele Eigenschaften erhalten werden, z. B. zusammengesetzte Pfade, Überblendungen, Pfadtexte, Konturen und Verläufe. Verzerrungshüllen müssen Sie bereits in CorelDraw umwandeln lassen, da die verzerrten Formen

▲ Abbildung 19.16
Vektorskizze in Adobe Ideas (oben); Ausarbeitung in Inkpad (unten)

> **Mehrseitiges PDF speichern**
>
> Haben Sie eine Seite eines mehrseiten PDFs bearbeitet, dann wählen Sie Datei • Speichern, um nur diese Seite innerhalb des PDFs zu aktualisieren. Wählen Sie dagegen Datei • Speichern unter, dann wird eine einseitige Datei gesichert.

ansonsten nicht erhalten bleiben. An Objekten verwendete Farben legt Illustrator im Farbfelder-Bedienfeld an.

19.1.9 Objekte aus Flash-Dateien importieren

Illustrator kann keine Flash-Dateien öffnen. Falls Sie aber Vektorelemente aus Flash-Dateien benötigen, exportieren Sie die Grafik aus Flash. Flash exportiert Einzelbilder aus Animationen u.a. in das FXG-Format (s. Abschnitt 21.5), das Illustrator öffnen kann. Bei der Formatumwandlung bleiben sehr viele Objekte editierbar erhalten. Leider haben alle Pfade nach dem Export mehr Ankerpunkte als nötig.

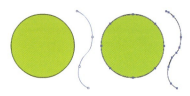

▲ Abbildung 19.17
Die Grafik in Flash (links) hat weniger Punkte als in der exportierten AI-Datei.

19.2 Platzierte Daten verwalten

Damit Sie bei vielen verknüpften Grafikdateien sowie eingebetteten Bildern nicht den Überblick verlieren, verwenden Sie das Verknüpfungen-Bedienfeld.

Der Status der importierten Dateien und weitere Informationen sind dort auf einen Blick zu erkennen. Wichtige Funktionen und Informationen haben Sie darüber hinaus im Steuerungsbedienfeld zur Hand.

> **Bilder in der Pfadansicht**
>
> In der Pfadansicht werden Bilder nur durch einen Rahmen dargestellt. Möchten Sie stattdessen das Motiv anzeigen lassen, rufen Sie Datei • Dokument einrichten auf und aktivieren die Option Bilder in Pfadansicht anzeigen.

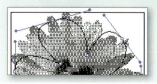

19.2.1 Steuerungsbedienfeld

Ist eine platzierte Datei ausgewählt, dann stehen Ihnen im Steuerungsbedienfeld die gebräuchlichsten Funktionen im Zusammenhang mit dem jeweiligen Objekt zur Verfügung.

Aktivieren Sie z.B. ein verknüpftes Bild, können Sie es mit einem Mausklick einbetten, die Originaldatei bearbeiten, mit dem Bildnachzeichner vektorisieren oder mit einer Maske beschneiden.

▲ Abbildung 19.18
Das kontextsensitive Steuerungsbedienfeld mit aktiviertem Bild; eingebettete Bilder können Sie in Version CS6.1 mit dem Button Ausbetten in eine TIFF- oder PSD-Datei speichern.

19.2.2 Verknüpfungen-Bedienfeld

Das Verknüpfungen-Bedienfeld listet alle verknüpften Dateien sowie eingebettete Pixelbilder auf und ermöglicht ihre komfortable Verwaltung. Rufen Sie das Bedienfeld auf, indem Sie Fenster • Verknüpfungen wählen – im Dock klicken Sie .

Symbole | Jeder Eintrag im Bedienfeld entspricht einem verknüpften oder eingebetteten Bild. Wandeln Sie die Ebenen einer Photoshop-

Datei beim Einbetten in Objekte um, dann werden die Ebenen zu einzelnen Einträgen im Verknüpfungen-Bedienfeld. Symbole zeigen den Status der Verknüpfung an.

- EINGEBETTETE PIXELBILDER: Während Vektordateien nach dem Einbetten aus dem Verknüpfungen-Bedienfeld entfernt werden, listet Illustrator eingebettete Pixelbilder weiterhin auf.
- FEHLENDE GRAFIK: Findet Illustrator die platzierte Datei nicht mehr an ihrem Speicherort vor, signalisiert es das mit dem roten Punkt. Ist ein Bild bereits beim Öffnen einer Datei nicht mehr auffindbar, erhalten Sie eine Warnmeldung.
Verwenden Sie den Befehl ERNEUT VERKNÜPFEN… aus dem Menü des Verknüpfungen-Bedienfeldes oder den gleichnamigen Button, und verweisen Sie auf den neuen Speicherort oder eine andere Datei.
- GEÄNDERTE GRAFIK: Haben Sie eine Grafik außerhalb von Illustrator bearbeitet und gespeichert, muss die Verknüpfung aktualisiert werden, da es anderenfalls beim Druck zu unerwarteten Ergebnissen kommen kann.
Verwenden Sie dazu die Funktion VERKNÜPFUNG AKTUALISIEREN aus dem Bedienfeldmenü oder den entsprechenden Button, und passen Sie anschließend gegebenenfalls die Position des Bildes auf der Zeichenfläche an.
- TRANSPARENZINTERAKTION EINER DCS-DATEI: DCS-Dateien, die mit transparenten Objekten interagieren, drucken möglicherweise nicht korrekt, daher zeigt das Symbol eine Wechselwirkung an. Die Warnanzeige müssen Sie jedoch in den Bedienfeld-Optionen aktivieren.

Funktionsbuttons | Verknüpfungen-Bedienfeld
- VERKNÜPFUNGS-INFORMATIONEN ANZEIGEN: In Illustrator CS6.1 können Sie Zusatzinformationen über das im Bedienfeld aktivierte Bild mit einem Klick auf den Button aufrufen.
- ERNEUT VERKNÜPFEN…: Findet Illustrator eine Grafik nicht oder möchten Sie einer Verknüpfung eine andere Datei zuordnen, rufen Sie den Befehl ERNEUT VERKNÜPFEN… mit dem Button oder aus dem Menü des Bedienfeldes auf.
- GEHE ZU VERKNÜPFUNG: Um eine Grafik innerhalb Ihres Dokuments zu finden, wählen Sie diesen Befehl aus dem Bedienfeldmenü oder verwenden den Button. Illustrator setzt den Fokus des Dokumentfensters auf die Grafik.
- ORIGINAL BEARBEITEN: Aktivieren Sie eine Grafik, und wählen Sie ORIGINAL BEARBEITEN aus dem Bedienfeldmenü oder durch einen Klick auf den Button, um die Grafik im Erstellungsprogramm zu bearbeiten. Falls es nicht geöffnet ist, löst Illustrator den Programmstart

▲ **Abbildung 19.19**
Wichtige Befehle für Verknüpfungen finden Sie auch im Steuerungsbedienfeld: Klicken Sie auf den Dateinamen, um das Menü aufzuklappen.

▲ **Abbildung 19.20**
Das Verknüpfungen-Bedienfeld (nach Update auf Illustrator CS 6.1)

[DCS]
Das DCS-Format – Abkürzung für Desktop Color Separation – ist eine Variante des EPS-Formats. Da separierte Daten gespeichert werden, kann dieses Format in (heute üblichen) Composite-Workflows zu Problemen führen.

Verknüpfungen aktualisieren
Zur Voreinstellung für die Aktualisierung s. Abschnitt 19.2.3. Eine automatische Aktualisierung kann nur durchgeführt werden, wenn die Illustrator-Datei geöffnet ist.

Erstellungsprogramm

Das Erstellungsprogramm richten Sie unter Mac OS in den Dokumentinformationen ein, unter Windows in den Dateieigenschaften.

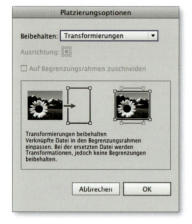

▲ Abbildung 19.21
Die Dialogbox PLATZIERUNGS-
OPTIONEN

Bilder maskieren

Um Bilder zu maskieren, ist eine Schnittmaske besser geeignet als die PLATZIERUNGSOPTIONEN. Eine Schnittmaske speziell für Bilder erstellen Sie mit dem Button MASKIEREN im Steuerungsbedienfeld (s. Abschnitt 19.3.3).

Verknüpfungsinformationen: Skalierung

Haben Sie Bilddateien eingebettet, bezieht sich die Angabe der Skalierung auf eine Bildauflösung von 72 dpi. Falls Ihre Datei eine andere Auflösung hat, sagt diese Angabe also nichts über vorgenommene Skalierungen aus.

aus. Nachdem Sie die Datei gespeichert und Illustrator wieder aufgerufen haben, müssen Sie die Verknüpfung in Illustrator aktualisieren, falls Sie nicht eingestellt haben, dass dies automatisch geschieht.

▶ VERKNÜPFUNG AKTUALISIEREN: Diese Funktion dient dazu, Dateien, die im Verknüpfungen-Bedienfeld als geändert markiert sind, auf den neuesten Stand zu bringen. Sie rufen die Aktualisierung für aktivierte Grafiken mit dem Button ⟳ oder über das Bedienfeldmenü auf.

Bedienfeldmenü | Verknüpfungen-Bedienfeld

▶ PLATZIERUNGSOPTIONEN…: Mit den PLATZIERUNGSOPTIONEN bestimmen Sie, wie sich die Grafik im Verhältnis zum Begrenzungsrahmen verhalten soll. Die Optionen wirken dann, wenn Sie den Begrenzungsrahmen nicht proportional skalieren oder mit dem Befehl ERNEUT VERBINDEN… eine Grafik mit anderen Proportionen zuweisen.
Wählen Sie eine Option aus dem Aufklappmenü. Bei vielen Optionen können Sie mit dem Ausrichtungssymbol ▦ einen Referenzpunkt für die Ausrichtung definieren. Klicken Sie dazu auf eines der Kästchen des Symbols.
Soll die Grafik nicht über den Begrenzungsrahmen hinausragen, aktivieren Sie die Option AUF BEGRENZUNGSRAHMEN ZUSCHNEIDEN.

▶ BILD EINBETTEN: Aktivieren Sie ein Grafikobjekt, und wählen Sie diesen Befehl, um die Grafikdaten in die Illustrator-Datei zu integrieren – die Dateigröße kann beträchtlich zunehmen. Einige Operationen können Sie jedoch nur mit eingebetteten Daten vornehmen (s. auch den Hinweis »Bilddateien ›ausbetten‹ …« auf S. 626).

▶ EINBETTUNG AUFHEBEN (nur Version 16.1.0): Speichern Sie eingebettete Bilder (auch mit Volltonfarbkanälen oder Mehrkanalbilder) als TIF- oder PSD-Datei. In der Illustrator-Datei sind die Bilder anschließend verknüpft. Die Funktion steht auch als Button im Steuerungsbedienfeld zur Verfügung.

▶ IN BRIDGE ANZEIGEN…: So öffnen Sie die verknüpfte Datei in Adobe Bridge.

▶ VERKNÜPFUNGSDATEIINFORMATIONEN: Die XMP-Metadaten (e**X**tensible **M**etadata **P**latform) einer verknüpften Grafikdatei können Sie hier nicht editieren, nur einsehen.

▶ VERKNÜPFUNGSINFORMATIONEN…: Mit diesem Befehl oder einem Doppelklick auf den Eintrag im Bedienfeld rufen Sie Angaben zur verknüpften Datei (wie Speicherort, Größe, Dateiformat) auf; ein Teil der Informationen wird auch für eingebettete Dateien angezeigt. Besonders interessant sind die Informationen über angewandte Transformationen – so lässt sich z.B. erkennen, ob die Grafik proportional skaliert ist.

Bedienfeld-Anzeige | Mit den folgenden Optionen steuern Sie die Darstellung des Bedienfeldes.

- Einblenden: Vor allem, wenn Sie mit vielen platzierten Bildern und Grafiken arbeiten, kann es sinnvoll sein, sich nur eine bestimmte Gruppe dieser Objekte im Verknüpfungen-Bedienfeld anzeigen zu lassen, z. B. die problematischen.
  Sie haben die Wahl, Alles, Fehlende, Geänderte oder Eingebettete Objekte einblenden zu lassen.
- Sortieren: Die Einträge im Bedienfeld können Sie zwar nicht wie in anderen Bedienfeldern verschieben, sie lassen sich jedoch nach Name, Art oder Status sortieren.
- Bedienfeldoptionen…: In den Bedienfeldoptionen bestimmen Sie die Größe des Miniaturbildes und aktivieren die Anzeige der Transparenz-Interaktion mit DCS-Bildern (Abbildung 19.23).

▲ **Abbildung 19.22**
XMP-Logo

▲ **Abbildung 19.23**
Optionen des Verknüpfungen-Bedienfeldes

19.2.3 Verknüpfungen automatisch aktualisieren

Per Voreinstellung weist Illustrator beim Öffnen einer Datei oder beim Wechseln aus einem anderen Programm zu einer geöffneten Illustrator-Datei auf geänderte Verknüpfungen hin. Dieses Verhalten können Sie jedoch ändern. Rufen Sie Voreinstellungen • Dateien verarbeiten und Zwischenablage… auf, und wählen Sie eine Option unter Verknüpfungen aktualisieren:

- Automatisch: Die Warnung wird unterdrückt; Illustrator aktualisiert die Verknüpfungen in geöffneten Dateien selbsttätig.
- Manuell: Auch hier erhalten Sie keine Warnung – dafür müssen Sie das Verknüpfungen-Bedienfeld beachten, um geänderte Dateien zu bemerken, und diese dann »von Hand« aktualisieren.
- Bei Änderung wählen: Die Voreinstellung – Illustrator zeigt die Dialogbox.

▲ **Abbildung 19.24**
Die Voreinstellung Verknüpfungen aktualisieren

19.3 Bilddaten bearbeiten

Neben dem umfangreichen Werkzeugkasten zur Vektorisierung von Pixelgrafiken bietet Illustrator auch einige Funktionen, die es – in Kombination mit den typografischen Werkzeugen – ermöglichen, das Programm auch für Layoutaufgaben zu verwenden. Aufgrund der Schwächen beim Umgang mit Farbprofilen sollten Sie aber eher zu einem Layoutprogramm greifen, falls Sie auf verlässliches Farbmanagement angewiesen sind.

▲ **Abbildung 19.25**
Pixelbild als Map eines 3D-Objekts

19.3.1 Pixelgrafik mit Vektorwerkzeugen bearbeiten

Platzierte Bilder können Sie mit den Transformieren-Werkzeugen drehen, skalieren, verbiegen und spiegeln. Möchten Sie Pixelgrafik mit einer Verzerrungshülle oder den Verflüssigen-Werkzeugen bearbeiten, müssen Sie die Bilder zunächst einbetten. Extreme Verzerrungen erzeugen jedoch sehr schnell ein »pixeliges« Aussehen.

Eingebettete Bilder lassen sich auch als Symbol ablegen, sodass Sie das Bildmaterial u. a. auf die Oberfläche eines 3D-Körpers »mappen« können.

Graustufenbilder als Deckkraftmasken

Einen schönen »handgemachten« Look erzielen Sie, wenn Sie Ihre Vektorgrafik über eine Papierstruktur blenden. Dazu müssen Sie Ihre Grafik nicht erst als PSD exportieren und die Überblendung dort vornehmen. Stattdessen importieren Sie ein Graustufenbild einer geeigneten Struktur (zerknittertes Papier, leichte Holzmaserung o. Ä.) in Illustrator und wenden dies als Deckkraftmaske auf die Grafik an (s. Abschnitt 12.2).

19.3.2 Graustufen und Bitmaps kolorieren

Falls Sie nur Graustufen- oder 1-Bit-Bilder zur Verfügung haben oder Ihre Grafik mit zwei oder drei Farben gedruckt wird, gibt es die Möglichkeit, den Bildern in Illustrator eine Farbe zuzuweisen. Zu diesem Zweck können Sie auch eine Schmuck- oder Volltonfarbe verwenden.

Aktivieren Sie dazu das Bild auf der Zeichenfläche, und weisen Sie die gewünschte Farbe als Fläche zu. Mit dieser Methode erzeugen Sie keine Duplexbilder – dies müssen Sie nach wie vor im Bildbearbeitungsprogramm vornehmen, Sie können Duplexbilder aber in Illustrator importieren (s. Abschnitt 19.1.3).

▲ **Abbildung 19.26**
Einem Graustufenbild wurde eine Volltonfarbe zugewiesen.

Schritt für Schritt
Ein Fotopuzzle erstellen

In der Datei »Fotopuzzle.ai« finden Sie die Ausgangsobjekte für diesen Workshop. Das Puzzle wird zunächst konstruiert, dann ein Foto in alle Teile platziert und eingefärbt.

 **Puzzleteile konstruieren**

Die Puzzleteile sind in der Datei nur einzelne offene Pfade. Im ersten Schritt verwenden SIe das Formerstellungswerkzeug, um die Puzzleteile zu »montieren«. Mit einem Doppelklick öffnen Sie die Optionen

und stellen sicher, dass die LÜCKENSUCHE aktiviert ist. Stellen Sie die Fläche OHNE ein, aktivieren Sie alle Pfade, und klicken Sie dann nacheinander in alle vier Teile. Beim Überrollen mit dem Cursor sollten die Teile jeweils korrekt hervorgehoben werden.

Wenn alle Teile zusammengefügt sind, geben Sie den Konturen eine leuchtende Farbe, z. B. Magenta oder Blattgrün.

2 Bild platzieren

Platzieren Sie dann das Foto »Cable Cars sw.tif«, z. B., indem Sie es ins Dokument ziehen. Das Foto sollte verknüpft sein, nicht eingebettet, das spart etwas Speicherplatz. Es handelt sich um ein Graustufenbild – die unterschiedlichen Farben werden Sie später zuweisen. Stellen Sie das Bild in den Hintergrund, z. B. indem Sie es ausschneiden und dahinter einfügen. Verschieben und skalieren Sie das Bild jetzt so, dass in allen Puzzleteilen interessante Details zu sehen sind. Zum Skalieren können Sie den Begrenzungsrahmen verwenden.

3 Bild in Teile einfügen

Das Bild muss nun in alle Puzzleteile eingefügt werden. Das geht nur, indem in jedes Puzzleteil eine Kopie des Bildes eingefügt wird. Dazu kopieren Sie das Bild nun mit ⌘/Strg+C in die Zwischenablage. Dann aktivieren Sie das Bild und eins der Puzzleteile und erstellen mit ⌘/Strg+7 eine Schnittmaske. Anschließend fügen Sie das Bild aus der Zwischenablage dahinter ein – ⌘/Strg+B. Aktivieren Sie das Bild und das nächste Puzzleteil, und erstellen Sie wieder eine Schnittmaske. Fahren Sie fort wie eben, um alle Puzzleteile mit dem Bild zu füllen.

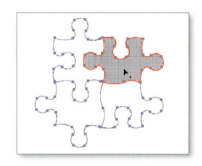

▲ **Abbildung 19.27**
Konstruktion mit dem Formerstellungswerkzeug

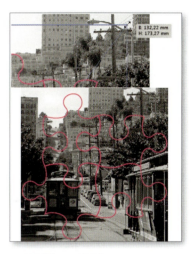

▲ **Abbildung 19.28**
Größen- und Positionsanpassung des Bildes

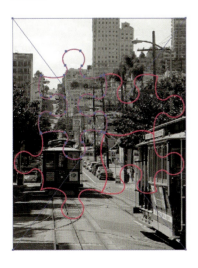

◂▴ **Abbildung 19.29**
Erstellen der Schnittmasken aus nacheinander wieder eingefügten Fotos und Puzzleformen; mit allen Schnittmasken (oben)

▲ Abbildung 19.30
Auswahl der Bilder in den Schnittmasken und Einfärben

▲ Abbildung 19.31
Mithilfe der Anfasser (Kreise) lässt sich der Ausschnitt skalieren und drehen.

4 **Bilder einfärben**

Mit dem Direktauswahl-Werkzeug klicken Sie nun in ein Puzzleteil, um das darin eingefügte Bild zu aktivieren. Als Auswahl wird der Begrenzungsrahmen des Bildes, nicht das Puzzleteil, angezeigt.

Dann weisen Sie dem Bild eine Flächenfarbe zu. Damit der Kontrast einigermaßen erhalten bleibt, sollte die Farbe einen relativ hohen Schwarzanteil besitzen (in diesem Beispiel habe ich zwischen 33 und 58 % verwendet). Wählen Sie anschließend die Bilder in den anderen Teilen ebenfalls aus, und weisen Sie ihnen ihre Farben zu.

5 **Puzzleteile verschieben**

Um die Illustration etwas aufzulockern, verschieben Sie die Puzzleteile nun etwas. Dazu wählen Sie sie mit dem Auswahl-Werkzeug aus, damit die Puzzleform und der Inhalt gemeinsam verschoben werden. ◼

19.3.3 Bilder maskieren

Das Beschneiden von Bildern auf das endgültige Format sollten Sie, soweit möglich, im Bildbearbeitungsprogramm vornehmen. Das reduziert zum einen die Dateigröße und spart zum anderen Rechenzeit auf dem RIP, da die Berechnung einer Maske entfällt.

Das Maskieren von Bildern ist dank des Buttons MASKE im Steuerungsbedienfeld aber auch nicht mehr ganz so umständlich. Klicken Sie auf diesen Button, um automatisch eine rechteckige Schnittmaske zu erzeugen. Unmittelbar nach dem Klicken des Buttons ist die Maske ausgewählt. Eine Anpassung ist nur möglich, indem Sie die Anfasser an den Ecken und Seiten des Ausschnitts verschieben. Das Objekt wird deaktiviert, sobald Sie an eine andere Stelle auf der Zeichenfläche klicken.

Alternativ wählen Sie vor dem Platzieren des Bildes die Maske aus und gehen in den Modus INNEN ZEICHNEN (s. Abschnitt 11.4.1). Dann platzieren Sie das Bild über DATEI • PLATZIEREN. Es wird in die Maske eingefügt.

In Photoshop angelegte Beschneidungspfade werden beim Einbetten von Bildern ebenfalls in Schnittmasken konvertiert.

Wenn Sie die Maske zu einem späteren Zeitpunkt verändern möchten, müssen Sie das maskierte Objekt aktivieren und den Button MASKE BEARBEITEN anklicken (Schnittmasken s. Abschnitt 11.4).

19.3.4 Freiform-Masken auf Bilder anwenden

Möchten Sie jedoch frei geformte Masken anwenden, steht es Ihnen frei, diese bereits in Photoshop als Beschneidungspfad oder in Illustrator als Schnitt- oder Deckkraftmaske anzulegen. Mit Deckkraftmasken (s. Abschnitt 12.2) haben Sie zusätzlich die Möglichkeit, einen weichen Übergang in den Hintergrund zu erzeugen.

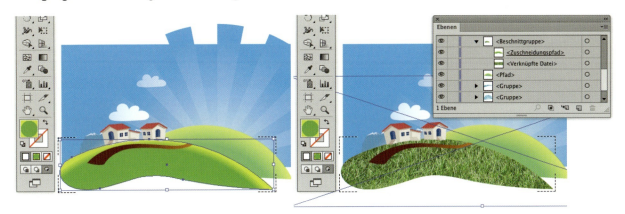

▲ **Abbildung 19.32**
Wird ein Objekt in den Modus INNEN ZEICHNEN versetzt (links), dann können Sie ein Bild direkt in dieses Objekt platzieren (rechts).

19.3.5 Filter

Etliche Bildbearbeitungsfilter, deren Namen Ihnen aus Photoshop bekannt vorkommen werden, finden Sie in Illustrator im EFFEKT-Menü wieder. Die Filter stehen sowohl im Dokumentfarbmodus RGB als auch in CMYK zur Verfügung. Effekte können Sie auch verknüpften Bildern zuweisen, Illustrator erzeugt aber automatisch eine eingebettete Kopie des Bildes (s. Abschnitt 13.4).

Zusätzliche Photoshop-Filter
Illustrator nutzt die Schnittstelle für Photoshop-Filter, sodass Sie die vorhandenen Filter um zusätzliche ergänzen können, soweit diese mit der Schnittstelle kompatibel sind.

Schritt für Schritt
Platzierte Bilder einrahmen

Leider können Sie platzierte Bilder nicht einfach mithilfe des Kontur-Bedienfeldes einrahmen, so wie Sie es aus Layoutprogrammen gewohnt sind. Stattdessen ist ein kleiner Umweg mit einem Effekt nötig. Einmal eingerichtet, lässt sich dieser jedoch als Grafikstil speichern und dann wiederholt anwenden.

1 Bilddatei importieren

Erstellen Sie ein neues Dokument, und platzieren Sie eine Bilddatei – ob Sie die Datei einbetten oder verknüpfen, ist für das Einrahmen nicht relevant. Das Hundebild »Portrait.psd« finden Sie auf der DVD.

▲ **Abbildung 19.33**
Das Workshop-Ergebnis

▲ Abbildung 19.34
Eine neue Kontur hinzufügen

Alternativer Effekt

Alternativ zu IN FORM UMWANDELN verwenden Sie EFFEKT • PFAD • KONTUR NACHZEICHNEN.

2 Eine Kontur erzeugen

Aktivieren Sie das soeben platzierte Bild. Rufen Sie das Aussehen-Bedienfeld auf, und klicken Sie auf den Button NEUE KONTUR HINZUFÜGEN ▫ (s. Abschnitt 11.6.2). Die Kontur wird über dem Bild erstellt, ist aber auf der Zeichenfläche nicht sichtbar.

Damit die Kontur sichtbar wird, benötigen Sie für diese Kontur eine eigene Form. Diese Form erzeugen Sie, indem Sie dem Eintrag KONTUR den EFFEKT • IN FORM UMWANDELN • RECHTECK zuweisen (s. Abschnitt 13.2.1). Als Optionen für den Effekt wählen Sie RELATIV mit einer ZUSÄTZLICHEN BREITE wie HÖHE von 0 mm. Die Kontur verläuft jetzt außen um das Bild.

3 Die Kontur verzieren

Die Kontur lässt sich nun wie jede andere Kontur mit weiteren Eigenschaften, z. B. Pinseln und Farben, versehen. Falls die Kontur das Bild nicht überdecken soll, verschieben Sie im Aussehen-Bedienfeld den Eintrag INHALT über den Eintrag KONTUR.

▲ Abbildung 19.35
Der fertiggestellte Rahmen

Falls Sie weitere Bilder mit diesem Rahmen versehen möchten, erstellen Sie einen Grafikstil (s. Abschnitt 11.8). ■

▲ Abbildung 19.36
Autotrace (rechts) und manuelle Zeichnung im Vergleich

19.4 Pixeldaten vektorisieren

Beim Vektorisieren von Pixeldaten erstellen Sie Bézierpfade aus Flächen oder Linien, die mit Bildpixeln aufgebaut sind. Sie wandeln das pixelbasierte Bild in eine objektorientierte Grafik um.

Illustrator bietet Ihnen dafür zwei Möglichkeiten: Sie können, wie Sie in den Kapiteln 5, 6 und 7 gelernt haben, die Objekt-, Zeichen- und Malwerkzeuge verwenden, um die benötigten Formen manuell zu konstruieren. Oder Sie nutzen die Autotrace-Funktion, die in Illustrator BILDNACHZEICHNER (früher INTERAKTIV NACHZEICHNEN) heißt. Das automatische Nachzeichnen hat einen unschlagbaren Vorteil: Es geht sehr schnell. Allerdings arbeitet die Funktion nur auf der Basis einer nicht sehr intelligenten Flächenerkennung anhand der Farb- und Helligkeitsunterschiede einzelner Pixel. Wenn alles detailgenau nachgezeichnet werden würde, wären im Ergebnis einfach lauter nebeneinanderliegende Bildpixel zu sehen. Illustrator kann keine Logik darin erkennen und kann auch nur begrenzt erkennen, welche Pixel zusammengehören und eine größere Form bilden. Geschweige denn, was für eine Form.

Durch das Einstellen der Optionen müssen Sie also immer einen Kompromiss finden: zwischen der genauen Nachzeichnung, die im Extremfall jeden einzelnen Pixel zeigen würde, und einer geglätteten Idealform, die bestenfalls die dargestellten Objekte erkennt.

Dennoch gleicht das Ergebnis dem prinzipiellen Aufbau einer Pixelgrafik, denn es liegen einzelne Farbflächen nebeneinander – nur dass deren Form eben durch Pfade begrenzt ist. Weil die Software nicht »weiß«, welche Flächen zusammengehören, kann sie auch keine Verläufe erstellen.

Eine kleine Verbesserung in Illustrator CS6 stellt die Erkennung vollkommen umschlossener Bereiche dar. Diese werden in den meisten Fällen erkannt und können »gestapelt« umgesetzt werden.

Das automatische Nachzeichnen hat den meisten Nutzen, wenn die Vorlage wenige, klar abgegrenzte Farbtöne enthält. Beim manuellen Vektorisieren dagegen beschreiben die Farbflächen nicht nur Bereiche, deren Pixel eine bestimmte Farbe haben, sondern abgebildete Objekte. Die Flächen müssen nicht stur nebeneinandergelegt werden, und Sie können an vielen Stellen einen realistischeren dreidimensionalen Eindruck durch Verläufe erstellen. Ein weiterer Vorteil des manuellen Nachzeichnens besteht in der Erkennung geometrischer Formen – z. B. eines Kreises oder einer Geraden. Diese kann ein Mensch in einer Vorlage klar identifizieren und in der Vektorgrafik entsprechend konstruieren, selbst wenn die Vorlage die Geometrie durch Verzerrungen oder Ungenauigkeiten nicht mehr korrekt darstellt.

19.4.1 Welche Vektorisierung ist für mein Motiv geeignet?

Die Art des Bildmotivs, die Qualität der Vorlage und der Verwendungszweck der Vektorgrafik bestimmen darüber, mit welcher Methode Sie am besten vektorisieren – per Autotrace oder von Hand.

Pläne ❷ (Abbildung 19.41) sind ein typisches Anwendungsgebiet für Vektorgrafik – häufig existiert bereits eine Vorlage, jedoch nicht in digitaler Form. Liegt ein sauberer Scan vor, lassen sie sich erstaunlich gut automatisch vektorisieren. Die Schriftelemente sollten Sie trotzdem set-

▲ Abbildung 19.37
Prinzip »Autotrace«: Zur Demonstration wurde die Anzahl der Farben reduziert. Gut zu sehen ist auch die Auswirkung der gestapelten Objekte.

▲ Abbildung 19.38
Zum Vergleich: nachgezeichnet mit der Option AUSSPAREND (und WEISS IGNORIEREN)

▲ Abbildung 19.39
Prinzip »Manuelles Vektorisieren«

▲ Abbildung 19.40
Logo mit konstruierten und freien Elementen

zen. Einfache Pläne sind aber – etwas Übung vorausgesetzt – genauso schnell von Hand nachgezeichnet.

Die fotorealistische Illustration ❸ ist kein geeignetes Feld für das automatische Nachzeichnen – mit Ausnahme kleinerer Details. Illustrators neue Nachzeichnen-Funktion ist zwar in der Lage, eine fünfstellige Anzahl an Farben in der Vektorisierung zu erstellen, und kann damit stufenlose Farbübergänge simulieren – die Umsetzung von Farbübergängen ist jedoch zuweilen schwer zu steuern und bringt überraschende Ergebnisse.

Aus Fotos ❹ oder anderen künstlerischen Vorlagen lassen sich mithilfe der Nachzeichnen-Funktion zum Teil eigenständige Kreationen erstellen.

Comic- und andere handgezeichnete Elemente ❺ sind ebenfalls ein ideales Anwendungsgebiet für die automatischen Nachzeichnen-Funktionen.

▲ Abbildung 19.41
Vorlagenarten: Plan ❷, fotorealistische Vektorillustration mit Verlaufsgittern ❸, Fotografie ❹, Comic ❺

Liegen Logos oder Symbole ❶ als Vorlage vor, ist die Wahl der Mittel abhängig von deren Art. Geometrische Formen wie Kreise, regelmäßige Polygone oder regelmäßige Linien sollten Sie konstruieren. Schriftelemente bilden Sie in der besten Qualität nach, wenn Sie die Schriftart identifizieren und die Elemente neu setzen. Unregelmäßige oder handgezeichnete Elemente lassen sich automatisch vektorisieren.

19.4.2 Empfehlungen zur Aufbereitung der Bilder

Achten Sie schon bei der Erstellung des Quellmaterials darauf, dass es sich ohne Bildstörungen und -rauschen digitalisieren lässt. Verwenden Sie möglichst glattes, helles Papier, und arbeiten Sie mit dunklen Farben bzw. harten Bleistiften.

Falls sich raues Papier nicht vermeiden lässt, machen Sie eine Fotokopie auf weißes Papier, und scannen Sie diese – dabei entsteht ein höherer Kontrast, und Fotokopierer können die Papierstruktur meist nicht erfassen.

▲ Abbildung 19.42
Schöner, rauer Look, aber leider keine gute Vorlage für eine automatische Vektorisierung

19.5 Der Bildnachzeichner

Der BILDNACHZEICHNER mit seiner Vielzahl an Optionen und Parametern hilft dabei, eine große Bandbreite von Vorlagenarten in Vektorgrafik umzuwandeln. Und: Solange das Objekt nicht in Pfade umgewandelt wird, bleibt die Verbindung zwischen der Vorlage und dem Nachzeichnerergebnis bestehen, sodass zum einen Änderungen am Originalbild in der Nachzeichnung ausgeführt werden und zum anderen jederzeit Änderungen der Nachzeichneroptionen eingerichtet werden können. Die Optionen des Bildnachzeichners finden Sie nach seiner Überarbeitung nun in einem eigenen Bedienfeld.

> **EPS nachzeichnen**
>
> Soll ein verknüpftes EPS nachgezeichnet werden, deaktivieren Sie in den Voreinstellungen die Option FÜR VERKNÜPFTE EPS-DATEIEN VERSION MIT NIEDRIGER AUFLÖSUNG VERWENDEN.

19.5.1 Was passiert mit interaktiv nachgezeichneten Objekten in alten Dateien?

Die Routinen zum automatischen Vektorisieren wurden komplett neu programmiert. Das hat zur Folge, dass »alte« Interaktiv-nachzeichnen-Objekte nicht mehr mit Illustrator CS6 kompatibel sind. Das bedeutet natürlich nicht, dass sie unbrauchbar sind. Aber sie werden beim Öffnen der Datei in Pfade umgewandelt und sind dann nicht mehr »live«. Sie können nun zwar die Optionen der alten Nachzeichner-Objekte nicht mehr verändern, das Quellbild bleibt jedoch bei der Umwandlung erhalten, sodass Sie darauf den Bildnachzeichner anwenden können. Das Quellbild können Sie mithilfe des Ebenen-Bedienfeldes auswählen: Es liegt unterhalb des umgewandelten Objekts und ist ausgeblendet.

▲ **Abbildung 19.43**
Eingebettetes Bild unterhalb des umgewandelten Live-Trace-Objekts

19.5.2 Bildnachzeichner-Objekte erstellen

Platzieren Sie zunächst eine Bilddatei – sowohl verknüpft als auch eingebettet ist möglich. Aktivieren Sie das Bild auf der Zeichenfläche, und wählen Sie zwischen drei Möglichkeiten, ein Bild nachzuzeichnen:

▶ Mit einer gespeicherten Vorgabe: Um eine Nachzeichnervorgabe zu nutzen, wählen Sie die gewünschte Einstellung aus dem Aufklappmenü neben dem Button BILDNACHZEICHNER im Steuerungsbedienfeld.

▶ Mit vorherigem Aufrufen der Optionen: Rufen Sie das Bildnachzeichner-Bedienfeld mit FENSTER • BILDNACHZEICHNER auf – im Dock klicken Sie auf das Symbol . Wählen Sie eine Vorgabe, oder richten Sie Ihre Optionen im Bedienfeld ein, und klicken Sie auf den Button NACHZEICHNEN. Deaktivieren Sie die VORSCHAU, falls Sie mehrere Optionen einrichten möchten.

▶ Mit der Standardvorgabe: Klicken Sie auf den Button BILDNACHZEICHNER im Steuerungsbedienfeld (Abbildung 19.45). Als Ergebnis erhalten Sie

▲ **Abbildung 19.44**
Die Standardvorgabe lässt sich gut auf kontrastreiche Farbfotos anwenden.

eine Schwarzweißumsetzung, die zur Nachzeichnung von Plänen und Zeichnungen mit hohem Kontrast gut geeignet ist (Abb. 19.44).

Steuerungsbedienfeld | Das Steuerungsbedienfeld bietet Buttons zum Vektorisieren an – nach dem Vektorisieren ändert sich die Anzeige.

Abbildung 19.45 ▶
Das Steuerungsbedienfeld bei aktiviertem Bild (oben) und aktiviertem nachgezeichneten Bild (unten)

Haben Sie ein Bild aktiviert, drücken Sie entweder den Button BILD-NACHZEICHNER ❶, um die Standardeinstellung anzuwenden, oder wählen Sie eine der Nachzeichnervorgaben aus dem Aufklappmenü ❷.

Wenn Sie ein Bild nachgezeichnet haben, mit dem Resultat aber noch nicht voll zufrieden sind, rufen Sie das Bildnachzeichner-Bedienfeld auf, um die Optionen einzustellen.

19.5.3 Bildnachzeichner-Bedienfeld: Nachzeichneroptionen

Rufen Sie das Bedienfeld auf, indem Sie FENSTER • BILDNACHZEICHNER wählen oder bei ausgewähltem nachgezeichneten Bild auf den Nach-

▲ **Abbildung 19.46**
Zeichnungen und Grafik sind das Einsatzgebiet für die Standardvorgabe SCHWARZWEISS.

Abbildung 19.47 ▶
Das Bildnachzeichner-Bedienfeld im MODUS SCHWARZWEISS (links in erweiterter Ansicht, bei aktiviertem nachgezeichneten Bild), MODUS GRAUSTUFEN und MODUS FARBE.

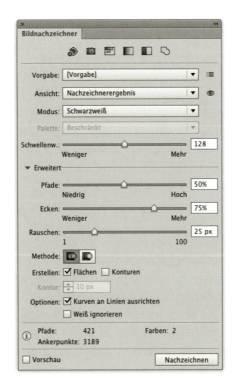

Buttons	Menü
Hohe Farbtiefe	Hohe Fototreue
Geringe Farbtiefe	Geringe Fototreue (abweichende METHODE)
Pfadansicht	Strichgrafik

▲ **Tabelle 19.2**
Diese Vorgaben der Buttons und im Menü sind identisch, trotz unterschiedlicher Namen.

zeichneroptionen-Button im Steuerungsbedienfeld klicken (Abbildung 19.45). Die Optionen im Bedienfeld werden aktiv, sobald Sie ein Bild auf der Zeichenfläche auswählen.

Der Bildnachzeichner enthält keine Optionen mehr, um die Rasterdaten zu verändern, z. B. eine Weichzeichnung anzuwenden oder die Auflösung zu verändern. Die neuen Vektorisierungsroutinen enthalten stattdessen eine automatische Weichzeichnung, die sich jedoch nicht beeinflussen lässt.

Allgemeine Einstellungen | In der Standardansicht bietet der Bildnachzeichner nur wenige Optionen und soll Ihnen die Arbeit beim Vektorisieren dadurch erleichtern, dass vieles, was Sie früher selbst einstellen mussten, nun vom Algorithmus automatisch erkannt und ausgeführt wird. Die Optionen für die meisten alltäglichen Vorlagen finden Sie in der reduzierten Darstellung des Bedienfeldes:

- VORGABE: Wenn es ganz schnell gehen soll, finden Sie einige sehr allgemeine, aber für einen Großteil der Vorlagen brauchbare Vorgaben als Buttons am oberen Rand des Bedienfeldes. Weitere, etwas genauer spezifizierte Vorgaben finden Sie im Menü. Darin werden auch Ihre eigenen Vorgaben aufgelistet. Zwei besondere Vorgaben:
  - AUTO-FARBE : Diese Standardvorgabe ist für unterschiedlichstes Quellmaterial ausgelegt, funktioniert jedoch nur gut, wenn die Vorlage eine mindestens durchschnittliche Qualität besitzt, also nicht zu klein, zu unscharf oder zu pixelig ist. Falls Sie ein Motiv von seinem weißen oder transparenten Hintergrund freistellen wollen, müssen Sie die Option WEISS IGNORIEREN zusätzlich aktivieren.
  - SCHWARZWEISS : Diese Vorgabe entspricht SCHWARZ UND WEISS aus dem Menü, und sie wird auch verwendet, wenn Sie den Button BILDNACHZEICHNER im Steuerungsbedienfeld anklicken.

Automatisiert nachzeichnen

Wenn Illustrator geöffnet ist, lässt sich das Nachzeichnen mithilfe von Adobe Bridge automatisieren. Aktivieren Sie bis zu zehn Bilder in der Bridge, und wählen Sie WERKZEUGE • ILLUSTRATOR • BILDNACHZEICHNER…

Resampling und Weichzeichnen

Die Bildbearbeitungsfunktionen zum Neuinterpolieren und zum Weichzeichnen der Pixelvorlage sind direkt in die Funktion integriert und können daher vom Nutzer nicht mehr separat eingestellt werden.

▼ **Abbildung 19.48**
Die Vorgabe [AUTO-FARBE] ist auf eine Reduzierung ausgerichtet (links) und arbeitet daher besonders gut an sauberen Vorlagen von Comic-Zeichnungen (2. von links) oder Logos (2. von rechts). Aber auch fotorealistische Vektorisierungen mit tausenden Farben sind möglich (rechts); Pixelvorlagen jeweils unten

▲ **Abbildung 19.49**
Abhängig vom Motiv kann mit PALETTE AUTOMATISCH (links) eventuell eine bessere Posterisierung (hier 12 Farben) erfolgen als mit PALETTE BESCHRÄNKT (rechts). Die Anzahl der Farben ist dabei aber nur mittelbar zu kontrollieren.

Einstellungen wiederaufrufen

Achtung: Wenn Sie ein noch nicht umgewandeltes nachgezeichnetes Bild erneut anklicken, entspricht der Status des Reglers FARBE in den meisten Fällen nicht der Einstellung, mit der das Bild vektorisiert wurde!

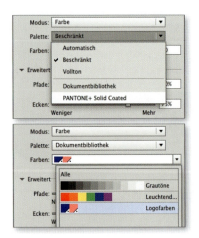

▲ **Abbildung 19.50**
Auswahl einer Farbfeldbibliothek (oben) und einer Farbgruppe (unten) als Basis für die Vektorisierung

▶ MODUS: Der Farbmodus bestimmt die Farben des Ergebnisses sowie die zur Verfügung stehenden Einstellungsparameter. Der gewählte Modus muss nicht dem Farbmodus der Vorlage entsprechen – Sie können ihn frei wählen.

▶ SCHWARZWEISS: Verwenden Sie diesen Modus für technische Zeichnungen, Skizzen oder Comic-Inkings. Sie erhalten eine Umsetzung in schwarzen und weißen Flächen bzw. schwarzen Konturen oder einer Kombination aus Konturen und Flächen. Nur im Schwarzweißmodus besteht die Möglichkeit, Ihre Vorlage in Konturen umzusetzen.

▶ GRAUSTUFEN: Im Graustufenmodus setzt sich das Ergebnis aus Tonwerten von Schwarz zusammen.

▶ FARBE: Im Modus FARBE können Sie Ihre Vorlage mit praktisch unbegrenzter Anzahl an Farben umsetzen.

▶ PALETTE (nur im Modus FARBE): Hier wählen Sie den Farbumfang des Ergebnisses aus, falls dieser von der Vorgabe abweichen soll:

▶ AUTOMATISCH: Der Algorithmus entscheidet anhand der Vorlage über die Anzahl der Farben. Bestimmen Sie mit dem Regler FARBEN durch einen Wert von 0 bis 100, wie genau sich die Ergebnisfarben an der Vorlage orientieren sollen. Achtung: Die Werte repräsentieren nicht die absolute Anzahl der Farben!

▶ BESCHRÄNKT: Wählen Sie diese Option, und bestimmen Sie anschließend mit dem Regler FARBEN die absolute maximale Anzahl der Farben im Ergebnis. Sie können einen Wert bis 30 eingeben.

▶ VOLLTON: Die Bezeichnung dieser Option ist sehr irreführend – es handelt sich nicht um Schmuckfarben, sondern um einen großen Tonumfang. Wählen Sie diese Option, und bestimmen Sie mit dem Regler FARBEN, wie genau die Farben in der Vorlage in der Nachzeichnung umgesetzt werden sollen. Achtung: Die Werte repräsentieren nicht die absolute Anzahl der Farben!

▶ DOKUMENTENBIBLIOTHEK: Wenn die Nachzeichnung in den Farben einer vorher angelegten Farbgruppe erfolgen soll, dann aktivieren Sie diese Option und wählen anschließend aus dem Menü FARBEN die gewünschte Farbgruppe aus. Ist eine Farbfeldbibliothek geöffnet, lässt sich diese auch direkt im Menü selektieren. So können Sie z. B. Schmuckfarben in der Vektorisierung verwenden.

▶ SCHWELLENWERT (nur im Modus SCHWARZWEISS): Der SCHWELLENWERT ist die Helligkeitsstufe im Originalbild, an der unterschieden wird, ob schwarze oder weiße Flächen entstehen. Flächen, die heller sind als der Schwellenwert, werden weiß gefüllt, dunklere Flächen schwarz. Schieben Sie den Regler nach rechts, um Elemente in sehr hellen Vorlagen für die Vektorisierung zu erfassen.

19.5 Der Bildnachzeichner

- GRAUSTUFEN (nur im Modus GRAUSTUFEN): Bestimmen Sie mit dem Regler GRAUSTUFEN mit einem Wert von 0 bis 100, wie genau die bis zu 256 Graustufen im Ergebnis den Tonwertumfang der Vorlage umsetzen sollen. Achtung: Die Werte repräsentieren nicht die absolute Anzahl der Graustufen!
- VORSCHAU: Aktivieren Sie diese Option, damit jede Änderung eines Parameters am Objekt auf der Zeichenfläche dargestellt wird. Je nach Komplexität Ihrer Bilddatei, den verwendeten Einstellungen und der Rechenleistung Ihres Computers kann die Vorschau Ihre Geduld mehr oder weniger strapazieren. Es kann sinnvoll sein, ohne aktivierte Vorschau zu arbeiten, klicken Sie stattdessen auf den Button NACHZEICHNEN, wenn Sie die Auswirkungen Ihrer Änderungen sehen wollen. Im Menü ANSICHT (s. S. 645) stellen Sie ein, wie die Vorlage und die Nachzeichnung am Bildschirm dargestellt werden.
- INFORMATIONEN: Unten in der Dialogbox führt Illustrator in einer Statistik auf, wie viele Pfade, Ankerpunkte und Farben mit den vorgenommenen Einstellungen entstehen würden.

Gerade Linien

Linien in CAD-Plänen werden häufig beim Autotrace gekrümmt. Dies können Sie mit der Option GERADE LINIEN in der Funktion VEREINFACHEN korrigieren.

Erweitert | Mit diesen Optionen können Sie die Vorgaben auf Ihre Bedürfnisse anpassen. Sie werden sichtbar, wenn Sie auf das kleine Dreieck neben ERWEITERT klicken (Abbildung 19.47). Das einmal erweiterte Bedienfeld wird in diesem Zustand auch in Arbeitsbereiche gespeichert, sodass Sie es nicht jedes Mal neu erweitern müssen.
- PFADE: Mit einem Wert von 0 bis 100 geben Sie an, wie genau die Vorlage nachgezeichnet werden soll. Ein hoher Wert ergibt eine genauere Vektorisierung. Je nach Vorlagenart kann dies durch unterschiedliche Maßnahmen erreicht werden: in manchen Fällen werden mehr Punkte gesetzt, die mehr Kurven an Objektkanten erzeugen. In anderen Fällen werden noch mehr Pfade gzeichnet, um eigene Objekte für weitere Zwischentöne zu erstellen.

Bildkanten

Saubere Kanten an den Außenrändern der nachgezeichneten Bilder generiert der Bildnachzeichner nicht. Falls Sie dies benötigen, legen Sie nachträglich eine Schnittmaske an.

▼ **Abbildung 19.51**
Nachzeichnen einer niedrig aufgelösten Vorlage (LINKS) MIT PFADE 100/ECKEN 100, PFADE 100/ECKEN 0, PFADE 44/ECKEN 0, PFADE 44/ECKEN 100

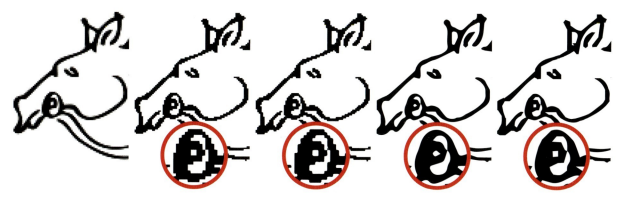

▶ ECKEN: Geben Sie hier mit einem Wert von 0 bis 100 ein, wie »eckig« ein Pfad werden soll. Mit einem hohen Wert wird ein Pfad eher mit Eckpunkten und geraden Pfadsegmenten umgesetzt. Niedrigere Werte erzeugen Kurven. Achtung: Der Wert entspricht nicht dem Eckwinkel!

▶ RAUSCHEN: Geben Sie einen Wert von 0 bis 100 ein, um das kleinste zu erzeugende Bildelement zu definieren. Der Wert gibt die Anzahl an Pixeln an, die eine Fläche im Bild haben muss, damit Illustrator daraus eine Form generiert. Die Einstellung ist unabhängig von der Bildauflösung und bezieht sich auf die reinen Pixelmaße.
Geben Sie z. B. »4« ein, dann werden nur Flächen nachgezeichnet, die mindestens 2×2 Pixel groß sind.

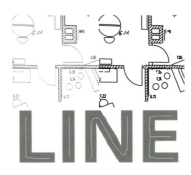

▲ Abbildung 19.53
Die Vektorisierung von Konturen ist vor allem für Pläne gedacht (oben) – für die Mittellinien-Vektorisierung von Texten (unten) ist es leider kaum geeignet.

▲ Abbildung 19.52
Ein niedriger Rauschen-Wert (Mitte: 1) setzt mehr Details der Vorlage (links) um als ein höherer (rechts: 25).

▶ METHODE: Ein Farbbereich, der einen oder mehrere andere Bereiche komplett umschließt, kann so erzeugt werden, dass die anderen Objekte gestapelt darauf liegen und keine Löcher gestanzt werden. Sind Bereiche nicht komplett eingeschlossen, entstehen Unterfüllungen. Dies steuern Sie durch die Option METHODE mit den Einstellungen ANGRENZEND oder ÜBERLAPPEND.

Abbildung 19.54 ▶
Normalerweise werden beim Nachzeichnen Objekte nebeneinandergelegt ❶, mit der Option ÜBERLAPPEND können jedoch komplett eingeschlossene Bereiche gestapelt werden ❷. Sind Objekte nicht komplett eingeschlossen, werden sie auch nicht gestapelt ❸. Es werden jedoch Unterfüllungen erstellt ❹. Damit entfallen u. a. die hässlichen weißen Randsäume nach dem Umwandeln einer Nachzeichnung.

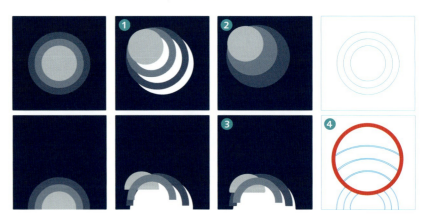

▶ ERSTELLEN: FLÄCHEN/KONTUREN (nur im Modus SCHWARZWEISS): Bei manchen Vorlagen – z. B. Konstruktionszeichnungen – ist es nicht erwünscht, Linien als Flächen erstellen zu lassen.
Daher können Sie bei einer Schwarzweißumsetzung auswählen, ob Sie diese in KONTUREN oder FLÄCHEN ausführen lassen möchten.

Vektorisiert werden die Mittellinien, alle erkannten Pfade werden einheitlich mit Konturen in einer Stärke von 2 Punkt versehen (Abbildung 19.53). Eine Kombination der Optionen KONTUREN und FLÄCHEN bringt nur wenig sinnvolle Ergebnisse.

- ▶ KONTUR (nur KONTUREN): Mit diesem Grenzwert legen Sie fest, ab welcher Stärke der Linien in der Vorlage Illustrator eine Kontur erzeugen soll. Der Höchstwert beträgt 100 PX. Stärkere Linien können nicht als Konturen umgesetzt werden.
- ▶ KURVEN AN LINIEN AUSRICHTEN: Es kommt vor, dass die Vektorisierung kurvige anstatt erwarteter gerader Pfade ergibt. Diese Option soll das korrigieren.
- ▶ WEISS IGNORIEREN: Weiße oder transparente Bereiche in einer Vorlage werden normalerweise als Vektorobjekte generiert. Dies können Sie durch Aktivieren der Option WEISS IGNORIEREN unterbinden und sich so das nachträgliche Löschen ersparen. Das Motiv wird freigestellt (Abbildung 19.55). Achtung: WEISS IGNORIEREN kollidiert mit der Methode ANGRENZEND, da diese überlappende Bereiche und Unterfüllungen erzeugt – daher lassen sich beide Optionen auch nicht kombinieren. Auch, wenn Sie weiße Objekte nach dem Umwandeln der Nachzeichnung manuell entfernen wollen, dürfen Sie ANGRENZEND nicht verwenden.

▲ **Abbildung 19.55**
Soll ein nachgezeichnetes Bild später transparent auf einem Hintergrund stehen, dann aktivieren Sie WEISS IGNORIEREN (Mitte). Anderenfalls wird eine weiße Negativform um das Motiv herum generiert (unten).

Ansicht | Richten Sie sich in diesem Menü die Bildschirmanzeige ein. Dies hilft Ihnen, die Vorlage mit dem Ergebnis des Bildnachzeichners zu vergleichen. Es ist nicht mehr möglich, die Einstellungen für Vorlage und Nachzeichnung beliebig zu kombinieren, stattdessen wählen Sie aus einer Reihe von Kombinationen. Die angezeigten Pfade werden erst entstehen, wenn das nachgezeichnete Bild umgewandelt wird.

- ▶ NACHZEICHNERERGEBNIS: Die Standardeinstellung zeigt nur die vektorisierte Version des Bildes an.
- ▶ NACHZEICHNERERGEBNIS MIT KONTUREN: Mit dieser Option wird die Nachzeichnung ein wenig abgedimmt und darüber die entstehenden Vektorpfade angezeigt. Das ist interessant, um eine Umsetzung mit der Option ERSTELLEN: KONTUREN zu überprüfen.
- ▶ KONTUREN: Diese Einstellung blendet das Nachzeichnerergebnis aus und zeigt nur die Pfade an. Gut geeignet, um hineinzuzoomen und im Detail zu überprüfen, ob Pfade gerade sind oder z. B. an Kanten überflüssige Objekte gebildet wurden (Abbildung 19.56).
- ▶ KONTUREN MIT QUELLBILD: Leicht abgedimmt wird das Pixelbild angezeigt, darüber die Pfade eingeblendet. Das ist eine gute Möglichkeit, die Genauigkeit der Nachzeichnung zu überprüfen (Abbildung 19.57).

▲ **Abbildung 19.56**
In der KONTUREN-Ansicht werden auch die überflüssigen Objekte deutlich sichtbar, die im NACHZEICHNERERGEBNIS nicht gut zu erkennen waren.

▲ **Abbildung 19.57**
KONTUREN MIT QUELLBILD

▶ Quellbild: Die Nachzeichnung wird komplett ausgeblendet und nur das Ausgangsbild angezeigt.
▶ Button Quellbild anzeigen : Unabhängig von den Einstellungen im Menü wird das Quellbild angezeigt, solange Sie diesen Button gedrückt halten. Ohne mühsame Menüaufrufe können Sie damit in einer Art Blink-Test schnell vergleichen.

19.5.4 Einstellungen als Nachzeichnervorgabe speichern

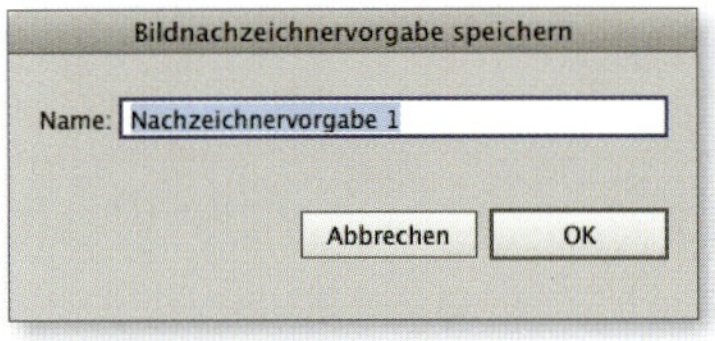

Ihre Einstellungen können Sie als Vorgabe speichern, um sie anschließend aus dem Aufklappmenü einfacher aufzurufen. Rufen Sie mit dem Button Vorgaben verwalten das Bedienfeldmenü auf, und wählen Sie Als neue Vorgabe speichern. Anschließend tragen Sie einen Namen für die Vorgabe ein. Ihre Vorgabe steht programmweit zur Verfügung.

Ist eine der Vorgaben ausgewählt, rufen Sie Löschen aus dem Menü Vorgaben verwalten auf, um die betreffende Vorgabe (selbst erstellt oder Standardvorgabe) ohne weitere Warnung zu entfernen.

Mit dem Befehl Umbenennen können Sie der ausgewählten Vorgabe einen anderen Namen geben.

Die Vorgaben können nicht mehr als Textdatei exportiert werden, Sie finden sie jedoch in der Textdatei Vektorisierungsvorgaben im Illustrator-CS6-Preferences-Ordner.

▲ Abbildung 19.58
Speichern einer Nachzeichnervorgabe

19.5.5 Nachzeichnerobjekt bearbeiten

Das Nachzeichnerobjekt bleibt auch nach dem Speichern und Wiederöffnen der Datei solange »live«, bis Sie es gezielt umwandeln. Dies ist dann nötig, wenn Sie die Pfade direkt bearbeiten oder z. B. Farbfelder extrahieren wollen (s. Anmerkung im Kasten »Ausgabe in Farbfeldern«).

Original bearbeiten | Im Bildnachzeichner-Bedienfeld können Sie keine Kontrastveränderungen vornehmen oder nur einen bestimmten Bereich der Vorlage editieren. Für diese Operationen müssen Sie das Bild in einem Bildbearbeitungsprogramm öffnen.

Ist das Nachzeichnerobjekt aus einem verknüpften Bild erstellt worden, verwenden Sie den Button Original bearbeiten im Verknüpfungen-Bedienfeld, um die Quelldatei in Photoshop oder einem anderen Programm zu öffnen. Führen Sie Ihre Änderungen durch, speichern und schließen Sie die Datei. Beim Wechseln zu Illustrator aktualisieren Sie die Verknüpfung, dann erfolgt auch ein Update des Nachzeichnerobjekts. Auch wenn Sie einem Nachzeichnerobjekt über das Verknüpfun-

Ausgabe in Farbfeldern?

Die Option Ausgabe in Farbfeldern wurde ersatzlos gestrichen. Ein Workaround besteht darin, das Bild nachzuzeichnen, dann umzuwandeln und anschließend die Funktion Verwendete Farben hinzufügen aus dem Menü des Farbfelder-Bedienfeldes anzuwenden.

Bearbeiten mit …?

Anders als InDesign kann Illustrator nur das Erstellungsprogramm verwenden und das Bild nicht an ein beliebiges Programm weiterreichen. Das gewünschte Programm müssen Sie also auf Betriebssystemebene zuweisen.

gen-Bedienfeld ein anderes Bild zuweisen, wird die Vektorumsetzung neu berechnet.

Wenn Sie ein geändertes Bild nicht in Illustrator aktualisieren, wird der alte Dateistatus für das Nachzeichnerobjekt verwendet, das trotzdem »umgewandelt« werden kann.

Umwandeln – Live-Verknüpfung lösen | Ein Nachzeichnerobjekt ermöglicht Ihnen zwar, jederzeit durch Änderungen an den Optionen das Ergebnis zu beeinflussen, es lassen sich jedoch nicht die Pfade bearbeiten. Wenn Sie detailliert einzelne Pfade oder Flächen bearbeiten möchten, müssen Sie das Nachzeichnerobjekt in Vektorobjekte umwandeln:

Dabei geht die »Live«-Eigenschaft verloren – das Pixelbild wird aus Ihrer Illustrator-Datei gelöscht, und nur die Vektorobjekte bleiben erhalten. Falls Sie das Pixelbild eingebettet haben, prüfen Sie vor dem Umwandeln, ob die Originaldatei noch besteht. Um ein Nachzeichnerobjekt umzuwandeln, aktivieren Sie es und klicken auf den Button UMWANDELN im Steuerungsbedienfeld. Alle Flächen werden als geschlossene bzw. offene Pfade oder zusammengesetzte Pfade erstellt. Die Objekte sind gruppiert.

Möchten Sie »in einem Rutsch« ein Bild mit der Standardeinstellung abpausen und umwandeln, wählen Sie den Befehl OBJEKT • BILDNACHZEICHNER • ERSTELLEN UND UMWANDELN, oder drücken Sie die Taste ⌥/Alt, während Sie auf den Button NACHZEICHNEN klicken oder eine der Nachzeichnervoreinstellungen aus dem Menü auswählen.

Weiterbearbeitung der umgewandelten Objekte | Ist die Option WEISS IGNORIEREN nicht aktiviert und haben Sie die Methode ANGRENZEND gewählt, kann es passieren, dass mehrere identische Pfade übereinanderliegen. Dies führt häufig zu Irritationen, wenn Sie zunächst vorhandene zusammengesetzte Pfade zurückwandeln und gleich anschließend wieder aus allen Objekten erstellen. Verwenden Sie unbedingt das Ebenen-Bedienfeld, um Ihre Objekte zu analysieren.

Falls Sie zu spät bemerken, dass Sie weiße Objekte nachgezeichnet und bereits umgewandelt haben, besteht die Möglichkeit, sie mit dem Zauberstab-Werkzeug (s. Abschnitt 9.5.1) auszuwählen und dann zu löschen.

Zurückwandeln | Wenn Sie das nachgezeichnete Bild – solange es noch »live« ist – in die Pixelvorlage zurückverwandeln wollen, wählen Sie OBJEKT • BILDNACHZEICHNER • ZURÜCKWANDELN.

Ebenen-Bedienfeld

Beim Umwandeln überprüfen Sie den Aufbau der Nachzeichnung mit dem Ebenen-Bedienfeld, falls etwas nicht so funktioniert, wie Sie es erwarten. Anstatt die Gruppierung aufzuheben, können Sie die umgewandelte Nachzeichnung natürlich auch im Isolationsmodus bearbeiten.

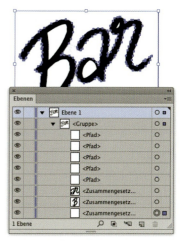

▲ **Abbildung 19.59**
Nach dem Umwandeln: mit diesen Objekten müssen Sie vorsichtig umgehen und vor allem als Erstes nicht benötigte Objekte (z. B. Weiß) löschen.

▲ **Abbildung 19.60**
Dieses Quellbild wird vektorisiert.

▲ **Abbildung 19.61**
Da Illustrator beim Umwandeln das Quellbild nicht erhalten kann, müssen Sie vorher ein Duplikat erstellen.

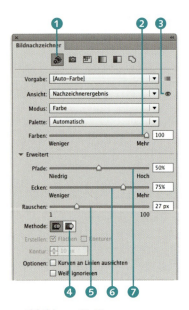

▲ **Abbildung 19.62**
Das Bildnachzeichner-Bedienfeld

Schritt für Schritt
Signet nachzeichnen und nacharbeiten

In diesem Workshop lernen Sie anhand des Wellensignets die Vorteile und Schwächen des Bildnachzeichners kennen. So sehen Sie, auf welche Details Sie beim Nachzeichnen achten müssen.

1 Bild platzieren

Erstellen Sie eine neue Datei im Farbmodus CMYK, und platzieren Sie das Bild »Welle.png« von der DVD. Diese Vorlage ist bereits optimiert – bei Ihren Projekten sollten Sie darauf achten, dass die Vorlage in Photoshop in die Waagerechte gedreht und gesäubert wurde.

Erzeugen Sie ein Duplikat der Vorlage, das exakt an derselben Stelle liegt. Das untere der beiden Bilder blenden Sie aus – Sie benötigen es später als Vorlage zum Ausbessern der Nachzeichnung.

Sehen Sie sich das Quellbild an: Zählen Sie, wie viele Farben es enthalten sollte, damit Sie die Anzahl der errechneten Farben vergleichen können (Weiß muss mitgezählt werden). Suchen Sie potenziell problematische Bereiche, z. B. Störungen, Details, zu ähnliche Farben. Alle diese Problemzonen müssen Sie später genau unter die Lupe nehmen.

2 Nachzeichnen

Rufen Sie das Bildnachzeichner-Bedienfeld auf. Zu Beginn probieren Sie die Vorgabe [AUTO-FARBE] ❶, sie liefert häufig sehr gute Ergebnisse. Vergleichen Sie das Nachzeichnerergebnis mit dem Original, indem Sie den Button QUELLBILD ANZEIGEN ❸ gedrückt halten. Solange Sie den Button drücken, wird die Vorlage angezeigt.

Das Ergebnis ist jedoch nicht zufriedenstellend, daher müssen Sie nun die einzelnen Optionen nachjustieren.

Beim Optimieren der Nachzeichnungsvariablen lassen Sie die Schrift außen vor. Es ist immer noch am besten, die Schriftart zu identifizieren und den Text nachzusetzen.

3 Optimieren: Anzahl der Farben

Im ersten Schritt sehen Sie sich nun an, wie viele Farben Illustrator im Bild erkannt und umgesetzt hat, und vergleichen dies mit dem ausgezählten Wert. Sehen Sie sich aber auch an, ob alle unterschiedlichen Farbflächen korrekt erkannt wurden.

Jetzt probieren Sie mit dem Regler FARBEN ❷, die Anzahl zu optimieren. Ziel sollte sein, dass möglichst alle Farbflächen, aber nicht zu viele unterschiedliche Farben erkannt werden. Sie werden dabei oft feststellen, dass sowohl zu niedrige als auch zu hohe Werte Fehler nach sich ziehen und Farbunterschiede nicht korrekt erkannt werden. In diesem

Fall werden wir uns dennoch für die Einstellung »100%« entscheiden, denn mit dieser Einstellung ist das Nacharbeiten am unaufwendigsten.

◀ **Abbildung 19.63**
In der Originaleinstellung werden zu viele Flächen als gleiche Farben zusammengefügt (links); mit einer Einstellung von etwa 70 % unter FARBEN wird zwar die Gischtkante korrekt als gleiche Farbe erkannt, die Oberkante der Welle ist jedoch noch nicht als Fläche vorhanden (Mitte); mit 100 wird die Oberkante erkannt, die Gischtkante besitzt jedoch zwei verschiedene Farben (rechts).

4 Optimieren: Pfade

Nun kommt die Einstellung PFADE ❼ an die Reihe. Ist sie zu hoch, erhalten Sie zwar eine genaue Nachzeichnung, die ist jedoch in der Regel sehr »wellig« bzw. sogar »pixelig«, da Illustrator jeden einzelnen (quadratischen) Pixel zeichnet. Mit niedrigeren Werten werden die Pfade runder, aber etwas ungenauer.

Achten Sie darauf, dass Details gut herausgearbeitet werden und die Pfade dennoch glatt sind.

▲ **Abbildung 19.64**
Mit der Einstellung 100 % unter PFADE erhalten Sie einen interessanten, aber hier nicht gewollten »zittrigen« Look (links); mit 0 % werden einige Details ausgelassen (Mitte); letztendlich landen wir doch wieder bei 50 % (rechts).

5 Optimieren: Ecken

Bei den Ecken entscheiden Sie, wie scharf eine Kurve sein darf, damit Sie noch als Kurve und nicht als Ecke gezeichnet wird. Vor allem im unteren Bereich des Signets gibt es einige problematische Stellen mit sehr engen Kurven. Stellen Sie den Regler ECKEN ❻ so ein, dass auch die engen Kurven noch als Kurven umgesetzt werden.

▲ **Abbildung 19.65**
Mit 100 % werden viele Rundungen eckig (links); mit 0 % viele Ecken gerundet (Mitte); bei etwa 55 % erhalten wir einen guten Kompromiss (rechts).

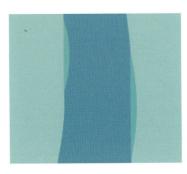

▲ Abbildung 19.66
Diese Störungen verschwinden mit einem Wert von 27 % für RAUSCHEN.

6 Optimieren: Störungen

Probieren Sie, ob Sie die kleinen, überflüssigen Flächen vielleicht unterdrücken können, indem Sie den Wert für RAUSCHEN 5 erhöhen. Suchen Sie sich einige beispielhafte Bereiche aus, und verschieben Sie den Regler nach rechts.

7 Optimieren: Methode

Da Sie die Grafik überarbeiten müssen, sollten Sie die Methode ÜBERLAPPEND (ERSTELLT STAPELPFADE) 4 auswählen. Dadurch wird es nicht nur einfacher, den Hintergrund durch einen konstruierten Kreis zu ersetzen, sondern alle Pfade werden ein wenig unterfüllt. Änderungen am Pfadverlauf werden damit wesentlich einfacher. Mit dieser Option lässt sich die Einstellung WEISS IGNORIEREN nicht kombinieren.

8 Umwandeln und erste Bereinigung

Wenn Sie mit dem Ergebnis zufrieden sind, wählen Sie OBJEKT • BILDNACHZEICHNER • UMWANDELN. Heben Sie die Gruppierung der Pfade auf. Im nächsten Schritt löschen Sie das nicht benötigte weiße Hintergrundrechteck und die Schrift.

9 Verbessern: Pfade

Nach dem Umwandeln blenden Sie die zweite Vorlage ein. Diese verwenden Sie nun, um die Grafik zu optimieren. Leider wird die Nachzeichnung immer etwas zum Original versetzt, sodass Sie alles aktivieren und neu am Pixelbild ausrichten müssen – verwenden Sie am besten des Kreis als Referenz.

Den größten Optimierungsbedarf gibt es bei den generierten Pfaden. An etlichen Stellen sind kleine Artefakte zu sehen, die Sie löschen sollten. Darüber hinaus muss ein Farbbereich noch getrennt werden. Ziehen Sie die Trennungslinie, schneiden Sie sie aus, und fügen Sie sie direkt vor der zu trennenden Fläche ein – dann färben Sie die beiden Teilbereiche mit der Funktion INTERAKTIV MALEN. Anschließend lassen sich die Formen leicht voneinander trennen.

Abbildung 19.67 ▶
An dieser Stelle wurden die Farbbereiche nicht korrekt erkannt, daher ziehen Sie nachträglich die Linie und wenden INTERAKTIV MALEN an.

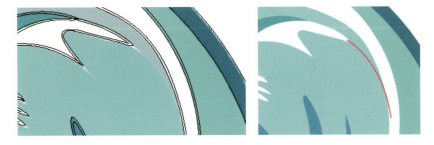

Überprüfen Sie dann die Details in der Pfadansicht und korrigieren Sie, wo nötig die Pfade mit Zeichenstift und Co.

◄ **Abbildung 19.68**
Unterfüllungen erleichtern das Korrigieren der Pfade.

10 Verbessern: Farben

Die erkannten Farbwerte sind alle »krumm«. Sie sollten sie überprüfen, minimale Anteile der nicht passenden Farben herausnehmen und die anderen Werte gegebenenfalls anhand eines Farbwertebuchs überprüfen und nachjustieren. Messen Sie in der Vorlage, welche Bereiche identische Farben besitzen, und gleichen Sie dies ebenfalls an.

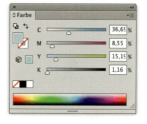

▲ **Abbildung 19.69**
Krumme Farbwerte wie diese und störende niedrigprozentige Beimischungen sollten Sie korrigieren.

11 Verbessern: Schrift

Um die Schrift zu identifizieren, können Sie Dienste wie *www.whatthefont.com* oder *www.whatfontis.com* verwenden. Falls Sie dort kein Ergebnis finden, fragen Sie Kollegen oder in Onlineforen. Die Schrift erwerben Sie und setzen den Text nach. In unserem Beispiel handelt es sich um die Schrift Lobster, die bei *www.fontsquirrel.com* kostenlos erhältlich ist. Das »d« ist leicht modifiziert: mit einem Kreis um die Mitte des Signets wurde es oben abgeschitten.

12 Verbessern: Geometrische Formen

Autotrace-Algorithmen haben in der Regel noch Schwierigkeiten, geometrische Formen korrekt zu erkennen und vor allem zu erzeugen. Obwohl der Kreis in unserem Beispiel ziemlich gut geworden ist, wie Sie unschwer erkennen können, wenn Sie das Ergebnis mit einem konstruierten Kreis vergleichen.

13 Fazit

Sie haben gesehen, dass Sie vor allem bei sehr ähnlichen Farben in der Vorlage kein optimales Ergebnis erzielen können. In diesem Fall gestaltet es sich schwierig, aber bei manchen Vorlagen lässt sich der Kontrast in der Vorlage erhöhen. Das Umfärben der Nachzeichnung stellt dann ein kleineres Problem dar als das Verbessern von Pfaden.

Unter Umständen ist das Nachzeichnen inklusive Nachbesserungen aufwendiger, als wenn Sie die Grafik direkt manuell vektorisieren würden.

▲ **Abbildung 19.70**
Mit Satzschrift und einem Kreis zur Konstruktion des angeschnittenen »d«

▲ Abbildung 19.71
Viele Objekte lassen sich besser konstruieren, wenn Sie sie zu diesem Zweck drehen.

▲ Abbildung 19.72
Das Logo (links) ist aus wenigen Grundformen konstruiert.

▲ Abbildung 19.73
Besonders Wellen- oder Zickzacklinien entlang eines gekrümmten Pfades sind mithilfe von Effekten einfach erstellt.

▲ Abbildung 19.74
Fügen Sie die Einzelteile mit dem Pathfinder zusammen.

Checkliste: (Logo-)Vektorisierung

Vorbereitung | Wenden Sie auf Fotovorlagen in Photoshop den Befehl TONTRENNUNG an, um die Farbflächen besser identifizieren zu können.

Grundformen | Identifizieren Sie regelmäßige geometrische Objekte (Kreise, Polygone, Sterne etc.), und konstruieren Sie diese mit den Formwerkzeugen (Formwerkzeuge s. Abschnitt 5.1).

Schriftelemente | Identifizieren Sie die verwendeten Schriften, und setzen Sie typografische Elemente nach (Schrift s. Kapitel 14).

Spiegelachsen | Finden Sie Spiegelachsen der Vorlage heraus, und markieren Sie sie mit Hilfslinien. Konstruieren Sie anschließend nur die Hälfte der Grafik, und erzeugen Sie die andere Hälfte durch Spiegeln.

Transformationsachsen | Verfahren Sie entsprechend mit Objekten, die durch Verschieben, Drehen oder eine andere Art der Transformation erstellt wurden.

Linien | Konstruieren Sie Linien mit Pfaden in einer entsprechenden Konturstärke – vor allem, wenn es sich um kurvige Linien handelt. Wandeln Sie diese erst abschließend in Flächen um.

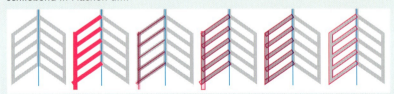

Weisen Sie beim Konstruieren den Konturen die Füllmethode MULTIPLIZIEREN zu, dann können Sie besser vergleichen (Füllmethoden s. Abschnitt 12.1.2).

Effekte | Vereinfachen Sie sich die Arbeit durch die Nutzung von Filtern und Effekten. Eine Zickzack- oder Wellenlinie lässt sich z. B. sehr komfortabel mithilfe des Zickzack-Effekts erzeugen (s. Abschnitt 13.3.2). Eine andere Möglichkeit ist die Nutzung von Musterpinseln (s. Abschnitt 9.4.7).

Natürliche Formen | Vektorisieren Sie unregelmäßige – z. B. handgezeichnete – Formen mit der Funktion BILDNACHZEICHNER. Falls nötig, bereinigen Sie die entstandenen Pfade manuell oder mit der Funktion VEREINFACHEN (s. Abschnitt 7.4.2).

Kombinieren | Wo angebracht (z. B. bei Logos und Symbolen), fügen Sie die Einzelteile mithilfe von zusammengesetzten Formen und Pathfinder-Funktionen zusammen (Kombinieren von Objekten s. Kapitel 10).

TEIL V
Ausgabe und Optimierung

Kapitel 20
Austausch, Weiterverarbeitung, Druck

Kein Programm ist eine Insel. Die meisten mit Grafiksoftware erstellten Arbeiten werden in anderen Programmen weiterverarbeitet, vor allem in Layoutsoftware, aufgrund der guten Komprimierungseigenschaften flächiger Grafik und Entwicklungen der Auszeichnungssprachen und Browser jedoch auch auf Webseiten.

20.1 Export für Layout und Bildbearbeitung

Die Im- und Exportmöglichkeiten potenzieller Austauschprogramme unterscheiden sich aufgrund ihrer Art – Vektorgrafik, Bildbearbeitung, Layout –, aber selbst gleiche Funktionen werden auf andere Art programmiert und entstehende Formen gegebenenfalls anders gespeichert.

Wenn Sie auf den Austausch zwischen Programmen angewiesen sind, ist es sinnvoll, die Möglichkeiten der Programme genau zu kennen. So lassen sich Probleme z. B. dadurch vermeiden, dass Sie bestimmte Objekte vor dem Exportieren umwandeln.

FreeHand und CorelDraw
Details zum Import von Corel-Draw-Dateien finden Sie in Kapitel 19. Der Import von FreeHand-Dateien ist in Illustrator CS6 nicht mehr möglich.

▼ **Abbildung 20.1**
Photoshop-Illustrationen und Vektorgrafik-Vorarbeiten

> **EPS veraltet**
>
> Da PostScript u. a. keine Transparenz unterstützt, ist EPS faktisch veraltet. Als »kleinster gemeinsamer Nenner« ist es im Repertoire der Austauschformate z. B. eines Corporate Designs immer noch gefragt, vor allem, wenn konkrete Empfänger und Einsatzbereiche der Datei nicht von vornherein bekannt sind. Wenn Sie Ihre Datei als EPS speichern, dann immer nur zusätzlich zum AI-Format.

Layoutprogramme | Die klassische Weiterverarbeitung von Illustrator-Grafik geschieht in Layoutsoftware, z. B. für die Zeitschriftenproduktion. Illustrationen werden üblicherweise nicht mehr nachbearbeitet, sondern im Layout platziert. Das gängige Austauschformat ist das Illustrator-Format bzw. PDF innerhalb der Creative Suite und QuarkXPress ab Version 8 (in XPress besteht jedoch keine bzw. eine nur unsichere Unterstützung semitransparenter Bereiche, wie z. B. Schlagschatten).

Bildbearbeitung/Photoshop | Aufgrund der objektorientierten Arbeitsweise eignet sich Illustrator gut für die Vorbereitung umfangreicher Illustrationen, selbst wenn deren Ausarbeitung pixelbasiert in der Bildbearbeitung erfolgt. Die Möglichkeiten von Photoshop bei der direkten Bearbeitung von Vektorpfaden wurden mit jeder Version optimiert. Noch wichtiger ist aber die Verbesserung des Imports von Vektorgrafik. Smart-Objekte ermöglichen es, Vektorgrafik nativ in Photoshop-Dateien zu speichern.

20.1.1 Exportieren und Speichern einzelner Zeichenflächen

Illustrator kann mehrere Zeichenflächen anlegen, die meisten Austauschformate sind jedoch einseitig. Beim Speichern und Exportieren vieler Formate besteht die Möglichkeit, eine oder mehrere Zeichenflächen dafür auszuwählen. In der jeweiligen Dialogbox werden die entsprechenden Optionen angezeigt.

▲ Abbildung 20.2
Auswahl der Zeichenflächen beim Exportieren eines PSD

> **APPE (Adobe PDF Print Engine)**
>
> 2006 stellte Adobe die PDF-Print-Engine als Nachfolger von PostScript vor. Sie wurde bereits in viele Drucker, Belichter und RIPs integriert. Ein großer Vorteil der APPE gegenüber PostScript besteht darin, dass die APPE Transparenzen nativ verarbeiten kann.

Zeichenflächen verwenden | Aktivieren Sie diese Option, damit das Auswählen von Seitenbereichen ermöglicht wird. Ist die Option nicht gesetzt, entspricht das Format des exportierten Dokuments der durch Objekte bedeckten Fläche der Illustrator-Datei.

Zeichenflächen auswählen | Tragen Sie die Nummer einer Zeichenfläche oder einen Bereich aus mehreren Zeichenflächen – getrennt durch Kommas oder mit Bindestrich – ein.

20.1 Export für Layout und Bildbearbeitung

▲ **Abbildung 20.3**
Messestanddesign mit fünf Zeichenflächen, einige Objekte liegen außerhalb ❶; Export der Layoutansicht für den Kunden ohne die Option Zeichenflächen verwenden ❷; Export von Ausschnitten für Testausdrucke in 1:1 ❸, Export der einzelnen Panels zum Druck ❹

20.1.2 Speichern als EPS

Ein immer noch weit verbreitetes (wenn auch inzwischen veraltetes und für einen Großteil der Anwendungszwecke nicht mehr zu empfehlendes) Publishing-Austauschformat ist EPS – Encapsulated PostScript. Dieses Format wird von allen wichtigen Layout- und Vektorgrafikprogrammen sowie von Photoshop unterstützt.

Speichern | Um eine EPS-Datei zu erstellen, rufen Sie Datei • Speichern unter… auf – ⌘/Strg+⇧+S – und wählen im Menü Format bzw. unter Windows Dateityp • Illustrator EPS. Bestimmen Sie auch die zu exportierenden Zeichenflächen. Nach der Bestätigung mit OK bzw. Speichern geben Sie die Optionen in eine zweite Dialogbox ein:

▶ Version: Wählen Sie aus, mit welcher Illustrator-Version das EPS kompatibel sein soll. Wählen Sie eine Version größer oder gleich 10, werden eigentlich zwei Dateien in einer gespeichert: ein »nativer«, mit der ausgewählten Illustrator-Version editierbarer Part und ein Standard-EPS, in dem alle Objekte umgewandelt sind (s. Abschnitt 4.7.1). Bearbeiten Sie diesen Standard-EPS-Part mit einer anderen Vektorsoftware, kann es inhaltlich zu Versionskonflikten kommen, da der »native« Teil nicht entsprechend aktualisiert wird. Ab dem Illustrator-10-Format bleiben fast alle Illustrator-Objekte jeweils mindestens mit der Version editierbar, ab der sie unterstützt werden. Textobjekte werden jedoch in Legacy-Text umgewandelt, und Sie müssen platzierte Photoshop-Dateien auf eine Ebene reduzieren. Das Warn-Icon ⚠ zeigt potenzielle Probleme an.

▲ **Abbildung 20.4**
EPS-Exportoptionen

EPS für FreeHand & CorelDraw
Gängige Vektorgrafikprogramme, z. B. CorelDraw und FreeHand, können EPS-Dateien, die »native« Daten enthalten, nicht zur Bearbeitung öffnen.

▲ **Abbildung 20.5**
Transparente und deckende EPS-Vorschau

> **EPS und Transparenz**
>
> EPS-Dateien mit gerasterter Transparenz sind im Layout nicht beliebig skalierbar.

> **Schriften einbetten**
>
> Schrifthersteller können das Einbetten von Truetype-Schriften unterbinden, indem sie im Font eine entsprechende Option aktivieren.

▲ **Abbildung 20.6**
Icons kennzeichnen die EPS-Version der Datei (von links: 10, CS, CS6).

> **Verläufe kompatibel drucken**
>
> Die JPEG-Verläufe verlangsamen die Ausgabe der Datei auf neueren Druckern. Verwenden Sie diese Option also nur, wenn Sie sie brauchen.

▶ VORSCHAU: Damit Sie das Layout auch in Programmen beurteilen können, die EPS nicht darstellen, lässt sich ein Vorschaubild in der Datei speichern. Wählen Sie hier das FORMAT aus. Falls Sie 8-Bit-TIFF auswählen, müssen Sie außerdem angeben, ob das Vorschaubild deckend sein soll. Wählen Sie DECKEND, wenn Sie das EPS in Microsoft Office verwenden.

▶ TRANSPARENZ: Mit den Optionen in diesem Bereich definieren Sie, wie transparente und überdruckende Objekte beim Export behandelt werden sollen. Je nach gewählter EPS-Version stehen Ihnen unterschiedliche Einstelloptionen zur Verfügung:

 ▶ Version 3 oder 8: Sie haben die Wahl, das Aussehen von Transparenzen und überdruckenden Objekten oder die Pfade ohne Transparenz beizubehalten. Erhalten Sie die Transparenzen, müssen Sie die Reduzierungsoptionen einstellen.

 ▶ Version 10 und höher: Wählen Sie die Transparenzreduzierungsoptionen (s. Abschnitt 12.4).

▶ SCHRIFTEN EINBETTEN: Ab Version 8 lassen sich Schriften in EPS-Dateien einbetten. Das bedeutet, dass die richtige Schrift beim Platzieren der Datei in anderen Anwendungen verwendet wird. Öffnen Sie die Datei in Illustrator, muss die Schrift trotz Einbettung auf Ihrem Computer installiert sein.

▶ VERKNÜPFTE DATEIEN EINSCHLIESSEN: Mit dieser Option werden alle platzierten Dateien in das EPS eingebettet.

▶ DOKUMENTMINIATUREN EINSCHLIESSEN: Wenn Sie in Öffnen- und Platzieren-Dialogen und im Windows-Explorer eine Vorschau der Datei anzeigen lassen wollen, aktivieren Sie die Miniaturen.

▶ CMYK-POSTSCRIPT IN RGB-DATEIEN EINSCHLIESSEN: Platzieren Sie eine RGB-Datei in einer Anwendung, die nur im CMYK-Modus arbeitet, kann das Layout trotzdem ausgedruckt werden, wenn Sie diese Option aktivieren. Die RGB-Daten bleiben für das erneute Bearbeiten in Illustrator erhalten.

▶ VERLÄUFE UND VERLAUFSGITTER KOMPATIBEL DRUCKEN: Ältere Drucker können Verläufe und Verlaufsgitter nicht immer problemlos ausgeben. Aktivieren Sie diese Option, um eine JPEG-Version der Verläufe in der Datei zu speichern.

▶ ADOBE POSTSCRIPT: Wählen Sie die PostScript-Version für das EPS. Level 3 bietet mehr Optionen, z. B. können Sie damit Verlaufsgitterobjekte ohne vorherige Umwandlung in Bitmaps auf PostScript-3-fähigen Druckern ausgeben.

20.1.3 Nach InDesign per Copy & Paste

Pfade und zusammengesetzte Pfade mit Farbfüllungen und -konturen können Sie aus Illustrator in die Zwischenablage kopieren und in InDesign einfügen. Musterfüllungen werden dabei allerdings in Vektorpfade umgewandelt.

Damit Sie einzelne Vektorpfade aus Illustrator als Rahmen in InDesign verwenden können, muss in Voreinstellungen • Dateien verarbeiten und Zwischenablage… unter Zwischenablage beim Beenden die Option AICB (Adobe Illustrator ClipBoard) aktiviert sein.

Übernehmen Sie Objekte aus InDesign in Ihr Illustrator-Dokument über die Zwischenablage, dann beachten Sie, dass diese mit der Eigenschaft Überdrucken versehen sein können.

Vektorpfade in InDesign

Möchten Sie Vektorpfade aus Illustrator in InDesign direkt weiterbearbeiten (z. B. als Grafikrahmen verwenden), kopieren Sie das Objekt aus Illustrator und fügen es in InDesign ein. Für die Übertragung auf diesem Weg besteht eine Obergrenze von 500 Objekten – falls Sie mehr Objekte in InDesign einfügen wollen, wird aus diesen ein EPS erstellt und eingebettet.

20.1.4 Export nach Photoshop

Copy & Paste | Die einfachste Form der Übergabe von Illustrator-Elementen an Photoshop-Dateien besteht im Transport über die Zwischenablage. Kopieren Sie die Illustrator-Objekte, wechseln Sie zu Photoshop, und fügen Sie die Elemente in Ihre Datei ein: Bearbeiten • Einfügen – ⌘/Strg+V. Eine Dialogbox fragt anschließend, wie Sie den Inhalt der Zwischenablage einfügen möchten:

- Mit der Option Smart Objekt bleiben die Vektoreigenschaft sowie alle Illustrator-Bearbeitungsmöglichkeiten erhalten, in Photoshop können Sie Smart-Objekte nur insgesamt transformieren oder mit Smart-Filtern bearbeiten. Weitere Informationen zu Smart-Objekten finden Sie in der Photoshop-Hilfe.
- Die Einstellung Pixel rastert die Illustrator-Objekte, dafür können Sie alle Photoshop-Funktionen anwenden.
- Pfad bzw. Formebene übernimmt nur die Vektorform, diese können Sie jedoch ebenfalls mit allen entsprechenden Photoshop-Optionen bearbeiten.

Über das PSD-Format | Wenn Sie Ihre Dateien als PDF oder EPS speichern, ist es nur möglich, sie beim Öffnen in Photoshop rastern zu lassen, also als Pixelgrafik zu öffnen. Über die Zwischenablage haben Sie die Wahl, ob Sie Pixel oder Pfade in Photoshop einfügen. Möchten Sie in einer Datei jedoch einen Teil der Objekte rastern und einen anderen Teil als Pfade für Photoshop speichern, verwenden Sie den PSD-Export von Illustrator.

▲ Abbildung 20.7
Einfügen-Optionen in Photoshop

Farbeinstellungen angleichen

Achten Sie beim Wechsel zwischen Illustrator und Photoshop darauf, dass in beiden Programmen und in den jeweils bearbeiteten Dateien identische Farbeinstellungen vorhanden sind. Anderenfalls werden Farben umgewandelt.

Zusammengesetzte Form aus einzelnem Pfad?

Wenn Sie einen einzelnen Pfad innerhalb einer Datei als Formebene speichern möchten, wählen Sie Zusammengesetzte Form erstellen aus dem Menü des Pathfinder-Bedienfeldes.

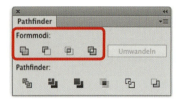

▲ Abbildung 20.8
Zusammengesetzte Formen erstellen Sie mit den Formmodi-Buttons des Pathfinder-Bedienfeldes.

▲ Abbildung 20.9
Nötige Einstellungen für Konturen

▲ Abbildung 20.10
Optionen beim Export von Photoshop-Dateien

Textobjekte bleiben erhalten
Auch Pfadtexte und nicht rechteckige Flächentexte bleiben in Photoshop editierbar erhalten.

Optional bleibt die Ebenenstruktur erhalten – möchten Sie Formen in der Photoshop-Datei auf unterschiedlichen Ebenen speichern, müssen Sie sie aber bereits in Illustrator auf diese Ebenen verteilen.

Objekte, die als Vektorformen übertragen werden sollen, müssen in einer genau definierten Weise erstellt werden. Nur zusammengesetzte Formen, die Sie mithilfe der oberen Button-Reihe des Pathfinder-Bedienfeldes oder über den Befehl in dessen Bedienfeldmenü erstellen, werden in der PSD-Datei als Formebenen gespeichert, wenn sie sich in der obersten Hierarchiestufe des Dokuments befinden – also in Ebenen, nicht in Unterebenen. Falls Sie die zusammengesetzten Formen mit einer Kontur versehen, muss diese in einem geraden Wert in der Einheit Punkt definiert sein und die runde Eckenform verwenden (Abbildung 20.9). Verwenden Sie keine Muster- oder Verlaufsfüllungen.

PSD-Exportoptionen | Wählen Sie in der Dialogbox PSD als Exportformat, geben Sie der Datei einen Namen, und bestimmen Sie die zu exportierenden Zeichenflächen und den Speicherort. Nachdem Sie mit OK bestätigt haben, legen Sie die Optionen fest:

▶ FARBMODELL: Sie haben die Wahl, Ihre Dateien im RGB-, CMYK- oder Graustufen-Farbraum zu speichern. Voreingestellt ist der Dokumentfarbraum, und nur in diesem Farbraum ist es auch möglich, die maximale Bearbeitbarkeit der Objekte zu erreichen.

▶ AUFLÖSUNG: Da Sie eine Rasterdatei erzeugen, müssen Sie hier deren Auflösung bestimmen – wählen Sie sie nach dem Bestimmungszweck der Grafik. Drei gebräuchliche Werte können Sie anklicken oder einen abweichenden Wert unter ANDERE eingeben. Die Bildgröße richtet sich nach den Maßen der Zeichenfläche, wenn die Option ZEICHENFLÄCHEN VERWENDEN aktiviert wurde. Anderenfalls wird eine Fläche exportiert, die alle Objekte umfasst.

▶ REDUZIERTES BILD: Mit dieser Option werden alle Objekte auf eine Bildebene reduziert. Bei sehr komplexen Dateien oder wenn Sie eine hohe Auflösung eingestellt haben, ist es häufig nötig, diese Option zu verwenden, um die Datei überhaupt exportieren zu können.

▶ EBENEN MIT EXPORTIEREN: Aktivieren Sie diese Option, um in Illustrator eingerichtete Ebenen zu erhalten. Setzen Sie zusätzlich die Option TEXTBEARBEITBARKEIT BEIBEHALTEN, um Textobjekte in Photoshop-Textebenen zu konvertieren. Die Option MAXIMALE BEARBEITBARKEIT erhält nach Möglichkeit auch die ersten Unterebenen und dient dazu, zusammengesetzte Formen in Formebenen umzuwandeln. Sind die PSD-Dateien für eine alte Photoshop-Version bestimmt (unter CS), rastern Sie die Textebenen.

- GLÄTTEN: Wählen Sie aus dem Menü die Methode des Anti-Aliasings oder OHNE, um die Glättung zu deaktivieren. Die Methode BILDMATERIAL OPTIMIERT (SUPERSAMPLING) kann Stitching-Artefakte in Mustern in manchen Fällen beim Rastern vermeiden.
- ICC-PROFIL EINBETTEN: Wenn Sie in einem Farbmanagement-Workflow arbeiten, aktivieren Sie diese Option, um das eingestellte Farbprofil in die Datei einzubetten.

▲ Abbildung 20.11
Ohne (links) und mit (rechts) GLÄTTEN (Darstellung vergrößert)

20.1.5 Export als TIFF (Tagged Image File Format)

Das TIFF-Pixelformat wird von allen in der Druckvorstufe verbreiteten Programmen unterstützt. Die von Illustrator erstellten TIFF-Dateien sind auf die Hintergrundebene reduziert.

Neben der AUFLÖSUNG und der Farbprofileinstellung können Sie unterschiedliche Arten des Glättens wählen (SUPERSAMPLING und HINTED s. Abschnitt 14.9.2), und es lassen sich als spezifische Optionen die LZW-KOMPRIMIERUNG (eine verlustfreie Datenreduzierung) sowie die BYTEREIHENFOLGE angeben. Die meisten Programme können sowohl die IBM- als auch die Macintosh-Reihenfolge lesen. Falls Sie sich jedoch nicht sicher sind, wählen Sie die Zielplattform aus, auf der die Datei eingesetzt werden soll.

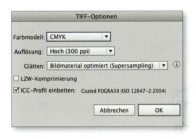

▲ Abbildung 20.12
TIFF-Export-Optionen

20.1.6 AutoCAD DWG/DXF exportieren

Die beiden Formate DWG und DXF werden üblicherweise beim Austausch von Vektorgrafiken und Zeichnungen in CAD- und 3D-Programmen sowie für die Weitergabe von Daten in der Maschinensteuerung – z. B. Laserschneider – verwendet. Der Datenaustausch über diese Formate erfordert gegebenenfalls umfangreiche Tests und Absprachen.

Daten für CAD
Strukturieren Sie Ihre Elemente konsequent mit Ebenen und Gruppen, diese bleiben beim Export erhalten.

20.1.7 WMF/EMF exportieren

Beim Windows-Metafile- und Enhanced-Metafile-Format handelt es sich um native Windows-Grafikformate. Sie lassen sich auf dem Mac nicht sinnvoll exportieren oder platzieren. Metafile-Grafikformate sind eigentlich eine Sammlung von Befehlen an das Graphic Device Interface des betreffenden Betriebssystems – also in diesem Fall von Windows –, das diese Befehle zum Zeichnen der Grafikobjekte auf dem Monitor und zum Drucken auf Nicht-PostScript-Geräten benutzt. In einer reinen Windows-Umgebung können beide Formate zum Austausch von Vektorgrafik mit Office-Programmen verwendet werden.

Illustrator und Office am Mac
Unter Mac OS können Sie PDF zum Platzieren in Microsoft-Office-Dokumenten verwenden. Die Office-Dateien können unter Windows weiterverwendet werden.

20.1.8 Sonstige Formate exportieren

FreeHand | Möchten Sie Ihre Illustrator-Dateien in FreeHand weiterbearbeiten, können Sie eine Illustrator 8- oder EPS-Version-8-Datei speichern. Hier werden bereits beim Exportieren der Datei einige Objekte umgewandelt (z. B. Text auf einem Pfad und in einer Form), die restlichen beim Öffnen in FreeHand – z. B. Verläufe und Angleichungen. Alternativ kopieren Sie die Objekte in die Zwischenablage und fügen sie in FreeHand über Bearbeiten • Speziell • Inhalte einfügen als AI/EPS ein.

> **Spezialobjekte konvertieren**
>
> Wenn sich Spezialobjekte wie Verzerrungshüllen oder Überblendungen nicht von einem in ein anderes Programm übertragen lassen, haben Sie zwei Möglichkeiten: in normale Vektorobjekte umwandeln oder in die Ursprungsformen zurückwandeln und im Zielprogramm aus den Originalobjekten ein vergleichbares Objekt erstellen.

CorelDraw | Illustrator kann keine CDR-Dateien exportieren. Sie können jedoch Illustrator-Dateien bis zur Version 7 sowie EPS oder PDF in CorelDraw öffnen – CorelDraw X5 kann Illustrator-Dateien sogar bis CS4 öffnen und erreicht beim Interpretieren der Objekte und Umwandeln in entsprechende eigene Elemente sehr gute Ergebnisse. In CorelDraw aktivieren Sie beim Öffnen die Option Interpretiertes PostScript.

BMP | Das Bitmap-Format ist ein Windows-Standardpixelformat. Beim Export dieses Formats werden alle Ebenen und Objekte auf die Hintergrundebene reduziert – bei der Rasterung der Füllmethoden können Fehler entstehen.

▲ Abbildung 20.13
Pixelbasierte Dateiformate erkennen Sie am Icon.

Macintosh PICT | PICT ist das Mac-OS-Gegenstück zu WMF/EMF, also ebenfalls ein Metaformat. Es nutzt die QuickDraw-Routinen des Macs, um Grafik am Monitor oder auf einem Drucker auszugeben. Da beim Konvertieren einer Grafik ins PICT-Format eine schlechtere Farbqualität entsteht und Vektorkurven ungenauer berechnet werden, sollten Sie dieses Format vermeiden.

TARGA | TARGA ist ein von der Firma Truevision für ihre Grafikkarten entwickeltes Pixelformat, das nur die Farbmodelle RGB und Graustufen unterstützt. Alle Ebenen und Objekte werden beim Export auf die Hintergrundebene reduziert.

▲ Abbildung 20.14
Export-Optionen für das TXT-Format

Microsoft Office | Die Funktion Für Microsoft Office speichern… ist ein um die Formatoptionen reduzierter PNG-Export. PNG ist nicht das einzige zum Import in Office geeignete Format, das Illustrator unterstützt.

TXT | In Illustrator gesetzte Texte lassen sich als ASCII-Text exportieren. Dabei haben Sie die Wahl, den Text für die Windows- oder Mac-

Plattform in Unicode oder in der für den Arbeitsrechner eingestellten Kodierung zu speichern.

Aktivieren Sie Texte mit dem Textcursor oder den Textrahmen mit dem Auswahl-Werkzeug, um nur diese Inhalte in der Textdatei zu speichern. Ist kein Text oder Rahmen ausgewählt, werden alle Textrahmen in der Stapelreihenfolge exportiert. Der im Stapel untenliegende Rahmen steht am Beginn der Textdatei.

20.2 Ausgabe als PDF

Das Portable Document Format ist ein offenes Austauschformat. In PDF-Dateien bleiben die Präsentationselemente des Ursprungsdokuments – Layout, Schrift, Bilder – erhalten und können mit dem Acrobat Reader betrachtet werden, unabhängig davon, welche Anwendung auf welcher Plattform zur Erstellung der Datei eingesetzt wurde.

Aus der Druckvorstufe ist das PDF-Format inzwischen nicht mehr wegzudenken. Es wird sowohl in kostengünstigen Online-Druckereien als auch für die Ausgabe hochwertiger Qualitätsdrucke verwendet.

PDF-Dateien können Sie aus Illustrator auf zwei Arten erstellen: Zum einen lässt sich ein PDF über den **Drucken-Dialog** erzeugen mit Adobe PDF als Druckertreiber. Auf diesem Weg muss jedoch eventuell vorhandene Transparenz reduziert werden. Der andere Weg führt über das **Speichern**.

▲ Abbildung 20.15
Im Adobe-Print-Publishing-Bereich finden Sie viele Anleitungen – auch zu PDF: *www.adobe.com/de/solutions/digital-publishing.html*.

PDF-Voreinstellungen

Unter BEARBEITEN • ADOBE PDF-VORGABEN verwalten Sie die PDF-Voreinstellungen. Dort können Sie neue Voreinstellungen anlegen oder Joboptions-Dateien als Voreinstellungen importieren.

20.2.1 PDF speichern

Wählen Sie DATEI • SPEICHERN UNTER..., und geben Sie den Speicherort und Namen der Datei sowie das Speicherformat ADOBE PDF (PDF) ein. Bei mehreren Zeichenflächen wählen Sie außerdem diejenigen aus, die gespeichert werden sollen. Es entsteht eine mehrseitige PDF-Datei, deren Seiten unterschiedliche Formate besitzen können.

Anschließend stellen Sie die Optionen für die Erzeugung der PDF-Datei ein. Sie haben die Möglichkeit, einen der voreingestellten Einstellungssätze auszuwählen oder die Optionsbereiche aus der Liste aufzurufen und Ihre eigenen Einstellungen vorzunehmen.

▶ ADOBE PDF-VORGABE: In diesem Menü finden Sie die mitgelieferten Einstellungen sowie Optionssets, die Sie selbst speichern. Wählen Sie ILLUSTRATOR-STANDARD, um alle Bearbeitungsmöglichkeiten im erstellten PDF zu erhalten. Die drei PDF/X-Einstellungen erzeugen jeweils standardkonforme PDFs; mit dieser Option ist aber die Einstellung ILLUSTRATOR-BEARBEITUNGSFUNKTIONEN BEIBEHALTEN nicht

Alles auf einer Seite

Möchten Sie die Elemente aller Zeichenflächen auf einer Seite im PDF zusammenfassen, müssen Sie zunächst eine Zeichenfläche über alle Objekte anlegen.

Rücksprache mit Dienstleister

Gerade wenn Sie PDF-Dateien für die Druckvorstufe erstellen, sollten Sie sich vorher bei Ihrem Dienstleister nach den benötigten Einstellungen erkundigen.

PDFs zum Platzieren

Vor allem, wenn Ihre PDF-Dateien in InDesign platziert werden, sollten Sie die Transparenz nicht beim Export aus Illustrator reduzieren und eine höhere PDF-Version als 1.3 wählen.

Bearbeitungsfunktionen beibehalten?

Illustrator-Bearbeitungsfunktionen beibehalten ist kontraproduktiv, wenn Sie eine starke Komprimierung erreichen wollen, da die gesamte Illustrator-Datei noch einmal ins PDF eingebettet wird. Darüber hinaus kann es zu inhaltlichen Versionskonflikten kommen, wenn Sie den Standard-PDF-Part einer solchen Datei mit geeigneter Software (wie z. B. Enfocus PitStop) editieren, da in diesem Fall der Private-Data-Part nicht aktualisiert wird.

Abbildung 20.16 ▶
Die Dialogbox Adobe PDF speichern

PDF-Ebenen in Illustrator

Wird ein PDF ohne Illustrator-Bearbeitungsfunktionen, aber mit Ebenen gespeichert, stehen die Ebenen nach dem erneuten Öffnen in Illustrator nicht zur Verfügung, da PDF-Ebenen nicht kompatibel zu Illustrator-Ebenen sind.

Private Data? AI-Part?

Ein wenig Begriffsverwirrung herrscht bei der im PDF eingebetteten AI-Datei. Je nach Sprecher wird sie mal als Private Data, als AI-Fork, AI-Zweig oder AI-Part bezeichnet.

---

standardkonform. Mit der Option Kleinste Dateigrösse speichern Sie weboptimierte Dateien.

▶ Standard: Wählen Sie die angestrebte PDF/X-Version oder Ohne aus, um Ihre Einstellungen auf Standardkonformität hin überprüfen zu lassen.

▶ Kompatibilität: In diesem Menü stellen Sie ein, mit welcher Acrobat-Version Ihre Datei kompatibel sein soll. Mit dieser Option wird außerdem die PDF-Version festgelegt. Mit der Einstellung Acrobat 4 (PDF 1.3) können Sie viele Probleme in der Belichtung oder im Druck vermeiden – Transparenz wird dann allerdings reduziert, daher sollten Sie anderen Einstellungen den Vorzug geben, die präziser auf den Weiterverarbeitungsprozess zugeschnitten sind.

Allgemein | Die Optionen dieser Gruppe betreffen Illustrator-Features.

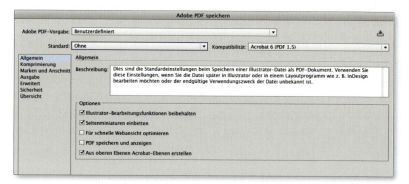

▶ Illustrator-Bearbeitungsfunktionen beibehalten: Möchten Sie das PDF später erneut in Illustrator editieren, wählen Sie diese Option. Sie löst die Einbettung einer Illustrator-Datei ins PDF aus (s. Abschnitt 4.7.1) und ist nicht konform zu PDF/X.

▶ Seitenminiaturen einbetten: Seitenminiaturen dienen der Vorschau einzelner Seiten in Öffnen-Dialogen.

▶ Für schnelle Webansicht optimieren: Das PDF wird so strukturiert, dass es seitenweise vom Server geladen werden kann. Außerdem werden wiederholt vorkommende Bildinhalte nur noch per Verweis auf das erste Vorkommen gespeichert (dies gilt nicht für Vektordaten).

▶ Aus oberen Ebenen Acrobat-Ebenen erstellen: Diese Option steht nur ab Acrobat 6 (PDF 1.5 bis 1.7) zur Verfügung. Ebenen der obersten Hierarchiestufe bleiben im PDF als Ebenen erhalten.

Komprimierung | Pixelbilder in PDF-Dateien können komprimiert werden. Beim Speichern haben Sie außerdem die Möglichkeit, dokumentweit die Auflösung der Bilder zu verringern – per Downsampling. Dabei werden Bilder nach den Farbmodi Farbbilder, Graustufenbilder und monochrome Bilder (1-Bit-Bilder) unterschieden. Für jede dieser drei Gruppen können Sie individuelle Methoden des Downsamplings sowie Komprimierungsoptionen definieren.

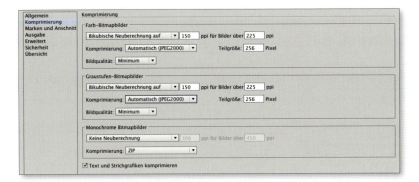

▶ NEUBERECHNUNG (DOWNSAMPLING): Wählen Sie aus dem Aufklappmenü, mit welcher Methode die Bildauflösung angepasst werden soll. Mit der Option BIKUBISCHE NEUBERECHNUNG erreichen Sie die weichsten Übergänge, die Berechnung dauert aber auch am längsten.

▶ KOMPRIMIERUNG: Die Komprimierungsmethode und deren Stärke sind für die Darstellungsqualität der platzierten Bilder verantwortlich.

  ▶ OHNE: Es findet keine Komprimierung statt. Wählen Sie diese Option für die Druckausgabequalität.

  ▶ ZIP: ZIP eignet sich am besten für flächige, grafische Bilder. Mit der Bildqualität-Einstellung 8 Bit arbeitet ZIP verlustfrei. Wählen Sie jedoch die 4-Bit-Kompression, wird bei jedem Bild zunächst die Anzahl der Farben pro Kanal auf 16 reduziert und erst dann verlustfrei komprimiert.

  ▶ JPEG: Wählen Sie JPEG für fotografische Motive. Die Stärke der Komprimierung stellen Sie mit dem Menü BILDQUALITÄT ein.

  ▶ JPEG2000: JPEG2000 ist ein internationaler Standard, der viele Verbesserungen gegenüber JPEG bietet. Zusätzlich zur BILDQUALITÄT bestimmen Sie hier mit dem Regler TEILGRÖSSE Optionen für die progressive Anzeige der Bilder, d.h., die Bildanzeige baut sich in mehreren Durchgängen auf. Dieses Verfahren können Sie nur bei einer Kompatibilität-Einstellung ab ACROBAT 6 (PDF 1.5) auswählen.

  ▶ CCITT: Dieses Verfahren stammt aus der Faxübertragung. Sie können die Option nur für monochrome Bilder auswählen.

Downsampling einstellen?
Da Downsampling immer eine Weichzeichnung verursacht, sollten Sie Ihre Bilder im Bildbearbeitungsprogramm auf die richtige Größe skalieren und anschließend schärfen.
Verwenden Sie Downsampling ausschließlich, um Dateien für das Web zu erstellen.

◀ **Abbildung 20.17**
PDF-Optionen KOMPRIMIERUNG

Vektordaten komprimieren?
Vektorgrafiken lassen sich nicht weiter komprimieren. Sehr komplexe Vektorillustrationen führen daher häufig zu sehr großen PDF-Dokumenten.

▲ **Abbildung 20.18**
Anwendungsbeispiele für LZW, JPEG, CCITT, Run-Length

▸ RUN-LENGTH: Auch RUN-LENGTH steht nur bei monochromen Bildern zur Verfügung. Es eignet sich eher für Motive mit großen einheitlichen Flächen.
▸ TEXT UND STRICHGRAFIKEN KOMPRIMIEREN: Diese Option bewirkt eine ZIP-Komprimierung, die die Dateigröße noch ein wenig reduziert.

Marken und Anschnitt | Die Optionen in diesem Bereich entsprechen den gleichlautenden Optionen im Dialog DRUCKEN (s. Abschnitt 20.4).

Ausgabe | In diesem Bereich nehmen Sie die Einstellungen für das Farbmanagement vor.

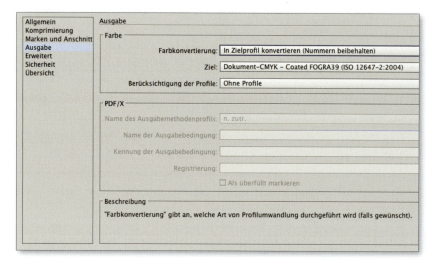

Abbildung 20.19 ▸
PDF-Optionen AUSGABE

Ein Zielprofil können Sie auswählen, sobald Sie eine FARBKONVERTIERUNG selektiert haben. Die Gruppe der PDF/X-Optionen ist erst verfügbar, wenn Sie eines der PDF/X-Formate als Ausgabeformat einstellen.

Wählen Sie einen Menüpunkt aus, und bewegen Sie anschließend den Cursor darüber, um Informationen zu erhalten, was mit den im Dokument verwendeten Farben und den Farben in platzierten Bildern geschieht.

Erweitert | Hier entscheiden Sie, ob der gesamte Zeichensatz einer Schrift oder nur Untergruppen in Ihr Dokument eingebettet werden. Untergruppen bildet Illustrator dann, wenn der Anteil verwendeter Zeichen kleiner ist als der im Feld eingegebene Wert. Wenn Sie möchten, dass eine Schrift komplett eingebettet wird, geben Sie »0« ein.

Die Optionen ÜBERDRUCKEN und TRANSPARENZREDUZIERUNG entsprechen denen im Dialog DRUCKEN bzw. der Menüoption TRANSPARENZ REDUZIEREN (zur Transparenz s. Kapitel 12).

OpenType und Dateigröße

Beachten Sie bei der Verwendung von OpenType-Schriften, dass diese sehr viele Zeichen enthalten können, sodass die Dateigröße nicht unerheblich steigt.

20.3 Grafiken für den Druck vorbereiten

Bei der Erstellung von Grafik für den Druck sind einige spezielle Gegebenheiten des Verarbeitungsprozesses bei der Übersetzung digitaler Daten in die analoge Darstellung und die verwendeten Bedruckstoffe zu beachten.

20.3.1 Bildauflösung

Die Auflösung eines Bildes gibt die Anzahl der Pixel bezogen auf eine Längeneinheit an. Solange Sie in Illustrator nur mit Vektorformen arbeiten, müssen Sie sich um die Auflösung nur wenige Gedanken machen. Achten müssen Sie aber auf Linienstärken. Eine Linie unter 0,25 Punkt Stärke wird unter Umständen nicht sauber gedruckt. Bedenken Sie, dass Konturen beim Verkleinern einer Grafik im Layoutprogramm ebenfalls dünner werden.

Integrieren Sie Halbtonbilder in Ihre Illustrator-Dateien oder arbeiten Sie mit pixelbasierten Effekten, müssen Sie die Auflösung natürlich beachten. Das geht bequemer, wenn Sie Ihre Datei in den endgültigen Maßen anlegen. In den entsprechenden Dialogboxen – für TRANSPARENZREDUZIERUNG (s. Abschnitt 12.4), DOKUMENT-RASTEREFFEKT-EINSTELLUNGEN... (s. Abschnitt 13.4.1) und IN PIXELBILD UMWANDELN... (s. Abschnitt 13.4.3) – müssen Sie die korrekte Auflösung für die jeweils beabsichtigte Ausgabeform einstellen.

20.3.2 Komplexität

Eine hohe Komplexität Ihrer Grafik führt möglicherweise zu Problemen beim Ausdrucken. Diese können vom erhöhten Zeitaufwand – und damit höheren Kosten beim Dienstleister – bis hin zu Fehlern reichen. Typisch ist die »Limitcheck«-Fehlermeldung von PostScript-Geräten, z. B. bei komplexen Pfaden, die aufgrund ihrer Länge oder Form zu viele Punkte aufweisen. Halten Sie die Anzahl der Punkte auf einem Pfad gering. **Vereinfachen** Sie Pfade, wenn möglich (Abschnitt 7.4.2). Eine Alternative ist das Aufteilen von Formen auf mehrere Pfade, wenn es zu Problemen kommt. Speichern Sie aber eine Kopie der ursprünglichen Form. Sehr viele kurze Pfade – wie sie typischerweise bei importierten CAD-Daten auftreten – können jedoch auch ein Problem darstellen. Diese sollten Sie daher zusammenfügen (Abschnitt 6.6.7). Löschen Sie Elemente, die in der Vorschau von anderen Objekten **verdeckt** sind. Beim Ausdrucken oder Belichten werden alle Elemente verarbeitet, auch wenn sie letztendlich nicht sichtbar sind.

> **Linienstärke auf Laserdruckern**
>
> Viele Laserdrucker haben eine weit geringere Auflösung als Belichter. Sie stellen also Linien nur in der für sie kleinstmöglichen Auflösung dar. Ein Laserbelichter verwendet jedoch die eingestellte Linienstärke, die dann bei der Ausgabe auf einer Druckmaschine »abreißt«.

> **Bildauflösung**
>
> Die Bildauflösung sollte das 1,5–2-Fache der verwendeten Rasterweite betragen – diese Zugabe wird »Qualitätsfaktor« genannt. Für ein 60er-Raster (150 lpi) bedeutet dies eine Auflösung von mindestens 225 ppi, besser sind 300 ppi. Abhängig vom Motiv können auch geringere Auflösungen ausreichen – um das beurteilen zu können, ist Erfahrung notwendig.

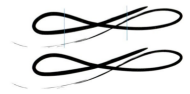

▲ Abbildung 20.20
Aufteilen von Formen mit OBJEKT • PFAD • DARUNTER AUFTEILEN

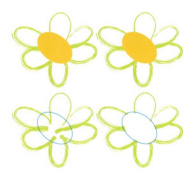

▲ Abbildung 20.21
Verdeckte Elemente löschen

Kapitel 20   Austausch, Weiterverarbeitung, Druck

▲ **Abbildung 20.22**
Detailansicht einer Bilddatei

Der Raster-Image-Prozessor (RIP) wandelt Vektorpfade in einer **Kurvennäherung** für die Ausgabe auf einem PostScript-Gerät in Polygone mit vielen kurzen geraden Segmenten um. Die Anzahl der Geraden, aus denen eine Kurve besteht, bestimmt über die »Rundheit« der Kurve (engl. Flatness). Je mehr Geraden aber für die Umsetzung eines Kurvenverlaufs eingesetzt werden müssen, desto länger dauert der Druckprozess und desto mehr Speicher benötigt das Ausgabegerät für die Verarbeitung der Datei (s. Abschnitt 20.4).

Beschränken Sie die Anzahl der verwendeten **Schriftarten** und -schnitte. Davon profitiert Ihr Layout insgesamt.

20.3.3 Registerungenauigkeit/Passerungenauigkeit

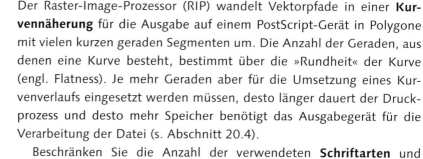

▲ **Abbildung 20.23**
Passerungenauigkeit (übertriebene Darstellung)

Beim mechanischen Vorgang des Druckens können, während das Papier die Druckmaschine durchläuft, kleinste Ungenauigkeiten auftreten, die dafür verantwortlich sind, dass die Druckfarben nicht exakt übereinander drucken (Abbildung 19.23). Ungenauigkeiten sind zum einen durch den mechanischen Vorgang, zum anderen durch das Material bedingt, das sich z. B. ausdehnt, wenn es durch den Farbauftrag feucht wird.

Pixelgrafik | Die Farbe der einzelnen Bildpunkte wird aus der Mischung der Primärfarben erzielt. Daher bestehen im gesamten Bild gemeinsame Farben. Haben Sie sich ein Halbtonbild – also ein pixelbasiertes Bild – einmal in hoher Vergrößerung angesehen, ist Ihnen darüber hinaus sicher aufgefallen, dass keine scharf abgegrenzten Flächen darin vorkommen. Durch die in Halbtonbildern vorhandene Unschärfe entstehen an den Begrenzungen von Farbflächen Mischtöne. Sowohl die gemeinsamen Farben des Bildes als auch die Mischtöne an Rändern bedingen, dass kleine Passerungenauigkeiten nicht auffallen.

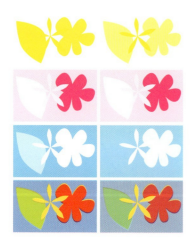

▲ **Abbildung 20.24**
Gemeinsame Druckfarben (links nicht ausreichend, rechts ausreichend)

Vektorgrafik | In Vektorgrafikdateien sind Objektkanten scharf abgegrenzt. Kommt dann erschwerend hinzu, dass benachbarte Flächen keine gemeinsamen Druckfarben enthalten, sind schon bei kleinen Registerungenauigkeiten »Blitzer« zu sehen: unbedruckte Stellen.

Lösungsansätze | Mit unterschiedlichen Maßnahmen können Sie erreichen, dass keine »Blitzer« entstehen:

▶ **Gemeinsame Druckfarben**: Der einfachste Weg, das Problem zu lösen, ist, dafür zu sorgen, dass aneinandergrenzende Flächen ausreichend gemeinsame Druckfarben besitzen – in einem Anteil von mindestens 5 %. So erreichen Sie, dass sich die bei Ungenauigkeiten

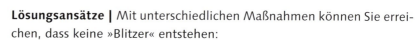

entstehenden Mischfarben nicht auffällig von den Objektfarben unterscheiden.

- **Überdrucken**: Besonders kritisch ist die Passerungenauigkeit für Texte, die in kleinen Punktgrößen gesetzt sind, und feine Umrandungen. Gäbe es an derartigen Formen Blitzer beim Drucken, wären die meisten Texte nur noch mit Mühe lesbar.
  Um Probleme mit diesen Objekten zu vermeiden, verwendet man für schwarzen Text und schwarze Umrandungen die Option ÜBERDRUCKEN, d.h., in der darunterliegenden Fläche wird die betroffene Form nicht ausgespart.
- **Umrisslinien**: Überdruckende schwarze Konturen an den Objektgrenzen – wie z.B. in Comics – lassen sich auch verwenden, um Ungenauigkeiten zu überdecken.
- **In Pixelbild umwandeln**: Es gibt natürlich auch die Möglichkeit, die Vektorgrafik vor dem Drucken zu rastern, also in ein Halbtonbild zu konvertieren. Dafür können Sie die Funktionen von Illustrator oder den Export als PSD benutzen.
  Achtung: Sie müssen die exakte Größe und die benötigte Auflösung einstellen und natürlich die Anti-Aliasing-Option aktivieren.

Überdrucken von Text

In höheren Schriftgraden wird Text in der Regel nicht überdruckt, da das Überdrucken auch dazu führt, dass Schwarz Farbstiche erhält, die eventuell nicht erwünscht sind. Halten Sie Rücksprache mit Ihrem Dienstleister, ob es eventuell besser ist, den Text zu überfüllen. Dies gilt ebenfalls für grauen Text.

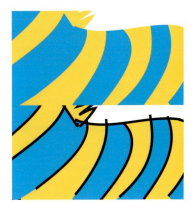

▲ **Abbildung 20.25**
Sollten Passerungenauigkeiten (z.B. zwischen Gelb und Cyan) auftreten, würde die schwarze Kontur diese überdecken.

▲ **Abbildung 20.26**
Vektorgrafik-Original (links), in Illustrator gerastert (rechts): Die Vergrößerung zeigt die Mischtöne, die beim Rastern mit aktiviertem Anti-Aliasing entstehen. Vektorformen weisen dagegen immer hart abgegrenzte Kanten auf.

- **Über- und Unterfüllen/Trapping**: Beim Über- und Unterfüllen erzeugt man an den Objektgrenzen Überlappungen, sodass keine Blitzer mehr auftreten können. Da der sichtbare Rand zwischen zwei Objekten meist durch die dunklere der beiden Flächen bestimmt ist, geht man so vor, dass die hellere Fläche erweitert wird, während die dunklere ihre Form behält. Mit den Bezeichnungen »Über«- und »Unterfüllen« unterscheidet man, ob ein helles Objekt seinen dunklen Hintergrund überlappt oder ein heller Hintergrund unter ein dunkles Objekt ragt.

▲ **Abbildung 20.27**
Überfüllung (links, dunkelblau) und Unterfüllung (rechts)

▲ Abbildung 20.28
Attribute-Bedienfeld: Ein Warndreieck wird angezeigt, wenn Sie eine weiße Fläche oder Kontur überdrucken.

▲ Abbildung 20.29
Ausgespart (links), Überdrucken (rechts): ❶ C70, ❷ M20/Y70, ❸ M50/Y50, ❹ C40/M20/Y70, ❺ M20/Y70

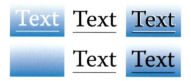

▲ Abbildung 20.30
Schwarz ausgespart (oben), Schwarz überdruckt (unten)

▲ Abbildung 20.31
Der Filter Schwarz überdrucken

Überdrucken | Um die Füllung und/oder Kontur eines aktivierten Objekts zu überdrucken, rufen Sie zunächst Fenster • Attribute auf – ⌘/Strg+F11, im Dock. Aktivieren Sie anschließend die gewünschte Option Fläche überdrucken oder Kontur überdrucken. Für eine mehrfarbige Bild-, Spezial- oder Musterpinselkontur können Sie die Option Kontur überdrucken zwar aktivieren, sie hat jedoch eventuell nicht die gewünschten Auswirkungen beim Druck.

Farben überdrucken | Überdrucken Sie zwei verschiedene Druckfarben, setzt sich die Farbe der Schnittfläche aus den addierten Farbwerten der übereinanderliegenden Objekte zusammen. Beim Überdrucken zweier gleicher Druckfarben bestimmt die überdruckende Farbe das Ergebnis. Dies sollten Sie beachten, wenn Sie ein helleres Objekt eine dunklere Fläche überdrucken lassen (Abbildung 20.29).

Im Vorschaumodus ist die Auswirkung Ihrer Einstellung nicht sichtbar. Wählen Sie Ansicht • Überdruckenvorschau – ⌘+⌥+⇧+Y bzw. Strg+Alt+⇧+Y –, um die Farbwirkung dieser Einstellung am Bildschirm zu sehen.

Drucken-Option »Schwarz überdrucken« | Beim Drucken von Separationen – nicht beim Drucken als Composite – haben Sie in den Drucken-Optionen eine Einstellmöglichkeit, Elemente in der Farbe 100 % Schwarz generell zu überdrucken.

Wenn Sie in einer Datei nachträglich für bestimmte oder alle schwarzen Objekte das Überdrucken aktivieren wollen, verwenden Sie den Befehl Bearbeiten • Farben bearbeiten • Schwarz überdrucken, um die Eigenschaft für mehrere Objekte gleichzeitig zu definieren.

Schwarz-überdrucken-Funktion | Wenn Sie nur einzelne schwarze Objekte bzw. deren Konturen oder Füllungen überdrucken möchten, hilft Ihnen diese Funktion, die Überdrucken-Eigenschaft für Objekte abhängig von deren Schwarzanteil zu setzen. Gehen Sie wie folgt vor, um mit dem Befehl bestimmte Objekte zu überdrucken:

1. Aktivieren Sie die Objekte, aus denen die überdruckenden Elemente ausgewählt werden sollen – gegebenenfalls sind das alle in Ihrem Dokument enthaltenen Objekte.
2. Wählen Sie Bearbeiten • Farben bearbeiten • Schwarz überdrucken...
3. Im Aufklappmenü selektieren Sie Schwarz hinzufügen. Geben Sie den Prozentanteil Schwarz ein, den zu überfüllende Objekte enthalten sollen. Der Filter sucht leider nicht nach dem Kriterium »mindestens«, sondern exakt den eingegebenen Prozentwert.

- Wählen Sie unter Anwenden auf, ob Konturen und/oder Füllungen überdrucken sollen.
- Möchten Sie auch Objekte überdrucken, die – neben anderen Farben – einen Schwarzanteil enthalten, aktivieren Sie Schwarz bei CMY einschließen.
- Sollen Volltonfarben überdrucken, deren CMYK-Definition einen bestimmten Schwarzanteil enthält, wählen Sie Vollton-Schwarz einschließen.
4. Klicken Sie auf OK.

Dieselbe Funktion verwenden Sie, wenn Sie die Überdrucken-Eigenschaft von Objekten wieder aufheben möchten. Wählen Sie dazu aus dem Aufklappmenü Schwarz entfernen. Wenn Sie die Überdrucken-Eigenschaft für Weiß entfernen wollen, geben Sie für den Prozentwert »0« ein.

Weiß überdrucken

Besonders tückisch sind überdruckende weiße Objekte. Weiß überdruckende Elemente kommen häufig zustande, indem Schwarz überdruckenden Objekten die Farbe Weiß nachträglich zugewiesen wurde.

Überfüllungen anlegen | Verschiedene Druckverfahren verlangen nach unterschiedlichen Stärken, Formen und Lage der Überfüllungen. Daher sollte das Überfüllen unmittelbar vor der Ausgabe – der Belichtung des Films oder der Druckplatte – erfolgen. **Bevor Sie also manuell überfüllen, sprechen Sie mit Ihren Dienstleistern!**

Überfüllungen lassen sich auf mehrere Arten erzeugen. Sie können Überfüllungen mithilfe von Konturen anlegen. Eine andere Möglichkeit ist die Verwendung der Überfüllen-Funktion. Eine Spezialbehandlung erfordert die Überfüllung von Verlaufsflächen und Konturen.

- **Überfüllen mit einer Kontur:** Legen Sie eine Kontur um die zu überfüllende Fläche in der Stärke der Überfüllung an, und richten Sie diese Kontur nach außen aus (Kontur-Bedienfeld). Verwenden Sie die Farbe des Objekts für die Kontur.
Rufen Sie das Grafikattribute-Bedienfeld auf, und aktivieren Sie die Option Kontur überdrucken – achten Sie darauf, dass Fläche überdrucken nicht aktiviert ist.
- **Unterfüllen mit einer Kontur:** Beim Unterfüllen verwenden Sie für die Kontur statt der Objekt- die Hintergrundfarbe und richten die Kontur nach innen aus. Aktivieren Sie für diese Kontur ebenfalls die Überdrucken-Option im Grafikattribute-Bedienfeld.

Text überfüllen?

Beim Überfüllen von Text – vor allem kleiner Schriftgrade – ist Vorsicht geboten, da dieser durch die Veränderung der Form schwer lesbar werden kann.

Überfüllen und Skalierung im Layoutprogramm

Eine Grafik, die mit Überfüllungen einer der in diesem Abschnitt vorgestellten Art versehen ist, darf nicht mehr im Layoutprogramm skaliert werden, da die Größenveränderung auch die Überfüllung betrifft.

Verläufe überfüllen | Seit Version CS6 können zwar auch Konturen mit Verläufen versehen werden, das Anpassen des Konturverlaufs an den Verlauf der Fläche kann jedoch kompliziert werden, da in Konturen das Verlauf-Werkzeug nicht benutzt werden kann.

▲ Abbildung 20.32
Über- und Unterfüllen mit einer Kontur

Daher kann es immer noch sinnvoll sein, beim Überfüllen von Verläufen zunächst den Zwischenschritt zu gehen, eine Kontur in eine Fläche umzuwandeln:

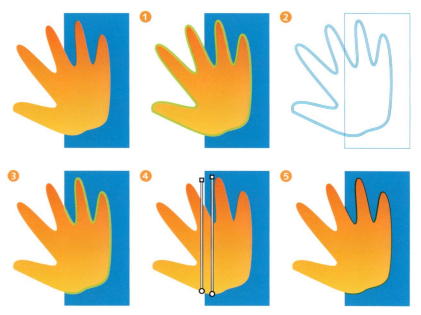

▲ Abbildung 20.33
Verlauf überfüllen: Schritt ❸ ist nur nötig, wenn die Überfüllung auf die Größe der angrenzenden Farbfläche zugeschnitten werden muss.

▲ Abbildung 20.34
Ohne Verlaufsoptimierer ist die Anpassung des Verlaufs in der Kontur an den in der Fläche sehr schwierig.

▲ Abbildung 20.35
Position und Winkel von Verläufen in Grafikstilen

1. Erstellen Sie zunächst eine Kontur in der Stärke der Überfüllung für das Verlaufsobjekt ❶.
2. Wandeln Sie anschließend die Kontur in eine Fläche um (Objekt • Aussehen umwandeln…). Wandeln Sie nur die Kontur, nicht die Fläche um – Pfadansicht: ❷. Die bei der Umwandlung entstandenen Objekte sind gruppiert; lösen Sie die Gruppierung.
3. Die Kontur ist in eine Fläche umgewandelt worden. Verwenden Sie die Pathfinder-Funktionen, um die Teile der Fläche zu entfernen, die nicht zum Überfüllen benötigt werden ❸.
4. Erstellen Sie einen Grafikstil aus dem bestehenden Verlauf in der Fläche. In einem Grafikstil werden auch Winkel und Position des Verlaufs im Objekt gespeichert.
5. Füllen Sie die aus der Kontur erstellte Fläche mit dem Grafikstil ❹. Mithilfe des Verlaufsoptimierers passen Sie die Länge des Verlaufs an den Verlauf in der Fläche an.
6. Rufen Sie das Grafikattribute-Bedienfeld auf, und aktivieren Sie die Option Fläche überdrucken ❺ für die Kontur.

Überfüllen-Effekt | Einfach gefüllte Flächen lassen sich in Illustrator mit einem Befehl im Pathfinder-Bedienfeld oder dem Überfüllen-Effekt versehen. Letzterer hat wie alle Effekte den Vorteil, dass er erst bei der Ausgabe angewendet wird und Sie die Einstellungen daher jederzeit editieren können. Die Optionen für beide Anwendungen sind identisch.

Der Effekt lässt sich nur auf Gruppen anwenden. Gruppieren Sie daher zunächst die zu überfüllenden Objekte. Wählen Sie anschließend Effekt • Pathfinder • Überfüllen…

- Stärke: Geben Sie in diesem Feld die Breite der Überfüllung an. Sie ist abhängig vom Druckprozess und von der Genauigkeit der Druckmaschine.
- Höhe/Breite: Normalerweise (mit der Einstellung 100) erstellt Illustrator für horizontale und vertikale Linien eine identische Überfüllung. Sie können mit der Eingabe eines Wertes in diesem Feld die Balance steuern und damit unregelmäßige Abweichungen ausgleichen. Erfragen Sie diesen Wert von Ihrer Druckerei.

  Für vertikale Linien wird eine Überfüllung in der von Ihnen angegebenen Stärke erstellt. Die Überfüllung horizontaler Linien wird schmaler, wenn Sie einen Wert unter 100, und breiter, wenn Sie einen Wert über 100 verwenden.
- Farbtöne verringern: Mit dieser Einstellung nehmen Sie Einfluss auf die Farbwerte der Überfüllungsfläche, indem Sie den Tonwert der helleren Farbe abschwächen. Beim Überfüllen können ohne das Abschwächen unerwünschte dunkle Kanten entstehen. Der Mindestwert für Ihre Eingabe ist abhängig von den betroffenen Farben – der Höchstwert ist 100.
- Überfüllen mit CMYK: Ist mindestens eine der betroffenen Farben eine Volltonfarbe, können Sie mit dieser Option die Überfüllung in CMYK-Farben anlegen. Ist die Option nicht aktiviert, erstellt Illustrator eine überdruckende Volltonfläche in der helleren der beiden Farben.
- Überfüllungen umkehren: Illustrator ermittelt anhand der Farbwerte, welches die hellere Farbe ist. Falls Ihnen das Ergebnis nicht zusagt, verwenden Sie diese Option, um die Überfüllung umgekehrt anzuwenden.
- Genauigkeit: Mit diesem Wert steuern Sie die Exaktheit der Berechnung der Überfüllungsfläche. Ein höherer Wert verursacht nicht nur eine exaktere Ausführung, sondern auch mehr Zeitaufwand bei der Erstellung und Verarbeitung der Form.
- Überflüssige Ankerpunkte entfernen: Punkte, die den Pfadverlauf der Überfüllungsform nicht beeinflussen, werden gelöscht.

Überfüllen und Farbmodus

Ihr Dokument muss bei der Anwendung der Überfüllen-Funktion oder des -Effekts im CMYK-Modus vorliegen. Sie erhalten nur dann das gewünschte Ergebnis, wenn die beteiligten Objekte keine gemeinsame Druckfarbe enthalten.

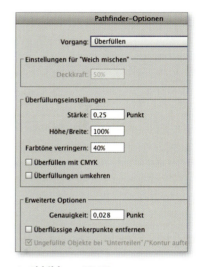

▲ Abbildung 20.36
Die Optionen des Überfüllen-Effekts

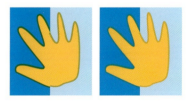

▲ Abbildung 20.37
Farbtöne verringern, 100 und 40%

Genauigkeit und Rechenzeit

Achten Sie darauf, die Genauigkeit möglichst niedrig einzustellen, um Rechenzeit zu sparen. Höhere Genauigkeit erzeugt Pfade mit mehr Ankerpunkten. Sprechen Sie den optimalen Wert mit Ihrer Druckerei ab.

▲ Abbildung 20.38
Rechte Seite: Beschnitt und Abstände passend eingerichtet

20.3.4 Beschnittzugabe/Druckerweiterung

Falls Ihre Grafik bis an den Rand der Papierfläche gedruckt werden soll, müssen Sie eine Beschnittzugabe anlegen. Dieser zusätzlich bedruckte Bereich wird beim Beschneiden der Druckbogen benötigt, um ein »Hervorblitzen« des Bedruckstoffs an der Schnittkante zu vermeiden. Den benötigten Toleranzbereich erfragen Sie bei Ihrem Dienstleister – üblicherweise sind es Werte um 2–3 mm. Geben Sie die Beschnittzugabe in den Dialogboxen NEUES DOKUMENT bzw. DOKUMENT EINRICHTEN unter der Option ANSCHNITT ein. Natürlich kann die Ungenauigkeit beim Schneiden in beide Richtungen auftreten – halten Sie daher in Ihrem Layout auch einen Abstand zum Rand ein, sodass nicht etwa ein wichtiger Bestandteil nach dem Schneiden fehlt. Und achten Sie darauf, dass Elemente so positioniert sind, dass es »gewollt« aussieht, wenn sie beschnitten sind.

Platzieren einer Datei mit Anschnitt

Wenn Sie eine Datei mit definierter Beschnittzugabe in InDesign platzieren, aktivieren Sie im Platzieren-Dialog das Optionskästchen IMPORTOPTIONEN ANZEIGEN. In den Importoptionen wählen Sie aus dem Menü BESCHNEIDEN AUF den gewünschten Rahmen aus. Die Miniatur auf der linken Seite zeigt Ihnen mit dem gestrichelten Rahmen an, wie die Grafik mit der gewählten Option zugeschnitten wird.

▲ Abbildung 20.39
Schwarz und Tiefschwarz – um Registerproblemen zu begegnen, sollten Sie die CMY-Anteile nicht bis zum Rand der Fläche anlegen.

Tiefschwarz für Texte

Verwenden Sie Tiefschwarz nie für Texte in kleinen Punktgrößen. Fragen Sie Ihren Druckdienstleister nach der optimalen Tiefschwarzmischung für das eingesetzte Papier.

20.3.5 Tiefschwarz

Größere schwarze Flächen sollten Sie als »Tiefschwarz« – auch »fettes Schwarz« genannt – anlegen, da schwarze Druckfarbe allein nicht ausreichend deckt und daher nur dunkelgrau wirkt. »Tiefschwarz« ist 100 % Schwarz mit CMY-Beimischungen. Je nachdem, welche Farben Sie zugeben, wirkt Tiefschwarz eher kalt, warm oder neutral. Unterschiedliche Dienstleister geben dazu verschiedene Empfehlungen, gebräuchlich für ein kaltes gesättigtes Schwarz ist eine Zugabe von ca. 60 % Cyan.

Aussehen von Schwarz | Bei der Bildschirmdarstellung von Schwarztönen unter VOREINSTELLUNGEN • AUSSEHEN VON SCHWARZ… haben Sie die Möglichkeit, normales Schwarz und Tiefschwarz am Monitor entweder identisch oder unterschiedlich darzustellen – damit Sie die Verwendung unterschiedlicher Schwarztöne in Ihrem Dokument besser kontrollieren können. Wählen Sie im Ausklappmenü unter AM BILDSCHIRM die gewünschte Einstellung:

- Alle Schwarztöne genau anzeigen: Der Unterschied zwischen Schwarz und Tiefschwarz wird deutlich – mit dieser Option berechnet Illustrator die RGB-Werte der Farben aus den CMYK-Werten, stellt also 100 % Schwarz als dunkles Grau und Tiefschwarz je nach Mischungsanteilen dunkler dar.
- Alle Schwarztöne als Tiefschwarz anzeigen: Hier entspricht die Anzeige von 100 % Schwarz sowie aller Farbmischungen, die einen 100 %-Schwarzanteil enthalten, der dunkelsten möglichen Schwarzanzeige – also RGB 0/0/0.

Tiefschwarz ausgeben | Hier steuern Sie ebenfalls, wie Schwarz ausgegeben werden soll. Dies ist für den Export von RGB-Bilddaten aus CMYK-Dokumenten oder für den Druck auf Bürodruckern interessant.

- Alle Schwarztöne genau ausgeben: Mit dieser Option bleiben beim Export eines CMYK-Dokuments in RGB-Bilddaten die Farbwerte erhalten und werden nur entsprechend der Farbprofile in RGB-Werte konvertiert.
- Alle Schwarztöne als Tiefschwarz ausgeben: Wählen Sie diese Option, um beim Export von RGB-Daten 100 % Schwarz bzw. alle Farbmischungen, die einen Anteil von 100 % Schwarz enthalten, in RGB 0/0/0 umzuwandeln.

> **Tiefschwarz-Voreinstellungen**
>
> Keine der Tiefschwarzeinstellungen ändert die Farbwerte in der Illustrator-Datei.

▲ Abbildung 20.40
Weißer Text auf Tiefschwarz sollte mit einer rein schwarzen Outline konturiert werden, um bunte Farbsäume an den Texträndern zu vermeiden, die nicht nur unsauber aussehen, sondern auch das Lesen erschweren. Denken Sie jedoch daran, die Kontur hinter der Fläche des Textobjekts anzulegen (s. Abschnitt 14.8.2).

> **Tiefschwarz und Pixelbildexport**
>
> Tiefschwarz kann neben Problemen mit bestimmten Füllmethoden (s. Abschnitt 12.1.4) auch ein weiteres Problem lösen. Beim Export als Photoshop-Datei (oder in andere Rasterformate) entstehen an den Kanten reiner Schwarzflächen immer weiße Randsäume. Dies hängt mit der Berechnung von 100-K-Schwarz zusammen und lässt sich im CMYK-Modus nur durch die Verwendung von Tiefschwarz umgehen.

Gesamtfarbauftrag | Den Gesamtfarbauftrag an einer bestimmten Stelle Ihres Dokuments erhalten Sie, wenn Sie die einzelnen Farbwerte zusammenzählen – für den Wert CMYK 40/30/100/10 erhalten Sie also einen Gesamtfarbauftrag von 180 %. Je nach Druckprozess und verwendetem Papier sollten Sie einen bestimmten Höchstwert nicht überschreiten (meist zwischen 250 % und 350 %), da ansonsten die Gefahr besteht, dass sich das Papier zu stark dehnt, aufwirft oder reißt. Darüber hinaus kann es beim Drucken leichter zu Farbverschiebungen und Registerungenauigkeiten kommen: Die Farbe schmiert, schlägt sich

> **Gesamtfarbauftrag beachten**
>
> Wenn Sie Grafik oder Anzeigen für Magazine oder Zeitungen gestalten, erkundigen Sie sich vorher nach dem maximalen Gesamtfarbauftrag. Normalerweise können Sie ihn auch den Media-Unterlagen entnehmen.

> **Farbauftrag berechnen**
>
> Illustrators Separationsvorschau rechnet den Gesamtfarbauftrag nicht aus. Es gibt jedoch Plug-ins, die diese Aufgabe übernehmen, wie z. B. Phantasm CS.

> **Soft-Proof aussagekräftig?**
>
> Ein Soft-Proof ist nur auf einem kalibrierten und profilierten Monitor und unter Verwendung der für die Produktion verwendeten Farbprofile sinnvoll.
> Noch mehr Nutzen haben Sie von einem Soft-Proof, wenn Sie bereits einige Druckergebnisse mit Soft-Proofs vergleichen konnten und daher die Farbgenauigkeit Ihres Monitors einzuschätzen wissen.

an der Rückseite des folgenden Bogens ab, und der Trocknungsprozess dauert länger.

20.3.6 Druckdatencheck am Bildschirm

Gerade bei hochwertigen Produktionen ist ein Proofdruck unumgänglich, um das Ergebnis Ihrer Arbeit beurteilen zu können. Vorher können Sie jedoch bereits etliche Fehlerquellen ausschließen.

Soft-Proof | In alltäglichen Arbeiten oder den frühen Phasen wichtiger Projekte ist ein Soft-Proof, also eine mithilfe des Farbmanagements simulierte Vorschau des Druckergebnisses am Monitor, eine schnelle und kostengünstige Möglichkeit, Veränderungen der Farbe beurteilen zu können. Arbeiten Sie in Ihrer Datei mit gemischten Inhalten – z. B. mit RGB-Bildern in einem CMYK-Dokument –, ist der Soft-Proof mit großer Vorsicht zu betrachten.

In Illustrator wählen Sie zunächst Ansicht • Proof einrichten und die gewünschte Menüoption oder den Eintrag Anpassen..., um eine Einstellung zu konfigurieren. Möchten Sie den Soft-Proof mit der normalen Ansicht vergleichen, rufen Sie Ihre Datei mit dem Befehl Fenster • Neues Fenster in einem zweiten Fenster auf. Aktivieren Sie anschließend für eines der beiden Fenster Ansicht • Farbproof.

Eine besondere Möglichkeit des Farbproofs besteht in der Simulation von Farbenblindheit (s. Abschnitt 8.7.2).

▲ Abbildung 20.41
Links ohne, rechts mit Farbproof und Überdruckenvorschau

Überdruckenvorschau | Verwenden Sie in Ihrem Dokument Schmuckfarben oder die Überdrucken-Eigenschaft für einzelne Objekte, wählen Sie zusätzlich Ansicht • Überdruckenvorschau – ⌘+⌥+⇧+Y bzw. Strg+Alt+⇧+Y.

Zur Darstellung von Buchfarben (s. Abschnitt 8.6.3) verwendet die Überdruckenvorschau die hinterlegten Lab-Werte, unabhängig davon, welche Volltonfarbenoptionen im Farbfelder-Bedienfeld eingestellt sind.

Die Überdruckenvorschau kostet Zeit, wenn die Ansicht neu generiert werden muss, z. B. beim Scrollen im Dokument. Deaktivieren Sie sie also, wenn Sie sie nicht benötigen.

▲ Abbildung 20.42
Das Separationenvorschau-Bedienfeld

Separationenvorschau | Viele der vorher aufgeführten pozentiellen Fehlerquellen können Sie direkt in Illustrator mit der Separationenvorschau überprüfen. Rufen Sie dieses Bedienfeld mit Fenster • Separationenvorschau auf – es funktioniert jedoch nur im Dokumentfarbmodus CMYK. Aktivieren Sie die Option Überdruckenvorschau, damit sich die Farbauszüge auswählen lassen. Die Liste enthält die vier Farben der Euroskala sowie die im Farbfelder-Bedienfeld definierten Volltonfarben (egal, ob sie Objekten zugewiesen wurden).

▶ **Auszug deaktivieren**: Mit einem Klick auf das Auge 👁 links vom Farbnamen deaktivieren Sie die Anzeige eines Auszugs. Klicken Sie erneut, um den Auszug wieder anzuzeigen.

▶ **Modifikationsmöglichkeiten**: Drücken Sie ⌐Alt¬ beim Anklicken des Augensymbols 👁, um alle anderen Auszüge zu aktivieren bzw. zu deaktivieren. Klicken Sie auf CMYK, um alle vier Standarddruckfarben zu aktivieren oder zu deaktivieren.

Schwarzdefinitionen korrigieren | Schwarze Elemente sollen bei dem Motiv »Fußballplakat.ai« überdrucken, um weiße Blitzer zu vermeiden. Außerdem soll in diesem Motiv nach »buntem« Schwarz (Tiefschwarz) gesucht werden.

1. Rufen Sie das Separationen-Bedienfeld auf, und aktivieren Sie ÜBERDRUCKENVORSCHAU.
2. Deaktivieren Sie den Schwarz-Auszug mit einem Klick auf das Augensymbol 👁.
3. Jetzt erkennen Sie die schwarzen aussparenden Objekte. Aktivieren Sie diese (sie sind gruppiert und eine Kontur ist der Gruppe zugewiesen), und rufen Sie das Attribute-Bedienfeld auf.
4. Dort aktivieren Sie die Option FLÄCHE ÜBERDR. (für die Ziffer und die Hose) bzw. KONTUR ÜBERDR. (für die der Gruppe zugewiesenen Konturen)
5. Anschließend aktivieren Sie die schwarzen Teil im Fußball, rufen das Farbe-Bedienfeld auf und entfernen die Buntanteile aus dem Schwarz.

Farbwerte anzeigen?

Die Farbwerte werden in Illustrators Separationen-Bedienfeld nicht dargestellt. Wenn Sie diese Anzeige benötigen, müssen Sie nach wie vor ein PDF (oder die Illustrator-Datei) in Adobe Acrobat öffnen und dort im Menü ERWEITERT • DRUCKPRODUKTION die AUSGABEVORSCHAU öffnen.

Beispieldatei

Die Beispieldatei finden Sie als »Fußballplakat.ai« auf der DVD.

▼ **Abbildung 20.43**
Die Originalgrafik (links) mit ausgeschaltetem Schwarz-Auszug (rechts)

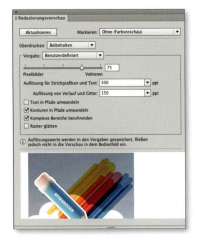

▲ **Abbildung 20.44**
Reduzierungsvorschau

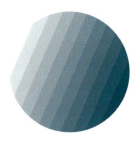

▲ **Abbildung 20.45**
»Banding« – simuliert

Banding und PostScript Level 3

PostScript-Level-3-RIPs verfügen über Algorithmen, die Banding vermeiden können: »Smooth Shades«. Sprechen Sie mit Ihrem Dienstleister den Umgang mit Verläufen ab.

Schnittmarken

Die mit dem Effekt generierten Schnittmarken haben keine Auswirkung auf Beschnittoptionen des Dokuments.

Transparenzen | Live-Transparenz (also reduzierte Deckkrafteinstellungen, Füllmethoden und die Effekte Schatten, Weiche Kante und Schein) muss »reduziert« werden, wenn Sie Dateien drucken möchten, die Transparenz enthalten. Soll die Datei in einem anderen Programm platziert werden, kann Live-Transparenz erhalten werden, sofern das Programm mindestens PDF 1.4 unterstützt.

Verwenden Sie die Reduzierungsvorschau, um zu überprüfen, ob Ihr Dokument Transparenz enthält (s. Abschnitt 12.4).

Effekte, Filter | Achten Sie bei der Ausgabe von Effekten darauf, dass die Dokument-Rastereffekt-Einstellungen für die im Druck verwendete Rasterweite geeignet sind (s. Abschnitt 13.4.1).

Verläufe | Beim Drucken von Verläufen kann es passieren, dass »Banding« (eine sichtbare Streifenbildung) auftritt. Dies kann mehrere Ursachen haben: Einerseits sind Verläufe mit einer größeren Übergangslänge und Verläufe zwischen dunklen Farben und Weiß anfällig für das Banding.

Andererseits tritt das Problem auch auf, wenn die Druckerauflösung in Verbindung mit der gewählten Rasterweite nicht ausreicht, um die im Verlauf vorhandenen Abstufungen darzustellen.

In der Illustrator-Hilfe finden Sie eine Datei mit einer Übersicht sicherer Kombinationen von Rasterweite und Belichterauflösung unter der Bezeichnung »Festlegen der geeigneten Rasterweite zum Drucken von Verläufen, Gittern und Farbübergängen«. Eine weitere Datei hilft bei der Berechnung der Übergangslänge: »Berechnen der maximalen Übergangslänge für Verläufe«.

20.3.7 Schnittmarken

Schnittmarken sind Markierungen, die den Begrenzungsrahmen eines Objekts kennzeichnen. Normalerweise werden sie über die Dialoge Drucken oder PDF-Speichern zusammen mit den benötigten Druckermarken, Farbkontrollstreifen etc. an den Begrenzungen der Zeichenflächen generiert. Wenn mehrere Objekte auf der Zeichenfläche Schnittmarken erhalten sollen, verwenden Sie den Effekt.

Schnittmarken erstellen | Aktivieren Sie ein Objekt, und wählen Sie Effekt • Schnittmarken. Da die Anwendung als Effekt erfolgt, sind die Schnittmarken zunächst nicht als Pfade vorhanden. Sie lassen sich jedoch wie alle Effekte mit dem Befehl Objekt • Aussehen umwandeln in »reale« Objekte umwandeln. Dann erhalten Sie Linien in 6 mm Abstand zum Objekt, die mit einer Kontur der Stärke 0,3 Punkt in der Passermarkenfarbe versehen sind.

Den Effekt können Sie nicht nur dem kompletten Objekt, sondern auch seinen einzelnen Flächen oder Konturen zuweisen. Dies kann ebenso wie die Reihenfolge, in der der Effekt auf ein Objekt angewendet wird, das Ergebnis beeinflussen.

▼ **Abbildung 20.46**
Vergleich: Schnittmarken in unterschiedlicher Reihenfolge mit einem Schein nach außen angewendet

20.3.8 In Pfade umwandeln

In einigen Fällen ist das Umwandeln von Text oder Konturen in Pfade sinnvoll oder sogar notwendig. Es kann jedoch auch Probleme verursachen.

Text in Pfade umwandeln | Einige Druckereien bestehen noch immer auf der Umwandlung von Text in Pfade. Schriftdateien enthalten jedoch viele »Hintergrundinformationen«, die für eine optimale Ausgabe wichtig sind. Diese gehen beim Umwandeln verloren. Das auffälligste Merkmal umgewandelter Schriften ist, dass sie fetter ausfallen als die nicht umgewandelte Version. Es kann jedoch vor allem bei feinen oder sehr kleinen Schriften vorkommen, dass Strichstärken einzelner Buchstaben unterschiedlich ausfallen. In einer höheren Zoomstufe ist der Effekt bereits in der Bildschirmdarstellung zu erkennen.

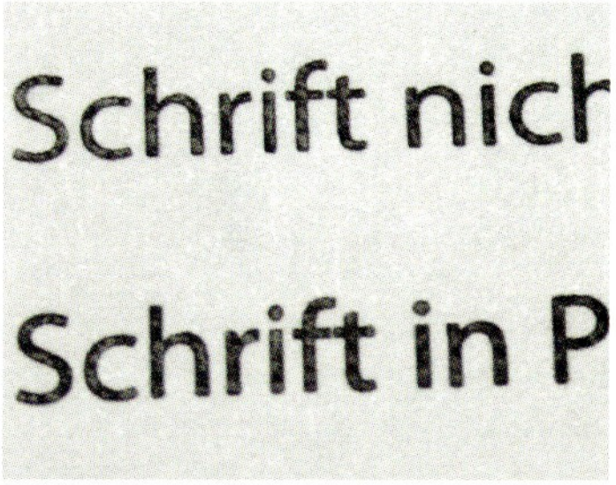

In PDF-Dateien können Schriften eingebettet werden, sodass die Umwandlung in Pfade unnötig ist. Versuchen Sie, die Weiterverarbeitung so zu organisieren, dass keine Umwandlung stattfindet. Wenn eine Umwandlung von Texten in Pfade trotz allem unumgänglich ist, verwenden Sie dazu den Befehl Objekt • Transparenz reduzieren (s. Abschnitt 12.4). Damit ist eine sichere Umwandlung aller Schriftformatierungen gewährleistet.

Lediglich Schriften in Logos sollten Sie umwandeln. So ist die Gefahr uneinheitlicher Verwendung verringert, vor allem, wenn Logos an viele unterschiedliche Stellen weitergegeben werden.

▲ **Abbildung 20.47**
Vergleich: nicht umgewandelte Schrift (oben) und umgewandelte Schrift (unten) auf einem Ausdruck

▲ Abbildung 20.48
In Metallblech gefräste Vektorgrafik. Fräsen erfordert eine andere Vorgehensweise als Plotten, da die Linienstärke durch die Größe des Werkzeugs bedingt ist. Sprechen Sie die Vorgehensweise mit dem Dienstleister ab.

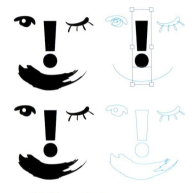

▲ Abbildung 20.49
Vektorgrafik ist nicht automatisch auch zum Schneiden geeignet (oben: ungeeignet).

Abbildung 20.50 ▶
Übergreifende Einstellungen für Drucker und Druckertreiber im Kopf des Dialogs

Schneid-Plotten und Gravieren – Pfade in Flächen umwandeln | Das Ausschneiden einer Form aus Klebefolie sowie das Gravieren in Metall und andere Materialien ist eine gebräuchliche Weiterbearbeitung für Vektorgrafik, z.B. zum Zweck der Beschriftung von Schaufenstern, LKW-Planen, Schildern oder zum Flex-/Flockdruck auf Kleidungsstücken.

Die dafür eingesetzten Geräte – Schneid-Plotter, Fräsen und Laser-Schneider – können jedoch nur den reinen Vektorpfad interpretieren. Damit nicht genug: Plotter schneiden entlang eines jeden in der Datei angelegten Pfades.

Wenn Sie also vorhaben, Ihre Grafiken aus Folie zu schneiden, müssen Sie nicht nur alle Pfade und Schriften in Flächen umwandeln, sondern auch sicherstellen, dass jede Fläche nur durch einen einzigen Pfad definiert ist, damit sie nicht zerschnitten wird (s. »Checkliste: Datei für Folienplot« auf S. 334).

Während das Umwandeln von Texten in Pfade für den Verwendungszweck »Druck« eher vermieden werden sollte, ist es für das Schneiden notwendig.

20.4 Ausdrucken

Wählen Sie DATEI • DRUCKEN... – ⌘/Strg+P –, um das aktuelle Dokument auszudrucken, als PDF auszugeben oder eine PostScript-Datei zu schreiben.

Wechseln Sie im Menü oben links per Klick auf einen Eintrag auf eine andere Seite des auf mehrere Einstellungsseiten aufgeteilten Drucken-Dialogs. Die allgemeinen Einstellungen des Druckers und zu verwendenden Treibers stehen Ihnen auf jeder Seite zur Verfügung. Da Auswahlen, die Sie dort treffen, aber andere Einstellungen beeinflussen können, sollten Sie Drucker und Druckertreiber zu Beginn bestimmen.

▶ DRUCKVORGABE: In diesem Menü listet Illustrator Drucken-Einstellungen auf, die Sie gespeichert haben.

▶ DRUCKER/PPD: Wählen Sie im Menü DRUCKER einen der in Ihrem System angemeldeten Drucker bzw. Acrobat Distiller und unter PPD den Druckertreiber aus.

▸ **Vorschaubild:** Im Vorschaubild links unten in der Dialogbox stellt Illustrator alle Seiten dar, die sich aus Ihren Einstellungen ergeben, sowie die Position des im Dokument definierten Druckbereichs auf dem Ausdruck. So haben Sie vor allem die Kontrolle, ob die Verteilung eines Dokuments auf mehrere gedruckte Seiten korrekt eingerichtet ist.

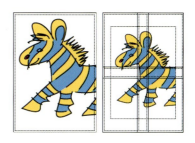

▲ **Abbildung 20.51**
Vorschau einer Seite und mehrerer überlappender Seiten

20.4.1 Allgemein

Auf dieser Seite geben Sie an, welche Bereiche des Dokuments Sie drucken möchten, und legen deren Anordnung auf dem Medienformat fest.

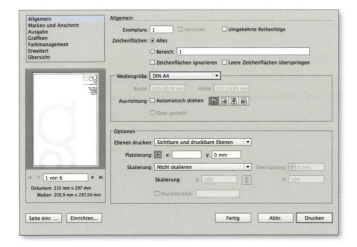

◀ **Abbildung 20.52**
Allgemeine Optionen im Dialog DRUCKEN

▸ ALLGEMEIN: Diese Optionengruppe betrifft die Behandlung der Zeichenflächen des Dokuments. Geben Sie die Anzahl der EXEMPLARE ein.

 ▸ ALLES/BEREICH: Drucken Sie mit ALLES entweder alle Zeichenflächen, oder geben Sie im Feld BEREICH gezielt bestimmte Zeichenflächen ein. Trennen Sie einzelne Seiten mit einem Komma, und verbinden Sie die erste und letzte Seite eines Bereichs mit einem Bindestrich.

 ▸ UMGEKEHRTE REIHENFOLGE: Hier beginnen Sie den Ausdruck mit der letzten Zeichenfläche.

 ▸ ZEICHENFLÄCHEN IGNORIEREN: Drucken Sie alle Objekte auf eine Seite, so wie sie im Dokument angeordnet sind.

 ▸ LEERE ZEICHENFLÄCHEN ÜBERSPRINGEN: Diese Option unterdrückt die Ausgabe leerer Seiten.

 ▸ SORTIEREN: Diese Option ist nur verfügbar, wenn mehrere Exemplare mit mehreren Seiten gedruckt werden. Anstatt jeweils jede

▲ **Abbildung 20.53**
Demodatei für diesen Abschnitt

Sortieren?

Diese Option ist vor allem dann interessant, wenn Ihr Drucker die gedruckten Exemplare weiterverarbeitet, z. B. heftet.

Medien und Druckertreiber

Die Auswahl im Menü MEDIEN richtet sich nach dem gewählten Druckertreiber. Wenn Ihr Drucker mehrere Einzugsschächte besitzt, lesen Sie bitte im Handbuch, wie Sie diese auswählen.

▲ **Abbildung 20.54**
Das Druckaufteilungs-Werkzeug (rechts)

Skalieren und Linienstärken

Beim Skalieren verändern sich Linienstärken. Überprüfen Sie Linienstärken vor allem, bevor Sie die Grafik im Ausdruck verkleinern.

Aufteilen funktioniert nicht?

Die Optionen für das Aufteilen der Seite sind nur verfügbar, wenn Sie entweder die Option ZEICHENFLÄCHEN IGNORIEREN gewählt haben oder bei BEREICH nur eine Zeichenfläche eingetragen haben.

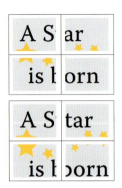

▲ **Abbildung 20.55**
FLÄCHE BESTEHT AUS GANZEN SEITEN (oben), FLÄCHE BESTEHT AUS DRUCKBEREICHEN (unten)

Seite in der geforderten Anzahl zu drucken, werden alle Seiten eines Exemplars hintereinander gedruckt.

▶ MEDIENGRÖSSE: Wählen Sie die im Drucker verwendete Papiergröße aus dem Aufklappmenü, oder geben Sie sie direkt ein.

▶ AUSRICHTUNG: Klicken Sie auf einen der Buttons 🔲, 🔲, 🔲, 🔲, um den Ausdruck auf dem gewählten Papierformat zu drehen. Wenn Sie ein neues Dokument als Querformat anlegen, passt Illustrator die Formatlage automatisch an. Verändern Sie das Dokumentformat nachträglich, müssen Sie diese Einstellungen im Drucken-Dialog vornehmen.

▶ PLATZIERUNG: Platzieren Sie den Druckbereich auf der Seite, indem Sie im Vorschaubild links unten im Drucken-Dialogfenster klicken und ziehen.

▶ Per Eingabe: Klicken Sie im Ursprungs-Symbol 🔲 auf den Bezugspunkt für Ihre Positionsangabe. Anschließend tragen Sie die gewünschten Werte in die Eingabefelder ein.

▶ Auf der Zeichenfläche: Wählen Sie das Druckaufteilungs-Werkzeug (früher Seitenpositionierer-Werkzeug) 🔲, und klicken und ziehen Sie damit die Position des druckbaren Bereichs. Das Werkzeug repräsentiert die linke untere Ecke der Papierfläche. Mit einem Doppelklick auf das Werkzeug im Werkzeugbedienfeld setzen Sie die Einstellung zurück.

▶ SKALIERUNG: Mit diesen Optionen können Sie das Dokumentformat an das Papierformat anpassen. Wählen Sie NICHT SKALIEREN, um Ihre Grafik 1:1 auszudrucken. Je nach gewählter Einstellung werden in diesem Fall Teile, die über das Papierformat reichen, abgeschnitten oder auf mehrere Seiten gedruckt.

Einen an das Papierformat angepassten Ausdruck erhalten Sie mit der Einstellung AN SEITE ANPASSEN. Beachten Sie, dass dabei nicht nur große Formate verkleinert, sondern ebenso kleine Formate vergrößert werden.

Wählen Sie BENUTZERDEFINIERTE SKALIERUNG, um Werte frei einzugeben. Eine asymmetrische Skalierung erreichen Sie, indem Sie auf das Kettensymbol klicken – der Button wird mit hellem Hintergrund 🔲 dargestellt.

▶ Seite auf mehrere Druckseiten aufteilen: Da die wenigsten Drucker ein Blatt bis zum Rand bedrucken können, haben Sie (ebenfalls im Menü SKALIERUNG) die Wahl, ob die Verteilung nach dem druckbaren Bereich oder allein nach dem Papierformat vorgenommen wird (s. den Hinweis links).

▶ FLÄCHE BESTEHT AUS GANZEN SEITEN: Die Verteilung erfolgt auf Basis des Papierformats. Sie können jedoch durch Angabe eines Wertes

im Eingabefeld Überlappung die nicht bedruckbaren Greifränder kompensieren.
- ▸ Fläche besteht aus Druckbereichen: Der bedruckbare Bereich einer Seite ist die Grundlage der Verteilung.
▸ Überlappung: Haben Sie ganze Seiten ausgewählt, geben Sie hier einen Wert ein, um den sich benachbarte Seiten überdecken sollen.
▸ Druckbereich: Bestimmen Sie hier noch, welche Bereiche der Aufteilung gedruckt werden. Die Nummerierung wird angezeigt, wenn Sie Druckaufteilung einblenden im Menü Ansicht wählen.
▸ Ebenen drucken: Wählen Sie je nach Sichtbarkeit der Ebenen aus, ob diese ausgegeben werden.

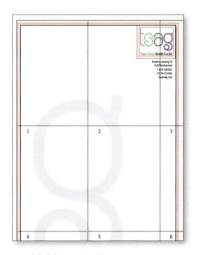

▲ **Abbildung 20.56**
Nummerierte Druckbereiche auf der Zeichenfläche

20.4.2 Marken und Anschnitt/Beschnittzugabe

Auf dieser Seite erzeugen Sie die für den Druck benötigten Schnitt- und Passermarken.

◀ **Abbildung 20.57**
Optionen Marken und Anschnitt im Drucken-Dialog

▸ Schnittmarken: Diese Marken ❶ kennzeichnen die Außengrenze der bedruckten Fläche und dienen in den meisten Fällen auch dem Zuschneiden. Haben Sie im Dokument andere Schnittmarken oder eine eigene Stanzform erstellt, z. B. für ein Packungsdesign, benötigen Sie die Marken nicht.
▸ Passermarken: Mithilfe der Passermarken ❸ können die Auszüge exakt übereinander ausgerichtet und gedruckt werden.
▸ Farbkontrollstreifen: In diesen Streifen ❹ sind Standardfarben definiert, anhand derer der Drucker einen Farbabgleich vornehmen und danach die Menge der Farbe in der Druckmaschine korrigieren kann.
▸ Seiteninformationen: Mit dieser Option wird auf jeden Farbauszug eine Zeile ❷ mit dem Datei- und Auszugsnamen sowie der Nummer der Zeichenfläche platziert, außerdem Datum und Uhrzeit.
▸ Druckmarkentyp: Andere Länder, andere Sitten. Wählen Sie aus dem Menü lateinische oder japanische Schriften und Objektschnittmarken aus.

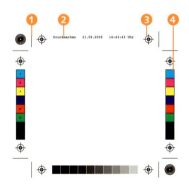

▲ **Abbildung 20.58**
Alle Druckermarken – Druckmarkentyp »Roman«

Druckermarken und Papierformat

Druckermarken addieren sich zum Dokumentformat, sodass die druckende Fläche unter Umständen nicht mehr auf das gewählte Papierformat passt.

Position der Elemente

Anders als in InDesign lässt sich die Position der Elemente nicht durch eine ».mrk«-Datei bestimmen.

Abbildung 20.59 ▶
Ausgabe-Optionen im Drucken-Dialog

Rücksprache bei PS-Datei

Falls Sie eine PostScript-Datei erzeugen, sprechen Sie mit Ihrem Dienstleister die Verwendung von In-RIP-Separationen sowie die dafür benötigten Einstellungen in allen Bereichen des Drucken-Dialogs ab.

Rücksprache bei Belichtung

Die Einstellungen unter Schichtseite, Bild und Auflösung sind vom Druckverfahren und dem bedruckten Material abhängig. Falls Sie Ihre Dateien selbst belichten oder die Belichtung beauftragen, fragen Sie Ihren Drucker nach den benötigten Einstellungen.

▶ Stärke der Schnittmarke: Bestimmen Sie durch Auswahl aus dem Aufklappmenü die Konturstärke der Schnittmarken – stimmen Sie den Wert mit Ihrem Druckdienstleister ab.

▶ Versatz: In diesem Eingabefeld bestimmen Sie den Abstand der Druckermarken zum Motiv. Normalerweise sollten Sie vermeiden, dass die Marken in eine Beschnittzugabe hineinreichen: Erhöhen Sie in diesem Fall den Abstand. Sie können den Wert jedoch nicht beliebig erhöhen, da die Marken auf die bedruckbare Papierfläche passen müssen.

▶ Beschnittzugaben: Verwenden Sie entweder den für das Dokument definierten Anschnitt, oder legen Sie in diesen Feldern die Beschnittzugabe global oder für alle Seiten individuell fest.

20.4.3 Ausgabe

Auf der Seite Ausgabe stellen Sie ein, wie im Dokument verwendete Druckfarben verarbeitet werden.

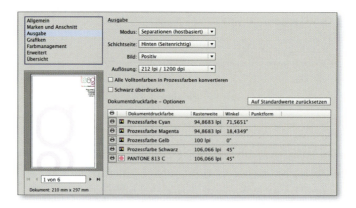

▶ Modus: Wählen Sie, ob alle Druckfarben zusammen auf einer Seite (wählen Sie dafür Composite) oder die Farbauszüge jeweils auf einer Seite ausgegeben werden sollen (Separationen). Separationen können Sie entweder von Illustrator oder von einem PostScript-RIP vornehmen lassen (wählen Sie dafür In-RIP-Separationen). Die Option ist allerdings nur verfügbar, wenn Sie einen PostScript-Level-3-Drucker verwenden, dessen Druckertreiber In-RIP-Separationen unterstützt.

▶ Schichtseite: Abhängig vom Druckverfahren benötigen Sie unterschiedliche Kombinationen dieser Einstellungsarten. Die Bezeichnung der Schichtseite-Optionen bezieht sich auf die Belichtung von Film: Vorne ist die Trägerschicht – Hinten bezeichnet die lichtempfindliche Schicht, also die Seite, auf der »gedruckt« wird. Während

Sie mit HINTEN (SEITENRICHTIG) einen auf Papier seitenrichtigen Ausdruck erzeugen, bewirkt VORNE (SEITENRICHTIG), von der Trägerschicht aus betrachtet, eine seitenrichtige Ausgabe, ist also auf Papier seitenverkehrt gedruckt.

- BILD: Das Aufklappmenü ist nur aktiv, wenn Sie Separationen ausgeben. Composite-Druck erfolgt immer positiv.
- AUFLÖSUNG: Die in diesem Menü enthaltenen Werte gibt der Druckertreiber vor. Der dpi-Wert bestimmt die Druckerauflösung, und mit dem lpi-Wert geben Sie an, welche Rasterweite gedruckt werden soll.
- ALLE VOLLTONFARBEN IN PROZESSFARBEN KONVERTIEREN: Sie können mit dieser Option alle Volltonfarben in Prozessfarben umwandeln. Um dies für jede Volltonfarbe einzeln festzulegen, s. unter DOKUMENTDRUCKFARBE – OPTIONEN.
- SCHWARZ ÜBERDRUCKEN (nur bei Separationen aktiv): Möchten Sie generell Schwarz überdrucken, aktivieren Sie diese Option. Es werden jedoch nicht generell alle Schwarzanteile, sondern nur Objekte mit 100 % Schwarzdeckung überdruckt. Die Einstellung betrifft auch nicht die Objekte, die aufgrund einer Füllmethode oder eines Grafikstils schwarz sind oder erscheinen. Wenn Sie das Überdrucken von Schwarz mit dieser Option anstatt der Überdrucken-Eigenschaft durchführen und Ihr Dokument zur Belichtung an einen Dienstleister geben, denken Sie daran, in Ihrer Bestellung entsprechende Vorgaben zu definieren.
- DOKUMENTDRUCKFARBE – OPTIONEN (nur bei hostbasierter oder In-RIP-Separation aktiv): In der Liste sehen Sie alle im Dokument verwendeten Druckfarben und können für jede dieser Farben individuelle Einstellungen vornehmen.

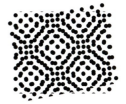

▲ Abbildung 20.60
Die Rasterwinkelungen der einzelnen Druckfarben sind sehr genau aufeinander abgestimmt. Kleinste Abweichungen vom Idealwert können zur Bildung von Moiré führen (monochrome Darstellung zur Verdeutlichung des Effekts).

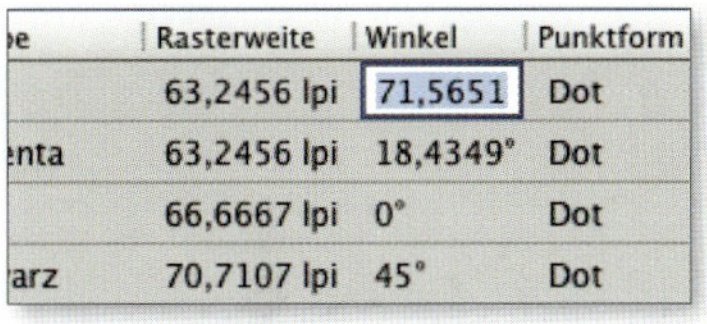

Das DRUCKERSYMBOL kennzeichnet die Farben, für die ein Auszug gedruckt wird. Klicken Sie auf das Symbol (das Feld wird leer dargestellt), wenn Sie für die Farbe keinen Auszug erstellen möchten.

Das Farbsymbol zeigt den Modus an, in dem eine im Dokument angelegte Volltonfarbe verarbeitet wird. Das Volltonfarben-Symbol ist voreingestellt – Illustrator druckt einen Auszug für diese Farbe. Klicken Sie darauf, um die Farbe zu separieren – dies zeigt das Vierfarb-Symbol an. Klicken Sie erneut, um den Ursprungszustand wiederherzustellen.

Klicken Sie auf einen Eintrag unter RASTERWEITE oder WINKEL, um andere Werte einzugeben (Abbildung 20.61). Klicken Sie auf einen Eintrag unter PUNKTFORM, um ein Aufklappmenü anzuzeigen, aus dem Sie eine alternative Punktform wählen (Abbildung 20.62). Sprechen Sie die notwendigen Einstellungen auf jeden Fall mit Ihrer Druckerei ab.

▲ Abbildung 20.61
Die Winkeleinstellung sollten Sie nicht ohne Grund und nicht ohne Rücksprache mit Ihrer Druckerei ändern.

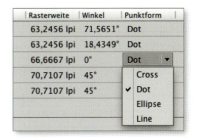

▲ Abbildung 20.62
Auswahl der Punktformen – Punktform und Winkeleinstellung sind voneinander abhängig.

Nicht vorhandene Drucker

Einstellungen des Dialogs DRU-CKEN incl. der Information über den verwendeten Drucker werden in der Datei gespeichert. Beim Öffnen und Schließen der Datei versucht Illustrator, den Drucker zu erreichen. Ist er nicht erreichbar, kann dies zu Verzögerungen und Fehlern beim Öffnen, Speichern und Schließen von Dateien führen.

Verwenden Sie den Button AUF STANDARDWERTE ZURÜCKSETZEN, um Ihre Änderungen zu widerrufen.

20.4.4 Grafiken

In dieser Gruppe von Einstellungen steuern Sie viele Faktoren, die die Geschwindigkeit des Ausdrucks beeinflussen.

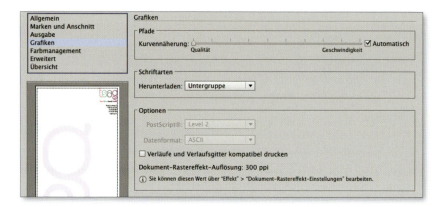

Abbildung 20.63 ▶
Grafiken-Optionen im Drucken-Dialog

▲ **Abbildung 20.64**
KURVENNÄHERUNG: AUTOMATISCH (links), maximale Geschwindigkeit (rechts) – Letzteres ist für viele Zwecke ausreichend.

Druckerresidente Fonts

Eine Liste der druckerresidenten Fonts können Sie von Ihrem Drucker ausgeben lassen. Lesen Sie im Handbuch nach, wie das bei Ihrem Gerät funktioniert.

Untergruppen?

Mit der Option UNTERGRUPPEN wird das Ausgabegerät gezwungen, den eingebetteten Font zu verwenden, selbst wenn der verwendete Font installiert ist.

▶ PFADE: Mit dem Kurvennäherungsregler steuern Sie die Umsetzung von Kurven in gerade Segmente. Falls es Probleme bei der Ausgabe gibt (und der Drucker etwa den PostScript-Fehler »Limitcheck« meldet), deaktivieren Sie die Option AUTOMATISCH und stellen mit dem Regler einen Wert ein. Bewegen Sie den Regler nach rechts für eine sicherere Verarbeitung – aber eine gegebenenfalls deutliche Eckenbildung – oder nach links für eine höhere Genauigkeit in der Kurvennäherung.

▶ SCHRIFTARTEN: Einige druckereigene (oder druckerresidente) Schriften sind auf PostScript-Druckern installiert. Meist verwenden Sie wahrscheinlich andere Schriften in Ihrem Dokument. Darüber hinaus können sich auch Schriften mit gleichem Namen in wichtigen Details voneinander unterscheiden – z. B. in der Laufweite. Daher ist es nötig, Schriften an den Drucker zu senden (oder in eine »gedruckte« PostScript- oder PDF-Datei einzubetten). Mit dem Menü HERUNTERLADEN bestimmen Sie, wie Schriften an den Drucker gesendet werden.

▶ OHNE: Wählen Sie diese Option, wenn die verwendete Schrift auf dem Drucker gespeichert ist. Meiden Sie die Option, falls Sie mit TrueType-Schriften gearbeitet haben – diese können nicht auf Druckern installiert sein.

▶ UNTERGRUPPE: Für Dokumente mit wenig Text empfiehlt sich diese Option. Es werden für jede Seite des Dokuments nur die jeweils vorkommenden Zeichen der eingesetzten Schriften im PDF gespeichert bzw. an den Drucker gesendet.

- ▸ VOLLSTÄNDIG: Wählen Sie diese Option, werden alle Schriftzeichen der verwendeten Schriftdateien in die PostScript- oder PDF-Datei eingebettet. Beim Ausdrucken erhält der Drucker am Beginn des Dokuments alle Schriften.
- ▸ OPTIONEN: Normalerweise bestimmt der Druckertreiber hier die richtigen Einstellungen. Falls Sie die Einstellungen ändern, achten Sie darauf, dass der PostScript-Level von Ihrem Gerät unterstützt wird.
  Für die Erstellung einer PostScript-Datei ist die Option DATENFORMAT wichtig. Sie bestimmt das PostScript-Format. Die Option BINÄR erzeugt sehr kompakte Dateien, die aber nicht immer mit älteren Geräten und Netzwerken kompatibel sind – wählen Sie in diesen Situationen ASCII.
- ▸ VERLÄUFE UND VERLAUFSGITTER KOMPATIBEL DRUCKEN: Entsprechende Objekte werden in ein JPEG umgewandelt, bevor Illustrator sie an den Drucker sendet. Diese Einstellung ist nur sinnvoll, wenn Probleme mit Verläufen und Gittern aufgetreten sind.

Schriften teilweise einbetten?

Das teilweise Einbetten von Schriften schränkt die Bearbeitbarkeit eines PDF ein – in der Druckvorstufe hat sich daher die vollständige Einbettung etabliert. Falls Sie jedoch ein PDF für das Web über den Drucken-Dialog erzeugen, können Sie durch die Verwendung der Option Untergruppen bei der Schrifteinbettung noch etwas Dateigröße sparen.

20.4.5 Farbmanagement

Das Dokumentprofil beschreibt, für welche Ausgabesituation die Farben im Dokument optimiert wurden. Mit Einstellungen dieser Gruppe lässt sich diese Ausgabesituation auf einem Proof simulieren oder für eine alternative Umgebung umsetzen.

◂ **Abbildung 20.65**
Farbmanagement-Optionen im Drucken-Dialog

- ▸ FARBHANDHABUNG: Wählen Sie hier, ob Illustrator oder der Raster-Image-Prozessor des PostScript-Geräts das Farbmanagement vornehmen soll.
  - ▸ ILLUSTRATOR BESTIMMT FARBEN: Illustrator konvertiert die im Dokument eingesetzten Farben unter Berücksichtigung der Farbprofile und nach der ausgewählten Rendermethode in die Farben des angegebenen Druckerprofils.

Farbhandhabung und Farbmanagement im Druckertreiber

Beachten Sie, dass Sie bei Verwendung der Option ILLUSTRATOR BESTIMMT FARBEN das Farbmanagement in Ihrem Druckertreiber ausschalten müssen. Umgekehrt müssen Sie es aktivieren und einrichten, wenn Sie das Farbmanagement im Drucker vornehmen lassen.

Wiedergabeabsicht?

Alternativ zum Begriff »Renderpriorität« ist die Bezeichnung »Wiedergabeabsicht« gebräuchlich, die sich vom englischen »Rendering Intent« herleitet.

- ▶ POSTSCRIPT-DRUCKER BESTIMMT FARBEN: Die Daten werden mit den zur Konvertierung notwendigen Informationen an das Ausgabegerät gesendet. Nutzen Sie diese Option nicht, wenn Sie Transparenzen verwenden.
- ▶ DRUCKERPROFIL: Wenn Sie das Farbmanagement in Illustrator durchführen, wählen Sie hier das Farbprofil des Druckers.
- ▶ RENDERPRIORITÄT: Die Rendermethode bestimmt, auf welche Art die Farbpositionen in unterschiedlichen Farbräumen ineinander umgerechnet werden.
  - ▶ PERZEPTIV: Farben werden so im Zielfarbraum abgebildet, dass das Verhältnis der Abstände der Farben zueinander erhalten bleibt. Die absoluten Farben können sich dabei verändern. Diese Wiedergabeabsicht eignet sich gut, wenn viele Farben signifikant außerhalb des Zielfarbraums liegen.
  - ▶ SÄTTIGUNG: Die Sättigung der Farben bleibt erhalten, die Farbtöne können sich ändern. Die Methode ist vor allem für Geschäftsgrafiken (PowerPoint) gedacht, nicht für die Druckvorstufe.
  - ▶ RELATIV FARBMETRISCH: Der Bezugspunkt für die Verschiebung der Farben vom Quell- in den Zielfarbraum ist der Weißpunkt des jeweiligen Farbraums. Farben, die außerhalb des Zielfarbraums liegen, werden auf den nächstreproduzierbaren Buntton abgebildet.
  - ▶ ABSOLUT FARBMETRISCH: Die Ausgabe verhält sich wie mit der Option RELATIV FARBMETRISCH. Es wird aber der Weißpunkt des Quellfarbraums erhalten. Diese Wiedergabeabsicht eignet sich ausschließlich für das Proofen.
- ▶ CMYK-/RGB-WERTE BEIBEHALTEN: Unterscheiden sich Dokument- und Druckerprofil, entscheiden Sie mit dieser Option, ob die Definition von Farben, denen kein Profil zugewiesen ist, erhalten bleibt oder konvertiert wird. In den meisten Fällen sollten Sie CMYK-Werte beibehalten – eine Transformation zwischen zwei CMYK-Farbprofilen ist besonders kritisch für die Farbe Schwarz. Darüber hinaus werden Farben in Vektorillustrationen in der Regel bereits nach Farbfächern und Farbmusterbüchern im Hinblick auf den Druckprozess und das verwendete Papier ausgesucht.

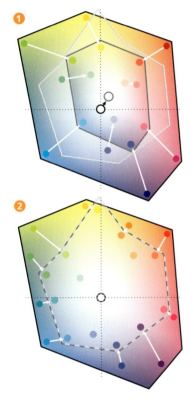

▲ Abbildung 20.66
Vergleich zwischen den Arbeitsweisen der Renderprioritäten PERZEPTIV ❶ und RELATIV FARBMETRISCH ❷; Pfeile stellen die Verschiebung einzelner Beispielfarben dar.

— Ursprungsfarbraum des Bildes
　Zielfarbraum
○ Weißpunkt des Bildes
○ Weißpunkt des Zielfarbraums

20.4.6 Erweitert

Live-Transparenzen können Sie nicht an Drucker weitergeben, sondern müssen sie vor dem Ausdruck »reduzieren«.

Des Weiteren stellen Sie hier ein, wie Überdrucken-Einstellungen behandelt werden sollen.

◀ **Abbildung 20.67**
Erweitert-Optionen im Drucken-Dialog

- Überdrucken: Wählen Sie aus dem Aufklappmenü, wie die Überdrucken-Eigenschaft beim Ausdruck behandelt werden soll:
  - Beibehalten: Die Farben werden wie eingestellt überdruckt. Die Überdrucken-Eigenschaft kann jedoch nur von PostScript-fähigen Geräten ausgegeben werden.
  - Löschen: Die Grafik wird ausgegeben, ohne Objekte zu überdrucken.
  - Simulieren: Die Überdrucken-Eigenschaft wird in CMYK umgerechnet und mit den Möglichkeiten des angeschlossenen Druckers dargestellt. Für Proofausdrucke ist diese Option zuweilen unumgänglich, für die Produktion dagegen nicht zu empfehlen, da Schmuckfarben in CMYK umgerechnet werden. Für die Umwandlung von Buchfarben in CMYK wird mit Simulieren die Lab-Definition verwendet.

Wählen Sie eine Transparenzreduzierungsvorgabe aus dem Menü Vorgabe, oder klicken Sie auf den Button Benutzerdefiniert..., und stellen Sie die Optionen direkt ein (s. Abschnitt 12.4). Voreingestellt ist hier die dem Dokument zugewiesene Reduzierungsvorgabe.

Rastereffektauflösung

Achten Sie darauf, die richtige Auflösung in den Dokument-Rastereffekt-Einstellungen einzurichten, wenn Sie transparente Objekte drucken wollen.

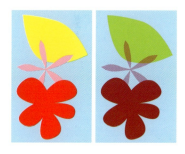

▲ **Abbildung 20.68**
Überdrucken: Löschen (links) und Beibehalten (rechts)

20.4.7 Übersicht

Auf der Seite Übersicht stellt Illustrator noch einmal alle Ihre gewählten Optionen zusammen. Hier erscheinen auch Warnungen, falls das Programm Fehlerquellen entdeckt hat.

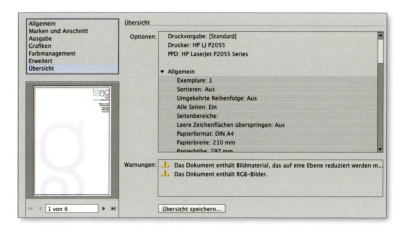

◀ **Abbildung 20.69**
Übersicht im Drucken-Dialog

▲ Abbildung 20.70
DRUCKVORGABEN bearbeiten

20.4.8 Druckvorgaben speichern

Falls Sie wiederholt identische Einstellungen benötigen, können Sie diese speichern. Klicken Sie den Button mit dem Speichern-Symbol in der Drucken-Dialogbox an, und geben Sie einen Namen für die Einstellung ein. Die Einstellung wird in der Illustrator-Voreinstellungendatei gespeichert.

▶ **Vorgaben aufrufen**: Ihre Vorgaben werden im Menü DRUCKVORGABE ganz oben im Drucken-Dialog aufgelistet.

▶ **Vorgaben editieren**: Möchten Sie Ihre Vorgaben bearbeiten, wählen Sie BEARBEITEN • DRUCKVORGABEN… Aktivieren Sie eine der Vorgaben in der Liste, und klicken Sie auf den Button BEARBEITEN…

▶ **Vorgaben exportieren**: Eine aktivierte Vorgabe lässt sich als Textdatei außerhalb der allgemeinen Voreinstellungendatei speichern. So haben Sie eine Sicherungskopie, falls Sie die Illustrator-Voreinstellungen einmal löschen müssen. Außerdem lässt sich die Textdatei an Kollegen weitergeben.

▶ **Einstellungen im aktuellen Dokument speichern**: Die Einstellungen im Drucken-Dialog speichert Illustrator, wenn Sie das Dokument drucken. Möchten Sie die Einstellungen im Dokument speichern, ohne gleich zu drucken, klicken Sie auf den Button FERTIG.

20.4.9 Problemanalyse

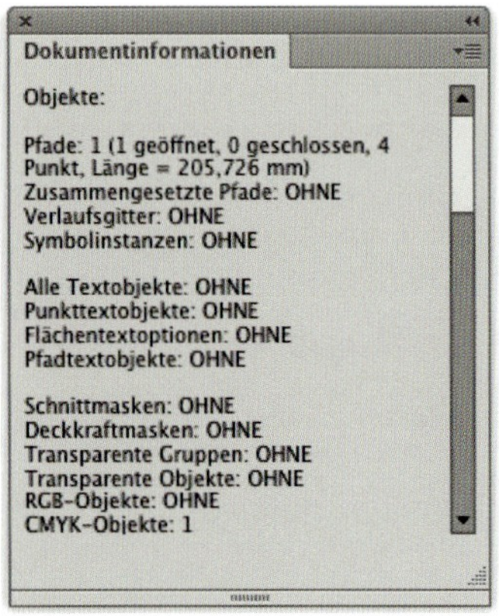

Stoßen Sie beim Drucken auf Probleme, gilt es, diese zu analysieren. Dafür können Sie die Bedienfelder von Illustrator einsetzen. Viele Schwierigkeiten rühren von fehlenden oder nicht auf dem letzten Stand befindlichen Bilddateien her – der Analyse dient Ihnen das Verknüpfungen-Bedienfeld (s. Abschnitt 19.2.2).

Überprüfen Sie die Anzahl und Verschachtelungstiefe der Ebenen mithilfe des Ebenen-Bedienfeldes.

Ein Universalbedienfeld listet Ihnen viele Dokument- und Objekteigenschaften gemeinsam auf: das Bedienfeld DOKUMENTINFORMATIONEN. Rufen Sie es aus dem Menü FENSTER auf. In der Standardansicht des Dokumentinformationen-Bedienfeldes finden Sie die Statistik zum Dokument. Im Bedienfeldmenü selektieren Sie, welche Informationen Sie im Bedienfeld anzeigen möchten. Möchten Sie z. B. die Anzahl der Punkte eines Pfades wissen, wählen Sie OBJEKTE aus dem Bedienfeldmenü und aktivieren das betreffende Objekt.

▲ Abbildung 20.71
Details zu einem Objekt im Dokumentinformationen-Bedienfeld

20.5 Mit Verknüpfungen und Fonts verpacken

Bei der Weitergabe eines Projekts an die Druckerei wird inzwischen überwiegend das PDF-Format eingesetzt. Um Dateien jedoch in größeren Arbeitsgruppen weiterzureichen, ist die Funktion VERPACKEN (in manchen Programmen auch FÜR AUSGABE SAMMELN) jedoch recht nützlich, denn sie ermöglicht das Zusammenführen aller verknüpften Dateien und der Schriften in einem Ordner.

Mit dem nur für Creative Cloud-Abonnenten verfügbaren Update auf Version 16.1.0 steht Verpacken nun auch in Illustrator zur Verfügung.

Dateien verpacken | Wählen Sie DATEI • VERPACKEN – ⌘ + ⌥ + ⇧ + P bzw. Strg + Alt + ⇧ + P – und bestimmen Sie im Verpacken-Dialog, welche Bestandteile der Datei gesammelt werden sollen.

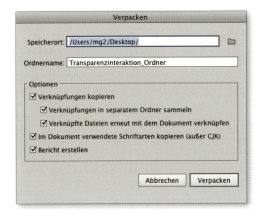

◄ **Abbildung 20.72**
Dialogbox VERPACKEN-OPTIONEN

▲ **Abbildung 20.73**
Hinweis auf Lizenzbestimmungen für Fonts

Mit einem Klick auf den Button SPEICHERORT FÜR VERPACKUNGSORDNER WÄHLEN rufen Sie eine Dialogbox auf, in der Sie den Zielordner festlegen können.

Falls Sie Fonts sammeln lassen, erscheint eine Meldung, die Sie auf die Lizenzrechte für Fonts hinweist. Nach dem Bestätigen dieser Meldung werden Fonts jedoch gespeichert.

Anders als in InDesign können Sie keine Anweisungen-Datei mit individuellen Inhalten generieren. Der REPORT enthält stattdessen Informationen über den Inhalt Ihrer Datei, wie verwendete Volltonfarben, über die verknüpften Dateien und über Probleme, wie nicht vorhandene Fonts. Sie sollten sich diese Datei daher ansehen.

Im Zielordner finden Sie anschließend einen Ordner mit der Illustrator-Datei und den zugehörigen Dateien, den Sie an Kollegen oder Dienstleister weitergeben können.

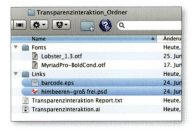

▲ **Abbildung 20.74**
Ordner mit den gesammelten Dateien

▲ **Abbildung 20.75**
Ist Ihr Dokument im RGB-Modus angelegt, wird Schwarz beim Druck zu »buntem« Schwarz.

▲ **Abbildung 20.76**
Dokument-Rastereffektauflösung zu gering (links), ausreichend (rechts)

▲ **Abbildung 20.77**
Geben Sie nur die Elemente weiter, die gedruckt werden sollen.

▲ **Abbildung 20.78**
Eine Übersicht der Druckfarben von Illustrator-CS6-Dateien in Adobe Bridge

Checkliste: Im Layout platzieren und drucken

Rücksprachen | Klären Sie die Punkte dieser Liste mit Dienstleistern bzw. den Kollegen, die Ihre Grafik weiterverarbeiten.

Dokumentfarbmodus | Ihr Dokument sollte von Anfang an im Dokumentfarbmodus CMYK angelegt sein.

Farbprofil | Speichern Sie die Datei entweder mit einem genau passenden oder keinem Farbprofil.

Konturstärken | Beachten Sie die minimale Linienstärke, die im gewünschten Druckverfahren dargestellt werden kann. Im Offsetdruck sind dies etwa 0,25 Punkt für positive Linien und 0,5 Punkt für negative Linien. Denken Sie daran, dass Ihre Grafik im Layout eventuell verkleinert wird.

Schatten, Schein und Weiche Kante | Definieren Sie eine ausreichende Auflösung für die Berechnung pixelbasierter Effekte in den Dokument-Rastereffekt-Einstellungen.

Transparenzreduzierung | Stellen Sie je nach den Inhalten Ihrer Datei geeignete Optionen für die Verflachung der Live-Transparenz ein.

Bildauflösungen | Achten Sie darauf, dass platzierte Bilder in ausreichender Auflösung vorliegen, und skalieren Sie sie möglichst nicht innerhalb von Illustrator.

Angleichungsstufen | Achten Sie darauf, die Anzahl der Stufen bei Angleichungen nicht zu gering zu wählen, um weiche Übergänge zu erreichen. Definieren Sie andererseits auch nicht zu viele Schritte, um die Bearbeitungszeit im RIP zu optimieren.

Nicht sichtbare/nicht druckende Ebenen oder Objekte | Um Unklarheiten gar nicht erst entstehen zu lassen, löschen Sie alle Ebenen und Elemente, die nicht gedruckt werden sollen – zumindest in der Version des Dokuments, die Sie weitergeben.

Schriften einbetten | In PDFs werden Schriften üblicherweise eingebettet. Diese Möglichkeit besteht jedoch auch in EPS- und AI-Dokumenten für den Zweck der Platzierung im Layout. Eine Umwandlung der Schriften in Pfade sollten Sie möglichst ebenso vermeiden wie das Weitergeben der Fonts.

Schmuckfarben | Prüfen Sie, ob Schmuckfarben als Volltonfarben definiert wurden, und umgekehrt, ob alle Skalenfarben auch in CMYK vorliegen. Für eine schnelle Prüfung reicht das Separationen-Bedienfeld in Illustrator. Eine genauere Analyse erlaubt die Separationsvorschau in Acrobat.

Seitengröße | Falls Sie mit deaktivierter Anzeige der Zeichenflächen arbeiten, überprüfen Sie, ob alle zu druckenden Elemente innerhalb der definierten Zeichenflächen liegen.

Beschnittzugabe | Definieren Sie eine Beschnittzugabe, falls das Dokument randabfallende Elemente enthält.

Nicht benötigte Elemente | Löschen Sie nicht verwendete Pinsel, Symbole, Farbfelder und Grafikstile.

Dateiformat | Sprechen Sie das zu liefernde Dateiformat und gegebenenfalls einzustellende Optionen ab. Fragen Sie nach Druckertreibern und Joboptions für die Produktion von PDFs.

Kapitel 21
Web- und Bildschirmgrafik

Auch wenn Illustrator ursprünglich einmal entwickelt wurde, um das Erstellen von PostScript-Grafik zu vereinfachen, ist es heute auch aus dem Web- und Videobereich nicht mehr wegzudenken – die dunkle Benutzeroberfläche wurde vor allem für Anwender aus diesen Bereichen gemacht.

21.1 Screendesign mit Illustrator

Illustrator wird sowohl für Design und Konzeption klassischer HTML-basierter Websites als auch im Produktionsprozess von Flash-Animationen und -Applikationen eingesetzt. Da das von Illustrator exportierte HTML schon länger nicht mehr den modernen Ansprüchen entsprach, wurde diese Funktion in CS6 ersatzlos gestrichen.

21.1.1 Datei einrichten

Um neue Dateien für diese Einsatzgebiete zu erstellen, nutzen Sie eine der vielen Standardvorlagen, oder geben Sie eigene Optionen ein.

Standardvorlagen | Sowohl für das Webdesign als auch für mobile Geräte bietet Illustrator Standardvorlagen in typischen Größen, in denen wichtige Einstellungen wie der Dokumentfarbmodus RGB und die Rastereffektauflösung von 72 ppi bereits vorgenommen sind. Den Vorschaumodus PIXEL sollten Sie im Bereich ERWEITERT noch einrichten.

Ausrichten am Pixelraster | In den Dokumentprofilen WEB und FLASH BUILDER ist die Option NEUE OBJEKTE AN PIXELRASTER AUSRICHTEN standardmäßig aktiviert. Meistens ist es besser, diese Option erst kurz vor dem Export der Grafik für die einzelnen Objekte zu aktivieren und daher beim Erstellen des Dokuments zu deaktivieren (s. Abschnitt 21.1.2 f).

Platzbedarf der Browser

Bedenken Sie beim Design immer den Platzbedarf der Browser für Menüleiste, Scrollbalken und Funktionsleisten. Platzieren Sie den Screenshot eines Browserfensters in Ihrer Datei, dann sehen Sie die Gesamtwirkung Ihres Designs so, wie die Benutzer es später erleben.

▲ **Abbildung 21.1**
Das Dokumentprofil GERÄTE in der Dialogbox NEUES DOKUMENT

21.1.2 Pixelvorschau und Ausrichten

Die Pixelvorschau dient dazu, Ihre Grafik so anzuzeigen, wie sie beim Exportieren in rasterbasierte Formate und bei der Darstellung auf einem Monitor umgerechnet würde. Die Pixelvorschau aktivieren Sie entweder in der Dialogbox NEUES DOKUMENT oder mit ANSICHT • PIXELVORSCHAU – ⌘+⌥+Y bzw. Strg+Alt+Y. Vermeiden Sie spätere Verschiebungen des Linealnullpunkts (s. Abschnitt 4.4.4).

Per Voreinstellung mit der Pixelvorschau verbunden ist die Einstellung AN PIXEL AUSRICHTEN. Sie finden diese Option im Menü ANSICHT.

An Pixel ausrichten | Diese Ausrichtung bewirkt, dass Sie beim intuitiven Transformieren von Objekten deren Begrenzungsrahmen nur exakt im Pixelraster positionieren können. So werden horizontale und vertikale Objektkanten zumindest von rechteckigen Rahmen immer in optimaler Schärfe generiert.

Schriftdarstellung optimieren

Für Texte haben Sie die Wahl zwischen vier Glättungsoptionen, die Sie je nach Schriftgröße, Schriftart oder Anwendungszweck einsetzen können (s. Abschnitt 14.9.2). In der Dialogbox FÜR WEB UND GERÄTE SPEICHERN müssen Sie außerdem im Reiter BILDGRÖSSE die Option SCHRIFT OPTIMIERT auswählen.

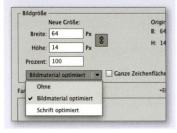

◄ **Abbildung 21.2**
Mit (links) und ohne (rechts) AN PIXEL AUSRICHTEN positionierter Button

Besitzt eine Form jedoch weitere Kanten innerhalb ihres Begrenzungsrahmens, dann reicht das Ausrichten am Pixelraster nicht.

◄ **Abbildung 21.3**
Besitzt ein Objekt gerade Kanten innerhalb seines Begrenzungsrahmens, dann werden diese nicht an Pixeln ausgerichtet (jeweils links; rechts: so wäre es gewünscht).

Konturen | Wenn Sie Screendesigns erstellen, sollten Sie selbstverständlich keine Linienstärken unter der kleinsten darstellbaren Einheit, also 1 Pixel, anlegen.

Damit 1-Pixel-Linien sauber dargestellt werden, müssen sie auf einem ganzen Pixel liegen. Problematisch ist hier jedoch die Eigenart von PostScript, die Linienstärke jeweils von der Mitte des Pfades aus zu berechnen.

Wenn Sie beim Webdesign mit aktivierter Pixelvorschau und der Einstellung AN PIXEL AUSRICHTEN arbeiten – was ratsam ist –, liegt der Pfad immer auf der Grenze zwischen zwei Pixeln. Die 1-Pixel-Kontur erstellt Illustrator also einen halben Pixel zur einen und einen halben zur anderen Seite.

▲ **Abbildung 21.4**
Vor allem beim Icon-Design – ein beliebtes Einsatzgebiet für Illustrator – ist der passgenaue Sitz der einzelnen Pixel wichtig.

An Pixelraster ausrichten | Das Problem der innenliegenden Objektkanten und der 1-Pixel-Linien können Sie über die Option AN PIXELRASTER AUSRICHTEN lösen, die Objekte automatisch so ausrichtet, dass im Pixelraster möglichst scharfe Kanten gebildet werden.

Das Ausrichten am Pixelraster ist eine Objekteigenschaft, die Sie für jedes einzelne Objekt (nachträglich) einstellen können – Textobjekte lassen sich jedoch nicht mit der Option versehen. Die Einstellung nehmen Sie im Transformieren-Bedienfeld vor: Aktivieren Sie das Objekt, und setzen Sie ein Häkchen bei AN PIXELRASTER AUSRICHTEN. Wenn die Option nicht sichtbar ist, rufen Sie OPTIONEN EINBLENDEN aus dem Bedienfeldmenü auf.

Auch in den Optionen der Symbole können Sie das Ausrichten aktivieren. Sollen Symbolinstanzen am Pixelraster ausgerichtet werden, dann muss bereits die Symbolgrafik am Pixelraster ausgerichtet sein.

Alternativ können Sie dokumentbezogen festlegen, dass jedem neu erstellten Objekt diese Option automatisch zugewiesen wird (dies gilt nicht für über die Zwischenablage eingefügte Objekte).

Dazu haben Sie zwei Möglichkeiten:

▶ Beim Erstellen des Dokuments: Aktivieren Sie die Option AN PIXELRASTER AUSRICHTEN in der Dialogbox NEUES DOKUMENT.
▶ Zu einem späteren Zeitpunkt: Setzen Sie ein Häkchen vor der Option NEUE OBJEKTE AM PIXELRASTER AUSRICHTEN im Bedienfeldmenü des Transformieren-Bedienfeldes.

▲ **Abbildung 21.5**
Konturstärke 1 Pixel mit an Pixel ausgerichtetem Pfad (oben) – so wäre es gewünscht (unten).

▲ **Abbildung 21.6**
Die Option AN PIXELRASTER AUSRICHTEN im Transformieren-Bedienfeld

▲ **Abbildung 21.7**
Die Option AN PIXELRASTER AUSRICHTEN in den SYMBOLOPTIONEN

▼ **Abbildung 21.8**
Grafik und in Pfade umgewandelte Texte: Nachdem die Objekte viermal verschoben wurden (rechts), treten beim Stern und der serifenlosen Schrift erhebliche Deformationen auf.

Das Ausrichten am Pixelraster geschieht dadurch, dass Illustrator die Pfade (also die Objektgeometrie) so verändert, dass sie optimal ins Pixelraster passen. Da dies nicht »dynamisch« in der Form eines Effekts geschieht, sondern mit jedem erneuten Ausrichten dauerhaft, führt es dazu, dass ein Objekt bei jeder Transformation (dazu gehört auch das Verschieben) ein wenig verformt wird. Diese Verformungen summieren sich, sodass bereits nach wenigen Transformationen sichtbare Veränderungen auftreten.

Aufgrund der Arbeitsweise des Ausrichtens am Pixelraster kann es daher sinnvoll sein, diese Option erst spät im Produktionsprozess gezielt

Barrierefrei?

Viele interessante Informationen rund um die Barrierefreiheit von Webseiten (und PDF-Dokumenten) erhalten Sie unter *www.einfach-fuer-alle.de*.

Maßeinheit umstellen

Die Maßeinheit des Dokuments lässt sich auch umstellen, ohne DOKUMENT EINRICHTEN… aufzurufen. Auf dem Mac halten Sie dafür ctrl gedrückt und klicken auf eines der Lineale. Unter Windows klicken Sie mit der rechten Maustaste auf das Lineal. Wählen Sie dann die gewünschte Maßeinheit aus dem aufklappenden Menü.

▲ Abbildung 21.9
Slice-Werkzeuge

▲ Abbildung 21.10
Voreinstellungen für Slices

für bestimmte Objekte zu aktivieren. Gegebenenfalls erstellen Sie zu diesem Zweck eine Kopie der Datei.

Zeichenfläche | Soll der Inhalt der ganzen Zeichenfläche randscharf für das Web gespeichert werden, dann ist es wichtig, dass die Zeichenfläche exakt im Pixelraster liegt. Das Zeichenflächen-Werkzeug rastet jedoch nicht automatisch am Pixelraster ein. Entweder Sie korrigieren nachträglich die Positionswerte der Zeichenfläche, oder Sie ziehen ein Rechteck ohne Kontur auf (das Rechteck-Werkzeug rastet ein) und wenden OBJEKT • ZEICHENFLÄCHEN • IN ZEICHENFLÄCHEN KONVERTIEREN an.

21.1.3 Barrierefreiheit

Eine wichtige Bedingung für die Barrierefreiheit von Webseiten und anderen Dokumenten besteht darin, dass mit Farbe dargestellte Informationen auch ohne Farbe verfügbar sind, z. B. auf Schwarzweißgeräten oder bei Farbfehlsichtigkeit. Mit dem Softproof auf Farbenblindheit (s. Abschnitt 8.7.2) können Sie Ihre Entwürfe testen.

21.1.4 Slices

Slices definieren in einer Grafik einzelne Bereiche, denen Sie beim Export als Webgrafik individuelle Exportoptionen zuweisen können. Slices sind selbstverständlich nur virtuelle Schnitte, die Ihre Vektorobjekte völlig intakt lassen. Slices lassen sich auf zwei Arten erstellen – mit dem Slice-Werkzeug und über das Menü OBJEKT.

Achtung: Da Illustrator nur noch mit einem kleinen Trick HTML generieren kann, sind viele Optionen der Slices – z. B. das Angeben einer URL oder das Anlegen eines HTML-Text-Slice – vergebliche Mühe.

Anzeige | Die Optionen für die Anzeige der Slices definieren Sie unter VOREINSTELLUNGEN • SLICES… Stellen Sie eine LINIENFARBE ein, und aktivieren Sie die Anzeige der Slice-Nummerierung. Um Slices ein- oder auszublenden, wählen Sie die entsprechende Option im Menü ANSICHT. Dort können Sie auch mit dem Menüpunkt SLICES FIXIEREN die von Ihnen definierten Slices vor unbeabsichtigtem Verändern schützen.

Mit dem Slice-Werkzeug erstellen | Um ein Slice mit dem Werkzeug anzulegen, wählen Sie es aus dem Werkzeugbedienfeld – Shortcut ⇧+K –, und klicken und ziehen Sie ein Rechteck auf, das Ihr Slice definiert. Auf diese Art erzeugte Slices sind auf ihre Position auf der Zeichenfläche festgelegt. Wenn Sie darunterliegende Objekte verschieben, verändert sich das Slice nicht.

Über das Menü erstellen | Aktivieren Sie ein Objekt, über dem Sie ein Slice anlegen möchten, und wählen Sie OBJEKT • SLICE • ERSTELLEN oder – falls Sie ein Slice um mehrere aktivierte Objekte bilden möchten – OBJEKT • SLICE • AUS AUSWAHL ERSTELLEN. Mit dem Befehl AUS HILFSLINIEN ERSTELLEN werden in der Datei angelegte Hilfslinien als Basis verwendet.

Ein aus einem einzelnen Objekt definiertes Slice ist an das Objekt gebunden, bewegt sich mit ihm und wird entfernt, sobald Sie das Objekt löschen.

Diese Befehle sind nur aktiv, wenn Slices nicht fixiert sind.

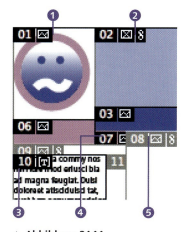

▲ **Abbildung 21.11**
Slice-Typen: BILD ❶, KEIN BILD ❷, HTML-TEXT ❸, Slice mit Unter-Slice ❹, Auto-Slice ❺

Auto-Slices | Illustrator ergänzt immer automatische Slices ❺, sodass sich insgesamt eine Rechteckfläche ergibt, die alle Objekte in der Datei umfasst. Bewegen oder verändern Sie Slices, aktualisiert Illustrator die Auto-Slices. Auto-Slices sind durch eine hellere Farbe gekennzeichnet.

Unter-Slices | Falls Sie ein Slice definieren, das ein anderes überlappt, muss das untere Slice aufgeteilt werden, da Slices nur nebeneinanderliegend generiert werden. Die dabei entstehenden Unter-Slices ❹ sind nicht eigenständig zu aktivieren oder zu bearbeiten.

Auf Zeichenfläche beschränken | Normalerweise ergänzt Illustrator Auto-Slices so, dass alle Objekte in der Datei eingeschlossen sind. Möchten Sie die Definition von Slices auf die Zeichenfläche beschränken, wählen Sie OBJEKT • SLICE • GANZE ZEICHENFLÄCHE EXPORTIEREN.

> **Slices und Zeichenflächen**
>
> Wenn Sie OBJEKT • SLICE • GANZE ZEICHENFLÄCHE EXPORTIEREN aktivieren, können Sie für jede Zeichenfläche einen unabhängigen Satz Slices anlegen.
> Mit OBJEKT • ZEICHENFLÄCHEN • IN ZEICHENFLÄCHEN KONVERTIEREN können Sie ein aktiviertes Slice in eine Zeichenfläche umwandeln.

Slices auswählen | Slices, die Sie anpassen möchten, wählen Sie mit dem Slice-Auswahl-Werkzeug aus, indem Sie in das gewünschte Slice klicken. Drücken Sie ⇧, und klicken Sie weitere Slices an, um diese zur Auswahl hinzuzufügen. Mit dem Menü OBJEKT erzeugte Slices wählen Sie aus, indem Sie das Objekt auswählen, zu dem die Slices gehören. Alternativ verwenden Sie das Ebenen-Bedienfeld, um Slices auszuwählen. Auto-Slices können Sie nicht auswählen.

Slice-Optionen | Aktivieren Sie ein Slice, und wählen Sie OBJEKT • SLICE • SLICE-OPTIONEN…, um den Slice-Typ festzulegen und weitere Einstellungen vorzunehmen. Drei Slice-Typen stehen zur Auswahl: BILD, KEIN BILD und HTML-TEXT – das Anlegen der letzten beiden Typen hat jedoch in dieser Illustrator-Version wenig Nutzen. Den Typ zeigt Illustrator auf der Zeichenfläche mit dem abgebildeten Symbol an:

▲ **Abbildung 21.12**
Optionen für ein Bild-Slice

HTML generieren lassen

Mit einem kleinen Trick können Sie Illustrator immer noch dazu bringen, HTML zu generieren (s. S. 700). Von dieser Vorgehensweise ist jedoch abzuraten, da das von Illustrator generierte HTML mit moderner Webentwicklung nichts zu tun hat.

▶ BILD: Mit diesem Typ wird eine Bilddatei erzeugt. Im Feld NAME können Sie einen Namen für die beim Speichern erzeugte Datei definieren. Die Eingabe einer URL können Sie sich sparen, da sie nur für die HTML-Ausgabe interessant wäre.
Die Komprimierungsoptionen legen Sie in der Dialogbox FÜR WEB UND GERÄTE SPEICHERN fest (s. Abschnitt 20.1.6).

▶ KEIN BILD: Diesen Typ wählen Sie, um einfarbige Flächen durch eine Hintergrundfarbe in der Tabellenzelle oder im CSS-Container darzustellen. Dieser und der folgende Typ sind nicht mehr relevant.

▶ HTML-TEXT: Diesen Typ können Sie nur auswählen, wenn das Slice an einem Textobjekt definiert wurde. Der Inhalt des Textobjekts und seine Formatierung werden als HTML-Text generiert.

Begrenzungen anpassen | Klicken und ziehen Sie Slices mit dem Slice-Auswahl-Werkzeug an die gewünschte Position. Mit ⇧ schränken Sie die Bewegung auf 45°-Schritte ein.

Aktivieren Sie ein Slice, und klicken und ziehen Sie eine Seite oder Ecke seines Begrenzungsrahmens, um die Größe zu verändern. Um Slices aneinander auszurichten oder zu verteilen, aktivieren Sie die betreffenden Slices und verwenden die Funktionen des Ausrichten-Bedienfeldes (s. Abschnitt 5.7).

Die Stapelreihenfolge von Slices verändern Sie mithilfe des Ebenen-Bedienfeldes – diese Option ist wichtig für die Erstellung von Unter-Slices (zum Ebenen-Bedienfeld s. Abschnitt 11.1).

Möchten Sie ein mit dem Slice-Werkzeug angelegtes Slice aufteilen, aktivieren Sie es und wählen OBJEKT • SLICE • SLICES UNTERTEILEN...

Umgekehrt lassen sich auch mehrere Slices zu einem zusammenfügen. Aktivieren Sie die betreffenden Slices, und wählen Sie OBJEKT • SLICE • SLICES KOMBINIEREN.

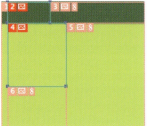

▲ **Abbildung 21.13**
Slices mit dem Ausrichten-Bedienfeld exakt positionieren

Slices löschen | Mit dem Werkzeug erstellte Slices aktivieren Sie und drücken die Löschtaste. Haben Sie ein Slice über das Menü OBJEKT generiert, aktivieren Sie es und wählen OBJEKT • SLICE • ZURÜCKWANDELN. Beim Entfernen mit der Löschtaste würde in diesem Fall auch das Vektorobjekt gelöscht. Um alle Slices zu löschen, wählen Sie OBJEKT • SLICE • ALLE LÖSCHEN.

Web-Speichern in Photoshop

Die unterschiedlich aussehenden Dialogboxen sind nicht nur ein optisches Phänomen. Da beide Programme beim Speichern für das Web unterschiedliche Routinen verwenden, erzielen Sie z. B. mit denselben Werten in der JPEG-QUALITÄT keine vergleichbaren Ergebnisse.

21.1.5 Für Web und Geräte speichern

Wählen Sie DATEI • FÜR WEB SPEICHERN..., um Ihre Grafik in diverse für das Web geeignete Dateiformate zu exportieren.

21.1 Screendesign mit Illustrator

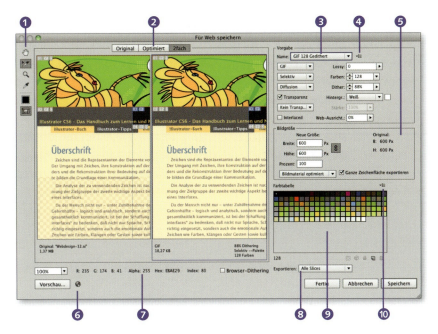

▲ **Abbildung 21.14**
Für Web speichern mit den Optionen für das GIF-Format

Die Werkzeug-Buttons ❶ dienen der Navigation in den Vorschaubildern: Mit dem Hand-Werkzeug verschieben Sie die Ansicht im Fenster. Verwenden Sie das Slice-Auswahl-Werkzeug, um Slices zu aktivieren, für die Sie Einstellungen vornehmen möchten. Das Zoom-Werkzeug vergrößert die Ansicht der Grafik, und mit dem Pipette-Werkzeug nehmen Sie Farben aus den Vorschaubildern auf. Klicken Sie auf den Slices-einblenden/ausblenden-Button, um die Anzeige der Slices zu steuern.

Mit den Reitern ❷ stellen Sie die Anzeige der Vorschau ein. Sie können sich nur die Originalgrafik, nur die optimierte Version oder eine Gegenüberstellung von Original und optimierter Version anzeigen lassen. Einstellungen, die Sie vornehmen, werden jeweils auf das durch einen Rahmen hervorgehobene Vorschaufenster angewendet.

Einige mitgelieferte sowie eigene Komprimierungseinstellungen, die Sie speichern, wählen Sie im Menü Vorgaben ❸ aus.

Im Menü Optimiert ❹ finden Sie verschiedene Befehle, die Grundeinstellungen oder den Umgang mit Slices betreffen. Mit dem oben aufgeführten Befehl lassen sich z. B. Ihre Einstellungen speichern, sodass sie im Menü Vorgaben angezeigt werden. Darüber hinaus können Sie in diesem Menü die Konvertierung Ihrer Grafik in das sRGB-Farbprofil und damit eine Umwandlung der Farbwerte deaktivieren.

▲ **Abbildung 21.15**
Hier lässt sich eine Liste von Browsern als Menü einrichten.

Dialogbox beenden

Die Dialogbox können Sie auf drei Arten beenden:
Speichern generiert die Dateien basierend auf Ihren Einstellungen.
Fertig speichert Ihre Einstellungen, generiert jedoch keine Dateien.
Abbrechen verwirft Ihre Einstellungen und generiert keine Dateien.

Kapitel 21 Web- und Bildschirmgrafik

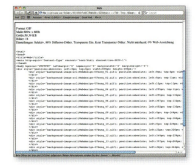

▲ **Abbildung 21.16**
So bekommt man Illustrator dazu, HTML zu generieren: ein Klick auf den VORSCHAU-Button genügt. Die HTML-Ausgabe ist aber nicht konfigurierbar und der Code erfüllt nicht die aktuellen Ansprüche.

▲ **Abbildung 21.17**
Die Übungsdatei: Die Radargrafik links unten wird als Flash-Animation, das Logo als PNG, der verlaufende Hintergrund im Titel als JPG und die Menü- sowie die Kompassgrafik werden als GIF exportiert.

Wozu die Kopie?

Für das Kodieren der Website benötigen Sie die Titelgrafik in einem Stück. Wenn Sie den Titel slicen, um das Logo und die Button-Grafiken zu generieren, würde jedoch der Titel ebenfalls zerschnitten. Jetzt legen Sie für jede Zeichenfläche einen Satz Slices für beide Zwecke an.

Im Bereich BILDGRÖSSE ❺ lässt sich die Grafik noch skalieren, und Sie wählen hier auch die Anti-Aliasing-Methode aus. Die Felder für die Größeneingabe können manchmal störrisch sein. Es hilft, wenn Sie es mehrmals versuchen.

Im Browsermenü ❻ können Sie Links zu verschiedenen auf Ihrem Computer installierten Browsern einrichten. Um eine Vorschau in einem der Browser aufzurufen, wählen Sie den Browser später einfach aus dieser Liste aus und klicken auf den Button VORSCHAU…. Bei dieser Vorschau wird HTML generiert und im ausgewählten Browser angezeigt – Sie können den HTML-Code aus dem Browserfenster kopieren.

Die Statusleiste ❼ zeigt die RGB- und HEX-Werte des unter dem Cursor befindlichen Pixels sowie dessen Position in der Farbpalette (für GIF und PNG-8).

Im Menü EXPORTIEREN ❽ wählen Sie aus, welche Slices exportiert werden sollen.

Zur Optimierung der Farbpalette von GIF und PNG-8 finden Sie unter der Paletten-Anzeige eine Buttonleiste ❾. Weitere Funktionen und Sortierungsoptionen bietet das Menü ❿.

Schritt für Schritt
Slices für das Web speichern

Öffnen Sie die Datei »Webdesign.ai« von der DVD. Darin ist das Design einer Website angelegt. Einige Grafikelemente der Seite sollen mit der Funktion FÜR WEB UND GERÄTE SPEICHERN in unterschiedliche Formate gesichert werden.

1 **Neue Zeichenflächen erstellen und Hintergrundelement duplizieren**

Ihre erste Aufgabe besteht darin, eine weitere Zeichenfläche im Format 800 × 600 Pixel anzulegen. Aktivieren Sie dazu erst ANSICHT • PIXELVORSCHAU und ANSICHT • AN PIXEL AUSRICHTEN. Dann wechseln Sie zum Zeichenflächen-Werkzeug ⌗ ⇧+0. Wählen Sie im Steuerungsbedienfeld 800 × 600 (SVGA) aus dem Menü VORGABEN, und klicken Sie auf den Button NEUE ZEICHENFLÄCHE.

Dann klicken Sie mit dem Zeichenflächen-Werkzeug neben die bestehende Zeichenfläche. Ziehen Sie dann eine weitere Zeichenfläche um die Radargrafik auf. Dazu müssen Sie zu Beginn die Umschalttaste drücken, damit eine Zeichenfläche innerhalb einer anderen aufgezogen werden kann – während des Ziehens können Sie dann die Taste loslassen. Überprüfen Sie anschließend anhand der Werte x und y, dass beide Zeichenflächen auf ganzen Pixeln positioniert sind.

21.1 Screendesign mit Illustrator

Wechseln Sie zum Auswahl-Werkzeug, aktivieren Sie das blaue Verlaufsgitterobjekt im Titel der Seite und verschieben es mit gedrückter Taste ⌥/Alt auf die neue Zeichenfläche, um dort eine Kopie zu erzeugen.

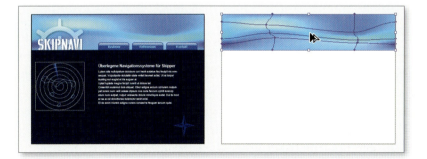

◄ **Abbildung 21.18**
Kopieren der Titelgrafik auf die zweite Zeichenfläche

[Cascading Stylesheet]
Um Struktur und Layout auf einer Webseite konsequent trennen zu können, werden Formatierungsanweisungen wie Schriftgrößen, Rahmen oder Farben in Stylesheets (CSS) ausgelagert. Der HTML-Code gliedert nur den Inhalt mit Strukturanweisungen wie Liste, Absatz oder Überschriften unterschiedlicher Ordnung.

2 Nicht benötigte Elemente ausblenden

Die Hintergrundfarbe wird im Cascading Stylesheet beim Kodieren der Seite angelegt, und das Logo muss ohne Hintergrund exportiert werden. Daher blenden Sie jetzt noch einige Elemente aus. Aktivieren Sie ANSICHT • TRANSPARENZRASTER EINBLENDEN, damit Sie die Transparenz kontrollieren können.

Blenden Sie im Ebenen-Bedienfeld die Ebene »Text« aus. Wählen Sie mit dem Auswahl-Werkzeug das dunkelblaue Hintergrundelement aus, und notieren Sie sich zunächst dessen Flächenfarbe. Dann wählen Sie OBJEKT • AUSBLENDEN • AUSWAHL.

Jetzt nehmen Sie mit dem Pipette-Werkzeug die Farbe aus der Umgebung der Menü-Tabs auf und notieren auch diese.

▲ **Abbildung 21.19**
Nehmen Sie die Farbe aus der Umgebung der Menü-Tabs auf.

3 Das Slicen vorbereiten

Ohne Slices würde Illustrator mehrere Ebenen ausgeben, die jeweils die gesamte Zeichenfläche enthalten. Außerdem benötigen Sie Slices für die unterschiedlichen Komprimierungseinstellungen.

Die Slices müssen über das Menü OBJEKT definiert werden. Zunächst wählen Sie OBJEKT • SLICE • GANZE ZEICHENFLÄCHE EXPORTIEREN. So können Sie zwei Sätze Slices für die beiden Zeichenflächen definieren.

4 Slices erstellen

Jetzt erstellen Sie die einzelnen Slices. Erstellen Sie eine neue Ebene »Slices« im Ebenen-Bedienfeld, und aktivieren Sie sie. Wählen Sie das Slice-Werkzeug, und ziehen Sie damit ein Slice um das Logo auf. Es setzt am unteren Rand des Verlaufsgitterobjekts an und führt großzügig um das Logo herum. Achten Sie darauf, die weich auslaufenden Schatten vollständig in das Slice einzubeziehen.

▲ **Abbildung 21.20**
Eine zusätzliche Ebene für die Slices

701

Kapitel 21 Web- und Bildschirmgrafik

Abbildung 21.21 ▶
Das Slice für die Radar-Grafik (links) wurde per Menübefehl erstellt, das Logo-Slice (rechts) mit dem Werkzeug.

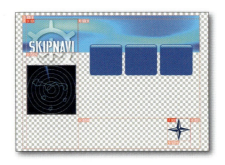 

Aktivieren Sie die Kompassrose rechts unten, und erstellen Sie ein Slice mit OBJEKT • SLICE • AUS AUSWAHL ERSTELLEN. Dieses Slice wurde auf der Ebene »Hintergrund« erstellt – verschieben Sie es im Ebenen-Bedienfeld auf die »Slices«-Ebene, um Ordnung in der Datei zu halten.

5 Menü-Slice und die Schiebetüren

Menüs wie dieses im »Tabbed«-Stil werden meist über die »Sliding-Doors-Technik« realisiert. Dazu benötigen Sie die Grafik in einer ganz bestimmten Form (s. Abbildung 21.22, links). In dieser Übung werden Sie die Grafik komplett exportieren und in Photoshop weiterbearbeiten. Es ist jedoch auch möglich, die benötigten Teile direkt in Illustrator zu erstellen.

Ziehen Sie mit dem Slice-Werkzeug ein Slice auf (wie in Abbildung 21.27, rechts), das die unteren Rundungen auslässt.

> **»Sliding Doors of CSS«**
> Eine Beschreibung der Technik finden Sie bei www.alistapart.com/articles/slidingdoors/ – in deutscher Übersetzung bei www.thestyleworks.de/tut-art/listnav3.shtml.

Abbildung 21.22 ▶
Diese beiden Grafiken werden für ein »Sliding-Doors-Menü« benötigt (links); Slice für das Menü-Tab (rechts).

Das Verlaufsgitterobjekt auf der ersten Zeichenfläche wird jetzt ausgeblendet. Aktivieren Sie es, und drücken Sie ⌘/Strg+3.

6 Verlaufsgitter auf der zweiten Zeichenfläche

Klicken Sie mit dem Auswahl-Werkzeug auf die zweite Zeichenfläche. Anschließend ziehen Sie mit dem Slice-Werkzeug ein Slice um das Verlaufsgitterobjekt auf. Hier wird automatisch ein zweiter Satz Slices angelegt, da Sie in Schritt 3 die Option GANZE ZEICHENFLÄCHE EXPORTIEREN gesetzt haben.

▲ **Abbildung 21.23**
Ein Slice auf der zweiten Zeichenfläche

7 Standbilder: Logo

Mit dem Auswahl-Werkzeug klicken Sie auf die erste Zeichenfläche und wählen Datei • Für Web speichern. Standbilder und Flash-Animation müssen getrennt exportiert werden.

Aus den Werkzeug-Buttons links oben im Dialogfenster verwenden Sie die Hand, um zum gewünschten Slice zu scrollen, falls es nicht bereits sichtbar ist. Wir beginnen mit dem Logo. Wählen Sie den Slice-Button im Dialogfenster, und klicken Sie auf das Logo-Slice. Die anderen Slices werden leicht abgedimmt.

Das Logo enthält transparente Elemente und Schlagschatten. Es wird als PNG exportiert, damit diese Transparenz erhalten bleibt. Wählen Sie im Menü Optimierungsformat ❶ den Eintrag PNG-24 aus, und aktivieren Sie das Häkchen bei Transparenz (Abbildung 21.24).

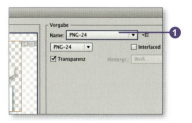

▲ **Abbildung 21.24**
Für das Speichern eines PNG-24 gibt es nicht viele Optionen.

8 Standbilder: Tabbed-Menü

Als Nächstes wählen Sie das Menü-Tab-Slice aus. Dieses lässt sich am besten als GIF komprimieren. Wählen Sie GIF aus dem Menü Optimierungsformat, und aktivieren Sie die Option Transparenz. Jetzt müssen Sie die richtige Hintergrundfarbe einstellen. Wählen Sie aus dem Menü Hintergrund ❸ den Eintrag Andere… (Abbildung 21.26), und geben Sie die in Schritt 2 notierte Farbe ein. Probieren Sie noch, die Anzahl der Farben zu reduzieren, indem Sie im Menü Farben ❷ einen niedrigeren Wert auswählen.

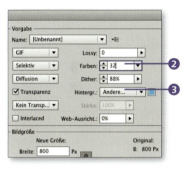

▲ **Abbildung 21.25**
Optionen für das Speichern des Menü-Tabs

9 Standbilder: Kompassrose und exportieren

Zuletzt scrollen Sie zur Kompassrose. Diese wird ebenfalls als GIF mit der in Schritt 2 aufgenommenen dunkelblauen Hintergrundfarbe exportiert. Im Menü Slices wählen Sie den Eintrag Alle Benutzer-Slices.

Klicken Sie dann auf Speichern, und geben Sie den Speicherpfad für die Bilder ein. In dem von Ihnen bestimmten Ordner wird ein weiterer Ordner namens Bilder erstellt, in den die Dateien gespeichert werden.

Eventuell werden dennoch einige überflüssige Dateien erstellt. Diese müssen Sie später sichten und aussortieren.

▲ **Abbildung 21.26**
Einstellen der Hintergrundfarbe für das GIF

10 Standbilder: Verlaufsgitter

Wechseln Sie auf die zweite Zeichenfläche, und wählen Sie Datei • Für Web speichern. Aktivieren Sie das Slice mit der Grafik, und exportieren Sie es als JPG. Dessen Qualität optimieren Sie mit dem Schieberegler Qualität. Achten Sie auf die Dateigröße, die in der Vorschau eingeblendet wird. Speichern Sie das JPG in den Bilder-Ordner zu den anderen Dateien, geben Sie ihm jedoch einen anderen Namen.

▲ **Abbildung 21.27**
Optionen für das JPG

11 Flash-Animation

Bevor Sie die Flash-Animation exportieren, müssen im Ebenen-Bedienfeld alle Ebenen ausgeblendet werden, die keine Radar-Elemente enthalten. Aktivieren Sie die kleine Zeichenfläche um die Animation, und rufen Sie Datei • Exportieren auf – über Für Web speichern ist der Export eines SWF nicht mehr möglich.

Wählen Sie das Format Flash (swf) – die Option Zeichenflächen klicken Sie hier nicht an. Als Speicherort wählen Sie den Ordner mit den anderen Dateien. In den SWF-Optionen wählen Sie im Bereich Allgemein die Einstellung AI-Ebenen in SWF-Frames und Ganze Zeichenfläche exportieren. Im Bereich Erweitert aktivieren Sie die Wiederholschleife. Statische Ebenen benötigen Sie nicht. Klicken Sie auf OK.

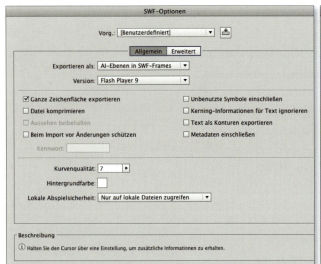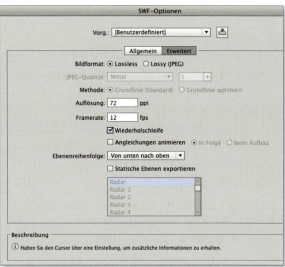

▲ **Abbildung 21.28**
Optionen für den Export der Flash-Animation – da dabei alle sichtbaren Ebenen der Datei berücksichtigt werden, mussten vorher die nicht benötigten Ebenen ausgeblendet werden.

▲ **Abbildung 21.29**
Fireworks-Importoptionen für Illustrator-Dateien

21.1.6 Übergabe an Photoshop und Fireworks

Alternativ zum direkten Speichern in Webformate ist auch das Übergeben der Datei an Photoshop oder Fireworks möglich.

Zur Übergabe an Photoshop ist meistens der Export als Photoshop-Datei die beste Option. Es ist möglich, beim PSD-Export Texte und sogar Vektorinhalte editierbar zu erhalten (s. Abschnitt 19.1.9).

Wenn Sie in Fireworks weiterarbeiten möchten, öffnen Sie Ihre AI-Datei darin. Dabei bleiben viele Objekte und deren Eigenschaften erhalten.

21.2 Bildformate: GIF, JPEG und PNG

Aus Illustrator können Sie die im Web gebräuchlichsten Rasterformate direkt speichern, ohne dafür Photoshop bemühen zu müssen. In beiden Programmen stehen Ihnen vergleichbare Möglichkeiten zur Optimierung des Bildmaterials für das gewählte Format zur Verfügung.

[LZW]
Nach den Entwicklern Lempel, Ziv und Welch benannter Algorithmus, der eine effektive Speicherung sich wiederholender Zeichen oder Zeichenketten gestattet. Der Algorithmus ist an die Art der Daten anpassbar, sodass er nicht nur für Grafikdateien Verwendung findet.

21.2.1 GIF – Graphics Interchange Format

Bei flächiger Grafik mit wenigen Farben entfaltet das GIF-Format seine volle Wirksamkeit. Die Kompression geschieht mithilfe des verlustfreien LZW-Algorithmus und aufgrund einer reduzierten Farbpalette. Im GIF-Format lassen sich Transparenzen definieren.

Optionen | GIF

- FARBREDUKTIONSALGORITHMUS: Die Auswahl der Farben für die Farbpalette der GIF-Datei erfolgt nach unterschiedlichen Methoden, die Sie aus dem Menü FARBREDUKTIONSALGORITHMUS wählen.
- FARBEN ❶: Bestimmen Sie, wie viele Farben die Palette des Bildes maximal enthalten darf.
  Die Eingabe anderer als der aufgelisteten Werte bewirkt keine Änderung der Dateigröße im Vergleich zum nächsthöheren Menüeintrag.
- DITHER-ALGORITHMUS ❷: Wählen Sie eine Rasterungsmethode für die Darstellung von Zwischentönen aus dem Menü DITHER-ALGORITHMUS FESTLEGEN. Stellen Sie die Stärke des Diffusions-Ditherings durch die Eingabe eines Wertes zwischen 0 und 100 % unter DITHER ein. Ein höherer Wert vermeidet sichtbare Stufen in Verläufen und erzeugt bessere Zwischentöne, führt aber auch zu größeren Dateien.
- WEB-AUSRICHTUNG: Stellen Sie einen Schwellenwert für die Veränderung der Farbdefinition in Richtung der Websafe-Palette ein. Ein höherer Wert verändert mehr Farben (zur Websafe-Palette s. Abschnitt 8.4.5).
- LOSSY: Die LOSSY-Funktion optimiert das Pixelmuster der Grafik, um die Datei besser komprimieren zu können. Höhere Werte erzeugen eine stärkere Komprimierung, aber auch deutliche Störungen in der Grafik. LOSSY können Sie nur in Verbindung mit Diffusions-Dithering verwenden.
- TRANSPARENZ: Im GIF-Format wird Transparenz dadurch hergestellt, dass die Anzeige bestimmter Farben durch einen entsprechenden Eintrag in der Farbpalette des Bildes unterdrückt ist.

▲ **Abbildung 21.30**
Vergleich Rauschen-, Muster-, Diffusion-Dither

▲ **Abbildung 21.31**
Speicheroptionen für PNG-8 und GIF

▲ **Abbildung 21.32**
Rechts und links: GIF mit an die Seite angepasster Hintergrundfarbe, Mitte: falsche Hintergrundfarbe des GIFs

▲ Abbildung 21.33
TRANSPARENZ-DITHER: Der transparente Verlauf ist mit Deckkraftmaske erzeugt (rechts: Ergebnis).

Zu große Zeichenfläche

Illustrator warnt nicht mehr, wenn die Grafik oder die Zeichenfläche zu groß ist, sondern probiert den Speichervorgang und stürzt dabei eventuell ab. Achten Sie daher darauf, dass die Option OBJEKT • SLICE • GANZE ZEICHENFLÄCHE EXPORTIEREN passend eingestellt ist. Bei einer sehr großen Zeichenfläche mit einem kleinen Objekt sollte sie deaktiviert sein.

▲ Abbildung 21.34
Mit der Option HINTERGRUND versehen Sie eine transparente Grafik (links) nur für den Export mit einem farbigen Hintergrund (rechts).

▲ Abbildung 21.35
Speicheroptionen für JPEG

Wählen Sie im Menü HINTERGRUND die Farbe der Webseite aus, auf der Sie das Bild einsetzen wollen. Illustrator erzeugt an den Rändern des Motivs die passenden Übergänge.

▶ TRANSPARENZ-DITHER ❸: Aufgrund der Arbeitsweise des Formats ist es nicht möglich, reduzierte Deckkraft herzustellen. Daher bedient man sich eines Tricks, indem ein Raster aus transparenten und nicht transparenten Pixeln angelegt wird. Analog zum Farb-Dithering bestimmen Sie unter ALGORITHMUS FÜR TRANSPARENZ-DITHER FESTLEGEN eine Methode, nach der das Transparenzraster erstellt wird. Wählen Sie die Stärke des Diffusions-Ditherings durch eine Eingabe unter STÄRKE.

▶ INTERLACED: Aktivieren Sie diese Option, um das Bild in mehreren Schritten immer detaillierter auf der Webseite anzuzeigen – diese Option erhöht die Dateigröße.

21.2.2 JPG – Joint Photographic Expert Group

Dieses Bildformat wurde im Hinblick auf die Speicherung von Fotos entwickelt. Die Datenreduktion beruht auf einer verlustbehafteten Kompression. Für flächig angelegte Grafik ohne Verläufe oder Muster – also für einen Großteil der »typischen« Vektorgrafiken wie Logos, Diagramme und Infografik – ist das JPG-Format nicht geeignet.

Optionen | JPEG

▶ QUALITÄT: Wählen Sie eine voreingestellte Stufe im Aufklappmenü KOMPRIMIERUNGSQUALITÄT, oder definieren Sie einen Wert von 1 bis 100 im Eingabefeld. Der Wert bestimmt die Stärke der Kompression: Ein höherer Wert erzeugt eine größere Datei in besserer Darstellungsqualität.

▶ PROGRESSIV (früher MEHRERE DURCHGÄNGE): Aktivieren Sie diese Option, um das Bild in mehreren Schritten immer detaillierter auf der Webseite anzuzeigen – das unterstützen nicht alle Browser.

▶ WEICHZEICHNEN: Geben Sie einen Wert zwischen 0 und 2 ein, um die Grafik weichzuzeichnen – dies ermöglicht eine bessere Wirksamkeit der Komprimierung.

▶ ICC-PROFIL: Mit dieser Option betten Sie das in den Farbeinstellungen definierte RGB-Farbprofil in die JPEG-Datei ein.

▶ HINTERGRUND: Definieren Sie eine Farbe, die Illustrator in nicht deckende Bereiche der Grafik rechnen soll.

▶ OPTIMIERT: Mit dieser Option erzeugen Sie eine Baseline-optimierte JPEG-Datei. Sehr alte Browser unterstützen dieses Format nicht.

21.2.3 PNG – Portable Network Graphics

PNG ist ein verlustfreies Grafikformat, das als Nachfolger des GIF-Formats entwickelt wurde. Es unterliegt keinen Patentbeschränkungen. In diesem Format können Sie Bilder mit bis zu 16 Bit Farbtiefe pro Farbkanal speichern. Transparenzen lassen sich entweder für einzelne Farben einer Farbpalette (wie beim GIF-Format) oder als Alpha-Kanal im Bild anlegen.

Die Browserunterstützung des PNG-Formats ist jedoch nicht einheitlich gegeben.

Optionen | PNG
Die Optionen des 8-Bit-PNG entsprechen denen des GIF-Formats. Beim Speichern eines 24-Bit-PNG haben Sie die Wahl, in transparente Bereiche der Grafik eine Hintergrundfarbe hineinrechnen zu lassen oder einen Alpha-Kanal in der Datei speichern zu lassen.

- TRANSPARENZ: Aktivieren Sie diese Option, dann speichert Illustrator einen Alpha-Kanal in der Datei (Abbildung 21.38). Alle Bereiche der Grafik, die nicht von Objekten bedeckt sind oder an denen die Deckkraft reduziert ist, sind damit ganz oder teilweise durchscheinend. Andere Füllmethoden als NORMAL werden aber nicht unterstützt. Dies sollten Sie vor allem beim Anlegen von Effekten wie SCHLAGSCHATTEN und SCHEIN berücksichtigen.
- HINTERGRUND: Wenn die Option TRANSPARENZ deaktiviert ist, wählen Sie mithilfe des Aufklappmenüs eine Farbe aus. Illustrator rechnet diese in den Hintergrund der Grafik – Sie müssen daher nicht erst ein Objekt in der gewünschten Farbe im Hintergrund erzeugen.

21.2.4 Imagemaps

Mithilfe einer Imagemap ist es möglich, in einer Bilddatei auf einer Webseite Hotspots zu definieren, an denen durch Benutzereingabe eine Aktion ausgelöst wird – meist der Aufruf einer anderen Webseite. Die Bilddatei muss nicht zerschnitten werden, damit einzelne Bereiche anklickbar sind. Die Imagemap können Sie nur mithilfe des Browservorschautricks (s. Abbildung 21.16) als HTML-Code gewinnen, daher sollten Sie, wenn möglich, besser einen HTML-Editor zu diesem Zweck verwenden.

Als Hotspots lassen sich einzelne Vektorpfade oder zusammengesetzte Pfade verwenden, keine Gruppen. Um eine Imagemap zu erstellen, gehen Sie wie folgt vor:
1. Rufen Sie das Attribute-Bedienfeld auf (⌘/Strg+F11); im Dock hat das Bedienfeld das Symbol.

▲ **Abbildung 21.36**
Das PNG-Format erlaubt die Definition von Transparenz mit Alpha-Kanälen auch in der Webgrafik.

▲ **Abbildung 21.37**
Optionen für PNG 8 und PNG 24

▲ **Abbildung 21.38**
PNG mit Alpha-Kanal

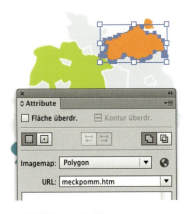

▲ Abbildung 21.39
Hotspot-Attribute einrichten

2. Aktivieren Sie den Pfad, dem Sie einen Link zuweisen möchten.
3. Wählen Sie im Attribute-Bedienfeld im Auswahlmenü IMAGEMAP die Form des Hotspots.
    ▸ RECHTECK: Der Hotspot hat die Form des Begrenzungsrahmens. Für zusammengesetzte Pfade wird immer diese Form des Hotspots generiert.
    ▸ POLYGON: Die Fläche des Hotspots wird so genau wie möglich an den Objektkanten entlanggeführt – diese Form kann sehr komplex werden. Die Genauigkeit können Sie nicht heruntersetzen.
4. Geben Sie unter URL einen Link oder einen Skriptaufruf ein. Falls Sie bereits Einträge an anderer Stelle vorgenommen haben, wählen Sie sie zur erneuten Anwendung aus dem Menü. Wiederholen Sie die Schritte 1 bis 4 für alle Objekte, denen Sie Links zuweisen möchten.
5. Wenn Sie Ihre Eingaben beendet haben, rufen Sie DATEI • FÜR WEB SPEICHERN… auf, wählen die Optionen für die Grafik und klicken den Button VORSCHAU… Kopieren Sie den Imagemap-Code aus dem Browserfenster.

21.3 SVG

Die auf XML basierende Sprache SVG (Scalable Vector Graphics) beinhaltet weitere Standards wie Cascading Style Sheets, das DOM (Document Object Model) und SMIL, die Synchronous Multimedia Integration Language. In SVG lassen sich drei Arten grafischer Objekte integrieren: Vektorformen, Pixelgrafik und Schriften. In SVG-Dateien können dynamische und interaktive Elemente integriert und Verbindungen zu anderen XML-Elementen hergestellt werden, z. B. zur Bereitstellung von geografischen Informationssystemen (GIS).

Die Mobiltelefon-Industrie hat zwei Unterstandards entwickelt: SVG Tiny (SVG-t) und SVG Basic (SVG-b).

Die Unterstützung durch Webbrowser ist immer noch uneinheitlich. In vielen Fällen wird das SVG-Viewer-Plug-in benötigt, dessen Entwicklung Adobe Anfang 2007 eingestellt hat. Noch steht es zum Download zur Verfügung.

Illustrator gehörte zu den ersten Programmen, die das SVG-Format unterstützten – es ist möglich, nicht bewegte Grafik mit einfachen Interaktionen und Variablen für die Anbindung an Datenbanken zu erstellen. SVG-Dateien sind wie auch HTML les- und editierbare Textdateien.

▲ Abbildung 21.40
Das aus einem Wettbewerb hervorgegangene SVG-Logo (links); Icon für Illustrator-SVG-Dateien (rechts)

SVGZ?

In Illustrator können Sie SVG oder mit dem nicht-proprietären Standard GZIP komprimierte SVG speichern. Letztere haben eine um 50–80 % kleinere Dateigröße, lassen sich aber nicht mehr mit einem Texteditor bearbeiten. Wenn Ihre SVG-Dateien nicht direkt ins Web gestellt, sondern weiterbearbeitet (z. B. programmiert) werden, sollten Sie daher die unkomprimierte Variante wählen.

21.3.1 Datei einrichten

Achten Sie beim Anlegen Ihrer Illustrator-Datei darauf, diese in der endgültigen Größe und im RGB-Farbmodus anzulegen – zu empfehlen ist die Auswahl des Arbeitsfarbraums sRGB in den Farbeinstellungen. Arbeiten Sie mit der Maßeinheit Pixel.

Wenn der Code Ihrer Datei zu einem späteren Zeitpunkt nachbearbeitet werden muss, z. B. um Interaktivität oder dynamische Elemente zu programmieren, ist es wichtig, dass die Elemente gut **strukturiert** und mit aussagekräftigen Namen versehen sind.

Objekte, die Sie wiederholt in Ihrer Datei verwenden, speichern Sie als **Symbole**, um Bandbreite zu sparen (zu Symbolen s. Kapitel 17).

Objekt-ID | Jedes Objekt in Ihrer Grafik – Pfade, Gruppen, Ebenen – muss eindeutig durch einen Namen identifizierbar sein. Aktivieren Sie unter Voreinstellungen • Einheit die Option Objekte erkennen anhand von XML-ID. Nach Einrichtung dieser Option ist es nicht mehr möglich, gleiche oder ungültige Namen für Objekte zu vergeben.

Namen für Objekte geben Sie im Ebenen-Bedienfeld direkt ein.

Dateistruktur erzeugen
Die Strukturierung einer Datei erzeugen Sie durch die sinnvolle Verteilung der Objekte auf Ebenen und Gruppen.

Doppelte Namen
Illustrator zeigt nicht mehr wie früher eine Warnung an, sondern nimmt einfach den eingegebenen, bereits vorhandenen Namen nicht an. Das kann verwirrend sein.

21.3.2 Transparenz, Filter, Effekte

Legen Sie Deckkrafteinstellungen für Objekte, nicht für Ebenen an.

Viele Illustrator-Effekte und einige Objekte, wie z. B. Verlaufsgitter, werden beim Speichern als SVG-Grafik in Pixelbilder umgewandelt. Diese sind nicht mehr skalierbar und benötigen mehr Speicherplatz. Vermeiden Sie daher die Verwendung dieser Funktionen. Setzen Sie stattdessen die SVG-Filter ein. Diese Filter sind XML-Anweisungen, die auflösungsunabhängig arbeiten.

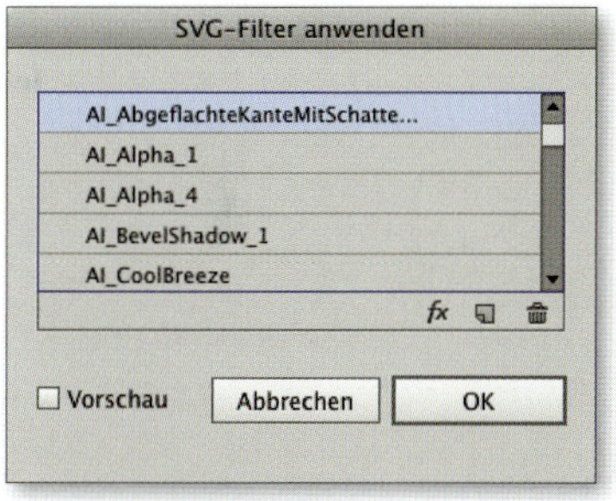

SVG-Filter anwenden | Aktivieren Sie ein Objekt, und wählen Sie einen SVG-Filter direkt aus dem Menü Effekt • SVG-Filter aus, oder wählen Sie, falls Sie die Wirkung erst in einer Vorschau sehen möchten, Effekt • SVG-Filter • SVG-Filter anwenden. In der Liste finden Sie alle Filter aus dem Menü. SVG-Filter müssen im Aussehen-Bedienfeld an letzter Stelle (über dem Eintrag Deckkraft) stehen, anderenfalls wird das Objekt gerastert.

▲ **Abbildung 21.41**
SVG-Filter anwenden

Weitere Informationen
In Abschnitt 13.5.3 finden Sie weitere Anmerkungen zu SVG-Filtern.

21.3.3 Interaktivität

Die Elemente in SVG-Grafiken können auf Benutzereingaben reagieren. Diese Interaktionen legen Sie als Hyperlinks oder in Form von JavaScript an.

Kapitel 21 Web- und Bildschirmgrafik

▲ **Abbildung 21.42**
Das JavaScript ruft eine Funktion in einer externen Datei auf.

Hyperlinks | Die Vorgehensweise entspricht derjenigen beim Anlegen von Imagemaps (s. den vorherigen Abschnitt).

JavaScript | Um Skripte zu erstellen, benötigen Sie das Bedienfeld SVG-Interaktivität. Mit Skripten können Sie komplexe Interaktionen mit Objekten innerhalb eines Dokuments und dokumentübergreifend erstellen. Rufen Sie das Bedienfeld mit dem Befehl Fenster • SVG-Interaktivität – im Dock – auf.

Umfangreiche JavaScript-Funktionen sollten Sie in externe Dateien auslagern und an die SVG-Datei anbinden. Wählen Sie JavaScript-Dateien… aus dem Menü des SVG-Interaktivität-Bedienfeldes, und klicken Sie auf Hinzufügen… Befinden sich die Skriptdateien nicht im selben Ordner wie die SVG-Datei, müssen Sie einen relativen Pfad angeben.

Um einen JavaScript-Befehl oder einen Funktionsaufruf anzulegen, aktivieren Sie das Objekt, das auf die Benutzeraktion reagieren soll, und wählen einen »Event« aus dem Menü Ereignis. Geben Sie anschließend den Befehl in das Eingabefeld JavaScript ein, und bestätigen Sie mit .

21.3.4 Speicheroptionen

Um eine SVG-Datei zu speichern, aktivieren Sie die Zeichenfläche, die Sie speichern möchten, und rufen Datei • Speichern unter… auf. Wählen Sie die Option SVG komprimiert (svgz) oder SVG (svg). Anschließend setzen Sie die SVG-Optionen, die für beide Varianten gleich sind:

> **SVG-Dateien öffnen**
>
> Vielleicht haben Sie schon einmal probiert, fremde SVG-Dateien – z. B. aus der Wikipedia – zu öffnen. Sehr häufig gibt Illustrator Fehler aus, oder die Datei ist nach dem Öffnen nicht komplett. Leider sind manche SVG-Dateien zu komplex für Illustrator. In diesen Fällen hilft nur, die Datei z. B. in Inkscape zu öffnen und dort in ein EPS oder PDF zu konvertieren.

> **Mehr Optionen**
>
> Die Dialogbox wird mit einem reduzierten Satz an Einstellungen aufgerufen, klicken Sie daher auf den Button Mehr Optionen, um die hier abgebildete Anzeige zu erhalten.

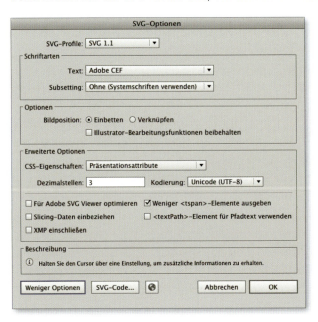

Abbildung 21.43 ▶
Die Dialogbox SVG-Optionen – Anzeige aller Optionen nach einem Klick auf den Button Mehr Optionen

- **SVG-Profile**: Hier bestimmen Sie die Dokumenttypdefinition (DTD), nach deren Regeln die Struktur der Datei deklariert wird. Die DTD bestimmt darüber, mit welchen »Clients« (empfangenden Geräten und Programmen) das Dokument kompatibel ist.
Neben dem »normalen« SVG können Sie zwei Untergruppen speichern: SVG TINY, das speziell für Mobiltelefone gedacht ist, und SVG BASIC für den Einsatz auf PDAs.
- **Text**: In diesem Bereich spezifizieren Sie, wie mit den verwendeten Textobjekten umgegangen wird. Sie können diese IN KONTUREN UMWANDELN (also in Pfade umwandeln). Damit sind kleine Schriften eventuell schlechter lesbar, und Textinhalte lassen sich nicht mehr ändern. Darüber hinaus können Sie Schriften auf zwei Arten in die Datei einbetten:
    - **Adobe CEF** (Compact Embedded Font): eine proprietäre Art des Einbettens, die eine bessere Schriftdarstellung bietet, aber nicht von allen Clients unterstützt wird
    - **SVG**: die im SVG-Standard beschriebene Einbettungsmethode, die von allen Clients unterstützt wird
- **Subsetting**: Wenn Schriften in die Datei eingebettet werden, bestimmen Sie hier den Umfang des eingebetteten Zeichensatzes. Sie haben die Wahl, nur die im Dokument verwendeten Zeichen, bestimmte Standardzeichen oder den kompletten Zeichensatz in das SVG-Dokument einzubetten. Wenn sich der Textinhalt dynamisch ändern soll, ist das Einbetten eines umfangreicheren Zeichensatzes erforderlich.
- **Bildposition**: Pixeldaten können entweder in die SVG-Datei eingebettet oder verknüpft werden. Letztere Option ist vorzuziehen, wenn mehrere SVG-Dateien auf dieselben Pixeldaten verweisen.
- **CSS-Eigenschaften**: Wählen Sie im Menü aus, wie die Formatierung im CSS-Code untergebracht werden soll. Die gewählte Option hat Auswirkungen auf die Performance, die Dateigröße und die Weiterbearbeitungsmöglichkeiten.
- **Dezimalstellen**: Mit einem Wert von 1 bis 7 steuern Sie die Genauigkeit der Darstellung. Höhere Werte erzeugen eine genauere Darstellung, aber auch eine größere Datei.
- **Kodierung**: Hier bestimmen Sie, wie in der Datei enthaltener Text kodiert wird. Für die meisten westeuropäischen Sprachen ist ISO 8859-1 geeignet, für Sprachen mit umfangreicheren Zeichensätzen benötigen Sie Unicode.
- **Für Adobe SVG Viewer optimieren**: Mit dieser Option wird die Datei mit proprietären XML-Tags versehen, damit sie im Adobe SVG Viewer schneller und besser dargestellt werden kann.

Illustrator-Bearbeitungsfunktionen

Wie bei allen nativen Dateiformaten können Sie auch in SVG-Dateien eine AI-Datei einbetten, die vollständig editierbar ist. Dies verdoppelt die Dateigröße und dürfte daher meist nicht erwünscht sein. Wenn Sie die Option nicht aktivieren, sollten Sie jedoch immer eine Kopie der Datei als AI speichern. Illustrator gibt keine Warnung aus, wenn Sie die Bearbeitungsfunktionen nicht aktivieren.

Informationen zu SVG

Weiterführende Informationen zum Standard SVG:
www.w3.org/TR/2008/REC-SVG-Tiny12-20081222/
Demos der Möglichkeiten:
www.svg-wow.org
Über den SVG-Viewer und Illustrator (teilweise veraltet):
www.adobe.com/svg/main.html

CSS-Formatierungen

Wenn Sie eine Option wählen und den Cursor darüber bewegen, dann werden weitere Erläuterungen zu der Option unten in der Dialogbox angezeigt. Dies gilt für alle Optionen.

Adobe SVG Viewer

Adobe hat die Entwicklung des Viewers eingestellt, viele moderne Browser haben eine jeweils eigene Unterstützung für SVG-Dateien. Daher ist ein Nutzen dieser Option nicht mehr generell gegeben.

▲ **Abbildung 21.44**
Ist Flash installiert, unterscheidet sich das Datei-Icon eines SWF (rechts) farblich von der Version ohne Flash (links).

▲ **Abbildung 21.45**
Gestrichelte Konturen (jeweils obere Hälfte: Illustrator): Flash kennt nur gleichmäßige Strichelungen mit abgerundeten Enden – andere Strichelungen werden konvertiert.

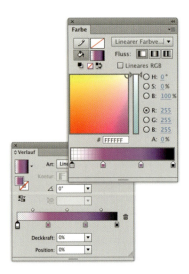

▲ **Abbildung 21.46**
Verlauf in Flash (oben) und Illustrator

▶ SLICING-DATEN EINBEZIEHEN: Wenn Sie Slices angelegt haben, können deren Positionen und Optimierungseinstellungen (als Metadaten) in die SVG-Datei übernommen werden.

▶ XMP EINSCHLIESSEN: Mit dieser Option werden die Dateiinformationen in die SVG-Datei eingebettet.

▶ WENIGER <TSPAN>-ELEMENTE AUSGEBEN: Mit dieser Option werden Kerning-Informationen ignoriert. Die Datei wird kleiner, aber es können Verschiebungen beim Text auftreten.

▶ <TEXTPATH>-ELEMENT FÜR PFADTEXT VERWENDEN: Ohne diese Option werden Pfadtexte in der SVG-Datei in einzelne Textobjekte umgewandelt. Dies bildet das Aussehen des Pfadtextes genauer ab, erzeugt jedoch auch größere Dateien.

21.4 Flash

Flash ist ein im Web verbreitetes vektorbasiertes Grafik- und Animationsformat. Die Skriptsprache ActionScript ermöglicht darüber hinaus das Erstellen interaktiver Elemente sowie die Kommunikation mit Datenbanken, und man kann Apps für mobile Geräte damit erstellen.

Flash-Filme werden mit der gleichnamigen Software hergestellt und bearbeitet. Obwohl Flash über eigene Vektor-Werkzeuge verfügt, verwenden viele Flash-Entwickler zusätzlich Illustrator für die Grafik.

21.4.1 Datei einrichten

Um den geringen Speicherbedarf des vektorbasierten Flash-Formats voll auszunutzen, sollten Sie bereits bei der Erstellung Ihrer Illustrator-Objekte darauf achten, Formen zu verwenden, die Flash auch beherrscht und die daher beim Exportieren nicht in Pixel-Elemente konvertiert werden müssen.

Flash interpretiert viele **Kontur**-Strichelungen halbwegs korrekt, unterstützt für Strichelungen jedoch nur abgerundete Linienenden und Ecken. Darüber hinaus werden gestrichelte Konturen beim Übertragen mittels Copy & Paste in Bitmaps umgewandelt. Möchten Sie die Pfade erhalten, müssen Sie den Weg über eine AI- oder SWF-Datei gehen. Wenn Sie bestimmte »eckige« Strichelungen benötigen, wenden Sie diese lieber als Musterpinsel an. Pinselkonturen wandelt Illustrator beim SWF-Export in Flächen um (zu Konturen s. Kapitel 9).

Flash kann sowohl lineare als auch kreisförmige **Verläufe** interpretieren. Auch komplexe Verläufe bleiben editierbar, werden jedoch manchmal auf mehrere Objekte aufgeteilt.

Sowohl beim Export ins Shockwave-Flash-Format als auch beim Import von AI-Dateien werden Muster in Pixelbilder umgewandelt.

Über die Zwischenablage

Sie können Illustrator-Formen auch über die Zwischenablage in Flash einfügen. Unter Voreinstellungen • Dateien verarbeiten und Zwischenablage müssen Sie jedoch PDF einrichten, nicht AICB.

▲ **Abbildung 21.47**
Eine Grafik mit der Füllmethode Negativ multiplizieren; in Flash importiert als AI-Datei (2. von rechts) und als SWF-Datei (rechts).

Flash beherrscht die meisten der **Füllmethoden** von Illustrator ebenfalls – lediglich Farbig nachbelichten, Farbig abwedeln und Weiches Licht stehen nicht in Flash zur Verfügung. Geeignete Füllmethoden bleiben beim Importieren einer Illustrator-Datei oder beim Einfügen erhalten, jedoch nicht beim SWF-Export. **Deckkrafteinstellungen** übernimmt Flash als »Alpha«-Einstellung für Symbolinstanzen.

Die Umwandlung von Hüllen- und Interaktiv-malen-Objekten in Vektorformen nimmt Illustrator beim SWF-Export automatisch vor. Beim Import einer AI-Datei haben Sie die Möglichkeit, Hüllen- und Interaktiv-malen-Objekte in Bitmaps umzuwandeln.

▲ **Abbildung 21.48**
In der traditionellen Animationstechnik erstellen Zeichner jeden Frame auf einer Folie, dem »Cel«.

Exportieren Sie AI-Ebenen in SWF-Frames, dann lassen sich die einzelnen Stufen einer **Angleichung** automatisch in einzelne Frames einer Animation exportieren (Angleichungen s. Abschnitt 10.6). Bilden Sie z. B. eine Angleichung zwischen Objekten, die mit unterschiedlichen Einstellungen eines 3D-Effekts versehen sind, so können Sie einfache 3D-Animationen mit Illustrator herstellen.

Auch **Schnittmasken** lassen sich in Flash importieren, entweder auf dem Weg über den Import einer AI-Datei oder indem Sie beim SWF-Export die Option AI-Datei in SWF-Datei verwenden.

Beim Exportieren eines SWFs haben Sie die Option, **Ebenen** der obersten Hierarchiestufe in einzelne Frames einer Animation umzuwandeln. Verwenden Sie Ebenen daher wie »Cels« in der traditionellen Animationstechnik.

Im Menü des Ebenen-Bedienfeldes finden Sie zwei Befehle, um auch nachträglich automatisch mehrere Objekte auf einzelne Ebenen verteilen zu lassen (s. Abschnitt 11.2.6). Möchten Sie Illustrator-Ebenen als Flash-Ebenen erhalten, speichern Sie Ihre Datei im Illustrator-Format und importieren dieses in Flash.

Wenn Sie eine **Symbolinstanz** platzieren, können Sie dieser bereits in Illustrator einen Namen geben, der in Flash verwendet werden kann (Abbildung 21.50).

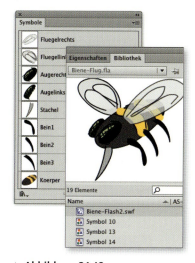

▲ **Abbildung 21.49**
Illustrator-Symbole werden in Flash übernommen.

▲ **Abbildung 21.50**
Instanzen von Filmclips können Sie im Steuerungsbedienfeld einen Instanznamen geben. Mit diesem Instanznamen werden die Elemente in ActionScript referenziert. Die Benennung sollte mit dem Flash-Programmierer abgesprochen werden.

▲ **Abbildung 21.51**
Die Dialogbox SYMBOLOPTIONEN

21.4.2 Symbole

Flash kann die Illustrator-Symbole übernehmen. Vor allem für die Bandbreiten-Optimierung Ihrer Dateien sind Symbole sehr wichtig. Erstellen Sie daher Symbole von allen Elementen, die Sie in Ihrer Animation einzeln bewegen oder mit ActionScript referenzieren möchten.

Im Hinblick auf die bessere Kooperation bestehen zusätzliche Symboloptionen, die dabei helfen, den Import in die Flash-Datei vorzubereiten. Die Einstellungen lassen sich auch in Flash vornehmen und ändern.

Wandeln Sie ein Objekt in ein Symbol um, indem Sie es aktivieren und F8 drücken – die Dialogbox SYMBOLOPTIONEN erscheint. Im Symbole-Bedienfeld aktivieren Sie ein Symbol und klicken auf den Button SYMBOLOPTIONEN.

- ART: Als Symbolart stehen GRAFIK und FILMCLIP zur Verfügung. Welche Auswahl Sie treffen, hat große Auswirkungen auf die Scripting-Möglichkeiten in Flash. Sprechen Sie die ART daher mit dem Flash-Programmierer ab.
- REGISTRIERUNG: Hier setzen Sie den Registrierungspunkt des Objekts für Illustrator und für Flash.
- HILFSLINIEN FÜR DIE 9-SLICE-SKALIERUNG AKTIVIEREN: Die 9-Slice-Skalierung steht in Flash nur für den Typ FILMCLIP zur Verfügung. Aktivieren Sie die Nutzung der 9-Slice-Skalierung in dieser Dialogbox, bevor Sie die Hilfslinien in einem weiteren Schritt einrichten.
- AN PIXELRASTER AUSRICHTEN: Diese Option spielt für Flash keine Rolle (s. Abschnitt 20.1.2).

Die Verwendung der Symbol-Werkzeuge ist bis auf das Symbol-färben- und das Symbol-gestalten-Werkzeug unproblematisch. Die Anwendung dieser beiden Werkzeuge erhöht die Datenmenge jedoch beträchtlich (Symbole siehe Kapitel 17).

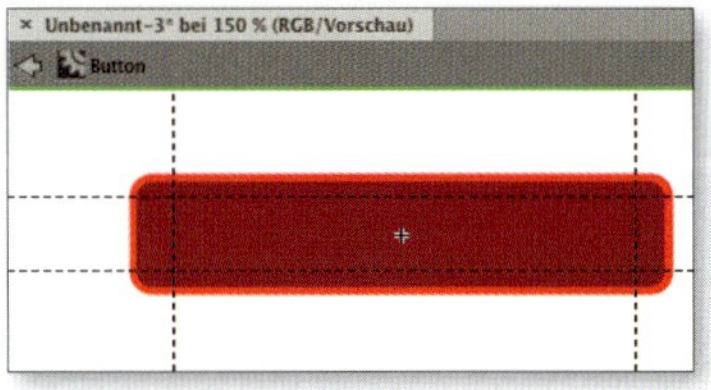

21.4.3 9-Slice-Skalierung

Diese intelligente Art, Objekte zu skalieren, können Sie nicht nur in Flash, sondern auch direkt in Illustrator nutzen.

Die intelligente Skalierung basiert auf einer Unterteilung des Symbols in neun Bereiche, die bei der Größenänderung jeweils unterschiedlich behandelt werden. Dadurch ist es möglich, selbst bei nichtproportionaler Skalierung Eckenformen und Linienstärken von Umrandungen intakt zu erhalten.

Die Unterteilung der Bereiche geschieht mit Hilfslinien.

▲ **Abbildung 21.52**
Bearbeiten der 9-Slice-Hilfslinien im Isolationsmodus

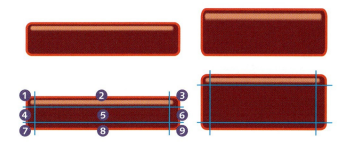

◀ **Abbildung 21.53**
Obere Reihe: normale Skalierung; untere Reihe: 9-Slice-Skalierungsbereiche – ❶ ❸ ❼ ❾ nicht skalierend, ❷ ❽ nur horizontal skalierend, ❹ ❻ nur vertikal skalierend, ❺ horizontal und vertikal skalierend

Gehen Sie wie folgt vor, um eine Grafik als Symbol mit 9-Slice-Skalierungshilfslinien zu erstellen:

1. Aktivieren Sie die Grafik, und drücken Sie [F8]. In den Symboloptionen richten Sie die Einstellungen Filmclip und Hilfslinien für die 9-Slice-Skalierung aktivieren ein. Bestätigen Sie mit OK.
2. Doppelklicken Sie auf das Symbol im Symbole-Bedienfeld oder auf eine Instanz des Symbols auf der Zeichenfläche.
3. Ziehen Sie die gestrichelt dargestellten Hilfslinien an die gewünschte Position. Arbeiten Sie dabei gegebenenfalls in der Zoomeinstellung, um die Hilfslinien genau einzurichten.

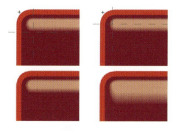

▲ **Abbildung 21.54**
Button in Flash vor (oben) und nach dem Skalieren (unten); 9-Slice-Skalierungshilfslinien richtig (links) und falsch (rechts)

21.4.4 SWF speichern

Um eine SWF-Datei aus einem Illustrator-Dokument zu erstellen, wählen Sie zunächst die zu exportierende Zeichenfläche aus und rufen dann Exportieren… auf. In der Dialogbox Exportieren aktivieren Sie **nicht** die Option Zeichenflächen verwenden.

In der Dialogbox SWF-Optionen setzen Sie anschließend die gewünschten Einstellungen für das SWF-Dokument.

▼ **Abbildung 21.55**
SWF-Format-Optionen: Allgemein (links) und Erweitert (rechts)

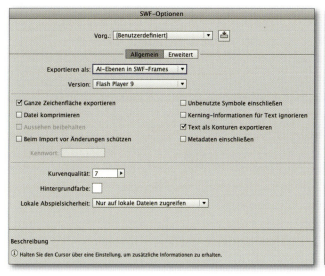
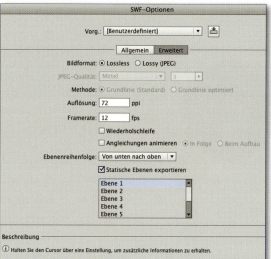

▲ Abbildung 21.56
Die Datei »Biene.ai« finden Sie als Beispiel auf der DVD.

▲ Abbildung 21.57
Behandlung von Textobjekten mit Kerning (von oben): Text in Illustrator, ohne besondere Optionen, Aussehen beibehalten bzw. Text als Konturen, Kerninginformationen ignorieren

▲ Abbildung 21.58
Regelmäßige Objekte sind besonders von niedrigen Qualitätsstufen (hier: 1) betroffen.

▶ EXPORTIEREN ALS: Die Bezeichnungen sind selbsterklärend. Die Option AI-DATEI IN SWF-DATEI müssen Sie verwenden, um Schnittmasken zu erhalten. Möchten Sie eine Animation erstellen, müssen Sie AI-EBENEN IN SWF-FRAMES exportieren.

▶ VERSION: Wählen Sie hier die niedrigste Flash-Version, mit der Ihre Datei kompatibel sein soll. Mit früheren Versionen erreichen Sie mehr Nutzer – vor allem mobile Geräte unterstützen nicht alle Versionen.

▶ GANZE ZEICHENFLÄCHE EXPORTIEREN: Das SWF hat die Maße der Zeichenfläche. Objekte, die teilweise über den Rand hinausragen, sind jedoch komplett in der Datei enthalten, und Sie können in der Autorenumgebung Flash darauf zugreifen.

▶ DATEI KOMPRIMIEREN: Diese Option bewirkt eine Verringerung der Dateigröße. Die Dateien können nur mit einem Flash Player ab Version 6 abgespielt werden.

▶ AUSSEHEN BEIBEHALTEN: Vor dem Export werden alle Objekte – auch Text – umgewandelt und auf eine Ebene reduziert. Transparenz, wie z. B. bei Füllmethoden, wird reduziert, soweit Flash sie nicht nativ unterstützt.

▶ BEIM IMPORT VOR ÄNDERUNGEN SCHÜTZEN: Mit dieser Option generierte SWF sind vor einer Weiterbearbeitung gesichert. Diese und die folgende Option sollten Sie nicht verwenden, wenn die SWF-Datei von Projektpartnern weiterbearbeitet werden soll.

▶ KENNWORT: Bestimmen Sie ein Passwort, mit dem eine geschützte SWF-Datei in Flash importiert und bearbeitet werden kann.

▶ UNBENUTZTE SYMBOLE EINSCHLIESSEN: Es werden alle im Symbole-Bedienfeld als Filmclip definierten Symbole in die SWF-Datei exportiert, nicht nur die in Symbolinstanzen verwendeten.

▶ KERNING-INFORMATIONEN FÜR TEXT IGNORIEREN: Ist ein Text mit manuellem Kerning versehen, wird er beim Standardexport in einzelne Textfragmente aufgeteilt, um den optischen Eindruck zu erhalten. Damit ist er jedoch nicht mehr editierbar. Wählen Sie diese Option, um die Kerning-Informationen zu entfernen und Textobjekte jeweils komplett zu erhalten.

▶ TEXT ALS KONTUREN EXPORTIEREN: Texte werden beim Export in Pfade umgewandelt.

▶ METADATEN EINSCHLIESSEN: In den Dateiinformationen eingegebene textuelle Metadaten werden in das SWF eingebettet.

▶ KURVENQUALITÄT: Bestimmen Sie mit dem Regler die Genauigkeit der Kurven in Schritten von 0 bis 10. Sie erreichen eine effektive Optimierung der Dateigröße bei relativ geringen Qualitätseinbußen, die

sich aber vor allem bei besonders regelmäßigen Objekten auswirken, z. B. Kreisen (Abbildung 21.58).
- HINTERGRUNDFARBE: Bestimmen Sie eine Hintergrundfarbe, die nur im Flash Player angezeigt wird. Beim Import in Flash kommt die Hintergrundfarbe des Flash-Dokuments zum Tragen. Möchten Sie einen Hintergrund aus Illustrator ins Flash-Dokument übernehmen, benutzen Sie dazu die Option ALS HINTERGRUND VERWENDEN (s. u.).
- LOKALE ABSPIELSICHERHEIT: SWF-Dateien, die lokal auf einem Computer abgespielt werden, können entweder auf lokale oder auf netzwerkbasierte Dateien zugreifen. Wählen Sie hier Ihre Option. Falls Sie in einem dynamischen Flash-Text eine webbasierte URL eingegeben haben, müssen Sie die Option NUR AUF NETZWERKDATEIEN ZUGREIFEN verwenden.

Erweiterte Optionen | Mit dem Button ERWEITERT erreichen Sie die folgenden Optionen:
- BILDFORMAT: Bestimmen Sie die Qualitätsstufe der JPEG-Kompression platzierter Pixelbilder (s. Abschnitt 21.2.2). Falls Sie Ihr SWF in Flash weiterbearbeiten, wählen Sie LOSSLESS, da Flash ebenfalls Bilder komprimieren kann.
- JPEG-QUALITÄT: Bestimmen Sie die Stärke der JPEG-Komprimierung.
- METHODE: Die Einstellung GRUNDLINIE OPTIMIERT entspricht der Option OPTIMIERT beim Speichern von JPEGs.
- AUFLÖSUNG: Geben Sie hier an, in welcher Auflösung Pixelbilder exportiert werden sollen – die Einstellung gilt für *alle* Bilder im Dokument (s. Kasten »Bildauflösung« rechts).
- FRAMERATE (nur bei AI-EBENEN IN SWF-FRAMES): Hier geben Sie die Abspielgeschwindigkeit Ihres SWF-Dokuments in Bildern pro Sekunde vor.
- WIEDERHOLSCHLEIFE (nur bei AI-EBENEN IN SWF-FRAMES): Aktivieren Sie diese Option, um einen Loop in der SWF-Datei zu erzeugen. Sie benötigen diese Option nicht, wenn Sie Ihr SWF in einen Flash-Film integrieren.
- ANGLEICHUNGEN ANIMIEREN (nur bei AI-EBENEN IN SWF-FRAMES): Aktivieren Sie diese Option, um die Stufen aller Überblendungen als Frames einer Animation auszugeben.
Sie haben die Möglichkeit, die Angleichungsstufen in den Frames nacheinander anzuzeigen (Option IN FOLGE) oder in jedem Frame eine Stufe hinzuzufügen (Option BEIM AUFBAU).
- EBENENREIHENFOLGE (nur bei AI-EBENEN IN SWF-FRAMES): Hier legen Sie fest, mit welcher Ebene Illustrator die Animation beginnen soll.

Bildauflösung

Es ist **nicht** zu empfehlen, die Auflösung der Bilder durch die Exportfunktion umrechnen und schon gar nicht erhöhen zu lassen.
Verwenden Sie am besten von vornherein Bilder in einer Auflösung von 72 ppi, und optimieren Sie sie in einem Bildbearbeitungsprogramm, bevor Sie sie in Illustrator platzieren.
Eine höhere Bildauflösung benötigen Sie nur dann, wenn Sie vorhaben, in Flash in Bilder »hineinzuzoomen«.

Stufen der Überblendung

Überprüfen Sie vor dem Export die Anzahl der Stufen bei allen Angleichungen, und richten Sie gegebenenfalls eine feste Anzahl an Stufen in den Angleichungsoptionen ein.

▶ Statische Ebenen exportieren (nur bei AI-Ebenen in SWF-Frames): Wählen Sie eine oder mehrere Ebenen im Dialogfeld aus, die als statischer Hintergrund hinter jedem Frame liegen.

Schritt für Schritt
Zwei Objekte unterschiedlich animieren

Mit der Operation Angleichen können Sie auch mehrere Objekte gleichzeitig bewegen, z. B. die Autos in diesem Beispiel.

1 Datei mit Web-Optionen erstellen

Erstellen Sie eine neue Datei. Da Sie SWF-Dateien für die Bildschirmpräsentation erzeugen, wählen Sie das Dokumentprofil Web oder Geräte. Für diesen Workshop öffnen Sie die Datei »Autobahn.ai«. Sie enthält bereits den Hintergrund und vier Autos.

2 Anfangs- und Endpositionen setzen

Zwei der Autos setzen Sie nun an gegenüberliegende Seiten der Straße – setzen Sie die Autos außerhalb der Straße, damit die Wiederholschleife funktioniert.

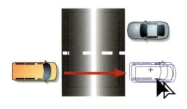

Abbildung 21.59 ▶
Die Ausgangssituation für die Animation

▲ Abbildung 21.60
Duplizieren des gelben Autos

Dann verschieben Sie sie jeweils ans andere Ende der Straße und halten dabei ⇧+⌥/Alt gedrückt, um eine Kopie zu erstellen und horizontal exakt zu verschieben (Abbildung 21.60).

3 Gruppieren

Erstellen Sie nun zwei Gruppen: eine Gruppe mit den Anfangszuständen der beiden Autos, die andere mit den Endzuständen.

▲ Abbildung 21.62
Überprüfen der Gruppen im Ebenen-Bedienfeld

▲ Abbildung 21.61
Schräg gegenüberliegende Autos werden gruppiert.

Überprüfen Sie die beiden Gruppen im Ebenen-Bedienfeld – in jeder Gruppe müssen die gleichen Autos an der oberen Position der Stapelreihenfolge liegen (Abbildung 21.62).

4 Animation erstellen
Wählen Sie beide Gruppen aus und wählen Sie OBJEKT • ANGLEICHEN • ERSTELLEN. Rufen Sie die ANGLEICHUNG-OPTIONEN auf, und richten Sie FESTGELEGTE STUFEN mit einem Wert von »5« ein.

▼ Abbildung 21.63
Einrichten der Angleichungsoptionen

5 SWF exportieren
Wählen Sie DATEI • EXPORTIEREN und die Option FLASH (SWF). Geben Sie einen Namen für das SWF ein. Exportieren Sie AI-EBENEN IN SWF-FRAMES.

Wählen Sie unter ERWEITERT eine FRAMERATE von etwa »10«, aktivieren Sie WIEDERHOLSCHLEIFE und ANGLEICHUNGEN ANIMIEREN • IN FOLGE. Wichtig ist der Export der Straße als statische Ebene: aktivieren Sie die »EBENE 1«.

▲ Abbildung 21.64
Erweiterte SWF-Exportoptionen

6 Das Prinzip übertragen
Animationen können Sie nicht nur mit zwei, sondern prinzipiell mit beliebig vielen Objekten erstellen – wenn es dieselben Objekte sind, denken Sie daran, Symbole zu verwenden. Lediglich die Dateigröße und die Verarbeitungsgeschwindigkeit setzt Ihnen Grenzen, denn mit Illustrator erstellte SWF sind nicht optimal organisiert.

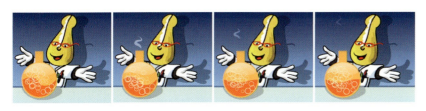

▲ Abbildung 21.65
Animations-Beispiele

21.4.5 Illustrator- und SWF-Dateien in Flash importieren

Erstellen Sie ein neues Dokument in Flash, und importieren Sie entweder das Illustrator-Dokument direkt oder die aus Illustrator exportierte SWF-Datei.

Von Flash zu Illustrator

Möchten Sie Objekte aus Flash in Illustrator weiterbearbeiten, wählen Sie – jedenfalls für komplexere Objekte – nicht den Weg über die Zwischenablage, sondern rufen Sie in Flash DATEI • EXPORTIEREN • BILD EXPORTIEREN auf. Dort wählen Sie das Format ADOBE ILLUSTRATOR.

Abbildung 21.66 ▶
Import einer Illustrator-Datei in ein Flash-Projekt

SWF | Enthaltene Symbole finden Sie in der Bibliothek des Flash-Dokuments. Andere Objekte werden als Gruppen im ersten Frame platziert. Falls Sie beim Export Frames erzeugt haben, befinden sich die Objekte darin. Wenn Sie Ihr SWF-Dokument in die Bibliothek Ihrer Flash-Datei importieren lassen, liegt es automatisch als Symbol vor.

AI | Wählen Sie eine Illustrator-Datei für den Import aus. Im folgenden Dialog bestimmen Sie zunächst die Zeichenfläche, die Sie importieren möchten. Anschließend setzen Sie in der Dialogbox IN BÜHNE IMPORTIEREN nacheinander die Optionen für die Behandlung der Objekte.

▲ **Abbildung 21.67**
Einfügen-Optionen in Flash

21.4.6 Copy & Paste

Sie müssen nicht erst ein Dokument speichern und in Flash importieren – Sie können stattdessen auch Copy & Paste verwenden, um Ihre Illustrator-Objekte in den Flash-Film zu bringen. Wählen Sie in Flash in den Einfügen-Optionen, ob das Objekt als Pixelgrafik eingesetzt oder ob die aktuellen Import-Einstellungen benutzt werden sollen. Beim Kopieren und Einfügen bleiben die Optionen erhalten, die Sie für Symbole oder Texte eingestellt haben.

21.5 FXG

▲ **Abbildung 21.68**
Icon der FXG-Datei

Das FXG-Format (**F**lash **X**ML **G**raphics) enthält strukturierte Daten für den Einsatz in Adobe Flex, einem Framework, mit dem RIAs (Rich Internet Applications – reichhaltige Internet-Anwendungen) erstellt werden, die sich auf allen gängigen Betriebssystemen und Browsern ausführen lassen. FXG-Dateien können Sie ebenso in Flash einsetzen. Auch die Dynamic-Imaging-Lösung scene7 (weitere Informationen unter *www.adobe.com/de/products/scene7.html*) verwendet das FXG-Format für das Einlesen von Illustrator-Dateien.

In der Zusammenarbeit mit Flex wird Illustrator eingesetzt, um Benutzeroberflächen zu gestalten. Unter anderem zu diesem Zweck finden Sie auch umfangreiche Button-Sammlungen als Symbole.

Flex lernen

Auf der Website von Adobe finden Sie umfangreiches Material, um sich in Flex einzuarbeiten, z. B. *www.adobe.com/devnet/flex.html* und *www.adobe.com/devnet/flex/videotraining.html*.

Datei einrichten | Für Dateien, die Sie als FXG speichern wollen, steht ein eigenes Dokumentprofil – FLASH BUILDER – zur Verfügung, das bereits die wichtigsten Einstellungen enthält. In FXG können nur wenige Illustrator-Objekte editierbar erhalten bleiben. Da beim Umwandeln von **Pinseln** sehr komplexe Pfade entstehen, sollten Sie Pinsel vermeiden. Das Gleiche gilt für die meisten **Effekte** mit Ausnahme von SCHLAGSCHATTEN, SCHEIN und WEICHE KANTE. Der Einsatz anderer **Füllmethoden** als NORMAL ist nicht zu empfehlen (auch nicht in Effekten). Leider funktionieren auch **9-Slice-Hilfslinien** nicht in FXG. **Texte** sollten Sie nicht verzerren. Es werden nur Objekte gespeichert, die innerhalb von Zeichenflächen liegen.

FXG-Größenbeschränkung

Eine Grafik darf höchstens 8.192 Pixel hoch oder breit sein und insgesamt höchstens 6.777.216 Pixel enthalten (das ist weniger als das Quadrat von 8.192).

FXG speichern | Wählen Sie DATEI • SPEICHERN UNTER. Rufen Sie FXG (FXG) unter FORMAT auf, und bestimmen Sie einen Speicherort. Falls Sie aus einer Datei mit mehreren Zeichenflächen nur die Objekte auf einer Zeichenfläche exportieren möchten, geben Sie deren Nummer ein. In der nächsten Dialogbox legen Sie dann die Optionen fest:

- PERSÖNLICHE ILLUSTRATOR-DATEN SPEICHERN: Diese Option bewirkt das zusätzliche Speichern nativer Illustrator-Daten in der FXG-Datei. Dadurch sind einige Objekte besser zu editieren, wenn Sie sie in Illustrator bei einer Round-Trip-Bearbeitung re-importieren. Es bleiben jedoch nicht alle Elemente editierbar (z. B. Pinsel).
- UNBENUTZTE SYMBOLE EINSCHLIESSEN: Symbole, von denen keine Instanzen auf der Zeichenfläche platziert sind, werden gespeichert. Sie sollten jedoch vorher das Symbole-Bedienfeld »aufräumen«, sodass es nur noch die Symbole enthält, die Sie für die Weiterbearbeitung benötigen.
- VERKNÜPFTE BILDER HERUNTERRECHNEN: Mit dieser Option werden Bilder auf 72 ppi heruntergerechnet. Nehmen Sie diesen Arbeitsschritt lieber in Photoshop vor.
- Für das Speichern von FILTER, TEXT, VERLÄUFE und ANGLEICHEN stehen folgende Optionen zur Verfügung:
    - AUTOMATISCHE UMWANDLUNG: Hier entscheidet Illustrator, basierend auf den Objekten, wie das Objekt optimal gespeichert wird.

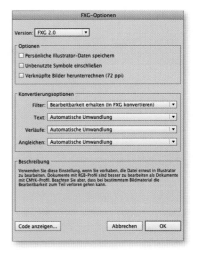

▲ **Abbildung 21.69**
Die Dialogbox FXG-OPTIONEN

Angleichen?

Hier handelt es sich um einen Übersetzungsfehler – gemeint sind »Blend Modes«, also Füllmethoden (s. dazu den Abschnitt »Datei einrichten«).

▶ Aussehen beibehalten (In Pixelbild umwandeln oder Pfad erstellen): Das Erscheinungsbild wird möglichst beibehalten, indem das Objekt in Pfade oder Pixel umgerechnet wird.

▶ Bearbeitbarkeit erhalten (In FXG konvertieren): Wenn Sie der Bearbeitbarkeit den Vorzug geben, müssen Sie damit rechnen, dass das Erscheinungsbild der Objekte nicht 1:1 erhalten bleibt.

21.6 Video und Film

▲ Abbildung 21.70
Die Icons von After Effects und Premiere

Auch im Video- und Filmbereich gibt es viele Einsatzgebiete für Illustrator: bei der Gestaltung von Eröffnungen, der Integration von Logos und Typografie oder in der Infografik. Die Zusammenarbeit zwischen Illustrator und After Effects sowie Premiere ist dabei komfortabel.

▲ Abbildung 21.71
Illustrator-Ebenen können in After Effects auf der Z-Achse verschoben (links) oder mit Tiefenschärfe-Einstellungen versehen werden (rechts).

21.6.1 Videovorlagen

Beim Erstellen einer neuen Datei können Sie auf Dokumentprofile zurückgreifen, in denen die immer wiederkehrenden Einstellungen für den Videobereich bereits vorgenommen sind, wie Farbraum, Auflösung und Bildschirmvorschau. Darüber hinaus müssen Sie noch nicht einmal die Standarddokumentmaße selbst eingeben, sondern können sie bequem aus einer Liste auswählen.

21.6.2 Wichtige Einstellungen in Illustrator

▲ Abbildung 21.72
Vektorebenen können in Formen umgewandelt und bearbeitet oder in 3D animiert werden.

Video-safe Areas | Für die Aufteilung Ihres Designs nicht unerheblich sind technische Rahmenbedingungen – vor allem die sicheren Bereiche. Diese sorgen dafür, dass beim Abspielen Ihrer Inhalte auf Röhrenfernsehern keine wichtigen Elemente (Aktion bzw. Titel/Textinformation oder das Senderlogo) aufgrund von Ungenauigkeiten in der technischen Funktionsweise abgeschnitten werden.

In den ZEICHENFLÄCHENOPTIONEN, die Sie mit einem Doppelklick auf das Zeichenflächen-Werkzeug erreichen, haben Sie die Möglichkeit, unter ANZEIGEKOMPATIBLE BEREICHE EINBLENDEN die aktions- und titelsicheren Bereiche am Bildschirm anzuzeigen. In den Dokumentprofilen und Vorlagendateien für den Videobereich ist die Anzeige der Safe Areas standardmäßig aktiviert.

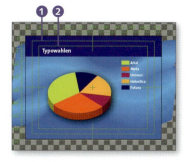

▲ Abbildung 21.73
❶ aktions- und ❷ titelsicherer Bereich in Illustrator

Pixelseitenverhältnis (Pixel Aspect Ratio, PAR) | Illustrator arbeitet mit quadratischen Pixeln, Sie können jedoch in den Optionen des Schnittbereich-Werkzeugs ein Seitenverhältnis eingeben. Das eingegebene Seitenverhältnis ändert weder etwas an der Darstellung noch an der Speicherung der Datei, die Angabe dient lediglich der Berechnung der Einheiten an den Zeichenflächenlinealen. Blenden Sie diese mit ANSICHT • ZEICHENFLÄCHENLINEALE EINBLENDEN ein oder mit ⌘+⌥+R bzw. Strg+Alt+R.

Damit keine Verzerrungen auftreten, müssen Sie in After Effects das importierte Material korrekt interpretieren (s. Abschnitt 21.6.6).

▲ Abbildung 21.74
Einstellung des Pixelseitenverhältnisses in den Zeichenflächenoptionen

21.6.3 Dateien für Video vorbereiten

Einige Bedingungen für die Weiterverarbeitung sollten Sie bereits beim Erstellen Ihrer Dateien beachten.

Zeichenfläche | Um die Bearbeitung zu beschleunigen, sollten Sie Ihre Dateien auf die notwendigen Objekte beschneiden. Dazu verwenden Sie eine Zeichenfläche. Es wird nur die erste Zeichenfläche der Datei importiert, Sie können bei mehreren vorhandenen Zeichenflächen nicht auswählen.

After Effects arbeitet nur mit ganzen Pixelgrößen. Legen Sie die Größe der Zeichenfläche in Illustrator bereits in ganzen Pixeln an. Anderenfalls fügt After Effects beim Import einen schwarzen Rand hinzu, wenn es auf ganze Pixel aufrundet.

Farbraum | Wenn Sie Ihre Dateien auf den Video- und Filmvorlagen aufbauen, wird der Farbraum automatisch korrekt gewählt. Falls Sie eigene Vorgaben einrichten, achten Sie darauf, Ihre Datei im Farbmodus RGB anzulegen. After Effects kann zwar den Farbraum CMYK in RGB konvertieren, Sie haben jedoch eine bessere Kontrolle, wenn Sie gleich den korrekten Farbraum verwenden.

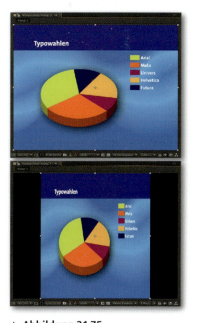

▲ Abbildung 21.75
Einstellung eines falschen Seitenverhältnisses in After Effects (unten)

Horizontale Linien | Vermeiden Sie auf jeden Fall horizontale Linien unter 2 Pixel Stärke – besser, Sie verwenden noch stärkere Linien. Dünne horizontale Linien flackern aufgrund des zeilenweisen Aufbaus eines Videobildes (Interlacing). Vermeiden Sie ebenfalls zu feine Linien in Schriften, z. B. Serifen.

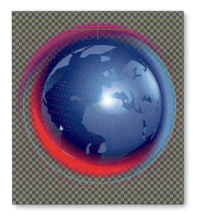

▲ Abbildung 21.76
Transparenzraster in Illustrator

Transparenz | Bereiche, die keine Objekte enthalten, sind in After Effects und Premiere transparent. Wenn Sie Schnittmasken zum Freistellen in Ihren Dateien einsetzen, wird eine solche Konstruktion korrekt importiert. Bei der Verwendung einer Videodokumentvorgabe wird standardmäßig das Transparenzraster eingeblendet, sodass Sie einschätzen können, welche Bereiche Ihrer Grafik transparent sind.

Eine reduzierte Deckkrafteinstellung der Objekte bewirkt auch in den beiden Videoprogrammen, dass darunterliegende Ebenen durch die Objekte hindurchscheinen. Füllmethoden haben jedoch nur Auswirkungen innerhalb der Objekte der Illustrator-Datei.

Stellen Sie Objekte mit Deckkraftmasken frei, wird die Alpha-Transparenz in After Effects und Premiere korrekt importiert, die Deckkraftmaske können Sie jedoch dort nicht mehr bearbeiten.

Pixelbasierte Effekte

Denken Sie daran, dass Sie beim Einsatz pixelbasierter Effekte aufgrund der Rastereffektauflösung hinsichtlich eventueller Skalierungen eingeschränkt sind.

Effekte | Live-Effekte werden korrekt interpretiert, sind aber nach dem Import nicht editierbar. Schlagschatten besitzen Alpha-Transparenz.

Ebenen | Alle Elemente, die Sie in After Effects unabhängig von anderen animieren möchten, müssen auf eigenen Hauptebenen liegen. Verwenden Sie den Befehl EBENEN FÜR OBJEKTE ERSTELLEN aus dem Bedienfeldmenü des Ebenen-Bedienfeldes, um Objekte auf eigene Ebenen zu verteilen (mehr zu Ebenen finden Sie in Abschnitt 11.1). Die Datei müssen Sie in After Effects als Komposition importieren.

▲ Abbildung 21.77
Elemente, die in Illustrator auf Hauptebenen liegen (links), sind auch in After Effects unabhängig voneinander zu bearbeiten (Mitte und rechts).

Premiere importiert Illustrator-Dateien mit mehreren Ebenen immer auf eine Ebene reduziert, Sie können jedoch aus Premiere heraus das Original in Illustrator bearbeiten.

21.6.4 Für After Effects und Premiere speichern

After Effects kann Illustrator-Dateien öffnen, jedoch nur, wenn die Dokumente PDF-kompatibel abgespeichert wurden. In die Datei eingebettete Farbprofile werden beim Import ignoriert.

After Effects und Premiere können Sequenzen von Dateien importieren. Dazu ist es nötig, dass sich alle Dateien in einem Ordner befinden und ein gemeinsames Namensschema nutzen, wie z. B. »Datei0001.ai«, »Datei0002.ai«, »Datei0003.ai«.

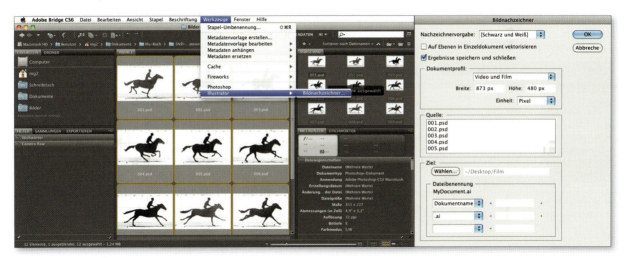

▼ **Abbildung 21.78**
Wenn Sie das Skript BILDNACHZEICHNER in Adobe Bridge verwenden, dann bestehen umfangreiche Optionen für Dateinamen.

Während die Erzeugung von Dateisequenzen eher eine Aufgabe für Stapelverarbeitung und Scripting-Lösungen ist, können Sie Animationen auch als SWF exportieren und in beiden Videoprogrammen importieren.

21.6.5 Pfade kopieren und einfügen

Vor allem in After Effects lassen sich an vielen Stellen Vektorpfade verwenden, z. B. um Texte oder Glitzereffekte entlang eines Pfades zu animieren oder Clips freizustellen. Diese Pfade können Sie in Illustrator erstellen und dann über die Zwischenablage in After Effects einfügen.

Die Übertragung von Pfaden aus Illustrator mithilfe der Zwischenablage funktioniert aber nur, wenn unter VOREINSTELLUNGEN • DATEIEN VERARBEITEN UND ZWISCHENABLAGE die Optionen AICB und PFADE BEIBEHALTEN aktiviert sind.

▲ **Abbildung 21.79**
Zwischenablageoptionen in Illustrator

▲ Abbildung 21.80
Importoptionen in After Effects

21.6.6 Illustrator-Dateien in Videoprojekte importieren

In Premiere importieren Sie Ihre Illustrator-Dateien ohne weitere Einstellungsmöglichkeiten.

In After Effects wählen Sie für den Import einzelner Dateien Ablage • Importieren • Datei... Dann stehen Ihnen folgende Optionen zur Verfügung:

▶ Komposition: Beim Import als Komposition bleiben Hauptebenen unabhängig voneinander erhalten.
▶ Footagefenster: Beim Import als Footage wird die Datei auf das Endformat beschnitten und werden alle Ebenen zusammengerechnet.

21.6.7 Wichtige Einstellungen in After Effects

Damit Ihre Vektorgrafik optimal dargestellt wird, sind vor allem die Einstellungen für das Rastern und das Pixelseitenverhältnis wichtig.

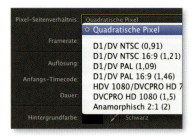

▲ Abbildung 21.81
Einstellung des Seitenverhältnisses

Pixel Aspect Ratio | Das Pixel-Seitenverhältnis wird normalerweise von After Effects beim Import des Dokuments richtig eingestellt. Sollte das einmal nicht der Fall sein, finden Sie diese Einstellung unter Komposition • Kompositionseinstellungen. Setzen Sie die Option Pixel-Seitenverhältnis auf Quadratische Pixel.

Kontinuierlich rastern | Illustrator-Dateien sind – außer wenn pixelbasierte Effekte eingesetzt wurden – in After Effects problemlos skalierbar. Sie müssen jedoch darauf achten, die Ebene zu Optimieren ✺. Die entsprechende Einstellung finden Sie in der Zeitleiste.

▲ Abbildung 21.82
Skalierte Illustrator-Grafik in After Effects ohne (Mitte) und mit (rechts) der Option Optimieren, Zeitleiste mit dem Button Optimieren (links)

Kapitel 22
Personalisieren und erweitern

Um Ihre Arbeitseffizienz zu steigern, sollten Sie Illustrator an Ihre Bedürfnisse anpassen. Vor allem regelmäßig vorkommende Abläufe können Sie vielleicht als Vorgaben speichern oder automatisieren. Wenn Illustrator eine Funktion nicht selbst bietet, lässt es sich an vielen Stellen durch Skripte ergänzen.

22.1 Anpassen

Wie in allen Programmen enthalten die Voreinstellungen die wichtigsten Optionen, um Illustrator an den Einsatzzweck anzupassen. Dazu zählen Maßeinheiten, Sprache, Raster und Werkzeuggrundeinstellungen. Sie können Illustrator aber mit weitergehenden Einstellungen noch besser an Ihren Workflow anpassen.

22.1.1 Benutzerdefinierte Arbeitsbereiche

Das »Layout« der Bedienfelder auf Ihrem Bildschirm sowie die Zusammenstellung und Anzeigeart der Bedienfelder im Dock lässt sich als »Arbeitsbereich« speichern und über das Menü oder über den Button in der Anwendungsleiste (Mac) bzw. im Kopfbereich des Anwendungsrahmens (Windows) wieder aufrufen.

Das ist praktisch, wenn Sie einen Arbeitsplatz mit Kollegen teilen, aber auch, wenn Sie selbst für verschiedene Aufgaben – Illustration, Konstruktion oder Typografie – andere Bedienfelder oder unterschiedliche Anordnungen der Bedienfelder benötigen.

Arbeitsbereich speichern | Richten Sie die Position der Bedienfelder wie gewünscht ein. Rufen Sie anschließend Fenster • Arbeitsbereich • Arbeitsbereich speichern... auf, und geben Sie dem Bildschirmlayout einen passenden Namen. Die Option Anwendungsrahmen (nur Mac),

▲ **Abbildung 22.1**
Gespeicherte Arbeitsbereiche

Abgerissene Werkzeugbedienfelder

Die Position »abgerissener« Werkzeugbedienfelder wird im Arbeitsbereich gespeichert.

▲ **Abbildung 22.2**
Menü ARBEITSBEREICHE

▲ **Abbildung 22.3**
Die Dialogbox ARBEITSBEREICHE VERWALTEN

Verschieden große Zeichenflächen in der Vorlage

Benötigen Sie Vorlagen mit Zeichenflächen in unterschiedlichen Größen, dann müssen Sie diese in einer Vorlagendatei anlegen. In einem neuen Dokumentprofil können Sie nur mehrere Zeichenflächen speichern, die über die Dialogbox NEUES DOKUMENT angelegt wurden.

▲ **Abbildung 22.4**
Datei-Icon der Vorlagendatei

Zoomstufen als Ansichten

Speichern Sie sich verschiedene häufig benötigte Zoomstufen als ANSICHTEN. Dabei lässt sich auch die Sichtbarkeit verschiedener Ebenen sichern.

die Anordnung von Fenstern (ÜBERLAPPEND, NEBENEINANDER) sowie ihre Verschiebbarkeit werden nicht gespeichert (Anordnen von Fenstern s. Abschnitt 1.3.2).

Arbeitsbereich aufrufen | Um einen gespeicherten Arbeitsbereich aufzurufen, wählen Sie den Namen des Bildschirmlayouts aus dem Untermenü von FENSTER • ARBEITSBEREICH oder stellen ihn mit dem Button in der Anwendungsleiste ein.

Arbeitsbereich zurücksetzen | Änderungen, die Sie in Ihrem Arbeitsbereich vornehmen, z. B. das Abreißen oder Ändern der Optionen von Bedienfeldern, werden gespeichert – wenn Sie zwischen Arbeitsbereichen wechseln, finden Sie also immer den zuletzt verwendeten Zustand vor. Um die Arbeitsbereiche wieder in den Ursprungszustand zu versetzen, reicht es daher nicht, sie einfach neu aufzurufen. Stattdessen verwenden Sie den Befehl ZURÜCKSETZEN: [NAME DES ARBEITSBEREICHS] im Menü FENSTER • ARBEITSBEREICH.

Arbeitsbereiche verwalten | Möchten Sie gespeicherte Arbeitsbereiche umbenennen, duplizieren oder löschen, rufen Sie FENSTER • ARBEITSBEREICH • ARBEITSBEREICHE VERWALTEN… auf (Abbildung 22.3).

▶ Umbenennen: Aktivieren Sie einen der Einträge in der Liste, und tragen Sie den neuen Namen in das Eingabefeld ein. Bestätigen Sie mit OK.
▶ Duplizieren: Wählen Sie einen Eintrag aus, und klicken Sie auf den Button NEUER ARBEITSBEREICH.
▶ Löschen: Aktivieren Sie den Eintrag, und klicken Sie auf den Button ARBEITSBEREICH LÖSCHEN.

22.1.2 Vorlagen

Vorlagendateien sind wie ein Zeichenblock, von dem Sie ein Blatt abreißen. Falls Sie häufig mit wiederkehrenden Dokumentformaten, Farben, Mustern, Formen oder Druckeinstellungen arbeiten müssen, können Sie sich die benötigten Vorgaben in einer Vorlagendatei speichern und für ein neues Projekt von dieser Datei »ein Blatt abreißen«, um sich die gleichzeitig langweilige und aufwendige Arbeit des Einrichtens der benötigten Grundlagen zu ersparen. Wenn Sie z. B. regelmäßig CD-Cover für ein bestimmtes Label entwerfen, erstellen Sie sich eine Vorlage mit den entsprechenden Spezifikationen, Logos, Farbfeldern und Druckvorgaben. Für einen neuen Entwurf legen Sie keine neue Datei an, sondern verwenden die Vorlage »CD-Cover«.

Vorlagen erstellen | Beginnen Sie mit einem neuen Dokument, oder öffnen Sie ein vorhandenes Dokument, das bereits einige der benötigten Elemente enthält. Richten Sie die gewünschten Optionen ein:

- Dokument einrichten: Definieren Sie die Anzahl und Maße der Zeichenflächen, Maßeinheiten, Sprache und Transparenzeinstellungen.
- Ansicht: Legen Sie z. B. den Linealnullpunkt, die Zoomstufe, Hilfslinien und die Bildschirmansicht fest.
- Stile, Formate: Definieren Sie Grafikstile sowie Zeichen- und Absatzformate.
- Farbfelder, Pinsel, Symbole: Löschen Sie alle nicht benötigten Farbfelder, Stile, Pinsel, Symbole etc., und richten Sie neue ein, z. B. Corporate-Design-Elemente.
- Diagrammdesigns: Fügen Sie Balken- und Punkte-Designs der Dialogbox OBJEKT • DIAGRAMM • DESIGNS… hinzu.
- Druckvorgaben: Definieren Sie die Optionen für den Ausdruck des Dokuments im Drucken-Dialog.
- Objekte: Legen Sie Stanzkonturen, benötigte Texte oder Bildelemente in der Datei an.

Vorlagen speichern | Rufen Sie nach dem Einrichten der Vorlage den Befehl DATEI • ALS VORLAGE SPEICHERN… auf. Wählen Sie im Dateibrowser den Speicherort, und klicken Sie auf SPEICHERN. Vorlagendateien können keine Farbprofile enthalten.

Vorlagen öffnen | Möchten Sie eine neue Datei auf Basis einer Vorlage erstellen, wählen Sie DATEI • NEU AUS VORLAGE… – Shortcut ⌘/ Strg+⇧+N. Illustrator öffnet den Vorlagenordner im Dateibrowser. Die Datei muss zu diesem Zweck übrigens nicht als Vorlagendatei gespeichert worden sein. Sie können über diese Dialogbox jede Illustrator-Datei öffnen, und es wird automatisch eine Kopie erzeugt.

22.1.3 Dokumentprofile

Ein neues Dokument, das Sie mit dem Befehl DATEI • NEU… erstellen, basiert auf einem von sechs Dokumentprofilen (engl. New Document Profile). Wählen Sie aus Profilen für die Bereiche DRUCK, WEB, GERÄTE, FLASH BUILDER, VIDEO UND FILM sowie EINFACHES RGB.

In den Dokumentprofilen sind die üblichen Einstellungen für Rastereffektauflösung oder Bildschirmansicht bereits vorgenommen. Im Dokumentprofil auf der Zeichenfläche platzierte Elemente werden beim Anlegen eines neuen Dokuments ignoriert.

Metadaten

Auf Basis der Dokumentprofile werden Metadaten in Ihr Illustrator-Dokument geschrieben (das Dokumentprofil können Sie einsehen unter DATEI • DATEIINFORMATIONEN). Erstellen Sie Ihre eigenen Dokumentprofile daher auf einem für den Anwendungszweck passenden bestehenden Dokumentprofil.

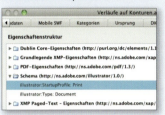

Menü »Größe«

Die Einträge im Menü GRÖSSE der Dialogbox NEUES DOKUMENT lassen sich in keiner zugänglichen Einstellungsdatei editieren oder ergänzen.

▲ Abbildung 22.5
Neue Dokumentprofile für CMYK- (blau markiert) und RGB-Dokumente

Farbprofile?

In Dokumentprofilen sollten Sie keine Farbprofile speichern. Bei ungünstigen Farbmanagementeinstellungen kann es anderenfalls passieren, dass ohne Warnung eine CMYK-zu-CMYK-Konvertierung mit den bekannten Folgen stattfindet (s. Abschnitt 8.2.3).

▲ **Abbildung 22.6**
Wählen Sie in der Dialogbox Neues Dokument den Eintrag Durchsuchen, um den Ordner der NDP in Ihrem Betriebssystem aufzurufen.

Dokumentprofile anpassen | Die Dokumentprofile können Sie nach Ihren Wünschen anpassen oder auf der Basis der vorhandenen zusätzliche Profile erstellen. Sie finden die Dateien unter: Users/(User)/ Library/Application Support/Adobe/Adobe Illustrator CS6/de_DE/ New Document Profiles (Mac) bzw. Documents and Settings\(User)\ Anwendungsdaten\Adobe\Adobe Illustrator CS6 Settings (Windows XP) oder Users\(User)\AppData\Roaming\Adobe\Adobe Illustrator CS6 Settings\AIPrefs (Windows Vista und 7) Editieren Sie darin die gewünschten Farbfelder, Diagrammdesigns, Grafikstile, Pinsel, Symbole, Ansichten, den Linealnullpunkt, die Anzahl der Zeichenflächen und die Drucken-Optionen. Das angepasste Dokumentprofil speichern Sie anschließend wieder in den genannten Ordner. Es lässt sich dann beim Anlegen einer neuen Datei aus dem Menü Neues Dokumentprofil auswählen.

22.1.4 Bibliotheken

Eigene Farbfelder, Symbole, Pinsel und Grafikstile können Sie als Bibliotheken speichern (zu Bibliotheken s. Abschnitt 1.2). Selbst erstellte Bibliothekendokumente sind wie die meisten vorinstallierten Bibliotheken ganz normale Illustrator-Dateien (lediglich bestimmte Farbfelder bilden eine Ausnahme). Wenn Sie eine Bibliothek ändern oder ergänzen möchten, öffnen Sie einfach die entsprechende Illustrator-Datei von Ihrer Festplatte – voreingestellt werden Bibliotheken in Users/(User)/ Library/Application Support/Adobe/Adobe Illustrator CS6/de_DE/ (Mac) bzw. Documents and Settings\(User)\Anwendungsdaten\Adobe\Adobe Illustrator CS6 Settings (Windows) in entsprechend benannte Unterordner gespeichert. In der jeweiligen Illustrator-Datei legen Sie das Farbfeld, das Symbol, den Pinsel oder den Grafikstil an und speichern sie.

Um die Bibliothek weiterzugeben, kopieren Sie die Datei. Ein in einem Illustrator-Dokument verwendetes Element aus einer Bibliothek besitzt jedoch keine Verbindung zur Bibliothek, sodass bei Änderungen in der Bibliothek keine automatischen Aktualisierungen in anderen Dokumenten stattfinden.

22.1.5 Tastaturbefehle

Per Voreinstellung sind viele Funktionen mit Tastaturbefehlen – Shortcuts – belegt. Falls Ihnen die verwendeten Befehle nicht zusagen oder Sie gern weitere Funktionen mit Shortcuts versehen würden, ist es möglich, die Belegung zu bearbeiten. So wie Sie unterschiedliche Bild-

---

Jede Datei ist eine Bibliothek

Über den Dialog Bibliothek öffnen • Andere Bibliothek können Sie die Farbfelder, Pinsel, Symbole oder Grafikstile jeder beliebigen Illustrator-Datei wie eine Bibliothek öffnen, indem Sie dort einfach die betreffende Illustrator-Datei auswählen.

Nicht erlaubte Zeichen

Einige Zeichen lassen sich in einem eigenen Tastaturbefehl nicht verwenden. Leider gehören Umlaute dazu, sodass Sie z. B. die Befehle für das Anordnen von Objekten nicht zwischen InDesign und Illustrator harmonisieren können.

schirmlayouts abspeichern, ist dies auch mit Belegungssätzen möglich. Damit können Sie zwischen unterschiedlichen Sätzen von Tastatur-Shortcuts umschalten.

Um die Tastaturbelegungen zu bearbeiten, rufen Sie BEARBEITEN • TASTATURBEFEHLE... auf – Shortcut ⌘+⌥+⇧+K bzw. Strg+Alt+⇧+K. Die Tastatur-Shortcuts für WERKZEUGE und MENÜBEFEHLE bearbeiten Sie getrennt.

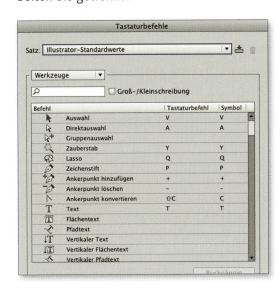
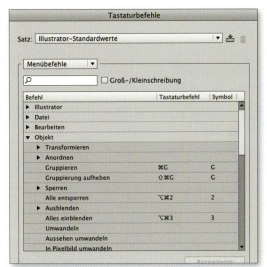

▼ **Abbildung 22.7**
Die Tastaturbefehle-Dialogbox: Editieren der Kurzbefehle für WERKZEUGE (links) und MENÜBEFEHLE (rechts)

▶ Befehlssatz auswählen: Wählen Sie den Belegungssatz aus dem Aufklappmenü SATZ, und klicken Sie auf OK, um ihn anzuwenden.
▶ Befehlssatz löschen: Um einen Satz Tastaturbefehle zu löschen, wählen Sie ihn im Aufklappmenü SATZ aus und klicken auf den Button LÖSCHEN... 🗑 (rechts neben dem Menü, s. auch Abbildung 22.9).
▶ Als Text exportieren: Eine Liste aller Werkzeuge und Menüeinträge sowie der zugewiesenen Kurzbefehle können Sie als Textdatei exportieren, indem Sie auf den gleichnamigen Button klicken.

Befehlssatz ändern | Gehen Sie wie folgt vor, um einen Befehlssatz zu ändern (Änderungen am Standardbefehlssatz können Sie nur als neuen Satz abspeichern – s. Schritt 6):

1. Wählen Sie einen Belegungssatz aus dem Menü SATZ und die Tastaturbefehlsart aus dem Aufklappmenü darunter – WERKZEUGE oder MENÜBEFEHLE.
2. Aktivieren Sie einen der Einträge, und klicken Sie in die Spalte unter TASTATURBEFEHL. Ein Rahmen hebt ein Eingabefeld hervor. Geben Sie in dieses Feld den gewünschten Befehl samt Modifizierungstasten ein. Sobald Sie den ersten Befehl editiert haben, ändert sich der

▲ **Abbildung 22.8**
Icon einer Shortcuts-Datei

▲ **Abbildung 22.9**
Der TASTATURBEFEHLE-Dialog enthält zwei Buttons zum Löschen: Mit diesem Button löschen Sie nur den aktivierten Shortcut.

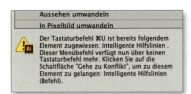

▲ Abbildung 22.10
Warnung bei Doppelbelegung

▲ Abbildung 22.11
In diesem Zeichenformat ändern Sie die Standardschrift.

Dateigrößen-Menü

Das Menü mit voreingestellten Größen in der Dialogbox NEUES DOKUMENT lässt sich nicht bearbeiten. Falls Sie bestimmte, von den Standards abweichende Größen regelmäßig benötigen, legen Sie sie in einem neuen Dokumentprofil an.

Voreinstellungen/Preferences

Sie finden die Voreinstellungen unter BENUTZER/LIBRARY/PREFERENCES/ADOBE ILLUSTRATOR CS6 SETTINGS/ADOBE ILLUSTRATOR PREFS bzw. unter Windows XP und 2000 in DOCUMENTS AND SETTINGS\[USER NAME]\ANWENDUNGSDATEN\ADOBE\ADOBE ILLUSTRATOR CS6 SETTINGS\AIPREFS und auf Windows Vista oder Windows 7 unter USERS\[USER NAME]\APPDATA\ROAMING\ADOBE\ADOBE ILLUSTRATOR CS6 SETTINGS\AIPREFS.

Name des Satzes im Menü in [BENUTZERDEFINIERT], oder er wird mit einem Asterisk * ergänzt.

3. Ist der eingegebene neue Befehl bereits vergeben, wird das Tastaturkürzel an der ursprünglichen Stelle entfernt – Illustrator zeigt eine entsprechende Warnung (Abbildung 22.10). Sie haben zwei Möglichkeiten:

▶ Widerrufen Sie die letzte Zuweisung, und stellen Sie die vorherige Belegung wieder her, indem Sie auf den Button RÜCKGÄNGIG oder auf das kleine Kreuz neben dem Eingabefeld klicken.

▶ Rufen Sie den Befehl auf, dessen Tastaturbelegung geändert wurde, und weisen Sie diesem einen anderen Shortcut zu. Klicken Sie dafür auf den Button GEHE ZU KONFLIKT.

Checkliste: Programmvorgaben anpassen

Voreinstellungen editieren | Studieren Sie die Voreinstellungen, und richten Sie diese passend ein. Es ist übrigens nicht ungewöhnlich, die Voreinstellungen während der Arbeit nach Bedarf zu ändern.

Standardschrift ändern | Um die Schriftart zu ändern, in der Illustrator neue Texte erstellt, rufen Sie das betreffende Dokumentprofil auf und ändern dort die Schriftart im Zeichenformat NORMALES ZEICHENFORMAT.

Vorlage oder Dokumentprofil | Ob Sie häufig gebrauchte Einstellungen als Dokumentprofil speichern oder eine Vorlagendatei erstellen, hängt davon ab, wie individuell Sie die Musterdatei auf eine bestimmte Aufgabe zuschneiden möchten und wie regelmäßig oder häufig Sie diese Datei benötigen. Sehr individuelle Vorgaben und Einstellungen werden Sie eher als Vorlagen-Datei speichern und allgemeinere, regelmäßig benötigte Einstellungen dagegen als Dokumentprofil. Nur in Vorlagendokumenten ist es möglich, Elemente bereits auf der Zeichenfläche zu platzieren.

Bibliotheken | Ihre eigenen Pinsel, Symbole, Grafikstile, Muster- und Farbfelder können Sie in Bibliotheken sammeln. Speichern Sie die Bibliothek an dem im jeweiligen Dialog vorausgewählten Ort, dann stehen die Bibliotheken direkt im Menü FENSTER bzw. den Bibliotheksmenüs der jeweiligen Bedienfelder zur Verfügung. Um Bibliotheken zu ergänzen oder einzelne Elemente zu ändern, öffnen Sie die Bibliotheksdatei direkt in Illustrator – es ist eine ganz normale .AI-Datei.

Diagrammbalkendesigns | Balken- und Punktedesigns können Sie im Dokumentprofil oder einer Vorlagendatei ablegen. Oder legen Sie alle Balkendesigns in einer »Sammeldatei« ab. Wann immer Sie in Ihrem aktuellen Dokument ein Balkendesign benötigen, öffnen Sie diese Sammeldatei. Sie können dann aus allen geöffneten Dokumenten im Dialog OBJEKT • DIAGRAMM • DESIGNS auf die enthaltenen Balkendesigns zugreifen.

Preferences-Datei editieren (nur für Fortgeschrittene!) | In der Voreinstellungendatei können Sie z. B. die Anzahl der »Letzten Dateien« einstellen. Kopieren Sie bitte immer die Originaldatei an einen sicheren Ort, bevor Sie etwas ändern, damit Sie sie notfalls wiederherstellen können. Zum Ändern verwenden Sie einen Texteditor.

4. Haben Sie einen Shortcut zugewiesen, können Sie außerdem den Eintrag bestimmen, der hinter dem Menübefehl angezeigt wird. Automatisch werden an der Stelle das eingegebene Zeichen und gegebenenfalls die Modifizierungstasten angezeigt. Sie können jedoch auch ein anderes Zeichen bestimmen.
5. Um einen Shortcut von einem Befehl zu entfernen, aktivieren Sie den Eintrag und klicken auf das Kreuzchen oder auf den Button Löschen (s. Abbildungen 22.9 und 22.12).
6. Haben Sie alle gewünschten Befehle eingetragen, bestätigen Sie den Dialog mit OK.

Falls Sie die Änderungen am Standardbelegungssatz durchgeführt haben, werden Sie aufgefordert, die Änderungen als einen neuen Satz zu speichern. Handelte es sich um einen bereits gespeicherten Satz, fragt Illustrator, ob Sie diesen überschreiben möchten.

▲ **Abbildung 22.12**
Ein Klick auf das Kreuzchen entfernt den Shortcut.

▲ **Abbildung 22.13**
Belegung speichern

22.2 Automatisieren mit Aktionen

Als Aktionen können Sie sich Befehlsabfolgen speichern, die Sie wiederholt an Objekten oder Dokumenten anwenden müssen. Das Erstellen einer Aktion ist so einfach wie das Aufnehmen mit dem Videorekorder: Sie drücken eine Taste, um die Aufzeichnung zu beginnen, führen alle Arbeitsschritte aus und drücken einen anderen Button, um die Aufzeichnung zu stoppen. Aktionen lassen sich auch in einer Stapelverarbeitung automatisch auf mehrere Dokumente in Folge anwenden. Da Sätze von Aktionen als Textdateien gespeichert werden können, finden Sie an manchen Stellen Aktionen zum Download.

▲ **Abbildung 22.14**
Darstellung zweier neu eingerichteter Tastaturbefehle im Menü

22.2.1 Aktionen-Bedienfeld

Die Erstellung, Anwendung und Verwaltung von Aktionen nehmen Sie mithilfe des Aktionen-Bedienfeldes vor. Wählen Sie Fenster • Aktionen – im Dock ▶ –, um das Bedienfeld aufzurufen.

Anzeige | Wie alle Bedienfelder hat auch dieses ein Menü, das Sie mit dem Button ≡ aufrufen – in diesem Bedienfeldmenü finden Sie u. a. die Stapelverarbeitung.

Aktionen sind in Sätzen ❹ zusammengestellt, zu erkennen an dem Ordnersymbol 📁. Nur Sätze lassen sich als externe Datei speichern. Klicken Sie auf den Pfeil ▶, um die zu einem Satz gehörenden Aktionen anzuzeigen. Die einzelnen Aktionen ❸ bestehen aus einer Abfolge von »Aufgaben«. Zeigen Sie die Aufgaben der Aktionen an, indem Sie auf

▲ **Abbildung 22.15**
Aktionen-Bedienfeld in der Listdarstellung

▲ **Abbildung 22.16**
Datei-Icon für gespeicherte Aktionen

▲ **Abbildung 22.17**
Das Aktionen-Bedienfeld in der Schaltflächendarstellung

> **Voreinstellungen beim Abspielen**
>
> Denken Sie daran, die Voreinstellungen wie bei der Aufnahme zu konfigurieren.
> Verwenden Sie Aktionen aus dem amerikanischen Raum, müssen Sie gegebenenfalls mit anderen Maßeinheiten arbeiten, um die gewünschten Ergebnisse zu erhalten.

▲ **Abbildung 22.18**
Zum Aktivieren oder Deaktivieren der Modalsteuerung klicken Sie für eine einzelne Aufgabe ❺, für eine Aktion ❻ und für einen Satz ❼.

den Pfeil ▶ links neben dem Namen der Aktion klicken. Die Aufgaben tragen den Namen des Illustrator-Befehls. Auch den Eintrag vieler Aufgaben können Sie öffnen, um die in Dialogboxen eingegebenen Parameter einzusehen. Ändern lassen sich die Parameter allerdings in dieser Auflistung nicht.

Wird beim Abspielen der Aktion eine Dialogbox geöffnet ❷, zeigt das Aktionen-Bedienfeld dies mit dem entsprechenden Symbol ☐ an. Klicken Sie auf das Symbol, um das Öffnen der Dialogbox zu unterdrücken und die Aufgabe stattdessen mit den aufgezeichneten Werten auszuführen.

Das Häkchen ❶ zeigt an, ob ein Schritt ausgeführt wird. Möchten Sie die Ausführung eines einzelnen Befehls oder aller Befehle innerhalb einer Aktion unterdrücken, deaktivieren Sie den Schritt, indem Sie das Häkchen ✔ vor dem Eintrag der Aufgabe bzw. der Aktion anklicken.

Mit den Buttons am unteren Rand des Bedienfeldes steuern Sie das Abspielen und Aufzeichnen von Aktionen sowie deren Verwaltung.

Bedienfeld-Modus | Wählen Sie SCHALTFLÄCHENMODUS aus dem Bedienfeldmenü, um die Aktionen statt in Listendarstellung als einzelne Buttons anzuzeigen. Die Größe des Bedienfeldes und damit die Anzahl der Button-Spalten können Sie frei einstellen.

Aktionen abspielen | Beim Abspielen einer Aktion werden die enthaltenen Befehle von Illustrator an Ihren Objekten ausgeführt. Wenn Sie eine Aktion das erste Mal ausprobieren, sollten Sie zunächst eine Kopie Ihrer Datei erstellen, um vor unangenehmen Überraschungen sicher zu sein, dies vor allem, wenn Sie die Aktion in einer Stapelverarbeitung verwenden möchten.

Zum Abspielen eines Satzes, einer Aktion oder eines Teils einer Aktion aktivieren Sie den Eintrag im Aktionen-Bedienfeld, ab dem Sie die Befehle ausführen möchten, und wählen ABSPIELEN aus dem Bedienfeldmenü oder klicken auf den Button AKTUELLE AUSWAHL ABSPIELEN ▶. Die Aktion spielt bis zum Schluss.

Je nach Einstellung werden während des Abspielens Dialogboxen geöffnet, in denen Sie Optionen eingeben müssen. Stehen in der Aktion enthaltene Befehle nicht zur Verfügung, weil eine vom Ersteller der Aktion angenommene Bedingung nicht eingetreten ist, erhalten Sie eine entsprechende Warnung und können die Ausführung der Aktion an dieser Stelle abbrechen.

Möchten Sie die Wiedergabe vor dem Durchlaufen aller Aufgaben beenden, klicken Sie auf den Button WIEDERGABE BEENDEN ■. In der normalen Abspielgeschwindigkeit läuft eine Aktion jedoch in der Regel so schnell ab, dass eine Unterbrechung unmöglich ist.

Einzelne Aufgaben können Sie aus einer Aktion ausschließen, indem Sie das Kontrollkästchen ✔ neben dem Namen der Aktion anklicken und das Häkchen deaktivieren.

Abspieloptionen | Zur Fehlersuche kann es nötig sein, die Abspielgeschwindigkeit zu regulieren. Sie haben folgende Möglichkeiten:
1. BESCHLEUNIGT: Dies ist die Standardeinstellung – die Befehle werden so schnell wie möglich abgespielt.
2. SCHRITTWEISE: Nach dem Ausführen eines Befehls wird die Bildschirmdarstellung aktualisiert, bevor die Aktion den nächsten Schritt startet.
3. ANHALTEN FÜR: Wählen Sie diese Option, um die Aktion für einen festgelegten Zeitraum nach dem Ausführen jedes Schritts anzuhalten.

▲ **Abbildung 22.19**
Die Dialogbox ABSPIELOPTIONEN

Aktion aufzeichnen | In einer Aktion lassen sich fast alle Menübefehle, Bedienfeldoptionen und Werkzeugfunktionen aufzeichnen – einige Befehle können Sie zwar nicht aufzeichnen, aber mithilfe von Befehlen des Bedienfeldmenüs in eine Aktion einfügen.

Die Aufzeichnung einer Aktion sollten Sie in einer Kopie Ihrer Datei vornehmen, z. B. indem Sie vor Beginn Ihrer Aufzeichnung den Befehl DATEI • KOPIE SPEICHERN UNTER… ausführen. Gehen Sie bei der Aufzeichnung wie folgt vor:
1. Erstellen Sie eine neue Aktion, indem Sie den Button NEUE AKTION ERSTELLEN 🗔 anklicken. In der Dialogbox AKTIONSOPTIONEN geben Sie der Aktion einen Namen. Sie können Ihre Einstellungen zu einem späteren Zeitpunkt editieren.
2. Klicken Sie auf den Button AUFZEICHNUNG BEGINNEN ⬤. Der Button zeigt durch die rote Farbe ⬤ die Aufzeichnung an.
3. Führen Sie die gewünschten Aufgaben aus – Sie können sich dabei Zeit lassen, die Abspielgeschwindigkeit ist unabhängig von der Aufnahmegeschwindigkeit.
4. Haben Sie die gewünschten Befehle ausgeführt, stoppen Sie die Aufzeichnung, indem Sie auf den Button AUFZEICHNUNG BEENDEN ■ klicken. Die Aktion wird automatisch in der Voreinstellungsdatei gespeichert. Da diese Datei beschädigt werden kann, sollten Sie Aktionen dauerhaft speichern (s. den Abschnitt »Aktionen verwalten« auf Seite 738).

▲ **Abbildung 22.20**
Einige Aufgaben können Sie nicht unmittelbar aufzeichnen. Sie müssen daher mit speziellen Menübefehlen in die Aktion eingefügt werden (s. Seite 737): Unterbrechung, Pfad einfügen, Objekt auswählen (von oben)

Aktionen editieren | Um Aktionen zu editieren, schalten Sie das Bedienfeld in die Listendarstellung.

▶ **Dialogfeld aktivieren/deaktivieren**: Für die Ausführung von Aktionen verwendet Illustrator Ihre bei der Aufzeichnung eingegebenen Werte. Möchten Sie die Optionen einzelner Befehle individuell bei jedem Abspielen definieren, aktivieren Sie die Dialogboxen (im Handbuch werden sie als MODALE STEUERELEMENTE bezeichnet), indem Sie bei dem betreffenden Befehl die Anzeige des Dialogsymbols ☐ aktivieren.

▶ **Optionen eines Schritts editieren**: Möchten Sie nur die Optionen eines einzelnen Befehls ändern, aktivieren Sie – falls dies zur Ausführung des Schritts erforderlich ist – ein passendes Objekt auf der Zeichenfläche, und doppelklicken Sie auf den zu ändernden Eintrag im Aktionen-Bedienfeld.

▶ **Optionen in einer Aktion editieren**: Möchten Sie den Ablauf einer Aktion erhalten, aber Einstellungen und Optionen neu einrichten, aktivieren Sie die Aktion und wählen ERNEUT AUFZEICHNEN… aus dem Bedienfeldmenü. Das Abspielen der Aktion wird sofort gestartet. Geben Sie an den gewünschten Stellen die Änderungen in die Dialogboxen ein, und bestätigen Sie diese.

▲ **Abbildung 22.21**
Verändern der Reihenfolge von Aufgaben durch Verschieben

▶ **Abfolge ändern**: Möchten Sie einen Befehl an eine andere Stelle in der Abfolge einordnen, klicken und ziehen Sie den Eintrag an den gewünschten Platz (die Trennlinie zwischen den bestehenden Befehlen wird hervorgehoben) und lassen die Maustaste los.

▶ **Befehle einfügen**: Um weitere Befehle in eine Aktion einzufügen, aktivieren Sie den Schritt, dem die zusätzlichen Aufgaben folgen sollen, und wählen AUFZEICHNUNG BEGINNEN aus dem Bedienfeldmenü oder klicken auf den Button ⬤. Führen Sie die Schritte aus, und beenden Sie die Aufzeichnung.

▶ **Eintrag duplizieren**: Eine Aufgabe, eine Aktion oder einen Satz duplizieren Sie, indem Sie den Eintrag aktivieren und DUPLIZIEREN aus dem Bedienfeldmenü wählen. Alternativ ziehen Sie den Eintrag einer Aufgabe oder einer Aktion über den Button NEUE AKTION ERSTELLEN 🗔. Den Eintrag eines Satzes ziehen Sie über den Button NEUEN SATZ ERSTELLEN 🗀.

▶ **Eintrag löschen**: Wenn Sie einen Schritt, eine Aktion oder einen Satz löschen möchten, aktivieren Sie den Eintrag im Aktionen-Bedienfeld und klicken auf den Button AUSWAHL LÖSCHEN 🗑 oder ziehen den Eintrag auf diesen Button.

Nicht aufnehmbare Befehle

Beobachten Sie das Aktionen-Bedienfeld beim Aufzeichnen der Aktion – falls ein Befehl dort nicht sofort nach der Ausführung aufgelistet wird, ist er nicht »live« aufzunehmen.

Aufgaben per Menü hinzufügen | Einige Aufgaben lassen sich nicht »live« aufzeichnen, Sie können diese Schritte nur mithilfe von Befehlen aus dem Menü des Aktionen-Bedienfeldes in eine Aktion integrieren.

Die betreffenden Aufgaben – z. B. die Auswahl eines bestimmten Pfades, das Verwenden der Freihand-Werkzeuge Pinsel, Buntstift, Schere oder Verlauf, das Zuweisen von Effekten und das Einstellen der Ansicht – können Sie mithilfe des Menüs des Aktionen-Bedienfeldes während der Live-Aufzeichnung in die Aktion integrieren oder beim späteren Bearbeiten einer Aktion hinzufügen (s. »Befehle einfügen« auf S. 736).

- **Menübefehl, der nicht aufgezeichnet werden kann**: Um einen Menübefehl einzufügen, der nicht aufgezeichnet werden kann, wählen Sie Menübefehl einfügen aus dem Bedienfeldmenü. Den Befehl können Sie anschließend entweder direkt aus dem Menü aufrufen oder in der Dialogbox danach suchen lassen, indem Sie die Anfangsbuchstaben eingeben.

▲ Abbildung 22.22
Menübefehl einfügen

- **Unterbrechung**: Möchten Sie an einem Punkt im Ablauf der Aktion eine Dialogbox mit einem Hinweis anzeigen oder eine individuelle Benutzereingabe zulassen, wählen Sie Unterbrechung einfügen aus dem Bedienfeldmenü.

  Geben Sie den gewünschten Hinweistext in die Dialogbox ein. Soll der Text vom Benutzer nur zur Kenntnis genommen werden, aktivieren Sie die Option Fortfahren zulassen.

  Falls ein Eingreifen des Benutzers – z. B. das Zeichnen mit einem Werkzeug – erforderlich ist, darf das Fortfahren nicht zugelassen werden. Nach Durchführung der erforderlichen Eingabe muss der Benutzer das Weiterspielen der Aktion über das Aktionen-Bedienfeld manuell veranlassen.

▲ Abbildung 22.23
Die Dialogbox Aufzeichnungsunterbrechung (oben), Hinweisbox (unten)

- **Einen Pfad einfügen**: Benötigen Sie im Ablauf der Aktion einen oder mehrere Pfade, erzeugen Sie diese an der gewünschten Position auf der Zeichenfläche. Dies können Sie während der Aufzeichnung der Aktion vornehmen, da die Benutzung des Zeichenstift-, Pinsel- oder Buntstift-Werkzeugs nicht aufgezeichnet wird. Haben Sie den Pfad erstellt, aktivieren Sie ihn, und wählen Sie Pfadauswahl einfügen aus dem Bedienfeldmenü.

  Es ist möglich, offene oder geschlossene Pfade innerhalb einer Aktion in das Dokument einzufügen. Alle Pfade können nur eine gemeinsame Kontur und Füllung erhalten. Es werden die Farben verwendet, die zum Zeitpunkt des Einfügens in der Aktion eingestellt sind.

- **Ein Objekt auswählen**: Ein bestimmtes Objekt kann innerhalb einer Aktion nur dann ausgewählt werden, wenn es eine Bezeichnung besitzt. Wird das Objekt in der Abfolge der Aktion erstellt, müssen Sie also sofort nach der Erzeugung des Elements eine Bezeichnung in das Notizfeld des Grafikattribute-Bedienfeldes eintragen.

  Ein mit dem Notiz-Attribut versehenes Objekt können Sie anschließend jederzeit wieder auswählen. Wählen Sie Objekt auswählen aus

▲ Abbildung 22.24
Notiz im Attribute-Bedienfeld (oben) und die Dialogbox Objekt auswählen (unten)

dem Bedienfeldmenü, um den Auswahlschritt in die Aktion einzufügen. Geben Sie die Objektbezeichnung in die Dialogbox ein.

Aktionsoptionen | Möchten Sie den Namen einer Aktion ändern oder der Aktion einen Kurzbefehl zuweisen, rufen Sie die Aktionsoptionen entweder mit einem Doppelklick auf den Namen der Aktion im Bedienfeld auf, oder Sie aktivieren die Aktion und wählen Aktionsoptionen… aus dem Bedienfeldmenü:

Abbildung 22.25 ▶
Die Dialogbox Aktionsoptionen

- Satz: Das Aufklappmenü listet die vorhandenen Aktionssätze auf. Wählen Sie aus dem Menü, welchem Satz Sie die Aktion zuweisen möchten.
- Funktionstaste: Den Aktionen können Sie Tastaturkombinationen aus einer Funktionstaste F1 bis F15 und den Tasten ⌘/Strg und ⇧ zuweisen. Innerhalb der Aktionen ist es nicht möglich, Shortcuts doppelt zu vergeben. Falls Sie aber eine Aktion mit einem Kurzbefehl versehen, der bereits für einen Menübefehl Verwendung findet, hat die Ausführung der Aktion Vorrang vor dem Menü.
- Farbe: Wählen Sie eine Farbe für die Darstellung des Aktionsbuttons im Schaltflächenmodus des Aktionen-Bedienfeldes.

▲ **Abbildung 22.26**
Farbige Darstellung der Aktionsbuttons im Schaltflächenmodus

Aktionen verwalten | Nicht nur die einzelnen Aufgaben einer Aktion lassen sich später ändern, auch die Aktionen selbst sowie Aktionssätze können Sie bearbeiten.

- Neuer Satz 🗔: Erstellen Sie einen neuen Satz, indem Sie diesen Befehl aus dem Bedienfeldmenü wählen.
- Satzoptionen: Möchten Sie den Namen eines Satzes von Aktionen editieren, doppelklicken Sie auf seinen Eintrag oder wählen Satzoptionen… aus dem Bedienfeldmenü.
- Aktionen laden: Aktionen, die als externe Dateien auf Ihrem Computer gespeichert sind, müssen in Illustrator geladen werden, damit sie zur Verfügung stehen. Wählen Sie aus dem Menü des Aktionen-Bedienfeldes den Eintrag Aktionen laden…, und wählen Sie die Aktion im Dateibrowser aus. Falls die Aktion nicht sichtbar ist, überprüfen Sie, ob die korrekte Dateiendung ».aia« vorhanden ist. In Illustra-

> **Apple Slim Keyboard**
> Die Funktionstasten F13 – F15 dieser Tastatur lassen sich zwar mit Aktionen belegen, diese werden beim Betätigen der Taste aber nicht abgespielt. Außerdem müssen Sie in Systemsteuerung • Tastatur & Maus die Option Die Tasten F1, F2 als Standard-Funktionstasten verwenden aktivieren.

tor CS6 können auch Aktionen aus CS5 geladen werden – überprüfen Sie jedoch sorgfältig, ob noch alle Schritte funktionieren.

Die Verbindung zur Aktion bleibt nicht bestehen. Wenn Sie die geladene Aktion ändern, werden diese Änderungen nicht in der Datei gespeichert, und Sie können die Aktion jederzeit neu laden, um den Originalzustand wiederherzustellen.

- AKTIONEN ZURÜCKSETZEN: Möchten Sie die Standardaktionen von Illustrator erneut laden, wählen Sie AKTIONEN ZURÜCKSETZEN aus dem Bedienfeldmenü. In der Dialogbox wählen Sie eine von zwei Möglichkeiten:
  - Ersetzen: Klicken Sie auf OK, um die aktuell im Bedienfeld angezeigten Aktionen durch die Standardaktionen zu ersetzen.
  - ANFÜGEN: Wählen Sie ANFÜGEN, um den Satz der Standardaktionen zusätzlich zu allen vorhandenen Aktionen zu laden. Er wird als letzter Eintrag im Bedienfeld angezeigt.

▲ **Abbildung 22.27**
Aktionen zurücksetzen

- AKTIONEN ERSETZEN: Um alle im Bedienfeld geladenen Aktionen durch einen auf Ihrem Computer gespeicherten Satz zu ersetzen, wählen Sie AKTIONEN ERSETZEN… aus dem Bedienfeldmenü und öffnen die Datei im Dateibrowser.

Ihre vorhandenen Aktionen werden ohne weitere Nachfrage ersetzt – Sie können diesen Schritt jedoch mit ⌘/Strg+Z widerrufen. Speichern Sie die vorhandenen Aktionen vorher, falls Sie sie später wieder benötigen.

- AKTIONEN SPEICHERN: Einzelne Aktionen lassen sich nicht speichern – mit diesem Befehl aus dem Bedienfeldmenü können Sie jedoch einen Satz speichern. Aktivieren Sie den gewünschten Satz, und rufen Sie den Befehl auf. Aktionen, die nicht explizit gespeichert wurden, sind nur in der Preferences-Datei vorhanden, die jedoch manchmal neu angelegt werden muss. Das Neuanlegen der Preferences löscht alle selbst aufgenommenen Aktionen.

▲ **Abbildung 22.28**
Aktionen löschen

- AKTIONEN LÖSCHEN: Um alle Aktionen zu löschen, wählen Sie AKTIONEN LÖSCHEN aus dem Bedienfeldmenü. Sicherheitshalber fragt Illustrator noch einmal nach, ob Sie wirklich alle Aktionen löschen möchten. Bestätigen Sie mit JA.

22.2.2 Stapelverarbeitung

In der Stapelverarbeitung – auch »Batch« genannt – können Sie eine Aktion auf ein komplettes Verzeichnis von Illustrator-Dokumenten anwenden und so z. B. alle Dateien eines Ordners in ein bestimmtes Format exportieren.

Wählen Sie Stapelverarbeitung… aus dem Menü des Aktionen-Bedienfeldes, um die Batch-Optionen einzurichten. Diesen Befehl können Sie auch dann wählen, wenn keine Datei geöffnet ist.

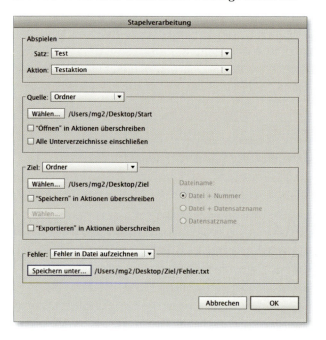

Abbildung 22.29 ▶
Die Dialogbox Stapelverarbeitung

Alias in der Stapelverarbeitung

Legen Sie Alias-Dateien bzw. Verknüpfungen mit Verzeichnissen in den zu bearbeitenden Ordner, um Verzeichnisse einzuschließen, die an anderen Orten gespeichert sind.

▶ Abspielen: Wählen Sie den Satz und die Aktion, die Sie auf die Dateien anwenden möchten.
▶ Quelle: Als Quelle können Sie entweder ein Verzeichnis mit Illustrator-Dokumenten oder Datensätze wählen, die Sie für dynamische Objekte im aktuellen Dokument angelegt haben (zu Variablen s. Abschnitt 22.4).
▶ »Öffnen« in Aktionen überschreiben: Setzen Sie diese Option, falls in der Aktion Öffnen-Befehle aufgenommen wurden. Das Überschreiben bewirkt, dass Illustrator das in der Stapelverarbeitung angegebene Verzeichnis als Quelle verwendet.
▶ Alle Unterverzeichnisse einschliessen: Wählen Sie diese Einstellung, um auch die Dateien in Unterverzeichnissen zu bearbeiten.
▶ Ziel: Wählen Sie ein Verzeichnis, in das die geänderten Dokumente abgelegt werden.
▶ »Speichern«/»Exportieren« in Aktionen überschreiben: Sind in der Aktion Speicher- oder Exportbefehle vorhanden, aktivieren Sie diese Option, um den in der Stapelverarbeitung definierten Zielordner zu verwenden.

▶ DATEINAME: Die Optionen stehen Ihnen bei der Verarbeitung von Datensätzen zur Verfügung. Sie bestimmen darin, wie sich der Name der generierten Dateien zusammensetzt.
▶ FEHLER: Legen Sie hier fest, wie die Fehlerbehandlung erfolgen soll. Falls Sie beabsichtigen, die Stapelverarbeitung während Ihrer Abwesenheit durchführen zu lassen, sollten Sie Fehler in eine Datei speichern. Bestimmen Sie in diesem Fall einen Speicherort und einen Dateinamen.

▲ Abbildung 22.30
Die Dateiname-Optionen werden erst aktiv, wenn als QUELLE DATENSÄTZE ausgewählt ist.

Schritt für Schritt
Aktion und Stapelverarbeitung zum Umfärben von Objekten

Beim Konvertieren eines Dokuments vom Farbmodus RGB in den Modus CMYK entstehen »krumme« Farbwerte. Außerdem wird Schwarz immer aus allen Buntfarben zusammengesetzt. Sie entwickeln hier eine Aktion, mit der Sie Farbfelder anlegen und kritische Farbwerte in mehreren Dateien korrigieren können.

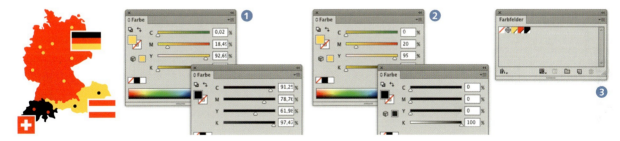

▲ Abbildung 22.31
Beim Umwandeln des Farbmodus einer Datei entstehen »krumme« Farbwerte und ein bunter Schwarzaufbau ❶. Dies wird korrigiert ❷, und es werden Farbfelder erzeugt ❸.

1 Vorbereitungen

Eine Aktion sollten Sie zumindest grob planen, bevor Sie mit der Aufzeichnung beginnen. Bei der Planung ist es wichtig, dass Sie Arbeitsschritte wählen, die allgemein für alle Dateien zutreffen.

Bei der Planung Ihrer Aktion ergibt sich auch die Verwendung verschiedener Bedienfelder. Rufen Sie diese auf, und platzieren Sie sie so auf dem Bildschirm, dass Sie den Überblick behalten.

Für unsere Aktion benötigen Sie das Farbe-, das Farbfelder- und das Attribute-Bedienfeld.

Da die Umwandlung je nach Farbeinstellungen andere Farbwerte ergibt, beginnen Sie mit einem Test. Öffnen Sie eines der Dokumente, und wandeln Sie seinen Farbmodus um: DATEI • DOKUMENTFARBMODUS

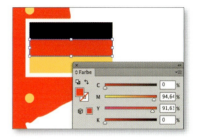

▲ Abbildung 22.32
Aktivieren Sie die Objekte, und notieren Sie sich die CMYK-Werte.

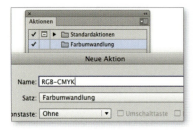

▲ Abbildung 22.33
Erstellen Sie eine neue Aktion.

▲ Abbildung 22.34
Die Modusumwandlung muss über das Bedienfeldmenü eingefügt werden.

▲ Abbildung 22.35
Der Kreis erhält die gesuchte Farbe und einen Namen.

▲ Abbildung 22.36
Wählen Sie die Objekte mit identischer Flächenfarbe aus.

• CMYK-Farbe. Aktivieren Sie jetzt nacheinander die Objekte (mit dem Direktauswahl-Werkzeug, da sie gruppiert sind), und notieren Sie sich die exakten CMYK-Farbwerte der Objekte, die Sie ändern möchten. Dann wählen Sie Datei • Zurück zur letzten Version, um das Dokument in seinen Originalzustand zu versetzen und die Aktionsschritte darin aufzunehmen. Den Öffnen-Befehl lassen Sie später über die Stapelverarbeitung durchführen, er muss also nicht aufgezeichnet werden.

2 Aktion erstellen und starten
Rufen Sie das Aktionen-Bedienfeld auf, und richten Sie einen neuen Satz ein, indem Sie auf den Button Neuen Satz erstellen klicken. Geben Sie dem Satz einen Namen.

Legen Sie innerhalb des eben erzeugten Satzes eine neue Aktion an, indem Sie den entsprechenden Button verwenden. Sobald Sie der Aktion einen Namen gegeben und die Dialogbox geschlossen haben, startet Illustrator die Aufzeichnung. Setzen Sie im Werkzeugbedienfeld das Kontur-Feld auf Ohne. Anschließend holen Sie wieder das Fläche-Feld in den Fokus.

3 Menübefehl einfügen: Konvertieren
Im ersten Schritt wird der Dokumentfarbmodus konvertiert. Dieser Befehl wird nicht aufgezeichnet, wenn Sie ihn einfach auswählen. Stattdessen rufen Sie im Menü des Aktionen-Bedienfeldes Menübefehl einfügen auf. Wählen Sie dann den Befehl einfach aus dem Menü. Das ist möglich, obwohl die modale Dialogbox offen ist. Bestätigen Sie mit OK.

4 Hilfsobjekt erzeugen
Um alle Objekte einer bestimmten Farbe aufrufen zu können, benötigen Sie Hilfsobjekte. Zeichnen Sie einen Kreis mit dem Ellipse-Werkzeug, und geben Sie diesem mithilfe des Farbe-Bedienfeldes eine der Farben, die Sie sich in Schritt 1 notiert haben. Dann rufen Sie das Attribute-Bedienfeld auf und tragen einen Namen in das Notizfeld ein. Bestätigen Sie mit Enter – achten Sie im Aktionen-Bedienfeld darauf, dass dieser Schritt eingetragen wird. Den Namen notieren Sie sich.

5 Gleiche Objekte auswählen und umfärben
Wählen Sie jetzt alle Objekte aus, die diese Farbe als Fläche besitzen, indem Sie Auswahl • Gleich • Flächenfarbe aufrufen. Gehen Sie in das Farbe-Bedienfeld, und ändern Sie dort die Farbdefinition auf die gewünschten Werte. Achtung: Sie müssen unter Umständen einige Werte mehrmals eintragen oder mit den Reglern einstellen, da die Anzeigen zurückspringen.

6 Farbfeld erzeugen

Während die Objekte noch aktiviert sind, klicken Sie im Farbfelder-Bedienfeld auf den Button NEUES FARBFELD. Die eben eingegebene Farbdefinition ist eingefügt. Bestätigen Sie das Farbfeld. Die Objekte können Sie nun deaktivieren, z. B. indem Sie mit dem Auswahl-Werkzeug auf die Zeichenfläche klicken. Die Option GLOBAL können Sie in der Aktion setzen, sie wird jedoch beim Abspielen der Aktion oder in einer Stapelverarbeitung nicht ausgeführt.

7 Weitere Farben nacheinander ändern

Wenn Sie weitere Farben ändern wollen, führen Sie die Schritte 4–6 jeweils mit diesen Farben durch.

▲ Abbildung 22.37
Erzeugen eines Farbfeldes

8 Objekt auswählen: Hilfsobjekte löschen

Jetzt werden die Hilfsobjekte gelöscht. Dazu müssen Sie diese zunächst auswählen. Rufen Sie OBJEKT AUSWÄHLEN aus dem Menü des Aktionen-Bedienfeldes auf, und tragen Sie den Namen aus Schritt 4 in das Eingabefeld ein. Anschließend entfernen Sie das Objekt mit der Löschtaste. Wiederholen Sie diesen Schritt mit den anderen Hilfsobjekten.

9 Speichern und schließen

Abschließend speichern Sie das Dokument als AI. Wählen Sie DATEI • SPEICHERN. Schließen Sie die Datei.

Beenden Sie die Aufzeichnung mit einem Klick auf AUFZEICHNUNG BEENDEN im Aktionen-Bedienfeld.

▲ Abbildung 22.38
Objekt auswählen

10 Stapelverarbeitung

Kopieren Sie die Daten von der DVD in ein Verzeichnis auf Ihrer Festplatte.

Anschließend rufen Sie STAPELVERARBEITUNG… aus dem Menü des Aktionen-Bedienfeldes auf – diesen Befehl können Sie ohne ein geöffnetes Illustrator-Dokument ausführen.

Wählen Sie den neu erstellten Satz und die darin abgelegte Aktion aus. Als Quelle bestimmen Sie den eben erstellten Ordner mit den Kopien der Dokumente von der DVD.

Die Aktion enthält keinen Öffnen-Befehl, daher bleibt die Option ÖFFNEN IN AKTIONEN ÜBERSCHREIBEN deaktiviert.

Als Ziel wählen Sie SPEICHERN UND SCHLIESSEN.

Fehler sollten Sie in eine Datei schreiben lassen, da es anderenfalls nicht möglich ist, die Aktion unbeaufsichtigt ablaufen zu lassen. Bestimmen Sie einen Speicherort und Namen für die Fehlerdatei.

▲ Abbildung 22.39
Optionen für die STAPELVERARBEITUNG

▲ **Abbildung 22.40**
Datei-Icons AppleScript, ExtendScript

Benötigte Software

Für die Anwendung von Skripten müssen in Ihrem Betriebssystem die entsprechenden »Engines« installiert sein.
Möchten Sie selbst Skripte in den Sprachen VBScript und AppleScript programmieren, benötigen Sie darüber hinaus einen entsprechenden Editor sowie gegebenenfalls einen Debugger, falls Sie Skripte schreiben, die komplexere Bedingungen auswerten.

Abbildung 22.41 ▶
Zufallsbasierte Skripte generieren Bäume oder Tänzer, füllen Formen mit Punkten und weisen den erzeugten Punkten Farbfelder zu (Skripte von Sato Hiroyuki, Jongware, John Wundes).

Handbuch ESTK

Die Bedienungsanleitung für das ExtendScript Toolkit – »JavaScript Tools Guide.pdf« – liegt (in englischer Sprache) im ESTK-Programmordner im Verzeichnis SDK.

22.3 JavaScript & Co.

Mit AppleScript bzw. VBScript (Visual Basic Script) oder mit JavaScript können Sie Illustrator darüber hinaus programmieren. Die Skriptfähigkeit bietet nicht nur Automatisierungspotenzial, sondern auch Möglichkeiten für den kreativen Einsatz.

Skripte bieten Ihnen wie Aktionen eine Möglichkeit, wiederkehrende Aufgaben zu automatisieren. Sie stellen Ihnen jedoch erweiterte Funktionen zur Verfügung, denn anders als bei Aktionen sind Sie nicht nur auf die Optionen angewiesen, die Ihnen die Benutzeroberfläche mit ihren Werkzeugen, Menüs und Dialogboxen bietet.

Skripte können Informationen und Zustände direkt aus dem Programm und dem Dokument abfragen und damit anhand von Bedingungen Befehle auf eine bestimmte Art ausführen.

Da Skripte nicht über den Umweg der Benutzeroberfläche abgespielt werden, sind sie schneller auszuführen als Aktionen –, und mithilfe von Skripten sind Sie in der Lage, die Funktionalität anderer Programme in die Abläufe einzubinden, z. B. Inhalte aus Datenbanken abzufragen und in Textobjekten einzusetzen.

Um Skripte in den Sprachen AppleScript, VBScript und JavaScript zu schreiben, müssen Sie kein Informatiker sein – etwas Einarbeitung ist natürlich trotz allem nötig.

JavaScript/ExtendScript | Die wegen ihrer Plattformunabhängigkeit am weitesten verbreitete Skriptsprache für Illustrator ist JavaScript. Das in Adobe-Software implementierte JavaScript – genannt »ExtendScript« – besitzt einen erweiterten Sprachumfang sowie zusätzliche Funktionen und Dienste. Zum Entwickeln und Debuggen von ExtendScripts steht das ExtendScript Toolkit (ESTK) zur Verfügung, Sie finden es unter Programme/Dienstprogramme/Adobe Utilities – CS6 (Mac OS) bzw. Program Files\Adobe\Adobe Utilities CS6\ExtendScript Toolkit CS6 (Windows). JavaScripts können jedoch auch mit einem einfachen Texteditor erstellt, bearbeitet und gespeichert werden. JavaScripts für Illustrator sollten mit der Endung .jsx gespeichert werden – diese Dateiendung kennzeichnet ExtendScripts.

◀ Abbildung 22.42
Textbearbeitungsskripte können etliche Defizite von Illustrator ausgleichen (Skripte von Nathaniel Kelso, John Wundes).

Sicherheit | JavaScript kann – ebenso wie AppleScript oder VBScript – Dokumente im Dateisystem Ihres Computers erstellen, öffnen oder löschen. Wenn Sie auf einer Website JavaScripts bewusst oder unbewusst durch den Browser ausführen lassen, geschieht dies in einer Sandbox, d.h., der Browser gewährt dem Code nur Zugriff auf die Objekte innerhalb des Browsers. Dies ist in Illustrator nicht der Fall – häufig ist das Lesen und Schreiben von Dateien durch Skripte ja ausdrücklich erwünscht. Es bedeutet jedoch, dass Sie Skripte aus nicht vertrauenswürdigen Quellen mit Vorsicht behandeln sollten.

Scripting-Handbücher

Die Handbücher zum Skripten von Illustrator sowie die Referenz der Sprachelemente finden Sie für alle drei Skriptsprachen unter *www.adobe.com/devnet/illustrator/scripting.html*

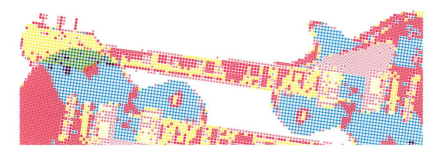

◀ Abbildung 22.43
Mithilfe von Skripten können Pfade durch andere Objekte (in diesem Fall einfache, farbige, geometrische Formen) ersetzt werden (Skript von Nathaniel Kelso).

22.3.1 JavaScripts laden, installieren und anwenden

Einige Beispielskripte – getrennt nach den Skriptsprachen JavaScript und AppleScript bzw. VBScript – finden Sie im Programmordner im Verzeichnis SCRIPTING. Weitere können Sie auf Adobe Exchange herunterladen. Darüber hinaus betreiben viele Autoren eigene Websites, auf denen sie ihre Skripte meist kostenlos als .jsx-Dateien zum Download bereitstellen.

Auch in Online-Foren, wie z.B. dem Adobe-User-to-User-Forum, werden häufig komplette Skripte oder Skript-Snippets angeboten. Diese liegen in der Regel als Text auf einer Webseite. Den entsprechenden Text kopieren Sie und fügen ihn entweder in einer neuen Datei im ESTK

Adobe Exchange

Den Einstieg in Adobe Exchange finden Sie unter *www.adobe.com/de/exchange/*. In der Liste der Programme klicken Sie auf ILLUSTRATOR.

User-to-User-Forum

Das allgemeine Illustrator-Forum finden Sie unter *http://forums.adobe.com/community/illustrator/illustrator_general*, das Illustrator-Scripting-Forum unter *http://forums.adobe.com/community/illustrator/illustrator_scripting*.

oder in einem Texteditor wie Notepad oder Textedit ein. Diese Datei muss dann gespeichert werden – im Texteditor achten Sie darauf, dass Sie reinen Text mit der Dateiendung .jsx speichern.

Abbildung 22.44 ▶
Skripte runden Ecken besser als Illustrators Effekt, erzeugen Kreise mit beliebig vielen Ankerpunkten sowie Metaballs und archimedische Spiralen und generieren Tangenten zwischen Objekten und Punkten (Skripte von Sato Hiroyuki).

Ich kann aber nicht skripten!

Skripte müssen Sie nicht selbst programmieren. Viele Illustrator-Anwender stellen ihre Skripte kostenlos zur Verfügung, und so gibt es bereits Dutzende überaus nützlicher Skripte. Links zu nützlichen Skripten finden Sie unter *www.vektorgarten.de/tipps-illustrator-scripting.html*

Sinnvolle Skripte | Wie sinnvoll ein Skript ist, bestimmt Ihr spezieller Workflow. Einige Bereiche von Illustrator besitzen jedoch programmseitig einige Schwächen, sodass ihr Ausbau durch Skripte generell sinnvoll ist.

▶ **Text**: Verschiedene Skripte erleichtern das Umwandeln von Punkt- in Flächentext (und zurück), fügen viele Punkttextobjekte zusammen oder wechseln die Textausrichtung, ohne die Position zu verschieben.

▶ **Geometrie**: Skripte helfen, bestimmte geometrische Formen zu erstellen (z. B. archimedische Spiralen, Metaballs, Umkreise, Kreise mit einer definierten Anzahl von Punkten) oder führen bestimmte geometrische Funktionen besser aus, wie etwa das Halbieren von Pfadsegmenten.

▶ **Ersetzen**: Skripte können Objekte durch andere Objekte ersetzen.

▶ **Auswählen**: Auch das Auswählen von Objekten kann durch Skripte um einige Kriterien erweitert werden, z. B. offene Pfade, gestrichelte Pfade, Textobjekte nach Inhalt.

▶ **Zufallsfunktionen**: Da Skripte Berechnungen durchführen können, sind verschiedene auf Zufall beruhende Operationen möglich: Zuweisen von Farbfeldern, Transformationen, Füllen von Flächen mit Punkten unterschiedlicher Größe oder generatives Wachstum.

Anzahl der Unterordner

Die bisherige Obergrenze von 50 Unterordnern im Skripten-Ordner wurde aufgehoben.

Skripte installieren | Legen Sie die Skriptdateien jeweils in den Ordner ADOBE ILLUSTRATOR CS6\VORGABEN\SKRIPTEN. Im Skripten-Ordner können Sie weitere Unterordner anlegen, um Ihre Skripte zu kategorisieren. Im Skripten-Ordner gespeicherte Skripte rufen Sie aus dem Untermenü von DATEI • SKRIPTEN auf. Skripte, die nicht in den Vorgabenordner installiert wurden, können Sie über den Befehl DATEI • SKRIPTEN • ANDERES SKRIPT – ⌘/Strg+F12 – aufrufen. Dank des Kurzbefehls ist es manchmal sogar praktischer, Skripte über ANDERES SKRIPT aufzurufen, als sie im Menü zu suchen.

In welchem Zusammenhang und unter welchen Bedingungen das jeweilige Skript aufgerufen werden kann, sollten Sie der Dokumentation entnehmen.

Sicherer Ordner | Skripte können auch außerhalb von Illustrator ausgelöst werden, z. B. durch Kurzbefehle, die Sie im Betriebssystem bzw. in entsprechenden Dienstprogrammen anlegen. Damit diese Skripte ohne Unterbrechung ausgeführt werden, müssen sie in einem »sicheren Ordner« liegen. Diese Ordner definieren Sie im ExtendScript Toolkit unter VOREINSTELLUNGEN • FAVORITEN.

▲ **Abbildung 22.45**
Einstellen des »sicheren Ordners« in ExtendScript Toolkit

> **Checkliste: Entscheidungsfindung in Sachen Skripte**
>
> Der Einsatz von Skripten lohnt nicht immer, und ihre Erstellung kann sehr aufwendig sein. Manche Aufgaben lösen Sie schneller und einfacher auf andere Art.
>
> **Einmalige Aufgaben |** Ist eine Aufgabe zwar langweilig, aber nur einmalig auszuführen, und ist es außerdem möglich, sie mit Illustrators Funktionen zu erledigen, führen Sie diese einfach aus.
>
> **Stapelverarbeitungen |** Viele Routine-Aufgaben können Sie mit Aktionen und der Stapelverarbeitung automatisieren. Für diese Fälle müssen Sie ebenfalls nicht skripten.
>
> **Daten einlesen |** Für das Einlesen von Werten aus Datenbanken ist eigentlich die Variablenfunktion gedacht. Sie ist jedoch umständlich. Daher überlegen Sie den Einsatz der Funktion DATENZUSAMMENFÜHRUNG in InDesign zu diesem Zweck, und platzieren Sie die Illustrator-Datei darin.
>
> **Skripte |** Skripte sind nötig, wenn sich Aufgaben nicht mit Illustrator-Funktionen automatisieren lassen, wenn neue Objekte erzeugt, Werte (für Transformationen und andere Eingaben) berechnet oder aufgrund von Bedingungen gesetzt werden sollen.
>
> **Skripte finden |** Im Programmordner finden Sie einige Beispielskripte sowie Skripte für typische Aufgaben, die in Illustrator mit eigenen Mitteln nicht zu lösen sind. Viele weitere Skripte finden Sie im Web, z. B. bei Adobe Exchange.
>
> **Skripte selbst schreiben |** Hier ist die wichtigste Entscheidung die der verwendeten Sprache. Da JavaScript plattformübergreifend ist, finden Sie in dieser Sprache sowohl die meisten Beispiele als auch die umfangreichere Unterstützung durch Dokumentation, Tutorials und Ratschläge in Onlineforen.
>
> **Skripte und Aktionen |** Leider ist es nicht möglich, Skripte dauerhaft innerhalb von Aktionen zu speichern. Beim nächsten Programmstart funktionieren die Skriptaufrufe nicht mehr. Es kann bei umfangreichen Stapelverarbeitungen dennoch lohnen, den Skriptaufruf für die Ausführung der Aktion neu aufzunehmen. Darüber hinaus können Sie aus dem Betriebssystem heraus JavaScripts ausführen, sofern sie im »sicheren Ordner« liegen. Auf dem Mac benötigen Sie dazu Zusatzsoftware, wie z. B. QuickKeys.

Kapitel 22 Personalisieren und erweitern

▲ **Abbildung 22.46**
Icon Adobe AIR

Weitere Informationen
Die Dokumentation und die Entwicklungswerkzeuge finden Sie unter *www.adobe.com/devnet/ creativesuite.html*.

22.3.2 Creative Suite Extensions mit Flash/Flex

Die Creative Suite CS6 besitzt eine Infrastruktur für Erweiterungen, die aus einer Kombination aus Flash, Flex, ActionScript und ExtendScript besteht. Extensions für die Creative Suite werden im Framework Flex sowie im CS Extension Builder entwickelt und entwickelt als SWF-Datei ausgeliefert und können im Menü unter Fenster • Erweiterungen aufgerufen werden. Ein Beispiel für eine solche Extension ist Adobe Kuler.

Da Flex eine JavaScript-ähnliche Syntax besitzt, ist ein Einstieg in diese Art der Programmierung einfacher als das Erstellen von Plug-ins. Dennoch handelt es sich hier um eine mächtige Programmierumgebung, die sogar eine Zwei-Wege-Kommunikation mit mehreren Programmen zulässt.

▲ **Abbildung 22.47**
Variablen-Bedienfeld: ❶ Aus den eingerichteten Variablen einen Datensatz erstellen, ❷ Datensatz aus der geladenen Tabelle auswählen, ❸ durch Datensätze navigieren, ❹ Variablentyp, ❺ Inhalt

22.4 Variablen

Textinhalte, Diagrammdaten, Bildverknüpfungen sowie die Eigenschaft »Sichtbarkeit« lassen sich mit Datentabellen verknüpfen und von diesen steuern.

Illustrator verwendet den Standard XML als Basis für die Variablenbibliotheken. So können Sie eine Anbindung an viele Datenbanken realisieren, und die XML-Dokumente lassen sich mit einem beliebigen einfachen Texteditor öffnen und bearbeiten.

22.4.1 Variablen mit dem Bedienfeld verwalten

Um die Variablen zu verwalten und z. B. nachträglich Veränderungen an den Variablen oder ihrer Zuweisung zu den Objekten vorzunehmen, verwenden Sie das Variablen-Bedienfeld. Das Bedienfeld rufen Sie unter Fenster • Variablen auf, im Dock besitzt es das Symbol.

Variablen anlegen | Sie haben zwei Möglichkeiten, Variablen anzulegen: aus bestehenden Objekten oder ohne Objektbezug:

▶ Variablen aus bestehenden Objekten: Aktivieren Sie ein Objekt, und wählen Sie aus dem Menü des Variablen-Bedienfeldes Objekt, Text, Diagramm oder Verknüpfte Datei bzw. Sichtbarkeit dynamisch machen.

▶ Variable ohne Objektbezug: Um eine Variable ohne Objektbezug anzulegen, wählen Sie den Eintrag Neue Variable aus dem Bedienfeldmenü. Sie können in der Dialogbox Variablenoptionen einen Typ angeben oder die Option (Kein Typ) bestehen lassen. In diesem Fall

▲ **Abbildung 22.48**
Wenn Sie den Befehl Neue Variable aus dem Bedienfeldmenü aufrufen, erscheint die Dialogbox Variablenoptionen.

wird der Typ der Variable durch das erste Objekt bestimmt, mit dem Sie die Variable verknüpfen.
In der Variablenliste wird eine unbestimmte Variable durch das Symbol ∅ gekennzeichnet.

Variable verknüpfen | Um eine bestehende Variable mit einem Objekt zu verknüpfen, aktivieren Sie die Variable in der Liste des Bedienfeldes sowie das Objekt auf der Zeichenfläche und wählen Objekt, Text, Diagramm, Verknüpfte Datei bzw. Sichtbarkeit dynamisch machen aus dem Bedienfeldmenü oder klicken auf den entsprechenden Button. Ein Objekt kann mit mehreren Variablen verknüpft sein.

◄ **Abbildung 22.49**
Eine »freie« Variable mit einem Objekt verknüpfen

So können Sie z. B. den Text eines Objekts durch eine Text-Variable und seine Sichtbarkeit durch eine Sichtbarkeits-Variable steuern.

Variablentyp ändern | Der Variablentyp wird in der Liste der Variablen durch Symbole gekennzeichnet. Möchten Sie den Typ im Nachhinein ändern, doppelklicken Sie auf den Eintrag der betreffenden Variable, und wählen Sie einen anderen Typ aus dem Aufklappmenü in der Dialogbox Variablenoptionen. Ist ein Objekt mit der Variable verknüpft, wird diese Verbindung gekappt.

▲ **Abbildung 22.50**
Variablentypen (von oben): (kein Typ), Sichtbarkeit, Textstring, Verknüpfte Datei, Diagrammdaten

Verknüpfte Objekte finden | Wenn Sie viele Objekte in Ihrer Datei haben und nicht mehr wissen, welches Objekt einer bestimmten Variable zugeordnet ist, aktivieren Sie die Variable in der Liste, und wählen Sie den Befehl Gebundenes Objekt auswählen. Schneller geht es, wenn Sie mit gedrückter ⌥/Alt-Taste auf den Eintrag im Variablen-Bedienfeld klicken.

Möchten Sie dagegen wissen, welche Objekte überhaupt dynamisch gesteuert werden, wählen Sie den Befehl Alle gebundenen Objekte auswählen aus dem Bedienfeldmenü.

Variable löschen | Um eine Variable zu löschen, aktivieren Sie ihren Eintrag in der Liste, und klicken Sie den Löschen-Button an oder wählen Variable löschen aus dem Bedienfeldmenü. War die Variable an ein Objekt gebunden, ist das Objekt anschließend statisch.

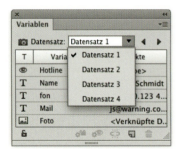

▲ **Abbildung 22.51**
Datensatz auswählen

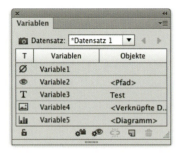

▲ **Abbildung 22.52**
Geänderter Datensatz

```
<variableSets xmlns="&ns_vars;">
   <variableSet locked="none" varSetName="bindin
      <variables>
         <variable category="&ns_vars;" trait="visit
         <variable category="&ns_flows;" trait="tex
         <variable category="&ns_flows;" trait="tex
         <variable category="&ns_flows;" trait="tex
         <variable category="&ns_vars;" trait="filer
      </variables>
      <v:sampleDataSets xmlns:v="&ns_vars;" xml
         <v:sampleDataSet dataSetName="Datensa
            <Hotline>true</Hotline>
            <Name>
               <p>Petra Müller</p>
            </Name>
            <Fon>
               <p>fon 010.123 44 55</p>
            </Fon>
            <Mail>
               <p>pm@waming.com</p>
            </Mail>
            <Foto>file:////Volumes/6_Giga_3/Illu-Bu
         </v:sampleDataSet>
      </v:sampleDataSets>
   </variableSet>
</variableSets>
```

▲ **Abbildung 22.53**
Illustrator-Datensatz in einer XML-Datei

Verknüpfung aufheben | Soll ein Objekt nicht mehr dynamisch sein, die Variable aber bestehen bleiben, wählen Sie entweder das Objekt auf der Zeichenfläche oder die Variable aus und rufen den Befehl VARIABLENBINDUNG LÖSEN auf.

22.4.2 Datensatz erfassen

Ein Datensatz ist eine Zusammenstellung aller definierten Variablen und der darin enthaltenen Daten, die den Status der dynamischen Objekte auf der Zeichenfläche zum Zeitpunkt der Erfassung repräsentieren.

Den Datensatz erfassen Sie mit dem gleichnamigen Befehl aus dem Bedienfeldmenü oder durch einen Klick auf den Kamera-Button. Der Datensatz wird im Aufklappmenü des Variablen-Bedienfeldes aufgeführt – die Bezeichnung erfolgt automatisch in der Form »DATENSATZ [NUMMER]«. Um dem angezeigten Datensatz einen anderen Namen zu geben, rufen Sie den Befehl DATENSATZ UMBENENNEN auf.

Datensatz aktualisieren | Auch nach dem Erstellen des Datensatzes können Sie selbstverständlich auf der Zeichenfläche bzw. mit dem Ebenen- oder dem Verknüpfungen-Bedienfeld Änderungen an dynamischen Objekten durchführen. Wenn sich der Zustand dynamischer Objekte auf der Zeichenfläche von dem im Datensatz gespeicherten Status unterscheidet, wird vor dem Namen des Datensatzes im Bedienfeld ein Asterisk * eingeblendet.

Anschließend können Sie den DATENSATZ AKTUALISIEREN, um die Änderungen darin aufzunehmen. Alternativ erstellen Sie einen neuen Datensatz mit dem Befehl DATENSATZ ERFASSEN. Diese Methode der aufeinanderfolgenden »Momentaufnahmen« können Sie als Alternative zum Editieren der aus den Datensätzen generierten XML-Datei anwenden.

Zwischen mehreren Datensätzen wechseln Sie, indem Sie den gewünschten Datensatz aus dem Menü im Variablen-Bedienfeld aufrufen. Die Textinhalte werden in die Textvariablen eingefügt, die Sichtbarkeit der Elemente wird umgestellt, und die passenden verknüpften Dokumente werden geladen.

Datensatz speichern | Wenn Sie die Datensätze in einer externen Applikation, z. B. einer Datenbank, weiterbearbeiten möchten, müssen Sie eine XML-Datei erstellen. Wählen Sie VARIABLEN-BIBLIOTHEK SPEICHERN… aus dem Bedienfeldmenü. Auf der Festplatte gespeicherte XML-Dokumente können Sie natürlich auch wieder in die Illustrator-Datei laden, wählen Sie VARIABLEN-BIBLIOTHEK LADEN…

Datensatz löschen | Soll ein kompletter Datensatz gelöscht werden, wählen Sie ihn im Datensatz-Aufklappmenü aus, und rufen Sie Datensatz löschen aus dem Bedienfeldmenü auf.

22.4.3 Variablen sperren/entsperren

Änderungen an den Variablen können Sie verhindern, indem Sie sie durch einen Klick auf das Schlosssymbol 🔒 sperren. Damit können Sie keine Variablen mehr hinzufügen oder löschen, und auch das Bearbeiten des Variablennamens oder des Typs ist nicht möglich. Dies ist z. B. dann praktisch, wenn Ihre Kollegen bereits an der Datenbankstruktur zur Erstellung der Variableninhalte arbeiten, während Sie noch parallel das Layout feinjustieren. Von der Fixierung nicht beeinflusst wird aber die Möglichkeit, dynamische Objekte zu editieren, Datensätze zu bearbeiten sowie Objekte mit Variablen zu verknüpfen.

Möchten Sie die Fixierung wieder lösen, klicken Sie erneut auf das Schlosssymbol 🔒.

▲ **Abbildung 22.54**
Mit einem Klick auf das Schloss lassen sich die Variablen fixieren.

22.5 Erweitern

Für Illustrator wird von verschiedenen Herstellern eine ganze Reihe von Plug-ins angeboten. Neben etlichen praktischen Ergänzungen, wie etwa der Verbesserung der Pfadbearbeitung, dem Hinzufügen von Bildbearbeitungsfunktionen oder der Generierung von Mustern, gibt es auch Lösungen für Spezialanwendungen, z. B. zusätzliche Funktionen aus dem CAD-Bereich (einige Plug-ins werden in Kapitel 26 vorgestellt).

▲ **Abbildung 22.55**
Datei-Icon Plug-In

22.5.1 Plug-ins installieren

Viele Plug-ins werden mit einem Installer ausgeliefert. Zeigen Sie diesem den Programm- oder Plug-in-Ordner, erfolgt die Installation aller benötigten Module automatisch.

Bei einer manuellen Installation kopieren oder verschieben Sie die Plug-ins sowie notwendige Setup-Dateien in den Ordner Adobe Illustrator CS6\Zusatzmodule\Illustrator-Filter, seltener auch in den Ordner Adobe Illustrator CS6\Zusatzmodule\Erweiterungen. Photoshop-Filter installieren Sie in Adobe Illustrator CS6\Zusatzmodule\Photoshop-Filter.

Beachten Sie jeweils die Dokumentation des Herstellers.

> **Wo sind die Filter?**
>
> Plug-ins, die als Filter auf Objekte angewendet werden, finden Sie im Untermenü in Objekt • Filter.

▲ Abbildung 22.56
Das Adobe-Exchange-Bedienfeld

Mit Adobe Exchange installieren | Viele freie und kostenpflichtige Ressourcen stehen im Portal Adobe Exchange zur Verfügung. Installiert werden sie über das Bedienfeld unter FENSTER • ERWEITERUNGEN • ADOBE EXCHANGE. Sie können direkt im Bedienfeld suchen und nach Eingabe Ihrer Adobe ID auch installieren.

22.5.2 Plug-ins programmieren

Plug-ins werden in höheren Programmiersprachen für eine bestimmte Plattform als in sich abgeschlossener Code geschrieben, der von Illustrator aufgerufen wird.

Möchten Sie selbst Zusatzmodule programmieren, um Illustrators Funktionalität zu erweitern, so benötigen Sie Adobes Software Development Kits (SDK), die Sie samt Dokumentation auf der Adobe-Website unter *www.adobe.com/devnet/illustrator.html* herunterladen können.

Checkliste: Entscheidungsfindung in Sachen Plug-ins

Nur die wenigsten Plug-ins sind kostenlos. Ob Sie die zusätzlichen Mittel für ein Plug-in investieren, können Sie u.a. anhand der folgenden Kriterien entscheiden.

Nutzengewinn | Die meisten Plug-ins können Sie in einem überschaubaren Zeitraum testen und dabei prüfen, ob Ihnen die Funktionen einen Gewinn an Effizienz oder kreativen Möglichkeiten geben. Testen Sie Plug-ins möglichst in Ihrem Workflow, aber an Kopien Ihrer Daten.

Entbehrlichkeit | Manche Plug-ins erhöhen nur die Werkzeugvielfalt, nach dem Bearbeiten der Objekte sind es jedoch weiterhin normale Pfade. Andere Plug-ins erzeugen Live-Eigenschaften, die beim erneuten Öffnen der Datei jedoch nur bearbeitet werden können, wenn das Plug-in weiterhin vorhanden ist. Dies hat Folgen für Kooperationen mit Anwendern, die das Plug-in nicht einsetzen, oder im Fall von Programmupdates, denn Sie müssen immer auf das Plug-in warten. Achten Sie darauf, was mit den bearbeiteten Objekten geschieht, wenn das Plug-in nicht vorhanden ist: Werden sie umgewandelt, sind sie weiterhin sinnvoll nutzbar, spielt es für Ihren Workflow eine Rolle, ob die Objekte umgewandelt werden, sind andere Elemente in der Datei ohne Plug-in nutzbar?

Alternativen | Recherchieren Sie alternative Arbeitsweisen und alternative Plug-ins, und werten Sie diese ebenfalls aus.

Support | Kommen Sie mit dem Plug-in gut zurecht, und wie ist der Support, wenn es Probleme gibt?

Nachhaltigkeit | Natürlich kann von heute auf morgen sehr viel passieren, und selbst große Firmen können aufhören zu existieren, oder Produkte können eingestellt werden. Aber je höher die Investitionskosten für ein Plug-in sind, je wichtiger sein Fortbestand für Ihre Arbeit und je mehr Alternativen es gibt, desto eher spielt auch die Überlegung eine Rolle, wie es wohl in der Zukunft mit Updates und Support aussieht.

Kapitel 23
Von FreeHand zu Illustrator

Als geübtem FreeHand-Benutzer sollte Ihnen der Umstieg auf Illustrator nicht allzu schwer fallen, arbeiten doch beide Programme mit Bézierkurven, verwenden eine ähnliche Terminologie sowie vergleichbare Werkzeuge und Funktionen. Dennoch gibt es kleine, aber entscheidende Unterschiede, die den gewohnten Arbeitsablauf anfangs etwas bremsen können. Gerade die ähnlichen Funktionen und Bezeichnungen verleiten dazu, gewohnte Arbeitsweisen direkt zu übertragen – selbst dort, wo die Übertragung nicht möglich ist.

In den folgenden Abschnitten analysieren wir die Unterschiede zwischen den Arbeitsweisen beider Programme, damit Sie die Funktionsweisen nachvollziehen können. Lassen Sie sich nicht entmutigen, wenn es am Anfang nicht so klappt, wie gedacht, und wenn Illustrator Ihnen als FreeHand-Anwender viel zu umständlich vorkommt.

23.1 Die Arbeitsumgebung einrichten

23.1.1 Dokumentprofil und Dokumentfarbmodus

Ebenso wie die Dokumente von FreeHand basieren auch die von Illustrator auf allgemeinen Musterdateien – DOKUMENTPROFILE genannt (s. Abschnitt 4.1.1 und 22.1.3). Diese können Farbfelder, Pinsel, Symbole und Grafikstile sowie Mustervorlagen für Diagramme enthalten.

Während Sie in einer FreeHand-Datei RGB- und CMYK-Farben nebeneinander anlegen und verwenden können, lässt Illustrator nur einen Farbmodus je Datei zu: RGB oder CMYK. Beim Erstellen eines neuen Dokuments müssen Sie sich entscheiden, in welchem Dokumentfarbmodus Sie arbeiten möchten. Lassen Sie sich nicht davon verwirren, dass Sie beim Anlegen eines Farbfeldes oder Definieren einer Farbe die Wahl haben, dies in den unterschiedlichsten Farbmodellen durchzufüh-

Begriffsvergleich

Am Ende des Kapitels finden Sie eine Tabelle mit äquivalenten Funktionen der beiden Programme.

Projektbasierte Vorlagen

Anstatt die allgemeinen Musterdateien anzupassen, können Sie auch in Illustrator Vorlagen für verschiedene Projekte speichern und neue Dateien auf diesen basierend anlegen.

> **Bedienfeldmenü aufrufen**
>
> Mit einem Klick auf den Reiter rechts oben in einem Bedienfeld öffnen Sie dessen Bedienfeldmenü. Diese Menüs enthalten bei etlichen Bedienfeldern wichtige Bearbeitungsfunktionen, so z. B. die Stapelverarbeitung im Aktionen-Bedienfeld.
> Viele Bedienfelder zeigen nicht automatisch alle Einstellungen. Rufen Sie daher immer den Befehl OPTIONEN EINBLENDEN auf.

ren – die Farben werden sofort in den Dokumentfarbmodus konvertiert. Den Dokumentfarbmodus können Sie zu einem späteren Zeitpunkt wechseln. Dabei werden jedoch die Farbdefinitionen entsprechend der eingestellten Farbprofile und der Umwandlungsmethode konvertiert, wie es auch in der Bildbearbeitung bei einem Moduswechsel passiert.

23.1.2 Farbmanagement

Illustrator besitzt umfangreiche Farbmanagement-Optionen unter BEARBEITEN • FARBEINSTELLUNGEN bzw. – wenn Sie die Creative Suite einsetzen – einheitlich für alle zugehörigen Applikationen in Adobe Bridge (s. Abschnitt 8.2.2).

Im Farbmanagement richten Sie wie in Photoshop die Arbeitsfarbräume für RGB und CMYK ein und legen die Richtlinien für die Konvertierung zwischen Farbräumen fest. Bei jedem Öffnen und Platzieren von Dateien vergleicht Illustrator die verwendeten Profile und führt je nach Einstellung gegebenenfalls Transformationen durch. Die numerischen Farbdefinitionen können Sie jedoch bei Transformationen zwischen zwei verschiedenen CYMK-Farbräumen schützen.

Das Farbmanagement ist **aktiviert** und kann Einfluss auf Ihre Arbeit haben, daher sollten Sie unbedingt die für Ihren Bedarf relevanten Voreinstellungen vornehmen.

▲ Abbildung 23.1
Mit ctrl+Klick bzw. Rechtsklick auf das Lineal rufen Sie ein Menü auf, in dem Sie die Einheit wählen können.

23.1.3 Hilfslinien

Anders als in FreeHand werden Hilfslinien in Illustrator jeweils der Ebene zugeordnet, auf der Sie arbeiten, während Sie die Hilfslinie erstellen. Hilfslinien können entweder auf eine Zeichenfläche begrenzt sein, über die gesamte Montagefläche reichen oder komplett außerhalb einer Zeichenfläche liegen.

Wie gewohnt, ziehen Sie Hilfslinien aus den Seitenlinealen. Drücken Sie dabei ⇧, rastet die Hilfslinie an den Linealeinheiten ein. Um eine Hilfslinie genau zu positionieren, wählen Sie sie per Mausklick aus und geben die Koordinaten im Transformieren- oder Steuerungsbedienfeld ein. In Illustrator gibt es keinen Hilfslinien-Editor, in dem Sie an einer Stelle auf die Positionen aller Hilfslinien zugreifen können.

Eine Hilfslinie für eine Zeichenfläche legen Sie im »Zeichenflächenmodus« an (s. Abschnitt 4.3.1). Die Hilfslinie passt sich leider nicht an, wenn Sie die Größe einer Zeichenfläche später ändern.

Wenn Sie ANSICHT • INTELLIGENTE HILFSLINIEN aktivieren, funktionieren alle Objekte als Hilfslinien. Andere Objekte und Punkte können dann daran einrasten.

> **Maßstab ändern**
>
> Einen eigenen Maßstab können Sie für die Hilfslinien und das Dokumentraster nicht definieren. Wenn Sie z. B. für Messebau oder Beschilderung in größeren Dimensionen arbeiten, als Illustrator verwalten kann, müssen Sie die maßstabsgetreuen Umrechnungen selbst vornehmen, oder Sie nutzen ein Plug-in wie CADtools.

23.1.4 Die Werte sind ungenau

Aus FreeHand sind Sie eine Genauigkeit von vier Stellen hinter dem Komma gewohnt. Anfangs sind Sie eventuell verunsichert, wenn Sie einen genauen Wert eingeben, diesen aber anschließend nicht im Eingabefeld wiederfinden. Für die Anzeige der Werte rundet Illustrator auf drei Stellen, führt aber eine eingegebene Positionierung oder Größenangabe dennoch genauer aus.

Für weitere Berechnungen zu einem späteren Zeitpunkt werden allerdings die dreistelligen Angaben aus den Dialogfeldern verwendet.

Je nach Voreinstellung werden bei Größenangaben im Steuerungs- oder Transformieren-Bedienfeld auch Konturstärken hinzugerechnet. Deaktivieren Sie die Option VORSCHAUBEGRENZUNGEN VERWENDEN in den Voreinstellungen, wenn Sie nur die Objektmaße sehen wollen.

Ungenaue Messbeschriftungen

Die Messbeschriftungen der intelligenten Hilfslinien (z. B. beim Aufziehen von Formen mit dem Rechteck- oder Ellipse-Werkzeug) sind dagegen tatsächlich ungenau.

23.1.5 Arbeit sparen durch Automatisierung

In Illustrator können Sie wie in Photoshop Aktionen erstellen. Darüber hinaus ist Illustrator skriptfähig: unter Windows mit VBScript, am Mac mit AppleScript und für beide Plattformen mit JavaScript (s. Abschnitt 22.3).

Skripte für Umsteiger

Skripte können Ihnen das Leben mit Illustrator erheblich vereinfachen. Vor allem beim Umgang mit Text oder beim Ersetzen von Grafik (Skripte von *kelsocartography*). Es existiert auch ein Skript zum Nummerieren von Zeichenflächen. Der größte Teil der Skripte ist kostenlos erhältlich.

23.1.6 Kooperation mit anderen Applikationen

Das Übertragen von Vektorelementen in andere Applikationen über die Zwischenablage ist innerhalb der Creative Suite problemlos möglich. Sie müssen lediglich darauf achten, in den Voreinstellungen von Illustrator unter DATEIEN VERARBEITEN UND ZWISCHENABLAGE das für den jeweiligen Zweck passende Format PDF oder AICB (Adobe Illustrator Clipboard) zu aktivieren (achten Sie dazu auf die entsprechenden Hinweise in diesem Handbuch).

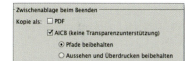

▲ Abbildung 23.2
Optionen für das Speichern der Zwischenablage

23.2 Vom Dokument zum Objekt

In Illustrator zeigt sich die objektorientierte Arbeitsweise von Vektorsoftware deutlicher als in FreeHand.

23.2.1 Seiten (Zeichenflächen)

Auch in Illustrator können Sie mehrere Seiten – Zeichenflächen – anlegen (s. Abschnitt 4.3) und verwalten. Im Gegensatz zu FreeHand können sich Illustrators Zeichenflächen überlappen. Daneben kann jedoch

Zwischen Illustrator und FreeHand kopieren

Auch mit FreeHand können Sie über die Zwischenablage Objekte austauschen. Um Elemente aus Illustrator in FreeHand einzufügen, wählen Sie in FreeHand BEARBEITEN • SPEZIELL • INHALTE EINFÜGEN und die Option EPS. Umgekehrt müssen Sie eventuell ebenfalls »speziell kopieren«.

Zeichenflächen in der Dokumenthierarchie

In einem Illustrator-Dokument können alle Bestandteile klar durchstrukturiert werden, von einem einzelnen Objekt über die Gruppe bis hin zur Ebene, der es zugeordnet ist. Die Zeichenflächen sind in dieser Hierarchie jedoch nicht eindeutig eingeordnet. Während ein Objekt nur zu einer Ebene gehört, kann es durchaus innerhalb mehrerer Zeichenflächen liegen. Genauso reichen Ebenen über alle Zeichenflächen.

auch der Einsatz von Ebenen sinnvoll sein, um mehrseitige Dokumente oder mehrere Entwürfe in einer Datei zu realisieren.

Illustrators Zeichenflächen können entweder jeweils eigene Lineale besitzen oder sich das Dokumentkoordinatensystem teilen.

Der Lineal-Nullpunkt | Der Lineal-Nullpunkt ist in Illustrator links oben, und auch das Koordinatensystem liegt im vierten Quadranten, sodass Sie Objekte durch die Eingabe positiver Werte nach unten verschieben (s. Abschnitt 4.4.4).

Einen Unterschied könnten Sie aber übersehen, wenn Sie die Größe einer Zeichenfläche per Breiten- und Höheneingabe ändern. Während FreeHand die linke untere Ecke der Seite als Ausgangspunkt für die Größenänderung verwendet (womit der Nullpunkt konstant bleibt), können Sie den Ursprung der Größenänderung in Illustrator selbst bestimmen, standardmäßig führt Illustrator die Änderung aus der Mitte des Formats durch. Bei der Größenänderung einer Zeichenfläche kann sich daher der Nullpunkt verschieben, je nachdem, wie Sie vorgehen.

Im Zeichenflächen-Bedienfeld können Sie die Reihenfolge oder die Namen der Zeichenflächen (und damit ihre Nummerierung) ändern. Mit dem Zeichenflächen-Werkzeug verschieben Sie die Zeichenflächen direkt im Dokument.

Lineal-Nullpunkt

Der Lineal-Nullpunkt ist in Illustrator z. B. für die Ausrichtung von Musterfüllungen maßgebend. Um den Nullpunkt zurückzusetzen, doppelklicken Sie in den Ursprung der Lineale links oben im Dokumentfenster.

Und wie kann ich Musterseiten anlegen?

Das Konzept von Musterseiten ist in Illustrators Zeichenflächen nicht vorgesehen. Sie können etwas Vergleichbares erreichen, indem Sie alle Elemente, die wiederkehrend an derselben Stelle auf mehreren Zeichenflächen erscheinen sollen, in einem Symbol zusammenfassen (Symbole s. Kapitel 17). Instanzen dieses Symbols platzieren Sie dann auf allen entsprechenden Zeichenflächen. Um Seitenzahlen automatisch zu generieren, können Sie ein Skript verwenden.

Zurück in den 1. Quadranten

Mit einem kleinen Hack in der Datei ADOBE ILLUSTRATOR PREFS können Sie wie in FreeHand arbeiten. Dazu ändern Sie folgende Zeilen mit einem Texteditor (wie TextEdit oder Notepad):
/isRulerOriginTopLeft 1
in
/isRulerOriginTopLeft 0
und:
/isRulerIn4thQuad 1
in
/isRulerIn4thQuad 0

Zeichenflächen verschieben und löschen | Anders als in FreeHand bewegen sich Objekte nicht automatisch mit, wenn Sie eine Zeichenfläche verschieben. Aktivieren Sie die Option BILDMATERIAL MIT ZEICHENFLÄCHE VERSCHIEBEN im Steuerungsbedienfeld, wenn Sie beides verschieben möchten. Beim Löschen von Zeichenflächen bleiben die Objekte jedoch immer erhalten. Mit dem Zeichenflächen-Werkzeug können Sie nur jeweils eine Zeichenfläche aktivieren.

Mit Zeichenflächen arbeiten | Um effizienter mit mehreren Zeichenflächen zu arbeiten, kann es sinnvoll sein, für jede Zeichenfläche eine eigene Ebene anzulegen, der Sie alle Objekte zuordnen, die auf dieser Seite liegen. Die Objekte lassen sich so einfacher auswählen, fixieren oder ausblenden, und Sie erleben weniger Überraschungen, wenn Sie fortgeschritten mit Aussehen-Eigenschaften arbeiten.

23.2.2 Wo kommen all die Ebenen her?

In Illustrator lassen sich wie in FreeHand Ebenen zur Organisation Ihrer Objekte einsetzen (s. Abschnitt 11.1). Illustrator kennt aber keine Aufteilung in Vorder- und Hintergrundebenen und hat keine spezifische Hilfslinienebene. Außerdem bietet es umfangreiche Verschachtelungsmöglichkeiten mithilfe von Unterebenen.

Das Ebenen-Bedienfeld listet nicht nur die Ebenen auf, sondern hier haben Sie Zugriff auf alle in Ihrer Datei enthaltenen Objekte und können diese auswählen, ihre Zuordnung zu den Ebenen neu organisieren und ihre besonderen Aussehen-Eigenschaften verschieben oder kopieren. Die Reihenfolge im Bedienfeld entspricht der Stapelreihenfolge der Elemente und der Hierarchie, die sich z. B. durch Gruppierungen ergibt.

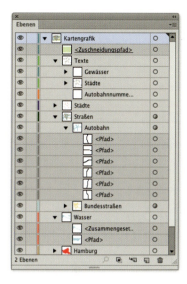

▲ **Abbildung 23.3**
Im Ebenen-Bedienfeld werden alle Objekte des Dokuments angezeigt. Der automatisch vergebene Name kennzeichnet die Objektart, Einträge können jedoch umbenannt werden.

> **FreeHand-Dateien migrieren**
>
> FreeHand-Dokumente können in Illustrator nicht mehr direkt geöffnet werden. Falls irgendwie möglich, sollten Sie sich für diesen Zweck eine alte Version aufbewahren, denn der Weg über Austauschformate führt zu einem Verlust an Bearbeitungsmöglichkeiten.

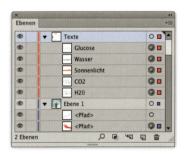 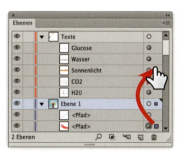

▲ **Abbildung 23.4**
Aktiviertes Objekt (links), Verschieben von aktivierten Objekten auf eine andere Ebene (rechts)

Das Ebenen-Bedienfeld ist in Illustrator nicht nur ein Hilfsmittel zur besseren Organisation der Objekte, sondern ein wichtiges Werkzeug für die Analyse einer Datei. Einige spezielle FreeHand-Features stehen nicht zur Verfügung:

- **Hintergrundebene**: Möchten Sie erreichen, dass sich eine Ebene wie die Hintergrundebene in FreeHand verhält, z. B. um Objekte nachzu-

▲ **Abbildung 23.5**
Mit dieser Einstellung in den Bedienfeldoptionen des Ebenen-Bedienfeldes werden Inhalte der Ebenen ausgeblendet.

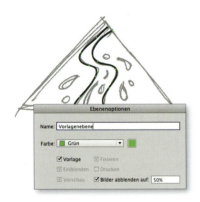

▲ **Abbildung 23.6**
Auf Vorlagenebenen platzierte Pixelbilder werden abgeblendet.

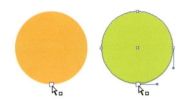

▲ **Abbildung 23.7**
Ankerpunkte werden hervorgehoben, wenn das Direktauswahl-Werkzeug darüberliegt – selbst dann, wenn die Objekte nicht aktiviert sind.

▲ **Abbildung 23.8**
Voreinstellungen für Auswahlen

zeichnen, wandeln Sie diese Ebene in der Dialogbox EBENENOPTIONEN in eine Vorlagenebene um oder blenden auf der Ebene platzierte Bilder ab.
Dabei werden jedoch nur Pixelbilder abgeblendet. Vektorelemente können Sie nur über deren Eigenschaften oder die Eigenschaften der Ebene, z. B. eine reduzierte Deckkraft oder eine hellere Farbe, abblenden.

▶ **Grobansicht/Pfaddarstellung**: Um den Bildschirmaufbau zu beschleunigen oder die Übersicht zu verbessern, können Sie den Darstellungsmodus PFADANSICHT für einzelne Ebenen wählen.

▶ **Hilfslinien**: Hilfslinien lassen sich auf jeder beliebigen Ebene anlegen und im Nachhinein auf jede andere Ebene verschieben.

23.3 Auswählen

Der Umgang mit Illustrators Auswahl-Werkzeugen wird Ihnen wahrscheinlich gewöhnungsbedürftig vorkommen – warum so kompliziert?

23.3.1 Warum gibt es drei Auswahl-Werkzeuge?

In FreeHand führen Sie eine Auswahl »von außen nach innen« aus. Sie klicken erst das Objekt an, dann den gewünschten Punkt. Und wenn Sie aus dem aktivierten Punkt eine Grifflinie anlegen möchten, müssen Sie dann zusätzlich ⌥/Alt drücken, um sie mit einem weiteren Klicken erzeugen zu können.

Illustrator geht den anderen Weg und setzt auf unterschiedliche Werkzeuge statt auf aufeinanderfolgende Mausklicks. Um einen Punkt auszuwählen, nehmen Sie das Direktauswahl-Werkzeug und klicken auf den Punkt – sehr hilfreich ist dabei die deutliche Punkthervorhebung. Möchten Sie die Grifflinien aus einem Punkt ziehen, verwenden Sie das Ankerpunkt-konvertieren-Werkzeug und klicken und ziehen die Griffe direkt aus dem Punkt (s. Abschnitt 6.5.6).

Möchten Sie sozusagen den Rückweg antreten, also eine Auswahl vom Teil zum übergeordneten Ganzen ausführen, dann verwenden Sie dafür das Gruppenauswahl-Werkzeug. Klicken Sie mit diesem Werkzeug mehrfach hintereinander auf ein Objekt, wird jeweils die nächste Hierarchiestufe ausgewählt: vom Ankerpunkt zum Objekt zur übergeordneten Gruppe usw.

Mit dem Auswahl-Werkzeug können Sie nur »das Ganze« auswählen wie einen Pfad oder eine Gruppe.

Der Unterschied in der Arbeitsweise ist also erheblich. Jetzt benötigen Sie noch einen Workflow, durch den Sie zwischen den Werkzeugen ohne Umweg über das Werkzeugbedienfeld umschalten können.

Auswahl-Werkzeuge mit Tastatur-Shortcuts wechseln | In Illustrator wechseln Sie von jedem Auswahl-Werkzeug mit ⌘/`Strg` zum vorher benutzten Auswahl-Werkzeug.

Ist das ⯈ Direktauswahl- oder das ⯈⁺ Gruppenauswahl-Werkzeug aktiv, drücken Sie ⌥/`Alt`, um das jeweils andere Auswahl-Werkzeug zu erhalten.

Ist das ⯈ Auswahl-Werkzeug aktiv, drücken Sie zu diesem Zweck ⌘/`Strg`+`Alt` (s. Tabelle auf S. 113).

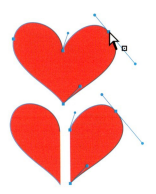

▲ **Abbildung 23.9**
Um Objekte zu teilen, aktivieren Sie einen Punkt mit dem Direktauswahl-Werkzeug und schneiden diesen mitsamt den angrenzenden Pfadsegmenten aus.

23.3.2 Ausgewählte Punkte

Wenn Sie einen Ankerpunkt auswählen, sind immer die beiden angrenzenden Pfadsegmente mitselektiert. Wenn Sie den Punkt löschen möchten, verwenden Sie daher nicht die Löschtaste, sondern entweder das Ankerpunkt-löschen-Werkzeug ✎ oder den Button Ausgewählte Ankerpunkte entfernen ✎ im Steuerungsbedienfeld.

> **Werkzeugwechsel vermeiden**
>
> Viele Illustrator-Anwender verwenden hauptsächlich das Direktauswahl-Werkzeug und rufen die anderen Auswahl-Werkzeuge, falls nötig, nur temporär mit Modifikationstasten auf.

23.3.3 Auswahlrechteck

Ziehen Sie in Illustrator ein Auswahlrechteck mit einem Auswahl-Werkzeug auf, dann werden alle Objekte aktiviert, die auch nur teilweise unter der Fläche des Auswahlrechtecks liegen.

Dieses Verhalten kann manchmal ungünstig sein. Denken Sie dann an die Möglichkeit, Objekte zu fixieren, oder probieren Sie die Auswahl mithilfe des Ebenen-Bedienfeldes oder mit dem Lasso-Werkzeug.

23.3.4 Darunterliegende Objekte auswählen und das Kontextmenü

Um Objekte hinter anderen auszuwählen, halten Sie ⌘/`Strg` gedrückt und klicken auf das vordere Objekt. Durch weitere Klicks mit der gedrückten Taste aktivieren Sie die darunterliegenden Objekte. Eine weitere Möglichkeit haben Sie mit dem Kontextmenü. Das rufen Sie (unter Windows) mit der rechten Maustaste oder (am Mac) mit `ctrl`+Klick auf – dabei muss das Auswahl-Werkzeug aktiv sein. Wählen Sie den Befehl Auswahl • Nächstes Objekt darunter aus dem Kontextmenü aus. Um die ausgewählten Objekte zu bearbeiten, können

▲ **Abbildung 23.10**
Kontextmenü-Liebhaber kommen in Illustrator auf ihre Kosten.

Kapitel 23 Von FreeHand zu Illustrator

▲ **Abbildung 23.11**
Der Cursor zeigt an, wenn Sie ein Objekt aktivieren können. Per Voreinstellung wird ein Objekt durch einen Klick in seine Fläche ausgewählt. Mit der Option Objektauswahl nur durch Pfad erfolgt die Aktivierung nur bei einem Klick auf den Pfad. Diese Einstellung kann bei komplexen Dokumenten sinnvoll sein.

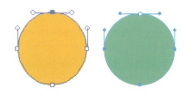

▲ **Abbildung 23.12**
Auswahl eines Ankerpunkts in Illustrator (links) und FreeHand (rechts)

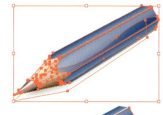

▲ **Abbildung 23.13**
Wird eine Gruppe ausgewählt, zeigt Illustrator alle Pfade an (oben). Ist ein Teil einer Gruppe aktiviert, wird die Gruppe auf der Zeichenfläche nicht angezeigt (unten).

Sie leider nicht einfach auf Stellen klicken, die von anderen Objekten verdeckt sind. Gehen Sie stattdessen z. B. in den Isolationsmodus.

23.3.5 Nach Objekteigenschaften suchen

In Illustrator bezieht sich Suchen und Ersetzen nur auf Text. Für die Auswahl von Objekten auf der Basis ihrer Eigenschaften steht Ihnen das Zauberstab-Werkzeug zur Verfügung. Die zu suchenden Eigenschaften sowie die Auswahl-Toleranz bestimmen Sie im Zauberstab-Bedienfeld. Ähnliche Möglichkeiten bietet das Menü Auswahl • Gleich.

23.3.6 Bildschirmdarstellung der Auswahl

Die Darstellung ausgewählter Punkte erfolgt genau umgekehrt zur gewohnten FreeHand-Umgebung: In Illustrator sind die nicht aktivierten Punkte »hohl«, der oder die ausgewählten Punkte ausgefüllt.

Anders als in FreeHand erfolgt die Anzeige eines ausgewählten Objekts durch die Hervorhebung aller zugehörigen Vektorpfade und deren Punkte. Diese Darstellung sehen Sie auch bei gruppierten Objekten. Zusätzlich zeigt Illustrator normalerweise den Begrenzungsrahmen, der die Außengrenzen des Objekts umschließt (s. Abschnitt 5.2.1). Haben Sie einen Ankerpunkt innerhalb einer umfangreichen Gruppe mit dem Direktauswahl-Werkzeug aktiviert, erkennen Sie an der Darstellung auf der Zeichenfläche nicht, ob das Objekt, zu dem der Punkt gehört, Teil einer größeren Gruppe ist – dies erkennen Sie nur im Ebenen-Bedienfeld.

Auswahl-Hervorhebungen lassen sich im Menü Ansicht deaktivieren. Falls Sie die Anzeige eines aktivierten Objekts vermissen, wählen Sie Ecken einblenden bzw. Begrenzungsrahmen einblenden.

23.3.7 Gruppen bequemer bearbeiten

Die Auswahl und Bearbeitung einzelner Objekte in komplexen Objekthierarchien kann schwierig sein. Mit der Funktion Isolierte Gruppe haben Sie die Möglichkeit, einzelne Teile einer Gruppe direkt auf der Zeichenfläche so zu bearbeiten, als wären sie nicht gruppiert. Neben Gruppen können Sie auch interaktive Malgruppen, Schnittsätze, zusammengesetzte Formen, Symbole und Angleichungen bis hin zu einzelnen Pfaden im Isolationsmodus bearbeiten. Besonders bei tief verschachtelten Objekten oder Gruppen mit eigenen Effekten ist dies eine effiziente Bearbeitungsmethode (s. Abschnitt 11.5).

23.4 Konstruieren und zeichnen

In den letzten Jahren erhielt Illustrator immer mehr Funktionen, die deutlich durch FreeHand-Pendants inspiriert sind. Vor allem beim Zeichnen von Pfaden fühlt sich Illustrator trotzdem immer noch ganz anders an als FreeHand. Sie können sich die Arbeit erheblich vereinfachen, wenn Sie statt mit Illustrators Zeichen-Werkzeugen mit Plug-ins arbeiten, z B. mit VectorScribe und DrawScribe.

23.4.1 Wie kann man Formen nachträglich editieren?

Sofort nach dem Erstellen ist eine in Illustrator erzeugte Form ein ganz normaler Vektorpfad. Sie können einzelne Punkte direkt mit den Zeichenstift-Werkzeugen bearbeiten. Dadurch haben die Formen gegenüber den vergleichbaren Objekten in FreeHand weniger Flexibilität – ihre spezifischen Eigenschaften (wie etwa der Abstand zwischen Außen- und Innenradius eines Sterns) lassen sich nachträglich nicht mehr einfach verändern. Beim »Aufziehen« einer Form können Sie Optionen durch Tastatur-Shortcuts steuern. Eine Übersicht finden Sie auf S. 102 und 104.

Für das abgerundete Rechteck ergibt sich damit ein Schönheitsfehler, sobald Sie es transformieren: Der Eckenradius wird verändert. Erzeugen Sie die abgerundeten Ecken statt mit dem spezifischen Werkzeug durch EFFEKT • STILISIERUNGSFILTER • ECKEN ABRUNDEN, verhält sich diese Form wie ein abgerundetes Rechteck in FreeHand. Dazu muss die Voreinstellung KONTUREN UND EFFEKTE SKALIEREN deaktiviert sein.

23.4.2 Pfade zeichnen – geht das nicht einfacher?

Illustrator kennt nur zwei Arten von Punkten: Eckpunkte und Kurvenpunkte, »Übergangspunkte« genannt. Wie in FreeHand setzen Sie Eckpunkte mit einem einfachen Klick, Kurvenpunkte durch Klicken und Ziehen.

Das Zeichnen und Bearbeiten von Pfaden und Ankerpunkten in Illustrator ist an einigen Stellen anders und weniger komfortabel als in FreeHand. Dies zeigt sich auch in der Vielzahl der Werkzeuge, die für die Arbeit zur Verfügung stehen. Während FreeHand mit dem Stiftwerkzeug und dem Teilauswahl-Werkzeug auskommt, gibt es in Illustrator insgesamt fünf Werkzeuge zum Erzeugen und Bearbeiten von Pfaden. Um sich in der Werkzeugvielfalt besser zurechtzufinden, gewöhnen Sie sich an, besonders auf den Werkzeugcursor zu achten: Er zeigt Ihnen jeweils an, welche Operation Sie an einem Pfad ausführen.

Für Fortgeschrittene: Auswahl aller Punkte eines Pfades

Es ist in Illustrator nicht möglich, alle Punkte eines Pfades auszuwählen. Die Auswahl von allen einzelnen Punkten setzt Illustrator automatisch mit der Auswahl des Objekts gleich. Dasselbe trifft auf die Auswahl aller Bestandteile einer Gruppe zu (s. Kasten auf S. 112).

▲ Abbildung 23.14
Der Effekt ECKEN ABRUNDEN

Umdenken beim Zeichenstift

Gewöhnen Sie sich in Illustrator eine andere Vorgehensweise an als in FreeHand, dann kommen Sie mit zwei der Werkzeuge aus (s. Abschnitt 6.2.3 bis 6.2.5 und die Übungsdateien auf der DVD).

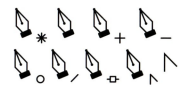

▲ Abbildung 23.15
Cursorsymbole des Zeichenstifts: neuen Pfad erstellen, Punkt setzen, Punkt in einem Pfadsegment hinzufügen, Punkt löschen, Pfad schließen, einen Pfad weiterführen, an einen Pfad anschließen, Punkt konvertieren

Neuen Pfad erzwingen

Möchten Sie nicht an einem bestehenden Endpunkt ansetzen, sondern einen neuen Pfad beginnen, müssen Sie Illustrator austricksen: Setzen Sie den Punkt zunächst in eine sichere Entfernung, halten Sie die Maustaste gedrückt, und drücken Sie die Leertaste. Dann erst ziehen Sie den Punkt an die gewünschte Position.

Von Eck- in Kurvenpunkte (und zurück) | Beim Umwandeln eines Eckpunkts mit dem Ankerpunkt-konvertieren-Werkzeug ⌐ erzeugen Sie immer zwei neue Grifflinien. Das ist dann ärgerlich, wenn die Position oder Länge einer bereits bestehenden Grifflinie erhalten bleiben soll. Aktivieren Sie die intelligenten Hilfslinien, dann lässt sich der Cursor an einem Griff einrasten. So können Sie z. B. die Position des Griffs mit Hilfslinien markieren. Möchten Sie sich die Hilfslinien sparen, dann müssen Sie einen kleinen Umweg machen (s. Abschnitt 6.5.6).

Sobald Sie mit dem Direktauswahl-Werkzeug ein Pfadsegment oder einen Ankerpunkt aktiviert haben, können Sie mit Buttons im Steuerungsbedienfeld Eck- in einen Kurvenpunkte (und umgekehrt) konvertieren oder Grifflinien erzeugen und entfernen.

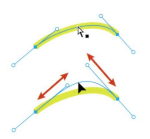

▲ Abbildung 23.17
Verformen eines Pfadsegments

▲ Abbildung 23.16
Funktionen zum Umwandeln und Löschen von Ankerpunkten

Pfade verbinden und weiterführen | Wenn Sie einen offenen Pfad weiterführen möchten, müssen Sie zunächst mit dem Zeichenstift auf einen der Endpunkte des Pfades klicken. Falls der Pfad nicht aktiviert war, ist er danach auch ausgewählt. Umgekehrt bedeutet dies, dass Illustrator an jeden Endpunkt anschließt, dem Sie beim Klicken zu nahe kommen, auch wenn Sie das nicht wollen. Sie können das umgehen, indem Sie den Punkt an eine »freie« Stelle setzen, die Maustaste nicht loslassen, die Leertaste drücken und den Punkt verschieben.

Pfadsegmente interaktiv verformen | In Illustrator werden Pfadsegmente beim Anklicken mit dem Direktauswahl-Werkzeug aktiviert. Sie können ein Pfadsegment jedoch nur dann durch Ziehen mit dem Werkzeug verformen, wenn mindestens eine der benachbarten Grifflinien herausgezogen ist. Das Verformen ist außerdem nicht völlig frei: Sie ändern nur die Länge der Grifflinien – nicht deren Winkel zum Pfad.

▲ Abbildung 23.18
Illustrators Radiergummi hat eine kalligrafische Werkzeugspitze.

Pfade zerschneiden | Das Werkzeug, dessen Symbol FreeHands Schneide-Werkzeug am ähnlichsten sieht, hat nichts mit der Pfad-Bearbeitung zu tun. Es handelt sich hier um das Slice-Werkzeug ⌐, das den Export von Web-Grafiken vorbereitet. Die Werkzeuge zum Auftrennen von Pfaden sind die Schere ⌐, das Messer ⌐, der Radiergummi ⌐ (nicht zu empfehlen, wenn es exakt werden soll), der Button PFAD AUSSCHNEIDEN ⌐ im Steuerungsbedienfeld oder die Funktion OBJEKT • PFAD • DARUNTERLIEGENDE OBJEKTE AUFTEILEN.

23.4.3 Wie kehre ich die Pfadrichtung um?

Sowohl in FreeHand als auch in Illustrator ist die Pfadrichtung (das ist normalerweise die Richtung, in der eine Vektorkurve gezeichnet wurde) verantwortlich für das Verhalten von Pfadtext, Pinselkonturen, Pfeilspitzen und zusammengesetzten Pfaden.

Einen Befehl zum Umkehren der Pfadrichtung können Sie in Illustrator nur über ein Skript aufrufen, denn Illustrator geht andere Wege: Die Richtung von Pinselkonturen und Pfadtexten lässt sich mit den Optionen im Pinsel-Bedienfeld bzw. den Pfadtextoptionen steuern. »Löcher« in zusammengesetzten Pfaden werden mit einer passenden Füllregel erzeugt (s. Abschnitt 10.1.2), und in diesem Zusammenhang steuern Sie die Pfadrichtung mit den Optionen im Attribute-Bedienfeld.

Möchten Sie aufgrund gewohnter Arbeitsweisen trotzdem das Verhalten von Pfadtexten oder Pinselstrichen mithilfe der Pfadrichtung beeinflussen, verwenden Sie bei offenen Pfaden das Zeichenstift-Werkzeug: Klicken Sie mit diesem Werkzeug einfach auf den Endpunkt, in dessen Richtung der Pfad verlaufen soll.

▲ **Abbildung 23.19**
Pinselkonturen und Texte werden in Pfadrichtung angebracht.

23.4.4 Wie kann ich denn in Illustrator »Pfade verbinden«?

»Pfade verbinden« – ⌘/Strg+J – ist in FreeHand eine Art Schweizer Messer, mit dem Pfade geschlossen, mehrere offene Pfade zu einem verbunden und nicht zuletzt zusammengesetzte Pfade erstellt werden. Diese Funktionen finden Sie in Illustrator nicht nur an anderen Orten, sie wirken auch anders.

▲ **Abbildung 23.20**
Füllen von offenen Pfaden

Pfade schließen | In FreeHand müssen Sie eine Voreinstellung ändern, wenn Sie auch offene Pfade mit einer Füllung versehen möchten. In Illustrator ist das Füllen offener Pfade ohne Umweg möglich – die Fläche wird geschlossen, indem Illustrator die kürzeste gerade Verbindung zwischen den beiden Endpunkten herstellt (s. Abbildung 23.20).

Eine Kontur wird jedoch nur entlang des tatsächlich vorhandenen Pfades erzeugt. Möchten Sie einen Illustrator-Pfad schließen, aktivieren Sie ihn mit dem Auswahl-Werkzeug und wählen Objekt • Pfad • Zusammenfügen – ⌘/Strg+J.

Zusammengesetzte Pfade (z. B. Löcher) | Während Sie in FreeHand entweder nur offene oder nur geschlossene Pfade zu einem zusammengesetzten Pfad kombinieren können, lassen sich offene und geschlossene Pfade in einem zusammengesetzten Pfad in Illustrator auch mischen: Objekt • Zusammengesetzter Pfad • Erstellen – ⌘/Strg+8.

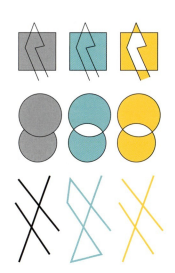

▲ **Abbildung 23.21**
Zusammengesetzte Pfade: Originalobjekte (grau), FreeHand (türkis), Illustrator (orange)

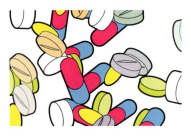

▲ Abbildung 23.22
Instanzen verschiedener Symbole, in einem Symbolsatz kombiniert

▲ Abbildung 23.23
Dank 9-Slice-Skalierung von Symbolen können durch Skalierung aus einer Grundform viele Varianten erzeugt werden.

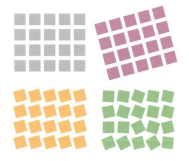

▲ Abbildung 23.24
Beim EINZELN TRANSFORMIEREN (orange) wird jedes Objekt um seinen eigenen Mittelpunkt gedreht anstatt alle um ein gemeinsames Zentrum (violett). Auch eine Zufallsoption ist möglich (grün).

Einzelpfade verbinden | Möchten Sie zwei oder mehr offene Pfade miteinander verbinden, aktivieren Sie die Pfade und wenden den Befehl OBJEKT • PFAD • ZUSAMMENFÜGEN an.

23.4.5 Sprühdose und Symbole

Illustrator kombiniert die Eigenschaften von Sprühdose (»Graphic Hose«) und Symbolen zu sehr vielseitig einsetzbaren Vektorobjekten. Einerseits vereinfachen Symbole die Illustrationsarbeit, andererseits helfen sie dabei, Objekte zu verwalten, die Dateigröße gering zu halten und Ihre Datei für die Weiterverwendung in Flash vorzubereiten (s. Abschnitt 21.4.1).

Instanzen von Symbolen lassen sich nicht nur einzeln auf der Zeichenfläche platzieren, mehrere Symbole können Sie auch zu Symbolsätzen kombinieren. Zu diesem Zweck verwenden Sie die Sprühdose und die Symbol-Werkzeuge.

23.4.6 Automatisch vektorisieren

Illustrators Autotrace-Funktion nennt sich BILDNACHZEICHNER (früher INTERAKTIV NACHZEICHNEN). In dieser Funktion haben Sie eine Vielzahl von Einstellungsoptionen zur Verfügung, um die Vektorisierung zu steuern. Aktivieren Sie die Rastergrafik, die Sie nachzeichnen lassen wollen, und stellen Sie im Bildnachzeichner-Bedienfeld die Optionen ein.

Solange Sie das nachgezeichnete Bild nicht umwandeln lassen, können Sie es jederzeit aktivieren und die Optionen editieren.

23.5 Objekte bearbeiten

23.5.1 Objekte drehen, spiegeln, skalieren, verbiegen

Die Arbeit mit den Transformations-Werkzeugen erfolgt in Illustrator in zwei Schritten: In einem ersten Schritt bestimmen Sie durch einen Mausklick den Mittelpunkt der Transformation, z. B. den Punkt, um den eine Drehung erfolgt. Erst im zweiten Schritt transformieren Sie das Objekt durch Klicken und Ziehen. Je weiter entfernt vom Referenzpunkt Sie dabei klicken, desto feiner können Sie die Umformung vornehmen.

Möchten Sie eine Transformation numerisch eingeben, wählen Sie das entsprechende Werkzeug, drücken ⌥/Alt und klicken auf den gewünschten Mittelpunkt. Daraufhin öffnet sich die Dialogbox für die Eingabe der Werte – jedes Werkzeug hat seine eigene Dialogbox.

 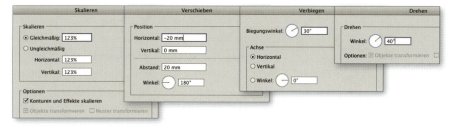

▲ **Abbildung 23.25**
In Illustrator hat jedes Transformieren-Werkzeug eine eigene Dialogbox.

Zusätzlich zu den Transformations-Werkzeugen bietet Illustrator Ihnen den Befehl OBJEKT • TRANSFORMIEREN • EINZELN TRANSFORMIEREN, mit dem mehrere Objekte jeweils um ihren eigenen Referenzpunkt – die Mitte des Objekt-Begrenzungsrahmens – verformt werden statt um einen gemeinsamen Bezugspunkt.

Die Option, gleichzeitig mit einer Transformation nicht nur eine, sondern eine beliebige Anzahl von Kopien des transformierten Objekts herzustellen, besteht in Illustrator nur, wenn Sie die Transformation als Live-Effekt anwenden. Die entstehenden Kopien sind zunächst keine eigenständigen Objekte, sondern eine Objekteigenschaft des Ursprungselements. Verwenden Sie den Befehl OBJEKT • AUSSEHEN UMWANDELN, um auf die Kopien als Objekte zugreifen zu können (s. Abschnitt 13.1.6).

Transformationsgriffe | Die Transformationsgriffe, die Sie in FreeHand mit einem Doppelklick auf das Objekt anzeigen, werden in Illustrator als »Begrenzungsrahmen« bezeichnet. Mit dessen Hilfe lassen sich die Transformationen DREHEN und SKALIEREN anwenden. Die Anzeige des Begrenzungsrahmens aktivieren Sie im Menü ANSICHT. Alternativ zum Begrenzungsrahmen verwenden Sie das Frei-transformieren-Werkzeug – Shortcut E.

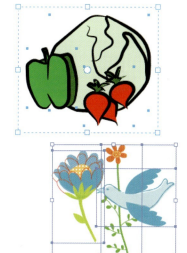

▲ **Abbildung 23.26**
Transformationsgriffe und Begrenzungsrahmen

Objekte zerstören sich selbst

Wenn Objekte mit jeder Transformation ihre Geometrie verändern, schalten Sie gegebenenfalls die Option AN PIXELRASTER AUSRICHTEN im Transformieren-Bedienfeld aus.

23.5.2 Objekte ausrichten und verteilen

Ein Klick auf den gewünschten Button im Ausrichten-Bedienfeld löst sofort die Aktion aus. Auch ein Bezugsobjekt können Sie einfach bestimmen (Abschnitt 5.7).

23.5.3 Einrasten, Positionierungshilfe

In Illustrator zeigt der Cursor immer an, wenn er sich über einem Ankerpunkt befindet. Das Einrasten an Punkten aktivieren Sie im Menü ANSICHT. Eingerastet wird normalerweise die Position des Cursors, nicht die der Objektbegrenzung. Um FreeHands Einrasten am Objekt zu

▲ Abbildung 23.27
»Fassen« Sie ein Objekt beim Verschieben an dem Punkt, der an der Hilfslinie einrasten soll.

▲ Abbildung 23.28
FreeHands Pfadoperation-XTras und das Pathfinder-Bedienfeld

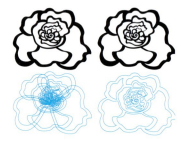

▲ Abbildung 23.29
Verdeckte Fläche entfernen

Texte als Schnittmasken

Texte müssen Sie nicht in Pfade umwandeln, um sie als Schnittmaske zu verwenden (s. Abschnitt 14.8.7).

emulieren, aktivieren Sie die intelligenten Hilfslinien – Shortcut ⌘/ Strg + U. Die Anzeigen und Positionierungshilfen der Funktion können Sie in den Voreinstellungen konfigurieren.

Der Begrenzungsrahmen macht das Verschieben eines Objekts an einem seiner Eckpunkte oft unmöglich – aktivieren und verschieben Sie das Objekt, ohne abzusetzen, oder verstecken Sie den Begrenzungsrahmen unter Ansicht • Begrenzungsrahmen ausblenden.

23.5.4 Wie kann ich Objekte klonen?

Illustrator besitzt keinen spezifischen Klonen-Befehl. Sie können jedoch zu diesem Zweck ein Objekt kopieren und es anschließend Davor oder Dahinter einfügen, oder Sie duplizieren das gewünschte Objekt mithilfe des Ebenen-Bedienfeldes.

23.5.5 Pfade zusammenfassen und Pathfinder-Operationen

Ein wesentlicher Unterschied zwischen FreeHand und Illustrator besteht im Zusammenfassen von Pfaden (Verbinden, Stanzloch, Schnittmenge etc.). Sie finden sie im Pathfinder-Bedienfeld (s. Abschnitt 10.2). Einige der Funktionen können Sie in Illustrator auch so anwenden, dass Zusammengesetzte Formen entstehen, in denen im Gegensatz zu den vergleichbaren FreeHand-Funktionen die Originalpfade erhalten bleiben (Abschnitt 10.1.3). Die kombinierte Form entsteht dann zunächst »virtuell«. Erst bei der gezielten Umwandlung der zusammengesetzten Form werden die Originalpfade zerschnitten und neu zusammengefügt.

23.5.6 Und wo finde ich »Innen einfügen«?

Die entsprechende Funktion heißt Schnittmaske (und eigentlich entsteht auch genau das in FreeHand). Schnittmasken können nicht nur auf Objekte, sondern auch auf Ebenen angewendet werden (s. Abschnitt 11.4). Beim Umwandeln eines Pfades in eine Schnittmaske verliert der Pfad alle seine Eigenschaften. Erzeugen Sie vorher einen Grafikstil (s. Abschnitt 11.8). Nach dem Erstellen der Schnittmaske wählen Sie das Maskenobjekt mit dem Direktauswahl-Werkzeug aus und weisen ihm den Grafikstil zu. Eine andere Möglichkeit besteht darin, im Modus Innen zeichnen direkt in ein Objekt hineinzuzeichnen oder etwas in dieses Objekt einzufügen.

Weiterführende Freistellmöglichkeiten bieten Deckkraftmasken, die wie Alpha-Kanäle bzw. die aus Photoshop bekannten Ebenenmasken funktionieren. Sie können in Illustrator sowohl mit Pixeldaten als auch mit Vektorobjekten erstellt werden (s. Abschnitt 12.2). Deckkraftmasken sind vergleichbar mit FreeHands Verlaufsmasken-Effekt, aber wesentlich flexibler.

23.5.7 Konturen in Flächen umwandeln

Möchten Sie eine Kontur in eine Fläche umwandeln, wählen Sie OBJEKT • PFAD • KONTURLINIE. Illustrator bietet Ihnen keine weiteren Optionen – es verwendet die im Kontur-Bedienfeld eingestellte Linienstärke. So ist es auch möglich, mehrere Konturen unterschiedlicher Stärke »in einem Rutsch« in die jeweils passenden Flächen umzuwandeln.

Überlappungen entfernen | Beim Umwandeln von Konturen in Flächen entstehen häufig Überlappungen, die beseitigt und dabei in einen zusammengesetzten Pfad umgewandelt werden müssen, um eine problemlose Weiterverarbeitung zu gewährleisten. In Illustrator steht Ihnen für diese Aufgabe die Funktion VERDECKTE FLÄCHE ENTFERNEN im Pathfinder-Bedienfeld zur Verfügung.

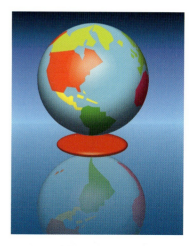
▲ Abbildung 23.30
Mit Deckkraftmasken lassen sich z. B. Spiegelungen erzeugen.

▲ Abbildung 23.31
Überlappungen entfernen mit der Pathfinder-Funktion VERDECKTE FLÄCHE ENTFERNEN

23.5.8 Effekte umwandeln: Ich möchte Pfade haben

Als UMWANDELN wird in Illustrator die Operation AUSLÖSEN bezeichnet, bei der Live-Effekte in Objekte umgerechnet oder Aussehen-Eigenschaften auf separate Objekte verteilt werden. Sie können die Umwandeln-Befehle aus den jeweiligen Menüs verwenden oder mit der Funktion TRANSPARENZ REDUZIEREN alles umwandeln.

Eine Übersicht der Umwandeln-Befehle in Illustrator und ihrer jeweiligen Auswirkungen finden Sie in Abschnitt 10.2.

23.6 Füllungen, Konturen, Eigenschaften

Mit Objekteigenschaften können Sie in Illustrator sehr flexibel konstruieren. Gerade beim Thema Farben werden Sie jedoch auf große Unterschiede zwischen den beiden Programmen stoßen.

23.6.1 Wo stelle ich die Objekteigenschaften ein?

Objekteigenschaften können Sie ähnlich wie in FreeHand in nur einem Bedienfeld verwalten, zuweisen und ändern. Das Aussehen-Bedienfeld ist ein wichtiges Werkzeug – Sie sollten es immer parat haben.

Aussehen-Eigenschaften für Gruppen und Ebenen

Aussehen-Eigenschaften können Sie nicht nur Objekten, sondern auch Gruppen und Ebenen zuweisen.

▲ Abbildung 23.32
Diese Gruppe mit eigenem Aussehen kann man nicht einfach lösen.

Das kontextsensitive Steuerungsbedienfeld vereinigt darüber hinaus viele Funktionen aus den einzelnen Spezialbedienfeldern.

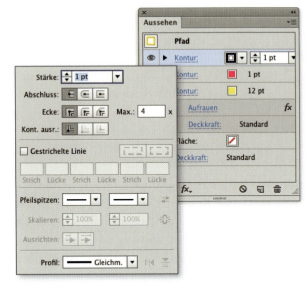

▲ **Abbildung 23.33**
FreeHands Objekt-Bedienfeld und Illustrators Aussehen-Bedienfeld. Achten Sie auf die unterschiedliche Hierarchie von Effekten und Konturen bzw. Flächen und Füllungen.

Regler und Optionen zum Editieren der Attribute erscheinen, wenn Sie einen Eintrag im Aussehen-Bedienfeld aktivieren oder auf einen (blau unterstrichenen) Link klicken.

Um eine Gruppe von Eigenschaften einfacher auf weitere Objekte anzuwenden, können Sie die Eigenschaften wie in FreeHand als Grafikstil speichern.

Effekthierarchien | Verformungseffekte sind in FreeHand jeweils Elternelement für die zugeordneten Konturen und Füllungen. Dies ist in Illustrator genau umgekehrt – hier sind Effekte Kindelemente der Konturen oder Flächen (sofern sie nicht dem ganzen Objekt zugewiesen sind). Das bedeutet: Wenn ein Effekt mehreren (aber nicht allen) Flächen zugewiesen werden soll, müssen Sie diesen Effekt den betroffenen Flächen einzeln zuweisen. Einfacher als in FreeHand ist es dagegen, eine Kontur mit mehreren Effekten zu versehen (Abbildung 23.33).

23.6.2 Farbe editieren

Ein bedeutender Unterschied zwischen den beiden Programmen ist die Handhabung von Objektfarben und Farbdefinitionen mit dem Farbe-Bedienfeld bzw. dem Bedienfeld MISCHER. In FreeHands MISCHER können Sie bei aktiviertem Objekt die Farbregler verschieben. Die Farbe erscheint erst am Objekt, wenn Sie sie – z. B. über das Bedienfeld OB-

▲ **Abbildung 23.34**
Mit dem Pipette-Werkzeug übertragen Sie Eigenschaften von einem Objekt auf ein anderes.

jekt – zuweisen. Illustrators Farbe-Bedienfeld ist an Objektfarben gekoppelt. Dies erkennen Sie schon am Auswahlfeld für die Flächen- und Konturfarbe, in dem jeweils die Farben des aktivierten Objekts angezeigt werden. Wenn Sie die Farbdefinition ändern, dann geschieht dies nicht nur im Bedienfeld, sondern immer am aktivierten Objekt.

Eine Farbdefinition, die Sie im Farbe-Bedienfeld vorgenommen haben, bleibt nicht erhalten, wenn Sie ein anderes Objekt aktivieren, sondern wird durch die Farbe dieses Objekts ersetzt.

> **Achtung bei Farbfeldern!**
> Die meisten Farbfelder in einer auf den Standarddokumentprofilen basierenden Datei sind lokale Farbfelder. Auch wenn sie zur sofortigen Anwendung verführen, denken Sie daran, dass die Farbfelder sich nicht so verhalten, wie Sie es von FreeHand her gewohnt sind.

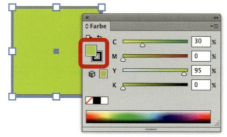

◂ **Abbildung 23.35**
Farbmischer (FreeHand) und Farbe-Bedienfeld (Illustrator) mit dem Auswahlfeld für Flächen- und Konturfarbe

23.6.3 Warum funktionieren die Farbfelder nicht richtig?

In FreeHand sind alle angelegten Farbfelder »global«. Das heißt, wenn Sie Änderungen an einer Farbfelddefinition vornehmen, werden alle Objekte aktualisiert, die dieses Farbfeld verwenden. Illustrator unterscheidet zwischen globalen und lokalen Farbfeldern. Lokale Farbfelder verlieren die Verbindung zum Objekt, nachdem Sie das Objekt mit der Farbe versehen haben, und globale Farbfelder verhalten sich wie FreeHands Farbfelder. Sie erstellen ein globales Farbfeld, indem Sie die Option Global im Dialog Neues Farbfeld ankreuzen.

Damit das Farbfeld wie gewohnt funktioniert, müssen Sie die Option Global gesetzt haben, bevor Sie es dem ersten Objekt zuweisen. Wenn Sie ein Volltonfarbfeld erzeugen, wird dieses immer als globales Farbfeld definiert. Globale Farbfelder erkennen Sie im Farbfelder-Bedienfeld an dem »Eselsohr« und in der Listenansicht an dem Symbol.

▴ **Abbildung 23.36**
Dialogbox Farbfeldoptionen mit Einstellung für globales Farbfeld

23.6.4 Wie lege ich Abstufungen einer Farbe an?

Von globalen Farbfeldern lassen sich Abstufungen (Farbtöne) erzeugen. Für die Einstellung von Farbtönen gibt es in Illustrator kein eigenes Bedienfeld. Sie verwenden dafür ebenfalls das Farbe-Bedienfeld, das sich automatisch anpasst, sobald ein globales Farbfeld im Farbfelder-Bedienfeld angeklickt oder ein Objekt mit einer globalen Farbe ausgewählt wurde. Auch Farbtöne können Sie als Farbfeld speichern.

▴ **Abbildung 23.37**
Einstellen von Tonwerten

▲ Abbildung 23.38
Musterfüllungen

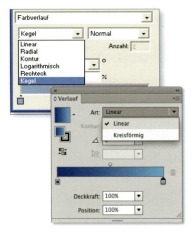

▲ Abbildung 23.39
Von FreeHands Vielfalt (oben und rechts) bleiben in Illustrator nur lineare und radiale Verläufe.

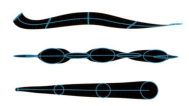

▲ Abbildung 23.40
Die Konturstärke können Sie durch Neigung, Rundheit und/oder Größe der kalligrafischen Pinselspitze beeinflussen.

Alternative Breitenwerkzeug

Kalligrafische Konturen können Sie auch mit dem Breitenwerkzeug erzielen. Es lässt sich punktgenauer und einfacher handhaben als Pinsel (s. Abschnitt 9.3).

23.6.5 Kachelfüllungen und Rasterungen

Um ein Objekt mit einer Kachelfüllung zu versehen – Illustrator bezeichnet diese Füllung als »Muster« –, müssen Sie zunächst den Rapport erstellen (s. Kapitel 16). Das erstellte Farbfeld lässt sich anschließend Objekten sowohl als Füllung als auch als Kontur zuweisen. Als Musterfüllung können Sie Vektor- oder Bitmap-Objekte verwenden.

23.6.6 Verläufe

Im Gegensatz zu FreeHand kennt Illustrator nur zwei Arten von Verläufen: lineare und kreisförmige Verläufe (s. Abschnitt 9.6). Alle anderen Arten von Verläufen müssen Sie entweder mithilfe von Mischungen (bzw. »Angleichungen«, wie sie in Illustrator genannt werden) oder Verlaufsgittern erzeugen (Angleichungen s. Abschnitt 10.6).

23.6.7 Wie ziehe ich kalligrafische Pfade?

Wenn Sie Pfade mit variabler Konturstärke durch freihändige Eingabe (z.B. mit einem Grafiktablett) erzeugen, verwenden Sie dafür das Pinsel-Werkzeug mit einem Kalligrafiepinsel oder das Tropfenpinsel-Werkzeug. Im Kalligrafie- sowie im Tropfenpinsel entsteht die Konturvariation nicht nur durch Änderung des Durchmessers, sondern anhand dreier Merkmale werden traditionelle Schreibwerkzeuge simuliert (Abbildung 23.40).

Das Tropfenpinsel-Werkzeug ist eher mit FreeHands Variablem-Strich-Stift- bzw. dem Kalligrafiestift-Werkzeug vergleichbar als der Kalligrafiepinsel, da es gleich Vektorflächen aus gezeichneten Linien erzeugt (s. Abschnitt 7.3).

In einem mit dem Pinsel-Werkzeug gezeichneten Pfad werden dagegen die mit dem Stift auf dem Grafiktablett weitergegebenen Eigenschaften wie Druck oder Stiftneigung gespeichert, sodass Sie zu einem späteren Zeitpunkt auf Basis dieser Merkmale die Pinsel-Einstellung variieren können.

23.6.8 Objekte am Pfad verformen mit Pinseln

Illustrators Pinsel finden Sie im Pinsel-Bedienfeld. Die fünf verschiedenen Arten von Pinselkonturen lassen sich jedem Pfad zuweisen. Sie dienen nicht nur dazu, kunstvolle Bordüren und Rahmen herzustellen oder analoge Malwerkzeuge nachzubilden, sondern können auch für Konstruktionszwecke eingesetzt werden. Mit Pinseln versehene Konturen lassen sich in Pfade umwandeln.

23.7 Spezial-Objekte und -Effekte

23.7.1 Mischungen/Angleichungen

Mischungen – in Illustrator als »Angleichungen« bezeichnet – erstellen Sie entweder mit dem Angleichen-Werkzeug oder mit dem Menübefehl OBJEKT • ANGLEICHEN • ERSTELLEN (s. Abschnitt 10.6).

Wie in FreeHand ist es möglich, die Achse zu ersetzen. Das Ersetzen der Achse durch eine geschlossene Form führt in Illustrator nicht zum gewünschten Ergebnis. Die einfachste Lösung ist, den Pfad an einer Stelle aufzutrennen.

▲ Abbildung 23.41
Bildpinsel und Musterpinsel; umgewandelte Pinselkontur (unten)

◀ Abbildung 23.42
Das Ersetzen der Achse durch einen geschlossenen Pfad (links und Mitte) kann zu unerwarteten Resultaten führen. Öffnen Sie den Pfad an einer Stelle durch einen Schnitt.

23.7.2 Objekte verzerren

Verzerrungen erstellen Sie mit den Verflüssigen-Werkzeugen, die allerdings die Vektorpfade direkt verformen. Illustrators Verflüssigen-Werkzeuge können Sie mit dem drucksensitiven Stift eines Grafiktabletts variabel steuern.

▲ Abbildung 23.43
Verflüssigen-Werkzeuge

23.7.3 Hüllenobjekte

Die (nichtdestruktiven) Verzerrungshüllen können Sie als »Verkrümmung« auf Objekte anwenden. Wählen Sie aus den verschiedenen vorgegebenen Hüllenformen unter OBJEKT • VERZERRUNGSHÜLLE. Darüber hinaus können Sie aus eigenen Formen Verzerrungshüllen erzeugen. Die Hüllenform sowie Gitterlinien für eine Verformung des innenliegenden Bereichs lassen sich individuell anpassen.

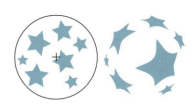

▲ Abbildung 23.44
Aufblasen-Werkzeug

▲ **Abbildung 23.45**
Etliche Übungen in diesem Buch nutzen Live-Effekte, um möglichst lange Änderungen zu ermöglichen.

23.7.4 Warum gibt es viele Funktionen nochmal als Effekt?

Wenn Sie einem Pfad wie in FreeHands Objekt-Bedienfeld eine Eigenschaft »live« zuweisen wollen (sodass sie sich auch wieder entfernen lässt), benutzen Sie dafür einen Effekt. Sie finden Effekte im gleichnamigen Menü und unter dem Button NEUEN EFFEKT ZUWEISEN im Aussehen-Bedienfeld. Die zugeordneten Effekte verwalten Sie ebenfalls mit dem Aussehen-Bedienfeld.

Als Effekte können Sie auch viele Operationen anwenden, die in der normalen Anwendung bereits »live« sind, wie Verzerrungshüllen oder die Formmodi der zusammengesetzten Formen. Der Sinn dieser Option ergibt sich u. a. aus der Zusammenfassung von Effekten und anderen Aussehen-Eigenschaften in Grafikstilen.

▲ **Abbildung 23.46**
Die Drehung von Objekten entlang der Extrusionsachse und Extrusionspfade gibt es in Illustrator nicht.

23.7.5 3D-Objekte konstruieren

Mit den 3D-Effekten richten Sie je ein einzelnes Objekt in seinem dreidimensionalen Raum aus. Es ist möglich, isometrische oder perspektivische Ansichten zu generieren und dabei unterschiedliche Kamerabrennweiten zu simulieren. Mehrere Objekte teilen sich nicht einen gemeinsamen 3D-Raum.

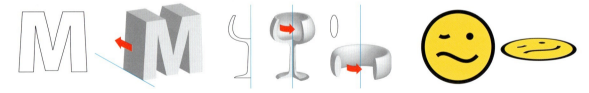

▲ **Abbildung 23.47**
Illustrators 3D-Effekte EXTRUDIEREN, KREISELN und DREHEN

Ebenso wie in FreeHand lassen sich die Attribute der Extrusion zu einem späteren Zeitpunkt weiter editieren. Zusätzlich zu Extrusionskörpern können Sie Rotationskörper erstellen (KREISELN) und Objekte im dreidimensionalen Raum drehen – Letzteres entspricht FreeHands 3D-Rotations-Werkzeug.

Illustrators 3D-Objekte können Sie mit Oberflächen-Mapping versehen, um z. B. Packungsdesigns zu visualisieren.

Die Option, Objekte entlang eines Pfades zu extrudieren oder sie um den Extrusionspfad zu drehen, finden Sie in Illustrator nicht.

23.7.6 Kann man in Illustrator eine Prägung erstellen?

▲ **Abbildung 23.48**
Einige der Grafikstile von Illustrator

Durch die Kombination von Effekten, Transparenzen und Füllungen können Sie sehr komplexe Aussehen-Eigenschaften für Ihre Objekte zusammenstellen. Die mitgelieferten Grafikstil-Bibliotheken – FENSTER • GRAFIKSTIL-BIBLIOTHEKEN – beweisen es. Mit den Stilen in diesen Bibliotheken können Sie Formen bauen, die mit FreeHands Prägeeffekten vergleichbar sind.

Als pixelbasierte Effekte stehen Ihnen darüber hinaus für diese und ähnliche Zwecke viele Photoshop-Filter zur Verfügung.

23.7.7 Transparenz

Die produktionssichere Verarbeitung von Transparenz ist einer der großen Trümpfe von Illustrator – dies nicht nur im RGB-, sondern auch im CMYK-Farbmodus sowie in Verbindung mit Sonderfarben. Es steht eine große Anzahl der z. B. aus Photoshop bekannten Füllmethoden zur Verfügung, mit denen Vektorobjekte versehen werden können. Die Zuweisung von Füllmethoden und Deckkrafteinstellungen nehmen Sie mithilfe des Transparenz-Bedienfeldes für ein ganzes Objekt oder getrennt für dessen einzelne Konturen und Flächen vor.

Ebenfalls mit dem Transparenz-Bedienfeld lassen sich die bereits erwähnten Deckkraftmasken (sie funktionieren wie Alpha-Kanäle in der Bildbearbeitung) für Objekte anlegen.

Bei der Ausgabe von Transparenz muss diese verflacht und teilweise auch in Pixeldaten umgerechnet werden. Dies sollte möglichst spät im Prozess geschehen. Falls Sie Transparenz in Ihren Grafiken verwenden, beschäftigen Sie sich ausgiebig mit den Zusammenhängen, erst dann können Sie alle Möglichkeiten voll ausschöpfen (s. Abschnitt 12.4).

> **Keine Angst vor Transparenz**
>
> Transparenz können Sie in Illustrator – im Gegensatz zu FreeHand – sicher verwenden. In sehr engem Zusammenhang mit dem Einsatz von Transparenz steht die Vermeidung von EPS als Austauschformat: Es unterstützt keine Transparenz.

▲ **Abbildung 23.49**
Darstellung einer Deckkraftmaske im Transparenz-Bedienfeld

23.8 Text

23.8.1 Textobjekte, Pfadtexte, Textfelder

Illustrator kennt drei Arten von Textobjekten: Punkttext, Pfadtext und Flächentext. Sie lassen sich nicht mit Bordmitteln ineinander umformen – durch den Einsatz von Skripten ist es jedoch möglich.

▶ **Flächentexte** verhalten sich wie FreeHands Texte, deren Inhalt sich an die Größe des Rahmens anpasst. Es ist jedoch nicht möglich, Flächentexte so einzustellen, dass sie sich automatisch an die Textlänge anpassen. Um einen Flächentext zu erstellen, klicken Sie nicht einfach auf die Zeichenfläche, sondern erzeugen per Klicken und Ziehen einen Textrahmen, in den Sie anschließend den Text einfügen oder eingeben. Sie können auch frei geformte Pfade in Flächentexte umwandeln, indem Sie mit dem Text-Werkzeug hineinklicken.

> **Übersatz erkennen**
>
> Achten Sie in Illustrator immer auf das rote Pluszeichen ⊞ am Ende eines Flächen- oder Pfadtextes. Es signalisiert Übersatz.

▲ **Abbildung 23.50**
Einen Flächentext erzeugen Sie wie in einem Layoutprogramm per Click & Drag.

▲ **Abbildung 23.51**
Für diese Konstruktion benötigen Sie in Illustrator zwei Kreishälften, an die jeweils ein Text gesetzt wird.

> **Textrahmen anpassen**
>
> Wenn Flächentext»rahmen« in Illustrator an die Textlänge angepasst werden müssen, hilft das Skript »FitToTextContent (version 2)« von *www.kelsocartography.com*.

▲ **Abbildung 23.52**
Weder für die Konturenformen noch, um den Verlauf zuzuweisen, muss das Textobjekt in Pfade umgewandelt werden.

▲ **Abbildung 23.53**
Skalieren von Flächentexten mit dem Skalieren-Werkzeug

▸ Ein einfacher Klick mit dem Text-Werkzeug erzeugt einen **Punkttext**. Die Länge des Textobjekts passt sich immer der Anzahl der Zeichen an.

▸ Um einen **Pfadtext** zu erstellen, zeichnen Sie zunächst den Pfad und wandeln diesen durch einen Klick mit dem Pfadtext-Werkzeug in ein Pfadtext-Objekt um. Erst dann geben Sie den Text ein. Um einen ober- und unterhalb des Objekts laufenden Pfadtext zu erzeugen, benötigen Sie zwei Pfade (s. Workshop auf S. 471).

Mit den Optionen von Illustrators Textsatz-Engine lassen sich Texte sehr gut ausgleichen. Die Einstellungen für den Umbruch finden Sie im Bedienfeldmenü des Absatz-Bedienfeldes.

Sehr komplex kann sich die Anwendung von Füllungen, Effekten und anderen Aussehen-Eigenschaften gestalten, da Sie diese nicht nur einzelnen Zeichen, sondern den Objekten insgesamt zuweisen können (s. Abschnitt 14.8). In Illustrator müssen Sie Textobjekte auch nicht in Pfade umwandeln, um ihnen Verläufe zuzuweisen (s. Abschnitt 14.8.2).

Flächentexte transformieren | Einen Flächentext können Sie in Illustrator an allen Anfassern seines Begrenzungsrahmens ziehen, um die Fläche zu skalieren. Möchten Sie die Schrift mit dem Rahmen skalieren, verzerren oder drehen, verwenden Sie die entsprechenden Werkzeuge bzw. das Frei-transformieren-Werkzeug.

23.9 Ausgabe

Der Umstieg auf Illustrator bedeutet zum einen in den meisten Fällen den Abschied von EPS als Austauschformat und zum anderen einen wesentlich einfacheren Einsatz von PDF.

23.9.1 Soft-Proof

Die Auswirkungen von Überdrucken-Einstellungen und Transparenz-Optionen sowie eine an den Lab-Werten orientierte Vorschau von Schmuckfarben simulieren Sie mit der Überdruckenvorschau, erreichbar unter ANSICHT • ÜBERDRUCKENVORSCHAU.

Ist Ihr System farbkalibriert und das Farbmanagement von Illustrator Ihrem Workflow entsprechend eingerichtet, können Sie durch das Aktivieren von ANSICHT • FARBPROOF zumindest einen ungefähren Eindruck vom (Druck-)Ergebnis erhalten.

23.9.2 Für Ausgabe sammeln

Wenn Sie das Update auf Version 16.1.0 über die Creative Cloud erhalten haben, finden Sie diesen Befehl unter DATEI • VERPACKEN. Anderenfalls bleibt nur das Skript COLLECT FOR OUTPUT, das jedoch keine Schriften sammelt.

Schriften können in Illustrator-Dokumente eingebettet werden, sie stehen dann zur Verfügung, wenn die Datei in einem Layoutprogramm platziert wird. Wird das Dokument in Illustrator geöffnet, muss die Schrift auf dem Computer installiert sein (s. Abschnitt 4.7).

▲ **Abbildung 23.54**
Für Ausgabe sammeln per Skript

23.9.3 PDFs speichern oder drucken?

Sie haben in Illustrator zwei Möglichkeiten, ein PDF zu erzeugen: über den Drucken-Dialog/Acrobat sowie durch Speichern (nur bei Letzterem kann Transparenz »live« erhalten bleiben). Beide Methoden führen mit geeigneten Optionen zu drucktauglichen Ergebnissen. Um Ihr PDF auf die jeweiligen Anforderungen zuzuschneiden, stehen viele Optionen zur Verfügung (s. Kapitel 20).

> **EPS?**
> Der Datei-Austausch über EPS sowie das Drucken eines PDFs ist nur noch in Ausnahmefällen anzuraten.

FreeHand	Illustrator
Alternierende Füllung	Füllregel GERADE-UNGERADE
Anschlusspunkt (alt: Verbindungspunkt)	kein Äquivalent
Ausgabebereichswerkzeug	Zeichenflächen-Werkzeug
Auslösen	Aussehen umwandeln
Bedienfelder	Bedienfelder (alt: Paletten)
Bedienfeld OBJEKT	Aussehen-Bedienfeld
Bedienfeld MISCHER	Farbe-Bedienfeld
Bezigonwerkzeug	kein Äquivalent
Eckpunkt	Eckpunkt
Einfügeablage	Arbeitsfläche
Einfügepfad, INNEN EINFÜGEN	Schnittmaske
Extrudieren	3D-Effekt
Freiformwerkzeug	Verkrümmen-Werkzeug
Freigeben	UMWANDELN
Füllung	Fläche
Grafiksprühdose	Symbol-aufsprühen-Werkzeug
Griff (alt: Anfasser)	Grifflinie, Griff(punkt)
Grobansicht	Pfadansicht
Importieren	PLATZIEREN

▲ **Tabelle 23.1**
Begriffe von äquivalenten Objekten, Werkzeugen und Befehlen in FreeHand und Illustrator

FreeHand	Illustrator
Kachel, Kachelfüllung	Muster, Musterfeld
Kalligrafiestift-Werkzeug	Tropfenpinsel-Werkzeug
Kalligrafiestrich (Attribut)	Kalligrafie-Pinsel
Kurvenpunkt	Übergangspunkt
Live-Vektoreffekte	Effekte
Messer-Werkzeug	Schere-Werkzeug
Mischung (alt: ELEMENTE VEREINIGEN)	Angleichung
Nachzeichnungswerkzeug	BILDNACHZEICHNER (alt: INTERAKTIV NACHZEICHNEN)
Neigungswerkzeug	Verbiegen-Werkzeug
Objekt-Bedienfeld	Aussehen-Bedienfeld
Öffnung (Stanzloch)	Subtrahieren
Pfad (alt: Zeichenweg)	Pfad
Pfad zoomen	Pfad verschieben
Pinsel/Malen	Bild-Pinsel
Pinsel/Sprühen	Muster-Pinsel
Punkt	Ankerpunkt
Reflexionswerkzeug	Spiegeln-Werkzeug
Rotationswerkzeug	Drehen-Werkzeug
Seite	Zeichenfläche
Skalierungswerkzeug	Skalieren-Werkzeug
Standardvorlage	Dokumentprofil (alt Startdatei)
Stiftwerkzeug	Zeichenstift-Werkzeug
Strich	Kontur
Strich erweitern	Konturlinie
Teilauswahlwerkzeug	Direktauswahl-Werkzeug
Transformationsgriffe	Begrenzungsrahmen
Trennen	Fläche aufteilen
Überschneidung	Schnittmenge
Umhüllung	Verzerrungshülle
Variabler-Strich-Stiftwerkzeug	Tropfenpinsel-Werkzeug
Vereinigen	Hinzufügen
Winkelgrenze	Gehrungsgrenze
Winkelverbindung	Gehrungsecke
Zeiger	Auswahlwerkzeug
Zusammengesetzte Pfade	Zusammengesetzte Pfade
Zuschneiden	Schnittmengenfläche

▲ Tabelle 23.1
Begriffe von äquivalenten Objekten, Werkzeugen und Befehlen in FreeHand und Illustrator

Kapitel 24
Werkzeuge und Kurzbefehle

24.1 Das Werkzeugbedienfeld

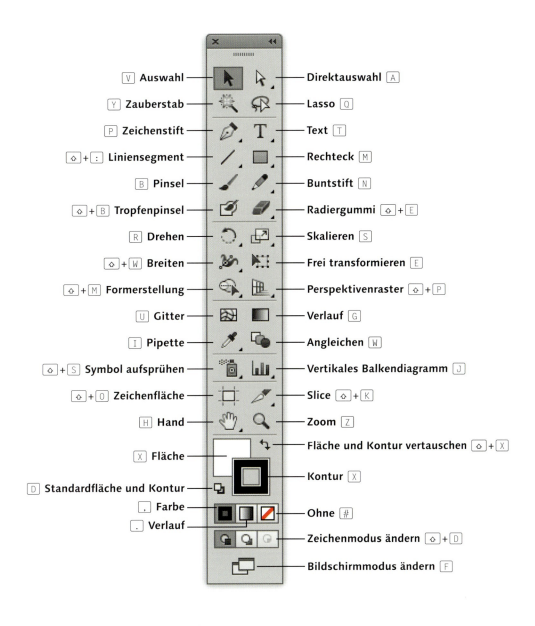

Kapitel 24 Werkzeuge und Kurzbefehle

24.2 Alle Werkzeuge auf einen Blick

❶
- Zeichenstift [P]
- Ankerpunkt hinzufügen [+]
- A. löschen [-]
- A. konvertieren [⇧]+[C]

❷
- Liniensegment [⇧]+[\]
- Bogen
- Spirale
- Rechteckiges Raster
- Radiales Raster

❸
- Drehen [R]
- Spiegeln [O]

❹
- Breitenwerkz. [⇧]+[W]
- Verkrümmen [⇧]+[R]
- Strudel
- Zusammenziehen
- Aufblasen
- Ausbuchten
- Kristallisieren
- Zerknittern

❺
- Formerstellungswerkzeug [⇧]+[M]
- Interaktiv malen [K]
- Interaktiv-malen-Auswahl [⇧]+[L]

❻
- Pipette [I]
- Mess-Werkzeug

❼
- Symbol aufsprühen [⇧]+[S]
- S. verschieben
- S. stauchen
- S. skalieren
- S. drehen
- S. färben
- S. transp. gestalten
- S. gestalten

❽
- Hand-Werkzeug [H]
- Druckaufteilung

❾
- Direktauswahl [A]
- Gruppenauswahl

❿
- Text-Werkzeug [T]
- Flächentext
- Pfadtext
- Vertikaler Text
- V. Flächentext
- V. Pfadtext

⓫
- Rechteck [M]
- Abger. Rechteck
- Ellipse [L]
- Polygon
- Stern
- Blendenflecke

⓬
- Buntstift [N]
- Glätten
- Löschen

⓭
- Radiergummi [⇧]+[E]
- Schere [C]
- Messer

⓮
- Skalieren [S]
- Verbiegen
- Form ändern

⓯
- Perspektivenraster [⇧]+[C]
- Perspektivenauswahl [⇧]+[V]

⓰
- Vertikales Balkendiagramm [J]
- Gestapeltes vertikales Balkend.
- Horizontales Balkend.
- Gest. horizontales Balkend.
- Liniendiagramm
- Flächendiagramm
- Streudiagramm
- Kreisdiagramm
- Netzdiagramm

⓱
- Slice-Werkzeug [⇧]+[K]
- Slice-Auswahl

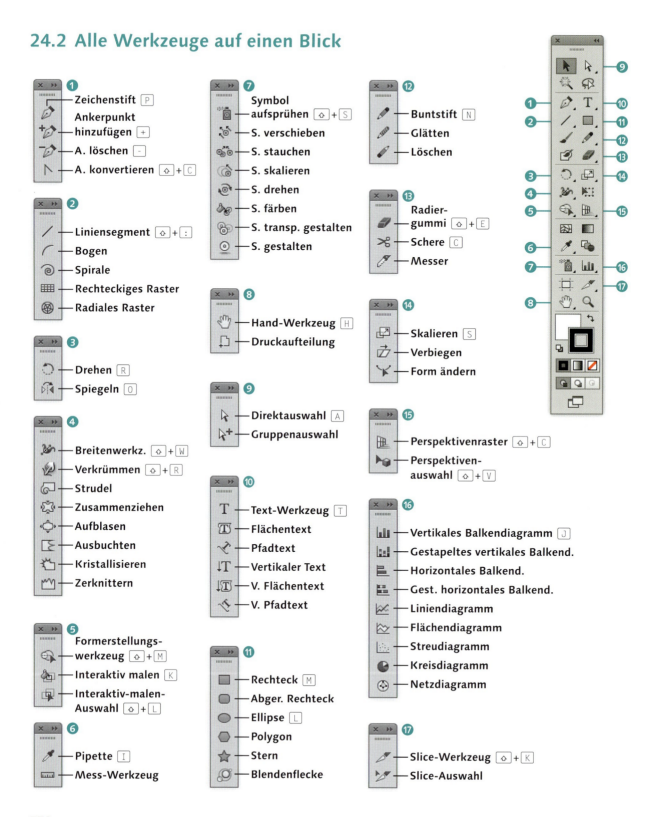

24.3 Tastatur-Kurzbefehle
24.3.1 Menübefehle

Datei	Mac-Shortcut	Windows-Shortcut
Neu...	⌘+N	Strg+N
Neu mit gleichen Einstellungen (ohne Dialog)	⌘+⌥+N	Strg+Alt+N
Neu aus Vorlage...	⌘+⇧+N	Strg+⇧+N
Öffnen...	⌘+O	Strg+O
Bridge durchsuchen...	⌘+⌥+O	Strg+Alt+O
Schließen	⌘+W	Strg+W
Alle schließen	⌘+⌥+W	Strg+Alt+W
Speichern	⌘+S	Strg+S
Speichern unter...	⌘+⇧+S	Strg+⇧+S
Kopie speichern...	⌘+⌥+S	Strg+Alt+S
Für Web speichern...	⌘+⌥+⇧+S	Strg+Alt+⇧+S
Zurück zur letzten Version	F12	F12
Verpacken (ab Version 16.1.0)	⌘+⌥+⇧+P	Strg+Alt+⇧+P
Skripten • Anderes Skript...	⌘+F12	Strg+F12
Dokument einrichten...	⌘+⌥+P	Strg+Alt+P
Dateiinformationen...	⌘+⌥+⇧+I	Strg+Alt+⇧+I
Drucken...	⌘+P	Strg+P
Beenden		Strg+Q

Bearbeiten	Mac-Shortcut	Windows-Shortcut
Rückgängig	⌘+Z	Strg+Z
Wiederholen	⌘+⇧+Z	Strg+⇧+Z
Ausschneiden	⌘+X oder F2	Strg+X oder F2
Kopieren	⌘+C oder F3	Strg+C oder F3
Einfügen	⌘+V oder F4	Strg+V oder F4
Davor einfügen	⌘+F	Strg+F
Dahinter einfügen	⌘+B	Strg+B
An Originalposition einfügen	⌘+⇧+V	Strg+⇧+V
In alle Zeichenflächen einfügen	⌘+⌥+⇧+X	Strg+Alt+⇧+X
Rechtschreibprüfung	⌘+I	Strg+I
Farbeinstellungen...	⌘+⇧+K	Strg+⇧+K
Tastaturbefehle...	⌘+⌥+⇧+K	Strg+Alt+⇧+K
Voreinstellungen • Allgemein		Strg+K
Voreinstellungen • Einheit		Strg+Alt+1

Objekt	Mac-Shortcut	Windows-Shortcut
Transformieren		
Erneut transformieren	⌘+D	Strg+D
Verschieben…	⌘+⇧+M	Strg+⇧+M
Einzeln transformieren…	⌘+⌥+⇧+D	Strg+Alt+⇧+D
Anordnen		
In den Vordergrund	⌘+⇧+9	Strg+⇧+9
Schrittweise nach vorne	⌘+⌥+⇧+V	Strg+Alt+⇧+V
Schrittweise nach hinten	⌘+⌥+⇧+R	Strg+Alt+⇧+R
In den Hintergrund	⌘+⇧+8	Strg+⇧+8
Gruppieren	⌘+G	Strg+G
Gruppierung aufheben	⌘+⇧+G	Strg+⇧+G
Sperren • Auswahl	⌘+2	Strg+2
Andere sperren	⌘+⌥+⇧+2	Strg+Alt+⇧+2
Alle entsperren	⌘+⌥+2	Strg+Alt+2
Ausblenden • Auswahl	⌘+3	Strg+Num 3
Andere ausblenden	⌘+⌥+⇧+4	Strg+Alt+⇧+4
Alles einblenden	⌘+⌥+3	Strg+Alt+Num 3
Filter		
Letzten Filter anwenden	⌘+E	Strg+E
Letzter Filter	⌘+⌥+E	Strg+Alt+E
Pfad		
Zusammenfügen	⌘+J	Strg+J
Durchschnitt berechnen	⌘+⌥+J	Strg+Alt+J
Durchschnitt berechnen und zusammenfügen	⌘+⌥+⇧+J	Strg+Alt+⇧+J
Angleichen		
Erstellen	⌘+⌥+B	Strg+Alt+B
Zurückwandeln	⌘+⌥+⇧+B	Strg+Alt+⇧+B
Verzerrungshülle		
Mit Verkrümmung erstellen…	⌘+⌥+⇧+W	Strg+Alt+⇧+W
Mit Gitter erstellen…	⌘+⌥+M	Strg+Alt+M
Mit oberstem Objekt erstellen	⌘+⌥+C	Strg+Alt+C
Inhalt/Hülle bearbeiten	⌘+⇧+P	Strg+⇧+P
Interaktiv malen		
Erstellen	⌘+⌥+X	Strg+Alt+X
Schnittmaske		
Erstellen	⌘+7	Strg+7
Zurückwandeln	⌘+⌥+7	Strg+Alt+7

24.3 Tastatur-Kurzbefehle

Objekt	Mac-Shortcut	Windows-Shortcut
Zusammengesetzter Pfad		
Erstellen	⌘+8	Strg+8
Zurückwandeln	⌘+⌥+⇧+8	Strg+Alt+⇧+8

Schrift	Mac-Shortcut	Windows-Shortcut
In Pfade umwandeln	⌘+⇧+O	Strg+⇧+O
Verborgene Zeichen einblenden	⌘+⌥+I	Strg+Alt+I

Auswahl	Mac-Shortcut	Windows-Shortcut
Alles auswählen	⌘+A	Strg+A
Alles auf der aktiven Zeichenfläche	⌘+⌥+A	Strg+Alt+A
Auswahl aufheben	⌘+⇧+A	Strg+⇧+A
Erneut auswählen	⌘+6	Strg+Num 6
Nächstes Objekt darüber	⌘+⌥+9	Strg+Alt+⇧+Num 9
Nächstes Objekt darunter	⌘+⌥+Num 8	Strg+Alt+⇧+Num 8

Effekt	Mac-Shortcut	Windows-Shortcut
Letzten Effekt anwenden	⌘+⇧+E	Strg+⇧+E
Letzter Effekt	⌘+⌥+⇧+E	Strg+Alt+⇧+E

Ansicht	Mac-Shortcut	Windows-Shortcut
Vorschau/Pfadansicht	⌘+Y	Strg+Y
Überdruckenvorschau	⌘+⌥+⇧+Y	Strg+Alt+⇧+Y
Pixelvorschau	⌘+⌥+Y	Strg+Alt+Y
Einzoomen	⌘+⇧+O	Strg+Alt+⇧+*
Auszoomen	⌘+-	Strg+-
In Fenster einpassen	⌘+0	Strg+0
Alle in Fenster einpassen	⌘+⌥+0	Strg+Alt+0
Originalgröße	⌘+1	Strg+1
Ecken ein-/ausblenden	⌘+H	Strg+H
Zeichenfläche ein-/ausblenden	⌘+⇧+H	Strg+⇧+H
Vorlage ein-/ausblenden	⌘+⇧+W	Strg+⇧+W
Lineale		
Lineale ein-/ausblenden	⌘+R	Strg+R
In Zeichenflächenlineale/globale Lineale ändern	⌘+⌥+R	Strg+Alt+R
Begrenzungsrahmen ein-/ausblenden	⌘+⇧+B	Strg+⇧+B
Transparenzraster ein-/ausblenden	⌘+⇧+D	Strg+⇧+D

Ansicht	Mac-Shortcut	Windows-Shortcut
Textverkettungen ein-/ausblenden	⌘+⇧+Y	Strg+⇧+Y
Verlaufsoptimierer ein-/ausblenden	⌘+⌥+G	Strg+Alt+G
Hilfslinien		
Hilfslinien ein-/ausblenden	⌘+,	Strg+,
Hilfslinien sperren	⌘+⌥+,	Strg+Alt+,
Hilfslinien erstellen	⌘+5	Strg+Num 5
Hilfslinien zurückwandeln	⌘+⌥+5	Strg+Alt+Num 5
Intelligente Hilfslinien	⌘+U	Strg+U
Perspektivenraster		
Raster einblenden	⌘+⇧+I	Strg+⇧+I
Raster ein-/ausblenden	⌘+<	Strg++
Am Raster ausrichten	⌘+⇧+<	Strg+⇧++
An Punkt ausrichten	⌘+⌥+<	Strg+Alt++

Fenster	Mac-Shortcut	Windows-Shortcut
Attribute	⌘+F11	Strg+F11
Ausrichten	⇧+F7	⇧+F7
Aussehen	⇧+F6	⇧+F6
Ebenen	F7	F7
Farbe	F6	F6
Farbhilfe	⇧+F3	⇧+F3
Grafikstile	⇧+F5	⇧+F5
Info	⌘+F8	Strg+F8
Kontur	⌘+F10	Strg+F10
Pathfinder	⌘+⇧+F9	Strg+⇧+F9
Pinsel	F5	F5
Schrift		
Absatz	⌘+⌥+T	Strg+Alt+T
OpenType	⌘+⌥+⇧+T	Strg+Alt+⇧+T
Tabulatoren	⌘+⇧+T	Strg+⇧+T
Zeichen	⌘+T	Strg+T
Symbole	⌘+⇧+F11	Strg+⇧+F11
Transformieren	⇧+F8	⇧+F8
Transparenz	⌘+⇧+F10	Strg+⇧+F10
Verlauf	⌘+F9	Strg+F9

Hilfe	Mac-Shortcut	Windows-Shortcut
Illustrator-Hilfe	F1	F1

Illustrator	Mac-Shortcut
Voreinstellungen Allgemein	⌘+K
Voreinstellungen Einheit	⌘+⌥+⇧+N
Andere ausblenden	⌘+⌥+H
Illustrator beenden	⌘+Q

24.3.2 Bedienfelderfunktionen

Aussehen-Bedienfeld	Mac-Shortcut	Windows-Shortcut
Neue Fläche hinzufügen	⌘+⇧+7	Strg+⇧+7
Neue Kontur hinzufügen	⌘+⌥+⇧+7	Strg+Alt+⇧+7

Ebenen-Bedienfeld	Mac-Shortcut	Windows-Shortcut
Neue Ebene	⌘+L	Strg+L
Neue Ebene mit Dialog	⌘+⌥+L	Strg+Alt+L

Pathfinder-Bedienfeld	Mac-Shortcut	Windows-Shortcut
Formmodus od. Pathfinder erneut anwenden	⌘+4	Strg+4

Symbole-Bedienfeld	Mac-Shortcut	Windows-Shortcut
Neues Symbol	F8	F8

24.3.3 Textbearbeitung

Absatz-Bedienfeld	Mac-Shortcut	Windows-Shortcut
Text linksbündig ausrichten	⌘+⇧+L	Strg+⇧+L
Text zentrieren	⌘+⇧+C	Strg+⇧+C
Text rechtsbündig ausrichten	⌘+⇧+R	Strg+⇧+R
Blocksatz, letzte Zeile linksbündig	⌘+⇧+J	Strg+⇧+J
Absoluter Blocksatz (Blocksatz, alle Zeilen)	⌘+⇧+F	Strg+⇧+F
Auto-Silbentrennung aktivieren/deaktivieren	⌘+⌥+⇧+H	Strg+Alt+⇧+H
Zeilen-Setzer aktivieren/deaktivieren	⌘+⌥+⇧+C	Strg+Alt+⇧+C

Zeichen-Bedienfeld	Mac-Shortcut	Windows-Shortcut
Schrift um 2 Pt vergrößern	⌘+⇧+.	Strg+⇧+.
Schrift um 2 Pt verkleinern	⌘+⇧+,	Strg+⇧+,
Schrift um 10 Pt vergrößern	⌘+⌥+⇧+.	Strg+Alt+⇧+.
Schrift um 10 Pt verkleinern	⌘+⌥+⇧+,	Strg+Alt+⇧+,
Kerning um 20 Einheiten vergrößern	⌘+⌥+⇧+9	Strg+Alt+⇧+9
Kerning um 20 Einheiten verkleinern	⌘+⌥+⇧+8	Strg+Alt+⇧+8
Laufweite um 20 Einh. vergrößern/verkleinern	⌥+→/←	Alt+→/←
Laufweite um 100 Einh. vergrößern/verkleinern	⌘+⌥+→/←	Strg+Alt+→/←
Bedienfeld aufrufen und Fokus auf Laufweite	⌘+⌥+K	Strg+Alt+K
Laufweite löschen	⌘+⌥+Q	Strg+Alt+Q
Zeilenabstand vergrößern/verkleinern	⌥+↓/↑	Alt+↓/↑
Zeilenabstand vergr./verkl. (vertikaler Text)	⌥+→/←	Alt+→/←
Grundlinienversatz um 2 Einheiten vergrößern/verkleinern	⌥+⇧+↓/↑	
Grundlinienversatz um 10 Einheiten vergrößern/verkleinern	⌘+⌥+⇧+↓/↑	
Grundlinienversatz um 2 Einheiten vergrößern/verkleinern (vertikaler Text)	⌥+⇧+→/←	
Grundlinienversatz um 10 Einheiten vergrößern/verkleinern (vertikaler Text)	⌘+⌥+⇧+→/←	
Bedienfeld aufrufen und Fokus auf Schrift	⌘+⌥+⇧+F oder M	Strg+Alt+⇧+F
Horizontale Skalierung 100 %	⌘+⇧+X	Strg+⇧+X

Cursor in Texten bewegen	Mac-Shortcut	Windows-Shortcut
An den Anfang des Textobjekts	⌘+↑	Strg+↑
Ans Ende des Textobjekts	⌘+↓	Strg+↓
An den Anfang des Textobjekts (vertikaler Text)	⌘+→	Strg+→
Ans Ende des Textobjekts (vertikaler Text)	⌘+←	Strg+←
An den Zeilenanfang	↖	Pos1
Ans Zeilenende	↘	Ende
Gleiche Position in nächster Zeile	↓	↓
Gleiche Position in voriger Zeile	↑	↑
Gleiche Position in nächster Zeile (vertikal)	←	←
Gleiche Position in voriger Zeile (vertikal)	→	→
Ein Wort vor	⌘+→	Strg+→
Ein Wort zurück	⌘+←	Strg+←
Ein Wort vor (vertikaler Text)	⌘+↓	Strg+↓
Ein Wort zurück (vertikaler Text)	⌘+↑	Strg+↑

24.3 Tastatur-Kurzbefehle

Cursor in Texten bewegen	Mac-Shortcut	Windows-Shortcut
Ein Zeichen vor	→	→
Ein Zeichen zurück	←	←
Ein Zeichen vor (vertikaler Text)	↓	↓
Ein Zeichen zurück (vertikaler Text)	↑	↑
Eingabe beenden und zum Auswahl-Werkzeug	esc	Esc

Texteingabe	Mac-Shortcut	Windows-Shortcut
Zeilenumbruch	⇧+↵	⇧+↵
„ (öffnende Anführungszeichen)	⌥+⇧+W	Alt+Num 0 1 3 2
" (schließende Anführungszeichen)	⌥+2	Alt+Num 0 1 4 7
‚ (öffnende einfache Anführungszeichen)	⌥+S	Alt+Num 0 1 3 0
' (schließende einfache Anführungszeichen)	⌥+#	Alt+Num 0 1 4 5
' (Apostroph)	⌥+⇧+#	Alt+Num 0 1 4 6
» (öffnende Guillemets)	⌥+⇧+Q	Alt+Num 0 1 8 7
« (schließende Guillemets)	⌥+Q	Alt+Num 0 1 7 1
› (öffnende einfache Guillemets)	⌥+⇧+N	Alt+Num 0 1 5 5
‹ (schließende einfache Guillemets)	⌥+⇧+B	Alt+Num 0 1 3 9
© (Copyright)	⌥+G	Alt+Num 0 1 6 9
® (eingetragene Marke)	⌥+R	Alt+Num 0 1 7 4
• (Listenpunkt)	⌥+Ü	Alt+Num 0 1 4 9
… (Auslassungspunkte)	⌥+.	Alt+Num 0 1 3 3

24.3.4 Objektbearbeitung

Werkzeug-Bedienfeld	Mac-Shortcut	Windows-Shortcut
Auswahl-Werkzeuge wechseln	⌘+⌥+⇥	
Auswahl-Werkzeuge wechseln (temporär)	⌘ und/oder ⌥ halten	Strg und/oder Alt halten
Vertauschen von Kontur- und Flächenfarbe des aktivierten Objekts	⇧+X	⇧+X

Objekte bewegen	Mac-Shortcut	Windows-Shortcut
Nach oben, unten, links, rechts verschieben	↑, ↓, ←, →	↑, ↓, ←, →
Um das Zehnfache verschieben	⇧+↑, ↓, ←, →	⇧+↑, ↓, ←, →

Den Abstand, um den Sie Objekte mit den Pfeiltasten verschieben, stellen Sie ein unter VOREINSTELLUNGEN • ALLGEMEIN • SCHRITTE PER TASTATUR.

Symbol-Werkzeuge	Mac-Shortcut	Windows-Shortcut
Durchmesser erhöhen	⇧+<	⇧+<
Durchmesser verringern	<	<
Intensität erhöhen	⇧+)	⇧+)
Intensität verringern	⇧+(	⇧+(

Tropfenpinsel-, Radiergummi-, Borstenpinsel-Werkzeug	Mac-Shortcut	Windows-Shortcut
Durchmesser erhöhen	⇧+<	⇧+<
Durchmesser verringern	<	<

Borstenpinsel-Werkzeug	Mac-Shortcut	Windows-Shortcut
Farbdeckkraft eingeben	0-9	0-9

24.3.5 Sonstige

	Mac-Shortcut	Windows-Shortcut
Maßeinheiten wechseln	⌘+⌥+⇧+U	Strg+Alt+⇧+U
Alle Bedienfelder ausblenden	⇥	⇥
Alle außer Werkzeug-Bedienfeld ausblenden	⇧+⇥	⇧+⇥
Werkzeug-Spitze als Fadenkreuzcursor	⇪	⇧
Zu nächstem Dokument wechseln	⌘+⇧+´	Strg+⇥ oder Strg+F6
Zu nächster Dokumentgruppe wechseln	⌘+⌥+⇧+´	Strg+Alt+⇥ oder Strg+Alt+F6
Zeichenflächen blättern	⌥+⇧+↑, ⌥+⇧+↓	Bild↑, Bild↓
Zeichenflächenmodus		
Zu nächster Zeichenfläche blättern	⌥+→, ⌥+↓	Alt+→, Alt+↓
Zu voriger Zeichenfläche blättern	⌥+←, ⌥+↑	Alt+←, Alt+↑

Kapitel 25
Plug-ins für Illustrator

Illustrators Funktionsumfang lässt sich durch Plug-ins erweitern. Einige interessante Plug-ins möchte ich Ihnen vorstellen.

Leider stehen bisher (August 2012) nur wenige Plug-ins für Illustrator CS6 zur Verfügung, daher sind viele Screenshots in diesem Kapitel aus der jeweiligen Vorversion. Vollversionen aller Plug-ins können Sie direkt bei den Herstellern unter den jeweils angegebenen URLs erwerben.

Dort finden Sie auch weiterführende Informationen. Alle Plug-ins liegen in englischer Sprache vor.

25.1.1 CADtools

Werkzeuge für das Erstellen von 2D-CAD-Zeichnungen und Isometrien sowie für die Bearbeitung und Bemaßung von Zeichnungen.
www.hotdoor.com/cadtools

▶ Windows und Mac

▼ **Abbildung 25.1**
Vermaßungs- und Label-Werkzeuge von CADtools

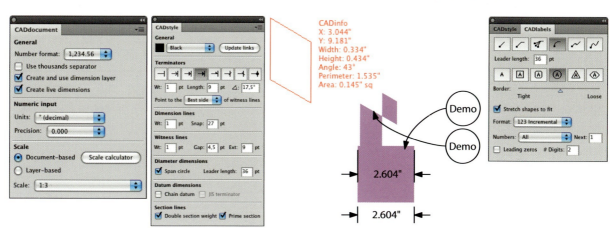

25.1.2 FilterIT

Verschiedene Werkzeuge, mit denen Objekte ähnlich wie mit Hüllen verformt werden können. FilterIT ermöglicht jedoch eine dreidimensionale Illusion. Ein Metabrush-Werkzeug verstreut Objekte nach definierbaren Kriterien entlang des Werkzeugpfads.
www.cvalley.com
▶ Windows und Mac

▼ **Abbildung 25.2**
Verformungs-Funktionen von FilterIT

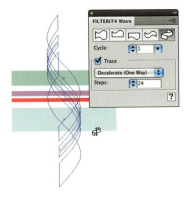
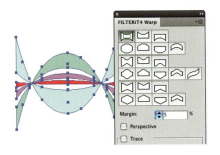

25.1.3 InkScribe

Mit seinen beiden Werkzeugen bietet es Ersatz für Illustrators Zeichenstift- und Buntstift-Werkzeug. Mit dem Dynamic Sketch-Tool können Sie gestenunterstützt zeichnen und z. B. überstehende Pfadteile durchstreichen, um sie zu löschen. Es erzeugt auch variable Konturstärken auf Basis einer drucksensitiven Eingabe, die Sie mit einer Art Gradationskurve steuern können. Das InkScribe-Tool ermöglicht das Konstruieren ohne Werkzeugwechsel (ähnlich wie in FreeHand) inklusive direktem Verformen des Pfads und komfortablem Umwandeln von Ankerpunkten. Interessant ist, dass Sie damit Konnektorpunkte – also Punkte, die eine Kurve und eine Gerade glatt verbinden – setzen und diese auch weiter bearbeiten können.
www.astutegraphics.com
▶ Windows und Mac

▼ **Abbildung 25.3**
InkScribe-Bedienfeld; intuitives Arbeiten mit dem Dynamic Sketch-Werkzeug von InkScribe; direktes Biegen von Pfaden mit dem InkScribe-Werkzeug; Bewegen von Konnektorpunkten

25.1.4 Mesh Tormentor

Das Bedienfeld des Plug-ins Mesh Tormentor stellt eine Reihe von äußerst nützlichen Spezialfunktionen zur Bearbeitung von Verlaufsgittern und Verzerrungshüllen bereit. Die Funktionen erlauben z. B. das Umwandeln der unberechenbaren Knoten in problemlos editierbare Vertexpunkte, das Verschieben der Farben entlang der Gitterlinien, das Verbinden oder Aufteilen von Gittern und das automatische Einfärben eines Gitters auf Basis einer Pixelvorlage.
www.meshtormentor.com
▶ Windows und Mac

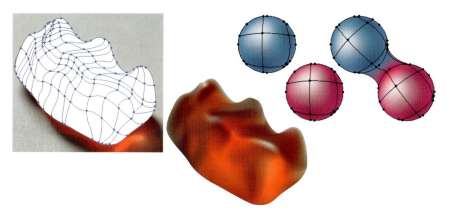

▼ **Abbildung 25.4**
Automatisches Einfärben eines Gitters anhand einer Vorlage; Verbinden zweier Verlaufsgitter; Mesh-Tormentor-Bedienfeld

25.1.5 Scoop

Scoop sammelt die für die Ausgabe benötigten Dateien wie Fonts und platzierte Bilder und speichert sie mit der Illustrator-Datei.
www.worker72a.com
▶ Mac

25.1.6 Phantasm CS

Die aus Photoshop bekannten Farbkorrekturwerkzeuge (Tonwertkorrektur, Gradationskurven, Farbton/Sättigung und andere) können Sie mit diesem Plug-in wahlweise als Filter oder als Live-Effekte auf Vektorobjekte anwenden. Darüber hinaus lassen sich mit Phantasm CS vektorbasierte Halbtonraster aus Vektorgrafik oder platzierten Rasterbildern generieren, das Dokument mit unterschiedlichen Ausgabevorschaumodi (u. a. einer Farbdeckungsvorschau) überprüfen und Farbkanäle nachbearbeiten, d. h., unterdrücken oder gegeneinander austauschen.
www.astutegraphics.com
▶ Windows und Mac

▲ **Abbildung 25.5**
Scoop-Dialogbox

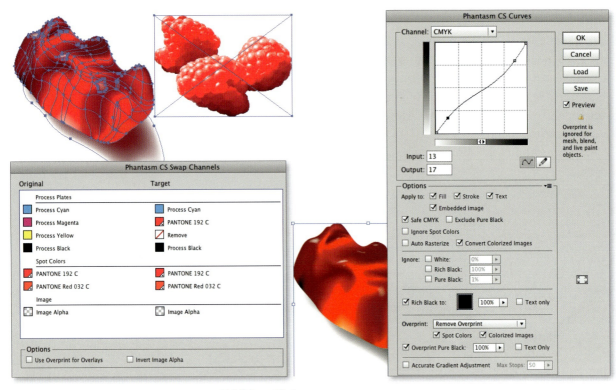

▲ **Abbildung 25.6**
Vertauschen der Farbkanäle eines Gitters und eines platzierten Rasterbildes; Anwenden einer Gradationskurve

25.1.7 QuickCarton

Erzeugt eine Karton-Stanzform nach Eingabe einiger Parameter.
www.worker72a.com
▶ Mac

▲ **Abbildung 25.7**
QuickCarton-Bedienfeld

25.1.8 SelectEffects

Wenn im Dokument Effekte und Transparenzen angewendet sind, können Sie betroffene Objekte mit diesen Funktionen filtern.
www.worker72a.com
▶ Mac

▲ **Abbildung 25.8**
Menübefehl zum Einpassen der aktivierten Objekte ins Fenster

25.1.9 Zoom to Selection

Ergänzt das Ansicht-Menü, sodass Sie auf ausgewählte Objekte zoomen oder sie ins Fenster einpassen können.
www.worker72a.com
▶ Mac

25.1.10 SubScribe

Mit den 14 Werkzeugen von SubScribe können Sie schwierige Konstruktionen einfach erstellen. Sie können Kreise aus zwei oder drei Punkten zeichnen, Tangenten zwischen beliebigen Kreisen ziehen, Objekte senkrecht ausrichten, Kreise tangential an Pfaden konstruieren oder offene Pfade mit passenden Kurven verbinden.
www.astutegraphics.com

▼ **Abbildung 25.9**
SubScribe-Werkzeuge; Verbinden zweier Kreise mit Tangenten; Zeichnen eines Kreises tangential zu zwei weiteren Kreisen

▶ Windows und Mac

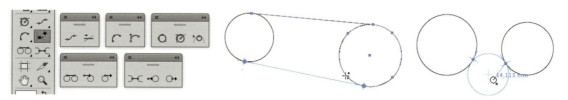

25.1.11 SymmetryWorks

Auch mit dem neuen Musterbearbeitungsmodus ist dieses Plug-in nicht überflüssig, da Sie damit Muster aus einfachen Grundobjekten nach allen 17 Regeln der Mustertheorie erstellen können. Auf der Website finden Sie umfangreiche Dokumentationen zu SymmetryWorks und zur Erstellung von Mustern.
www.artlandia.com/products/SymmetryWorks/

▶ Windows und Mac

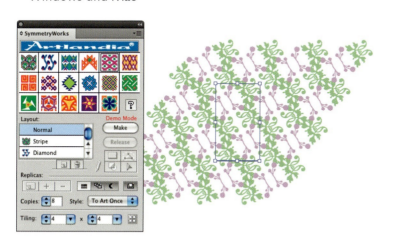

◀ **Abbildung 25.10**
SymmetryWorks-Bedienfeld mit generiertem Muster

25.1.12 VectorScribe

VectorScribe versieht Illustrator mit einigen lange überfälligen Funktionen, wie etwa Formen (Ellipse, Polygon, Rechteck, Stern, Kreis, Donut), die auch nach dem Erstellen editierbar sind. Um diese Formen zu erstellen, benötigt das Plug-in nur ein Werkzeug. Darüber hinaus können Sie

Kapitel 25   Plug-ins für Illustrator

▼ **Abbildung 25.11**
Dynamic Shapes-Bedienfeld mit Sternform; PathScribe-Bedienfeld; Dynamic Measure-Bedienfeld; Anwenden von dynamischen Ecken

mit dem Dynamic-Corners-Tool editierbare Eckenrundungen mit einem exakt bestimmbaren Radius erstellen. Ein Werkzeug zur umfangreichen Pfadbearbeitung und ein exaktes, einrastendes Mess-Werkzeug mit konfigurierbarem Maßstab sind ebenfalls vorhanden.
www.astutegraphics.com
▶ Windows und Mac

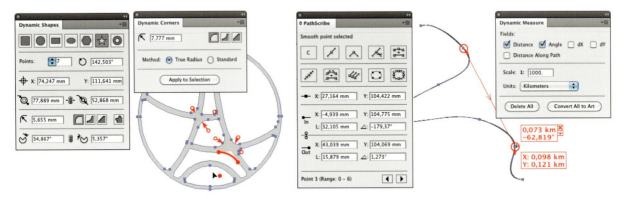

25.1.13 WhiteOPDetector und WhiteOP2KO

WhiteOPDetector sucht überdruckende weiße Objekte. WhiteOP2KO wandelt die Überdrucken-Eigenschaft in Aussparen um.
www.worker72a.com
▶ Mac

▲ **Abbildung 25.12**
Meldung des Prüftools White Overprint Detector

25.1.14 Xtream Path

Eine Sammlung von Pfadbearbeitungsfunktionen und Werkzeugen, z. B. zum direkten Manipulieren von Pfadsegmenten, Anlegen von Rundungen oder Generieren von Symmetriegruppen periodischer Muster.
www.cvalley.com
▶ Windows und Mac

▼ **Abbildung 25.13**
Bedienfelder mit einem direkten Hilfesystem; Werkzeuge; parallelisieren von Pfadsegmenten und einfügen von Teilpfaden in bestehende Pfade mit XTream Path

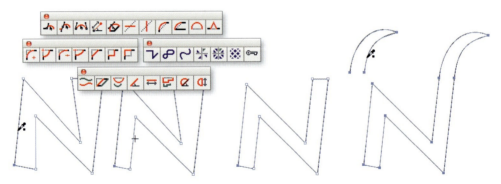

Index

1-Pixel-Linien 694
3D 601
  abgeflachte Kante 599
  Abschluss 600
  Animationen 585
  Ausrichtung der Objekte im Raum 603
  Beleuchtung 605, 606
  Bildmaterial 612
  Diffuse Schattierung 605
  Drahtmodell 605
  Drahtmodelldarstellung 605
  Drehen 603
  eigene Kantenprofile 600
  Extrudieren 597
  Extrusionsobjekt 599
  Fehldarstellungen 605
  Grundformen 598
  Gruppen 598
  in Vektorpfade umrechnen 610
  Kantenprofile hinzufügen 600
  Kreiseln 601
  Kugel 614
  Kunststoffschattierung 605
  Lichtintensität 606
  Lokale und globale Achsen 602
  Mapping 611
  Oberfläche 605, 611
  Objekte erzeugen 597
  Packungssimulation 612
  Perspektive 604
  Rotationsobjekt 601
  Schattierung 605
  Spiegelung 604
  Spitzlicht 606
  Spotlicht 607
  Transparenz 598
  Umgebungslicht 606
3D-Grafik erstellen 615
9-Slice-Skalierung 714

A

Abdunkeln (Füllmethode) 396
Abgeflachte Kante (3D) 600
Abgeflachte Linienecken 256
Abgeflachter Abschluss 256
Abgerundete Linienecken 256
Abgerundeter Abschluss 256
Abgerundetes-Rechteck-Werkzeug 107
Abpausen
  s. Bildnachzeichner 639
Absatz-Bedienfeld 495
Absätze
  Abstand 497
  Ausrichtung 495
  Ausrichtung (Dialogbox) 499
  Einzug 496
  Format 506
  formatieren 495
  hängender Einzug 496
Absatz-Formate
  s. Zeichen- und Absatz-Formate 505
Absatzmarken 479
Abschluss (3D) 600
Abspieloptionen 735
Abstand messen 81
Abstand verteilen 138, 140
Achse ersetzen 344
Achse umkehren 344
additive Farbmischung 202
Adobe AIR 748
Adobe Bridge 47
Adobe Ideas 627
Adobe Illustrator ClipBoard 659
Adobe Premiere 722
AfterEffects 722
  Wichtige Einstellungen 726
AI
  Was wird gespeichert? 91

AICB 659
AI-Ebenen in SWF-Frames 713
Aktionen 733
  abspielen 734
  Aufgaben per Menü hinzufügen 736
  aufzeichnen 735
  editieren 735
  erstellen 735
  Fehlersuche 735
  Optionen 738
  verwalten 738
Aktionen-Bedienfeld 733
  Aktionen ersetzen 739
  Schaltflächenmodus 734
  Stapelverarbeitung 739
  zurücksetzen 739
Aktivieren 110
Alles einblenden 120
Alle-Zeilen-Setzer 498
Alpha-Kanal 350
Alter Gaußscher Weichzeichner 446
alter Text 477
  Ganzen alten Text aktualisieren 477
Andockbereich 38
Anführungszeichen 479
Angleichen-Werkzeug 340
Angleichung 339, 340, 341, 344
  Achse 341
  Drehen 342
  Effekte angleichen 342
  Gruppen angleichen 342
  Mit Angleichungen illustrieren 344
  Optionen 343
  Symbole angleichen 342
  Transparenzen angleichen 341
  Umwandeln 344
Angleichungsfarbe (Transparenz) 395
Ankerpunkte 55, 141
  Arten 143
  ausrichten 158
  auswählen 153

Index

automatisch hinzufügen 164
bearbeiten 156
bewegen 156
Gitter 296
hinzufügen (Verlaufsgitter) 299
horizontal und/oder vertikal zentrieren 158
konvertieren 159
löschen 161
Merkmale 146
Position 172
transformieren 157
unter Mauszeiger hervorheben 143
Ankerpunkt-hinzufügen-Werkzeug 164
Ankerpunkt-konvertieren-Werkzeug 159
Ankerpunkt-löschen-Werkzeug 162
Anordnen 115
An Pixel ausrichten 69, 694
An Pixelraster ausrichten 132, 695
Anschnitt 63
Ansicht
  Ein- und Auszoomen 68
  Ganze Zeichenfläche 68
  Originalgröße 68
Anti-Aliasing 349
Anti-Aliasing-Methode 516
Anwendungsrahmen 43
An Zeichenfläche ausrichten 137
AppleScript 744
Arbeitsbereich 727
  aufrufen 728
  speichern 727
  verwalten 728
Arbeitsfarbräume 205
Arbeitsfläche 34
Art Box (PDF) 626
Asiatische Optionen 493
Attribute-Bedienfeld 313
  Füllregeln 168
  Imagemap 707
  Mitte aus/einblenden 121
  Notiz 737
  überdrucken 670
Aufblasen-Werkzeug 197
Auf Grundform reduzieren 380
Aufhellen (Füllmethode) 396
Aufrauen-Effekt 436
Ausbuchten-Werkzeug 197
Ausgewählte Gruppe isolieren 330

Auslassungszeichen 481
Ausrichten
  an Pfad (mit Angleichung) 342
  an Pfad (mit Pinsel) 270
  an Referenzobjekt 138
  an Zeichenfläche 136
  Punkte ausrichten 158
  Schnittmasken 139
  Text 495
Ausrichten-Bedienfeld 135
  Punkte ausrichten 158
  Übersicht 140
Ausrichtung (Drucken) 682
Ausrichtungslinien 85
Ausrichtung (Zeichenfläche) 62
Ausschluss (Füllmethode) 397
Aussehen
  Attribute 373
  Gruppen, Ebenen, Symbole 378
  Textobjekte 508
  umwandeln 379
Aussehen-Attribute (Auswahl) 280
Aussehen-Bedienfeld 373
  anzeigen 373
  Darstellung 373
  Effekte 374
  Flächen anlegen 375
  Konturen anlegen 375
  Sichtbarkeit 374
Aussehen-Eigenschaften 373
  anordnen 377
  Ausdrucken 379
  bearbeiten 376
  duplizieren 376
  Ebenen 367
  löschen 380
  Sichtbarkeit 377
  speichern 382
  Stapelreihenfolge 378
  Textobjekte 509
  übertragen 381
  und Gruppen 378
  vom Objekt entfernen 380
  zuordnen 376
Aussehen von Schwarz 674
Aussparungsgruppe 399
Auswahl
  Alle Ankerpunkte eines Objekts 112
  Alle Objekte 114
  Ankerpunkt 154

  auf der aktiven Zeichenfläche 114
  auf Farb- und Objektbasis 278
  aufheben 114
  aus der Auswahl herausnehmen 111
  Aussehen 379
  bearbeiten 115
  Darstellung 154
  Darunter-/darüberliegende 114
  Deckkraft oder Füllmethode 398
  Erneut auswählen 280
  Freihand 156
  Gleich 280
  Grifflinien 155
  Instanzen eines Symbols 568
  Kontextmenü 114
  mehrere Objekte 111
  Pfad 154
  Pfade und Punkte ausblenden 155
  Pfadsegment 155
  speichern 114
  Textobjekt 470
  Textpfad 473
  umkehren 114
  Zeichen 478
  Ziel 364
Auswahl-Werkzeug 110
  Cursor-Anzeige 153
  Modifikationstasten , 113
  temporär aufrufen 157
Auszoomen 68
Automatisieren 733
Autotrace
  s. Bildnachzeichner 636

B

Balkendiagramm 528
Banding 678
Barrierefreiheit
  Farbkombinationen 232
Batch 739
Bearbeitungsspalte 354
Bedienfelder 36
  abreißen 35
  aktiv 36
  alle ausblenden 38
  andocken 37
  aufrufen 36

Index

bewegen 36
Größe 36
Gruppen 36
Helligkeit 40
schließen 36
Begrenzungsrahmen 111
  ausblenden 111
  Vorschaubegrenzungen verwenden 111
  zurücksetzen 111
Benutzerdefinierte Arbeitsbereiche 727
Beschnittzugabe 674, 684
  anlegen 63
  ausdrucken 683
  Bedeutung 674
  PDF 666
Bevel 599
Bézier, Pierre 54
Bézierkurven 54, 141
Bibliotheken 42
  Anzeigeoptionen 43
  aufrufen 42
  durchblättern , 42
  Inhalte ins Dokument übernehmen 43
  laden , 42
  Überflüssige entfernen 43
Bild
  ausbetten 626, 630
  beschneiden 632
  einbetten 630
  Einbettung aufheben 630
  einfärben 634
  einrahmen 635
  importieren 624
Bildachse 80
Bildauflösung 619
  Print 667
Bildbearbeitungsfilter 442
Bildmaterial neu färben 234
  Farben verschieben 241
  Farbreduktionsoptionen 245
  in neuer Zeile zusammenfassen 242
  Muster 559
  Neue Farbe einstellen 243
  Schwarz korrigieren 250
  Sortierung 240
  Symbole 569
  vom Umfärben ausschließen 244
  Zurücksetzen 247

Zuweisen 238
Bildmaterial zuweisen (3D) 613
Bildnachzeichner 636, 639
  Aufbereitung der Bilder 638
  EPS 639
  erstellen 639
  Farbfelder-Bibliothek 642
  Funktionsweise 636
  Live-Verknüpfung lösen 647
  Mittellinien 645
  Optionen 640
  Original bearbeiten 646
  Palette 642
  Schwarz-Weiß-Umsetzung 640
  Schwellenwert 642
  Umwandeln 647
  Verläufe 637
  Vorlagen 637
  Zurückwandeln 647
Bildnachzeichner-Bedienfeld 640
Bildpinsel 179, 266
  Ecken 268
  s. Pinsel 266
  Überlappung 268
  und Füllregeln 269
Bildschirmaufbau beschleunigen 363
Bildschirmpräsentation 209
Bitmaps kolorieren 632
Bleed Box (PDF) 626
Blendenflecke 455
  Optionen 456
  Umwandeln 457
Blendenflecke-Werkzeug 455
Blend Modes 394
Blitzer 511, 668
Blob-Brush
  s. Tropfenpinsel-Werkzeug 188
Bogensegment 101
Bogen (Verzerrungshülle) 347
Bogen-Werkzeug 101
  Basisachse 101
  Größe 101
  Referenzpunkt 101
Bokeh 446
Borstenpinsel 184
  Deckkraft ändern 187
  Einstellungen 186
  Größe ändern 187
  Innen zeichnen 185
  in Pixelbild umwandeln 445
  malen 184

  neu erstellen 186
  Transparenz 413
  Vorschau 184
Bounding Box (PDF) 626
Breitenprofile 259
Breitenpunkte 259
Breitenwerkzeug 259
Bristle Brush
  s. Borstenpinsel 184
Buchfarben 216
  Optionen 225
Buchstabenpaare 490
Buntstift-Werkzeug 175
  Ausgewählte Pfade bearbeiten 179
  Genauigkeit 178
  geschlossenen Pfad zeichnen 177
  Glättung 178
  korrigieren 176
  Pfade ergänzen 176
  Pfade verbinden 177
  Schraffuren 179
Button
  erstellen 511

C

Carriage Return 495
Paul de Casteljau 55
CCITT 665
Cels 713
Color Burn (Füllmethode) 396
Color Dodge (Füllmethode) 396
Color (Füllmethode) 396
Color Management Modul 207
ColorSync 207
Comic
  Vektorisieren 638
Composite (Drucken) 684
Composite (Schriftformat) 483
Condensed (Schrift) 490
Copy & Paste 118
CorelDraw
  Export 662
  Importieren 627
CR 495
Creative Cloud 627
Crop Box (PDF) 626

Index

D

Dahinter auswählen 113
Dahinter/Davor einfügen 119
Dahinter zeichnen 115
   Perspektivenraster 595
Darken (Füllmethode) 396
Darstellungsmodus 69
Darunter liegende Objekte teilen 321
Datei
   erstellen 61
   letzte Version 90
   öffnen 63
   öffnen (nicht nativ) 622
   Speichern 90
Dateiformat 90
   Auswahl 96
   nativ 90
   nicht nativ 90
Dateiinformationen 94
Datensatz 750
   aktualisieren 750
   erfassen 750
   laden 750
   speichern 750
Daumennagel-Skizze 169
DCS 629
Deckkraft 394
Deckkraft definiert Aussparung 407
Deckkraftmasken 403
   Alpha-Kanal 403
   bearbeiten 407
   deaktivieren 407
   Deckkraftmaskenverknüpfung 405
   Ebenen 404
   erstellen 404
   Freistellung 406
   invertieren 406
   leere Maske erstellen 404
   Maskengruppe bearbeiten 407
   Maskengruppe ergänzen 407
   Objekt in Maske umwandeln 404
   Schnittmasken 406
   Verknüpfung mit Objekt 405
   vom Objekt entfernen 408
Dem Formbereich hinzufügen 314
Details zeichnen 169
Deuteranopie 232
DeviceN
   In Pixelbild umwandeln 446

   Verläufe 290
Diagramme
   3D 543
   Balkendesign 528
   bearbeiten 542
   Corporate-Design-Vorgaben 543
   Daten ändern 519
   Dateneingabe 519
   Daten-Eingabefeld 517
   Daten importieren 519
   Dezimalzahlen 518
   Diagrammdesign laden 534
   Diagrammdesigns ändern 534
   Ecke am Nullpunkt 525
   Elemente 520
   erstellen 517
   Farben und Schriften ändern 523
   Kategorien 518
   Kombinieren 538
   Legenden 518
   Pipe 519
   Punkte-Design 537
   skalieren 542
   Teilstriche 525
   umwandeln 546
   Werkzeuge 517
   Zeilen und Spalten vertauschen 520
Difference (Füllmethode) 396
Differenz (Füllmethode) 397
Distanz 80
Dock 38
Dokumentansicht
   aufrufen 70
   löschen 70
   speichern 70
   verwalten 70
Dokumente 61
   in Dokumenten navigieren 66
   Neu aus Vorlage 63
   neu erstellen 61
   öffnen 63
Dokumenteinstellungen 64
Dokumentfarbmodus 209
   wechseln 209
Dokumentfenster 33
   anordnen 45
   Objekte kopieren 46
   zusammenführen 46
Dokumentinformationen 690
Dokumentprofile 729
   anpassen 730

   auswählen 62
   erstellen 730
Dokumentraster 81
Dokument-Rastereffekt-Einstellungen 442
Doppel-Kontur 274
Downsampling 665
Drag & Drop 623
Drehen (3D) 603
Drehung (Grafiktablett) 183
Drehwinkel 81
Dreipunkt (Typografie) 481
»Drop Shadow«-Effekt 608
Druckaufteilung 66
druckbare Fläche anzeigen 66
Drucken 680
   Allgemeine Optionen 681
   Anschnitt 683
   auf mehrere Seiten aufteilen 682
   Dokumentdruckfarbe-Optionen 685
   Farbmanagement Optionen 687
   Grafiken Optionen 686
   Kurvennäherung 686
   Limitcheck 686
   Marken und Anschnitt Optionen 683
   Pfade 686
   Probleme 690
   Schwarz überdrucken 670
   seitenrichtig 685
   seitenverkehrt 685
   Skalierung 682
   Überdrucken-Eigenschaft 689
   Volltonfarben 685
Druckermarken 678
Druckerprofil 688
Druckerweiterung 674, 683
Druckfarben 684
Druck (Farbmodus) 209
Druck (Grafiktablett) 183
Druckmarkentyp 683
Druckvorgabe 680
Duplex-Bilder 623
Durchschnitt berechnen 158, 167
Durchschuss 487
Durchsuchen 64

Index

E

Ebene kristallografische Gruppe 552
Ebenen 361
  After Effects 361
  Alternative Versionen 363
  Animation 362
  beim Einfügen merken 363
  Bilder abblenden 359
  Drucken 359
  erstellen 357
  für Objekte erstellen 361
  Gruppen 356
  Hilfslinien 363
  Hintergrund/Vordergrundtrennung 363
  Optionen 357
  Reinzeichnungselemente 363
  Schnittmaske für 369
  verschieben 362
  Vorlage 355
  zusammenfügen 360
Ebenen-Bedienfeld 353
  Alle Objekte einer Ebene auswählen 365
  Aufbau 354
  Auge-Symbol 354
  Aussehen verschieben 367
  Auswahlspalte 364
  Auswahl-Symbol 365
  Bedienfeld-Optionen 355
  Ebenen und Elemente verschieben 362
  Elemente auswählen 359
  Elemente duplizieren 360
  Elemente löschen 361
  Fixierung 354
  Neue Ebene 357
  Neue Unterebene 357
  Objekt- und Ziel-Auswahl 364
  Quadrate 365
  Schloss-Symbol 354
  Sichtbarkeit 354
  Untergeordnete Objekte 356
  Vorlagen-Symbol 356
  Ziel-Symbol 366
Ebenenkompositionen 70
Ecken
  bei gestrichelten Linien 257
Ecken abrunden (Effekt) 428
Ecken ausblenden 155
Eckenradius 107
Eckpunkte 141
  umwandeln 160
Effekte 423
  anwenden 424
  Auflösungsunabhängig 445
  Aussehen-Bedienfeld 425
  editieren 377, 426
  erneut anwenden 424
  Reihenfolge 425
  umwandeln 427
  vom Objekt löschen 427
Effekte-Galerie 450
Eigenschaften 373
Einbetten 621
Einfache Leerzeichen 481
Einfärbe-Methode (Bildmaterial neu färben) 246
Einfärben 122, 211
Einfärben (Pinsel) 268
Einfügemarke 478
Einfügen
  An Originalposition 119
  Copy & Paste 118
  Davor/Dahinter 119
  In alle Zeichenflächen 119
Einheiten und Anzeigeleistung 78
Einrasttoleranz 85
Einzeilen-Setzer 498
Einzeln transformieren 134
Einzoomen 68
Ellipse-Werkzeug 107
Encapsulated PostScript 657
  s. EPS 657
Endpunkte 141
Entfernen von überlappenden Formbereichen 314
EPS
  Importieren 627
  Schriften einbetten 658
  Speichern 657
  Transparenz 421, 658
  veraltet 656
  Verknüpfen 627
  Verknüpfte Dateien 658
  Version 657
  Vorschau 658
  Was wird gespeichert? 91
Ergebnisfarbe (Transparenz) 395
Erneut transformieren 133
Erneut verbinden 629
Erste Grundlinie 467
ESTK 744
Exclusion (Füllmethode) 396
Exportieren
  AutoCAD 661
  Bildbearbeitung 656
  BMP 662
  DWG/DXF 661
  FXG 721
  GIF 705
  InDesign 659
  JPG 706
  Macintosh PICT 662
  Microsoft Office 662
  PDF 663
  Photoshop 659
  PNG 707
  PSD 659
  PSD-Exportoptionen 660
  SVG 708
  SWF 715
  TARGA 662
  TIFF 661
  TXT 662
  WMF/EMF 661
ExtendScript Toolkit 744
Externe Dateien integrieren 621
Extrudieren und abgeflachte Kante 599

F

Farbart 221
Farbe
  Fläche 211
  Füllung 211
  Hintergrundfarbe 65
  Kontur 211
  nummerisch definieren 213
  Schnittmaske 369
  speichern 219
  Tonwert 217
  überdrucken 670
  verwenden 210
  websichere 214
Farbe bearbeiten
  s. Interaktive Farbe 238
Farbe-Bedienfeld 212
  anzeigen 212

Index

Farben einstellen 212
Schnell aufrufen 213
Vergleich Illustrator-FreeHand 768
Farbe (Füllmethode) 397
Farbeinstellungen 204
Synchronisierung 205
Farbfehlsichtigkeit 232
Farbfeld-Arten 215
Buchfarben 216
CMYK-Farben 216
Ohne 216
Prozessfarbe 216
Vollton 216
Farbfelder 215
aus anderen Dokumenten laden 223
aus Bibliotheken übernehmen 43
aus verwendeten Farben erstellen 223
Bedienfeld 215
duplizieren 224
ersetzen 225
finden 218
global 221
Graustufen definieren 222
im Bildnachzeichner verwenden 642
in der Creative Suite austauschen 228
in neuen Dokumenten 223
lokal 221
löschen 228
mehrere aktivieren 227
Modifikationstasten 219
Neu 219
nicht benutzte löschen 228
nicht vorhanden 218
Optionen 220
Pantone, HKS 42
sortieren 218
Suchfeld 218
Tonwert definieren 222
Verlauf anlegen 222
Volltonfarbe definieren 221
zusammenfügen 225
zuweisen 224
Farbfelder-Bibliotheken
durchsuchen 218
laden 223
s. Bibliotheken 42
selbst erstellen 228

Farbfeld-Konflikt 224
Farbfeld-Optionen 220
Farbfilter 251
Farbbalance einstellen 251
Farben invertieren 254
Horizontal, Vertikal, Vorne->Hinten angleichen 254
in CMYK/RGB konvertieren 253
in Graustufen konvertieren 253
Sättigung erhöhen 253
Sättigung verändern 253
Farbgruppen
auflösen 227
erstellen 226
Farbfeld hinzufügen 227
und Farbhilfe 230
und Interaktive Farbe 235
Farbharmonie 229
Analog 229
generieren 230
Monochromatisch 229
Farbhilfe-Bedienfeld 229
Farbig abwedeln (Füllmethode) 396
Farbiges Papier simulieren 65
Farbig nachbelichten (Füllmethode) 396
Farbkontrollstreifen 678, 683
Farbmanagement 203
Drucken 687
Rendermethode 207
Richtlinien 205
Farbmetrisch 207, 688
Farbmodelle 201
CMYK 202
HSB/HLS 215
L*a*b 201
RGB 202
Farbmodus 63
Farbmusterbücher 207
Farbprofil 65, 208
ändern 209, 66
eingebettetes Profil löschen 66, 208
eingebettetes Profil verwenden 65, 208
Farbprofil-Konflikt 65, 208
in den Arbeitsfarbraum konvertieren 65, 208
zuweisen 209
Farbrad 236
Farbrichtung umkehren 344

Farbschemata 229
Farbspektrumleiste 213
Farbtafeln 42
Farbton (Füllmethode) 397
Farbwähler
Farbwerteatlas 207
Filter 424
anwenden 424
Fischauge 347
Fläche aufteilen 316
Flächendiagramm 538
Flächenfarbe 58
Flächentext 464
Abstand der ersten Zeile 467
erstellen 464
Form bearbeiten 466
Randabstände 466
Spalten und Zeilen 468
Textbereich skalieren 466
transformieren 465
transparente Fläche 510
umfließen 468
Fläche- und Kontur-Feld 211
Flagge (Verzerrungshülle) 347
Flash 712
9-Slice-Skalierung 715
angleichen 718
Animationen 719
Datei vorbereiten 712
importieren 628
in Flash importieren 719
Kontur-Strichelungen 712
speichern 715
SWF-Optionen 715
Symbole 714
Flatness (Drucken) 668
Flattener 411
Flattening (Ebenen) 361
Flattening (Transparenz) 411
Fluchtebenen 586
Fluchtpunkt 587
Folienplot 334
Font 483
Fehlende 489
Vorschau 489
Form-ändern-Werkzeug 162
Format 62
Formatlage 62
Formerstellungswerkzeug 321
Bereiche löschen 323
Bereiche zusammenfügen 323

Index

Konturen auftrennen 323
Optionen 322
Formmodus 314
Form-Werkzeuge 99, 170
  Modifikationstasten geschlossene Formen 104
  Modifikationstasten offene Formen 102
Fotorealistische Illustration
  Angleichungen 344
  mit Verlaufsgittern 302
  vektorisieren 638
Fotos
  platzieren 624
  vektorisieren 638
Fräsen (Grafik vorbereiten) 334
FreeHand
  äquivalente Begriffe 775
  Auswahl-Werkzeuge 153
  Dateien migrieren 757
  Export 662
  importieren 622
  Innen einfügen 766
  Kalligrafiestift 770
  Variabler-Strich-Stift 770
Adolph Freiherr von Knigge 463
Frei-transformieren-Werkzeug 130
Frei verzerren (Effekt) 429
Froschperspektive 588
Fülleimer
  s. *Interaktiv malen* 324
Füllmethoden 394
  Aussparungsgruppe auf Seite 400
  isolieren 399
  isolierte Füllmethode auf Seite 400
  per Tastatur zuweisen 394
  Schlagschatten 447
  Schwarz 398
  Volltonfarben 397
Füllmuster 548
Füllregel 168, 313
Füllung 211
Für Ausgabe sammeln 691
Für Web und Geräte speichern 698
FXG 720
  Datei einrichten 721
  Optionen 721

G

Ganze Zeichenfläche exportieren 697
Gaußscher Weichzeichner 446
  Alte Dateien 446
Gebrochene Ankerpunkte 145
Geglättetes Bildmaterial 620
Gehe zu Verknüpfung 629
Gehrungsecken 256
Gehrungsgrenze 256
Geometrische Objekte
  erstellen 99
Gepunktete Linie 257
Gerade (Form) 100
Gerade-Ungerade (Füllmethode) 313
Gesamt-Farbauftrag 675
Geschlossene-Form-Werkzeuge
  Modifikationstasten 104
Gestapeltes horizontales Balkendiagramm 528
Gestapeltes vertikales Balkendiagramm 526
Gestrichelte Linie 257
Geviert-, Halbgeviertstriche 481
GIF 705
  Dither 705
  Interlaced 706
  Optionen 705
  Transparenz 705
Gitterfelder 296
  bearbeiten 300
Gitterlinien 296
  hinzufügen 299
Gitterobjekte 295
Gitterpunkte 296
  bearbeiten 299
  hinzufügen 299
  löschen 300
Gitter-Werkzeug 298
Glätten-Werkzeug 191
  Voreinstellungen 191
Glättungsmethode (Text) 492
Gleiche Eigenschaften suchen 280
Globale Farbfelder 211
globale Lineale 79
Glyphen-Bedienfeld 482
Glyphenschutz 478
Grafikattribute-Bedienfeld
  s. *Attribute-Bedienfeld* 313
Grafikdaten verwalten 628

Grafiken für den Druck vorbereiten 667
Grafik sichtbar machen 67
Grafikstil-Bibliotheken 383
  s. *Bibliotheken* 42
Grafikstile 382
  Attribute ändern 385
  auf Objekte anwenden 382
  aufräumen 385
  aus Bibliotheken übernehmen 43
  duplizieren 384
  durch Grafikstil ersetzen 385
  einrichten 388
  erstellen 384
  kombinieren 384
  löschen 385
  neu definieren 385
  Textobjekte 383
  und Symbole 569
  Verbindung lösen 383
  Verlaufswinkelung 290
  vom Objekt entfernen 384
  Vorschau 383
  zuweisen 383
Grafikstile-Bedienfeld 382
Grafiktablett 175
Graustufen
  Farbfeld 217
  in Graustufen umwandeln 252
  kolorieren 632
Gravieren 680
Grifflinien 141
  aller ausgewählten Punkte 155
  Kurvenverlauf anpassen 158
  optimal 173
Griffpunkte 141
Grobansicht (FreeHand) 758
Grundfarbe (Transparenz) 395
Gruppe 117
  aufheben 118
  Aussehen 378
  gruppieren 117
  hierarchisch verschachtelt 117
  Isolationsmodus 371
  Objekte auswählen 113
  Objekte hinzufügen 117
Gruppenauswahl-Werkzeug 113
Guillochen 339
Gummiband 147

799

Index

H

Haarlinie 258, 318
Handskizzen 169
Hand-Werkzeug 68
  temporär 69
Hard Light (Füllmethode) 396
Harmonieregeln 229
Hartes Licht (Füllmethode) 396
Hart mischen 410
Hexadezimalwerte 214
Hilfslinien 81
  an Linealunterteilungen einrasten 83
  duplizieren 83
  fixieren 83
  generieren 82
  horizontal 83
  intelligente 85
  löschen 84
  lösen 83
  sperren 83
  und Ebenen 82
  und Raster 82
  vertikal 83
Hintere auswählen 113
Hinteres Objekt abziehen 318
Hinzufügen zum Formbereich 314
Hochgestellt 492
Horizontales Balkendiagramm 528
Hue (Füllmethode) 396
Hüllen
  s. Verzerrungshüllen 347
Hüllen-Optionen 349
Hunspell 498

I

ICC-Profile einbetten 93
ICC-Profil speichern 209
Imagemaps 707
  erstellen 707
  Hotspot 707
Importieren 476, 621
  CorelDraw 627
  DOC 476
  Drag & Drop 623
  EPS 627
  Flash 628
  FreeHand 622
  PDF 626
  Photoshop 624
  platzieren 622
  RTF 476
  TIFF 624
  TXT 476
  über die Zwischenablage 622
In den Hintergrund 116
In den Vordergrund 117
Indexziffern 492
Ineinander kopieren (Füllmethode) 396
In Fenster einpassen 68
Inferenzmodus 593
Info-Bedienfeld 80
Infografik 292
In Form umwandeln 428
  Optionen 428
Inkling 180
Inkpad (App) 627
Innen einfügen 368, 766
Innen zeichnen 368
  Borstenpinsel 185
In Pixelbild umwandeln 445, 515
In Profil konvertieren 208
In Raster teilen 88
Instanzen
  neues Symbol zuordnen 568
intelligente Hilfslinien 85
  und Auswahl von Pfaden 155
Interaktiv Abpausen
  s. Bildnachzeichner 639
Interaktive Farbe
  Pinsel 272
  s. Bildmaterial neu färben 234
Interaktiv malen
  Lücken mit Pfaden schließen 325
  Lückensuche 325
  Lückenvorschau 325
  Malgruppe 325
  Malgruppe erstellen und bearbeiten 326
  Mallücken einblenden 325
  Pfade ändern 328
  umwandeln 328
  Verläufe 327
  Werkzeug 326
  zurückwandeln 328
Interaktiv-malen-Auswahlwerkzeug 327
Interaktiv-malen-Werkzeug 327
Interaktiv nachzeichnen
  s. Bildnachzeichner 639
Interpolieren
  s. angleichen 340
Inverse Kinematik 141
Invertieren 214
Isolationsmodus
  aufrufen 371
  Gruppen 118
  Hierarchien navigieren 372
  im Isolationsmodus arbeiten 372
  interaktiv malen 328
  Pfadansicht 372
  Symbole 570
Isometrie 128
Isometrische Extrusion 608

J

Japanische Postersonne 105
JavaScript 744
Joint Photographic Expert Group 706
JPG 706
  Baseline-optimiert 706
  Optionen 706
  Qualität 706
jsx 745

K

Kachelfüllungen
  s. Muster 770
Kalligraphiepinsel 179
  Optionen 181
Kanten (Interaktiv malen) 325
Kapitälchen 491
Kategorienachse 526
Kerning 487, 488, 490
Klonen 132, 766
Knuth, Donald E. 498
Kombinationspunkte 145
Kompatibel 92
Komplementär
  Farbe-Bedienfeld 214
  Farbharmonie 229

Komplexe Bereiche beschneiden 415
Komplexität (Druckvorstufe) 667
Konischer Verlauf 307
Konnektorpunkt 173
Konstruktionsfilter und -effekte 427
Konstruktionshilfe 81
Konstruktionslinien 85
Kontextmenü 41
Kontur 255
  ausrichten 257
  Breitenprofile 259
  Eckenform 256
  Flash 712
  Gehrungsgrenze 256
  mehrere Konturen für einen Text 433
  Optionen 255
  Perspektivenraster 596
  Schnittmaske 369
  variabel 259
  Verlauf 288
  zu einer Seite ausrichten 262
Kontur aufteilen (Pathfinder) 318
Kontur-Bedienfeld 255
Konturen nachzeichnen 644
Konturen und Effekte skalieren 132
Konturierter Text 433
Konturlinie 333
Konturlinie (Effekt) 431
Kontur nachzeichnen (Effekt) 430
  für Textobjekte 513
Kontur-Optionen 266
Konturschrift 510
Konturstärke variieren 259
Koordinatensystem 78
Kopie
  beim Transformieren 122
Kreis 107
Kreisdiagramm 521
  Diagrammattribute 522
Kreiseln 601
Kreuzende Formen (Zeichnen) 171
Kristallisieren-Werkzeug 197
Krümmung 55
Kuler 232
  Bedienfeld 232
  in Kuler veröffentlichen 234
Kurven-Algorithmen 55

Kurvenpunkte 141
  mathematische Grundlagen 55
Kurventangenten 141
Kurvenverlauf 55

L

Lasso-Werkzeug 156
Layout-Features (OpenType) 481
Layoutraster erstellen 88
Leere Fläche (Dokument) 67
Leerzeichen 479
Legacy Text 477
Legende (Diagramm) 522
Letzte Dateien öffnen 64
Letzte Version 90
Ligaturen 480
Lighten (Füllmethode) 396
Limitcheck 667, 686
Lineale
  einblenden 79
  Standard-Nullpunkt 79
Lineal-Nullpunkt
  Muster 79
  Pixelraster 79
  Vergleich mit FreeHand 756
Linie füllen 100
Liniendiagramm 535
Linien in Flächen umwandeln 333
Liniensegment-Werkzeug 100
Linien-Werkzeuge 99
Live Color 234
Live Paint
  s. interaktiv malen 324
Live Trace
  s. Bildnachzeichner 639
Löcher stanzen 320
Logos
  Checkliste Vektorisierung 652
  nachzeichnen Workshop 648
  reinzeichnen 335
  vektorisieren 638
Lokale Farbfelder 210
Löschen-Werkzeug 195
Lückenoptionen 325
Luminanz (Füllmethode) 397
Luminosity (Füllmethode) 396
LZW 705

M

Magnetische Hilfslinien
  s. intelligente Hilfslinien 85
Mapping (3D)
  auf der Rückseite 615
  Bildmaterial passend anlegen 613
  Flächenaufteilung 612
  Kugel 614
  Probleme 612
  Symbol-Auswahl 614
Maschendraht 561
Maskenobjekt 368
  Aussehen-Eigenschaften 369
Maßeinheiten 40, 62
  Abkürzungen 41
  Dialogboxen 62
  Dokument 78
  Konturstärken 78
  Lineale 78
  Seitenlineale 62
Media Box (PDF) 626
Media-Unterlagen 675
Medienneutraler Workflow 210
Mehrere Dokumentfenster 71
Mehrkanal-Bilder 623
Messer-Werkzeug 193
Mess-Werkzeug 81
Metadaten 94
  Autor 95
  Bearbeitungsverlauf 95
  Copyright-Status 95
  Dokumentinhalt 95
  Nutzungsrechte 95
  speichern 95
Mischung (FreeHand) 771
Mit anderem Gitter erstellen 351
Mit anderer Verkrümmung erstellen 350
Mit dem obersten Objekt verzerren 349
Mittelpunkt 121
Mobile Medien 693
Modifizierungstasten 100
  Auswahl-Werkzeuge 113
  geschlossene-Form-Werkzeuge 104
  offene-Form-Werkzeuge 102
  Symbol-Werkzeuge 577
  Transformieren-Werkzeuge 123
  Zeichenstift 147
Moirée 685

Index

Monitorkalibrierung 203
Montagefläche 34, 67
　verschieben 68
Mosaik (Filter) 457
Multiple Master (Schrift) 483
Multiplizieren (Füllmethode) 396
Multiply (Füllmethode) 396
Muster
　3D-Effekte 551
　Alternativen 563
　anwenden 548
　Aufbau 554
　Ausrichtung 548
　Ausrichtung der Kachelung 549
　bearbeiten 559
　Begrenzungsrechteck 554
　Erlaubte Objekte 554
　erstellen 555
　handgemachte Strukturen 564
　Hexagon 553
　horizontaler/vertikaler Versatz 553
　in einem Symbol 550
　Konturen 548
　Kopieren und einfügen 550
　Linealkoordinaten 550
　löschen 552
　Lücken in gemusterten Flächen 552
　mit Objekten transformieren 549
　Musterfeld-Begrenzung 554
　Musterfelder 548
　Mustertheorie 552
　Muster transformieren 549
　nur Muster transformieren 549
　Optimierung 559
　Performance 559
　Perspektivenraster 596
　Pinsel 277
　planen 561
　Probleme 552
　Rapport 561
　Raster 553
　Sechsseitiger Versatz 553
　speichern 558
　Speicherplatz 551
　transformieren 550
　umfärben 559
　umwandeln 551
　Variationen 560
　Verschiebung 550
　Verzerrungen 551
　Wabenmuster 553
　Wallpaper Group 552
　weiße Linien 548
　Ziegel 553
　zurücksetzen 550
　zuweisen 548
Musterelement 557
Musterfeldbegrenzung 554
Musterfelder
　laden 548
　optimieren 559
　speichern 558
Musteroptionen-Bedienfeld 556
Musterpinsel 271, 277
　Musterelemente vorbereiten 277
　schneller erstellen 274
Musterseiten 119
　anlegen 756
　mit Symbolen 566

N

Nächstes Objekt darunter/darüber 114
Nachzeichnen
　s. Bildnachzeichner 639
Nachzeichnervorgabe 646
　löschen 646
　speichern 646
Nadir 587
Natürliches Farbsystem 229
Navigator-Bedienfeld 68
Negativ multiplizieren (Füllmethode) 396
Neigung (Grafiktablett) 183
Netzdiagramm 541
Neue Ansicht 70
Neues Farbfeld 220
New Document Profile 729
Nicht-Null (Füllregel) 313
Normal (Füllmethode) 396
Normal zeichnen 115
Nullpunkt 78
　verschieben 79
　zurücksetzen 80

O

Oberflächen-Mapping (3D) 611
Objektauswahl nur durch Pfad 111
Objekt 56
　Abstände 81
　aktivieren 110
　an Hilfslinien ausrichten 84
　an Punkten ausrichten 85
　ausblenden 120
　ausrichten 135
　ausschneiden 118
　auswählen 110, 364
　beschneiden 390
　drehen 124
　duplizieren 120
　Eigenschaften 58, 767
　einfügen 118
　Farbe 210
　Farbfelder zuweisen 224
　fixieren/lösen 120
　gleichmäßig nach allen Seiten skalieren 126
　gleichmäßig verteilen 138
　gruppieren 117
　kombinieren 311
　kopieren 118
　löschen 118
　mit Text umfließen 468
　skalieren 125
　spiegeln 125
　transformieren 120
　überblenden 339
　verbiegen 127, 131
　verdeckt 113
　verschieben 124
　verteilen 135, 138
　verzerren 347
　zerteilen (Pathfinder) 316
Objekt-Eigenschaften 767
Objekte parallel verschieben (Perspektivenraster) 595
Objektinformationen 80
Objektorientierte Arbeitsweise 57
Objektschnittmarken 683
Objekt suchen (Ebenen-Bedienfeld) 360
Offene-Form-Werkzeuge
　Modifikationstasten 102
Öffnen
　Illustrator-Dokumente 63

Pixeldateien 622
Textdateien 477
Ohne (Farbe) 212
OpenType
  Bedienfeld 482
  bedingte Ligaturen 482
  Brüche 482
  Formatvarianten 482
  kontextbedingte Varianten 482
  Ordinalzeichen 482
  Position 482
  Schwungschriften 482
  Standardligaturen 482
  stilistische Varianten 482
  Tabellenziffern 482
  Titelschriftvarianten 482
OPI
  und Transparenz 414
Optischer Randausgleich 497
Organische Formen (zeichnen) 175
Original bearbeiten 629
Ortung (Grafiktablett) 183
Oval 107
Overlay (Füllmethode) 396
Override (Textformate) 507

P

Paletten 36
Pantone + 226
Papierfarbe simulieren 65
Papierformat 682
Passermarken
  Druckvorstufe 683
  Farbfeld 216
  Tiefschwarz 216
Passerungenauigkeit 668
Pathfinder
  Anwendungen 319
  Bedienfeld 316
  Effekte 320, 432
  Funktionen 316
  Funktionen oder Effekte? 433
  Optionen 319
PDF
  Allgemeine Optionen 664
  Ausgabe-Optionen 666
  Bearbeitungsfunktionen beibehalten 664

Druckvorstufe 663
  erstellen 663
  Farbmanagement 666
  importieren 626
  JPEG2000 665
  kompatible Datei erstellen 92
  Komprimierung-Optionen 664
  Transparenz 421
  Was wird gespeichert? 91
Perspektive (3D) 604
Perspektivenauswahl-Werkzeug 593
Perspektivenraster 586
  anpassen 588
  besondere Objekte 596
  Bezugspunkt 591
  Bodenebene 587
  erneut transformieren 595
  Fußpunkt 587
  Horizonthöhe 587
  im Raster zeichnen 591
  Objekte auf andere Rasterebenen 595
  Objekte bearbeiten 593
  Objekte platzieren 592
  Rasterebene an Objekt ausrichten 589
  Scheitelpunkt 587
  Texte 591
  und 3D-Effekte 597
  Werkzeugoptionen 593
  Widgets 586
Perspektivenraster-Werkzeug 588
Perspektiven-Werkzeuge
  Optionen 593
perspektivisch verzerren 131
Perzeptiv 207, 688
Pfadansicht 69, 154
  Bilder , 628
Pfade 141
  Abzweigungen 141
  Ankerpunkte hinzufügen 163
  deformieren 197
  Endpunkte zusammenfügen 167
  füllen 101, 211
  geschlossen 141
  glätten 191
  nachbearbeiten 163
  offen 141, 165
  schließen 166
  selbst überschneidend 168
  verbinden 165

vereinfachen 192
  vereinfachen (Druckvorstufe) 667
  verformen 197
  verlängern 164
  zerschneiden 167, 193
  zusammenfassen von Pfaden (Free-Hand) 766
Pfadrichtung 142
  umkehren 165
Pfadsegment 141
  auswählen 112
  löschen 161
  verschieben 161
Pfadtext 464
  erstellen 465
  Laufweite 471
  mit Verzerrung 473
  Optionen 470
  Richtung 142
  Text am Pfad verschieben 470
  Textpfad Aussehen-Eigenschaften 510
  Text um den Pfad spiegeln 470
  transformieren 465
  vertikale Position 470
Pfadtext-Werkzeug 465
Pfad verschieben 127
Pfad verschieben (Effekt) 432
Pfad zoomen 126
Pfeilspitzen 258
Photoshop
  Ebenen in Objekte konvertieren 625
  Ebenenkomposition 625
  Ebenen zu einzelnem Bild reduzieren 625
  Filter 442, 449
  importieren 624
  platzieren 624
  Smart-Objekt 659
  weiße Randsäume 675
  Zwischenablage 659
Photoshop-Effekte
  Rastereffekt-Auflösung 445
Pinsel
  aus Bibliotheken übernehmen 43
  duplizieren 266
  Einfärbe-Optionen 268
  Keine Pinsel? 622
  Konturstärke-Option 266
  speichern in alte Versionen 93

Index

umfärben 272
Pinselarten 265
Pinsel-Bedienfeld 179, 265
Pinsel-Bibliotheken 272
 s. Bibliotheken 42
Pinselkontur 264
 einfärben 268
 entfernen 265
 in Pfade umwandeln 278
 und Konturstärke 266
 zuweisen 265
Pinsel-Optionen 266
Pinselspitzen
 selbst erstellen 273
 und Pinsel-Werkzeug 179
Pinsel-Werkzeug 179
 Pfad erstellen 180
Pipette-Werkzeug 380, 493
 Farbe aufnehmen 381
 Genauigkeit 381
 Optionen 381
 Textformatierung 493
Pixel 54
Pixelbilder 619
Pixelbild-Vektor-Abgleich 414
 Beispiel 419
Pixeldaten
 als Deckkraftmasken 632
 bearbeiten 631
 beschneiden 634
 Freiform-Masken 634
 maskieren 634
 platzieren 624
 Schmuckfarben 623
 vektorisieren 636
Pixeleffekt 620
Pixelgrafik 53
Pixelorientierte Arbeitsweise 57
Pixel-Seitenverhältnis
 in After Effects 723
 in Illustrator 75
Pixelvorschau 69, 694
Place-Gun (Zeichenflächen) 73
Pläne
 vektorisieren 637
Platzieren
 Farbprofil 620
 Schmuckfarben 623
 s. Importieren 621
Platzierungscursor (Zeichenflächen) 73

Platzierungs-Optionen 630
Plug-ins
 installieren 751
 programmieren 752
PNG 707
 Optionen 707
 Transparenz 707
Polygon
 Mittelpunkt 108
Polygon-Werkzeug 108
Portable Network Graphics 707
Positionieren 81
PostScript Type 1 483
PPD 680
Prägung 772
Pre- und Post-Effekte
Print
 Bildauflösung 667
 Effekte, Filter 678
 Registerungenauigkeit 668
 Transparenzen 678
 Verläufe 678
Priorität 207
Private Data 664
Profil-Abweichungen 206
Profil zuweisen 66, 209
Programmvorgaben anpassen 732
Proof einrichten 676
Protanopie 232
Protokoll 60
Protokoll-Bedienfeld 89
Prozessfarben 216, 221
 anlegen 221
Punktdiagramm 540
Punkte
 s. Ankerpunkte 141
Punktraster 458
Punkttext 463
 erstellen 464
 transformieren 465

Q

QR-Codes
 vektorisieren 458
Quadrat 107

R

Radardiagramm 541
Radiales-Raster-Werkzeug 105
Radiergummi 194
Rand, Paul 463
Rapport 548
Raster 81
 als Objektfüllung 547
 am Raster ausrichten 82
 definieren 82
 einblenden 82
 Layoutraster 88
 Unterteilungen 82
Rasterbilder
 s. Pixeldaten 619
Rastereffekt-Auflösung 443
Rasterwinkelung 685
Rechteckiges-Raster-Werkzeug 105
Rechteck-Werkzeug 107
Rechtschreibprüfung 479, 484
Reduziertes Bild 660
Reduzierungsvorschau 417
 hervorheben 417
Referenzpunkt 121
 Transformieren-Effekt 429
 Zeichenflächen skalieren 74
Registerkarten 44
Registerungenauigkeit 668
Registrierungspunkt 131
Reinzeichnung eines Logos 335
Rektangularprojektion 615
Rendermethode 688
Renderpriorität 688
Rückgängig 90
Rundheit (Kalligrafiepinsel) 182
Run-Length 666

S

Sämtliches Bildmaterial darüber ausblenden 120
Sättigung (Füllmethode) 397
Sättigung (Priorität) 207
Saturation (Füllmethode) 396
Satzzeichen 480
Säulendiagramm 523
Scalable Vector Graphics 708
Schattierung (3D) 605

Schattierungsfarbe (3D) 607
Schein nach außen 448
Schein nach innen 449
Scheren (Transformation) 127
Schere-Werkzeug 167
Schichtseite 684
Schlagschatten 447
  Füllmethode 447
  Objekt drehen 448
  speichern in alte Versionen 93, 449
Schneid-Plotten 680
Schnittbereich
  s. Zeichenflächen 71
Schnittmarken 678, 683
Schnittmaske 367
  Aussehen 369
  endgültig umwandeln 371
  erstellen 346, 368
  Konturen 369
  mit Schnittmasken arbeiten 370
  Perspektivenraster 596
  zurückwandeln 371
Schnittmenge mit dem Formbereich 314
Schnittmengenfläche 317
Schnittsatz 368
  editieren 369
Schraffur
  mit Mustern 547
Schreibschutz-Symbol 361
Schrift
  als Maske 512
  Darstellung am Bildschirm verbessern 492
  Drehung 491
  durchgestrichen 491
  Effekt 507
  einbetten 92
  Füllung 507
  Glättungsmethode 492
  Größe 488
  Grundlinienversatz 491
  Grunge-Look 512
  Hinting 516
  Kegelhöhe 487
  Kontur 507
  Laufweite 490
  Outline 510
  Proportionalschriften 501
  Schriftdarstellung Pixelformate 694
  stauchen 490

strecken 490
suchen 493
überdrucken 511
Umbruch verhindern 493
unterstrichen 491
Verläufe 509
von rechts nach links 463
Schriftart 488
Schriften
  druckerresident 686
  Untergruppe 686
Schriftfamilie 488
Schriftgrad 489
Schriftkegel 487
Schriftschnitte 488
  Buchstabenbreite 488
  italic 488
  kursiv 488
  Strichstärke 488
Schwarzdefinitionen korrigieren 677
Schwarz überdrucken 670, 685
  Schwarz-überdrucken-Funktion 670
Schwungvoll (zeichnen) 170
Screendesign 694
Screen (Füllmethode) 396
Scribble-Effekt 435
  Optionen 435
  umwandeln 436
Seitenbeschreibung 60
Seiteninformationen 683
Seitenminiaturen einbetten 664
Seitenzahl 72
Separationen 684
Separationenvorschau 676
Shortcut 41, 730
Sicherer CMYK-Workflow 206
Sichtbarkeitsspalte (Ebenen) 354
Signet
  nachzeichnen 648
Silbentrennung 498
Skalieren 125
  Konturen und Effekte 126
  nach allen Seiten 126
  Werkzeug 125
Skripte 744
  Entscheidungsfindung 747
Slices 696
  Anzeige 696
  Ausrichten-Palette 698
  auswählen 697

Auto-Slices 697
Bild 698
HTML-Text 698
importieren 625
kein Bild 698
kombinieren 698
löschen 698
Optionen 697
Stapelreihenfolge 698
und Zeichenflächen 697
Unter-Slices 697
zurückwandeln 698
Slice-Werkzeug 696
Smart Guides
  s. intelligente Hilfslinien 85
Soft Light (Füllmethode) 396
Soft-Proof 676
Software Development Kit 752
Sonderzeichen 480
Spanne (Flächentext) 468
Special Effects 455
Speichern 90
  ältere Illustrator-Formate 93
  EPS 657
  für Web 698
  Kopie speichern unter 91
  Metadaten 95
  PDF 663
  s. Exportieren 656
  Speichern unter 91
  SVG 708
  Vorlagen 729
  Zwischenspeichern 94
Spezialpinsel 270
  Drehung 270
  Streuung 270
Spiegelungswinkel 81
Spiekermann, Erik 463
Spirale
  Archimedische Spirale 105
  Dichte der Windungen 105
  Verjüngung 105
Spirale-Werkzeug 105
Spitzlicht (3D) 606
Spotlicht (3D) 607
Sprachen 479
Sprühdose 572, 764
Standardschriftart 506
Standardvorgaben 61
Stanzen (Pathfinder) 314

Index

Stanzen (zusammengesetzter Pfad) 312
Stapelreihenfolge 115
   ändern 115
Stapelverarbeitung 739
   Optionen 740
   umfärben von Objekten 741
Statusleiste 67
Stern-Werkzeug 108
Steuerungsbedienfeld 39
   Farben zuweisen 224
   interaktiv abpausen 640
   platzierte Dateien 628
Strahlen konstruieren 105
Straßenkreuzungen 389
Streifenmuster 560
Streudiagramm 540
   Dateneingabe 540
Strichstärke 256
Strudel-Werkzeug 196
   und Verzerrungshüllen 196
Stylus-Rad (Grafiktablett) 183
Subset-Schriften 92
Subtrahieren vom Formbereich 314
Subtraktive Farbmischung 202
Suchen und ersetzen 485
Supersampling 516
SVG
   Datei einrichten 709
   Interaktivität 710
   JavaScript 710
   Objekt-ID 709
   Optionen 710
   Slicing-Daten einbeziehen 712
   SVG-Filter 459, 709
SWF 715
   Frames 713
   Optionen 715
   s. Flash 712
   speichern 715
Symbol-Bibliotheken
   laden 567
   s. Bibliotheken 42
   speichern 580
   Symbol in die Symbole-Palette übernehmen 567
Symbole
   an Pixelraster ausrichten 695
   auf der Zeichenfläche platzieren 568
   aus Bibliotheken übernehmen 43
   aus platzierten Bildern 578
   Aussehen 378
   auswählen 566
   bearbeiten 569
   Bedienfeld 566
   Deckkraft 577
   Dichte 574
   duplizieren 567
   einheitliche Konturen 569
   ersetzen 580
   erstellen 578
   Gemischter Symbolsatz 571
   löschen 567
   nichtskalierende Konturen 581
   Optionen 579
   Registrierungspunkt 579
   Stapelreihenfolge ändern 574
   umfärben 569
   Verknüpfung aufheben 570
   verwenden 568
Symbol-aufsprühen-Werkzeug 573
Symbol-drehen-Werkzeug 576
Symbol-färben-Werkzeug 576
Symbol-gestalten-Werkzeug 578
Symbolinstanz 568
Symbolsatz 571
Symbol-skalieren-Werkzeug 575
Symbol-stauchen-Werkzeug 574
Symbol-transparent-gestalten-Werkzeug 577
Symbol-verschieben-Werkzeug 574
Symbol-Werkzeuge
   Intensität 572
   Modifikationstasten 577
   Optionen 572
Symmetrisch gestalten 430
Systemlayout (Schrift) 492

T

Tabbing (Dokumente) 44
Tablet 627
Tabulatoren 501
   anzeigen 479
   Bedienfeld 501
   einsetzen 503
   Einzüge 504
Tangenten-Endpunkte 55
Tastaturbefehle 730
Aufstellung 779
Tastaturbelegung 731
   ändern 731
   bearbeiten 731
Technische Raster 547
Teilflächen (Interaktiv malen) 325
TEX 498
Textausrichtung 464
Text-Cursor 478
Texte
   Abstände 499
   asiatische Optionen 493
   aus alten Illustrator-Dateien 477
   Ausrichtung 495
   Aussehen 507
   Auto-Zeilenabstand 500
   Blocksatz 496
   editieren 478
   Einzelwortausrichtung 500
   Einzug 496
   Fremdsprachentexte 478
   Glättung 515
   Glyphenabstand 499
   Groß- und Kleinschreibung ändern 480
   hängende Interpunktion 497
   importieren 475
   in Pfade umwandeln 513
   Konturenführung 468
   Kopieren/Einsetzen 476
   laden 476
   linksbündig 496
   Nicht druckbare Zeichen 479
   optische Randausrichtung 497
   Ornament-Schriften 482
   platzieren 476
   rechtsbündig 496
   Schnittmaske 512
   Silbentrennung 498
   Tabulatoren 501
   Textspalten 468
   umfließen 468
   Warichu 493
   Wortabstand 499
   Zeichenabstand 499
Text in Pfade umwandeln 679
Textobjekte 463
   alle auswählen 465
   erzeugen 463
   Flächentext 464
   Pathfinder 511

Index

Pfadtext 465
Punkttext 464
Vektorobjekte umwandeln 465
verketten 473
vertikal ausrichten 513
Textur 547
Text-Werkzeug 464
Tiefe der Extrusion 599
Tiefgestellt 492
Tiefschwarz 674
 ausgeben 675
Time-Tunnel 602
Tonwert 217
Tooltips 36
Tortendiagramm 521, 527, 543
Transformationsgriffe 765
Transformations-Werkzeuge
 Modifikationstasten 123
Transformieren-Bedienfeld 131
Transformieren-Effekt 429
Transparenz 393
 Aussehen-Bedienfeld 397
 Bedienfeld 393
 Borstenpinsel 413
 Gruppen 398
 Interaktion von Text 413
 Pixelbasierte Effekte 413
 reduzieren 411
 Reduzierung: Problemfälle 412
 Schmuckfarben 413
 speichern 420
 Transparente Objekte 411
 Transparenz-Effekte 410
 Transparenzquellen 411
 Transparenzreduzierungsfarbraum 413
 überdrucken 413
 weiße Linien 419
 zurücksetzen 400
 zuweisen 397
Transparenzraster einblenden 57, 399
Transparenzreduzierungs-Einstellungen 414
Transparenzreduzierungsvorgaben 416
Trapping 669
Trennregeln 479
Treppeneffekt 53
Trim Box (PDF) 626
Tropfenpinsel-Werkzeug 188

Arbeitsweise 190
Grafikstile 190
malen 188
mit Auswahl zusammenfügen 189
TrueType 483
Tweak (Verzerrungsfilter) 438
Typografische Anführungszeichen 479

U

Überblenden
 s. Angleichen 339
 mit Überblendungen illustrieren 344
Überdrucken 669
Überdruckenvorschau 69, 676
Überfüllen 669
Überfüllen-Effekt 673
Überfüllungen anlegen 671
 umkehren 673
 Volltonfarbe 673
Übergangspunkte 141
 s. Ankerpunkte 141
 umwandeln 160
Übergangspunkte (Verlauf) 282
Überlappende Formbereiche ausschließen 314
Überlappungsbereich entfernen 316
Überschrift einpassen 468
Überstehender Abschluss 256
Umfärben 239
 Zufallsprinzip 241
Umfließen
 aufheben 469
 Effekte 469
 Optionen 469
 Pixelbilder 469
 Umfließen-Objekt 469
 und Stapelreihenfolge 469
Umgebungslicht (3D) 606
Umgekehrte Reihenfolge (Ebenen) 362
Umkehren 214
Umrisslinien 669
Unterfüllen 669
Untermenüs 42
Unterschneiden 491
Unterteilungen Asymmetrie 106

Ursprung
 s. Referenzpunkt 131
 s. Registrierungspunkt 131

V

Variablen 748
 Bedienfeld 748
 Typ 749
 verknüpfen 749
Variation (Pinseloptionen) 182
Variationsschema (Farbe) 230
VBScript 744
Vektorbasierte Formate 622
Vektorgrafik
 malen 324
 Transparenz 57
Vektorisieren
 Comic 638
 Fotorealistische Illustration 638
 Fotos 638
 Logos 638
 Pläne 637
 QR-Codes 458
 Vorlage 638
Verbiegen-Werkzeug 127
Verbiegungsachse (Info) 81
Verborgene Zeichen einblenden 479
Verdeckte Fläche entfernen 317
Vereinfachen 192
Vereinigen 314
Verflüssigen-Werkzeuge 195
 Optionen 198
 zusätzliche Optionen 200
Vergrößerung 67
Vergrößerungsfaktor 80
Vergrößerungsstufe 67
Verkettete Textobjekte 473
 anzeigen 475
 dazwischen einfügen 475
 lösen 475
Verknüpfen (Dateien) 621
Verknüpfte Dateien einbeziehen 92
Verknüpfung 628
 aktualisieren 630
 automatisch aktualisieren 631
Verknüpfungen-Bedienfeld 628
Verknüpfungsblockreihen 280
Verknüpfungsinformationen 630

807

Index

Verkrümmen-Werkzeug 196
Verkrümmung
  anwenden 347
  Optionen 347
  s. Verzerrungshülle 347
Verkrümmungsfilter 440
Verlauf 217
  Deckkraft 282
  editieren 287
  horizontal auf Kontur 288
  illustrieren mit Verläufen 292
  in das Farbfelder-Bedienfeld übernehmen 290
  in Kontur 288
  konisch 307
  Optionen 281
  Seitenverhältnis 282
  speichern in alte Versionen 93
  stufig (Banding) 678
  transparent 283
  überfüllen 671
  über mehrere Objekte anlegen 287
  umwandeln 291
  und Volltonfarben 290
  Ursprung 286
  vertikal auf Kontur 288
  zurücksetzen 287
Verlauf-Bedienfeld 281
  Farbübergang 283
  Verlaufsfarbe ändern 282
  Zwischenfarben 283
Verlaufsanmerkungen
  s. Verlaufsoptimierer 285
Verlaufsgitter 295
  aus einem Verlauf 299
  aus Verzerrungshülle 298
  automatisch generieren 297
  bearbeiten 299
  Corner nodes 296
  Deckkraft reduzieren 301
  Eckpunkte 296
  Einstiegstipps 306
  Knoten 296
  Knots 296
  mit Verlaufsgittern illustrieren 302
  transparente Gitterpunkte 301, 404
  Transparenz 301
  Vertexpunkte 296
Verlaufsobjekte verformen 290
Verlaufsoptimierer 285

Verlaufsregler 282
Verlaufstop 282
Verlaufswinkel 284
  exakt nachbauen 285
  im Farbfeld speichern 290
Verlauf-Werkzeug 284
Verpacken 691
Versatzabstand 467
Verschieben 124
Verteilen 135
Vertikales Balkendiagramm 523
  Diagrammattribute 524
Verzerrungshülle 347, 348
  als Effekt anwenden 352
  Aussehen verzerren 350
  bearbeiten 350
  eigene Vektorform 348
  Gitter 348
  Gitter einstellen 348
  Hülle nachbearbeiten 351
  Inhalt bearbeiten 352
  Konturen 350
  lineare Verläufe verzerren 350
  Musterfüllungen verzerren 350
  Optionen 349
  Perspektivenraster 596
  Pixelbild 348
  umwandeln 351
  zurückwandeln 351
Video 722
Video-Safe-Areas 722
Vielecke (Polygone) 108
VisualBasic 744
Volltonfarbe 216
Volltonfarben beibehalten (3D) 607
Vom Formbereich subtrahieren 314
Voreinstellungen
  Anzahl der zuletzt verwendeten Schriften 489
  asiatische Optionen einblenden 493
  Auswahl dahinterliegender Objekte 114
  Auswahl und Ankerpunkt-Anzeige 142
  Bedienfelder automatisch auf Symbole minimieren 38
  bei Auswahl von mehreren Ankerpunkten Griffe anzeigen 155
  Bildachse 80
  Einheit 78, 256

  fehlenden Glyphenschutz aktivieren 478
  geglättetes Bildmaterial 620
  intelligente Hilfslinien 86
  Konturen und Effekte skalieren 126
  Mac OS 41
  Maßeinheiten 78
  Maßeinheit für Schriftgröße 487
  Objektauswahl nur durch Pfad 111
  Objekte erkennen anhand von XML-ID 709
  Pfeiltasten 156
  Quadranten 756
  QuickInfo 36
  Registerkarten 44
  Schriftvorschau 489
  Schritte per Tastatur 156
  Textobjektauswahl nur über Pfad 478
  verknüpfte EPS-Dateien 627
  Verknüpfungen aktualisieren 629, 631
  Vorschaubegrenzungen verwenden 80, 132
  Windows 41
  zum Isolieren doppelklicken 371
  Zwischenablage 755
  Zwischenablage beim Beenden 659
Vorlagen 169, 728
  erstellen 729
  nachzeichnen 344
  öffnen 729
  speichern 729
  Tontrennung 169
  vektorisieren 636
  zum Nachzeichnen 356
Vorlagenebenen 355
Vorschau 69
Vorschaubegrenzungen verwenden 80, 136
Vorschaumodus 69, 154

W

Wacom
  Airbrush 183
  ArtMarker 182
  GripPen 182
  Grip Pen Thick Body 182

Stifteingabe 182
Wagenrücklauf 495
Webentwicklung 693
Webgrafik
 Datei einrichten 693
Websafe 214
Weiche Kante 446
Weiches Licht (Füllmethode) 396
Weich mischen 410
Weiß ignorieren 645
Welle 347
Wellenlinie 436
Werkzeugbedienfeld 35
 Farbe 211
 verborgene Werkzeuge 35
Werkzeuggruppe
 als eigenes Bedienfeld 35
Wertachse (Diagramm) 525
Werte eingeben 40
Widerrufen
 Anzahl der widerrufbaren Arbeitsschritte 90
 von Arbeitsschritten 89
Widgets
 Musterelement 554
 Perspektivenraster 586
Wiedergabeabsicht 207
Wiederholen 90
Wie viele Punkte? 171
Winkel 81
Wirbel 439
Wörterbücher 479
 bearbeiten 485
WYSIWYG 477

X

XMP-Informationen 94

Z

ZAB 487
Zauberstab
 Bedienfeld 278
 Einschränkung auf Zeichenfläche 279
 Werkzeug 278

Zeichen-Bedienfeld 487
Zeichenfarbe überschreiben 383
Zeichenfeder 141
Zeichenflächen 66, 71
 anpassen 74
 ausblenden 66
 Bedienfeld 71
 blättern 77
 duplizieren 73
 exportieren und Speichern 656
 in der Dokumenthierarchie 756
 in InDesign platzieren 94
 leere löschen 77
 löschen 76
 Modus 71
 neu anordnen 76
 neu erstellen 72
 Optionen 74
 Reihenfolge 71
 skalieren 74
 Ursprung 74
 verschieben 68
 Werkzeug 72
Zeichenflächenlineale 79
Zeichenstift-Werkzeug 142
 Cursor 142
 Eckpunkt 143
 Korrektur 147
 Modifikationstasten
 Pfad beenden 143
 Pfadsegmente rechtwinklig zeichnen 143
 Polygon 143
 Übergangspunkte 144
Zeichen (Text)
 auswählen 478
 drehen 488
 Format 506
 formatieren 487
 Skalierung 488
Zeichen- und Absatz-Formate 505, 506
 anlegen 506
 anwenden 507
 editieren 506
 löschen 506
Zeichnerische Effekte 435
Zeichnung planen 59
Zeilenabstand 487
Zeilenumbrüche 479
Zenit 587

Zerknittern-Werkzeug 197
Zickzack-Effekt 436
Ziel-Auswahl 364
Zifferblatt 133
Zoom-Stufe 67
 Monitorauflösung 67
Zoom-Werkzeug 67
 Auswahlrahmen 68
 herauszoomen 68
 temporär wechseln 68
Zusammenfügen (Pfade) 166
Zusammengesetzte Form 313
 auflösen 315
 editieren 315
 erstellen 314
 Photoshop-Export 660
 umwandeln 315
Zusammengesetzter Pfad 312
 Aussehen-Eigenschaften 313
 erzeugen 312
 Füllregel-Eigenschaft 313
Zusammenziehen und aufblasen (Effekt) 439
Zusammenziehen-Werkzeug 197
Zuschneidungspfad 368
Zwischenablage 118

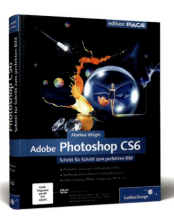

Markus Wäger
Adobe Photoshop CS6
Schritt für Schritt zum perfekten Bild

Vergessen Sie die graue Photoshop-Theorie! Unterhaltsam und kompetent lotst Sie unser Autor Markus Wäger in attraktiven Workshops durch Photoshop CS6. Dabei finden alle wichtigen Themen ihren Platz: Fotofunktionen, Retusche, Freistellen, Masken, Effekte, Montagen, Filter, Camera Raw u.v.m. Jede Menge Aha-Erlebnisse und schneller Lernerfolg garantiert!

Eine klare Kaufempfehlung!
Advanced Photoshop

436, 2012 S., mit DVD, 39,90 €
ISBN 978-3-8362-1885-6
www.galileodesign.de/3061

326 S., 2012
mit DVD
39,90 €

Tilo Gockel
Photo Finish!
Perfekte Bilder mit Photoshop & Co.

Sie wollen wissen, wie Sie aus Ihren Fotos echte Hingucker machen? Dann werfen Sie einen Blick in Tilo Gockels Trickkiste! In über 30 Workshops zeigt er Ihnen, wie Sie stylische Bildlooks für Porträt, Fashion, Architektur, Produktfotos u.v.m. realisieren. Peppen Sie Ihre Bilder mit Photoshop oder Photoshop Elements ordentlich auf.

ISBN 978-3-8362-1770-5
www.galileodesign.de/2874

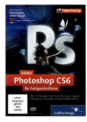

DVD für PC und Mac
12 Stunden Spielzeit
39,90 €

Pavel Kaplun, Orhan Tançgil
Adobe Photoshop CS6 für Fortgeschrittene

Das Training für alle, die mit Photoshop CS6 richtig durchstarten wollen. Erfahren Sie alle über Farbmanagement und Druckvorstufe, lernen Sie, komplexe Freisteller und Farbkorrekturen in den Griff zu bekommen und betreten Sie die Welt der Composings und 3D-Grafiken.

ISBN 978-3-8362-1901-3
www.galileo-videotrainings.de/3080

736 S., 2012
mit DVD
69,90 €

Andreas Asanger
Cinema 4D – ab Version 14
Das umfassende Handbuch

Dieses Handbuch zeigt, wie es geht! Folgen Sie Andreas Asanger durch den kompletten 3D-Workflow in Cinema 4D. Alle Funktionen und Werkzeuge der Versionen Prime, Visualize, Broadcast und Studio werden verständlich erklärt. Modelling, Texturing mit BodyPaint 3D, Animation – in Workshops setzen Sie das Gelernte direkt in die Praxis um!

ISBN 978-3-8362-1964-8
www.galileodesign.de/3187

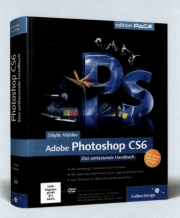

Sibylle Mühlke

Adobe Photoshop CS6
Das umfassende Handbuch

Sie wollen fundiertes Photoshop CS6-Wissen stets griffbereit? Dann sind Sie hier richtig! Mit dem Buch unserer Autorin Sibylle Mühlke halten Sie geballtes Photoshop-Know-how in Ihren Händen: Bewährt, praxisnah und randvoll mit Informationen finden Sie hier immer, was Sie brauchen. Inkl. DVD mit Video-Lektionen

1.200 S., mit DVD, 49,90 €
ISBN 978-3-8362-1883-2, Oktober 2012
www.galileodesign.de/3058

Photoshop von A bis Z:
- CS6-Neuheiten
- Arbeitsoberfläche, alle Werkzeuge
- Kontraste, Helligkeit und Schärfe
- Farbkorrektur, Schwarzweiß
- Inhaltsbasierte Retusche
- Bild- und Objektivfehler beheben
- Camera Raw, Bridge, Mini Bridge
- Ebenenmasken, Auswahlen, Kanäle
- Smart-Objekte, Texte, Pfade
- Füllmethoden, Ebenenstile, Filter
- Malen mit Mischpinsel und Co.
- Farbmanagement
- Druck- und Webausgabe
- Troubleshooting, Glossar

460 S., 2012
mit DVD
24,90 €

Robert Klaßen

Adobe Photoshop CS6
Der professionelle Einstieg

Mit diesem Buch legen Sie sofort in Photoshop CS6 los. Gespickt mit zahlreichen Tipps aus der Praxis lernen Sie alle wichtigen Grundlagen und Photoshop-Techniken kennen. Von der Arbeit mit Ebenen über Bildkorrekturen und Fotomontagen auf Profi-Niveau – hier erfahren Sie, wie es geht!

ISBN 978-3-8362-1884-9
www.galileodesign.de/3063

443 S.
2. Auflage 2011
mit DVD
39,90 €

Maike Jarsetz

Das Photoshop-Buch People & Porträt
Aktuell zu Photoshop CS5

Der Intensivkurs für die Bearbeitung von Peoplefotos und Porträts in Photoshop! Lernen Sie anhand vieler kleiner Praxisbeispiele Schritt für Schritt alle Retuschetechniken kennen. So entwickeln Sie das nötige Fingerspitzengefühl für die Porträtretusche und geben Ihren Bildern den optimalen Feinschliff. Dieses Buch macht Sie zum Retusche-Experten!

ISBN 978-3-8362-1710-1
www.galileodesign.de/2528

500 S., mit DVD, 39,90 €
ISBN 978-3-8362-1896-2, Oktober 2012
www.galileodesign.de/3070

Maike Jarsetz

Photoshop CS6 für digitale Fotografen
Schritt für Schritt zum perfekten Foto

Photoshop für Fotografen: Maike Jarsetz stellt in diesem Buch immer ein konkretes Bild und die damit verbundenen Bearbeitungsfragen in den Vordergrund. Mit den Bildern von der DVD können Sie jeden Workshop nacharbeiten und so ganz praktisch Photoshop erlernen. Und zwar den gesamten Workflow: von der Bildorganisation über die Bearbeitung bis zur Ausgabe der Fotos.

Hans Peter Schneeberger, Robert Feix

Adobe InDesign CS6
Das umfassende Handbuch

Endlich das ganze Wissen rund um InDesign CS6 in einem Buch: 1200 Seiten randvoll gefüllt mit Insiderwissen des bekannten Autoren-Duos Schneeberger/Feix, die sich besonders auch den neuen Themen Liquid Layout, EPUB, PDF-Formulare und Tablet Publishing widmen. Arbeiten Sie jetzt noch produktiver mit dem Standardwerk!

Aus dem Inhalt:
- InDesign einrichten
- Layouts anlegen und organisieren
- Professioneller Umgang mit Text
- Lange Dokumente meistern
- Printproduktion: prüfen und ausgeben
- Layout multimedial: E-Books, Tablet-Publishing
- InDesign automatisieren

1.200 S., 2012, mit DVD, 59,90 €
ISBN 978-3-8362-1880-1, Oktober 2012
www.galileodesign.de/3060

Wer InDesign in vollem Umfang nutzen will, sollte sich auf dieses Handbuch verlassen! Publisher

---

Karsten Geisler
Einstieg in Adobe InDesign CS6
Werkzeuge und Funktionen verständlich erklärt

450 S., 2012
mit DVD
29,90 €

Flyer, Broschüren, Magazine und Co. Dieses Buch führt Sie kompetent und leicht verständlich in die Arbeit mit InDesign CS6 ein und begleitet Sie bis zur perfekten Ausgabe für den Druck, das Web oder auf iPad und E-Book-Reader. Mit zahlreichen Tipps und Praxisworkshops!

ISBN 978-3-8362-1881-8
www.galileodesign.de/3065

Andrea Forst
Adobe InDesign CS6
Schritt für Schritt zum perfekten Layout

391 S., 2012
mit DVD
39,90 €

Jetzt können Sie sofort mit Ihren Layoutprojekten loslegen! Ohne ausufernde Erklärungen zeigt Ihnen dieses Workshopbuch konkret, wie ansprechende Flyer, Visitenkarten, Plakate, Broschüren und Co. gelingen. Durch die Arbeit an realen Projekten lernen Sie Adobe InDesign CS6 und seine Möglichkeiten Schritt für Schritt kennen.

ISBN 978-3-8362-1882-5
www.galileodesign.de/3062

Video-Training

Orhan Tançgil
Adobe InDesign CS6
Das umfassende Training

DVD für PC und Mac
14 Stunden Spielzeit
39,90 €

Mit InDesign CS6 zum perfekten Layout – in diesem Training lernen Sie es! Druckvorstufe-Experte Orhan Tançgil zeigt Ihnen, wie Sie Adobe InDesign CS6 richtig einsetzen und erklärt Ihnen alle Funktionen und Werkzeuge an anschaulichen Beispielen aus der Praxis. Inkl. Workshops zur Ausgabe auf Tablet-PCs und mobilen Endgeräten.

ISBN 978-3-8362-1902-0
www.galileodesign.de/3081

Karl Bihlmeier
Adobe Illustrator CS6
Das umfassende Training

DVD für PC und Mac
12 Stunden Spielzeit
39,90 €

Mit diesem Video-Training werden Sie zum Profi-Illustrator! Karl Bihlmeier zeigt Ihnen mit viel Witz und Können, wie Sie mit Adobe Illustrator CS6 eindrucksvolle Zeichnungen, Grafiken und Bildmontagen entwerfen. Film für Film erlernen Sie alle Grundlagen und Techniken, die Sie als Illustrator brauchen.

ISBN 978-3-8362-1903-7
www.galileo-videotrainings.de/3082

Markus Wäger
Grafik und Gestaltung
Das umfassende Handbuch

Was macht eine Gestaltung perfekt? Dieses umfassende Praxisbuch zeigt Ihnen im Detail, wie Sie mit Form, Farbe, Schrift und Bildern ansprechende Layouts erstellen. Markus Wäger verrät so manchen Tipp aus der Praxis und wertvolles Hintergrundwissen. Nutzen Sie das Buch als Nachschlagewerk und Inspirationsquelle – und perfektionieren Sie Ihre Designs.

620 S., 2010, 39,90 €
ISBN 978-3-8362-1206-9
www.galileodesign.de/1812

Ein Muss für jeden spezialisierten Kreativen, der über den Tellerrand seiner Disziplin hinausblicken will. DOCMA

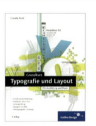

319 S.
3. Auflage 2012
24,90 €

Claudia Runk
Grundkurs Typografie und Layout
Für Ausbildung und Praxis

Diese liebevoll gestaltete Einführung zeigt Ihnen, wie Ihre Entwürfe durch den richtigen Umgang mit Schrift gewinnen können – von der passenden Schriftwahl über Abstände bis hin zu Grundlinienrastern und dem optimalen Seitenformat. Beispiele aus Print und Web, umgesetzt mit InDesign und QuarkXPress, vervollständigen das Buch.

ISBN 978-3-8362-1794-1
www.galileodesign.de/2627

314 S., 2010
24,90 €

Claudia Runk
Grundkurs Grafik und Gestaltung
Mit konkreten Praxislösungen

Dieses Buch führt Sie Schritt für Schritt in die Geheimnisse guter Gestaltung ein. Es zeigt Ihnen, welche Grundregeln es zu beachten gilt und wie Sie mit den richtigen Farben, Bildern und Schriften Layouts entwerfen, die im Gedächtnis bleiben. Mit zahlreichen Beispielen, Vorher-nachher-Vergleichen und praktischen Checklisten!

ISBN 978-3-8362-1437-7
www.galileodesign.de/2157

439 S.
10. Auflage 2012
49,90 €

Uwe Koch, Dirk Otto, Mark Rüdlin
Recht für Grafiker und Webdesigner
Der praktische Ratgeber für Kreative

Das Standardwerk für Kreative in der 10. Auflage! Drei Anwälte beantworten Ihre dringendsten Fragen: Wie kann ich meine kreativen Arbeiten schützen? Wie gelingt der Schritt in die Selbstständigkeit? Wie sollten Verträge formuliert sein? Dieses Buch schafft Klarheit – mit Vertragsmustern und Checklisten zum Download.

ISBN 978-3-8362-1844-3
www.galileodesign.de/3001

DVD für PC und Mac
9 Stunden Spielzeit
39,90 €

Orhan Tançgil
Grafik und Gestaltung
Das umfassende Training

Sie suchen eine Designschule, in der Sie anschaulich und praxisnah die Prinzipien guter Gestaltung lernen? Dieses Training zeigt direkt am Bildschirm, wie Sie Farben, Schriften und Bilder wirkungsvoll einsetzen können, und schult mit zahlreichen Vorher-nachher-Beispielen Ihren Blick für eine gute Gestaltung.

ISBN 978-3-8362-1743-9
www.galileo-videotrainings.de/2837

Manuela Hoffmann
Modernes Webdesign
Gestaltungsprinzipien, Webstandards, und Praxisbeispiele

Die 3. Auflage des erfolgreichen Praxisbuchs, komplett überarbeitet: HTML5 und CSS3 im Überblick, neue Beispiele und Arbeitsvorlagen u. v. m. Die Grafikerin und Webdesignerin Manuela Hoffmann führt Sie von der Idee über erste Entwürfe bis hin zur technischen Umsetzung: Ein Wegweiser für modernes Webdesign, der gleichzeitig Praxis, Anleitung und Inspiration liefert.

430 S., mit DVD, 39,90 €
ISBN 978-3-8362-1796-5, Oktober 2012
www.galileodesign.de/2907

Manuela Hoffmann versteht nicht nur etwas von Webdesign, sie ist auch in der Lage, Ihr Wissen strukturiert und verständlich zu vermitteln.
Website Boosting

444 S., 2011
mit DVD
39,90 €

Heiko Stiegert
Modernes Webdesign mit CSS
Schritt für Schritt zur perfekten Website

In ausführlichen Praxisworkshops zeigt Ihnen Heiko Stiegert, wie Sie moderne und professionelle Webdesigns standardkonform mit CSS realisieren. Attraktive Beispiele demonstrieren dazu sowohl die Gestaltung einzelner Seitenelemente als auch das Layout ganzer Websites. Zahlreiche Profi-Tipps und -Tricks zu CSS3 lassen garantiert keine Fragen offen.

ISBN 978-3-8362-1666-1
www.galileodesign.de/2455

641 S.
2. Auflage 2011
mit DVD
39,90 €

Nils Pooker
Der erfolgreiche Webdesigner
Der Praxisleitfaden für Selbstständige

Sie möchten wissen, wie Sie als Webdesigner noch erfolgreicher werden können? Nils Pooker hält in diesem Buch die passenden Antworten parat. Er vermittelt praxiserprobte Strategien und Lösungen zu allen Themen, die bei der täglichen Arbeit eines Webdesigners eine Rolle spielen, wie z. B. Kundengewinnung, Marketing, SEO, Usability und Konzeption u. v. m.

ISBN 978-3-8362-1529-9
www.galileodesign.de/2287

538 S.
2. Auflage 2012
29,90 €

Anne Grabs, Karim-Patrick Bannour
Follow me!
Erfolgreiches Social Media Marketing mit Facebook, Twitter und Co.

Für Unternehmen jeder Branche und jeder Größe ist es interessant, in Social Media aktiv zu werden. Folgen Sie der Erfolgsstrategie: Was ist Social Media? Welche Schritte müssen in welcher Reihenfolge erfolgen? Welche Gefahren drohen und wie können Sie diese Gefahren minimieren? Inkl. Strategien zum mobilen Marketing, Empfehlungsmarketing, Crowdsourcing, Social Commerce, Google+, Rechtstipps u. v. m.

ISBN 978-3-8362-1862-7
www.galileocomputing.de/3028

866 S.
2. Auflage 2012
mit DVD
34,90 €

Esther Düweke, Stefan Rabsch
Erfolgreiche Websites
SEO, SEM, Online-Marketing, Usability

Alles, was Sie für Ihren erfolgreichen Webauftritt benötigen. Zahlreiche Praxisbeispiele zeigen Ihnen anschaulich den Weg zu einer besseren Webpräsenz. Inkl. SEO, SEM, Online-Marketing, Affiliate-Programme, Google AdWords, Web Analytics, Social Media-, E-Mail-, Newsletter- und Video-Marketing, Mobiles Marketing u. v. m.

Das Buch ist sehr empfehlenswert und sollte zur Pflichtlektüre gehören! eStrategy

ISBN 978-3-8362-1871-9
www.galileocomputing.de/1871

Richard Beer, Susann Gailus
Adobe Dreamweaver CS6
Das umfassende Handbuch

Wollen Sie mit Dreamweaver eine Website erstellen oder eine bestehende bearbeiten? Planen Sie, eine Website für Smartphones und Tablets zu publizieren? Wollen Sie dynamische Webseiten oder Apps erstellen? All das und vieles mehr finden Sie in diesem praxisorientierten Handbuch. So bekommen Sie Dreamweaver CS6 schnell in den Griff!

864 S. mit DVD
39,90 €

ISBN 978-3-8362-1889-4, Dezember 2012
www.galileodesign.de/3059

Hussein Morsy
Adobe Dreamweaver CS6
Der praktische Einstieg

Sie möchten Ihre eigene Website mit Dreamweaver CS6 erstellen? Dann starten Sie mit diesem Buch durch: Vorlage anlegen, Seite füllen, Navigation hinzufügen, Website veröffentlichen. Auch zu Formularen, der Ausgabe auf mobilen Geräten, Bloggen u. v. m.

408 S., 2012
24,90 €

Ein gelungener Einstieg! Mac Life

ISBN 978-3-8362-1890-0
www.galileodesign.de/3066

Weschkalnies, Shabanov, Ahmadi
Adobe Flash CS6
Das umfassende Handbuch

Alles zu Adobe Flash CS6! Lernen Sie mit diesem Buch die vielfältigen Anwendungsmöglichkeiten von Flash kennen. Von allen wichtigen Grundlagen über Zeichnen, Animation, Sound und Video bis hin zu professioneller Spieleentwicklung und dem Einsatz von PHP, XML und ActionScript – hier steckt alles drin, was Sie für moderne Flash-Anwendungen wissen müssen!

895 S. mit DVD
49,90 €

ISBN 978-3-8362-1888-7, Oktober 2012
www.galileodesign.de/3054

Anne Grabs, Nicole Simon
Facebook, Twitter & Co.
Erfolgreiches Social Media Marketing

Dieser Lernkurs vermittelt Ihnen auf kompakte und praxisorientierte Weise, wie Sie Social Media Marketing erfolgreich für Ihr Unternehmen einsetzen. Dabei lernen Sie, wie Sie die verschiedenen Plattformen und Tools nutzen und Ihre eigene Social-Media-Strategie entwickeln.

DVD für PC und Mac
10 Stunden Spielzeit
39,90 €

ISBN 978-3-8362-1927-3
www.galileo-videotrainings.de/3130

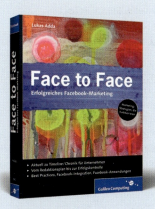

Lukas Adda
Face to Face
Erfolgreiches Facebook-Marketing

Face to Face bietet einen umfassenden Überblick zum Einsatz von Facebook als Marketing-Instrument. Inkl. Definition von Zielen, Strategien und zahlreichen Best Practices. Lukas Adda stellt Ihnen auf unterhaltsame Weise Facebook vor und gibt Ihnen erprobte Strategien und kreative Denkanstöße an die Hand, um selbstständig erfolgreiche Social-Media-Kampagnen auf Facebook zu planen oder Dritte (z. B. eine Agentur) effektiv briefen zu können.

Aus dem Inhalt:
- Erfolgreiche Marketingstrategien entwickeln
- User kennen und verstehen
- Facebook-Präsenzen im Überblick
- Ein Facebook-Profil erstellen
- Wichtige Nutzungsbedingungen von Facebook
- Die eigene Seite betreuen
- Facebook Ads
- Plugins und Applikationen
- Facebook-Kampagnen
- Monitoring und Krisenkommunikation

433 S., 2012, 29,90 €
ISBN 978-3-8362-1842-9
www.galileocomputing.de/2992

Wir hoffen sehr, dass Ihnen dieses Buch gefallen hat. Bitte teilen Sie uns doch Ihre Meinung mit. Eine E-Mail mit Ihrem Lob oder Tadel senden Sie direkt an die Lektorin des Buches: *ruth.lahres@galileo-press.de*. Im Falle einer Reklamation steht Ihnen gerne unser Leserservice zur Verfügung: *service@galileo-press.de*. Informationen über Rezensions- und Schulungsexemplare erhalten Sie von: *julia.mueller@galileo-press.de*.

Informationen zum Verlag und weitere Kontaktmöglichkeiten finden Sie auf unserer Verlagswebsite *www.galileo-press.de*. Dort können Sie sich auch umfassend und aus erster Hand über unser aktuelles Verlagsprogramm informieren und alle unsere Bücher versandkostenfrei bestellen.

An diesem Buch haben viele mitgewirkt, insbesondere:

Lektorat Ruth Lahres
Korrektorat Annette Lennartz, Bonn
Herstellung Maxi Beithe
Layout Maxi Beithe, Vera Brauner
Einbandgestaltung Mai Loan Nguyen Duy
Satz Monika Gause
Druck Offizin Andersen Nexö Leipzig, Zwenkau

Dieses Buch wurde gesetzt aus der Linotype Syntax (9,25 pt/13 pt) in Adobe InDesign CS6. Gedruckt wurde es auf chlorfrei gebleichtem Bilderdruckpapier (115 g/m^2).

Der Name Galileo Press geht auf den italienischen Mathematiker und Philosophen Galileo Galilei (1564–1642) zurück. Er gilt als Gründungsfigur der neuzeitlichen Wissenschaft und wurde berühmt als Verfechter des modernen, heliozentrischen Weltbilds. Legendär ist sein Ausspruch *Eppur si muove* (Und sie bewegt sich doch). Das Emblem von Galileo Press ist der Jupiter, umkreist von den vier Galileischen Monden. Galilei entdeckte die nach ihm benannten Monde 1610.

Bibliografische Information der Deutschen Nationalbibliothek:
Die Deutsche Nationalbibliothek verzeichnet diese Publikation in der Deutschen Nationalbibliografie; detaillierte bibliografische Daten sind im Internet über *http://dnb.d-nb.de* abrufbar.

ISBN 978-3-8362-1886-3
1. Auflage 2012
© Galileo Press, Bonn, 2012

Das vorliegende Werk ist in all seinen Teilen urheberrechtlich geschützt. Alle Rechte vorbehalten, insbesondere das Recht der Übersetzung, des Vortrags, der Reproduktion, der Vervielfältigung auf fotomechanischem oder anderen Wegen und der Speicherung in elektronischen Medien.

Ungeachtet der Sorgfalt, die auf die Erstellung von Text, Abbildungen und Programmen verwendet wurde, können weder Verlag noch Autor, Herausgeber oder Übersetzer für mögliche Fehler und deren Folgen eine juristische Verantwortung oder irgendeine Haftung übernehmen.

Die in diesem Werk wiedergegebenen Gebrauchsnamen, Handelsnamen, Warenbezeichnungen usw. können auch ohne besondere Kennzeichnung Marken sein und als solche den gesetzlichen Bestimmungen unterliegen.